Hans-Otto Blaeser

Fachwörterbuch Personalarbeit

Die wichtigsten Fachbegriffe in

Deutsch – Englisch
Englisch – Deutsch

von A bis Z

4. neu bearbeitete und erweiterte Auflage

DATAKONTEXT

*»Jede neue Sprache ist wie ein offenes Fenster,
dass einen neuen Ausblick auf die Welt eröffnet
und die Lebensauffassung weitet.«*

*Frank Harris
amerikanischer Schriftsteller (1856 – 1931)*

Bibliographische Information der Deutschen Bibliothek
Die Deutsche Bibliothek verzeichnet diese Publikationen in der Deutschen Nationalbibliographie; detaillierte bibliographische Daten sind im Internet über http://dnb.ddb.de abrufbar.

Blaeser, Dr. jur. Hans-Otto
Taschenwörterbuch der Personalarbeit:
Die wichtigsten Fachbegriffe in dt.-engl., engl. -dt. von A-Z/,
Hans-Otto Blaeser – 4. neu bearb. und erw. Aufl. – Frechen
Redaktionelle Mitarbeit: Andrea Porschen
DATAKONTEXT-FACHVERLAG GmbH, 2005

ISBN 3-89577-328-X

Augustinusstraße 9d, D-50226 Frechen

Satz: Thomas Dreier, Halle/Westfalen
Druck: AALEXX Druck GmbH, Großburgwedel
Printed in Germany

Deutscher Teil

Englischer Teil / English Part

Vorwort zu Vierten Auflage

Um die 4. Auflage zu erreichen, muss ein Buch seinen Nutzern etwas Besonderes zu bieten haben. Unser Fachwörterbuch der Personalarbeit verdankt seinen Erfolg der großen Anzahl fachspezifischer Stichwörter.

Mit ca. 14.000 Stichworten ist es das umfangreichste und einzige Fachwörterbuch der Personalarbeit, das weltweit existiert. Damit setzt es den Standard in der internationalen Kommunikation.

Die übersichtliche alphabetische Anordnung ermöglicht das schnelle und problemlose Auffinden der einzelnen Wörter. Selbstverständlich wurden auch bei dieser Neuauflage alle Stichworteinträge überprüft und – wo notwendig – überarbeitet und ergänzt.

Mit der vorliegenden 4. Auflage des Fachwörterbuchs der Personalarbeit verfolgt der DATAKONTEXT-FACHVERLAG das Ziel, allen Praktikern der Berufsausbildung, des Arbeitsschutzes, der Entgeltabrechung, des Tarifwesens, der Arbeitsmarktpolitik, der sozialen Sicherung, des Arbeits- und Sozialrechts, der Aus- und Weiterbildung sowie des Gesellschaftsrechts ein zuverlässiges Nachschlagwerk an die Hand zu geben.

Frechen, September 2004 Herausgeber und Verlag

Hinweise für die Benutzer

- Die Stichwörter sind grundsätzlich alphabetisch geordnet, fettgedruckt und durch Absatz voneinander getrennt.
- Über die Einordnung eines Wortes oder seine Unterordnung unter ein Stichwort entschied der Grad seiner Selbsttändigkeit.
- Das Stichwort ist von seinen Übersetzungen durch einen waagerechten Strich getrennt.
- Gibt es für ein Stichwort mehrere Übersetzungen, so sind diese durch ein Semikolon getrennt.
- Ein Schrägstrich (/) trennt Synonyme eines Wortes oder Ausdrucks. Diese unmittelbar vor oder hinter dem Schrägstrich stehender Synonyme können ausgetauscht werden, ohne dass sich die Bedeutung des Wortes oder Ausdruck ändert.
- Bei Wörtern, die von der Hochsprache abweichen, ist vermerkt, auf welcher Sprachgebrauchsebene sie stehen: <infml> (=Umgangsprache) oder <sl> (=Slang).
- Pluralformen sind hinsichtlich ihrer alphabetischen Anordnung wie Singularformen behandelt. Sie sind durch „(pl)“ gekennzeichnet.
- Verben sind durch ein nachgestelltes „v“ gekennzeichnet.
- Runde Klammern
  - · nach einem Stichwort umschließen die Bezeichnungen des Numerus „(pl)“ ,
  - · umschließen ganze Wörter oder Silben, die mitgelesen oder ausgelassen werden können, ohne, dass sich der Sinn des Wortes oder des Begriffs verändert, z.B. Förder(ungs)unterricht.
  - · umschließen innerhalb eines Wortes einzelne Buchstaben oder Silben, die eine weitere Schreibweise des Wortes darstellen, z. B. labo(u)r.
  - · umschließen eine Erläuterung oder Erweiterung eines Wortes oder Begriffs.
- Wörter, die vorwiegend im englischen bzw. amerikanischen Sprachraum Verwendung finden, sind mit <GB> bzw. <US> gekennzeichnet.
- Alle deutschen Substantive sind mit der Geschlechtsangabe versehen.

Erläuterung der verwendeten Abkürzungen und Zeichen
Explanation of the use of abbreviations and signs

→	- siehe	- see
biolog	- biologisch	- biological
entspr	- entspricht	- is equivalent to
f	- weiblich	- female
fig	- figürlich, bildlich	- figurative
fml	- förmlich	- formal
GB	- hauptsächlich im englischen Sprachraum gebräuchlich	- chiefly used in the Englisch linguistic area
infml	- umgangssprachlich	- informal
jmd	- jemand (em,-en,es)	- someone(´s)
jur	- juristisch	- legal, juridical
law	- rechtlich	- legal
m	- männlich	- male
med	- medizinisch	- medical
mil	- militärisch	- military
n	- sächlich	- neutral
o., one´s	- ein, eines	- one, one´s
o.s	- sich (selbst)	- oneself
pl.	- Plural/Mehrzahl	- plural
s.o.	- jemand	- someone
s.th.	- etwas	- something
sl	- Slang	- slang
techn	- technisch	- technical
US	- hauptsächlich im amerikanischen Sprachraum gebräuchlich	- chiefly used in the American linguistic area
v	- Verb	- verb

A

abändern, v – alter, v; change, v; modify, v; amend, v

Abänderung, f – alteration; change; modification; amendment *<law>*

Abänderungsgesetz, n – law to amend

abarbeiten (sich), v *<infml>* – fag, v *<GB>*

Abbau, m (1) *(von Stellen, Leistungen, Personal)* – reduction; cut; cutback

Abbau, m (2) *(bürokratischer Hindernisse, pl)* – deregulation

abbaubar – degradable; decomposable

abbauen, v (1) *(Stellen, Leistungen, Personal)* – reduce, v; cut, v; pull down, v

abbauen, v (2) *(drastisch)* – axe, v

abberufen, v (1) – call away, v

abberufen, v (2) *(vom Amt)* – remove (s.o. from office), v

Abberufung, f *(vom Amt)* – removal (from office)

abbrechen, v (1) *(Arbeit, f)* – stop (working), v; interrupt (work), v

abbrechen, v (2) *(Streik, m)* – call off a strike, v

abbrechen, v (3) *(Verhandlungen, pl)* – break off negotiations (pl), v

abbuchen, v – debit s.o.'s account with, v; deduct, v

Abbuchung, f – debit entry

Abbuchungsauftrag, m – debit order

Abbuchungsverfahren, n – direct debiting service; direct debit system

abdanken, v – abdicate, v; resign, v; retire, v

abdingbar *<jur>* – not mandatory; subject to be contracted away; alterable; modifiable

Abdingbarkeit, f *<jur>* – alterability; modifiability

Abendkursus, m – evening classes (pl); night school

Abendschicht, f – twilight shift *<GB>*

Abendschule, f – evening school; night school; evening classes (pl)

aberkennen, v (1) – abjudicate, v

aberkennen, v (2) (Rang, m) – deprive s.o. of sth, v

Aberkennung, f – abjudication; deprivation

abfeiern, v (Überstunden, pl) – take hours (pl) in lieu of, v

abfinden, v (1) (jmd mit Geld, n) – indemnify, v; pay off, v; compensate, v; pay s.o. compensation, v

abfinden, v (2) (durch Vergleich, m) – compound with, v

Abfindung, f (1) – compensation; indemnity; indemnification; accord and satisfaction; settlement

Abfindung, f (2) (eines Gläubigers, m) – satisfaction

Abfindung, f (3) (durch Vergleich, m) – composition

Abfindung, f (4) (für Verlust des Arbeitsplatzes) – dismissal compensation; separation payment; severance pay

Abfindung, f (5) (trotz sozial gerechtfertigter Kündigung, f) – redundancy payment

Abfindungsanspruch, m – claim for compensation; claim for indemnification

Abfindungsbetrag, m (1) – compensation; indemnity

Abfindungsbetrag, m (2) *(bei Entlassung eines Arbeitnehmers)* – terminal bonus; dismissal compensation; redundancy payment; separation payment

Abfindungsfreibetrag, m – tax free compensation

Abfindungsplan, m – redundancy scheme

Abfindungsvertrag, m – redundancy agreement

Abfindungszahlung, f – payoff; payout; compensatory payment; composition payment

abführen, v *(Gelder/Steuern, pl)* – pay over, v; pay off, v

Abgabe, f (1) – charge; levy; fee

Abgabe, f (2) *(Steuer, f)* – tax; fiscal charge; duty; impost; imposition

Abgabe, f (3) *(laufende)* – royalty

Abgaben, pl (1) *(öffentliche)* – public charges (pl); public levies (pl)

Abgaben, pl (2) *(soziale)* – social contributions (pl)

Abgaben, pl (3) *(steuerliche)* – fiscal burden

Abgabenbefreiung, f – relief; exemption

abgabenfrei – free of duty; duty free; tax exempt

Abgabenordnung, f (AO) – Tax Code; (German) Fiscal Code; Internal Revenue Code *<US>*

abgabenpflichtig (1) – liable to duty; dutiable

abgabenpflichtig (2) *(Steuer, f)* – taxable

Abgabetermin, m – filing date; deadline; submission date

Abgang, m *(eines Arbeitnehmers, m)* – separation

Abgangsentschädigung, f – termination pay(ment); separation pay

Abgangsgeld, n – severance grant; termination payment

Abgangsinterview, n – final interview; exit interview *<US>*

Abgangszeugnis, n (1) *(eines Angestellten, m)* – clearance card

Abgangszeugnis, n (2) *(einer Schule, f)* – leaving certificate; diploma *<US>*; credit report *<US>*

abgelegte Akte, f – dead file

abgelten, v (1) – pay in lieu of, v

abgelten, v (2) *(entschädigen, v)* – compensate, v; indemnify, v

Abgeltung, f (1) – payment in lieu of

Abgeltung, f (2) *(Entschädigung, f)* – compensation; indemnification

Abgeltungsbetrag, m – indemnity; redemption money

Abgrenzung, f (1) *(räumliche)* – demarcation

Abgrenzung, f (2) *(zeitliche)* – temporal delimitation

abgruppieren, v – downgrade, v

Abgruppierung, f – down-grading

abhängig – dependent

Abhängigkeit, f – dependence

Abhängigkeitsverhältnis, n – state of dependence

abhalten, v *(jmd von der Arbeit, f)* – keep s.o. from work, v

abheben, v *(Geld von der Bank)* – withdraw money, v; draw out of the bank account, v; draw from the bank, v; take out, v

abhelfen, v – remedy, v; redress, v; relieve, v

Abhilfe, f – remedy; redress; relief

Abhilfemaßnahme, f – corrective action; corrective measure

Abhilfemöglichkeit, f – remedial action

Abitur, n (1) *(Zeugnis, n)* – General Certificate of Advanced-Level High School Education <GB>; high schooldiploma <US>; higher school certificate <GB>

Abitur, n (2) *(Prüfung, f)* – examination for the General Certificate <GB>; final secondary school examination <GB>; university entrance examination in Germany; higher school certificate <GB>; high school graduation <US>

Abiturfach, n – A-level subject <GB>; major <US>

Abiturient/in, m/f – student about to take the "Abitur" examination; senior <US>; high school graduate <US>

Abkehrgrund, m – reason for abandonment

Abkömmling, m – descendant; scion <fml>

Abkommen (n) treffen, v – come to an agreement, v; reach an understanding; make a deal, v

Abkommen, n (1) – agreement; arrangement; convention; understanding

Abkommen, n (2) *(tarifliches)* – bargain

Abkommen, n (3) *(mit den Gewerkschaften, pl)* – union agreement; union contract

Abkommen, n (4) *(Flächenabkommen, n)* – blanket agreement (das einen ganzen Industriezweig oder eine große Gruppe von Arbeitnehmern betrifft)

Abkühlungsphase, f – cooling-off period

Ablage, f – file; filing

Ablagesystem, n – filing system

Ablauf, m (1) *(Frist, f / Vertrag, m)* – expiry <GB>; expiration <US>; termination; end; lapse

Ablauf, m (2) *(der Kündigungsfrist, f)* – fulfil(l)ment of the notice period

Ablaufdatum, n – expiry date <GB>; date of expiration <US>

Ablaufdiagramm, n – flow chart

ablaufen, v *(Frist, f)* – expire, v; run out, v; end, v

Ablauforganisation, f – process organization <US>; structuring of operations (pl)

Ablaufplan, m – schedule

ablegen, v (1) *(Akten, pl)* – file, v

ablegen, v (2) – store, v

ablegen, v (3) *(Prüfung, f)* – take an examination, v; pass an examination, v

ablehnen, v (1) – reject, v; deny, v; disclaim, v

ablehnen, v (2) *(Angebot, n)* – decline, v; turn down, v; refuse, v

ablehnen, v (3) *(Antrag, m)* – deny a motion, v

ablehnend – unfavo(u)rable

Ablehnung, f – rejection; refusal; denial; disclaimer; repudiation

Ablehnungsbescheid, m – notice of rejection; notification of rejection

ableugnen, v – deny, v; disclaim, v; abnegate, v; disavow, v

Ableugnung, f – denial; abnegation; disavowal

ablösen, v (1) *(jmd bei der Arbeit)* – spell, v <US>

ablösen, v (2) *(Kollegen vorübergehend)* – relieve one another, v

ablösen, v (3) *(endgültig)* – succeed in turn, v

ablösen, v (4) *(Rente, f)* – redeem, v

ablösen, v (5) *(Schuld, f / Darlehen, n)* – compound, v; discharge, v; repay, v; redeem, v

ablösende Betriebsvereinbarung, f – replacing works agreement

Ablösesumme, f – redemption sum; redemption price
Ablösezahlung, f – discharge payment
Ablösung, f (1) *(für einen Kollegen, m / als Vorgang, m)* – relief
Ablösung, f (2) *(Kollege, m / Person, f)* – relieving fellow worker
Ablösung, f (3) *(Ersetzung, f)* – replacement
Ablösung, f (4) *(Schuld, f / Darlehen, n)* – discharge; redemption; repayment
ABM → Arbeitsbeschaffungsmaßnahme, f
ABM-Stelle, f – job creation scheme position
Abmachung, f – agreement; bargain; deal
abmahnen, v – warn, v; remind s.o. to do his/her duty, v; caution, v
Abmahnung, f – warning; reminder; dissuasion
Abmahnungsschreiben, n – warning notice
Abmeldebescheinigung, f *(polizeiliche)* – leaving certificate
abmelden, v (1) *(jmd bei einer Behörde, f)* – give notice of s.o.'s change of address, v
abmelden, v (2) *(jmd im Verein, m)* – cancel s.o.'s membership, v
abmelden, v (3) *(sich)* – sign out, v *<US>*
Abmeldung, f – notice of withdrawal
abmühen (sich), v – plod, v
Abnahme, f (1) *(Rückgang, m)* – decrease; decline
Abnahme, f (2) *(einer Maschine, f)* – taking delivery (of a machine)
Abnahmeprotokoll, n – protocol of acceptance
abnehmen, v (1) *(geringer werden, v)* – decrease, v; decline, v
abnehmen, v (2) *(kaufen, v)* – buy, v; purchase, v
abnehmen, v (3) *(Eid, m)* – administer (an oath), v
abnutzen, v – use up, v
Abnutzung, f *(durch Gebrauch, m)* – wear and tear; depreciation
Abnutzungsentschädigung, f – depreciation compensation
Abonnement, n – subscription
abonnieren, v – subscribe, v
abordnen, v – delegate, v
Abordnung, f (1) – delegation
Abordnung, f (2) *(zeitweise zu anderem Arbeitgeber)* – secondment
abrechnen, v – account, v; settle accounts (pl), v; render an account, v; allow, v
Abrechner/in, m/f – payroll clerk; payroll officer; expense audit clerk *<US>*
Abrechnung, f (1) – account
Abrechnung, f (2) *(Aufstellung, f)* – statement of account
Abrechnung, f (3) (Schlussabrechnung, f) – settlement of accounts (pl)
Abrechnung, f (4) *(monatliche)* – monthly tally
Abrechnung, f (5) *(wöchentliche)* – weekly settlement
Abrechnungsart, f *(Entgelt, n)* – payroll type
Abrechnungseinheit, f – accounting unit; payroll unit
Abrechnungsperiode, f – accounting period; payroll period
Abrechnungsprogramm, n – accounting program; payroll program
Abrechnungsstelle, f – accounting office; payroll office
Abrechnungssystem, f – accounting system; payroll system

Abrechnungstag, m – account day; day of account; settling day
Abrechnungstermin, m – accounting date
Abrechnungsverfahren, n – settling procedure
Abrechnungszeitraum, m – accounting period; payroll period
Abrede, f – agreement
Abruf, m – retrieval; calling away; recall
Abrufarbeit, f – on-call work
Abrufarbeitsverhältnis, n – on-call employment
abrufbereit – on call; ready for collection *<fin>*
abrufen, v – call, v; request, v
abrunden, v (1) *(Form, f)* – round down, v
abrunden, v (2) *(Betrag, m)* – round off, v
Absage, f – negative reply; rejection; refusal; cancellation
absagen, v *(Termin, m)* – cry off, v; cancel, v
Absageschreiben, n – letter of apology; letter of regret
Absatz, m (1) *(Verkauf, m)* – sales; selling
Absatz, m (2) *(im Text, m)* – paragraph
Absatz, m (3) *(eines Paragraphen, m)* – subsection
Absatzförderung, f – sales promotion; marketing
Absatzgebiet, n – selling area; sales territory
Absatzkrise, f – sales crisis
Absatzmangel, m – selling pressure; falling-off in sales (pl)
Absatzplanung, f – marketing planning
Absatzprovision, f – seller's commission
abschätzen, v – evaluate, v; assess, v
abschaffen, v – abolish, v; abrogate, v
Abschaffung, f – abolition; abrogation
abschieben, v – deport, v
Abschiebung, f – deportation; summary return to native country
Abschied (m) nehmen, v *(seinen)* – resign, v; tender one's resignation, v; send in one's papers (pl), v
Abschied, m (1) – leave; resignation
Abschied, m (2) *(aus Altersgründen, pl)* – retirement
Abschiedsbesuch, m – farewell visit
Abschiedsfeier, f – farewell party; send-off
Abschiedsgeschenk, n – going-away present
Abschiedsrede, f – farewell speech; valedictory speech
Abschlag, m (1) *(Abzug, m)* – deduction; reduction
Abschlag, m (2) *(Preisminderung, f)* – abatement; rebate; discount; markdown
Abschlagszahlung, f (1) – partial payment; down-payment; payment on account; payment by instal(l)ment; instal(l)ment payment
Abschlagszahlung, f (2) – anticipation payment; part payment; payment in part
abschließen, v (1) *(Vertrag, m)* – conclude, v; come to an agreement, v; enter into an agreement, v; sign an agreement, v
abschließen, v (2) *(Versicherung, f)* – take out an insurance policy, v
Abschluss, m (1) *(einer Angelegenheit, f)* – conclusion
Abschluss, m (2) *(einer Debatte, f)* – closure
Abschluss, m (3) *(einer Vereinbarung, f)* – settlement

Abschluss, m (4) *(Fertigstellung, f)* – completion

Abschlussbericht, m – closing statement; final report

Abschlussbilanz, f – annual balance sheet

Abschlussdatum, n – closing date

Abschlussfreiheit, f – freedom of signing a contract; freedom to contract

Abschlussprämie, f – final bonus; sales premium

Abschlussprovision, f – final commission; signing commission; sales commission; acquisition commission

Abschlussprüfer/in, m/f – auditor

Abschlussprüfung, f (1) (Universität, f / Schule, f) – final examination; finals (pl); terminal examination; leaving examination

Abschlussprüfung, f (2) (Bilanz, f) – audit

Abschlusstermin, m – closing date; settlement date

Abschlussvergütung, f – end-of-year bonus

Abschlussvertreter/in, m/f – contract representative

Abschlussvollmacht, f – contractual power; authority to contract

Abschlusszeugnis, n – final certificate; leaving certificate <*GB*>; diploma <*US*>

Abschlusszwang, m – obligation to contract; obligation to conclude a contract

Abschnitt, m – paragraph; section; part; chapter

abschreiben, v *(Kosten, pl)* – take depreciation on, v

Abschreibung, f (1) – write-off

Abschreibung, f (2) *(Wertminderung, f)* – depreciation

Abschreibungsgesellschaft, f – tax-shelter company

Abschrift, f (1) – copy; duplicate

Abschrift, f (2) *(beglaubigte)* – certified copy

Abschwächung, f (1) *(der Konjunktur, f)* – slowdown in economic activity; cyclical downturn; slowdown in the economy

Abschwächung, f (2) *(des Wirtschaftswachstums, m)* – slowdown in economic growth

Abschwung, m – downward phase; slowdown

Absender/in, m/f – sender; shipper

absetzbar (1) *(Abschreibung, f)* – depreciable

absetzbar (2) (*steuerlich*) – deductible

Absetzbetrag, m – deductible amount

absetzen, v (1) (*steuerlich*) – deduct, v

absetzen, v (2) *(verkaufen, v)* – sell, v; distribute, v

Absetzung, f *(steuerliche)* – deduction; depreciation

Absicherung, f *(soziale)* – social support; social security

Absicht, f (1) – intent; intention

Absicht, f (2) *(gesetzgeberische)* – intendment of the law

Absicht, f (3) (in böser ~) – in bad faith

Absicht, f (4) *(in böswilliger ~)* – with malice prepence

absichtlich – intentional; wil(l)ful; deliberate; wanton

Absichtserklärung, f (1) – declaration of intent(ion); notice of intention

Absichtserklärung, f (2) *(schriftliche)* – letter of intent

absolut – absolute

Absolventenmesse, f – recruitment fair; college recruitment fair

absondern, v – separate, v; segregate, v

Absonderung, f *<jur>* – preferential treatment
abspenstig machen, v – entice, v
Absprache, f – agreement; arrangement; understanding
abstammen (von), v – descend from, v; originate from, v
Abstammung, f – origin; parentage
Abstandszahlung, f – compensation; indemnity; key money
abstellen, v (1) *(Personal, n)* – detach, v; second, v
abstellen, v (2) *(Beschwerden, pl)* – redress grievances (pl), v
Abstellgleis, n *<fig>* – sidetrack
abstimmen, v(1) (*wählen, v*) – vote, v
abstimmen, v(2) (*namentlich*) – poll, v
abstimmen, v(3) *(Konten, pl)* – balance, v; adjust, v; collate, v; reconcile, v
abstimmen, v (4) *(aufeinander)* – coordinate, v; coordinate, v
Abstimmung, f (1) *(Wahl, f)* – vote; voting
Abstimmung, f (2) *(geheime)* – secret ballot; secret vote
Abstimmung, f (3) *(namentliche)* – poll
Abstimmung, f (4) *(mit Stimmzetteln, pl)* – ballot; voting by ballot
Abstimmung, f (5) (*durch Handheben, n*) – vote by show of hands (pl)
Abstimmung, f (6) *(von Büchern, Konten, Zahlen)* – balancing; adjustment; reconciliation
Abstimmungsberechtigte/r, f/m – qualified voter
Abstimmungsverfahren, n – voting procedure
abstrakt – abstract
abstraktes Denken, n – abstract thinking
abstreiten, v (1) *(Recht, n)* – contest, v; dispute, v
abstreiten, v (2) (*Vorwurf, m*) – deny, v
Abtastverfahren, n – scanning procedure
Abteilung, f (1) *(eines Betriebes, m)* – department
Abteilung, f (2) *(einer Verwaltung, f)* – section; division; unit
Abteilungsentwicklungsgespräch, n – departmental development conference
Abteilungsleiter/in, m/f (1) – department manager; department(al) head; head of department; department chief; section chief
Abteilungsleiter/in, m/f (2) *(im Warenhaus, n)* – floor manager *<US>*
Abteilungsleiterbesprechung, f – interdepartmental conference
Abteilungsorganisation, f – department(al) organization *<US>*; department(al) organisation *<GB>*
abteilungsübergreifend – interdepartmental
Abteilungsversammlung, f – department(al) meeting
abtreiben, v – abort, v
Abtreibung, f – abortion
abtreten, v (1) *(Forderung, f)* – assign, v; surrender, v; cede, v; transfer, v
abtreten, v (2) (*Recht, n*) – relinquish, v
Abtretung, f (1) *(Forderung, f)* – assignment (of claims, pl)
Abtretung, f (2) *(Lohn, m)* – cession
Abtretungserklärung, f – declaration of assignment; act of assignment
Abtretungsurkunde, f – deed of assignment
Abtretungsverbot, m – prohibition of assignment; prohibition of cession

aburteilen, v – abjudicate, v
abwählen, v (1) – vote out, v
abwählen, v (2) *(Aufsichtsrat, m)* – retire, v
abwälzen auf, v – devolve upon, v
Abwanderung, f – migration; drift
abwechselnd – alternate
Abwehraussperrung, f – defensive lockout
abweichen von, v – deviate from, v; differ, v
abweichend – deviating; differing; dissentient
abweichende Meinung, f *(eines Richters, m)* – dissenting opinion
Abweichung, f – deviation; divergence; variance; tolerance <*tech*>
abweisen, v (1) – dismiss, v; reject, v; repudiate, v
abweisen, v (2) *(Klage, f)* – nonsuit, v; disallow, v
abweisen, v (3) *(kostenpflichtig)* – dismiss with costs (pl), v
Abweisung, f – dismissal; rejection
abwerben, v *(Mitarbeiter, pl)* – entice, v; lure labo(u)r, v; pirate labo(u)r, v; poach employment, v
Abwerbung, f – enticement; labo(u)r piracy; poaching of staff; wooing
Abwertung, f – devaluation
abwesend – absent; missing
Abwesende/r, f/m – absentee
Abwesenheit, f (1) *(von der Arbeit)* – absence (from work)
Abwesenheit, f (2) *(andauernde)* – absenteeism
Abwesenheit, f (3) *(bezahlte)* – paid leave; paid absence
Abwesenheit, f (4) (krankeitsbedingte) – sick leave; absence due to illness
Abwesenheit, f (5) *(unentschuldigte)* – unauthorised/unauthorized absence
Abwesenheitspfleger/in, m/f – special guardian; curate of an absentee
Abwesenheitspflegschaft, f – guardianship of absentees (pl)
Abwesenheitsrate, f – absenteeism rate
Abwesenheitstag, m – day of absence
Abwesenheitszeitraum, m – absence period; period of absence
abwickeln, v (1) *(erledigen, v)* – handle, v; effect, v; process, v
abwickeln, v (2) *(Schulden, pl)* – settle, v
abwickeln, v (3) *(Geschäft, n)* – transact, v
abwickeln, v (4) *(Unternehmen, n)* – liquidate, v; wind up, v
Abwicklung, f (1) – handling; processing; execution; transaction; settlement
Abwicklung, f (2) *(eines Unternehmens, n)* – liquidation
Abwicklung, f (3) *(eines Bewerbungsverfahrens, n)* – administration of applications (pl)
Abwicklungsvertrag, m – contract winding up the employment relationship
abzahlen, v (1) – pay off, v; pay up, v; acquit, v
abzahlen, v (2) *(in Raten, pl)* – pay by instal(l)ments (pl), v
Abzahlung, f – gradual payment; paying off
Abzahlungskauf, m – purchase by instal(l)ments (pl)
Abzahlungsrate, f – instal(l)ment
abziehen, v (1) *(vom Lohn, m)* – deduct (from wage), v; withhold, v <*US*>
abziehen, v (2) *(vom Preis, m)* – discount, v

Abzüge (pl) (gesetzliche) – legal deductions (pl); legal withholdings (pl) <*US*>

Abzug, m – deduction; withholding <*US*>; discount

abzugsfähig – deductible

Abzugsmethode, f – deduction method

Abzugsverfahren, n – deduction procedure

Achtstundentag, m – eight-hour day; 8 hr day

Adoption, f – adoption

Adressat/in, m/f – addressee

Adresse, f – address

Adressenänderung, f – change of address

Advokat, m – lawyer

ändern, v – change, v; alter, v

Änderung, f (1) – change; alteration; modification

Änderung, f (2) *(Verbesserung, f)* – amendment

Änderungsangebot, n – offer for change

Änderungsanzeige, f – change notice

Änderungskündigung, f – constructive dismissal; change notice; notification of change in terms of employment; notice of termination for change of employment conditions (pl); notice of termination depending a change of contract

ängstlich – timid

AEntG → Arbeitnehmerentsendegesetz, n

Äquivalenzvereinbarung, f – equivalence agreement

ärztlich – medical

ärztliche Betreuung, f – medical care

ärztliche Einstellungsuntersuchung, f – pre-employment medical examination

ärztliche Prüfung, f – medicine examination; state examination in medicine

ärztliche Schweigepflicht, f – medical privacy

ärztliche Überwachung, f – medical surveillance

ärztliche Untersuchung, f – medical examination; medical check-up <*US*>

ärztliche Versorgung, f – medical care

ärztlicher Befund, m – medical findings (pl)

ärztliches Attest, n – medical certificate

ärztliches Zeugnis, n – medical certificate; doctor's certificate

AFG → Arbeitsförderungsgesetz, n

AGBG → Gesetz über die Allgemeinen Geschäftsbedingungen, n

Agentur, f – agency

Akademie, f – academy; institute

Akademiker/in, m/f – university graduate; university man/woman

akademisch – academic; academical

akademische Vorbildung, f – academical qualification

akademischen Grad (m) besitzen, v – hold a degree, v

akademischen Grad (m) erwerben, v – take a degree, v; earn a degree, v; complete a degree, v; make a degree, v

akademischen Grad (m) verleihen, v – graduate, v

akademischer Abschluss, m – academic finals (pl); graduation <*US*>

akademischer Grad, m (1) – degree; academic degree

akademischer Grad, m (2) *(mit Auszeichnung, f)* – hono(u)r's degree
Akkord, m (1) – piece-work
Akkord, m (2) *(Stückakkord, m)* – job work; contract work; tut <*GB*>
Akkordarbeit, f (1) – piece-work; job-work; work at piece-rates (pl); task work; tut work <*GB*>
Akkordarbeit, f (2) – contract work; jobbing
Akkordarbeiter/in, m/f (1) – piece-rate worker; piece-worker; task worker; contract worker
Akkordarbeiter/in, m/f (2) – job-worker; jobber; jobbing hand
Akkordbezahlung, f – piece-work pay; contract wage payment
Akkordfestsetzung, f – piece-rate fixing
Akkordkolonne, f – group of piece-workers (pl)
Akkordkürzung, f – piece-rate cutting; rate cutting
Akkordlohn, m – piece-work wage; piece wage(s); task wage(s); job rate pay
Akkordlohnsatz, m – piece-work rate formula; job rate
Akkordprämie, f – piece-rate bonus
Akkordrichtsatz, m – piece-work rate
Akkordsatz, m – piece-rate (formula); contract wage payment
Akkordsystem, n – piece-work system; piece-rate plan
Akkordverdienst, m – piece-work earnings (pl); piece-rate earnings (pl)
Akkordzeit, f – job time
Akkordzettel, m – job time ticket; job ticket
Akkordzuschlag, m – piece-work bonus; make-up pay
Akkreditiv, n – letter of credit; commercial credit
Akontozahlung, f – payment on account
Akte (f) anlegen, v – open a file, v
Akte, f (1) – file; document file; record
Akte, f (2) *(zu einer bestimmten Angelegenheit, f)* – dossier
Akte, f (3) *(abgelegte)* – dead file
Akten (pl) ablegen, v – file material, v
Akten (pl) führen, v – maintain the files (pl), v; keep files (pl), v; keep records (pl), v
Aktenablage, f – file; filing system
Aktenaufbewahrung, f – records retention
Aktenbestandteil, m – component of a file
Akteneinsicht (f) haben, v – have access to the files (pl), v
Akteneinsicht, f – inspection of the records (pl); inspection of the files (pl); consultation of the files (pl)
Aktenführung, f – records maintenance; maintaining (of) the files (pl)
Akteninhalt, m – contents (pl) of a file
aktenkundig – on the record; in the file
Aktenlage, f – status of the case; record as it stands
Aktennotiz, f – memo(randum); note
Aktenordner, m – file folder; folder
Aktenraum, m – record office
Aktensammlung, f – set of records (pl)
Aktenschrank, m – file cabinet
Aktenvermerk, m – memo(randum); note
Aktenvorgang, m – file
Aktenzeichen, n – file number; reference number; reference code; case number
AktG → Aktiengesetz, n
Aktie, f – share <*GB*>; stock <*US*>
Aktienbesitz, m – stock holdings (pl)

Aktienbezugsrecht, n – stock option; subscripton right
Aktiengesellschaft, f – public stock corporation; joint stock company; stock company *<US>*; stock corporation *<US>*; incorporated enterprise
Aktiengesetz, n (AktG) – Joint Stock Companies Act *<GB>*; Corporation Law *<US>*; Stock Corporation Act
Aktienkapital, n – share capital; stock capital *<US>*
Aktienoptionsanleihe, f – equity warrant
Aktienpaket, n – block of shares (pl); parcel of shares (pl)
Aktienrecht, n – corporation law
Aktienschein, m – stock certificate *<US>*
Aktiensparen, n – saving through equity investments (pl); savings (pl) in equities (pl)
Aktion, f *(konzertierte)* – concerted action
Aktionär/in, m/f – shareholder *<GB>*; stockholder *<US>*
Aktionärsversammlung, f – stockholders' meeting *<US>*; general stockholders' meeting *<US>*
Aktionärsvertreter/in, m/f *(im Aufsichtsrat, m)* – shareholder representative *<GB>*; stockholder representative *<US>*
Aktionsbereich, m – field of action
Aktionsplan, m – plan of action
Aktionsprogramm, n – action programme; action program *<US>*
aktiv – active
Aktiva (pl) – assets (pl)
aktives Wahlrecht, n – right to vote
Aktivlegitimation, f – right to bring suit; capacity to sue; right of action
Akzeptanz, f – acceptance
Alimente (pl) – maintenance payments (pl)
Alkohol, m – alcohol
Alkoholabhängigkeit, f – alcohol addiction
Alkoholfahne, f – smell of alcohol on the breath
Alkoholismus, m – alcoholism
Alkoholkonsum, m – consumption of alcohol
Alkoholmissbrauch, m – alcohol abuse; abuse of alcohol
Alkoholverbot, n *<med>* – order to abstain from alcohol
allein – sole
Alleineigentümer/in, m/f – exclusive owner; sole owner
Alleininhaber/in, m/f – sole proprietor
alleinstehend – single
Alleinverdiener/in, m/f – sole wage earner; sole earner
Alleinvertreter/in, m/f – exclusive agent; sole agent; sole representative
Allerheiligen, n *(Feiertag, m)* – All Saints' Day
Alleskönner, m – Jack-of-all-trades
allgemein – general; common
allgemeinbildende Schule, f – general school
Allgemeinbildung, f (1) – general knowledge; human knowledge; intellectual background
Allgemeinbildung, f (2) *(gute)* – allround education; general education; liberal education
allgemeine Geschäftsbedingungen (pl) – general terms (pl) and conditions (pl) of trade
allgemeine Hochschulreife, f – matriculation requirements (pl)
allgemeine Lohn- und Gehaltserhöhung, f – across-the-board increase

allgemeine Ortskrankenkasse, f (AOK) – Local General Sickness Benefit Fund

allgemeine Wahl, f – general election

Allgemeines Zoll- und Handelsabkommen, n – General Agreement on Tariffs and Trade

Allgemeinheit, f – community; general public

Allgemeininteresse, n – public interest

allgemeinverbindlich – generally binding

Allgemeinverbindlicherklärung, f – declaration of the general obligation of a collective agreement; decision rendering a collective agreement compulsory

Allgemeinverbindlichkeit, f *(eines Tarifvertrages, m)* – general obligation (of a collective agreement); universal validity

Allgemeinwissen, n – general knowledge

Allgemeinwohl, n – common good; common weal *<fml>*

Alter, n (1) – age

Alter, n (2) *(erwerbsfähiges)* – working age

Alter, n (3) *(hohes)* – old age

Alter, n (4) *(pensionsfähiges)* – pensionable age

Alter, n (5) *(versorgungsfähiges)* – retiring age

Alters- und Hinterbliebenenversorgung, f – old age and survivors' pension scheme

Altersaufbau, m – age distribution; age structure

altersbedingt – due to old-age

altersbedingte funktionelle Veränderung, f – age-related functional deterioration

Altersdiskriminierung, f – age discrimination

Altersentlastungsbetrag, m – old-age (tax) relief amount

Altersentschädigung, f *(für Abgeordnete, pl)* – old-age pension

Altersfreibetrag, m – tax-free age allowance *<GB>*; age allowance *<GB>*; old-age exemption *<US>*

Altersfreizeit, f – age related reduction in working hours (pl)

Altersfürsorge, f – retirement provisions (pl); old-age assistance

Altersgeld, n – old-age allowance

Altersgrenze, f (1) – age limit; retirement age

Altersgrenze, f (2) *(flexible)* – flexible age limit; flexible retirement age; flexage

Altersgruppe, f – age group

Altershilfe, f – old-age assistance; old-age benefits (pl)

Altersklasse, f – age bracket

Alterspyramide, f – age pyramid

Altersrente, f (1) – old-age annuity; retired pay; old-age pension

Altersrente, f (2) *(staatliche)* – old-age pension; retirement pension; superannuation

Altersrentengesetz, n (ARG) – Old Age Pension Act

Altersrenter/in, m/f – old-age pensioner

Altersruhegeld, n (1) *(privat)* – retirement pension; retirement benefit

Altersruhegeld, n (2) *(staatlich)* – old-age pension

Alterssicherung, f – provision for one's old age

Altersstruktur, f – age structure

Altersstufe, f – age group; stage in life

Altersteilzeit, f – part-time working for people approaching retirement; part-time employment for old-age pensioners (pl)

Altersteilzeitbeschäftigter/in, m/f – old-age part-timer

Altersteilzeitgesetz, n (AltTZG) – Old-Age Pensioners' Part Time Work Act; Act to Promote Part-Time Work by Older Persons; Act to Improve a Smooth Transition into Retirement

Altersübergangsgeld, n – old-age transition benefit

Altersversicherung, f – old-age insurance

Altersversorgung, f (1) – retirement pension plan; old-age pension scheme; provision for the aged; public old-age insurance

Altersversorgung, f (2) *(betriebliche)* – company('s) pension scheme; employee pension scheme

Altersversorgungskasse, f – old-age pension fund

Altersvorsorge, f – provision for old-age; provision for one's old age

Altersvorsorgebeitrag, m – contribution for old-age provisions (pl)

Altersvorsorgezulage, f – allowance for old-age provisions (pl)

Alterszulage, f – increment for age

AltTZG → Altersteilzeitgesetz, n

ambulant – mobile

ambulante ärztliche Behandlung, f – outpatient treatment; outpatient care

Amt (n) antreten, v – take office, v; come into office, v; enter upon office, v; accede an office, v

Amt (n) aufgeben, v – resign from office, v; resign the seals (pl), v; relinquish an office, v; vacate an office, v; abdicate, v

Amt (n) inne haben, v – hold (an) office, v; keep an office, v; bear an office, v; be in office, v

Amt (n) übernehmen, v – assume an office, v

Amt, n (1) *(Aufgabe / Funktion, f)* – office, post; charge; function; job; tenure

Amt, n (2) (Behörde, f) – board; magistracy; agency; public authority

Amt, n (3) *(öffentliches)* – public duty

amtieren, v – officiate, v

amtierend – current

amtlich – official; authoritative; functional

Amtsanmaßung, f – false assumption of authority

Amtsantritt, m – assumption of office; entrance/entry into (an) office; entrance upon an office; taking up office; inauguration

Amtsanwalt/Amtsanwältin, m/f – official solicitor

Amtsarzt/Amtsärztin, m/f – public medical officer; health officer <*GB*>; medical examiner <*US*>; official physician

Amtsaufgabe, f – resignation (from office)

Amtsblatt, n – official gazette; official bulletin; official journal

Amtsdauer, f – term (of office); period of office; tenure of office

Amtsdelikt, n – malfeasance; malpractice in office

Amtseid, m – official oath

Amtsenthebung, f – dismissal; removal from office; discharge from office; impeachment <*US, pol*>

Amtsermittlung, f – public investigation

Amtsführung, f – administration
Amtsgeheimnis, n – official secret; confidentiality
Amtsgericht, n – local court <*GB*>; municipal court <*GB*>; county court <*GB*>; district court <*US*>; court of first instance
Amtsgewalt, f – official authority; official power
Amtshaftung, f – public liability; liability of an authority/official for damages (pl)
Amtshandlung, f – official act
Amtshilfe, f *(gegenseitige)* – administrative assistance; administrative aid; co-operation
Amtsinhaber/in, m/f – office holder; incumbent (of an office)
Amtskleidung, f – official robe
Amtsmissbrauch, m – malfeasance
Amtsnachfolge, f – succession in office
Amtsnachfolger/in, m/f – successor in office
Amtsniederlegung, f – resignation from office
Amtspflicht, f – official duty; official function
Amtspflichtverletzung, f – violation of an official duty; negligence of an official duty; breach of an official duty; misconduct in office (by a public officer or employee) <*US*>
Amtssprache, f – official language
Amtstracht, f – gown
Amtsträger/in, m – office holder; office bearer
Amtsübernahme, f – assumption of office
Amtsvergehen, n – malfeasance in office; malpractice in office; misconduct in office
Amtsverschwiegenheit, f – official secrecy
Amtsvollmacht, f – official power
Amtsvorgänger/in, m/f – predecessor in office
Amtsvormundschaft, f – ex officio guardianship
Amtszeit, f – term of office
Amtszulage, f – supplementary allowance
an die Arbeit (f) machen (sich), v – settle down to work, v; set to work, v; sit down for work,v; get to business, v
an Eides (m) statt – in lieu of an oath
an Zahlungs (f) statt – in lieu of payment
analog – analogous
Analogie, f – analogy
Analyse und Bewertung, f (*eines Unternehmens, Betriebes oder Betriebsteils im Hinblick auf einen beabsichtigten Verkauf*) – due diligence
Anbahnung, f – initiation; opening
Anbahnungsphase, f – initiation phase; application phase
Anbahnungsverhältnis, n – initiation relationship
anberaumen, v – set down a date, v; fix a date, v; call a meeting, v
anbieten, v (1) – offer, v
anbieten, v (2) (*Leistung, f*) – tender, v
Anciennität, f – seniority
Anciennitätsprinzip, n – seniority principle
andauernd – continual; continuous; permanent
Anderkonto, n – trust account; nominee account
andersdenkend – dissentient
Andragogik, f – adult education
androhen, v – warn s.o. of, v; threaten, v
Androhung, f – threat

aneignen (sich), v – occupy, v; appropriate, v
Aneignung, f (1) – appropriation
Aneignung, f (2) (*von Fertigkeiten, pl*) – acquisition of skills (pl)
anerkennen, v (1) – recognize/recognise, v; acknowledge, v; admit, v; accept, v
anerkennen, v (2) *(genehmigen, v)* – ratify, v; approve, v; authorize/ authorise, v
Anerkenntnis, n – acknowledgement; recognition; admission
Anerkenntnisurteil, n – judgement by confession; decree by consent
Anerkennung, f – recognition; acceptance
Anfänger/in, m/f – beginner
Anfängerkurs, m – beginners' course <*GB*>; beginners' class <*US*>
anfänglich – initial; first
anfallen, v (1) *(Arbeit, f)* – arise, v
anfallen, v (2) *(Steuern/Zinsen, pl)* – accrue, v
anfallen, v (3) (Rechte, pl) – devolve, v
Anfangseinkommen, n – initial income; original income
Anfangsentgelt, n – starting wage; initial remuneration
Anfangsgehalt, n – initial salary; starting salary
Anfangskapital, n – opening capital; original investment
Anfangslohn, m – starting rate; entrance rate
Anfangsschwierigkeiten (pl) – initial difficulties (pl)
Anfangsstellung, f – first job
anfechtbar (1) *(Urteil, n)* – appealable; subject to appeal
anfechtbar (2) *(Vertrag, m / Testament, n)* – voidable; contestable; defeasible; rescindable
anfechtbar (3) *(Maßnahme, f)* – disputable; impugnable
Anfechtbarkeit, f (Vertrag, m / Testament, n) – contestability; voidability
anfechten, v (1) *(Urteil, n)* – appeal, v; challenge, v
anfechten, v (2) *(Vertrag, m / Testament, n)* – avoid, v; contest, v; rescind, v; impugn, v; dispute,v
anfechten, v (3) *(Gültigkeit/Echtheit, f)* – challenge, v; dispute, v
anfechten, v (4) *(eine Entscheidung, f)* – contest, v; challenge, v
Anfechtung, f (1) *(Vertrag, m)* – avoidance; contestation; rescission; repudiation
Anfechtung, f (2) *(Urteil, n)* – appeal; challenge
Anfechtungsberechtigte/r, f/m – rescinder; contesting party
Anfechtungserklärung, f – declaration of recission
Anfechtungsfrist, f – time for repudiation
Anfechtungsgrund, m – cause for rescission; invalidating cause
Anfechtungsklage, f (1) – action to declare an administrative act void; action to invalidate a contract
Anfechtungsklage, f (2) *(Vertrag, m)* – action for avoidance
Anfechtungsklage, f (3) *(Ehe, f)* – action for annulment
anfertigen, v – produce, v; fabricate, v; manufacture, v; make, v
Anforderung, f *(Erfordernis, n)* – requirement; request; requisition; demand
Anforderungen (pl) erfüllen, v – meet the requirements (pl), v
Anforderungen (pl) nicht genügen, v – not to come up to standard, v
Anforderungsanalyse, f – requirements (pl) analysis

Anforderungsprofil, n – requirements (pl); qualification profile

Anfrage, f – inquiry

Anführer/in, m/f (1) – leader; ringleader; fugleman

Anführer/in, m/f (2) *(von Streikbrechern, pl)* – noble <*US*, *sl*>

Angabe, f – statement; declaration

Angaben, pl (1) – data; particulars (pl)

Angaben, pl (2) *(zur Person, f)* – personal data; personalia; identification particulars (pl)

Angaben, pl (3) *(sachdienliche)* – pertinent information

Angaben, pl (4) *(zweckdienliche)* – relevant information

angeboren – congenital

Angebot (n) abgeben, v – make an offer, v; tender, v

Angebot (n) ablehnen, v – reject an offer, v; refuse an offer, v; turn down an offer, v

Angebot (n) zurückziehen, v – withdraw an offer, v; revoke an offer, v

Angebot, n (1) – offer; offering; proffer

Angebot, n (2) *(an Arbeitskräften, pl)* – supply of labo(u)r

Angebot, n (3) *(Leistung, f)* – tender

Angebotsfrist, f – closing date for receipt of offers (pl); closing date for receipt of tenders (pl)

Angehörige/r, f/m – relative

Angeklagte/r, m/f – defendant; accused; culprit; prisoner at the bar

Angelegenheit, f (1) – matter; concern; case; issue

Angelegenheit, f (2) *(in der ~)* – in the matter of

angelernt – semi-skilled

angemessen – adequate; reasonable; appropriate; fair; suitable

angemessene Sorgfalt, f – due diligence

Angemessenheit, f – adequacy; reasonableness; suitability

Angeschuldigte/r, f/m – person charged; culprit; indicted person

angestellt (1) – employed

angestellt (2) *(im Büro, m)* – black coated <*GB*>; white collar <*US*>

angestellt sein, v *(bei jmd)* – be in s.o.'s pay, v; be in ordinary employment, v

Angestellte, pl (1) – non-manual staff

Angestellte, pl (2) *(eines Betriebes, m)* – staff

Angestellte/r, f/m (1) – salaried employee; white-collar worker <*US*>; office worker; salary earner

Angestellte/r, f/m (2) *(im öffentlichen Dienst, m)* – public servant; civil servant <*US*>

Angestellte/r, f/m (3) *(eines Betriebes, m)* – staff member; member of staff

Angestelltenbelegschaft, f – salaried staff

Angestelltengewerkschaft, f – white-collar union

Angestelltenverhältnis, n – non-tenured employment; salaried employee status; salaried employment status; salaried employment (relationship)

Angestelltenversicherung, f – salaried employees' obligatory social security insurance; (German) salaried employees' pension insurance scheme

Angestelltenversicherungsgesetz, n (AVG) – Salaried Employees' Insurance Act; Social Security Act <*US*>

Angestelltenvertretung, f – salaried employee representation

angewandte Forschung, f – applied research
angleichen, v (1) – adjust, v; adapt, v
angleichen, v (2) *(Gehälter, pl)* – adjust, v; equalize, v <*US*>; equalise, v <*GB*>
angleichen, v (3) *(Preise, pl)* – approximate, v
Angleichung, f (1) – level(l)ing
Angleichung, f (2) *(von Gehältern, pl)* – salary adjustment
Angriffsaussperrung, f – aggressive lockout
anhängen, v *(beifügen, v)* – enclose, v; attach, v
anhängig *(Verfahren, n / Prozess, m)* – pending
anhängiger Rechtsstreit, m – pending action; pending case; pending litigation
Anhäufung, f – accumulation
anhaltend – persistent
anheben, v – raise, v; increase, v
Anhebung, f – increase in; raising of
anheuern, v – engage, v; hire, v
anhören, v – grant a hearing, v; give s.o. the opportunity to be heard, v; give s.o. the opportunity to present his/her case, v
Anhörung, f (1) – hearing
Anhörung, f (2) *(des Betriebsrats, m)* – hearing of the works council
Anhörungsrecht, n – right to be heard
Ankläger/in, m/f (1) – accuser
Ankläger/in, m/f (2) *(öffentlicher/öffentliche)* – (public) prosecutor
Anklage, f <*jur*> – charge; accusation; indictment; impeachment
anklagen, v – accuse, v; charge, v; arrain, v; indict, v; impeach, v
Anklageschrift, f – bill of indictment; indictment; true bill; charge sheet
Anklagevertreter/in, m/f – public prosecutor
ankreuzen, v (ein Feld (n) im Fragebogen, m) – tick, v <*GB*>; check, v <*US*>
ankündigen, v – give notice of, v; announce, v
Ankündigung, f – notice; announcement
Ankündigungsfunktion, f – announcement function
Anlage, f (1) *(Beilage, f)* – enclosure; attachment; appendix; supplement
Anlage, f (2) *(Betrieb, m)* – facilities (pl); installation; plant layout
Anlage, f (3) *(Gebäude, n)* – works (pl); plant
Anlage, f (4) *(Geld, n)* – investment; assets (pl)
Anlageberater/in, m/f – investment adviser/advisor
Anlagedauer, f – duration of investment
Anlageform, f – type of investment
Anlagenbetreiber/in, m/f – operator
Anlagenbuchhaltung, f – property accounting (department)
Anlagenmechaniker/in, m/f – plant mechanic
Anlagentechnik, f – plant engineering
Anlauf, m *(der Produktion, f)* – launch
anlaufen, v (Produktion,f) – warm up,v
Anlaufperiode, f – initial period
anlegen, v *(Kapital, n)* – invest, v; place, v
anleiten, v – instruct, v; teach, v; guide, v; coach, v
Anleitung, f – instruction; guidance; schooling
Anlernberuf, m – semi-skilled trade; semi-skilled occupation

anlernen (jmd), v – train s.o., v; give initial instruction to s.o., v; instruct s.o., v; teach s.o., v

Anlernling, m – trainee; learner

Anlernlohn, m – learner's (wage) rate; beginner's (wage) rate

Anlernzuschuss, m – teaching allowance

Anmeldebestätigung, f – confirmation of registration; confirmation of enlistment

Anmeldeformular, n – registration form

Anmeldefrist, f – period for application; period for registration

Anmeldegebühr, f – registration fee

anmelden, v (1) – notify, v; announce, v

anmelden, v (2) *(Anspruch, m)* – file a claim, v

anmelden, v (3) *(Gewerbe, n)* – register a trade, v

anmelden, v (4) *(Konkurs, m)* – file a petition in bankruptcy, v

anmelden, v (5) *(zu einem Seminar, n)* – enrol(l), v; enlist, v; sign up for, v; register for, v

anmelden, v (6) *(Patent, n)* – apply for a patent, v

Anmeldung, f (1) – registration; announcement; notification; report

Anmeldung, f (2) *(zu einem Seminar, n)* – enrol(l)ment; enlistment; registration for

Anmeldung, f (3) (*von Forderungen (pl) im Konkurs, m*) – proof of debts (pl)

Anmerkung, f – note; comment; remark

annähernd – approximate

Annahme, f (1) *(Entgegennahme, f)* – acceptance; taking

Annahme, f (2) *(Vermutung, f)* – assumption; presumption

Annahmeverweigerung, f – refusal to accept; nonacceptance; refusal of delivery

Annahmeverzug, m – default in accepting; default of acceptance

annehmen, v (1) *(entgegen nehmen, v)* – accept, v

annehmen, v (2) *(vermuten, v)* – assume, v; presume, v

Annehmlichkeit, f – amenity

Annonce, f – advertisement; insertion

annoncieren, v – advertise, v; insert, v

annullieren, v – annul, v; cancel, v; rescind, v

Annullierung, f – annulment; cancellation; rescission

anonym – anonymous

Anonymisierung, f – depersonalisation <*GB*>; depersonalization <*US*>

anordnen, v – order, v; direct, v; prescribe, v; give orders (pl), v; instruct,v

Anordnung, f (1) – order; directive; direction; precept

Anordnung, f (2) *(gerichtliche)* – decision of the court; writ

Anordnung, f (3) *(einstweilige)* – interim order; provisional arrangement

anpassen, v (1) – adjust, v; adapt, v

anpassen, v (2) *(sich)* – accommodate o.s., v

Anpassung, f (1) – adjustment; adaptation

Anpassung, f (2) *(an die Lebenshaltungskosten, pl)* – cost-of-living adjustment

Anpassung, f (3) *(berufliche)* – retraining

Anpassungsbeihilfe, f – adaptation grant

anpassungsfähig – flexible

Anpassungsfähigkeit, f – flexibility; adaptability

Anpassungsfortbildung, f – adaptation training
Anpassungshilfe, f – adaptation aid
anrechenbar – chargeable
anrechnen, v (1) – credit, v; offset, v; charge, v
anrechnen, v (2) *(abziehen, v)* – deduct, v; allow, v
Anrechnung, f – crediting; deduction; charge
Anrechnungsabrede, f – crediting agreement
anrechnungsfähig – chargeable
Anrechnungsfaktor, m – credit factor
Anrechnungsklausel, f – off-setting provision; off-set provision
Anrechnungszeitraum, m *(Sozialversicherung, f)* – credit period
Anrecht, n – right; title; interest; claim; lien
Anrede, f – form of address
anregen, v (1) *(vorschlagen, v)* – suggest, v; propose, v
anregen, v (1) *(motivieren, v)* – motivate, v
Anregung, f (1) *(Vorschlag, m)* – suggestion; proposal
Anregung, f (2) *(Motivation, f)* – motivation
Anreicherung, f – enrichment
Anreiz, m – incentive; inducement
Anreizsystem, n – incentive system
Anruf, m – call
Anrufung, f – appeal
ansässig – resident
Ansammlung, f – accumulation
Anschauungsmaterial, n – visual aids (pl)
Anschein, m – appearance
Anscheinsbeweis, m – proof of appearance; prima facie evidence; half proof
Anscheinsvollmacht, f – power by virtue of appearance; apparent authority; ostensible authority; agency by estoppel
Anschlagtafel, f – notice board; bulletin board; bill board
anschließen (sich), v – join, v
Anschluss, m – connection; joinder
Anschlussberufung, f – cross appeal; counter-appeal
Anschlusspfändung, f – second distress; secondary attachment
Anschlussrevision, f – counter-appeal
Anschreiben, n – covering letter; cover letter
Anschrift, f – address
anschuldigen, v – accuse s.o. of, v; charge s.o. with, v
Anschuldigung, f – accusation; indictment; charge
Ansehen, n – reputation; authority; credit; esteem
Anspannung, f – stress
Ansporn, m – incentive
Ansprache, f – address; speech
Ansprechpartner/in, m/f – contact person; contact
Anspruch (m) abfinden, v – buy up a claim, v
Anspruch (m) anerkennen, v – admit a claim, v; allow a claim, v; recognise/recognize a claim, v
Anspruch (m) anmelden, v – file a claim, v
Anspruch (m) befriedigen, v – settle a claim, v
Anspruch (m) bestreiten, v – contest a claim, v; defend a claim, v; resist a claim, v
Anspruch (m) geben auf, v – entitle, v

Anspruch (m) geltend machen, v – enforce a claim, v; assert one's claim to s.th., v

Anspruch (m) haben, v – be entitled to, v

Anspruch, m (1) *(Anrecht, n)* – claim; interest; right; entitlement

Anspruch, m (2) *(Forderung, f)* – demand; call; title

Anspruch, m (3) *(aus einem Vertrag, m)* – claim under a contract

Anspruch, m (4) *(auf Schadensersatz, m)* – claim for damages (pl)

Anspruch, m (5) *(auf Unterstützung, f)* – right to support

Anspruch, m (6) *(begründeter)* – sound claim

Anspruch, m (7) *(verjährter)* – outlawed claim; state demand

Anspruchsbegründung, f – proof of a claim

anspruchsberechtigt sein, v – be eligible, v; be entitled, v; have a claim, v

Anspruchsberechtigte/r, m/f – rightful claimant

Anspruchsberechtigung, f – eligibility; entitlement

Anspruchsdauer, f – term of a claim

Anspruchsgrundlage, f – basis of a claim; foundation of a claim; material basis

anspruchshemmende Einrede, f – dilatory plea

Anspruchskonkurrenz, f – concurring claims (pl)

anspruchslos – modest; simple; easily satisfied

Anspruchsregulierung, f – claim settlement

Anspruchsübergang, m – transition of a claim

Anspruchsverjährung, f – limitation of a claim

anspruchsvernichtend – peremptory

Anspruchsverzicht, m – abandonment of a claim; waiver of a claim

anspruchsvoll – demanding

Anspruchsvoraussetzung, f – requirement of a claim

Anspruchszeitraum, m – entitlement period

anständig – fair

Anstalt, f (1) – institution; institute

Anstalt, f (2) *(des öffentlichen Rechts, n)* – establishment under public law

ansteckende Krankheit, f – contagious disease; zymotic disease

anstellen, v (1) *(jmd)* – hire, v; engage, v; employ, v; occupy, v

anstellen, v (2) *(jmd fest ~)* – put s.o. on establishment, v

anstellen, v (3) *(sich)* – behave, v; pretend, v

Anstellung, f (1) *(Einstellung, f)* – engagement; enlistment; recruitment *<US>*

Anstellung, f (2) *(Beruf, m / Stelle, f)* – employment; job; post; position; tenure

Anstellung, f (3) *(Ernennung, f)* – appointment

Anstellung, f (4) *(auf Lebenszeit, f)* – lifetime employment; appointment for life; life tenure; tenure

Anstellungsbedingungen (pl) – hiring conditions (pl)

Anstellungsbehörde, f – appointing authority

Anstellungsbetrug, m – employment fraud

Anstellungsschreiben, n – letter of employment

Anstellungsverhältnis, n – terms (pl) of employment; employee status

Anstellungsvertrag, m – employment contract; labo(u)r contract

Anstieg, m *(der Löhne, pl)* – rise in wages (pl); rising wages (pl)
anstiften, v – instigate, v; induce, v; forment, v; abet, v <*law*>
Anstifter/in, m/f – instigator; formenter; abetter <*law*>
Anstiftung, f – instigation; formentation; incitement; abetting <*law*>
anstrengende Arbeit, f – trying work
Anstrengung, f – effort; strain
Anteil, m (1) – part; portion; share
Anteil, m (2) – quota; rate; interest
Anteil, m (3) *(am Gewinn, m)* – profit share
Anteil, m (4) *(am Gesellschaftsvermögen, n)* – share in a partnership; capital interest in a partnership
anteilig – pro rata; proportionate; in proportion
Anteilseigner/in, m/f – shareholder <*GB*>; stockholder <*US*>
Anträge, pl (1) <*jur*> *(des Beklagten, m)* – form of order sought
Anträge, pl (2) <*jur*> *(des Klägers, m)* – form of order sought by the applicant
Antrag (m) ablehnen, v – reject an application, v; defeat a motion, v
Antrag (m) bei Gericht (n) stellen, v – petition the court, v
Antrag (m) einreichen, v – file an application, v; file a petition, v
Antrag (m) stellen, v – file an application, v; make an application, v; file a motion, v; move a motion, v
Antrag, m (1) – offer
Antrag, m (2) *(Gesuch, n)* – application; request; petition
Antrag, m (3) *(im Parlament, n)* – motion
Antrag, m (4) *(in Klageschrift, f)* – prayer
Antrag, m (5) *(auf Zulassung, f)* – application for admission
Antragsbefugnis, f – authority to make a motion
antragsberechtigt – eligible for application
Antragsbeschränkung, f – application limitation
Antragsdelikt, n – offence requiring an application for prosecution
Antragsformular, n – application form; application blank
Antragsfrist, f – deadline for application; application deadline; period for filing an application
Antragsgegner/in, m/f <*jur*> – respondent; opponent
Antragsgenehmigung, f – approval of an application
Antragspflichtversicherung, f – compulsary insurance on request
Antragsrecht, n – right of application; initiative
Antragsschrift, f – statement of claim
Antragssteller/in, m/f – applicant; petitioner; moving party; claimant; plaintiff <*law*>
Antragsstellung, f – application; submission of requests (pl)
Antragsvoraussetzung, f – application requirements (pl); motion requirements (pl)
Antreiber, m – driver
antreten, v (1) *(Dienst, m / Stellung, f)* – report for work, v; take up a position, v; take up employment, v
antreten, v (2) *(Amt, n)* – enter upon the duties (pl), v
antreten, v (3) *(Beweis, m)* – offer evidence, v
Antritt, m (1) *(Dienst, m)* – taking up a job; entering upon service
Antritt, m (2) *(Arbeit, f)* – beginning of work; commencement of work

Antritt, m (3) *(Amt, n)* – entrance upon office; entering into office; assumption of work

Antrittsdatum, n – date of appointment

Antrittsgebühr, f – start fee

Antrittszulage, f – start allowance

Antwortschreiben, n – written reply; answering letter; written response

anvertrauen, v – entrust, v

anwachsen, v – accrue, v

Anwärter/in, m/f – candidate; aspirant; expectant

Anwalt/Anwältin (m/f) beauftragen, v – instruct a lawyer, v; instruct an attorney, v *<US>*

Anwalt/Anwältin (m/f) bestellen, v – retain a counsel, v

Anwalt/Anwältin, m/f (1) – lawyer; attorney *<US>*; counsel; advocate

Anwalt/Anwältin, m/f (2) *(vor bestimmten niederen Gerichten, pl)* – solicitor *<GB>*

Anwalt/Anwältin, m/f (3) (*der beklagten Partei, f*) – attorney for the defense *<US>*; defense attorney *<US>*

Anwaltschaft, f – bar; attorneyship; advocacy

Anwaltsgebühr, f – lawyer's legal fee; attorney's legal fee *<US>*

Anwaltsgehilfe/Anwaltsgehilfin, m/f – lawyer's secretary; lawyer's assistant

Anwaltskammer, f – bar association *<US>*; Inn of Court *<GB>*

Anwaltskanzlei, f – lawyer's office

Anwaltsprozess, m – litigation with necessary representation by a layer

Anwaltszwang, m – mandatory representation by a lawyer

Anwartschaft, f (1) – expectancy; candidacy

Anwartschaft, f (2) *(Erbrecht, n)* – remainder

Anwartschaft, f (3) *(Befähigung, f)* – qualification

Anwartschaft, f (4) (bei Versicherung, f) – prospective entitlement

Anwartschaft, f (5) *(unentziehbare)* – vested remainder

Anwartschaftsrecht, n – expectant estate; remainder interest

Anwartschaftszeit, f – qualifying period

anweisen, v (1) *(anordnen, v)* – direct, v; instruct, v; order, v

anweisen, v (2) *(zuweisen, v)* – assign, v; allot, v

anweisen, v (3) *(überweisen, v)* – remit, v

anweisen, v (4) *(Geld, n)* – transfer money, v; remit, v

Anweisung (f) geben, v – give an order, v

Anweisung, f – direction; order; instruction; directive

anwendbar – applicable; relevant

anwenden, v – apply, v; use, v; utilise, v *<GB>*; utilize, v *<US>*

Anwender/in, m/f – user

Anwendung (f) finden, v (*entsprechende*) – apply mutatis mutandis, v

Anwendung, f – application; use; utilisation *<GB>*; utilization *<US>*

Anwendungsbereich, m – field of application; range of application; scope of application; coverage

Anwendungstechnik, f – application technology

anwerben, v *(Arbeitskräfte, pl)* – recruit, v; hire, v *<US>*

Anwerbung, f (1) – recruitment

Anwerbung, f (2) *(von Hochschulabsolventen (pl) an der Hochschule, f)* – campus recruiting; college recruitment

anwesend sein, v – attend, v; be present, v
Anwesenheit, f (1) – presence
Anwesenheit, f (2) *(Teilnahme, f)* – attendance
Anwesenheitsdaten (pl) – attendance data (pl)
Anwesenheitserfassung, f – attendance registration
Anwesenheitsgeld, n – attendance allowance
Anwesenheitskontrolle, f – attendance check; floor check
Anwesenheitsliste, f – attendance list; attendance sheet; record of attendance; list of names (pl); attendance register
Anwesenheitsprämie, f – attendance bonus; bonus for good attendance; attendance premium; presence premium
Anwesenheitszeit, f – attendance time
anzahlen, v – make a deposit, v; deposit, v; pay down, v; pay on account, v
Anzahlung, f (1) – downpayment; advance payment; payment on account; deposit; earnest money
Anzahlung, f (2) (bei Ratenzahlung, f) – first instal(l)ment; initial payment
Anzeige (f) aufgeben, v – advertise,v
Anzeige (f) erstatten, v (1) – denounce, v
Anzeige (f) erstatten, v (2) *(bei der Polizei, f)* – report to the police, v
Anzeige, f (1) – announcement; report; declaration
Anzeige, f (2) *(bei Behörde, f)* – notification; charge
Anzeige, f (3) *(Inserat, n)* – advertisement; ad
anzeigen, v (1) *(bei Behörde, f)* – announce, v; notify, v
anzeigen, v (2) *(per Inserat, n)* – advertise, v; insert, v
anzeigen, v (3) *(jmd)* – denounce s.o., v; report s.o., v
Anzeigepflicht, f – duty to report; obligation to report/disclose; duty to disclose; obligation to notify; liability to notice
anzeigepflichtig – notifiable; reportable
anzetteln, v – instigate, v
AO → Abgabenordnung, f
AOK → allgemeine Ortskrankenkasse, f
Appellationsgericht, n – court of appeal
Approbation, f – licence to practice *<GB>*; license to practise *<US>*; medical license *<US>*; medical registration
Arbeit (f) annehmen, v – take employment, v
Arbeit (f) aufnehmen, v – take up work, v
Arbeit (f) einstellen, v – stop working, v; knock off, v; leave off work, v; remit one's work, v; down tools (pl), v
Arbeit (f) geben, v – employ, v
Arbeit (f) haben, v – be employed, v; have a job, v
Arbeit (f) leisten, v – perform, v
Arbeit (f) niederlegen, v – lay down tools (pl), v
Arbeit (f) suchen, v – look for a job, v; seek work, v; seek employment, v; look for work, v; hunt for a job, v
Arbeit (f) vergeben, v – let out a work, v
Arbeit (f) wieder aufnehmen, v – resume work, v
Arbeit, f (01) – work; labor *<US>*; labour *<GB>*
Arbeit, f (02) *(Aufgabe, f)* – task; assignment

Arbeit, f (03) *(Ausführung, f)* – workmanship; craftsmanship; handwork
Arbeit, f (04) *(Beschäftigung, f)* – employment; occupation; job
Arbeit, f (05) *(Dienst, f)* – service
Arbeit, f (06) *(Leistung, f)* – performance; output
Arbeit, f (07) (Mühe, f) – effort; trouble
Arbeit, f (08) *(auf Prämienbasis, f)* – work on the bonus system
Arbeit, f (09) *(ehrenamtliche)* – voluntary work; volunteer work
Arbeit, f (10) *(gemeinnützige)* – community service work
Arbeit, f (11) *(gefahrengeneigte)* – incident-prone work; danger-bent work
Arbeit, f (12) *(schadensgeneigte)* – damage-bent work
Arbeit, f (13) *(anstrengende)* – trying work
Arbeit, f (14) *(bezahlte)* – paid work
Arbeit, f (15) *(dringende)* – rush job
Arbeit, f (16) *(unter Tarif, m)* – scab work
Arbeit, f (17) *(nach Vorschrift, f)* – go-slow
Arbeiten (pl) weitervergeben, v – contract out, v; subcontract, v
arbeiten, v (01) – work, v; do work, v; be at work, v; labo(u)r, v
arbeiten, v (02) *(funktionieren, v)* – run, v; operate, v; function, v
arbeiten, v (03) *(herstellen, v)* – produce, v; make, v; manufacture, v
arbeiten, v (04) *(am Fließband, n)* – work on the assembly line, v
arbeiten, v (05) *(äußerst hart)* – slave, v
arbeiten, v (06) *(ganztägig)* – work full-time, v
arbeiten, v (07) *(halbtägig)* – work half-time, v
arbeiten, v (08) *(im Akkord, m)* – work by the job, v; do job work, v
arbeiten, v (09) *(streng nach Vorschrift, f)* – work to rule, v
arbeiten, v (10) *(umschichtig)* – work in relays (pl), v; take turns (pl), v
arbeiten, v (11) *(als Aushilfe, f)* – help out, v
Arbeiter, pl (1) *(gewerkschaftlich organisierte)* – unionised/unionized labo(u)r
Arbeiter, pl (2) *(unbeschäftigte)* – idle workmen/workwomen (pl)
Arbeiter/in, m/f (1) – worker; manual worker; workman/workwoman; labo(u)rer; blue-collar worker
Arbeiter/in, m/f (2) *(an einer Maschine, f)* – operator; operative
Arbeiter/in, m/f (3) *(angelernte/r)* – semi-skilled worker
Arbeiter/in, m/f (4) *(gelernte/r)* – skilled worker
Arbeiter/in, m/f (5) *(im Stundenlohn (m) beschäftigte/r)* – hourly paid worker; hourly worker
Arbeiter/in, m/f (6) *(qualifizierte/r)* – qualified worker
Arbeiter/in, m/f (7) *(ungelernte/r)* – unskilled worker; dilutee; plug <*sl*>
Arbeiter/in, m/f (8) *(überzählige/r)* – redundant worker
Arbeiterbelegschaft, f – manual labo(u)r force
Arbeiterbewegung, f – labo(u)r movement
Arbeiterfamilie, f – working-class family
Arbeiterführer/in, m/f – labo(u)r leader
Arbeiterin, f – working woman; workwoman
Arbeiterkammer, f – chamber of labo(u)r
Arbeiterklasse, f – working class

Arbeiterkolonne, f – gang

Arbeiterschaft, f – labo(u)r force; working people; rank-and-file

Arbeiterstand, m – the working classes (pl)

Arbeitgeber-Arbeitnehmer-Beziehungen (pl) – industrial relations (pl) *<US>*; labo(u)r relations (pl); labo(u)r-managment relations (pl); employer-employee relations (pl)

Arbeitgeber/in, m/f (1) – employer; principal; master

Arbeitgeber/in, m/f (2) *(der/die auf Gleichberechtigung (f) achtet)* – equal opportunity employer

Arbeitgeberanteil, m (1) *(zur Sozialversicherung, f)* – employer's social contribution; employer's national insurance contribution *<GB>*; social security payroll tax *<US>*

Arbeitgeberanteil, m (2) *(zur Rentenversicherung, f)* – employer's contribution to pension insurance

Arbeitgeberaufwendungen (pl) – employer's expenses (pl); employer's payments (pl)

Arbeitgeberbeitrag, m – employer's contribution

Arbeitgeberdarlehen, n – employer's loan; company loan

Arbeitgeberhaftung, f – employer's liability

Arbeitgeberkündigung, f – termination of employment by the employer

Arbeitgeberleistung, f – employer contribution

Arbeitgeberpflichten (pl) – employer's obligations (pl)

Arbeitgeberverband, m – employers' association

Arbeitgebervertreter/in, m/f – employer's representative

Arbeitgeberwechsel, m – change of employer

Arbeitgeberzuschuss, m – employer's allowance

Arbeitnehmer-Arbeitgeber-Beziehungen (pl) – industrial relations *<US>*; labo(u)r relations (pl); labo(u)r-management relations (pl); employee-employer relations (pl)

Arbeitnehmer/in, m/f (1) – employee; member of staff; staff member; employed person; jobholder

Arbeitnehmer/in, m/f (2) *(gewerbliche/r)* – industrial employee; manual worker

Arbeitnehmer/in, m/f (3) *(gewerkschaftlich organisierte/r)* – unionised/unionized employee

Arbeitnehmer/in, m/f (4) *(festangestellte/r)* – permanent employee

arbeitnehmerähnlich – person in quasi-employment; quasi-employee

Arbeitnehmeranteil, m *(zur Sozialversicherung, f)* – employee's contribution (to social insurance); employee's share; federal unemployment tax *<US>*

Arbeitnehmerbegriff, m – meaning of the term "employee"

Arbeitnehmerbeteiligung, f – employee participation; employee involvement

Arbeitnehmerdaten (pl) – employee data (pl)

Arbeitnehmereigenschaft, f – employee status

Arbeitnehmerentsendegesetz, n (AEntG) – Act on Minimum Standards for Posted Workers (Gesetz über zwingende Arbeitsbedingungen bei grenzüberschreitenden Dienstleistungen)

Arbeitnehmererfindergesetz, n (ArbNEerfG) – Federal Act on Employee Inventions; Employee Invention Act

Arbeitnehmererfindervergütung, f – employee invention award

Arbeitnehmererfindung, f – employee invention

Arbeitnehmerfreibetrag, m – earned-income allowance; earned-income relief; employee exempted amount

Arbeitnehmerfreizügigkeit, f – free movement of labo(u)r; industrial mobility

Arbeitnehmergruppe, f – employee category

Arbeitnehmerhaftung, f – employee liability

Arbeitnehmerinteresse, n – interest of (the) employee

Arbeitnehmerkammer, f – employee chamber

Arbeitnehmerpflichten (pl) – employee obligations (pl)

Arbeitnehmerrechte (pl) – employee rights (pl)

Arbeitnehmerschutz, m – employee protection; protection of employees (pl)

Arbeitnehmerschutznorm, f – employee protection provision

Arbeitnehmersparzulage, f – employee saving bonus; employee saving allowance

Arbeitnehmerstatus, m – employee status

Arbeitnehmerüberlassung, f – manpower provision; supply of temporary workers (pl); leasing of employees (pl)

Arbeitnehmerüberlassungsfirma, f – temporary employment agency

Arbeitnehmerüberlassungsgesetz, n (AÜG) – Manpower Provision Act; Personnel Leasing Act

Arbeitnehmerüberlassungsvertrag, m – labo(u)r supply contract; manpower supply contract

Arbeitnehmervereinigung, f – employee association

Arbeitnehmervertreter/in, m/f – employee representative; shop steward

Arbeitnehmervertretung, f – employee representation

Arbeitnehmerweiterbildung, f – ongoing education of employees (pl); retraining

Arbeitnehmerzulage, f – employee allowance

Arbeits- und Berufsberatung, f – career counsel(l)ing; vocational counsel(l)ing

Arbeitsablauf, m (1) – work-flow; working process; sequence of operations (pl) <*tech*>

Arbeitsablauf, m (2) *(gewohnter)* – work routine

Arbeitsablaufplan, m – flow chart; process chart

Arbeitsagentur, n (1) – labour exchange <*GB*>; employment exchange; employment service; placement service; job vacancy service

Arbeitsagentur, n (2) – labor office <*US*>; employment office

Arbeitsalltag, m – workday routine

Arbeitsanalyse, f – work analysis; job analysis; methods study

Arbeitsanforderung, f – job requirement; work demand

Arbeitsangebot, n – labo(u)r supply

Arbeitsanreiz, m – incentive

Arbeitsantritt, m – taking up work

Arbeitsanweisung, f – job instruction; work instruction
Arbeitsanzug, m – working clothes (pl); overalls (pl)
Arbeitsassistenz, f – work assistance
Arbeitsaufgabe, f – assignment; work assignment
Arbeitsaufnahme, f – starting of work; taking up work
Arbeitsauftrag, m – job order; work order
Arbeitsaufwand, m – work effort
Arbeitsauseinandersetzung, f – labo(u)r dispute
Arbeitsausfall, m – loss of working hours (pl); loss of working time; loss of work
Arbeitsausfallentschädigung, f – fall-back pay
Arbeitsausführung, f – workmanship
Arbeitsbedarf, m – work requirement
arbeitsbedingte Erkrankung, f – work-related disease; work-induced disease
Arbeitsbedingungen, pl (1) *(äußere)* – working conditions (pl)
Arbeitsbedingungen, pl (2) *(vertragliche)* – employment conditions (pl)
Arbeitsbefreiung, f – release from work(ing); exemption from work(ing); time off
Arbeitsbeginn (m) staffeln, v – stagger starting times (pl), v
Arbeitsbeginn, m – starting time; beginning of work; commencement of work
Arbeitsbelastung, f – workload
Arbeitsbereich, m (1) *(Aufgabe, f)* – job; function; responsibility
Arbeitsbereich, m (2) *(Branche, f)* Arbeitsfeld, n – sector; employment sector
Arbeitsbereich, m (3) *(räumlich)* – working area; work area
Arbeitsbereicherung, f – job enrichment
Arbeitsbereitschaft, f – stand-by time; stand-by duty; availability for duty
Arbeitsbericht, m – work book; work report; job report; performance report; progress report
Arbeitsbeschaffung, f – procurement of work; job creation; work creation
Arbeitsbeschaffungsmaßnahme, f (ABM) – job-creating measure; job creation scheme
Arbeitsbeschaffungsprogramm, n – employment scheme; make-work scheme; work creation program(me); relief program(me)
Arbeitsbescheinigung, f (1) – employment certificate; certificate of employment
Arbeitsbescheinigung, f (2) *(nach Entlassung, f)* – discharge paper; leaving certificate <*GB*>
Arbeitsbesprechung, f – work conference
Arbeitsbewertung, f – job evaluation; job rating <*US*>; position evaluation; employment rating
Arbeitsbewilligung, f *(Arbeitserlaubnis, f)* – work permit; green card <*US*>
Arbeitsbeziehungen (pl) – industrial relations (pl); labo(u)r relations (pl)
Arbeitsbuch, n – practice book; work book; employment record; employee's record book
Arbeitsdirektor, m – director of industrial relations; labo(u)r director; workers' director <*GB*>; labor relations director <*US*>

Arbeitsdisziplin, f – shop discipline; work discipline

Arbeitseifer, m – eagerness for work; eagerness to work; work urge

Arbeitseinheit, f – unit of work; work(ing) unit

Arbeitseinkommen, n – earned income; income from employment; personal earnings (pl)

Arbeitseinsatz, m (1) – employment of labo(u)r

Arbeitseinsatz, m (2) (Arbeitszuweisung, f) – labo(u)r allocation; placement

Arbeitseinstellung, f (1) (Einstellung der Arbeit) – stoppage of work; turnout <*GB*>; tie-up <*US*>

Arbeitseinstellung, f (2) *(Betriebsschließung, f)* – shutdown

Arbeitsende, n – end of work

Arbeitsentgelt, n (1) – earned income; income from employment; remuneration

Arbeitsentgelt, n (2) – pay; wage; wages (pl)

Arbeitserfahrung, f – work experience

Arbeitserfolg, m – work success

Arbeitsergebnis, n – labo(u)r output; work results (pl)

Arbeitserlaubnis, f – work permit

Arbeitserleichterung, f – facilitation of work

Arbeitsermüdung, f – fatigue

Arbeitsersparnis, f – labo(u)r saving

Arbeitserweiterung, f – job enlargement

Arbeitsessen, n – business lunch; business dinner; working lunch; working dinner; business luncheon

arbeitsfähig – able to work; capable of working; fit for work; employable

Arbeitsfähigkeit, f – capacity to work; working capacity; ability to perform; employability; fitness for work

Arbeitsfeld, n *(Branche, f)* → Arbeitsbereich, m (2)

Arbeitsförderungsgesetz, n (AFG) – Employment Promotion Act

Arbeitsfolge, f – sequence of operations (pl); work sequence

Arbeitsfortschritt, m – work progress

arbeitsfrei – time off; free of work

arbeitsfreier Tag, m – day off

Arbeitsfreistellung, f (1) – release from work; time off

Arbeitsfreistellung, f (2) *(zum Ausgleich von Mehrarbeit)* – compensatory leave

Arbeitsfreude, f – work satisfaction; job satisfaction; job joy

Arbeitsfrieden, m – industrial peace

Arbeitsgang, m – operation; working process; process; working cycle

Arbeitsgebiet, n – sphere of activity; sphere of action; sphere of work; field of operation; field of activity

Arbeitsgemeinschaft, f – team; working association; working pool; contractual association; joint venture <*law*>

Arbeitsgenehmigung, f – work permit; labo(u)r permit; authorization to start work

Arbeitsgerät, n – implement(s); tool; equipment

Arbeitsgericht, n – industrial court; industrial tribunal <*GB*>; labor court <*US*>

Arbeitsgerichtsbarkeit, f – labor jurisdiction <*US*>; jurisdiction over industrial matters (pl)

Arbeitsgerichtsgesetz, n (ArbGG) – Labo(u)r Court Act

Arbeitsgerichtsprozess, m – labo(u)r case

Arbeitsgerichtsverfahren, n – labo(u)r court proceedings (pl)
Arbeitsgesetzbuch, n – Labo(u)r Code
Arbeitsgesetzgebung, f – labo(u)r legislation
Arbeitsgestaltung, f – human factors engineering; work design; job design
Arbeitsgruppe, f – team; work/study group; task force; working party *<GB>*; detail *<US>*
Arbeitsgruppensprecher/in, m/f – spokesperson of a work group; spokesman of a work group; spokeswoman of a work group
Arbeitshaltung, f – job-related bodily posture; work posture
Arbeitsheft, n – work book
Arbeitshilfe, f – working help
Arbeitshygiene, f – industrial hygiene; occupational hygiene; hygiene at work
Arbeitsinhalt, m – job content; work content
arbeitsintensiv – labo(u)r intensive
Arbeitsinteresse, n – interest in work
Arbeitsjubiläum, n – employment anniversary
Arbeitskamerad/in, m/f – mate
Arbeitskammer, f – employee association
Arbeitskampf, m – labo(u)r struggle; labo(u)r dispute; industrial action/conflict; industrial dispute/strife
Arbeitskampfbereitschaft, f – readiness for industrial unrest
Arbeitskampfmaßnahme, f – labo(u)r dispute action
Arbeitskampfrecht, n – labo(u)r dispute law
Arbeitskampfrichtlinie, f – guideline for labo(u)r disputes (pl)
Arbeitskampfverbot, n – prohibition to take industrial action
Arbeitskleidung, f – work dress; work clothes (pl); working clothes (pl); working clothing
Arbeitsklima, n – working climate
Arbeitskollege/ -kollegin, m/f (1) – colleague; fellow worker; co-worker; work fellow; work mate
Arbeitskollege/ -kollegin, m/f (2) – yokefellow; yokemate
Arbeitskollege/ -kollegin, m/f (3) *(Standeskollege/ -kollegin, m/f)* – associate
Arbeitskolonne, f – working party *<GB>*; detail *<US>*
Arbeitskonflikt, m – labo(u)r conflict; industrial conflict; work conflict; industrial dispute
Arbeitskontrolle, f – check on the operation
Arbeitskosten (pl) – labo(u)r cost; cost of labo(u)r; employment costs (pl)
Arbeitskostenerhebung, f – labo(u)r cost survey
Arbeitskräfte (pl) abbauen, v – reduce the labo(u)r force, v
Arbeitskräfte (pl) einsparen, v – save labo(u)r, v
Arbeitskräfte (pl) umsetzen, v – dislocate labo(u)r, v
Arbeitskräfte, pl (1) – manpower; labo(u)r; labo(u)r force; workmen (pl); workwomen (pl)
Arbeitskräfte, pl (2) *(weibliche)* – female labo(u)r
Arbeitskräfte, pl (3) *(gelernte)* – skilled labo(u)r
Arbeitskräfte, pl (4) *(verfügbare)* – manpower
Arbeitskräfte, pl (5) *(unterbezahlte)* – sweated labo(u)r

Arbeitskräfte, pl (6) *(überzählige)* – idle labo(u)r; redundant labo(u)r

Arbeitskräfte, pl (7) *(landwirtschaftliche)* – farm labo(u)r force

Arbeitskräfte, pl (8) *(familienfremde)* – non-family labo(u)r

Arbeitskräfteabbau, m – cutback of manpower; manpower cutback; job cutback; labo(u)r force reduction; demanning

Arbeitskräfteangebot, n – labo(u)r supply

Arbeitskräftebedarf, m (1) – demand for labo(u)r; demand for employees (pl); demand for workers (pl); scarcity of labo(u)r

Arbeitskräftebedarf, m (2) – manpower requirements (pl); manpower needs (pl)

Arbeitskräftebeschaffung, f – recruitment

Arbeitskräfteeinsatz, m – manpower assignment

Arbeitskräftefluktuation, f – labo(u)r turnover

Arbeitskräftemangel, m – labo(u)r shortage; manpower shortage

Arbeitskräfteüberschuss, m – redundant labo(u)r; redundant labo(u)r supply

Arbeitskräfteverleiher/in, m/f – manpower supplier

Arbeitskraft, f (1) *(physische)* – working capacity

Arbeitskraft, f (2) *(Arbeiter, m / Arbeiterin, f)* – worker; workman; workwoman

Arbeitskraft, f (3) *(menschliche)* – manpower

Arbeitskreis, m – work(ing) group; study group; work circle

Arbeitsleben, n – working life

Arbeitslehre, f – ergonomics; work theory

Arbeitsleistung, f – job performance; work performance; efficiency; output; productivity

Arbeitslohn, m – wage; pay

arbeitslos – unemployed; jobless; workless; out of employ; out of work/job

arbeitslos werden, v (1) – become unemployed, v; be dismissed, v; fall out of work, v; be made redundant, v; be off the payroll, v

arbeitslos werden, v (2) – be thrown out of work, v; be sacked, v <*infml*>

Arbeitslose/r, f/m – unemployed person; person out of work

Arbeitslosenfürsorge, f – unemployment relief

Arbeitslosengeld, n – unemployment benefit; unemployment payment; dole <*GB, infml*>

Arbeitslosenhilfe, f – unemployment assistance; unemployment support; unemployment relief <*US*>

Arbeitslosenquote, f – level of unemployment; unemployment rate; unemployment ratio

Arbeitslosenrate, f – unemployment rate

Arbeitslosenunterstützung (f) beziehen, v – draw unemployment benefit, v; receive unemployment compensation, v; be on the dole, v <*GB, infml*>; go on the dole, v <*GB, infml*>; live on the dole, v <*GB, infml*>

Arbeitslosenunterstützung, f – unemployment compensation; unemployment benefit; unemployment payment; dole <*GB, infml*>

Arbeitslosenversicherung, f – unemployment insurance; public unemployment insurance

Arbeitslosigkeit, f (1) –unemployment
Arbeitslosigkeit, f (2) *(lokale)* – pockets of unemployment
Arbeitslosigkeit, f (3) *(saisonale)* – seasonal unemployment
Arbeitslosigkeit, f (4) *(strukturelle)* – structural unemployment
Arbeitsmangel, m – lack of work; shortage of work
Arbeitsmarkt, m – job market; labo(u)r market
Arbeitsmarktaussichten (pl) – employment prospects (pl)
Arbeitsmarktlage, f – job market situation; labo(u)r market situation
Arbeitsmarktpolitik, f – labo(u)r market policy
Arbeitsmarktsegment, n – segment of the labo(u)r market
Arbeitsmarktstatistik, f – labo(u)r market statistics (pl)
Arbeitsmedizin, f – industrial medicine; occupational medicine
arbeitsmedizinische Betreuung, f – occupational health care
arbeitsmedizinischer Dienst, m – occupational health service
Arbeitsmenge, f – amount of work; workload
Arbeitsmethode, f – method of work; method of operation; working method; operational method; working system
Arbeitsminister, m – Minister of Labour <*GB*>; Secretary of Labor <*US*>
Arbeitsministerium, n – Ministry of Labour <*GB*>; Department of Labor <*US*>; Labor Department <*US*>; Department of Employment
Arbeitsmittel, n – working equipment; working materials (pl); gadgets (pl)
Arbeitsmoral, f – working morale; work morale; morale at work; employee morale; work ethic
Arbeitsmotivation, f – employee motivation
Arbeitsnachweis, m – labo(u)r report
Arbeitsniederlegung, f (1) – work stoppage; downing tools (pl)
Arbeitsniederlegung, f (2) (ohne Streikverkündung, f) – walkout <*US*>
Arbeitsordnung, f – shop regulations (pl); work regulations (pl); work rules (pl)
Arbeitsorganisation, f – work organisation/organization
Arbeitsort, m – place of work; duty station; work location
Arbeitspädagogik, f – industrial education; vocational education
Arbeitspapiere (pl) – working papers (pl); employment papers (pl); employment documents (pl); employment records (pl)
Arbeitspause, f – break; rest period; pause; recess <*US*>
Arbeitspensum, n – task; workload
Arbeitspflicht, f – duty to work
Arbeitsphysiologie, f – occupational physiology
Arbeitsplan, m – work(ing) schedule; work(ing) scheme
Arbeitsplanung, f – industrial engineering; work planning
Arbeitsplatz (m) besetzen, v – man (a position), v
Arbeitsplatz (m) häufig wechseln, v – jobhop, v
Arbeitsplatz (m) verlieren, v – be made redundant, v
Arbeitsplatz (m) wechseln, v – change one's job, v
Arbeitsplatz, m (1) – workplace; place of work; work centre/center; work station; yard <*US*>
Arbeitsplatz, m (2) – place of employment
Arbeitsplatz, m (3) *(Stelle, f)* – job

Arbeitsplatz, m (4) *(freier)* – vacancy; job opportunity

Arbeitsplatz, m (5) *(unbesetzter)* – job vacancy

Arbeitsplatz, m (6) *(sicherer)* – safe place to work

Arbeitsplatzanalyse, f – job analysis; work analysis; workplace analysis

Arbeitsplatzanforderung, f – job requirement

Arbeitsplatzausschreibung, f – job posting; job opportunity announcement; vacancy announcement; bidding

Arbeitsplatzbedingung, f – working condition

Arbeitsplatzbeihilfe, f – labo(u)r aid

Arbeitsplatzbeschreibung, f – job description; position description; job specification <*US*>

Arbeitsplatzbewertung, f – job evaluation; position evaluation; work assessment

Arbeitsplatzdaten (pl) – job data; job allocation data

Arbeitsplatzgestaltung, f (1) *(äußere)* – workplace layout; job design; job layout

Arbeitsplatzgestaltung, f (2) *(inhaltliche)* – job engineering; human factors engineering <*US*>; human engineering <*US*>

Arbeitsplatzinhaber/in, m/f – incumbent of a post; incumbent of a position

arbeitsplatzschaffende Investition, f – job-creating investment

Arbeitsplatzschutz, m – job protection

Arbeitsplatzschutzgesetz, n (ArbPlSchG) – Job Protection Act; Act on Employment Protection during National Service

Arbeitsplatzsicherheit, f – job security

Arbeitsplatzsuche, f – search for employment

Arbeitsplatztausch, m *(planmäßiger)* – job rotation

Arbeitsplatzteilung, f – job sharing

Arbeitsplatzüberprüfung, f – position review; follow-up examination of a position

Arbeitsplatzverlust, m *(aus wirtschaftlichen Gründen)* – redundancy

Arbeitsplatzwahl, f – job selection

Arbeitsplatzwechsel, m (1) *(im Betrieb, m)* – transfer; job transfer

Arbeitsplatzwechsel, m (2) *(nach Plan, m)* – job rotation; cross exchange

Arbeitsplatzwechsel, m (3) *(Stellenwechsel, m)* – job change

Arbeitsplatzwechsel, m (4) *(nach außen)* – labo(u)r turnover; fluctuation

Arbeitsplatzwechsel, m (5) *(auf Arbeitsplatz gleicher Wertigkeit)* – lateral move

Arbeitsprobe, f – work specimen; working specimen

Arbeitsproduktivität, f – labo(u)r productivity

Arbeitsprozess, m *(Ablauf, m)* – working process; work process; operation

Arbeitspsychologie, f – industrial psychology; occupational psychology

Arbeitsraum, m – workroom

Arbeitsrecht, n – labo(u)r law; industrial law <*GB*>; employment law

Arbeitsrechtler/in, m/f – expert in industrial law <*GB*>; expert in labor law <*US*>

Arbeitsrechtsprechung, f – labo(u)r jurisdiction

Arbeitsrechtswissenschaft, f – labo(u)r law science
Arbeitsrichter/in, m/f – labo(u)r court judge
Arbeitsrichtlinie, f – rule of work; work rule
arbeitsscheu – adverse to labo(u)r; workshy; dodging <*GB*>
Arbeitsschicht, f – work shift; work period; swing <*infml*>
Arbeitsschluss, m – end of work; close of work; knocking-off time <*infml*>
Arbeitsschutz, m (1) – occupational safety and health; industrial safety; labo(u)r protection; protection of labo(u)r; worker protection
Arbeitsschutz, m (2) – fair labor practice <*US*>
Arbeitsschutzausschuss, m – committee for labo(u)r protection
Arbeitsschutzbekleidung, f *(Arbeitsschutzkleidung, f)* – protective work clothing; protective clothing
Arbeitsschutzbeurteilungssystem, n – Occupational Health and Safety Assessment Series (OHSAS)
Arbeitsschutzgesetz, n (1) – labo(u)r protection law; workers' protection law; protective labor law <*US*>; Factories Act <*GB*>
Arbeitsschutzgesetz, n (2) *(deutsches: vom 7.08.1996, BGBl. S. 1246 ff)* – Labo(u)r Protection Act
Arbeitsschutzgesetzgebung, f – protective labor legislation <*US*>
Arbeitsschutzkleidung, f → Arbeitsschutzbekleidung, f
Arbeitsschutzmanagementsystem, n – Occupational Health and Risk Management System (OHRIS)
Arbeitsschutzrecht, n – protective labo(u)r law
Arbeitsschwierigkeit, f – job-related difficulty
Arbeitssicherheit, f – occupational safety; on-the-job safety
Arbeitssicherheitsfachkraft, f – occupational safety specialist; safety specialist; on-the-job safety expert
Arbeitssicherheitsgesetz, n (ASiG) (Gesetz über Betriebsärzte, Sicherheitsingenieure und andere Fachkräfte für Arbeitssicherheit) – Occupational Safety Act; Federal Act on Company Doctors; Federal Act on Company Safety
Arbeitssitzung, f – work session; meeting
arbeitssparend – labo(u)r-saving
Arbeitssprache, f – working language
Arbeitsstab, m – staff; study group; task force
Arbeitsstätte, f – place of work; place of employment; workplace
Arbeitsstättenrichtlinien (pl) – workplaces' rules (pl)
Arbeitsstättenverordnung, f (ArbStättVO) – Workplace Ordinance
Arbeitsstättenzählung, f – computation of workplaces (pl)
Arbeitsstation, f – workstation
Arbeitsstelle, f – place of work
Arbeitsstellenmarkt, m – job market
Arbeitsstil, m – working style
Arbeitsstoff, m (1) – working material; agent; substance to be used in connection with work
Arbeitsstoff, m (2) *(gefährlicher)* – hazardous substance; harmful working material; hazardous agent
Arbeitsstoffverordnung, f – Ordinance on Hazardous Substances
Arbeitsstreitigkeit, f – industrial dispute; labo(u)r dispute

Arbeitsstrukturierung, f – work structuring

Arbeitsstudie, f – work study; methods study; time and motion study

Arbeitsstudienabteilung, f – time office; industrial engineering department

Arbeitsstudieningenieur/in, m/f – time study engineer; industrial engineer

Arbeitsstunde, f (1) – hour worked; working hour; work hour; operating hour

Arbeitsstunde, f (2) *(Produktionseinheit, f)* – man hour

Arbeitssuche, f – job search; search for employment

Arbeitssuchende/r, f/m – employment applicant; job applicant; job seeker

Arbeitssystem, n – work(ing) system

Arbeitstag, m – working day; workday *<US>*; office day

Arbeitstakt, m (1) *(am Fließband)* – production cycle

Arbeitstakt, m (2) *(an einer Maschine)* – working cycle

Arbeitstechnik, f – work engineering; working technique

Arbeitstechnologie, f – work technology; applied ergonomics; industrial technology

Arbeitsteilung, f – division of labo(u)r; labo(u)r division; division of employment; differentiation of labo(u)r

Arbeitstempo (n) erhöhen, v – speed up, v

Arbeitstempo, n – work(ing) speed; workpace; work rate

Arbeitstier, n *<infml>* – glutton for work; slogger; plugger *<US, sl>*

Arbeitsüberlastung, f – overwork; overload

Arbeitsumfang, m – workload; job content; job assignment

Arbeitsumgebung, f (1) – workplace environment; work(ing) environment

Arbeitsumgebung, f (2) *(widrige / feindliche)* – hostile work environment (durch schuldhaftes Verhalten des Arbeitgebers geschaffene Arbeitsumgebung, in der es leicht zu sexueller oder anderer Belästigung kommt)

Arbeitsumverteilung, f – work-sharing

Arbeitsumwelt, f – working environment

arbeitsunfähig (1) – disabled; incapable of work; unable to work; unfit for work

arbeitsunfähig (2) – unemployable; incapacitated

arbeitsunfähig (3) *(dauernd)* – invalid; permanently unemployable

arbeitsunfähig (4) *(vorübergehend)* – temporarily incapacitated

arbeitsunfähig geschrieben werden, v – be returned unfit for work, v

Arbeitsunfähigkeit, f (1) – disability (for work or service); disablement; incapacity for work; inability to work

Arbeitsunfähigkeit, f (2) – unfitness for work; unemployability

Arbeitsunfähigkeit, f (3) *(dauernde)* – permanent disability

Arbeitsunfähigkeitsbescheinigung, f – certificate of disability; sick note

Arbeitsunfall, m (1) – industrial accident; occupational accident; work accident; accident at work; industrial/occupational injury

Arbeitsunfall, m (2) *(anzeigepflichtiger)* – notifiable accident at work

Arbeitsunterbrechung, f – interruption of work; work stoppage

Arbeitsunterlage, f – working document

Arbeitsunterweisung, f – job instruction

Arbeitsverdichtung, f – work intensification

Arbeitsverdienst, m – earnings (pl)

Arbeitsvereinfachung, f – job simplification

Arbeitsverfahren, n – working process; working method

Arbeitsvergütung, f – pay; remuneration; compensation

Arbeitsverhältnis (n) lösen, v sein Arbeitsverhältnis (n) lösen, v – terminate one's employment, v

Arbeitsverhältnis, n (1) – employment; employment relationship; working relationship; state of employment

Arbeitsverhältnis, n (2) *(befristetes)* – temporary working relationship; employment with time limitation; fixed-term employment relationship

Arbeitsverhältnis, n (3) *(mehrfach befristetes)* – recurrent fixed-term employment relationship

Arbeitsverhältnis, n (4) *(faktisches)* – de facto employment relationship; actual employment relationship

Arbeitsverhältnis, n (5) *(ruhendes)* – inactive working relationship; dormant employment

Arbeitsverhältnis, n (6) *(unbefristetes)* – unlimited employment; employment without time limitation

Arbeitsverhalten, n – work behavio(u)r; work attitude

Arbeitsverhinderung, f – prevention from working

Arbeitsvermittlung, f (1) – procurement of work; finding of employment

Arbeitsvermittlung, f (2) *(Vermittlungsstelle, f)* – employment agency; employment service; placement service

Arbeitsvermittlungsdienst, m – employment services (pl); employment exchange; labour exchange <*GB*>

Arbeitsverrichtung, f – work performance

Arbeitsversäumnis, f (1) – absence from work

Arbeitsversäumnis, f (2) *(unentschuldigte)* – absence without leave; unauthorised/unauthorized absence

Arbeitsversuch, m *(missglückter)* – premature return to work; unsuccessful attempt to work

Arbeitsvertrag, m (1) – contract of employment; employment contract; labo(u)r contract

Arbeitsvertrag, m (2) (*befristeter*) – fixed duration employment contract; fixed-term employment contract; short-term employment contract

Arbeitsvertrag, m (3) *(unbefristeter)* – permanent employment contract

Arbeitsvertragsänderung, f – change of the employment contract

Arbeitsvertragsbruch, m – breach of the employment contract

Arbeitsvertragsgesetz, n (ArbVertrG) – Act on the Regulation of Labo(u)r Contracting

Arbeitsvertragspartei, f – party of the employment contract

Arbeitsvertragspartner, m – partner to the employment contract

Arbeitsvertragsverletzung, f – violation of the employment contract

arbeitsvertragswidrig – contrary to the employment contract; not in compliance with the employment contract

Arbeitsverwaltung, f – employment services (pl); employment administration; employment authorities (pl)

Arbeitsverweigerung, f (1) – refusal to work; refusal to carry out assigned duties (pl)

Arbeitsverweigerung, f (2) (*beharrliche*) – persistent refusal to work

Arbeitsverzögerung, f – slow-down; delay

Arbeitsvorbereiter/in, m/f – industrial engineer; planning engineer

Arbeitsvorbereitung, f – industrial engineering; tool engineering; operations scheduling

Arbeitsvorgaben (pl) – work standards (pl)

Arbeitsvorgang, m – working process; operation

Arbeitsweise, f – method of operation; working manner

Arbeitswelt, f – working world; world of work

Arbeitswert, m – labo(u)r value

arbeitswillig – willing to work

Arbeitswissenschaft, f – ergonomics; ergonomic science; industrial science; manpower science

arbeitswissenschaftliche Erkenntnisse (pl) – findings (pl) of ergonomics

Arbeitswoche, f – working week; operating week

Arbeitszeit (f) registrieren, v – clock, v

Arbeitszeit, f (01) – working hours (pl); hours (pl) of work; working time *<US>*

Arbeitszeit, f (02) *(bezahlte)* – company time

Arbeitszeit, f (03) *(betriebsübliche)* – the firm's normal working hours (pl)

Arbeitszeit, f (04) *(durchgehende)* – uninterrupted working hours (pl); uninterrupted working time

Arbeitszeit, f (05) *(festgesetzte)* – scheduled hours (pl) of work

Arbeitszeit, f (06) (*flexible*) – flexible working hours (pl); flexible working time

Arbeitszeit, f (07) *(garantierte)* – guaranteed employment

Arbeitszeit, f (08) *(gestaffelte)* – staggered working hours (pl)

Arbeitszeit, f (09) *(gleitende)* – variable working hours (pl); flex time *<US>*; flexible time; sliding time

Arbeitszeit, f (10) *(normale)* – straight time

Arbeitszeit, f (11) (*tägliche*) – daily working hours (pl); daily working time

Arbeitszeit, f (12) *(tarifliche)* – hours fixed (pl) under collective agreements (pl)

Arbeitszeit, f (13) *(verkürzte)* – shortened working hours (pl); shortened working time

Arbeitszeit, f (14) *(vertragliche)* – contractual working hours (pl); contractual number of working hours (pl)

Arbeitszeit, f (15) *(vorgeholte oder nachgeholte)* – make-up work

Arbeitszeitänderung, f – change of working hours (pl)

Arbeitszeitbeginn, m – start of working hours (pl)

Arbeitszeitbeschränkung, f – limitation of working hours (pl); limitation of hours (pl)

Arbeitszeitende, n – end of working hours (pl)

Arbeitszeitflexibilisierung, f – flexibilisation/flexibilization of working hours (pl)

Arbeitszeitgesetz, n (ArbZG) – Hours of Work Act; Working Hours Act; Working Time Act
Arbeitszeitgestaltung, f – working time organisation/organization
Arbeitszeitmodell, n – working hours (pl) pattern; time pattern; work cycle
Arbeitszeitrecht, n – working time law
Arbeitszeitregelungen (pl) – rules (pl) on working hours (pl)
Arbeitszeitschutz, m – working hours (pl) protection
Arbeitszeitstatistik, f – statistics (pl) of/on hours (pl) of work
Arbeitszeitverkürzung, f – working time reduction; cut in standard working hours (pl); reduction in/of working hours (pl); reduction in/of working time <*US*>
Arbeitszeitverlegung, f – working hours (pl) rescheduling
Arbeitszeitvorgaben (pl) – work standards (pl)
Arbeitszeitvorschrift, f – working time provision
Arbeitszergliederung, f – fragmentation of work
Arbeitszeug, n – equipment; tools (pl)
Arbeitszeugnis, n – employment certificate; employment reference; reference certificate; testimonial
Arbeitsziel, n – objective
Arbeitszimmer, n – study room; work room
Arbeitszufriedenheit, f – job satisfaction; work satisfaction
Arbeitszuweisung, f – work assignment; labo(u)r allocation
ArbGG → Arbeitsgerichtsgesetz, n
ArbNEerfG → Arbeitnehmererfindergesetz, n
ArbPlSchG → Arbeitsplatzschutzgesetz, n
ArbStättVO → Arbeitsstättenverordnung, f
ArbStoffVO *(über gefährliche Arbeitsstoffe, pl)* → Verordnung, f (4)
ArbVertrG → Arbeitsvertragsgesetz, n
ArbZG → Arbeitszeitgesetz, n
Architektur, f – architecture
Archiv, n – filing room; record office; archives (pl)
archivieren, v – keep records (pl), v; file, v
Archivierung, f – putting sth in the archives (pl); filing of records (pl)
Archivwesen, n – archive administration; archive management
ARG → Altersrentengesetz, n
Arglist, f – malice; malevolence; bad faith
Arglisteinwand, m – bad cunning objection
arglistig (1) – malicious; malevolent; in bad faith
arglistig (2) *(betrügerisch)* – fraudulent; by deceit; deceitful; insidious
arglistige Täuschung, f – wilful deceit; fraudulent misinterpretation
Armee, f – army
Armenrecht, n – poverty law
Arrest, m (1) – arrest; seizure
Arrest, m (2) (*dinglicher*) – attachment
Arrestbefehl, m – warrant of arrest
Arznei, f – pharmaceuticals (pl); medicine; medication <*US*>; (medical) drug
Arzneimittel (pl) – medicinal products (pl); medicinal substances (pl)
Arzneimittelgesetz, n – Pharmaceuticals Law
Arzneimittelhöchstbetrag, m – maximum rate for pharmaceuticals (pl)

Arzneimittelverordnung, f (1) *(durch den Arzt, m)* – prescription
Arzneimittelverordnung, f (2) *<jur>* – Pharmaceuticals Code
Arzt, m (1) – doctor; physician
Arzt, m (2) *(praktischer)* – general practitioner; medical practitioner
Arzt, m (3) *(im Praktikum, n)* – junior house officer *<GB>*; resident house officer *<GB>*
Arzt, m (4) *(von Beruf)* – a physician by profession
Arztbesuch, m – doctor's consultation
Arztgeheimnis, n – medical privacy
Arztwahl, f – choice of doctor
Arztwahlfreiheit, f – freedom of choosing one's doctor
ASiG → Arbeitssicherheitsgesetz, n
Assessment Center → Bewerberprüfung, f
Assessor/in, m/f – civil servant who has passed the second state examination
Assistent/in, m/f – assistant; aide
Assistentenstelle, f – assistant position
Asylbewerber/in, m/f – asylum seeker; applicant for asylum
AT-Angestellte/r, f/m – exempt employee; non-pay-scale employee; employee not covered by collective bargaining agreements (pl)
AT-Bereich, m – area where the regular pay scale does not apply
Atemluft, f – breathing air; breathing atmosphere
Atemschutzgerät, n – respiratory protective equipment
Atmungsorgan, n – respiratory organ
Attest, n (1) – testimonial; attest; attestation; confirmation
Attest, n (2) *(ärztliches)* – medical certificate; doctor's certificate
ATZG → Altersteilzeitgesetz, n
AÜG → Arbeitnehmerüberlassungsgesetz, n
auf Abruf, m – on call
auf Anspruch (m) verzichten, v – waive a claim, v
auf Antrag, m – upon application; upon request
auf Beschluss (m) des Gerichts (n) – by order of the court
auf dem Amtsweg, m – through official channels (pl)
auf Dienstreise (f) sein, v – travel on duty, v
auf eigene Gefahr, f – at own risk
auf Gegenseitigkeit (f) beruhend – based upon mutuality; based upon reciprocity
auf gütlichem Wege, m – by amicable arrangement
auf Lebenszeit, f – for life
auf Probe, f – on probation; on trial
auf Provisionsbasis, f – on commission; on a commission basis
Aufbau, m – composition; set-up; structure
Aufbau- und Ablauforganisation, f – process structure
Aufbaukurs, m – advanced training course; postgraduate course; postgraduate studies (pl)
Aufbauorganisation, f – structural organisation/organization
Aufbaustudium, n – postgraduate studies (pl)
aufbessern, v *(Gehalt, n)* – raise, v; increase, v
Aufbewahrung, f (1) – storage; safekeeping
Aufbewahrung, f (2) *(von Unterlagen, pl)* – records retention
Aufbewahrungsfrist, f – retention period; preservation period
Aufbewahrungspflicht, f – obligation to preserve records (pl)

Aufbringung, f *(der Mittel, pl)* – procurement (of funds, pl); fund-raising *<US>*

Aufdeckung, f *(rechtswidrigen Arbeitgeberhandelns durch Arbeitnehmer)* – whistleblowing

Aufenthalt, m (1) – stay; abode; residence; whereabouts (pl) *<infml>*

Aufenthalt, m (2) *(üblicher)* – usual abode; habitual residence

Aufenthaltsdauer, f – length of stay

Aufenthaltserlaubnis, f (1) – permit of residence; residence permit; registration certificate

Aufenthaltserlaubnis, f (2) *(für ausländische Staatsangehörige, pl)* – alien's residence permit

Aufenthaltsort, m – place of residence; place of sojourn; place of abode

Aufenthaltsraum, m – recreation room; common room

Auffanggesellschaft, f – rescue company

Auffassungsgabe, f – perceptive faculty; comprehension; ability to grasp

auffordern, v – invite, v; summon, v; ask, v; demand, v; request, v

Aufforderung, f – invitation; summons; demand; request; requisition

auffrischen, v – refresh, v

Auffrischungskurs, m – refresher course

Aufgabe (f) erfüllen, v – perform a task, v; fulfil(l) a task, v

Aufgabe (f) erledigen, v – tackle a job, v

Aufgabe (f) übernehmen, v – take over an assignment, v; take on a task, v

Aufgabe (f) übertragen, v – delegate a task, v; assign a task, v

Aufgabe, f (1) *(Pflicht, f)* – duty; function; work assignment; job; business

Aufgabe, f (2) *(schwierige)* – task

Aufgabe, f (3) *(berufliche)* – job assignment

Aufgabe, f (4) *(Preisgabe, f)* – abandonment; release

Aufgabe, f (5) *(von Ansprüchen, pl)* – abandonment of claims (pl)

Aufgabe, f (6) *(einer Stellung, f)* – vacation of a position

Aufgaben (pl) wahrnehmen, v – perform functions (pl), v

Aufgabenanalyse, f – job analysis

Aufgabenanreicherung, f – job enrichment; work enrichment

Aufgabenbereich (m) übernehmen, v *(einen neuen)* – enter upon new duties (pl), v

Aufgabenbereich (m) zuweisen, v – assign a duty to s.o., v

Aufgabenbereich, m – task area; sphere of action/activity; (scope of) duties (pl); function; field of work

Aufgabenbeschreibung, f – position description

Aufgabenerfüllung, f – task performance

Aufgabenerweiterung, f – job enlargement

Aufgabengebiet, n – sphere of activity; field/scope of action; area of duty/responsibility; duties (pl) of a job; domain

Aufgabenkatalog, m – task catalogue

Aufgabenstellung, f – job content

Aufgabenstruktur, f – job structure

Aufgabenübertragung, f – work assignment

Aufgabenverteilung, f – task distribution; division of functions (pl)

Aufgabenzuordnung, f – allocation of tasks (pl); delegation of tasks (pl)

Aufgabenzuweisung, f – job assignment

aufgeben, v (1) *(preisgeben, v)* – abandon, v; desert, v; renounce, v

aufgeben, v (2) *(Anspruch, m)* – waive a claim, v; resign a claim, v

aufgeben, v (3) (*Stellung, f*) – resign from a position, v; vacate a position, v; give up a job, v; quit, v <*US*>

aufgeben, v (4) *(Brief, m)* – mail, v; dispatch, v

aufgeben, v (5) *(Bestellung, f)* – order, v; place an order, v

aufgeben, v (6) (*Inserat, n*) – insert, v

Aufgebot, n (1) – public notice; notice by publication

Aufgebot, n (2) *(Eherecht, n)* – notice of an intended marriage

Aufgebotsverfahren, n – proceedings (pl) based upon given public notice; public citation

aufgeschlossen – open-minded

aufgeweckt – bright; intelligent

Aufgliederung, f (1) – splitting up; itemization <*US*>; breakdown <*US*>

Aufgliederung, f (2) *(berufliche)* – occupational distribution

Aufgliederung, f (3) (nach Sachgebieten, pl) – functional classification

aufheben, v (1) *(annullieren, v)* – void, v; annul, v; invalidate, v; cancel, v; terminate, v

aufheben, v (2) *(annulieren, v)* – abolish, v; repeal, v; rescind, v

aufheben, v (3) *(Gesetz, n)* – abrogate, v; declare null and void, v

aufheben, v (4) *(eine Sitzung, f)* – close, v

aufheben, v (5) *(aufbewahren, v)* – keep, v; store, v

Aufhebung, f (1) *(Annullierung, f)* – avoidance; annulment; cancellation; rescission

Aufhebung, f (2) (*eines Beschlusses, m*) – suspension (of a resolution)

Aufhebung, f (3) *(eines Gesetzes, n)* – abolition; repeal

Aufhebung, f (4) *(einer Verfügung, f)* – abatement

Aufhebung, f (5) *(eines Urteils, n)* – reversal

Aufhebungsvertrag, m – cancellation contract; termination agreement

Aufhetzung, f – instigation

aufhören mit, v – finish,v; stop doing, v

aufklären, v (1) – clarify, v; clear up, v

aufklären, v (2) *(historisch)* – enlighten, v

Aufklärung, f (1) – clearing up; clarification; enlightenment

Aufklärung, f (2) *(Verbrechen, n)* – detection

Aufklärungspflicht, f (1) – duty to disclose

Aufklärungspflicht, f (2) *(prozessuale)* – discovery of documents (pl)

aufkommen, v (1) *(für Kosten, pl)* – assume the expenses (pl), v

aufkommen, v (2) *(für Schaden, m)* – be liable for damage, v

aufkündigen, v – give notice to quit, v

Aufkündigung, f *(der Dienste, pl)* – notice to quit

Auflage, f (1) *(Bücher, pl)* – edition

Auflage, f (2) (*Bedingung, f*) – condition; impost; imposition; duty; obligation

Auflage, f (3) (*gerichtliche*) – judge's order; court order; order of the court

Auflagen (pl) machen, v – impose obligations (pl), v

auflösen, v (1) – dissolve, v

auflösen, v (2) *(Firma, f)* – liquidate, v; wind up, v; dissolve, v

auflösen, v (3) *(Konto, n)* – close an account, v

auflösende Bedingung, f – dissolving condition; condition subsequent

Auflösung, f – dissolution; liquidation; annulment; winding-up

Auflösungsbeschluss, m – dissolution order; winding-up order

Auflösungsverschulden, n – dissolution fault

Auflösungsvertrag, m – dissolution contract

Aufmerksamkeit, f – attention

Aufnahme, f (1) *(Zulassung, f / Eintritt, m)* – admission; acceptance; enrol(l)ment; entrance

Aufnahme, f (2) *(Einführung, f / Empfang, m)* – initiation; reception

Aufnahmebedingung, f – entrance qualification

Aufnahmegebühr, f – entrance fee; admission fee

Aufnahmekriterien (pl) – admission criteria (pl)

Aufnahmeprüfung, f – entrance exam(ination)

Aufnahmeverfahren, n – admission procedure

Aufnahmezwang, m (*im Verein, m*) – obligation to admit s.o. as a member

aufnehmen, v (1) (*den Betrieb, m*) – start working, v; go into operation, v

aufnehmen, v (2) *(Bestände, pl)* – take inventory, v

aufnehmen, v (3) *(einen Kredit, m)* – raise money, v; borrow money, v; take out a loan, v

aufnehmen, v (4) *(ein Mitglied, n)* – enlist, v; admit, v; integrate, v

aufnehmen, v (5) *(ins Protokoll, n)* – record in the minutes (pl), v

aufräumen, v *(den Arbeitsplatz, m)* – clean up, v

aufrechnen, v – balance, v; counterclaim, v; set off, v <*GB*>; off-set, v <*US*>

Aufrechnung, f (1) – counterclaim; setoff <*US*>; set-off <*GB*>

Aufrechnung, f (2) *(Gegenrechnung, f)* – compensation

Aufrechnungsverbot, n – set-off ban

Aufrechnungsvereinbarung, f – offsetting agreement

aufrichtig – fair; honest

aufrücken, v – progress to the next level, v; put up, v

Aufruf, m – call; appeal; proclamation

aufrufen zum Streik, v → Streik (m) ausrufen, v

aufrunden, v – round up, v

aufschieben, v (1) – delay, v; postpone, v; defer, v; put off, v

aufschieben, v (2) *(einen Termin, m)* – extend a time limit, v; adjourn, v

aufschiebend – dilatory; suspensive

aufschiebende Bedingung, f – suspensive condition; condition precedent

aufschiebende Einrede, f – dilatory plea

aufschiebende Wirkung, f – suspensive effect; suspensory effect

Aufschlag, m *(Aufpreis, m)* – surcharge; extra charge

aufschlussreich – informative

Aufschub, m – delay; postponement; adjournment; respite

Aufschwung, m – upswing; upturn; recovery; rise

Aufseher/in, m/f – overseer; overman <*US*>

aufsetzen, v *(einen Vertrag, m)* – write up (a contract), v; draw up (a contract), v

Aufsicht (f) führen, v – supervise, v; superintend, v

Aufsicht (f) haben, v – supervise, v; superintend, v

Aufsicht, f (1) – supervision; inspection; control

Aufsicht, f (2) *(vormundschaftliche)* – guardianship

Aufsicht, f (3) *(Polizeiaufsicht, f)* – surveillance; observation

Aufsichtsamt, n – control commission; board of control

Aufsichtsbeamter, m – inspector

Aufsichtsbehörde, f – supervisory authority; board of control; regulatory agency

Aufsichtsperson, f – supervisor; superintendent

Aufsichtspflicht, f – obligation to supervise; supervising duty

Aufsichtsrat, m – supervisory board (of a German-type public stock corporation); board of supervision; board of supervisors (pl); board of directors (pl) <*US*>

Aufsichtsratsmitglied, n – member of the supervisory board

Aufsichtsratsvergütung, f – director's fees (pl)

Aufsichtsratsvorsitzende/r, f/m – chairperson of the supervisory board; chairman of the supervisory board; chairwoman of the supervisory board

Aufsichtsratswahl, f – supervisory board election

aufsteigen, v *(Karriere machen, v)* – advance, v

Aufstellung, f (1) *(Liste, f)* – list; schedule; statement; specification

Aufstellung, f (2) *(der Tagesordnung, f)* – preparation of the agenda; agenda setting

Aufstellung, f (3) *(einer Maschine, f)* – installation

Aufstieg, m (1) *(Karriere, f)* – advancement; promotion

Aufstieg, m (2) *(beruflicher)* – occupational advancement; vocational promotion

Aufstiegschancen (pl) – promotion prospects (pl); promotional opportunities (pl)

Aufstiegsleiter, f <*fig*> – promotion ladder

Aufstiegsmöglichkeit, f – career opportunity; opportunity to advance; opportunity for promotion; prospects (pl) of advancement

Aufstiegsmöglichkeiten (pl) haben, v – have prospects of moving to a position of greater responsibility, v

Aufstockung, f – increase

aufteilen, v – divide, v; subdivide, v; split up, v; distribute, v; prorate, v

Aufteilung, f – distribution; breakdown <*US*>

Auftrag (m) erfüllen, v – accomplish an assignment, v; accomplish a mission, v

Auftrag (m) erteilen, v (1) *(Anweisung geben, v)* – give an order, v

Auftrag (m) erteilen, v (2) *(als Kunde, m)* – place an order, v

Auftrag, m (Anweisung, f) – order; direction; instruction; mandate; commission

Auftraggeber/in, m/f – client; mandator; principal

Auftragnehmer/in, m/f – contractor

Auftragsangelegenheit, f – matter handled upon request

Auftragsbestätigung, f – acknowledgement of an order

Auftragskontrolle, f *(Daten, pl)* – job control

Auftragslage, f – order situation
Auftragsvergabe, f (1) – placing of orders (pl); award of contract
Auftragsvergabe, f (2) *(an Außenstehende, pl)* – contracting out
Auftreten, n (1) *(persönliches)* – bearing
Auftreten, n (2) *(sicheres)* – assurance
auftreten, v *(als Streikbrecher/in, m/f)* – blackleg, v <GB, *infml*>
Aufwand, m *(Kosten, pl)* – expenditure; expense; cost
Aufwandsbegrenzung, f – limitation of expenses (pl)
Aufwandsentschädigung, f – expense allowance; entertainment allowance; representation allowance; compensation for expenses (pl)
aufwenden, v *(Kosten, pl)* – spend, v; expend, v
Aufwendung, f (1) – expense; expenditure
Aufwendung, f (2) *(freiwillige)* – voluntary contributions (pl)
Aufwendung, f (3) *(freiwillige soziale)* – voluntary social benefits (pl)
Aufwendung, f (4) *(gesetzliche soziale)* – social security benefits (pl)
Aufwendungsersatz, m – expense refund; reimbursement of expenses (pl)
Aufwertung, f – revaluation
aufwiegeln, v – stir up, v; incite, v; instigate, v
Aufwiegelung, f – instigation; sedition; incitement; fomentation; agitation
Aufwiegler/in, m/f – agitator; fomenter; incendiary
Aufzählung, f – enumeration
aufzeichnen, v – make a note, v; note, v; document, v; record, v; enter, v
Aufzeichnung, f – note; notation; record; recording; entry
Augenschein, m – judicial view <*law*>
Augenscheinlichkeit, f – evidence
Augenscheinsbeweis, m – prima-facie evidence
Augenscheinseinnahme, f – inspection
Augenzeuge/ -zeugin, m/f – eyewitness
Aus- und Fortbildung, f – education and further education; education and continuing education
ausarbeiten, v – work out, v; develop, v; elaborate, v
Ausarbeitung, f – elaboration
ausbauen, v *(berufliche Stellung, f)* – make good, v
ausbedingen (sich), v – stipulate, v; reserve, v
Ausbeuler/in, m/f – body repairman/repairwoman; ding man/woman
Ausbeute, f – output; yield
ausbeuten, v – exploit, v
Ausbeutung, f – exploitation
ausbezahlen, v – pay out, v; pay off, v
ausbilden, v – train, v; instruct, v; school, v; teach, v; educate, v
Ausbildende/r, f/m – vocational instructor; master craftswoman/craftsman
Ausbilder/in, m/f – instructor; trainer; training officer
Ausbildereignungsprüfung, f – instructor proficiency exam(ination)
Ausbilderzulage, f – instructor's bonus
Ausbildung, f (01) *(im weiteren Sinne, m)* – education

Ausbildung, f (02) *(auf/in einem bestimmten Gebiet, n)* – instruction

Ausbildung, f (03) *(Schulung, f)* – training

Ausbildung, f (04) (*am Arbeitsplatz, m*) – on-the-job training; training on the job

Ausbildung, f (05) (*akademische*) – academic training; university education

Ausbildung, f (06) *(außerbetriebliche)* – external training

Ausbildung, f (07) *(berufliche)* – professional training; vocational training

Ausbildung, f (08) *(fachliche)* – education in skills (pl)

Ausbildung, f (09) *(gewerbliche)* – manufacturing training

Ausbildung, f (10) *(innerbetriebliche)* – in-house training; in-plant training; in-company training

Ausbildung, f (11) *(von Industriefacharbeitern, pl)* – training in industrial skills (pl)

Ausbildungsabbrecher/in, m/f – training dropout

Ausbildungsabschluss, m – completion of one's education

Ausbildungsaufwand, m – training expense

Ausbildungsbedarf, m – training need

Ausbildungsbeihilfe, f – training grant; training subsidy; education grant

Ausbildungsberatung, f – educational counselling; educational guidance

Ausbildungsberuf, m – training occupation; trade; skilled job

Ausbildungsbetrieb, m – training firm; training company; training plant

Ausbildungserfolg, m – training result

Ausbildungsförderung, f – promotion of vocational training

Ausbildungsförderungsgesetz, n – Act on Financial Assistance for Students (in Higher Education Institutions)

Ausbildungsfreibetrag, m – tax-free allowance for training expenses (pl)

Ausbildungsgang, m – course of training

Ausbildungshilfe, f – training assistance

Ausbildungskosten (pl) – training costs (pl)

Ausbildungskurs, m – course of instruction; training course

Ausbildungslehrgang, m – training course

Ausbildungsleiter/in, m/f – head of training; training manager; chief instructor

Ausbildungsmaßnahme, f – training measure

Ausbildungsmaterial, n – training material; training materials (pl)

Ausbildungsmeister/in, m/f – apprentices' teacher; apprentices' trainer

Ausbildungsmethode, f – training method

Ausbildungsmittel (pl) *(Geld, n)* – training funds (pl)

Ausbildungsnachweis, m – educational certificate

Ausbildungsniveau, n – training level

Ausbildungsordnung, f – training regulations (pl); training directive

Ausbildungsplan, m – training plan; training program(me)

Ausbildungsplanung, f – training scheduling

Ausbildungsplatz, m – training position; training post; training place

Ausbildungsprogramm, n – training program(me); training schedule

Ausbildungsrahmenplan, m – skeleton training schedule

Ausbildungsstätte, f – training centre/center

Ausbildungsstand, m – training level; level of training

Ausbildungsstelle, f – training position

Ausbildungssystem, n – training system; educational system

Ausbildungsträger (pl) – agencies (pl) engaged in vocational training

Ausbildungsvergütung, f – training allowance

Ausbildungsverhältnis, n – training relationship; training status

Ausbildungsvertrag, m – training contract; apprenticeship contract

Ausbildungszeit, f – apprenticeship; training time; training period; duration of education

Ausbildungszentrum, n – training centre/center

Ausbildungszeugnis, n – training certificate

Ausbildungsziel, n – training objective; training goal

Ausbildungszweig, m – training branch

Ausdauer, f – endurance; perseverance; persistence

ausdauernd – persistent

ausdehnen, v – extend, v; expand, v

Ausdehnung, f – extension; extent; expansion

Ausdruck, m (1) *(Formulierung, f)* – expression; term

Ausdruck, m (2) (*von Daten*, *pl*) – print; print-out

Ausdrucksfähigkeit, f – power of expression; eloquence; oral skill

Ausdrucksweise, f – diction

ausdrücklich – explicit; expressed

ausersehen, v – designate, v

Ausfall, m (1) – deficiency; deficit; loss

Ausfall, m (2) (*von Arbeit*, *f*) – failure of work

Ausfall, m (3) (*einer Maschine*, *f*) – breakdown; downtime

Ausfallbürgschaft, f – deficiency guarantee; collateral security; letter of indemnity; indemnity letter <*US*>; indemnity bond <*US*>

ausfallen, v (*Maschine*, *f*) – fail, v; break down, v

Ausfallprinzip, n – principle of paying wages during illness (in the amount which the employee would have earned if he/she had not been ill)

Ausfallrate, f <*tech*> – failure rate

Ausfallrisiko, n – risk of failure

Ausfallstunde, f – hour not worked

Ausfallzeit, f (1) (*von Arbeitszeit*, *f*) – down-time; hours (pl) lost; lost period of time

Ausfallzeit, f (2) (*bei Rentenversicherung*, *f*) – inactive period; non-contributory period; period of interruption

ausfertigen, v (1) (*Dokument*, *n*) – issue, v; make an authentic copy, v; execute, v; draw up (a deed), v

ausfertigen, v (2) (*ein Urteil*, *n*) – draft, v; draw up, v

ausfertigen, v (3) (*Gesetz*, *n*) – draft a bill, v; sign a bill into law, v; make out a bill, v

Ausfertigung, f (1) *(Dokument, n)* – official copy; official form; official transcript; authentic copy/form; authentic transcript

Ausfertigung, f (2) *(beglaubigte)* – certified copy

Ausflucht, f – pretext; excuse

Ausflug, m – excursion; outing

ausforschen, v – sound out, v; inquire into, v; explore, v

Ausforschung, f – sounding out; exploratory soundings (pl)

Ausforschungsbeweis, m – investigation evidence

ausführen, v (1) *(einen Auftrag, m)* – execute, v; carry out, v; perform, v

ausführen, v (2) *(ein Gesetz, n)* – implement, v

ausführen, v (3) *(Waren, pl)* – export, v

Ausführung, f (1) *(Durchführung, f)* – implementation; execution

Ausführung, f (2) *(Machart, f)* – make

Ausführungsbestimmungen (pl) – implementing provisions (pl); regulatory statutes (pl)

Ausführungsverordnung, f – implementing ordinance

ausfüllen, f – fill, v; fill in, v

Ausgabe, f (1) *(von Geld, n)* – expenditures (pl) <*US*>; expense; outlay

Ausgabe, f (2) *(einer Zeitung, f)* – edition

Ausgangskontrolle, f – exit control

Ausgangslage, f – initial position; initial situation

Ausgangspunkt, m – base; starting point

ausgeben, v (1) *(Geld, n)* – spend, v; expend, v

ausgeben, v (2) (*Aktien, pl*) – issue, v

ausgebildet – trained; skilled

ausgeglichen (1) *(Konto, n)* – well-balanced; balanced; equable

ausgeglichen (2) *(Wesen, n)* – emotionally stable

ausgelastet *(Betrieb, m)* – working to capacity

ausgelernt haben, v – take up one's indentures (pl), v

ausgenommen – exempt; except; exept for

ausgewogen – balanced

ausgezeichnet – excellent

Ausgleich, m (1) – settlement; compensation; adjustment; reconciliation; equalisation/equalization

Ausgleich, m (2) *(Entschädigung, f)* – compensation

Ausgleich, m (3) *(Gegenkonto, n)* – setoff <*GB*>; off-set <*US*>

Ausgleich, m (4) *(Abrechnung, f)* – balance

ausgleichen, v (1) *(Schaden, m)* – compensate, v; offset, v

ausgleichen, v (2) *(Konto, n)* – settle (an account), v

ausgleichen, v (3) *(Verlust, m)* – make up for (a loss), v

ausgleichend – compensatory

Ausgleichsabgabe, f (1) – equalisation/equalization levy; countervailing charge; compensatory amount

Ausgleichsabgabe, f (2) *(nach dem Schwerbehindertengesetz, n)* – equalisation/equalization pay for non-employment of disabled persons

Ausgleichsanspruch, m – compensation claim; equalisation/ equalization claim

Ausgleichsbetrag, m – amount of compensation; compensatory amount; balance

Ausgleichsforderung, f – equalisation/equalization claim
Ausgleichsklausel, f – escalator clause <*US*>
Ausgleichsquittung, f – receipt in full discharge upon termination of employment
Ausgleichsregelung, f – compensation scheme; compensation arrangement
Ausgleichszahlung, f – compensation payment; compensatory payment; equalisation/ equalization payment; deficiency payment
Ausgleichszulage, f – compensatory allowance; differential allowance
ausgliedern, v (1) – separate, v
ausgliedern, v (2) *(eine Konzerngesellschaft, f)* – disincorporate, v; disembody, v
Ausgrenzung, f (1) – exclusion
Ausgrenzung, f (2) *(soziale)* – social exclusion
aushändigen, v – deliver, v; hand over, v
Aushändigung, f – delivery
aushandeln, v (1) – negotiate, v; bargain for, v; settle, v
aushandeln, v (2) *(etwas endgültig)* – come to terms on sth, v
Aushang, m – bulletin; notice; announcement
Aushangtafel, f – notice board; bulletin board
aushelfen, v (1) – assist, v; help out, v
aushelfen, v (2) *(mit Geld, n)* – accommodate, v
Aushilfe, f (1) – temporary employee; temporary help; temporary substitute; hired help; day labo(u)rer
Aushilfe, f (2) – jobber; handyman
Aushilfsarbeit, f – odd job
Aushilfsarbeitsverhältnis, n – auxiliary employment relationship
Aushilfsarbeitsvertrag, m – auxiliary employment contract
Aushilfsbeschäftigung, f – auxiliary employment
Aushilfskraft, f – casual worker; auxiliary worker; auxiliary; stopgap
Aushilfspersonal, n – auxiliary staff
Auskommen, n – livelihood; subsistence
Auskunft (f) erteilen, v – provide information, v
Auskunft, f (1) *(allgemein)* – information
Auskunft, f (2) *(Telefon, n)* – directory enquiries (pl) <*GB*>; directory assistance (pl) <*US*>
Auskunftei, f – inquiry office
Auskunftgeber/in, m/f – supplier of information
Auskunftsanspruch, m – claim to receive information
Auskunftserteilung, f – provision of information
Auskunftspflicht, f – obligation to provide information; obgligation to give information; duty to disclose information; liability to discover
Auskunftsverlangen, n – request for information
Auskunftsverweigerungsrecht, n – right to withhold testimony; right to refuse to give information; privilege of non-disclosure
Ausländer/in, m/f – foreigner; foreign national; alien
Ausländeramt, n – aliens' office
Ausländerbeauftragter, m – Commissioner for Aliens
Ausländerbehörde, f – immigration office; alien registration authority
Ausländergesetz, n (AuslG) – Aliens' Act

Ausländerrecht, n – legislation on foreigners (pl); legislation on foreign nationals (pl)
ausländisch – foreign; alien
Auslage, f *(Ausgabe, f)* – disbursement; expense; expenditure; outlay
Auslagen (pl) ersetzen, v (Auslagen (pl) zurückerstatten, v) – reimburse s.o. (for) his/her expenses (pl), v; refund s.o.'s expenses (pl), v
Auslagenabrechnung, f – expense account
Auslagenersatz, m – expense reimbursement; compensation for outlay
Auslagenerstattung, f – expense reimbursement
auslagern, v – dislocate, v; evacuate, v
Auslagerung, f (1) – dislocation; evacuation
Auslagerung, f (2) *(von Kapazitäten/ Leistungen/Arbeitsplätzen)* – outsourcing
Auslagerung, f (3) *(von Aktivitäten in Niedriglohnländer)* – offshoring
Auslagerung, f (4) *(von Geschäftsprozessen, pl)* – business process outsourcing (BPO)
Ausland, n – foreign countries (pl)
Auslandsabordnung, f – international assignment
Auslandsabrechnung, f – foreign payroll
Auslandsarbeit, f – work abroad; international work
Auslandsaufenthalt, m – stay abroad; residence abroad
Auslandsaufenthaltszulage, f – international service allowance (ISA)
Auslandsdienstreise, f – official trip abroad; business trip abroad
Auslandseinsatz, m – foreign assignment; employment abroad; expatriate mission; expatriate assignment
Auslandsentsendung, f – assignment to a foreign country; delegation to a foreign country; transfer abroad; expatriate mission; international assignment
Auslandserfahrung, f – experience abroad; experience acquired abroad; foreign experience
Auslandsniederlassung, f – branch abroad
Auslandspraktikum, n – internship abroad; practical training abroad
Auslandstätigkeit, f – activity abroad; employment abroad
Auslandstätigkeitserlass, m – decree on employment abroad
Auslandstätigkeitszulage, f – foreign position increase (FPI)
Auslandsumzug, m – remove into a foreign country <*GB*>; move into a foreign country <*US*>
Auslandsunfallversicherung, f – insurance against accidents (pl) abroad
Auslandszulage, f – foreign service allowance; expatriation allowance
auslasten, v (1) – make full use of, v; utilise/utilize fully, v
auslasten, v (2) *(Maschine, f)* – use to capacity, v
Auslastung, f *(Betrieb, m)* – working to capacity; utilisation/utilization to capacity
Auslastungsgrad, m – utilisation/utilization rate; rate of utilisation/utilization
auslaufen, v *(Vertrag, m)* – expire, v; run out, v
auslegen, v (1) *(Geld, n)* – advance, v; disburse, v; lay out, v
auslegen, v (2) *(Schriftmaterial, n)* – dispose, v; exhibit, v

auslegen, v (3) *(Text, m)* – interpret, v; construe, v
auslegen, v (4) *(eng)* – construe narrowly, v
Auslegung, f (Text, m) – interpretation
ausleihen, v → entleihen, v
auslernen, v (1) – complete one's training, v; finish learning, v
auslernen, v (2) *(Auszubildende/r, f/m)* – complete one's apprenticeship, v; complete one's vocational training, v
Auslese, f – selection
Ausleseprüfung, f – competitive examination
Ausleseverfahren, n – process of selection; screening system
AuslG → Ausländergesetz, n
Auslösung, f *(Trennungsgeld, n)* – separation allowance
auslosen, v – draw by lot, v; draw lots (pl) for, v; choose by lot, v
Auslosung, f – drawing of lots (pl)
Ausnahme, f (1) *(von der Regel, f)* – exception
Ausnahme, f (2) *(Befreiung von, f)* – exemption
Ausnahmegenehmigung, f – exceptional permission; exceptional permit
Ausnahmeklausel, f – exemption clause
Ausnahmevorschrift, f *<jur>* – saving clause
Ausnahmezustand, m – state of emergency
ausnutzen, v – exploit, v
Ausnutzung, f – exploitation
Ausnutzungsgrad, m – utilisation/utilization rate
ausrechnen, v – calculate, v; compute, v
Ausrede, f – pretext; plea
ausreichend – sufficient; enough
Ausrichtung, f – alignment
Ausrüstung, f (1) – equipment
Ausrüstung, f (2) *(maschinelle)* – machinery
Ausrüstung, f (3) *(technische)* – technical facilities (pl); technical equipment
ausruhen (sich), v – lie off, v; lie up, v
Aussage, f – statement; declaration; testimony; statement of a witness
Aussagefähigkeit, f – informative capability
Aussagegenehmigung, f – permission to give evidence
aussagekräftig – informative
aussagen, v *(als Zeuge/Zeugin, m/f)* – give evidence, v; testify, v
Aussageverweigerungsrecht, n – privilege to refuse to give evidence
Aussagewert, m – value of a statement; value of a testimony
Ausscheiden, n (1) – resignation; withdrawal
Ausscheiden, n (2) *(schrittweises ~ aus dem Erwerbsleben)* – phased retirement
ausscheiden, v – resign, v; sign off, v; withdraw from, v; leave, v
ausschlagen, v – disclaim, v; waive, v; turn down, v
ausschlaggebend – decisive
ausschließen, v (1) – exclude, v; preclude, v
ausschließen, v (2) *(Haftung, f)* – exonerate from liability, v
ausschließen, v (3) *(Öffentlichkeit, f)* – exclude the public, v
ausschließlich – exclusive
Ausschluss, m – exclusion; preclusion
Ausschlussfrist, f – term of exclusion; term of preclusion; exclusive time limit; time of preclusion; preclusive period

Ausschlussklausel, f – exclusivity stipulation; exclusion clause
Ausschnitt, m – section
Ausschreibung, f (1) – invitation to tender; invitation to bid; call for tenders (pl)
Ausschreibung, f (2) *(von Arbeitsplätzen, pl)* – advertisement of vacancies (pl)
Ausschreibungsfrist, f – bidding period
ausschütten, v *(Gewinn, m)* – distribute (the proceeds, pl), v
Ausschuss, m (1) *(Gremium, n)* – board; committee; commission
Ausschuss, m (2) *(geschäftsführender)* – executive committee
Ausschuss, m (3) *(für Arbeit und Sozialordnung des Deutschen Bundestages)* – Committee on Labo(u)r and Social Affairs (pl)
Außendienst, m – field service; outdoor service; field work
Außendienstler/in, m/f – field worker; agent in the field
Außendienstpersonal, n – field staff
Außendienstzulage, f – field allowance
Außenhandel, m – foreign trade
Außenhandelsbilanz, f – external account; foreign trade balance
Außenhandelsdefizit, n – trade deficit
Außenhandelsüberschuss, m – trade surplus
Außenorganisation, f – field organisation/organization
Außenpolitik, f – foreign policy
Außenprüfer, m – travel(l)ing auditor
Außenseiter, m – outsider
Außenstände (pl) – outstanding balance; accounts (pl) receivable
Außenverhältnis, n – relation to third parties (pl); external relationship
Außenwirtschaft, f – foreign trade
außer Betrieb – not working; not operating; out of order
außer Dienst – off duty; out of office; retired from office
außer Kraft setzen, v – annul, v; abrogate, v
außer Kraft treten, v – cease to have effect, v; expire, v
außerberuflich – extraprofessional; extraofficial
außerbetrieblich – external
außerdienstlich – off-duty; unofficial
außerehelich – illegitimate
außergerichtlich – extra-judicial; out of court
außergerichtliche Streitbeilegung, f – Alternative Dispute Resolution (ADR) <*US*>
außergewöhnlich – extraordinary; exceptional
außergewöhnliche Belastung, f *(Steuer, f)* – extraordinary obligation; extraordinary burden
außerhalb der Arbeitszeit, f *(außerhalb der Dienstzeit, f)* – after hours (pl); on employee time
Außerkrafttreten, n – expiration; expiry; termination
außerordentlich – extraordinary
außerordentliche Kündigung, f – extraordinary termination; termination for cause; summary dismissal
außerschulische Bildung, f – extracurricular education
außertariflich – exempt (from the agreed scale)
außertarifliche Zahlung, f – payment over and above standard salary
außertarifliche/r Angestellte/r, f/m – exempt employee; member of the exempt staff; non-pay-scale employee

Aussetzen, n *(eines Verfahrens, n)* – stay of proceedings (pl)
aussetzen, v (1) *(eine Belohnung, f)* – promise a reward, v; offer a reward, v
aussetzen, v (2) *(ein Verfahren, n)* – suspend, v
aussetzen, v (3) *(eine Zwangsvollstreckung, f)* – stay (the execution), v
Aussetzung, f *(von Beschlüssen/ Verfahren, pl)* – suspension; respite; stay of proceedings (pl)
Aussetzungsbeschluss, m (1) *(Verfahren, n)* – court order to stay the proceedings (pl)
Aussetzungsbeschluss, m (2) *(Vollstreckung, f)* – court order to suspend the execution
Aussiedler, m – resettler; emigrant; repatriate
aussondern, v – single out, v; sort out, v; segregate, v
Aussonderung, f (1) – singling out; segregation; severance
Aussonderung, f (2) *(Konkurs, m)* – sorting out
Aussonderung, f (3) *(ungeeigneter Mitarbeiter, pl)* – shake-out
aussperren, v *(Arbeitnehmer, pl)* – lock out, v
Aussperrung, f – lock-out
Aussprache, f – debate
Ausschreibung, f *(von Stellen, pl)* – advertisement of vacancies (pl); announcement of job opportunities (pl)
Ausstand, m – strike; labo(u)r dispute; turnout <*GB*>; walkout <*US*>
ausstatten, v (1) – equip, v; fit out, v
ausstatten, v (2) *(jmd mit Vollmachten, pl)* – vest s.o. with power, v; clothe s.o. with power, v
Ausstattung, f (1) – equipment
Ausstattung, f (2) *(personelle)* – manning level
aussteigen, v *(aus dem Beruf, m)* – drop out, v; sign off, v <*infml*>
ausstellen, v (1) *(Scheck, m / Urkunde, f)* – draw, v; issue, v
ausstellen, v (2) *(jmd ein Zeugnis, n)* – write s.o. a reference, v
Aussteller/in, m/f *(eines Schecks/ Wechsels, m)* – drawer
ausstempeln, v – clock out, v; check out, v <*GB*>
Ausstoß, m – output
ausstrahlen, v – radiate, v
Ausstrahlung, f (1) – radiation
Ausstrahlung, f (2) *(eines Menschen, m)* – aura; charisma; personality
aussuchen, v – select, v; choose, v
Austakten, n *(des Fließbandes, n)* – line balancing
Austausch, m – exchange; substitution; interchange; replacement
austauschbar – interchangeable
Austauschbarkeit, f – interchangeability; exchangeability
austauschen, v – exchange, v; substitute, v; replace, v; interchange, v
Austauschprogramm, n – exchange program(me)
austreten, v – withdraw from membership, v; resign from membership, v
Austritt, m – withdrawal from membership; resignation from membership; termination of membership; retirement
Austrittsdatum, n – date of leaving
ausüben, v(1) – exercise, v; execute, v
ausüben, v (2) *(eine Tätigkeit, f)* – conduct (an activity), v; perform, v; exert, v
ausüben, v (2) *(Beruf, m)* – persue an occupation, v; follow a trade, v
ausüben, v (3) *(Gewerbe, n)* – carry on a trade, v; follow a trade, v

auswählen, v (1) – select, v; choose, v
auswählen, v (2) *(stichprobenweise)* – select at random, v
auswärtig – exterior; foreign
Auswärtszulage, f – separation allowance
Auswahl, f (1) – selection; choice
Auswahl, f (2) *(soziale)* – social selection
Auswahlausschuss, m – selection committee
Auswahlgremium, n – selection board
Auswahlkriterium, n – selection criterion
Auswahlmethode, f – selection method
Auswahlrecht, n – selection right
Auswahlrichtlinie, f – selection guideline
Auswahltest, m – selection test
Auswahlverfahren, n – selection procedure
auswandern, v – emigrate, v
Auswanderung, f – emigration
Ausweis, m – identification card (ID); identity card; ID-card
ausweisen, v (1) *(beweisen, v)* – disclose, v; prove, v; identify, v
ausweisen, v (2) *(Personen, pl)* – expel, v; deport, v
Ausweiskontrolle, f *(am Tor, n / Schalter, m)* – gate control
Ausweislesegerät, n – badge reader
auswendig lernen, v – learn by heart
auswerten, v – evaluate, v
Auswertung, f – evaluation
Auswirkung, f – impact; effect; consequence
auszahlen, v (1) *(einen Geschäftspartner, m)* – pay off, v; pay out, v; pay away, v
auszahlen, v (2) *(den Lohn, m)* – pay wage, v
auszahlen, v (3) (Geld, n) – disburse, v
Auszahlung, f (1) *(des Arbeitsentgelts, n)* – payment of wages (pl); payment; outpayment (of wages, pl); payout
Auszahlung, f (2) *(Geldausgabe, f)* – disbursement
Auszahlungsbetrag, m – net pay
Auszahlungsverfahren, n – disbursement procedure
auszeichnen (jmd), v (1) – hono(u)r s.o., v; distinguish s.o., v
auszeichnen (sich), v (2) – excel, v
Auszeichnung, f (1) *(Belobigung, f)* – award; distinction
Auszeichnung, f (2) *(von Ware, f)* – labelling; marking; pricing
Auszubildende/r, f/m (AZUBI) – apprentice; trainee
Auszubildendenvertretung, f – representation of juvenile workers and apprentices (pl); representation of apprentices (pl)
Auszug, m (1) – extract
Auszug, m (2) *(aus einem Text, m)* – exerpt
Auszug, m (3) *(aus dem Grundbuch, n)* – abstract
Automat, m (1) – automat; automatic machine
Automat, m (2) (Verkaufsautomat, m) – slot machine; vending machine
Automation, f – automation
automatischer Lohnausgleich, m – escalator adjustment
Automatisierung, f – automation
Automechaniker/in, m/f – motor mechanic; vehicle mechanic; automobile mechanic <*US*>; auto mechanic <*US*>; grease monkey <*US, infml*>
autonom – autonomous

autonome Arbeitsgruppe, f – autonomous working group

Autor, m – author; writer

autoritär – authoritarian

Autorität, f – authority; power

Autoschlosser/in, m/f – motor engine fitter; motor mechanic

AVG → Angestelltenversicherungsgesetz, n

AZG → Arbeitszeitgesetz, n

AZUBI → Auszubildende/r, f/m

B

BA *(früher Bundesanstalt (f) für Arbeit, f)* → Bundesagentur (f) für Arbeit (f)

BAföG → Bundesausbildungsförderungsgesetz, n

Bakkalaureus, m (1) – bachelor (niedrigster akademischer Grad; unterhalb des Master- oder Doctor-Grades)

Bakkalaureus, m (2) *(Inhaber/in eines Bachelor-Grades)* – bachelor

Bakkalaureus, m (3) *(der philosophischen Fakultät, f)* – Bachelor of Arts (pl) (B.A.)

Bakkalaureus, m (4) *(der Wirtschaftswissenschaften, pl)* – Bachelor of Economic Science (B.Sc.Econ.) (Entspricht dem deutschen Titel Diplomkaufmann / Diplomkauffrau.)

Bakkalaureus, m (5) *(der Rechtswissenschaft, f)* – Bachelor of Law (B.L.) (Entspricht dem deutschen Status eines Rechtsreferendars / einer Rechtsreferendarin.)

Bakkalaureus, m (6) *(der Naturwissenschaften, pl)* – Bachelor of Science *B.Sc.*

Ballungsgebiet – over-crowded area; conurbation

Bandarbeit, f – moving line production; belt line production; line production; assembly line production

Bandbesetzung, f – manning of moving lines (pl); line manning

Bandbreite, f – margin; band width; scope

Bandgeschwindigkeit, f – moving line speed; line speed

Bank, f – bank; banking house; bank institution

Bankangestellte/r, f/m – bank clerk

Bankauszug, m – bank statement

Bankbürgschaft, f – bank guarantee; security note of a bank

Bankgebühren (pl) – bank charges (pl)

Bankgeheimnis, n – banker's discretion; banker's privilege; banking secrecy

Bankgeschäft, n – bank transaction

Bankguthaben, n – cash in bank; bank credit balance

Bankkauffrau, f – female trained bank employee

Bankkaufmann, m – male trained bank employee

Bankkonto, n – bank account; banking account

Bankleitzahl, f – bank code number; bank identification number <*US*>

Bankrecht, n – banking law

Bankrott, m (1) – bankruptcy; insolvency

Bankrott, m (2) *(betrügerischer)* – fraudulent bankruptcy

Banksektor, m *(Branche, f)* – banking
Banksicherheiten (pl) – collaterals (pl)
Banküberweisung, f – bank transfer
Bankverbindung, f – bank details (pl)
bar – cash
bar bezahlen, v – pay down, v; pay cash, v
Barabgeltung, f – compensation in cash
Barabrechnung, f – cash settlement
Barauslagen (pl) – out-of-pocket expenses (pl); out-pocket expenses (pl); cash expenditures (pl) *<US>*; actual expenses (pl)
Barauszahlung, f – payment in cash; cash settlement
Barbezüge (pl) – remuneration in cash
Barentlohnung, f – cash earnings (pl)
Bargeld, n – cash; ready money
bargeldlose Lohnzahlung, f – cashless wage payment
Barleistung, f – cash benefit; benefit in cash
Barlohn, m – cash wages (pl); wage paid in cash
Barscheck, m – open check/cheque; cash check/cheque
Barüberweisung, f – cash remittance
Barvorschuss, m – cash advance
Barwert, m – cash value; present value
Barzahlung, f – cash payment; payment in cash; ready cash
Basisbezüge (pl) – basic pay
Basiseinkommen, n – basis income
Basislohn, m – basic wage
BAT → Bundesangestelltentarifvertrag, m
Bauartgenehmigung, f – type approval
Bauaufsicht, f – building inspection
Bauberuf, m – construction job
Baudarlehen, n – building loan
Baugenehmigung, f – building permit; building licence/license
Baugewerbe, n – building trade; building and civil engineering; construction *<US>*
Bauindustrie, f – construction industry; building industry
Bauingenieur/in, m/f – civil engineer
Bauingenieurwesen, n – civil engineering
Baukostenzuschuss, m – subsidy to construction costs (pl); contribution to building costs (pl); key money
Baupolizei, f – building control office
Bauschlosser/in, m/f – locksmith
bausparen, v – save through a building loan association, v
Bausparkasse, f – building society *<GB>*; building and loan association *<US>*
Bausparvertrag, m – building loan contract
Baustelle, f – building site; construction site *<US>*
Bauunternehmer/in, m/f – contractor
Bauzeichner, m – draughtsman *<GB>*; draftsman *<US>*
BBesG → Bundesbesoldungsgesetz, n
BBiG → Berufsbildungsgesetz, n
BDA → Bundesvereinigung (f) der Deutschen Arbeitgeberverbände (pl)
BDI → Bundesverband (m) der Deutschen Industrie (f)
BDSG → Bundesdatenschutzgesetz, n
Beamt.BesG → Beamtenbesoldungsgesetz, n
Beamtenanwärter/in, m/f – candidate for the civil service

Beamtenapparat, m – civil service machinery

BeamtenBesG → Beamtenbesoldungsgesetz, n

Beamtenbesoldung, f – civil service pay <*GB*>

Beamtenbesoldungsgesetz, n (BeamtenBesG) – Civil Servants' Remuneration Act

Beamtenbestechung, f – bribery of an official

Beamtenernennung, f – appointment to the civil service; appointment to the civil service status

Beamtengesetz, n – Civil Service Act; National Civil Service Act <*US*>

Beamtenpension, f – service pension

beamtenrechlich – pursuant to civil service law

Beamtenrecht, n – civil servants' law

Beamtenstreik, m – civil servants' strike

Beamtenverhältnis, n – civil service status; civil servants' status; status of a public officer

Beamtenversorgung, f – social security of civil servants (pl)

Beamtenversorgungsgesetz, n – Civil Servants' Pension Act

Beamter/Beamtin, m/f (1) – official

Beamter/Beamtin, m/f (2) *(Staatsbeamter/Staatsbeamtin, m/f)* – civil servant; public official <*US*>; government official <*US*>

Beamter/Beamtin, m/f (3) *(auf Lebenszeit, f)* – established official; established civil servant; career civil servant <*US*>

Beamter/Beamtin, m/f (4) *(leitende/r, f/m)* – senior official

Beamter/Beamtin, m/f (5) *(auf Probe, f)* – probation official

Beamter/Beamtin, m/f (6) *(im aktiven Dienst, m)* – official with active status

beanspruchen, v – claim,v; demand,v

Beanspruchung, f (1) (*Forderung, f*) – claim; demand; requisition; request

Beanspruchung, f (2) *(Maschine, f)* – stress; strain

beanstanden, v – object to, v; reject, v; demur to, v; complain, v

beantragen, v (1) – apply for, v; request, v; demand, v; petition, v; move, v

beantragen, v (2) *(vor Gericht, n)* – request the court, v

beantworten, v – answer, v; respond, v; reply, v

bearbeiten, v – treat, v; machine, v; work upon, v; process, v

Bearbeiter/in, m/f – person in charge of; person responsible for

Bearbeitung, f (1) – treatment; working

Bearbeitung, f (2) *(Verarbeitung, f)* – processing

Bearbeitung, f (3) *(Wörterbuch, n)* – compilation

Bearbeitungsgebühr, f – administration fee; handling fee

Bearbeitungskosten (pl) – handling costs (pl)

Bearbeitungssystem, n <*tech*> – processing system

Bearbeitungszeit, f – process time; processing time; handling time

beaufsichtigen, v – supervise, v; control, v; superintend, v; oversee, v

beauftragen, v – commission, v; charge, v; entrust, v; authorise/authorize, v

beauftragte/r Richter/in, f/m – commissioner; official referee

Beauftragte/r, f/m (1) – representative; agent; delegate; deputy
Beauftragte/r, f/m (2) – mandatary; person in charge
Beauftragte/r, f/m (3) *(amtlich)* – commissioner
Beauftragung, f *(Rechtsanwalt/Rechtsanwältin, m/f)* – briefing
Bedarf, m – need; demand; want; requirement
Bedarfsanalyse, f – needs (pl) analysis; requirements (pl) analysis; demand analysis; need assessment
Bedarfsermittlung, f – needs (pl) determination; need assessment
Bedarfsplanung, f – planning for demand
Bedenken, n – doubt; scruple
Bedenkzeit, f – time to consider
bedeutend – major; significant
bedienen, v (1) *(eine Person, f)* – serve, v; attend, v; wait on, v
bedienen, v (2) *(eine Maschine, f)* – operate, v; work, v; run, v
Bedienstete/r, f/m *(öffentlicher)* – public employee; employee; official
Bedienungsanleitung, f – operation manual; operation instructions (pl)
Bedienungsgeld, n – service money
Bedienungsperson, f *(für eine Maschine, f)* – operator
Bedienungszuschlag, m – service supplement
bedingt – conditional
bedingtes Recht, n – contingent right
Bedingung, f (1) – condition; term; provision
Bedingung, f (2) *(auflösende)* – subsequent condition; dissolving condition
Bedingung, f (3) *(aufschiebende)* – precedent condition; suspensive condition
Bedrohung, f – threat; menace
Bedürfnis, f – need; requirement
bedürftig – needy; in need; destitute; indigent *<fml>*
Bedürftigkeit, f – neediness; indigence *<fml>*; distress; destitution
beeidigen, v – administer an oath, v; affirm upon oath, v; affirm by oath, v
beeidigt – sworn
beeidigte Aussage, f – sworn evidence; sworn testimony
beeinträchtigen, v – impair, v
Beeinträchtigung, f – interference with; impairment; encroachment on
Beeinträchtigungen (pl) *(wesentliche)* – substantial adverse effects (pl)
beendigen, v – terminate, v; finish, v; end, v; complete, v
Beendigung, f – termination; end; completion; expiration
beerdigen, v – bury, v
Beerdigung, f – funeral; burial
Beerdigungskosten (pl) – funeral expenses (pl)
befähigen, v (jmd) – qualify s.o. for, v; qualify s.o. as, v; enable s.o. to, v
befähigt sein, v – be able to, v; be capable of, v; be qualified, v
Befähigung, f – capacity; competence; aptitude
Befähigungsnachweis, m – certificate of (professional) competence; certificate of qualification; licence/license of formal qualifications (pl); certificate of proficiency; evidence of formal qualifications (pl)
befangen – biased; prejudiced; prepossessed
Befangenheit, f – bias; prejudice
Befehl, m – order; command
befehlen, v – order, v; command, v
Befehlsgewalt, f – command authority

befinden, v *(sich im Streik, m)* – be out on strike, v; be on strike, v

befördern, v (1) *(Karriere, f)* – promote; to the position, v; advance, v; prefer to the rank of, v

befördern, v (2) *(im Verkehr, m)* – transport, v; convey, v; carry, v

Beförderung, f (1) *(Karriere, f)* – promotion; advance; advancement; preferment

Beförderung, f (2) *(nach Dienstalter, n)* – promotion by seniority

Beförderung, f (3) *(von Gütern (pl) und Personen (pl) im Verkehr, m)* – transportation; shipping

Beförderungsaussichten (pl) – promotional prospects (pl)

Beförderungsdienstalter, n – seniority in grade

Beförderungsleiter, f *<fig>* – promotion ladder

Beförderungsliste, f – promotion list; advancement roster

befragen, v – examine, v; question, v; interview, v; survey, v; poll, v

befreien von, v – exempt from, v; release from, v; free from, v; set free, v; liberate from, v

befreiende Lebensversicherung, f – exempt life insurance

Befreiung, f (1) – release; liberation; freeing

Befreiung, f (2) *(von der Versicherungspflicht, f)* – exemption from compulsory insurance

befriedigen, v – satisfy, v

befriedigend – satisfactory

Befriedigung, f – satisfaction

befristen, v (1) – place a time limit on sth, v; limit, v; restrict, v; limit sth as to time, v

befristen, v (2) – set a deadline, v; deadline, v

befristet Beschäftigte (pl) – temporary workers (pl); temporary staff

befristeter Arbeitsvertrag, m – limited employment contract; fixed-term employment contract

befristetes Arbeitsverhältnis, n – temporary employment relationship; temporary labo(u)r relationship; fixed-term employment relationship; limited employment

Befristung, f – time limit; limitation; deadline *<US>*

Befristungsabrede, f – fixed-term agreement

Befristungsrecht, n – law of fixed-term employment relationship

befürworten, v – advocate,v; support,v

Befürwortung, f – recommendation; support; endorsement

Befugnis, f – authority; right; competence; power

Befund, m – findings (pl)

begabt – gifted; talented

Begabtenförderung, f – financial support for talented students (pl); financial assistance to the gifted; furthering of the gifted

Begabung, f (1) – talent; gift; aptitude

Begabung, f (2) *(natürliche)* – genius

Begehren, n – petition; request; demand

begehren, v – desire, v; request, v

begeistern, v – motivate, v

Begeisterung, f – enthusiasm

Beginn, m – beginning; start; commencement

beginnen, v – begin, v; start, v; commence, v

beglaubigen, v – certify, v; attest, v; authenticate, v; verify, v

beglaubigte Abschrift, f – certified copy; authenticated copy

Beglaubigung, f – certification; attestation; verification; authentication

Begleitschreiben, n – letter of transmittal; transmittal letter; covering letter

begnadigen, v – grant pardon, v; pardon, v <*US*>; reprieve, v

Begnadigung, f – pardon

begrenzen, v – limit, v; restrict, v; confine, v

Begrenzung, f – limitation; limit; restriction

begründen, v – justify, v; give reasons (pl), v; substantiate, v; constitute, v

begründet – justified; valid

begründeter Anspruch, m – sound claim

Begründetheit, f (1) – reasonable justification

Begründetheit, f (2) *(eines Antrags, m)* – merits (pl) of the application

Begründung, f – justification; substantiation; reasons (pl); grounds (pl); factual statement

Begründungsfrist, f – period for giving grounds (pl)

begünstigen, v – prefer, v; favour, v <*GB*>; favor, v <*US*>; be partial to, v

Begünstigte/r, f/m (1) – beneficiary

Begünstigte/r, f/m (2) *(Gläubiger, m)* – preferred creditor; recipient

Begünstigung, f – preference; preferential treatment; favo(u)r; abetting

behandeln, v (1) – treat, v

behandeln, v (2) <*tech*> – process, v

Behandlung, f (1) – treatment

Behandlung, f (2) <*tech*> – processing

Behandlung, f (3) *(ambulante ärztliche)* – out-patient treatment

Behandlung, f (4) *(ärztliche)* – medical treatment

Behandlung, f (5) *(stationäre)* – inpatient treatment; stationary treatment

Behandlungskosten (pl) – treatment costs (pl)

Behandlungsmethode, f – treatment method

beharrlich – persistent; unremitting

Beharrlichkeit, f – persistency

behaupten, v – allege, v; assert, v; contend, v

Behauptung, f (1) – allegation; assertion; contention; affirmation

Behauptung, f (2) *(unzulässige)* – misleading claim

Beherrschbarkeit, f – controllableness

beherrschen, v (1) – dominate, v; control, v

beherrschen, v (2) (*englische Kurzschrift, f*) – take English shorthand, v

Beherrschung, f *(einer Sprache, f)* – command of a language

Beherrschungsvertrag, m – dependency agreement; controlling agreement; direct control contract

behindern, v – hinder, v; impede, v

behindert (1) – disabled; impaired; handicapped

behindert (2) *(geistig)* – mentally handicapped; retarded

behindert (3) *(körperlich)* – physically handicapped

Behindertenausweis, m – disabled person's ID card; handicapped person's ID card

Behindertengleichstellungsgesetz, n (BGG) *(Gesetz zur Gleichstellung behinderter Menschen)* – Equality for Disabled Persons Act

Behindertenurlaub, m – additional vacation for handicapped persons

Behindertenwerkstatt, f – workshop for the handicapped
behinderter Mensch, m – disabled person; handicapped person
Behinderung, f (1) – disability; handicap; impairment; impediment
Behinderung, f (2) *(angeborene)* – congenital disability
Behörde, f (1) – authority; administrative authority; public authority; official authority; administrative board/body
Behörde, f (2) *(vorgesetzte)* – higher authority
Behörde, f (3) *(zuständige)* – competent authority
behördlich – official
Behutsamkeit, f – caution
bei den Akten (pl) – on file
bei der Arbeit, f – at work; on the job
Beifahrer/in, m/f – relief driver; driver's mate
beifügen, v – attach, v; enclose, v; affix, v
beiheften, v – attach, v
Beihilfe, f (1) *(finanzielle)* – aid; assistance; benefit; allowance
Beihilfe, f (2) *(finanzielle)* – subsidy; grant
Beihilfeantrag, m – application for financial aid
Beihilferegelungen (pl) – systems (pl) of aid
Beihilfesatz, m – rate of aid
beiladen, v – call in, v
Beiladung, f – calling in
Beilage, f – attachment; enclosure
Beilegung, f (1) *(von Meinungsverschiedenheiten, pl)* – settlement; adjustment
Beilegung, f (2) *(gütliche)* – amicable settlement
Beirat, m – advisory board; advisory council
Beisitzer, m (1) – assessor
Beisitzer, m (2) *(bei Gericht, n)* – associate judge; puisne judge <*GB*>
Beisitzer, m (3) *(Laienrichter, m)* – lay judge
Beistand, m (1) – assistance; help; support; aid
Beistand, m (2) (rechtlicher) – legal aid
beistehen, v – assist, v; support, v
beisteuern, v – contribute, v
Beitrag (m) leisten, v – contribute, v; pay contributions (pl), v; do one's share, v
Beitrag, m (1) – contribution; dues (pl); levy
Beitrag, m (2) *(zur Sozialversicherung, f)* – premium
Beitrag, m (3) (*Mitgliedsbeitrag, m*) – membership fees (pl); subscription dues (pl)
beitragen, v – contribute, v
Beitragsabführung, f *(an die Sozialversicherung, f)* – remittance of social insurance contributions (pl); withholding deductions (pl)
Beitragsbemessungsgrenze, f – income threshold; maximum assessable earnings (pl); income limit up to which contributions (pl) are chargeable; contribution limit
Beitragsberechnung, f – computation of deductions (pl)
Beitragseinzug, m – collection of contributions (pl)
Beitragsentrichtung, f – payment of contributions (pl)
Beitragserhöhung, f – increased contributions (pl)
Beitragsermäßigung, f – decreased contributions (pl)
Beitragserstattung, f – reimbursement of contributions (pl)

beitragsfrei – non-contributory

Beitragsfreiheit, f – exemption from contributions (pl)

Beitragsgruppe, f – contribution group

Beitragshinterziehung, f – defraudation of contributions (pl)

Beitragsklasse, f – contribution scale

Beitragskonto, n – contributions (pl) account

Beitragsnachentrichtung, f – postpayment of contributions (pl)

Beitragsnachweis, m – statement of contributions (pl) paid; proof of contributions (pl); dues (pl) report

Beitragspflicht, f – liability to contribute; obligation to contribute (to social insurance); liability to pay contributions (pl); compulsory contribution

beitragspflichtig – contributory; liable to contribute; liable to pay contributions (pl)

beitragspflichtige Beschäftigung, f – contributory employment

beitragspflichtiges Arbeitsentgelt, n – employee compensation liable to contribution

Beitragsrückerstattung, f – contribution refund; return of contributions (pl); reimbursement of contributions (pl)

Beitragsrückstände (pl) – contributions (pl) in arrears

Beitragssatz, m – contribution rate

Beitragsschuldner/in, m/f – contribution debtor

Beitragstabelle, f – contribution rate table

Beitragszahler/in, m/f – contributor

Beitragszahlung, f (1) – contribution payment; payment of contributions (pl)

Beitragszahlung, f (2) *(pauschalierte)* – lump-sum contribution payment

Beitragszeit, f – contributory period; period of contribution

Beitragszuschuss, m – contribution allowance

beitreibbar – recoverable; collectible

beitreiben, v – recover, v; collect, v; requisition, v; enforce the payment of, v

beitreten, v (1) *(einem Verein, m)* – join, v; become a member, v

beitreten, v (2) *(einem Rechtsstreit, m)* – intervene in proceedings (pl), v

Beitritt, m (1) *(in einen Verein, m)* – joining; enrollment <*US*>; enrolment <*GB*>

Beitritt, m (2) *(durch Vertrag, m)* – accession

Beitrittserklärung, f – declaration of enrol(l)ment

bekannt geben, v – announce, v; notify, v; publish, v; give notice, v

bekannt machen, v (1) – publish, v; proclaim, v; make known, v

bekannt machen, v (2) *(öffentlich)* – promulgate,v

Bekanntgabe, f – announcement; notice; notification; disclosure

Bekanntmachung, f (1) – announcement; notification, notice; publication; public notice; proclamation

Bekanntmachung, f (2) *(amtliche)* – official notice; bulletin

Bekanntmachung, f (3) *(öffentliche)* – public announcement; promulgation

bekennen, v – confess, v; profess, v

Bekenntnis, n (1) – confession

Bekenntnis, n (2) *(offenes)* – avowal

Bekenntnisschule, f – denominational school <*GB*>

beklagen (sich), v – complain of sth to s.o., v; complain about sth to s.o., v
Beklagte/r, f/m – defendant; defending party
Bekleidung, f – clothing
Bekleidungszuschuss, m – clothing allowance
Beköstigungsgeld, n – allowance for board
belästigen, v – molest, v; harass, v
Belästigung, f (1) – harassment; molestation; nuisance; disturbance
Belästigung, f (2) *(sexuelle ~ am Arbeitsplatz, m)* – sexual harassment
Belästigung, f (3) *(Nötigung (f) am Arbeitsplatz, m)* – quid pro quo harassment (Versprechen von Vorteilen oder Androhung von Nachteilen als Antwort auf ein bestimmtes sexuelles Verhalten)
Belastbarkeit, f – performance under stress
belasten, v (1) – burden, v; charge, v; encumber, v
belasten, v (2) (ein Konto, n) – debit, v
belastend – incriminating
Belastung, f (1) – burden; drain; charge; strain; implication
Belastung, f (2) *(Kontobelastung, f)* – debit
Belastung, f (3) *(finanzielle)* – financial strain
Belastung, f (4) *(körperliche)* – physical exertion
Belastung, f (5) *(nervliche)* – stress
Belastung, f (6) *(statische)* – static strain
Belastung, f (7) *(steuerliche)* – tax burden
Belastung, f (8) *(außergewöhnliche)* – extraordinary burden
Belastungsfaktor, m – load factor
Belastungsmaterial, n – incriminating evidence; evidence for the prosecution
Belastungswerte (pl) *(Umwelt, f)* – level of pollution; level of nuisance
Belastungszeuge/-zeugin, m/f *<jur>* – witness for the prosecution
Belebung, f – upturn
Beleg, m (1) – supporting document; evidence; proof
Beleg, m (2) *(für eine Buchung, f)* – voucher
Beleg, m (3) *(Quittung, f)* – receipt
Beleg, m (4) *(für Reisekosten, pl)* – document
Beleg, m (5) *(Beweis, m)* – proof; evidence
Belegabrechnung, f – receipt accounting
Belege (pl) *(schriftliche)* – documentary evidence
Belegschaft (f) reduzieren, v – pare the workforce,v; lop the staff, v *<US>*
Belegschaft, f (1) – personnel; employees (pl); human resources (pl); staff; labo(u)r force
Belegschaft, f (2) – workforce; crew
Belegschaftsabbau, m – personnel cutback
Belegschaftsaktie, f – employee share *<GB>*; staff share *<GB>*; employee stock *<US>*
Belegschaftsbericht, m – staff report
Belegschaftsmitglied, n(1) – employee; member of staff; staff member
Belegschaftsmitglied, n (2) *(einfaches)* – rank-and-filer *<US>*
Belegschaftsrabatt, m – employee discount
Belegschaftsstärke, f – personnel strength

Belegschaftsstruktur, f – personnel structure; workforce structure

Belegschaftsversammlung, f – employee meeting; staff meeting

Belegschaftsvertreter/in, m/f – employee representative

Belegschaftsvertretung, f – employee representation; staff representation

Belegstück, n – supporting document

belehren, v – instruct, v; advise, v; caution, v

Belehrung, f – instruction; special instruction; advice; guidance; cautioning

beleidigen, v (1) – insult, v; offend, v; defame, v

beleidigen, v (2) *(durch gesprochenes Wort, n)* – slander, v

beleidigen, v (3) *(durch geschriebenes Wort, n)* – libel, v

Beleidigung, f (1) *<allg>* – insult; offense; defamation

Beleidigung, f (2) *(durch gesprochenes Wort, n)* – slander

Beleidigung, f (3) *(durch geschriebenes Wort, n)* – libel

beleihen, v – loan, v; grant a loan, v; lend on security, v

Beleuchtung, f – lighting

Belieben, n – discretion

beliebig – optional

belohnen, v – reward, v; remunerate, v; award, v

Belohnung, f – reward; remuneration; gratification; award; pemium

Belüftung, f – ventilation

Bemessung, f – assessment

Bemessungsgrenze, f – assessment threshold

Bemessungsgrundlage, f (1) – calculation basis; assessment basis; valuation basis; basis of assessment; basis for assessment

Bemessungsgrundlage, f (2) *(für Steuer, f)* – taxation factor

bemühen (sich), v – endeavour, v *<GB>*; endeavor, v *<US>*; make an effort, v; strive, v

benachrichtigen, v – inform, v; notify, v; advise, v; let know, v

Benachrichtigung, f – information; notification; notice; advice

benachteiligen, v – injure, v; damage, v; prejudice, v; discriminate against, v; disadvantage, v

benachteiligt – disadvantaged; underprivileged

Benachteiligung, f (1) – injury; damage; prejudice; discrimination

Benachteiligung, f (2) *(wegen des Geschlechts, n)* – gender discrimination; sex discrimination

Benachteiligungsverbot, n – discrimination ban

benehmen (sich), v – behave, v; conduct, v

Benehmen, n (1) – conduct; behaviour *<GB>*; behavior *<US>*; demeanour *<GB>*; demeanor *<US>*

Benehmen, n (2) *(schlechtes)* – misbehaviour *<GB>*; misbehavior *<US>*

benennen, v – name, v; designate, v; label, v; nominate, v

Benennung, f – nomination

benoten, v – mark, v *<GB>*; grade, v *<US>*

Benotungssystem, n – grading system

Benutzer/in, m/f – user

benutzerfreundlich – user-friendly

Benutzerfreundlichkeit, f – user friendliness

Benutzerkontrolle, f – user control

Benutzungsgebühr, f (1) – user fee; fee for the use of; charge for the use of

Benutzungsgebühr, f (2) *(für Straßen und Brücken, pl)* – toll

beobachten, v – observe, v; monitor, v

Beobachtungsbogen, m – observation form

Beobachtungszeitraum, m – observation period; attention time

beraten, v (1) (jmd) – advise s.o., v; give advice to s.o., v; counsel s.o., v

beraten, v (2) *(sich mit jmd)* – consult s.o., v; confer with, v

beraten, v (3) *(über)* – discuss, v

beratend – advisory; consulting

Berater/in, m/f (1) – consultant; adviser <*GB*>; advisor <*US*>; counsel

Berater/in, m/f (2) *(der Mitarbeiter, pl)* – counsellor <*GB*>; counselor <*US*>

Berater/in, m/f (3) *(technischer)* – consulting engineer

Beratervertrag, m – consultancy contract

Beratung, f (1) – advice; counsel; counselling <*GB*>; counseling <*US*>; consultation

Beratung, f (2) *(des Gerichts, n)* – deliberation

Beratungsdienst, m – advisory service

Beratungsfunktion, f – advisory and service function

Beratungsgespräch, n – consultation

Beratungsgremium, n – advisory body

Beratungsrecht, n – consultation right

Beratungsstelle, f – advisory board

Beratungsunternehmen, n – consulting firm

Beratungsvertrag, m – consultation contract; consultancy contract; consulting agreement

berechnen, v – calculate, v; compute, v

Berechnung, f (1) *(Belastung, f)* – charge

Berechnung, f (2) *(von Waren, pl)* – billing; computation

Berechnung, f (3) *(von Werten, pl)* – calculation

Berechnungsgrundlage, f – basis for calculation; basis for computation

Berechnungsgrundsatz, m – principle of calculation

Berechnungsmethode, f – method of calculation; method of computation

Berechnungsverfahren, n – calculating rule

Berechnungszeitraum, m – period of calculation; period of computation

berechtigen (jmd), v <*jur*> – authorise s.o., v <*GB*>; authorize s.o., v <*US*>; empower s.o., v; entitle s.o., v

berechtigt (1) – just; authorised <*GB*>; authorized <*US*>; justified; entitled

berechtigt (2) <*jur*> – capable; valid

berechtigte Erwartungen (pl) – justified aspirations (pl)

Berechtigte/r, f/m – person entitled

berechtigter Anspruch, m – legitimate claim

berechtigtes Interesse, n – lawful interest

Berechtigung, f (1) – entitlement; right; title; privilege; legitimacy

Berechtigung, f (2) – authorization; justification

Berechtigungsschein, m – certificate of entitlement; certificate of eligibility

Bereich, m (1) – area; sector; field

Bereich, m (2) *(einer Organisation, f)* – division

Bereicherung, f (1) – enrichment

Bereicherung, f (2) *(ungerechtfertigte)* – unjust enrichment

Bereicherungsanspruch, m – claim on account of unjust enrichment

Bereichsleiter/in, m/f – division manager; division head; head of division

bereinigte Lohnquote, f – adjusted share of wages (pl) and salaries (pl)

bereit – ready; willing

Bereitschaft, f – readiness; willingness

Bereitschaftsdienst, m (1) *<mil>* – standby duty

Bereitschaftsdienst, m (2) *<med>* – on-call duty; emergency service

Bergarbeiter, m Bergmann, m – miner; mine worker; pitman

Bergbau, m – mining; mining industry; mine work

Bergbauingenieurin, m/f – mining engineer

Bergbautechnik, f – mining engineering

Bergmann, m → Bergarbeiter, m

Bergmannsprämie, f – mine workers' allowance

Bergrecht, n – mining law

Bericht, m – report; findings (pl); statement; notice; record

berichten, v – report, v

Berichterstatter/in, m/f (1) – reporter; correspondent; referendary; rapporteur

Berichterstatter/in, m/f (2) *(bei Gericht)* – returning officer *<GB>*; clerk of the court

berichtigen, v – correct, v; adjust, v; amend, v; rectify, v

Berichtigung, f (1) – correction; rectification

Berichtigung, f (2) *(Verbesserung, f)* – amendment

Berichtigung, f (3) *(Buchung, f)* – adjustment

Berichtigungsanspruch, m – correction claim; right of correction

Berichtigungsbeschluss, m – court order of correction; court order of amendment

Berichtigungsklage, f – action for amendment of a judgement

Berichtsbogen, m – record sheet

Berichtsheft, n – report book; log book

Berichtsweg, m – reporting path

Berichtszeitraum, m – reference period; period under review

berücksichtigen, v – take into account, v

Beruf (m) ausüben, v – carry a trade, v; follow a trade, v; exercise a profession, v; persue an occupation, v

Beruf (m) ergreifen, v – enter into a profession, v; go into a profession, v; take up a profession, v; choose an occupation, v; go into trade, v

Beruf (m) verfehlt haben, v – have missed one's vocation, v

Beruf (m) wechseln, v – change profession, v; switch a job, v

Beruf, m (1) *(akademischer oder freier)* – profession

Beruf, m (2) *(Beschäftigung, f)* – occupation

Beruf, m (3) *(Tätigkeit, f)* – job; work

Beruf, m (4) *(kaufmännischer oder handwerklicher)* – trade

Beruf, m (5) *(Berufung, f)* – vocation

Beruf, m (6) *(geistiger)* – white-collar job

Beruf, m (7) *(ohne Aufstiegsmöglichkeiten, pl)* – terminal job; blind-alley job; dead-end job

Beruf, m (8) *(freier)* – liberal profession; professional occupation

berufen, v (1) – nominate, v; appoint, v
berufen, v (2) *(sich auf Nichtigkeit, f)* – allege to nullity, v
beruflich – occupational; professional; vocational
beruflich (hier) zu tun haben, v – be (here) on business, v
beruflich tätig sein, v – follow a trade, v
beruflich verhindert sein, v – be detained by work, v
beruflich verreist sein, v – be away on business, v
berufliche Anpassung, f – retraining
berufliche Aussichten (pl) – career opportunities (pl); career prospects (pl)
berufliche Bestrebungen (pl) – job aspirations (pl)
berufliche Entwicklung, f – career development; employment history
berufliche Fähigkeiten (pl) – occupational skills (pl) and competence
berufliche Förderung, f – occupational advancement
berufliche Mobilität, f – job mobility
berufliche Qualifikation, f – job qualification; occupational qualification; professional qualification
berufliche Schweigepflicht, f – professional discretion
berufliche Tätigkeit, f – occupational activity
berufliche Umschulung, f – vocational retraining
berufliche Wiedereingliederung, f – vocational rehabilitation
berufliche Zukunft, f – professional future
beruflicher Aufstieg, m – vocational promotion
beruflicher Erfolg, m – professional success
beruflicher Werdegang, m – professional career
Berufsakademie, f – University of Applied Studies (pl); college of advanced vocational studies (pl)
Berufsanfänger/in, m/f – job starter; job beginner
Berufsauffassung, f – professional ethics (pl)
Berufsausbildung, f – vocational training; professional training; vocational education; professional education; occupational training
Berufsausbildungsbeihilfe, f – vocational training aid; professional training aid
Berufsausbildungsförderungsgesetz, n (BAföG) – Vocational Training Promotion Act
Berufsausbildungsprogramm, n – vocational training scheme
Berufsausbildungssystem, n – vocational training system; professional training system
Berufsausbildungsverhältnis, n – vocational training relationship; professional training relationship
Berufsausbildungsvertrag, m – vocational training contract; professional training contract
Berufsaussichten (pl) – professional prospects (pl); job prospects (pl); vocational opportunities (pl); career prospects (pl)
Berufsausübung, f – practice of one's vocation; practice of one's profession; exercise of one's profession; vocational practice
Berufsausübungsfreiheit, f – freedom of practicing one's vocation; freedom of practicing one's profession
Berufsbeamtentum, n – permanent civil service

Berufsbeamter/Berufsbeamtin, m/f – established civil servant; permanent civil servant

berufsbegleitend – in addition to one`s job

Berufsberater/in, m/f – career adviser/advisor; vocational guidance counselor <*US*>

Berufsberatung, f (1) – vocational counsel(l)ing; employment counsel(l)ing; vocational guidance

Berufsberatung, f (2) (durch die Arbeitsagentur, f) – job counse(l)ling

Berufsberatungsstelle, f – vocational advice department; vocational guidance centre/center; career advisory service

Berufsbezeichnung, f – job nomenclature; occupational name; vocational title; occupational title, business title; job title <*US*>

berufsbezogen – career-oriented; career-related

Berufsbild, n – outline of a profession; outline of a trade as a career; job outline

berufsbildende Schule, f – vocational school; technical school; trade school

Berufsbildung, f – occupational education; vocational education; career education

Berufsbildungseinrichtung, f – vocational training body

Berufsbildungsgesetz, n (BBiG) – Vocational Training Act; Federal Act on Occupational Training

Berufsbildungsprogramm, n – vocational training scheme

Berufsbildungssystem, n – vocational training system

Berufsbildungswerk, n – vocational education centre/center

Berufseignung, f – professional aptitude

Berufseinstieg, m – occupation entrance; start in a job

Berufserfahrung, f – professional experience; occupational experience; work experience

Berufserfolg, m – job success

Berufsethos, n – professional ethics (pl)

Berufsfachschule, f – fulltime specialized vocational training school

Berufsfeld, n – field of occupation; vocational field

Berufsförderung, f – vocational advancement

Berufsfortbildung, f – advanced vocational training

Berufsfreiheit, f – freedom to choose a profession or trade; occupational liberty; right to choose one's occupation

berufsfremd – non-occupational; unrelated to one's vocation; unrelated to one's profession

Berufsfürsorge, f – vocational welfare

Berufsgeheimnis, n – professional secret

Berufsgenossenschaft, f (1) – employers' liability insurance association; worker's compensation association; professional (health) association; mutual indemnity society

Berufsgenossenschaft, f (2) – workmen's compensation board <*US*>; workmen's compensation insurance fund <*US*>

Berufsgrundausbildung, f – basic vocational training

Berufsgrundbildungsjahr, n – prevocational education year

Berufsgruppe, f – job category; occupational group; professional group

Berufshilfe, f – occupational assistance

Berufskenntnisse (pl) – qualifications (pl); skills (pl)

Berufskleidung, f – professional clothing; working clothes (pl)

Berufskollege/Berufskollegin, m/f – associate

Berufskraftfahrer/in, m/f – professional driver

Berufskrankheit, f – occupational disease; occupational illness; industrial disease

Berufsleben, n – working life; active life

berufsmäßig – professional

Berufsordnung, f – professional discipline

Berufspraxis, f – professional experience

berufsqualifizierend – qualifying to enter a profession

Berufsrichter/in, m/f – professional judge; salaried judge

Berufsrisiko, n – occupational risk; employment risk

Berufsschüler/in, m/f – student at a professional school

Berufsschulbesuch, m – attendance of a vocational school; attendance of a vocational training school

Berufsschule, f – vocational school; trade school; technical school; industrial/professional school; part-time vocational training school

Berufsschullehrer/in, m/f – vocational (training) school teacher

Berufsschulpflicht, f – compulsory vocational schooling

Berufsschulunterricht, m – vocational classroom instruction

Berufsschulzeugnis, n – vocational school certificate

Berufssoldat/in, m/f – professional soldier; career soldier

Berufsstand, m – professional category

berufstätig – working; occupied; employed

berufstätige Frau, f – working woman

Berufstätigkeit, f – professional activity

Berufsumschulung, f – occupational retraining; vocational retraining

berufsunfähig – occupationally disabled; unfit for work

Berufsunfähigkeit, f – vocational disability; occupational disability; incapacity for employment

Berufsunfähigkeitsrente, f – occupational disability pension; pension for occupational invalidity

Berufsunfall, m – occupational accident; occupational injury

Berufsverband, m – professional association; vocational association; staff association

Berufsverbot, n – ban from a profession; prohibition to practice one's profession; professional ban; exclusion from a civil service profession

Berufsverkehr, m – rushhour traffic

Berufsvertretung, f – professional representation

Berufsvorbereitung, f – vocational preparation; pre-vocational training

Berufsvorbereitungsjahr, n – pre-vocational year

Berufsvorbereitungslehrgang, m – pre-vocational course

Berufswahl, f – choice of profession; vocational choice; occupational choice; occupational decision

Berufswechsel, m (1) – job change; occupational shift

Berufswechsel, m (2) *(häufiger)* – job-hopping

Berufsweg, m – occupational history

Berufswelt, f – professional life

Berufswunsch, m – preferred choice of job; preferred choice of career; employment ambition

Berufsziel, n – profession one is aiming for

Berufszweig, m – vocational sector

Berufung (f) einlegen, v – appeal, v; bring an appeal, v; lodge an appeal, v; give notice of an appeal, v

Berufung (f) stattgeben, v – allow the appeal, v

Berufung (f) zulassen, v – give leave to appeal, v

Berufung (f) zurückziehen, v – abandon an appeal, v

Berufung, f (1) *(Verweisung, f)* – reference

Berufung, f (2) *<jur>* – appeal

Berufung, f (3) *(in ein Amt, n)* – appointment; nomination

Berufungsbegründung, f – reasons (pl) for appeal; statement of the grounds (pl) of appeal

Berufungsbeklagte/r, f/m – respondent; appellee; defendant-in-error

Berufungserwiderungsfrist, f – appeal reply period

berufungsfähig – appealable

Berufungsfrist, f – appeal period; period in which an appeal must be submitted; period for lodging an appeal; time for appealing

Berufungsgericht, n – court of appeals; court of appeal; appelate court; appeals court *<US>*

Berufungsgrund, m – ground of appeal

Berufungsinstanz, f – appelate court; court of appeals (pl); court of appeal; court of review; reviewing authority

Berufungskläger/in, m/f – appellant; plaintiff in appeal

Berufungsklage, f – appeal

Berufungsschrift, f – notice of appeal; instrument of appeal

Berufungsurteil, n – judgement on appeal

Berufungsverfahren, n *<jur>* – appeal proceedings (pl); appelate procedure; proceedings (pl) to appeal

BErzGG → Bundeserziehungsgeldgesetz, n

Besatzung, f *(eines Schiffes / Flugzeuges, n)* – crew

beschädigen, v – damage, v; injure, v

Beschädigung, f – damage; injury

beschäftigen, v (1) *(jmd)* – employ, v; occupy, v

beschäftigen, v (2) *(sich mit)* – deal with, v; be concerned with, v

beschäftigt sein, v (1) – be employed, v; be occupied, v; be busy, v; be in the employ(ment) of s.o., v; be on the payroll of s.o., v

beschäftigt sein, v (2) *(ganztägig)* – be employed on a full-time basis, v

beschäftigt sein, v (3) *(gegen Entgelt, n)* – be gainfully employed, v

Beschäftigte (pl) – manpower

Beschäftigte/r, f/m (1) – employee; employed person

Beschäftigte/r, f/m (2) *(hauptberuflich)* – full-time employee; full-timer

Beschäftigte/r, f/m (3) *(nebenberuflich)* – side-liner

Beschäftigte/r, f/m (4) *(geringfügig)* – low paid part-time employee

Beschäftigtenanteil, m – activity rate

Beschäftigtengruppe, f – group of persons (pl) employed

Beschäftigtenstand, m – level of employment

Beschäftigtenzahl, f – number of personnel; number of employed persons (pl)

Beschäftigung, f (01) *(Anstellung, f)* – employment; employ; job

Beschäftigung, f (02) *(Tätigkeit, f)* – activity; work; business; occupation

Beschäftigung, f (03) *(entgeltliche)* – gainful occupation

Beschäftigung, f (04) *(nicht selbständige)* – wage-earning employment

Beschäftigung, f (05) *(regelmäßige)* – regular occupation

Beschäftigung, f (06) *(sitzende)* – sedentary employment

Beschäftigung, f (07) *(geringfügige)* – low paid part-time employment; marginal part-time work

Beschäftigung, f (08) *(lohnsteuerpflichtige)* – employment subject to wage tax

Beschäftigung, f (09) *(hauswirtschaftliche)* – domestic employment

Beschäftigung, f (10) *(im öffentlichen Dienst, m)* – public-sector employment

Beschäftigung, f (11) *(nicht ständige)* – casual work; occasional work

Beschäftigungsabbau, m – reduction in employment

Beschäftigungsanspruch, m – employment claim

Beschäftigungsart, f – employment category

Beschäftigungsaussichten (pl) – employment prospects (pl)

Beschäftigungsaussichten (pl) – employment outlook; job prospects (pl); job opportunities (pl)

Beschäftigungsbedingung, f – employment condition

Beschäftigungsbeihilfe, f Beschäftigungshilfe, f – employment subsidy

Beschäftigungsbeschränkung, f – employment limit

Beschäftigungsbetrieb, m – employment operation

Beschäftigungsdauer, f – duration of employment; duration of service; length of employment; length of service; tenure

Beschäftigungsengpass, m – employment bottleneck

Beschäftigungsförderung, f – employment promotion

Beschäftigungsförderungsgesellschaft, f – employment promotion company

Beschäftigungsförderungsgesetz, n (BeschFG) – Employment Promotion Act; Federal Act to Increase Employment

Beschäftigungsgarantie, f – job guarantee

Beschäftigungsgesellschaft, f – employment company

Beschäftigungsgrad, m – level of employment; usage ratio; activity level

Beschäftigungsgruppe, f – employment category

Beschäftigungshilfe → Beschäftigungsbeihilfe, f

Beschäftigungsjahr, n – year of employment

Beschäftigungslage, f – employment picture; labo(u)r market situation; employment situation

beschäftigungslos (1) – unemployed; without work; out of work; out of employ; without occupation

beschäftigungslos (2) – inoccupied; out of a job <*infml*>

Beschäftigungslosigkeit, f (1) – unemployment; inoccupation

Beschäftigungslosigkeit, f (2) *(kurzzeitige)* – frictional unemployment

Beschäftigungsmöglichkeit, f – job opportunity

Beschäftigungsnachweis, m – certificate of employment; employment record

Beschäftigungsort, m – place of employment

Beschäftigungspflicht, f – employment obligation

Beschäftigungsplan, m – employment plan

Beschäftigungspolitik, f – employment policy

Beschäftigungsprämie, f – employment premium

Beschäftigungsstand, m – level of employment; employment picture

Beschäftigungstherapie, f – occupational therapy

Beschäftigungsverbot, n – prohibition to employ; prohibition of employment

Beschäftigungsverhältnis (n) eingehen, v – take up a job, v

Beschäftigungsverhältnis, n – employment relationship; state of employment

Beschäftigungszeit, f – period of employment

beschaffen, v – procure, v; provide, v; supply, v

Beschaffung, f (1) – procurement; acquisition; purchasing; supply

Beschaffung, f (2) *(von Arbeitskräften, pl)* – recruitment

Bescheid, m (1) – reply; answer; advice; notice; notification

Bescheid, m (2) *(amtlicher)* – decree; ruling

Bescheid, m (3) *(abschlägiger)* – negative reply; refusal of an application

Bescheid, m (4) *(schriftlicher)* – notice in writing

bescheinigen, v (1) – certify,v; attest, v

bescheinigen, v (2) *(amtlich)* – authenticate, v

Bescheinigung, f (1) – certificate; attestation; statement; certification

Bescheinigung, f (2) *(amtliche)* – official certificate; acknowledgement

Bescheinigung, f (3) *(notarielle)* – notarial certificate

BeschFG → Beschäftigungsförderungsgesetz, n

Beschlagnahme, f (1) – arrest; distraint, distress; confiscation; seizure <*law*>; attachment <*law*>

Beschlagnahme, f (2) *(gerichtliche)* – judicial sequestration

beschlagnahmen, v (1) – arrest, v; distress, v; distrain, v; impound, v; seize, v / attach, v <*law*>

beschlagnahmen, v (2) *(Ware, f)* – confiscate, v

beschließen, v – decide, v; resolve, v; pass a resolution, v; conclude, v; decree, v <*law*>

Beschluss (m) fassen, v – pass a resolution, v

Beschluss, m (1) *(Entschließung, f)* – resolution; conclusion

Beschluss, m (2) *(Entscheidung, f / Entschluss, m)* – decision

Beschluss, m (3) <*jur*> – decree; order; decision

Beschluss, m (4) *(eines Gerichtes, n)* – court order; intermediate order

beschlussfähig – sufficient in numbers (pl)
beschlussfähig sein, v – constitute a quorum, v; have a quorum, v
Beschlussfähigkeit, f – presence of a quorum
Beschlussfassung, f – adopting a resolution; passing a resolution
Beschlussunfähigkeit, f – lack of a quorum
Beschlussverfahren, n – ruling procedure
Beschneiden, n *(von Vergünstigungen, pl)* – clawback *<infml>*
beschränken, v – restrict, v; limit, v
beschränkt – limited; restricted
beschränkt geschäftsfähig – of limited capacity; restricted in legal capacity
Beschränkung, f (1) – limitation; restraint; restriction; retrenchment
Beschränkung, f (2) (*des Wahlrechts, n*) – restriction of the voting right
beschreiben, v – describe, v
Beschreibung, f – description; specification
beschuldigen, v (1) – accuse, v; blame, v; charge, v; impute, v; arrain, v
beschuldigen, v (2) – impeach, v *<pol>*
Beschuldigte/r, f/m – accused; culprit; defendant
Beschuldigung, f – accusation; incrimination; impeachment
Beschwerde (f) einlegen, v – lodge a complaint, v
Beschwerde, f (1) – complaint; remonstrance; reclamation
Beschwerde, f (2) *<jur>* – petition for review *<law>*
Beschwerde, f (3) *(bei Arbeitsstreitigkeiten, pl)* – employee grievance; grievance
Beschwerde, f (4) *(förmliche)* – petition for review *<law>*; appeal *<law>*
Beschwerde, f (5) *(sofortige)* – petition for immediate review
Beschwerdeausschuss, m – appeals (pl) committee; complaints committee (pl); grievance committee
Beschwerdeberechtigung, f – justification of the complaint
Beschwerdefrist, f – period for making a complaint; appeal period
beschwerdeführend – complaining
Beschwerdeführer/in, m/f (1) – complainer; remonstrant; complainant *<law>*; claimant *<law>*; appellant *<law>*
Beschwerdeführer/in, m/f (2) – appellee *<law>*
Beschwerdegegenstand, m – subject of complaint; subject of grievance
Beschwerdeinstanz, f – instance of appeal
Beschwerderecht, n – right of complaint; right of appeal
Beschwerdeschrift, f – letter of complaint; petition
Beschwerdestelle, f *(betriebliche)* – grievance committee
Beschwerdeverfahren, n (1) *(für Arbeitnehmer, pl)* – grievance procedure
Beschwerdeverfahren, n (2) (Verfahrensweise, f) – appeal procedure
Beschwerdeverfahren, n (3) (Verhandlung, f) – appeal proceedings (pl)
Beschwerdeweg, m – stages of appeal (pl); stage of appeal
beschweren (sich), v – complain of sth to s.o., v; complain about sth to s.o., v; grouse, v
beschwören, v – conjure, v

beseitigen, v – eliminate, v; remove, v
Beseitigungsanspruch, m – right to have sth removed; right to the abatement of a nuisance
besetzen, v *(eine Stelle, f)* – man, v; fill a vacancy, v; appoint, v
Besetzung, f (1) *(personelle)* – manning; appointment
Besetzung, f (2) *(Stelle, f)* – filling
Besetzung, f (3) (*Amt, n*) – nomination
Besetzung, f (4) *(der Einigungsstelle, f)* – composition
Besitz, m (1) – possession; tenure
Besitz, m (2) *(fehlerhafter)* – faulty possession
Besitz, m (3) *(mittelbarer)* – indirect possession
Besitz, m (4) *(tatsächlicher)* – actual possession; custody
besitzen, v – possess, v; own, v; hold, v
Besitzer/in, m/f – possessor; holder; occupant
Besitzrecht, n – right of possession; right of entry; possessory right
Besitzschutz, m – protection of possession
Besitzstand, m (1) – acquired right; acquired status; state of possession; seisin <*GB, law*>; seizin <*US, law*>
Besitzstand, m (2) *(Vermögen, n)* – active property
Besitzstandsklausel, f – standard of living clause; status clause
Besitzstandsregelung, f – regulation of seisin/seizin
Besitzstandswahrung, f – preservation of acquired rights (pl); grandfathering
Besitztum, n – estate
Besitzübergang, m – delivery of possession
besolden, v – pay, v; salary, v; remunerate, v
Besoldung, f – salary; pay; remuneration; remuneration for civil servants (pl)
Besoldungsdienstalter, n – seniority in step; remuneration seniority
Besoldungsniveau, n – level of remuneration; level of remunerations (pl)
Besoldungsordnung, f – scale of remuneration; pay plan <*US*>; salary scheme
Besoldungsstufe, f – grade of remuneration; grade
Besorgnis, f – concern
besprechen, v – discuss, v; confer, v; consult, v
Besprechung, f (1) – meeting; conference; briefing
Besprechung, f (2) (*geschäftliche*) – business conference; business meeting
Besprechungsraum, m – conference room; meeting room
Besserstellung, f – improvement; betterment
Besserung, f – improvement
Besserverdienende/r, f/m – person in a higher income bracket
bestätigen, v (1) – confirm, v; affirm, v; acknowledge, v
bestätigen, v (2) (*amtlich*) – certify, v; attest, v; authenticate, v
Bestätigung, f (1) – confirmation; affirmation
Bestätigung, f (2) *(amtliche)* – certification; attestation
Bestätigungsschreiben, n – letter of confirmation
bestallen, v – appoint, v; install, v
Bestallung, f – appointment
Bestand, m – stock; inventory; holdings (pl)

Bestandsgarantie, f – guaranty for the existence of employees' and employers' associations

Bestandsklausel, f – continued existence clause

Bestandskontrolle, f – stock check; inventory control

Bestandsprüfer/in, m/f – inventory checker; stockchaser

Bestandteil, m (1) – component; component part; part; constituent part

Bestandteil, m (2) *(wesentlicher)* – essential part

bestechen (jmd), v – bribe s.o., v; corrupt s.o., v; buy over s.o., v

bestechlich – bribable; corrupt; corruptible; venal

Bestechlichkeit, f – bribery; corruptibility

Bestechung, f – corruption; bribing; graft *<US, sl>*

Bestechungsgeld, n – bribe; golden key *<infml>*; silver key *<infml>*; graft *<US, sl>*; sook *<US, sl>*

bestellen, v (1) (jmd in ein Amt, n) – appoint, v; nominate, v; constitute, v

bestellen, v (2) *(Ware, f)* – order, v; commission, v

bestellen, v (3) *<jur> (einen Verteidiger, m)* – brief a lawyer, v; retain a lawyer, v

Bestellung, f (1) *(des Vorsitzenden, m)* – appointment

Bestellung, f (2) (von Ware, f) – order

Bestellungsverfahren, n – appointment procedure

Besteuerung, f – taxation

Besteuerungsgrundlage, f – tax basis; taxable amount

bestimmbar – identifiable

bestimmen, v (1) *(anordnen, v)* – determine, v; order, v; fix,v

bestimmen, v (2) *(jmd für einen Posten, m)* – appoint s.o. to a post, v; designate, v

bestimmend – dominant

Bestimmung, f (1) *(Anordung, f)* – direction; regulation; disposition; determination

Bestimmung, f (2) *(in einem Vertrag, m)* – term; clause; stipulation

Bestimmung, f (3) *(in einem Gesetz, n)* – provision; rule

Bestimmung, f (4) *(gesetzliche)* – legal provision

Bestimmung, f (5) *(zwingende)* – mandatory provision

Bestleistung, f – record; best performance

bestrafen, v – punish, v; penalize, v; sentence, v

Bestrafung, f – punishment

Bestrebung, f – effort; endeavour *<GB>*; endevor *<US>*

bestreiken, v – strike against

bestreiten, v (1) – contest, v; deny, v; dispute, v; impugne, v

bestreiten, v (2) *(vor Gericht, n)* – litigate, v

bestreiten, v (3) *(Ausgaben, pl)* – defray expenses (pl), v

bestreiten, v (4) (seinen Lebensunterhalt, m) – make a living, v; live on, v

Besuch, m – visit

besuchen, v – visit, v; attend, v; participate in, v

Besucher/in, m/f – visitor

Besucherausweis, m – visitor's badge

Besuchserlaubnis, f – visitor`s pass

beteiligen, v (1) *(jmd)* – give s.o. a share in, v; involve s.o. in, v; make s.o. a partner, v

beteiligen, v (2) (*sich*) – participate in, v; join, v; join in, v; take part in, v

Beteiligte/r, f/m – party; participant; interested party; person involved
Beteiligung, f (1) – involvement
Beteiligung, f (2) *(Teilnahme, f)* – participation; contribution
Beteiligung, f (3) *(Anteil, m)* – share; interest
Beteiligungsbefugnis, f – competence to participate
Beteiligungsgesellschaft, f – associated company; holding company; joint venture company
Beteiligungsrecht, n – participation right
Beteuerung, f – assurance
beträchtlich – substantial
Betrag, m – amount; sum
Betragen, n – conduct; behaviour <*GB*>; behavior <*US*>
betrauen, v *(jmd mit etwas)* – entrust s.o. with sth, v; put s.o. on a job, v
BetrAVG → Gesetz (n) zur Verbesserung der betrieblichen Altersversorgung (f)
Betreff, m – subject matter
betreffend *(Bezug (m) habend auf)* – anent
betreiben, v (1) – carry on, v
betreiben, v (2) *(ein Geschäft, n)* – carry on a business, v
betreiben, v (3) *(Prozess, m)* – bring an action against, v
betreuen, v – take care of, v; have the care of, v; look after, v
Betreuer/in, m/f *(eines neu eingestellten Mitarbeiters, m)* – mentor <*US,infml*>; supervisor; buddy
Betreuung (f) und Bearbeitung (f) von Bewerbungen (pl) – talent relationship management (TRM)
Betreuung, f (1) – care; caretaking
Betreuung, f (2) *(neuer Mitarbeiter, pl)* – buddy system <*US*>
Betreuung, f (3) *(soziale)* – social services (pl); caretaking
Betreuungspflicht, f – obligation of social care
Betrieb (m) aufnehmen, v – begin work, v; start running, v
Betrieb (m) einstellen, v – stop business, v; suspend operations (pl), v
Betrieb (m) erkunden, v – tour a plant, v; tour a company, v
Betrieb (m) leiten, v – run an operation, v; run a plant, v
Betrieb (m) schließen, v – close down a plant, v; close a plant, v; shut down a plant, v
Betrieb (m) verlagern, v – relocate a plant, v
Betrieb, m (1) – operation; estblishment; firm; plant
Betrieb, m (2) *(Betriebsanlage, f)* – factory
Betrieb, m (3) *(bestreikter)* – struck shop
Betrieb, m (4) *(gewerkschaftspflichtiger)* – closed shop
Betrieb, m (5) *(kontinuierlicher)* – continuous operation
Betrieb, m (6) *(stillgelegter)* – nonoperation factory
betrieblich – operational; operating; operative
betriebliche Altersversorgung, f – company pension scheme; employee pension scheme
betriebliche Aufwendungen (pl) – operating charges (pl)
betriebliche Ausbildung, f – in-company training
betriebliche Ausbildungsstätte, f – company training centre/center
betriebliche Leistungsfähigkeit, f – operating efficiency
betriebliche Sozialpolitik, f – company social policy

betriebliche Sparförderung, f – company saving plan; company saving system

betriebliche Übung, f – established operating practices (pl); works practice

betriebliche Zusatzversorgung, f – supplementary company pension scheme

betrieblicher Grund, m – operational reason

betriebliches Ausbildungswesen, n – in-house training

betriebliches Vorschlagswesen, n – company suggestion scheme

Betriebsablauf, m – operational procedure; operative procedure; operating cycle

Betriebsabrechnung, f – operational accounting; cost accounting

Betriebsabsprache, f – company agreement

Betriebsabteilung, f – staff department; business department; company department

Betriebsänderung, f – change in company structure; works alteration; alteration of an establishment; plant alteration

betriebsärztlicher Dienst, m – medical service

Betriebsangehörige (pl) – staff; personnel; workforce; employees (pl)

Betriebsanlage, f – plant production facility; plant facility; installation; factory

Betriebsanweisung, f – operating instructions (pl)

Betriebsarzt/Betriebsärztin, m/f – company doctor; plant physician; company physician

Betriebsaufspaltung, f – fragmentation of operation

Betriebsausfall, m – stoppage; work stoppage; breakdown

Betriebsausflug, m – staff outing; works outing

Betriebsausgaben (pl) – revenue expenditure; business expenses (pl); operating expenses (pl)

Betriebsausschuss, m *(des Betriebsrats, m)* – works committee

Betriebsbeauftragte/r, f/m *(für)* – plant inspector (in charge of)

betriebsbedingt – operational; operation-caused

betriebsbedingte Kündigung, f – dismissal for operational reasons (pl)

Betriebsbegehung, f – round of inspection

Betriebsberater/in, m/f – business consultant *<US>*; industrial consultant

betriebsbereit – ready for operation

Betriebsbesetzung, f (1) – sit-in *<GB>*

Betriebsbesetzung, f (2) *(unter Weiterarbeit, f)* – work-in

Betriebsbesichtigung, f – plant tour; plant visit

Betriebsbilanz, f – operating statement

betriebsblind – blind to the shortcomings (pl) of one's company

Betriebsblindheit, f – tunnel vision; organisational/organizational blindness

Betriebsblockade, f – plant blockade; company blockade

Betriebsbuchhaltung, f – cost accounting; industrial accounting

Betriebsbuße, f – internal penalty

Betriebsbußordnung, f – company penance scheme; company fine scheme

Betriebsdaten (pl) – operational data

Betriebsdatenerfassung, f – plant data collection; production data collection

Betriebsdauer, f – operational life

betriebseigen – company-owned; internal

Betriebseinrichtung, f – installation

Betriebseinschränkung, f – cutting down activities (pl)

Betriebserfahrung, f (1) – operating experience; operational experience

Betriebserfahrung, f (2) *(praktische)* – industrial know-how

Betriebserfindung, f – employees' invention

Betriebserweiterung, f – plant extension; factory extension

Betriebsfeier, f – staff party; company event

Betriebsferien (pl) – company holidays (pl); works holidays (pl); plant shutdown; plant vacation *<US>*

betriebsfremd – external; outside

Betriebsfremde (pl) – non-operators (pl)

Betriebsfrieden, m – operational peace

Betriebsführung, f – operational management; plant management; works management; industrial management

Betriebsgebäude (pl) – working premises

Betriebsgefahr, f – operational risk; operational hazard

Betriebsgeheimnis (n) verraten, v – divulge a trade secret, v

Betriebsgeheimnis, n – trade secret; industrial secret

Betriebsgelände, n – plant site; industrial site; industrial estate

Betriebsgemeinkosten (pl) – indirect costs (pl); overhead expenses (pl)

Betriebsgenehmigung, f – factory order; authorized operation *<US>*

Betriebsgewerkschaft, f – company trade union

Betriebsgewinn, m – trading profit; operating profit; operating income

Betriebshaftpflichtversicherung, f – employer's liability; workmen's compensation insurance *<US>*; workmen's compensation *<US>*

Betriebshandbuch, n – employee manual; operational manual

Betriebsingenieur/in, m/f – plant engineer; production engineer; works engineer

Betriebsinhaber/in, m/f – company owner; company proprietor

Betriebsinhaberwechsel, m – alternation of the company owner; changeover of the company owner; rotation of the company owner; alternation of the proprietor; changeover/rotation of the proprietor

betriebsintern – in-plant; internal; with in the company

Betriebsjubiläum, n – company anniversary

Betriebsjustiz, f – internal justice

Betriebskapital, n – working capital; business capital

Betriebskindergarten, m – in-plant nursery school; in-plant kindergarten; company-sponsored day care

Betriebsklima, n – working atmosphere; atmosphere at work

Betriebskosten (pl) – operating costs (pl); operating expenses (pl)

Betriebskrankenkasse, f – company health insurance fund; plant health insurance fund; company sickness benefit fund; works sickness fund

Betriebsleiter/in, m/f – operating manager; operations manager; works manager; plant manager

Betriebsleitung, f – senior staff; plant management; works management

Betriebsmittel (pl) – working assets (pl); operating funds (pl); means (pl) of production

Betriebsnachfolge, f – succession in operation

Betriebsnormen (pl) – operating standards (pl)

Betriebsnummer, f – employer number

Betriebsnutzungszeit, f – plant machine time

Betriebsobmann, m – shop steward *<GB>*

Betriebsordnung, f – shop rule; work regulations (pl)

Betriebsorganisation, f – industrial organisation/organization; company organization *<US>*; enterprise organization *<US>*

Betriebspension, f – company pension

Betriebspersonal, n – operating crew

Betriebspraktikum, n – internship; in-company practical

Betriebsprüfung, f – external audit; operational audit; fiscal tax audit; revenue investigation

Betriebsrätegesetz, n – Shop Coucil Law *<US>*

Betriebsräteversammlung, f – annual meeting of works councils (pl)

Betriebsrat, m – works council; workers' council

Betriebsratsamt, n – office of a committeeman/ committeewoman; office of a union steward; position of a committeeman/ committeewoman; position of a union steward

Betriebsratsarbeit, f – works council work

Betriebsratsaufgabe, f – duty of the works council; function of the works council; duty of the workers' council; function of the workers' council

Betriebsratsbeschluss, m – decision of the works council; decision of the workers' council

betriebsratsfähig – entitled to elect a works council

Betriebsratsfreistellung, f – release of a works council member from work

betriebsratsloser Betrieb, m – plant without a works council

Betriebsratsmitglied, n (1) – works council member; works councillor

Betriebsratsmitglied, n (2) *(freigestelltes)* – full-time works council member

Betriebsratsschulung, f – works council training

Betriebsratssitzung, f – works council meeting

Betriebsratssprechstunde, f – office hours (pl) of the works council; office hours of the workers' council

Betriebsratstätigkeit, f – works council activity

Betriebsratsvorsitzende/r, f/m – chairman of the works council; chairperson of the works council

Betriebsratswahl, f – works council election

Betriebsrente, f – company pension

Betriebsrentengesetz, n *(Gesetz zur Verbesserung der betrieblichen Altersversorgung)* – Act to Improve Works Old-Age Pension Coverage

Betriebsrisiko, n – operational risk; business risk

Betriebsruhe, f – plant shutdown
Betriebsrundgang, m – plant tour
Betriebsschließung, f – closing down of operation; shutdown of operation
Betriebsschlosser, m – maintenance fitter; maintenance mechanic
Betriebsschutz, m – work security; plant security
Betriebssicherheit, f – industrial safety
Betriebssitz, m – headquarters (pl); domicile
Betriebssport, m – company facilitated sports activities (pl); company sponsored sports activities (pl)
Betriebssporteinrichtung, f – company sports facilities (pl)
Betriebsstätte, f – permanent establishment; business premises (pl); operating unit
Betriebsstatistik, f – company statistics
Betriebsstilllegung, f (1) – plant closure; plant closing; closing down of a plant
Betriebsstilllegung, f (2) *(vorübergehende)* – shutdown <*US*>
Betriebsstillstand, m – work stoppage
Betriebsstörung, f – operating trouble; operating defect; works interruption; stoppage
Betriebsstoffe (pl) – operating supplies (pl); factory supplies (pl)
Betriebssystem, n *(Datenverarbeitung, f)* – operating system
betriebstechnisch – operational
Betriebsteil, m – plant section; operating unit
Betriebstreue, f – loyalty to the company
Betriebsübergang, m – transfer of an undertaking; transfer of a business or parts of a business; transfer of a company
Betriebsübernahme, f – company takeover
betriebsüblich sein, v – be consistent with company practice, v
Betriebsübung, f – company practice
Betriebsumfrage, f – employee attitude survey
Betriebsunfall, m (1) – industrial accident; industrial injury; work accident; accident at work
Betriebsunfall, m (2) *(meldepflichtiger)* – reportable accident in industry
Betriebsunfall, m (3) *(tödlicher)* – industrial fatality
Betriebsunfallversicherung, f – industrial accident insurance; workmen's compensation insurance <*US*>
Betriebsunterbrechung, f – business interruption
Betriebsurlaub, m – plant holidays (pl); plant vacation <*US*>
Betriebsveräußerung, f – company alienation
Betriebsveranstaltung, f – company event
Betriebsvereinbarung, f – works agreement; shop agreement; factory agreement
Betriebsverfassung, f – works constitution
Betriebsverfassungsgesetz, n (BetrVG) – Works Constitution Act; Works Council Act; Labo(u)r Management Act
Betriebsvergleich, m – interfirm comparative studies (pl)
Betriebsverlegung, f – plant relocation

Betriebsverlust, m – operating loss

Betriebsversammlung, f – works meeting; staff/employee meeting; works council meeting/convention; workers'/factory meeting; works assembly

Betriebsvorgesetzte/r, f/m – superior

Betriebswirt/in, m/f – master of business administration (MBA) <*US*>; business economist <*GB*>; master of business studies; graduate in business administration

Betriebswirtschaft, f – business economics <*GB*>; business administration <*US*>; applied economics; industrial administration; industrial management

Betriebswirtschaftslehre, f (BWL) – business management; microeconomics; business administration

Betriebszeiten (pl) – operating hours (pl)

Betriebszeitschrift, f – company magazine; personnel periodical

Betriebszeitung, f – company magazine; personnel periodical

Betriebszugehörigkeit (f) anrechnen, v – allow services (pl), v

Betriebszugehörigkeit, f (1) – length of company service; length of continuous employment; years (pl) of service; period of employment <*US*>; company seniority/employment

Betriebszugehörigkeit, f (2) *(anrechenbare)* – creditable service

Betriebszusammenschluss, m – amalgamation of industries (pl)

Betriebszweck, m – business use

betroffen sein, v *(von einem Streik, m)* – be strike-bound, v

Betroffene/r, f/m *(Datenverarbeitung, f)* – data subject

betrügen, v – cheat, v; defraud, v; deceive, v; swindle, v

Betrüger/in, m/f – defrauder; deceiver; swindler

betrügerisch – fraudulent; deceptive

Betrug, m – deceit; cheat; fraud <*law*>

Betrugsverdacht, m – suspected fraud

BetrVG → Betriebsverfassungsgesetz, n

Beugemittel, n – coercive measure

Beugestrafe, f – coercive penalty

beurkunden, v (1) – authenticate, v; certify, v

beurkunden, v (2) *(notariell)* – attest, v; notarize, v <*US*>

beurkunden, v (3) *(öffentlich)* – certify in due legal form, v

Beurkundung, f – authentication; certification; notarial recording; documentary evidence

beurlauben lassen, v *(sich)* – take one's leave, v

beurlauben, v *(jmd)* – give s.o. leave, v; give s.o. time off, v; grant s.o. leave of absence, v

Beurlaubung, f (1) *(Gewährung (f) einer Beurlaubung, f)* – granting s.o. a leave

Beurlaubung, f (2) *(vom Dienst, m)* – release from service

Beurlaubung, f (3) *(vorübergehende ~ wegen Arbeitsmangel, m)* – lay off

beurteilen, v (1) – judge, v

beurteilen, v (2) *(Leistung, f)* – assess, v; rate, v

beurteilen, v (3) (*falsch*) – misjudge, v

Beurteilerschulung, f – training of evaluating personnel; training of rating personnel

Beurteilung, f (1) – evaluation; estimate; opinion

Beurteilung, f (2) *(von Mitarbeitern, pl)* – personnel appraisal; personnel assessment/review; staff report; employe(e) rating; audit of personnel <*US*>

Beurteilung, f (3) *(gute)* – high marks (pl)

Beurteilung, f (4) *(falsche)* – misjudgement

Beurteilungsbogen, m – personnel appraisal sheet; employe rating chart <*US*>

Beurteilungsfehler, m – appraisal error; rating error

Beurteilungsformular, n – appraisal form; rating form

Beurteilungsgespräch, n – appraisal interview; rating interview

Beurteilungsgrundsatz, m – appraisal principle; rating principle

Beurteilungskriterium, n – appraisal criterion; rating criterion

Beurteilungsmerkmal, n – appraisal factor; rating factor

Beurteilungsschema, n – appraisal scheme; rating scheme

Beurteilungsschlüssel, m – appraisal key; rating key

Beurteilungsspielraum, m – appraisal margin; rating margin; scope for judgement; scope for evaluation

Beurteilungsstufe, f – rating scale; appraisal scale

Beurteilungssystem, n – appraisal system; assessment system; rating system

Beurteilungstechnik, f – appraisal technique; rating technique

Beurteilungsverfahren, n – appraisal procedure; assessment procedure; rating procedure

Beurteilungszeitpunkt, m – appraisal time; rating time

Beurteilungszeitraum, m – appraisal period; rating period

Bevölkerung, f (1) – population

Bevölkerung, f (2) *(erwerbsfähige)* – working population

Bevölkerung, f (3) *(im erwerbsfähigen Alter, n)* – population of working age

Bevölkerungsentwicklung, f *(zukünftige)* – population projections (pl); population projection

Bevölkerungsstatistik, f – vital statistics (pl); population statistics (pl)

bevollmächtigen, v – authorize, v; empower, v

Bevollmächtigte/r, f/m – authorized representative; authorized agent; proxy; attorney-in-fact

Bevollmächtigung, f – authorization; procuration; power of attorney; warrant of attorney

bevorrechtigt – preferential; preferred; privileged

Bevorrechtigung, f – preference; preferential treatment

bevorschussen, v – advance, v

bevorzugen, v – prefer, v

Bevorzugung, f – preference; preferential treatment

bewähren (sich), v – prove oneself, v

Bewährung, f – probation

Bewährungsauflage, f – condition of probation

Bewährungsaufstieg, m – probationary advancement; automatic progression

Bewährungsfrist, f – probationary period

Bewährungshelfer/in, m/f – probation officer; parole officer <*US*>

Bewährungszeit, f – probation period; probationary period; probationary term

bewandert in – learned in

bewegen, v – move, v
Beweggrund, m – reason
beweglich – movable; mobile; flexible
bewegliche Sachen (pl) – movables (pl)
Beweglichkeit, f – mobility; flexibility
Bewegung, f – movement; motion
bewegungseingeschränkt – mobility-impaired
Bewegungsstudie, f – motion analysis; motion study
Beweis (m) antreten, v – introduce evidence, v; produce evidence, v
Beweis (m) erbringen, v – show proof, v; give proof, v
Beweis (m) führen, v – present evidence, v
Beweis (m) liefern, v – furnish evidence, v; furnish proof, v
Beweis (m) würdigen, v – weigh the evidence, v
Beweis, m (1) – evidence; proof; testimony
Beweis, m (2) *(des ersten Anscheins, m)* – prima-facie evidence; primary evidence
Beweisantrag, m *<jur>* – motion to receive evidence
Beweisantritt, m – introduction of evidence; offer in evidence; furnishing of proof; submission of evidence
Beweisaufnahme, f – hearing evidence; taking of proofs (pl); preparatory inquiry
Beweisaufnahmeverfahren, n *<jur>* – proceedings (pl) *<law>*; taking evidence
Beweisbeschluss, m *<jur>* – court order for the taking of evidence
beweisen, v – prove, v; give evidence of, v; give proof of, v
beweiserhebliche Tatsachen (pl) – probative facts (pl); evidentiary facts (pl); ultimate facts (pl)
Beweiserhebung, f – hearing of evidence; taking of evidence
Beweiserleichterung, f – proof relief
Beweisführung, f – reasoning; presentation of evidence; production of evidence; argumentation; line of argument
Beweisgrundsatz, m – principle of evidence
Beweiskraft, f – probative force; conclusive force; conclusiveness; probative value
Beweislast, f – burden of proof
Beweislastumkehr, f – reversal of the burden of proof; change in the onus of proof
Beweislastverteilung, f – allocation of the burden of proof
Beweismaterial, n – body of evidence; proof; supporting documents
Beweismittel, n – piece of evidence; means (pl) of evidence; piece of proof; means (pl) of proof
Beweisproblem, n – proof problem
Beweisregel, f *<jur>* – rule of evidence
Beweissicherung, f – preservation of evidence; perpetuating testimony
Beweissicherungsfunktion, f – preservation of evidence function
Beweisthema, n – matter in issue; facts (pl) to be proved
Beweisverfahren, n (1) – evidential procedure
Beweisverfahren, n (2) *(vorgezogenes)* – pretrial discovery
Beweiswert, m – probative value
Beweiswürdigung, f – consideration of evidence; assessment of evidence; estimation of evidence

Beweiszweck, m – evidentiary purpose

bewerben, v (1) *(sich)* – apply for, v; make an application, v; stand for, v <*GB*>; candidate, v

bewerben, v (2) *(sich bei einer Firma (f) um eine Anstellung, f)* – apply to a firm for a job, v; apply to a firm for a position, v

bewerben, v (3) *(sich um einen Posten, m)* – run for a position, v; apply for a position, v

Bewerber (pl) auswählen, v – screen applicants (pl), v

Bewerber/in, m/f – applicant; job applicant; candidate

Bewerberakte, f – applicant's file

Bewerberauswahl, f – selection of applicants (pl); screening applicants (pl)

Bewerberdaten (pl) – data of candidates; data of applicants

Bewerberfoto, n → Bewerbungsfoto, n

Bewerberfragebogen, m – applicant's questionnaire

Bewerberkartei, f – applicant file

Bewerberliste, f – list of applicants (pl)

Bewerbermesse, f Jobmesse, f – job fair

Bewerberprüfung, f (1) (*Assessment Center*) – assessment centre/center (Prüfung beruflicher und sozialer Fähigkeiten von Bewerbern in speziell dafür konzipierten Veranstaltungen)

Bewerberüberprüfung, f (2) (*Einstellungsüberprüfung, f*) – background check; pre-employment screening

Bewerbung (f) einreichen, v – send in an application, v

Bewerbung, f – application; employment application

Bewerbungsbestätigung, f – confirmation of application

Bewerbungsbogen, m – application form; application blank <*US*>

Bewerbungsformular, n – application form; application blank <*US*>

Bewerbungsfoto, n – photo of the applicant

Bewerbungsfrist, f – application deadline; filing period; application period

Bewerbungsgespräch, n – job interview; application interview

Bewerbungskosten (pl) – application expenses (pl)

Bewerbungsschreiben, n – letter of application

Bewerbungstermin, m – application deadline; closing date for applications (pl)

Bewerbungstest, m – application test

Bewerbungsunterlagen (pl) – application papers (pl); application files (pl); application dossier; application documents (pl)

bewerten, v (1) – evaluate, v; assess, v

bewerten, v (2) *(Vermögen, n)* – value, v

bewerten, v (3) *(einschätzen, v)* – appraise, v; estimate, v; rate, v

Bewertung, f (1) – evaluation; assessment; valuation

Bewertung, f (2) *(Einschätzung, f)* – appraisal; estimate

Bewertung, f (3) *(von Können, n)* – rating

Bewertung, f (4) *(nach Punkten, pl)* – points (pl) rating

Bewertungsgrundlage, f – basis of valuation

Bewertungskriterien (pl) – criteria (pl) for assessment

Bewertungsmethode, f – valuation method
Bewertungssatz, m – valuation rate
Bewertungssystem, n – valuation system; assessment system
bewilligen, v – grant, v; concede, v; allow, v; approve, v
Bewilligung, f (1) – concession; licence <*US*>; license <*GB*>; grant
Bewilligung, f (2) *(von Haushaltsmitteln, pl)* – appropriation of funds (pl)
Bewilligungsverfahren, n – granting procedure
bewirten, v *(jmd)* – entertain, v
Bewirtung, f – business entertainment; entertainment
Bewirtungsbeleg, m – receipt for entertainment expenses (pl)
Bewirtungskosten (pl) – entertainment costs (pl)
Bewirtungskostenpauschale, f – entertainment allowance
Bewirtungsspesen (pl) – entertainment expenses (pl)
bewusst – conscious; aware
bewusste Fahrlässigkeit, f – conscious negligence
bezahlen, v (1) *(Lohn, m)* – pay, v; pay for, v; remunerate, v; compensate, v
bezahlen, v (2) *(stundenweise)* – pay by the hour, v
bezahlt werden, v (1) *(nach Leistung, f)* – be paid, v
bezahlt werden, v (2) *(über Tarif, m)* – be paid above agreed wage scale, v; be paid above agreed salary scale, v
bezahlt werden, v (3) (*unter Tarif, m*) – be paid below agreed wage scale, v; be paid below agreed salary scale, v
bezahlte Abwesenheit, f – paid leave; paid absence
bezahlte Arbeit, f – paid work
bezahlter Urlaub, m – vacation with pay; paid vacation
Bezahlung, f (1) – pay; payment; remuneration
Bezahlung, f (2) *(Entschädigung, f)* – compensation
Bezahlung, f (3) *(von Schulden, pl)* – settlement
bezeugen, v – attest, v; witness, v; testify, v
beziehen, v *(Gehalt, n)* – receive, v; draw, v
Bezieher/in, m/f – suscriber; buyer
Beziehung, f – relation; relationship; link; connection
Beziehungen (pl) zu Arbeitnehmervertretungen (pl) – labo(u)r relations (pl); industrial relations (pl)
Beziehungen (pl) zu den Mitarbeitern (pl) – human relations (pl)
Bezirk, m – district
Bezirksgericht, n – district court; local court
Bezirkshauptmann, m – district commissioner
Bezirksregierung, f – district administration
Bezüge, pl (1) – income; earnings (pl); emoluments (pl); remuneration; drawings (pl)
Bezüge, pl (2) – pay; payments (pl)
Bezüge, pl (3) *(laufende)* – regular payments (pl)
Bezüge, pl (4) *(wiederkehrende)* – recurring payments (pl)
Bezug (m) habend auf → betreffend
Bezug, m *(von Waren, pl)* – purchasing; buying; subscription
Bezugnahmeklausel, f – referring clause

bezugsberechtigt – entitled to purchase; entitled to buy; entitled to subscribe

Bezugsberechtigte/r, f/m – beneficiary; person entitled to purchase; person entitled to buy; person entitled to subscribe

Bezugsberechtigung, f – entitlement to purchase; entitlement to buy; entitlement to subscribe

Bezugsdauer, f – duration of entitlement; duration of reference

Bezugsgröße, f – basic amount; base award; reference quantity; standard of comparison

Bezugsjahr, n – reference year

Bezugsleistung, f – reference performance

Bezugsmethode, f – reference method

Bezugspunkt, m – benchmark

Bezugsrecht, n – subscription right

Bezugszeitraum, m – reference period

bezuschussen, v – subsidize, v *<US>*; subsidise, v *<GB>*

BfA → Bundesversicherungsanstalt (f) für Angestellte (pl)

BBG → Bundesbeamtengesetz, n

BGB → Bürgerliches Gesetzbuch, n

BGB-Gesellschaft, f – private law company

BGG *(Gesetz zur Gleichstellung behinderter Menschen)* → Behindertengleichstellungsgesetz, n

Bibliothek, f – library

Bibliothekar/in, m/f – librarian

bieten, v – offer, v; make a bid, v

Bilanz, f (1) – balance of accounts; statement of financial position; profit and loss statement; profit and loss account

Bilanz, f (2) *(Dokument, n)* – balance sheet

Bilanzergebnis, n – unappropriated result

Bilanzerläuterung, f – statement of conditions *<US>*; annual accounts explanation

Bildschirm, m – screen

Bildschirmarbeit, f – work on visualizing display units (pl); VDU work

Bildschirmarbeitsplatz, m – VDU workplace; video display terminal (VDT) workplace; computer screen workstation

Bildschirmarbeitsverordnung, f – Work with Display Screen Equipment Regulation

Bildschirmgerät, n – visualizing display unit (VDU)

Bildung, f (1) *(Ausbildung, f)* – education

Bildung, f (2) *(feine)* – formal education; culture; sophistication

Bildung, f (3) *(Kenntnisse, pl)* – knowledge

Bildung, f (4) *(höhere)* – higher education

Bildung, f (5) *(humanistische)* – classical education

Bildung, f (6) *(umfassende)* – all-round education

Bildung, f (7) *(Schaffung)* – creation; formation

Bildungsabschluss, m – completion of one's education

Bildungsangebot, n – educational opportunities (pl)

Bildungsanstalt, f – educational institution

Bildungsarbeit, f – education work

Bildungsaufwand, m – total costs (pl) for education and training

Bildungsbedarf, m – educational needs (pl)

Bildungsberater/in, m/f – career officer; career adviser; educational consultant
Bildungsberatung, f – educational guidance
Bildungschancen (pl) – educational opportunities (pl)
Bildungscontrolling, n – educational controlling
Bildungseinrichtung, f – educational facility; training facility
bildungsfähig (1) *(Mensch, m)* – educatable; educable; capable of being educated
bildungsfähig (2) *(Geist, m)* – cultivable; capable of being developed
Bildungsgang, m – course of education
Bildungsgrad, m – standard of knowledge; standard of education; educational level
Bildungskosten (pl) – educational costs (pl)
Bildungsmangel, m – lack of education; illiteracy
Bildungsmaßnahme, f – educational measure; training measure
Bildungsniveau, n – educational level; educational standard; level of education
Bildungsplanung, f – educational planning
Bildungspolitik, f – educational policy
Bildungsprogramm, n – educational programme; educational program
Bildungssystem, n (1) – educational system
Bildungssystem, n (2) *(duales)* – dual system of vocational training
Bildungsurlaub, m – leave for further education; paid educational leave; study leave; training leave; sabbatical
Bildungsurlaubsgesetz, n – Study Leave Act
Bildungsveranstaltung, f – educational event
Bildungsweg, m – educational channel
Bildungswesen, n – educational system; education
Bildungswesen, n – education
billig (1) *(recht und billig)* – equitable; reasonable
billig (2) *(Preise, pl)* – cheap; inexpensive
billigen, v – approve (of), v; agree, v; consent, v; ratify, v
billiges Ermessen, n – equitable judgement
Billigkeit, f – equity; equitableness
Billigkeitsgrundsatz, m – principle of equity
Billigkeitskontrolle, f – supervision of good faith
Billigung, f *(nachträgliche)* – sanction; approval; consent; ratification
Billion, f – trillion
binden, v – bind, v; commit, v
bindend – binding; obligatory; mandatory
Bindung, f (1) – engagement; obligation; commitment; binding
Bindung, f (2) *(vertragliche)* – contractual obligation
Bindungsdauer, f – term of relationship
Bindungswirkung, f – commitment effect
Binnenmarkt, m – domestic market; internal market
Binnenschifffahrt, f – inland waterway transportation
Biochemie, f – biochemistry
biographische Daten (pl) – biodata; biographical data
Biologie, f – biology

BIP → Bruttoinlandsprodukt, n
Bittsteller/in, m/f – petitioner
BKGG → Bundeskindergeldgesetz, n
Blankounterschrift, f – blank signature; signature in blank
Blankovollmacht, f – unlimited authority; unlimited power; proxy in blank
Blechschlosser/in, m/f – sheet metal worker
Blechschmied/in, m/f – tin smith
Blindbewerbung, f – blind application; speculative application
Blockade, f – blockade
blockieren, v – block, v; blockade, v
Blockstunde, f *(in der Schule, f)* – double period
Blockunterricht, m – block instruction; teaching by topics (pl); block release instruction
Blütezeit, f – boom
Blutalkohol, m – blood-alkohol
Blutprobe, f – blood test; blood sample
Blutsverwandtschaft, f – blood relationship; consanguinity
Bodenpersonal, n – ground crew
bösgläubig – in bad faith
bösgläubiger Besitz, m – possession in bad faith
Bösgläubigkeit, f – bad faith
böswillig – malicious; with malice
Böswilligkeit, f – malice
Bohrwerkdreher/in, m/f – drill hand operator
Bonität, f – financial standing; creditworthiness; ability to pay; soundness
Bonus, m – bonus; supplemental compensation
Bonusabrechnung, f – bonus settlement
Bonusberechnung, f – bonus calculation
Bonusstichtag, m – bonus due date
Bordvertretung, f – ship's committee
Bote, m – messenger
Boycott, m – boycott; blacking
BPersVG → Bundespersonalvertretungsgesetz, n
BRAGO → Bundesrechtsanwaltsgebührenordnung, f
Branche, f – business line; line of business; branch of industry; branch
Branchenkenntnisse (pl) – experience in a business line
branchenkundig sein, v – be versed in a trade, v
Brand- und Explosionsschutz, m – fire and explosion protection
Brandschutz, m – fire prevention
BRAO → Bundesrechtsanwaltsordnung, f
brennbares Material, n – inflammable material
Brett, n (1) – board
Brett, n (2) *(schwarzes)* – notice board; bulletin board <*US*>
Brief, m (1) – letter
Brief, m (2) (blauer) – mittimus <*infml*>
Briefgeheimnis, n – inviolability of letters (pl); secrecy of letters (pl); privacy of correspondence; privacy of mail <*US*>
Briefkastenfirma, f – dummy corporation; bogus company
Briefwahl, f – postal ballot; postal vote; mail ballot <*US*>; absentee ballot
Bringschuld, f – debt payable to the creditor
Brückentag, m – bridging day
brutto – gross
Bruttoarbeitsentgelt, n – gross earnings (pl); gross pay

Bruttoeinkommen, n – gross income; gross earnings (pl)
Bruttogehalt, n – gross salary
Bruttoinlandsprodukt, n (BIP) – gross domestic product (GDP)
Bruttolohn, m – gross wages (pl); gross wage
Bruttolohnabrechnung, f – gross wages account; gross wage account
Bruttolohnbildung, f – formation of gross pay
Bruttomonatseinkommen, n – gross monthly earnings (pl)
Bruttosozialprodukt, n (BSP) – gross national product (GNP)
Bruttostundenverdienst, m – gross hourly wages (pl)
Bruttovergütung, f – gross pay
BSP → Bruttosozialprodukt, n
Buchdrucker/in, m/f – typographer
buchen, v – book, v; account, v; enter into the books (pl), v; enter into the account, v
Buchführung, f (1) – accountancy; bookkeeping; accounting
Buchführung, f (2) *(doppelte)* – double entry method
Buchhändler/in, m/f – bookseller; bookdealer *<US>*
Buchhalter/in, m/f (1) – bookkeeper; bookkeeping clerk; ledger clerk
Buchhalter/in, m/f (2) *(qualifizierter)* – accountant
Buchhaltung, f (1) – accounting; bookkeeping
Buchhaltung, f (2) (*Abteilung, f*) – bookkeeping department; accounting department; accounts department
Buchprüfer/in, m/f – auditor
Buchprüfung, f – audit
Buchung, f (1) – booking; entering
Buchung, f (2) *(Eintrag, m)* – entry
Buchung, f (3) *(Buchführung, f)* – bookkeeping
Buchung, f (4) *(Reservierung, f)* – reservation; booking
Buchungsbeleg, m – booking note; journal voucher
Budget, n – budget
Budgetabweichung, f – budget variance
Budgetkontrolle, f – budgetary control
Budgetplanung, f – budget planning
Bücherrevisor/in, m/f (1) – auditor; accountant
Bücherrevisor/in, m/f (2) *(vereidigte/r)* – chartered accountant *<GB>*; certified public accountant *<US>*
büffeln, v *<infml>* – cram, v *<infml>*; grind, v *<US,infml>*; mug up, v *<GB,infml>*
Bühnenarbeitsrecht, n – theatrical employment law
Bürde, f – charge; load; burden
Bürge, m – warrant; bail; guarantor; surety
bürgen, v – stand surety, v; stand security, v; guarantee, v
Bürger/in, m/f – citizen
Bürgerinitiative, f – public interest group; citizens' action group
bürgerlich-rechtlich – civil-law; under the civil code
Bürgerliches Gesetzbuch, n (BGB) – German Civil Code
bürgerliches Recht, n – civil law
Bürgschaft (f) leisten, v – bail, v; give bail, v; put in bail, v; guarantee, v / guaranty, v; warrant, v
Bürgschaft, f (1) *(Garantie, f)* – guarantee; guaranty; pledge; bond
Bürgschaft, f (2) *(vor Gericht, m)* – bail; surety

Bürgschaft, f (3) *(Sicherheit, f)* – security

Bürgschaft, f (4) *(selbstschuldnerische)* – absolute guarantee/guaranty

Bürgschaftsversprechen, n – collateral promise; guarantee promise

Bürgschaftsvertrag, m – guarantee contract

Büro, n – office; bureau; study

Büroangestellte/r, f/m – office clerk; office worker; clerical employee; white-collar worker *<US>*; black-coated employee

Büroarbeit, f – desk work; paper work; clerical work; white-collar job *<US>*; office work

Büroarbeitstag, m – office day

Büroausstattung, f – office equipment

Büroautomation, f – office automation

Büroeinrichtung, f – office equipment

Bürogebäude, n – office buildung

Bürogehilfe/-gehilfin, m/f – clerical assistant; office boy; office girl

Bürohilfsmittel (pl) – office appliances (pl)

Bürokaufmann/-kauffrau, m/f – commercial clerk *<US>*; businessman (based in an office); businesswoman (based in an office)

bürokratisch – red-tape

Büromaschine, f – office machine

Büroorganisation, f – office organisation/organization

Büropersonal, n – clerical staff; office personnel

Büroschluss, m – closing time; office closing time

Bürostunden (pl) – office hours (pl); business hours (pl)

Bürovorsteher/in, m/f – office keeper; senior clerk; chief clerk; head clerk

Bürozeit, f – office hours (pl)

Bummelant/in, m/f (1) – lounger; saunterer; slowcoach *<GB,imfl>*; slowpoke, bum *<US,sl>*; truant, dawdler

Bummelant/in, m/f (2) *(Faulenzer, m)* – idler; loafer

Bummelei, f – go-slow *<GB>*; goldbricking *<US>*

bummeln, v *(bei der Arbeit, f)* – be slack at one's work, v; bum, v *<US>,<sl>*

Bummelstreik, m – go slow strike *<GB>*; go slow *<GB>*; slowdown *<US>*

Bund, m – federation; league; bond

Bundesagentur (f) für Arbeit (f) (BA) *(früher Bundesanstalt (f) für Arbeit, f)* – German Federal Labo(u)r Agency; German Federal Employment Agency

Bundesangelegenheit, f – federal matter

Bundesangestelltentarifvertrag, m (BAT) – German Civil Service Collective Agreement

Bundesanstalt (f) für Arbeitsschutz (m) und Arbeitsmedizin (f) – German Federal Institute for Occupational Safety and Health

Bundesanstalt (f) für Arbeitsschutz (m) und Unfallforschung (m) – German Federal Institute for Worker Protection and Accident Reserach

Bundesanstalt, f – federal institute; federal agency

Bundesanwaltschaft, f – German Federal Prosecutor's Office

Bundesanzeiger, m – Federal Gazette

Bundesarbeitsgericht, n – German Federal Labo(u)r Court

Bundesarbeitsminister/in, m/f – German Federal Minister of Labour and Social Affairs <*GB*>; German Federal Secretary of Labor and Social Affairs <*US*>

Bundesaufsichtsamt (n) für das Versicherungswesen (n) – German Federal Insurance Supervision Office

Bundesaufsichtsamt, n – German Federal Supervisory Office

Bundesausbildungsförderungsgesetz, n (BAföG) – German Federal Student Aid Act; Federal Act on Student Aid

Bundesbank, f – German Federal Reserve Bank; German Federal Bank

Bundesbeamtengesetz, n (BG) – German Federal Civil Service Act; Civil Servants' Act

Bundesbeamter/Bundesbeamtin, m/f – federal civil servant; federal officer; federal official

Bundesbeauftragte/r, f/m (1) – federal commissioner

Bundesbeauftragte/r, f/m (2) *(für Datenschutz, m)* – Federal Commissioner for Data Protection

Bundesbehörde, f – federal authority; federal department

Bundesbesoldungsgesetz, n (BBesG) – Federal Remuneration Act

Bundesdatenschutzbeauftragte/r, f/m – Federal Commissioner for Data Protection

Bundesdatenschutzgesetz, n (BDSG) – Federal Data Protection Act

Bundesentgelttarifvertrag, m – German Public Service Pay Agreement

Bundeserziehungsgeldgesetz, n (BErzGG) – German Federal Educational Allowances Act (Gesetz zum Erziehungsgeld und zur Elternzeit)

Bundesfinanzhof, m – German Federal Finance Court; German Federal Supreme Fiscal Court

Bundesforschungsanstalt, f – federal research institute; federal research centre <*GB*>

Bundesgebiet, n – federal territory

Bundesgericht, n – federal court

Bundesgerichtshof, m – German Federal Court of Justice; German Federal Supreme Court

Bundesgesetz, n – federal statute; federal law; Congressional Act <*US*>

Bundesgesetzblatt, n – German Federal Law Gazette; Statutes at Large <*US*>

Bundesgesetzgebung, f – federal legislation

Bundesgesundheitsamt, n – German Federal Health Office

Bundesgrenzschutz, m – German Federal Frontier Guards (pl); German Federal Border Police

Bundeshaushalt, m – federal budget

Bundesheer, n – German Federal Army

Bundesjustizministerium, n – German Federal Ministry of Justice <*GB*>; German Federal Department of Justice <*US*>

Bundeskabinett, n – German Federal Cabinet

Bundeskanzler, m – German Federal Chancellor

Bundeskanzleramt, n – German Federal Chancellery

Bundeskartellamt, n – German Federal Cartel Office

Bundeskindergeldgesetz, n (BKGG) – German Federal Family Allowances Act; Act on the Subsidies for Children; Federal Children's Allowances Act; Federal Act on General Perchild Grants; Federal Act on Family Allowances

Bundesknappschaft, f – German Federal Miners' Insurance Institution

Bundesland, n – federal state; state; land

Bundesmanteltarifvertrag, m – Framework Collective Agreement for Employment in Public Service

Bundesminister (m) für Arbeit (f) und Sozialordnung (f) – German Federal Minister of Labour and Social Affairs <*GB*>; German Federal Secretary of Labor and Social Affairs <*US*>

Bundesminister (m) für Gesundheit (f) – German Federal Minister of Health; German Federal Secretary of Health <*US*>

Bundesminister (m) für Wirtschaft (f) – German Federal Minister of Economics <*GB*>; German Federal Secretary of Economics <*US*>

Bundesminister/in, m/f – federal minister <*GB*>; federal secretary <*US*>

Bundesnachrichtendienst, m – German Federal Intelligence Service

Bundesobligation, f – federal bond

Bundespatentamt, n – German Federal Patent Office

Bundespersonalvertretungsgesetz, n (BPersVG) – German Federal Act on Staff Representation in Civil Services (pl)

Bundespräsidialamt, n – Office of the German Federal President

Bundesrat, m – German Federal Council; Council of Constituent States

Bundesrechnungshof, m – Federal Audit Office

Bundesrecht, n – federal law

Bundesrechtsanwaltsgebührenordnung, f (BRAGO) – Federal Attorney Fees Act

Bundesrechtsanwaltsordnung, f (BRAO) – Federal Attorneys Act

Bundesregierung, f – German Federal Government

Bundesreisekostengesetz, n – Federal Act on Travel Expenses for the Civil Service

Bundesrichter/in, m/f – federal judge

Bundesschatzbrief, m – federal saving bond

Bundessozialgericht, n – German Federal Supreme Social Court

Bundessozialhilfegesetz, n (SozHiG) – (German) Federal Social Assistance Act

Bundessteuerblatt, n – German Federal Tax Bulletin

Bundestag, m – German Federal Parliament

Bundesumzugskostengesetz, n – Federal Act on Removal Expenses

Bundesurlaubsgesetz, n (BUrlG) – German Federal Leave Act

Bundesverband (m) der Deutschen Industrie (f) (BDI) – Confederation of German Industries (pl); Federation of German Industries (pl)

Bundesvereinigung (f) der Deutschen Arbeitgeberverbände (pl) (BDA) – Confederation of German Employers' Associations (pl)

Bundesverfassungsgericht, n – German Federal Constitutional Court

Bundesversicherungsamt, n – German Federal Insurance Office; German Federal Insurance Authority

Bundesversicherungsanstalt (f) für Angestellte (pl) (BfA) – Federal Insurance Institute for Salaried Employees (pl)

Bundesversorgungsgesetz, n (BVG) – Act on Social Assistance to War Victims

Bundesverwaltungsgericht, n – German Federal Supreme Administrative Court

Bundeswehr, f – German Federal Armed Forces (pl)

Buß- und Bettag, m – Repentance Day

Buße, f – atonement; expiation

Bußgeld, n – administrative fine; civil fine; forfeit; atonement money

Bußgeldbescheid, m – administrative penalty notice

Bußgeldkatalog, m – schedule of administrative penalties (pl)

Bußgeldverfahren, n – summary proceedings (pl); concerning administrative penalties (pl)

BVG → Bundesversorgungsgesetz, n

BWL → Betriebswirtschaftslehre, f

C

Chance, f (1) – chance

Chance, f (2) *(günstige Gelegenheit, f)* – opportunity

Chance, f (3) *(Aussicht, f)* – prospect; outlook

Chancengleichheit, f – equal opportunity

Charakter, m – character; nature

Charakteranalyse, f – character analysis; character assessment

Charakteranlage, f – disposition

Charakterbeurteilung, f – estimate of a person's character

Charaktereigenschaft, f – character trait

Charakterfehler, m – character defect; defect in character

charakterfest – of firm character

Charakterfestigkeit, f – strength of character

Charakterstärke, f – moral strength; backbone

Charakterzug, m – characteristic trait; character trait; trait of character

Chef/in (m/f) sein, v – boss, v; head, v

Chef/in, m/f (1) – boss; head; chief *<US,infml>*; gaffer *<GB,infml>*

Chef/in, m/f (2) *(einer Firma, f)* – principal; executive manager

Chefbuchhalter/in, m/f – chief accountant

Chefetage, f – executive floor

Chefingenieur/in, m/f – chief engineer

Chefsekretär/in, m/f – executive secretary

Chemie, f – chemistry

Chemiearbeiter/in, m/f – worker in the chemical industry
Chemieingenieur/in, m/f – chemical engineer
Chemielaborant/in, m/f – chemical laboratory assistant
Chemiker/in, m/f – chemist; chemical engineer
Chemotechniker/in, m/f – chemically-trained laboratory technician
Chiffreanzeige, f – box-number advertisement
Christi Himmelfahrtstag, m *(Christi Himmelfahrt)* – Ascension Day
chronische Krankheit, f – chronic disease; chronic illness
Cliquenwirtschaft, f – cliquism
Computer, m – computer
Computer-Laie, m – computer illiterate
computergesteuert – computer-controlled
computerunterstützt – computer-aided
computerunterstützte Fertigung, f – computer-aided manufacturing (CAM)
computerunterstützte Unterweisung, f – computer-aided instruction (CAI)
computerunterstütztes Entwerfen, n – computer-aided design (CAD)
computerunterstütztes Konstruieren, n – computer-aided engineering (CAE)
computerunterstütztes Lernen, n – computer-aided learning (CAL)
Computerwissen, n – computer literacy

D

Dachdecker/in, m/f – roofer; tiler; hellier <*GB*>
Dachgesellschaft, f – holding company; parent company
Dachorganisation, f – umbrella organisation/organization
Dachverband, m – umbrella organisation/organization
Dankschreiben, n – letter of thanks; thank-you note
darlegen, v – exhibit, v; state, v; demonstrate, v; explain, v; present, v
Darlegungslast, f – burden to explain
Darlegungspflicht, f – obligation to explain
Darlehen (n) gewähren, v – grant a loan, v
Darlehen, n (1) – loan; credit
Darlehen, n (2) *(zinsgünstiges)* – preferential loan
Darlehen, n (3) (*zur Anschaffung (f) eines Kraftfahrzeuges, n*) – car loan
Darlehensantrag, m – application for a loan
Darlehensbetrag, m – loan sum
Darlehensforderung, f – loans receivable
Darlehensgeber/in, m/f – lender; creditor
Darlehensgewährung, f – provision of a loan
Darlehenskonditionen (*pl*) – loan terms (pl)
Darlehensnehmer/in, m/f – borrower
Darlehensschuldner/in, m/f – debtor to a loan

Darlehenssumme, f – amount of loan
Darlehenstilgung, f – repayment of a loan; loan repayment
Darlehensvertrag, m – loan contract
darstellen, v – present, v
Darstellung, f – presentation; demonstration
Datei (f) löschen, v – erase a data file, v; delete a data file, v
Datei, f – data file; file
Dateienregister, n – register of data files (pl); data file register (pl)
Daten (pl) erheben, v – collect data, v
Daten (pl) nutzen, v – use data, v
Daten (pl) speichern, v – store data, v
Daten (pl) verarbeiten, v – process data, v
Daten (pl) verarbeitend – data processing
Daten, pl (1) – data (pl)
Daten, pl (2) *(geschützte)* – proprietary data
Daten, pl (3) *(personenbezogene)* – personal data
Datenabruf, m – data retrieving
Datenaufbereitung, f – data preparation
Datenaufbewahrung, f – data preservation
Datenaufnahme, f – data recording
Datenaustausch, m – data communication
Datenbank, f – database
Datenbeschaffung, f – acquisition of data
Datenbestand, m – data stock
Dateneingabe, f – data input
Dateneingabegerät, n – data input device
Dateneingabeverordnung, f (DEVO) – Data Input Ordinance
Datenerfassung, f – data collection; data capture; data entry; data logging
Datenerfassungsverordnung, f – Data Entry Ordinance
Datenerhebung, f – data collection
Datengeheimnis, n – data privacy
Datenlöschung, f – data erasure; data deletion
Datennutzung, f – data use
Datenpflege, f – data care
Datensammlung, f – data collection
Datenschutz, m – data protection
Datenschutzbeauftragte/r, f/m (1) *(im Betrieb, m)* – data protection officer
Datenschutzbeauftragte/r, f/m (2) *(staatlicher)* – data protection commissioner; commissioner for data protection
Datenschutzgesetz, n – Data Protection Act
Datenschutzkontrolle, f – monitoring of data protection
Datensicherheit, f – data security
Datensicherung, f – data safeguarding
Datensichtgerät, m – display
Datenspeicher, m – data memory; file store
Datenspeicherkontrolle, f – data memory control
Datenspeicherung, f – data storage
Datensperrung, f – data blocking
Datentechnik, f – data systems engineering
Datenträger, m – data storage medium
Datenträgerkontrolle, f – data storage media control
Datentypist/in, m/f – terminal operator
Datenübermittlung, f – data communication; data transfer

Datenübermittlungsverordnung, f – Data Communications Ordinance
Datenübertragung, f – data transmission
Datenübertragungsverordnung, f (DÜVO) – Data Transmission Ordinance
Datenumsetzung, f – data conversion
Datenveränderung, f – data modification
Datenverarbeitung, f – data processing
Datenverarbeitungsgerät, n – data processing machine
Datenvergleich, m – data comparison
Datum, n – date
Dauer (f) der Betriebszugehörigkeit, f – company seniority; occupational seniority; length of company service
Dauer der Lehrzeit, f → Lehrzeitdauer, f
Dauer, f – duration; period; length of time; term
dauerarbeitslos – long-term unemployment
Dauerarbeitslosigkeit, f – long-term unemployment; chronic unemployment
Dauerarbeitsplatz, m – permanent post; permanent job
Dauerarbeitsverhältnis, n – permanent employment relationship
Dauerarbeitsvertrag, m – permanent employment contract; permanent job contract
Daueraufgabe, f – permanent task
Dauerauftrag, m – standing order; permanent order
Dauerbeschäftigung, f – permanent occupation; permanent employment; permanent work; constant employment
dauerhaft – permanent
Dauerinvalidität, f – permanent disability
Dauerlärm, m – continuous noise
Dauerleistung, f – continuous performance
Dauerschuldverhältnis, n – permanent debt relationship; continuous obligation
Dauerstellung, f – permanent post; permanent position; permanent employment; permanency
dazuverdienen, v – earn additonally; earn on the side
dazwischentreten, v – intervene, v
DBB → Deutscher Beamtenbund, m
Debatte, f – debate; dispute; argument
Deckung, f – coverage
Deckungskapital, n – premium reserve
Deckungsrückstellungen (pl) (*für Pensionen, pl*) – actual reserves (pl)
Deckungszusage, f *(für Pensionen, pl)* – confirmation of cover
Defekt, m – deficiency
Degradierung, f – demotion
degressive Abschreibung, f – declining-balance depreciation
Dekan, m – dean
Dekanat, n – deanship; dean's office
Delegation, f (1) – delegation
Delegation, f (2) *(von Verantwortung, f)* – delegation of responsibilities (pl)
delegieren, v – delegate, v
Delegierte/r, f/m – delegate; deputy
Delikt, n – offence *<GB>*; offense *<US>*; tortious act
deliktsfähig – responsible in law; legally capacitated
Demographie, f – demography
Demonstrant/in, m/f – demonstrator; protester

Demonstration, f – demonstration
Demonstrationsstreik, m – demonstration strike
demonstrieren, v – demonstrate, v
demontieren, v – dissassemble; dismantle
Denkanstoß, m – food for thought
Denkfabrik, f – think-tank
Denkfähigkeit, f – reasoning power
Denkprozess, m – mental process
Denkvermögen, n – intellect
Deputat, n – allowance in kind; payment in kind
Deserteur/in, m/f – deserter; runaway
Desinteresse, n – lack of interest
Detektiv/in, m/f – private investigator; private detective
DEÜV – data transmission ordinance
Deutsch als Fremdsprache (f) – German as a foreign language (GFL)
Deutsche Bahn, f – German Railways
Deutsche Bundesbank, f – Federal Bank
Deutsche Post, f – German Mail Administration
Deutscher Beamtenbund, m (DBB) – German Civil Servants' Federation
Deutscher Einigungsvertrag, m – German Unification Treaty; German Reunification Treaty
Deutscher Gewerkschaftsbund, m (DGB) – Confederation of German Trade Unions
Deutscher Industrie- und Handelstag, m (DIHT) – Association of German Chambers of Industry and Commerce
Devisen (pl) – foreign exchange; foreign currency
DEVO → Dateneingabeverordnung, f
Dezentralisierung, f – decentralisation <*GB*>; decentralization <*US*>
Dezernat, n – department; section
Dezernent/in, m/f – chief of section; head of section; head of department; departmental head
DGB → Deutscher Gewerkschaftsbund, m
Diäten, pl (1) – emuluments (pl)
Diäten, pl (2) *(Tagegeld, n)* – per diem allowance
Diäten, pl (3) *(Sitzungsgeld, n)* – attendance fee
Diäten, pl (4) – remuneration for Members of Parliament
Diagnose, f – diagnosis
Diagramm, n – diagram; chart; graph
Dialekt, m – dialect
Dialogverarbeitung, f – interactive processing
Dieb/in, m/f – thief
Diebstahl, m (1) – theft; larcency
Diebstahl, m (2) *(einfacher)* – petty larcency
Diebstahl, m (3) *(schwerer)* – grand larcency
Diebstahlskontrolle, f – theft control
dienen, v – serve, v
Dienst (m) antreten, v – enter service, v; enter the employ, v; take up a position, v
Dienst (m) leisten, v – render a service, v
Dienst (m) tun, v – serve, v
Dienst, m (1) – service; office; duty; employ; work
Dienst, m (2) *(öffentlicher)* – civil service; public service
Dienst, m (3) *(einfacher)* – ordinary service
Dienst, m (4) *(gehobener)* – higher intermediate service

Dienst, m (5) *(höherer)* – higher service

Dienst, m (6) *(mittlerer)* – intermediate service

Dienst, m (7) *(diplomatischer)* – diplomatic service

Dienst, m (8) *(nach Vorschrift, f)* – work-to-rule <*GB*>; work according to the book <*US*>

Dienstalter, n (1) *(höheres)* – seniority; company seniority <*US*>; occupational seniority; job seniority; length of service

Dienstalter, n (2) *(jüngeres)* – juniority

Dienstaltersprinzip, n – seniority system

Dienstaltersstufe, f – length-of-service step

Dienstalterszulage, f – seniority allowance; service allowance; service award

Dienstantritt, m – starting of work; taking up of work; entry into service

Dienstanweisung, f – office working instruction; procedure

Dienstauffassung, f – working morale

Dienstaufsicht, f – hierarchical superivision; administrative supervision

Dienstaufsichtsbeschwerde, f – disciplinary complaint

Dienstausweis, m – service identification card

Dienstbefreiung, f *(wegen Krankheit, f)* – sick leave

Dienstbekleidung, f (*Dienstkleidung, f*) – work dress; uniform

Dienstbezüge (pl) – emoluments (pl)

Dienstbote/-botin, m/f – domestic help

Diensteid, m – oath of office; official oath

Dienstenthebung, f – discharge from office; removal from office; dismissal from service

Diensterfindung, f – employee service invention

Dienstfahrzeug, n – company car

dienstfrei haben, v – be off duty, v

Dienstgang, m – short business trip

Dienstgeheimnis, n – official secret

Dienstgespräch, n *(telefonisches)* – business call; official call

Dienstgrad, m – service level; service grade

Dienstherr/in, m/f – principal; employer; master

Dienstjahre (pl) – years (pl) of service; years (pl) of company service

Dienstjubiläum, n – employment anniversary; business anniversary

Dienstleistung, f – service; rendition of services (pl) <*US*>

Dienstleistungsbereich, m – service function

Dienstleistungsbetrieb, m – service company; service industry

Dienstleistungsfunktion, f – service function

Dienstleistungssektor, m – service sector

dienstlich – official; functional; on business

dienstlich verhindert sein, v – be detained by business, v

Dienstmädchen, n – maid <*US*>; maid servant <*US*>

Dienstpflicht, f – official duty

Dienstplan, m – duty roster

Diensträume (pl) – official premises (pl)

Dienstrecht, n – service regulations (pl)

Dienstreise, f – business trip; official trip; travel on official business

Dienstreiseauftrag, m – business travel order; travel order

Dienstreisekosten (pl) – business travel expenses (pl); travel expenses (pl); business mission expenses (pl)

Dienstreisepauschale, f – duty travel allowance

Dienstreisezeit, f – duty travel time

Dienstschluss, m – closing time

Dienstsiegel, n – official seal

Dienststätte, f – place of employment; place of service

Dienststelle, f – administrative office; office; department; agency

Dienststellenleiter/in, m/f – head of department; head of department unit; department head

Dienststellung, f – employment status

diensttauglich <*mil*> – able-bodied <*mil*>

dienstunfähig (1) – unfit for service; unfit for duty

dienstunfähig (2) *(dauernd)* – disabled

Dienstunfähigkeit, f – disablement; invalidity; incapacity to work

Dienstunfall, m – accident during service

Dienstvereinbarung, f – service agreement

Dienstvergehen, n – infringement of duty; malfeasance in office

Dienstverhältnis, n – official relation; official relationship; employment status; service status

Dienstverhinderung, f – prevention from being on duty

dienstverpflichten, v – draft, v; conscript, v

Dienstvertrag, m – service contract; employment contract

Dienstvorgesetzte/r, f/m – first-level supervisor; supervisor; senior officer; senior official

Dienstwagen, m – company car; service vehicle; official car

Dienstweg, m – official channels (pl)

Dienstwohnung, f – company flat <*GB*>; company appartment <*US*>; official dwelling; official residence

Dienstzeit (f) anrechnen, v – credit s.o. for his/her years (pl) of service, v

Dienstzeit, f (1) – period of service; period of company service; service period; service time; service hours (pl)

Dienstzeit, f (2) *(ruhegehaltsfähige)* – pensionable period

Dienstzeit, f (3) *(tägliche)* – daily working hours (pl)

Dienstzeitanrechnung, f – allowance of service time

Dienstzeugnis, n – service certificate; reference; testimonial

Differentialstücklohn, m – differential piece rate

Differenzbetrag, m – balance; residual quantity

Differenzierungsklausel, f – differentiation clause

DIHT → Deutscher Industrie- und Handelstag, m

Diktat, n – dictation

Diktatzeichen, n – reference initials (pl)

DIN-Norm, f (*Deutsche Industrie-Norm, f*) – German Industrial Standard

dinglich – real; conrete; in rem

dinglicher Anspruch, m – right in rem; lien

Diplom, n – diploma <*US*>; certificate

Diplomand/in, m/f – student taking his diploma examination; student taking his diploma exam; examination candidate

Diplomarbeit, f – thesis

Diplomingenieur/in, m/f – certified engineer; academically trained engineer

Diplomkaufmann/-kauffrau, m/f – certified economist; Bachelor of Commerce; Master of Business Administration

direkt – direct

Direktanstellung, f – direct engagement

direkte Stellvertretung, f – direct representation

Direktionsassistent/in, m/f – corporate secretary; management secretary

Direktionskasino, n – executive dining room

Direktionsrecht, n – management prerogative; right to give instructions (pl); authority to direct; employer's direction right

Direktionssekretär/in, m/f – secretary to the managing director

Direktmandat, n – direct seat; constituency seat

Direktor/in, m/f (1) – director

Direktor/in, m/f (2) *(geschäftführender)* – executive director; managing director; acting director

Direktor/in, m/f (3) *(kaufmännischer)* – director of business affairs

Direktor/in, m/f (4) *(leitender)* – governing director

Direktor/in, m/f (5) *(technischer)* – technical director

Direktorium, n – management committee; board of directors; directorate

Direktversicherung, f – direct insurance; direct life insurance; original insurance

Direktzusage, f – employer's pension commitment; pension warrant; pensioning warrant

diskriminieren, v – discriminate against s.o., v

Diskriminierung, f (1) – discrimination

Diskriminierung, f (2) *(wegen des Geschlechts, n)* – gender discrimination; sexual discrimination

Diskriminierung, f (3) *(willkürliche)* – arbitrary discrimination

Diskriminierung, f (4) *(mittelbare)* – disparate impact discrimination

Diskriminierung, f (5) *(unmittelbare)* – disparate treatment discrimination

Diskriminierungsverbot, n – prohibition of discriminatory practices (pl); ban on discriminatory practices (pl)

Diskussionsentwurf, m – exposure draft

Diskussionsleiter/in, m/f – chair; moderator

Diskussionspapier, n – consulting paper

Diskussionsteilnehmer/in, m/f – panel member; panelist *<US>*

diskutieren, v – discuss, v

Disponent/in, m/f – chief clerk; managing clerk; book man

Dispositionsbefugnis, f – leeway to render decisions (pl)

Dispositionsmaxime, f – principle of party disposition

Dissertation, f – doctoral thesis; doctoral dissertation

Disziplin, f – discipline

Disziplinarbestimmungen (pl) – disciplinary procedures (pl)

Disziplinarfall, m – disciplinary case
Disziplinargewalt, f – disciplinary powers (pl)
disziplinarisch – disciplinary
Disziplinarmaßnahme, f – disciplinary measure; disciplinary action
Disziplinarordnung, f – procedural agreement (Vereinbarung über die Beziehungen der Tarifpartner und die Behandlung der einzelnen Arbeitnehmer)
Disziplinarrecht, n – disciplinary law
Disziplinarstrafe, f – disciplinary penalty; disciplinary punishment
Disziplinarunterlage, f – disciplinary record
Disziplinarverfahren, n – disciplinary proceedings (pl); disciplinary trial
Disziplinarvorgesetzte/r, f/m – disciplinarian
diszipliniert – disciplined
Divergenz, f – divergence
Dividende, f – dividend; share
Doktor, m (1) – doctor
Doktor, m (2) (Dr. med.) *(der Medizin, f)* – Doctor of Medicine (M.D.); medicinae doctor
Doktor, m (3) *(der Naturwissenschaften, pl)* Dr. rer. nat. – Doctor of Natural Science (Nat.Sc.D.)
Doktor, m (4) (Dr. phil.) *(der Philosophie, f)* – Doctor of Philosophy (Ph.D.); philosophiae doctor
Doktor, m (5) (Dr. jur.) *(der Rechte, pl)* – Doctor of Law (LL.D.); legum doctor
Doktor, m (6) *(beider Rechte, pl)* Dr. jur. utr. – Doctor of Civil and Canon Law (J.U.D.); juris utriusque doctor
Doktorand/in, m/f – doctoral candidate; candidate for a doctor's degree; candidate for scholastic hono(u)rs (pl)
Doktorarbeit, f – doctoral dissertation; doctoral thesis
Doktorexamen, n – promotional examination
Doktorgrad, m – doctor's degree; doctoral degree
Doktortitel, m – doctor's degree; doctorate
Dokument, n – document; paper; deed
Dokumentationsfunktion, f – documentation function
Dokumentvorlage, f *(Formatvorlage, f)* – template
Dolmetscher/in, m/f – interpreter
Doppelarbeit, f – duplication of work
Doppelarbeitsverhältnis, n – double employment; double employment relationship
Doppelbelastung, f – double burden
Doppelbeschäftigung, f *(unangemeldete)* – moonlighting *<GB>*, *<infml>*
Doppelbesteuerungsabkommen, n – Double-Taxation Convention (DTC) *<GB>*; antidouble tax treaty *<US>*
Doppeldiplom, n – dual qualification
Doppelmandat, n – double mandate
doppelt – double; duplicate
Doppelverdiener/in, m/f – double wage earner; double earner; two-job man/woman *<US>*; moonlighter *<GB>*
Dotierung, f (1) – endowment; allocation; grant; donation
Dotierung, f (2) *(einer Stelle, f)* – remuneration
Dotierungsrahmen, m – scope of remuneration
Dozent/in, m/f – lecturer; instructor
Drechsler, m – turner
Dreckarbeit, f – dirty work
Dreher/in, m/f – turner; lathe operator

Dreischichtbetrieb, m *(Dreischichtenbetrieb, m)* – three-shift operation

Dreiviertelmehrheit, f – three-fourths majority; three-quarters majority

Dreizehntes Monatsgehalt, n – thirteenth month's payment; thirteenth month's salary

dringende Arbeit, f – rush job

Dritte/r, f/m – third party

Drittelparität, f – equal say in decision-making for each of three groups

Drittinteresse, n – interest of a third party

Drittschaden, m – damage suffered by a third party

Drittschuldner/in, m/f (1) – third party debtor

Drittschuldner/in, m/f (2) *(des Pfändungsschuldners, m)* – garnishee

Drittschuldnerauskunft, f – garnishee information

Drittschuldnererklärung, f – declaration made by third party debtor

Drittschuldnerprozess, m – litigation involving a third-party actor

Drittwirkung, f – effecto on third party

Droge, f – drug

drogenabhängig – addicted to drugs (pl)

Drogenabhängige/r, f/m – drug addict

Drogenabhängigkeit, f – drug addiction

Drogenberatung, f – advisory service for drug addicts (pl)

Drogenmissbrauch, m – drug abuse

Drogensucht, f – drug addiction

Drohung, f – threat; menace

Druck, m (1) – pressure; compulsion

Druck, m (2) *(Verlag, m)* – print

Druckindustrie, f – printing industry

Druckkündigung, f – notice of termination of employment (given by the employer under pressure of a third party)

Druckposten, m – soft job; cushy job; snap *<US, sl>*; gravy train *<US, sl>*

Drucksache, f – printed matter; second-class mail *<US>*

Drückeberger/in, m/f *<infml> (vor der Arbeit, f)* – slacker *<infml>*; crab *<infml>*; malingerer; shirker *<infml>*

drücken (sich), v *(vor der Arbeit, f)* – shirk, v

duales Ausbildungssystem, n – dual system of vocational training

Dünkel, m – conceit

DÜVO → Datenübertragungsverordnung, f

dulden, v – tolerate, v; suffer, v; permit, v

Duldung, f – toleration; sufferance; permission

Duldungsvollmacht, f – power by virtue of sufferance; power of representation by estoppel

Dummkopf, m – dunce

Dunkelziffer, f – estimated number of unreported cases (pl)

Duplikat, n – duplicate; copy

durcharbeiten, v – work without stopping, v

durchfallen lassen, v *(jmd bei einer Prüfung, f)* – spin, v *<GB, sl>*; pluck, v *<GB, sl>*

durchfallen, v *(bei einer Prüfung, f)* – fail, v; flunk, v; be plucked, v *<GB,infml>*

Durchfallquote, f – failure rate

durchführbar – feasible

Durchführbarkeitsstudie, f – feasibility study
durchführen, v – implement, v; execute, v; carry out, v; conduct, v
Durchführung, f – implementation; execution; performance
Durchführungsbestimmung, f – rules and regulations (pl); regulatory statutes (pl)
Durchführungsrichtlinie, f – implementing directive
Durchführungsverordnung, f – implementing ordinance; implementing decree; executive decree
Durchgriffshaftung, f – intended recourse to shareholder; direct liability of controlling shareholder
Durchlaufen, n *(mehrerer Ausbildungsstationen/Abteilungen, pl)* – carousel training
Durchschnitt, m – average
Durchschnittsberechnung, f – calculation of averages (pl)
Durchschnittseinkommen, n – average income; average earnings (pl)
Durchschnittslohn, m – average wage
Durchschnittsverdienst, m – average earnings (pl)
durchsetzbar – enforceable
durchsetzen, v – enforce, v; force, v
Durchsetzungsvermögen, n – power to assert one's authority; ability to get things done
Durchsicht, f – inspection; examination; auditing; review
Durchsuchung, f – search
Durchsuchungsbefehl, m – search warrant
Dynamik, f – dynamics; drive
dynamisch – dynamic
dynamische Rente, f – progressive pension; index-linked pension
Dynamisierung, f – dynamization; index linking

E

E-Schweißer, m – arc welder
e.V. → eingetragener Verein, m
Ebene, f – level
EBRG → Gesetz (n) über Europäische Betriebsräte (pl)
echt – authentic; genuine; real; true
Echtheit, f – authenticity
Echtzeit, f – real-time
Echtzeiterfassung, f – real-time capture
Eckdaten (pl) – key data (pl)
Ecklohn, m – tariff corner rate; pilot rate; basic wage rate; basic wage; standard wage
EDV → elektronische Datenverarbeitung, f
EDV-Kenntnisse (pl) – computer literate
effektiv – actual; real; effective
Effektivität, f – effectiveness
Effektivklausel, f – effective clause; specific currency clause
Effektivlohn, m – actual wage; net wage; net earnings; take home pay
Effektivverdienst, m – actual earnings (pl); net earnings (pl)
effizient – efficient
EFZG → Entgeltfortzahlungsgesetz, n
EGÖD → Europäischer Gewerkschaftsverband (m) für den öffentlichen Dienst

Ehe, f – marriage; matrimony <*fml*>
Ehefrau, f – wife
Ehegatte/-gattin, m/f – spouse; marriage partner; marital partner
Ehegattenarbeitsverhältnis, n – employment relationship between marriage partners (pl)
Ehegattenversorgungsanspruch, m – pension rights (pl) for marital partners (pl)
Ehegattin, f – spouse; marriage partner; marital partner
Eheleute (pl) – spouses (pl)
ehelich – marital; matrimonial; conjugal
ehelich geboren sein, v – be born in wedlock, v
eheliche Abstammung, f – legitimacy
eheliche Lebensgemeinschaft, f – conjugal life
eheliches Kind, n – legitimate child
Ehemalige (pl) – alumni
ehemalige Schülerin, f /ehemalige Studentin, f – alumna
ehemaliger Schüler, m /ehemaliger Student, m – alumnus
Ehemann, m – husband
Ehepartner, m – marital partner
Eherecht, n – matrimonial law; marriage law
Ehesache, f <*jur*> – matrimonial case
Ehescheidung, f – divorce; dissolution of marriage
Eheschließung, f – marriage
Ehestandsbeihilfe, f – marriage grant
Ehestandsdarlehen, n – marriage loan
Eheverfehlung, f – matrimonial offence/offense
Ehevertrag, m – marriage contract; marriage articles (pl)
Ehre, f – honour <*GB*>; honor <*US*>
Ehrenamt, n – honorary post; honorary office; honorary function
ehrenamtlich – unpaid; honorary
ehrenamtliche Aufgaben (pl) – honorary duties (pl)
ehrenamtliche Tätigkeit, f – honorary activity
ehrenamtlicher Richter/in, m/f – honorary judge; lay judge
Ehrengabe, f – award
Ehrengericht, n – court of hono(u)r; disciplinary court; disciplinary committee
ehrenhaft – honourable <*GB*>; honorable <*US*>
Ehrenhaftigkeit, f – integrity
Ehrenmitglied, n – honorary member
Ehrenrechte (pl) *(bürgerliche)* – civil rights (pl)
ehrenrührig – discreditable; defamatory; infamous; dishono(u)rable
Ehrgeiz, m – ambition
ehrgeizig – ambitious
ehrlich – honest
Ehrlichkeit, f – honesty
ehrlos – dishonest; dishono(u)rable
ehrloser Lebenswandel, m – disreputable life
Ehrverletzung, f – insult; defamation
Ehrverlust, m – loss of hono(u)r; loss of civil rights (pl)
Eid (m) abnehmen, v – administer an oath, v
Eid (m) brechen, v – break one's oath, v
Eid (m) leisten, v – take an oath, v
Eid, m – oath
Eidbruch, m – breach of an oath; perjury
Eidesbelehrung, f <*jur*> – caution
eidesstattlich – in lieu of an oath
eidesstattliche Erklärung, f – statutory declaration <*GB*>; declaration in lieu of an oath

eidesstattliche Versicherung, f – affirmation in lieu of an oath
eidlich – sworn; on oath; under oath
Eigenanteil, m – own share; own requirements (pl); personal requirements (pl)
Eigenart, f – nature; idiosyncrasy
Eigenbeitrag, m – own contribution
Eigenbesitz, m – proprietary possession
Eigenbeteiligung, f – self-participation
Eigenbetrieb, m – owner-operated enterprise
eigenhändig – holographic; manual
eigenhändiges Testament, n – holographic will
Eigenheimförderungsmaßnahmen (pl) *(staatliche)* – government measures (pl) to promote home ownership
Eigeninitiative, f – initiative of one's own; self-initiative
Eigenkapital, n – owned capital; proprietary capital; owner's equity capital; equity capital; equity
Eigenkündigung, f – employee voluntary termination notice; resignation
Eigenleistung, f – own contribution
Eigenmacht, f – interference; self-given authority
eigenmächtig – arbitrary
Eigensinn, m – obstinacy; stubbornness; headstrongness
eigensinnig – obstinate; stubborn; headstrong
Eigenständigkeit, f – independence
Eigentümer, m (1) – proprietor; owner; absolute owner <*law*>
Eigentümer, m (2) *(gutgläubiger)* – bona-fide owner
Eigentümer, m (3) *(rechtmäßiger)* – rightful owner; legal owner
Eigentümergrundschuld, f – owner's land charge; owner's charge
Eigentümerhypothek, f – owner's mortgage
Eigentümerin, f – proprietress
Eigentum (n) übertragen, v – make over, v; transfer, v
Eigentum, n (1) – property; ownership
Eigentum, n (2) *(geistiges)* – intellectual property
Eigentum, n (3) *(persönliches)* – personal property; private property; personal effects (pl)
Eigentumsanspruch, m – claim of ownership; proprietary claim
Eigentumserwerb, m – accession of title
Eigentumsgarantie, f – property guarantee
Eigentumsrecht, n – right of ownership; right of possession; property right
Eigentumsübergang, m – devolution of property; transfer of ownership; transfer of title; passing of title
Eigentumsvorbehalt, m – title retention; retention of title; reservation of title
Eigentumswohnung, f – freehold flat <*GB*>; condominium apartment
Eigenunfallversicherung, f – accident self-insurance
eigenverantwortlich – solely responsible
Eigenverschulden, n – supervening negligence
eignen (sich), v – be suitable for, v; be suited for, v; be qualified for, v
Eignung, f – aptitude; suitability; qualification
Eignungsanforderungen (pl) – qualification standards (pl)

Eignungsbeurteilung, f – aptitude rating

Eignungsdiagnostik, f – suitability diagnostics

Eignungspotential, n – suitability potential

Eignungsprofil, n – aptitude profile; qualification profile; suitability profile

Eignungsprüfung, f (1) – aptitude test; qualification test; qualifying examination

Eignungsprüfung, f (2) *(betriebliche)* – employee test; employment test

Eignungsschwerpunkt, m – main aptitude

Eignungstest, m – aptitude test; ability test

Eignungsübung, f – suitability exercise

Eignungsuntersuchung, f *<med>* – fitness test

Eignungszeugnis, n – aptitude certificate

eilbedürftig – urgent

Eilbedürftigkeit, f – urgency

Eilfall, m – urgent case

Eilzustellung, f – express delivery

einarbeiten, v (1) (jmd) – instruct s.o. for, v; train s.o. for, v; introduce s.o. to, v; induct s.o. into, v *<fml>*

einarbeiten, v (2) *(sich)* – familiarize one self with, v; acquaint one self with, v

Einarbeitung, f (1) – vocational adjustment; orientation; initial training; familiarization *<US>*; induction *<fml>*

Einarbeitung, f (2) – getting used to one's work

Einarbeitungszeit, f – working-in period; orientation period; breaking-in period; period of vocational adjustment; period of professional adjustment

Einarbeitungszuschuss, m – breaking-in subsidy

einbehalten, v (1) – retain, v; keep back, v

einbehalten, v (2) *(Steuer, f)* – withhold, v

einbehalten, v (3) *(~ und abführen, v)* – deduct, v

einbehalten, v (4) *(vom Lohn, m)* – deduct from pay, v

Einbehaltung des Gewerkschaftsbeitrages, f *(durch den Arbeitgeber, m)* – check-off

Einbehaltung, f (1) – retention; withholding

Einbehaltung, f (2) *(von Lohnsteuer, f)* – deduction

einberufen, v (1) *(zum Wehrdienst, m)* – call in, v; draft, v

einberufen, v (2) *(eine Sitzung, f)* – convene, v; summon, v

Einberufung, (1) f *<mil>* – draft *<US>*; induction; conscription; call up

Einberufung, (2) f *(Sitzung)* – convening; convocation; calling

Einberufungsbefehl, m – conscription order; draft order; induction order *<US>*

einbeziehen, v – include, v; involve, v

Einblick, m – insight

Einblicksrecht, n – inspection right

einbrechen, v – break into a house, v

Einbruch, m (1) – housebreaking with the intent to commit a felony

Einbruch, m (2) *(bei Nacht, f)* – burglary

einfach – simple; easy

einfacher Diebstahl, m – petty larcency

Einfallsreichtum, m – wealth of imagination; ingenuity
Einfluss, m – influence; impact; effect
Einflussgrößen (pl) – parameters (pl); governing influence
Einflussnahme, f – leverage
einfrieren, v – freeze, v
einfügen, v – insert, v
Einfühlungsvermögen, n – empathy; power of adaption
einführen, v (1) (neue Mitarbeiter, pl) – introduce, v (new employees, pl)
einführen, v (2) *(ins Amt, n)* – induct s.o., v; establish s.o. in, v
einführen, v (3) *(ein neues Verfahren, n)* – implement, v; launch, v; institute, v; establish, v
Einführung, f (1) *(neuer Mitarbeiter, pl)* – introduction; orientation
Einführung, f (2) *(ins Amt, n)* – induction; inauguration
Einführung, f (3) *(neuer Verfahren, pl)* – implementation; launch
Einführungsgesetz, n – introductory act
Einführungslehrgang, m – contextual studies (pl)
Einführungszeitraum, m – phasing-in period
Eingabe, f (1) *(Gesuch, n)* – petition; application; request; submission
Eingabe, f (2) *(in ein Gerät, n)* – input
Eingabekontrolle, f *(bei der Datenerfassung, f)* – input control
Eingang, m (1) *(Ankunft, f)* – receipt
Eingang, m (2) *(eines Gebäudes, n)* – entrance; entry
Eingangsformel, f – preamble
Eingangsgehalt, n – starting salary
Eingangssatz, m – opening sentence
Eingangsstufe, f – initial grade; initial step; starting grade
eingebrachtes Gut, n – contributed property
eingehen, v (1) *(die Ehe, f)* – conclude, v; enter into, v
eingehen, v (2) *(eine Verpflichtung, f)* – incur, v; assume, v
eingehen, v (3) *(einen Vertrag, m)* – enter into, v; make, v
eingehend – detailed; thorough
Eingeständnis, n – avowal; confession
eingestehen, v – admit, v; confess, v
eingetragener Verein, m (e.V.) – membership corporation; registered association
Eingewöhnung, f – breaking-in
eingliedern, v (1) *(jmd)* – incorporate, v; integrate, v
eingliedern, v (2) *(jmd in den Arbeitsprozess, m)* – integrate s.o., v
eingliedern, v (3) *(sich)* – fit into, v
Eingliederung, f (1) – integration; incorporation
Eingliederung, f (2) *(in den Arbeitsprozess, m)* – integration into active employment; absorption into active employment
Eingriff, m (1) – intervention; interference
Eingriff, m (2) *(in das Leistungsrecht, n)* – cut
eingruppieren, v – classify,v; group, v
Eingruppierung, f – classification; assignment to a wage or salary group
einhalten, v – comply with, v
Einhaltung, f – compliance; observance
einheitlich – uniform; standardized
einheitlicher Lohnsatz, m – flat rate
Einheitsgewerkschaft, f – horizontal union

Einheitsregelung, f – standard regulation
Einheitsstücklohn, m – standard price rate
Einheitsversicherung, f – omnium policy
Einheitswert, m – uniform value; standard value; assessed value
einigen (sich), v – agree upon sth with s.o., v; settle, v; come to an agreement with s.o., v; reach an agreement, v; get together, v <*US*>, <*infml*>
Einigung, f (1) – agreement; settlement; understanding
Einigung, f (2) *(gütliche)* – amicable settlement
Einigungsstelle, f – conciliation board; conciliation committee
Einigungsstellenbeisitzer/in, m/f – assessor to the conciliation board
Einigungsstellenverfahren, n – conciliation board proceedings (pl)
Einigungsstellenvorsitzender, m – chairman of the conciliation board
Einigungsverfahren, n – conciliation proceedings (pl); stipulation proceedings (pl)
Einigungsvorschlag, m – conciliatory proposal; offer of compromise
Einkäufer/in, m/f (1) – buyer
Einkäufer/in, m/f (2) *(einer Firma, f)* – purchasing agent; buyer
Einkaufsabteilung, f – purchasing department
Einklang, m – accord
Einkleidungsgeld, n <*mil*> – outfit allowance
Einkommen, n (01) – income; revenue; emoluments (pl)
Einkommen, n (02) *(Erträge, pl)* – earnings (pl)
Einkommen, n (03) *(aus selbständiger Arbeit, f)* – income
Einkommen, n (04) *(berufliches)* – professional income
Einkommen, n (05) *(festes)* – regular income; settled income; permanent income; fixed income
Einkommen, n (06) *(mittleres)* – middle-bracket income
Einkommen, n (07) *(steuerpflichtiges)* – taxable income; assessable income <*US*>
Einkommen, n (08) *(verfügbares)* – disposable income; personal disposable income
Einkommen, n (09) *(bescheidenes)* – moderate income
Einkommen, n (10) *(nicht deklariertes)* – undeclared income
einkommensabhängig – income related
Einkommensabstand, m – income gap
Einkommensbemessung, f – compensation evaluation
Einkommensbeschränkung, f – income restraint
Einkommensbesteuerung, f – income taxation; taxation on income
Einkommensentwicklung, f – compensation development
Einkommensgarantie, f – income guarantee
Einkommensgrenze, f – income limit; margin of income
Einkommenspolitik, f – income policy; compensation policy
einkommensschwach – of low wage groups (pl); low income groups (pl)
Einkommenssicherung, f – income maintenance
Einkommenssteigerung, f – increase of income; rise of income; income increment
Einkommenssteuer, f → Einkommensteuer, f

Einkommenssteuerveranlagung, f – income tax assessment

Einkommensstruktur, f – income structure

Einkommensstufe, f – income bracket

Einkommensteil, m – income element

Einkommensteuer, f (*Einkommenssteuer, f*) – income tax; tax on income; personal income tax <*US*>

Einkommensteuerbescheid, m – income-tax bill; income-tax assessment <*US*>

Einkommensteuerdurchführungsverordnung, f (EStDVO) – Income Tax Implementing Decree

Einkommensteuererklärung, f – income-tax declaration <*GB*>; annual income-tax declaration <*GB*>; income-tax statement <*US*>; annual income-tax statement <*US*>; income-tax return

Einkommensteuerfreibetrag, m – income-tax relief <*GB*>; income-tax exempt amount <*US*>

Einkommensteuergesetz, n (EStG) – Income Tax Act

Einkommensteuerrichtlinien (pl) – income-tax regulations (pl)

Einkommensvergleich, m (1) (*intern*) – compensation comparison

Einkommensvergleich, m (2) (*extern*) – compensation survey

Einkommensverlust, m – loss of income

Einkommensverringerung, f – reduction of earnings (pl)

Einkommensverteilung, f – distribution of income; income distribution

Einkommenszuwachs, m – earnings (pl) growth

Einkünfte, pl (1) – income; emoluments (pl); earnings (pl); receipts (pl), gains (pl); takings (pl)

Einkünfte, pl (2) (*aus freiberuflicher Tätigkeit, f*) – professional income; professional earnings (pl)

Einkünfte, pl (3) (*aus Gewerbebetrieb, m*) – industrial income; business income

Einkünfte, pl (4) (*aus Kapitalvermögen, n*) – income from capital; income from interest

Einkünfte, pl (5) (*aus nicht nichtselbständiger Arbeit, f*) – employment income; income from dependent work

Einkünfte, pl (6) (*aus selbständiger Arbeit, f*) – self-employment income

Einkünfte, pl (7) (*aus Vermietung und Verpachtung, f*) – rental income

Einkünfte, pl (8) (*des Staates, m*) – revenue

einladen, v – invite, v

Einladung, f – invitation

Einlassung, f <*jur*> (*im Prozess, m*) – joining of issue

Einlassungsfrist, f <*jur*> – time to serve an answer; time to interpose an answer; time for appearance; time for filing a defence/defense

einlegen, v (1) – lodge, v

einlegen, v (2) (*Widerspruch, m*) – lodge an objection, v; put in, v

einleiten, v (1) – introduce, v; institute, v; launch, v

einleiten, v (2) (*eine Untersuchung, f*) – institute an inquiry, v

einleiten, v (3) (*ein Verfahren, n*) – institute legal proceedings (pl), v

Einleitung, f – introduction; initiation

einliefern, v (*ins Krankenhaus, n*) – hospitalise/hospitalize, v

einlösen, v – redeem, v; discharge, v; hon(o)ur, v

Einmalbeitrag, m – one-time premium

Einmalentgelt, n – one-time remuneration

einmalige Bezüge (pl) – non-recurring income

einmalige Kapitalzahlung, f *(in der Rentenversicherung, f)* – once-only commutation

Einmalzahlung, f – once-for-all payment; payment in one instal(l)ment; non-recurring payment; one-off payment

Einmanngesellschaft, f – corporation sole; one-man company

einmischen (sich), v – intervene, v; interfere, v

Einmischung, f – intervention; interference

einmütig – unanimous

Einnahmen, pl (1) *(des Staates, m)* – revenue

Einnahmen, pl (2) *(eines Unternehmens, n)* – receipts (pl); takings (pl)

Einnahmen, pl (3) *(eines Arbeitnehmers, n)* – drawings (pl)

einnehmen (1), v *(verdienen)* – earn, v

einnehmen (2), v *(Geld)* – receive, v; register, v

einnehmen (3), v *(jemandes Stelle)* – replace a person, v; succeed to a person`s place, v

einordnen, v – classify, v

Einrede (f) erheben, v – enter a plea,v

Einrede, f (1) *jur* – plea; defence <*GB*>; defense <*US*>; objection

Einrede, f (2) *(aufschiebende)* – dilatory plea

Einrede, f (3) *(prozesshindernde)* – conclusion

Einrede, f (4) *(prozessuale)* – plea in abatement

einreichen, v – submit, v; present, v; file, v; lodge, v

Einreichung, f – submission; presentation; filing

Einreise, f – entry

Einreiseerlaubnis, f – permission to enter; permit of entry

einrichten, v – establish, v; institute, v

Einrichter, m – tool setter; job setter; die setter; fitter

Einrichtung, f (1) *(Ausstattung, f)* – equipment; facilities (pl)

Einrichtung, f (2) *(einer Maschine, f)* – installation

Einrichtung, f (3) *(Amt, n)* – institute

Einrichtung, f (4) *(öffentliche)* – institution

Einrichtung, f (5) *(gemeinnützige)* – nonprofit corporation; non-profit corporation

Einrichtung, f (6) *(gemeinsame)* – joint institution

Einrichtung, f (7) *(soziale)* – welfare organisation/organization; charity

Einrichtzeit, f – setup time; setting time

Einsatz, m *(von Mitarbeitern, pl)* – placement; employment; assignment of labo(u)r

einsatzbereit – ready for operation; ready for use

Einsatzbesprechung, f – briefing

einsatzfähig – employable

Einsatzmannschaft, f – task force

Einsatzplan, m – contingency plan

einschätzen, v (1) – assess, v; rate, v; estimate, v

einschätzen, v (2) *(jmd nach seinen Verdiensten, pl)* – rate s.o. according to his/her merits (pl), v

Einschätzung, f – assessment

Einschichtbetrieb, m – single-shift operation

einschlägig – relevant; pertinent

einschlägige Auskünfte (pl) – relevant information
einschlägige Bestimmungen (pl) – pertinent provisions
einschlägige Gesetze (pl) – pertinent laws
einschließen, v – include, v
einschränken, v (1) – restrict, v; limit, v; confine, v
einschränken, v (2) *(Ausgaben, pl)* – reduce, v; cut down, v
einschränken, v (3) *(die Produktion, f)* – restrain, v
einschränkend – restrictive
Einschränkung, f (1) – restriction; restraint; limitation
Einschränkung, f (2) *(der Arbeitsfähigkeit, f)* – limitation of working capability
Einschreiben, n (1) *(Postsache, f)* – registered letter; registered mail <*US*>; recorded letter <*GB*>; certified mail <*US*>
Einschreiben, n (2) *(gegen Rückschein, m)* – registered mail against receipt
Einschreibung, f – enrolment; enrollment; registration
Einschüchterung, f – intimidation
Einschulung, f – school enrolment
einsehen, v *(Akten, pl)* – examine, v; inspect, v; look into, v
einseitig (1) – one-sided
einseitig (2) *(bindend)* – unilateral
einsetzbar – employable
einsetzen, v *(jmd)* – employ s.o., v; appoint s.o., v
Einsichtnahme, f (1) – inspection; examination
Einsichtnahme, f (2) *(in Akten, pl)* – access to files (pl)
Einsichtsrecht, n – inspection right; access right
einsparen, v (1) – save, v; cut down, v; economize, v
einsparen, v (2) *(Arbeitskräfte, pl)* – save labo(u)r, v; save headcount, v
Einsparung, f – saving; cutting down; reduction; economization
Einsparungsmaßnahme, f (1) – austerity measure
Einsparungsmaßnahme, f (2) *(bei Arbeitskräften, pl)* – headcount saving
einsperren, v (1) – confine,v; lock up,v
einsperren, v (2) *(ins Gefängnis, n)* – imprison, v
Einspruch (m) einlegen, v – lodge an objection, v; make a plea, v
Einspruch (m) erheben, v – raise an objection, v; object, v; protest, v; make a plea, v
Einspruch (m) zurücknehmen, v – withdraw an objection, v
Einspruch, m (1) – objection; protest; reclamation; appeal, plea <*law*>; exception <*law*>
Einspruch, m (2) *(förmlicher)* – formal objection
Einspruchsfrist, f – period for objection
Einspruchsrecht, n – right to object; right to appeal; right of veto
einstellen, v (1) *(Arbeitskräfte, pl)* – employ, v; engage, v; hire, v <*US*>; recruit, v <*US*>; take s.o. into one's service, v
einstellen, v (2) *(die Arbeit, f)* – stop working, v; lay down tools (pl), v; leave off work, v; knock off, v
einstellen, v (3) *(die Produktion, f)* – stop operating, v; stop operation, v; shut down, v
einstellen, v (4) *(die Zahlung, f)* – suspend payment, v
Einstellgehalt, n – starting salary; entrance rate; in-hiring rate

Einstelllohn, m Einstellungslohn, m – starting wage; entrance rate; inhiring rate

Einstellung, f (1) *(von Arbeitskräften, pl)* – recruitment (of personnel); engagement; employment

Einstellung, f (2) *(der Produktion, f)* – shutdown

Einstellung, f (3) *(von Arbeiten, pl)* – cessation of work

Einstellung, f (4) *(eines Strafverfahrens, n)* – abolition

Einstellung, f (5) *(eines Verfahrens, n)* – stay of proceedings (pl); termination of proceedings (pl)

Einstellung, f (6) *(zur Arbeit, f)* – working attitude

Einstellungsanspruch, m – hiring claim; employment claim

Einstellungsbedingungen (pl) – hiring conditions (pl); conditions (pl) of engagement

Einstellungsbeihilfe, f – recruitment subsidy; hiring subsidy; recruitment aid; hiring aid

Einstellungsbeschluss, m *<jur>* – order to stay proceedings (pl) *<law>*; order to dismiss a case *<law>*

Einstellungsbogen, m – hiring form; employment form

Einstellungsdatum, n – date of hire

Einstellungsformalitäten (pl) – hiring formalities (pl)

Einstellungsfragebogen, m – hiring questionnaire

Einstellungsgespräch, n – employment interview; pre-employment interview; job interview; hiring interview

Einstellungskosten (pl) – recruitment costs (pl) *<US>*; hiring costs (pl) *<US>*; engagement costs (pl)

Einstellungskriterien (pl) – employment criteria (pl); hiring criteria (pl)

Einstellungslohn, m → Einstelllohn, m

Einstellungspflicht, f – obligation to take s.o. into employment

Einstellungsquote, f – employment rate; hiring rate; employment quota; hiring quota

Einstellungsschreiben, n – letter of employment

Einstellungsstop, m – job freeze; employment freeze; hiring freeze *<US>*; hiring stop *<US>*; ban on recruitment

Einstellungstermin, m – starting date

Einstellungsüberprüfung, f → Bewerberüberprüfung

Einstellungsuntersuchung, f – pre-employment medical examination; medical examination; physical examination

Einstellungsverfahren, n – hiring procedure; employment procedure

Einstellungsvollmacht, f – authority to hire

einstempeln, v *(bei Arbeitsbeginn, m)* – clock in, v; clock on, v; check in, v *<GB>*

Einstiegschance, f – job opportunity

Einstiegsgehalt, n – starting salary

einstimmig – unanimous; without a dissentient vote

Einstimmigkeit, f – unanimity

einstufen, v (1) – classify, v; rank, v; group, v; grade, v; rate, v

einstufen, v (2) *(höher)* – upgrade, v

einstufen, v (3) *(niedriger)* – downgrade, v

Einstufung, f (01) – grade determination; ranking

Einstufung, f (02) *(von Tätigkeiten, pl)* – job classification

Einstufung, f (03) *(wertmäßige Zuordnung (f) untereinander)* – job grading

Einstufung, f (04) *(nach Dienstalter, n)* – service rating

Einstufung, f (05) *(nach Leistung, f)* – rating of employees; employe(e) rating

Einstufung, f (06) *(nach Leistungsfähigkeit, f)* – performance rating

Einstufung, f (07) *(tarifliche)* – pay scale classification

Einstufung, f (08) *(in eine höhere Entgeltgruppe, f)* – promotional classification

Einstufung, f (09) *(in eine niedrigere Entgeltgruppe, f)* – demotional classification

Einstufung, f (10) *(in eine niedrigere Dienstaltersstufe, f)* – relegation in step

Einstufungsverfahren, n – grading method

einstweilig – provisional; temporary; interim

einstweilige Anordnung, f – interim order; provisional arrangement

einstweilige Verfügung, f – temporary restraining order; provisional order; interlocutory injunction

einteilen, v – classify, v

Einteilung, f – classification; arrangement

eintönig – monotonous

einträglich – lucrative; profitable; gainful

eintragen, v (1) – enter, v; register, v; document, v; record, v

eintragen, v (2) *(ins Handelsregister, n)* – register, v <*GB*>; incorporate, v <*US*>

Eintragung, f – registration; recording; documentation; enrol(l)ment; entry

Eintragungsbewilligung, f – authorisation/authorization for registration

eintreibbar – recoverable; realisable <*GB*>; realizable <*US*>

eintreibbare Forderung, f – collectible amount

eintreten, v (1) *(in einen Raum, m)* – enter, v

eintreten, v (2) *(beitreten, v)* – join, v

eintreten, v (3) *(sich ereignen, v)* – occur, v

Eintritt, m (1) – entry; admission; entrance

Eintritt, m (2) *(in den Ruhestand, m)* – retirement

Eintrittsalter, n – entry age; age-at-entry

Eintrittsdatum, n – entry date; date of entrance

Einvernehmen, n – agreement

einverständlich – by mutual consent

Einverständnis, n (1) – agreement; consent; approval; understanding

Einverständnis, n (2) *(geheimes)* – collusion

Einwand, m – objection; plea <*law*>; defence/defense; exception; impugnment

einwandfrei – irreproachable; unimpeachable

einweisen, v *(jmd in eine Tätigkeit, f)* – instruct, v; brief, v; introduce, v

einwenden, v – object, v; oppose, v; plead, v *law*; defend, v

Einwendung, f – objection; defence/defense; plea <*US*>

einwilligen, v – agree, v; consent, v; approve, v

Einwilligung, f – consent; approval

einwirken, v *(auf jmd)* – exert an influence on s.o., v; act on s.o., v

Einwohner/in, m/f – resident; inhabitant; local

Einwohnermeldeamt, n – population register; residents' registration office

einzahlen, v – pay in, v; deposit, v

Einzahlung, f – payment; deposit

Einzelakkord, m – individual piecework rate; individual piecework; single piecework

Einzelangaben (pl) – particulars (pl); details (pl)

Einzelarbeit, f – single work

Einzelarbeitsplatz, m – individual workplace

Einzelarbeitsverhältnis, n – individual employment relationship; individual employment

Einzelarbeitsvertrag, m – individual employment contract

Einzelaufgabe, f – single task

Einzelaufstellung, f – specification

Einzelbeleg, m – single receipt

Einzelfall, m – individual case

Einzelfallentscheidung, f – decision in an individual case; decision on an individual case

Einzelfertigung, f – job production *<US>*

Einzelfirma, f – private firm

Einzelgespräch, n – individual talk

Einzelhändler/in, m/f – retailer; retail trader *<GB>*; retail dealer *<US>*

Einzelhaft, f – solitary confinement

Einzelhandel, m – retail trade; retail business

Einzelhandelskauffrau, f – trained retail saleswoman

Einzelhandelskaufmann, m – trained retail salesman

Einzelheit, f – detail

Einzelkaufmann, m – sole proprietor; sole owner of business

Einzelkündigung, f – individual notice of termination

Einzelleistung, f – individual performance

Einzelmaßnahme, f – individual measure

Einzelnachweis, m – specification

Einzelperson, f – individual

Einzelprokura, f – single power of procuration; sole power of procuration

Einzelrechtsnachfolge, f – singular succession

Einzelrichter, m – sole judge; single judge

Einzelschritt, m – single step

Einzeltätigkeit, f – individual activity

Einzelteilfertigung, f – manufacture of single parts (pl)

Einzelunternehmer, m – sole trader

Einzelunterricht, m – private lessons (pl)

Einzelvertrag, m – individual contract

Einzelvollmacht, f – special authority; special power; sole authority

Einzelvorgang, m – single process; single transaction

einziehen, v *(Geld, n)* – collect, v; recover, v; call in, v

Einziehungsauftrag, m – draft attached

Einziehungsverfahren, n – collection proceedings (pl); collection procedure

Einzug, m *(von Beiträgen, pl)* – collection; collecting

Einzugsermächtigung, f – collection order

Einzugsgebiet, n – catchment area; labo(u)r market area; commuter zone *<US>*

Einzugsstelle, f – collecting agency

Einzugsverfahren, n – collection proceedings (pl)
Eisen- und Stahlindustrie, f – iron and steel industry; iron and steel producing industry
Eitelkeit, f – conceit
Elan, m – drive; pep *<infml>*
Elektroingenieur/in, m/f – electrical engineer
Elektroinstallateur, m – electrician fitter
Elektroniker, m – electronics technician
elektronische Datenverarbeitung, f (EDV) – electronic data processing (EDP)
Elektrotechnik, f – electrical engineering
Elektrotechniker/in, m/f – electrician
Elementarschule, f – primary school *<GB>*; elementary school *<US>*; grade school *<US>*
Elementarzeit, f – standard elemental time
Elementarzeitbestimmungssystem, n – method-time measurement (MTM)
Elite, f – elite
elterlich – parental
elterliche Gewalt, f *<jur>* – parental authority; parental power
elterliche Sorge, f – parental care and custody
Eltern (pl) – parents (pl)
Elternbeirat, m – parents' council
Elternbeitrag, m – parental contribution
Elternteil, m – parent
Elternzeit, f – parental leave; child care leave; extended maternity leave
Email – email
Empfänger/in, m/f (1) – recipient; receiver
Empfänger/in, m/f (2) *(einer Geldleistung, f)* – payee
Empfängnisverhütung, f – contraception
Empfängniszeit, f – conception period
empfangen, v – receive, v
empfangsberechtigt – entitled to receive
Empfangsbestätigung, f – acknowledgement of receipt
empfehlen, v – recommend, v
Empfehlung, f – recommendation; reference
Empfehlungsschreiben, n – letter of recommendation; letter of introduction; recommendatory letter, commendatory letter; reference *<GB>*
empirisch – empirical
emporarbeiten (sich), v – work one's way up, v
emsig – active; diligent; busy
EMU → Europäische Mittelstandsunion, f
Endabnehmer/in, m/f – ultimate buyer
Endabrechnung, f – final account
Endmontage, f – final assembly
Endsatz, m – final sentence
Endtermin, m – expiry date
Endurteil, n – final judgement; final decision; definite decision
Energie, f – energy; power; drive
Energieanlagenelektroniker, m – power engineering electronics technician
Energiewirtschaft, f – energy industry
Engagement, n – dedication; commitment
engagieren, v (jmd) – engage, v; enlist, v; hire, v *<US>*; recruit, v *<US>*
Englischkenntnisse (pl) – command of English

Engpass, m (1) *(räumlich)* – bottleneck

Engpass, m (2) *(Mangel, m)* – shortage

entbehren, v – do without, v; be lacking, v; lack, v

entbinden, v (1) *(ein Kind, n)* – deliver, v

entbinden, v (2) *(jmd von einer Pflicht, f)* – confine, v

entbinden, v (3) *(jmd von einer Schuld, f)* – release from, v

Entbindung, f (1) *(eines Kindes, n)* – delivery

Entbindung, f (2) *(von einer Pflicht, f)* – confinement

Entbindung, f (3) *(von einer Schuld, f)* – release

Entbindungsdatum, n – date of delivery; delivery date

Entbindungsgeld, n – maternity allowance

entdecken, v – discover, v

Entdeckung, f – discovery; detection

enteignen, v – expropriate, v

Enteignung, f – expropriation; dispossession; condemnation *<US>*

enteignungsgleicher Eingriff, m – inverse condemnation

enterben, v – disinherit, v

entfernen, v (1) *(jmd aus dem Amt, n)* – remove s.o., v

entfernen, v (2) *(sich)* – leave, v

Entfernung, f (1) *(räumliche)* – distance

Entfernung, f (2) *(aus dem Amt, n)* – removal

Entfernungskilometer (pl) – distance in kilometers (pl)

Entgegennahme, f – acceptance; receipt

entgegennehmen, v – accept, v

entgegnen, v (1) – reply, v; respond, v; answer, v

entgegnen, v (2) *(in einem Prozess, m)* – rejoin, v

Entgelt, n (1) – pay; payment

Entgelt, n (2) *(Belohnung, f)* – remuneration; reward

Entgelt, n (3) *(Wiedergutmachung, f)* – compensation

Entgelt, n (4) *(ausgezahltes)* – take-home pay

Entgelt, n (5) *(leistungsabhängiges)* – performance-related pay

Entgeltabkommen, n – pay agreement

Entgeltabrechnung, f – payroll; payroll system *<US>*

Entgeltabrechnungsbogen, m – pay slip; pay statement

Entgeltabrechnungsperiode, f – payroll period

Entgeltabrechnungsprogramm, n – payroll package

Entgeltabrechnungsstelle, f – payroll department; payroll office; payroll accounts (pl) department

Entgeltänderung, f – change in pay

Entgeltanspruch, m – payment claim; payment entitlement

Entgeltausgleich, m – payment balance

Entgeltberechnung, f – calculation of wages (pl); computation of wages (pl)

Entgeltbescheinigung, f (1) – income statement; certificate of remuneration

Entgeltbescheinigung, f (2) *(in der Sozialversicherung, f)* – social security statement

Entgelteinbehaltung, f – detention of wages (pl); detention of wage

entgelten, v – remunerate, v; pay for, v; compensate, v

Entgelterhöhung, f (1) – increase in payment

Entgelterhöhung, f (2) – catch-up increase <*GB*> (zur Wiederherstellung der Einkommensrelation zu einer Vergleichsgruppe)

Entgeltfestsetzung, f – payment determination

Entgeltform, f – type of remuneration; type of pay

Entgeltfortzahlung, f (1) – continued pay; continued payment of wages (pl)

Entgeltfortzahlung, f (2) *(im Krankheitsfall, m)* – sick pay

Entgeltfortzahlungsgesetz, n (EFZG) – Act on Continued Payment of Wages and Salaries during Sickness

Entgeltgrundsatz, m – remuneration principle

Entgeltgruppe, f – wage and salary group

Entgeltgruppenkatalog, m – catalogue of group payment

Entgelthöhe, f – amount of remuneration

Entgeltkomponente, f – payment component

Entgeltkürzung, f – pay cut

entgeltlich – in return for payment; against payment; for consideration

Entgeltminderung, f – pay cut; pay reduction

Entgeltpolitik, f – compensation policy

Entgeltschutz, m *(nach Neubewertung (f) des Arbeitsplatzes, m)* – red-circling

Entgeltsicherung, f – pay protection

Entgeltstruktur, f – pay structure

Entgeltsystem, n – pay system

Entgelttabelle, f – pay schedule; rate schedule

Entgelttarifvertrag, m – pay agreement

Entgeltumwandlung, f – conversion of remuneration (Künftige Entgeltansprüche werden in eine wertgleiche Anwartschaft auf Versorgungsleistungen umgewandelt.)

Entgeltvorausbescheinigung, f – advance income statement

Entgeltzahlung, f – payment of remuneration

Entgeltzulage, f *(leistungsbezogene)* – merit; merit increase

Entgeltzusatzleistungen (pl) – fringe benefits (pl)

enthalten (sich), v – refrain from, v; forbear, v

entheben, v *(jmd des Amtes, n)* – disengage, v; discharge, v

enthüllen, v – disclose, v

Enthüllung, f – disclosure

Entkräftung, f (1) *(von Argumenten, pl)* – rebuttal

Entkräftung, f (2) *(körperliche)* – debilitation

entlassen sein, v – be off the payroll, v

entlassen werden, v (1) – be dismissed, v; get dismissed, v; receive notice, v

entlassen werden, v (2) – get the sack, v <*sl*>; get sacked, v <*sl*>; get the kick, v <*GB, sl*>

entlassen, v (1) *(Arbeitnehmer, m)* – dismiss, v; discharge, v; send off, v; pay off, v

entlassen, v (2) *(Arbeitnehmer, m)* – fire, v <*US, infml*>; drop, v <*infml*>; turn off/out, v <*infml*>; swap, v <*sl*>; sack, v <*sl*>

entlassen, v (3) *(Arbeitnehmer, m)* – give s.o. the sack, v <*sl*>; can, v <*US, sl*>; shed labour, v <*GB*>; shed labor, v <*US*>

entlassen, v (4) (aus dem Dienst, m) – remove (from office), v; dismiss, v

entlassen, v (5) *(Beamte, pl)* – remove, v

entlassen, v (6) *(fristgerecht)* – dismiss with notice, v

entlassen, v (7) *(fristlos)* – dismiss without notice, v

entlassen, v (8) *(vorübergehend)* – lay off, v

Entlassung, f (1) – discharge; dismissal; termination of employment

Entlassung, f (2) – firing <*infml*>; brush-off <*GB, sl*>; sack <*GB, sl*>; chuck <*GB, sl*>

Entlassung, f (3) *(eines Beamten, m)* – removal from office

Entlassung, f (4) *(fristgerechte)* – dismissal with notice

Entlassung, f (5) *(fristlose)* – summary dismissal; dismissal without notice

Entlassung, f (6) *(gerechtfertigte)* – fair dismissal

Entlassung, f (7) *(vorübergehende)* – layoff

Entlassung, f (8) (*aus dem Militärdienst, m*) – release from military service

Entlassungsabfindung, f – severance pay <*US*>; dismissal compensation/pay; redundancy payment/benefit <*GB*>; terminal wage <*US*>; layoff benefit

Entlassungsgeld, n – severance pay <*US*>; dismissal compensation/pay; discharge pay; redundancy payment <*GB*>; layoff benefit

Entlassungsgrund, m – reason for dismissal; reason for discharge; grounds (pl) for discharge

Entlassungspapiere (pl) – discharge papers (pl); walking papers (pl)

Entlassungsschreiben, n – notice of dismissal

Entlassungssperre, f – dismissal barrier

Entlassungzeugnis, n – certificate of discharge

entlasten, v – relieve, v; release, v; disengage, v; unburden, v

Entlastung (f) erteilen, v – give relief, v; grant a discharge, v

Entlastung, f (1) – discharge; release; relief

Entlastung, f (2) *(eines Beschuldigten, m)* – exoneration; exculpation

Entlastung, f (3) *(des Vorstandes, m)* – approval of the executive committee's acts (pl)

Entlastungsbeweis, m – exculpatory evidence; exonerating evidence

entleihen, v – borrow, v

Entleiher, m (1) – borrower

Entleiher, m (2) *(nach dem Arbeitnehmerüberlassungsgesetz, n)* – manpower supply client

Entleiherbetrieb, m – borrower operation

entlohnen, v – remunerate, v; pay, v; pay off, v; compensate, v <*US*>

Entlohnung, f (1) – pay; payment; remuneration; compensation <*US*>; paying off, v

Entlohnung, f (2) *(nach individueller Leistung, f)* – merit based pay; merit pay

Entlohnungsart, f – compensation type

Entlohnungsform, f – type of remuneration

Entlohnungsgrundsatz, m – remuneration principle; basic wage policy

Entlohnungsmethode, f – payments system

Entlohnungspflicht, f – obligation to remunerate

Entlohnungssystem, n – system of remuneration

entmündigen, v – declare incompetent, v; declare legally incapable, v

Entmündigung, f – legal incapacitation; deprivation of legal capacity

entschädigen, v (1) *(bei Verlust, m)* – compensate, v; indemnify, v

entschädigen, v (2) *(für Auslagen, pl)* – reimburse, v

entschädigen, v (3) *(für Dienste, pl)* – remunerate, v

Entschädigung, f (1) – compensation; compensation payment; indemnification; reimbursement; remuneration

Entschädigung, f (2) *(Summe, f)* – indemnity

Entschädigung, f (3) *(zusätzliche ~ für eine unfaire Kündigung, f)* – compensatory award

Entschädigungsanspruch, m – compensation claim; compensation demand; claim for indemnification

Entschädigungsantrag, m – request for compensation; request for indemnification

entscheiden, v (1) – decide, v; determine, v

entscheiden, v (2) *(bei Gericht, n)* – judge, v; rule, v; decree, v; adjudicate, v

entscheiden, v (3) *(durch das Los, n)* – draw by lot, v

entscheidend – conclusive; decisive

Entscheidung (f) fällen, v – make a decision, v

Entscheidung (f) verkünden, v – render a decision, v

Entscheidung, f (1) – decision; determination

Entscheidung, f (2) *(eines Gerichtes, n)* – decision; judgement; ruling; decree; adjudication

Entscheidung, f (3) *<jur> (in der Hauptsache, f)* – decision on the substance of the case <*law*>; decision on the merits (pl)

Entscheidung, f (4) *(nach Lage (f) der Akten, pl)* – decision as the case lies

Entscheidung, f (5) *<jur> (rechtsmittelfähige)* – award which is open to appeal

Entscheidungsbefugnis, f *<jur>* – jurisdiction; competence

Entscheidungsebene, f – decision-making level

Entscheidungsfähigkeit, f – decision-making ability

Entscheidungsfindung, f – decision making

Entscheidungsgründe (pl) *<jur>* – opinion of the court

Entscheidungshilfe, f – decision-making aid

Entscheidungssammlung, f – law reports (pl) casebook; casebook

Entscheidungsspielraum, m – margin for decision

Entscheidungsträger/in, m/f – decision maker; decider

Entscheidungsvorbereitung, f – preparation of decisions (pl)

entschließen (sich), v – come to a decision, v; resolve, v; make a decision, v; decide, v

Entschließung, f – resolution

entschlossen – determined; resolved; resolute

Entschlossenheit, f – decisiveness; determination

Entschluss, v – resolution; decision

entschuldbar – justifiable; excusable

entschuldigen, v (1) – excuse, v

entschuldigen, v (2) *(rechtfertigen, v)* – justify, v; exculpate, v

entschuldigen, v (3) *(sich)* – apologize, v; excuse o.s., v
entschuldigtes Fehlen, n – leave of absence
Entschuldigung, f (1) – excuse; apology; justification; exculpation
Entschuldigung, f (2) *(schriftliche)* – written apology; written justification
entsenden, v *(jmd)* – delegate, v
Entsendung, f (1) – delegation
Entsendung, f (2) *(von Personal, n)* – secondment; deployment; assignment
Entspannung, f *(Erholung, f)* – recreation; relaxation
entsprechen, v – comply with, v; correspond to, v
entsprechende Anwendung (f) finden, v – apply mutatis mutandis, v
entwerfen, v – design, v; draft, v; conceive, v
entwickeln, v – develop, v
Entwicklung, f (1) – development
Entwicklung, f (2) *(Fortschritt, m)* – progress; growth
Entwicklung, f (3) *(berufliche)* – career development; professional progress; employment history
Entwicklung, f (4) *(rückläufige)* – regression
Entwicklung, f (5) *(ungünstige)* – adverse swing
Entwicklungsarbeitsplatz, m – development workplace
Entwicklungsbeurteilung, f – potential rating
Entwicklungsgrad, m – development level
Entwicklungshelfer/in, m/f – development aid man/woman; development volunteer; aid official; peace corps worker *<US>*
Entwicklungshilfe, f – development assistance; foreign aid
Entwicklungsingenieur/in, m/f – development engineer; progress engineer
Entwicklungsmaßnahme, f – development measure
Entwicklungsperspektive, f – development prospect
Entwicklungsplanung, f – development planning
Entwicklungspotenzial, n – development potential
Entwicklungsspielraum, m – development margin
Entwicklungsstadium, n – experimental stage
Entwicklungsziel, n – development goal; development aim; development objective
Entwurf, m (1) – draft; outline; plan; design
Entwurf, m (2) *(überarbeiteter)* – revised draft
entziehen, v (1) – deprive s.o. of sth, v; withdraw sth from s.o., v; cancel, v
entziehen, v (2) *(eine Vollmacht, f)* – revoke (powers), v
Entziehungsanstalt, f – treatment centre/center (for alcoholics and drug addicts)
Entziehungskur, f – dry-out training; corrective training
Entzug, m (1) – deprivation; withdrawal; forfeiture
Entzug, m (2) *(des Führerscheins, m)* – forfeiture of s.o.'s driving license; driving ban *<GB>*
Erarbeitung, f – acquirement by one's efforts (pl)
Erbauer/in, m/f – constructor; builder
Erbbauzins, m – ground rent
erbberechtigt – entitled to inherit
erbbiologisches Gutachten, n – expert opinion on hereditary factors
Erbe, m *(Person, f)* – heir; inheritor

Erbe, n *(Nachlass, m)* – estate; inheritance; heritage; bequest
erben, v – inherit, v
Erbengemeinschaft, f – community of heirs (pl); joint heirs (pl)
Erbenhaftung, f – personal liability of the heir
Erbfall, m – accrual of an inheritance
Erbfolge, f – hereditary succession; heirship
Erbin, f – heiress
Erblasser/in, m/f – testator; decedent; person who leaves an inheritance
erblich – hereditary; inheritable
Erbmasse, f – estate; inheritance
Erbpacht, f – hereditary lease
Erbrecht, n – law of descent and distribution; law of inheritance
Erbschaft, f – inheritance; heritage; heirship
Erbschaftsklage, f – action for recovery of an inheritance
Erbschaftssteuer, f – estate tax; inheritance tax; probate tax; transfer tax; death duty
Erbschein, m – certificate of inheritance; proof of heirship; heir's certificate
Erbvertrag, m – contract of inheritance
Erbverzicht, m – renunciation of inheritance
Ereignis, n – event; occurrence
ererbt – congenital
erfahren – experienced in; learned in; adept in; proficient
erfahren, v – learn, v; hear, v; experience, v
Erfahrung, f (1) – experience
Erfahrung, f (2) *(praktische)* – practical experience; field experience
Erfahrungsaufenthalt, m – experience stay
Erfahrungsaustausch, m – exchange of experience
Erfahrungsbericht, m – progress report
Erfahrungsgruppe, f – experience exchange group
Erfahrungswissen, n – know-how
erfassen, v (1) *(statistisch)* – register, v; record, v; cover, v
erfassen, v (2) *(geistig)* – comprehend, v
Erfassung, f – registration
erfinden, v – invent, v
Erfinder/in, m/f – inventor
Erfindervergütung, f (1) – inventor's bonus
Erfindervergütung, f (2) *(für Arbeitnehmerfindung, f)* – remuneration for employee inventions (pl)
Erfindung, f – invention
Erfindungsgabe, f – ingenuity
Erfolg (m) haben, v – succeed, v; be successful, v; have success, v
Erfolg, m – success; achievement
erfolglos – unsuccessful
erfolgreich – successful; effective honorary
Erfolgsbeteiligung, f (1) *(an Unternehmenserfolg, m)* – profit-sharing
Erfolgsbeteiligung, f (2) *(am Produktivitätszuwachs, m)* – progress sharing
Erfolgsdelikt, n *<jur>* – objective crime
Erfolgserlebnis, n – success experience
Erfolgshonorar, n – contingent fee; success fee; result fee; contingent result <*GB*>; contingency <*US*>
Erfolgskontrolle, f – result control; result testing
Erfolgslohn, m – result wage; payment by results (pl)

erfolgsorientiert – sucess-oriented
Erfolgsprämie, f – result bonus; contingent fee
Erfolgszwang, m – duress to be successful; pressure to be successful
erforderlich – necessary; required
Erforderlichkeit, f – necessity; requirement
erfordern, v – require, v; demand, v; necessitate, v; need, v
Erfordernis, n – requirement; condition; essential
Erfrischungsraum, m – refreshment room
erfüllbar – realizable; wish which can be granted
erfüllen, v (1) *(eine Verpflichtung, f)* – carry out, v
erfüllen, v (2) *(einen Vertrag, m)* – fulfil, v <*GB*>; fulfill, v <*US*>; perform, v; comply with, v
erfüllen, v (3) *(eine Aufgabe, f)* – accomplish, v; complete, v
erfüllen, v (4) *(eine Bedingung, f)* – meet, v
Erfüllung, f (1) – fulfilment <*GB*>; fulfillment <*US*>; completion; accomplishment
Erfüllung, f (2) *(eines Vertrages, m)* – performance (of a contract)
Erfüllungsanspruch, m – right to performance
Erfüllungsgehilfe, m – vicarious agent; debtor's agent
Erfüllungsinteresse, n – interest in the complete satisfaction of an obligation
Erfüllungsort, m (1) – place of delivery
Erfüllungsort, m (2) *(für eine Leistung, f)* – place of performance
Erfüllungsort, m (3) *(für eine Zahlung, f)* – place of payment
ergänzen, v – add, v; supplement, v; complete, v; make up, v
Ergänzung, f – supplementation; completion; addition
Ergänzungsabgabe, f – surtax; special levy
Ergänzungsstudium, n – complementary studies (pl)
Ergänzungsunterricht, m – remedial classes (pl)
Ergänzungsurteil, n – supplementing judgement
Ergebnis, n – result; outcome
Ergebnisbeteiligung, f – profit sharing; participation in result
Ergebnislohn, m – result wage; payment by results (pl)
Ergebnisprotokoll, n – summary minutes (pl); summary record
Ergonomie, f – ergonomics
ergonomisch – ergonomic
ergonomische Gestaltung, f – ergonomic design
ergreifen, v (1) – apprehend, v; seize, v
ergreifen, v (2) *(einen Beruf, m)* – take up a profession, v
erhalten, v – receive, v; get, v
Erhaltungsarbeit, f *(bei einem Arbeitskampf, m)* – maintenance work
erheben, v (1) *(Gebühren, pl)* – collect, v
erheben, v (2) *(einen Anspruch, m)* – lay claim, v; lodge a claim, v
erheben, v (3) *(Einspruch, m)* – lodge a protest, v
erheben, v (4) (*Klage, f*) – bring an action, v; commence an action against, v; institute an action, v; file a complaint, v
erheben, v (5) *(Steuer, f)* – levy a tax, v; impose a tax, v
erheben, v (6) *(Tatsachen, pl)* – ascertain, v; investigate, v

erheblich – considerable; substantial; significant; material
Erhebung, f (1) *(Umfrage, f)* – survey; census
Erhebung, f (2) *(von Steuern und Beiträgen, pl)* – levy; collection; imposition
Erhebungsbogen, m – inquiry sheet; questionnaire
erhöhen, v – increase, v; raise, v; advance, v
Erhöhung, f (1) – increase; rise <*GB*>; raise <*US*>; increment; advance
Erhöhung, f (2) *(lineare)* – linear increase
Erhöhung, f (3) *(von Widerstandskraft und Leistungsfähigkeit der Mitarbeiter)* – resilience
erholen (sich), v – recover, v; recuperate, v; relax, v; pick up, v <*infml*>
Erholung, f (1) – recreation
Erholung, f (2) *(Arbeitsruhe, f)* – relaxation
Erholung, f (3) *(Ferien, pl)* – holidays (pl); vacation <*US*>
Erholung, f (4) *(von einer Krankheit, f)* – recovery; convalescence; recuperation
Erholungsbedarf, m – rest period requirement
Erholungsbeihilfe, f – recreation benefit
Erholungsgebiet, n – recreation area
Erholungsheim, n – recreation centre/center; convalescence home
Erholungskur, f – rest cure; recreation cure; rehabilitation cure
Erholungspause, f (1) – rest period; relaxation time; pause; rest to overcome fatigue
Erholungspause, f (2) *(zusätzliche)* – allowed time; breather
Erholungsprogramm, n – recreational programme/program
Erholungsurlaub, m – recreational leave; recreational vacation <*US*>
Erholungszeit, f *(Erholzeit, f)* – rest time; recreation time; convalescence
Erholungszuschlag, m – fatigue allowance
erinnern, v (1) *(jmd an etwas)* – remind s.o. of, v
erinnern, v (2) *(sich an etwas)* – remember, v
Erinnerung, f (1) – memory
Erinnerung, f (2) *(Zahlungserinnerung, f)* – admonition
Erkältungsgefahr, f – hazard of catching a cold
erkennen, v (1) – recognize, v
erkennen, v (2) <*jur*> *(in Urteilen, pl)* – decide, v; adjudge, v
Erkenntnis, f – findings (pl); comprehension; perception
Erkenntnisverfahren, n – contentious proceedings (pl)
erklären, v (1) *(erläutern, v)* – explain, v
erklären, v (2) *(darlegen, v)* – declare, v; state, v
Erklärung, f (1) *(Erläuterung, f)* – explanation
Erklärung, f (2) *(Verlautbarung, f)* – declaration; statement; interpretation
Erklärung, f (3) (eidesstattliche) – statutory declaration <*GB*>; declaration in lieu of an oath; declaration on oath
Erklärung, f (4) *(mündliche)* – parol
Erklärung, f (5) *(zur Sache, f)* – substantive remark
Erklärungsbote, m – communication messenger

Erklärungsfrist, f – period for answer
Erklärungsirrtum, m – mistake in the utterance
Erklärungspflicht, f – obligation to plead
Erklärungswille, m *<jur>* – intention of stating sth of legal consequence
erkranken, v *(an)* – fall ill, v; be taken ill, v
Erkrankung, f – illness; sickness
erkunden, v (1) – explore, v
erkunden, v (2) *(einen Betrieb, m)* – tour, v
Erkundigungspflicht, f – duty to make inquiries (pl); obligation to make inquiries (pl)
erläutern, v – explain, v
Erläuterung, f (1) – explanation; illustration
Erläuterung, f (2) *(des Jahresabschlusses, m)* – explanation of the annual account
Erlass, m (1) *(von Gesetzen, pl)* – enactment; legislative action
Erlass, m (2) *(von Schulden, pl)* – release
Erlass, m (3) *(von Strafen oder Steuern, pl)* – remission
Erlass, m (4) *(Urteil, n)* – decree
Erlass, m (5) *(einer Verwaltungsbehörde, n)* – order
erlassen, v (1) (*Gesetze oder Verordnungen, pl*) – enact, v; pass, v
erlassen, v (2) *(Schulden, pl)* – release from, v; dispense from, v
erlassen, v (3) *(Strafen oder Steuern, pl)* – remit, v
erlassen, v (4) *(Gesetze oder Urteile, pl)* – pass, v; render, v
erlassen, v (5) *(seitens der Verwaltung)* – decree, v; issue, v
erlassen, v (6) *(Wahlausschreiben, n)* – issue, v
Erlassvertrag, m – remission contract
erlauben, v – permit, v; authorize, v; allow, v; licence/license, v
Erlaubnis, f – permission; permit; authorization; licence/license; leave
Erlaubnisvorbehalt, m – reservation of the granting of permission; reservation of permission
Erlebensfall, m *(im)* – in case of survival
erledigen, v (1) – settle, v; complete, v; bring to a close, v; finish, v; execute, v
erledigen, v (2) *(Arbeitsrückstände, pl)* – clear of arrears (pl) of work, v
erledigen, v (3) *(Formalitäten, pl)* – comply with formalities (pl), v
Erledigung, f (1) – settlement; completion; arrangement; execution; dispatch
Erledigung, f (2) *(einer Rechtssache, f)* – disposal of a case
erleichtern, v – facilitate, v
Erleichterung, f – relief
Erlöschen, n *(durch Zeitablauf, m)* – expiration
erlöschen, v (1) *(durch Zeitablauf, m)* – expire, v
erlöschen, v (2) *(Ansprüche, pl)* – lapse, v
ermächtigen, v – authorize, v; empower, v; entitle, v
Ermächtigung, f – authorization; power; licence/license; warrant
ermäßigen, v – reduce, v; abate, v
Ermäßigung, f – reduction; abatement; discount; rebate; remission
ermahnen, v – admonish, v; warn, v; caution, v
Ermahnung, f – simple reprimand; admonition; warning
Ermessen, n (1) – discretion

Ermessen, n (2) *(freies)* – absolute discretion
Ermessen, n (3) *(richterliches)* – judicial discretion
Ermessen, n (4) *(eigenes)* – at one's own discretion
Ermessensentscheidung, f – discretionary decision
Ermessensfehler, m – error of judgement; error of descretion
Ermessensfrage, f – matter of discretion
Ermessensmissbrauch, m – abuse of discretion; misuse of powers (pl)
Ermessensspielraum, m – discretion margin; room for discretion
Ermessensüberschreitung, f – exceeding of one's discretionary powers (pl)
ermitteln, v – investigate, v; ascertain, v
Ermittlung, f – research; ascertainment; findings (pl); inquiries (pl) <*law*>; investigation
Ermittlungsausschuss, m – commission of inquiry; fact-finding committee
Ermittlungsrichter/in, m/f – summary judge; committing magistrate
Ermittlungsverfahren, n – preliminary investigation proceedings (pl); preliminary proceedings (pl); judicial inquiry
ermöglichen, v – enable, v
ermüden, v – get tired, v
Ermüdung, f – fatigue; tiredness
Ermüdungserscheinung, f – symptom of fatigue
Ermüdungszuschlag, m – fatigue allowance
ermutigen, v – encourage, v
Ernährer/in, m/f – bread-winner
ernennen, v – appoint, v; nominate, v; designate
Ernennung, f (1) – appointment; nomination
Ernennung, f (2) *(zum Beamten (m) auf Lebenszeit, f)* – establishment
Ernennungsurkunde, f – certificate of appointment; instrument of appointment; diploma <*US*>; deed of appointment
erneuern, v – renew, v
eröffnen, v (1) – open, v; disclose, v
eröffnen, v (2) *(ein Geschäft, n)* – open a business, v
eröffnen, v (3) *(ein Konkursverfahren, n)* – institute bankruptcy proceedings (pl), v
eröffnen, v (4) (*ein Konto, n*) – set up an account, v; open an account, v
Eröffnung, f – opening; disclosure
Eröffnungsbeschluss, m <*jur*> – committal for trial
Eröffnungsverfahren, n – committal proceedings (pl)
erörtern, v – discuss, v; debate, v; consider, v
Erörterung, f – discussion; debate; consideration
Erörterungstermin, m – preparatory conference
erpressen, v – blackmail, v; extort, v
Erpressung, f – blackmail; extortion; coercion
erproben, v – try, v; test, v
Erprobung, f – trial; testing; test
errechnen, v – calculate, v
erreichen, v – achieve, v; attain, v
errichten, v – establish, v; institute, v; set up, v
Errungenschaft, f – achievement; attainment
Ersatz (m) leisten, v – compensate, v
Ersatz, m (1) – substitute; substitution; replacement
Ersatz, m (2) *(Erstattung von Kosten, pl)* – reimbursement

Ersatz, m (3) *(Ersatzleistung, f)* – compensation; indemnification
Ersatzanspruch, m (1) – claim for compensation
Ersatzanspruch, m (2) *(Schadensersatz, m)* – claim for damages; recourse
Ersatzbedarf, m – replacement needs (pl); replacement requirements (pl)
Ersatzbeschaffung, f – replacement
Ersatzdienst, m – alternative military service
Ersatzeinstellung, f – replacement hiring
Ersatzkasse, f – substitutional health insurance fund; substitutional sickness fund; private health insurance fund
Ersatzkraft, f – substitute
Ersatzleistung, f – compensation payment; indemnification
Ersatzmann, m – emergency man; spare man; odd man; odd hand
Ersatzmitglied, n – deputy member; substitute member
Ersatzpflicht, f – duty of making compensation; liability to pay damages (pl)
Ersatzteil, n – spare part
Ersatzvornahme, f – substitute performance
Ersatzzahlung, f – compensation payment
Ersatzzeit, f *(bei Renten, pl)* – fictitious qualifying period; substituted qualifying period; equivalent qualifying period
Ersatzzustellung, f – substituted service
erscheinen, v (1) – appear, v
erscheinen, v (2) *(vor Gericht, n)* – enter an appearance, v
Erscheinung, f *(äußere)* – appearance; outward appearance
erschöpfen, v – exhaust, v
erschöpft – exhausted
Erschöpfung, f – exhaustion
Erschöpfungszustand, m – state of exhaustion
erschwerend – aggravating
Erschwernis, f – handicap; impediment
Erschwerniszulage, f – allowance for difficult working conditions (pl); hard job allowance; hardship allowance; severity allowance
ersetzen, v (1) – replace, v; substitute, v
ersetzen, v (2) *(Schaden, m)* – compensate, v; indemnify, v; make good, v; make up for, v
ersetzen, v (3) *(Auslagen, pl)* – refund, v; reimburse, v; repay, v
ersetzen, v (4) *(jmd seinen Verdienstausfall, m)* – compensate s.o., v
ersetzt werden, v (von jmd) – give place to s.o., v; be replaced by s.o., v
Ersetzung, f (1) – replacement; substitution
Ersetzung, f (2) *(von Schäden, pl)* – compensation; indemnification
Ersetzung, f (3) (von Auslagen, pl) – reimbursement; refund; repayment
Ersparnis, f – savings (pl)
erstatten, v (1) *(Kosten, pl)* – reimburse, v; refund, v; repay, v
erstatten, v (2) *(Bericht, m)* – report, v; give a report, v
erstatten, v (3) *(Anzeige, f)* – report s.o. to the authorities (pl), v
Erstattung, f *(von Kosten, pl)* – reimbursement; refund
Erstattungsanspruch, m – reimbursement claim; claim for refund; claim for reimbursement

Erstattungsantrag, m – request for refund; request for reimbursement; application for refund
erstattungsfähig – recoverable; repayable
Erstattungspflicht, f – obligation to reimburse
Erstattungssatz, m – rate of refund
Erstausbildung, f – initial training
erste Hilfe, f – first aid
Erste-Hilfe-Station, f – first-aid station
Ersteingruppierung, f – initial grading; initial classification
Ersteintritt, m – first entry; initial entry
Ersterkrankung, f – first illness; first sickness
erstinstanzliche Zuständigkeit, f – original jurisdiction
Ersuchen, n – requisition; request; demand; application; appeal
ersuchen, v – request, v; demand, v; appeal, v; petition, v
erträglich – bearable; tolerable
Ertrag, m – earnings (pl); receipts (pl); yield return; profit; revenue
Ertragsanteil, m – share of earnings (pl); royalty
Ertragseinbruch, m – profit shrinking
Ertragskraft, f – earning power
Ertragslage, f – earnings (pl) situation; economic returns (pl)
Ertragsteuer, f *(Ertragssteuer, f)* – tax on earnings (pl); profit tax
Erwachsenenbildung, f – adult education; andragogic
Erwachsener, m – adult
erwarten, v – expect, v
Erwartung, f – expectation; expectancy
erweitern, v – enlarge, v; extend, v; expand, v; broaden, v
Erweiterung, f – enlargement; expansion; extension
Erwerb, m – acquisition; purchase
erwerben, v – acquire, v; obtain, v; purchase, v; buy, v
Erwerbsarbeit, f – gainful employment
Erwerbsbevölkerung, f – active labo(u)r force; active civilian population; working population
Erwerbseinkommen, n – income from wages; business income
erwerbsfähig – able to earn a livelihood; capable of gainful employment
erwerbsfähiges Alter, n – working age
Erwerbsfähigkeit, f – ability to earn; earning capacity
Erwerbsleben, n – working life; active adult life
erwerbslos – unemployed; out of work; out of employ; unoccupied; jobless <*US*>
Erwerbslosenfürsorge, f – unemployment relief
Erwerbslosenunterstützung (f) beziehen, v – be on the unemployment rolls (pl), v <*US*>; be on the dole, v <*GB, infml*>; live on the dole, v <*GB, infml*>; receive unemployment benefit, v
Erwerbslosenunterstützung, f – unemployment benefit; dole <*infml*>
Erwerbslosigkeit, f – unemployment
Erwerbsminderung, f – decrease of earning capacity; reduction in earning capacity
Erwerbspersonen (pl) – active labo(u)r force
Erwerbsquote, f – active rate; labo(u)r force participation rate

Erwerbssuchende (pl) – people wishing to enter the labo(u)r market; people seeking employment

erwerbstätig – gainfully employed

erwerbstätige Bevölkerung, f – active civilian population; occupied population

Erwerbstätige/r, m/f – gainfully employed person

Erwerbstätigkeit, f (1) – gainful activity; gainful employment; gainful occupation

Erwerbstätigkeit, f (2) *(überwiegende)* – main activity

erwerbsunfähig – permanently disabled; incapacitated; unable to work

Erwerbsunfähigkeit, f – general disability; general invalidity; disablement; incapacity for any gainful employment; total incapacity to work

Erwerbsunfähigkeitsrente, f – invalidity pension; annuity for disability

Erwerbsverbot, n – prohibition to acquire

erwidern, v – reply, v; respond, v; answer, v

Erwiderung, f (1) – reply; response; answer; rebuttal

Erwiderung, f (2) *(im Prozess, m)* – rejoinder

Erzeugnis, n – manufacture; product

erziehen, v – educate, v; bring up, v

erzieherisch – educational; disciplinary

Erziehung, f (1) – education; upbringing; bringing-up

Erziehung, f (2) (*vorschulische*) – preschool training; nursery education

Erziehungsanstalt, f – reformatory

Erziehungsbeihilfe, f – educational grant; education subsidy

Erziehungsberechtigte/r, f/m – legal guardian

Erziehungsgeld, n – child benefit; educational allowance

Erziehungsmaßregel, f – compulsory measure of care

Erziehungsrecht, n – right to educate

erzielen, v – attain, v; gain, v; achiev, v; accomplish, v

erzwingbar – enforceable

erzwingen, v – force, v; enforce, v; compel, v

Erzwingung, f – enforcement; compulsion

Erzwingungshaft, f – coercive detention; arrest to enforce a court order

Essensbon, m (*Essensmarke, f*) – meal ticket; meal voucher; bread ticket <*US*>

Essensgeld, n – remuneration for meals (pl)

Essensmarke, f → Essensbon, m

Essenspause, f – meal break

Essenszuschuss, m – meal allowance

EStDVO → Einkommensteuerdurchführungsverordnung, f

EStG → Einkommensteuergesetz, n

Etagenwohnung, f – flat <*GB*>; apartment <*US*>

Etat, m – budget

EU → Europäische Union, f

EU-Bürger, m – EU-national; EU-citizen

Europäische Allianz für Unterhaltung, f – European Entertainment Alliance (EEA)

Europäische Föderation (f) der Bau- und Holzarbeiter/innen (pl) – European Federation of Building and Woodworkers (pl) (EFBWW)

Europäische Föderation (f) der Bergbau-, Chemie- und Energiearbeiter *(-arbeiterinnen, pl)* – European Mine, Chemical and Energy Workers' Federation (EMCEF)

Europäische Gemeinschaft (f) für Kohle (f) und Stahl (m) Montanunion, f – European Coal and Steel Community

Europäische Journalistengruppe, f – European Federation of Journalists (EFJ)

Europäische Kommission, f – Commission of the European Union

Europäische Mittelstandsunion, f (EMU) – European Medium and Small Business Union

Europäische Sozialcharta, f – European Social Charta

Europäische Transportarbeiter-Föderation, f – European Transport Workers' Federation (ETF)

Europäische Union, f (EU) – European Union

Europäischer Binnenmarkt, m – Internal European Market

Europäischer Gerichtshof, m – European Court of Justice

Europäischer Gewerkschaftsausschuss, m (1) *(für Bildung und Wissenschaft)* – European Trade Union Committee for Education (ETUCE)

Europäischer Gewerkschaftsausschuss, m (2) *(Textil, Bekleidung und Leder)* – European Trade Union Federation - Textiles, Clothing and Leather (ETUF-TCL)

Europäischer Gewerkschaftsverband (m) für den öffentlichen Dienst (EGÖD) – European Federation of Public Service Unions (EPSU)

Europäischer Metallgewerkschaftsbund, m – European Metalworkers' Federation (EMF)

Europäischer Verband (m) der Lebensmittel-, Landwirtschafts und Tourismusgewerkschaften – European Federation of Food, Agriculture and Tourism Trade Unions (EFFAT)

Europäisches Parlament, n – European Parliament

Europarat, m – Council of Europe

Europarecht, n – european community law

evangelisch – protestant

Eventualanspruch, m – contingent claim

Eventualfall, m – contingency

Eventualvorsatz, m – contingent intent

Examen, n (1) – examination; exam

Examen, n (2) *(bestandenes)* – pass

Examenskandidat/In, m/f – examination candidate; examinee; ratee *<US>*

Exekutivgewalt, f – executive power

Exemplar, n – specimen; copy

Existenzkampf, m – struggle for existence

Existenzlohn, m – subsistence wages (pl); living wages (pl)

Existenzminimum, n – minimum of existence; subsistence minimum; subsistence level; living wage

Exklusivrecht, n – exclusive right

Exmatrikulation, f – removal of one's name from the university register

Expedient/in, m/f – forwarding clerk; dispatching clerk; copying clerk; dispatcher; cargo clerk *<US>*

Experiment, n – experiment

Experte/ Expertin, m/f – expert; specialist

Expertengehälter (pl) – experts' salaries (pl)

Expertenteam, n – expert task force

Expertise, f – expert's report

extern – external

F

F & E → Forschung und Entwicklung, f

Fabrik (f) bestreiken, v – strike works (pl), v

Fabrik (f) stilllegen, v – tie up a factory, v

Fabrik, f – factory; plant; works (pl)

Fabrikanlage, f – plant

Fabrikarbeit, f – factory work

Fabrikarbeiter/in, m/f – industrial worker; industrial labo(u)rer; factory worker; factory hand; operative

Fabrikationseinrichtung, f – production facility; productive equipment

Fabrikationsmethode, f – production method; production process; method of operation

Fabrikerfahrung, f – productive experience

Fabrikgebäude, n – factory; plant premises (pl)

Fabrikgelände, n – factory compound; factory premises (pl); plant premises (pl)

Fabrikleiter, m – factory manager; works manager

Fach, n (1) *(Bereich, m / Arbeitsgebiet, n)* – line; field

Fach, n (2) *(Beruf, m)* – business; profession; branch

Fach, n (3) *(Geschäftszweig, m)* – trade; sphere of business

Fach, n (4) *(Unterrichtsfach, n)* – subject

Fachabteilung, f – functional department; specialist department; special branch

Fachanwalt (für), m – expert attorney (specialized on); expert solicitor

Facharbeiter (pl) – skilled labo(u)r

Facharbeiter, m – skilled worker; skilled operative; specialized worker; craftsman; expert workman

Facharbeiterausbildung, f – operative training

Facharbeiterbrief, m – craft certificate; certificate of proficiency

Facharbeiterlohn, m – occupational wage

Facharzt/-ärztin, m/f – medical specialist

Fachaufsicht, f – supervising authority

Fachausbilder/in, m/f – shop instructor

Fachausbildung, f – specialized professional education; specialized professional training; specialized occupational training

Fachausdruck, m (1) – technical term

Fachausdruck, m (2) *(juristischer)* – legal term

Fachberater/in, m/f – expert adviser/advisor; counselling specialist

Fachberatung, f – expert advice; expert counselling

Fachbereich, m (1) – specialized division; special field

Fachbereich, m (2) *(einer Universität, f)* – department

Fachberuf, m – skilled trade

Fachbuch, n – technical book; textbook

Facherfahrung, f – specialized experience

Fachfrage, f – technical question

Fachgebiet, n – special area; special line; special subject; special field; province

Fachhochschule, f (FH) – University of Applied Sciences (pl); higher vocational college; higher technical college; higher professional school

Fachhochschulreife, f – matriculation requirements for the University of Applied Sciences; matriculation requirements for the higher technical college

Fachinformatiker/in, m/f – information scientist; software specialist

Fachinstitut, n – specialized body

Fachkenntnisse, pl (1) – special knowledge; special skills (pl); professional knowledge; technical knowledge

Fachkenntnisse, pl (2) *(besondere)* – know-how

Fachkönnen, n – special ability

Fachkräfte (pl) – skilled labo(u)r; specialized staff <*US*>

Fachkraft, f (1) – specialist; expert; qualified worker

Fachkraft, f (2) *(für Arbeitssicherheit, f)* – occupational safety specialist

Fachkunde, f – specialized knowledge

fachkundig – authoritative; competent; informed

Fachlaufbahn, f – career for specialists (pl)

Fachlehrer, m – specialist teacher

Fachlehrgang, m – special training course

fachlich – professional; functional; occupational; technical

fachlich qualifiziert sein, v – be qualified in one's subject, v

fachliche Anforderungen (pl) – technical requirements (pl)

fachliche Ausbildung, f – specialized training

fachliche Eignung, f – professional competence; professional qualification

fachliches Können, n – technical knowledge

Fachliteratur, f – specialized literature; specialist literature

fachmännisch (1) – professional; specialized; technical; workmanlike

fachmännisch (2) – proficient; expert

fachmännisches Können, n – expertise

Fachmann/ -frau, m/f (1) – expert; specialist; professional; authority; proficient

Fachmann/ -frau, m/f (2) – technical man/woman; hand

Fachoberschule, w – College of Further Education

Fachpersonal, n – skilled staff; trained/specialist staff; professional staff; technical staff; skilled personnel

fachpraktischer Unterricht, m – practical training; practical tuition

Fachpresse, f – specialized press

Fachrichtung, f – branch of study; subject area; special field; area of specialisation/specialization

Fachschulbildung, f – vocational school training; professional school training; technical school training

Fachschule, f – vocational school; professional school; technical school; technical college

Fachschuleinrichtung, f – technical institution

Fachschulreife, w – entrance qualification for a technical college
fachsimpeln, v – talk shop, v *<infml>*
fachspezifisch – mono-disciplinary
Fachsprache, f – nomenclature
Fachstudium, n – professional studies (pl); meeting of experts (pl)
Fachtagung, f – professional conference; technical conference; meeting of experts (pl)
fachübergreifend – multi-disciplinary; interdisciplinary
Fachverbandsprinzip, n – principle of organisation/organization in subassociations (pl)
Fachvokabel, f – technical term
Fachwissen, n – technical knowledge; expert knowledge; specialized knowledge; expertise
Fachwörterbuch, n – technical dictionary; specialist dictionary
Fachzeitschrift, f – business paper; professional magazine; professional journal
fähig – capable; able; qualified; skilled; competent
Fähigkeit, f (1) – ability; (professional) skill; capability; aptitude; faculty
Fähigkeit, f (2) *(Befähigung, f)* – qualification
Fähigkeit, f (3) *(geistige)* – mental ability
Fähigkeitsanforderung, f – ability requirement
Fähigkeitsdatei, f – employee skills inventory
fällig (1) – callable; mature
fällig (2) *(Zahlung, f)* – due; payable
fällig werden, v – fall due, v
fälliger Beitrag, m – contribution due
Fälligkeit, f (1) – maturity; payability
Fälligkeit, f (2) *(Ablauf, m)* – expiration
Fälligkeit, f (3) *(bei Ablauf, m)* – on maturity
Fälligkeitsklausel, f – acceleration clause; accelerating clause
Fälligkeitstermin, m – due date; date of maturity
Fälschung, f – falsification; fake; copy
fahnden nach, v – search for, v
Fahndung, f – search
Fahrausweis, m – travel document; ticket
Fahrer, m (2) *(eines Motorrads, n)* – rider
Fahrer/in, m/f (1) *(eines Autos, n)* – driver
Fahrerflucht, f – hit-and-run offence/offense
Fahrerlaubnis, f – driving licence *<GB>*; driver's license *<US>*
Fahrgeld, n – transportation expenses (pl)
Fahrgeldzuschuss, m – transportation allowance; assisted passage
Fahrgemeinschaft, f – transportation pool; car pool; ride-sharing group
Fahrkarte, f – ticket
fahrlässig – careless; negligent *<law>*; lacking in due care *<law>*
fahrlässige Handlung, f – misfeasance
Fahrlässigkeit, f (1) – carelessness; negligence *<law>*; lack of due care *<law>*
Fahrlässigkeit, f (2) *(bewusste)* – recklessness
Fahrlässigkeit, f (3) *<jur> (grobe)* – gross negligence; criminal neglect
Fahrlässigkeitsdelikt, n – negligent offence/offense
Fahrlehrer/in, m/f – driving instructor
Fahrpraxis, f – driving experience

Fahrtenbuch, n – vehicle log; logbook
Fahrtenschreiber, m – speed recorder
Fahrtkosten (pl) *(von und zur Arbeit, f)* – commuting expenses (pl); commuting costs (pl); travel(l)ing expenses (pl); car fares (pl)
Fahrtkostenerstattung, f – transportation cost refund
Fahrtkostenpauschale, f (1) – lump sum for transportation expenses (pl)
Fahrtkostenpauschale, f (2) *(bei der Steuer, f)* – car allowance
Fahrtkostenzuschuss, m – transportation allowance; travel allowance; commuting allowance; commuter allowance <*US*>; transport allowance
Fahruntüchtigkeit, f – unfitness to drive
Fahrverbot, n – driving ban
Fahrzeit, f – travel time
Fahrzeug, n – vehicle
Fahrzeughalter/in, m/f – car owner; registered user of a vehicle
Fairnessgebot, n – dictate of fairness
faktisch – de facto; factual; actual
faktische Gesellschaft, f – factual company; de facto society
faktisches Arbeitsverhältnis, n – factual employment; factual employment relationship
Faktor, m – factor
Faktotum, n – utility man; handyman
Fakturist/in, m/f – invoice clerk
Fakultät, f – faculty
fakultativ – optional
Fall, m (1) – case
Fall, m (2) *(zur Verhandlung anstehender)* – case at bar
Fallrecht, n *(basierend auf Präzedenzfällen, pl)* – case law
Fallstudie, f – case study
falsch – incorrect; false; wrong; untrue
Falschaussage, f – false testimony
Falschbeurkundung, f – false certification
falsche Behauptung, f – false pretenses (pl)
Falscheid, m – false swearing; false oath
Familie, f – family
Familienangehörige, pl (1) – dependants (pl) <*law*>; relatives (pl); family
Familienangehörige, pl (2) *(mithelfende)* – family workers (pl); family helpers (pl)
Familienangehörige/r, f/m – family member
Familienausgleichskasse, f – family equalization fund
Familienbeihilfe, f – family allowance <*GB*>
Familienbetrieb, m – family business; family-owned business; family firm; family run company
Familienbuch, n – family record; family register
Familieneinkommen, n – family income
familienfreundlich – family-friendly
Familienfürsorge, f – family care
Familiengericht, n – family court
Familienheimfahrt, f – journey home to one's family
Familienhilfe, f – family assistance; family assistance payment
Familienlastenausgleichsfond, m – family burden equalization fund
Familienleistungen (pl) – family benefits (pl); family support
Familienname, m – family name; last name <*US*>; surname
Familienrecht, n – domestic relations law

Familienstand, m – civil status; marital status; family status
Familientrennung, f – family separation
Familienversicherung, f – family insurance
Familienzulage, f – family allowance; family benefit
Famulatur, f – clinical elective; clinical rotation; clinical clerkship <*US*>; clinical traineeship
Faschingsdienstag, m – Shrove Tuesday
Fassung, f (1) *(Text, m)* – wording; version
Fassung, f (2) *(in der ~ vom)* – as amended on
faul – idle; lazy
faulenzen, v – loaf, v; be on the loaf, v
Faulenzer/in, m/f (1) – idler; loafer; sluggard <*infml*>
Faulenzer/in, m/f (2) – slacker <*infml*>; lounger <*infml*>; truant <*infml*>
Faulheit, f – idleness; laziness
Fehlbesetzung, f – miscasting
Fehlbetrag, m – debit balance; deficit; deficiency; shortfall
Fehlen, n (1) – deficiency; lack; shortage
Fehlen, n (2) *(bei der Arbeit, f)* – absenteeism
Fehlen, n (3) *(unentschuldigtes)* – absence without leave (A.W.O.L.)
Fehlen, n (4) *(der Geschäftsgrundlage, f)* – lack of the basis of transaction
fehlen, v (1) – be missing, v
fehlen, v (2) *(bei der Arbeit, f)* – be absent, v
fehlen, v (3) *(unentschuldigt)* – be absent without good excuses (pl), v; be absent without leave, v
fehlend – absent; missing; lacking
fehlende Zustimmung, f – missing consent
Fehlentscheidung, f – wrong decision; mistake
Fehler, m – mistake; error; fault; defect
fehlerfrei – faultless; without mistake; without any mistake
fehlerhaft – defective; false; faulty
fehlerlos – faultless; flawless honorary
Fehlerquote, f – percentage of errors (pl)
Fehlgeburt, f – miscarriage
Fehlgeld, n – risk money; allowance for errors (pl)
Fehlkalkulation, f – miscalculation
Fehlleistung, f – slip; blunder; failure
Fehlschicht, f – dropped shift
Fehlschlag, m – failure; miscarriage
fehlschlagen, v – fail, v
Fehlstunde, f – hour of absence
Fehltag, m – day of absence
Fehlurteil, n – miscarriage of justice
Fehlverhalten, n (1) – misconduct; inappropriate behavio(u)r
Fehlverhalten, n (2) *(schweres)* – gross misconduct
Fehlzeit, f – absence (from work); absent time
Fehlzeitenkartei, f – absenteeism register
Fehlzeitenquote, f – absenteeism rate
Fehlzeitenstatistik, f – absenteeism statistics
Feierabend (m) machen, v – cease working, v; call it a day, v; knock off, v <*infml*>
Feierabend, m – leisure time; knocking-off time <*infml*>; finishing time; closing time
Feierschicht, f (1) – scheduled shift off; dropped shift; cancel(l)ed shift

Feierschicht, f (2) *(im Bergbau, m)* – idle shift

Feiertag, m (1) – holiday; official holiday

Feiertag, m (2) *(allgemeiner)* – public holiday

Feiertag, m (3) *(beweglicher)* – floating holiday

Feiertag, m (4) *(bezahlter)* – paid holiday

Feiertag, m (5) *(gesetzlicher)* – legal holiday; statutory holiday

Feiertag, m (6) *(unbeweglicher)* – fixed holiday

Feiertagsarbeit, f – holiday work; work on holidays

Feiertagsbezahlung, f – holiday pay

Feiertagsgesetz, n (FeierTG) – Federal Act on Holidays

Feiertagslohn, m – holiday pay

Feiertagslohnzahlungsgesetz, n (FLG) – Pay for Public Holidays Act; Federal Act to Regulate Payment for Public Holidays

Feiertagsvergütung, f – holiday pay

Feiertagszuschlag, m – holiday premium

FeierTG → Feiertagsgesetz, n

Feinblechner, m – whitesmith

Feinmechanik, f – instrument engineering; fine mechanics; precision mechanics

Feinmechaniker, m – mechanic trained for precision work

Ferien (pl) machen, v – take a holiday, v; go for a holiday, v; go on vacation, v <*US*>; vacation, v <*US*>

Ferien, pl (1) – holiday <*GB*>; vacation <*US*>

Ferien, pl (2) *(große)* – long vacation <*US*>; summer break <*US*>

Ferienadresse, f – holiday/vacation address

Ferienarbeit, f – holiday/vacation work

Ferienbeihilfe, f – holiday/vacation assistance

Ferienbeschäftigung, f – holiday/vacation post

Ferienkräfte (pl) – holiday/vacation workers (pl)

Ferienkurs, m – holiday/vacation course; summer school <*US*>

Ferienordnung, f – holiday/vacation schedule

Feriensache, f <*jur*> – vacation business

Ferienvertretung, f – holiday substitution

Ferienzeit, f – holiday season; vacation period <*US*>

Fernauslösung, f – long-distance separation allowance

Fernbleiben, n (1) *(eines Arbeitnehmers, m)* – absenteeism

Fernbleiben, n (2) *(unerlaubtes)* – absence without leave

fernbleiben, v *(von der Arbeit, f)* – keep away from work, v

Fernlehrgang, m – correspondence course

Fernlehrinstitut, n – correspondence school; correspondence college

Fernmeldeelektroniker/in, m/f – telecommunications electronics mechanic

Fernmeldemonteur, m – telecommunications equipment installer

Fernmeldetechnik, f – telecommunications engineering; signal engineering

Fernmeldetechniker/in, m/f – telecommunications engineer

Fernsprechanschluss, m – telephone extension; telephone connection; subscriber's line

Fernstudium, n – correspondence course

Fernuniversität, f – correspondence university

Fernunterrichtsgesetz, n – Act on Correspondence Lessons

fertigen, v – manufacture, v; produce, v

Fertigkeiten, pl (1) – skills (pl); attainments (pl)

Fertigkeiten, pl (2) *(soziale)* – interpersonal skills (pl)

Fertigmontage, f – final assembly

Fertigstellung, f – completion; accomplishment

Fertigung, f (1) – manufacturing; production; making

Fertigung, f (2) *(computerintegrierte)* – computer-integrated manufacturing

Fertigung, f (3) *(rechnergestützte)* – computer-aided manufacturing

Fertigungsanlage, f – production facility

Fertigungsbetrieb, m – manufacturing plant

Fertigungsgemeinkosten (pl) – manufacturing overhead expenses (pl)

Fertigungsingenieur/in, m/f – production engineer

Fertigungskapazität, f – production capacity; manufacturing capacity

Fertigungskosten (pl) – manufacturing expenses (pl); production costs (pl)

Fertigungsleiter/in, m/f – production manager

Fertigungslöhne (pl) – direct labo(u)r costs (pl); productive wages (pl)

Fertigungsplan, m – manufacturing schedule; production schedule

Fertigungsplanung, f – production planning; production scheduling *<US>*

Fertigungsprozess, m – production procedure

Fertigungsstätte, f – manufacturing shop

Fertigungssteuerung, f – production control

Fertigungsstraße, f – production line

Fertigungstechnik, f – production engineering; manufacturing engineering

Fertigungsverfahren, n – production process; manufacturing process

Fertigungszweig, m – manufacturing branch

fest (1) *(sicher)* – fixed; firm; fast

fest (2) *(unveränderlich)* – stable; permanent; steady

fest (3) *(dauerhaft)* – durable

fest angestellt sein, v – be permanently employed, v; be permanently appointed, v; be in regular work, v

Festangestellte/r, f/m – permanent employee

Festanstellung, f – permanent employment; permanent appointment

Festbetrag, m – fixed amount

feste Anstellung, f – permanent assignment; permanent position; permanent appointment

festes Einkommen, n – regular income; assured income; fixed income

festes Gehalt, n – fixed salary; straight salary

festes Honorar, n – general retainer

Festgehalt, n – fixed salary

festhalten, v – detain, v

Festkosten (pl) – fixed costs (pl)

festlegen, v (1) – fix, v; determine, v; stipulate, v

festlegen, v (2) *(Kapital, n)* – tie up, v; sink, v

Festlegung, f *(der Tagesordnung, f)* – determination

Festlohn, m – fixed wage

Festnahme, f (1) – arrest; apprehension; detention; seizure

Festnahme, f (2) *(vorläufige)* – temporary detention; preliminary arrest

festnehmen, v (1) – arrest, v; apprehend, v; detain, v

festnehmen, v (2) *(vorläufig)* – detain temporarily, v

festsetzen, v (1) – assess, v; fix, v; settle, v; stipulate, v; set, v

festsetzen, v (2) *(bestimmen, v)* – determine, v

Festsetzung, f (1) – assessment; fixing; setting; arrangement

Festsetzung, f (2) *(einer Abfindung, f)* – fixing of a separation pay

feststellen, v (1) *(ermitteln, v)* – ascertain, v

feststellen, v (2) *(bestimmen, v)* – determine, v

feststellen, v (3) *(herausfinden, v)* – find, v; find out, v

feststellen, v (4) *(Erklärung (f) abgeben, v)* – state, v; declare, v

Feststellung, f (1) *(Ermittlung, f)* – ascertainment

Feststellung, f (2) *(Bestimmung, f)* – determination

Feststellung, f (3) *(Erklärung, f)* – statement

Feststellung, f (4) *(der Vaterschaft, f)* – affiliation

Feststellungsantrag, m – motion for a declaration of title

Feststellungsbescheid, m (1) *<jur>* – declaratory decree

Feststellungsbescheid, m (2) *(bezüglich Steuern, pl)* – notice of assessment

Feststellungsinteresse, n *<jur>* – legal interest in a declaratory judgement

Feststellungsklage, f *<jur>* – declaratory action; action for a declaratory judgement

Feststellungsurteil, n *<jur>* – declaratory judgement

Feuerlöscher, m – fire extinguisher

feuern, v (1) *<infml>* – dismiss, v; fire, v *<US>*; knock off, v *<infml>*; give s.o. his/her cards (pl), v *<infml>*; sack, v *<infml>*

feuern, v (2) – bounce, v *<US,sl>*; brush s.o. off, v *<US,sl>*

Feuerschutz, m – fire protection

Feuerübung, f – fire drill

Feuerwehr, f – fire brigade *<GB>*; fire company *<US>*; fire department *<US>*

Feuerwehrmann, m – fire fighter; fire officer

FH → Fachhochschule, f

fiktiv – fictitious; notional

fiktives Arbeitsentgelt, n – notional earnings (pl)

Filiale, f – branch office; branch establishment

Filialleiter/in, m/f – branch manager; branch office manager

Finanzamt, n – tax and revenue office; tax office; Bureau of Taxation and Finance *<GB>*; Inland Revenue Office *<GB>*; Internal Revenue Service *<US>*

Finanzanlagen (pl) – financial assets (pl)

Finanzausgleich, m – fiscal adjustment; financial adjustment; Exchequer Equalization Grant *<GB>*; tax sharing *<US>*

Finanzbehörde, f – public finance authority
Finanzbuchhalter/in, m/f – financial accountant
Finanzbuchhaltung, f – financial accounting
Finanzgericht, n – tax court; fiscal court; revenue court
finanziell – financial; fiscal; monetary
finanziell unterstützen (jmd), v – back s.o. with money, v; help s.o. financially, v
finanzielle Belastung, f – financial burden; financial strain
finanzielle Lage, f – financial status
finanzielle Notlage, f – financial distress
finanzielle Unterstützung, f – financial assistance; financial support; financial subsidy; subvention
Finanzierung, f – financing; funding
Finanzierungstätigkeit, f – financing activities (pl)
Finanzplan, m – financial plan
Finanzplanung, f – financial planning; budgetary planning; budgeting
Finanzverfassung, f – financial system
Finanzverwaltung, f – fiscal administration; Inland Revenue <*GB*>
Finanzwesen, n – financial affairs (pl); financial management; finance
Finanzwissenschaft, f – financial economics (pl)
fingieren, v – feign, v; simulate, v
Firma, f *(Unternehmen, n)* – firm; company; enterprise; business; establishment
Firmenabrechnungsverfahren, n – company accounting procedure
Firmenangehörige/r, f/m – company employee
Firmenausweis, m – employee ID card; employee identification card; company identification card
Firmendarlehen, n – company loan
Firmeneigentum, n – company ownership; corporate ownership
Firmenfahrzeug, n – company car; company vehicle
Firmenflugzeug, n – company plane
Firmengelände, n – company premises (pl)
Firmenimage, n – company image; business image; corporate image
Firmeninhaber/in, m/f – owner of the firm; owner of the company
Firmenjubiläum, n – company anniversary
Firmenleitung, f – corporate management; company management
Firmenname, m – corporate name; registered business name
Firmenpension, f – company pension
Firmentarifvertrag, m – company agreement; company collective bargaining agreement
Firmenwagen, m – company car; business car; fleet car
Firmenzeitschrift, f – company magazine
Firmenzusammenschluss, m – merger; business combination
Fixgeschäft, n – transaction at a fixed date; time bargain
Fixkosten (pl) – fixed costs (pl)
Fixum, n – fixed salary; fixed allowance
Flächentarifvertrag, m – collective agreement on the association level
Fleischer/in, m/f – butcher; meatman <*US*>
Fleiß, m – diligence
fleißig – busy; hardworking; diligent; active

flexibel – flexible
Flexibilität, f – flexibility
flexible Altersgrenze, f – flexible age limit; flexible retirement age; flexage; flexible retirement age limit
flexible Arbeitszeit, f – flextime; flexible working hours (pl)
FLG → Feiertagslohnzahlungsgesetz, n
fliegendes Personal, n – flying personnel
Fließarbeit, f – serial production; flow production; flow process
Fließband, n (1) – production line; moving line; band conveyor; belt conveyor
Fließband, n (2) *(Montageband, n)* – assembly line
Fließbandarbeit, f – line production work; moving line production work; line work
Fließbandarbeiter, m – assembly-line worker
Fließbandbesetzung, f – line manning; moving line manning
Fließbandfertigung, f – assembly-line production; flow production
Fließbandgeschwindigkeit, f – line speed; production line speed; moving line speed
fließend – fluent
Fließfertigung, f – line production; moving line production; assembly-line production; flow system
Fluchtgefahr, f – risk of absconding; danger of escape
Fluchtweg, m – escape route
Flüchting, m – refugee; fugitive
Flugblatt, n – flyer *<US>*; leaflet; pamphlet; handbill; flysheet
Flugkosten (pl) – airfare
Flugzeugmechaniker/in, m/f – aircraft mechanic; grease monkey *<US,infml>*
Fluktuation, f *(Mitarbeiterfluktuation, f)* – employee turnover; personnel turnover; labo(u)r turnover; employee fluctuation
Fluktuationskosten (pl) – turnover costs (pl)
Fluktuationsrate, f – turnover rate; employee turnover rate; fluctuation rate
Fluktuationsstatistik, f – turnover statistics; fluctuation statistics (pl)
Flurförderzeugfahrer/in, m/f – operator towing and lifting equipment; material handling equipment operator; industrial truck operator
FÖJG → Gesetz (n) zur Förderung eines freiwilligen ökologischen Jahrs
Förderkartei, f – promotions file
Förderkreis, m – promotion circle; promotion group
Fördermittel (pl) – promotional funds (pl)
fördern, v – promote, v; further, v; advance, v; sponsor, v
Förderung und Beratung, f *(durch Gespräche, pl)* – coaching and counsel(l)ing
Förderung, f (1) – promotion; advancement
Förderung, f (2) *(berufliche)* – career advancement
Förderungsgespräch, n – promotional interview
Förderungskartei, f – promotions file
Förderungsmaßnahme, f – promotional measure
Förderungsrichtlinien (pl) – promotional guidelines (pl)
Förderungsversetzung, f – promotional transfer
förderungswürdig – worthy of promotion; eligible for promotion

Förderungsziel, n – aim of a promotion
Förderunterricht, m – remedial instruction; remedial teaching
förmlich – formal; in due form
Folge, f (1) *(Ergebnis, n)* – result; consequence; effect
Folge, f (2) *(Reihenfolge, f)* – sequence; series
Folgebescheinigung, f – subsequent statement
Folgeerkrankung, f – subsequent sickness
Folgejahr, n – subsequent year; next year; following year
folgen, v (1) *(nachfolgen, v)* – follow, v; succeed, v
folgen, v (2) *(resultieren, v)* – result, v
folgerichtig – logical; consistent
Folgerung, f – conclusion; deduction
Folgeschaden, m – remote damage; consequential damage
Folgezeitverfahren, n – measurement of times by differences (pl)
Forbildung, f (2) (*betriebliche*) – in-company training; in-service training
fordern, v – claim, v; demand, v; request, v; put in for sth, v
Forderung (f) durchsetzen, v – settle a claim, v
Forderung (f) einklagen, v – prosecute a claim, v
Forderung (f) erheben, v (*Forderung (f) stellen, v*) – lodge a claim, v; raise a claim, v
Forderung (*f*) geltend machen, v – make a claim, v
Forderung (f) stellen, v → Forderung (f) erheben, v
Forderung (f) zurückweisen, v – turn down a claim, v
Forderung, f (1) – demand; request; call
Forderung, f (2) *(Anspruch, m)* – claim
Forderung, f (3) *(Schuld, f)* – outstanding debt; account receivable
Forderung, f (4) *(bevorrechtigte)* – privileged debt
Forderung, f (5) *(verbürgte)* – guaranteed maturity
Forderung, f (6) *(vollstreckbare)* – judgement debt
Forderungsabtretung, f – assignment of claim
Forderungsklage, f – action for money-judgement
Forderungspaket, n – claim package; package claim
Forderungspfändung, f – garnishment; attachment of debts (pl)
Forderungsübergang, m *(gesetzlicher)* – subrogation
Forderungsverzicht, m – remission of a claim
Form, f (1) – form; shape; figure; design
Form, f (2) *(gesetzliche)* – legal form
formal – formal
Formalausbildung, f – formal training; formal education
formale Organisation, f – formal organisation/organization
Formalie, f – formality
formalistisch – formalistic
Formalität, f – formality; form
formalrechtlich – relating to legal form
Formblatt, n – form; blank *<US>*; schedule
formell – formal
formelle Organisation, f – formal organisation/organization
formelle Rechtskraft, f – formal validity
formelles Recht, n – strict law; procedural law

Former, m – moulder; molder <*US*>
Formerfordernis, n – formal requirement
Formfehler, m – formal error; formal defect; defect of form; irregularity; vice of form <*law*>
Formfreiheit, f – absence of formal requirements (pl)
formgerecht – in the proper form; in due form
formlos (1) *(Urkunde, f)* – informal
formlos (2) *(Benehmen, n)* – unconventional; casual
formlose Bewerbung, f – informal application
formloser Vertrag, m – parol contract; simple contract
Formlosigkeit, f – informality; unconventionality
Formmangel, m – lack of form
Formular, n – form; printed form; blank <*US*>
Formulararbeitsvertrag, m – form employment contract
Formulierung, f – wording; precise wording; formulation
Formvorschrift, f – formal requirement; provision relating to form
Forschung und Entwicklung, f (F & E) – reasearch and development (R & D)
Forschung, f – research
Forschungsgebiet, n – field of research
Forschungsprojekt, n – research project
Forschungsteam, n – research team
Forschungszentrum, n – research centre/center
Fortbestand, m – continued existence
Fortbildung, f – further training <*GB*>; on-going training; supplementary training; continuing training; advanced training
Fortbildungskosten (pl) – advancement costs (pl)
Fortbildungskurs, m – advanced training course; continuation course
Fortbildungsplanung, f – advanced training planning
Fortbildungsprogramm, n – advanced training program(me)
Fortbildungsveranstaltung, f – advanced training event
fortdauern, v – continue, v
Fortentwicklung, f – development
fortfahren, v – continue, v
fortgeschritten – advanced
Fortgeschrittene/r, f/m – advanced learner
Fortgeschrittenenkurs, m – advanced course
fortgesetzt – continued; continuing
fortgesetzte Handlung, f – continued act; successive act
fortlaufend – continued; continuous; consecutive
Fortschritt, m – progress; advance
fortsetzen, v – continue, v; carry on, v
Fortsetzungserkrankung, f – continued illness; continued sickness
Fortsetzungszusammenhang, m – continuation of offence
fortwährend – continual; continuous; constant
Fortzahlung, f *(des Arbeitsentgelts, n)* – continued payment
Fortzahlungsanspruch, m – claim for the continuation of payments (pl)
Fräser/in, m/f – milling cutter; milling machine operator
Fragebogen, m – questionnaire
fragen, v (1) – ask, v
fragen, v (2) *(um Rat, m)* – consult, v

Fragerecht, n *(des Arbeitgebers, m)* – right to put questions (pl); right to ask
Französischkenntnisse (pl) – command of French
Frauenarbeit, f – women's work; women's job; female work
Frauenarbeitsplatz, m – workplace for women
Frauenarbeitsschutz, m – protection of working women (pl)
Frauenbeauftragte, f – commissioner for women's affairs (pl); officer for women's affairs (pl)
Frauenberuf, m – woman's profession
frauenfeindlich – misogynic
Frauenförderung, f – promotion of women in working life
frei (1) – free; exempt from
frei (2) *(kostenlos)* – gratuitous
Freiberufler/in, m/f – freelancer; self-employed person
freiberuflich (1) – freelance; self-employed
freiberuflich (2) *(Ärzte und Anwälte, pl)* – in private practice
freiberuflich tätig sein, v – be self-employed, v
freiberufliche Tätigkeit, f – liberal arts (pl); professional activities (pl)
Freibetrag, m (1) – exempted amount; free allowance
Freibetrag, m (2) *(Einkommenssteuer, f)* – income tax relief *<GB>*; tax exemption *<US>*
Freibetrag, m (3) *(Lohnsteuer, f)* – withholding exemption
freie Entfaltung (f) der Persönlichkeit (f) – free development of personality
freie Entscheidung, f – option
freie Erfindung, f – free invention
freie Mitarbeit, f – freelance work; self-employment
freie Station, f – free board and lodging
freie Stelle, f – vacancy; vacant post
freie Zeit, f – leisure time; leisure
freie/r Mitarbeiter/in, f/m – freelancer
freier Beruf, m – liberal profession; freelance profession
freier Tag, m (1) – free day
freier Tag, m (2) *(arbeitsfreier Tag, m)* – day off
freier Tag, m (3) *(zum Ausgleich (m) von Mehrarbeit, f)* – lieu day
Freifahrt, f – free ride; free trip
Freigabe, f – release
freigeben, v – release, v
freigestelltes Betriebsratsmitglied, n – full-time works council member
Freigrenze, f – exemption limit; tax emxemption limit
Freihandel, m – free trade
Freiheit, f – liberty; freedom
freiheitlich – liberal
Freiheitsentziehung, f – deprivation of liberty
Freiheitsstrafe, f – sentence of imprisonment; punishment by imprisonment
Freikarte, f – complementary ticket; free ticket
freilassen, v – set free, v; release, v; liberate, v
Freilassung, f – liberation; release
Freiraum, m – margin
freischaffend – freelance
Freischicht, f (1) – non-working shift
Freischicht, f (2) *(zum Ausgleich (m) von Mehrarbeit, f)* – compensatory shift; lieu shift
Freischichtenmodell, n – compensatory shift pattern

freisetzen, v (*Arbeitskräfte, pl*) – discharge, v; lay off, v; make s.o. idle, v

Freisetzung, f *(von Arbeitskräften, pl)* – discharge of labo(u)r; labo(u)r replacement; day-release; exemption; layoff

freisprechen, v – acquit, v; discharge, v

Freispruch, m – judgement of acquittal; order of discharge; acquittal

freistellen, v *(von der Arbeit, f)* – give s.o. leave, v; release s.o. from work, v; give s.o. time off, v

Freistellung, f (1) (*von der Arbeit, f*) – exemption from work; release/suspension from work; official absence due to temporary reassignment; day-release; garden leave

Freistellung, f (2) *(bezahlte ~ beim Tod naher Angehöriger)* – bereavement leave <*US*>

Freistellung, f (3) *(unbezahlte ~ beim Tod eines Familienmitglieds)* – ceremonial leave <*US*>

Freistellung, f (4) *(unbezahlte ~ bei Erkrankung eines Familienangehörigen)* – compassionate leave <*US*>

Freistellungsanspruch, m (1) *(von Ansprüchen, pl)* – right of indemnity; right of recourse

Freistellungsanspruch, m (2) *(von der Arbeit, f)* – claim of exemption from work

Freistellungsbescheid, m – notice of exemption

Freitzeitanspruch, m – leisure time entitlement

freiwillig – voluntary; optional; non-compulsory

freiwillig versichert – voluntarily insured

freiwillige Gerichtsbarkeit, f – jurisdiction relating to unlitigated matters (pl); non-contentious litigation; non-litigation proceedings (pl)

freiwillige Leistung, f – voluntary benefit

freiwillige Mitgliedschaft, f – voluntary membership

freiwillige Versicherung, f – voluntary insurance

Freizeit, f – leisure time; time off; off-time; spare time; free-time

Freizeitaktivität, f – leisure activity; spare-time activity

Freizeitausgleich, m – overtime compensation through time off; compensatory time off; time-off in lieu <*GB*>; time off instead of pay <*US*>

Freizeitbeschäftigung, f – leisure time activity

Freizeiteinrichtung, f – recreation facility

Freizeitgestaltung, f – recreational activities (pl)

Freizeitgestaltungsprogramm, n – leisure service; recreation service

Freizeitindustrie, f – leisure industry

Freizeitjacke, f – casual jacket

Freizeitkleidung, f – casual clothing

Freizeitprogramm, n – recreational program(me)

Freizeitunfall, m – leisure time accident

FreizügGEU → Freizügigkeitsgesetz / EU, n

freizügig – unrestricted; liberal; free to move

Freizügigkeit, f – freedom of movement; free movement of labo(u)r; free choice of place of residence

Freizügigkeitsgesetz EU, n (FreizügGEU) – Freedom of Movement for EU Citizens Act

fremd (1) – strange

fremd (2) *(fremdländisch)* – foreign; alien

Fremdarbeitnehmer/in, m/f – foreign employee; foreign worker; immigrant worker
Fremdbesitz, m – possession for another
fremdenfeindlich – xenophobic
Fremdenfeindlichkeit, f – xenophobia
Fremdenverkehr, m – tourist industry
Fremder, m – stranger; foreigner; alien
Fremdfirma, f – outside company
Fremdkapital, n – liabilities (pl)
Fremdrentengesetz, n – Expellee and Resettler Pensions Act
Fremdsprache, f – foreign language
Fremdsprachenkenntnisse (pl) – foreign language skills (pl)
Fremdsprachensekretär/in, m/f – foreign-correspondence secretary
fremdsprachig – in a foreign language
Fremdsprachler, m – linguist
Fremdvergabe (f) von Arbeiten (pl) *(dauerhafte)* – permanent replacement <*US*>
Fremdverschulden, n – s.o. else's fault
freundschaftlich – amicable; friendly
Friedenspflicht, f *(der Tarifpartner, pl)* – obligation to keep peace; peace obligation
Frisör/in, m/f *(Friseur/in, m/f)* – hairdresser
Frist, f – deadline; term; period; time limit
Fristablauf, m (1) – expiration of deadline <*US*>; expiration of time; lapse of time; expiry of a time limit; expiration of a period of time
Fristablauf, m (2) *(nach)* – after deadline has expired; after expiry of the stipulated period
Fristbeginn, m – commencement of a term
Fristbestimmung, f – setting of a deadline; fixing of a period of time
fristgerecht – in due time; timely; within the period stipulated; on time
fristgerechte Kündigung, f *(seitens des Arbeitgebers, m)* – dismissal with notice
fristhemmend – period-restraining
fristlos – without time limit; without prior notice; instantly; at a minute's warning
fristlos entlassen, v – dismiss without notice, v
fristlos entlassen, v *(jmd fristlos)* → kündigen, v
fristlose Kündigung, f (1) *(seitens des Arbeitgebers, m)* – dismissal without notice; summary dismissal
fristlose Kündigung, f (2) *(seitens des Arbeitnehmers, m)* – immediate resignation
Fristverlängerung, f (1) – extension of time
Fristverlängerung, f (2) *(Zahlungsaufschub, m)* – prolongation
Fristversäumnis, n – default
fristwahrend – observing the term
Fronleichnamstag, m *(Fronleichnam)* – Corpus Christi Day; Corpus Christi
Früherkennung, f – early diagnosis
Frühgeburt, f – premature birth
Frühinvalidität, f – premature invalidity; premature disability; disablement before retirement age; early disablement
Frühpensionierung, f – early retirement

Frührente, f – premature retirement pension
Frühschicht, f – morning shift; early shift
Frühschluss, m *(vor Feiertagen, pl)* – early closing
Frühstückspause, f – breakfast break
Frustration, f – frustration
führen, v (1) *(Personal, n)* – lead, v; manage, v
führen, v (2) *(Besucher, pl)* – guide, v; give s.o. a tour, v
führen, v (3) *(Artikel, pl)* – have, v; sell, v; deal with, v; keep, v
führen, v (4) *(die Bücher, pl)* – keep, v
führend – leading; principal
Führerschein, m – driving licence <*GB*>; driver's license <*US*>
Führerscheinentzug, m (1) – driving ban; forfeiture of the driving licence <*GB*>; revocation of the driver's license <*US*>
Führerscheinentzug, m (2) *(vorübergehender)* – suspension of the driving licence/driver's license
Führung, f (1) *(Leitung, f)* – leadership; guidance; management
Führung, f (2) *(Betragen, n)* – conduct; behavio(u)r
Führung, f (3) *(gute)* – good conduct; good behavio(u)r
Führung, f (4) *(schlechte)* – mismanagement
Führungsanspruch, m – claim to leadership
Führungsaufgabe, f – management task; managerial task
Führungsbefugnis, f – managerial authority
Führungsebene, f (1) – management level; managerial level; executive level
Führungsebene, f (2) *(mittlere)* – middle management
Führungsebene, f (3) *(obere)* – senior management
Führungseigenschaft, f – management capability; management quality; executive ability; leadership ability; leadership quality
Führungseignung, f – managerial quality; management talent
Führungserfahrung, f – management experience
Führungserfolg, m – managerial success
Führungsetage, f – executive floor
Führungsfähigkeit, f – ability to lead; leadership ability; executive talent; management capability
Führungsfunktion, f – management function
Führungsgabe, f – leadership ability
Führungsgrundsätze (pl) – principles (pl) of management; management principles (pl)
Führungsgruppe, f – management group; management team
Führungshierarchie, f – management hierarchy
Führungsinstrument, n – management tool
Führungskader, m – management group; top executive team
Führungskonzept, n – management concept
Führungskräfte (pl) – management staff; managerial staff; executive staff
Führungskräftebedarf, m – demand for managers
Führungskräfteentwicklung, f – management development
Führungskräfteschulung, f – management training
Führungskraft, f (1) – manager; managerial employee; official

Führungskraft, f (2) *(obere)* – senior manager; executive employee; executive

Führungskreis, m – management group; management staff; managerial staff

Führungslehre, f – management science

Führungsmannschaft, f – management team

Führungsmethode, f – management techniques (pl); managerial techniques (pl)

Führungsmittel, n – leadership tool; management tool

Führungsmodell, n – leadership model

Führungsnachwuchskraft, f *(Führungsnachwuchs, m)* – management trainee; prospective manager; junior manager

Führungsorgan, n – management body

Führungspersönlichkeit, f – leader; dominant leader

Führungspersonal, n – managerial staff

Führungsphilosophie, f – management philosophy

Führungsposition, f – management position; managerial position; leading position

Führungspotenzial, n – management potential; leadership potential

Führungspraxis, f – managerial practice

Führungsqualitäten (pl) – management skills (pl)

Führungsrichtlinien (pl) – leadership guidelines (pl)

Führungsschwäche, f – lack of leadership

Führungsspitze, f – top management

Führungsstab, m – executive staff

Führungsstil, m – management style; managerial style; leadership style

Führungsstrategie, f – leadership strategy

Führungsstruktur, f – management structure

Führungsteam, n – management team

Führungstechnik, f – management technique

Führungsverantwortung, f – managerial responsibility

Führungsverhalten, n – managerial behavio(u)r; leadership behavio(u)r

Führungszeugnis, n (1) – good-conduct certificate; certificate of character; certificate ofgood conduct; testimonial

Führungszeugnis, n (2) *(polizeiliches)* – police clearance; police certificate stating that the bearer has no criminal record

Fünftagewoche, f – five-day week

für nichtig erklären, v → nichtig erklären, v

Fürsorge, f (1) – care; relief; welfare

Fürsorge, f (2) *(soziale)* – social welfare; social service

Fürsorgeeinrichtung, f – welfare institution

Fürsorgeempfänger/in, m/f – welfare recipient

Fürsorgeerziehung, f – corrective education

Fürsorgeleistung, f – public assistance allowance; welfare benefit

Fürsorgepflicht, f *(des Arbeitgebers, m)* – employer's duty for social care; employer's duty of general care; obligation to provide welfare; welfare responsibility

Fürsorgeprinzip, n – public assistance principle
Fürsorger, m – welfare officer
Fürsorgerecht, n *(öffentliches)* – poor law
Fürsorgeunterstützung (f) beziehen, v – be on relief, v; be on welfare, v
Fürsorgeunterstützung, f – relief; welfare payment; welfare benefit; provident benefit; outrelief <*GB*>
fürsorglich – provident
Fürsprache, f – intercession; interposition
Fürsprecher/in, m/f – intercessor
fundiert – sound
Fundstelle, f – reference
fungieren, v (1) *(als)* – function as, v; officiate, v; act as, v
fungieren, v (2) *(als Stellvertreter (m) für jmd)* – act as s.o.'s deputy, v; deputize for s.o., v
Funktion, f – function
Funktionär/in, m/f(1) – functionary; official; officer
funktionell – functional
Funktionsänderung, f – functional alteration
funktionsbedingt – operational
Funktionsbereich, m – functional area
Funktionsbeschreibung, f – statement of functions (pl); function description; functional description
Funktionsbezeichnung, f – job title; position title
Funktionseinheit, f – functional unit
Funktionsfähigkeit, f – functioning; efficiency
Funktionsmatrix, f – function matrix
Funktionszulage, f – special allowance; functional allowance
Funktionszuweisung, f – assignment of functions (pl)
Fusion, f *(von Unternehmen, pl)* – merger; amalgamation
fusionieren, v – amalgamate, v; merge, v

G

Gage, f – remuneration; salary
ganzheitlich – holistic
Ganztagsarbeit, f – full-time work; full-time employment
Ganztagsbeschäftigung, f – full-time employment
Ganztagsschule, f – all-day school; whole-day school
Ganztagsstelle, f – full-time job; full-time post
Ganztagsunterricht, m – whole-day classes (pl)
Garantie, f – warranty; guarantee
Garantielohn, m – guaranteed wage
garantieren, v – guarantee, v; warrant, v
garantiertes Jahreseinkommen, n – guaranteed annual income
Gastarbeiter/in, m/f – immigrant worker; foreign worker; migrant labo(u)r; guest worker
Gastdozent, m – guest lecturer
Gasthörer (m) sein, v – audit, v
Gasthörer, m – non-enrolled student; non-enrolled university student
Gastland, n – host country

Gaststättengewerbe, n – restaurant business
GATT → Allgemeines Zoll- und Handelsabkommen, n
Gatte, m – spouse
Gattin, f – spouse
Gattung, f – species; class; kind
Gattungsbezeichnung, f – generic term
Gattungskauf, m – purchase of fungible goods (pl)
Gattungsschuld, f – species obligation; indeterminate obligation; obligation in kind
Geamtvollmacht, f – joint power of attorney
Gebärdensprache, f – sign language
geben, v *(sich alle Mühe (f) ~)* – lean over backwards, v *<infml>*
Gebiet, n – area; region; field; territory
Gebietskörperschaft, f – local and regional authority
gebildet – educated; learned; informed
gebräuchlich – usual; customary
Gebrauch, m – use
Gebrauchsüberlassung, f – transfer of use
Gebrechen, n – physical disability; physical impairment; defect
gebrechlich (1) – defective
gebrechlich (2) *(altersbedingt)* – infirm
Gebrechlichkeit, f – infirmity; frailty
Gebühr, f – fee; charge; duty; dues (pl)
Gebührenerlass, m – remission of fees (pl)
gebührenfrei – free of charge; exempt from fees (pl)
Gebührennachzahlung, f – commission arrear
Gebührenordnung, f (1) – tariff of fees (pl); schedule of fees (pl); table of fees (pl); scale of fees (pl); scale of charges (pl)
Gebührenordnung, f (2) *(für Rechtsanwälte, pl)* – schedule of attorney's fees (pl)
gebührenpflichtig – liable to charges (pl); subject to a fee
Gebührenvorschuss, m *(an einen Anwalt, m)* – retainer
gebürtig – by birth; born
gebunden – bound; tied; fixed
Geburt, f – birth
Geburtenbeihilfe, f – birth grant
Geburtenbuch, n – register of births (pl)
Geburtenrückgang, m – decline in the birth rate; demographic dip
geburtenstarke Jahrgänge (pl) – high-birth-rate years (pl)
Geburtenüberschuss, m – excess of births (pl) over deaths (pl)
Geburtenziffer, f – birth rate
Geburtsbeihilfe, f – birth grant
Geburtsdatum, n – date of birth
Geburtsfehler, m – congenital defect
Geburtsland, n – country of birth
Geburtsname, m – name at birth
Geburtsort, m – place of birth; native place
Geburtstagsliste, f – birthday list
Geburtsurkunde, f – birth certificate
Gedächtnis, n – memory
Gedächtnisschwäche, f – defect of memory
Gedächtnisstütze, f – aid to memory
Gedächtnistraining, n – brainjogging
Gedanke, m – thought
Gedankenaustausch, m – exchange of ideas (pl); exchange of views (pl)

Gedinge, n – piece-work; job work; contract system
Geduld, f – patience; forbearance
geeignet – suitable; appropriate; qualified
gefährden, v – endanger, v; imperil, v; threaten, v; jeopardize, v
Gefährdung, f (1) – endangerment; imperilment; jeopardizing
Gefährdung, f (2) *(am Arbeitsplatz, m)* – occupational exposure
Gefährdungshaftung, f – absolute liability; strict liability; objective responsibility
Gefährdungspotential, n – hazard potential
gefährlich – dangerous; hazardous
gefährliche Arbeitsstoffe (pl) – hazardous substances (pl); dangerous working materials (pl)
gefährliche Körperverletzung, f – felonious wounding
Gefährte, m/ Gefährtin, f – mate; companion
gefällig – pleasant; complaisant; kind; helpful
Gefälligkeit, f – kindness; complaisance; accommodation; act of courtesy
Gefälligkeitsattest, n – accommodation certificate
Gefängnis, n – prison; jail
Gefängnisstrafe, f – prison sentence; jail sentence; imprisonment; punishment by imprisonment
Gefahr, f – danger; risk; hazard; peril
Gefahrenabwehr, f – averting dangers (pl)
Gefahrengemeinschaft, f *(Versicherung, f)* – society covering common risks (pl)
gefahrengeneigte Arbeit, f – hazardous employment; hazardous work
Gefahrenklasse, f – category of risk; class of risk
Gefahrenquelle, f – source of danger
Gefahrenschutz, m – protection against danger
Gefahrenzulage, f – hazard bonus; danger allowance; danger money; danger pay, danger bonus; hazardous duty allowance
Gefahrgut, n – hazardous goods (pl)
Gefahrstoff, m – hazardous substance
Gefahrstoffbeauftragte/r, f/m – hazardous substances' commissioner
Gefahrstoffverordnung, f (GefStoffVO) – Hazardous Substances Ordinance; Ordinance on Hazardous Substances
Gefahrübergang, m *<jur>* – passing of risk
Gefangennahme, f – capture
Gefangenschaft, f – captivity; confinement
gefeuert werden, v *<infml>* – get bounced, v *<US, infml>*
GefStoffVO → Gefahrstoffverordnung, f
Gegenanspruch, m – counterclaim; adverse claim; set-off
Gegenargument, n – rebuttal argument
Gegenbeweis, m – counterevidence; evidence to the contrary; rebutting evidence
Gegenbuchung, f – counterpart entry
Gegendarstellung, f – counterstatement
Gegenforderung (f) stellen, v – counterclaim, v
Gegenforderung, f *<jur>* – counterclaim; set-off

Gegenfrage, f – counterquestion
Gegenklage, f – cross suit
Gegenleistung, f (1) – counterperformance; valuable consideration; equivalent
Gegenleistung, f (2) *(als ~)* – in return
gegensätzlich – controversial
Gegensatz, m – contrast
gegenseitig – mutual; reciprocal
gegenseitige Hilfe, f – mutual aid
gegenseitiger Vertrag, m – bilateral contract; multilateral contract; reciprocal agreement
gegenseitiges Vertrauen, n – mutual confidence
Gegenseitigkeit, f – mutuality; reciprocality
Gegenspieler/in, m/f – opponent; adversary
Gegenstand, m – object; item; subject
Gegenstimme, f – dissenting vote
Gegenüberstellung, f – confrontation
Gegenvorschlag, m – counterproposal
gegenwärtig – current; present
Gegenwart, f – presence; present
Gegenwert, m – equivalent; countervalue
Gegenzeichnung, f – countersignature
Gegner/in, m/f – opponent; adversary
Gehalt (n) zahlen, v – salary, v; give s.o. a salary, v
Gehalt, n (1) – salary; screw *<GB,sl>*
Gehalt, n (2) *(festes)* – fixed salary; straight salary; stated salary; regular salary
Gehalt nach Vereinbarung *(Anzeigentext)* – salary by agreement
Gehalt Nebensache *(Anzeigentext)* – salary secondary consideration
Gehaltsabbau, m – salary reduction
Gehaltsabrechnung, f (2) *(Mitteilung, f)* – salary statement; payroll slip *<US>*; pay slip *<US>*; salary slip *<US>*
Gehaltsabrechnung, f (3) *(Abteilung, f)* – salary roll department; payroll department *<US>*; payroll office *<US>*
Gehaltsabrechnungssystem, n – payroll system
Gehaltsabrechung, f (1) *(Vorgang, m)* – salary roll accounting; payroll accounting *<US>*
Gehaltsabtretung, f – assignment of salary; cession of salary
Gehaltsabzug, m – deduction from salary; payroll deduction *<US>*
Gehaltsänderung, f – change of salary
Gehaltsangleichung, f – salary adjustment
Gehaltsanpassung, f – salary adjustment
Gehaltsanspruch, m – salary claim; salary demand
Gehaltsbandbreite, f – salary range
Gehaltsbescheinigung, f – salary declaration
Gehaltsbestandteil, m – salary element
Gehaltsempfänger/in, m/f – salaried employee; white-collar worker
Gehaltsentwicklung, f *(persönliche)* – salary history
Gehaltserhöhung, f – salary increase; rise in pay *<infml>*; rise in salary *<infml>*
Gehaltserwartung, f – salary expectations (pl)
Gehaltsfestsetzung, f – assignment of a salary; salary fixing

Gehaltsfindung, f – salary finding
Gehaltsforderung, f – salary demand; salary claim
Gehaltsfortzahlung, f *(im Krankheitsfall, m)* – continued payment of salary
Gehaltsgrenze, f – salary limit
Gehaltsgruppe, f – salary grade; salary bracket; salary group
Gehaltsklasse, f – salary bracket; salary class
Gehaltskonto, n – salary account; salary credit account
Gehaltskürzung, f – salary reduction; salary cut; reduction of salary; retrenchment of salary
Gehaltsliste, f – salary roll; salaries (pl) list; payroll sheet <*US*>
Gehaltsmitteilung, f – salary statement
Gehaltsnachzahlung, f – salary back-payment
Gehaltsniveau, n – salary level
Gehaltspfändung, f – attachment of salary; garnishment of salary
Gehaltspolitik, f – salary policy
Gehaltspyramide, f – salary pyramid
Gehaltsrahmenabkommen, n – salary structure agreement
Gehaltsspanne, f – salary range
Gehaltsspiegel, m (*Vergütungsstudie, f*) – salary report
Gehaltssteigerung, f – salary increase
Gehaltsstreifen, m – salary slip
Gehaltsstruktur, f – salary structure
Gehaltsstufe, f – salary bracket; salary band
Gehaltstabelle, f – salary scale; scale of salaries (pl); pay schedule
Gehaltsüberprüfung, f – salary review
Gehaltsüberweisung, f – transfer of salaries (pl)
Gehaltsüberzahlung, f – salary overpayment; excess payment of salary; excess salary payment
Gehaltsumwandlung, f – conversion of salaries (pl)
Gehaltsvergleich, m (1) *(extern)* – salary survey
Gehaltsvergleich, m (2) *(intern)* – salary comparison
Gehaltsverwaltung, f – salary adminstration
Gehaltsverzicht, m – abandonment of salary; abandonment of parts of salary
Gehaltsvorschuss, m – salary advance; advance on salary
Gehaltsvorstellung, f – desired salary; salary requirement
Gehaltswunsch, m – salary demand; salary requirement
Gehaltszahlung, f – salary payment
Gehaltszettel, m – pay slip
Gehaltszulage, f – extra pay; salary bonus; pay supplement
Gehaltszusage, f – salary promise
Gehaltszwischenstufe, f – notional salary
gehbehindert – mobility-impaired
geheim – secret; private
geheime Abstimmung, f – secret ballot
geheime Wahl, f – voting by secret ballot
geheimer Vorbehalt, m – mental reservation
Geheimhaltung, f – secrecy; observance of secrecy
Geheimhaltungspflicht, f – imposed secrecy
Geheimnis, n – secret; secrecy
Geheimnisschutz, m – secrecy protection
Geheimnisverrat, m – betrayal of a secret

gehen, v (1) – go, v; walk, v
gehen, v (2) *(in die Lehre, f)* – apprentice, v; indenture, v; article, v
gehen, v (3) *(in Pension, f)* – go into retirement, v; retire on a pension, v; retire, v
gehen, v (4) *(in/auf Urlaub, m)* – go on leave, v; take a holiday, v
Gehilfe, m (2) *<jur>* – accessory *<law>*; aider and abetter *<law>*; accomplice
Gehilfe, m/ Gehilfin, f (1) – assistant; aide; helper; helpmate *<US>, <infml>*
Gehirntraining, n – brainjogging
Gehör, n (1) – sense of hearing; auditory organ
Gehör, n (2) *(rechtliches)* – due process of law; right to be heard
Gehörschutz, m – hearing protection
Gehörschutzmittel, n – ear protection device
Gehorsam, m – obedience
Gehorsamspflicht, f – duty to obey
Geisel, f – hostage
Geisterfahrer/in, m/f – ghost driver
Geistesarbeiter/in, m/f – intellectual worker
Geistesblitz, m – brainwave
geistesgestört – mentally disturbed
geisteskrank – insane; lunatic; mentally ill
Geisteskrankheit, f – insanity; lunacy; mental disease; dementia
Geistesschwäche, f – imbecility; mental infirmity
Geistesstörung, f – mental disturbance; mental disruption
Geisteswissenschaften (pl) – humanities (pl); human sciences (pl); liberal arts (pl)
Geisteszustand, m – state of mind; mental state
geistig behindert – mentally handicapped; mentally disabled; mentally retarded
geistige Arbeit, f – brainwork; headwork
gekündigt sein, v – be under notice to quit, v
gekündigt werden, v – receive one's notice, v; be fired, v *<US>*; get sacked, v *<infml>*
Geld (n) abheben, v – withdraw money, v
Geld (n) anlegen, v – invest money, v; embark money, v
Geld (n) auslegen, v – disburse money, v
Geld (n) überweisen, v – transfer money, v; transmit money, v
Geld (n) unterschlagen, v – peculate, v
Geld (n) verdienen, v – earn money, v; make money, v
Geld, n (1) – money
Geld, n (2) *(leicht verdientes)* – easy money
Geldakkord, m – money piecework
Geldanlage, f – money investment; financial assets (pl)
Geldanweisung, f – money order; remittance
Geldbetrag, m – amount of money; sum of money
Geldbuße, f – pecuniary penalty; penal sum
Geldentschädigung, f – pecuniary compensation; amends
Geldfaktor, m *(bei Akkordbezahlung, f)* – cash coefficient; price per time unit
Geldforderung, f – money claim; monetary claim; pecuniary claim
Geldgeschenk, n – gratuity
Geldleistung, f – cash benefit; benefit in cash

Geldlohn, m – cash wages (pl)

Geldschuld, f – money obligation; money debt; pecuniary debt

Geldstrafe, f – fine; forfeit; money penalty; pecuniary penalty

Geldüberweisung, f – money transfer; transmission of money

Geldverdiener/in, m/f – bread-winner

Geldwert, m – monetary value; value of money

geldwerter Vorteil, m – benefits (pl) in money's worth; imputed income; perk *<GB>*

Geldwertschwund, m – monetary erosion

Gelegenheit, f (1) – chance; occasion

Gelegenheit, f (2) *(günstige)* – opportunity

Gelegenheitsarbeit (f) machen, v – job, v

Gelegenheitsarbeit, f – occasional work; casual work; jobbing; odd job; casual labour char *<GB>*

Gelegenheitsarbeiter/in, m/f – casual worker; utility man *<US>*; jobber, floater; jobbing man, jobbing hand; odd man *<infml>*

Gelegenheitsbeschäftigung, f – casual employment; casual occupation

Gelegenheitsgeschenk, n – occasional gift

Gelegenheitstäter/in, m/f – infrequent offender

gelegentlich – occasional; casual; incidental

gelegentliche kleinere Arbeiten (pl) – odd jobs (pl)

geleistete Arbeit, f – hours (pl) worked

gelernte Arbeitskräfte (pl) – skilled labo(u)r

geloben, v – vow, v

Gelöbnis, n – vow

gelten, v – be valid, v; be in force, v; be in effect, v; be appliable

geltend machen, v – plead, v; assert, v; enforce, v; allege, v

Geltendmachung, f – assertion; insistence; enforcement

Geltung, f *(Gültigkeit, f)* – validity; effect

Geltungsbedürfnis (n) haben, v – hanker after appreciation, v; have a craving for praise, v

Geltungsbereich, m (1) – scope; range; field of validity; field of application

Geltungsbereich, m (2) *(sachlicher)* – area of competence; coverage

Geltungsbereichgsgruppe, f *(eines Tarifabkommens, n)* – bargaining unit (Gruppe oder Kreis von Arbeitnehmern, die vom Geltungsbereich eines Tarifabkommens erfasst werden.)

gemäß – according to; persuant to

gemein – common; ordinary; general; profane

Gemeinde, f – municipality; incorporated municipality *<US>*; community; local administrative area; local government body

Gemeindeabgaben (pl) – local rates (pl); municipal taxes (pl); local taxes (pl)

Gemeindebeamter, m/ Gemeindebeamtin, f – local government official

Gemeindebehörde, f – communal board

Gemeindedirektor, m – chief communal officer

Gemeindeordnung, f – Local Government Code; Municipal Regulations

Gemeinderat, m – communal council; municipal council; local council
Gemeindeverband, m – association of municipalities (pl); district board
Gemeindeverfassung, f – constitution of local authority
Gemeindeverwaltung, f – municipal administration; local administration; communal administration
Gemeineigentum, n – public ownership
gemeines Recht, n – common law
Gemeingebrauch, m – common use; public use
Gemeinkosten (pl) – general expenses (pl); overhead expenses (pl); overheads (pl); overhead costs (pl), common costs (pl), joint costs (pl)
Gemeinkostenanteil, m – overhead rate
gemeinnützig – public-benefit; not-for-proft, non-profit; charitable; public-minded, beneficial to the public; serving public purposes (pl)
gemeinnützige Organisation, f – not-for-profit organisation; not-for-profit organization *<US>*; non-profit organization *<US>*; charity
Gemeinnützigkeit, f – charitable nature; non-profit making character; benefit to the public
gemeinsam – common; joint
gemeinsames Ministerialblatt, n – Federal Regulations Gazette
Gemeinschaft, f (1) – community; association
Gemeinschaft, f (2) *(eheliche)* – conjugal community
Gemeinschaft, f (3) *(nach Bruchteilen, pl)* – community by undivided shares (pl)
gemeinschaftlich – common; joint; collective
gemeinschaftliche Anstrengung, f – team effort
gemeinschaftliches Guthaben, n – joint account
gemeinschaftliches Testament, n – joint will
Gemeinschaftsarbeit, f – teamwork
Gemeinschaftsbetrieb, m – joint operation; joint establishment
Gemeinschaftserziehung, f – coeducation
Gemeinschaftskonto, n – joint account
Gemeinschaftsküche, f – canteen; cafeteria *<US>*
Gemeinschaftsraum, m – recreation room
Gemeinschaftsrecht, n *(der EU (f) bzw. der Europäischen Gemeinschaften, pl)* – community law
Gemeinschaftsschule, f – coeducational school
Gemeinschaftssekretariat, n – typing pool; secretarial pool
Gemeinschaftsunternehmen, n – joint enterprise; joint undertaking; joint venture
Gemeinschaftswahl, f – joint election
Gemeinschuldner, m – common debtor
Gemeinwohl, n – common good; common weal *<fml>*; public welfare; public benefit; general public interest
Genauigkeit, f – accuracy; precision; exactness
genehmigen, v – authorize, v; empower, v; entitle, v; approve, v
genehmigte Abwesenheit, f – leave of absence
Genehmigung (f) erteilen, v – issue an authorization; grant permission, v

Genehmigung (f) versagen, v – withhold authorization, v
Genehmigung, f (1) – permission; permit; authorization; approval; concurrence
Genehmigung, f (2) *(behördliche)* – licence/license; license
Genehmigung, f (3) *(vorherige)* – advance approval
Genehmigungsbehörde, f – approving authority; licensing authority
Genehmigungsgebühr, f – licence fee <*GB*>; license fee <*US*>
genehmigungspflichtig – subject to approval; subject to authorization
Genehmigungsurkunde, f – instrument of approval
Generalbevollmächtigte/r, f/m – general agent; universal agent; managing agent; general deputy; plenipotentiary
Generaldirektor/in, m/f – general manager; managing director; director general
Generalklausel, f – comprehensive clause; blanket clause; general clause; basket clause <*US*>
Generalpräventon <*jur*> – general deterrence
Generalstreik, m – general strike; mass strike
Generalversammlung, f – general meeting; general assembly
Generalvertreter/in, m/f – general agent
Generalvollmacht, f – general authority; general power of attorney; plenary authority; plenary power
Generationenvertrag, m – intergenerational contract
genesen, v – recover, v
Genesung, f – recovery; convalescence
Genesungsheim, n – convalescent home
Genesungsurlaub, m – convalescent leave
genetisch – genetic
genetische Anlagen (pl) – genetic dispositions (pl)
Genossenschaft, f – co-operative society <*GB*>; cooperative association <*US*>; co-operative
genossenschaftlich – co-operative <*GB*>; cooperative <*US*>
Genossenschaftsgesetz, n – Co-operative Associations Act
Genossenschaftsregister, n – register of cooperative associations (pl)
Gentechnik, f – genetic engineering
Geographie, f – geography
gepfändet – attached; distrained
Gepflogenheit, f – standard practice; usage; custom
Gerätesicherheitsgesetz, n – Equipment Safety Law
Gerätesicherung, f – device protection
Geräuschpegel, m – noise level
gerecht – fair; just
gerechtfertigt – justified
Gerechtigkeit, f (1) – justice; justness
Gerechtigkeit, f (2) *(soziale)* – social justice
Gerechtigkeitssinn, m – sense of justice
geregelte Beschäftigung (f) haben, v – have regular work, v; have a regular job, v
Gericht, n (1) – court; court of justice; tribunal <*GB*>; judicial authority; bench
Gericht, n (2) *(oberstes)* – supreme court

Gericht, n (3) *(ordentliches)* – ordinary court; court of record

Gericht, n (4) *(zuständiges)* – competent court; court having jurisdiction

gerichtlich – juridical; judicial

gerichtlich gegen jmd vorgehen, v *(gerichtlich verfolgen, v)* – prosecute, v

gerichtliche Anordnung, f – juridical order; order of the court; court order

gerichtliche Beschlagnahme, f – juridical sequestration

gerichtliche Entscheidung, f – court judgement; ruling; judicial decree

gerichtlicher Vergleich, m – judicial arrangement

Gerichtsakten (pl) – court files (pl); court records (pl); court dockets (pl)

Gerichtsassessor/in, m/f – assistant judge; deputy judge

Gerichtsbarkeit, f (1) – jurisdiction

Gerichtsbarkeit, f (2) *(freiwillige)* – jurisdiction relating to unlitigated matters (pl); non-contentious litigation; non-litigation proceedings (pl)

Gerichtsbarkeit, f (3) *(ordentliche)* – ordinary civil jurisdiction

Gerichtsbefehl, m – writ

Gerichtsbeschluss, m – judicial decree; order of the court; court order; ruling

Gerichtsbezirk, m – judicial district; judicial circuit *<US>*

Gerichtsentscheidung, f – court decision

Gerichtsferien (pl) – judicial holidays (pl); judicial vacation *<US>*; vacation of the court *<US>*

Gerichtsgebühren (pl) – court fees (pl)

Gerichtshof, m – law court; court of justice

Gerichtskasse, f – cashier of the court

Gerichtskosten (pl) – court costs (pl); costs (pl) of proceeding; law charges (pl); legal fees (pl)

Gerichtskosten (pl) festsetzen, v – tax court costs (pl), v

Gerichtskostengesetz, n (GKG) – Court Costs Act

Gerichtsreferendar/in, m/f (person having passed the first state examination and serving an obliga) – junior lawyer; judicial trainee (person having passed the first state examination and serving an obligatory apprenticeship with the various departments of the courts in preparation for the final state examination)

Gerichtsschranke, f – bar

Gerichtssitzung, f – court session

Gerichtsstand, m (1) – legal domicile; venue of jurisdiction; competence of a court; competent jurisdiction of court; forum *<GB>*

Gerichtsstand, m (2) *(besonderer)* – particular address for service

Gerichtstermin, m – term of court

Gerichtsverfahren, n – lawsuit; court proceedings (pl); legal proceedings (pl); judicial proceedings (pl); trial

Gerichtsverfassung, f – constitution of courts (pl)

Gerichtsverfassungsgesetz, n (GVG) – Judicature Act *<GB>*; Courts Constitution Act

Gerichtsverhandlung, f (1) – trial; session; hearing; juridical proceedings (pl)

Gerichtsverhandlung, f (2) *(öffentliche)* – public hearing

Gerichtsvollzieher, m – bailiff; officer of the court; marshall <*US*>
Gerichtswesen, n – judicature; judicial system
geringfügig – insignificant; negligible; petty; minor
geringfügige Beschäftigung, f – insignificant employment
Geringschätzung, f – contempt through odours (pl); low opinion
Geringverdiener, m – low-income earner
Germanistik, f – German language and literature; German studies (pl)
Geruchsbelästigung, f – nuisance
Gerücht, n – gossip; rumour; rumor <*US*>
Gerüchteküche, f – grapevine
gesamt – total; overall; entire; gross; collective
Gesamtarbeitsvertrag, m – collective agreement
Gesamtarbeitszeit, f – total working time; overall working hours (pl)
Gesamtbelegschaft, f – total workforce
Gesamtbeschäftigung, f – overall employment
Gesamtbetrachtung, f – overall view; comprehensive survey
Gesamtbetrag, m – total amount
Gesamtbetriebsausschuss, m – executive committee of the central works council
Gesamtbetriebsrat, m – central works council; joint works council
Gesamtbetriebsvereinbarung, f – collective company agreement
Gesamtbevölkerung, f – total population
Gesamtbezüge (pl) – total remuneration
Gesamtdauer, f – total length of time
Gesamteigentum, n – joint estate
Gesamteinkommen, n – total income; aggregate income
Gesamtergebnis, n – overall result
Gesamtforderung, f – package claim
Gesamtgehalt, n – total salary
Gesamtgläubiger/in, m/f – joint and several creditor; co-creditor
Gesamthaftung, f – joint liability
Gesamtheit der Beschäftigten, f – overall employment
Gesamthochschule, f – integrated university; comprehensive university; polytechnic university
Gesamtjugendvertretung, f – central representation of juvenile employees (and apprentices); joint representation of juvenile employees (and apprentices)
Gesamtkosten (pl) – total cost; overall costs (pl)
Gesamtleistung, f – total output; overall achievement; overall efficiency
Gesamtlohn, m – total wages (pl)
Gesamtnote, f – overall mark <*GB*>; overall grade <*US*>; grade point average <*US*>
Gesamtpersonalrat, m – central staff council; joint staff council
Gesamtprokura, f – general procuration; joint signature; joint power of Prokura
Gesamtrechtsnachfolge, f – universal succession
Gesamtschuldner/in, m/f – joint and several debtor; co-debtor
gesamtschuldnerisch – joint and several
gesamtschuldnerische Haftung, f – joint and several liability
Gesamtschuldverhältnis, n – joint obligation

Gesamtschule, f – comprehensive school <*GB*>; comprehensive secondary school

Gesamtunternehmen, n – whole concern

Gesamtverantwortung, f – overall responsibility

Gesamtverdienst, m – total earnings (pl)

Gesamtvereinbarung, f – collective agreement

Gesamtvergütung, f – total payment; total compensation

Gesamtvergütungspaket, n – compensation package

Gesamtversorgung, f – overall providing

Gesamtversorgungssystem, n – overall providing system

Gesamtvertrag, m – overall contract

Gesamtvertrauensmann, m – joint representative of severely handicapped persons (pl)

Gesamtvertretung, f – joint representation; joint agency

Gesamtvolumen, n – total volume

Gesamtzusage, f – collective promise

Gesamtzusammenhang, m – general context

geschädigt – impaired

Geschädigte/r, f/m – injured party; aggrieved party

Geschäft, n (1) – business

Geschäft, n (2) *(Firma, f)* – enterprise; company

Geschäft, n (3) *(Laden, m)* – shop; store <*US*>

Geschäfte (pl) *(laufende)* – current business

geschäftig – busy

geschäftlich – commercial; on business

geschäftlich tätig sein, v – be in business, v

geschäftlich unterwegs sein, v – travel on business, v; be away on business, v; be out on business, v

geschäftlich verhindert sein, v – be prevented by business, v

geschäftliche Angelegenheit, f – business matter

geschäftliches Umfeld, n – business area polytechnic university

Geschäftsadresse, f – business address

Geschäftsanteil, m – interest in a business; interest in a company

Geschäftsbedingungen (pl) – general business terms (pl); trading conditions (pl); conditions (pl) of business

Geschäftsbereich, m – function; area of operation; sphere of business; business line

Geschäftsbericht, m – annual report; annual operating report; business report; operating report; annual business report

Geschäftsbetrieb, m – business operation

Geschäftsbeziehungen (pl) – business relations (pl)

Geschäftsbrief, m – business letter

Geschäftsentwicklung, f – business development

geschäftsfähig (1) – legally competent; legally responsible; of lawful age; capable to act in law; having legal capacity to contract

geschäftsfähig (2) – having legal capacity to make contracts (pl); capable of disposing; capable of contracting

geschäftsfähig (3) *(beschränkt)* – having restricted legal capacity; limited in disposing capacity

geschäftsfähig (4) *(voll)* – having full legal capacity
geschäftsfähig (5) *(nicht voll)* – under some legal incapacity; having no full legal capacity
Geschäftsfähigkeit, f (1) – legal capacity; full legal age; business capacity; disposing capacity; capacity to contract
Geschäftsfähigkeit, f (2) – contractual capacity; mental capacity
Geschäftsfrau, f – businesswoman
geschäftsführend – managing; executive; acting
geschäftsführender Ausschuss, m – management committee; executive committee
geschäftsführender Gesellschafter, m – managing partner
geschäftsführender Vorstand, m *(Gremium, n)* – managing board
geschäftsführendes Vorstandsmitglied, n – managing director; member of the managing board
Geschäftsführer, m (1) – managing director; governing director; manager; business manager
Geschäftsführer, m (2) – managing clerk; managing agent; runner *<US,infml>*
Geschäftsführer, m (3) *(eines Vereins, m)* – executive secretary *<US>*
Geschäftsführerabrechnung, f – executive payroll
Geschäftsführerin, f – manageress; managing clerk
Geschäftsführung, f (1) – management; business management; direction
Geschäftsführung, f (2) *(ohne Auftrag, m)* – agency of necessity; management of affairs without mandate; gestio; agency without authority
Geschäftsführungsorgan, n – managerial body
Geschäftsgeheimnis, n – business secret; commercial secret; trade secret
Geschäftsgrundlage, f – basis of a contract; basis of a transaction; underlying basis of a contract; underlying basis of a transaction
Geschäftsgrundsatz, m – operating principle
Geschäftsinhaber/in, m/f – proprietor; business owner
Geschäftsjahr, n – business year; financial year; fiscal year *<US>*
Geschäftsjubiläum, n – business anniversary
Geschäftslage, f – state of business; business situation
Geschäftsleben, n – business
Geschäftsleiter/in, m/f – manager; director; managing clerk
Geschäftsleitung, f – management
geschäftsmäßig – in the normal course of business
Geschäftsmann, m – businessman; tradesman
Geschäftsmethode, f – business method
Geschäftsordnung, f (1) – procedural rules (pl); business rules (pl) *<US>*; rules (pl) of procedure; routine orders (pl)
Geschäftsordnung, f (2) *(Tagesordnung, f)* – agenda
Geschäftspapiere (pl) – commercial documents (pl)
Geschäftspartner/in, m/f – business partner
Geschäftsplan, m – business plan
Geschäftspolitik, f – business policy; strategic planning
Geschäftsreise, f – business trip; business travel

Geschäftsschluss, m – closing time
Geschäftssitz, m – principal place of business; registered office
Geschäftsstelle, f (1) – branch office; agency
Geschäftsstelle, f (2) *(eines Gerichts, n)* – court's office; registrar's office *<GB>*
Geschäftsstunden (pl) – business hours (pl); office hours (pl)
Geschäftstätigkeit, f – business activity; operational activity; operating activities (pl)
Geschäftsteilhaber/in, m/f (1) – partner
Geschäftsteilhaber/in, m/f (2) *(bei GmbH & Co.KG)* – co-owner; co-proprietor
geschäftstüchtig – diligent; smart; efficient
geschäftsunfähig – legally incompetent; incapable of acting in law; legally incapacitated; of non-age
Geschäftsunfähigkeit, f – legal disability; legal incapacity; lack of disposing capacity; incapacity to act in law; incapacity to contract
Geschäftsunterlagen (pl) – business records (pl)
Geschäftsverbindung, f – business connection; business contact; commercial relations (pl)
Geschäftsverteilung, f (1) – allocation of duties (pl)
Geschäftsverteilung, f (2) *(bei Gericht, n)* – assignment of actions (pl)
Geschäftsverteilungsplan, m – organisational/organizational chart
Geschäftswagen, m – business car; company car
Geschäftszeichen, n – reference number; reference code
Geschäftszeit, f – business hours (pl); office hours (pl)
Geschäftszweck, m – business purpose
Geschäftszweig, m – branch of business; line of business
gescheit – intelligent; bright
Geschicklichkeit, f – dexterity; craft; faculty; skills (pl); technique
geschickt (1) – dexterous
geschickt (2) *(in)* – adept
geschieden – divorced
geschiedener Ehegatte, m – divorcee
Geschlecht, n – sex *<biolog.>*; gender *<sozial>*
geschlechtsneutral – gender-neutral; sex-neutral
geschuldet – due
geschult – trained
Geschwister (pl) – siblings (pl) *<fml>*; brothers and sisters (pl)
Geschworenenspruch, m – verdict of the jury
Geschworener, m – juror; juryman
Geselle, m (1) – craftsman
Geselle, m (2) *(im Handwerk, n)* – journeyman
Gesellenarbeit, f – journeywork
Gesellenbrief, m – craft certificate; certificate of apprenticeship
Gesellenprüfung, f – apprentices' final examination; apprentices' examination; journeymen's final examination; journeymen's examination
gesellig – social; sociable
Gesellin, f – journeywoman; trained woman
Gesellschaft mit beschränkter Haftung, f (GmbH) – company with limited liability; public limited company *<GB>*; private limited company *<GB>*; limited liability company *<US>*

Gesellschaft, f (1) *(Unternehmen, n)* – company; corporation; firm *<US>*
Gesellschaft, f (2) *(Vereinigung, f)* – association; society
Gesellschaft, f (3) *(des bürgerlichen Rechts, n)* – civil company; civil corporation; partnership under civil law
Gesellschaft, f (4) *(stille)* – undisclosed participation
Gesellschaften (pl) des Handelsrechts (n) – companies (pl) under mercantile law
Gesellschafter/in, m/f (1) *(einer Kapitalgesellschaft, f)* – stockholder *<US>*; shareholder *<GB>*
Gesellschafter/in, m/f (2) *(einer Personengesellschaft, f)* – partner; associate
Gesellschafter/in, m/f (3) *(geschäftsführender)* – managing partner; active partner
Gesellschafter/in, m/f (4) *(persönlich haftender in KG)* – general partner; responsible partner; partner with unlimited liability
Gesellschafter/in, m/f (5) *(stiller)* – silent partner; dormant partner
Gesellschafterbeschluss, m – resolution adopted by the partners (pl)
Gesellschafterversammlung, f – general meeting; shareholders' meeting *<GB>*; stockholders' meeting *<US>*
gesellschaftlich – social
Gesellschaftskapital, n – capital; stock
Gesellschaftsordnung, f – social system
Gesellschaftspolitik, f – social policy
gesellschaftspolitisch – sociopolitical
Gesellschaftsrecht, n – law of partnership; company law *<GB>*
Gesellschaftssitz, m – registered office *<GB>*; residence of a corporation *<US>*
Gesellschaftsvertrag, m – constituent instrument of a company; partnership agreement; deed of association
Gesetz (n) erlassen, v – legislate, v; pass statutes (pl), v
Gesetz (n) gegen den unlauteren Wettbewerb (m) (UWG) Wettbewerbsgesetz, n – Federal Act to Counteract Unfair Competition
Gesetz (n) über die Allgemeinen Geschäftsbedingungen (pl) (AGBG) – Standard Contracts Act
Gesetz (n) über Europäische Betriebsräte (pl) (EBRG) – Act on European Works Councils
Gesetz (n) über Mindestarbeitsbedingungen (pl) (MinArbBedG) – Federal Act to Establish Minimum Working Conditions
Gesetz (n) über Ordnungswidrigkeiten (pl) – Administrative Offences Act
Gesetz (n) verletzen, v – violate a law, v
Gesetz (n) zur Bekämpfung der Arbeitslosigkeit Schwerbehinderter (SchbBAG) – Act on the Prevention of Unemployment of Severely Disabled Persons
Gesetz (n) zur Bekämpfung der Schwarzarbeit (SchwarbG) – Federal Act to Counteract Illicit Work; Federal Act to Combat Illegal Labo(u)r
Gesetz (n) zur Förderung eines freiwilligen ökologischen Jahrs (FÖJG) – Act on the Promotion of a Voluntary Ecological Year

Gesetz (n) zur Verbesserung der betrieblichen Altersversorgung (f) (BetrAVG) – Company Pension Act
Gesetz, n (1) *(Rechtsnorm, f)* – law
Gesetz, n (2) *(Einzelgesetz, n)* – act; statute
Gesetzblatt, n – legal gazette; official gazette
Gesetzbuch, n (1) – code; statute book
Gesetzbuch, n (2) *(Bürgerliches ~)* – German Civil Code
Gesetzesänderung, f – abrogation of the law; modification of the law; amendment *<US>*
Gesetzesanalogie, f – statutory analogy
Gesetzesauslegung, f – interpretation of the law
Gesetzesbestimmung, f – provision of the law; statute
Gesetzesentwurf, m – bill; draft law; proposition *<US>*
Gesetzesinitiative, f – legislative initiative
Gesetzeskollision, f – conflict of laws (pl)
Gesetzeskraft, f – legal force; legal force and effect
Gesetzeslücke, f – loophole in the law
Gesetzesrecht, n – statutory law; written law
Gesetzessammlung, f – statute book *<GB>*; collection of statutes (pl); compendium of laws (pl)
Gesetzesübertretung, f – infraction of the law; violation of the law
Gesetzesumgehung, f – evasion of the law
Gesetzesverstoß, m – offence/offense; violation of the law; law breaking; infringement
Gesetzesvorbehalt, m – legal reservation; legal provisio
Gesetzesvorlage, f – bill
Gesetzesvorrang, m – priority of the law
Gesetzesvorschrift, f – legal provision; rule of law
gesetzgebend – legislative
gesetzgebende Gewalt, f – legislative power
gesetzgebende Körperschaft, f – legislative body
Gesetzgeber, m – legislator; law maker
gesetzgeberische Absicht, f – intendment of the law
Gesetzgebung, f (1) – legislation
Gesetzgebung, f (2) *(arbeitsrechtliche)* – labo(u)r legislation
Gesetzgebungsverfahren, n – process of legislation
gesetzlich (1) – legal; according to law
gesetzlich (2) *(gesetzlich zulässig)* – lawful
gesetzlich (3) *(mit gesetzlichem Anspruch (m) auf)* – legitimate
gesetzlich (4) *(gesetzlich vorgeschrieben)* – statutory
gesetzliche Abzüge (pl) – legal deductions (pl); legal withholdings (pl) *<US>*
gesetzliche Bestimmung, f – legal provision
gesetzliche Erbfolge, f – intestate succession; legal succession
gesetzliche Haftpflicht, f – legal liability
gesetzliche Krankenversicherung, f – statutory health insurance
gesetzliche Rentenversicherung, f – statutory pension insurance fund
gesetzliche Unfallversicherung, f – statutory accident insurance fund

gesetzliche Vermutung, f – legal fiction

gesetzlicher Feiertag, m – public holiday; official holiday; legal holiday

gesetzlicher Forderungsübergang, m – legal assignment of claim

gesetzlicher Richter, m – statutory judge

gesetzlicher Vertreter, m – statutory agent; statutory attorney; legal representative

gesetzlicher Vormund, m – legal guardian

gesetzliches Pfandrecht, n – statutory lien

gesetzmäßig – lawful; legal

Gesetzmäßigkeit, f – lawfulness; legitimacy

gesetzwidrig – illegal; unlawful

Gesetzwidrigkeit, f – unlawfulness; illegality

Gespräch, n – conversation; discussion

gesprächig – communicative; talkative

Gesprächsleitfaden, m – conversation guide

Geständnis, n (1) *(in einem Strafprozess, m)* – confession

Geständnis, n (2) *(in einem Zivilprozess, m)* – avowal

gestaffelte Arbeitszeit, f – staggered working hours (pl); staggered hours (pl)

Gestaltung, f (1) – design; organisation/organization

Gestaltung, f (2) *(ergonomische)* – ergonomic design

Gestaltung, f (3) *(des Arbeitsplatzes, m)* – workplace design

Gestaltungsfreiheit, f – creative freedom

Gestaltungsklage, f – action for the modification of rights (pl)

Gestaltungsurteil, n – judgement alterating a legal relationship; judgement in rem

gestatten, v – permit, v; allow, v

Gesuch, n (1) – application; petition

Gesuch, n (2) *(formelles)* – request; motion

gesund (1) – healthy

gesund (2) *(arbeitsfähig)* – able-bodied

Gesundheit, f – health

Gesundheitsakte, f – medical record; health record

Gesundheitsamt, n – public health office; health office; sanitary board

Gesundheitsattest, n – health certificate

Gesundheitsberufe (pl) – health service professions (pl) and occupations (pl); medical occupations (pl)

Gesundheitsbeschädigung, f – personal injury

Gesundheitsbewusstsein, n – health consciousness

Gesundheitsdaten (pl) – medical data (pl); health data (pl)

Gesundheitsdienst, m (1) – health service; medical services (pl)

Gesundheitsdienst, m (2) *(staatlicher)* – National Health Service

Gesundheitseinrichtung, f – health facility

Gesundheitsfeststellung, f – assessment of the state of health

Gesundheitsfürsorge, f – health care; medical welfare

gesundheitsgefährdend (1) – injurious to health; detrimental to health; hazardous

gesundheitsgefährdend (2) *(bei Gasen, pl)* – noxious

Gesundheitsgefahr, f – health hazard
Gesundheitspflege, f – health care; personal hygiene
Gesundheitsproblem, n – health problem
Gesundheitsreform, f – health cost reform
Gesundheitsreformgesetz, n – Health Reform Act
Gesundheitsrisiko, n – health hazard; health risk
Gesundheitsschaden, m – injury to s.o.'s health; damage to s.o.'s health
gesundheitsschädlich (1) – injurious to health; detrimental to health; unhealthy; harmful
gesundheitsschädlich (2) *(Klima, n / Nahrung, f)* – unwholesome
gesundheitsschädlich (3) *(Gase, pl)* – noxious
gesundheitsschädlich (4) *(Verhältnisse, pl)* – insanitary
Gesundheitsschutz, m (1) – health protection; health physics
Gesundheitsschutz, m (2) *(betrieblicher)* – industrial hygiene; occupational hygiene
Gesundheitsstörung, f – health disorder
gesundheitsverträglich – health-compatible
Gesundheitsvorsorge, f – preventive medical care; preventive health care
Gesundheitszeugnis, n – health certificate
Gesundheitszustand, m – state of health; health status; physical condition
gesundschreiben, v – certify s.o. as fit, v; certify s.o. fit, v
gesundschrumpfen (sich), v – shrink to a profitable size, v; slim down, v *<infml>*
getrennt – separate; separated
getrennt leben, v – live separate and apart, v; live in separation, v
getrennte Wahl, f – voting by separate ballot
geübt – trained
GEW → Gewerkschaft Erziehung und Wissenschaft, f
gewachsen sein, v *(einer Aufgabe, f)* – be up to one's job, v
gewähren, v – grant, v; permit, v; allow, v; award, v; concede, v
gewährleisten, v – guarantee, v
Gewährleistung, f – guarantee; guaranty; warranty
Gewährleistungsanspruch, m – warranty claim
Gewährungszeitraum, m – allowance period
gewagt – hazardous
Gewahrsam, m (1) – custody; safekeeping
Gewahrsam, m (2) *(Haft, f)* – detention; hold
Gewalt, f (1) – power; authority; force.
Gewalt, f (2) *(elterliche)* – parental power; parental control
Gewalt, f (3) *(höhere)* – act of God; force majeure; superior force
gewaltsam – violent; atrocious
gewalttätig – violent; outrageous
Gewalttat, f – act of violence
gewandt – dexterous
Gewerbe, n (1) – trade; business; gainful activity
Gewerbe, n (2) *(Handwerk, n)* – craft
Gewerbe, n (3) *(produzierendes)* – manufacturing industry; producing industry
Gewerbearzt, m/ Gewerbeärztin, f – trade physician

Gewerbeaufsichtsamt, n (1) – trade supervisory authority; business supervisory authority; trade inspection board; industrial inspection board; trade control office

Gewerbeaufsichtsamt, n (2) – factory inspectorate division; industrial executive *<US>*

Gewerbeaufsichtsbeamter, m – trade supervisory officer

Gewerbebetrieb, m – industrial enterprise; business establishment

Gewerbefreiheit, f – freedom of trade; economic freedom

Gewerbeordnung, f (GewO) – Trade and Industry Ordinance; Trade Regulation Act; Industrial Code; Trade Code; Business Practice Act

Gewerberecht, n – industrial law *<GB>*

Gewerbeschein, m – trade licence/license; business licence/license; trading certificate

Gewerbeschule, f – trade school; industrial school; technical high school *<US>*

Gewerbesteuer, f – business tax; industrial tax; trade tax; excise tax

Gewerbetätigkeit, f – trade; commercial activity

Gewerbeunfallversicherung, f – industrial accident insurance

Gewerbezweig, m – sector of activity; sector of industrial activity

gewerblich – industrial; commercial

gewerbliche Ausbildung, f – industrial training

gewerbliche Tätigkeit, f – industrial activity

gewerbliche Wirtschaft, f – industry

gewerbliche/r Arbeitnehmer/in, m/f – manual worker; industrial worker

gewerblicher Rechtsschutz, m – legal protection of industrial property

gewerbliches Unternehmen, n – industrial enterprise

gewerbsmäßig – professional; commercial

Gewerkschaft (f) der Polizei (f) – German Policemen Union

Gewerkschaft (f) Erziehung und Wissenschaft (GEW) – Union of Persons Employed in Education and Science

Gewerkschaft (f) für Arbeitnehmer in der Metall- und Elektroindustrie – Amalgamated Engineering and Electrical Union (AEEU) *<GB>*

Gewerkschaft (f) für Beschäftigte des Groß- und Einzelhandels und Produktionsarbeiter der Konsumgüterindustrie – Union of Shop, Distribution and Allied Workers (USDAW) *<GB>*

Gewerkschaft (f) für un- und angelernte Arbeiter (pl) in der Energieversorgung, f – General, Municipal and Boilermakers' Union (GMB) *<GB>*

Gewerkschaft (f) Nahrung-Genuss-Gaststätten (NGG) – Union of Workers in the Food and Catering Trades

Gewerkschaft (f) Textil und Bekleidung – Union of Employees in the German Textile and Clothing Industry; Union of Textile and Clothing Workers

Gewerkschaft (f) Transnet – Union of Transnet Railway Workers certificate

Gewerkschaft, f (1) – trade union; labor union *<US>*

Gewerkschaft, f (2) *(vom Arbeitgeber (m) als Verhandlungspartner (m) anerkannte)* – bargaining agent

Gewerkschaftler/in, m/f *(Gewerkschafter/in, m/f)* – unionist; trade unionist; union member, trade union member; member of a trade union, member of a labo(u)r union; union man/woman <*US*>

gewerkschaftlich – union; trade union

gewerkschaftlich organisieren (sich), v – unionize, v; organise/organize oneself into a union, v

gewerkschaftlich organisiert – unionized

gewerkschaftlich organisierte Arbeiter (pl) – unionized labo(u)r

gewerkschaftliche Unabhängigkeit, f – unionist independence

gewerkschaftliche Vertrauensperson, f – shop steward

Gewerkschaftsbeauftragter, m (1) *(im Betrieb, m)* – shop steward

Gewerkschaftsbeauftragter, m (2) *(im Angestelltenbereich, m)* – staff representative

Gewerkschaftsbeitrag, m – union dues (pl); trade union contribution

Gewerkschaftsbewegung, f – trade union movement; union movement

Gewerkschaftsbund, m – federation of trade unions (pl); federation of labor unions (pl) <*US*>

gewerkschaftsfeindlich – anti-union

gewerkschaftsfreier Betrieb, m – non-union shop <*US*>

Gewerkschaftsfunktionär, m – union official; trade union official; labor union official <*US*>; trade union officer, union officer; walking delegate <*US*>

Gewerkschaftsmitglied, n – union member; trade union member; labor union member <*US*>

gewerkschaftspflichtiger Betrieb, m (1) – closed shop <*GB*>; union shop <*US*>

gewerkschaftspflichtiger Betrieb, m (2) – post-entry closed shop (Arbeitnehmer wird unter der Bedingung eingestellt, dass er einer im Betrieb vertretenen Gewerkschaft beitritt.)

gewerkschaftspflichtiger Betrieb, m (3) – pre-entry closed shop (Arbeitnehmer muss bei Eintritt Mitglied einer im Betrieb vertretenen Gewerkschaft sein.)

Gewerkschaftssekretär/in, m/f – union secretary; trade union secretary; labor union secretary <*US*>

Gewerkschaftstätigkeit, f – union activity; trade union activity; labor union activity <*US*>

Gewerkschaftsverband, m – federation of trade unions (pl) <*GB*>; federation of labor unions (pl) <*US*>

Gewerkschaftsvertreter/in, m/f (1) – union representative; trade union representative <*GB*>; labor union representative <*US*>

Gewerkschaftsvertreter/in, m/f (2) *(im Betrieb, m)* – shop steward

Gewerkschaftszugehörigkeit, f – union membership; unionship

Gewerkschaftszwang, m – compulsion of union membership; compulsion of trade union membership <*GB*>; compulsion of labor union membership <*US*>

gewichten, v – weight, v

Gewinn, m (1) *(Ertrag, m)* – receipts (pl); return

Gewinn, m (2) *(Profit, m)* – profit; surplus; yield; earnings (pl); gainings (pl)
Gewinn- und Verlustrechnung, f – profit and loss statement; profit and loss account; income statement *<US>*; statement of income; statement of earnings (pl)
Gewinnabführungsvertrag, m – profit and loss transfer agreement
gewinnabhängige Vergütung, f – profit-related pay
Gewinnanteil, m – share of profit; dividend; royalty
Gewinnbeteiligung, f – profit sharing; profit participation; share in profits; industrial partnership *<US>*
gewinnbringend – economic; profitable; gainful
Gewinnerzielungsabsicht, f – intent of profit making
Gewinnschwelle, f – breakeven point
Gewinnspanne, f – margin of profit; profit margin
Gewissen, n – conscience
gewissenhaft – conscientious
Gewissensentscheidung, f – question of conscience
Gewissensfreiheit, f – freedom of conscience
Gewissenskonflikt, m – inner conflict
Gewissensnot, f – pressure of conscience
Gewissensprüfung, f – examination of one's conscience
GewO → Gewerbeordnung, f
Gewöhnung, f – familiarization
Gewohnheit, f – habit; custom
gewohnheitsmäßig – habitual; customary
Gewohnheitsrecht, n (1) – customary law; customary right; general customs (pl)
Gewohnheitsrecht, n (2) *(ungeschriebenes Recht, n)* – common law
gezielte Einstellungspolitik, f – affirmative action; preferntial hiring
GG → Grundgesetz, n
Gießer, m – moulder; molder *<US>*
Gilde, f – guild
Girokonto, n – drawing account; checking account *<US>*
Gitterstruktur, f *(einer Organisation, f)* – unstructured organisation/organization; non-pyramidal organisation/organization
GKG → Gerichtskostengesetz, n
Gläubiger/in, m/f (1) – creditor
Gläubiger/in, m/f (2) *(bevorrechtigter)* – preferential creditor
Gläubigerrecht, n – creditor's right
Gläubigerstellung, f – creditor position
Gläubigerversammlung, f – meeting of creditors (pl)
Gläubigerverzug, m – creditor's default; creditor's delay
Glasbläser, m – glass blower
Glaser, m – glassman
Glasierer, m – glazer
Glasmacher, m – glassman
Glasschleifer, m – glass cutter
Glaube, m *(öffentlicher)* – public faith
glauben, v – believe, v
glaubhaft – believable; credible; reliable
Glaubhaftmachung, f – substantiation; satisfactory proof; preliminary proof
glaubwürdig – trustworthy; credible; reliable
Glaubwürdigkeit, f (1) – authenticity
Glaubwürdigkeit, f (2) *(von Zeugen, pl)* – credibility
Glaubwürdigkeit, f (3) *(einer Person, f)* – reliability; trustworthiness

gleich – equal
Gleichartigkeit, f – equality in kind
gleichbedeutend – equivalent
Gleichbehandlung, f – equal treatment; equality of treatment
Gleichbehandlungsgrundsatz, m – principle of equal treatment
gleichberechtigt – having equal rights (pl); equally entitled
Gleichberechtigung, f *(von Mann (m) und Frau, f)* – equal rights; equality of rights (pl); equality of status
gleichbleibend – constant
gleichgestellt *(mit)* – treated as equal; on an equal footing
Gleichgestellte/r, f/m – person placed in the same footing as severely handicapped persons
Gleichgewicht, n – balance; equilibrium
Gleichheit, f – equality; parity
Gleichheitsgrundsatz, m – principle of equality
Gleichlauf, m – alignment
Gleichstellung, f – equal status; of equal status; assimilation in status
Gleichstellungspolitik, f – gender equality policy; equal opportunity policy <*US*>
Gleichstellungstheorie, f – same-category theory
gleichwertig – equivalent; of equal value; of equal standard
Gleichwertigkeit, f – equivalence; equal value
gleichzeitig – simultaneous; at the same time
gleitende Arbeitszeit, f – flextime; flexible working hours (pl); gliding working hours (pl)
gleitende Lohnskala, f – sliding wage scale
Gleitzeit, f – flextime; flexitime; flexible working hours (pl); gliding time
Gleitzeitarbeit, f – flextime/flexitime work
Gleitzeitausgleich, m – compensation for accumulated flextime/flexitime hours (pl)
Gleitzeitguthaben, n – positive flextime/flexitime balance
Gleitzeitmodell, n – flextime/flexitime model
Gleitzeitsaldo, m – flextime/flexitime balance
Gleitzeitschuld, f – negative flextime/flexitime balance
Gleitzeitüberschuss, m – flextime/flexitime excess
Gleitzeitunterschreitung, f – flextime/flexitime deficit; negative flextime/flexitime balance
Gleitzeitvereinbarung, f – flex-time agreement
Gliedertaxe, f *(bei der Unfallversicherung, f)* – dismemberment schedule
Gliederung, f – structure; organisation/organization
GmbH → Gesellschaft mit beschränkter Haftung, f
GmbH & Co.KG – Limited Partnership with a Limited Liability Company
GmbH-Gesetz, n – Limited Liability Companies' Act
Gnade, f – grace; mercy; favour/favor
Gnadenfrist, f – grace period
Gnadengehalt, n – death-in-service benefit
Gnadengesuch, n – petition for pardon
goldene Hochzeit, f – golden wedding

Grad, m (1) – degree; grade; step; extent
Grad, m (2) *(Rang, m)* – rank
Grad, m (3) *(akademischer)* – academic degree; academic rank; university degree
Graduierte/r, f/m – graduate
Grafik-Design, n – graphic design
Graphologie, f – graphology
graphologisches Gutachten, n – expert opinion of a graphologist
Gratifikation, f – gratuity; bonus; staff bonus; gratification
gratis – free of charge; gratuitous
Gremium, n – body; board; panel
Grenzbelastung, f *(bei der Steuer, f)* – marginal tax burden
Grenzfall, m – borderline case; limiting case
Grenzgänger/in, m/f – cross-border employee; cross-border commuter; frontier worker
Grenzkosten (pl) – incremental cost
Grenzwert, m – marginal value; critical point
grob – gross; rough; crude
grob fahrlässig – through grave negligence
grobe Arbeit, f – rough work
grobe Fahrlässigkeit, f – gross negligence
grobe Pflichtverletzung, f – gross breach of duty
grober Schnitzer, m *<infml>* – howler *<infml>*
grober Unfug, m – public mischief; nuisance
Großaktionär/in, m/f – principal shareholder/stockholder
Großbetrieb, m – large-scale establishment
Großhändler/in, m/f – wholesaler
Großhandel, m – wholesale dealing; wholesale
Großhandelskaufmann, m – wholesale merchant
Großindustrie, f – big industries (pl); large-scale industry
großjährig – of age; of full age; of legal age
Großraumbüro, n – open-plan office
Großrechner, m – large-scale computer
Großunternehmen, n – large concern; large-scale enterprise; big business
Großverdiener/in, m/f – big-income earner
Grubenarbeiter, m – miner; pitman
Grubensicherheit, f – mine safety
gründlich – thorough
Gründonnerstag, m – Holy Thursday; Eve of Good Friday
Grund, m (1) *(Ursache, f)* – cause; reason
Grund, m (2) *(Beweggrund, m)* – ground; motive
Grund, m (3) *(Immobilie, f)* – ground; land
Grundarbeitszeit, f – base time; base working time; base working hours (pl)
Grundausbildung, f – basic training; background training
Grundbesitz, m – real property; real estate *<US>*; land property; land holding
Grundbetrag, m – basic amount; base award
Grundbuch, n – land register *<GB>*; real-estate register *<US>*
Grundbuchamt, n – land register *<GB>*; real estate recording office *<US>*
Grundbuchordnung, f – Land Registry Act
Grunddaten (pl) – basic data (pl)

Grunddienstbarkeit, f – easement; real servitude

Grundeinkommen, n – basic income

Grunderwerbsteuer, f *(Grunderwerbssteuer, f)* – real estate acquisition tax

Grundfertigkeiten (pl) – basic skills (pl); basic competence

Grundfreibetrag, m – basic abatement; basic relief

Grundgehalt, n – basic salary; base salary

Grundgesetz, n (GG) – Basic Law for the Federal Republic of Germany; Basic Law; (German) Federal Constitution; constitutional law

Grundkapital, n – stock capital; nominal capital <*GB*>; capital stock <*US*>

Grundkenntnisse (pl) – basic knowledge

Grundlage, f – base; basis; foundation

Grundlagenforschung, f – basic research; fundamental research

Grundleiden, n – basic illness

Grundlohn, m (1) – basic wage; basic wages; basic pay; base wage rate; flat rate

Grundlohn, m (2) *(einschließlich Normalzuschläge, pl)* – standard labo(u)r rate

Grundpfandrecht, n – lien on real property

Grundrecht, n – fundamental human right; fundamental right; constitutional right; basic right

Grundregel, f – basic rule

Grundrente, f (1) – ground rent; true rent; annual rent

Grundrente, f (2) *(bei der Sozialversicherung, f)* – primary insurance benefit

grundsätzlich – principally; in principle

Grundsatz (m) von Treu und Glauben – expectation of good faith

Grundsatz, m – principle; rule; policy

Grundsatzentscheidung, f – policy decision; basic ruling <*law*>

Grundschulalter, n – primary school age

Grundschulausbildung, f *(Grundschulbildung, f)* – elementary education; primary education <*GB*>

Grundschuld, f – land charge; mortgage

Grundschule, f – primary school <*GB*>; elementary school <*US*>; grade school <*US*>; junior school

Grundsteuer, f – land tax; real-estate tax; property tax

Grundstoffindustrie, f – primary industry

Grundstudium, n – basic studies (pl); undergraduate studies (pl)

Grundstück, n – real property; real estate <*US*>; parcel of land

Grundstücksmakler/in, m/f – estate agent

Grundtarif, m – base rate; basic rate

Grundurteil, n – judgement on the basis of the cause of action

Grundvergütung, f – basic remuneration; basic pay

Grundwehrdienst, m – basic military duty; basic military service

Grundzeit, f *(durchschnittliche ~ bei einer Zeitstudie, f)* – average elemental time

Gruppe, f – group; team

Gruppenakkord, m – group piecework; group piecework plan; group incentive; group incentive plan; gang piecework <*infml*>

Gruppenakkordlohn, m – group piecework rate

Gruppenarbeit, f – group work; teamwork; bandwork
Gruppenberatungsgespräch, n – group counselling
Gruppendiskussion, f – group discussion
Gruppendynamik, f – group dynamics
Gruppenklage, f *<jur> (Sammelklage)*, f *<jur>* – class action *<US>*; class action suit *<US>*
Gruppenlebensversicherung, f – group-term life insurance; group life insurance
Gruppenleistung, f – group output
Gruppenleistungslohn, m – group incentive wage
Gruppenleiter/in, m/f – group leader; team leader; group supervisor
Gruppenmitglied, n – group member
Gruppenprämie, f – group bonus
Gruppenstruktur, f – group structure
Gruppenunfallversicherung, f – group accident insurance
Gruppenvertreter/in, m/f – group representative
Gruppenwahl, f – group election
Gruppenwechsel, m – change of (employment) group
Gruppenzugehörigkeit, f – group membership
Gruppierung, f *(Vorgang, m)* – alignment
gültig – valid; effective; in force
Gültigkeit, f (1) – validity; effectiveness; force
Gültigkeit, f (2) *(eines Vertrages, m)* – force of an agreement
Gültigkeitsbereich, m (1) – range of validity
Gültigkeitsdauer, f – length of validation; term of validity
Gültigkeitszeitraum, m – validation period; validity period
günstig – convenient; favourable/favorable
Günstigkeitsprinzip, n (1) – favourability/favorability principle
Gürtler, m – lorimer
Gütergemeinschaft, f – community of property; community of goods (pl)
Güterstand, m – matrimonial regime; system of marital property
Gütertrennung, f – separation of property
Gütetermin, m – conciliatory hearing; conciliatory settlement
Güteverfahren, n – conciliatory proceedings (pl)
Güteverhandlung, f – conciliatory hearing
gütlich – amicable; friendly
gütlich einigen (sich), v – settle amicably, v
gütlicher Vergleich, m – amicable settlement; private settlement
Gutachten, n – expertise; expert opinion
Gutdünken, n – discretion
gute Sitten (pl) – good manners (pl); public morals (pl)
guter Glaube, m – good faith
gutgläubig – in good faith; bona fide; credulous
gutgläubiger Besitzer, m – holder for value
gutgläubiger Erwerb, m – acquisition in good faith
Gutglaubensschutz, m – bona fide rights (pl) protection
Guthaben, n – credit balance
Gutschein, m – coupon; premium token; voucher
gutschreiben, v – credit, v

Gutschrift, f – credit entry
GVG → Gerichtsverfassungsgesetz, n
Gymnasialausbildung, f – grammar school education; secondary education
gymnasiale Oberstufe, f – senior grammar school level
Gymnasiast, m – grammar school student
Gymnasium, n – grammar school <*GB*>; secondary school; public school; high school <*US*>

H

haben, v (1) – have, v; possess, v
haben, v (2) *(im Verdacht, m)* – suspect, v
Habilitation, f – habilitation; postdoctoral thesis
Hackordnung, f – pecking order
Härte, f – hardness; severity; hardship
Härteausgleich, m – severance pay; hardship compensation
Härtefall, m – case of hardship
Härtefallregelung, f – settlement of hardship cases (pl); regulation in cases (pl) of hardship
häuslich – domestic
häusliche Angelegenheiten (pl) – domestic affairs (pl)
häusliche Dienste (pl) – domestic services (pl)
häusliche Gemeinschaft, f – family community; domestic life
häusliche Krankenpflege, f – home nursing
häusliche Pflege, f – home care
häusliches Milieu, n – family environment
Hafenarbeiter, m – dock worker; dock labo(u)rer; docker <*GB*>; longshoreman <*US*>
Haft, f – detention; imprisonment; arrest; custody; hold
haftbar (1) – legally liable; responsible; answerable
haftbar (2) *(persönlich)* – individually liable; personally liable; personally answerable
haftbar (3) *(selbstschuldnerisch)* – primarily liable
Haftbefehl, m – warrant of arrest; order of arrest; bench warrant
haften, v (1) – be liable, v; be responsible, v; be answerable, v; respond, v <*US*>
haften, v (2) *(selbstschuldnerisch)* – be liable as principal debtor, v
haften, v (3) *(für einen Schaden, m)* – be liable for a charge, v; be responsible or a charge, v
Haftpflicht, f (1) – third party liability; public liability; responsibility; accountability
Haftpflicht, f (2) *(gesetzliche)* – legal liability; statutory liability
Haftpflichtversicherung, f (1) – third partyliability insurance; public liability insurance; civil liability insurance
Haftpflichtversicherung, f (2) *(für Kraftfahrzeuge, pl)* – third-party indemnity insurance; third-party insurance
Haftprüfung, f – review of remand in custody
Haftstrafe, f – imprisonment; prison sentence

Haftunfähigkeit, f – disability for imprisonment
Haftung, f (1) – liability
Haftung, f (2) *(Verantwortlichkeit, f)* – responsibility
Haftung, f (3) *<jur> (deliktische)* – tortious liability *<law>*
Haftungsausschluss, m – nonliability; exclusion of liability; exemption from liability
Haftungsbefreiung, f – exemption from liability; cancellation of guarantee
Haftungsbeschränkung, f – limitation of liability
Haftungsumfang, m – liability coverage
HAG → Heimarbeitsgesetz, n
Halbbelegung, f *(bei der Rentenversicherung, f)* – half-cover
Halbsatz, m – semi-phrase
halbtägig *(halbtags)* – half-time; half days
Halbtagsarbeit, f – half-time work; half-day work
Halbtagsbeschäftigung, f – half-time employment
Halbtagskraft, f – half-time worker; half timer
Halbtagsstelle, f – half-day job
Halbwaise, f – half-orphan
Haltefrist, f – holding period
Halten, n *(von Personal, n)* – staff retention; retention of personnel
Haltung, f *(geistige)* – attitude; bearing; morale
Handarbeit, f – manual work; manual labo(u)r; handwork, handiwork; work done by hand; common work
Handarbeiter/in, m/f – manual worker; manual labo(u)rer; handworkman *<US>*; blue-collar worker *<US>*
Handbuch, n – handbook; manual
Handel, m – trade; commerce
Handeln, n *(vorsätzliches)* – deliberate wrongdoing
handeln, v (1) *(agieren, v)* – act, v; operate, v
handeln, v (2) *(mit Gütern, pl)* – deal, v; trade, v; merchandise, v
Handelsakademie, f – commercial college; business college *<US>*
Handelsenglisch, n – commercial English; business English
Handelsgericht, n – commercial court; court of trade; special court for commercial causes
Handelsgesellschaft, f (1) – commercial company; trading association
Handelsgesellschaft, f (2) *(offene)* – general partnership; ordinary partnership *<US>*; private company
Handelsgesetz, n – commercial law
Handelsgesetzbuch, n (HGB) – German Commercial Code; Code of Commerce; Code of Commercial Law; Commercial Code
Handelsgewerbe, n – trade; business
Handelskammer, f – Chamber of Commerce; board of trade *<US>*
Handelsmakler, m – commercial broker
Handelsrecht, n – commercial law; mercantile law *<US>*
handelsrechtlich – under commercial law; in accordance with commercial law
Handelsregister, n – trade register; commercial register; Companies Registry *<GB>*; register of corporations *<US>*
Handelsreisender, m – traveling salesman *<US>*; commercial traveler/traveller; drummer *<US>, <infml>*

Handelsrichter/in, m/f – judge of a commercial court; commercial judge

Handelsschule, f – commercial school; trade school; business school <*US*>

handelsüblich – according to trade customs; customary in the trade

Handelsunternehmen, n – commercial enterprise; mercantile business

Handelsvertreter/in, m/f – sales agent; trade agent; commercial agent; business agent; mercantile agent <*US*>

Handfertigkeit, f – manual skills (pl); manual aptitude; dexterity; handicraft; craft

Handgeld, n – imprest; earnest money

Handhabung, f – handling; operation <*US*>

Handlanger (m) sein, v – fetch and carry, v

Handlanger, m – flunky <*US*>; jackal

Handlung, f (1) – act; action; deed

Handlung, f (2) *(strafbare)* – criminal act; malfeasance

Handlung, f (3) *(unerlaubte)* – tort; civil wrong

Handlungsbedarf, m – necessity to act

Handlungsbevollmächtigte/r, f/m – authorized agent; managing agent; authorized representative; attorney in fact; proxy

handlungsfähig – capable to act; entitled to act

Handlungsfähigkeit, f – capacity to act

Handlungsfreiheit, f – freedom of action; liberty of action; discretionary power

Handlungsgehilfe, m/ -gehilfin, f (1) – merchant`s clerk; store clerk; office clerk; commercial assistant

Handlungsgehilfe, m/ -gehilfin, f (2) *(Verkäufer, m)* – shop assistant; sales clerk

Handlungsgehilfe, m/ -gehilfin, f (3) <*jur*> – servant

Handlungsreisender, m – traveling salesman <*US*>; commercial traveler/traveller

Handlungsspielraum, m – room for manoeuvre; margin for manoeuvre; range of competence

Handlungsvollmacht, f – authority to act; authorization to act; commercial power (of attorney); contractual power; business proxy

Handschrift, f – handwriting

Handschriftenprobe, f – specimen of s.o.'s handwriting; test paper <*US*>

handschriftlich – handwritten; in writing

Handwerk (n) lernen lassen (jmd), v – put s.o. to trade, v

Handwerk, n – craft; craft industry; craft trades (pl); handicraft; trade

Handwerker, m – craftsman; handicraftsman; tradesman <*US*>; artisan

Handwerkerausbildung, f – craft training

Handwerkerinnung, f – craft guild

handwerkliche Tätigkeiten (pl) – applied arts (pl)

handwerkliches Können, n – craftsmanship

Handwerksberuf, m – handicraft pursuit

Handwerksbetrieb, m – craftsman's business; handicraft business; craftsman's establishment

Handwerksbursche, m – journeyman

Handwerksgeselle, m – journeyman
Handwerkskammer, f – Chamber of Handicrafts
Handwerksmeister, m – handicraftmaster; master craftsman; trademaster
Handwerksordnung, f (HwO) – Handicrafts Code; Crafts Trade Code
Handwerksrolle, f – register of trades (pl); register of craftsmen (pl)
Handwerkszeug, n – tools (pl); implements (pl)
Harmonisierung, f – harmonization
hartnäckig – persistent
Hauptabteilung, f – main department; central department
Hauptabteilungsleiter/in, m/f – main department manager; central department manager; main department head; central department head
Hauptakte, f – principal file; main file
hauptamtlich – full-time
Hauptanspruch, m – principal claim
Hauptaufgabe, f – prime function; key task; basic job
Hauptberuf, m – main profession; principal occupation; major occupation; chief occupation
hauptberuflich – professional; as a regular occupation; full-time
Hauptbeschäftigung, f – preoccupation
Hauptbetrieb, m – main establishment; main business
Hauptbevollmächtigter, m – authorized/authorised agent; general representative
Hauptbuchhalter/in, m/f – chief accountant; senior accountant
Hauptbüro, n – main office
Haupterwerbszweig, m – main profession
Hauptfach, n (1) – speciality
Hauptfach, n (2) (*in der Schule, f*) – main subject; special subject; core subject; major subject <*US*>; major <*US*>
Hauptforderung, f – principal claim; chief claim; main demand
Hauptfürsorgestelle, f → Integrationsamt
Hauptgeschäftsführer/in, m/f – general executive manager; head manager
Hauptgeschäftssitz, m – principal place of business; headquarters (pl)
Hauptmerkmal, n – characteristic feature
Hauptniederlassung, f – principal place of business; main establishment; headquarters (pl)
Hauptpersonalrat, m – central staff council
Hauptpflicht, f – principal obligation; primary obligation
Hauptsache, f – principal issue; main issue; essence
hauptsächlich – main; principal; primary; chief; material
Hauptschulabschluss, m – general secondary school leaving certificate
Hauptschuldner/in, m/f – principal debtor
Hauptschule, f – general secondary school
Hauptsitz, m – head office; headquarters (pl)
Hauptstudium, n – main course of studies (pl); main study
Haupttäter/in, m/f – main actor; principal in the first degree
Haupttätigkeit (f) ausüben, v *(seine)* – persue one's main activity, v

Haupttätigkeit, f – principal occupation; preoccupation; main business

Hauptursache, f – proximate cause

Hauptverfahren, n – proceedings (pl) in the principal action; main proceedings (pl); original case

Hauptverhandlung, f (1) – main session; main proceedings (pl)

Hauptverhandlung, f (2) *(eines Strafprozesses, m)* – main trial; main trial of indictment

Hauptversammlung, f – general meeting; general company meeting; general stockholders' meeting <*US*>

Hauptverwaltung, f – central office; head office; headquarters (pl); general administration; central administration

Hauptvorstand, m *(Gremium, n)* – governing board of directors

Hauptziel, n – principal aim; main target; main goal; key objective

Hauptzweck, m – main purpose

Hausangestellte, f – domestic servant; maid <*US*>; maid servant <*US*>

Hausarbeitstag, m – housekeeper's housework day; household day; day off for housekeeping; day off for women with own household

Hausarzt, m – family doctor

Hausaufgabe, f – homework

Hausausweis, m – badge

Hausbesuch, m – home visit; house call

Hausbote, m – interoffice messenger

Hausdurchsuchung, f – house search

Hausfrau, f – housewife

Hausgehilfe/ -gehilfin, m/f – domestic help; home help

Haushälterin, f – lady housekeeper

Haushalt, m (1) – household

Haushalt, m (2) *(Budget, n)* – budget

Haushaltshilfe, f – domestic help; household help

Haushaltsjahr, n – financial year; fiscal year

Haushaltskunde, f – domestic science

Haushaltsplan, m – budget; budget plan

Haushaltszulage, f – household allowance

Haushaltungsschule, f – domestic science college

Hausmeister/in, m – caretaker; custodian; janitor <*US*>

Hauspersonal, n – domestic staff; domestic servants (pl)

Hausrecht, n – domiciliary right; domestic authority; right of the key

Haussuchungsbefehl, m – search warrant

Haustarif, m – company tariff agreement; company agreement; direct agreement; direct union agreement

Hausverbot, n – order to stay away from a house; ban on entering a house

Hausverwalter, m – house manager; property manager; realtor <*US*>

Hauswirtschaft, f – domestic economy

Hauswirtschaftslehre, f – domestic science; home science <*US*>

Hauswirtschaftsschule, f – domestic science college

Hautkrankheit, f – skin disease

Hautreizung, f – irritation of the skin

Hebesatz, m – tax factor; collection multiplier

Heer, n – armed forces; army

Heilbehandlung, f – curative treatment

heilen, v – heal, v; cure, v
Heiligabend, m – Christmas Eve
Heilkunde, f – medical science
Heilmaßnahme, f – therapeutic measure
Heilmittel, n – remedy; medicine; medication <*US*>
Heilpraktiker/in, m/f – natural practitioner; non-medical practitioner
Heilung, f (1) – healing; curing; cure
Heilung, f (2) *(von Mängeln, pl)* – curing defects (pl); removing defects (pl)
Heilverfahren, n – curative procedure; cure
Heim, n – home
Heimarbeit, f – indoor work; outwork; homework; home-working; cottage industry
Heimarbeiter/in, m/f – homeworker; outworker; taker-in
Heimarbeiterlohn, m – pin money
Heimarbeiterschutz, m – protection of homeworkers (pl)
Heimarbeitsausschuss, m – homework committee
Heimarbeitsgesetz, n (HAG) – Federal Act on Work at Home
Heimarbeitsverhältnis, n – homework relationship
Heimarbeitszuschlag, m – homework premium; indoor work premium
Heimatanschrift, f – home address
Heimatland, n – home country
heimatlos – homeless; expatriate
heimatloser Ausländer, m – stateless alien
Heimatort, m – native place
Heimatstadt, f – native town
Heimaturlaub, m *(während Abordnung, f)* – home leave
Heimindustrie, f – cottage industry
heimlich – secret; private; hidden
heimtückisch – perfidious; insidious
Heirat, f – marriage
Heiratsbeihilfe, f – marriage allowance
Heiratserlaubnis, f – marriage licence/license
Heiratsurkunde, f – certificate of marriage; marriage certificate
Heizer, m – heater
Heizkosten (pl) – heating costs (pl)
Heizungsinstallateur, m – steam fitter
helfen, v – help, v; assist, v; aid, v; relieve, v
Helfer/in, m/f – helper
Hemmung, f – restriction; blocking; restraint; stoppage
hemmungslos – uninhibited
herabsetzen, v (1) – cut, v; reduce, v; lower, v; decrease, v; abate, v
herabsetzen, v (2) *(Löhne, pl)* – cut wages (pl), v
Herabstufung, f *(von Arbeitnehmern, pl)* – downgrading; demotion
Heranwachsende/r, f/m – adolescent; young adult
heranziehen, v *(zu einer Umlage, f)* – assess, v; rate, v
Herausforderung, f – challenge; provocation
Herausgabe, f (1) *(einer Sache, f)* – delivery; surrender
Herausgabe, f (2) *(einer Druckschrift, f)* – editing; publication
herausgeben, v *(Sachen, pl)* – return, v; deliver, v
Herbstferien (pl) – fall break <*US*>; autumn half-term holidays (pl)
Herkunft, f – origin; descent
Herkunftsbezeichnung, f – mark of origin
Herkunftsland, n – country of origin
herrschen, v – rule, v; govern, v

herrschend – dominant; leading
herrschende Meinung, f – prevailing opinion; prevalent opinion; prevalent view
herrschende Rechtsprechung, f – leading case; precedents (pl)
herstellen, v (1) – produce, v; make, v
herstellen, v (2) *(fabrikmäßig)* – manufacture, v
herstellen, v (3) *(maschinell)* – machine, v
Herstellung, f – production; manufacture; making
Herstellungskosten (pl) – manufacturing costs (pl)
Herstellungsverfahren, n – manufacturing process
herumlungern, v *<infml>* – loaf, v
herumtreiben (sich), v – loaf, v
hervorragend – outstanding; excellent
Heuer, f – hire; pay for sailors (pl)
Heuerbüro, n – seamen's employment agency; shipping office *<GB>*
Heuerschein, m – certificate of hire
Heuerverhältnis, n – employment relationship of a seaman
Heuervertrag, m – shipping articles (pl); seamen's agreement; contract of employment of a seaman
HGB → Handelsgesetzbuch, n
Hierarchie, f – hierarchy; rank order
Hierarchiestufe, f – stage of hierarchy
Hilfe, f (1) – help; assistance; aid; relief
Hilfe, f (2) *(fremde)* – outside help
hilflos – helpless
Hilflosigkeit, f – helplessness
Hilfsantrag, m – motion for alternative relief; additional claim *<law>*; auxiliary claim *<law>*
Hilfsarbeit, f – auxiliary work
Hilfsarbeiter/in, m/f (2) *(Aushilfe, f)* – help; helper
Hilfsarbeiter/in, m/f (1) – unskilled worker; auxiliary worker; subsidiary worker
Hilfsarbeiter/in, m/f (3) *(wissenschaftlicher)* – unestablished assistant
Hilfsbeamte/r, f/m – auxiliary officer
hilfsbedürftig – in need of help; in need of assistance; needy; destitute
Hilfsbegründung, f – precautionary argument in support of the claim
hilfsbereit – co-operative
Hilfsbetrieb, m – ancillary undertaking; service department
Hilfsdolmetscher/in, m/f – assistant interpreter
Hilfskasse, f – provident fund
Hilfskräfte (pl) – auxiliary staff
Hilfskraft, f – help; helper; assistant
Hilfsmittel (pl) – auxiliary means (pl)
Hilfsorgan, n – subsidiary body
Hilfsperson, f – ancillary worker; help; helper
Hilfspersonal, n – ancillary workers (pl); auxiliary personnel; supporting staff
Hilfsquellen (pl) – resources (pl)
Hilfsschule, f – special school for educationally subnormal children
Hilfstätigkeit, f – ancillary activity
hinausfliegen, v *<infml>* – get the sack, v *<sl>*
hinauswerfen, v – dismiss, v; fire, v; sack, v *<sl>*; give s.o. the sack, v *<sl>*; turn out, v *<infml>*
hindern, v (1) – hinder, v; impede, v; hamper, v; prevent s.o. from doing sth, v; stop s.o. from doing sth, v
hindern, v (2) *<jur>* – estop from, v *<law>*
Hindernis, n – obstacle
Hinderungsgrund, m – impediment

Hinterbliebene/r, f/m – survivor; surviving dependant
Hinterbliebenenbezüge (pl) – survivors' pension; payments (pl) to surviving dependants (pl)
Hinterbliebenenleistung, f – survivors' benefit
Hinterbliebenenrente, f – pension for surviving dependants (pl); dependants' pension <*GB*>; survivors' pension <*US*>; death benefit
Hinterbliebenenversorgung, f – survivors' pension scheme
Hintergrund, m – background
Hintergrundwissen, n – background knowledge
hinterlassen, v – leave, v; leave behind, v
hinterlegen, v – deposit, v; lodge, v
Hinterlegungsurkunde, f – memorandum of deposit
Hinterlist, f – deceit; insidiousness
hinterlistig – deceitful; insidious
hinterziehen, v (1) – defraud, v
hinterziehen, v (2) *(Steuern, pl)* – cheat on taxes (pl), v
Hinweis, m (1) – reference; hint
Hinweis, m (2) *(Anzeichen, n)* – indication
Hinzurechnungsbetrag, m – additional amount
Hinzuverdienst, m – additional income
Hinzuverdienstgrenze, f – additional income limit
Hitzepause, f – heat break
Hitzezuschlag, m – heat allowance
Hobler, m – shaper; planer
Hochbau, m – structural engineering
hochbegabt – highly gifted
hochbezahlt – highly paid
hochbezahlte/r Angestellte/r, f/m – high salaried employee
hochdeutsch – standard German
Hochkonjunktur, f – booming economy; boom; peak prosperity; high industrial activity
hochqualifiziert – highly qualified
hochqualifizierte/r Angestellte/r, f/m – top-calibre employee
hochrangig – high-level
Hochrechnung, f – projection; forecast
Hochsaison, f – peak season
Hochschulabschluss, m – university degree
Hochschulabsolvent/in, f/m – university graduate
Hochschulausbildung, f *(Hochschulbildung, f)* – university education; graduate education; higher education; academic training
Hochschulbildung, f → Hochschulausbildung, f
Hochschule, f (1) – university; college
Hochschule, f (2) *(pädagogische)* – teacher training college
Hochschule, f (3) *(technische)* – College of Advanced Technology <*US*>; Institute of Technology
Hochschuleinrichtungen (pl) – institutes (pl) of higher learning
Hochschullehrer/in, m/f – university lecturer
Hochschulreife, f – university entrance level; general higher education entrance qualification; A-Levels <*GB*>
Hochzeit, f – marriage
Höchstalter, n – maximum age
Höchstaltersgrenze, f – maximum age limit
Höchstarbeitszeit, f – maximum working hours (pl); maximum time of work
Höchstbeitrag, m – maximum contribution

Höchstbetrag, m – maximum rate; maximum amount; ceiling amount
Höchstdauer, f – maximum duration; maximum period
Höchstgehalt, n – maximum salary
Höchstgrenze, f – upper limit; maximum limit; superior limit; ceiling
Höchsthaftung, f – maximum indemnity
Höchstleistung, f – maximum output; maximum performance; maximum efficiency; top efficiency
Höchstlohn, m – wage ceiling; top wage rate; maximum wage rate
Höchstmarke, f – ceiling
höchstpersönlich – strictly personal; strictly private
Höchstrente, f – maximum pension
höchstrichterlich – of the supreme court
Höchstsatz, m – maximum rate
Höchststrafe, f – maximum punishment
Höchstwertung, f – optimum rating
Höchstzahl, f – maximum number; highest number
Höhepunkt, m – peak; culminating point
höher – higher
höher einstufen, v – upgrade, v
höher stehen, v *(im Rang, m)* – outrank, v
höhere Gewalt, f – act of God; force majeure; fortuitous event; superior force
höhere Lehranstalt, f – college
höherer Dienst, m – administrative grade
Höhergruppierung, f – upgrading
Höherversicherung, f – increased insurance; supplementary insurance; complementary insurance
höherwertig – of higher value
hörgeschädigt – hearing-impaired
Hörsaal, m – lecture room; lecture hall <*US*>
Hörverstehen, n *(von Sprachen, pl)* – listening comprehension
hohe Anforderungen (pl) an jmd stellen, v – require a great deal of s.o., v
Hoheitsakt, m – instrument issued by the authorities (pl); act of state
Hoheitsaufgabe, f – sovereign task
Hoheitsgewalt, f – sovereign power
hohes Alter, n – old age
Holschuld, f – debt collectible by the creditor
Honorar, n (1) – professional fee; honorarium; payment
Honorar, n (2) *(Entlohnung, f)* – reward; remuneration; payment
Honorar, n (3) *(Belohnung, f)* – gratification
Honorar, n (4) *(eines Autors, m)* – royalty
Honoraranspruch, m – fee payable
Honorarlehrkraft, f – teacher operating on a fee basis
Honorarprofessor/in, m/f – honorary professor; associate professor
Horizontalbohrer, m – horizontal borer
Hospitation, f – work-shadowing
HR BPO – Human Resources Business Process Outsourcing
Hüttenarbeiter/in, m/f – iron worker
Hüttenindustrie, f – metallurgical industry
Humanisierung, f *(der Arbeitswelt, f)* – humanization
humanistische Bildung, f – classical education
Humanmedizin, f – medicine
Hungerlohn, m – starvation wages (pl); sweated money; pittance; penny fee <*GB*>

HwO → Handwerksordnung, f

Hydrauliker, m – maintenance mechanic hydraulic equipment

Hypothek, f – mortgage; real estate mortgage

Hypothekenbrief, m – mortgage certificate

Hypothekendarlehen, n – loan secured by mortgages (pl)

Hypothekenpfandbrief, m – mortgage bond

I

i.A. → im Auftrag, m

IAO → Internationale Arbeitsorganisation, f

IBWE → Internationale Bank (f) für Wiederaufbau und Entwicklung

Idealkonkurrenz, f – nominal coincidence; concurrence of offences/offenses

Idee, f – idea

Ideenfindung, f – brainstorming

Ideensammlung, f – brainstorming

Identifikation, f – identification

Identifikationsmeldepflicht, f – requirement to provide identification

Identität, f – identity

IG BAU → Industriegewerkschaft (f) Bauen, Agrar und Umwelt

IG BCE → Industriegewerkschaft (f) Bergbau-Chemie-Energie

IGH → Internationaler Gerichtshof, m

IGM → Industriegewerkschaft (f) Metall

illegal – illegal

im Akkord arbeiten, v – job, v; piece-work, v

im Akkord, m – by the job; by the tut *<GB>*

im aktiven Dienst, m – on active duty

im Angestelltenverhältnis (n) stehen, v – be in salaried employment, v

im Arbeitsverhältnis (n) mit jmd stehen, v – be gainfully employed with s.o., v; be employed with s.o., v

im Auftrag, m (1) *(von)* – by order of; in charge of; on behalf of *<GB>*; in behalf of *<US>*

im Auftrag, m (2) (i.A.) *(bei Unterschriften, pl)* – signed by ... (for ...)

im Ausbildungsverhältnis (n) stehen, v – serve one's apprenticeship, v

im Ausland, n – abroad

im Dienst (m) sein, v – be on duty, v

im ersten Wahlgang, m – in the first ballot

im Gedinge (n) arbeiten, v – work by the job, v

im Heer (n) dienen, v – serve with the colours (pl), v

im Regelfall, m – normally; usually

im Ruhestand, m – retired

im Voraus – in advance; in anticipation

im Zeitlohn, m – on straight time

immateriell – immaterial; intangible

immaterieller Schaden, m – injury not to property; intangible damage; non-material damage

immaterieller Wert, m – intangible value

Immatrikulation, f – university enrollment/enrolment; university registration

Immatrikulationsbescheinigung, f – certificate of registration; certificate of matriculation

immatrikulieren (sich), v – enrol, v/enroll, v; matriculate, v
Immissionen (pl) – noxious air
Immissionsschutzbeauftragte/r, f/m – plant inspector for pollution control
Immobilien – real estate; real property; immovables (pl)
Immobilienmakler, m – real estate dealer <*GB*>; real estate agent <*GB*>; real-estate broker <*US*>
Immobilienverwalter, m – property manager
Immunität, f – immunity
Impfbescheinigung, f – vaccination certificate
Impfschaden, m – vaccine damage
Impfschein, m – vaccination certificate
Impfzwang, m – compulsory vaccination
in Anlehnung (f) an – in imitation of; in emolation of; after
in beratender Funktion, f – in an advisory function
in Betrieb (m) befindlich – in operation
in böser Absicht, f – in bad faith
in böswilliger Absicht, f – with malice prepence
in der Angelegenheit, f – in the matter of
in Dienst (m) nehmen, v – hire, v <*US*>; engage, v; employ, v
in doppelter Ausfertigung, f – in duplicate; in two copies (pl)
in doppelter Ausführung, f – in duplicate
in Ferien (pl) – on vacation
in gegenseitigem Einvernehmen, n – by mutual agreement; by common accord
in Haft, f – under arrest; in prison; in custody; detained
in jmds Aufgabengebiet (n) fallen, v – come into s.o.'s domain, v; be within s.o.'s responsibility, v
in Kraft setzen, v – put into force, v
in Kraft treten, v – come into force, v; become effective, v; take effect, v
in Kraft, f – in force; in effect
in nichtöffentlicher Sitzung, f <*jur*> – in chambers (pl) <*law*>
in öffentlicher Gerichtssitzung, f – in open court
in seiner Arbeit (f) völlig aufgehen, v – be wrapped up in one's work, v
inaktiv – inactive
Inbetriebnahme, f – opening; putting into operation
Incentive-Reise, f – incentive trip
Indexbindung, f *(der Löhne, pl)* – indexation
Indexklausel, f – escalator clause
Indexlohn, m – pegged wages (pl)
indirekt – indirect
indirekte Stellvertretung, f – indirect agency
indirekte Steuer, f – indirect tax; indirect duty
indirekter Lohn, m – indirect wages (pl)
indirekter Vorsatz, m – indirect intent
Individualarbeitsrecht, n – individual labo(u)r law
Individualklage, f – individual petition; individual action
Individualschutz, m – individual protection
Individualsphäre, f – individual sphere
individuell – personal; individual
Indiz, n – indication; indicium
Indizienbeweis, m <*jur*> – circumstantial evidence; presumptive evidence; indirect evidence
Industrie, f – industry

Industrie- und Handelskammer, f – Chamber of Industry and Commerce

Industrieanlagenelektroniker, m – industrial electronics technician

Industriearbeiter/in, m/f – factory worker; industrial worker; operative

Industrieberater/in, m/f – industrial consultant; management consultant

Industriebetrieb, m – industrial plant

Industrieerfahrung, f – industrial experience

Industriegelände, n – industrial site; industrial area; industrial estate; industrial park <*US*>

Industriegewerkschaft (f) Bauen, Agrar und Umwelt (IG BAU) – Industrial Union of Employees in the Construction, Agriculture and Environment Industries in Germany

Industriegewerkschaft (f) Bergbau - Chemie - Energie (IG BCE) – Industrial Union of Employees in the German Mining, Chemistry, Energy and Powers Industries

Industriegewerkschaft (f) Metall (IGM) – Industrial Union of Metalworkers in Germany; Metalworkers Union

Industriegewerkschaft, f – industrial union

Industriekauffrau, f – industrial clerk

Industriekaufmann, m – industrial clerk

industriell – industrial

industrielle Beziehungen (pl) – industrial relations (pl)

industrielle Fachausbildung, f – specialized industrial training

Industriemechaniker/in, m/f – industrial mechanic

Industrieroboter, m – industrial robot

Industrieunternehmen, n – industrial company

Industrieverband, m – industrial association; federation of industries (pl)

Industriezweig, m – branch of industry; industrial sector; industrial division

ineffizient – inefficient

Ineffizienz, f – inefficiency

Infektionskrankheit, f – zymotic disease

Inflation, f (1) – inflation

Inflation, f (2) *(schleichende)* – creeping inflation

Inflationsrate, f – rate of inflation; inflaction rate

Informatik, f – computer engineering; informatics (pl) <*GB*>; computer science

Informatiker/in, m/f – computer scientist

Informatikkaufmann, m/ -kauffrau, f – computer clerk; information clerk

Information, f – information; communication

Informationsanspruch, m – right to be notified

Informationsbesuch, m – information visit

Informationsfluss, m – information flow

Informationspflicht, f – obligation to inform

Informationsrecht, n – right to information; right to be notified

Informationsspeicherung, f – information storage

Informationstechnologie, f (IT) – information technology (IT)

Informationsverarbeitung, f – information processing

Informationswissenschaft, f – information technology
Informationszentrale, f – information centre/center
informell – informal
informieren, v – inform, v
Infrastruktur, f – infrastructure
Ingenieur/in, m/f (1) – engineer
Ingenieur/in, m/f (2) *(leitender)* – chief engineer
Ingenieurwesen, n – engineering; engineering science
Inhaber/in, m/f – owner; proprietor; bearer; holder; prossessor
Inhaberaktie, f – bearer share <*GB*>; bearer stock <*US*>
Inhaberpapier, n – bearer paper; bearer certificate
Inhaberscheck, m – bearer cheque/check; cheque/check payable to bearer
Inhaberschuldverschreibung, f – bearer bond <*US*>; debenture to bearer <*GB*>
Inhalt, m – content
Inhaltsirrtum, m – error as to the content of the declaration
Inhaltskontrolle, f – control of contents (pl)
inhaltsreich – comprehensive
Initiative (f) besitzen, v – be enterprising, v; have pep, v <*infml*>
Initiative (f) vermissen lassen, v – be lacking in drive, v
Initiative, f – initiative; drive; pep <*infml*>; getup <*US,infml*>
Initiativrecht, n – right to take the initiative
Inkompatibilität, f – incompatibility
Inkrafttreten, n – coming into force; taking effect
inländisch – domestic
inländischer Markt, m – domestic market
Inlandseinkommen, n – domestic income
Inlandsreise, f – domestic travel; domestic trip
Innendienst, m – indoor work; office work
Innenpolitik, f – domestic policy
Innenrevision, f – internal audit
Innenverhältnis, n – internal relationship; relations (pl) inter se
innerbetrieblich – intercompany; intracompany; in-plant; internal
innerbetriebliche Ausbildung, f – in-plant training; intracompany training
innerhalb – inside
innerhalb der Arbeitszeit, f – in hours (pl); during working time
Innung, f – trade guild; craft guild
Innungskrankenkasse, f – guild sickness insurance fund; guild sickness fund
inoffiziell – unofficial; informal; off the record
Inserat (n) aufgeben, v – put in an advertisement, v
Inserat, n – insertion; advertisement; ad <*US,infml*>
Inseratskosten (pl) – advertisement fee
inserieren, v – insert, v; advertise, v
InsO → Insolvenzordnung, f
Insolvenz, f – insolvency
insolvenzgeschützt – insolvency protected
Insolvenzordnung, f (InsO) – Insolvency Ordinance
Insolvenzrecht, n – insolvency law
Insolvenzschutz, m – insolvency protection
Insolvenzsicherung, f (1) – security against insolvency

Insolvenzsicherung, f (2) *(von Pensionen, pl)* – protection of pensions (pl) in case of insolvency
Inspektor, m – supervisor; overseer
Installateur, m – fitter; plumber
Instandhaltung, f – maintenance
Instandhaltungspersonal, n – maintenance staff; maintenance personnel; maintenance employees (pl); maintenance people
Instandsetzungsarbeiten (pl) – repair work
Instandsetzungsdarlehen, n – home-improvement loan
Instanz, f (1) *<jur>* – instance
Instanz, f (2) *<jur> (erste)* – lower court
Instanz, f (3) *<jur> (zweite)* – appelate court
Instanz, f (4) *<jur> (höhere)* – superior court
Instanz, f (5) *<jur> (Revisionsinstanz, f)* – court of appeals (pl)
Instanzenweg, m – stages (pl) of appeal
Instanzenzug, m – sequence of courts (pl)
Institut (n) der Deutschen Wirtschaft, f – German Economic Institute
Institut, n – institute
Instruktion, f – briefing
Insubordination, f – insubordination
Integrationsamt, n (ehemals Hauptfürsorgestelle) – authority for the protection and integration of disabled persons (pl)
integrierte Kleingruppe, f – integrated small group
Integrität, f – integrity
Intellektuelle/r, f/m – intellectual; egg-head <*US, pej*>
intelligent – intelligent; bright
Intelligenz, f – intelligence
Intelligenztest, m – intelligence test
intensiv – intensive
Intensivkurs, m – crash course; intensive course; total exposure course
interdisziplinär – interdisciplinary
Interesse, n (1) – interest
Interesse, n (2) *(berechtigtes)* – legitimate interest
Interesse, n (3) *(öffentliches)* – public interest
Interesse, n (4) *(schützwürdiges)* – legitimate interest
Interessenabwägung, f – balancing of interests (pl)
Interessenausgleich, m – reconciliation of interest (pl); settlement of interest (pl); balancing of interests (pl)
Interessengemeinschaft, f – association for the promotion of common objectives (pl); commonality of interests (pl); pool
Interessenkollision, f – conflict of interests (pl); clash of interests (pl)
Interessenlage, f – interest situation
Interessenverband, m – pool
Interessenvertreter, m – representative of interests (pl); representative of the interests (pl); bendable lobbyist; lobbyist
Interessenvertretung, f – representation of interests (pl)
Interessenwahrung, f – protection of interests (pl)
interkulturell – intercultural; cross cultural
intern – internal
Internat, n – boarding school
international – international
Internationale Arbeitsorganisation, f (IAO) – International Labour/ Labor Organisation (ILO)

Internationale Bank (f) für Wiederaufbau und Entwicklung – International Bank for Reconstruction and Development
internationale Beziehungen (pl) – international relations (pl)
Internationale Handelskammer, f – International Chamber of Commerce (ICC)
Internationale Klassifikation der Funktionsfähigkeit, Behinderung und Gesundheit (f) – International Classification of Functioning, Disability and Health (ICF)
Internationaler Gerichtshof, m (IGH) – International Court of Justice (ICJ)
Internationaler Währungsfonds, m (IWF) – International Monetary Fund (IMF)
Internationales Arbeitsamt, n – International Lab(o)ur Office
Internationales Gewerkschaftsnetzwerk-Europa, n – Union Network International - Europe (UNI-Europe) (hervorgegangen aus den vier ehemaligen Gewerkschaftsausschüssen: Europaausschuss der Internationale der Post-, Telegrafen- und Telefonbetriebe; Europäische Grafische Föderation; Europäische Regionalorganisation des Internationalen Bundes der Privatangestellten; Europäischer Gewerkschaftsausschuss für Kunst, Medien und Unterhaltung)
internationales Privatrecht, n – international private law
Internet, n – internet; world wide web
Intimsphäre, f – privacy
invalide – disabled
Invalide, m – disabled person
Invalidenrente, f – invalidity benefit; disablement benefit; disability pension *<US>*
Invalidenversicherung, f – invalidity insurance; disablement insurance; disability insurance *<US>*
Invalidenversicherungsbeitrag, m – disablement insurance contribution; disability insurance contribution *<US>*
Invalidität, f – invalidity; disablement; disability *<US>*; permanent incapacity
Invaliditätsrente, f – disablement annuity; disability pension *<US>*; invalidity pension; invalidity benefit
Inventar, n – inventory; stock
Inventur, f – inventory taking; stock taking
investieren, v – invest, v; place investments (pl), v
Investition, f – investment; capital; expenditure
Investitionsbudget, n – capital expenditure budget
Investitionsgüter (pl) – capital goods (pl)
Investitionsplanung, f – investment planning
Investitionstätigkeit, f – investing activities (pl)
Investivlohn, m – investment wages (pl) and salaries (pl)
Investor/in, m/f – investor
irreführen, v – mislead, v
Irrenanstalt, f – lunatic asylum; insane asylum; hospital for mental diseases (pl)
Irrtum, m – error; mistake
Irrtumsanfechtung, f – avoidance of a contract owing to mistake; avoidance owing to mistake
Irrtumsvorbehalt, m – clause reserving errors (pl)
Isolation, f – isolation
Iststärke, f – actual strength

Istzeit, f – actual time; attendance time

Istzeiterfassung, f – actual time recording; attendance-time recording

IT → Informationstechnologie, f

IWF → Internationaler Währungsfonds, m

J

jährlich – annual; yearly

jährliche Zahlung, f – annuity

Jahresabschluss, m – annual accounts (pl); annual settlement of accounts (pl); annual financial statement; year-end closing

Jahresabschlussgratifikation, f – year-end gratification

Jahresabschlussvergütung, f – year-end bonus; year-end premium

Jahresabschlusszahlung, f – year-end payment

Jahresanspruch, m – annual entitlement

Jahresarbeitsentgelt, n – annual income; annual earnings (pl)

Jahresarbeitsentgeltsgrenze, f – annual earnings (pl) threshold; annual earnings (pl) limit; annual employee compensation limit

Jahresarbeitsverdienst, m – annual earnings (pl); annual average earnings (pl); annual earned income

Jahresarbeitsverdienstgrenze, f – annual earnings (pl) treshold; annual earnings (pl) limit

Jahresausgleich, m *(bei der Lohnsteuer, f)* – annual wage tax recomputation; annual income tax return; annual adjustment of income tax; annual settlement of wage withholding tax

Jahresbeitrag, m – annual subscription; yearly subscription; annual contribution; annual membership fees (pl)

Jahresbericht, m – annual report

Jahresbescheinigung, f *(Steuer, f)* – annual tax certificate

Jahresdurchschnittsverdienst, m – annual average earnings (pl)

Jahreseinkommen, n – annual income; yearly income; returns (pl) during the year

Jahresendprämie, f – year-end premium

Jahresentgeltbescheinigung, f – annual remuneration certificate

Jahresfixum, n – fixed annual salary *<US>*

Jahresgehalt, n – annual salary

Jahresgrundgehalt, n – basic annual salary

Jahreshauptversammlung, f – annual general meeting

Jahresleistung, f – annual output

Jahreslohn, m (1) – annual wage

Jahreslohn, m (2) *(garantierter)* – guaranteed annual wages (pl)

Jahreslohnkonto, n – annual payroll account

Jahreslohnsteuertabelle, f – annual wage tax table

Jahresmeldung, f (1) – annual report

Jahresmeldung, f (2) *(für die Sozialversicherung, f)* – annual income statement to social insurance institution; annual contributions report

Jahresprämie, f – annual premium
Jahresrechnung, f – annual account
Jahresrente, f – annuity
Jahressollarbeitszeit, f – annual target working hours (pl)
Jahressonderzahlung, f – annual special payment
Jahresumsatzprämie, f – annual turnover premium
Jahresurlaub, m – annual holiday; annual leave; annual vacation <*US*>; vacation per year <*US*>
Jahresversammlung, f – annual meeting
Jahreswagen, m – employee car
Jahreswagenrabatt, m – annual employee-car discount
Jahreswirtschaftsbericht, m – annual economic report
Jahreszahlung, f – annual payment; annuity
Jahrgangsstufe, f – year; grade <*US*>
JArbSchG → Jugendarbeitsschutzgesetz, n
Jasager/in, m/f – "yes" man/woman
Jobmesse, f → Bewerbermesse, f
Journalistik, f – journalism
Jubiläum (n) begehen, v – celebrate an anniversary, v; observe an anniversary, v
Jubiläum, n (1) – anniversary
Jubiläum, n (2) *(fünfzigjähriges)* – jubilee
Jubiläumsfeier, f – celebration of an anniversary; anniversary celebration
Jubiläumsgeld, n – anniversary bonus
Jubiläumsgeschenk, n – anniversary present
Jubiläumsveranstaltung, f – anniversary event; anniversary party
Jubiläumszahlung, f – anniversary payment
Jubiläumszuwendung, f – anniversary bonus
Jubilar/in, m/f – jubilarian; celebrator of a jubilee
Jubilarfeier, f – jubilarian's celebration; service anniversary
Jubilarliste, f – register of employees (pl) celebrating their service anniversary
jünger *(im Amt)* – junior
Jugend, f – youth
Jugend- und Auszubildendenvertretung, f – representation of juvenile employees (pl) and apprentices (pl)
Jugendamt, n – youth welfare office
Jugendarbeit, f (1) *(von Jugendlichen, pl)* – work done by minors (pl)
Jugendarbeit, f (2) *(für Jugendliche, pl)* – youth welfare; juvenile care
Jugendarbeitslosigkeit, f – youth unemployment; unemployment of young people
Jugendarbeitsschutz, m – protection of minors (pl) in employment; protection of young persons (pl) in employment
Jugendarbeitsschutzgesetz, n (JArbSchG) – Young Persons' Protection of Employment Act; Federal Act to Protect Young Working Persons
Jugendarrest, m – juvenile detention; arrest of juveniles (pl)
jugendgefährdend – harmful for adolescents (pl)
Jugendgericht, n – juvenile court; youth court
Jugendgerichtsgesetz, n – Youth Courts Act; Juvenile Courts Act
Jugendhilfe, f – public youth welfare
Jugendkriminalität, f – juvenile delinquency

jugendlich – juvenile; adolescent
Jugendliche/r, f/m – adolescent; juvenile; young person; youngster *<infml>*
Jugendpfleger/in, m/f – child welfare worker
Jugendschutzgesetz, n (JuSchG) – Protection of Young Persons Act; Youth Protection Act <*US*>
Jugendstrafe, f – sentence for juveniles (pl)
Jugendversammlung, f – juvenile employees' meeting
Jugendvertreter/in, m – juvenile employees' representative; youth representative
Jugendvertretung, f – representation of juvenile employees (pl)
Junggeselle, m – bachelor
Junggesellenwohnung, f – bachelor flat <*GB*>; bachelor apartment <*US*>; bachelor quarter
Junggesellin, f – bachelor girl; spinster
Jungunternehmer/in, m/f – young entrepreneur <*US*>
Juniorchef/in, m/f – junior director; junior partner <*US*>
Jura – law
Jura studieren, v – study law, v; study the law, v; read for the bar, v; keep terms (pl), v <*GB*>
Jurist/in (m/f) sein, v – be in the law, v; be a lawyer, v
Jurist/in, m/f – lawyer; jurist
juristisch – legal; juridical; jural
juristische Ausbildung, f – legal training; legal education
juristische Person, f – legal entity; legal person; juristic person; artificial person; corporate body
JuSchG → Jugendschutzgesetz, n
Justitiar, m – general counsel <*US*>; corporation lawyer; head of a legal department; justiciary
Justiz, f – administration of justice
Justizbeamte/r, f/m – law officer; judical officer
Justizirrtum, m – miscarriage of justice
Justizministerium, n – Ministry of Justice <*GB*>; Department of Justice <*US*>
Justizwachtmeister, m – court sergeant

K

Kaderakte, f – senior staff personnel file

Kaderangehörige/r, f/m – senior staff member

Käufer/in, m/f – buyer; purchaser

Kaffeekasse, f – petty cash

Kalenderhalbjahr, n – calendar half

Kalenderjahr, n – calendar year

kalendertäglich – calender-daily

Kalendertag, m – calendar day

Kalendervierteljahr, n – calendar quarter

Kalkulationsabteilung, f – cost-accounting department

Kamerad, m Kumpel, m *<infml>* – buddy *<US,infml>*; mate *<GB>*

Kammer, f (1) – chamber; chambers

Kammer, f (2) *(eines Gerichts, n)* – chamber of a court; three-judge panel; division

Kammer, f (3) *(des Arbeitsgerichts, n)* – division of the labo(u)r court

Kammer, f (4) *(für Handelssachen, pl)* – special court for commercial causes (pl)

Kammerumlage, f – apportioned chamber contribution

Kampfmaßnahme, f – combative measure; militant action

Kampfparität, f – combative parity

Kampftaktik, f – combative tactics (pl)

Kampfziel, n – combative target; combative objective

Kandidat/in, m (1) – candidate; nominee

Kandidat/in, m (2) *(Bewerber, m)* – applicant

Kandidat/in, m (3) *(Prüfling, m)* – examinee; examination candidate

Kandidatenliste, f – list of candidates (pl); nominations (pl) list

kandidieren, v – run for, v; candidate, v

Kannvorschrift, f – discretionary clause; optional provision

Kantine, f – canteen; lunchroom *<US>*; cafeteria *<US>*; commissary

Kantineneinrichtung, f (1) *(Institution, f)* – employee food services (pl)

Kantineneinrichtung, f (2) *(Ausstattung, f)* – canteen facilities (pl)

Kantinenessen, n – canteen food; cafeteria food *<US>*

Kantinenwesen, n – catering department

Kantinenwirt, m – canteen keeper; canteen manager

Kanzlei, f (1) *(Verwaltung, f)* – chancellery

Kanzlei, f (2) *(Gerichtskanzlei, f)* – chancery *<GB>*

Kanzlei, f (3) *(eines Anwalts, m)* – law office

Kapazität (f) voll ausnutzen, v – work to capacity, v

Kapazität, f (1) *(Fassungsvermögen, n)* – capacity

Kapazität, f (2) (freie) – spare capacity

Kapazität, f (3) *(maximale)* – maximum capacity

Kapazität, f (4) *(voll ausgenutzte)* – full operating capacity

Kapazität, f (5) *(ungenutzte)* – idle capacity; spare capacity

Kapazität, f (6) *(Experte, m)* – expert; authority

Kapazitätsausnutzung, f – capacity utilization

Kapazitätsausnutzungsgrad, m – capacity load factor; utilization rate; operating rate
Kapazitätsplanung, f – capacity planning
Kapital, n (1) – capital
Kapital, n (2) *(Geldmittel; pl)* – funds (pl); means (pl); resources (pl)
Kapitalabfindung, f – lump sum settlement; monetary compensation; settlement in cash
Kapitalanlage, f (1) – capital investment
Kapitalanlage, f (2) *(vermögensbildende)* – asset-creating capital
Kapitalaufwand, m – capital spending; capital expenditure
Kapitaldeckung, f – capital coverage
Kapitaldeckungsverfahren, n – capital coverage method
Kapitaleinkommen – unearned income <*US*>
Kapitalerhöhung, f – capital increase
Kapitalertrag, m – income from capital; revenue from capital; capital yield
Kapitalertragssteuer, f – capital yield tax <*GB*>; withholding tax on dividends (pl); capital returns (pl) tax; capital gains (pl) tax <*US*>; capital income tax
Kapitalgesellschaft, f – joint stock company; business corporation; capital company; stock corporation <*US*>
Kapitalrente, f – capitalized annuity
Kapitalrücklage, f – capital reserves (pl)
kapitalstark – financially strong; financially sound
Kapitalverbrechen, n – capital crime
Kapitalwirtschaft, f – finance management; capital management
Kapitel, n – chapter
kaputt <*infml*> – broken; out of order; ruined; wrecked; packed up
kaputtarbeiten (sich), v <*infml*> – wear one self out, v
kaputtmachen (sich), v <*infml*> – fag one self out, v
Karenzentschädigung, f – compensation for competitive restriction; compensation for restraint of competition
Karenztag, m – unpaid day of sick leave
Karenztage (pl) – waiting period
Karenzurlaub, m – sick leave grace period
Karenzzeit, f (1) *(im Wettbewerb, m)* – period of competitive restriction
Karenzzeit, f (2) *(bei Versicherungen, pl)* – qualifying period; waiting period
Karfreitag, m – Good Friday
Karneval, m – carnival <*US*>
Karriere (f) machen, v – make a career for one self, v; get ahead, v <*US*>
Karriere, f – career; professional career
Karriereberater/in, m/f – career counselor
Karriereknick, m – career interruption
Karriereleiter, f – career ladder; corporate ladder
Karrieremöglichkeiten (pl) – career opportunities (pl); career prospects (pl)
Karriereplanung, f – career planning
Karsamstag, m – Holy Saturday
Kartei, f – file; deck of cards (pl); card file; card-register; card-index

Karteikarte, f – file card; record card; index card
Kartell, n – cartel; combine; trust <*US*>
Kartellamt, n – Cartel Office; Monopolies and Mergers Commission <*GB*>; Federal Trust Commission <*US*>; Antitrust Division of the Department of Justice <*US*>
Kartellbehörde, f – cartel authority; antitrust division <*US*>
Kartellgericht, n – cartel court; Restrictive Practice Court <*GB*>
Kasino, n *(für leitende Angestellte; pl)* – executive dining room
Kasse, f (1) *(Schalter, m)* – cash office; cash register; cash box; cashier's office
Kasse, f (2) *(Unterstützungskasse, f)* – relief fund
Kassenarzt, m/ Kassenärztin f – panel doctor
Kassenbestand, m – cash balance; cash on hand
Kassenfehlbetrag, m – shortage in the cash; adverse cash balance <*GB*>
Kassenprüfer/in, m/f – auditor
Kassenrevisor, m – cash auditor
Kassenschalter, m – cash box
Kassenverwalter, m – cashier
kassieren, v (1) *(Geld, n)* – cash, v; collect, v
kassieren, v (2) *(aufheben, v)* – annul, v; cancel, v
Kassierer/in, m/f – cashier; cash clerk
katholisch – Catholic
Kauf, m – purchase; buying
Kauffrau, f – businesswoman <*US*>
kaufkräftig (1) *(Währung, f)* – having purchasing power
kaufkräftig (2) *(Verbraucher, m)* – able to buy; moneyed
Kaufkraft, f (1) *(des Geldes, n)* – purchasing power
Kaufkraft, f (2) *(der Konsumenten, pl)* – spending power
Kaufkraftausgleich, m – purchasing power allowance
Kaufkraftparität, f – purchasing power parity (PPP)
Kaufkraftschwund, m – erosion of purchasing power
Kaufkraftüberschuss, m – excess of purchasing power
Kaufkraftzuschlag, m – purchasing power allowance
kaufmännisch – commercial; mercantile <*US*>
kaufmännische Ausbildung, f – commercial training
kaufmännische Lehre, f – commercial apprenticeship
kaufmännische/r Angestellte/r, f/m – commercial clerk <*US*>; clerical employee; clerk
kaufmännische/r Auszubildende/r, f/m – commercial apprentice
kaufmännische/r Leiter/in, m/f – commercial manager
kaufmännischer Beruf, m – commercial occupation
kaufmännisches Rechnungswesen, n – commercial accounting
Kaufmann, m – merchant; dealer; trader; businessman
Kaufmannsgehilfe, m/ Kaufmannsgehilfin, f – commercial assistant; shop assistant
Kaufmannsgehilfenprüfung, f – business school examination for commercial assistants (pl)
Kaufvertrag, m – sales agreement; sales contract; purchasing contract
kausal – causal; causative of
Kausalität, f – causality; causation

Kausalzusammenhang, m – causal relationship; connection of proximate causes; causal connection; causal link; chain of causation
Kaution (f) hinterlegen, v – lodge a deposit, v
Kaution (f) stellen, v – bail, v; give bail, v; stand bail, v; lodge security, v; furnish security, v
Kaution, f (1) – security bond; surety
Kaution, f (2) *(im Strafverfahren, n)* – bail; bond <*US*>
kauzig – cranky
keine Arbeit (f) haben, v – be unemployed, v; be out of work, v
keinen Anspruch (m) erheben, v – waive a claim, v; disclaim, v
keinen Erfolg (m) haben, v – fail, v
keinen Lehrabschluss (m) haben, v – not to have finished one's apprenticeship, v
Kenner/in, m/f – expert
Kenntnis, f – knowledge
Kenntnisnahme, f – notice
Kenntnisse, pl (1) – attainments (pl); knowledge; know-how
Kenntnisse, pl (2) *(ausreichende)* – working knowledge
Kenntnisse, pl (3) *(berufliche)* – professional knowledge
Kennzahl, f – classification figure; key number; code number; reference number
kennzeichnen, v – label, v; mark, v
Kennziffer, f – key indicator
Kerl, m <*infml*> *(toller)* – crackajack <*infml*>
Kernarbeitszeit, f (*Kernzeit, f*) – core time; core working hours (pl)
Kernbereich, m – core area; bottom of a business; root of a matter
Kernpunkt, m – crucial point
Kernzeit, f → Kernarbeitszeit, f
Kettenarbeitsvertrag, m – chain employment contract; multiple employment contract
KG → Kommanditgesellschaft, f (1)
Kilometergeld, n – mileage allowance; mileage money
Kilometerpauschale, f – lump-sum mileage allowance <*US*>; flat mileage rate
Kind, n (1) – child
Kind, n (2) *(eheliches)* – legitimate child
Kind, n (3) *(minderjähriges)* – minor; infant
Kind, n (4) *(uneheliches)* – illegitimate child
Kinder (pl) – children
Kinderarbeit, f – children's labour <*GB*>; child labo(u)r; employment of children
Kinderbetreuung, f – child care
Kindererziehung, f – child education; upbringing
Kindererziehungszeiten (pl) – upbringing periods (pl)
Kinderfreibetrag, m *(steuerlicher)* – tax exemption for dependent children; child relief <*GB*>; child tax allowance <*GB*>; child tax exemption <*US*>
Kindergarten, m – kindergarten; nursery school
Kindergeld, n – family allowance <*GB*>; child allowance <*US*>; child benefit; children's benefit <*GB*>
Kindergeldkasse, f – child benefit fund
Kinderheim, n – children's home
Kinderkrippe, f – day nursery; day care <*US*>; crèche facilities (pl)
kinderlos – childless
Kindermädchen, n – nanny; nursery maid
Kinderstube, f (1) – nursery

Kinderstube, f (2) *<fig> (Erziehung, f)* – upbringing

Kindertagesstätte, f – day nursery

Kinderzulage, f – child allowance; dependency allowance, family allowance; dependency bonus; children's allowance *<GB>*; child bounty *<US>*

Kindesunterhalt, m – child support

Kindheit, f – childhood

Kindschaftsverhältnis, n – relationship to child

Kirchenbuch, n – parish register

Kirchensteuer, f – church tax *<US>*; church rate *<GB>*

Kirchensteuerhebesatz, m – church tax rate

kirchlicher Arbeitnehmer, m – employee of the church

Kläger/in, m/f (1) – plaintiff; claimant; suitor; complaining party

Kläger/in, m/f 2) *(bei Berufungsverfahren, pl)* – complainant

klagbar – actionable; enforceable

Klage (f) anhängig machen, v – maintain an action, v

Klage (f) einreichen, v – bring a lawsuit, v

Klage (f) erheben, v – sue s.o., v; file a suit, v; file an action, v; institute an action, v

Klage, f (1) *(im Zivilrecht, n)* – action; legal action; suit; lawsuit *<US>*

Klage, f (2) *(Beschwerde, f)* – complaint; grievance

Klage, f (3) *(dingliche)* – real action

Klage, f (4) *(auf Schadensersatz, m)* – damages suit

Klage, f (5) *(wegen Vertragsverletzung, f)* – action for breach of contract

Klageabweisung, f (1) – dismissal of an action

Klageabweisung, f (2) *(wegen Versäumnis (n) des Klägers; m)* – nonsuit

Klageänderung, f – amendments (pl) to an action; amendment of pleadings (pl)

Klageanspruch, m – cause of action; cause of claim

Klageantrag, m – motion for judgement; prayer for judgement; application for relief

Klagebeantwortung, f – defence/defense to the application; defendant's answer

Klagebefugnis, f – right of action

Klagebegehren, n – prayer of process; prayer for relief

Klagebegründung, f – statement of claim

Klageerhebung, f – entering of an action; filing of a suit; filing of an action; commencement of action

Klageerwiderung, f – statement of defence/defense

Klagefrist, f – period for filing a suit; period for filing an action

Klagegrund, m – cause of action

Klagehäufung, f – joinder of actions (pl)

klagen, v (1) – sue, v; file a suit, v; take legal action, v; bring an action against s.o., v; institute proceedings (pl) against s.o., v

klagen, v (2) (vor Gericht (n) gehen, v) – bring into court, v; go to court, v

klagen, v (3) *(auf Schadensersatz, m)* – sue for damages (pl), v

klagen, v (4) *(auf Unterlassung, f)* – sue for a permanent injunction, v

klagen, v (5) *(sich beschweren, v)* – complain, v

Klagerecht, n – right of action; right to sue

Klagerücknahme, f – withdrawal of action; abandonment of an action; voluntary nonsuit

Klageschrift (f) einreichen, v – libel, v

Klageschrift, f – application originating the proceedings (pl); libel statement of claim; bill of complaint; petition

Klageweg, m – litigation; action

Klarstellung, f – explanation

Klasse, f (1) – class; category

Klasse, f (2) *(soziale)* – rank

Klassenarbeit, f – classroom test

Klassenbeste/r, f/m – top of the class

Klassenkampf, m – class struggle; class conflict

Klassenlehrer/in, m/f – class teacher; homeroom teacher *<US>*; form master *<GB>*

Klassensprecher/in, m/f – class spokesman/ spokeswoman; class spokesperson

Klausel, f – clause; stipulation; provisio

Klausur, f *(Prüfungsarbeit, f)* – written examination

Klausurtagung, f – closed meeting

Kleidergeld, n – clothing allowance

Kleiderordnung, f – dress regulations (pl); dress code

Kleinarbeit, f – legwork *<US,infml>*

Kleinbetrieb, m – small-sized establishment; small-sized business; small-sized firm; splinter operation

Kleingewerbe, n – small-scale trade

Kleinindustrie, f – light industry

Kleinunternehmen, n – small sized enterprise

Klempner, m – plumber; tinsmith; whitesmith

Klient, m – client

Klinik, f – hospital; clinic

klug – bright; intelligent

knapp an Geld (n) sein, v – be short of money, v

knapp an Personal (n) sein, v – be short-handed, v; be short-staffed, v

Knappschaft, f – miners' guild; society of miners

knappschaftliche Rentenversicherung, f – miners' pension insurance scheme

Knappschaftskasse, f – miners' insurance; miners' provident fund; miners' benefit fund; miners' and mine-employees' social insurance

Knebelungsvertrag, m – tying contract; oppressive agreement

Knüller, m *<infml>* – crackajack *<infml>*

KO → Konkursordnung, f

Koalition, f – coalition

Koalitionsbildung, f – formation of a coalition

Koalitionsfreiheit, f – freedom of coalitions (pl) (right to form (trade/labo(u)r) unions and employers' associations and to join them)

Können, n – ability; skills (pl); competence; faculty; proficiency

Könner/in, m/f – proficient

körperbehindert – physically handicapped

Körperbehinderung, f – physical disability; disablement; handicap

Körperertüchtigung, f – physical education

Körpergröße, f – body size

körperlich – physical; bodily; tangible; material

körperlich behindert – physically disabled

körperlich kräftig – able-bodied

körperliche Arbeit, f – physical work; manual work; manual labo(u)r

körperliche Belastung, f – physical exertion
körperliche Misshandlung, f – physical abuse
körperliche Sachen (pl) – tangible property
Körperschaft, f (1) – corporate body; corporation
Körperschaft, f (2) *(gesetzgebende)* – legislative body
Körperschaft, f (3) *(des öffentlichen Rechts, n)* – public body; public corporation; body corporate; body governed by public law; corporation under public law
Körperschaftssteuer, f – corporate income tax <*GB*>; corporate tax <*GB*>; corporation income tax <*US*>; tax on profits (pl)
Körperschaftssteuergesetz, n – Corporation Tax Act
Körperschutzmittel, n – personal protective equipment
Körpersprache, f – body language
Körperverletzung, f – physical injury; bodily harm; personal injury
Kohlebergbau, m – coal-mining industry
Kollege, m/ Kollegin, f – colleague; fellow worker; co-worker; buddy <*US,infml*>
kollegial – collegial; co-operative <*GB*>; cooperative <*US*>
kollektiv – collective
Kollektivarbeitsvertrag, m – collective labo(u)r agreement
kollektive Regelung, f – collective regulation; collective settlement
Kollektivertragsverhandlung, f *(Kollektiverhandlung, f)* – collective bargaining; collective negotiations (pl)
kollektives Arbeitsrecht, n – collective labo(u)r law
kollektives Interesse, n – collective interest
Kollektivschuld, f – collective guilt
Kollektivvertrag, m – collective bargaining agreement; collective bargaining contract
Kolonne, f *(Arbeiter, pl)* – gang; group; crew
Kolonnenarbeit, f – gang work; group work
Kolonnenarbeiter/in, m/f – gang worker; group worker
Kolonnenführer/in, m/f – group leader; gang leader; gang foreman; charge hand
kommandieren, v – command, v
Kommanditgesellschaft, f (1) (KG) – limited commercial partnership; limited partnership; partnership limited by shares (pl)
Kommanditgesellschaft, f (2) *(auf Aktien, pl)* – limited partnership with a share capital
Kommanditist/in, m/f – limited partner
kommen, v (1) – come, v
kommen, v (2) *(zu jmd in die Lehre, f)* – be apprenticed to s.o., v
Kommentar, m (1) *(Anmerkung, f)* – comment; annotation
Kommentar, m (2) *(Buch, n)* – commentary
kommissarisch – temporary; provisional
Kommission, f – board; commission; committee
Kommissionär/in, m/f – commission agent
Kommissionsgeschäft, n – commission transaction
Kommt-Geht-Zeit, f – clock-in time/ clock-out time
kommunal – municipal; communal

Kommunalaufsicht, f – supervision of local authorities (pl) by the state
Kommunalverband, m – municipal corporation; communal organization <*US*>; communal organisation
Kommunalverwaltung, f – local government
Kommunalwahl, f – municipal government election; local government election
Kommunikation, f – communication
Kommunikationselektroniker/in, m/f – communications electronics technician
Kommunikationsfähigkeit, f – ability to communicate
Kommunikationswissenschaft, f – communications science
kompatibel – compatible
Kompensation, f – compensation; offset
kompensieren, v – compensate, v; offset, v; set off, v
kompetent (1) *(fachlich)* – qualified; cognizant; competent
kompetent (2) *(zuständig)* – responsible; authorized; competent
kompetent sein, v – be an expert on a subject, v; be an authority on a subject, v
Kompetenz, f – competence; authority; responsibility
Komplementär/in, m/f *(in einer KG, f)* – general partner; general partner in limited partnership; ordinary partner <*GB*>; personally liable partner
Komplize, m/ Komplizin, f – accomplice; joint offender
Komplott, n – conspiracy
Kompromiss, m (1) – compromise
Kompromiss, m (2) <*jur*> *(Vergleich, m)* – composition
Kompromissvorschlag, m – offer of compromise; compromise proposal
Konferenz, f – conference; meeting
Konfession, f – religion; religious denomination; religious belief
konfessionelle Schule, f – denominational school
Konflikt, m – conflict; clash
Konfliktbewältigung, f Konfliktregelung, f – conflict management
Konfliktmanagement, n – conflict management
Konfliktregelung, f → Konfliktbewältigung, f
Kongress, m – congress
Konjunktur, f *(Wirtschaftslage, f)* – state of the economy; state of economy; economic situation; economic cycle
Konjunkturablauf, m – economic trend; business trend
Konjunkturabschwächung, f – decline in economic activity; slackening of economic activity; downward trend in business cycle; downward movement in business cycle; downswing, recession
Konjunkturabschwung, m – slowdown
Konjunkturaussichten (pl) – market prospects (pl); business outlook
Konjunkturkreislauf, m – business cycle; economic cycle
Konjunkturverlauf, m – business trend
Konjunkturzulage, f – cyclical surtaxe; business cycle allowance
Konjunkturzyklus, m – trade cycle
konkludent – implied
konkludentes Handeln, n – action implying intention
konkret – concrete; definite
Konkurrent/in, m/f – competitor; rival

Konkurrenz, f – competition; rivalry
konkurrenzfähig – competitive; able to compete
Konkurrenzklausel, f – competition clause; competitive clause, restraint clause; clause forbidding competition; stipulation in restraint of trade; exclusiveness stipulation <*GB*>
Konkurrenztätigkeit, f – competitive activity; competing employment
Konkurrenzverbot, n – restraint of trade; agreement in restraint of trade
konkurrieren, v (1) *(im Wettbewerb, m)* – compete, v; rival, v
konkurrieren, v (2) *(Gesetze, pl)* – be concurrent, v
konkurrierende Gesetzgebung, f – concurrent legislation
Konkurs (m) anmelden, v – file a petition for bankruptcy, v
Konkurs (m) erklären, v – declare a bankrupt, v
Konkurs, m – bankruptcy; insolvency; business failure
Konkursantrag, m – petition in bankruptcy; bankruptcy petition
Konkursausfallgeld, n – payment in respect of wage debts (pl); substitute insolvency pay
Konkurseröffnung, f – adjudication in bankruptcy
Konkursforderung, f – claim provable in bankruptcy; claim against a bankrupt's estate
Konkursgericht, n – court of bankruptcy; bankruptcy court
Konkursgläubiger/in, m/f – creditor of bankrupt; bankrupt's creditor
Konkursmasse, f – bankruptcy assets (pl); bankrupt's estate
Konkursordnung, f (KO) – Bankruptcy Act <*GB*>; Act of Bankruptcy <*US*>; Act regarding Bankruptcy Proceedings
Konkursschuldner/in, m/f – bankrupt
Konkurstabelle, f – realization and liquidation statement; statement of affairs (pl) <*GB*>; schedule of bankrupt's debts (pl) <*US*>
Konkursverfahren, n – bankruptcy proceedings (pl)
Konkursverwalter/in, m/f (1) – liquidator of a bankrupt's estate; trustee in bankruptcy
Konkursverwalter/in, m/f (2) *(vom Gericht (n) eingesetzer)* – official receiver
Konkursverwalter/in, m/f (3) *(vom Gläubiger (m) ernannter)* – trustee in bankruptcy
Konsens, m – consensus
konstituieren, v – constitute, v; establish, v; organize/organise, v; set up
Konstituierung, f *(des Betriebsrates, m)* – establishment
konstruieren, v – construct, v; design, v
Konstrukteur/in, m/f – design engineer; constructor
Konstruktionsmechaniker/in, m/f – construction mechanic
konstruktiv – constructive; positive
Kontakt, m – contact
kontaktfähig – sociable
kontaktfreudig – sociable
Kontaktinformation, f – contact details (pl); contact information
Kontaktstelle, f – contact point
Kontaktstudium, n – in-service training for graduates (pl)
Kontenklärung, f – resolution of social insurance account

Konti-Betrieb, m – continuous operation
kontinuierlich – continuous
Konto (n) einrichten, v – open an account, v
Konto (n) pfänden, v – garnish an account, v; attach an account, v <*US*>
Konto (n) überziehen, v – overdraw an account, v
Konto, n (1) – account
Konto, n (2) *(laufendes)* – current account; open account
Kontoauszug, m – statement of account; pass sheet <*GB*>; accounts receivable statement <*US*>; bank statement
Kontoeröffnung, f – opening an account
Kontoeröffnungsgebühr, f – fee for opening an account
Kontoführung, f – keeping of an account
Kontoführungsgebühr, f – fee for keeping of an account
Kontoinhaber/in, m/f – account holder
Kontonummer, f – account number
Kontostand, m – account balance; bank balance
Kontoüberziehung, f – overdraft
Kontrahierungszwang, m – obligation to contract; contractual obligation
Kontraktarbeit, f – bargain work
Kontrollbeamte/r, f/m – inspecting officer; control officer
Kontrollbefugnis, f – power of control; authority to control
Kontrollbehörde, f – board of control
Kontrollbesuch, m – control visit
Kontrolle, f – control; inspection; review; check
Kontrolleinrichtung, f – controlling device; monitoring device
Kontrolleur/in, m/f – inspector; controller
Kontrollgruppe, f – control group
kontrollieren, v – control, v; check, v; inspect, v; review, v; monitor, v
Kontrollkarte, f *(für die Lohnermittlung, f)* – time card; clock card; time sheet
Kontrolllauf, m – test run <*US*>; test
Kontrollliste, f – checklist
Kontrollmeldung, f – control report
Kontrolluhr, f – time clock; control clock; telltale clock; telltale
Kontrolluntersuchung, f – check study; medical check <*med*>
Kontroverse, f – conflict; contestation; dispute
Konventionalstrafe, f – penalty for nonfulfil(l)ment of a contract; stipulated penalty for nonfulfil(l)ment of a contract; conventional fine
Konzentrationsfähigkeit, f – ability to concentrate
konzentrieren, v – concentrate, v; focus, v
Konzept, n (1) – conception
Konzept, n (2) *(Entwurf, m)* – draft; outline
Konzern, m – group of affiliated companies (pl) <*GB*>; business trust <*US*>; combine; conglomerate <*US*>
Konzernbetriebsrat, m – combine works council
Konzernchef/-chefin, m/f – Chief Executive Officer (CEO)
Konzernunternehmen, n – affiliated company; associated company; affiliated corporation; associated corporation

kooperativer Führungsstil, m – co-operative management style
Koordination, f – co-ordination <*GB*>; coordination <*US*>
koordinieren, v – co-ordinate, v <*GB*>; coordinate, v <*US*>
Kopfarbeit, f – headwork
Kopfarbeiter/in, m/f – headworker; blackcoated worker <*GB*>; white-collar worker <*US*>
Kopie, f – copy; duplicate
kopieren, v – copy, v; xerox, v <*US*>
Korrekturlauf, m – correction run
Korrekturperiode, f – correction period; revision period
Korrespondenz, f – correspondence
Korrespondenzbank, f – correspondent bank
korrupt – corrupt
Kost (f) und Logis (n) – board and lodging
Kosten (pl) einsparen, v – cut back on costs (pl), v; save costs (pl), v
Kosten (pl) festsetzen, v – assess costs (pl), v
Kosten (pl) tragen, v – bear costs (pl), v
Kosten (pl) verteilen, v – allocated expenses (pl), v
Kosten (pl) verursachen, v – put s.o. to expense, v
Kosten, pl (1) – costs (pl); cost; expenses (pl); expense; expenditure
Kosten, pl (2) *(Gebühren, pl)* – fees (pl); charges (pl); charge
Kosten, pl (3) *(laufende)* – running costs (pl)
Kosten, pl (4) *(pro Einheit, f)* – unit costs (pl); costs (pl) per unit
kosten, v – cost, v
Kosten- und Leistungsrechnung, f – cost and performance calculating
Kostenabbau, m – cost reduction; cost cut
Kostenanalytiker/in, m/f – cost analyst
Kostenanstieg, m – rise in costs (pl); increase in costs (pl)
Kostenart, f – type of costs (pl)
Kostenausgleich, m – cost equalization
Kostenbesprechung, f – cost discussion
Kostenbeteiligung, f – cost sharing; cost participation
kostenbewusst – cost-conscious
Kostenbewusstsein, n – cost consciousness
Kostendämpfung, f – cost containment
kostendeckend – covering one`s costs (pl)
Kostendeckung, f – cost coverage
Kostendenken, n – cost thinking
Kostendruck, m – cost pressure
Kosteneinsparung, f – cost saving; cost cutting
Kostenentscheidung, f <*jur*> – order for costs (pl) <*law*>; order as to costs (pl) <*law*>
Kostenentwicklung, f – cost development
Kostenerstattung, f – cost reimbursement; cost refund; reimbursement of costs (pl); reimbursement of expenses (pl); refund of costs (pl)
Kostenexplosion, f – cost explosion; cost escalation
Kostenfaktor, m – cost factor
Kostenfestsetzung, f <*jur*> – assessment of costs (pl)
Kostenfestsetzungsbeschluss, m <*jur*> – order as to costs (pl) <*law*>
kostenfrei – free of charge
kostenintensiv – cost effective
Kostenkontrolle, f – cost control
kostenlos – free of charge; at no costs

kostenpflichtig – with costs (pl)
kostenpflichtig abweisen, v – dismiss with costs (pl), v
Kostenplan, m – cost projection
Kostenplanung, f – cost planning
Kostenrechnung, f *(im Rechnungswesen, m)* – cost accounting
Kostensenkung, f – cost reduction
Kostenstelle, f – cost center/centre; burden centre/center
Kostenstruktur, f – cost structure
Kostenträger/in, m/f – cost unit; cost-incurring agency; cost bearer; sponsor
Kostentragungspflicht, f – obligation to pay the costs (pl) incurred
Kostenübernahme, f – cost absorption; assumption of costs (pl)
Kostenvoranschlag, m – cost estimate
Kostenvorschuss, m – advance on costs (pl)
Kostgeld, n – boarding money; board allowance
kraft Gesetzes, n – by virtue of the law; by operation of law
Kraft, f – power; force
Kraftanstrengung, f – physical effort
Kraftfahrer/in, m/f – driver; automobilist
Kraftfahrtbundesamt, n – German Federal Office for Motor Traffic
Kraftfahrzeug, n – motor vehicle
Kraftfahrzeugbrief, m – certificate of title to a motor vehicle
Kraftfahrzeugmechaniker/in, m/f – motor vehicle mechanic
Kraftfahrzeugschein, m – motor vehicle registration certificate
Kraftfahrzeugsteuer, f – motor vehicle tax; automobile tax
Kranführer, m – crane driver; crane operator
krank – ill; sick
krank spielen, v – pretend to be ill, v; pretend to be sick, v
krank stellen (sich), v – sham ill, v
krank werden, v – fall ill, v; fall sick, v; be taken ill, v
Krankeit (f) bekommen, v – be taken with a disease, v
Krankenakte, f – medical file; medical record
Krankenanstalt, f – medical care establishment
Krankenbeihilfe, f – sickness allowance
Krankenbesuch, m – sick call; sick visit; visit to a sick employee
Krankenbezüge (pl) – sickness benefits (pl)
Krankenblatt, n – medical record
Krankengeld, n – contributory sickness benefit (compensation for loss of pay during illness after the expiry of the sick pay entitlement)
Krankengeldanspruch, m – sickness benefit entitlement
Krankengeldzuschuss, m – supplement to sick pay
Krankengeschichte, f – medical history
Krankengespräch, n – discussion between superior and employee upon returning to work
Krankenhaus, n – hospital
Krankenhausaufenthalt, m – stay in hospital; stay in a hospital
Krankenhausbehandlung, f – hospital treatment
Krankenhausbeihilfe, f – in-hospital benefit
Krankenhauskostenversicherung, f – hospitalization insurance <*US*>; hospital insurance <*US*>; hospitalisation insurance <*GB*>
Krankenhauspersonal, n – hospital staff

Krankenhauspflege, f – hospital care

Krankenhauspflegesatz, m – hospital care rate; hospital care allowance

Krankenhauspflegesatzverordnung, f – Hospital Allowance Regulation

Krankenhaustagegeld, n – hospital per diem benefit

Krankenhausversorgung, f – hospital care

Krankenkasse, f – health insurance fund; sick-benefit fund; sick fund; sickness insurance fund, sickness fund; sickness insurance plan <*US*>

Krankenkontrolle, f – control visit to employees (pl) put on the sick list

Krankenliste, f – sick list

Krankenlohn, m – sickness pay; sickness benefit

Krankenpflege, f – patient care

Krankenpflegepersonal, n – patient care personnel; nursing staff

Krankenschein, m – sickness certificate; sick certificate; sickness form; health service cheque

Krankenschwester, f – nurse; sicknurse

Krankenstand, m – sickness figures (pl); number of sick persons (pl)

Krankentagegeld, n – per diem indemnification for sickness

Krankentagegeldversicherung, f – per diem indemnification insurance

Krankenvergütung, f – sickness compensation

Krankenversicherung, f (1) – health insurance <*GB*>; sickness insurance <*US*>; sick-benefit insurance; sickness scheme

Krankenversicherung, f (2) *(gesetzliche)* – statutory health insurance scheme; statutory sickness insurance scheme; statutory health insurance; statutory sickness insurance; legal health insurance

Krankenversicherung, f (3) *(ruhende)* – health insurance suspension

Krankenversicherung, f (4) (KVDR) *(der Rentner, pl)* – pensioner health insurance; health insurance for pensioners (pl)

Krankenversicherungsbeitrag, m – health insurance premium; health insurance contribution; sickness insurance premium; sickness insurance contribution

Krankenversicherungsfreiheit, f – exemption from statutory health insurance

Krankenversicherungsgesellschaft, f – health insurance company; sickness insurance company

Krankenversicherungsnachweis, m – annual health insurance proof

Krankenversicherungspflicht, f – health insurance liability

Krankenversicherungsträger, m – health insurance institution; health insurance carrier

Krankenversicherungszuschuss, m – supplement to voluntary health insurance contributions (pl); employer's supplement to voluntary health insurance contributions (pl)

Krankenversorgung, f – care of patients (pl); healthcare <*US*>

Krankenziffer, f – sickness rate

Krankenzusatzversicherung, f – supplementary health insurance; supplementary sickness insurance

krankfeiern, v (1) – malinger, v

krankfeiern, v (2) *(simulieren, v)* – swing the lead, v; sham illness, v
krankgeschrieben sein, v – be on the sick list, v; be certified unfit for work, v
Krankheit, f (1) – illness; disease; sickness
Krankheit, f (2) *(ansteckende)* – zymotic disease; contagious disease
Krankheit, f (3) *(langwierige)* – protracted illness
Krankheit, f (4) *(meldepflichtige)* – notifiable disease
krankheitsanfällig – prone to illness; prone to disease
krankheitsbedingte Abwesenheit, f – sick leave; absence due to illness
krankheitsbedingte Kündigung, f – dismissal for health reasons (termination of employment conditioned by frequent or long lasting sickness)
Krankheitsbild, n – disease pattern
Krankheitshäufigkeitsrate, f – illness frequency rate
Krankheitskosten (pl) – sickness costs (pl)
Krankheitsquote, f – sickness rate
Krankheitstag, m – sick day
Krankheitsurlaub, m – sick leave
Krankheitsursache, f – cause of sickness
Krankheitsvertretung, f – substitution during sickness
Krankheitszeiten (pl) – absences (pl) due to sickness
krankmelden (sich), v – report sick, v; call in sick, v
Krankmeldung, f – notification of sickness
krankschreiben, v – put on the sick list, v
Kreativität, f – creativity
Krebs, m – cancer
krebserzeugend – carcinogene; carcinogenic
Krebsfrüherkennung, f – early cancer diagnosis
Kredit, m – credit; loan
Kreditgeber/in, m – lender; creditor
Kreditgewährung, f – lending
Kreditinstitut, n – credit institute; banking institution
Kreditkarte, f – credit card
Kreditvertrag, m – credit contract; loan contract
Kreis, m *(Verwaltungsbezirk, m)* – county
Kreistag, m – county assembly; county council
Kriegsbeschädigtenrente, f – war pension
Kriegsbeschädigung, f – war disablement
Kriegsdienst, m – war service
Kriegsdienstverweigerer, m – war service resister; war resister; conscientious objector
Kriegsdienstverweigerung, f – conscientious objection
Kriegsgefangener, m – prisoner of war
Kriegsgericht, n – military tribunal
Kriminalität, f – delinquency; criminality; crime
Kriminalpolizei, f – criminal police
kriminell – delinquent; criminal
Krise, f – crisis
Krisenmanagement, n – crisis management
kritisch – critical
KSchG → Kündigungsschutzgesetz, n
KStG → Körperschaftssteuergesetz, n
kündbar (1) *(Anstellung, f)* – subject to notice

kündbar (2) *(Vertrag, m)* – terminable
kündbar (3) *(Kapital, n)* – subject to call; callable
Kündbarkeit, f – terminableness; liability to notice
kündigen, v (1) *(von Arbeitgeberseite, f)* – give notice to s.o., v; give s.o. notice of termination, v; give s.o. notice, v; give s.o. notice to terminate, v
kündigen, v (2) *(von Arbeitnehmerseite, f)* – quit, v; resign, v; sign off, v *<US>*
kündigen, v (3) *(mit einer Frist (f) von 6 Monaten, pl)* – give s.o. a 6 months' notice, v
kündigen, v (4) *(fristgerecht)* – terminate by giving due notice, v; give proper notice, v
kündigen, v (5) *(jmd fristlos)* *(fristlos entlassen, v)* – dismiss s.o. without notice, v; fire s.o., v *<infml>*
kündigen, v (6) *(einen Vertrag, m)* – revoke a contract, v; cancel a contract, v
Kündigung, f (01) *(von Arbeitgeberseite, f)* – dismissal; discharge
Kündigung, f (02) *(von Arbeitnehmerseite, f)* – termination notice; resignation; voluntary redundancy
Kündigung, f (03) *(eines Vertrages, m)* – contract cancellation; termination of a contract
Kündigung, f (04) *(außerordentliche)* – dismissal for exceptional reasons (pl); extraordinary notice; summary dismissal
Kündigung, f (05) *(betriebsbedingte)* – dismissal for operational reasons (pl)
Kündigung, f (06) *(fristgerechte)* – dismissal with notice; termination by notice
Kündigung, f (07) *(fristlose)* – dismissal without notice; termination without notice; instant dismissal
Kündigung, f (08) *(krankheitsbedingte)* – dismissal for health reasons (pl)
Kündigung, f (09) *(ordentliche)* – lawful notice; ordinary notice
Kündigung, f (10) *(ordnungsgemäße)* – due notice
Kündigung, f (11) *(personenbedingte)* – dismissal for person-related reasons (pl)
Kündigung, f (12) *(sozial ungerechtfertigte)* – socially unwarranted dismissal; socially unfair dismissal
Kündigung, f (13) *(verhaltensbedingte)* – dismissal for conduct-related reasons
Kündigung, f (14) *(unrechtmäßige)* – wrongful discharge; unfair dismissal
Kündigung, f (15) *(ungerechtfertigte)* – unfair dismissal (Kündigung, die nicht von vernünftigen Gründen getragen ist oder unter Missachtung des vorgeschriebenen Verfahrens ausgesprochen wurde)
Kündigung, f (16) *(von mehr als 20 Arbeitnehmern aus wirtschaftlichen Gründen)* – redundancy; redundancy notice
Kündigungsabfindung, f – severance pay; termination pay; dismissal compensation; separation payment; redundancy payment
Kündigungsandrohung, f – warning for discharge
kündigungsberechtigt – entitled to give notice
Kündigungsbestätigung, f – notice confirmation
Kündigungsdatum, n – date of notice

Kündigungserklärung, f – notice announcement

Kündigungsfrist (f) einhalten, v – observe a term of notice, v

Kündigungsfrist, f (1) – term of notice; notice period; period of notice

Kündigungsfrist, f (2) *(gesetzliche)* – statutory notice

Kündigungsfrist, f (3) *(monatliche)* – a month's notice

Kündigungsfrist, f (4) *(vereinbarte)* – agreed notice

Kündigungsfristengesetz, n – Notice Period Act

Kündigungsgrund, m – reason for giving notice; ground for giving notice

Kündigungsklausel, f – cancellation clause

Kündigungsrecht, n – right to give notice; right of termination

Kündigungsrechtsstreit, m – dismissal litigation

Kündigungsrücknahme, f – withdrawal of the termination notice

Kündigungsschreiben, n – written notice of dismissal; termination letter

Kündigungsschutz, m – dismissal protection; protection against unwarranted notice; protection against unlawful dismissal

Kündigungsschutzgesetz, n (KSchG) – Protection against Dismissal Act; Termination Protection Act; Federal Act to Protest against Unlawful Dismissal

Kündigungsschutzklage, f – action against unlawful dismissal

Kündigungsschutzverfahren, n – dismissal proceedings (pl)

Kündigungstermin, m – date of notice of dismissal

Kündigungsverbot, n – prohibition to give notice

Kündigungsverzicht, m – notice renouncement

Künstler/in, m/f – artist

kürzen, v – reduce, v; cut, v; cut down, v; shorten, v; retrench, v

Kürzung, f – reduction; cut; cutback <*US*>; cutting down; retrenchment

Kürzungsregel, f – reduction rule

Kürzungssatz, m – abatement rate

Kürzungsverbot, n – prohibition of cutting down; prohibition of cutback <*US*>

Kultur, f – culture

Kulturmanagement, n – cultural management

Kultusminister, m – Minister of Education and Cultural Affairs <*GB*>; Secretary of Education and Cultural Affairs <*US*>

Kumpel, m → Kamerad, m

Kumpel, m *(Bergmann, m)* – pitman

kumulativ – cumulative

Kunde, m/ Kundin, f – customer; client

Kundendienst, m – customer service; after sales service; customer relations

kundig – knowing; skillful

Kunsterziehung, f – art education; aesthetic education

Kunstfehler, m – professional error; malpractice <*med*>

Kunsthandwerk, n – handicraft

Kunsthandwerker, m – artisan; craftsman

Kunsthochschule, f – art college; Academy of Arts (pl)

Kur, f – health cure; special preventive or curing treatment; convalescence treatment; course of medical treatment; course of treatment

Kurheim, n – cure home

Kurkosten (pl) – costs (pl) of a health cure; costs (pl) of a cure

Kurs (m) abhalten, v – run a course,v

Kurs, m (1) *(Lehrgang/Kursus, m)* – course; course of instruction

Kurs, m (2) *(Unterrichtsstunde, f)* – session

Kurs, m (3) *(Notierung, f)* – quotation; exchange rate

Kursgebühr, f – course fee

Kursteilnehmer/in, m/f – participant in a course

Kursus, m *(Lehrgang, m)* → Kurs, m (1)

Kurzarbeit, f – reduced hours (pl); short-time work; short-time working

kurzarbeiten, v – work short-time, v

Kurzarbeiter/in, m/f – short-time worker; short-timer

Kurzarbeitergeld, n – reduced hours compensation; short-time work allowance; short-time allowance

Kurzarbeiterunterstützung, f – shortened work-week allowance

Kurzarbeitsregelung, f – short-time working arrangement

Kurzerkrankung, f – short-term illness

Kurzfassung, f – abstract; summary; outline; shortened version

kurzfristig – short-term; short dated

kurzfristiges Vermögen, n – current assets (pl)

Kurzpause, f – short break

Kurzschrift (f) beherrschen, v – take shorthand, v

Kurzschrift, f – shorthand writing; stenography

Kurzurlaub, m – short leave

kurzzeitige Beschäftigung, f – short-term employment

KV-befreit – health insurance exempted

KVDR → Krankenversicherung (f) der Rentner (pl)

L

Labor, n (*Laboratorium, n*) – lab; laboratory
Laborant/in, m/f – laboratory worker
Laden, m – shop; store *<US>*
laden, v – call, v
Ladenöffnungszeit, f – shop-opening time; opening hours (pl) of shops (pl)
Ladenschlussgesetz, n (LadSchlG) – Retail Business Closing Hours Act; Act on Shop Closing Hours
Ladenschlusszeit, f *(gesetzliche)* – compulsory shop-closing time; retail business closing hours (pl)
LadSchlG → Ladenschlussgesetz, n
Ladung, f (1) *(Transportladung, f)* – cargo
Ladung, f (2) *<jur> (Vorladung, f)* – citation; summons; writ of process
Lärm, m – noise
Lärmbekämpfung, f – noise abatement
Lärmbekämpfungsvorschriften (pl) – anti-noise specifications (pl)
Lärmbelästigung, f – noise exposure
Lärmbelastung, f – noise pollution
Lärmbescheinigung, f – noise certificate
Lärmeinwirkung, f – noise impact
Lärmerkrankung, f *(berufsbedingte)* – occupational noise disease
Lärmminderung, f – noise abatement
Lärmpause, f – noise break
Lärmpegel, m – noise level
Lärmschutz, m – noise prevention; noise protection
Lärmschutzanlage, f – noise barriers (pl)
Lärmschwerhörigkeit, f – noise deafness
Lage, f (1) – situation; position; state
Lage, f (2) *(geographische)* – location; site
Lage, f (3) *(finanzielle)* – financial position; financial status
Lage, f (4) *(der Arbeitszeit, f)* – juncture of working time
Lagebericht, m – status report
Lagebesprechung, f – briefing
Lager, n – warehouse; storehouse
Lagerarbeiter, m – storeman; warehouse laborer *<US>*
Lagerhaltung, f – stockkeeping; storekeeping
Lagerverwalter, m – store-room clerk; warehouseman *<GB>*; warehouse keeper *<US>*
Laienrichter/in, m/f – lay judge; non-professional judge
Land, n (1) *(Boden, m)* – land; soil
Land, n (2) *(Bundesland, n)* – Federal State; state
Landarbeit, f – agricultural work; rural work; farm work; land work *<GB>*
Landarbeiter/in, m/f – agricultural labourer; farm worker; farmhand
Landesarbeitsagentur, f – Regional Employment Office; Regional Labo(u)r Office
Landesarbeitsgemeinschaft, f – state working group
Landesarbeitsgericht, n – Regional Labo(u)r Court
Landesbeamtengesetz, n – Federal State Law on Civil Servants
Landesbehörde, f – federal state authority

Landesgesetz, n – state law; law of the Land
Landesregierung, f – state government; land government
Landessozialgericht, n – Regional Social Court
Landessprache, f – national language; regional language; vernacular
Landesverband, m – regional federation
Landesversicherungsanstalt, f – Regional Insurance Institute; social insurance pension fund for hourly employees (pl)
Landgericht, n – regional court; district court
Landkreis, m – county district
Landrat, m – Chief Executive of a county
langfristig – long-term
Langsamarbeiten, n (planmäßiges) – go-slow *<GB>*; work-to-rule *<GB>*; work according to the book *<US>*; slow-down *<US>*; ca'canny *<infml>*
Langzeitarbeitslose/r, f/m – long-term unemployed person
Langzeitarbeitslosigkeit, f – long-term unemployment
Langzeiterkrankung, f – long-term illness
Last, f – burden; load
Lastschrift, f (1) *(Vorgang, m)* – debit entry
Lastschrift, f (2) *(Mitteilung, f)* – debit note; debiting
Lastschriftsbetrag, m – amount debited
Lastschriftverfahren, n – direct debiting service
Lastwagenfahrer/in, m/f – truck driver; van driver; trucker *<US>*
Laufbahn (f) einschlagen, v – enter upon a career, v; enter a career, v
Laufbahn, f (1) – career; career development; career bracket; career path *<US>*
Laufbahn, f (2) *(berufliche)* – business career; professional career
Laufbahnberater, m – career adviser; career advisor *<US>*
Laufbahnplanung, f – career planning
Laufbursche, m (1) – office boy; messenger boy; legman *<US>, <infml>*
Laufbursche, m (2) *(im Hotel, n)* – hallboy
laufend – current
laufende Ausgaben (pl) – current expenses (pl)
laufende Bezüge (pl) – regular income; regular benefits (pl)
laufende Kosten (pl) – running costs (pl)
laufende Nummer, f – serial number
Lauferei, f *<infml>* – legwork *<US>, <infml>*
Laufzeit, f (1) – running period; maturity period; duration; life
Laufzeit, f (2) *(einer Rente, f)* – term
Laufzeit, f (3) *(vereinbarte)* – agreed term
Laufzettel, m – routing slip; interoffice slip
Laune, f – mood
laut *(gemäß)* – according to; persuant to
Lautstärke, f – sound degree; volume
Leben, n – life
leben, v (1) – live, v
leben, v (2) *(im Ruhestand, m)* – live in retirement, v
Lebensalter, n – age
Lebensarbeitszeit, f – working lifetime

Lebensart, f – way of life; way of living

Lebensbedingungen (pl) – living conditions (pl)

Lebensdauer, f (1) – lifetime

Lebensdauer, f (2) *(mittlere)* – mean life

Lebenserfahrung, f – life experience; knowledge of life

Lebenserwartung, f – life expectancy

Lebensführung, f – living

Lebensgefahr, f – danger of life; mortal danger

Lebensgemeinschaft, f – partnership for life

Lebenshaltung, f – standard of living; living standard

Lebenshaltungsindex, m – consumer price index; cost-of-living index

Lebenshaltungskosten (pl) – cost of living; living costs (pl); living expenses (pl)

Lebenshaltungskostenausgleich, m – cost-of-living allowance (COLA)

lebenslänglich – for life

lebenslängliche Freiheitsstrafe, f – life sentence

Lebenslauf, m (1) – curriculum vitae (CV); resume; personal history

Lebenslauf, m (2) *(tabellarischer)* – sample chronological resume

Lebenspartner/in, m/f – common-law partner; life companion

Lebensqualität, f – quality of life

Lebensrente, f – life annuity

Lebensstandard, m – standard of living; living standard

Lebensstellung, f – lifetime position; permanent job; permanent position; appointment for life; permanency

Lebensunterhalt (m) verdienen, v *(seinen)* – earn one's living, v; earn one's livelihood, v

Lebensunterhalt, m – livelihood; living; subsistence; maintenance

Lebensversicherung, f (1) – life insurance; life assurance <*GB*>

Lebensversicherung, f (2) *(auf den Erlebensfall, m)* – endowment insurance

Lebensversicherung, f (3) *(auf den Todesfall, m)* – whole life insurance; ordinary life insurance

Lebensversicherung, f (4) *(mit Prämienrückgewähr, f)* – life insurance with return of premiums (pl)

Lebensversicherung, f (5) *(befreiende)* – exempt life insurance

Lebensversicherungsprämie, f – life-insurance premium; life premium

Lebensversicherungsvertrag, m (1) – life insurance contract

Lebensversicherungsvertrag, m (2) *(Versicherungsschein, m)* – life insurance policy

Lebenswandel, m (1) – line of conduct; way of living

Lebenswandel, m (2) *(lockerer)* – loose-living

Lebensweise, f – living; way of living; way of life; mode of life

lebenswichtig – vital; of vital importance

Lebenszeit, f – lifetime

ledig – single; unmarried

ledige Frau, f – single woman; unmarried woman; spinster

Leerlaufzeit, f – idle time; downtime

legal – legal; legitimate; lawful

Legaldefinition, f – legal definition; statutory definition

Legalitätsprinzip, n – principle of mandatory prosecution

Lehrabschluss (m) haben, v – have finished one's apprenticeship, v

Lehrabschluss, m – completion of one's apprenticeship

Lehrabschlussprüfung, f – apprentices' final examination

Lehranstalt, f (1) – educational institution; educational establishment

Lehranstalt, f (2) *(höhere)* – college; institute of higher learning

Lehrbeauftragte/r, f/m – lecturer

Lehrbefähigung, f – teaching qualification

Lehrberuf, m – teaching job; teaching profession; apprenticeable occupation; apprenticeable trade; scholastic profession

Lehrbetrieb, m – firm that trains apprentices

Lehrbrief, m (1) *(Zeugnis, n)* – certificate of apprenticeship

Lehrbrief, m (2) *(eines Fernlehrgangs, m)* – correspondence lesson

Lehrbuch, n – textbook

Lehre (f) absolvieren, v – serve an apprenticeship, v

Lehre (f) beenden, v – complete one's apprenticeship, v; finish learning, v

Lehre, f (1) *(Ausbildung, f)* – apprenticeship; apprenticeship time

Lehre, f (2) *(Unterweisung, f)* – training; instruction; tuition

lehren, v – teach, v; instruct, v; train s.o. for sth, v

Lehrer/in, m/f – teacher; instructor; trainer

Lehrfach, n – curriculum subject

Lehrfreiheit, f – freedom of teaching

Lehrgang, m (1) – course; training course; class

Lehrgang, m (2) *(außerhalb der Arbeitszeit, f)* – after-hours course

Lehrgangsleiter/in, m/f – training supervisor; chief instructor

Lehrgangsteilnehmer/in, m/f – student; participant

Lehrherr, m – master of an apprentice

Lehrjahr, n – year of apprenticeship

Lehrjunge, m – boy apprentice

Lehrkörper, m – teaching staff

Lehrling, m – apprentice; trainee; learner

Lehrlingsausbilder/in, m/f – apprentice teacher

Lehrlingsausbildung, f – training of apprentices (pl); apprentice training

Lehrlingsvergütung, f – apprentices' wage

Lehrmädchen, n – girl apprentice

Lehrmaterial, n – teaching materials (pl); instructional equipment

Lehrmeister/in, m/f – apprentices' teacher; instructor; master

Lehrmethode, f – teaching method; training method

Lehrmittel (pl) – teaching material; teaching materials (pl); teaching aids (pl)

Lehrplan, m – curriculum; school curriculum; syllabus

Lehrstelle, f – apprenticeship training post

Lehrstellenbewerber/in, m/f – applicant for an apprenticeship

Lehrstellenmangel, m – lack of apprenticeships (pl)

Lehrstuhl, m – professorial chair

Lehrverhältnis, n – apprenticeship

Lehrvertrag, m – apprenticeship contract; apprenticeship training agreement; articles (pl) of apprenticeship

Lehrwerkstatt, f – apprentices' training shop; apprentices' shop; vestibule school <*US*>

Lehrzeit (f) ableisten, v – serve one's time, v
Lehrzeit, f – time of apprenticeship; apprenticeship time; apprenticeship; novitiate
Lehrzeitdauer, f *(Dauer der Lehrzeit, f)* – time served
Lehrzeugnis, n – certificate of apprenticeship; apprentice's certificate
Leibesvisitation, f – personal search
Leibrente, f – life annuity
leichte Arbeit, f – light work
Leichtlohngruppe, f – wage group for easy work
Leiden, n – disease; suffering
leiden, v (1) – suffer, v
leiden, v (2) *(an Personalmangel, m)* – be understaffed, v
Leiharbeit, f – job leasing; temporary work on loan basis
Leiharbeitgeber/in, m/f – manpower supplier
Leiharbeitnehmer/in, m/f – employee on temporary loan; hired help; loan worker
Leiharbeitnehmerüberlassungsvertrag, m – labo(u)r supply contract
Leiharbeitsverhältnis, n – temporary employment on loan basis
Leihvertrag, m – contract of loan for use
leisten, v (1) *(ausführen, v)* – perform, v; execute, v; carry out, v; implement, v
leisten, v (2) *(etwas erreichen, v)* – achieve, v; attain, v; accomplish, v
leisten, v (3) *(Schadensersatz, m)* – pay damages (pl), v
leisten, v (4) *(Zahlungen, pl)* – effect payments (pl), v
Leistung (f) beziehen, v – draw a benefit, v
Leistung (f) steigern, v – increase efficiency, v; increase performance, v; speed up, v
Leistung, f (1) *(Arbeitsleistung, f)* – performance; work performance; achievement; work done
Leistung, f (2) *(einer Maschine, f)* – output; production
Leistung, f (3) *(finanzielle)* – benefit
Leistung, f (4) *(schlechte)* – poor performance; poor out *<US,infml>*
Leistung, f (5) *(soziale)* – social benefit
Leistung, f (6) *(vermögenswirksame)* – capital accumulation savings payment
Leistung, f (7) *(vertraglich geschuldete)* – contractual obligations (pl)
Leistung, f (8) *(bei Alter, n)* – old-age benefit
Leistung, f (9) *(geldwerte)* – payment in kind
Leistungen, pl (1) *(aus der Sozialversicherung, f)* – social insurance benefits (pl)
Leistungen, pl (2) *(an Unterhaltsberechtige, pl)* – dependents' benefits (pl)
Leistungsabfall, m – decline in performance
leistungsabhängig – performance-related; performance-linked
Leistungsabrechnung, f – performance expense report
Leistungsanreiz, m (*Leistungsansporn, m*) – performance incentive; incentive
Leistungsanspruch, m – benefit entitlement; benefit right; entitlement to benefits (pl); right to benefits (pl)
Leistungsart, f – type of benefit

Leistungsart, f (1) – activity; activity type

Leistungsart, f (2) *(bei Versicherungen, pl)* – kind of benefits (pl)

Leistungsausgleich, m – compensation for rendered services (pl); compensation for services (pl)

leistungsbedingt – according to merit; performance-related

leistungsberechtigt – eligible for a benefit; entitled to benefits (pl)

Leistungsbereitschaft, f – readiness to perform; performance readiness

Leistungsbestimmung, f – performance allocation; efficiency allocation

Leistungsbeurteilung, f (1) *(Arbeitsleistung, f)* – performance appraisal; performance rating; performance evaluation; performance review; efficiency rating, efficieny report

Leistungsbeurteilung, f (2) *(Mitarbeiterbeurteilung, f)* – merit appraisal; merit review; merit rating *<US>*; personnel evaluation; rating of employees (pl)

Leistungsbewertung, f – performance assessment; performance evaluation; performance rating; efficiency rating; merit rating *<US>*

leistungsbezogen – performance-related; efficiency-related; according to merit

leistungsbezogene Entgelterhöhung, f – merit increase

Leistungsbilanz, f – balance of activities (pl); balance of services (pl)

Leistungsbonus, m – merit bonus; bonus; incentive pay

Leistungsdauer, f – duration of benefit

Leistungsdiagramm, n – performance chart

Leistungsdruck, m – pressure to perform; pressure to work harder

Leistungsempfänger/in, m/f – recipient of benefits (pl)

Leistungsentgelt, n – efficiency payment; incentive payment; incentive pay; incentive wages (pl); incentive wage

Leistungsentlohnung, f – performance pay; incentive-wage system

Leistungsermittlung, f – output valuation

leistungsfähig (1) – efficient; productive; able to perform; effective; capable

leistungsfähig (2) *(Maschine, f)* – powerful

leistungsfähig (3) *(zahlungsfähig)* – solvent

leistungsfähig (4) *(finanziell)* – financially strong

leistungsfähig (5) *(geistig)* – able-minded

leistungsfähig (6) *(körperlich)* – able-bodied

Leistungsfähigkeit, f (1) *(eines Arbeitnehmers, m)* – capacity for work; potential; capability; ability to perform, performance ability; efficiency

Leistungsfähigkeit, f (2) *(einer Maschine, f)* – capacity; power; output

Leistungsfähigkeit, f (3) *(finanzielle)* – solvency; financial strength

Leistungsfähigkeit, f (4) *(berufliche)* – job efficiency

Leistungsfähigkeit, f (5) *(geistige)* – mental ability

Leistungsfähigkeit, f (6) *(körperliche)* – physical ability; physical capacity

Leistungsfaktor, m – performance factor; performance rating factor

Leistungsgarantie, f – performance guarantee; performance bond *<US>*

leistungsgerecht bezahlt werden, v – receive a performance-related salary, v; receive a performance-related wage, v

Leistungsgesichtspunkt, m – performance aspect

Leistungsgrad, m – labo(u)r utilisation rate; standard of attainment; standard of performance, performance level; efficiency level, level of efficiency

Leistungsgradabweichung, f – efficiency variance; off-standard performance

Leistungsgradschätzung, f – performance rating; pace rating; efficiency rating

Leistungsgrenze, f (1) – threshold of performance; limit of performance

Leistungsgrenze, f (2) *(wirtschaftliche)* – breakeven performance; margin productivity

Leistungskatalog, m – catalogue of benefits (pl)

Leistungsklage, f – action for (specific) performance; action for satisfaction; action to perform

Leistungskontrolle, f – performance control; efficiency survey; efficiency check

Leistungskraft, f (1) – efficiency; power

Leistungskraft, f (2) *(wirtschaftliche)* – financial strength

Leistungskürzung, f – reduction of benefits (pl); benefit cut

Leistungskurs, m (1) *(in der Schule, f)* – major *<US>*; A-level *<GB>*; A-level subject *<GB>*; advanced supplementary level

Leistungskurs, m (2) – specialized course; intensive course; major course; major field of study

Leistungskurve, f – output curve

Leistungslöhner, m – incentive wage earner

Leistungslohn, m – incentive wage; incentive payment; payment by results (pl); efficiency wage *<US>*; efficiency pay *<US>*

Leistungslohnsatz, m – incentive wage rate; incentive rate

Leistungslohnsystem, n – incentive wage system; wage incentive payment plan; efficiency bonus plan *<US>*

Leistungsmenge, f – activity quantity

Leistungsmerkmale (pl) – performance characteristics (pl)

Leistungsminderung, f – reduced efficiency; reduced output

Leistungsmotivation, f – achievement motivation

Leistungsniveau, n – level of performance; level of achievement; performance level

Leistungsnorm, f – standard of attainment; standard of performance

Leistungsnote, f – mark *<GB>*; grade *<US>*

leistungsorientiert – meritocratic; achievement-oriented; performance-oriented

Leistungsort, m – place of performance; location of service to be rendered

leistungspflichtig (1) *(Zahlung, f)* – liable for payment

leistungspflichtig (2) *(Dienstleistung, f)* – liable for services (pl)
Leistungsplan, m – benefit scheme; benefit plan
Leistungspotenzial, n – performance potential
Leistungsprämie, f – incentive bonus; merit bonus, performance bonus; productivity bonus, incentive earnings (pl); efficiency premium, efficiency bonus; premium pay *<US>*
Leistungsprinzip, n – performance principle; efficiency principle; achievement principle
Leistungsprüfung, f – performance test
Leistungssatz, m – benefit rate
leistungsschwach – low-achieving; performing poorly; not performing well; inefficient
Leistungsschwäche, f – inefficiency; poor performance
Leistungssoll, n – target performance; workload; load; objective
Leistungsstand, m – standard of performance; standard effectiveness
leistungsstark – high-performing
leistungssteigernd – increasing efficiency; increasing performance
Leistungssteigerung, f – increase in performance; increase in efficiency; speedup
Leistungsstörung, f – impairment of performance
Leistungssystem, n – performance system; provision system; efficiency system; merit system *<US>*
Leistungstest, m – achievement test; efficiency test; performance test
Leistungsträger, m – institution providing benefits (pl)
Leistungsüberwachung, f – performance monitoring
leistungsunfähig – unable to perform
Leistungsurteil, n – judgement granting affirmative relief
Leistungsverbesserung, f – improvement in performance
Leistungsvergütung, f – remuneration of performance
Leistungsverlust, m – loss in efficiency; decrease in efficiency
Leistungsverpflichtung, f – obligation to perform
Leistungsverweigerung, f – repudiation; refusal to perform
Leistungsverweigerungsrecht, n – right of repudiation; right to withhold performance
Leistungsverzug, m – failure to meet obligations (pl)
Leistungsvorgabe, f – performance standard; output standard
Leistungswert, m – activity value
Leistungswettbewerb, m – efficiency contest; competition in performance
Leistungswille, m – will to achieve
Leistungsziel, n – performance target
Leistungszulage, f – merit *<US>*; performance-linked bonus; incentive bonus; efficiency bonus; performance allowance
leiten, v (1) – lead, v; guide, v; conduct, v
leiten, v (2) *(einen Betrieb, m)* – run, v; operate, v; manage, v; direct, v
leitend – leading; managerial
leitende Angestellte (pl) *(eines Betriebes, m)* – senior staff; management

leitende/r Angestellte/r, f/m – managerial employee; managing employee; executive employee; senior manager; executive <*US*>

leitende/r Ingenieur/in, m/f – chief engineer

leitender Beamter, m – senior official

Leiter, m (1) *(einer Abteilung, f)* – head; mangager; director; leader; chief (of a department)

Leiter, m (2) *(kaufmännischer)* – commercial manager; business manager

Leiter, m (3) *(stellvertretender)* – assistant manager; acting manager

Leiter, m (4) *(technischer)* – technical manager; managing engineer

Leiterin, f – manageress

Leitfaden, m – manual; guide

Leitlinie, f – guideline

Leitsatz, m (1) – guiding principle

Leitsatz, m (2) *(eines Urteils, n)* – head note

Leitung, f (1) – guidance; lead

Leitung, f (2) *(eines Betriebes, m)* – management

Leitungsorgan, n – management body

lenken, v (1) – guide, v; lead, v; manage, v

lenken, v (2) *(ein Fahrzeug, n)* – steer, v; drive, v

Lenkzeit, f – driving period; driving time

lernbehindert – educationally handicapped; with learning difficulties (pl)

lernen, v (1) – learn, v; study, v

lernen, v (2) *(eine Lehre (f) machen, v)* – serve one's apprenticeship, v

lernen, v (3) *(auswendig)* – learn by heart, v

Lernerfolg, m – learning achievement

Lernfortschritt, m – learning process

Lernmethode, f – learning method

Lernmittel (pl) – learning aids (pl)

Lernprozess, m – learning process

Lernziel, n – learning objective; learning goal

Leumund, m (1) – reputation; character; record

Leumund, m (2) *(guter)* – good reputation

Leumund, m (3) *(schlechter)* – bad record

Leumundszeugnis, n – certificate of good behavio(u)r; certificate of good character; good-conduct certificate; attestation of good character

Leuteschinder, m <*infml*> – slave driver <*infml*>

Lichtbild, n – photograph; photostatic copy

Lieferant/in, m/f – deliverer; supplier

liefern, v – deliver, v; supply, v; provide, v; furnish, v

Lieferung, f – delivery; supply

Liegenschaft, f – real property; real estate

Linienführungskräfte (pl) – line management

Liquidation, f – liquidation; winding-up

Liquidationsvergleich, m – winding-up by arrangement; arrangement with creditors (pl)

Liste, f – list; schedule; scheme; roll, roster; table

Listenwahl, f – list voting; election based on lists (pl)

Lizenz, f – licence <*GB*>; license <*US*>; permit

Lizenzgebühr, f – licence/license fee; royalty
loben, v – praise, v
lobend anerkennen, v – recognize, v
Lochkarte, f – punched card; tabulating card
Lochstreifen, m – punched tape
locker – loose
Löhnung, f – payment of wages (pl)
Löhnungstag, m – payday
löschen, v *(entfernen, v)* – delete, v; erase, v; cancel, v
Löschungsanspruch, m – cancellation entitlement
Löschungsbewilligung, f – approval of cancellation
Lösegeld, n – ransom
lösen, v *(sein Arbeitsverhältnis, n)* – terminate one's employment, v
lösende Wirkung, f – dissolving effect
Lösung, f – solution
Lohn (m) auszahlen, v – pay wage, v
Lohn (m) beziehen, v – draw wages (pl), v
Lohn (m) einbehalten, v – stop wages (pl), v; detain wages (pl), v
Lohn (m) kürzen, v – cut down wages (pl), v
Lohn (m) pfänden, v – distrain wages (pl), v; attach wages (pl), v *<US>*
Lohn, m (1) – wage; wages (pl); compensation; pay; remuneration
Lohn, m (2) *(Verdienst, m)* – earnings (pl); screw *<GB,sl>*
Lohn, m (3) *(ausbezahlter)* – paid wage; take-home pay
Lohn, m (4) *(ortsüblicher)* – local wage
Lohn, m (5) *(rückständiger)* – back pay
Lohn, m (6) *(übertariflicher)* – out-of-line rate
Lohn, m (7) *(untertariflicher)* – sub-minimum rate
Lohn, m (8) *(vertraglich vereinbarter)* – contractual wage
Lohn- und Gehaltsabrechnung, f – payroll accounting
Lohn- und Gehaltsabschluss, m *(Tarif, m)* – pay settlement
Lohn- und Gehaltserhöhung, f (1) *(allgemeine)* – across-the-board increase
Lohn- und Gehaltserhöhung, f (2) *(normale)* – increase in wages (pl) and salaries (pl); raise in wages (pl) and salaries (pl) *<US>*
Lohn- und Gehaltskonto, n – wage and salary account
Lohn- und Gehaltsliste, f – payroll sheet; pay bill; pay sheet
Lohn- und Gehaltsscheck, m – pay check *<US>*
Lohn- und Gehaltsstop, m – wage and salary stop
Lohn- und Gehaltssumme, f – total of wages (pl) and salaries (pl); total wages (pl) and salaries (pl)
Lohn- und Gehaltsvergleich, m – pay survey; wage and salary survey; wage and salary comparison; compensation comparison
Lohn- und Gehaltsverwaltung, f – compensation administration
Lohn- und Preisstop, m – wage and price freeze
Lohn-Preis-Spirale, f – wage-price spiral
Lohnabbau, m – cutting of wages (pl); wage cut; reduction of wages (pl); reduction in wages (pl); reduction of pay, reduction in pay
lohnabhängig – wage-dependent

Lohnabhängige/r, f/m – wage earner

Lohnabkommen, n (Lohnabmachung, f) – wage agreement; wages (pl) agreement; pay agreement; agreement on wage rates (pl)

Lohnabrechnung, f (1) *(Vorgang, m)* – payroll accounting; payroll work; payroll calculation

Lohnabrechnung, f (2) *(Abrechnungsstelle, f)* – payroll department

Lohnabrechnung, f (3) *(Abrechnungsformular, f)* – wage statement; wages (pl) statement; pay slip

Lohnabrechnungszeitraum, m – payroll accounting period; payroll period

Lohnabrede, f – wage agreement; compensation agreement

Lohnabschlag, m – payment on account

Lohnabschluss, m – wage settlement

Lohnabtretung, f – cession of wages (pl); assignment of wages (pl); wage assignment

Lohnabtretungsverbot, n – prohibition to assign wages (pl)

Lohnabzug, m – payroll deduction; deduction from wages (pl); deduction from pay; deduction from wage

Lohnabzugsverfahren, n – checkoff system <*US*>

Lohnangleichung, f – wage adjustment; compensation for wage deficiencies (pl)

Lohnanreiz, m – wage incentive

Lohnanspruch, m – wage claim

Lohnanstieg, m – wage increase; increase in wages (pl); wage rise; rise in wages (pl)

Lohnanteil, m – share in wages (pl); portion of wages (pl)

Lohnarbeit, f – wage labo(u)r; paid labo(u)r; day labo(u)r

Lohnarbeiten (pl) – contract services (pl)

Lohnarbeiter, m – paid labo(u)rer; wage earner; wage worker <*US*>

Lohnart, f – wage type

Lohnauftrieb, m – upward tendency of wages (pl)

Lohnaufwand, m – labo(u)r costs (pl); wage costs (pl)

Lohnauseinandersetzung, f – wage dispute; pay dispute

Lohnausfall, m – loss of pay; loss of wages (pl); loss of earnings (pl)

Lohnausfallvergütung, f – compensation for wages (pl) loss; compensation for pay loss; compensation for earnings (pl) loss

Lohnausgleich, m – wage compensation; compensation for wage deficiencies (pl); wage adjustment

Lohnausgleichskasse, f – wage equalization fund

Lohnausschuss, m – wage committee; wages (pl) board

Lohnauszahlung, f – payment of wages (pl); wage pay; payroll disbursement <*US*>

Lohnbescheinigung, f – wage certificate; pay certificate

Lohnbestandteil, m – wage component

Lohnbuchhalter/in, m/f – wage clerk; payroll clerk <*US*>

Lohnbuchhaltung, f – personnel accounting; payroll accounting <*US*>; payroll bookkeeping

Lohnbüro, n – pay office; payroll office; payroll department

Lohndämpfung, f – wage moderation

Lohndrift, f – wage drift
Lohneingruppierung, f Lohneinstufung, f – wage classification
Lohneinkommen, n – wage income
Lohneinstufung, f → Lohneingruppierung, f
Lohnempfänger/in, m/f – wage earner; non-salaried employee; hourly (paid) employee; wage-earning employee; wageworker <*US*>
Lohnentwicklung, f – wage trend; development of wages (pl); development of pay
Lohnerhöhung, f (1) – wage increase; pay increase, increase of pay; increase of wages (pl), wage rise; pay raise, wage raise <*US*>; wage hike <*US,infml*>
Lohnerhöhung, f (2) *(allgemeine)* – general increase
Lohnerhöhung, f (3) *(rückwirkende)* – retroactive pay increase
Lohnerhöhung, f (4) *(aufgrund besonderer Leistung, f)* – merit increase
Lohnersatzleistung, f – wage replacement benefit
Lohnfaktor, m – wage factor in costs (pl)
Lohnfestsetzung, f – wage fixing; pay fixing; wage determination <*US*>; wage setting, pay setting; rate setting <*US*>
Lohnfindung, f – wage calculation; wage finding; wage determination <*US*>
Lohnforderung, f – wage demand; wage claim; pay claim
Lohnformel, f – wage formula
Lohnfortzahlung, f *(im Krankheitsfall, m)* – continued payment of wages; sick pay
Lohnfortzahlungskosten (pl) – sick pay costs (pl)
Lohngefälle, n – wage differential; pay differential
Lohngefüge, n – wage structure; pay structure
Lohngerechtigkeit, f – justice in wages (pl)
Lohngestaltung, f – wages (pl) policy
Lohngleichheit, f – equality of wages (pl); equality in wages (pl); equality of pay (for men and women); wage adequacy
Lohngleitklausel, f – escalator clause
Lohngruppe, f – wage group; wage bracket; wage grade
Lohngruppenumstufung, f – reclassification
Lohnhöhe, f – wage level
Lohnindex, m – wage index
Lohnindexierung, f – wage indexation; indexing of wages to the inflation rate
lohnintensiv – wage-intensive
Lohnkampf, m – wage dispute; pay dispute
Lohnkommission, f – wage-controlling committee; wage-control committee
Lohnkonflikt, m – wage dispute; wage conflict
Lohnkontenführung, f – keeping of payroll accounts (pl)
Lohnkonto, n – payroll account <*US*>; wages (pl) account; wage account
Lohnkosten, pl (1) – wage costs (pl); labo(u)r costs (pl); wages (pl) bill <*GB*>; payload <*US*>
Lohnkosten, pl (2) *(je Produktionseinheit, f)* – unit wage costs (pl)
Lohnkostenanstieg, m – increase in labo(u)r costs (pl)

Lohnkostenauftrieb, m – upward movement of labo(u)r costs (pl)

Lohnkostensenkung, f – wage cost reduction; labo(u)r cost reduction

Lohnkostenverteilung, f – distribution of wage costs (pl); distribution of labo(u)r costs (pl)

Lohnkostenzuschuss, m – employment subsidy; wage subsidy

Lohnkürzung, f – reduction in wages (pl); reduction of wages (pl); reduction in pay, reduction of pay, wage reduction; wage cut, wages (pl) cut, pay cut; cut in wage, cut in wages (pl), cut in pay

Lohnkurve, f – wage curve; wages (pl) curve; wages (pl) graph

Lohnleitlinien (pl) – wage guidelines (pl)

Lohnliste, f – wage sheet; payroll sheet, payroll register *<US>*; pay sheet, payment sheet *<US>*; pay bill; wages (pl) sheet

Lohnminderung, f – wage decrease; pay decrease

Lohnnachzahlung, f – retroactive payment of wages (pl); back pay

Lohnnebenkosten (pl) – payroll fringe costs (pl); ancillary wage costs (pl); incidental wage costs (pl); non-wage costs (pl); non-labo(u)r costs (pl)

Lohnnebenleistungen (pl) – fringe benefits (pl); perks (pl) *<GB,infml>*

Lohnniveau, n – wage level; pay level; standard of wages (pl); earnings (pl) level; level of wages (pl)

Lohnparität, f – parity of wages (pl)

Lohnpause, f – wage pause; pay pause

Lohnpfändung, f (1) – wage garnishment; garnishment of wages (pl)

Lohnpfändung, f (2) *(aus Unterhalt, m)* – attachment of wages (pl); wage attachment; execution on wages (pl)

Lohnpfändungsbeschluss, m – writ of income withholding to employer

Lohnpfändungstabelle, f – wage garnishment schedule; wage garnishment table; attachment schedule; attachment table *<US>*

Lohnpolitik, f – wage policy; incomes (pl) policy

Lohnquote, f (1) – wage ratio; labo(u)r income share

Lohnquote, f (2) *(bereinigte)* – adjusted share of wages (pl) and salaries (pl)

Lohnrahmenabkommen, n (*Lohnrahmentarif, m*) – overall wage scale; skeleton wage agreement; wage structure agreement; agreement on the wage structure

Lohnrahmentarif, m → Lohnrahmenabkommen, n

Lohnrate, f – wage rate

Lohnrechnung, f – payroll accounting; payroll bookkeeping; wage cost accounting

Lohnrisiko, n – wage risk

Lohnrückforderung, f – wage redemand

Lohnrunde, f – round of wage negotiations (pl); wage round; pay round

Lohnsatz, m – wage rate

Lohnschere, f – earnings (pl) gap

Lohnsenkung, f – wage reduction; wage cut, wages (pl) cut, pay cut; cut in wage, cut in wages (pl); cut in pay; rollback

Lohnsicherung, f – wage protection

Lohnskala, f (1) – wage scale; pay scale

Lohnskala, f (2) *(gleitende)* – sliding wage scale; sliding pay scale

Lohnspanne, f – wage spread; range of wage; range of wages (pl); wage relativity

Lohnstaffelung, f – differentiation of wages (pl); grading of wages (pl)

Lohnstatistik, f – wage statistics (pl); wages (pl) statistics (pl)

Lohnsteigerung, f – wage increase

Lohnsteigerungsbetrag, m – wage increment

Lohnsteuer, f (1) – wage tax; wages (pl) tax; employment tax <*US*>; wage withholding tax <*US*>; PAYE-tax <*GB*>

Lohnsteuer, f (2) *(pauschalierte)* – lump-sum income tax; lump-sum wage withholding tax <*US*>; lump-sum employment tax <*US*>; flat rate wage tax

Lohnsteuerabzug, m – deduction of wage tax; deduction of wages (pl) tax; payroll deduction <*US*>; withholding income tax <*US*>; wage tax withholding

Lohnsteuerabzugsverfahren, n – pay-as-you-earn system (PAYE system) <*GB*>

Lohnsteueranmeldung, f – wage tax notification; wages (pl) tax notification

Lohnsteueraußenprüfung, f – wage tax field audit

Lohnsteuerbescheinigung, f – certificate of wage tax deduction; wage tax certificate; withholding statement <*US*>

Lohnsteuerdurchführungsverordnung, f (LStDVO) – Wage Tax Implementing Ordinance; Wage Withholding Tax Implementing Decree

Lohnsteuererstattung, f – wage tax refund; wages (pl) tax refund

Lohnsteuerfreibetrag, m – wage tax allowance; income tax allowance; employee's withholding exemption; withholding exemption; wage earner's tax allowance

Lohnsteuerjahresausgleich, m – annual wage tax recomputation; annual income tax return; annual adjustment of income tax; annual settlement of wage withholding tax; annual wage tax equalization <*US*>

Lohnsteuerkarte, f – wage tax card; wage tax sheet, wages (pl) tax sheet; income tax card, wages (pl) tax card; employee's wage tax card; wage tax deduction card

Lohnsteuerklasse, f – wage tax bracket <*US*>; wages (pl) tax bracket <*US*>; scale of taxation

Lohnsteuernachzahlung, f – payment of wage tax arrears (pl); payment of wages (pl) tax arrears (pl)

Lohnsteuerpauschalierung, f – income tax commutation; employment tax commutation <*US*>

Lohnsteuerpflicht, f – wage tax liability

lohnsteuerpflichtig – subject to wage tax

Lohnsteuerprüfung, f – wage tax audit

Lohnsteuerrichtlinien (pl) – Wage Tax Regulations (pl) <*US*>; wage tax rules (pl); wages (pl) tax rules (pl); rules (pl) of taxation; withholding tax regulations (pl)

Lohnsteuerrückvergütung, f – wage tax refund; wages (pl) tax refund

Lohnsteuerstatistik, f – wage withholding tax statistics (pl)

Lohnsteuertabelle, f – wage tax schedule; pay code <*GB*>; withholding tax table <*US*>; wage tax table; wage tax withholding table

Lohnsteuervoranmeldung, f – wage tax notification

Lohnstopp, m – wage freeze; wage stop; freeze on wages (pl) <*US*>, <*infml*>

Lohnstreifen, m – wage slip; pay slip

Lohnstreitigkeit, f – wage dispute; wage conflict

Lohnstruktur, f – wage structure

Lohnstückkosten (pl) – unit labo(u)r costs (pl)

Lohnstufe, f – wage group; wage grade

Lohnstunden (pl) – wage hours (pl)

Lohnsumme, f – aggregate wages (pl) and salaries (pl); payroll total; total wages (pl); wage total

Lohnsummensteuer, f – tax on the total of wages (pl) and salaries (pl) paid; municipal payroll tax; payroll tax <*US*>; selective employment tax <*GB*>

Lohntabelle, f – wage schedule; pay schedule; wage table; table of wages (pl); scale of wages (pl)

Lohntag, m – payday

Lohntarif, m – wage scale; wage schedule; wage tariff; rate of wages (pl)

Lohntarifvertrag, m – wage tariff agreement; wage agreement; collective wage agreement

Lohntüte, f – wage packet; pay packet <*GB*>; wage envelope; pay envelope

Lohnüberzahlung, f – excess payment of wages (pl)

Lohnunterlagen (pl) – payroll records (pl)

Lohnunterschied, m – wage differential

Lohnveredelungsvertrag, m – job-processing contract

Lohnvereinbarung, f – wage agreement; pay agreement; settlement on incomes (pl)

Lohnvergleich, m (1) *(intern)* – wage comparison

Lohnvergleich, m (2) *(extern)* – wage survey

Lohnverhandlungen (pl) – wage negotiations (pl); collective bargaining; wage collective bargaining

Lohnverteilung, f – labo(u)r cost distribution; payroll distribution

Lohnverwaltung, f – wage administration; payroll administration

Lohnverzicht, m – renunciation of pay

Lohnvorschuss, m – wage advance; advance on wages (pl); front pay

Lohnzahlung, f (1) – wage payment; payment of wages (pl)

Lohnzahlung, f (2) *(an Feiertagen, pl)* – wage payment for public holidays (pl)

Lohnzahlung, f (3) *(im Krankheitsfall, m)* – continued payment during sickness

Lohnzahlungspflicht, f – wage payment obligation

Lohnzahlungszeitraum, m – payroll period; pay period

Lohnzettel, m – wage slip; pay slip; payroll voucher <*US*>

Lohnzulage, f – wage supplement; supplementary wage; extra pay

Lohnzusatzkosten (pl) – supplements (pl) to wages (pl) and salaries (pl)

Lohnzuschlag, m – extra pay; additional pay

Lohnzuschuss, m – wage subsidy
Lohnzuwachs, m – wage increment; pay increment
Los, n – lot
Lose (pl) ziehen, v – cast lots (pl), v
Loseblattsammlung, f – looseleaf collection
losen, v – cast lots (pl), v
loyal – loyal; staunch
loyales Verhalten, n – fair behaviour/ behavior
Loyalitätspflicht, f – loyalty obligation
LStDVO → Lohnsteuerdurchführungsverordnung, f
Lücke, f *(im Lebenslauf, m)* – resume gap
Lückenfüllung, f – gap filling; vacancy filling
Lüge, f – lie; falsehood
Lügner/in, m/f – liar
Luftverschmutzung, f – air pollution

M

Machart, f – make
Macht, f – power; authority; force
Mädchenname, m – maiden name
Mängelanalyse, f – deficiency analysis
Mängelanzeige, f – notice of defects (pl)
Mängelhaftung, f – liability for defects (pl); warranty for defects (pl); express warranty
Mängelrüge, f – notification of defect; notification of defects (pl); notice of defect; notice of defects (pl); deficiency claim
Magistrat, m – municipal board; municipal authority
Mahnbescheid, m – notice to pay; default summons
Mahnbrief, m – dunning letter; reminder
mahnen, v – warn, v; admonish, v; remind, v; dun, v
Mahngebühr, f – collection fee
Mahnkosten (pl) – collection expenses (pl)
Mahnung, f – warning; admonition; reminder; request for payment
Mahnverfahren, n – summary proceedings (pl); dunning proceedings (pl); hortatory process pressing for payment; default action <*GB*>
MAK-Wert, m – mwc value (maximaler Arbeitsplatzkonzentrationswert)
Makler/in, m/f – broker; civil-code broker; estate agent
Maklergebühr, f – brokerage; brokerage commission; estate agent`s fee
Maklerprovision, f – broker's fee; brokerage fee
Maklervertrag, m – brokerage contract
Managementberatung, f – management consultancy
Managementtechniken (pl) – management techniques (pl)
Managerkrankheit, f – managerial disease; stress disease
Mandant/in, m/f – client; mandator
Mandantenschutzklausel, f – clients' protection clause
Mandat, n (1) – retainer
Mandat, n (2) *(Auftrag, m)* – mandate

Mangel, m (1) *(Defizit, n)* – lack; deficiency, deficit; shortage; scarcity; need
Mangel, m (2) *(Fehler, m)* – failure; fault; defect; shortcoming
Mangel, m (3) *(an Arbeitskräften, pl)* – manpower shortage
Mangelberuf, m – understaffed profession; scarce job
mangelhaft – defective; deficient; faulty; imperfect
mangelhafte Leistung, f – deficient service
mangeln, v *(an)* – be lacking, v; be deficient, v; be short of, v
mangelnde Berufserfahrung, f – lack of practical experience
mangelnde Eignung, f – disqualification
mangelnde Leistungsfähigkeit, f – inefficiency
mangels – in the absence of; for lack of
mangels Beweis, m – for lack of evidence
Manko, n (1) – deficiency; shortage
Manko, n (2) *(Fehlbetrag, m)* – deficit
Mankoabrede, f – deficiency agreement
Mankogeld, n – risk money; cashier's allowance
Mankohaftung, f – liability for deficit; liability for deficiency
Mannschaft, f – team; group; crew
Mannschaftsstand, m – rank-and-file
Manteltarifvertrag, m – framework collective agreement; employment conditions (pl) agreement; master agreement <*US*>
manuell – made by hand; manual
Mariä Himmelfahrtstag, m *(Mariä Himmelfahrt)* – Assumption Day
Marketing, n – marketing
Markt, m (1) – market
Markt, m (2) *(Geschäft, n)* – business; sale
Marktanalyse, f – market analysis
Marktanteil, m – market share
Marktführer, m – market leader
Marktlage, f – market condition
Marktwirtschaft, f – market economy
Maschine, f – machine; engine
Maschinenanlage, f – machinery
Maschinenarbeiter/in, m – operator; machinist; shopworker <*US*>
Maschinenausfallzeit, f – machine idle time
Maschinenauslastung, f – capacity of machinery
Maschinenbau, m – mechanical engineering
Maschinenbauer, m – machinist
Maschinenbauingenieur/in, m/f – mechanical engineer
Maschinenbauwesen, n – mechanical engineering
Maschinenhalle, f – machine shop
Maschinenschlosser, m – machine fitter; engine fitter
Maschinenschutzgesetz, n – Machinery Guardian Act
Maschinenstillstandszeit, f – machine downtime
Maschinenwart, m – machine minder; machine maintenance man
Maschinenzeit, f – machine time
Maschinist, m – machinist; machineman; mechanic; engine operator
Masseforderung, f *(Konkurs, m)* – claim against common debtor's estate
Massegläubiger/in, m/f – general creditor
Massenänderungskündigung, f – mass change notice

Massenarbeitslosigkeit, f – mass unemployment
Massendemonstration, f – mass demonstration
Massenentlassung, f – mass dismissal; mass release; collective dismissal; mass redundancy
Massenhersteller, m – mass producer
Massenkaufkraft, f – mass purchasing power
Massenproduktion, f – mass production
Massenversammlung, f – mass meeting
Masseschulden (pl) – ordinary debts (pl); priority debts (pl); unsecured debts (pl) *<US>*
maßgebend – decisive; leading; prevailing
maßgeblich – authoritative
maßgeschneidert – customized *<US>*; customised *<GB>*; tailor-made
Maßnahme, f – measure; action; arrangement
Maßregelung, f – disciplinary punishment; reprimand; crackdown *<US,infml>*
Maßregelungsverbot, n – inhibition of disciplinary punishment
maßschneidern, v – customize/ costomise, v
Maßstab, m – standard
Material, n – material
Materialfehler, m – material defect
Materialwirtschaft, f – materials (pl) management
materiell – material
materielle Hilfe, f – financial aid; pecuniary aid
materieller Schaden, m – physical damage
materielles Recht, n – substantive law
Mathematik, f – mathematics
Matrose, m – sailor; mariner; seaman
Mechanik, f – mechanics
Mechaniker, m (2) *(für Autos und Flugzeuge, pl)* – repairman
Mechaniker/in von Beruf – a mechanic by trade
Mechaniker/in, m/f (2) – mechanic; operative; fitter
meckern, v *<infml>* – grouse, v *<infml>*; gripe, v *<infml>*
Medien (pl) – media
Mediengestalter/in, m/f – media designer
Medienwissenschaft, f – media science
Medizin, f (1) – medical science
Medizin, f (2) *(Arznei, f)* – medicine; medication *<US>*
medizinisch – medical
medizinischer Dienst, m – medical service
Medizintechnik, f – medical engineering
Mehrarbeit (f) leisten, v – work overtime, v
Mehrarbeit, f – overtime work; overtime; extra work; additional work; exess hours (pl)
Mehrarbeitsstopp, m – overtime ban
Mehrarbeitsvergütung, f – overtime pay; overtime payment
Mehrarbeitszuschlag, m – overtime bonus; overtime premium
Mehraufwand, m – additional expenses (pl)
Mehrausgaben (pl) – additional expenses (pl)
Mehrbelastung, f (1) – extra charge; extra burden

Mehrbelastung, f (2) *(Überlastung, f)* – overload
Mehrbetrag, m – surplus; extra amount; extra charge
mehrfach – multiple
Mehrfachauswahl, f – multiple choice
Mehrfachbefristung, f – multiple temporary limitation
Mehrfachbeschäftigung, f – multiple employment
Mehrfachbesetzung, f – multiple placement
Mehrfachbesteuerung, f – multiple taxation
Mehrheit, f (1) – majority; plurality <*US*>
Mehrheit, f (2) *(beschlussfähige)* – quorum
Mehrheit, f (3) *(einfache)* – simple majority; bare majority
Mehrheit, f (4) *(qualifizierte)* – qualified majority; particular majority
Mehrheitsauffassung, f – majority opinion; majority view
Mehrheitsbeschluss, m – majority decision
Mehrheitsbeteiligung, f – majority interest
Mehrheitswahl, f – majority vote; majority voting
Mehrheitswahlrecht, n – majority vote system
Mehrkosten (pl) – excess costs (pl); extra cost
Mehrleistung, f – increased performance; increased efficiency
Mehrlingsgeburt, f – multiple birth
mehrmonatig – lasting several months (pl)
Mehrschichtbetrieb, m – multiple shift operation
mehrsprachig – multilingual
mehrstufig – multistage
Mehrurlaub, m – additional holidays (pl); additional vacation <*US*>
Mehrwert, m – added value
Mehrwertsteuer, f – value-added tax (VAT)
Meineid (m) leisten, v – perjure oneself, v
Meineid, m – perjury; false oath
Meinung, f (1) – opinion; view
Meinung, f (2) <*jur*> *(herrschende)* – prevalent opinion; recognized opinion; prevailing opinion
Meinung, f (3) *(öffentliche)* – public opinion
Meinungsäußerung, f – expression of one's opinion
Meinungsäußerungsfreiheit, f – freedom of expression
Meinungsaustausch, m – communication of views (pl); exchange of views (pl)
Meinungsbefragung, f – opinion poll
Meinungsforschung, f – opinion research
Meinungsfreiheit, f – freedom of opinion
Meinungsumfrage, f – opinion survey
Meinungsverschiedenheit, f – disagreement; difference of opinion; dissent; argument
Meister, m (1) – master; master craftsman
Meister, m (2) *(Betriebsmeister, m)* – foreman
Meisterbrief, m – master craftsman's certificate
Meisterin, f – forewoman; forelady
Meisterprüfung, f – examination for the master's diploma; examination for the master's certificate
Meisterstück, n – masterpiece
melden, v (1) – report, v; register, v; notify, v

melden, v (2) *(sich zur Arbeit, f)* – report for work, v; sign in, v <*US*>

Meldepflicht, f (1) – obligation to notify; obligation to register; duty of notification

Meldepflicht, f (2) *(bei der Polizei, f)* – compulsary registration; obligatory registration

meldepflichtig *(bei Krankheiten, pl)* – notifiable; subject to notification; reportable; required to register

Meldeverfahren, n – reporting procedure

Meldevorschriften (pl) – reporting regulations (pl)

Meldung, f – report; notification

Menge, f *(Anzahl, f)* – quantity; amount

Mengenausweitung, f – quantity increase

Mengenbegrenzung, f – quantity limitation; quantitative restriction

Mengenleistung, f – quantitative output; productive capacity; production capacity

Mengenlohn, m – quantity wage

Mengenvorgabe, f – quantity standard

Mensch, m (1) – human being; man; individual; person

Mensch, m (2) *(behinderter)* – disabled person behavior

Mensch, m (3) *(intelligenter)* – intellectual person

Mensch, m (4) *(arbeitsscheuer)* – shirker

Menschen (pl) – people (pl); human beings (pl); men (pl); persons (pl); individuals (pl)

Menschenführung, f – leadership

menschengerecht – adapted to the needs (pl) of men (pl)

menschengerechte Gestaltung (f) der Arbeit (f) – humane job engineering

Menschenkenntnis, f – knowledge of people

Menschenrechte (pl) – human rights

Menschenwürde, f – human dignity; dignity of men (pl)

Merkblatt, n – leaflet; sheet of instructions (pl)

Merkmal, n (1) – characteristic; characteristic feature; criterion

Merkmal, n (2) *(wesentliches)* – attribute

Metallarbeiter/in, m/f – metalworker

Metallindustrie, f – metal industry

Methode, f – method; procedure; technique

methodisch – methodical

methodisch arbeiten, v – work with method, v

Metzger, m – butcher; meatman <*US*>

Miesmacher, m <*infml*> – crab <*infml*>

Mietbeihilfe, f – housing allowance; rent allowance; housing subsidy; rent subsidy

Miete, f – rent; hire; tenancy

Mieteinzug, m – rent collection

mieten, v (1) *(bewegliche Sachen, pl)* – rent, v; hire, v

mieten, v (2) *(unbewegliche Sachen, pl)* – rent, v; lease, v

Mietentschädigung, f – lodging allowance

Mieter/in, m/f (1) *(einer Wohnung, f / eines Hauses, n)* – tenant; renter <*US*>

Mieter/in, m/f (2) *(von Gegenständen, pl)* – leaseholder; lessee

Mieter/in, m/f (3) *(eines Zimmers, n)* – lodger; roomer <*US*>

Mieterhöhung, f – rent increase

Mieterschutzgesetz, n – Protection of Tenants Act; Rent Restriction Act <*GB*>; Furnished Houses Rent Control Act <*US*>
Mietertrag, m – rental income; rent returns (pl)
Mietforderung, f – claim for rent
mietfrei – free of rent; rent-free
Mietkauf, m – rent with optional purchase
Mietkaution, f – rental security deposit; security deposit
Mietnebenkosten (pl) – ancillary rental costs (pl)
Mietpreis, m – rent; rental
Mietrecht, n – law of tenancy
Mietrückstand, m – rent arrears (pl)
Mietshaus, n – block of flats (pl) <*GB*>; apartment building <*US*>
Mietverhältnis, n <*jur*> – tenancy <*law*>
Mietvertrag, m – lease contract; tenancy agreement
Mietvorauszahlung, f – rent in advance; advance rental; rent prepayment (pl)
Mietwohnung, f – flat <*GB*>; apartment <*US*>; lodgings (pl); lodgement; quarters (pl)
Mietwucher, m – usurious rent
Mietzeit, f – term of tenancy; lease
Mietzins, m – rent
Mietzulage, f – lodging allowance
Mietzuschuss, m – housing allowance; rent allowance; rental allowance; allowance for rent; rent grant
Mikroverfilmung, f – microfilming
mildern, v – moderate, v; mitigate, v
mildernde Umstände (pl) – mitigating circumstances (pl)
Milderung, f – mitigation
mildtätig – charitable; benevolent
Milieu, n – social environment; milieu
Militär, n – military; armed forces (pl)
Militärdienst, m – military service; active service; national service <*GB*>
Milliarde, f – billion
Million, f – million
MinArbBedG → Gesetz (n) über Mindestarbeitsbedingungen (pl)
Minderheit, f – minority
Minderheitenschutz, m – protection of minorities (pl)
Minderheitsauffassung, f – minority opinion; minority view
minderjährig – minor; under-age; infant
Minderjährigkeit, f – minority; nonage; infancy
Minderkaufmann, m – small trader
Minderleistung, f (1) – reduced performance
Minderleistung, f (2) *(einer Maschine, f)* – reduced output
mindern, v – diminish, v; reduce, v; decrease, v
Minderung, f (1) – reduction; diminution; decrease
Minderung, f (2) *(der Erwerbsfähigkeit, f)* – curtailment of activity; diminution of the earning capacity
Minderwert, m – depreciation; decrease in value
Minderwertigkeit, f – inferiority
Minderwertigkeitskomplex, m – inferiority complex
Mindestalter, n – minimum age
Mindestarbeitsbedingungen (pl) – minimum employment standards (pl); minimum employment conditions (pl)
Mindestarbeitszeit, f – minimum working time; minimum working hours (pl)
Mindestausbildung, f – minimum training

Mindestbedarf, m – minimum demand; minimum supply
Mindestbeitrag, m – minimum contribution
Mindestbeschäftigungszeit, f – minimum period of employment
Mindestbetrag, m – minimum amount
Mindestdauer, f – minimum period
Mindesteinkommen, n – minimum income
Mindestentlohnung, f – minimum remuneration
Mindestleistung, f – minimum performance
Mindestlohn, m (1) – minimum wage; standard wage; union rate
Mindestlohn, m (2) *(garantierter)* – guaranteed minimum wage; guaranteed base rate; wage floor
Mindestlohngesetz, n – National Minimum Wage Act (NMWA) <*GB*>
Mindestnorm, f – minimum standard
Mindestnote, f – minimum required grade
Mindestqualifikation, f – minimum qualification
Mindestrente, f – minimum pension
Mindestrentenalter, n – minimum pensionable age
Mindestumfang, m – minimum extent; minimum size
Mindesturlaub, m – minimum leave; minimum vacation <*US*>
Mindesturlaubsanspruch, m – minimum leave entitlement; minimum vacation entitlement <*US*>
Mindestverdienst, m – minimum pay
Mindestvoraussetzung, f – minimum requirement
Mindestwochenarbeitszeit, f – minimum weekly working hours (pl)
Mindestzahl, f (1) – minimum number
Mindestzahl, f (2) *(zur Beschlussfähigkeit, f)* – quorum
Minister, m – minister; secretary <*US*>
Ministerium, n – ministry; department <*US*>
Ministerpräsident/in, m/f – prime minister; premier
Minterheitengruppe, f – minority group
Mischehe, f – mixed marriage; marriage of partners of different denomination
Mischzuschlag, m – compound allowance
missachten, v (1) *(nicht gehorchen, v)* – disobey, v
missachten, v (2) *(einen Rat, m)* – disregard, v
missachten, v (3) *(eine Warnung, f)* – ignore, v
Missachtung, f (1) – disobeyance; noncompliance; ignorance; contempt
Missachtung, f (2) <*jur*> *(des Gerichts, n)* – contempt of the court
Missbildung, f – deformity
missbilligen, v – disapprove, v; deprecate, v
Missbilligung, f – disapproval
Missbrauch, m – abuse; misuse; misapplication
Misserfolg, m (1) – failure; washout <*sl*>
Misserfolg, m (2) *(finanzieller)* – flop <*infml*>; fiasco
Misshandlung, f – abuse; maltreatment; illtreatment
Misslingen, n – failure; miscarriage
Misstrauen, n (1) – distrust; mistrust; lack of confidence; want of confidence

Misstrauen, n (2) *(Verdacht, m)* – suspicion
misstrauen, v – distrust, v; be suspicious of, v
Misstrauensvotum, n – nonconfidence vote
Misswirtschaft, f – mismanagement
mit amtlicher Genehmigung, f – by authority
mit beratender Stimme, f – in an advisory function
mit beschränkter Haftung, f – with limited liability
mit einer Provision (f) von x % – on an x % commission
mit einwandfreiem Lebenswandel, m – clean-lived
mit gesetzlicher Kündigungsfrist, f – at statutory notice
mit monatlicher Kündigungsfrist, f – subject to a month's notice
mit vereinbarter Kündigungsfrist, f – at agreed notice
Mitarbeit, f (1) – co-operation <*GB*>; cooperation <*US*>; collaboration; assistance; participation (in the work)
Mitarbeit, f (2) *(freie)* – free-lance employment
Mitarbeit, f (3) *(langjährige ~ bei)* – many years of working with
mitarbeiten, v (1) – co-operate/ co-operate with s.o., v; collaborate with s.o. on sth, v; work together with, v; join in the work of s.o., v
mitarbeiten, v (2) – take part in the work of s.o., v; assist s.o. with his/her work, v
mitarbeitende Ehefrau, f – working wife
Mitarbeiter/in, m/f (1) *(Betriebsangehörige/r, f/m)* – staff member; member of staff; employee
Mitarbeiter/in, m/f (2) *(Arbeitskollege/ -kollegin, m/f)* – colleague; fellow worker; co-worker
Mitarbeiter/in, m/f (3) *(außertarifliche/r)* – member of the exempt staff
Mitarbeiter/in, m/f (4) *(freiberufliche/r)* – free-lance contributor
Mitarbeiterbefragung, f – employee attitude survey
Mitarbeiterberatung, f – employee coaching; employee counselling
Mitarbeiterbeteiligung, f – employee involvement; employee participation
Mitarbeiterbeurteilung, f – employee assessment; employee appraisal
Mitarbeiterbeurteilungssystem, n – employee assessment system; employee appraisal system
Mitarbeiterbeziehungen (pl) – employee relations (pl)
Mitarbeiterbindung, f – retention
Mitarbeiterdarlehen, n – employee loan
Mitarbeiterfluktuation, f → Fluktuation, f
Mitarbeiterförderung, f – personnel development
Mitarbeitergespräch, n – staff dialogue
Mitarbeitergewinnung, f – staffing <*GB*>; recruiting <*US*>
Mitarbeitergruppe, f – employee group
Mitarbeiterpotential, n – employee potential
Mitarbeiterrabatt, m – employee discount
Mitarbeiterschaft, f – human resources (pl); staff
Mitarbeiterstab, m – staff; human resources (pl)

Mitarbeiterstammdatei, f – employee master file
Mitarbeiterverhältnis, n – employee relationship
Mitarbeiterzeitung, f – personnel periodical
Mitbesitz, m – joint possession; joint tenancy
MitbestG → Mitbestimmungsgesetz
mitbestimmen, v – co-determine, v; participate in the management, v; share in a decision, v
Mitbestimmung, f (1) – co-determination; co-management
Mitbestimmung, f (2) *(am Arbeitsplatz, m)* – co-determination in the workplace; shopfloor participation; worker participation
mitbestimmungsfrei – exempted from co-determination
Mitbestimmungsgesetz, n (MitbestG) – Co-Determination Act; Co-Management Act
mitbestimmungspflichtig – subject to co-determination
Mitbestimmungsrecht, n – co-determination right; right of co-determination
mitbeteiligen, v – give s.o. a share in sth, v; give s.o. a say in sth, v
Mitbewerber/in, m/f – competitor; rival
Miteigentümer/in, m/f – co-owner; joint owner; co-proprietor
Miteigentum, n – co-ownership; joint property
Mitentscheidung, f – co-decision
Mitfahrer/in, m/f – passenger
Mitglied (m) werden, v – become a member, v; join in, v
Mitglied, n (1) – member
Mitglied, n (2) *(hinzugewähltes)* – co-optee
Mitglied, n (3) *(stellvertretendes)* – deputy member
Mitgliederversammlung, f – assembly; meeting of members (pl)
Mitgliederverzeichnis, f – register of members (pl); list of members (pl)
Mitgliederwerbung, f – membership drive; campaign for members (pl)
Mitgliedsbeitrag, m – membership fee; membership contribution; subscription dues (pl); subscription *<GB>*
Mitgliedsbescheinigung, f – membership certificate; certificate of membership
Mitgliedschaft, f – membership
Mitgliedschaftsrecht, n – membership right
Mitgliedsnummer, f – membership number
Mithilfe, f – assistance
Mitinhaber/in, m/f – co-owner; joint owner; partner
Mitschüler/in, m/f – classmate; classfellow; school mate; fellow student
Mitschuld, f – partial responsibility; joint responsibility; joint guilt; complicity
Mitschuldige/r, f/m – accessory to; accomplice in
Mitspracherecht (n) haben, v (bei) – have a voice, v; have a say (in), v
Mittäter/in, m/f – accomplice; joint offender
Mittagspause, f – lunch break; break for lunch; midday break
mitteilsam – communicative
Mitteilung, f – notification; information; advice; communication
Mitteilungspflicht, f – obligation to give notice
Mittel (pl) *(finanzielle)* – funds (pl); financial means (pl)
mittelbar – indirect; intermediate

mittelbare Stellvertretung, f – indirect agency
mittelbarer Besitz, m – indirect possession
mittelbarer Schaden, m – indirect damage
mittelbarer Zwang, m – indirect compulsion
mittelbares Arbeitsverhältnis, n – indirect employment relationship; indirect employment
Mittelbehörde, f – regional authority
Mittelbetrieb, m – medium-sized enterprise
mittelfristig – medium-term; medium range
mittelmäßig – medium; mediocre
Mittelschule, f – intermediate school *<US>*
mittelständisch – middle-class; medium-sized
mittelständisches Unternehmen, n – medium-sized business
Mittelstand, m – middle class
mittlere Reife, f – General Certificate of Secondary Education; Intermediate Certificate
Mitverschulden, n – contributory negligence; comparative negligence *<US>*; joint guilt
Mitversicherung, f – co-insurance
mitwirken, v – participate, v; contribute, v; co-operate, v/cooperate, v
mitwirkendes Verschulden, n *<jur>* – contributory negligence
Mitwirkung, f – participation; assistance; contribution; co-operation; cooperation
Mitwirkungspflicht, f – duty to participate; duty to co-operate/cooperate
Mitwirkungsrecht, n – participation right
Mobbing, n – harassment on the job; hostile work environment; mobbing
Mobilität, f (1) – mobility
Mobilität, f (2) *(berufliche)* – job mobility; occupational mobility
Mobilität, f (3) *(der Arbeitskräfte, pl)* – staff mobility; worker mobility; mobility of labo(u)r
Mobilitätszulage, f – mobility allowance
Modell, n (1) – model
Modell, n (2) *(Muster, n)* – pattern
Modellbauer, m – model maker
Modellmacher, m – modeller; modeler *<US>*
Modelltischler, m – pattern maker
Modellversuch, m – pilote scheme
Moderator/in, m/f – moderator
modifizieren, v – modify, v
möglich machen, v – enable, v
Möglichkeit, f – possibility; opportunity; chance
monatlich – monthly
monatliche Abrechnung, f – monthly tally
monatliche Lohnzahlung, f – monthly payment of wages (pl); monthly wage payment
Monatsarbeitsstunden (pl) – monthly working hours
Monatseinkommen, n – monthly income
Monatsgehalt, n – monthly salary
Monatslohn, m – monthly wage; monthly wages (pl); monthly pay
Monatsrate, f – monthly instal(l)ment
Monatsultimo, m – last day of month
Monatsverdienst, m – monthly earnings (pl)
Monotonie, f – monotony
Montage, f – assembly; installation; fitting; construction; erection
Montagearbeit, f – assembly work

Montagearbeiter/in, m/f – assembly worker
Montageband, n – assembly line
Montagebetrieb, m – assembly operation; assembly shop
Montagelinie, f – assembly line
Montagezuschlag, m – installation allowance
Montanindustrie, f – coal, iron and steel industry; mining industry
Montanmitbestimmungsgesetz, n *(MontanMibestG)* – Coal and Steel Co-Determination Act
Montanunion, f → Europäische Gemeinschaft (f) für Kohle (f) und Stahl (m)
Monteur, m – fitter; mechanic; assembler
Monteurkleidung, f – overall
Moral, f – morale
moralisch – moral
moralische Unterstützung, f – moral support
moralische Verpflichtung, f – moral obligation
Motivation, f – motivation
motivieren, v – motivate, v
Motivirrtum, m – error in motive
Motorenschlosser/in, m/f – engine fitter
MTM-Verfahren, n – methods time measurement procedure
Mühe, f – effort; efforts (pl); pains (pl); trouble
Müllwerker/in, m/f – rubbish collector
mündig – of age; of full age; major
Mündigkeit, f – lawful age; full age
mündlich – oral; verbal
mündlich verhandeln, v – argue, v; advance arguments (pl), v
mündliche Erklärung, f *<jur>* – parol *<law>*
mündliche Prüfung, f – oral exam(ination)
mündliche Verhandlung, f *<jur>* – oral procedure *<law>*; hearing; trial
mündlicher Bericht, m – oral report
mündlicher Vertrag, m – oral contract
Multimomentaufnahme, f – work sampling study; period time sheet
multiple Führung, f – multiple management
murren, v *<infml>* – gripe, v *<infml>*
MuSchG → Mutterschutzgesetz, n
Muskelarbeit, f – muscular work
Muskelbelastung, f – muscular strain
Muße, f – leisure time
Musskaufmann, m – mandatory merchant
Mussvorschrift, f – mandatory regulation; mandatory provision; mandatory clause
Muster, n (1) *(Modell, n)* – pattern; model; design
Muster, n (2) *(Warenprobe, f)* – sample
Musterbeispiel, n – typical example; paradigm
Musterberechtigung, f – pilot's licence to fly a certain type of aircraft
Musterbetrieb, m – model plant; model establishment
Mustermacher, m – modeller; modeler *<US>*
Musterprozess, m – representative litigation; test case
Musterung, f *<mil>* – muster; call-up; medical examination of draftees (pl)
Musterungskommission, f *<mil>* – draft board
Mustervereinbarung, f – pattern-setting agreement
Mustervertrag, m – prototype contract

Mutter, f (1) – mother

Mutter, f (2) *(stillende)* – nursing mother

Mutter, f (3) *(werdende)* – expectant mother

Muttergesellschaft, f – parent company

Mutterschaft, f – maternity; motherhood

Mutterschaftsgeld, n – maternity benefit

Mutterschaftshilfe, f – maternity aid; maternity assistance

Mutterschaftsurlaub, m – maternity leave

Mutterschutz, m – maternity protection; protection of working mothers (pl)

Mutterschutzentgelt, n – maternity pay

Mutterschutzfrist, f – maternity protection period

Mutterschutzgesetz, n (MuSchG) – Maternity Protection Act

Mutterschutzlohn, m – maternity pay

Muttersprache, f – mother tongue; native language

mutwillig – wanton

N

nach Aktenlage, f – on the record of the case

nach Dienstschluss, m – after office hours (pl)

nach einer Probezeit, f *(von x Monaten, pl)* – at the end of x months' probation

nach Rechtskraft (f) des Urteils (n) – after final judgement

nach Stunden (pl) bezahlte Arbeit, f – time work

Nacharbeit, f (1) – re-work; last finishing

Nacharbeit, f (2) *(von ausgefallender Arbeit, f)* – make-up work

nacharbeiten, v (1) – finish, v; repeat, v

nacharbeiten, v (2) *(verbessern, v)* – redo, v

Nacharbeitstag, m – make-up day

Nachbehandlung, f <*med*> – follow-up treatment; subsequent treatment

Nachberechnung, f – retroactive invoicing; recalculation

nachbessern, v – remedy a defect, v; improve subsequently, v

Nachbesserung, f – subsequent improvement

nachbezahlen, v – make a further payment, v

nacheifern, v – emulate, v

Nachfolge, f (1) – succession

Nachfolge, f (2) *(im Amt, n)* – succession to an office

Nachfolgeplanung, f – succession planning

Nachfolger/in (m/f) einarbeiten, v – train s.b.'s successor, v

Nachfolger/in (m/f) hernaziehen, v – groom s.o. as successor, v

Nachfolger/in, m/f – successor; replacer

nachforschen, v – investigate, v; research, v

Nachforschung, f – inquiry; investigation; research

Nachfrage, f (1) – demand; request

Nachfrage, f (2) *(Bedarf, m)* – need; demand

Nachfrage, f (3) *(Erkundigung, f)* – inquiry

Nachfrist, f – additional respite; respite; period of grace

nachgeben, v – yield, v; concede, v

nachgiebig – yielding; declining; indulgent

Nachhilfeunterricht, m – private tuition; coaching

Nachholarbeit, f – make-up work

Nachholbedarf, m – backlog demand

Nachholtag, m – make-up day

Nachkomme, m – descendant

nachlässig – neglectful; negligent

Nachlässigkeit, f – negligence; default

Nachlass, m (1) *(Erbe, n)* – inheritance; descendant's estate

Nachlass, m (2) *(Preisnachlass, m)* – discount; rebate; abatement; remission

nachlassen, v – fail, v

Nachlassgericht, n – surrogate's court; probate court <*GB*>; register's court <*US*>

Nachlassgläubiger/in, m/f – creditor of the estate

Nachlasskonkurs, m – bankruptcy of an estate

Nachlassverbindlichkeit, f – liability of an estate

Nachlassverwaltung, f – administration of an estate

Nachmittag, m (1) – afternoon

Nachmittag, m (2) *(freier)* – half holiday

Nachname, m – last name; surname; family name

nachprüfen, v (1) – review, v; examine, v; check, v; verify, v; investigate, v

nachprüfen, v (2) – make sure, v

nachrangig – of subsequent nature; secondary

Nachricht, f – advice; notice; information; message; news

Nachrichtentechnik, f – communications engineering

nachrücken, v *(als Ersatzmitglied, n)* – move up, v

Nachschieben, n *(von Kündigungsgründen, pl)* – subsequent assignment (of reasons, pl); subsequent presentation

Nachsicht, f – lenience

nachsichtig – lenient; indulgent

Nachtarbeit, f (1) – nightwork; work at night

Nachtarbeit, f (2) *(ständige)* – constant night-shift work

Nachtarbeitsverbot, n – prohibition of nightwork; inhibition of nightwork

Nachtarbeitszeit, f – nightwork time

Nachtarbeitszuschlag, m – nightwork premium

Nachtbackverbot, n – night-baking ban

Nachtdienst, m – night duty; night service

Nachtdienstzulage, f – night service allowance

Nachteil, m – disadvantage; detriment; disservice; prejudice

nachteilig – disadvantageous; adverse; detrimental; injurious

Nachteilsausgleich, m – deficiency compensation

nachträglich – subsequent

nachträgliche Unmöglichkeit, f – subsequent impossibility

Nachtrag, m – amendment; supplement; annex; addendum

Nachtschicht (f) haben, v – be on night shift, v

Nachtschicht, f (1) – night shift

Nachtschicht, f (2) *(ständige)* – constant night-shift work

Nachtschichtzulage, f – night shift premium

Nachuntersuchung, f *(bei Jugendlichen, pl)* – follow-up medical examination

Nachversicherung, f – retroactive insurance; subsequent insurance

nachvertraglich – postcontractual

nachvertragliche Treuepflicht, f – postcontractual trust; postcontractual obligation for loyalty

Nachwahl, f – by-election; special election <*US*>

Nachweis, m – proof; evidence; supporting document; reference

Nachweisbuch, n – documentation book

nachweisen, v – prove, v

Nachweisgesetz, n (NachwG) – Act on the Proof of Essential Conditions Applying to an Employment Relationship

Nachweispflicht, f – accountability

Nachwirkung, f – after-effect

Nachwuchs, m – junior staff; trainees (pl); prospective managers (pl)

Nachwuchsförderung, f – promotion of prospective managers (pl); promotion of talented young employees (pl); up-and-coming support; up-and-coming advancement

Nachwuchskräftekartei, f – management trainee file; management trainee file report

Nachwuchskraft, f – trainee; management trainee

Nachwuchsplanung, f – management planning; executive planning

nachzahlen, v – make a backpayment, v; pay in addition, v

Nachzahlung, f – subsequent payment; corrective payment; supplementary payment; payment of arrears (pl); postpayment

Nahauslösung, f – short-distance separation allowance

Nahverkehr, m – local traffic; local transport

Namensänderung, f – change of names (pl)

Namensliste, f – roll; list of names (pl); register of names (pl)

Namenspapier, n – registered paper; registered security

Namensschild, n – name tag

Namenszusatz, m – name affix

namentliche Abstimmung, f – poll

Nationalfeiertag, m – National Day

Nationalgefühl, n – national feeling; national sentiment

Nationalität, f – nationality; citizenship

natürlich – natural

natürliche Begabung, f – natural endowment

natürliche Person, f – natural person

Naturalherstellung, f – compensation for damage in kind; restitution in kind

Naturalleistung, f – benefit in kind

Naturallohn, m – payment in kind; wages (pl) in kind; wage in kind; store pay <*US*>

Naturschutz, m – nature protection; nature preservation; environmental protection

Naturtalent, n – natural talent

Naturwissenschaften (pl) – natural sciences (pl)

Naturwissenschaftler/in, m/f – natural scientist

Nebenabrede, f – secondary agreement; collateral agreement; subsidiary agreement

Nebenakte, f – separate file; secondary file

Nebenamt, n – additional function; secondary office
Nebenberuf, m – sideline employment; minor occupation; avocation; bywork; secondary occupation
nebenberuflich – avocational; as a secondary occupation
nebenberufliche Tätigkeit, f – sideline employment; minor occupation
Nebenbeschäftigung (f) ausüben, v – moonlight, v
Nebenbeschäftigung, f – sideline employment; minor occupation; subsidiary occupation; avocation; secondary occupation
Nebenbestimmung, f – incidental provision
Nebenbetrieb, m – ancillary establishment; subsidiary company; branch office
Nebeneinkünfte (pl) – emoluments (pl); perquisites (pl) *<GB>*; additional income; supplementary income; casual income
Nebeneinnahmen (pl) – supplementary income
Nebenerwerbstätigkeit, f – secondary calling
Nebenfach, n – subsidiary subject; minor subject *<US>*; minor *<US>*
Nebengewerbe, n – subsidiary business
Nebenintervention, f *<jur>* – intervention; joinder of parties (pl)
Nebenkläger/in, m *<jur>* – coplaintiff; joint plaintiff
Nebenklage, f *<jur>* – accessory prosecution
Nebenkosten (pl) – incidental expenses (pl); ancillary expenses (pl); incidental costs (pl); ancillary costs (pl)
Nebenleistungen, pl (1) – incidental services (pl)
Nebenleistungen, pl (2) *(zum Lohn, m)* – fringe benefits
Nebenleistungspaket, n – fringe benefit package
Nebenpflicht, f – accessory obligation; collateral obligation
Nebenprodukt, n – by-product
nebensächlich – immaterial; incidental
Nebenstelle, f – branch office; subagency
Nebentäter/in, m/f – independent perpetrator
Nebentätigkeit (f) ausüben, v – engage in an outside activity, v
Nebentätigkeit, f – sideline job; additional employment; ancillary activity; subsidiary activity; secondary activity
Nebenverdienst, m – incidental income; additional income; perquisites (pl) *<GB>*; additional earnings (pl)
Nebenvereinbarung, f – covenant
negativ – negative
negatives Schuldanerkenntnis, n *<jur>* – acknowledgement of non-indebtedness
nehmen, v (1) – take, v
nehmen, v (2) *(jmd in die Lehre, f)* – take s.o. as apprentice, v
Neigung, f (1) – inclination; tendency; predisposition
Neigung, f (2) *(zu Unfällen, pl)* – accident proneness
Nennbetrag, m – nominal amount
Nennwert, m – nominal value
nervliche Belastung, f – stress
nervös – nervous
nervöse Störung, f – nervous disorder
Nettoabrechnung, f – net report payroll
Nettobetrag, m – net amount
Nettobezüge (pl) – net earnings (pl)

Nettoeinkommen, n – net income; clear income

Nettoeinnahme, f – net receipts (pl); net takings (pl)

Nettoentgelt, n – net income

Nettogehalt, n – nominal salary; net salary

Nettogewinn, m – net gain; net gains (pl); net profit; clear profit

Nettolohn, m – net wages (pl); net pay; nominal wage; take-home pay

Nettolohnabrechnung, f – net earnings (pl) settlement

Nettolohnvereinbarung, f – net wages (pl) agreement

Nettorückrechnung, f – recalculation of net payroll

Nettoverdienst, m – net income; net earnings (pl); net pay; take-home pay

Netzplantechnik, f – network planning technique

Neuaufteilung, f – reallocation

Neuausschreibung, f – new advertisement

Neuberechnung, f – recomputation

Neubesetzung, f – replacement

Neubeurteilung, f – reappraisal; reassessment

Neubewertung, f *(eines Arbeitsplatzes, m)* – reclassification; revaluation; reappraisal

Neueingestellte/r, f/m – new employee

Neueinstellung, f – new employment; new hiring; new recruitment

Neueinstufung, f – regrading; reclassification

Neufassung, f – revised edition; amended version

Neufestsetzung, f – readjustment

Neugestaltung, f – reorganisation/reorganization

Neujahrstag, m *(Neujahr)* – New Year's Day

Neuling, m – beginner; novice; newcomer; rookie *<infml>*

Neuordnung, f – readjustment; reorganisation/reorganization

Neuregelung, f – rearrangement; revised arrangement

neutral – neutral

Neutralität, f – neutrality

Neutralitätspflicht, f – obligation to observe neutrality

Neuverteilung, f – reallocation; redistribution

Neuwahl, f (1) – new election

Neuwahl, f (2) *(Wiederwahl, f)* – reelection

nicht am Arbeitsplatz (m) sein, v – be off work, v

nicht genügen, v *(den Anforderungen, pl)* – not to come up to standard, v

nicht schlüssig – inconclusive

nicht übereinstimmen, v – disagree, v; dissent from, v

Nichtakademiker, m – non-academic

Nichtanerkennung, f – repudiation; disawoval

Nichtbefolgung, f – disobedience; noncompliance; nonobservance

Nichtbefugnis, f – incompetence

Nichtbehinderte/r, m/f – able-bodied person

nichtberechtigt – non-entitled; unauthorized

Nichtberechtigte/r, f/m – non-entitled person; unauthorized person

nichtehelich (1) *(Kind, n)* – illegitimate

nichtehelich (2) *(Vater, m)* – natural

nichteheliche Lebensgemeinschaft, f – extra-marital cohabitation

Nichteinberufung, f – non-call-up; non-draft orders (pl) *<mil>*; non-draft *<mil>*

Nichterfüllung, f – failure of performance; nonperformance; default; nonfulfillment

NIchterscheinen, n (1) – absence; non-appearance

Nichterscheinen, n (2) *<jur> (vor Gericht, n)* – default

nichtig – void; invalid; null; futile; nugatory

nichtig erklären, v *(für nichtig erklären, v)* – nullify, v; invalidate, v; annul, v; declare null and void, v

nichtiger Vertrag, m – void contract

Nichtigkeit, f *<jur>* – voidness; nullity; invalidity; futility

Nichtigkeitsbeschwerde, f – nullity appeal

Nichtigkeitserklärung, f – declaration of nullity; annulment; avoidance; recission

Nichtigkeitsklage, f – nullity suit; invalidity suit; action for anullment

Nichtigkeitsverfahren (n) – nullity proceedings (pl)

Nichtleistung, f – nonperformance

nichtöffentlich – private; closed

Nichtorganisierte/r, f/m – nonunion employee

Nichtraucher/in, m/f – nonsmoker

Nichtraucherschutz, m – protection of nonsmokers (pl)

nichtrechtsfähiger Verein, m – membership association; non-incorporated society

Nichtverlängerungsmitteilung, f – non-renewal notice

Nichtvermögensschaden, m – immaterial harm

Nichtvorlage, f – nonpresentment

Nichtwähler/in, m/f – nonvoter

Nichtweitergabe, f – nonproliferation

Nichtwissen, n – ignorance

Nichtzulassung, f – non-admission

Nichtzulassungsbeschwerde, f – appeal against denial of leave to appeal

Nichtzuständigkeit, f – incompetence

niedere Arbeit, f – dirty work

Niedergang, m – decline; fall

niedergelassene/r Arzt/ Ärztin, m/f – established doctor

Niederkunft, f – confinement; childbirth

niederlassen (sich), v – set up, v; establish, v

Niederlassung, f *(eines Unternehmens, n)* – branch; branch office; agency; place of business; subsidiary

Niederlassungsfreiheit, f *(der Ärzte, pl)* – freedom of establishment

Niederlassungsrecht, n – right of domicile; right of establishment; right of settlement

niederlegen, v (1) *(die Arbeit, f)* – stop working, v; stop work, v; lay down tools (pl), v; strike work, v; walk out, v

niederlegen, v (2) *(ein Amt, n)* – resign, v; retire, v

Niederlegung, f *(eines Amtes, n)* – resignation from office

niederschlagen, v (1) *(ein Verfahren, n)* – stop, v; quash, v

niederschlagen, v (2) *(Kosten, pl)* – cancel, v

niederschreiben, v – write down, v; put down, v

Niederschrift, f – record; minutes (pl); transcript

Niedriglohn, m – low wage; bottom pay rate

Niedriglohnland, n – low-wage country

Nießbrauch, m – usufruct; beneficial property
Nießbraucher, m – usufructuary
Niete, f *<infml> (Person, f)* – flop *<US,infml>*; lame duck *<infml>*
Nikotingenuss, m – nicotine consumption
Niveau, n – level; standard
Nivellierung, f – level(l)ing; narrowing
nörgeln, v *<infml>* – grouse, v *<infml>*
Nörgler, m *<infml>* – crab *<infml>*; grumbler *<infml>*; grouser *<infml>*; trouble-maker *<infml>*
nötigen, v – coerce, v; compel, v
Nötigung, f – constraint; intimidation; duress; blackmail
Nominallohn, m – nominal wage; nominal wages (pl)
Nominalwert, m – nominal value
nominieren, v – nominate, v; propose
Nominierung, f – nomination
Norm, f (1) – standard; norm
Norm, f (2) *(Regel, f)* – rule
normal – normal; regular; ordinary; usual
Normalarbeit, f – normal work
Normalarbeitstag, m – standard working day
Normalarbeitszeit, f – standard working hours (pl); regular working hours; base working time; base time
Normaleinkommen, n – straight income; ordinary income
Normalleistung, f (1) – standard performance; normal performance
Normalleistung, f (2) *(einer Maschine, f)* – normal output
Normallohn, m – regular wage; regular pay
Normalschicht, f – regular shift
Normalverteilung, f – normal distribution
Normalzeit, f – base time; standard time
normativ – normative
Normativbestimmung, f – standard provision; standard regulation
Normativwirkung, f – normative effect
Normenausschuss, m – standardization committee
Normenkollision, f *<jur>* – conflict of laws (pl)
Notadresse, f (*Notfalladresse, f*) – emergency address
Notar, m – notary; notary public
Notariat, n – notary's office
notariell – notarial
notarielle Beurkundung, f – notarial certification; notarial documentation
Notarzt, m – emergency doctor
Notausgang, m – emergency exit
Notbehandlung, f – emergency treatment
Notbehelf, m – stop gap
Notbeleuchtung, f – emergency lighting
Notbesetzung, f *(personelle)* – skeleton staff on duty
Notdienst, m – emergency service; emergency duty
Note, f *(Schulnote, f)* – mark *<GB>*; grade *<US>*
Notendurchschnitt, m – grade point average (GPA) *<US>*; average marks (pl) *<GB>*
Notfall, m – emergency; emergency case
Notfalladresse, f → Notadresse, f
Notfrist, f *<jur>* – peremptory term *<US>*
Notiz, f – note; notice; memo; memorandum

Notlage, f – emergency; distress; state of need
notleidend – needy; in need; destitute
Notmaßnahme, f – emergency measure
Notstand, m – state of emergency; state of distress; emergency situation; urgent necessity
Notstandsarbeiten (pl) – relief work
Notstandsbeihilfe, f – emergency relief; emergency aid; emergency assistance
Notstandsplan, m – contingency plan
Notunterkunft, f – emergency shelter; emergency accommodation
Notwehr, f – self-defence/defense; necessary defence/defense
notwendig – necessary; needful; needed
Nullrunde, f – wage freeze
Numerus clausus, m – limit on enrolment; limited admission *<US>*; restrictive admission *<US>*; competitive admission *<US>*; entrance restrictions (pl)
Nutzen, m (1) – benefit; interest; gain; profit
Nutzen, m (2) – use; utility
Nutznießer/in, m/f – beneficiary; profit taker; usufructuary
Nutzung, f – use; utilization/utilisation; usage
Nutzungsbedingung, f – usage condition
Nutzungsdauer, f – useful life; service life; period of usufruct
Nutzungsentschädigung, f – compensation for use
Nutzungsrecht, n – beneficial interest; usufructuary right; right of use

O

obdachlos – homeless; shelterless
Obdachlosigkeit, f – homelessness
Oberarzt, m/ Oberärztin, w – head physician; assistant medical director
Oberaufsicht, f – general supervision; superintendence
Oberbürgermeister/in, m/f – lord mayor
obere Führungsebene, f – senior management
Oberfinanzdirektion, f – superior finance directorate
oberflächlich – superficial; cursory; desultory
Obergericht, n – superior court
Obergrenze, f – upper limit; ceiling; maximum
Obergutachten, n – opinion of a chief consultant
Oberingenieur/in, m/f – senior engineer
Oberinspektor/in, m/f – inspector general
Oberkreisdirektor/in, m/f – chief administrative officer of a district
Oberlandesgericht, n (OLG) – Regional Court of Appeals (pl); circuit court of appeal; higher regional court
Obermeister, m – general foreman
Oberschicht, f *(soziale)* – upper classes (pl); upper crust *<infml>*
Oberschule, f – grammar school *<GB>*; secondary school *<GB>*; high school *<US>*
Obersteiger, m – mine foreman
oberstes Bundesgericht, n – Supreme Court

Oberstufe, f *(gymnasiale)* – sixth form college; senior high school <*US*>

Oberverwaltungsgericht, n (OVG) – Administrative Appeals Court; higher administrative court

objektiv – objective

objektive Unmöglichkeit, f – absolute impossibility; physical impossibility

objektives Verfahren, n – in rem proceedings (pl)

Objektivität, f – objectivity

Obliegenheit, f – duty; obligation

obligatorisch – obligatory; mandatory; compulsary

Obmann, m *(der Gewerkschaft (f) im Betrieb, m)* – shop steward

obsiegen, v – win, v; succeed, v; prevail, v

obsiegende Partei, f – prevailing party; successful party

obsiegendes Urteil, n – affirmative judgement; favourable/favorable decision

ochsen, v *infml (angestrengt lernen, v)* – mug up, v <*GB, infml*>

Ochsentour, f <*infml*> – through the ranks (pl)

OE → Organisationsentwicklung, f

öffentlich – public

öffentlich beurkunden, v – certify in due legal form, v

öffentlich-rechtlich – under public law

öffentlich-rechtliche Anstalt, f – public institution; public-law institution; institution under public law; institution incorporated under public law

öffentliche Beglaubigung, f – public certification; certification by either court or notary public

öffentliche Beurkundung, f – certification; legalization

öffentliche Fürsorge, f – public relief

öffentliche Kundgebung, f – public demonstration

öffentliche Meinung, f – public opinion

öffentliche Mittel (pl) – public funds (pl)

öffentliche Sicherheit und Ordnung, f – public safety; law and order

öffentliche Stelle, f – public body

öffentliche Stimmenauszählung, f – public counting of votes (pl)

öffentliche Urkunde, f – public document; official document

öffentliche Verwaltung, f – public administration

öffentliche Zustellung, f – service by publication; public notification

öffentlicher Dienst, m – civil service; public service

öffentlicher Nahverkehr, m – local public transportation

öffentliches Amt, n – public duty

öffentliches Interesse, n – public interest

öffentliches Recht, n – public law

Öffentlichkeit, f (1) – public; publicity

Öffentlichkeit, f (2) *(von Sitzungen, pl)* – publicness

Öffentlichkeit, f (3) *(breite)* – general public

Öffentlichkeitsarbeit, f – public relations (pl); public relations (pl) work

Öffnungsklausel, f – opening clause

Öffnungszeit, f – opening hours (pl); business hours (pl)

örtlich – local

örtliche Zuständigkeit, f *(eines Gerichtes, n)* – local jurisdiction; venue

offen – open; unclosed

offenbar – apparent; evident

Offenbarungseid, m – oath of disclosure; debtor's oath; pauper's oath; affidavit of means (pl)
Offenbarungseid (m) leisten, v – take a pauper's oath, v
Offenbarungspflicht, f – obligation to disclose
offene Handelsgesellschaft, f (1) (OHG) – general partnership; ordinary partnership <*US*>; copartnership
offene Handelsgesellschaft, f (2) *(auf Aktien, pl)* – joint stock company <*US*>
offene Stelle, f – vacant post; vacancy
offener Betrag, m – outstanding balance
offenkundig – evident; patent
Offenkundigkeit, f – evidence
Offenlegung, f – disclosure
Offizialmaxime, f – principle of ex officio proceedings (pl); accusatory principle
offiziell – official
Offizier, m – officer
OHG → offene Handelsgesellschaft, f
ohne berufliche Tätigkeit, f – not in gainful employment
ohne Beschäftigung (f) sein, v – be out of employ, v
ohne Beweiskraft, f – inconclusive
ohne festen Wohnsitz, m – floating
ohne Rechtsanspruch, m – untitled
ohne stichhaltige Begründung, f – without showing good cause
ohne Verbindlichkeit, f – without prejudice
OLG → Oberlandesgericht, n
Ombudsmann, m – ombudsman
Operation, f – surgical operation <*med*>; surgery <*med*>
Opportunitätsprinzip, n – principle of discretionary prosecution
Option, f – option
Optionsrecht, n – option right; optional right; right of choice
ordentlich – ordinary; regular; orderly
ordentliche Gerichtsbarkeit, f – ordinary jurisdiction
ordentliche Kündigung, f – termination with notice; dismissal with notice
ordentlicher Rechtsweg, m – resort to the general courts (pl) of law
ordentliches Gericht, n – regular court of law; ordinary court of law; court of record
ordentliches Mitglied, n – full member
Ordner, m *(Aktenordner, m)* – file; binder; folder
Ordnung, f (1) – order
Ordnung, f (2) *(Anordnung, f)* – arrangement
Ordnung, f (3) *(öffentliche)* – public order; law and order
Ordnung, f (4) *(des Betriebes, m)* – order of the establishment
Ordnungsbehörde, f – regulatory authority
Ordnungsgeld, n – administrative fine
ordnungsgemäß – regular; duly; proper; due; orderly
ordnungsgemäße Kündigung, f – due notice
Ordnungsmäßigkeit, f – regularity
Ordnungsprinzip, n – order principle
Ordnungsrecht, n – regulatory laws (pl); administrative rules (pl)
Ordnungsstrafe, f – administrative penalty
ordnungswidrig – disorderly; irregular

Ordnungswidrigkeit, f – non-criminal offence/offense; administrative offence/offense; regulatory offence/offense; breach/ infringement of regulations (pl); irregularity

Ordnungswidrigkeitengesetz, n (OWiG) – Administrative Offences/Offenses Act

Ordnungszahl, f – reference number

Organ, n (1) *(Amt, n / Stelle, f)* – body; organ; authority; institution

Organ, n (2) *(Presse, f)* – organ; publication

Organ, n (3) *(leitendes)* – governing body

Organ, n (4) *(der Rechtspflege, f)* – body of the judicature

Organe (pl) *(gemeinsame)* – joint institutions (pl)

Organigramm, n – organisational/ organizational chart; organisation/ organization chart; organigramm; authority chart

Organisation, f – organisation <*GB*>; organization <*US*>; setup

Organisations- und Stellenplan, m – organisation/organization and staff plan

Organisationsebene, f – organisational/organizational level

Organisationseinheit, f – organisational/organizational unit

Organisationsentwicklung, f (OE) – organisation/organization development (OD)

Organisationsform, f – organisational/organizational form

Organisationsgewalt, f – organising/organizing power

Organisationsgrad, m *(in den Gewerkschaften, pl)* – union density

Organisationshoheit, f – organisational/organizational sovereignty

Organisationslehre, f – science of business administration; science of business organisation/organization

Organisationsmangel, m – organisational/organizational defect; lack of organisation/organization

Organisationsplan, m – organisation/organization chart; establishment plan

Organisationsschema, n – organisation/organization chart

Organisationsstruktur, f – organisation/organization structure

organisieren, v – organise/organize, v

Organmitglied, n – member of a legal organ

Orientierung, f – orientation; information; direction; bearings (pl)

Orientierungshilfe, f – orientation aid

Orientierungsphase, f – orientation period

Orientierungsprogramm, n – orientation program(me)

Orientierungsstufe, f – orientation level

original – original

Ort, m – place

ortsansässig – resident; local

Ortsklassenausgleich, m – intercity wage differential

Ortskrankenkasse, f – lokal sickness fund

ortsüblich – in accordance with local customs (pl); in compliance with local customs (pl)

Ortszuschlag, m – residential allowance; local allowance; weighting allowance; cost-of-living allowance

Osterferien (pl) – Easter Holidays (pl); spring break <*US*>

Ostermontag, m – Easter Monday

Ostern – Easter

OVG → Oberverwaltungsgericht, n

OWiG→Ordnungswidrigkeitengesetz, n

P

Pacht, f (1) – lease
Pacht, f (2) *(Pachtgeld, n)* – rent
Pachtbesitz, m – leasehold
Pachtgeld, n – rent
Pachtverhältnis, n *<jur>* – tenancy
Pachtvertrag, m – lease contract
Pachtzeit, f – lease
Pächter/in, m/f – tenant; lessee; leaseholder
Pädagoge, m/ Pädagogin, f – educationalist
pädagogisch – educational; pedagogical; pedagogic
pädagogische Hochschule, f (PH) – teacher training college
Paketforderung, f – package claim
Paragraph, m (1) *(Absatz, m)* – paragraph
Paragraph, m (2) *<jur>* – section; article
Parität, f – parity
paritätisch – in equal numbers (pl); on equal terms (pl); in parity
paritätisch besetzt – with equal representation
paritätische Mitbestimmung, f – parity co-determination
Paritätsprinzip, n – principle of parity
Parkfläche, f – parking area
Parkgebühren (pl) – parking fees (pl)
Parkplatz, m – parking area; parking lot *<US>*
Parkplatzordnung, f – parking site regulation *<GB>*; car park regulation *<GB>*; parking space regulation *<US>*
parlamentarisch – parliamentary
Partei, f (1) – party
Partei, f (2) *<jur> (in einem Rechtsstreit, m)* – party to the case
Partei, f (3) *(beschwerdeführende)* – complainant party; plaintiff
Partei, f (4) *(betreibende)* – claimant party
Partei, f (5) *(beklagte)* – defendant party; defendant
Partei, f (6) *(obsiegende)* – successful party
Partei, f (7) *(unterliegende)* – unsuccessful party
Parteibezeichnung, f – description of party
Parteifähigkeit, f – admissibility as a party in court
parteipolitische Betätigung, f – party-political activity
Parteivereinbarung, f – agreement between the parties (pl)
Parteivernehmung, f – interrogation of a party
Parteiverrat, m *(eines Anwaltes, m)* – prevarication
Parteivorbringen, n – pleadings (pl); judicial declaration
Parteiwechsel, m – change of party
Parteiwillen, m – intention of the parties (pl)
Parteizugehörigkeit, f – party affiliation; party membership
Partner/in, m/f – partner
Partnerorganisation, f – partner institution; partner organisation
Partnerschaft, f – partnership
passend – applicable; compatible; suitable; appropriate; fit
Passierschein, m – permit
passiv – passive
Passiva (pl) – liabilities (pl)

passives Wahlrecht, n – right to be elected; eligibility
Passivlegitimation, f – capacity to be sued; answerability as the proper party
Passivrauchen, n – passive smoking
Pate, m/ Patin, f *(am Arbeitsplatz, m)* – sponsor; mentor
Patent, n – patent
Patentabteilung, f – patent department
Patentamt, n – Patent Office
Patentanwalt, m – patent agent <*GB*>; patent attorney <*US*>
Patentgesetz, n – Patent Act
Patentrecht, n – patent law
Patentrolle, f – register of patents (pl)
Patentschrift, f – letters patent; patent filing; patent specification
Patient/in, m/f – patient
pauken, v <*infml*> *(intensiv lernen, v)* – cram, v <*infml*>; grind, v <*infml*>
Pauschalabfindung, f – lump-sum settlement; lump-sum compensation; lump-sum indemnity; overall compensation
Pauschalabgeltung, f – lump-sum settlement
Pauschalabrechnung, f – lump-sum account
Pauschalbesteuerung, f – lump-sum taxation; flat-rate taxation
Pauschalbetrag, m – lump sum; flat sum; global amount; blanket allowance
Pauschalbewertung, f – group valuation
Pauschale, f – lump sum; flat sum; flat rate; flat charge; global amount
Pauschalentschädigung, f – lump-sum compensation
Pauschalerstattung, f – flat-rate reimbursement; flat reimbursement
Pauschalgebühr, f – flat charge; flat fee
pauschalierte Beitragszahlung, f – lump-sum contribution payment
Pauschalierung, f – consolidation into a lump sum
Pauschalsatz, m – blanket rate
Pauschalsteuer, f – lump-sum tax; flat-rate tax
Pauschalvergütung, f – lump-sum remuneration; fixed allowance
Pauschalversteuerung, f – lump-sum taxation; flat-rate taxation
Pauschalzahlung, f – lump-sum payment; composition payment
Pauschalzulage, f – fixed allowance
Pauschbetrag, m – lump-sum amount; flat-rate amount; standard amount; blanket allowance
Pause, f (1) *(von der Arbeit, f / vom Unterricht, m)* – break; recess <*US*>; off-duty period
Pause, f (2) *(Ruhepause, f)* – rest break
Pausenraum, m – break room
pausieren, v – lie off, v
pendeln, v *(zwischen Wohnort (m) und Arbeitsstätte, f)* – commute, v <*US*>
Pendler/in, m/f – commuter <*US*>; daily breader <*GB*>
Pendlerbus, m – commuter bus; shuttle bus
Pendlerzulage, f – commuter allowance
Pension (f) beziehen, v – draw a pension, v
Pension, f – pension; retirement benefit; retirement income; superannuation; retired pay
Pensionär/in, m/f – pensioner; old-age pensioner; pensionary; retired employee; retiree

pensionieren, v (1) *(jmd)* – pension s.o., v; pension off s.o., v; retire s.o., v

pensionieren, v (2) *(jmd aus Altersgründen, pl)* – superannuate s.o., v

pensionieren lassen (sich), v – retire on a pension, v; go into retirement, v

pensioniert sein, v – be retired, v; be in retirement, v; live in retirement, v; be pensioned-off, v

pensioniert werden, v – become retired, v

Pensionierung, f (1) – retirement; pensioning off

Pensionierung, f (2) *(aus Altersgründen, pl)* – superannuation

Pensionierung, f (3) *(vorzeitige)* – early retirement

Pensionsalter, n – pensionable age; pension age; retirement age; retiring age

Pensionsanpassung, f – pension adjustment

Pensionsanspruch, m – pension entitlement; pension claim; right to a pension

Pensionsanwartschaft, f (1) – accrued pension rights (pl); pension expectancy; pension accrual

Pensionsanwartschaft, f (2) *(unverfallbare)* – vested pension right

Pensionsbeitrag, m – contribution to the pension scheme; superannuation money

Pensionsberechnung, f – pension computation

pensionsberechtigt – entitled to a pension; eligible for a pension; pensionable

Pensionsberechtigte/r, f/m – person entitled to a pension; person eligible for a pension

Pensionsberechtigung, f – right to a pension; entitlement to a pension; retirement eligibility

Pensionsbezüge (pl) – pensionable emoluments (pl); retirement income

Pensionsempfänger/in, m/f – pensioner; pensionary; retiree

pensionsfähiges Alter, n – pensionable age

Pensionsfonds, m (1) – pension fund; retirement fund; superannuation fund

Pensionsfonds, m (2) *(selbständiger)* – autonomous pension fund

Pensionskasse, f – pension fund; retirement fund; superannuation fund; staff pension fund <*GB*>

Pensionslasten (pl) – payments (pl) in respect of retirement pensions (pl)

Pensionsleistung, f – pension payment; retirement benefit

Pensionsordnung, f – pension scheme

Pensionsplan, m – retirement plan; pension plan

pensionsreif – due for retirement

Pensionsrückstellung, f – pension reserve; company pension reserve; actuarial reserves (pl) for pensions (pl); book reserves for pensions (pl)

Pensionssicherungsverein, m – National Insolvency Fund for Retirement Pensions (pl)

Pensionsstaffel, f – pension scale

Pensionsvertrag, m – pension contract; pension scheme arrangement

Pensionszahlung, f – pension payment; retirement pay

Pensionszusage, f – employer's pension commitment; pensioning warrant; pension pledge; pension promise

Pensum, n – stint
per Prokura, f – by procuration
peremptorische Einrede, f *<jur>* – peremptory plea; plea in bar
persönlich – personal; in person
persönlich bekannt – personally known
persönlich haftbar – personally liable; personally answerable
persönlich haftender Gesellschafter, m – General Partner
persönliche Daten (pl) – personal data (pl)
persönliche Eigenschaft, f – personal characteristics (pl)
persönliche Eignung, f – personal aptitude
persönliche Haftung, f – personal liability; private liability
persönliche Leistungsfähigkeit, f – individual performance ability
persönliche Verhältnisse (pl) – personal circumstances (pl)
persönliche Vorstellung (f) erwünscht – personal attendance required
persönlicher Freibetrag, m – personal exemption
persönliches Erscheinen, n – personal presentation; personal appearance
Persönlichkeit, f (1) – personality; character; identity
Persönlichkeit, f (2) *(attraktive)* – attractive personality
Persönlichkeit, f (3) *(berühmte)* – celebrity; celebrated public character
Persönlichkeitsbild, m – personality image
Persönlichkeitsentfaltung, f – development of personality
Persönlichkeitsentwicklung, f – personality development
Persönlichkeitsrecht, n – personal rights (pl); individual right; right to privacy; right to personality
Persönlichkeitsschutz, m – personality protection; privacy protection
Persönlichkeitsstörung, f – personality disorder
Persönlichkeitstest, m – personality test; personal audit *<US>*
Persönlichkeitswahl, f – candidates' personalities electoral system
Person, f (1) – person; individual
Person, f (2) *(juristische)* – legal person; legal entity; juridical person; juristic person; corporate body
Person, f (3) *(natürliche)* – natural person; individual
Person, f (4) *(verantwortliche)* – person in charge
Personal, n – staff; personnel; employees (pl); human resources (pl); manpower resources (pl)
Personalabbau, m (1) – staffing cutback; manpower cutback; personnel cutback; rollback; retrenchment of employees (pl)
Personalabbau, m (2) – staff reduction; personnel reduction; labour/labor force reduction; redundancy; demanning
Personalabbau, m (3) – decruiting (Ersetzen fest angestellter Mitarbeiter durch freie bzw. befristet angestellte Mitarbeiter)
Personalabrechnung, f (1) *(Vorgang, m)* – payroll accounting; payroll system *<US>*
Personalabrechnung, f (2) *(Dokument, n)* – personnel expense report
Personalabteilung, f – human resources (pl) department *<US>*; personnel department; staff department; staff administration *<GB>*; personnel office/division

Personalabwerbung, f – labo(u)r piracy

Personalakquisition, f – personnel acquisition; personnel recruitment

Personalakte, f – personnel record; personnel file; personnel dossier

Personalaktenführung, f – keeping of personnel records (pl)

Personalaktenrecht, n – law of personnel records (pl)

Personalanforderung, f – manpower requirements (pl); staff requirements (pl)

Personalangaben (pl) – personal data (pl); personalia (pl); particulars (pl)

Personalangelegenheit, f – personnel matter; personnel affair

Personalanpassung, f – adaptation of staff level; adaptation of staffing levels (pl)

Personalarbeit, f – personnel work

Personalaufgaben (pl) – personnel functions (pl)

Personalaufwand, m – total staff costs (pl); personnel expenditure

Personalaufwendungen (pl) – personnel expenses (pl); staff expenses (pl)

Personalausgaben (pl) – personnel expenditure; staff expenditure

Personalauslese, f – personnel selection

Personalausschuss, m – personnel committee

Personalauswahl, f – selection of personnel; staff selection

Personalauswahlgrundsätze (pl) – personnel selection standards (pl); personnel selection principles (pl)

Personalausweis, m – personal identity card

Personalbedarf, m – manpower requirements (pl); personnel requirements (pl); staffing requirements (pl); personnel needs (pl)

Personalbedarfsermittlung, f – manpower requirement computation

Personalbedarfsplanung, f – manpower planning; personnel planning

Personalbemessung, f – personnel assessment

Personalberater/in, m/f – personnel consultant; personnel counselor <*US*>

Personalberatung, f – personnel counselling; employee counselling

Personalbereich, m – personnel field; personnel sector

Personalbericht, m – personnel report

Personalbeschaffer, m – head hunter <*infml*>

Personalbeschaffung, f – personnel recruitment

Personalbeschaffungsplanung, f – personnel recruitment planning

Personalbestand, m (1) – staff level; staffing level; personnel inventory; personnel strength; staff strength

Personalbestand, m (2) – number of personnel; persons (pl) employed; headcount

Personalbestandsentwicklung, f – development of staff level; development of staffing level

Personalbetreuung, f – personnel care

Personalbeurteilung, f – personnel appraisal <*US*>; personnel assessment/review; employe(e) rating; audit of personnel <*US*>; staff report

Personalbeurteilungsbogen, m – personnel appraisal form *<GB>*; personnel appraisal sheet *<US>*

Personalbewertung, f – personnel evaluation; personnel rating

Personalbogen, m (1) – personal record; personnel individual record sheet; personal history form *<GB>*; personal history sheet *<US>*

Personalbogen, m (2) *(Fragebogen, m)* – personnel questionnaire

Personalbudget, n – manpower budget; headcount budget

Personalbüro, n – personnel office; personnel department; staff administration *<GB>*

Personalchef/in, m/f – head of personnel; chief of personnel; personnel manager; staff manager *<GB>*; human resources (pl) manager *<US>*

Personalcontrolling, n – personnel controlling

Personaldatei, f – personal file

Personaldaten (pl) – personnel data (pl)

Personaldatenbank, f – personnel data bank

Personaldatenpflege, f – personnel data maintenance

Personaldecke, f (1) – personnel cover

Personaldecke, f (2) *(dünne)* – very tight personnel situation

Personaldirektor/in, m/f – personnel director

Personaldisposition, f – personnel allocation

Personaleinkauf, m – employee purchase

Personaleinsatz, m – personnel placement

Personaleinsatzplanung, f – personnel planning; personnel placement planning

Personaleinsparung, f – headcount saving

Personalentscheidung, f – personnel decision

Personalentwickler/in, m/f – employee in charge of personnel development

Personalentwicklung, f – personnel development

Personalentwicklungsplan, m – personnel development plan

Personalentwicklungsplanung, f – personnel development planning

Personalförderung, f – personnel promotion

Personalfragebogen, m – personnel questionnaire

Personalfreisetzung, f – lay-off of personnel

Personalführung, f (1) – personnel management; human resources (pl) management

Personalführung, f (2) *(durch Betreuung und Beratung, f)* – coaching and counselling/counseling

Personalführungssystem, n – personnel management system

Personalgesellschaft, f – partnership

Personalgespräch, n – personnel interview

Personalgewinnung, f – recruitment

Personalhoheit, f – ultimate jurisdiction for appointments (pl)

Personalien (pl) – particulars (pl); personal data (pl)

Personalinformationssystem, n – personnel information system

personalintensiv – personnel-intensive

Personalinterview, n – employee interview

Personalinventur, f – personnel inventory

Personalkartei, f – personnel index; manning tables (pl); register of employees (pl); manpower inventory

Personalkennzahl, f – personnel code

Personalkosten (pl) – personnel costs (pl); staff costs (pl); personnel expenses (pl); staff expenses (pl)

Personalkostenbudget, n – personnel expense budget

Personalkostenplanung, f – planning of personnel expenditure; planning of staff expenditure

Personalkostenzuschuss, m – grants (pl) towards the payroll

Personalkredit, m – employee loan; employee credit; fiduciary loan

Personalleiter/in, m/f – head of personnel; chief of personnel; personnel manager; director of human resources (pl); human resources manager

Personalmanagement, n – human resources (pl) management (HRM)

Personalmangel, m – manpower shortage; shortage of personnel

Personalmarketing, n – personnel marketing; staff marketing

Personalmaßnahme, f – personnel measure

Personalnebenkosten (pl) – fringe benefit costs (pl)

Personalnummer, f – personnel number; employee number; registration number

Personalorganisation, f – personnel organisation/organization

Personalplanung, f (1) *(quantitative)* – human resources (pl) planning; personnel planning; manpower planning

Personalplanung, f (2) *(qualitative)* – career planning

Personalpolitik, f – personnel policy

Personalrabatt, m – employee discount

Personalrat, m – staff council

Personalratswahl, f – staff council election

Personalreferent/in, m/f – personnel officer; personnel specialist; human resources (pl) officer

Personalreserve, f – personnel reserve

Personalressort, n – personnel department; human resources (pl) department

Personalsachbearbeiter/in, m/f – personnel officer; personnel assistant

Personalservice-Agentur, f (PSA) – employee service agency

Personalstärke, f – headcount strength; headcount; personnel strength; staff strength

Personalstammblattt, n – personnel master data sheet

Personalstammdaten (pl) – personnel master data (pl)

Personalstammdatenverwaltung, f – personnel master data management

Personalstand, m (1) – persons (pl) employed

Personalstand, m (2) *(durchschnittlicher)* – mean employment

Personalstatistik, f – headcount statistics (pl)

Personalstatut, n – staff regulations (pl); personnel statute

Personalstrategie, f – personnel strategy

Personalstruktur, f – personnel structure

Personalsuche, f – personnel search

Personalüberhang, m – redundancy of personnel

Personalumbau, m – shakeup
Personalunterlagen (pl) – personnel documents (pl); personnel file
Personalveränderungsmitteilung, f – personnel change notification
Personalverantwortung, f – personnel responsibility
Personalversammlung, f – staff meeting
Personalvertretung, f – staff representation; staff committee; representation of the staff
Personalvertretungsgesetz, n – Staff Representation Act
Personalvertretungsrecht, n – law on staff represenation
Personalverwaltung, f – personnel administration; staff administration; human resources (pl) administration
Personalverzeichnis, n – staff list; list of employees (pl); register of employees (pl); manpower inventory
Personalvorstand, m – member of the managing board in charge of personnel affairs (pl)
Personalwechsel, m – staff turnover; labo(u)r turnover; turnover in the staff/personnel; change in staff; shift in staff
Personalweiterbildung, f – continued education for staff
Personalwerbung, f (1) – recruitment
Personalwerbung, f (2) *(an einer Hochschule, f)* – college recruitment; campus recruitment
Personalwesen, n – human resources (pl); personnel management
Personalwirtschaft, f – human resources (pl) management; human resource management; management of staff; personnel management
Personalzugang, m – intake of personnel
Personalzusatzaufwand, m – additional personnel expenditure; additional staff costs (pl)
Personalzusatzkosten (pl) – additional staff costs (pl); additional personnel expenses (pl)
personell überbesetzt – overstaffed
personelle Angelegenheit, f – personnel affair; personnel matter
personelle Ausstattung, f – manning level
personelle Einzelmaßnahme, f – individual personnel measure
personelle Maßnahme, f – personnel measure
personenbedingt – reasons (pl) related to the employee
Personenbeförderung, f – passenger transportation
personenbezogene Daten (pl) – personal data (pl)
personengebunden – personal
Personengesellschaft, f – partnership; private company
Personengruppe, f – person group; group of persons (pl)
Personengruppenschlüssel, m – people group key
Personenkreis, m – category of persons (pl)
Personennahverkehr, m *(öffentlicher)* – public short-distance passenger transportation
Personenschaden, m – injury to person; personal injury; personal damage
Personenschadenversicherung, f – insurance against personal injury
Personenschutz, m – personal security
Personensicherungsgerät, n – personal protection device

Personenstand, m – personal status; civil status

Personenstandsänderung, f – change of civil status

Personenstandsfälschung, f – fraudulent alteration of civil status

Personenstandsregister, n – register of vital statistics (pl); register of births (pl), deaths (pl) and marriages (pl) <*GB*>; register of births (pl), marriages (pl) and burials (pl) <*US*>

Petitionsausschuss, m – parliamentary committee on public petitions (pl)

pfändbar – attachable; seizeable; subject to execution

Pfändbarkeit, f – attachability; seizableness

pfänden, v (1) – attach, v; distress, v; distrain, v; seize, v; take in execution, v

pfänden, v (2) *(Forderung (f) beim Drittschuldner, m)* – garnish, v

pfänden, v (3) *(ein Konto, n)* – garnish an account, v

Pfändung (f) vornehmen, v – levy a distress, v

Pfändung, f (1) – attachment; distraint; levy of distress; execution; seizure

Pfändung, f (2) *(Lohnpfändung, f)* – garnishment

Pfändung, f (3) *(bevorrechtigte)* – preferred garnishment

Pfändungs- und Überweisungsbeschluss, m (PfÜB) – decree of forthcoming writ of attachment

Pfändungsbeschluss, m – order of attachment; distress warrant; garnishee order <*GB*>; writ of attachment

pfändungsfrei – unattachable

Pfändungsfreibetrag, m – unattachable minimum payment; exemption from seizure; homestead exemption <*US*>

Pfändungsfreigrenze, f – limit of exemption from execution

Pfändungsgläubiger/in, m/f – attaching creditor; distrainer

Pfändungsschutz, m – exemption from attachment <*US*>; exemption from distraint

Pfand (n) bestellen, v – pledge, v

Pfand, n (1) *(Sicherheit, f)* – pledge; security

Pfand, n (2) *(Pfandgegenstand, m)* – pawn; forfeit; distress; distrained article; attached article

Pfandbrief, m – mortgage bond; mortgage-bank bond

Pfandgebühr, f – pawn money

Pfandgegenstand, m – pledge; pawn

Pfandgläubiger/in, m/f – pledgee; pawnee

Pfandhaus, n – pawnshop

Pfandrecht, n – right of lien; right of pledge; lien

Pfingsten – Whitsun <*GB*>; Pentecost

Pfingstmontag, m – Whit Monday

Pfingstsonntag, m – Whit Sunday

Pflege, f (1) – care

Pflege, f (2) *(von Kindern und Kranken, pl)* – nursing treatment

Pflegebedürftigkeit, f – state of being in need of care

Pflegeeltern (pl) – foster parents (pl)

Pflegegeld, n – guardian allowance; nursing allowance

Pflegekind, n – foster-child; fosterling

Pflegeklasse, f – hospital treatment class

pflegen, v – take care of, v; nurse, v

Pflegeperson, f – carer; nurse

Pflegepersonal, n – nursing staff
Pfleger, m (1) *med* – male nurse
Pfleger, m (2) *(Vormund, m)* – guardian
Pfleger, m (3) *(Vermögensverwalter, m)* – curator
Pflegesatz, m – daily rate for patient care
Pflegeversicherung, f (1) – nursing insurance; long-term care insurance; nursing care insurance
Pflegeversicherung, f (2) *(ruhende)* – nursing insurance suspension
Pflegeversicherung der Rentner (PVDR) – pensioner nursing insurance
Pflegschaft, f – curatorship; trusteeship
Pflicht, f (1) – duty
Pflicht, f (2) *(Verpflichtung, f)* – obligation; liability
Pflicht, f (3) *(eher lästige)* – chore; imposition
Pflichtbeitrag, m – compulsory contribution
pflichtbewusst – conscientious; dutiful
Pflichtbewusstsein, n – conscientiousness; sense of duty
Pflichtenkollision, f – conflict of duties (pl); clash of responsibilities (pl)
Pflichtenkreis, m – responsibilities (pl); duties (pl)
Pflichtenübertragung, f – delegation of duties
Pflichtfach, n – compulsory subject; required subject *<US>*
Pflichtgefühl, n – sense of duty
pflichtgemäß – dutiful
Pflichtgrenze, f *(bei der Krankenversicherung, f)* – income limit for compulsory insurance
pflichtig – liable
Pflichtkasse, f *(Krankenversicherung, f)* – compulsory health insurance fund; mandatory health insurance
Pflichtmitgliedschaft, f – statutory membership; compulsory membership
Pflichtplatz, m – post reserved for severely handicapped persons (pl)
Pflichtschulzeit, f – compulsory school period
Pflichtteil, m – statutory portion; legal portion; compulsory portion
Pflichtuntersuchung, f *<med>* – compulsory medical examination
pflichtvergessen – disloyal
Pflichtverletzung, f – breach of duty; lapse from one's duty; malpractice
Pflichtversäumnis, f – neglect of one's duty
pflichtversichert – subject to compulsory insurance
Pflichtversicherte/r, f/m – compulsorily insured person
Pflichtversicherung, f – compulsory insurance; compulsory insurance scheme; obligatory insurance; obligatory insurance scheme; statutory insurance
Pflichtverstoß, m – breach of one's duty
Pflichtverteidiger, m – official defence counsel; public defender *<US>*
pflichtwidrig – inofficious
Pförtner, m – gatekeeper; porter; doorkeeper; guard; janitor *<US>*
PfÜB → Pfändungs- und Überweisungsbeschluss, m
Pfuscherei, f – bad job
PH → pädagogische Hochschule, f
Phonotypist/in, m/f – audio-typist
Physik, f – physics

physisch – bodily; physical

Pilotabschluss, m – pattern bargaining (Verhandelt wird ein Pilotabschluss, dem sich andere Arbeitgeber anschließen.)

plädieren, v – plead, v; sum up, v

Plädoyer, n – speech for the defence/defense; pleading; summing up

Plan, m – plan; schedule; project; scheme; design

Plandatenverwaltung, f – time management

planen, v – plan, v; schedule, v; intend, v; project, v; design, v

planlos – desultry

planmäßig – according to plan; according to schedule

Planspiel, n – simulation game; business management game; business game; experimental game

Planstelle, f – authorized position; established post

Planung, f (1) – planning; scheduling

Planung, f (2) *(kurzfristige)* – short-term planning

Planung, f (3) *(langfristige)* – long-term planning

Planungs- und Entscheidungstechnik, f – planning and decision-making techniques (pl)

Planungsingenieur/in, m/f – planning engineer

Planungstechnik, f – planning technique

Planungsvorgabe, f – planning premise

Planwirtschaft, f – planned economy; (centrally) planned economy

Planzeit, f – planned time

Plattenleger, m – tiler

Platz, m – location; place

Plausibilität, f – plausibility

Pleite, f – business failure; bankruptcy; smash *<GB,infml>*; bust *<US,infml>*

Podium, n – panel; rostrum

Polier, m (im Baugewerbe, n) – foreman in the construction business

Politikwissenschaft, f – political science

politisch – political

Polizei, f – police

Polizeistunde, f – closing hour; closing time

Polizeiverfügung, f – police order

Polizeiverordnung, f – police ordinance

Polsterer, m – upholsterer

Porto, n – postage

portofrei – postage free; postfree; official paid *<GB>*; free of postage *<US>*

Portogebühren (pl) – postal rates (pl); postage rates (pl)

Position (f) innehaben, v – hold a position, v

Position, f – position; post; job; job title

Positionsbezeichnung, f – position title

positiv – positive

positiv denken, v – think positive, v

positives Interesse, n – interest in the performance of the contract

Post, f – post *<GB>*; mail *<US>*

Postamt, n – post office

Postanschrift, f – postal address *<GB>*; mailing address *<US>*

Postanweisung, f – postal money order; postal remittance

Postbote, m – postman *<GB>*; mailman *<US>*

Posten (m) besetzen, v – occupy a position, v

Posten, m (1) – post; position; job

Posten, m (2) *(unbesetzter)* – unfilled post; vacancy

Postfach, n – post office box , labor

Postgironummer, f – postal giro account number

postlagernd – post restante

Postleitzahl, f – postal code; postcode *<GB>*; zip code *<US>*; zip number *<US>*

Postscheck, m – postal check; postal giro *<GB>*; national giro *<GB>*

Postscheckamt, n – postal giro office; National Giro Office *<GB>*; postal checking account office *<US>*; postal check account office

Postscheckkonto, n – national giro account *<GB>*; postal check account *<GB>*; postal checking account *<US>*

Postsparbuch, n – post-office savings book *<GB>*; postal savings book *<US>*

Postsparkasse, f – post-office savings bank; national savings bank *<GB>*; postal savings depository

Postsparkonto, n – postal savings account

Postulationsfähigkeit, f – capacity to conduct a case in court

Potenzial, n (1) – potential

Potenzial, n (2) *(menschliches)* – human resources (pl) potential

Potenzialanalyse, f – potential analysis

Potenzialeinschätzung, f – potential rating; potential assessment

Prädikatsexamen, n – examination passed with distinction; honors degree *<US>*

Präjudiz, n *<jur>* – judicial precedent

präjudizielle Wirkung, f *<jur>* – of prejudice effect

Prämie, f (1) *(Auszeichnung, f)* – award; prize

Prämie, f (2) *(Belohnung, f)* – reward

Prämie, f (3) *(Versicherungsprämie, f)* – premium

Prämie, f (4) *(Leistung, f)* – premium

Prämie, f (5) *(Zusatzlohn, m)* – extra pay

Prämie, f (6) (Gratifikation, f) – bonus

Prämie, f (7) *(im betrieblichen Vorschlagswesen, n)* – suggestion award; suggestion program award

Prämienentlohnung, f – premium wage pay; incentive wage pay

Prämienlohn, m – premium wage; premium wages (pl); premium pay

Prämienlohnsystem, n – premium wage system; straight piece-work system

Prämiensatz, m – premium rate

Prämiensparen, n – saving under the bonus system; contractual saving *<GB>*; premium saving

Prämiensystem, n – bonus scheme; incentive bonus system; premium system

prämieren, v (prämiieren, v) – award a prize to s.o., v; award a bonus to s.o., v; award a premium for sth to s.o., v

prämiert (prämiiert) – prize-winning; award-winning

Prämierung, f *(Prämiierung, f)* – presentation of a prize; presentation of an award

Präsentation, f – presentation

Präsenzpflicht, f – compulsory attendance

Präsident/in, m/f – president

Präsidentschaft, f – presidency

Präsidium, n – presidium; presiding committee; presidency

Präzedenzfall, m – leading case; leading decision; precedent

Präzisionsarbeit, f – precision work
Praktikant/in, m/f – intern; trainee; industrial trainee; probationer; person undergoing practical training
Praktiker/in, m/f – practician; practitioner
Praktikum (n) absolvieren, v *(Praktikum (n) machen, v)* – do one's practical training, v; do an internship, v
Praktikum, n – internship *<US>*; practical training (course); period of practical training; work experience attachment
Praktikumsnachweis, m – internship certificate
praktisch – practical
praktische Ärztin/praktischer Arzt, f/m – general practitioner
praktische Ausbildung, f – practical training
praktische Erfahrung, f – practical experience
Praxis, f *(Brauch, m)* – practice
praxisnah – practically oriented
Preis, m (1) *(Auszeichnung, f)* – prize; award
Preis, m (2) *(Kosten, pl)* – price
Preis-Leistungs-Verhältnis, n – price performance ratio
Preisausschreiben, n – prize competition
preisen, v – praise, v
Preisindex, m – price index
Preisnachlass, m – rebate; discount; abatement; reduction
Preisniveau, n – price level
Preissteigerungsklausel, f – escalator clause
Preisträger/in, m/f – award winner; prize winner
Preisverleihung, f – presentation of an award; presentation of a prize
Pressefreiheit, f – freedom of the press
Presserecht, n – press law
Presseverlautbarung, f – press release
Prinzip, n – principle
Prinzipal/in, m/f – principal; head of business; employer
Priorität, f – priority
privat – private; personal
Privatangelegenheit, f – private concern
Privatdelikt, n – private wrong
Privatdetektiv/in, m/f – private investigator *<US>*; inquiry agent *<GB>*; private detective; private eye *<infml>*
Privatdozent/in, m/f – private lecturer
private Krankenversicherung, f – private health insurance
private Lebensversicherung, f – private life insurance
Privateigentum, n – private property; personal property; private ownership
Privateinkommen, n – personal income
Privatfahrt, f – private tour
Privatgespräch, n *(per Telefon, n)* – private telephone call
Privatinitiative, f – one's own initiative
Privatisierung, f *(staatlicher Betriebe, pl)* – denationalisation/denationalization
Privatklage, f – civil action; private prosecution
Privatkonto, n – personal account
Privatnutzung, f – private use
Privatperson, f – private person; individual
Privatrecht, n – private law
privatrechtlich – in private law

Privatsache, f – private concern
Privatschule, f – private school
Privatsphäre, f – private life; privacy
Privatunternehmen, n – private company; private enterprise
Privatunterricht, m – private lessons (pl); private instruction; private tuition
Privatvermögen, n – private property
Privatversicherte/r, f/m – privately insured person
Privatwirtschaft, f – private economy; private business; private sector
Privileg, n – privilege
pro Kopf – per head
Pro-Kopf-Einkommen, n – per-capita income
Probe, f (1) *(Warenprobe, f)* – sample; specimen
Probe, f (2) *(Test, m)* – test; trial
Probe, f (3) *(Muster, n)* – pattern
Probeanstellung, f – probationary engagement; trial engagement
Probearbeitsverhältnis, n – employment on trial basis; probationary employment
Probeexemplar, n – specimen copy
Probekandidat/in, m/f – probationer
Probelauf, m – test run; trial run; trial
Probezeit, f – probation; probation/ probationary period; trial/ qualifying period; time of probation; probationary term
Probezeitbeurteilung, f – employee appraisal after the probationary period
Probezeitverlängerung, f – extension of the probationary period
Problemlöser, m – trouble shooter *<infml>*
Problemlösungsgruppe, f – problem solving group
Produkt, n – product
Produkthaftung, f – manufacturer's liability; product liability
Produktion (f) einschränken, v – cut production, v; reduce the output, v
Produktion (f) stilllegen, v – halt production lines (pl), v
Produktion, f (1) – production; manufacture; output
Produktion, f (2) *(schlanke)* – lean production
Produktionsanlage, f – plant; production facilities (pl)
Produktionsanstieg, m – increase in production; increase in output
Produktionsarbeiter/in, m/f – production worker
Produktionsausfall, m – loss of production
Produktionsausweitung, f – expansion of production
Produktionsbereich, m – production section; producing sector
Produktionsbeschränkung, f – restriction of production; limitation of production; output restriction; production cut
Produktionsbetrieb, m – producing firm; manufacturing plant
Produktionseinbuße, f – fall in output
Produktionseinrichtung, f – production facilities (pl); production equipment
Produktionseinschränkung, f – restriction of output; production cut
Produktionseinstellung, f – stoppage of production; standstill of production; production stop
Produktionsgang, m – process of production; phase of production
Produktionsgesellschaft, f – manufacturing company; manufacturing corporation

Produktionskapazität, f – productive capacity; production capacity
Produktionskontrolle, f – production control
Produktionskosten (pl) – cost of production; production cost
Produktionsleiter/in, m/f – production manager
Produktionsleitung, f – production management
Produktionsmenge, f – production output; production
Produktionsmittel (pl) – means (pl) of production
Produktionsprämie, f – production bonus
Produktionsprogramm, n – production program
Produktionsrückgang, m – production decline; drop/fall in production; decrease in production; falling-off in production; setback in production
Produktionssenkung, f – restriction of production; limitation of production; output restriction
Produktionssoll, n – production target; production quota
Produktionsstätte, f – place of production; manufacturing plant; production plant
Produktionsstand, m – level of production; production level; output level
Produktionssteigerung, f (1) – increase in production; expansion of production
Produktionssteigerung, f (2) *(kräftige)* – hike in production
Produktionsstraße, f – production line
Produktionstechnik, f – production technique
Produktionsumfang, m – volume of production
Produktionsverfahren, n – production process; manufacturing process; production method; manufacturing method
Produktionsverlangsamung, f *(bewusste)* – ca'canny *<infml>*
Produktionsvolumen, n – volume of production
Produktionsziel, n – production target; production goal
Produktionsziffer, f – production figure; output figure; production rate; output rate
Produktionszweig, m – branch of production
produktiv – productive
produktiver Lohn, m – direct wage; direct wages (pl)
Produktivität, f – productivity; productive efficiency
Produktivitätsgrenze, f – productivity limit; productivity ceiling; margin of productivity
Produktivitätssteigerung, f – increase in productivity
Produktivitätszulage, f – productivity bonus
Produktivitätszuwachs, m – productivity gain
Produktivkapital, n – productive capital
Produktivkräfte (pl) – productive resources (pl)
Produktzyklus, m – product cycle
produzieren, v – manufacture, v; produce, v
produzierendes Gewerbe, n – manufacturing industry; producing industry
professionell – professional
Professor/in, m/f (1) – professor; lecturer
Professor/in, m/f (2) *(ordentliche/r)* – full professor

Prognose, f – prognosis; prediction; forecast
Programm, n – programme *<GB>*; program *<US>*
Programmierer/in, m/f – programmer
Programmiersprache, f – programming language
programmierte Unterweisung, f – programmed instruction
Progression, f – progression; progressive scale
Progressivlohn, m – progressive wage rate
Projekt, n – project; plan; scheme
Projektarbeit, f – project work
Projektgruppe, f – project group
Projektleiter/in, m/f – project manager
Projektmanagement, n – project management
Projektstudie, f – feasibility study
Prokura (f) erteilen, v – give procuration, v; confer procuration on s.o., v; confer powers (pl) of attorney on s.o., v
Prokura, f – power of procuration; procuration; full power of representation; full commercial power of representation; proxy
Prokuraerteilung, f – conferment of procuration
Prokurist/in, m/f – person holding power of procuration; authorized clerk/signatory; signing clerk; fully authorized officer; Prokura holder
Promotion, f – awarding of a doctorate; obtaining of a doctorate; conferment of a doctor's degree
promovieren, v (1) – take a doctor's degree, v
promovieren, v (2) *(jmd)* – confer a doctor's degree upon s.o., v
Promovierte/r, f/m – graduate
protegieren, v – patronize, v; sponsor, v
Protest (m) einlegen, v – protest, v; lodge a protest, v
Protest, m – protest; protestation; objection
protestieren, v – protest, v; remonstrate, v
Proteststreik, m – protest strike
Protokoll (n) aufnehmen, v – draw up the minutes, v; take minutes (pl), v
Protokoll (n) führen, v – keep the minutes (pl), v; take minutes (pl), v
Protokoll, n (1) *(Ablauf, m)* – minutes (pl); record
Protokoll, n (2) *(Schriftstück, n)* – protocol
Protokollführer/in, m/f (1) – recorder; official reporter
Protokollführer/in, m/f (2) *(in einer Sitzung, f)* – keeper of the minutes (pl)
Protokollführer/in, m/f (3) *(bei Gericht, n)* – clerk of the court
protokollieren, v – minute, v; enter in the minutes (pl), v; take down the minutes (pl), v; record, v; document, v
Protokollierung, f – recording; entry in the minute book; documentation
Protokollnotiz, f – minute *<GB>*; entry
Provision, f (1) – commission
Provision, f (2) *(von x %)* – x per cent commission
Provisionsabrechnung, f – commission calculation
Provisionsanspruch, m – accrued commission
Provisionsbasis, f – commission basis
provisionsberechtigt – entitled to a commission

Provisionssatz, m – commission rate
provisorisch – interim; provisional
Prozess (m) anstrengen, v – institute legal proceedings (pl) against s.o., v; initiate legal proceedings (pl) against s.o., v; bring an action against s.o., v; sue s.o., v; commence a suit, v
Prozess (m) führen, v – be engaged in a lawsuit with s.o., v; be at law, v; carry on a lawsuit, v; litigate, v
Prozess (m) gewinnen, v – win a case, v; recover in one's suit, v
Prozess (m) verlieren, v – lose a case, v
Prozess, m (1) *(Ablauf, m)* – process
Prozess, m (2) *<jur>* (Rechtsstreit, m) – legal action; case; action; litigation; legal proceedings (pl) *<US>*
Prozess, m (3) *<jur> (Rechtsstreit, m)* – lawsuit; suit; suit at law
Prozess, m (4) *<jur> (Strafprozess, m)* – trial
Prozess, m (5) *(der Sozialauswahl, f)* – bumping *infml*
Prozessakten (pl) – case files (pl); case records (pl)
Prozessantrag, m – motion
Prozessbevollmächtigte/r, f/m – authorized attorney; authorized agent; authorized proxy; attorney of record *<US>*
prozessfähig – capable to sue and be sued; capable to stand trial
Prozessfähigkeit, f – capacity to sue and to be sued; legal capacity to sue and to be sued; capacity to stand trial
Prozessführung, f – conduct of a case; trial conduct
Prozessführungsbefugnis, f – standing to sue
Prozessgebühr, f – general fee for court proceedings (pl)
Prozessgegenstand, m – subject of an action
Prozessgegner/in, m/f – opposing party
Prozessgericht, m – trial court
Prozesshindernis, n – impediment to an action
prozessieren, v – sue, v; carry on a lawsuit, v
Prozesskosten (pl) – cost of the proceedings (pl); cost of a (law)suit; cost of litigation; court costs (pl); cost for an action
Prozesskostenhilfe, f – costs (pl) of litigation assistance; legal aid
Prozesskostenvorschuss, m – suit money; advance payment of law costs (pl)
Prozessliste, f *<jur>* – cause list
Prozessoptimierung, f – process optimization
Prozessordnung, f – code of procedure; rules (pl) of procedure; court rules (pl)
Prozesspartei, f – party to a lawsuit; party to a case; suitor
Prozessrechner, m – process computer
Prozessrecht, n – law of practice; law of procedure; procedural law; adjective law
Prozesssache, f – legal matter; legal case
Prozessstandschaft, f – standing to sue doctrine; representative action
Prozesstechnik, f – process engineering
prozessual – processal
prozessuale Einrede, f – plea in abatement
Prozessurteil, n – judgement on procedural grounds (pl)

Prozessvergleich, m – consent judgement; court settlement; compromise in court
Prozessvertreter/in, m/f – legal representative in court
Prozessvertretung, f – legal representation in court
Prozessvollmacht, f – power of attorney for legal proceedings (pl); retainer; legal mandate; mandate
Prüfbericht, m – test report; inspection report; audit report
prüfen, v (1) – review, v; inspect, v; audit, v; examine, v; check, v
prüfen, v (2) – test, v; scrutinize, v
Prüfer/in, m/f – examiner; inspector; tester
Prüfingenieur/in, m/f – testing engineer
Prüflauf, m – test run
Prüfling, m – candidate; examinee; ratee <*US*>
Prüfstelle, f (1) – assay office
Prüfstelle, f (2) *(für Patente, pl)* – examining department
Prüfung (f) bestehen, v – pass an exam(ination), v; pass an exam, v
Prüfung (f) machen, v – take an exam(ination), v; sit an exam(ination), v
Prüfung (f) nicht bestehen, v – fail in an exam(ination), v; fail, v
Prüfung (f) wiederholen, v – resit an exam(ination), v
Prüfung, f (1) – examination; exam
Prüfung, f (2) *(technische)* – test; trial
Prüfung, f (3) *(Bilanzprüfung, f)* – audit
Prüfungsangst, f – examination phobia; examination fear
Prüfungsaufgabe, f – examination task
Prüfungsausschuss, m – board of examiners (pl)
Prüfungsfach, n – examination subject
Prüfungskandidat/in, m/f – candidate; examinee; ratee <*US*>
Prüfungsnote, f – pass
Prüfungstermin, m – examination date
Prüfungsthema, n – examination topic
Prüfungszeugnis, n – certificate; diploma <*US*>
PSA → Personalservice-Agentur, f
psychisch – psychological
psychische Beanspruchung, f – psychological pressure
psychische Belastung, f – psychological strain
Psychologe, m – psychologist
Psychologie, f – psychology
Psychoterror, m *(am Arbeitsplatz, m)* – mobbing
Publikumsgesellschaft, f – open corporation
pünktlich – punctual; on time; in time
Pünktlichkeit, f – punctuality; promptness
Punktebewertungssystem, n – point rating system; grade point system <*US*>
Punktschema, n (*Punktesystem, n*) – point rating schedule; points system
Punktschweißer/in, m/f – spot welder
Punktstreik, m – strike at selected sites (pl)
Punktsystem, n *(Leistungsbewertung, f)* – point system
Punktwert, m – points (pl) value
PV-befreit – nursing insurance exemption
PVDR → Pflegeversicherung der Rentner (pl)

Q

Qualifikation, f (1) – qualification; capacity
Qualifikation, f (2) *(berufliche)* – occupational qualification; vocational qualification; job qualification
Qualifikationsprofil, n – qualification profile
qualifizieren, v *(jmd für etwas)* – qualify s.o. as, v
qualifiziert – qualified
qualifizierte Arbeitskräfte (pl) – skilled manpower; skilled labo(u)r
qualifizierte Mehrheit, f – qualified majority
Qualifizierungsprogramm, n – qualification program(me)
Qualität, f – quality
Qualitätsarbeit, f – work of high quality; quality work
Qualitätsgruppe, f – quality circle
Qualitätskontrolle, f – quality control
Qualitätsmanagement, n – total quality management (TQM)
Qualitätsprämie, f – quality bonus
Qualitätssicherung, f – quality assurance
Qualitätssteigerung, f – quality increase
Qualitätsverbesserung, f – quality improvement
Qualitätsziel, n – quality objective
Qualitätszirkel, m – quality circle
Quartalsabrechnung, f – quarterly statement of accounts (pl)
Quartier, n – quarters (pl)
Quellenabzug, m – deduction at source
Quellenabzugsverfahren, n – pay-as-you-earn (PAYE) <*GB*>
Quellenangabe, f (1) – statement of source
Quellenangabe, f (2) *(in Fußnoten, pl)* – reference
Quellensteuer, f – tax withheld at source; tax deducted at source; withholding tax
Querdenker, m – lateral thinker; open minded thinker
Querulant/in, m/f (1) – trouble maker; querulous person; litigious person; quarreller
Querulant/in, m/f (2) – crab <*infml*>; grumbler <*infml*>; grouser <*infml*>
Quervergleich, m – cross comparison
quittieren, v – give a receipt, v
Quittung, f (1) – written receipt; receipt; acquittance
Quittung, f (2) *(Beleg, m)* – voucher
Quorum, n – quorum
Quote, f – quota; proportional share; rate
Quotenregelung, f – quota arrangements (pl); quota rule; quota scheme; quota regime; quota system
Quotenzuteilung, f – allocation of quotas
Quotierung, f – quotation

R

Rabatt, m (1) – discount; rebate
Rabatt, m (2) *(bei Barzahlung, f)* – abatement
Rabatt, m (3) *(für Betriebsangehörige, pl)* – employee discount
radikal – radical
Rädelsführer/in, m/f – leader of a gang; ringleader; agitator
Räumung, f (1) *(eines Saals, m / Lagers, n)* – clearance
Räumung, f (2) *(zwangsweise)* – eviction; ejection; ejectment; evacuation
Räumungsklage, f – action of eviction; dispossess proceedings (pl) <*GB*>; action of ejectment <*US*>
Rahmen, m – framework; scope; range
Rahmenabkommen, n – framework agreement; master agreement; skeleton agreement
Rahmenbestimmung, f – basic regulation
Rahmenbetriebsvereinbarung, f – skeleton works agreement
Rahmengesetz, n – framework law; skeleton law; outline law
Rahmengesetzgebung, f – framework legislation
Rahmenkompetenz, f – competence to issue framework legislation
Rahmenlehrplan, m – framework curriculum
Rahmenprogramm, n – outline program(me)
Rahmentarifvertrag, m – collective framework agreement; skeleton wage agreement; skeleton tariff agreement
Rahmenvereinbarung, f – framework agreement
Rahmenvertrag, m – skeleton contract; framework contract
Rang, m (1) – status; rank; position; priority
Rang, m (2) – order; degree; rate
Rangbeschreibung, f *(Rangbezeichnung, f)* – ranking description
Rangierarbeiter, m – yardman
Rangordnung, f – hierarchy; ranking order; rank order; order of precedence; order of priority
Rangreihenmethode, f – ranking method
Rangstelle, f – rank; grade
Rangstufe, f – rank
Rangvergleich, m – rank comparison
Rangverhältnis, n – rank; order of priority
Rangvorbehalt, m – reservation of priority
Rassendiskriminierung, f – race discrimination; racial discrimination; discrimination on racial grounds (pl)
Rast, f – rest
Rat (m) geben, v – give advice, v; give an advice, v
Rat, m (1) *(Ratschlag, m)* – advice; counselling; counsel
Rat, m (2) *(Gremium, n)* – council; board
Rat, m (3) *(warnender)* – dissuation
Rate, f (1) – installment <*US*>; instalment <*GB*>; part payment
Rate, f (2) *(bei demographischen Daten, pl)* – rate

Ratensparen, n – instal(l)ment savings (pl)
Ratenzahlung, f – payment by instal(l)ments (pl); payment in part; payment on account; time payment <*US*>
Ratgeber/in, m/f – advisor; counsel; counsel(l)or
Ratifikation, f – ratification
ratifizieren, v – ratify, v
rationalisieren, v – rationalize, v; streamline, v
Rationalisierung, f – rationalization
Rationalisierungs- und Innovationszentrum der Deutschen Wirtschaft (RKW) – Rationalization and Innovation Centre of the German Industry
Rationalisierungsschutz, m – rationalization protection
Rationalisierungsschutzabkommen, n – Rationalization Protection Agreement
Ratsmitglied, n – councillor; councilman/councilwoman <*US*>
Ratsversammlung, f – council meeting
Rauchverbot, n (1) – ban on smoking; prohibition of smoking; order to abstain from smoking
Rauchverbot, n (2) *(im Büro, n)* – no-smoking office
Rausch, m – inebrity; intoxication
Rauschgift, n – narcotics (pl); drugs (pl)
Rauschgiftsüchtige/r, f/m – drug addict
Rauschtat, f – offence/offense committed in the state of intoxication
rausschmeißen, v <*infml*> – fire, v <*US,infml*>; can, v <*US,infml*>; give s.o. the old heave-ho, v <*US,infml*>; give s.o. the heave-ho, v <*US,infml*>; bounce, v <*US,sl*>
Rausschmiss, m – heave-ho <*US*>, <*infml*>; kiss-off <*US*>, <*sl*>; ouster <*infml*>
Reaktion, f – reaction; response
Reaktionszeit, f – reaction time
real *(wirklich)* – real; actual
Realeinkommen, n – real income; real earnings (pl)
Realeinkommensschmälerung, f – decrease in real income
Reallast, f – land charge
Reallohn, m – real wages (pl); real wage; actual wages (pl); actual wage
Reallohnanpassung, f – real wage adjustment
Reallohneinbuße, f – decline in real wages (pl)
Reallohnerhöhung, f – increase of real wages (pl)
Reallohnkürzung, f – real wage cut
Realschüler/in, m/f – secondary modern pupil <*GB*>
Realschule, f – secondary modern school; high school <*US*>; intermediate school <*US*>
Realvertrag, m – executed treaty
Rechenanlage, f – processing unit
Rechenfehler, m – miscalculation
Rechenschaftspflicht, f – accountability
Rechenzentrum, n – computer centre/center
Rechner, m – computer
Rechnung (f) begleichen, v – settle an account, v; settle a bill, v
Rechnung, f (1) *(Faktura, f)* – invoice; account
Rechnung, f (2) *(Beleg, m)* – bill; voucher
Rechnungs- und Finanzwesen, n – accounting and finance

Rechnungsabschluss, m – closing of account; statement of account
Rechnungserteilung, f – rendering an account
Rechnungsjahr, n – fiscal year
Rechnungslegung, f – submission of accounts (pl)
Rechnungslegungsmethode, f – accounting principle
Rechnungsprüfer/in, m/f (1) – auditor; accountant
Rechnungsprüfer/in, m/f (2) *(beeidigte/r)* – chartered accountant
Rechnungsprüfung, f – audit; auditing
Rechnungswesen, n (1) – accounting
Rechnungswesen, n (2) *(kaufmännisches)* – commercial accounting
Recht (n) bekommen, v – recover, v
Recht (n) sprechen, v – judge, v
Recht haben – be right, v
Recht, n (01) (Gesetz, n) – law; statute
Recht, n (02) *(subjektives / Anspruch)* – right; claim; title
Recht, n (03) *(auf Arbeit, f)* – right to work
Recht, n (04) *(bürgerliches)* – civil law
Recht, n (05) *(dingliches)* – real right
Recht, n (06) *(formelles)* – procedure law; adjective law
Recht, n (07) *(geschriebenes)* – statute law
Recht, n (08) *(gesetzliches)* – statutory right
Recht, n (09) *(innerstaatliches)* – national law
Recht, n (10) *(materielles)* – substantive law
Recht, n (11) *(öffentliches)* – public law
Recht, n (12) *(römisches)* – civil law
Recht, n (13) *(verbrieftes)* – vested right
rechtfertigen, v (1) – justify, v; exculpate, v
rechtfertigen, v (2) *(sich)* – vindicate, v
Rechtfertigung, f – justification; exculpation; vindication
Rechtfertigungsgrund, m – legal justification; ground of justification
rechtlich – legal; de jure; lawful
rechtlos – rightless; without rights
rechtmäßig – lawful; legitimate; just; sound
Rechtmäßigkeit, f – lawfulness; legitimacy; justice
Rechtsabteilung, f – legal department
Rechtsanalogie, f – analogy of law
Rechtsansicht, f – legal opinion
Rechtsanspruch, m – legal claim; legal demand; title
Rechtsanwalt/-anwältin, m/f (1) – lawyer; advocate
Rechtsanwalt/-anwältin, m (2) (*plädierender*) – barrister <*GB*>; barrister-at-law <*GB*>; counsel <*GB*>; attorney <*US*>; attorney-at-law <*US*>
Rechtsanwalt/-anwältin, m (3) *(vor niederen Gerichten, pl)* – solicitor <*GB*>; counselor-at-law <*US*>
Rechtsanwaltsgebühr, f – lawyer's fee; attorney's fee
Rechtsanwaltsgebührenordnung, f – schedule of attorney's fees (pl)
Rechtsauffassung, f – legal opinion
Rechtsaufsicht, f – legal supervision
Rechtsausschuss, m – judicial committee; legal committee
rechtsbegründend – constitutive
Rechtsbehelf, m – legal remedy; provisional remedy; relief

Rechtsbeistand, m (1) – legal advisor

Rechtsbeistand, m (2) *(vor Gericht, n)* – counsellor <*GB*>; counselor-at-law <*US*>; counselor <*US*>

Rechtsbelehrung, f – legal instruction

Rechtsberater/in, m/f – legal advisor; lawyer; counsel

Rechtsberatung, f – legal advice

Rechtsbeschwerde, f <*jur*> – petition for review on law

Rechtsbeugung, f <*jur*> – perversion of justice

Rechtsbeziehung, f <*jur*> – privity; legal relationship

Rechtsdisziplin, f – branch of law

rechtserheblich – legally relevant

rechtserhebliche Tatsachen (pl) – ultimate facts (pl) <*law*>

Rechtserwerb, m – acquisition of a right; acquisition of a title

Rechtsetzung, f – legislative act

Rechtsetzungsbefugnis, f – legislative powers (pl)

rechtsfähig – legally capable; having a legal capacity

rechtsfähiger Verein, m – membership corporation; incorporated society

Rechtsfähigkeit, f – legal capacity; legal ability; legal status

Rechtsfolge, f – legal consequence

Rechtsform, f (1) – legal form; legal structure

Rechtsform, f (2) *(einer Gesellschaft, f)* – type of a company

Rechtsfrage, f – legal question

Rechtsfrieden, m – peace under the law

Rechtsgebiet, n – field of law

Rechtsgeschäft, n – legal act; juristic act; legal transaction

Rechtsgrund, m – cause in law; legal argument; legal basis

Rechtsgrundlage, f – legal basis

Rechtsgrundsatz, m – principle of law; established principle of law; rule of law; generally accepted rule of law; legal principle

rechtsgültig – legal; legally valid; valid in law; lawful

Rechtsgut, n – object of legal protection

Rechtsgutachten, n – legal opinion; counsel's opinion

rechtshängig – pending at law; pending in court

Rechtshängigkeit, f – pendency of action; litispendence

Rechtshandlung, f – legal act

Rechtshilfe, f – legal redress; legal aid; judicial assistance; juristic assistance

Rechtsinstitut, n – legal institution

Rechtsirrtum, m – mistake in law; error in law; judicial error

Rechtskenntnisse (pl) – legal knowledge; knowledge of the law

rechtskräftig – indefeasible; legally valid/binding; final; non-appealable; of legal force

Rechtskraft, f – legal force; legal validity; force of law

rechtskundig – learned in the law

Rechtskundige/r, f/m – legist

Rechtslage, f (1) – legal position; legal basis; legal situation

Rechtslage, f (2) *(geltende)* – valid legal basis

Rechtslehre, f – jurisprudence

Rechtsmangel, m – infirmity of title; defect of title; deficiency of title

Rechtsmissbrauch, m – unauthorized assumption of a right; abuse of title; abuse of law

Rechtsmittel (pl) und Rechtsbehelfe (pl) – channels of appeal
Rechtsmittel, n – legal remedy; legal redress; review provisions (pl)
Rechtsmittelbelehrung, f – instructions (pl) on s.o.'s right to appeal
rechtsmittelfähige Entscheidung, f – award which is open to appeal
Rechtsmittelfrist, f – time limit for appeal procedure; time prescribed for appeals (pl)
Rechtsmittelverzicht, m – waiver of right to appeal
Rechtsnachfolge, f – succession in title; legal succession
Rechtsnachfolger/in, m/f – successor in title
Rechtsnachteil, m – legal prejudice; legal detriment; legal disadvantage
Rechtsnatur, f – legal nature
Rechtsnorm, f – legal norm; legal principle; rule of law
Rechtsordnung, f – legal system; legal order; legal regime
Rechtspersönlichkeit, f – legal personality
Rechtspflege, f – administration of justice; judicature
Rechtspfleger/in, m/f – judicial officer; clerk of the court
Rechtspflicht, f – legal duty; legal obligation
Rechtsposition, f – legal position; legal status
Rechtspraktikant/in, m/f – articled clerk
Rechtspraxis, f – legal practice
Rechtsprechung, f (1) – jurisdiction; opinions (pl) of the courts (pl); judicial decision
Rechtsprechung, f (2) *(ständige)* – continuous holding of the courts (pl); consistent practice of the courts (pl)
Rechtsquelle, f – source of law
Rechtsreferendar/in, m/f – articled clerk *<GB>*; legal intern *<US>*; junior lawyer
Rechtsreferendariat, n – legal service training
Rechtssache, f (1) – legal case
Rechtssache, f (2) *(anhängige)* – pending case
Rechtsschutz, m – legal protection
Rechtsschutzbedürfnis, n – legitimate interest to take legal action
Rechtsschutzinteresse, n – legitimate interest
Rechtsschutzversicherung, f – legal aid insurance; insurance for legal costs (pl)
Rechtssetzungsbefugnis, f – legislative powers (pl)
Rechtssicherheit, f – certainty in the law; legal certainty; undisputed legal position; certainty of the law
Rechtsstaat, m – constitutional state
Rechtsstaatlichkeit, f – reign of law; rule of law
Rechtsstaatsprinzip, n – principle of due course of law
Rechtsstellung, f – legal status
Rechtsstreit, m (1) – litigation; process; lawsuit *<US>*; case; cause
Rechtsstreit, m (2) – legal action; suit
Rechtsstreit, m (3) *(anhängiger)* – pending action
Rechtsstreitigkeit, f – legal dispute
Rechtsstudent/in, m/f – jurist *<GB>*
Rechtssystem, n – legal system; judicial system
Rechtstitel, m – legal title
Rechtsübergang, m *<jur>* – devolution of title *<law>*; transmission of rights (pl) *<law>*
Rechtsübertragung, f *<jur>* – transfer of title *<law>*

Rechtsübertretung, f – transgression
rechtsungültig – legally invalid
rechtsunwirksam – of no legal force; of no legal effect
rechtsverbindlich – legally binding
Rechtsverbindlichkeit, f – legal obligation
Rechtsverhältnis, n – legal relationship
Rechtsverletzung, f – infringement of a right; infringement of a law; violation of law
Rechtsverlust, m – forfeiture of a right
Rechtsverordnung, f – statutory order; decree
Rechtsvertreter/in, m/f – legal representative
Rechtsvorbehalt, m – reservation of a right
Rechtsvorgänger/in, m/f – predecessor in title
Rechtsvorschrift, f (1) – legal provision; provision of law; rule of law
Rechtsvorschrift, f (2) *(zwingende)* – mandatory regulation
Rechtsweg, m – process of law; course of law; legal process; legal recourse
Rechtsweggarantie, f – guarantee of access to the courts (pl)
rechtswidrig – lawless; unlawful; illegal; illicit; contrary to law
Rechtswidrigkeit, f – lawlessness; unlawfulness; illegality
rechtswirksam – legally effective; legally operative
Rechtswirksamkeit, f – force in law; legal force
Rechtswirkung, f – legal effect
Rechtswissenschaft, f – jurisprudence
Rechtszug, m – instance
Rechtszuständigkeit, f – legal competency
rechtzeitig – timely; in time; in due time
Redefreiheit, f – freedom of speech
redlich – honest; fair
Redlichkeit, f – probity; honesty
REFA-Arbeitsstudien (pl) – time and motion studies (pl)
Referat, n (1) *(Bericht, m)* – report
Referat, n (2) *(Vortrag, m)* – presentation; lecture
Referat, n (3) *(Abteilung, f)* – department; division
Referatsleiter/in, m/f – department head; departmental head; head of department; head of division; head of section
Referent/in, m/f (1) *(Vortragende/r, f/m)* – speaker; reporter; reader of a paper
Referent/in, m/f (2) *(Sachbearbeiter/in, m/f)* – expert; consultant
Referenz (f) angeben, v – quote a reference, v; furnish a reference, v
Referenz (f) einholen, v – take up a reference, v
Referenz, f – reference; credentials (pl)
Referenzperiode, f – reference period
referieren, v – report, v; give a presentation, v
Regel, f – rule; norm
Regelaltersgrenze, f – standard age limit
Regelbesetzung, f *(eines Gerichtes, n)* – standard composition
Regelfall, m – normal case
Regelfrist, f – normal time limit
Regelleistung, f – standard benefit
regelmäßig – regular
regelmäßig wiederkehrende Leistungen (pl) – regular periodical payments (pl)
regelmäßige Arbeitszeit, f – regular working hours (pl)

regeln, v – arrange, v; manage, v; settle, v; rule, v; regulate, v

Regelsatz, m *(der Sozialhilfe, f)* – standard rate

Regelstudienzeit, f – period of time within which a student should complete his studies (pl)

Regeltechniker/in, m/f – control engineer

Regelung, f (1) – regulation

Regelung, f (2) *(Erledigung (f) von Angelegenheiten, pl)* – settlement; arrangement

Regelung, f (3) *(Richtlinie, f)* – ruling

Regelung, f (4) *(gesetzliche, vertragliche)* – provision

Regelung, f (5) *(durch Vorschriften, pl)* – determination

Regelung, f (6) *(von Verbindlichkeiten, pl)* – settlement of liabilities (pl)

Regelung, f (7) *(außergerichtliche)* – settlement out of court

Regelung, f (8) *(gesetzliche)* – statutory provision

Regelungsabrede, f – settlement agreement

Regelungsbefugnis, f – authorization for settlement

Regelungsbereich, m – sphere of settlement

regelwidrig – irregular

Regiebetrieb, m – public undertaking

regieren, v – govern, v

Regierung, f – government

Regierungsbezirk, m – administrative district

Regierungspräsident/in, m/f – chief official of a district; District President

Regierungsstelle, f – government agency; governmental agency

Regierungsvorlage, f – government bill; ministerial bill

Register, n – register; records (pl)

Registereintragung, f – entry in the register

Registergericht, n – registry court

Registrator/in, m/f – registrar; filing clerk <*GB*>; file clerk <*US*>; filer <*US*>

Registratur, f – filing department; registry; records office

registrieren, v – register, v; record, v; document, v

Registriernummer, f – reference number

Regress, m – recourse

Regressanspruch, m – right of recourse; claim of recourse

Regresspflicht, f – liability to recourse

regresspflichtig – liable by way of recourse; liable to recourse

regulieren, v – regulate, v; settle, v

Rehabilitation, f – rehabilitation

Reichsgericht, n – Supreme Court of the German Reich

Reichsversicherungsordnung, f (RVO) – German Reich Social Insurance Code

reif – mature

Reife, f (1) – maturity

Reife, f (2) *(mittlere)* – General Certificate of Secondary Education (GCSE) <*GB*>; intermediate high school examination

Reifeprüfung, f – school leaving examination (giving right of entry to university); high school graduation <*US*>; final secondary school examination; examination for the General Certificate of Education <*GB*>

Reifezeugnis, n – General Certificate of Education <*GB*>; A-level certificate <*GB*>; school leaving certificate; qualifiying for univrsity entrance; high school diploma <*US*>
Reihe, f – series
Reihenfolge, f – sequence
Reihenuntersuchung, f – series test; series medical examination <*med*>
Reiniger/in, m/f – cleaner
Reise, f – travel; journey; trip
Reise- und Tourismussektor, m – travel and tourism
Reisegepäck, n – luggage
Reisegepäckversicherung, f – luggage insurance
Reisegewerbe, n – itinerant trade; itinerant occupation
Reisekosten (pl) – travelling expenses (pl) <*GB*>; travel expenses (pl)
Reisekostenabrechnung, f – travel expense report
Reisekostenerstattung, f – refund of travel expenses (pl)
Reisekostenrichtlinie, f – regulation on travel expenses (pl)
Reisekostenvergütung, f – travel allowance
Reisekostenvorschuss, m – advance on travel expenses (pl); travel advance
Reisekostenzuschuss, m – travel allowance
Reisender, m – traveller <*GB*>; traveler <*US*>
Reisescheck, m – traveller's cheque <*GB*>; traveler's check <*US*>
Reisespesen (pl) – travel expenses (pl); travelling charges (pl)
Reisespesentagessatz, m – per diem allowance
Reisetag, m – travel day
Reisezeit, f *(Dauer, f)* – travel time
Reiseziel, n – destination
Reklamation, f – objection; complaint
reklamieren, v – complain, v; protest, v
Rektor/in, m/f (1) *(einer Schule, f)* – principal; headmaster/headmistress
Rektor/in, m/f (2) *(einer Universität, f)* – president <*US*>; rector; vice-chancellor <*GB*>
Rekurs, m – recourse
relativ – relative
relative Mehrheit, f – relative majority
relevant – relevant; pertinent
Religion, f – religion
Religionsbekenntnis, n – confession
Religionsfreiheit, f – religious freedom; religious liberty
Religionsgemeinschaft, f – religious community; religious society; religion
Religionsunterricht, m – religious education
Religionszugehörigkeit, f – religious affiliation
Rendite, f – yield; profit; return
rentabel – profitable; economic
Rentabilität, f – profitability; profitableness
Rentabilitätsrechnung, f – calculation of profitability
Rente, f (1) – pension
Rente, f (2) *(Altersrente, f)* – retiring pension; old-age pension; retirement benefit
Rente, f (3) *(dynamische)* – index-linked pension
Rente, f (4) *(lebenslängliche)* – perpetuity

Rente, f (5) *(aus Versicherung)* – annuity

Rente (f) beziehen, v – draw a pension, v; hold an annuity, v

Rentenalter, n – retirement age; pensionable age

Rentenanpassung, f – pension adjustment; revaluation of a pension

Rentenanpassungsgesetz, n – Pension Adjustment Act

Rentenanspruch, m – pension claim; pension entitlement

Rentenanteil, m – pension part; part of a pension

Rentenantrag, m – pension application

Rentenantragssteller/in, m/f – pension applicant; pension claimant

Rentenanwartschaft, f – pension expectancy; pension accrual

Rentenbeginn, m – start of pension payment

Rentenbeitrag, m – pension contribution

Rentenbemessungsgrundlage, f – pension computation base

Rentenberatungsstelle, f – pension advisory department

Rentenberechnung, f – pension computation; calculation of pensions (pl)

Rentenbescheid, m – pension notice

Rentendynamik, f – continual pension adjustment

Rentenempfänger/in, m/f – pensioner; holder of a pension; recipient of a pension; rentier; annuitant

Rentenerhöhung, f – pension increase

Rentenfestsetzung, f – awarding of the pension

Rentenkürzung, f – pension reduction

Rentenniveau, n – pension level

Rentenreform, f – reform of the national pension system

Rentenreformgesetz, n – Pension Reform Act

Rentenstaffel, f – pension scale

Rentensteigerungsbetrag, m – pension increment

Rentenstrukturreform, f – pension structure reform

Rentenversicherung, f (1) – pension insurance fund; social insurance pension fund; pension scheme; pension plan <*US*>; annuity insurance

Rentenversicherung, f (2) *(der Arbeiter, pl)* – workers' old-age insurance fund

Rentenversicherung, f (3) *(gesetzliche)* – statutory pension insurance fund; statutory pension insurance

Rentenversicherung, f (4) *(knappschaftliche)* – miners' pension insurance fund

Rentenversicherungsbeitrag, m – pension insurance contribution

Rentenversicherungsnummer, f – pension insurance number

Rentenversicherungspflicht, f – statutory pension insurance

Rentenversicherungsträger, m – pension scheme provider; pension plan provider <*US*>

Rentenzahlung, f – pension payment; annuity payment

Rentner/in, m/f – pensioner; recipient of a pension; rentier; holder of a pension

Rentnerkrankenversicherung, f – compulsory health insurance for pensioners (pl)

repräsentieren, v – represent, v

Reserveoffizier, m – reserve officer; officer of the reserve

Residenzpflicht, f – residence requirement; residence obligation
Ressentiment, n – resentment
Ressort, n – department; division; portfolio
Ressortleiter/in, m/f – head of department; group executive; head of division
Rest, m – rest; remainder
Restarbeitslosigkeit, f – residual unemployment
Restbetrag, m – remaining balance; remaining amount; residual amount; remainder
Restitutionsklage, f – action for restitution
Restlaufzeit, f – remaining time to maturity of sth; remaining term to maturity of sth; remaining life; period left to run
Restlohn, m – remaining wage
Resturlaub, m – remaining days (pl) of vacation *<US>*; remaining leave
Resturlaubsanspruch, m – remaining leave entitlement
Restwert, m – residual value
Restzahlung, f – final payment
Rettungsplan, m – rescue plan
Rettungswache, f – rescue station
Rettungsweg, m – rescue route
Revision (f) einlegen, v – lodge an appeal, v
Revision, f (1) *(Buchprüfung, f)* – audit; auditing
Revision, f (2) *<jur>* *(Zivilprozess, m)* – appeal on law; appeal on points (pl) of law; proceedings (pl) in error; writ of error; revision
Revisionsbegründung, f *<jur>* – reasons (pl) of appeal
Revisionsbeklagte/r, f/m *<jur>* – respondent
Revisionsbeschwerde, f – appeal against a court order; appeal on points of law against a court order
revisionsfähig *<jur>* – appealable; reviewable
Revisionsfrist, f *<jur>* – time for appeal
Revisionsgericht, n *<jur>* – court of review; appelate court
Revisionsgrund, m – common error
Revisionsinstanz, f *<jur>* – court of appeals (pl)
Revisionskläger/in, m/f *<jur>* – appelant
Revisionsschrift, f *<jur>* – motion in error
Revisionssicherheit, f *(bei der Buchprüfung, f)* – auditing acceptability
Revisionsverfahren, n *<jur>* – appeal procedure; appeal proceedings (pl)
Revisionszulassung, f *<jur>* – leave to appeal; leave to revision
Revisor/in, m/f – auditor
Rezept, n – prescription
Rezeptgebühr, f – prescription charge
Rezession, f – recession; business decline
Rhetorik, f – rhetoric
Richtarbeitsplatz, m – benchmark job
Richtbeispiel, n – reference example
richten, v – judge, v; adjudge, v; pass a judgement, v
Richter/in, m/f (1) – judge; justice
Richter/in, m/f (2) *(auf Lebenszeit, f)* – established judge
Richter/in, m/f (3) *(beisitzender)* – associate judge

Richter/in, m/f (4) *(ehrenamtlicher)* – lay judge; honorary judge
Richter/in, m/f (5) *(vorsitzender)* – presiding judge
Richteramt, n – judicial office; judgeship
Richterbank, f – bench
richterlich – judicial; judiciary
richterliche Gewalt, f – judicial power
richterliche Verfügung, f – judicial order; judicial decree
richterliches Ermessen, n – judicial discretion
Richterrecht, n – judge-made law
Richtlinie, f – guideline; guiding rule; directive
Richtlinienvorschlag, m – draft directive
Richtwert, m – reference value; approximate value
Risiko, n – risk; hazard; peril
Risikoabwägung, f – assessment of risks (pl); risk evaluation
Risikobereich, m – risk sphere
Risikobereitschaft, f – readiness to take a risk; readiness to assume a risk
Risikofaktor, m – risk factor
Risikoverteilung, f – risk distribution
riskant – hazardous; risky
Rivale/Rivalin, m/f – rival; competitor
RKW → Rationalisierungs- und Innovationszentrum der Deutschen Wirtschaft
Robe, f – gown; robe
Roboter, m – robot
Rohrleger, m – pipe fitter
Rohstoff, m – raw material
Rollenberatung, f – coaching
Rollenspiel, n – role game; role playing
Rollenverhalten, n – behavio(u)ral role
Rollstuhl, m – wheel chair
Rosenmontag, m – Shrove Monday
Rotationsplan, m – rotation plan
rotieren, v – rotate, v
Rotte, f – gang
Rottenführer/in, m/f – gang leader; ganger
Routine, f – routine; daily practice
Routineangelegenheit, f – matter of routine
Routinearbeit, f – routine work; repetitive work; journeywork
Routinier, m – hand
Rubrum, n – title reference; recitals (pl)
Rückblick, m – review
Rückdatierung, f – dating back; postdating
Rückenschmerzen (pl) – back pain
rückerstatten, v – reimburse, v; refund, v
Rückerstattung, f – reimbursement; refund; repayment
Rückerstattungspflicht, f – obligation to reimburse
rückfällig – revertible; relapsing; recidivious
Rückfall, m – relapse; recidivism
Rückforderung, f (1) – demand for return; reclamation
Rückforderung, f (2) *(zuviel gezahlter Beiträge, pl)* – recovery of undue payment
Rückforderungsanspruch, m – claim for recovery
Rückgabe, f – return
Rückgabeanspruch, m – right of return
rückgängig machen, v – cancel, v; cry off, v
Rückgängigmachung, f – recission
Rückgang, m – decline; decrease; drop
Rückgriff, m – recourse

Rückgriffsrecht, n – right of recourse
Rückgruppierung, f – re-grading
Rückkaufsrecht, n – redemption right
Rückkaufswert, m – redemption value; cash surrender value
Rückkehr, f – return
Rücklage (f) bilden, v – form reserves (pl), v
Rücklage, f (1) – reserve; capital reserve; reserve fund; reserves (pl)
Rücklage, f (2) *(gesetzliche)* – legal reserves (pl)
Rückmeldepflicht, f – obligation to report back
Rückmeldung, f – feedback
Rücknahme, f *(einer Kündigung, f)* – withdrawal
Rückrechnung, f – retroactive accounting; retroactive accounting run; return account
Rücksichtnahme, f – consideration; regard
Rücksichtnahmepflicht, f – obligation to give due consideration
rücksichtslos – reckless; inconsiderate
Rücksichtslosigkeit, f – recklessness; thoughtlessness
rücksichtsvoll – considerate; thoughtful
Rücksprache, f – consultation
rückständig – in arrears (pl); outstanding; overdue
Rückstand, m – arrears (pl); residue; outstanding debt
Rückstellung, f (1) – deferred liability; special contingency reserve; provision for liability and charges (pl)
Rückstellung, f (2) *(Bilanz, f)* – accrual
Rückstellungen (pl) (für unbestimmte Risiken, pl) – contingencies (pl)
Rückstellungskonto, n – reserve account
Rückstufung, f – demotion
Rücktritt (m) erklären, v – declare resignation, v
Rücktritt, m (1) *(vom Amt, n / von einer Stellung, f)* – resignation; demission
Rücktritt, m (2) *(von einem Vertrag, m)* – rescission; revocation
Rücktritt, m (3) *(Versuch, m)* – renunciation
Rücktrittsanzeige, f – notice of withdrawal
Rücktrittsgesuch, n – resignation request; offer of resignation
Rücktrittsklausel, f – escape clause
Rücktrittsrecht, n – right of rescission; right of cancellation; right of withdrawal from a contract
Rückübereignung, f – reconveyance
Rückvergütung, f – reimbursement; repayment; refund
Rückversetzung, f – retransfer
Rückversicherung, f – reinsurance
Rückverweisung, f – recommitment; recommittal; referring back
Rückwanderer/ -wanderin, m/f – returnee
rückwirkend – retroactive; retrospective
rückwirkende Zahlung, f – retrospective pay
Rückwirkung, f – retroactiveness; retroactive effect; retroactive force; retrospective force
rückzahlbar – reimbursable; repayable; returnable
Rückzahlung, f (1) *(von Schulden, pl)* – repayment; return
Rückzahlung, f (2) *(von Auslagen, pl)* – reimbursement; refund

Rückzahlung, f (3) *(eines Darlehens, n)* – redemption
Rückzahlungsanspruch, m – repayment claim
Rückzahlungsbetrag, m – repayable amount
Rückzahlungsfrist, f – repayment period
Rückzahlungsklausel, f – repayment clause
Rückzahlungspflicht, f – repayment obligation
Rückzahlungsplan, m – repayment schedule
Rückzahlungsvereinbarung, f – repayment agreement
Rückzahlungsverpflichtung, f – repayment requirement
Rückzahlungsvorbehalt, m – repayment proviso
Rüge, f (1) – reprimand; reproof; rebuke; reprehension
Rüge, f (2) – censure; rap (on the knuckles, pl) *<US, infml>*
rügen, v – reprimand, v; censure, v; blame, v; rebuke, v
Rügerecht, n – right to reprimand
Rüstzeit, f – setup time
Ruf, m – reputation; repute; estimation; credit; standing
Rufbereitschaft, f – on-call duty; on-call availability
Rufbereitschaftspauschale, f – lump sum allowance for on call-duty
Ruhegehalt, n (1) – retiring pension; retired pay; (old-age) pension; retirement pension/benefit; superannuation
Ruhegehalt, n (2) *(wegen Dienstunfähigkeit, f)* – invalidity pension
Ruhegehaltsanspruch, m – right to pension; entitlement to pension
Ruhegehaltsanwartschaft, f – pension expectancy
Ruhegehaltsempfänger/in, m/f – pensioner; old-age pensioner
Ruhegehaltszusage, f – promise of a pension
Ruhegeld, n – retirement pension; retirement benefit; old-age pension
Ruhegeldanwartschaft, f – pension expectancy; pension accrual
ruhegeldfähig – pensionable
ruhegeldfähige Dienstjahre (pl) – pensionable years (pl) of service
ruhegeldfähiges Einkommen, n – pensionable income
Ruhegeldordnung, f – superannuation scheme; pension scheme
Ruhegeldverpflichtung, f – pension liability
Ruhen, n *(eines Anspruches, m / Arbeitsverhältnisses, n)* – suspension
ruhen, v (1) – rest, v; repose, v
ruhen, v (2) *(Recht, n)* – be suspended, v
ruhen, v (3) *(Verfahren, n)* – stay, v
ruhend – dormant; resting
ruhendes Arbeitsverhältnis, n – dormant employment relationship
ruhendes Verfahren, n – stay of proceedings (pl)
Ruhepause, f – rest break; rest pause; rest period; recreation time
Ruheraum, m – recreation room
Ruhestand, m (1) – retirement; superannuation
Ruhestand, m (2) *(einstweiliger)* – non-active status; temporary retirement
Ruhestand, m (3) *(vorzeitiger)* – early retirement
Ruhetag, m – day off; day of rest
Ruhezeit, f – rest period; period of rest

Rundschreiben, n – circular letter; circular

RVO → Reichsversicherungsordnung, f

S

Sabotage, f (1) – sabotage

Sabotage, f (2) *(im Betrieb, m)* – plant wrecking

sabotieren, v (1) – practice sabotage, v

sabotieren, v (2) *(Arbeit, f)* – ratten, v *<sl>*

Sachanlagen (pl) – tangible assets (pl)

Sachaufwand, m – general administrative expenses (pl)

Sachbearbeiter/in, m/f – employee in charge; person in charge; official in charge; clerical officer/assistant; subject specialist

Sachbereich, m – specialist area

Sachbeschädigung, f (1) – damage to property; injury to property

Sachbeschädigung, f (2) *(vorsätzliche)* – vandalism; malicious mischief

Sachbezüge (pl) – perks (pl) *<GB, infml>*

Sachbezug, m – non-monetary compensation; remuneration in kind; payment in kind

Sachbezugsverordnung, f (SachBezVO) – Ordinance concerning Remuneration in Kind; Regulation on Valuation of Benefits in Kind

Sachbezugswert, m – value of the remuneration in kind

SachBezVO → Sachbezugsverordnung, f

sachdienliche Angaben (pl) – pertinent information

Sache, f (1) *(Angelegenheit, f)* – matter; issue; case *<law>*

Sache, f (2) *(Gegenstand, m)* – thing; physical object; object

Sachen (pl) *(bewegliche)* – movable property

Sachenrecht, n – law of real property; law of property

Sachgebiet, n – subject; subject area; field

Sachgebietsleiter/in, m/f – group head

sachgerecht – adequate; appropriate

Sachkenner, m – expert

Sachkenntnis, f – expert knowledge; factual knowledge

Sachkunde, f – expertise; expert knowledge

sachkundig – expert; experienced; competent; professional; informed

Sachkundige/r, f/m – expert; specialist; professional

Sachlage, f – factual situation

Sachlegitimation, f – legitimacy as the proper party

Sachleistung, f – benefit in kind; payment in kind; performance in kind

sachlich – objective; material; factual; matter-of-fact; unbiased/ unbiassed

sachliche Zuständigkeit, f *<jur>* – jurisdiction over the subject

sachlicher Geltungsbereich, m – material scope of application

Sachmangel, m – defect of quality; material defect

Sachpfändung, f – seizure of personal property
Sachprämie, f – bonus in kind; premium in kind
Sachschaden, m – material damage; damage to property
Sachurteil, n – judgement on the merits (pl)
Sachverhalt, m – facts (pl) of the case; factual situation; state of facts (pl)
Sachverhaltsdarstellung, f – statement of the facts (pl)
sachverständig – expert; competent
Sachverständige/r, f/m (1) – expert; specialist; referee *<law>*
Sachverständige/r, f/m (2) *(vereidigter)* – sworn appraiser
Sachverständigengutachten, n – expertise; expert opinion; specialist report
Sachverständigenkosten (pl) – cost of expertise
Sachverständigenrat, m – counseling group of experts (pl)
Sachverstand, m – expertise; common sense
Sachvortrag, m – averment
Sachwalter, m – agent; mandatary; trustee
Sachwert, m – real value
Sachwerte (pl) – material property
Sachzusammenhang, m – factual connection
Sachzuwendung, f – non-cash benefit
säumig – dilatory; defaulting
Säumnis, n – default; delay
Säumniszuschlag, m – delay penalty; default fee
Saison, f – season
saisonal – seasonal
saisonale Arbeitslosigkeit, f – seasonal unemployment
saisonale Beschäftigung, f – seasonal employment
Saisonarbeit, f – seasonal work
Saisonarbeiter/in, m/f – seasonal worker
Saisonarbeiterverdienst, m – pin money
saisonbereinigt – seasonally adjusted
Saisonbetrieb, m – seasonal business
Saldokorrektur, f – balance revision
salopp – casual
Sammelbeförderung, f – collective transportation; group transportation
Sammelklage, f → Gruppenklage, f
sammeln, v – collect, v; compile, v; gather, v; accumulate, v
Sammlung, f – collection; compilation; accumulation
Samstagsarbeit, f – Saturday work
sanieren, v – restore, v; reconstruct, v; rehabilitate, v; reorganise/reorganize financially, v
Sanierungsplan, m – rehabilitation plan
Sanitäter, m – paramedic *<US>*; first-aid attendant; ambulance man
Sanitätsraum, m – sick room
Sanitätsstation, f – first-aid station
Sanktion, f – sanction
sanktionieren, v – sanction, v
Sattler, m – harness maker; lorimer
Satzung, f – statutes (pl); rules (pl); by-law(s); regulation; articles (pl) of (an) association
Satzungsänderung, f – alteration in the articles (pl); change of articles (pl); amendment of the statutes (pl)
satzungsgemäß – statutory; according to the articles (pl); according to the statutes (pl)

sauer verdient *<infml>* – hard-earned

Schaden (m) ersetzen, v – compensate, v; indemnify, v

Schaden (m) zufügen, v – inflict damage, v

Schaden, m (1) – damage; harm; injury; loss; detriment

Schaden, m (2) *(körperlicher)* – mischief; bodily harm

Schaden, m (3) *(materieller)* – actual loss

schaden, v *(seiner Karriere, f)* – injure one's prospects (pl), v

Schadensabteilung, f – claims (pl) department; claims (pl) office

Schadensanzeige, f – damage report; notification of loss

Schadensereignis, n – accident event

Schadensersatz (m) beanspruchen, v – claim damages (pl), v

Schadensersatz (m) erhalten, v – recover damages (pl), v

Schadensersatz (m) leisten, v – pay damages (pl), v; pay for damages (pl), v; pay compensation, v; compensate, v

Schadensersatz, m (1) – compensation for damages (pl); damages (pl) compensation; compensatory damages (pl); indemnification; restitution

Schadensersatz, m (2) – indemnity; amends (pl)

Schadensersatzanspruch, m – claim for damages (pl); claim for compensation; compensation claim

Schadensersatzforderung, f – claim for damages (pl)

Schadensersatzklage, f (1) – damage suit; suit for damages (pl); action for damages (pl); action for compensation

Schadensersatzklage, f (2) *(aus unerlaubter Handlung, f)* – action for trespass

Schadensersatzleistung, f – indemnification; compensation; payment of damages (pl); compensation for damage

Schadensersatzpflicht, f – liability for damages (pl); liability for compensation

schadensersatzpflichtig – liable for damages (pl); answerable for damages (pl)

Schadensfall, m – event of loss; casualty

Schadensforderung, f – claim for damages (pl)

Schadensfreiheitsrabatt, m – no-claim bonus *<GB>*; preferred risk plan *<US>*

Schadenshöhe, f – amount of damage; amount of loss

Schadensmeldung, f – damage report; report of a loss; declaration of loss

Schadensquote, f – damage rate

Schadstoff, m – hazardous substance; harmful substance; pollutant

schädigen, v – damage, v; harm, v; injure, v; wrong, v

Schädiger, m *(im Zivilrecht, n)* – tortfeasor

Schädigung, f – injury; damages (pl); harm; wrong

schädlich – injurious; harmful; detrimental; damaging; prejudicial

schätzen, v (1) – estimate, v; assess, v; value, v; appraise, v

schätzen, v (2) *(zu würdigen wissen, v)* – appreciate, v; approve of, v

Schätzung, f – estimate; appraisal; assessment; valuation

schaffen, v – create, v
Schaffung (f) neuer Arbeitsplätze (pl) – employment creation; job creation
Schaffung, f *(neuer Arbeitsmöglichkeiten, pl)* – development of fresh activities (pl)
Schande, f – shame; disgrace; dishono(u)r
Scharfsinn, m – keen perception; keen mind
Schattenwirtschaft, f – underground economy; shadow economy; twilight economy
Schatzmeister, m – treasurer
SchbBAG → Gesetz (n) zur Bekämpfung der Arbeitslosigkeit Schwerbehinderter
SchbwG → Schwerbehindertengesetz, n
Scheck, m – cheque <*GB*>; check <*US*>
Scheck- und Wechselrecht, n – law of bills (pl) and notes (pl)
Scheckanforderung, f – request for cheque/check
Scheckgesetz, n – Check Act <*US*>
Scheckkarte, f – cheque card <*GB*>; check card <*US*>
Scheckkonto, n – checking account <*US*>
scheiden (aus einem Amt), v – vacate an office, v
Scheidung, f – divorce
Schein, m *(äußerer)* – appearance
Scheinarbeitsverhältnis, n – mock employment
Scheinfirma, f – bogus company; bogus firm; shell company
Scheingeschäft, n – fictitious transaction; fictitious bargain; sham business; dummy transaction
Scheinkaufmann/ -kauffrau, m/f – fictitious merchant
Scheinselbständige/r, f/m – person who has adopted freelance status so that his/her employer avoids paying social security
Scheinvertrag, m – sham contract
Scheinvollmacht, f – ostensible agency
Scheitern, n – failure; breakdown
scheitern, v – fail, v
schenken, v – donate, v; make a gift, v; give, v; endow, v
Schenkung, f – donation; gift; present
Schenkungssteuer, f – gift tax; tax on donations (pl)
Schenkungsurkunde, f – deed of gift
Schicht, f (1) *(Arbeitszeit, f)* – shift; turn; work period; swing <*infml*>
Schicht, f (2) *(Arbeitskolonne, f)* – shift; gang; relay; bracket
Schicht, f (3) *(soziale)* – class; rank
Schichtarbeit (f) verrichten, v – work in shifts (pl), v
Schichtarbeit, f – shift work
Schichtarbeiter/in, m/f – shift worker
Schichtbetrieb, m – shift operation
Schichtführer/in, m/f – shift foreman/forewoman
Schichtleistung, f – output per shift; output per man-shift
Schichtlohn, m – shift pay; pay per shift; pay for shift work
Schichtmeister/in, m/f – overseer
Schichtmodell, n – shiftworking pattern
Schichtplan, m – shift schedule; shift pattern
Schichtwechsel, m (1) – shift rotation; shift changeover
Schichtwechsel, m (2) *(System, nach dem die Schichten planmäßig gewechselt werden)* – change of shift

Schichtzeit, f – shift time
Schichtzulage, f – shift premium; shift allowance
Schickschuld, f – obligation to be performed at the debtor's place of business
Schiedsabkommen, n – arbitration agreement
Schiedsausschuss, m – arbitration board
Schiedsgericht, n – court of arbitration; arbitral tribunal; arbitration tribunal
Schiedsgerichtsverfahren, n – arbitration proceedings (pl)
Schiedsgutachten, n – arbitrator's award
Schiedsgutachter/in, m/f – adjudicator; arbitrator; arbiter
Schiedsklausel, f – arbitration clause
Schiedsmann, m – arbiter; arbitrator; umpire; conciliator; mediator
Schiedsordnung, f – rules (pl) of arbitration
Schiedsrichter, m (1) – arbitrator; arbiter
Schiedsrichter, m (2) *(für Arbeitsstreitigkeiten, pl)* – umpire
Schiedsrichter, m (3) *(im Sport, m)* – referee
Schiedssache, f – arbitral case
Schiedsspruch, m – arbitral award; arbitration award
Schiedsstelle, f – arbitration board; arbitration body; board of arbitration
Schiedsverfahren, n – arbitration proceedings (pl)
Schiedsvertrag, m – arbitration agreement
Schiffbau, m – shipbuilding and marine engineering
Schiffbauer/in, m/f – shipbuilder; naval constructor <*US*>
Schifffahrt, f – shipping; navigation
Schiffsbesatzung, f – ship's crew; crew
Schiffskapitän, m *(eines Handelsschiffes, n)* – shipmaster
Schiffsmaschinenbau, m – marine engineering
Schiffstechnik, f – naval engineering
Schikane, f – chicane; chicanery; harassment
schikanieren, v – harass, v; victimize, v <*US*>; chicane, v
schinden, v (1) *(jmd)* – maltreat s.o., v; strain s.o., v
schinden, v (2) *(sich)* – fag, v <*GB*>, <*infml*>
Schinder, m <*infml*> – taskmaster; oppressor; driver
Schlägerei, f – fight; row; brawl
Schlafgelegenheit, f – sleeping accommodation
Schlafplätze (pl) – berthed accommodation
Schlagwort, n – buzz word
Schlampe, f <*sl*> – slut <*sl*>; slattern
schlampig – disorderly; careless; sloppy
schlecht – bad; inferior; doubtful
schlechte Qualität, f – poor quality
schlechte/r Schüler/in, m/f – dunce <*infml*>
Schlechterfüllung, f – malperformance; misperformance
schlechtes Benehmen, n – bad behavio(u)r
schlechtgläubig – in bad faith; mala fide
Schlechtleistung, f – poor performance
Schlechtwettergeld, n – bad-weather compensation; bad-weather allowance
Schleifer, m – grinder
Schleudersitz, m – catapult seat

schlichten, v – arbitrate, v; settle amicably, v; mediate, v; conciliate, v; compromise, v

Schlichter/in, m/f – arbitrator; arbiter; conciliator; mediator; troubleshooter *<infml>*

Schlichtung, f (1) – arbitration; conciliation; reconciliation

Schlichtung, f (2) *(unverbindliche)* – mediation; settlement; compromise; adjustment

Schlichtungsausschuss, m (1) – conciliation committee; arbitration committee; council of conciliation *<GB>*; arbitration board *<US>*

Schlichtungsausschuss, m (2) *(bei Arbeitsstreitigkeiten, pl)* – grievance committee *<US>*

Schlichtungsempfehlung, f– recommendation made by the conciliator

Schlichtungsstelle, f – arbitration board; conciliation board; mediation board

Schlichtungsvereinbarung, f – amicable agreement; arbitration agreement

Schlichtungsverfahren, n – arbitration proceedings (pl); mediation proceedings (pl); joint dispute resolution; dispute machinery

Schlichtungsversuch, m – attempt at conciliation; attempt at mediation

Schlichtungswesen, n – arbitral jurisdiction

schließen, v (1) *(einen Vertrag, m)* – conclude, v

schließen, v (2) *(folgern, v)* – infer, v; conclude, v

schließen, v (3) *(einen Betrieb, m / Laden, m)* – close, v; close down, v; shut down, v

Schließung, f *(eines Betriebes, m)* – closure

schlimm – bad; evil

Schlosser/in, m/f – locksmith; fitter; mechanic

Schlüsselposition, f – key position; strategic position

Schlüsselqualifikation, f – key qualification

Schlüsselqualifikationen (pl) – key skills (pl)

Schlüsselstellung, f – key position

schlüssig (1) – conclusive; coherent; convincing; logical

schlüssig (2) – determined; resolved

Schlüssigkeit, f – conclusiveness

Schluss, m (1) – end; close; closure; closing

Schluss, m (2) *(Folgerung, f)* – conclusion

Schlussabrechnung, f – final account; final settlement

Schlussbericht, m – final report

Schlussexamen, n – finals (pl)

Schlussrede, f – summation

Schlusstermin, m – final date

Schlussurteil, n – final judgement

Schlussvortrag, m – final speech; summing up

Schmelzer, m – melter

Schmerzensgeld, n – exemplary damages (pl); compensation for injuries (pl) suffered; solatium, smart money; damage for pain and suffering *<GB>*; compensation for pain and suffering *<US>*

Schmerzensgeldanspruch, m – claim for compensation for pain and suffering

Schmied, m – blacksmith; forging machine operator

Schmiergeld, n (1) – bribe money; bribe; golden key *<infml>*; silver key *<infml>*; sweetener *<infml>*

Schmiergeld, n (2) – palm-oil *<infml>*; grease *<sl>*; backhander *<sl>*; kick-back *<US, sl>*; soak *<US, sl>*

Schmiergeld, n (3) – payola *<sl>*; slush money *<US, sl>*

Schmiergeld (n) zahlen, v – kick back, v *<US>,<sl>*; grease sb´s palm, v

Schmutzzulage, f – allowance for dirty work; dirty money *<GB>*

Schnittwerkzeugmacher/in, m/f – die-maker

Schnorrer, m – freeloader *<infml>*

Schnüffelei, f – snoopervision *<infml>*

Schöffe, m – lay judge; lay assessor; unpaid magistrate

Schöffengericht, n – magistrate's court

schöpferisch – creative

Schonarbeitsplatz, m – convalescent workplace

Schonzeit, f *(nach einer Krankheit, f)* – period of convalescence

Schreibarbeit, f – desk work; paper work

Schreiben, n – letter

schreiben, v – write, v

Schreibfehler, m – clerical error

Schreibkraft, f – typist; clerk typist; copy typist

Schreibmaterial, n – writing materials (pl)

Schreibtisch, m – desk

Schreiner/in, m/f – carpenter; joiner

Schrift, f (1) – writing

Schrift, f (2) *(Schriftstück, n)* – pamphlet; publication

Schriftform, f – written form; in writing

Schriftführer/in, m/f – recording secretary; recorder; clerk

schriftlich – written; in writing; in written form

schriftliche Kündigung, f – written notice

schriftliche Prüfung, f – written examination

schriftliches Verfahren, n – written proceedings (pl)

Schriftprobe, f – writing sample

Schriftsatz, m (1) *<jur>* – memorandum of law; statement of the case; written statement of the case; brief

Schriftsatz, m (2) *(vorbereitender)* – pleading *<GB>*

Schriftsetzer/in, m/f – typesetter; typographer

Schriftstück, n – paper; written document

Schrifttum, n – literature

Schriftverkehr, m – correspondence

Schriftwechsel, m – exchange of correspondence; exchange of letters (pl)

schrittweise – gradual; step-by-step

Schüler, m (3) *(ehemaliger)* – alumnus

Schüler/in, m/f (1) – pupil *<GB>*; student *<US>*

Schüler/in, m/f (2) *(einer höheren Schule, f)* – student

Schülerpraktikum, n – practical training for pupils (pl); internship

schützen, v – protect, v; safeguard, v

schützend – protective

Schützling, m – fosterling

schuften, v *<infml>* – plod, v *<infml>*

Schufter, m *<infml>* – plugger *<US>, <infml>*

Schuhindustrie, f – shoe producing industry

Schulabbrecher/in, m/f – drop-out

Schulabgänger/in, m/f – school leaver *<GB>*; graduate *<US>*

Schulabgang, m – school-leaving; leaving school

Schulabschluss, m – school qualification <*GB*>; diploma <*US*>
Schulabschlusszeugnis, n – school leaving certificate; high school diploma <*US*>
Schulamt, n – school board
Schulanfänger/in, m/f – school beginner
Schulausbildung, f – formal education; educational training
Schulbildung, f (1) – education; educational background
Schulbildung, f (2) *(höhere)* – secondary education
Schulbus, m – school bus
Schuld, f (1) – debt; debit; indebtedness; liability; obligation
Schuld, f (2) *(im strafrechtlichen Sinne, m)* – guilt
Schuldanerkenntnis, n *fin* – acknowledgement of debt; bill of debt; acknowledgement of indebtedness
Schuldbefreiung, f – discharge of debt
Schuldbeitritt, m – cumulative assumption of debts (pl)
Schuldbekenntnis, n *(im Strafrecht)* – confession; plea of guilt
Schulden (pl) beitreiben, v – recover debts (pl), v
Schulden, pl (1) – liabilities (pl); debts (pl)
Schulden, pl (2) *(kurzfristige)* – current liabilities (pl)
schulden, v *(jmd etwas)* – owe s.o. sth, v
schuldenfrei – without debts (pl); free from debt
Schulderlass, m – general release; cancellation fo debto (pl); remission of debts (pl)
Schuldgefühl, n – sense of guilt
schuldhaft – culpable
schuldig (1) *(im schuldrechtlichen Sinne, m)* – liable; due; owing
schuldig (2) *(im strafrechtlichen Sinne, m)* – guilty
Schuldner/in, m/f – debtor
Schuldnerverzug, m – debtor's delay
Schuldrecht, n – law of obligations (pl)
schuldrechtlich – contractual; in person
schuldrechtliche Verpflichtung, f – contractual obligation; indebtedness
schuldrechtlicher Versorgungsausgleich, m – contractual pension adjustment
Schuldrechtsmodernisierungsgesetz, n *(SchuldRModG)* – Act on the Modernization of the Law of Obligations
Schuldrechtsreform, f – reform of the law of obligations (pl)
SchuldrMOD → Schuldrechtsmodernisierungsgesetz, n
Schuldschein, m – certificate of indebtedness; debt certificate; loan receipt; promissory/borrrower's note; I.O.U. (= I owe you.) <*infml*>
Schuldübernahme, f – assumption of debt; assumption of obligation
Schuldverhältnis, n – debt relationship; contractual obligation
Schuldverschreibung, f – bond
Schuldversprechen, n – promise to pay; recognition of liability
Schule (f) abbrechen, v – drop out, v
Schule (f) schwänzen, v – cut class, v <*US*>; play truant, v; mitch, v
Schule, f (1) *(Institution, f)* – school
Schule, f (2) *(Unterricht, m)* – lessons (pl); class <*US*>

Schule, f (3) *(allgemeinbildende)* – general school
Schule, f (4) *(höhere)* – grammar school <*GB*>; secondary school
Schule, f (5) *(weiterführende)* – secondary school
Schulentlassene/r, f/m – school leaver <*GB*>
Schulferien (pl) – school holidays (pl) <*GB*>; school break (pl) <*US*>
Schulgeld, n – school fees (pl)
Schuljahr, n – school year
Schulkamerad, m – schoolmate
Schulklasse, f – form <*GB*>; grade <*US*>; class
Schulleiter, m – headmaster <*GB*>; principal <*US*>
Schulleiterin, f – headmistress <*GB*>; principal <*US*>
Schulmaterial, n – scholastic materials (pl)
Schulnote, f – mark <*GB*>; grade <*US*>
Schulpflicht, f *(allgemeine)* – compulsory education; compulsory schooling
Schulstufe, f (1) – school
Schulstufe, f (2) *(Oberstufe, f)* – senior school
Schulstufe, f (3) *(Unterstufe. f)* – lower school
Schulung, f – training; instruction; schooling
Schulungskurs, m – training course; training session
Schulungsprogramm, n – training program(me)
Schulungsveranstaltung, f – training event
Schulungszentrum, n – training centre/center
Schulzeugnis, n – school report; school record
Schutz, m (1) – protection; safety; safeguard; security
Schutz, m (2) *(sozialer)* – social protection
Schutzanzug, m – protective suit; protective gear
Schutzausrüstung, f – protective equipment; safety equipment
schutzbedürftig – in need of protection
Schutzbereich, m – protected area; area of protection
Schutzbestimmungen (pl) – protective order
Schutzbrille, f – protective glasses (pl) <*US*>; protective spectacles (pl) <*GB*>; safety goggles (pl) <*infml*>
Schutzeinrichtung, f – protective installation
Schutzfrist, f – protection period
Schutzfunktion, f – protective function
Schutzgeländer, n – guard rail
Schutzgesetz, n – protective law; remedial statute
Schutzgitter, n – safety guard; protection fence; protective grid; protective shutter; guard rail
Schutzhandschuhe (pl) – protective gloves (pl); safety gloves (pl)
Schutzhaube, f – protective hood
Schutzhelm, m – safety helmet; protective helmet; hard hat
Schutzhülle, f – protective cover; protective covering; protective sheating
Schutzklausel, f – protective clause; protective hedge clause; safeguard clause
Schutzkleidung, f – protective clothing; protective gear
Schutzmantel, m – protective coat

Schutzmaske, f – protecting mask; protective mask; face guard
Schutzmaßnahme, f – protective measure; safety measure; precautionary/precaution measure; preventive measure; safeguard measure
Schutzpflicht, f – protective responsibility; preventive responsibility
Schutzschalter, m – protective swich
Schutzschild, m *(bei Schweißarbeiten, pl)* – face shield
Schutzschrift, f *<jur>* – caveat
Schutzvorrichtung, f – safety device; protective device; guard
Schutzvorschrift, f – protective provision
schutzwürdig – legitimate; worth being protected
Schutzzweck, m – protection purpose; protective aim
Schwachsinn, m – mental deficiency
Schwachstellenanalyse, f – weakness analysis
Schwäche, f – defect; deficiency; weakness
schwanger – pregnant
Schwangere, f – pregnant woman
Schwangerschaft, f – pregnancy; gestation
Schwangerschaftsabbruch, m – pregnancy termination; abortion
Schwangerschaftsbescheinigung, f – letter of confinement
Schwangerschaftsfürsorge, f *(ärztliche)* – prematernity medical care
Schwangerschaftsmeldung, f – notification of pregnancy
Schwangerschaftsurlaub, m – maternity leave
Schwangerschaftsvorsorge, f – ante-natal care
Schwankung, f (1) – fluctuation; variation; variance
Schwankung, f (2) *(saisonale)* – seasonal fluctuation
SchwarbG → Gesetz (n) zur Bekämpfung der Schwarzarbeit
Schwarzarbeit, f (1) – illicit work; illegal employment; clandestine employment; work on the side
Schwarzarbeit, f (2) *(nach Feierabend, m)* – moonlighting
Schwarzarbeiter, m – illicit worker
schwarze Liste, f – blacklist
schwarzes Brett, n – notice board; bulletin board
schwebend – pending *<jur>*; in suspense
schwebende Unwirksamkeit, f – pending legal invalidity; provisional invalidity
Schweigegeld, n – hush-money
schweigen, v – keep silent, v
Schweigepflicht, f – professional discretion; professional secrecy; duty to refrain from disclosing; pledge of secrecy
Schweißer/in, m/f – welder
Schweißerei, f – welding shop
Schweißerprüfung, f *(Schweißprüfung, f)* – welder's examination
Schwerarbeit, f – heavy work; hard work
schwerbehindert – severely handicapped; disabled
Schwerbehindertenausweis, m – severely handicapped person's pass; disabled person's pass
Schwerbehindertenbeauftragte/r, f/m – representative of severely handicapped employees (pl)
Schwerbehindertengesetz, n (SchbwG) – Severely Disabled Persons Act

Schwerbehindertenquote, f – disabled persons' quota; disabled quota
Schwerbehindertenschutz, m – protection of severely handicapped persons (pl)
Schwerbehindertenurlaub, m – additional leave for severely handicapped persons (pl)
Schwerbehindertenvertretung, f – severely handicapped persons' representation
schwerbehinderter Mensch, m – severely handicapped person; disabled person
Schwerbehinderung, f – severe handicap
schwere Arbeit, f – hard work; hard labo(u)r
schwerfällig – cumbersome; clumsy
Schwerhörigkeit, f – hearing impairment; impaired hearing
Schwerindustrie, f – heavy industry
Schwerpunktbereich, m – area of priority
Schwerpunktbetrieb, m – principal establishment
Schwerpunktstreik, m – selective strike
Schwerstarbeit, f – extremely heavy work; extremely hard work
Schwerstbehinderte/r, f/m – extremely handicapped person
schwerwiegend – grave
schwierig – difficult
schwierige Arbeit, f – tough job
schwören, v – swear, v
Schwund, m – erosion
Schwung, m – drive
Schwur, m – oath; vow
Sechswochenfrist, f – six-weeks period
Seeamt, n – maritime court
Seearbeitsrecht, n – maritime labo(u)r law; naval labo(u)r law; marine labo(u)r law
Seebetriebsrat, m – fleet works council
Seekrankenkasse, f – seamen's health insurance fund
seelische Erschöpfung, f – burnout; burnout syndrome
Seemann, m – mariner; seaman; sailor
Seemannsgesetz, n (SeemannsG) – Seamen's Act; Seafarers' Act
Seerecht, n – maritime law
Seeschifffahrt, f – maritime navigation
Sehkraft, f – eyesight
Sehschwäche, f – visual impairment; impaired vision
sein Arbeitsverhältnis (n) lösen, v → Arbeitsverhältnis (n) lösen, v
sein, v (1) *(in der Lehre, f)* – be apprenticed, v; serve one's articles (pl), v
sein, v (2) *(in Pension, f)* – be retired, v; be in retirement, v; live in retirement, v
sein, v (3) *(in Stellung, f)* – be in service, v
sein, v (4) *(in ungekündigter Stellung, f)* – be regularly employed, v; not to be under notice, v
sein, v (5) *(ohne berufliche Tätigkeit, f)* – not to be in gainful employment, v
sein, v (6) *(ohne geregelte Tätigkeit, f)* – be at a loose end, v *infml*
sein, v (7) *(in Verzug, m)* – be in default, v
seinen Abschied nehmen, v – resign, v; tender one's resignation, v; send in one's papers (pl), v; retire, v
Sekretär/in, m/f *(einer Person, f)* – secretary (to s.o.)

Sekretariatsarbeit, f – secretarial work
Sekretariatserfahrung, f – secretarial experience
Sekretariatszulage, f – secretarial allowance
Selbstachtung, f – self-esteem
Selbständige/r, f/m – self-employed person; self-employed
Selbstbehalt, m *(bei Versicherungen, pl)* – deductable average; net retention
Selbstbeschränkung, f – self-constraint
Selbstbestimmung, f (1) – self-determination
Selbstbestimmung, f (2) *(informationelle)* – self-determination regarding private information
Selbstbestimmungsrecht, n – right of self-determination; right to self-determination
Selbstbeteiligung, f (1) – own contribution; own participation
Selbstbeteiligung, f (2) *(des Versicherten (m) an den Krankheitskosten, pl)* – extension of the insured person's contribution
Selbstbeurteilung, f – self-rating; self-appraisal
Selbstbewusstsein, n – self-assurance; self-confidence
Selbsteinschätzung, f – self-assessment; self-appraisal; self-rating
Selbstentfaltung, f – self-development
Selbsthilfe, f – self-help; self-redress
Selbsthilfegruppe, f – self-help group
Selbstkontrahieren, n – self-dealing
Selbstkontrolle, f – self-control
Selbstmord, m – suicide
Selbstmordversuch, m – attempted suicide
Selbstschuldner, m – principal debtor
selbstschuldnerisch – directly liable; primarily liable
selbstschuldnerische Bürgschaft, f – directly enforceable guarantee
Selbstsicherheit, f – self-assurance
selbstständig – independent; self-supporting; self-employed; autonomous; self-dependent
selbstständig machen (sich), v – go into self-employment, v; set for one self, v; go into business on one's own, v
selbstständige Tätigkeit, f – self-employment; independent activity
selbstständiger Betrieb, m – independent plant
selbstständiger Unternehmer, m – independent contractor
Selbstständigkeit, f – independence
Selbstverschulden, n – one's own fault
Selbstvertrauen, n – self-confidence
Selbstverwaltung, f – self-government; self-administration
Selbstverwaltungskörperschaft, f – municipal corporation; self-governing body
Selbstverwaltungsorgane (pl) – self-governing bodies (pl)
Selbstverwirklichung, f – self-fulfil(l)ment
Selbstwertgefühl, n – feeling of one's own value; self-esteem
Selbstzahler/in, m/f *<med>* – self-pay patient
Semester, n – semester; term
Semesteranschrift, f – semester address; term time address
Seminar, n – seminar

Senat, m (1) *(eines Gerichts, n)* – senate of a court; bench of the court

Senat, m (2) *(Großer Senat, m)* – Great Bench

Seniorchef/in, m/f – senior partner

Senkrechtstarter, m – high-flyer

Sensibilität, f – sensitivity

Serienfertigung, f – multiple production

Seriennummer, f – serial number

setzen, v (1) *(jmd durch Mahnung in Verzug ~)* – serve a formal notice, v

setzen, v (2) *<infml> (jmd an die Luft, f)* – bounce, v

Sicherheit (f) leisten, v *(Bürgschaft, f)* – furnish security, v; lodge security, v; lodge guarantee, v

Sicherheit, f (1) – safety *<techn>*; security *<pol. + soz.>*

Sicherheit, f (2) *(Bürgschaft, f)* – surety; guarantee

Sicherheit, f (3) *(am Arbeitsplatz, m)* – job safety; safety at work

Sicherheit, f (4) *(des Arbeitsplatzes, m)* – job security

Sicherheit, f (5) *<jur> (dingliche)* – valuable security *<law>*

Sicherheit, f (6) *(soziale)* – social security

Sicherheitsanforderung, f – safety requirement

Sicherheitsausbildung, f – safety training

Sicherheitsausrüstung, f – safety equipment

Sicherheitsausschuss, m – safety committee

Sicherheitsbeauftragte/r, f/m – safety officer; occupational safety officer; safety official

Sicherheitsbestimmungen (pl) – safety regulations (pl)

Sicherheitsbewusstsein, n – safety consciousness

Sicherheitseinrichtung, f – safety facility

Sicherheitsfachkraft, f – occupational safety expert; occupational safety specialist

Sicherheitsfaktor, m – safety factor

Sicherheitshelm, m – safety helmet

Sicherheitsingenieur/in, m/f – safety engineer

Sicherheitskleidung, f – protective clothing; safety clothing

Sicherheitskontrolle, f – safety control; safety check

Sicherheitskopie, f *(Datei, f)* – backup copy

Sicherheitsleistung, f (1) – surety; lodging security

Sicherheitsleistung, f (2) *(bei Strafverfahren, pl)* – bail

Sicherheitsschuhe (pl) – protective shoes (pl); safety boots (pl)

Sicherheitstechnik, f – safeguard technology

Sicherheitsübereignung, f *<jur>* – protective conveyance

Sicherheitsüberprüfung, f – security control; security check; security screening

Sicherheitsvorschrift, f – safety provision; safety rule; safety regulation

Sicherheitswettbewerb, m – safety competition

sichern, v – secure, v; provide security, v; safeguard, v; protect, v

sicherstellen, v – secure, v

Sicherung, f – safeguarding; securing

Sicherungsabtretung, f – assignment by way of security

Sicherungsverwahrung, f – preventive detention

Silberhochzeit, f – silver wedding

Silvester, n – New Year's Eve

Simulant/in, m/f – malingerer; simulator; pretender
simulieren, v *(eine Krankheit, f)* – malinger, v; sham ill, v
Sitte, f – custom; practice
Sitten (pl) *(die guten)* – public policy; good manners (pl)
Sittengesetz, n – moral law
sittenwidrig – immoral; against good morals (pl)
Sittenwidrigkeit, f – immorality; violation of moral principles (pl)
Sitz, m (1) *(Mandat)* – seat
Sitz, m (2) *(einer Firma, f)* – principal place of business; corporate domicile; headquarters (pl); head office
sitzenbleiben, v *(in der Schule, f)* – repeat a year, v; stay down, v
Sitzstreik, m – sit-down strike; sit strike; stay-in strike; sit-in
Sitzung (f) abhalten, v – hold a meeting, v; hold a conference, v
Sitzung (f) anberaumen, v – convene a meeting, v
Sitzung, f (1) – meeting; conference; session
Sitzung, f (2) *(eines Gerichts, f)* – hearing; trial
Sitzung, f (3) *(gemeinsame)* – joint meeting
Sitzungsbericht, m – minutes, pl (of a meeting/hearing/trial); protocol
Sitzungsgeld, n – sitting fee <*GB*>; attendance fee; allowance for attendance
Sitzungsniederschrift, f – minutes (pl)
Sitzungsperiode, f – session period
Sitzverteilung, f – allocation of seats (pl); allotment of seats (pl); distribution of seats (pl)
Skala, f – scale
Skizze, f – draft; drawing
Skonto, n – cash discount
Sockelbetrag, m – basic amount
sofort – at once; immediate; instantaneous
Soforthilfe, f – emergency relief
sofortige Beschwerde, f <*jur*> – immediate appeal; instantaneous appeal
Sofortmaßnahme, f – emergency measure
Sold, m – soldier's pay
Soldat (m) werden, v – enlist, v
Soldat/in, m/f – soldier
Soldatengesetz, n (SoldG) – Soldiers' Act
Soldatenversorgungsgesetz, n (SVG) – Act on Social Assistance for Former Soldiers of the Bundeswehr
SoldG → Soldatengesetz, n
Solidargemeinschaft, f – joint association
Solidarhaftung, f – joint and several liability
Solidarität, f – solidarity
Solidaritätsbeitrag, m – solidarity contribution
Solidaritätsfonds, m – solidarity fund
Solidaritätsstreik, m – solidarity strike
Solidaritätszuschlag, m – surcharge on income tax for the recovery of eastern Germany
Sollarbeit, f – targeted work
Sollarbeitsstunden (pl) – target hours (pl); nominal man-hours (pl)
Sollarbeitszeit, f – standard working hours (pl)
Sollkaufmann, m – obligatorily registrable trader
Sollleistung, f (1) – standard performance
Sollleistung, f (2) *(einer Maschine, f)* – standard output
Sollstärke, f – required strength
Sollvorgabe, f – target specification

Sollvorschrift, f – directory provision; directory statute
Sonderabgabe, f – special levy; special charge; special tax
Sonderaufgabe, f – special assignment
Sonderausgaben (pl) – special expenditures (pl) *<US>*; special deductions (pl)
Sonderausgabenpauschale, f – lump sum for special expenditures (pl) *<US>*; lump sum for special expenses (pl)
Sonderbestimmung, f – special rule; special stipulation; special clause; special provision
Sondergenehmigung, f (1) – special permission; special authorization; special license/licence
Sondergenehmigung, f (2) *(schriftliche)* – special permit
Sonderkonto, n – special account
Sonderkündigungsschutz, m – special protection against dismissals (pl)
Sonderleistungen (pl) – special services (pl); special contributions (pl)
Sonderrecht, n – privilege
Sonderregelung, f – special regulation; special rule; separate settlement; special arrangement
Sonderschicht, f – extra shift
Sonderschüler/in, m/f – special needs student
Sonderschule, f – special school for educationally subnormal children
Sondersitzung, f – special meeting; special session; extraordinary meeting
Sondertarif, m – special tariff; preferential tariff
Sonderurlaub, m (1) – special leave; extra leave
Sonderurlaub, m (2) *(aus familiären Gründen, pl)* – compassionate leave
Sondervereinbarung, f – special agreement; separate agreement
Sondervergütung, f – gratuity; bonus; special bonus/payments (pl); extra bonus/pay; perquisites (pl) *<GB>*
Sondervertretung, f – special representation
Sondervorschrift, f – special provision
Sonderzahlung, f – bonus; extra payment; special payment; premium pay
Sonderzulage, f – extra allowance; special allowance
Sonderzuwendung, f – extra bonus; special bonus
Sonn- und Feiertagsarbeit, f – Sunday and holiday work; Sunday and holiday working
Sonn- und Feiertagsruhe, f – Sunday and holiday calm
Sonntagsarbeitsverbot, n – prohibition to work on Sundays (pl)
Sonntagsdienst, m – Sunday duty
Sonntagszuschlag, m – Sunday premium; Sunday bonus
Sorge, f – concern; care
sorgen, v – care, v; take care of, v; be in charge of, v
Sorgerecht, n *<jur>* – care and custody
sorgfältig – careful; diligent; meticulous; painstaking
Sorgfalt, f (1) – diligence; due care; thoroughness
Sorgfalt, f (2) *(verkehrsübliche)* – ordinary care; due care; prudence; reasonable care and diligence

Sorgfaltspflicht, f – duty of diligence; diligence; duty to take care
sorglos – careless
SozHiG → Bundessozialhilfegesetz, n
sozial – social
sozial ungerechtfertigte Kündigung, f – socially unwarranted dismissal
sozial vertäglich – socially acceptable
Sozialabbau, m – cuts (pl) in social services (pl)
Sozialabgaben (pl) – social insurance contributions (pl); social security contributions (pl); social security tax *<US>*; social welfare contributions (pl); social welfare charges (pl)
Sozialabteilung, f – employee benefit department; welfare department
Sozialamt, n – social welfare office
Sozialarbeit, f – charity work; social work; welfare work
Sozialarbeiter/in, m/f – social worker
Sozialaufwendungen (pl) – social expenditure
Sozialausgaben (pl) – social expenditure; welfare expenditure
Sozialauswahl, f – social selection
Sozialbericht, m – social report
Sozialbetreuer/in, m/f – welfare worker
Sozialbilanz, f – social economic balance sheet
Sozialbindung, f – restriction on individual property for the benefit of society
Sozialdienste (pl) – social services (pl)
soziale Absicherung, f – social security; social support
soziale Angelegenheit, f – social matter; social affair
soziale Aufwendungen (pl) – social security costs (pl)
soziale Betreuung, f – social caretaking
soziale Einrichtung, f – social welfare body; social welfare facility
soziale Fürsorge, f – social welfare
soziale Gerechtigkeit, f – social justice
soziale Gruppe, f – social group; social stratum
soziale Leistungen (pl) *(freiwillige)* – fringe benefits (pl)
soziale Marktwirtschaft, f – social market economy; social economy
soziale Ordnung, f – social order
soziale Sicherheit, f – social security
Sozialeinrichtung, f – social facility; social services (pl); social institution; welfare institution *<US>*
sozialer Ausgleich, m – social adjustment
sozialer Schutz, m – standards (pl) of employee protection
Sozialfürsorge, f – social welfare; public assistance
Sozialgemeinkosten (pl) – overhead costs (pl)
Sozialgericht, n – social court; social insurance tribunal *<GB>*
Sozialgerichtsbarkeit, f – social jurisdiction
Sozialgesetzbuch, n (01) (SGB) *(Gesamtbezeichnung, f)* – Social Security Code; Social Code; Act Governing General Social Insurance Matters; Federal Social Welfare Act
Sozialgesetzbuch, n (02) (SGB 01) *(Allgemeiner Teil, m)* – Social Security Code - General Part

Sozialgesetzbuch, n (03) (SGB 03) *(Arbeitsförderung, f)* – Social Security Code - Employment Promotion

Sozialgesetzbuch, n (04) (SGB 04) *(Allgemeine Vorschriften (pl) für die Sozialversicherung, f)* – Social Security Code - General Provisions for Social Insurance

Sozialgesetzbuch, n (05) (SGB 05) *(Gesetzliche Krankenversicherung, f)* – Social Security Code - Statutory Sickness Insurance

Sozialgesetzbuch, n (06) (SGB 06) *(Gesetzliche Rentenversicherung, f)* – Social Security Code - Statutory Pension Insurance

Sozialgesetzbuch, n (07) (SGB 07) *(Gesetzliche Unfallversicherung, f)* – Social Security Code - Statutory Accident Insurance

Sozialgesetzbuch, n (08) (SGB 08) *(Kinder- und Jugendhilfe, f)* – Social Security Code - Child and Youth Assistance

Sozialgesetzbuch, n (09) (SGB 09) *(Rehabilitation (f) und Teilhabe (f) behinderter Menschen, pl)* – Rehabiliation and Participation of Serverely Disabled Persons

Sozialgesetzbuch, n (10) (SGB 10) *(Sozialverwaltungsverfahren (n) und Sozialdatenschutz, m)* – Social Administration Procedure and Social Data Protection

Sozialgesetzbuch, n (11) (SGB 11) *(Soziale Pflegeversicherung, f)* – Social Security Code - Social Insurance for Persons in Need of Care

Sozialgesetzgebung, f – social legislation

Sozialhilfe (f) beziehen, v – be on welfare, v <*US*>

Sozialhilfe, f – supplementary social and medical assistance; national assistance <*GB*>; public welfare/assistance <*US*>; social welfare/relief; social security benefits (pl) <*GB*>

Sozialhilfeempfänger/in, m/f – welfare recipient <*US*>; welfare beneficiary; recipient of welfare benefits (pl)

Sozialhilfeträger, m – social assistance institution; social assistance agency

Sozialkosten (pl) – social costs (pl); social expenditure <*GB*>; social expenditures (pl) <*US*>

Sozialkunde, f – social science

Sozialleistungen, pl (1) – social benefits (pl); social service payments (pl); welfare benefits (pl); employee benefits (pl); social expenditure

Sozialleistungen, pl (2) *(betriebliche Nebenleistungen, pl)* – fringe benefits (pl)

Sozialleistungspaket, n – package of fringe benefits (pl)

Sozialleistungssystem, n – social expenditure system

Sozialleistungsträger, m – social security institution; social security agency

Soziallohn, m – social wages (pl)

Sozialpartner (pl) – social partners (pl); both sides (pl) of industry

Sozialpartnerschaft, f – partnership of employers (pl) and employees (pl)

Sozialplan, m – social compensation plan; social plan; redundancy payments scheme

Sozialplanabfindung, f – social plan severance pay

Sozialpolitik, f – social policy

sozialpolitisch – socio-political
Sozialprodukt, n – national income; national product
Sozialrecht, n – social legislation; social law
sozialrechtlich – with regard to social legislation
Sozialrente, f – social insurance pension; social security pension
Sozialstaat, m – welfare state; social state
Sozialstaatsprinzip, n – welfare state principle
Sozialverhalten, n – social behavio(u)r
Sozialversicherung, f (1) – social security insurance; national insurance <*GB*>; social security <*US*>
Sozialversicherung, f (2) *(gesetzliche)* – statutory social insurance
Sozialversicherungsabkommen, n – Social Insurance Convention
Sozialversicherungsausweis, m – social insurance ID card; social security booklet; social security ID card <*US*>
Sozialversicherungsbeitrag, m – social insurance contribution; national insurance contribution <*GB*>; social security tax <*US*>
Sozialversicherungsfreiheit, f – exemption from social insurance
Sozialversicherungsgesetz, n – Social Security Act <*US*>
Sozialversicherungsgrenze, f – income limit for social insurance
Sozialversicherungsnachweis, m – social insurance statement
Sozialversicherungsnummer, f – social security number
Sozialversicherungspflicht, f – obligation to contribute to social insurance; obligation to pay social insurance contributions (pl)
Sozialversicherungspflichtgrenze, f – income limit for compulsory social insurance contributions (pl)
Sozialversicherungsrecht, n – social insurance legislation
sozialversicherungsrechtlich – with regard to social insurance legislation
Sozialversicherungsrente, f – social insurance pension
Sozialversicherungsträger, m – social insurance agency; social insurance body; social security body; national insurance institution <*GB*>; social insurance institution <*US*>
Sozialwahlen (pl) – social security elections (pl)
Sozialwissenschaft, f (1) – social science
Sozialwissenschaft, f (2) *(angewandte)* – social engineering
Sozialwohnung, f – publicly subsidized dwelling
Sozialzulage, f – social allowance
Sozialzuschlag, m – social welfare supplement
Sozietät, f – professional partnership
Soziologie, f – sociology
Sozius, m – socius; associate; partner
Spätaussiedler, m – repatriate of German origin
Spätfolgen (pl) – after-effects (pl)
Spätschicht, f – late shift; twilight shift <*GB*>; swing shift <*US,infml*>
Sparanlage, f – saving accounts (pl)
Sparbrief, m – bank saving bond
Sparbuch, n – savings-bank-book; pass book
Spareinlage, f – savings deposit
sparen, v – save, v; economize, v <*US*>; retrench, v; economise <*GB*>

Sparerfreibetrag, m – tax-free saving allowance
Sparförderung, f *(betriebliche)* – company saving plan; company saving system
Sparguthaben, n – savings balance; savings account; savings deposit
Sparkasse, f – savings bank
Sparkonto, n – savings account; deposit account
Sparmaßnahme – economy measure
SparPG → Sparprämiengesetz, n
Sparplan, m – saving plan
Sparprämie, f – savings premium
Sparprämiengesetz, n (SparPG) – Savings Premium Act; Private Savings and Investment Bonuses Act
Sparprogramm, n – cost-cutting drive; austerity program(me); retrenchment program(me)
Sparquote, f – rate of savings (pl); savings ratio
sparsam – economical; provident; saving
Sparte, f – branch
Sparvertrag, m – savings contract
Sparzinsen (pl) – saving rates (pl)
Sparzulage, f – savings bonus
Speicherkontrolle, f *(bei der Datenverarbeitung, f)* – storage control
speichernde Stelle, f *(bei der Datenverarbeitung, f)* – controller of the data file
speicherungsberechtigt – entitled to store
Speiseraum, m – refectory; dining room
Spekulationsfrist, f – speculation deadline
Spende, f – donation; charitable contribution; contribution to charity; benefaction
spenden, v – donate, v; make a contribution, v; contribute to charity, v; give, v
Sperre, f – ban; stoppage
sperren, v – blockade, v; block, v; stop, v
Sperrfrist, f – blocking period; period of closure
Sperrkonto, n – blocked account; frozen account
Sperrvermerk, m – lock flag
Sperrwirkung, f – blocking effect
Spesen (pl) – out-of-pocket expenses (pl); incidental expenses (pl); petty expenses (pl); outlay charges (pl); disbursements (pl)
Spesen (pl) abrechnen, v – account for expenses (pl), v
Spesen (pl) ersetzen, v – refund expenses (pl), v; reimburse costs (pl), v
Spesen (pl) werden erstattet. – All expenses (pl) will be refunded.
Spesenabrechnung, f – statement of expenses (pl); expense report
Spesenbeleg, m – expense voucher
Spesenbetrug, m – expense fraud
Spesenerstattung, f – expense reimbursement
Spesenkonto, n – expense account
Spesenrechnung, f – expense account; expense bill; specification of disbursements (pl)
Spesenrichtlinie, f – expense-account rules (pl)
Spesenvorschuss, m – advance on expenses (pl)
Spezialausbildung, f – special training; specialized training <*US*>
Spezialgebiet, n – special area
Spezialisierung, f – specialization
Spezialist/in, m/f – specialist; expert
Spezialkönnen, n – special ability

Spezialwissen, n – expert knowledge
Spezifikation, f – specification
Spielraum, m – margin; leeway *<US>*
Spitze, f – peak; top
Spitzenbedarf, m – peak demand
Spitzenbelastung, f – peak load; maximum load
Spitzeneinkommen, n – highest income; maximum income
Spitzenkönner/in, m/f – top expert; top performer
Spitzenkraft, f – top-level employee
Spitzenleistung, f (1) – peak performance; maximum performance
Spitzenleistung, f (2) *(Höchstleistung, f)* – top efficiency
Spitzenlohn, m – top wage; top wages (pl); top wage rate; maximum wage; maximum wage rate
Spitzenmanager, m – top manager
Spitzenposition, f – top position; spot position
Spitzenreiter, m – leader
Spitzenverband, m (1) – federation; central association; head association
Spitzenverband, m (2) *(der Wirtschaft, f)* – central association of industry
Spitzenverdiener/in, m/f – top earner
Spontanbewerbung, f – unsolicited application; spontaneous application
Sportlehrer/in, m/f – physical education instructor; sports trainer; coach
Sportunfall, m – accident at sport
Sprachausbildung, f – language training
Sprachbarriere, f – language barrier
Sprachbeherrschung, f *(Beherrschung (f) einer Sprache)* – fluency in a language; command of a language
sprachbehindert – speech-impaired
Sprachbehinderung, f – speech impediment
Sprache (f) beherrschen, v – have (a good) command of a lanugage, v
Sprache, f – language
Sprachenkundige/r, f/m – linguist
Sprachfehler, m – speech defect
sprachgewandt – eloquent; languaged
Sprachkenntnisse (pl) – language skills (pl); knowlege of languages (pl); command of languages (pl); language proficiency
sprachkundig – languaged
Sprachkurs, m – language lessons (pl); language course
Sprachlabor, n – language laboratory; language lab
Sprachschwierigkeiten (pl) – linguistic difficulties (pl)
SprAuG → Sprecherausschussgesetz, n
Sprecher/in, m/f (1) *(Redner, m)* – speaker
Sprecher/in, m/f (2) *(einer Gruppe, f)* – spokesman/ spokeswoman; spokesperson
Sprecherausschuss, m – spokesmen (pl) committee
Sprecherausschussgesetz, m (SprAuG) – Spokesmen Committee Act; Federal Act concerning Committees Representing Supervisory Personnel
Sprechstunde, f – office hours (pl); consultation hours (pl)
Springer, m – relief man
Springerpool, m – flying squad
Spritzlackierer, m – spray painter; sprayman
Spruch, m *(einer Einigungsstelle, f)* – award

Sprungbrett, n *<fig>* – stepping stone

sprunghaft – desultory; volatile; disjointed

Sprungrevision, f – direct appeal to the Supreme Court

Staat, m – state

staatenlos – stateless

staatlich – governmental; national; public; state

staatlich geprüft – officially qualified

Staatliche Aufsichtsbehörde (f) für betriebliche Altersversorgung (f) – Occupational Pension Regulatory Authority (OPRA) *<GB>*

Staatsangehörige/r, f/m – national; citizen

Staatsangehörigkeit, f – nationality; citizenship; national status

Staatsangestellte/r, f/m – public servant; civil servant

Staatsanwalt, m – public prosecutor; district attorney *<US>*; prosecution counsel *<GB>*

Staatsaufsicht, f – state supervision; government supervision; government control

Staatsbesitz, m – public ownership

Staatsbetrieb, m – public business; government enterprise

Staatsbürger/in, m/f – national; citizen

Staatsdienst, m – government service; civil service *<GB>*; public service *<US>*

Staatsexamen, n – state examination; Civil and Public Service Examination (CSE) *<GB>*

Staatsgeheimnis, n – official secret; state secret

Staatsgewalt, f – supreme power; government authority; state authority; state power

Staatshaftung, f – government liability; state liability

Staatspapiere (pl) – public securities (pl)

Staatsprüfung, f – state examination

Staatsrecht, n – public law; state law

Staatsvertrag, m – international treaty; state treaty

Staatswissenschaft, f – political science

Stab, m – staff

Stabilitätsabgabe, f – stabilization levy *<US>*

Stabilitätsgesetz, n – Stability Act

Stabsabteilung, f – staff department; staff unit

Stabsfunktion, f – staff function

Stabsstelle, f – staff position

Stadtrat, m – city council; town council; municipal council

Stadtverordnete/r, f/m – city councillor; town councilman/ councilwoman

städtisch – municipal

ständig – regular; permanent; continuous; constant; perpetual

ständige Rechtsprechung, f – continuous jurisdiction

ständige Übung, f – standing practice

ständiges Lernen, n – continual learning

Stärke, f – strength; force; power

staffeln, v *(Arbeitszeit, f)* – stagger, v

Stahlbau, m – skeleton construction

Stammakte, f – master file

Stammaktie, f – primary share; ordinary share *<GB>*; ordinary stock *<US>*

Stammarbeiter, m – regular worker

Stammband, n *(bei der Datenverarbeitung, f)* – master file

Stammbelegschaft, f (1) *(Arbeiter, pl)* – regular workforce; core workforce; permanent staff
Stammbelegschaft, f (2) *(Angestellte, pl)* – regular staff
Stammbetrieb, m – parent establishment
Stammeinlage, f – original capital contribution; original capital share
Stammhaus, n – parent company
Stammkapital, n – ordinary share capital; common equity; original capital stock fund <*US*>; registered capital
Stammpersonal, n – permanent staff; regular staff
Stammsitz, m – ancestral estate
Stand, m (1) – status; state; rank; level
Stand, m (2) *(neuester ~ der Technik, f)* – state-of-the-art technology
Stand, m (3) *(der Barristers, pl)* – bar
Standard, m – standard
Standesamt, n – Bureau of Vital Statistics (pl); registry office; registrar's office <*GB*>
standesamtlich – pertaining to affairs (pl) of vital statistics (pl)
standesamtliche Trauung, f – civil marriage
standesamtliche Urkunde, f – document of vital statistics (pl)
Standesbeamte/r, f/m – registrar of vital statistics (pl); registrar <*GB*>; civil magistrate <*US*>
Standesbewusstsein, n – pride of rank
Standesdünkel, m – professional pride
Standeskollege, m – associate
Standesrecht, n – canons (pl) of professional etiquette
Standesregeln (pl) – professional ethics (pl)
standeswidriges Verhalten, n – professional misconduct; unethical conduct
Standort, m – location; site
Standortplanung, f – site planning
Standortpolitik, f – policy regarding choice of industrial sites; siting policy
Standortverlegung, f – relocation
Standortvorteil, m – locational advantage
Standortwahl, f – siting; choice of location; choice of an industrial site
Standpunkt, m – attitude; point of view
Stapelverarbeitung, f *(Datenverarbeitung, f)* – batch processing
Starkstromelektrike/inr, m/f – power tension current electrician; high tension current electrician
Starthilfe, f – initial assistance; launching aid
stationäre Behandlung, f – inpatient treatment; stationary treatment
Statistik, f – statistics (pl)
Statistisches Bundesamt, n – Federal Statistics Office; Federal Bureau of the Census <*US*>
statthaft – admissible; permissible
Status, m – state; status <*jur*>; standing; rank
Statusklage, f – action to determine the personal status of s.o.
Statussymbol, n – symbol of status
Statut, n – statute
Statuten (pl) – rules and bylaws (pl)
stechen, v (1) – stab, v
stechen, v (2) *(Arbeitszeit, f)* – clock in /clock out, v
Stechkarte, f – time card; clock card
Stechuhr, f – time clock; telltale

Steckbrief, m – warrant of apprehension

stehen, v (1) *(unter Vertrag, m)* – be under contract, v

stehen, v (2) *(unter Vormundschaft, f)* – be under guardianship, v; be under custodianship, v *<US>*

steigen, v – rise, v; increase, v

Steiger, m *(im Bergbau, m)* – mine foreman

steigern, v – raise, v; increase, v

Steigerung, f – increase; rise; increment; advance

Steigerungsbetrag, m – rate of advance; increase rate

Steigerungsrate, f – rate of increase

Steinmetz, m – stone mason; stone cutter

Stelle (f) ausschreiben, v – advertise a vacancy, v

Stelle (f) besetzen, v – fill a position, v; fill a vacancy, v

Stelle (f) besorgen, v *(jmd)* – fix up, v *<US,infml>*

Stelle (f) suchen, v – look for a job, v

Stelle (f) verlieren, v – be made redundant, v

Stelle (f) wechseln, v *(häufig)* – job-hop, v

Stelle, f (1) – place; spot; location; site

Stelle, f (2) *(Arbeitsstelle, f)* – position; job; post; appointment

Stelle, f (3) *(amtliche)* – official body

Stelle, f (4) *(freie / unbesetzte)* – vacant position; vacant post; unoccupied position

Stelle, f (5) *(offene)* – job opening; unfilled job; open/unfilled position; (job) vacancy; available job

Stellenabbau, m – job cut; job cutback; reduction of jobs (pl)

Stellenangebot, n (1) – job offer; employment offer; post offer; job opportunity; unfilled job offering

Stellenangebot, n (2) *(Zeitungsrubrik, f)* – positions (pl) offered

Stellenanzeige, f (1) – job advertisement; employment advertisement; advertisement for a position; job ad; employment ad

Stellenanzeige, f (2) *(Zeitungsrubrik, f)* – want ad *<US, infml>*

Stellenausschreibung, f – notice of vacancy; job opportunity announcement; employment advertisement; job advertisement; job posting

Stellenbeschreibung, f – job description; position description; job profile

Stellenbesetzung, f – filling of a vacancy; job placement

Stellenbesetzungsplan, m – manning table; employee roster; staffing schedule *<US>*; plan to fill vacancies (pl); staff appointment scheme

Stellenbewerber/in, m/f – applicant for a position; applicant for a post; job applicant; employment applicant

Stellenbewerbung, f – application for a position; application for a post

Stellenbewertung, f – position evaluation; job evaluation

Stellenbezeichnung, f – position title

Stellengesuch, n (1) – application for employment; application for a position; application for a post

Stellengesuch, n (2) *(Zeitungs rubrik, f)* – positions (pl) wanted

Stelleninhaber/in, m/f – incumbent; jobholder

Stellenmarkt, m – employment market; job market

Stellenplan, m – position chart; organization plan <*US*>; list of posts (pl); staff planning scheme
Stellensuche, f – job search; job hunt
Stellensucher, m – office seeker <*US*>
Stellenvergleich, m – job comparison
Stellenvermittler/in, m/f – placement official
Stellenvermittlung, f (1) *(Tätigkeit, f)* – job placement
Stellenvermittlung, f (2) *(private Einrichtung, f)* – employment agency; placement agency
Stellenvermittlungsdienst, m – placement agencies (pl); placement service
Stellenwechsel, m (1) – change in employment; job change
Stellenwechsel, m (2) *(häufiger)* – job-hopping
Stellung (f) annehmen, v – accept a position, v
Stellung (f) antreten, v – take up a position, v; take up a job, v
Stellung (f) aufgeben, v – resign from one's post, v; give up a position, v; quit a job, v; throw up one's post, v
Stellung (f) beibehalten, v – stay on the job, v
Stellung, f (01) – position; post; employment; occupation; standing
Stellung, f (02) *(berufliche)* – business standing
Stellung, f (03) *(feste)* – permanent position
Stellung, f (04) *(gehobene)* – advanced position
Stellung, f (05) *(leitende)* – managerial position; executive position
Stellung, f (06) *(rechtliche)* – legal status
Stellung, f (07) *(schlecht bezahlte)* – badly paid position
Stellung, f (08) *(ohne Aufstiegsmöglichkeiten, pl)* – dead-end job
Stellung, f (09) *(ungekündigte)* – permanent tenure
Stellung, f (10) *(soziale)* – station in life
Stellungnahme, f (1) – statement; opinion; comment
Stellungnahme, f (2) *(ablehnende)* – unfavo(u)rable opinion
Stellungnahme, f (3) *(ergänzende)* – additional opinion
Stellungnahme, f (4) *(förmliche)* – formal opinion
stellungslos – unemployed
stellvertretend – deputy; acting; substitutionary
Stellvertreter/in, m/f (1) – substitute; agent; acting representative; alternate
Stellvertreter/in, m/f (2) *(amtlicher)* – deputy
Stellvertreter/in, m/f (3) *(Bevollmächtigter, m)* – proxy
Stellvertretung, f (1) – substitution; agency; representation; proxy
Stellvertretung, f (2) *(mittelbare)* – indirect agency
Stempelkarte, f – time card; clock card
stempeln gehen, v <*infml*> – be on the dole, v; go on the dole, v
stempeln, v *(an der Kontrolluhr, f)* – clock in / clock out, v
Stempeluhr, f – time clock; telltale
Stenogramm, n – shorthand note; stenograph
Stenokontorist/in, m/f – shorthand clerk
Stenotypist/in, m/f – shorthand typist

Sterbegeld, n – death in service benefit; death in service grant <*GB*>; funeral allowance
Sterbetafel, f – life table
Sterbeurkunde, f – death certificate; certificate of death
Sterbeziffer, f – death rate; mortality rate
Sterblichkeit, f – mortality
Sterblichkeitsrisiko, n – death risk
Sterblichkeitstabelle, f – mortality table
Steuer, f – tax
Steuerabzug, m – tax deduction; tax withholding; tax credit <*US*>
steuerabzugsfähig – tax-deductible
Steuerabzugsverfahren, n – withholding system
Steuerbefreiung, f – tax exemption; exemption from taxation; exemption from tax
steuerbegünstigt – tax-privileged
Steuerbehörde, f – tax authority
Steuerbelastung, f – tax burden; fiscal burden; taxation charge
Steuerbemessungsgrundlage, f – basis of taxation; tax base; tax basis
Steuerberater/in, m/f – tax advisor; tax consultant
Steuerberatung, f – tax consulting
Steuerbescheid, m – tax statement; tax notice/bill; bill of taxes (pl) <*US*>; tax assessment note <*GB*>; notice of assessment
Steuerbetrug, m – tax fraud
Steuerentlastungsgesetz, n – Tax Relief Act
Steuererhöhung, f – tax increase Stellvertreter/in, m/f
Steuererklärung (f) abgeben, v – lodge a tax declaration, v; submit a tax return, v
Steuererklärung, f – tax declaration; tax return
Steuererlass, m – tax abatement
Steuererleichterung, f – tax concession; tax relief
Steuerermäßigung, f – tax reduction; reduction of taxation
Steuerersparnis, f – tax saving; tax advantage; saving of tax
Steuererstattung, f – tax refund; repayment of tax; tax rebate
Steuerertrag, m – tax proceeds (pl)
Steuerfahndung, f – fiscal investigation; investigation of tax offences/offenses (pl)
Steuerfestsetzung, f – tax assessment
steuerfrei – tax-free; tax-exempt; exempt from taxation; non-taxable
Steuerfreibetrag, m – basic abatement; tax allowance <*GB*>; tax exemption, tax credit <*US*>; tax-exempt amount; tax-free allowance
Steuerfreiheit, f – exemption from taxation; tax exemption
Steuerfreistellung, f – tax exemption
Steuerfreistellungsgrund, m – tax exemption code
Steuergeheimnis, n – tax secrecy
Steuergerechtigkeit, f – fiscal equity; tax equity
Steuerherabsetzung, f – tax abatement
Steuerhinterzieher/in, m/f – tax dodger
Steuerhinterziehung, f – tax evasion; tax fraud
Steuerkarte, f – tax card; tax sheet
Steuerklasse, f – tax bracket <*US*>; tax category; tax group; scale of taxation
Steuerlast, f – tax burden; burden of taxation

steuerlich – fiscal; taxable; tax-wise
steuerlich absetzbar – deductible from tax
Steuermerkmal, n – taxing feature
Steuern und Abgaben (pl) *(entgeltbezogene)* – payroll taxes (pl)
steuern, v (1) *(beeinflussen, v)* – control, v; regulate, v
steuern, v (2) *(fahren, v)* – steer, v; drive, v; navigate, v
Steuernachlass, m – tax abatement
Steuernachweis, m – statement of wage withholding tax
Steuernummer, f – tax payer's registration number
Steuerpflicht, f – tax liability; liability to taxation; obligation to pay taxes (pl)
steuerpflichtig (1) – taxable; assessable; liable to taxation
steuerpflichtig (2) *(der Steuer (f) unterliegend)* – subject to taxation
Steuerpflichtige/r, f/m – person liable to taxation; person liable to tax
steuerpflichtiges Einkommen, n – taxable income
Steuerpflichtigkeit, f – taxability
Steuerprogression, f – progressive taxation
Steuerrecht, n – law of taxation; revenue law; tax law; fiscal law
Steuerreform, f – tax reform; fiscal reform
Steuerrichtlinien (pl) – tax rules (pl); rules (pl) of taxation
Steuerrückvergütung, f – tax refund; tax return; reimbursement of taxes (pl)
Steuerrückzahlung, f – tax refund; tax backpayment
Steuersäumniszuschlag, m – tax penalty
Steuersatz, m – tax rate
Steuerschuld, f – tax liability
Steuerschuldner/in, m/f – person liable for payment of taxes (pl)
Steuersenkung, f – tax reduction; tax cut
Steuerstrafrecht, n – law on criminal prosecution for tax offences/offenses (pl)
Steuerstundung, f – tax deferral
Steuertabelle, f – tax table
Steuertarif, m – tax scale; scale of taxation
Steuerveranlagung, f – tax assessment
Steuervergünstigung, f (1) – tax privilege; tax concession; tax advantage; tax relief
Steuervergünstigung, f (2) *(auf Arbeitseinkommen, pl)* – earned income relief
Steuervergünstigung, f (3) *(für niedrige Einkommen, pl)* – small incomes (pl) relief
Steuervorauszahlung, f – tax prepayment; advance tax payment; advance payment of taxes (pl)
Steuervorteil, m – tax advantage
Steuerzahler/in, m/f – tax payer
Steuerzeitraum, m – tax period
Steuerzuschlag, m – surtax
StGB → Strafgesetzbuch, n
Stichentscheid, m – casting vote
stichhaltig – valid; substantial
Stichhaltigkeit, f – validity
Stichprobe, f (1) – spot check
Stichprobe, f (2) *(mit Zufallsauswahl, f)* – random test; random sample survey; sample taken at random
Stichtag, m – qualifying date; due date; target/fixed/key date; deadline <*US*>; computation date
Stichtagsregelung, f – key-date regulation

Stichwahl, f – additional ballot; second ballot; decisive ballot; run-off vote
Stichwort, n – catch word
Stiefkind, n – stepchild
Stiftung, f (1) – foundation; endowment; donation
Stiftung, f (2) *(des öffentlichen Rechts, n)* – foundation under public law
stille Gesellschaft, f – silent partnership <*GB*>; dormant partnership <*US*>
stiller Teilhaber, m – silent partner <*GB*>; dormant partner <*US*>
Stillgeld, n – nursing benefit
Stillhalteabkommen, n – blocking agreement; standstill agreement
stilllegen, v *(einen Betrieb, m)* – close down, v
Stilllegung, f *(eines Betriebes, m)* – closure; shutdown; closedown
Stilllegungsprämie, f – laying-up premium
stillliegen, v – be idle, v
Stillschweigen, n – silence
stillschweigend – silent; implied; tacit <*law*>
stillschweigende Einwilligung, f – tacit agreement; acquiescence
stillschweigende Genehmigung, f – tacit approval
stillschweigende Zustimmung, f – tacit consent; implied consent
Stillstand, m – stagnation; standstill; stop; stoppage
Stillstandzeit, f – downtime
Stillzeit, f – nursing time
Stimmabgabe, f – voting; casting of votes (pl); vote
Stimmauszählung, f – counting of votes (pl); returns
stimmberechtigt – entitled to vote
Stimme (f) abgeben, v – vote, v
Stimme, f (1) – voice
Stimme, f (2) *(Wahlstimme, f)* – vote
Stimmengleichheit, f – tie vote; parity of votes (pl); equality of votes (pl)
Stimmenmehrheit, f – majority of votes (pl); plurality of votes (pl) <*US*>
Stimmenthaltung, f – abstention from voting
Stimmenverhältnis, n – relationship of votes (pl)
Stimmgewichtung, f – weighting of votes (pl)
Stimmrecht, n – right to vote; voting right; voting power
Stimmzettel (m) abgeben, v – cast the ballot, v
Stimmzettel, m – ballot; voting paper <*GB*>; voting slip
Stipendiat/in, m/f – award holder
Stipendien (pl) gewähren, v *(Universitätsstipendien, pl)* – provide university grants (pl), v
Stipendium, n (1) – scholarship; grant
Stipendium, n (2) *(Forschungsstipendium, n)* – postgraduate scholarship; research fellowship
stören, v – disturb, v; annoy, v
Störfallverordnung, f – Ordinance concerning Disruptive Events (pl)
Störung, f – disturbance; annoyance
Stoppuhr, f – stopwatch
stornieren, v – cancel, v
Storno, n – cancellation
Stornogebühr, f – cancellation fee
StPO → Strafprozessordnung, f
sträuben (sich), v – jib, v <*infml*>
Strafanstalt, f – penitentiary <*US*>
Strafantrag, m – demand for a state penalty; demand for state prosecution
Strafanzeige (f) erstatten, v – file a criminal complaint, v

Strafanzeige, f – penal complaint; complaint of an offence/offense; criminal complaint

Strafaufschub, m – suspension of sentence

strafbar (1) – criminal; culpable; punishable; penal; liable to prosecution

strafbar (2) – guilty

strafbare Handlung, f – criminal offence/offense; statutory offence/offense; penal act

Strafbarkeit, f – culpability; punishability; liability to penalty

Strafbefehl, m – summary sentence

Strafbestimmung, f – penal clause; penalty clause; penalty provision

Strafe, f (1) – punishment; penalty

Strafe, f (2) *(gesetzliche)* – sanction

Strafe, f (3) *(Geldstrafe, f)* – fine

Straferlass, m – remission of punishment

straffällig – delinquent; punishable

Straffällige/r, f/m – offender

Straffunktion, f – punishment function

Strafgefangene/r, f/m – prisoner

Strafgericht, n – criminal court

Strafgerichtsbarkeit, f – criminal jurisdiction

Strafgesetzbuch, n (StGB) – Criminal Code; Penal Code

Strafhaft, f – imprisonment

Strafklausel, f – penalty clause

Strafmaß, n – degree of punishment; measure of penalty

strafmündig – of criminal responsibility

Strafmündigkeit, f – criminal discretion; age of criminal responsibility

Strafprozess, m – trial; criminal proceedings (pl)

Strafprozessordnung, f (StPO) – Code of Criminal Procedure; Criminal Procedure Code

Strafrecht, n – criminal law; penal law

strafrechtlich – criminal; penal

strafrechtliche Verantwortlichkeit, f – criminal liability

Strafrechtspflege, f – criminal justice

Strafregister, n – judicial record; criminal record; register of conviction

Strafsache, f – criminal case; criminal matter

Straftat, f – criminal act; criminal offence/offense

Straftilgung, f – extinction of previous convictions (pl)

Strafurteil, n – sentence; penal judgement; criminal conviction

Strafverfahren, n – criminal proceedings (pl); penal proceedings (pl)

Strafverfolgung, f – criminal prosecution

Strafversetzung, f – disciplinary transfer

Strafvollzugsanstalt, f – penal institution; correctional institution

Strafvorschrift, f – penal provision

strahlengefährdet – exposed to radiation

Strahlenschutz, m – protection against radiation; radiation protection

Strahlenschutzbeauftragte/r, f/m – radiation protection officer; plant inspector for radiation protection

Straßenverkehrsgesetz, n – Road Traffic Act

Straßenverkehrsordnung, f – Road Traffic Ordinance

Strategie, f – strategy

Streben, n (1) – aspiration

Streben, n (2) *(nach einem positiven Markenimage (n) als Arbeitgeber, m)* – employment branding

Streber, m – nerd <*US,infml*>; pushing type; swot <*infml*>; mug <*infml*>; climber, grind, dig <*US,infml*>

Streckenarbeiter, m – line man <*US*>

streichen, v – cancel, v; delete, v

Streichung, f – cancellation; retrenchment

Streik (m) abbrechen, v – call off a strike, v

Streik (m) ausrufen, v (aufrufen zum Streik, v) – call a strike, v; proclaim a strike, v; call for a strike, v

Streik (m) fortsetzen, v – stay on strike, v

Streik, m (1) – strike; work stoppage; walkout

Streik, m (2) *(kurzfristiger)* – quick strike

Streik, m (3) *(illegaler)* – illegal strike

Streik, m (4) *(spontaner)* – snap strike

Streik, m (5) *(befristeter)* – limited strike

Streik, m (6) *(unbefristeter)* – unlimited strike

Streik, m (7) *(wilder)* – wildcat strike; outlaw strike; unofficial strike

Streikabkommen, n – strike pact

Streikabstimmung, f – strike ballot; strike vote

streikanfällig – strike-prone

Streikankündigung, f – strike notice

Streikarbeit, f – work done by nonestrikers (pl); strikebreakers' work; blackleg work <*GB,infml*>; scab work <*US,infml*>

Streikaufruf, m – strike call; call to strike; call to go on strike

Streikausschreitung, f – strike excess

Streikausschuss, m – strike committee

Streikbefehl, m *(der Gewerkschaft, f)* – strike order

Streikbewegung, f – strike movement

Streikbrecher, m – strikebreaker; blackleg <*GB,infml*>; scab <*US, infml*>; rat <*sl*>

Streikbruchprämie, f – strikebreaker premium

Streikdrohung, f – strike threat

streiken, v (1) – strike, v; be on strike, v; be out on strike, v; walk out, v; go out, v

streiken, v (2) – balk, v; baulk, v; jib, v <*infml*>

Streikende/r, f/m – striker

Streikfonds, m – strike benefit fund; strike fund

Streikfront, f – strike front; industrial front <*GB*>

Streikführer, m – strike leader

Streikgefahr, f – danger of a strike

Streikgegner/in, m/f – opponent of a strike

Streikgeld, n – strike benefit; strike pay

Streikkasse, f – strike fund

Streikleitung, f – strike committee

Streikparole, f – strike slogan

Streikposten (pl) *(mobile)* – flying pickets (pl)

Streikposten (pl) aufstellen, v – throw a picket line, v; place strikers (pl) on picket, v

Streikposten stehen, v – picket, v

Streikposten, m – picket

Streikpostenkette, f – picket line

Streikrecht, n – right to strike; freedom to strike

Streikunterstützung, f – strike benefit

Streikverbot (n) verhängen, v – put a ban on strikes (pl), v

Streikverbot, n – ban on strikes (pl); prohibition of strikes (pl)
Streikverbotsklausel, f – no-strike clause
Streikwelle, f – wave of strikes (pl); series of strikes (pl)
Streit (m) verkünden, v – implead, v; interplead, v
Streit, m – dispute; disagreement; contoversy; conflict,quarrel; contest
streitbefangen – in litigation; litigated
Streitbeilegung, f (1) – dispute settlement
Streitbeilegung, f (2) *(außergerichtliche)* – alternative dispute resolution (ADR) <*US*>
streiten, v (1) – argue, v; dispute, v; quarrel, v; contend, v; contest, v
streiten, v (2) *(vor Gericht, n)* – litigate, v
streitende Parteien (pl) – parties (pl) in dispute
Streitfall (m) beilegen, v – settle a dispute, v
Streitfall, m – dispute
Streitfrage, f – controversy; matter in dispute; point at issue
Streitgegenstand, m – matter in controversy; matter in dispute; subject matter of a dispute; object at issue; subject of litigation <*law*>
Streitgenosse, m <*jur*> – co-plaintiff; co-defendant; joint litigant
Streithelfer, m <*jur*> – intervener
Streithilfe, f <*jur*> – intervention
streitig (1) – in controversy; in dispute; at issue; contentious; litigious
streitig (2) *(bestreitbar)* – contestable; debatable; disputable
streitig sein, v – be disputed, v
streitige Gerichtsbarkeit, f <*jur*> – contentious jurisdiction
streitige Verhandlung, f <*jur*> – trial of a case
Streitigkeit, f – dispute; controversy; argument
Streitkräfte (pl) – armed forces (pl)
Streitpunkt, m – issue
Streitsache, f – cause; litigation <*law*>
streitsüchtig – litigious
Streitverkündung, f – vouching in
Streitwert, m <*jur*> – amount in controversy; jurisdictional amount <*US*>; monetary equivalent involved in a cause; value of matter in dispute; value/sum in dispute
Stressbewältigung, f – stress management
Strichliste, f – tally
strittig – litigious; litigable; controversial; debatable; in dispute/in suit
Strohmann, m – straw man; fictitious operator; dummy; figurehead
Stromausfall, m – electric power blackout
Struktur, f – structure
strukturell – structural
Strukturwandel, m – structural change
Student, m – university student; undergraduate
Studentenwerk, n – student welfare organisation/organization; student union <*US*>
Studie, f – study
Studienabbrecher/in, m/f – drop-out
Studienanfänger/in, m/f – new student; first-year student; freshman <*US*>
Studienaufenthalt, m – study visit
Studienbeihilfe, f – student aid; student grant; financial assistance <*US*>
Studienberater, m – student advisor <*US*>; tutor <*GB*>; guidance counselor <*US*>

Studienberatung, f – academic advisory service

Studiendauer, f – duration of studies (pl)

Studienfach, n – discipline; field of study

Studienförderung, f – promotion of study

Studiengang, m – course of study

Studiengebühren (pl) – university fees (pl); college fees (pl)

Studiengruppe, f – study group

Studienleiter/in, m/f – tutor

Studiennachweise (pl) – academic records (pl) *<US>*; credentials (pl) *<US>*

Studienplan, m – curriculum; syllabus

Studienrat, m – secondary school teacher; grammar school teacher

Studienreferendar/in, m/f – student teacher

Studienreise, f – study visit

Studienrichtung, f – branch of study; course of study; discipline; study side; field of study

Studienurlaub, m – study leave; sabbatical leave; sabbatical year

Studienzeit, f – study period

studieren, v (1) – study, v

studieren, v (2) *(Jura)* – study law, v; study the law, v

studieren, v (3) *(als/im Hauptfach, n)* – major in a subject, v

Studium (n) abbrechen, v – drop out, v

Studium (n) abschließen, v – complete one's studies, v; pursue one's studies (pl) to the end, v; graduate, v *<US>*

Studium, n – study; studies (pl)

Stück, n – piece; item

Stückakkord, m – job work

Stückkosten (pl) – unit cost; piece cost; cost per item; cost per unit

Stücklohn, m – piece-work wage(s); piece wage(s); unit wage; piece-work pay; task wages (pl)

Stücklohnsatz, m – piece-rate

Stücklohnsystem, n – piece-work system

stümperhaft – unworkmanlike

Stufe, f – step; stage; phase

Stufenakkord, m – step bonus

Stufenausbildung, f – progressive training; training by stages (pl)

Stufenklage, f – action by stages (pl)

stufenweise – gradual; by steps (pl)

Stunde, f (1) – hour

Stunde, f (2) *(Unterrichtsstunde, f)* – lesson; class *<US>*

stunden, v – allow a respite in payment, v; extend time of payment, v; allow time of payment, v; grant delay, v

Stundenlöhner, m – hourly wage earner

Stundenlohn, m – hourly wage rate; hourly wage; wage per hour; wages (pl) per hour

Stundenlohnempfänger/in, m/f – hourly worker; wage earner

Stundenlohnsatz, m – hourly rate of pay; pay-rate per hour

Stundenplan, m – timetable

Stundensatz, m – hourly rate

Stundenzettel, m – time report sheet; job ticket; job card *<US>*

Stundung, f – respite; allowance of time; grace; moratorium

Stundungsfrist, f – period of grace; period of extension

subjektiv – subjective

subjektive Unmöglichkeit, f – relative impossibility

Subsidiarität, f – subsidiarity

Subunternehmer, m – subcontractor

Subvention, f – subsidy; subvention; grant

Subventionsbetrug, m – economic subsidy fraud

Suche, f (1) – search

Suche, f (2) *(nach Arbeit, f)* – search for employment

suchen, v *(durch Inserat, n)* – advertise for, v

Sucht, f – addiction

Sühne, f – atonement; expiation

Sühnetermin, m – conciliation hearing; judicial conciliation

Sühneversuch, m – endeavo(u)r to effect a reconciliation

Suggestivfrage, f – leading question

summarisch – summary

summarisches Verfahren, n – summary proceedings (pl)

suspendieren, v – suspend, v

Suspendierung, f – suspension; suspense

Suspensiveffekt, m – suspensory effect

SVG → Soldatenversorgungsgesetz, n

SWOT-Analyse, f – Strengths, Weaknesses, Opportunities and Threats Analysis (SWOT)

Sympathiearbeitskampf, m – sympathetic labo(u)r dispute

Sympathiestreik, m – sympathetic strike; strike in sympathy; backing strike

Syndikus, m – syndic; corporation lawyer; staff lawyer; corporate counsel; general counsel <*US*>

System, n (1) – system; scheme

System, n (2) *(vorbestimmter Zeiten, pl)* – predetermined elemental-time standards (pl)

System, n (3) *(in dem extrafunktionale Fähigkeiten (pl) zu erfassen sind)* – competence management

System, n (4) *(in dem fachliche Fertigkeiten (pl) zu erfassen sind)* – skills (pl) management

systematischer Arbeitsplatzwechsel, m – job rotation

Systeme (pl) vorbestimmter Zeiten (pl) – predetermined-elemental-time standards (pl)

T

TA Luft → technische Anleitung zur Reinhaltung der Luft, f
Tabakrauch, m – tobacco smoke
Tabelle, f – scale; table; schedule; roster; chart
Tabellenwert, m – table value
Tadel, m – rebuke; reprimand; criticism; reproof; reproach
tadeln, v (1) – rebuke, v; reprimand, v; blame, v
tadeln, v (2) *(heftig)* – slap, v *<sl>*
tadelnswert – exceptionable *<fml>*
tadelsfrei – irreproachable; blameless
täglich – daily
tägliche Arbeitszeit, f – daily working hours (pl); daily working time (pl) *<US>*
Täter/in, m/f – perpetrator; offender *<law>*; actor *<law>*; tortfeasor
tätig sein, v (1) *(als)* – practise, v *<GB>*; practice, v *<US>*
tätig sein, v (2) *(als Anwalt/Anwältin)* – practise/practice law, v
tätige Reue, f – active regret; active repentance
Tätigkeit, f (1) – activity
Tätigkeit, f (2) *(Arbeit, f)* – work; working
Tätigkeit, f (3) *(Beschäftigung, f)* – occupation; employment; profession; job
Tätigkeit, f (4) *(berufliche)* – professional employment; occupational activity
Tätigkeit, f (5) *(ehrenamtliche)* – honorary service; volunteer service; honorary position
Tätigkeit, f (6) *(gewerkschaftliche)* – union activity
Tätigkeit, f (7) *(nebenberufliche)* – avocation
Tätigkeit, f (8) *(selbständige)* – self-employment
Tätigkeit, f (9) *(unselbständige)* – payroll employment; employment work
Tätigkeiten (pl) *(mit hohem Unfallrisiko, n)* – high-risk activities (pl)
Tätigkeitsanalyse, f – job analysis
Tätigkeitsbereich, m – area of activity; field of activity; sphere of action; province; range of activities (pl)
Tätigkeitsbericht, m – activity report; progress report
Tätigkeitsbeschreibung, f – job description; job specification
Tätigkeitsbezeichnung, f – job title
Tätigkeitsinhalt, m – job content
Tätigkeitsmerkmal, n – job feature; job characteristics (pl)
Tätigkeitsnachweis, m – job report; activity report
Tätigkeitsprofil, n – job profile; activity profile
Tätigkeitsschlüssel, m – occupational code; position code
Tätlichkeit, f – physical violence
täuschen, v (1) – deceive, v; defraud, v; cheat, v
täuschen, v (2) *(arglistig)* – pratise a fraud on s.o., v *<GB>*
Täuschung, f (1) – deception; fraud *<law>*; deceit
Täuschung, f (2) *(arglistige)* – wil(l)ful deceit
Tag (m) der Arbeit (f) – Labo(u)r Day (in Europa am 1. Mai; in den USA am ersten Montag im September)

Tag, m (1) – day
Tag, m (2) *(arbeitsfreier)* – day off; free day
Tagebuch, n – diary; day book; journal
Tagegeld, n (1) – per diem allowance; daily allowance
Tagegeld, n (2) *(für Beamte bei Entsendung)* – daily subsistence allowance
Tagelöhner/in, m/f – day labo(u)rer; dayman/daywoman; hired man/woman <*US*>
Tagelohn, m – daily wage
tagen, v (1) *(Tagung (f) abhalten, v)* – hold a meeting, v
tagen, v (2) *(Parlament, n)* – be in session, v
Tagesarbeit, f – a day's work
Tagesgeschäft, n – day-to-day business
Tagesleistung, f – daily output; daily performance
Tageslohn, m – daily wage
Tageslohnsatz, m – daily rate
Tagesordnung, f – agenda; memorandum sheet; order of business
Tagesprogramm, n – day program(me)
Tagessatz, m – per diem rate; per diem charges (pl); daily rate
Tagesverdienst, m – daily earnings (pl)
Tageswert, m – present value
Tagewerk, n – task
Tagschicht, f – day shift
Tagung, f – conference; convention; congress; session; meeting
taktgebunden – sequence-bound
Taktik, f – tactics (pl)
Taktzeit, f – cycle time; work cycle
Talar, m – gown; robe
Talent, n – talent; gift; faculty; parts (pl)
talentiert – gifted; depression
Tantieme, f (1) – bonus; gratuity; share in profits (pl)
Tantieme, f (2) *(Vorstandstantieme, f)* – director's fee; royalty
Tantieme, f (3) *(Autorentantieme, f)* – author's fee
tantiemeberechtigt sein, v – be entitled to a bonus, v
Tarif, m (1) – tariff; scale
Tarif, m (2) *(Lohntarif, m)* – wage scale; wage schedule; pay scale
Tarif, m (3) *(gleitender)* – sliding scale
Tarifabkommen, n – collective bargaining agreement; bargaining agreement; trade agreement; industrial agreement; union contract
Tarifabschluss, m – wage settlement; wagedeal
Tarifänderung, f – change in scale of wages (pl) and salaries (pl); change of scale of wages (pl) and salaries (pl)
Tarifangestellte/r, f/m – employee covered by/under collective agreement; non-exempt employee; scale-wage employee; standard wage earner; pay-scale employee
Tarifauseinandersetzung, f – economic dispute; interest dispute
Tarifausschlussklausel, f – clause contracting out of collective agreements (pl)
Tarifausschuss, m – collective settlement committee; wages (pl) committee; wages (pl) board
Tarifautonomie, f – collective bargaining autonomy; right to free collective bargaining; wage autonomy; autonomy in negotiating wage rates (pl); autonomy in collective bargaining
Tarifbereich, m – collective bargaining area

Tarifbestimmung, f – collective agreement

Tarifbezirk, m – collective bargaining region; collective agreement region

Tarifbindung, f – collective agreement committment

Tarifeinheit, f – homogeneous collective regulation

Tarifeinstufung, f – wage classification

Tarifentgelt, n – collectively agreed pay; standard pay

Tarifentwicklung, f – development by agreed rates (pl)

Tariferhöhung, f – increase in pay rates (pl); increase in scale wages (pl) and salaries (pl); increase of standard wage

Tariffähigkeit, f – collective bargaining power; collective bargaining capacity

Tarifforderung, f – wage scale claim; contract bargaining demand

Tariffreibetrag, m – tariff-exempted amount

Tariffront, f – wage front; wages (pl) front <*GB*>

Tarifgebiet, n – pay scale area; pay scale region

tarifgebunden – bound by collective agreement

Tarifgebundenheit, f – subjectivity to collective agreements (pl)

Tarifgefälle, n – standard wage rate differential

Tarifgehalt, n – collective scale salary; collective salary; collectively agreed salary

Tarifgestaltung, f – collective wage formation

Tarifgruppe, f – pay scale group; standard wage bracket; pay grade

Tarifhoheit, f – authority to conclude any kind of collective agreements (pl)

Tarifklasse, f – collective wage rate bracket

Tarifkommission, f – collective bargaining commission; commission for collective wage agreements (pl)

Tarifkonflikt, m – wage dispute; salaries (pl) dispute

Tarifkonkurrenz, f – competing collective agreements (pl)

Tarifkreis, m – non-exempt staff; non-exempt personnel

Tarifkündigung, f – (notice of) termination of scale of rates (pl); (notice of) termination of scale of charges (pl); (notice of) termination of agreed wages (pl); (notice of) termination of agreed salaries (pl)

tariflich – according to wage scale; according to agreed wage scale; persuant to the tariff

tarifliche Arbeitszeit, f – hours (pl) fixed under collective agreements (pl)

tarifliche Leistungszulage, f – performance allowance according to collective agreement

Tariflohn, m (1) – contractual wage; standard wage; agreed wages (pl); scheduled wage; labo(u)r union agreed wage

Tariflohn, m (2) – collectively negotiated wage; union rate; contract wage

Tariflohnerhöhung, f – increase in wage scales (pl); increase of standard wages (pl)

Tariflohngruppe, f – standard wagerate bracket

tarifloser Zustand, m – status without a collective agreement in effect

Tarifmitarbeiter (pl) – non-exempt staff; non-exempt personnel

Tarifnorm, f – collective agreement provision

Tariföffnungsklausel, f – collective agreement opening clause

Tarifordnung, f – wage scale; wage schedule; pay scale regulations (pl); wage regulations (pl); collective employment regulation

Tarifpartner, m – partner to collective bargaining; party to a collective wage agreement; party to a wage agreement; collective bargainer; bargaining agent

Tarifpolitik, f – wage-scale policy; collective bargaining policy

Tarifrecht, n – collective bargaining law

Tarifregister, n – collective agreements (pl) register

Tarifrunde, f – collective bargaining round; wages (pl) round; pay round

Tarifsatz, m – agreed wage rate; standard rate

Tarifstruktur, f – wage scale structure

Tarifstufe, f – pay scale level

Tarifstundenlohn, m – standard hourly wage

Tarifsystem, n – wage scale system

Tariftabelle, f – scale of rates (pl); pay scale table

Tarifübung, f – collective bargaining practice

Tarifurlaub, m – standard annual leave; collectively agreed holiday <*GB*>

Tarifvereinbarung, f – collective bargaining agreement

Tarifverhandlungen (pl) – collective bargaining; wage and salary negotiations (pl)

Tarifvertrag (m) aushandeln, v – negotiate an industrial agreement, v; bargain collectively, v

Tarifvertrag, m (1) – collective labo(u)r agreement; collective (bargaining) agreement; standard agreement; union agreement; wage agreement

Tarifvertrag, m (2) *(Manteltarifvertrag, m)* – employment conditions (pl) agreement

Tarifvertrag, m (3) *(Lohn- bzw. Gehaltsrahmentarifvertrag, m)* – wage structure agreement; salary structure agreement

Tarifvertrag, m (4) – comprehensive agreement <*GB*> (Tarifvertrag, der in in einem Dokument alle oder zumindest die wichtigsten Regelungen der "substantive agreements" und "procedural agreements" zusammenfasst, die innerhalb eines Betriebes/ Unternehmens gelten.)

Tarifvertrag, m (5) – district agreement <*GB*> (Tarifvertrag für bestimmte Arbeitnehmer in einem geographischen Bereich)

Tarifvertrag, m (6) – domestic agreement <*GB*> (Kollektivvereinbarung auf unterster betrieblicher Ebene)

Tarifvertrag, m (7) – substantive agreement <*GB*> (Teil einer Kollektivvereinbarung, der Löhne und Arbeitsbedingungen regelt.)

Tarifvertragsfreiheit, f – free collective bargaining

Tarifvertragsgesetz, n (TVG) – Collective Agreements Act

Tarifvertragspartei, f – party to a collective agreement

Tarifvorbehalt, m – tariff reservation

Tarifvorrang, m – preference of the collective agreement
Taschengeld, n – pocket money
Tat, f – act; action; deed
Tatbestand, m (1) – facts (pl) of the case; state of facts (pl); abstract of record
Tatbestand, m (2) *(anspruchsbegründender)* – operative event
Tatbestandsirrtum, m – factual mistake; factual error
Tatbestandsmerkmal, n – characteristic feature of the facts (pl) of a case; element of an offence/offense
Tatort, m – place of crime
Tatsache, f (1) – fact
Tatsache, f (2) *(beweiserhebliche)* – probative fact; ultimate fact
Tatsachenbehauptung, f – factual claim
Tatsachenfeststellung, f – findings (pl) of facts (pl)
Tatsachenirrtum, m – mistake of fact; error of fact; factual error
Tatsachenverdrehung, f – prevarication
Tatsachenvortrag, m – submission of the facts (pl)
tatsächlich – actual; factual; de facto; real
tatsächlich geleistete Arbeit, f – hours (pl) worked
taub – deaf
Taubheit, f – deafness
taubstumm – deaf-mute
Taufname, m – Christian name
tauglich – qualified; capable; fit; proper; useful
Tauglichkeit, f (1) – qualification; fitness; usefulness
Tauglichkeit, f (2) *(für bestimmte Tätigkeiten, pl)* – capability; competence
Tauglichkeitsgrad, m – degree of fitness
Taxe, f – rate; charge
Teamarbeit, f – teamwork
Teamfähigkeit, f – ability to work in a team; ability to be part of a team
Teamgeist, m – team spirit
Technik, f (1) – technology
Technik, f (2) *(Verfahren, n)* – technique; method
Techniker/in, m/f – technician; engineer
Technikerschule, f – advanced technical training college
Technikum, n – technological school
technisch (1) – technical
technisch (2) *(technologisch-wissenschaftlich)* – technological
technisch begabt – gifted technically
technische Anleitung zur Reinhaltung der Luft, f (TA Luft) – Technical Instructions on Maintaining Air Purity
technische Ausbildung, f – technical training
technische Einrichtung, f *(Ausstattung, f)* – technical equipment
technische Führungskräfte (pl) – technical staff
Technische Hochschule, f (TU) – Technical University; Technical Engineering College; College of Advanced Technology <*US*>; Institute of Technology
technische/r Angestellte/r, f/m – technical employee
technischer Leiter, m – technical manager; technical director
Technischer Überwachungs-Verein, m (TÜV) – Technical Control Board
technischer Zeichner, m – technical drawer <*GB*>; draftsman <*US*>; draughtsman <*GB*>

technisches Geschick, n – technical skill

technisches Verfahren, n – engineering process

technisches Wissen, n – technical know-how

Technologie, f – technology

Teil, m – part; share; portion; component; section

Teilanrechnung, f – partial deduction; partial crediting

Teilarbeitsunfähigkeit, f – partial incapability to work

teilbar – divisible; severable

teilbare Leistung, f – divisible performance

Teilbetrag, m – fractional amount; partial amount; instal(l)ment

teilen, v – divide, v; share, v; severe, v

Teilhaber/in, m/f (1) – partner; copartner; associate; companion; joint owner

Teilhaber/in, m/f (2) *(stiller)* – silent partner *<US>*; dormant partner *<US>*; sleeping partner *<GB>*

Teilhaberschaft, f – partnership; copartnership

Teilinteresse, n – partial interest

Teilinvalidität, f – partial invalidity

Teilklage, f – splitting a cause of action

Teilkündigung, f – partial termination

Teilleistung, f – partial performance; part-performance

Teilnahme, f – participation; attendance

Teilnahmebestätigung, f – certificate of participation; certificate of attendance

teilnehmen an, v – participate in, v; attend, v

Teilnehmer/in, m/f – participant; attendant

Teilnehmerauswahl, f – selection of participants (pl)

Teilnehmerkreis, m – group of participants (pl)

Teilnehmerliste, f – list of participants (pl); entry list

Teilnehmerzahl, f – number of participants (pl)

Teilnichtigkeit, f – partial voidability; partial nullity

Teilstilllegung, f – partial shutdown; partial closing

Teilstreik, m (1) *(branchenspezifischer)* – sectional strike

Teilstreik, m (2) *(örtlicher)* – local strike

Teilsuspendierung, f – partial suspension

Teilung, f – division; distribution; partition

Teilungsplan, m – plan of partition

Teilurlaubsanspruch, m – partial holiday entitlement; partial vacation entitlement *<US>*

Teilurteil, n – partial judgement

Teilversammlung, f – sectional meeting

teilweise – partial

Teilwert, m – fractional value

Teilzahlung, f – instalment payment; installment *<US>*; partial payment; payment in part; part payment

Teilzeit- und Befristungsgesetz, n (TzBfG) *(Gesetz über Teilzeitarbeit und befristete Arbeitsverhältnisse)* – Part-Time and Fixed-Term Act; Act on Part-Time and Fixed-Term Work

Teilzeitanspruch, m – part-time work entitlement

Teilzeitarbeit, f – part-time work; part-time employment

Teilzeitarbeitnehmer/in, m (*Teilzeitbeschäftigte/r, f/m*) – part-time worker; part-time employee; part-timer

Teilzeitarbeitsplatz, m – part-time job

Teilzeitarbeitsverhältnis, n – part-time employment relationship

Teilzeitausbildung, f – part-time training; part-time vocational education

Teilzeitbeschäftigte/r, f/m → Teilzeitarbeitnehmer/in, m

Teilzeitbeschäftigung, f – part-time employment

Teilzeitkraft, f – part-time employee; part-timer

Teilzeitmodell, n – part-time working model; part-time working pattern

Teilzeitunterricht, m – part-time schooling; part-time instruction

Telearbeit, f – telework; distance working

Telefonanschluss, m – telephone connection; telephonic connection

Telefonist/in, m/f – telephone operator

Telefonkonferenz, f – conference telephone call

Tempo, n – pace; speed

Tendenz, f – trend; tendency

Tendenzbetrieb, m – ideological establishment

Tendenzschutz, m – ideological protection

Tendenzunternehmen, n – ideological enterprise

Tenor, m *jur (eines Urteils, n)* – operative part of a judgement

Termin, m (1) – term; time limit; date

Termin, m (2) *(letzter)* – deadline <*US*>; target date; fixed date; due date

Termin, m (3) *(Gerichtstermin, m)* – trial date; court hearing

Termindruck, m – deadline pressure; time pressure

termingerecht – on schedule; punctual

terminieren, v – set a date, v; specify a date, v; fix a date, v

Terminierung, f – timing

Terminplan, m – time schedule

Terminverfolgung, f – monitoring of dates (pl); deadline follow-up

Territorialitätsprinzip, n – territorial principle

Test (m) verpfuschen, v <*infml*> – make a mess of a test, v <*infml*>

Test, m – test

Testament, n (1) – will; last will; testament

Testament, n (2) *(eigenhändiges)* – holographic will

Testament, n (3) *(gemeinschaftliches)* – joint will

Testamentsvollstrecker, m – executor

Testergebnis, n – test result; score <*US*>

Testlauf, m – test run

Testmethode, f – experimental method

Testverfahren, n – test procedure; experimental procedure

Teuerung, f – general price increase

Teuerungsausgleich, m – cost-of-living allowance (COLA)

Teuerungsrate, f – rate of price increase; inflation rate

Textbaustein, m – boilerplate text

Textsystem, n – word processing system

Textverarbeitung, f – word processing

Thema, n – subject; topic; theme

theoretisch – theoretical

Theorie, f – theory
tilgen, v (1) *(streichen, v/löschen, v)* – delete, v; erase, v
tilgen, v (2) *(eine Schuld, f)* – pay off, v; discharge, v; pay back, v; rapay, v
tilgen, v (3) *(einlösen, v)* – redeem, v
Tilgung, f (1) – cancellation
Tilgung, f (2) *(einer Schuld, f)* – paying off; repayment; discharge; amortization
Tilgung, f (3) *(Einlösung, f)* – redemption
Tilgungsdarlehen, n – redemption loan; amortizable loan
Tilgungsfrist, f – pay-off period; time of redemption
Tilgungsplan, m – repayment schedule; amortization schedule
Tilgungsrate, f – redemption rate; repayment rate
Tilgungszeitraum, m – pay-off period
Tischler/in, m/f – joiner
Titel, m (1) – title; degree; honorary degree
Titel, m (2) *(akademischer)* – academic degree; academic title
Titel, m (3) *<jur> (vollstreckbarer)* – enforceable judgement; claim *<law>*
Titularprokurist, m – nominal proxy; signing clerk
Tochter, f – daughter
Tochtergesellschaft, f – subsidiary company; affiliated company
Tod, m – death
Todeserklärung, f – declaration of death
Todesurkunde, f – death certificate; certificate of death
tödlich – fatal; mortal; lethal
Tötung, f – killing; homicide
Toleranz, f – tolerance
tonangebend – dominant
Tonträger, m – sound carrier
Torkontrolle, f – gate control; security control; entrance control; exit control
tot – dead
Totalverlust, m – dead loss
Totgeburt, f – stillbirth
träge – inactive; lazy; tardy
Traineeprogramm, n – trainee program(me)
Transport, m – transport; transportation *<US>*; conveyance
Transportkontrolle, f *(bei Daten, pl)* – transfer control
trauen (jmd), v *(jmd vertrauen, v)* – trust s.o., v; trust in s.o., v
Trauschein, m – certificate of marriage
Trauung, f – marriage ceremony; wedding ceremony
Trend, m – trend; tendency
trennen, v (1) – divide, v; separate, v; segregate, v
trennen, v (2) *(sich)* – separate, v
Trennung, f – separation; severance
Trennungsentschädigung, f – separation compensation; severance pay
Trennungszulage, f – separation allowance
treten, v (1) *(in den Ruhestand, m)* – retire (from service), v; go on a pension, v
treten, v (2) *(in den Streik, m)* – go on strike, v; go out on strike, v; come out on strike, v; walk out, v
treu (1) – faithful; true
treu (2) *(ergeben)* – loyal; honest
Treu (f) und Glauben (m) – good faith; loyalty and good faith
Treue, f – loyalty; faith

Treuepflicht, f *(des Arbeitnehmers, m)* – employee's loyalty duty; obligation for loyalty; obligation for faith
Treueprämie, f – loyalty bonus
Treuhänder, m – trustee; trust officer; fiduciary
treuhänderisch – fiduciary
Treuhandanstalt, f – Trust Fund Institution
Treuhandverhältnis, n – trust relationship
Treuhandvermögen, n – trust fund; trust property; trust estate
treulos – disloyal
triftig – cogent; compelling; forcible
triftiger Grund, m – valid reason; sound reason
Trinker/im, m/f – drunkard
Trinkgeld, n – tip; gratuity
Trittbrettfahrer, m *<infml>* – freerider *<infml>*; freeloader *<US>, <infml>*
Trunkenheit, f (1) – intoxication; drunkenness
Trunkenheit, f (2) *(am Steuer, n)* – drunkenness at the wheel; drunken driving
Trunksucht, f – habitual drunkenness
Trunksüchtige/r, f/m – drunkard
Trupp, m – gang
TU → Technische Hochschule, f
tüchtig – able; capable; competent; efficient; proficient
Tüchtigkeit, f – competence; proficiency; ability; efficiency
TÜV → Technischer Überwachungs-Verein, m
Turnus, m – rotation; turn
Turnusarbeit, f – rotational work
Turnusplan, m – rota system
TVG → Tarifvertragsgesetz, n
TzBfG (Gesetz über Teilzeitarbeit und befristete Arbeitsverhältnisse) → Teilzeit- und Befristungsgesetz, n

U

Überalterung, f – superannuation; excess of age
Überangebot, n – oversupply
Überanstrengung, f – overexertion
überarbeiten, v (1) (etwas) – overwork, v; rework, v; redo, v; revise, v
überarbeiten, v (2) *(sich)* – overstrain one self, v; overwork one self, v
Überbeanspruchung, f – overstress
Überbelastung, f – overload; overcharge
Überbeschäftigung, f – overemployment
Überbesetzung, f *(personelle)* – over-manning
überbetrieblich – inter-company; supra-company
überbetriebliche Angelegenheit, f – supra-company matter
überbezahlt – over-paid
überbieten, v – outbid, v; surpass, v
Überblick, m – overview; survey; outline
Überbrückungsbeihilfe, f – transitional allowance; interim aid; bridge payment; stopgap/stopgap relief; bridging grant
Überbrückungsgeld, n – readjustment allowance
Überbrückungstätigkeit, f – bridge job
Überbrückungszahlung, f – bridge payment; transitional payment

Überdenkungszeitraum, m – cooling-off period
übereignen, v (1) – assign, v; grant, v; transfer ownership, v; pass title, v; convey, v
übereignen, v (2) – alienate, v
Übereignung, f – conveyance; transfer of property; grant
übereinkommen, v – agree, v; reach an agreement, v
Übereinkunft, f (1) – agreement; settlement; convention
Übereinkunft, f (2) *(vorläufige)* – tentative agreement
übereinstimmen, v – agree with, v; consent, v
Übereinstimmung, f (1) – conformance; conformity; agreement; concurrence; correspondence
Übereinstimmung, f (2) – accordance; accord; convention
überfällig – overdue
Überflieger, m *<infml>* – highflyer
überflüssig – redundant
überfordern, v *(jmd)* – overcharge, v; overtask, v; ask too much of s.o., v
Überforderung, f – overcharge
überführen, v (1) *(Sachen, pl)* – transfer, v; ferry, v
überführen, v (2) *(einen Täter, m)* – prove s.o.'s guilt, v; convict, v
Überführung, f *(in das Angestelltenverhältnis, n)* – transfer to the salary roll
Übergabe, f – transfer by hand; delivery; manual delivery
Übergang, m *(eines Rechtes, n)* – transition; transmission
Übergangsbeihilfe, f *(für entlassene Arbeitnehmer, pl)* – temporary aid; transitional allowance
Übergangsbestimmungen (pl) – transitional provisions (pl); provisional regulations (pl)
Übergangsgeld, n (1) – interim payment; transitional payment; bridge payment
Übergangsgeld, n (2) – transitional payment; bridge payment (Wird gazahlt an weibliche Bedienstete des öffentlichen Dienstes, die wegen Heirat ausscheiden.)
Übergangsmandat, n – transitional mandate
Übergangsvergütung, f – carry-over payment
Übergangszeit, f – transitional period
überhäufen, v *(mit Arbeit, f)* – swamp s.o. with work, v; snow under, v *<US, infml>*
Überhang, m *(Überschuss, m)* – surplus
überholen, v (1) *(jmd passieren, v)* – overtake, v
überholen, v (2) *(reparieren, v)* – overhaul, v
Überkapazität, f – excess capacity
überlassen, v (1) – assign, v; cede, v; leave, v; transfer, v; surrender, v
überlassen, v (2) – yield, v
Überlassung, f (1) *(Abtretung, f)* – transfer; concession
Überlassung, f (2) *(Aufgabe, f)* – relinquishment; abandonment
Überlassungspflicht, f – abandonment duty
überlasten, v – overburden, v
Überlastung, f – overstrain; overstress
überleben, v – survive, v
Überlebende/r, f/m – survivor
überlebender Ehegatte, m – surviving spouse
Überlegenheit, f – superiority; ascendancy
überleiten, v – pass over, v; conduct over, v

Überleitung, f – transition
Übermaß, n – excess; excessive amount
übermitteln, v (1) – convey, v; transmit, v
übermitteln, v (2) *(Geld, n)* – remit, v
Übermittlung, f – transmission; transfer
Übermittlungskontrolle, f *(von Daten, pl)* – communication control
Übermüdung, f – fatigue
übernachten, v – stay overnight, v
Übernachtung, f – overnight stay
Übernachtungskosten (pl) – overnight expenses (pl)
Übernahme, f (1) *(von Schuld, f)* – acceptance; receipt
Übernahme, f (2) *(eines Betriebes, m)* – takeover; taking possession
Übernahme, f (3) *(von Rechten und Pflichten, pl)* – assumption
Übernahme, f (4) *(in das Angestelltenverhältnis, n)* – transfer to salaried employment; transfer to salary payroll
übernehmen, v (1) – take over, v
übernehmen, v (2) *(einen neuen Aufgabenbereich, m)* – enter upon new duties (pl), v
überprüfen, v – check, v; review, v; verify, v; investigate, v
Überprüfung, f – check; review; audit; verification; screening
überqualifiziert – overqualified
überragend – outstanding
Überreaktion, f – overreaction
überreden, v – induce, v; persuade, v
überschätzen, v – overassess, v; overestimate, v; overrate, v
überschaubar – clear; visible at glance
überschüssig – redundant; surplus; excess
Überschuldung, f – over-indebtedness; excessive indebtedness
Überschuss, m (1) – surplus; excess; remainder
Überschuss, m (2) *(Gewinn, m)* – profit
übersetzen, v – translate, v
Übersicht, f – survey; overall view; summary
Übersiedler/in, m/f – resettler
Überstunde, f – overtime hour; extra hour
Überstunden (pl) machen, v *(Überstunden (pl) leisten, v)* – work overtime, v; do overtime, v
Überstundenbezahlung, f – overtime pay; overtime payment
Überstundenpass, m – overtime card
Überstundenregelung, f – overtime arrangement
Überstundenverbot, n – overtime ban
Überstundenvergütung, f – overtime remuneration; overtime payment
Überstundenzuschlag, m – overtime premium
übertariflich – above the general wage scale; above the general pay scale; in excess of standard rate
übertarifliche Zulage, f – merit increase; allowance above tariff rates (pl)
übertarifliche/r Arbeitnehmer/in, f/m – exempt employee
übertariflicher Kreis, m – exempt staff; exempt personnel
übertragbar – transferable; assignable
Übertragbarkeit, f – transferability; assignability; alienability

übertragen, v (1) *(jmd eine Aufgabe, f)* – assign, v
übertragen, v (2) *(Rechte, pl)* – transfer, v; convey, v
übertragen, v (3) *(auf)* – devolve upon, v
Übertragung, f (1) – transfer; assignment; grant; carryover *<fin>*
Übertragung, f (2) *(von Befugnissen, pl)* – delegation of powers (pl)
Übertragunszeitraum, m – transfer period; transmission period
übertreffen, v – surpass, v; exceed, v; excel, v; outdo, v
übertreten, v – violate, v; infringe, v; contravene, v
Übertretung, f (1) – violation; transgression; infringement; minor/ lesser offence/offense; summary offence/offense
Übertretung, f (2) *jur (im Strafrecht, n)* – misdemeanor
Überversorgung, f – overprovision
übervorteilen, v – cheat, v; take advantage of, v
überwachen, v – superintend, v; supervise, v; monitor, v; observe, v
Überwachung, f (1) – surveillance; supervision; control; monitoring
Überwachung, f (2) *<med> (ärztliche)* – health surveillance
Überwachungsanlage, f – monitoring equipment
Überwachungseinrichtung, f – monitoring device
Überwachungsstelle, f – supervisory body; board of control
überweisen, v – transfer, v; remit, v; assign, v; refer, v
Überweisung, f (1) – bank transfer; transfer; remittance
Überweisung, f (2) *(telegrafische)* – wire transfer
Überweisungsauftrag, m – transfer order; order of remittance
Überweisungsbeschluss, m – transfer order
Überweisungsmonat, m – transfer month
Überweisungsschein, m *<med>* – transfer note; referral slip
überwiegend – predominant; prevailing; preponderant
überzählig – redundant
überzähliges Personal, n – surplus staff; surplus labo(u)r
Überzahlung, f – overcharge; overpayment
überzeugen (jmd), v – convince s.o., v
Überzeugung, f – conviction
Überzeugungskraft, f – ability to convince; reasoning power; powers (pl) of persuation
überziehen, v (Konto, n) – overdraw, v
Überziehung, f – overdraft; overdrawing
Überziehungskredit, m – bank overdraft credit
üblich – usual; customary; common
Übung, f (1) – exercise; practice/practise; usage
Übung, f (2) *(betriebliche)* – established company practice
Übungsfirma, f – training company
Übungsleiter/in, m/f – trainer; instructor
umbestellen, v – redirect, v
umbuchen, v – change booking, v
Umbuchung, f – accounting transfer; accounting change
umdeuten, v – reinterpret, v; give a different interpretation, v
Umdeutung, f *(einer Kündigung, f)* – reinterpretation
umfassend – comprehensive
Umfeld – environment

Umgebung, f (1) – environment
Umgebung, f (2) *(häusliche)* – family environment
Umgebungseinfluss, m – environmental influence
umgehen, v (1) *(meiden, v)* – avoid, v; evade, v; circumvent, v
umgehen, v (2) *(das Gesetz, n)* – evade the law, v
Umgehung, f – avoidance; evasion; circumvention
umgruppieren, v – reclassify, v; regroup, v
Umgruppierung, f – reclassification
Umkehrsatz, m – corollary
Umkleideraum, m – changing room; dressing room; changing facility
Umlage, f – apportionment; levy; assessment; allocation
umlagepflichtig – assessable
Umlageverbot, n – prohibition of apportionment
Umlageverfahren, n – rate assessment <*US*>
Umlauf, m – circulation
Umlaufverfahren, n – circulation procedure; apportionment procedure
Umlaufvermögen, n – current assets (pl)
umordnen, v – rearrange, v
Umorganisation, f – reorganisation/reorganization
umorganisieren, v – reorganise/reorganize, v
umrechnen, v – convert, v
Umrechnungstabelle, f – conversion table
umsatteln, v <*infml*> – change one's profession, v
Umsatz (m) steigern, v – enhance the turnover, v
Umsatz, m – turnover; overturn <*US*>
Umsatzbeteiligung, f – participation in sales (pl); participation in the turnover; commission
Umsatzprämie, f – sales bonus; sales premium
Umsatzprovision, f – commission on sales (pl) effected; commission percentage on sales (pl)
Umsatzrückgang, m – decrease in turnover; decline in sales (pl)
Umsatzsteigerung, f – increase in turnover; increase in sales (pl)
Umsatzsteuer, f – turnover tax <*GB*>; sales tax <*US*>; excise tax <*US*>
Umschüler/in, m/f – retrainee
umschulen (jmd), v – retrain s.o., v
Umschulung, f (1) – retraining; reeducation
Umschulung, f (2) *(berufliche)* – vocational re-education; occupational retraining
Umschulungsbeihilfe, f – re-education allowance; retraining allowance
Umschulungskurs, m – retraining course
Umschulungsmaßnahme, f – retraining measure; occupational retraining measure
umsetzen, v (1) *(Umsatz (m) machen, v)* – turn over, v; sell, v
umsetzen, v (2) *(Arbeitnehmer, pl)* – transfer, v; dislocate, v; move, v; redeploy, v
Umsetzung, f *(von Arbeitnehmern, pl)* – transfer; dislocation; redeployment
Umsiedlungsbeihilfe, f – resettlement allowance
Umstand, m – case; circumstance; factor
umstrukturieren, v – restructure, v; redeploy, v

Umstrukturierung, f – restructuring; redeployment
umstufen, v – reclassify, v
Umstufung, f – reclassification
Umtausch, m – exchange; return
Umverteilung, f – redeployment
Umwandlung, f – conversion; transformation
Umwelt, f (1) – environment
Umwelt, f (2) *(Umgebung, f)* – surroundings (pl)
Umweltbelastung, f – environmental impact
umweltbewusst – environment-conscious; environmentally conscious; environmentally aware
Umwelteinflüsse (pl) – environmental effects (pl); environmental influences (pl)
umweltfreundlich – environmentally beneficial; environmentally compatible
umweltgefährdend – polluting
Umweltingenieur/in, m – hygiene engineer <*US*>
Umweltkriminalität, f – offences/ offenses (pl) involving environmental damage
Umweltschutz, m (1) – environmental protection; environment protection
Umweltschutz, m (2) *(gegen Luftverschmutzung, f)* – pollution control
Umweltschutzbeauftragte/r, f/m – environmental protection officer; environment protection officer; environment protection representative; hygienist <*US*>
Umweltschutzrecht, n – environmental protection <*law*>
Umwelttechniker/in, m/f – pollution control technician
Umweltveränderung, f – environmental change
Umweltverschmutzung, f – environmental pollution
Umweltverträglichkeitsprüfung, f – environmental impact assessment
umziehen, v (1) – relocate, v; move, v <*US*>; remove, v <*GB*>
umziehen, v (2) *(sich)* – change clothes, v; dress, v
Umzug, m – relocation; move <*US*>; remove; removal <*GB*>
Umzugskosten (pl) – removal expenses (pl) <*GB*>; relocation expenses (pl); moving expenses (pl) <*US*>
Umzugskostenbeihilfe, f – removal allowance <*GB*>; removal costs allowance <*GB*>; moving allowance <*US*>; transfer allowance <*US*>
Umzugskostenerstattung, f – removal expenses (pl) refund <*GB*>; moving expenses (pl) refund <*US*>
unabdingbar (1) *(Forderung, f)* – indispensable
unabdingbar (2) *(Recht, n)* – inalienable
Unabdingbarkeit, f (1) – indispensability
Unabdingbarkeit, f (2) *(Unveräußerlichkeit, f)* – inalienability
unabhängig – independent; self-supporting; autonomous
Unabhängigkeit, f – independence; freedom
Unabkömmlichkeitsstellung, f *(vom Wehrdienst, m)* – deferment
unabtretbar – unassignable
unabwendbar – unavoidable; inevitable
unanfechtbar – unimpeachable; incapable of being rescinded; unappealable <*law*>
unangemessen – inadequate; disproportionate

unausgeglichen – unbalanced
unbedeutend – minor; unimportant; insignificant
unbedingt – absolute; unconditional
unbefangen – impartial
unbefristet – unlimited; without time limitation; for an indefinite period
unbefristetes Arbeitsverhältnis, n – unlimited employment
unbefugt – unauthorized
unbegabt – untalented; ungifted
unbegründet – unfounded
unbeholfen – clumsy
unbelastet – unencumbered
unberechtigt – unjust; unauthorized; unwarranted
unbeschadet – notwithstanding; without prejudice to
unbeschäftigt – unemployed; unoccupied; unengaged; idle
unbeschäftigte Arbeiter (pl) – idle workmen
unbescholten – spotless; irreproachable; blameless; unblemished
unbescholten sein, v – have no police record, v
unbeschränkt – unlimited; unrestricted; without limitation
unbesetzt – unoccupied
unbesetzte Stelle, f – vacant position
unbestechlich – unbribable
unbestimmt – uncertain; indeterminate
unbestritten – undisputed
unbeweglich – immovable
unbezahlt – unpaid; without pay
unbezahlte Arbeit, f – unpaid work
unbezahlter Urlaub, m – leave without pay
unbillig – iniquitous; inequitable; unreasonable; unjust; unfair
unbillige Härte, f – undue hardship
unbrauchbar – disabled; useless; of no use
undifferenziert – undifferentiated
unehelich – illegitimate; born out of wedlock
unehrenhaft – dishono(u)rable
unehrlich – dishonest
Uneigennützigkeit, f – unselfishness
uneingeschränkt – unrestricted; unlimited; unqualified
Uneinigkeit, f – disagreement; disunion
unentgeltlich – gratuitous; free of charge; gratis
unentschieden – undecided
unentschlossen – indecisive
unentschuldigt – unexcused
unentschuldigte Abwesenheit, f – unauthorized absence
unentschuldigtes Fehlen, n – absence without leave (AWOL)
unerfahren – inexperienced; unacquainted; unpracticed
unerheblich – irrelevant; insignificant; immaterial
unerlaubt – unlawful; illicit; unauthorized; tortious
unerlaubte Handlung (f) begehen, v – trespass, v
unerlaubte Handlung, f – tort; misfeasance; trespass; illicit act; tortious act, civil wrong
unersetzlich – irreplaceable
unfachmännisch – unworkmanlike
unfähig – incompetent; unable; incapable; disabled; unfit
Unfähigkeit, f – inability; incompetence; incapability; incapacity; disqualification
Unfall, m (1) – accident; mischance
Unfall, m (2) *(meldepflichtiger)* – reportable accident

Unfall, m (3) *(mit Personenschaden, m)* – accident involving personal injury

Unfall, m (4) *(mit tödlichem Ausgang, m)* – fatal accident

Unfallanzeige, f – accident notification; accident report

unfallbedingt – resulting from an accident

Unfallbericht, m – injury investigation report

Unfallbeschädigung, f – accident damage

Unfallentschädigung, f – accident benefit; accident indemnity

Unfallgefahr, f – accident hazard

Unfallhäufigkeit, f – accident frequency

Unfallhäufigkeitsrate, f *(Unfälle pro 1 Million Arbeitsstunden)* – accident frequency rate

Unfallhaftpflicht, f – legal liability for accidents (pl)

Unfallneigung, f – accident proneness

Unfallort, m – location of the accident; accident site

Unfallrente, f – accident annuity; accident benefit; injury benefit <*GB*>; industrial disablement pension

Unfallrisiko, n – accident risk

Unfallschutz, m – accident prevention; protection against accidents (pl)

Unfallschutzprogramm, n – safety program(me)

Unfallschwererate, f *(Ausfalltage pro 1 Million Arbeitsstunden)* – accident severity rate

Unfallschwerpunkt, m – accident black spot

Unfallstation, f – first-aid station

Unfallstatistik, f – accident statistics (pl)

Unfalluntersuchung, f – injury investigation

Unfallursache, f – cause of accident; cause for accident

Unfallverhütung, f – accident prevention; prevention of accidents (pl)

Unfallverhütungsprogramm, n – safety scheme

Unfallverhütungsvorschriften (pl) – accident prevention rules (pl); accident prevention regulations (pl); safety regulations (pl)

Unfallversicherung, f (1) – accident insurance

Unfallversicherung, f (2) *(gesetzliche)* – industrial injuries (pl) insurance <*GB*>; workmen's compensation insurance <*US*>

Unfallversicherungsbeitrag, m – accident insurance contribution

Unfallversicherungsneuregelungsgesetz, n – Accident Insurance Reorganizing Act

Unfallversicherungsträger, m – accident insurance carrier

ungebildet – uneducated; unrefined

ungebührlich – contemptible; undue

ungebunden – loose

ungeeignet – inappropriate; unfit; unsuitable; unqualified

ungefähr – approximate

ungefragt – unasked

Ungehorsam, m – disobedience; insubordination

ungekündigt – not under notice

ungelernt (1) – unskilled

ungelernt (2) *(unausgebildet)* – untrained

ungelernte Arbeit, f – unskilled work

ungelernte/r Arbeiter/in, m/f – unskilled worker; labo(u)rer

ungenügend – unsatisfactory; insufficient

ungenutzt – idle

ungeordnet – irregular
ungerecht – unjust; unfair; unlawful; iniquitous
ungerechtfertigt – unjustifiable; unwarranted; unjustified
ungerechtfertigte Bereicherung, f – unjust enrichment
Ungerechtigkeit, f – unjustness; injustice; iniquity
ungeschickt – clumsy
ungesetzlich (1) – unlawful; lawless; illegal; illegitimate; wrongful
ungesetzlich (2) – illicit
ungesetzlich handeln, v – trespass, v
ungesichert – insecure
ungesund – unhealthy
ungeübt – untrained; unpracticed
ungewiss – uncertain; insecure; aleatory
ungewöhnlich – unusual; exceptional
unglaubwürdig – unworthy of credence; untrustworthy
ungleich – unequal; different
Ungleichbehandlung, f – unequality of treatment; unequal treatment; discrimination
Ungleichheit, f – unequality
Unglücksfall, m – accident; casualty; misfortune; misadventure
ungültig – invalid; void; inoperative *<law>*
ungültig erklären, v für ungültig erklären, v – invalidate, v; declare null and void, v; rescind, v
ungültig machen, v – invalidate, v; obliterate, v; cancel, v
Ungültigkeitserklärung, f – invalidation; nullification; annulment
ungünstig – adverse; unfavo(u)rable
unhaltbar – unmaintainable
Unheil, n – mischief
unhöflich – disrespectful; impolite; rude
unhygienisch – insanitary
Universalfräser, m – universal milling cutter
Universalhobler, m – universal shaper
Universalrechner, m – general purpose computer
Universalschleifer, m – universal grinder
Universalspringer, m – utility man *<US>*
Universität, f – university
Universitätsabschluss, m – university degree
Universitätsabsolvent/in, m/f – university graduate
Universitätsexamen, n (1) – university degree
Universitätsexamen, n (2) *(mit Auszeichnung, f)* – hono(u)rs degree; pass with distinction
Universitätsexamen, n (3) *(ohne Auszeichnung, f)* – pass degree
Universitätsstudium, n – academic training; university education
Unkenntlichkeit, f – unrecognizability
Unkenntnis, f – ignorance; lack of knowledge
Unklarheit, f – unclarity; unclearness
unkündbar – incapable of being terminated by notice; irrevocable; binding; irredeemable
unkündbare Stellung, f – permanent position; tenured employment
Unkündbarkeit, f (1) *(eines Vertrages, m)* – non-terminability
Unkündbarkeit, f (2) *(einer Stellung, f)* – permanency
unkundig – unacquainted
unlauterer Wettbewerb, m – unfair competition
unmittelbar – immediate; direct
unmittelbare Wahl, f – direct voting

unmittelbarer Besitz, m – immediate possession; direct possession
unmittelbarer Zwang, m – direct compulsion
unmöglich – impossible
Unmöglichkeit, f (1) – impossibility
Unmöglichkeit, f (2) *(der Arbeitsleistung, f)* – impossibility of work; impossibility of performance
unmoralisch – immoral
unmündig – under age
Unmündigkeit, f – minority
unordentlich (1) *(Person, f)* – untidy
unordentlich (2) *(Lebenswandel, m)* – disorderly
Unordnung, f – disorder; mess
unparteiisch – impartial
unpersönlich – impersonal
unpfändbar – unseizable; incapable of being attached; not subject to attachment; non-leviable; judgement-proof *<US>*
Unpfändbarkeit, f – exemption from seizure
unpünktlich – tardy; unpunctual
Unpünktlichkeit, f – tardiness
Unrecht, n – wrong; harm; iniquity; injustice
unrechtmäßig – unlawful; unjust; tortious; illegitimate; wrongful
unrechtmäßige Kündigung, f – wrongful discharge
Unrechtsbewusstsein, n – guilty knowledge
unredlich – dishonest; unfair; corrupt
unregelmäßig – irregular; casual
unreif – immature
unrentabel – unprofitable; loss-making
unrichtig – incorrect; false; wrong; untrue
unschädlich – harmless
unschlüssig – hesitant
Unschuld, f – innocence
unschuldig – innocent; guiltless
unselbständig – dependent
unselbständige Arbeit, f – employment work
unsicher – unsafe; insecure; precarious; aleatory
Unsicherheit, f – insecurity
unsittlich – immoral; indecent
unständig Beschäftigte/r, f/m – casual worker
unstatthaft – not permitted; prohibited
untadelig – irreproachable
untätig – inactive; idle
Untätigkeit, f – failure to act; inactivity
Untätigkeitsklage, f – action on the grounds (pl) of administrative inactivity
untauglich (1) *(Sachen, pl)* – unserviceable
untauglich (2) *(Personen, pl)* – inefficient; unqualified; unfit
untauglicher Versuch, m – attempt foredoomed to failure
Untauglichkeit, f – disqualification; inefficiency
unter Ausschluss (m) der Öffentlichkeit (f) – in chambers; in camera
unter Ausschluss (m) des Rechtsweges (m) – disbarring legal actions (pl)
unter Eid (m) aussagen, v – depose, v
unter Mitarbeit (f) von – in co-operation/cooperation with; in collaboration with
Unterabschnitt, m – subsection
Unterabteilung, f – subdivision
Unterausschuss, m – subcommittee
Unterbau, m *(organisatorischer)* – organisational/organizational substructure

Unterbeschäftigung, f – underemployment

unterbesetzt *(personell)* – understaffed

Unterbevollmächtigte/r, f/m *<jur>* – subagent *<law>*

Unterbevollmächtigung, f – substitution

Unterbewusstsein, n – subconsciousness

unterbezahlt – underpaid

Unterbezahlung, f – underpayment

unterbrechen, v – interrupt, v; discontinue, v; disconnect, v

Unterbrechung, f – interruption; pause; discontinuation; break *<US>*; recess *<US>*

unterbringen, v – place, v; accommodate, v

Unterbringung, f (1) *(Wohung, f)* – accommodation; housing

Unterbringung, f (2) *(von Schwerbehinderten, pl)* – placement

Unterbringungskosten (pl) – accommodation costs (pl)

unterdrücken, v (1) – suppress, v; oppress, v; restrain, v

unterdrücken, v (2) *(Tatsachen, pl)* – conceal, v

unterfordern, v *(jmd)* – ask too little of s.o., v; demand too little of s.o., v; not to challenge s.o. enough, v

Untergang, m (1) – loss

Untergang, m (2) *(Sachen, pl)* – destruction

Untergang, m (3) *(Rechte, pl)* – extinction

Untergebene/r, f/m – subordinate; underling *<infml>*

untergeordnet – subordinate; minor; junior; ancillary

Unterhändler/in, m/f – negotiator; mediator

Unterhalt (m) gewähren, v (1) – provide maintenance, v

Unterhalt (m) gewähren, v (2) *(an den Ehepartner, m)* – pay alimony, v; aliment, v

Unterhalt, m (1) – support; regular support payments (pl)

Unterhalt, m (2) *(von Kindern, pl)* – maintenance; livelihood

Unterhalt, m (3) *(an den Ehepartner, m)* – alimony

unterhalten, v *(unterstützen, v)* – maintain, v; support, v

Unterhaltsanspruch, m (1) – right of support; right to maintenance; maintenance claim

Unterhaltsanspruch, m (2) *(eines Ehepartners, m)* – right to alimony

Unterhaltsbeihilfe, f (1) – subsistence allowance

Unterhaltsbeihilfe, f (2) *(staatliche)* – maintenance grant

unterhaltsberechtigt (1) *(Kind, n)* – entitled to maintenance; entitled to support

unterhaltsberechtigt (2) *(Ehepartner, m)* – entitled to alimony

unterhaltsberechtigtes Kind, n – dependent child

Unterhaltsfreibetrag, m – dependency exemption

Unterhaltsgeld, n – maintenance allowance

Unterhaltsgläubiger/in, m/f (1) *(Kind, n)* – maintenance creditor

Unterhaltsgläubiger/in, m/f (2) *(Ehepartner, m)* – alimony creditor

Unterhaltskosten (pl) – cost of living; living expenses (pl); maintenance costs (pl)

Unterhaltspfändung, f – seizure of support payments (pl)

Unterhaltspflicht, f (1) *(gegenüber einem Kind, n)* – duty to furnish support; duty of furnishing maintenance; liability to support; obligation to provide maintenance; legal obligation to furnish support / maintenance

Unterhaltspflicht, f (2) *(gegenüber dem Ehepartner, m)* – legal obligation to pay alimony

Unterhaltszahlung, f – maintenance payment; alimony payment

Unterhaltszuschuss, m (1) – subsistence allowance

Unterhaltszuschuss, m (2) *(staatlicher)* – maintenance grant

Unterkunft, f – accommodation; lodging; housing; quarters (pl)

Unterlage, f *(Beleg, m)* – paper; document; voucher; file

Unterlagen, pl (1) *(beweiskräftige)* – substantiating documents (pl)

Unterlagen, pl (2) *(standesamtliche)* – vital documents (pl)

Unterlagensammlung, f – record collection

unterlassen, v – refrain (from doing sth), v; abstain, v; omit, v; fail to do, v; forbear, v

Unterlassung, f (1) – nonperformance; neglect; forbearance *<law>*; abstention *<law>*; failure *<law>*

Unterlassung, f (2) *(schuldhafte)* – omission

Unterlassung, f (3) *(pflichtwidrige)* – nonfeasance

Unterlassungsanspruch, m – right to refrain s.o. from acting; right to forbearance

Unterlassungsbefehl, m – injunction order

Unterlassungsklage, f – action for a permanent injunction; action for default; prohibitory action; suit for discontinuance

Unterlassungspflicht, f – duty to refrain from doing sth

Unterlassungsurteil, n – injunction; permanent injunction; restraining order *<US>*

Unterlieferant, m – subcontractor

unterliegen, v *(verlieren, v)* – lose, v; fail, v; be unsuccessful, v

Untermiete, f – sublease; subletting; subtenancy; underlease

Untermieter/in, m/f – subtenant; sublessee

Unternehmen (n) leiten, v – manage a business, v; conduct a business, v

Unternehmen, n (1) – enterprise; company; corporation; venture; business

Unternehmen, n (2) *(abhängiges)* – dependent company; dependent undertaking

Unternehmen, n (3) *(herrschendes)* – controlling company; dominant company; dominant undertaking

Unternehmen, n (4) *(verbundenes)* – affiliated undertaking; associated company; associated enterprise; related company

Unternehmen, n (5) *(für Zeitarbeit, f)* – temporary employment agency

Unternehmensaufbau, m – corporate structure

Unternehmensberater/in, m/f – management consultant; company consultant; business consultant

Unternehmensbereich, m – corporate sector

Unternehmenserwerb, m *(durch Aktienübernahme, f)* – takeover

Unternehmensform, f – form of enterprise; type of enterprise

Unternehmensführung, f – corporate management; business management

Unternehmensgröße, f – company size

Unternehmensgrundsätze (pl) – corporate principles (pl); company guiding principles (pl); corporate policy; company policy

Unternehmenshierarchie, f – corporate hierarchy

Unternehmenskommunikation, f – corporate communication

Unternehmenskultur, f – corporate culture; enterprise culture

Unternehmensleitbild, n – corporate principles; corporate identity; corporate image

Unternehmensleitung, f – corporate management; company management

Unternehmensorganisation, f – corporate organisation/organization

Unternehmensplanspiel, n – business game; business simulation game

Unternehmenspolitik, f – corporate policy; business policy; company strategy

Unternehmensspitze, f – executive management

Unternehmensstruktur, f – corporate structure

Unternehmensübergang, m – transfer of undertaking

Unternehmensübernahme, f – company takeover

Unternehmensverband, m – trade association; business association

Unternehmensverfassung, f – corporate constitution

Unternehmenszweck, m – organisational/organizational purpose

Unternehmer/in, m/f – entrepreneur; business owner; runner of a business; business man

unternehmerisch – entrepreneurial; managerial

unternehmerisches Denken, n – business thinking

Unternehmerverband, m – employers' association

Unternehmungsgeist, m – initiative; entrepreneurial spirit; getup <*US, infml*>

unterordnen, v – subordinate, v

Unterricht, m (1) – lessons (pl); classes (pl) <*US*>; instruction; teaching; training

Unterricht, m (2) – tuition

unterrichten, v – instruct, v; teach, v; train s.o. for sth, v

Unterrichtsfach, n – subject

Unterrichtsmethode, f – teaching method

Unterrichtsplan, m – curriculum; syllabus

Unterrichtsstunde, f – lesson; training session; class <*US*>

Unterrichtung, f – instruction; briefing; information

Unterrichtungspflicht, f – obligation to inform

untersagen, v – prohibit, v; forbid, v; inhibit, v; interdict, v; ban, v

Untersagung, f – prohibition; inhibition

Unterscheidungsmerkmal, n – earmark; criterion

Unterschied, m – difference

unterschiedlich – different

Unterschiedsbetrag, m – differing amount

unterschlagen, v (1) – misappropriate, v; embezzle, v

unterschlagen, v (2) *(Geld, n)* – defalcate, v; peculate, v

Unterschlagung, f (1) – misappropriation; embezzlement

Unterschlagung, f (2) *(von Geld, n)* – defalcation; defraudation; peculation
Unterschlagung, f (3) *(von Postsachen, pl)* – interception
unterschreiben, v – sign, v; undersign, v; underwrite, v
Unterschrift (f) beglaubigen, v – attest a signature, v; certify a signature, v
Unterschrift, f – signature
Unterschriftensammlung, f – collection of signatures (pl); sign-in
unterschriftsberechtigt – authorized to sign
Unterschriftsprobe, f – specimen signature
Unterschriftsvollmacht, f – authority to sign; signing power; signatory power
unterstehen, v *(jmd unterstellt sein, v)* – be subordinate to s.o., v; report to s.o., v
Unterstellung, f (1) *(Unterordnung, f)* – subordination
Unterstellung, f (2) *(Vermutung, f)* – presumption
unterstützen, v – support, v; assist, v; maintain, v; back, v
Unterstützung (f) beziehen, v – obtain relief, v
Unterstützung (f) gewähren, v – afford the necessary assistance, v; grant assistance, v
Unterstützung, f (1) – support; subsidy; maintenance; backing
Unterstützung, f (2) *(Fürsorge, f)* – relief
Unterstützung, f (3) *(Hilfe, f)* – assistance; aid; help
Unterstützung, f (4) *(staatliche)* – state aid <*US*>
Unterstützung, f (5) *(finanzielle)* – pecuniary aid; financial assistance
Unterstützungseinrichtung, f – welfare centre <*GB*>
Unterstützungsfonds, m – welfare fund; relief fund; provident fund; benevolent fund
Unterstützungskasse, f – support fund; relief fund; benevolent fund
Unterstützungsleistung, f (1) – aid payment; maintenance payment; subsidy
Unterstützungsleistung, f (2) *(staatliche)* – public-aid benefit
Unterstützungsmaßnahme, f – support measure
Unterstützungsverein, m (1) – provident society
Unterstützungsverein, m (2) *(auf Gegenseitigkeit, f)* – mutual benefit society
Unterstützungszahlung, f – aid payment; maintenance payment
Unterstützungszusage, f – promise of help
Unterstufe, f *(der Schule, f)* – lower school; junior cycle; junior high school <*US*>
untersuchen, v – investigate, v; inquire into, v; research, v; examine, v <*med*>
Untersuchung (f) einleiten, v – institute an inquiry, v
Untersuchung, f – investigation; inquiry; medical examination <*med*>; physical examination <*med*>
Untersuchungsausschuss, m – board of inquiry; commission of inquiry; investigating committee
Untersuchungsgrundsatz, m – inquisitorial principle
Untersuchungshaft, f – detention pending trial; pre-trial confinement
Untersuchungsrichter/in, m/f – investigating magistrate

Untertagebelegschaft, f – underground manpower
Untertagebetrieb, m – underground operations (pl)
Untervermietung, f – sublease
unterversichert – underinsured unterstellt sein, v
Unterversorgung, f – under-supply
Untervertreter, m – sub-agent; substitute
Untervollmacht, f – power of substitution; delegated authority; substitute power of attorney <*law*>; subagency
unterweisen, v – instruct, v
Unterweisung, f – lessons (pl); classes (pl) <*US*>; instruction; briefing; training
unterwerfen (sich), v – submit to, v
unterzeichnen, v – sign, v; undersign, v
Unterzeichner/in, m/f – signatory; undersigned; signer; signatory
unterziehen, v *(sich einer Prüfung, f)* – sit an examination, v; go in for an examination, v
Untreue, f – disloyalty; breach of trust
unumgänglich – obligatory; unavoidable; inevitable
ununterbrochen – continuous
unverantwortlich – irresponsible; unjustifiable
unverbindlich – informal; casual
unvereinbar – incompatible with sth.; inconsistent
Unvereinbarkeit, f – incompatibility
unverfallbar – non-forfeitable
unverfallbare Pensionsanwartschaft, f – vested pension right
Unverfallbarkeit, f (1) *(der Pensionsanwartschaft, f)* – non-forfeitability
Unverfallbarkeit, f (2) *(des Ruhegeldes, n)* – vested right
Unverfallbarkeitsbescheinigung, f – non-forfeitability certificate
unverhältnismäßig – disproportionate
unverheiratet – unmarried
unverletzlich – invulnerable; inviolable
unvermeidlich – inevitable; unavoidable
Unvermögen, n – inability; incapacity; incompetence; disability
unverschuldet – unembarrassed; not in debt
Unversetzbarkeit, f – irremovability; exemption from transfer
unversteuert – non-tax-paid; not taxed
unverträglich – incompatible; inconsistent
unverzüglich – immediate; prompt; without delay
unvorhergesehen – unforeseen; unexpected; unanticipated
unvorhergesehenes Ereignis, n – contingency
unvorteilhaft – disadvantageous
unwahr – untrue
Unwahrheit, f – falsehood; lie
unwesentlich – irrelevant; insignificant; unimportant; extrinsic
unwiderlegbar – irrebuttable; incapable of being rebutted
unwiderruflich – irrevocable; incapable of being revoked
unwirksam – invalid; ineffective/ineffectual; of no effect; inoperative; void
Unwirksamkeit, f – ineffectiveness; nugacy; invalidity
unzufrieden – dissatisfied; discontent

Unzufriedenheit, f – dissatisfaction; discontent

unzulänglich – insufficient

unzulässig – undue; unlawful; inadmissible; not permissible; not permitted

Unzulässigkeit, f – inadmissibility

unzumutbar (1) – unacceptable; not acceptable

unzumutbar (2) *(unpassend)* – unsuitable

Unzumutbarkeit, f – unacceptability; unreasonableness

unzurechnungsfähig – irresponsible; insane; of unsound mind

Unzurechnungsfähigkeit, f – mental incapacity; incapacity of forming intent

unzureichend – insufficient

unzuständig – not responsible; not competent; having no jurisdiction; having no responsibility

unzuverlässig – unreliable; incalculable

Unzuverlässigkeit, f – unreliability; lack of reliability

unzweideutig – unambiguous; unequivocal

Urabstimmung, f – strike vote; strike ballot; initial vote

Urheberrecht, n (1) – copyright; author`s right

Urheberrecht, n (2) *(Patentrecht, n)* – patent right

Urkunde, f (1) – document; deed; certificate; instrument; roll

Urkunde, f (2) *(zu einer bestimmten Angelegenheit, f)* – dossier

Urkunde, f (3) *(öffentliche)* – public instrument; official record

Urkundenbeweis, m – documentary evidence; written evidence; written proof

Urkundenfälschung, f – falsification of documents (pl)

Urkundenmissbrauch, m – misuse of documents (pl)

Urkundsbeamter, m – registrar; commissioner of deeds (pl); recording official; authenticating clerk; official authorized by law to draw documents (pl)

Urlaub (m) machen, v – be on holiday, v; be on holidays (pl), v; be on vacation, v <*US*>; take a vacation, v <*US*>

Urlaub (m) nehmen, v – take leave, v; take a leave, v; vacation, v <*US*>

Urlaub, m (1) – holiday/holidays (pl) <*GB*>; vacation <*US*>; leave

Urlaub, m (2) *(bezahlter)* – paid holiday <*GB*>; paid vacation/vacation with pay <*US*>; paid leave/ leave with pay; holiday with pay <*GB*>

Urlaub, m (3) *(unbezahlter)* – leave without pay; payless vacation <*US*>; holiday without pay <*GB*>

Urlaubsabgeltung, f – compensation for holiday not taken; compensation for vacation not taken; payment in lieu of vacation

Urlaubsabwicklung, f – holiday settlement; vacation settlement <*US*>

Urlaubsanspruch, m – leave entitlement; holiday entitlement; vacation entitlement <*US*>; entitlement to leave

Urlaubsantrag, m – application for leave; application for holiday; application for vacation <*US*>

Urlaubsart, f – type of leave; type of holiday; type of vacation <*US*>

Urlaubsbescheinigung, f – leave statement; holiday statement; vacation statement <*US*>

Urlaubsdauer, f – length of leave; length of holiday; length of vacation <*US*>

Urlaubsentgelt, n – payment during leave; leave pay; holiday pay; holiday remuneration <*GB*>; vacation pay/compensation <*US*>

Urlaubsgeld, n – special vacation bonus <*US*>; special vacation benefit <*US*>; holiday bonus; holiday money; holiday allowance

Urlaubsgeldgesetz, n (UrlGG) – Act on Granting Annual Holiday Allowances to Civil Servants

Urlaubsgrundsätze (pl) – principles (pl) for leave arrangements (pl)

Urlaubsjahr, n – leave year; vacation year <*US*>

Urlaubskonto, n – leave account

Urlaubsliste, f – leave book; leave roster

Urlaubsplan, m – leave schedule; holiday schedule; vacation schedule <*US*>

Urlaubsplanung, f – leave planning; vacation planning <*US*>

Urlaubsregelung, f – holiday regulation; vacation regulation <*US*>

urlaubsreif – ready for holiday; ready for vacation <*US*>

Urlaubssperre, f – ban on leave; ban on vacation <*US*>

Urlaubstag, m – day's leave; day of one's holiday; day of one's vacation <*US*>

Urlaubsüberschreitung, f – absence over leave

Urlaubsvergütung, f – holiday pay; vacation pay <*US*>; vacation compensation <*US*>

Urlaubsverlangen, n – leave demand; vacation demand <*US*>

Urlaubsvertreter/in, m/f – holiday replacer; vacation replacer <*US*>

Urlaubsvertretung, f – holiday replacement; vacation replacement <*US*>

Urlaubszeit, f – holiday season; leave period; vacation period <*US*>

Urlaubszuschuss, m – holiday allowance

UrlGG → Urlaubsgeldgesetz, n

Ursache, f – cause; ground; reason

ursächlich – causal

Ursächlichkeit, f – causality

Urschrift, f – original; script <*law*>

urschriftlich – original

ursprünglich – original; initial

Ursprung, m – origin

Urteil (n) aufheben, v – rescind a judgement, v

Urteil (n) erwirken, v – recover a judgement, v

Urteil, n (1) *(Meinung, f)* – opinion

Urteil, n (2) *(im Schiedsverfahren, n)* – award

Urteil, n (3) *(im Zivilprozess, m)* – judgement; ruling; adjudication

Urteil, n (4) *(Beschluss, m)* – decision

Urteil, n (5) *(Geschworenenspruch, m)* – verdict

Urteil, n (6) *(Strafmaß, n)* – sentence

Urteil, n (7) *(Scheidung, f)* – decree

Urteil, n (8) *(angefochtenes)* – contested judgement

Urteil, n (9) *(rechtskräftiges)* – final judgement

urteilen, v – judge, v

Urteilsfähigkeit, f – judgement capability <*US*>

Urteilsformel, f – operative part of the judgement

Urteilsgründe (pl) – opinion of the court; grounds (pl) for judgement; reasons (pl) for judgement

Urteilsverfahren, n – judgement proceedings (pl)

Urteilsverkündung, f – pronouncement of judgement; pronouncement of sentence

Urwahl, f – primary election

UWG → Gesetz (n) gegen den unlauteren Wettbewerb (m)

V

Vakanz, f – vacancy; vacant post

variabel – variable

variable Arbeitszeit, f – variable working hours (pl)

variable Entgeltbestandteile (pl) – variable income elements (pl)

Vaterschaft, f – fatherhood; paternity

Vaterschaftsurlaub, m – paternity leave

VER.DI → Vereinte Dienstleistungsgewerkschaft, f

Verabredung, f *(geschäftliche)* – appointment

verabschieden, v (1) *(jmd)* – dismiss s.o., v

verabschieden, v (2) *(sich)* – take one's leave, v

Verabschiedung, f (1) – send-off

Verabschiedung, f (2) *(Gesetze, pl)* – adoption; passing <*US*>

veränderlich – variable; changeable; unsteady

verändern, v – alter, v; change, v; modify, v

Veränderung, f – alteration; change; modification; variation

veräußern, v – sell, v; alienate, v; dispose of, v

veranlagen, v *(Steuer, f)* – assess, v

Veranlagung, f (1) *(Persönlichkeit, f)* – nature; disposition; predisposition; inclination

Veranlagung, f (2) *(Steuer, f)* – assessment

Veranlagungszeitraum, m *(Steuer, f)* – assessment period

veranlassen, v – induce, v; instigate, v; cause, v

Veranlassung, f – reason; cause

Veranstaltung, f – event

verantwortlich – responsible; answerable; liable <*law*>; accountable; amenable

Verantwortlichkeit, f – responsibility; accountability; liability

Verantwortung (f) tragen, v – bear responsibility, v

Verantwortung (f) übernehmen, v – assume responsibility, v

Verantwortung (f) übertragen, v – delegate responsibility, v

Verantwortung, f – responsibility; accountability

Verantwortungsbereich, m – area of responsibility

Verantwortungsbewusstsein, n – sense of responsibility; consciousness of responsibility

verantwortungslos – irresponsible

Verantwortungsspielraum, m – boundaries (pl) of responsibility

verarbeiten, v *(Material, n)* – process, v; manufacture, v

verarbeitende Industrie, f – processing industry

Verarbeitung, f *(von Material, n)* – processing; manufacture

Verband, m (1) *(Organisation, f)* – association; federation

Verband, m (2) <*med*> – bandage

Verbandskasten, m – first-aid box; first-aid kit

Verbandstarifvertrag, m – collective agreement between trade union and employers' association; collective agreement between labor union and employers' association <*US*>

Verbandsvertreter/in, m/f – representative of an association; representative of a federation

verbergen, v – conceal, v

verbessern, v (1) – correct, v; improve, v; reform, v; ameliorate, v

verbessern, v (2) *(sich finanziell)* – better one self, v

Verbesserung, f (1) *(Fortschritt, m)* – improvement; progress

Verbesserung, f (2) *(Berichtigung, f)* – correction

Verbesserungsvorschlag, m – suggestion for improvement; proposal for improvement

verbieten, v – forbid, v; prohibit, v; inhibit, v; restrain, v

verbindlich – binding; mandatory; obligatory; compulsory

verbindliche Entscheidung, f – binding decision

Verbindlichkeit, f – liability; obligation; engagement

Verbindlichkeiten, pl (1) – financial debts (pl); financial accounts (pl) payable; liabilities (pl); accounts payable (pl)

Verbindlichkeiten, pl (2) *(kurzfristige)* – current liabilities (pl)

Verbindung, f – contact; connection; relation; link

Verbindungsmann/ -frau, m/f *(Verbindungsperson, f)* – liaison officer

Verbindungsstelle, f – liaison office; liaison agency

verborgener Mangel, m (*verdeckter Mangel, m*) – hidden defect; latent defect

Verbot (n) der Diskriminierung (f) wegen Behinderung (f) – Americans with Disabilities Act (ADA) <*US*>

Verbot, n (1) – prohibition; ban; restriction; interdict(ion); proscription

Verbot, n (2) *(gerichtliches)* – injunction

Verbot, n (3) *(richterliches)* – restraining order

verbotene Eigenmacht, f – unlawful interference

Verbotsgesetz, n – prohibitory law

Verbotsprinzip, n – principle of implicit permission

Verbrauch, m – consumption; expenditure

Verbraucher/in, m/f – consumer

Verbraucherpreisindex, m – consumers' price index

Verbrauchssteuer, f – excise tax; consumption tax

Verbrechen, n – felony; crime

Verbreitung, f (1) – circulation; dissemination; distribution; coverage

Verbreitung, f (2) *(von Informationen, pl)* – dissemination of information

verbrieft – vested

verbuchen, v – book, v; enter into the accounts (pl), v; enter into the books (pl), v; record, v

verbürgen (sich), v – answer for, v; guarantee, v

verbürgt (1) *(bestätigt)* – authentic

verbürgt (2) *(garantiert)* – guaranteed

verbüßen, v (1) – pay the penalty for, v

verbüßen, v (2) *(eine Haftstrafe, f)* – serve a prison sentence, v

Verbundausbildung, f – integrated training

Verdacht, m – suspicion

Verdachtsgründe (pl) – reasons (pl) of suspicion

Verdachtskündigung, f – dismissal on suspicion of unlawful conduct

verdächtigen, v – suspect, v

verdeckter Mangel, m → verborgener Mangel, m

verdienen, v (1) – earn, v; gain, v

verdienen, v (2) *(gut)* – make money, v

verdienen, v (3) *(weit über Tarif, m)* – earn well above the agreed rate, v

verdienen, v (4) *(weit unter Tarif, m)* – earn far below the agreed rate, v

Verdienst, m (1) *(Entgelt, n)* – income; earnings (pl); wages (pl); emoluments (pl)

Verdienst, m (2) *(Gewinn, m)* – gain; profit

Verdienst, n (1) – merit

Verdienst, n (2) "Dies ist das Verdienst (n) von X." – The credit for this goes to X.

Verdienstausfall, m – loss of earnings (pl); loss of wages (pl); loss of remuneration; loss of pay

Verdienstaussichten (pl) – earnings (pl) prospects (pl)

Verdienstbescheinigung, f – statement of earnings (pl); wage certificate

Verdienste (pl) *(um)* – s.o.'s services (pl) to

Verdiensterhöhung, f – increase of earnings (pl)

Verdienstgrad, m – earnings (pl) factor

Verdienstmöglichkeit, f – potential earnings (pl); income opportunity

Verdienstnachweis, m – statement of earnings (pl); payslip

Verdienstsicherung, f – standard wage maintenance

Verdienstspanne, f – margin of profit; profit margin

verdingen (sich), v – enter service, v; bind oneself, v

verdrängen, v *(jmd bei der Sozialauswahl, f)* – bump s.o., v

Veredelung, f – processing

Veredelungswirtschaft, f – processing industry

vereidigen, v – swear in, v; administer an oath, v

Verein, m (1) – association; society; club

Verein, m (2) *(eingetragener)* – registered association; membership corporation

Verein, m (3) *(nicht eingetragener)* – non-registered association; membership association <*US*>

vereinbar – compatible; reconcilable

vereinbaren, v (1) – arrange s.th., v; settle, v; stipulate, v; agree upon, v

vereinbaren, v (2) *(Gehalt, n)* – appoint a salary, v

vereinbaren, v (3) *(stillschweigend)* – stipulate tacitly, v

vereinbaren, v (4) *(vertraglich)* – stipulate by contract, v

Vereinbarung, f (1) – agreement; settlement; arrangement; stipulation; contract

Vereinbarung, f (2) *(mündliche)* – verbal agreement; oral agreement

Vereinbarung, f (3) *(ohne festgelegte Laufzeit, f)* – open-ended agreement

Vereinbarung, f (4) *(schriftliche)* – written agreement; agreement in writing

Vereinbarung, f (5) *(tarifvertragliche)* – collective agreement; industrial agreement

vereinbarungsgemäß – as agreed; as agreed upon

vereinfachen, v – simplify, v; streamline, v; rationalise/ rationalize, v

Vereinigung, f (1) *(Organisation, f)* – association; corporation

Vereinigung, f (2) *(Zusammenschluss, m)* – amalgamation; unification

Vereinsregister, n – register of membership corporations (pl); register of associations (pl); register of charitable non-profit associations (pl)

Vereinte Dienstleistungsgewerkschaft, f (ver.di) – United Service Union

Verfahren (n) aussetzen, v *<jur>* – stay the proceedings (pl), v; suspend the proceedings (pl), v

Verfahren (n) einleiten, v *<jur>* – commence the proceedings (pl), v; institute the proceedings (pl), v

Verfahren (n) eröffnen, v *<jur>* – open the proceedings (pl), v

Verfahren, n (1) *(Arbeitsvorgang, m)* – operation; procedure

Verfahren, n (2) *(Methode, f)* – method; manner; technique; process; practice/practise

Verfahren, n (3) *<jur>* – proceedings (pl); legal proceedings (pl); procedure; case; suit at law

Verfahren, n (4) *(abgekürztes)* – summary procedure

Verfahren, n (5) *(beschleunigtes)* – accelerated procedure

Verfahren, n (6) *(mündliches)* – oral procedure

Verfahren, n (7) *<jur> (ordentliches)* – due process of law

Verfahren, n (8) *(summarisches)* – summarizing method

Verfahrensanweisung, f – procedure

Verfahrensart, f – mode of procedure

Verfahrensbeteiligte/r, f/m – party to the proceedings (pl)

Verfahrensfristen (pl) – time limits (pl) for taking steps (pl) in proceedings (pl)

Verfahrenskosten (pl) – costs (pl) of the proceedings (pl); law costs (pl)

Verfahrensordnung, f – rules (pl) of procedure

Verfahrensrecht, n – procedural law; law of practice

Verfahrensregelung, f *(Verfahrensregel, f)* – procedural rule

Verfahrenssprache, f – language of a case

Verfahrenstechnik, f – process engineering

Verfahrensvorschrift, f – rule of procedure

Verfahrensweise, f – method; process

Verfall, m (1) *(von Rechten, pl)* – forfeiture; lapse

Verfall, m (2) *(durch Zeitablauf, m)* – expiration; expiry *<GB>*

Verfalldatum, n – due date; expiry date *<GB>*

verfallen, v (1) – be due, v; become due, v

verfallen, v (2) *(Rechte (pl) und Ansprüche, pl)* – forfeit, v; lapse, v

verfallen, v (3) *(durch Zeitablauf, m)* – expire, v

Verfallserklärung, f – foreclosure

Verfallsfrist, f – expiring date; expiry date *<GB>*; date of expiration *<US>*; maturity date

Verfallsklausel, f – cancellation clause; expiry clause *<GB>*

Verfassung, f (1) *<jur>* – constitution; basic law

Verfassung, f (2) *(Zustand, m)* – condition; state; shape
Verfassungsbeschwerde, f – constitutional complaint; complaint of unconstitutionality
Verfassungsgerichtsbarkeit, f – constitutional jurisdiction
verfassungskonform – in compliance with the constitution
verfassungsmäßig – constitutional
verfassungsmäßiges Recht, n – privilege *<US>*
Verfassungsrecht, n – constitutional law
Verfassungsschutzbehörden (pl) – authorities (pl) for the protection of the constitution
verfassungswidrig – unconstitutional
Verfassungswidrigkeit, f – unconstitutionality
Verfehlung, f (1) – offence/offense; mischief
Verfehlung, f (2) *(schwere)* – serious misconduct
verfrüht – premature
verfügbar – available; disposable
verfügbares Einkommen, n – disposable income
Verfügbarkeit, f – availability
verfügen, v (1) *(über)* – dispose of, v; provide for, v
verfügen, v (2) *(im Voraus)* – anticipate, v
verfügen, v (3) *<jur>* – order, v; decree, v *<US>*
Verfügung, f (1) – disposition; disposal
Verfügung, f (2) *(Anordnung, f)* – directive; direction; order; decree
Verfügung, f (3) *(einstweilige)* – interim injunction; interlocutory injunction; temporary restraining order; provisional order
Verfügung, f (4) *(freie)* – disposal
Verfügung, f (5) *(gerichtliche)* – order; decree; injunction
Verfügung, f (6) *(letztwillige)* – last will; testamentary disposition
Verfügungsgewalt, f – discretion; power of disposition; power of disposal
Vergabe, f (1) *(eines Auftrags, m)* – placing of an order; award of a contract, v
Vergabe, f (2) *(von Arbeiten (pl) nach außerhalb)* – contracting out
Vergehen, n *<jur>* – misdemeano(u)r; minor offence/offense; trespass
Vergeudung, f – waste
Vergleich (n) schließen, v – conclude an arrangement, v; come to terms (pl), v
Vergleich, m (1) *(Gegenüberstellung, f)* – comparison
Vergleich, m (2) *(Kompromiss, m)* – compromise; settlement; arrangement
Vergleich, m (3) *(mit Gläubigern, pl)* – composition
Vergleich, m (4) *(außergerichtlicher)* – extra-judicial settlement; out-of-court composition; settlement out of court
Vergleich, m (5) *(gerichtlicher)* – judicial arrangement; judicial settlement
vergleichbar – comparable
vergleichen, v (1) – compare, v
vergleichen, v (2) *<jur> (sich mit jmd)* – compromise, v; agree upon sth with s.o., v
Vergleichsantrag, m – request for conciliation
Vergleichsverfahren, n – composition proceedings (pl)

Vergleichsvorschlag, m – offer of compromise
Vergleichszeitraum, m – reference period
Vergrößerung, f (1) – enlargement
Vergrößerung, f (2) *(des Tätigkeitsbereiches, m)* – job enlargement
Vergünstigung, f – benefit; privilege
vergüten, v – pay, v; remunerate, v; compensate, v; allow, v; refund, v
Vergütung, f (1) *(der Arbeitsleistung, f)* – remuneration; compensation; reimbursement
Vergütung, f (2) *(von Überstunden, pl)* – payment of overtime
Vergütung, f (3) *(Entschädigung, f)* – indemnification; indemnity
Vergütung, f (4) *(Honorar, n)* – fee; charge; honorarium
Vergütung, f (5) *(besondere Bezüge, pl)* – emoluments (pl); perquisites (pl) <*GB*>
Vergütung, f (6) *(leistungsbezogene)* – performance-related compensation
Vergütung, f (7) *(aufgeschobene)* – deferred compensation
Vergütungsanspruch, m – compensation claim
Vergütungsgruppe, f – remuneration group
Vergütungsnachweis, m – compensation certificate
Vergütungspaket, n – remuneration package
Vergütungssystem, n – remuneration system
Verhältnis, n – relation; relationship; proportion; ratio
verhältnismäßig – rateable; proportionate; proportional; in proportion
Verhältnismäßigkeit, f (1) – reasonableness; commensurability; proportionality
Verhältnismäßigkeit, f (2) *(Grundsatz (m) der ~)* – proportionality principle
Verhältnismäßigkeitsgrundsatz, m – proportionality principle
Verhältniswahl, f – election according to the principles of proportional representation
Verhältniswahlrecht, n – proportional voting system
verhaften lassen, v – give s.o. in custody, v
verhaften, v – arrest, v; apprehend, v; attach, v; take in custody, v
Verhaftung, f – arrest; apprehension
Verhalten, n (1) – behavio(u)r; conduct
Verhalten, n (2) *(anderen gegenüber)* – demeano(u)r; bearing
Verhalten, n (3) *(loyales)* – fair behavio(u)r
Verhalten, n (4) *(schuldhaftes)* – misconduct
Verhalten, n (5) *(standeswidriges)* – professional misconduct
Verhalten, n (6) *(außerdienstliches)* – off-duty conduct
Verhalten, n (7) *(gewerkschaftsfeindliches)* – blackleggery <*GB*>
Verhaltensänderung, f – behavio(u)r change; behavio(u)r alteration; behavio(u)r modification
verhaltensbedingt – conduct-related; reasons (pl) related to specific behavio(u)r by the employee
verhaltensgestört – mentally disturbed
Verhaltenskodex, m – behavio(u)r code
Verhaltensmaßregeln (pl) (*Verhaltensregeln, pl*) – rules (pl) of conduct

Verhaltensmuster, n – behavio(u)ral pattern

Verhaltensstörung, f – disturbed behavio(u)r; behavio(u)ral impairment

Verhaltenstraining, n – behavio(u)ral training

Verhaltensweise, f – practice/ practise

Verhaltenswissenschaft, f – behavio(u)ral science

verhandeln, v (1) – negotiate, v; bargain, v

verhandeln, v (2) *(vor Gericht, n)* – try, v

Verhandlung, f (1) – negotiation (about, on, over, for); bargaining (on, about)

Verhandlung, f (2) (vor Gericht, n) – trial; court hearing; proceedings (pl)

Verhandlung, f (3) *<jur> (mündliche)* – hearing; oral procedure

Verhandlungen (pl) abbrechen, v – break off negotiations (pl), v

Verhandlungen (pl) aufnehmen, v in Verhandlungen (pl) treten, v – take up negotiations (pl), v; enter into negotiations (pl), v; open negotiations (pl), v; start negotiations (pl), v; initiate negotiations (pl), v

Verhandlungen, pl (1) – negotiations (pl)

Verhandlungen, pl (2) *(Tarifverhandlungen, pl)* – company bargaining (Verhandlungen zwischen einem einzelnen Arbeitgeber und einer oder mehreren Gewerschaften für alle Beschäftigten eines Unternehmens)

Verhandlungen, pl (3) *(Tarifverhandlungen (pl) auf Betriebsebene, f)* – plant bargaining

Verhandlungen, pl (4) *(auf unterster Ebene (f) im Betrieb, m)* – shop floor bargaining

Verhandlungen, pl (5) *(auf kollektiver Basis, f)* – collective negotiations (pl)

Verhandlungsebene, f *(Gesamtunternehmen, n / Betrieb, m)* – bargaining level

Verhandlungsergebnis, n – negotiation outcome

Verhandlungsgebühr, f – hearing fee; sitting fee

Verhandlungsgegenstand (m) sein, v – be under negotiation, v

Verhandlungsgegenstand, m – matter for negotiation; object of negotiation

Verhandlungsgeschick, n – negotiation skills

Verhandlungsgrundsatz, m – principle of party representation

Verhandlungspartner, m – negotiating partner; negotiating party

Verhandlungsposition, f *(starke)* – bargaining power

Verhandlungsprotokoll, n – minutes (pl) of the proceedings (pl)

Verhandlungspunkt, m – bargaining point

Verhandlungsrunde, f – round of negotiations (pl)

Verhandlungsspielraum, m – negotiating margin

Verhandlungstermin, m – date of hearing; return day *<law>*

Verhandlungsvollmacht, f – negotiating power; power to negotiate; authority to negotiate

verheimlichen, v – conceal, v; secret, v

verheiratet – married

verhindern, v – prevent, v; obstruct, v; hinder, v

Verhinderung, f (1) – prevention
Verhinderung, f (2) *(aus Termingründen, pl)* – inability to attend
Verhör, n – questioning; interrogation; examination; hearing
verhüten, v *(verhindern, v)* – prevent, v
Verhütung, f *(Verhinderung, f)* – prevention
verjähren, v (1) – become statute-barred, v; be barred by the statute of limitation(s), v; come under the statute of limitation(s), v; expire under the statute of limitation(s), v; expire by limitation, v
verjähren, v (2) – lapse, v; superannuate, v; fall under the statute of limitations (pl), v
verjährt *<jur>* – statute-barred *<law>*
verjährter Anspruch, m – state demand; outlawed claim
Verjährung (f) geltend machen, v – plead the statute of limitations (pl), v
Verjährung, f *<jur>* – statute of limitation(s) *<law>*; extinctive prescription *<law>*; negative prescription *<law>*
Verjährungseinrede, f *<jur>* – defence/defense of statute of limitations (pl)
Verjährungsfrist, f – period of limitation; period of prescription; statutory period; limitation period; term of limitation
Verkäufer/in, m/f (1) – seller; vendor
Verkäufer/in, m/f (2) *(Angestellter, m)* – salesman/saleswoman
Verkäufer/in, m/f (3) *(im Laden, m)* – sales clerk *<US>*; shop assistant
Verkauf (m) ankurbeln, v – boost the sales (pl), v
Verkauf, m – sale; selling
verkaufen, v – sell, v; vend, v
Verkaufsautomat, m – vending machine
Verkaufsförderung, f – sales promotion
Verkaufsgebiet, n – sales area
Verkaufskosten (pl) – selling costs (pl)
Verkehr, m (1) *(Straßenverkehr, m)* – traffic
Verkehr, m (2) *(Geschäft, n)* – transaction
Verkehr, m (3) *(Umgang, m)* – dealings (pl)
Verkehr, m (4) *(ehelicher)* – marital cohabitation
Verkehr, m (5) *(öffentlicher)* – public transport
Verkehrsanschauung, f – public opinion; public concept
Verkehrsdelikt, n – traffic offence/offense
verkehrssicher – safe on the road
Verkehrssicherheit, f – road safety
Verkehrssicherungspflicht, f – legal duty to protect the public; legal duty to maintain safety
Verkehrssitte, f – common usage
verkehrsübliche Sorgfalt, f – due care; ordinary care
Verkehrsunfall, m – traffic accident; road accident
Verkehrszentralregister, n – federal register of traffic offences/offenses (pl)
verklagen, v (1) – sue s.o., v; commence an action against s.o., v; bring an action against s.o., v; take s.o. to court, v
verklagen, v (2) *(jmd auf Schadensersatz, m)* – sue s.o. for damages (pl), v
verkünden, v (1) – make public, v; proclaim, v; announce, v; declare, v

verkünden, v (2) *(Gesetz, n)* – promulgate, v; publish, v
verkünden, v (3) *(Urteil, n)* – pronounce, v
Verkündung, f (1) – declaration; proclamation; announcement
Verkündung, f (2) *(eines Gesetzes, n)* – promulgation
Verkündung, f (3) *(eines Urteils, n)* – pronouncement
verkürzen, v *(Arbeitszeit, f)* – shorten, v; limit, v; reduce, v
verkürzte Arbeitszeit, f – short time; short-time working
verlängern, v – extend, v; prolong, v; renew, v
Verlängerung, f – extension; prolongation; renewal
Verlängerungsantrag, m – request for extension
Verlängerungsvereinbarung, f – prolongation agreement; extension agreement
verlässlich – reliable
verlagern, v *(Betrieb, m)* – relocate, v; dislocate, v
Verlagswesen, n – publishing industry; publishing business
verlangen, v – demand, v; require, v; claim, v
Verlassen, n (1) – desertion; abandonment
Verlassen, n (2) *(böswilliges)* – wil(l)ful desertion
Verlassen, n (3) *(des Arbeitsplatzes, m)* – abandonment of the workplace
Verlassen, n (4) *(kollektives Verlassen (n) des Arbeitsplatzes, m)* – walkout
verlassen, v (1) – leave, v; quit, v
verlassen, v (2) *(den Arbeitsplatz, m)* – abandon, v; desert, v
verlegen, v (1) *(eine Sitzung, f)* – adjourn a meeting, v
verlegen, v (2) *(den Betrieb, m)* – transfer, v; relocate, v; dislocate, v
verlegen, v (3) *(Bücher, pl)* – publish, v
Verlegung, f – relocation; removal; transfer
verleihen, v (1) – lend, v; grant, v; hire out, v
verleihen, v (2) *(einen Preis, m)* – award, v; bestow, v
Verleiher/in, m/f – lender; grantor
Verleihfirma, f *(Personal, n)* – temporary employment agency
verletzen, (1) *(Person, f)* – injure, v; hurt, v; harm, v
verletzen, v (2) *(Vorschrift, f)* – violate, v; infringe, v
Verletzte/r, f/m – injured person; injured party
Verletztengeld, n – injured persons' allowance
Verletztenrente, f – injured persons' pension
Verletzung, f (1) – injury; offence/offense; infraction; damage; transgression
Verletzung, f (2) *(Vertragsverletzung, f)* – violation; infringement
verleumden, v (1) – defame, v
verleumden, v (2) *(mündlich)* – slander, v
verleumden, v (2) *(schriftlich)* – libel, v
Verleumdung, f – defamation; slander; libel
Verleumdungsklage, f – action for slander; action for libel
verlieren, v – lose, v; forfeit, v
Verlierer/in, m/f – loser
verloben (sich), v – become engaged, v; become affianced, v
verlobt – engaged; betrothed
verlocken, v – entice, v

Verlöbnis, n – engagement
Verlust, m (1) – loss; deficit
Verlust, m (2) *(von Eigentum, n / Rechten, pl)* – forfeiture
Verlust, m (3) *(des Arbeitsplatzes, m)* – loss of employment
Verlust, m (4) *(der Wählbarkeit, f)* – loss of eligibility
Verlustbeteiligung, f – participation in losses (pl)
Verlustmeldung, f – declaration of loss
Vermächtnis, n – legacy; bequest
VermBG → Vermögensbildungsgesetz, n
vermehren, v – augment, v; increase, v; add to, v; enlarge, v
vermeidbar – avoidable
vermeiden, v – avoid, v
Vermerk, m – memorandum; memo; note; comment
vermieten, v (1) *(Grundstück, n)* – let, v; lease, v
vermieten, v (2) *(bewegliche Sachen, pl)* – to hire, v
Vermieter/in, m/f (1) – lessor
Vermieter/in, m/f (2) *(einer Wohnung, f)* – landlord/landlady
vermindern, v – decrease, v; lessen, v; reduce, v; diminish, v; shrink, v
vermitteln, v – mediate, v; intervene, v
Vermittler/in, m/f – intermediary; conciliator; reconciliator; mediator; go-between
Vermittlung, f (1) *(von Arbeitsplätzen, pl)* – work placement; recruitment and placement
Vermittlung, f (2) *(in einem Streit, m)* – mediation; conciliation; reconciliation; intervention
Vermittlungsausschuss, m – conciliation board; conciliation committee; mediation committee; conference committee <*US*>
Vermittlungsmonopol, n – statutory monopoly for the procurement of employment
Vermittlungsprovision, f – commission
Vermittlungsverfahren, n – conciliation proceedings (pl); good offices (pl) procedure; mediation procedure
Vermittlungsvorschlag, m – conciliatory proposal; mediation proposal
Vermögen, n (1) – assets (pl); property; estate; funds (pl); wealth
Vermögen, n (2) *(bewegliches)* – movables (pl)
Vermögen, n (3) *(unbewegliches)* – immovables (pl)
Vermögen, n (4) *(kurzfristiges)* – current assets (pl)
vermögend – moneyed; wealthy
Vermögensabgabe, f – property levy
Vermögensbeteiligung, f – property participation
Vermögensbildung, f (1) *(durch Sparleistung, f)* – capital accumulation; capital formation; formation of wealth; formation of capital
Vermögensbildung, f (2) *(in Arbeitnehmerhand, f)* – creation of private means (pl) for employees (pl); participation of employees (pl) in capital accumulation
Vermögensbildungsgesetz, n (VermBG) – Capital Accumulation Act; Act to Encourage Workers' Accumulation of Capital
Vermögenslage, f – financial position; financial status
vermögensrechtlich – proprietary
Vermögensschaden, m – pecuniary damage; pecuniary loss

Vermögensteuer, f *(Vermögenssteuer, f)* – general property tax *<US>*; capital tax; wealth tax; tax on wealth
Vermögensverfügung, f – disposition of property
Vermögensverhältnisse (pl) – pecuniary circumstances (pl)
Vermögensverwaltung, f – administration of property
Vermögenswerte (pl) – assets (pl); financial assets (pl); property
vermögenswirksame Anlage, f – capital-forming investment; asset-creating capital
vermögenswirksame Leistung, f – employer contributions (pl) to employee savings (pl); asset-forming benefit; (employer's) capital-forming payment
vermuten, v – presume, v; imply, v; assume, v
Vermutung, f (1) – presumption; implication; assumption
Vermutung, f (2) *(gesetzliche)* – presumption of law
vernachlässigen, v – neglect, v
vernehmen, v – question, v; interrogate, v
Vernehmung, f (1) – questioning; interrogation; hearing
Vernehmung, f (2) *(Zeugenvernehmung, f)* – oral testimony
verneinen, v – deny, v
Verneinung, f – denial
vernünftig – reasonable
Vernunft, f – reason
veröffentlichen, v – publish, v
Veröffentlichung, f – publication
Verordnung, f (1) *<jur>* – directive; ordinance; order; decree
Verordnung, f (2) *<med>* – prescription
Verordnung, f (3) *(über genehmigungsbedürftige Anlagen, pl)* – Ordinance Concerning Installations Requiring a Permit
Verordnung, f (4) (ArbStoffVO) *(über gefährliche Arbeitsstoffe, pl)* – Ordinance on Hazardous Substances
Verpächter/in, m/f – lessor
verpfändbar – pledgeable
verpfänden, v – pledge, v; pawn, v; put s.th. in pawn, v; mortgage, v
Verpfändung, f – pledging; pawning *<law>*; hocking
Verpflegung, f – board; meals (pl); food; subsistence
Verpflegungsausgabe, f – commissary
Verpflegungsdienste (pl) – employees' food services (pl)
Verpflegungsgeld, n – allowance for board; board charges (pl); basic allowance for subsistence
Verpflegungskosten (pl) – expenditure for board; expenditure for food
Verpflegungskostenzuschuss, m – meal allowance
Verpflegungsmehraufwand, m – additional expenditure for board; additional expenditure for food
Verpflegungswesen, n *(Institution, f)* – catering department
verpflichten (sich), v – bind oneself, v; commit oneself, v; engage, v; obligate oneself, v
verpflichtend – binding; obligatory; mandatory
Verpflichtung, f (1) – duty; obligation; liability; commitment, charge; engagement
Verpflichtung, f (2) *(finanzielle)* – financial commitment

Verpflichtung, f (3) *(vertragliche)* – contractual obligation
Verpflichtungsklage, f – action to issue an administrative act
Verrat, m – disloyalty; betrayal; treachery
verrechnen, v (1) *(sich)* – miscalculate, v
verrechnen, v (2) *(aufrechnen, v)* – set off, v; absorb, v
Verrechnungsklausel, f – offset clause
Verrechnungskonto, n – clearing account; offset account; offsetting account
Verrechnungsscheck, m – crossed cheque/check; account-only cheque/ check
verrichten, v (1) *(etwas tun, v)* – perform, v; carry out, v
verrichten, v (2) *(etwas bewirken, v)* – effect, v
Verrichtung, f – performance
Verrichtungsgehilfe, m – vicarious agent
verringern, v – reduce, v
versäumen, v – miss, v; omit, v; neglect, v; default, v; fail to attend, v
Versäumnis, n (1) – ommission; neglect; default; failure to attend
Versäumnis, n (2) *(von Arbeitszeit, f)* – failure to work
Versäumnisurteil, n – judgement by default; default judgement
Versäumnisverfahren, n – default summons
Versagen, n – failure
versagen, v – fail, v; flunk, v *<infml>*
Versager, m – loser; flop *<US>*; lame duck *<infml>*; denier; misfire
Versagung, f – refusal
versammeln (sich), v – convene, v; assemble, v; come together, v
Versammlung, f – assembly; convention; meeting
Versammlungsfreiheit, f – right of assembly; freedom of assembly
Versammlungsrecht, n – right of assembly
Versammlungsverbot, n – prohibition of assembly; prohibition of freedom of assembly; ban on holding a meeting
Versand, m *(per Schiff (m) oder Bahn, f)* – shipping
Verschärfung, f – aggravation
verschieben, v – postpone, v; delay, v; shift, v
verschieden *(unterschiedlich)* – different; miscellaneous; sundry
verschiedener Meinung (f) sein, v – disagree with, v; dissent from, v
verschlechtern, v – deteriorate, v; aggravate, v; spoil, v
Verschlechterung, f – deterioration
Verschleiß, m – wear and tear; erosion
Verschleißerkrankung, f – degenerative disease
verschleppen, v (1) *(Prozess, m)* – delay unduly, v; protract, v
verschleppen, v (2) *(Person, f)* – kidnap, v; carry off, v
verschlimmern, v – aggravate, v
Verschlimmerung, f (1) – aggravation
Verschlimmerung, f (2) *(des Invaliditätszustands, m)* – aggravation of invalidity
verschmelzen, v – amalgamate, v; merge, v
Verschmelzung, f (1) – amalgamation
Verschmelzung, f (2) *(durch Neugründung, f)* – merger
Verschmelzung, f (3) *(durch Übernahme, f)* – fusion

verschollen – missing; presumed to be legally dead

verschreiben, v <*med*> – prescribe, v

Verschulden, n (1) – fault <*US*>; negligence; blame

Verschulden, n (2) *(beiderseitiges)* – mutual contributory negligence

Verschulden, n (3) *(mitwirkendes)* – contributory negligence

Verschuldensgrad, m – degree of negligence

Verschuldenshaftung, f – liability based on fault; liability on tort

verschuldet *(Schulden (pl) habend)* – indebted; embarrassed

Verschuldung, f – indebtedness; embarrassment

verschwägert – affinal; related by marriage

verschweigen, v (1) – conceal, v; keep secret, v; suppress, v; fail to disclose, v; hide sth from s.o., v

verschweigen, v (2) *(arglistig)* – conceal fraudently, v

verschwenden, v – waste, v

verschwiegen – discreet

Verschwiegenheit, f – discretion; secrecy

Verschwiegenheitspflicht, f – obligation to discretion; obligation of secrecy; secrecy obligation; secrecy duty

Verschwörung, f – conspiracy

Versehen, n – mistake; fault

versehentlich – by inadvertence; inadvertently; by accident

versetzen, v (1) *(jmd in den Ruhestand, m)* – retire s.o., v; superannuate s.o., v

versetzen, v (2) *(Arbeitnehmer, m)* – transfer, v; put up, v; move, v

versetzt werden, v *(in den Ruhestand, m)* – be retired, v

Versetzung, f (1) – transfer; delegation

Versetzung, f (2) *(in den Ruhestand, m)* – retirement

Versetzungsangebot, n – transfer offer

Versetzungsgesuch, n – application for transferral; transfer request; application for transfer

Versetzungsklausel, f – mobility clause

Versicherer, m – insurer

versichern, v (1) *(bekräftigen, v)* – assure, v; affirm, v; assert, v

versichern, v (2) *(Versicherung (f) abschließen, v)* – insure, v

Versicherte/r, f/m – insured person; insured

Versichertenältester, m – insurance steward

Versichertenanteil, m – insured persons' share

Versichertenvertreter/in, m/f – representative of insured persons (pl)

Versicherung (f) abschließen, v – take out a policy, v

Versicherung, f (1) – insurance

Versicherung, f (2) *(eidesstattliche)* – statutory declaration; affidavit; affirmation in lieu of an oath

Versicherung, f (3) *(Beteuerung, f)* – assurance; affirmation

Versicherung, f (4) *(auf Gegenseitigkeit, f)* – mutual insurance; reciprocal insurance

Versicherung, f (5) *(auf den Erlebensfall, m)* – insurance on survival on a stipulated age

Versicherung, f (6) *(auf den Todesfall, m)* – insurance on death only

Versicherungsabzug, m – insurance deduction

Versicherungsanspruch, m – insurance claim

Versicherungsanstalt, f – insurance body
Versicherungsantrag, m – insurance application
Versicherungsaufsicht, f – insurance control; insurance supervision
Versicherungsausweis, m – insurance membership card; social insurance membership card
Versicherungsbedingungen (pl) – insurance conditions (pl)
Versicherungsbeitrag, m – insurance contribution; insurance premium
Versicherungsbescheinigung, f – insurance certificate
Versicherungsdeckung, f – insurance coverage
Versicherungsfall, m – insurance case; event insured
versicherungsfrei – exempt from compulsory insurance
versicherungsfreie Beschäftigung, f – insurance-exempt employment
Versicherungsfreiheit, f – insurance exemption; exemption from insurance
Versicherungsgesellschaft, f (1) – insurance company; insurance office *<GB>*; insurance corporation *<US>*
Versicherungsgesellschaft, f (2) *(auf Gegenseitigkeit, f)* – mutual insurance company; mutual insurance office *<GB>*; mutual insurance corporation *<US>*
Versicherungsjahr, n – insurance year; policy year
Versicherungskarte, f – insurance ticket; social insurance ticket
Versicherungskonditionen (pl) – insurance terms (pl) and conditions (pl)
Versicherungsleistung, f – insurance benefit; insurance settlement
Versicherungsmathematiker/in, m/f – actuary
versicherungsmathematisch – actuarial
versicherungsmathematische Bewertung, f – actuarial evaluation
Versicherungsmonat, m – policy month
Versicherungsnachweis, m – proof of insurance; insurance certificate; insurance record
Versicherungsnehmer/in, m/f – insurance holder; policy holder; insurant; insured person
Versicherungsnummer, f – insurance number
Versicherungspflicht, f – liability to insure; obligation to insure; compulsory insurance
Versicherungspflichtgrenze, f – insurance liability limit; compulsory insurance limit
versicherungspflichtig – liable to insurance
versicherungspflichtige Beschäftigung, f – contributory employment
versicherungspflichtiges Entgelt, n – eligible income for insurance
Versicherungsplakette, f – insurance plate
Versicherungspolice, f – insurance policy
Versicherungsprämie, f – insurance premium
Versicherungsrecht, n – insurance law
Versicherungsschein, m – insurance policy
Versicherungsschutz, m – insurance coverage; insurance protection

Versicherungssteuer, f – insurance tax; premium tax
Versicherungssumme, f – amount insured; amount of insurance
Versicherungstarif, m – insurance tariff
Versicherungsträger, m – insurance institution
Versicherungsverein (m) auf Gegenseitigkeit (f) (VVaG) – mutual insurance association
Versicherungsverhältnis, n – insurance relationship
Versicherungsverlauf, m – total of all contributory and non-contributory periods (pl)
Versicherungsvertrag, m – insurance contract
Versicherungsvertreter, m – insurance agent
Versicherungswirtschaft, f – insurance business
Versicherungszeit, f – insurance period
versöhnen (sich), v – reconciliate, v
Versöhnung, f – reconciliation
versorgen, v – supply, v; furnish, v; provide, v; support, v; maintain, v
Versorgung, f (1) *(mit Waren (pl) oder Informationen, pl)* – supply; provision; procuration
Versorgung, f (2) *(Unterhalt, m)* – support; maintenance
Versorgung, f (3) *(ärztliche)* – medical care
Versorgungsamt, n – pension office
Versorgungsanspruch, m – claim to maintenance; supply right; pension entitlement
Versorgungsanwartschaft, f – maintenance expectancy; eligibility for a pension
Versorgungsausgleich, m (1) – pension balance; statutory pension equalization <*US*>
Versorgungsausgleich, m (2) *(schuldrechtlicher)* – contractual pension adjustment
Versorgungsbeitrag, m – pension contribution
Versorgungsbetriebe (pl) *(öffentliche)* – public utilities (pl)
Versorgungsbezüge (pl) – pensions (pl); retirement income; pensionable emoluments (pl)
Versorgungseinrichtung, f – pension-paying institution
versorgungsfähiges Alter, n – retiring age
Versorgungsfall, m – insured event
Versorgungsleistung, f – pension payment
Versorgungslücke, f – supply gap; pension gap
Versorgungsordnung, f – pension scheme
Versorgungsrichtlinien (pl) – pension rules (pl)
Versorgungsträger, m – pension-paying institution
Versorgungswerk, n – pension scheme; pension plan
Versorgungswirtschaft, f – utilities
Versorgungszusage, f – employer's pension commitment; pension pledge
verspäten (sich), v – be late, v
verspätetes Vorbringen, n – belated pleading
Verspätung, f – lateness
Versprechen, n – promise
versprechen, v – promise, v
Verständigung, f – communication; understanding; notification
Verständnis, n – understanding; comprehension; grasp

verstärken, v – reinforce, v

Verstärkung, f – reinforcement

Verstand, m – intellect

versteuerbar – taxable

versteuern, v – pay taxes (pl) on, v; pay duty on, v

verstorben – late; deceased; dead

Verstoß, m (1) – violation *<GB>*; offence/offense; infraction; trespass; infringement

Verstoß, m (2) – non-compliance; breach

verstoßen, v (1) – contravene, v; violate, v

verstoßen, v (2) *(gegen das Gesetz)* – infringe upon, v

verstoßen, v (3) *(grob gegen seine Pflichten, pl)* – fail seriously in one's obligations (pl), v

Versuch, m – attempt; trial; test; experiment

versuchen, v – attempt, v; try, v; test, v

versuchsweise – tentative

vertagen, v (1) – adjourn, v; postpone, v

vertagen, v (2) *(auf unbestimmte Zeit, f)* – adjourn sine die, v

Vertagung, f – adjournment; deferment; postponement

verteidigen, v – defend, v

Verteidiger, m (1) – defender

Verteidiger, m (2) *<jur>* – defence/defence counsel; counsel for the defence *<GB>*; defense attorney *<US>*; attorney for the defense *<US>*

Verteidigung, f – defence/defense

verteilen, v (1) – distribute, v; divide, v; allot, v; allocate, v

verteilen, v (2) *(anteilsmäßig)* – apportion, v

verteilen, v (3) *(auf)* – spread over, v

Verteiler, m – mailing list

Verteilung, f (1) – distribution; apportionment; allotment; partition

Verteilung, f (2) *(der Sitze, pl)* – distribution of seats (pl)

Verteilungsspielraum, m – scope for distribution

Verteilzeit, f *(persönliche)* – relief time

Verteilzeitaufnahme, f – log

Verteuerung, f *(der Lebenshaltung, f)* – increase in the cost of living

Vertiefung, f *(von Grundkenntnissen, pl)* – reinforcement (of basic skills, pl)

Vertiefungsstudium, n – in-debth studies (pl); advanced studies (pl)

Vertrag (m) abschließen, v *(Vertrag (m) schließen, v)* – conclude a contract, v; make a contract, v

Vertrag (m) anfechten, v – void a contract, v

Vertrag (m) aufheben, v – cancel a contract, v; rescind an agreement, v

Vertrag (m) brechen, v Vertrag (m) verletzen, v – infringe a contract, v; violate a contract, v

Vertrag (m) erfüllen, v – comply with a contract, v; fulfil(l) a contract, v

Vertrag (m) schließen, v → Vertrag (m) abschließen, v

Vertrag (m) verletzen, v → Vertrag (m) brechen, v

Vertrag, m (1) – contract; agreement; pactum; indenture; treaty

Vertrag, m (2) *(formloser)* – parol contract; simple contract

Vertrag, m (3) *(gegenseitiger)* – reciprocal agreement

Vertrag, m (4) *(mündlicher)* – oral agreement; agreement by parol

Vertrag, m (5) *(notarieller)* – sealed contract; notarial deed

Vertrag, m (6) *(stillschweigend geschlossener)* – implied contract

Vertrag, m (7) *(zugunsten Dritter, pl)* – third party beneficiary contract
vertraglich – contractual; by contract
vertraglich festgelegt – stipulated
vertraglich verpflichtet – bound by contract
vertragliche Bindung, f – contractual link
vertragliche Verpflichtung, f – contractual obligation; indenture
vertragliche Zusage, f – contractual commitment
Vertragsabschluss, m – conclusion of a contract
Vertragsabsprachen (pl) *<jur>* – representations (pl) *<law>*
vertragsähnlich – quasi-contractual
Vertragsänderung, f – change of contract; amendment of contract; modification of a contract
Vertragsamateur, m – contract amateur
Vertragsauflösung, f – cancellation of a contract; rescission of a contract
Vertragsauslegung, f – interpretation of a contract
Vertragsbedingung, f – contract condition
Vertragsbestimmung, f – term of contract; contract provision; contractual clause
Vertragsbruch, m – breach of contract
vertragsbrüchig – contract-breaking
Vertragsdauer, f – contract duration; term of a contract
Vertragsentwurf, m – draft contract
Vertragserfüllung, f – execution of a contract; performance of a contract
Vertragsergänzung, f – contract supplement
Vertragsforschung, f – contract research
Vertragsfreiheit, f – freedom of contract; contractual freedom
Vertragsgegenstand, m – subject of a contract
Vertragshaftung, f – contractual liability
Vertragsinhalt, m – terms (pl) of contract
Vertragsinteresse, n – privity of contract
Vertragsjahr, n – contract year
Vertragsklausel, f – contractual term; contractual clause
Vertragspartei, f – party to a contract; contracting party; stipulator
Vertragspartner/in, m/f – contractual partner; party to a contract
Vertragspflicht, f – contractual obligation
Vertragsrecht, n – contract law; law of contract
Vertragsstrafe, f – penalty for breach of contract; contractual penalty; conventional penalty
Vertragstreue, f – contractual loyalty
Vertragsurkunde, f – articles (pl) of agreement; indenture
Vertragsverhältnis, n – contractual relationship
Vertragsverhandlung, f – contract negotiation; contractual negotiation
Vertragsverletzung, f – violation of contract; infringement of contract
vertragswidrig – contrary to the contract
vertragswidrige Beendigung (f) des Arbeitsverhältnisses (n) *(durch den Arbeitgeber, m)* – wrongful dismissal
Vertragszeit, f – contractual period
Vertragszweck, m – contractual aim; contractual purpose
Vertrauen, n – confidence; trust; reliance

Vertrauensarzt, m/ Vertrauensärztin, f – medical commissioner; medical examiner; medical referee <*US*>; health officer

Vertrauensbruch, m – breach of confidence; breach of trust

Vertrauenshaftung, f – liability based on principles (pl) of reliance

Vertrauensleute, pl (1) *(der Gewerkschaft, f)* – union spokesmen (pl)/spokeswomen (pl); union spokespersons (pl)

Vertrauensleute, pl (2) *(gewerkschaftliche ~ im Betrieb, m)* – shop stewards (pl)

Vertrauensperson, f – fiduciary; confidential agent

Vertrauensschaden, m – loss incurred from breach of confidence

Vertrauensschutz, m – legal protection for bona fide acts (pl)

Vertrauensstellung, f – confidential post; position of trust

Vertrauensverhältnis, n – fiduciary relationship

Vertrauensverlust, m – drop in confidence

vertrauensvoll – trusting; trustful

vertrauenswürdig – trustworthy; reliable

vertraulich – confidential

Vertraulichkeit, f – confidentiality; privacy

vertraut – acquainted

vertretbar (1) *(begründbar)* – justifiable; reasonable

vertretbar (2) *(austauschbar)* – negotiable; fungible

vertretbare Sache, f – fungible good; commodity

vertreten sein, v *(durch einen Anwalt, m)* – be represented by a lawyer, v; be represented by an attorney, v <*US*>

vertreten, v (1) – represent, v; substitute, v; act for, v

vertreten, v (2) *(ersetzen, v)* – replace, v

Vertreter, m (1) *(Verkäufer, m)* – salesman

Vertreter, m (2) *(im Außendienst, m)* – agent in the field

Vertreter, m (3) *(bevollmächtigter)* – authorized representative

Vertreter, m (4) *(gesetzlicher)* – legal representative; legal agent; statutory agent

Vertreter, m (5) *(des Chefs, m)* – deputy; straw boss <*US,infml*>

Vertreter/in, m/f (1) – representative; agent; proxy

Vertreter/in, m/f (2) *(Stellvertreter, m)* – substitute; deputy

Vertreterversammlung, f *(der Krankenkasse, f)* – representatives' assembly

Vertretung, f (1) – representation; agency

Vertretung, f (2) *(im Amt, n)* – substitution

Vertretung, f (3) *(Ersatz, m)* – replacement

Vertretungsauftrag, m – mandate

Vertretungsbefugnis, f – power of attorney; proxy; agency

Vertretungsmacht, f – representational power; representative authority; authorization

Vertretungsvollmacht, f – power of attorney; power to represent

Vertretungszulage, f – substitute's allowance

Vertretungszwang, m – compulsory representation

Vertrieb, m – sales (pl); distribution; sales and marketing

Vertriebene/r, f/m – expellee

Vertriebsleiter/in, m/f – sales (pl) manager/manageress; distribution manager/manageress; head of the sales (pl) department
veruntreuen, v (1) – misappropriate, v; peculate, v; embezzle, v
veruntreuen, v (2) *(Geld, n)* – defalcate, v
Veruntreuung, f (1) – misappropriation; misapplication; fraudulent conversion; defalcation; embezzlement
Veruntreuung, f (2) – peculation
verursachen, v – cause, v
Verursacher, m – causer
verurteilen, v (1) – cendemn, v; denounce, v
verurteilen, v (2) *(im Zivilprozess, m)* – find for, v
verurteilen, v (3) *(im Strafprozess, m)* – sentence, v
verurteilen, v (4) *(zu einer Geldstrafe, f)* – fine, v
vervielfältigen, v – multiply, v; duplicate, v
Vervielfältigung, f – multiplication; duplication
vervollständigen, v – complete, v
verwahren, v – keep in custody, v; hold in custody, v
Verwahrung, f – custody; deposit; bailment
verwalten, v – administer, v; manage, v; handle, v
Verwalter, m – administrator; custodian; trustee
Verwalterin, f – administratrix <*fml*>; custodian; trustee
Verwaltung, f – administration
Verwaltungsakt, m – administrative act; administrative decision; official act
Verwaltungsamtsrat, m – principal administrative assistant
Verwaltungsangelegenheit, f – administrative matter
Verwaltungsassistent, m – clerical assistant; administrative assistant
Verwaltungsaufwand, m – administrative expenditure
Verwaltungsausschuss, m – administrative committee
Verwaltungsbehörde, f – administrative authority; administration authority; administering authority
Verwaltungsbescheid, m – administrative decision
Verwaltungsbezirk, m – administration district
Verwaltungsgebäude, n – institutional premises (pl)
Verwaltungsgebühr, f – administrative fee; administrative charge; official fee
Verwaltungsgericht, n – administrative court
Verwaltungsgerichtsbarkeit, f – administrative jurisdiction
Verwaltungsgerichtsordnung, f – Regulation Governing Administrative Courts
Verwaltungsgesellschaft, f – management company
Verwaltungshauptinspektor, m – senior administrative assistant
Verwaltungsinspektor, m – administrative assistant
Verwaltungskosten (pl) – administrative costs (pl); administrative expenses (pl)
Verwaltungsmaßnahme, f – administrative measure; administrative act
Verwaltungsordnung, f – administrative regulation; administrative order
Verwaltungsorgan, n – administrative body; administration body

Verwaltungspersonal, n – administrative staff; administrative personnel
Verwaltungsrat, m – administrative board; governing board; board of directors (pl)
Verwaltungsrecht, n – administrative law
Verwaltungsreferendar/in, m/f <*jur*> – assistant administrator
Verwaltungssekretär/in, m/f – clerical officer
Verwaltungsstelle, f – administrative agency
verwaltungstechnisch – administrative
Verwaltungsverfahren, n – administrative procedure; administration procedure
Verwaltungsvorschrift, f – administrative provision; administration provision; regulatory order
Verwaltungsvorschriften (pl) – administrative regulations (pl)
Verwaltungszwang, m – administrative compulsion
verwandt *(mit)* – related to; related by blood to; kin to; akin to
Verwandte/r, f/m – relative
Verwandtschaft, f (1) – kin; kindred; relations (pl) <*US*>
Verwandtschaft, f (2) *(Verwandtsein, n)* – relationship
Verwandtschaftsgrad, m – degree of relationship
verwarnen, v *(jmd)* – warn s.o., v; reprimand s.o., v
Verwarnung, f (1) – warning; reprimand; admonition
Verwarnung, f (2) *(polizeiliche)* – caution
Verwarnungsgeld, n – warning fee
verweigern, v (1) – refuse, v; reject, v; deny, v
verweigern, v (2) *(Genehmigung, f)* – disavow, v
Verweigerung, f – refusal; denial
Verweildauer, f – length of stay
Verweis (m) erteilen, v *(jmd für etwas)* – reprove s.o. for, v; reprimand s.o. for, v; rebuke s.o. for, v; censure s.o. for, v; give s.o. a rap on/over the knuckles (pl) for, v <*US,infml*>
Verweis, m (1) *(Tadel, m)* – reprimand; reproof; rebuke; admonition; censure
Verweis, m (2) *(strenger)* – severe reprimand
Verweis, m (3) *(Hinweis, m)* – reference
verweisen, v *(auf)* – refer to, v; remit, v
Verweisung, f *(auf andere Vorschriften, pl)* – reference
Verweisungsbeschluss, m – order of removal
verwendbar – employable
verwenden, v – use, v; utilize, v <*US*>; utilise, v <*GB*>
Verwendung, f – use; usage; utilisation <*GB*>; utilization <*US*>; application
Verwendungsnachweis, m *(Mittelverwendung, f)* – evidence proving the use
verwendungsunfähig – unemployable
verwerfen, v – repudiate, v; reject, v; abjudicate, v; quash, v
verwerten, v – realise/realize, v; utilise/utilize, v
Verwertung, f – realisation/realization; utilisation/utilization
verwirken, v – forfeit, v
Verwirkung, f – forfeiture
verwitwet – widowed
verwunden, v – injure, v

verzeichnen, v – record, v; register, v; list, v; document, v

Verzeichnis, n – directory; register; list; catalogue, table; schedule, roster

verzeihen, v – forgive, v; condone, v

Verzeihung, f – forgiveness; condonation

Verzicht, m (1) *(auf Ansprüche und Rechte, pl)* – renunciation; waiver; disclaimer; resignation; renouncement; cession

Verzicht, m (2) *(stillschweigender)* – tacit waiver

verzichten, v (1) *(auf)* – renounce, v; disclaim, v; resign, v; give up, v; abandon (v), repudiate (v)

verzichten, v (2) *(auf einen Anspruch, m)* – waive a claim, v

verzichten, v (3) *(auf Einhaltung (f) der Kündigungsfrist, f)* – waive notice, v

Verzichtsleistung, f *<jur>* – release

verzinslich – interest bearing

verzögern, v – delay, v; defer, v

Verzögerung, f – delay; lag

Verzug, m – default; delay

Verzugsfolge, f – consequence of default

Verzugskosten, pl (1) – costs (pl) of default

Verzugskosten, pl (2) *(Vertragsstrafe, f)* – penalty for default; penalty for delay

Verzugslohn, m – wage payable on arrears (pl)

Verzugsschaden, m – damage caused by default

Verzugszinsen (pl) – default interest; accrued interest; overdue interest; interest on arrears (pl); interest for late repayment

Vetorecht, n – right of veto

Vetternwirtschaft, f – nepotism

vielseitig – versatile

Vielseitigkeit, f – versatility

Vielseitigkeitstraining, n – versatility training

Visitenkarte, f – business card

Völkerrecht, n – international law; law of nations (pl)

Volksabstimmung, f – plebiscite

Volksbegehren, n – referendum; popular initiative

Volkseinkommen, n – net national income

Volkshochschule, f – adult evening courses (pl)

Volksschulbildung, f – elementary education; primary education *<GB>*

Volksschule, f – elementary school; grade school *<US>*; primary school *<GB>*

Volksvertreter/in, m/f – representative of the people

Volkswirt, m – graduate in national economics; economist; political economist

Volkswirtschaft, f – national economy

Volkswirtschaftslehre, f (VWL) – national economics; general economics; economic science

Vollarbeit, f – full-time work

Vollarbeitszeit, f – full working hours (pl)

Vollbeschäftigung, f – full employment

vollenden, v – complete, v; finish, v

Vollendung, f – completion; achievement

Vollgeselle, m – senior journeyman

volljährig – of age; major

volljährig sein, v – be of age, v; be of full age, v

Volljährigkeit, f – majority; lawful age; full age; full legal age

Volljurist/in, m/f – fully trained lawyer

Vollkaufmann, m – general merchant; accredited merchant; full trader

Vollmacht (f) erteilen, v – delegate an authority to s.o., v

Vollmacht (f) haben, v – have full power, v

Vollmacht, f (1) – authority; authorization; power of agency *<law>*; proxy; power of agency/attorney *<law>*

Vollmacht, f (2) *(für einen Anwalt, m)* – letter of attorney

Vollmacht, f (3) *(unbeschränkte)* – discretionary power; plenary authority; plenary power

Vollmacht, f (4) *(schriftliche)* – letter of attorney; warrant of attorney

Vollmachtgeber/in, m/f – delegator

Vollmachtsurkunde, f – letter of attorney

vollstreckbar – enforceable; executionable

Vollstreckbarkeit, f – enforceability; execution

vollstrecken, v – execute, v; enforce, v; carry out, v

Vollstreckung (f) aussetzen, v – grant a stay of execution, v

Vollstreckung, f (1) – execution

Vollstreckung, f (2) *(eines Titels, m)* – enforcement

Vollstreckung, f (3) *(aus dem Urteil, n)* – enforcement of the judgement

Vollstreckungsanordnung, f – writ of execution

Vollstreckungsaufschub, m – suspension of execution; stay of execution

Vollstreckungsbefehl, m – precept; writ of execution; warrant of distraint

Vollstreckungsbescheid, m – order of execution

Vollstreckungsgegenklage, f – action to oppose enforcement

Vollstreckungsklausel, f – writ of execution

Vollstreckungsschutz, m – exemption from execution; exemption from judicial execution

Vollstreckungstitel, m – title of execution; executory decree

Volltrunkenheit, f – total intoxication

Vollversammlung, f – plenary meeting

Vollversicherung, f – comprehensive insurance

Vollzeitausbildung, f – full-time training

Vollzeitbeschäftigte/r, f/m – full-time employee; full-time worker

Vollzeitbeschäftigung, f – full-time employment

vollziehen, v – execute, v; enforce, v

Vollzug, m – execution; enforcement

Volontär/in, m/f – volunteer; supernumerary clerk; trainee

volontieren, v – volunteer, v; undergo practical training, v

Volumen, n – capacity

von Amts wegen – by virtue of an office; ex officio

von Beruf, m *(Arzt, m)* – a physician by profession

von der Arbeit (f) abhalten, v *(jmd)* – keep s.o. from his/her work, v

von Rechts (n) wegen – as of right

vor Gericht auftreten, v – institute legal proceedings (pl), v

vor Gericht bringen, v – bring into court, v

vor Gericht stellen, v – arraign, v

vor Gericht, n – in court

Vorabentscheidung, f – temporary decision; preliminary ruling

vorangehen, v *(führen, v)* – lead, v
Vorankündigung, f – advance notice; warning
Vorarbeit, f (1) *(Vorbereitung, f)* – preparatory work
Vorarbeit, f (2) *(für ausfallende Arbeitszeit, f)* – working in advance; make-up work
Vorarbeiter, m (1) – leading hand; overman <*US*>; master mechanic; ganger; gaffer <*GB*>
Vorarbeiter, m (2) – chargehand <*GB*>; straw boss <*US, infml*>
Vorarbeiterin, f – sub-forelady <*US*>; sub-forewoman
Vorarbeitstag, m – make-up day
Voraus, m – preferential benefit
Vorausabtretung, f – anticipatory assignment
Vorausklage, f <*jur*> – previous action <*law*>
voraussagen, v – predict, v
Vorausschau, f – forecast
voraussehbar – forseeable
Voraussetzung, f – prerequisite; requirement; condition precedent; precondition; presumption
voraussichtlich – presumable; prospective
Vorauswahl, f – preselection
Vorauszahlung, f – advance payment; payment in advance; prepayment
Vorbedingung, f – precedent condition; prerequisite
Vorbehalt, m (1) – reservation; proviso; condition
Vorbehalt, m (2) *(geheimer)* – mental reservation
vorbehaltlich (1) – provided that; with a proviso
vorbehaltlich (2) *(der Zustimmung, f)* – subject to consent
Vorbehaltsklausel, f – reservation clause; proviso clause; salvo
vorbehaltslos – without reservation
Vorbemerkung, f – preliminary remarks (pl)
vorbereiten, v – prepare, v
Vorbereitung, f (1) – preparation
Vorbereitung, f (2) *(auf den Beruf, m)* – occupational preparation
Vorbereitung, f (3) *(auf den Ruhestand, m)* – preparation for retirement
Vorbereitungsdienst, m – preparatory service; preparatory occupational training
Vorbereitungszeit, f – preparatory period
Vorbescheid, m – preliminary ruling
Vorbesitzer/in, m/f – prior holder
Vorbesprechung, f – preliminary discussion; briefing
Vorbestellung, f – reservation
vorbestraft – previously convicted
Vorbestrafter, m – second offender
vorbeugen, v – prevent, v; preclude, v
vorbeugend – precautionary; preventive
vorbeugende Instandhaltung, f – preventive maintenace
Vorbeugung, f – prevention
Vorbildung, f (1) *(Erziehung, f)* – educational background
Vorbildung, f (2) *(Ausbildung, f)* – required qualification
Vorbringen, n <*jur*> – allegation; argument
vordatieren, v – antedate, v
Vordienstzeit, f – pre-employment period
Vordiplom, n – intermediate diploma
Vordruck, m – printed form; form
voreilig – premature
voreingenommen – prejudiced; biased

Voreingenommenheit, f – bias; prejudice

vorenthalten, v *(jmd etwas)* – withhold sth from s.o., v; retain, v; detain, v

Vorentwurf, m – draft; preliminary plan

Vorermittlung, f – preliminary investigation; preliminary inquiry

Vorfall, m – incident; occurrence; event

Vorgabe, f – target

Vorgabeleistung, f – standard performance

Vorgabezeit, f – allowed time; standard time

Vorgabezeitermittlung, f – time rate setting; rate setting

Vorgänger/in, m/f – predecessor

Vorgang, m – process

Vorgehen, n – approach

Vorgesetzten-Mobbing, n – bossing

Vorgesetztenschulung, f – supervisory training

Vorgesetzter, m (1) – superior; supervisor; supervisory employee; boss <*US*>

Vorgesetzter, m (2) *(unmittelbarer)* – immediate superior

vorgezogener Ruhestand, m – early retirement

vorgezogenes Altersruhegeld, n – advanced old-age pension

Vorgriff, m *(auf)* – anticipation

Vorhaben, n – intention; intent; plan; project

vorhanden – available; existent

Vorhandensein, n – existence

vorherig – previous

vorherrschend – dominant; prevailing

Vorhersage, f – prognosis; forecast

vorhersagen, v – forecast, v; predict, v

Vorholschicht, f – make-up shift

Vorholtag, m – make-up day

Vorjahresanspruch, m – claim originating from the previous year

Vorkaufsrecht, n – right of preemption

Vorkehrung, f – provision

vorladen, v <*jur*> – summon, v; process, v

Vorladung, f *(gerichtliche)* – citation; summons; precept; writ of summons

vorläufig – interim; provisional; preliminary; tentative

vorläufig vollstreckbar – provisionally enforceable

vorläufige Einstellung, f *(eines Verfahrens, n)* – provisional stay of the proceedings (pl)

vorläufige Festnahme, f – provisional apprehension; temporary detention

vorläufige personelle Maßnahme, f – interim personnel measure

vorläufige Vollstreckbarkeit, f – provisional execution; provisional enforceability

Vorlage, f (1) *(Unterlage, f)* – presentation; production

Vorlage, f (2) *(zur Entscheidung, f)* – submission

Vorlage, f (3) *(Muster, n)* – pattern

Vorlage, f (4) *(an das Bundesverfassungsgericht, n)* – presentation to the German Constitutional Court

Vorlagebeschluss, m – submission order

Vorlaufzeit, f – lead time

vorlegen, v (1) – present, v; submit, v; display, v; exhibit, v

vorlegen, v (2) *(vorstrecken, v)* – advance, v; outlay, v

vorlegen, v (3) *(seine Zeugnisse, pl)* – present one's credentials (pl), v

Vorlegungspflicht, f Vorlagepflicht, f – statutory requirement to submit
Vorleistung, f – advance performance; advance payment
Vorlesung, f *(an der Universität, f)* – lecture
vormerken, v – register, v; note, v
Vormerkung, f *(Grundbuch, n)* – priority notice; caution
Vormerkungsliste, f – registration list
Vormund, m – guardian; custodian <*US*>; curator
Vormundschaft, f – guardianship; wardship; custodianship <*US*>
Vormundschaftsgericht, n – guardianship court
Vorname, m (1) – first name; Christian name; forename
Vorname, m (2) *(zweiter)* – middle name
Vorpfändung, f – seizure under a prior claim; prior attachment
Vorprüfung, f – preliminary examination
Vorrang, m (1) – priority
Vorrang, m (2) *(einer Hypothek, f)* – prior rank
Vorrecht, n – precedence; preferential right; privilege; prerogative
Vorrichtungsschlosser, m – tool maker
Vorruhestand, m – pre-retirement; anticipated retirement; early retirement
Vorruhestandsgeld, n – pre-retirement pay
Vorruhestandsgesetz, n – Pre-Retirement Act
Vorruhestandsregelung, f – early retirement scheme
vorsätzlich (1) – premeditated; intentional; wil(l)ful; deliberate; aforethought
vorsätzlich (2) – prepense
vorsätzliches Handeln, n – deliberate wrongdoing
Vorsatz, m <*jur*> – intention; wil(l)ful intent/act/default; resolution; aforethought; guilty/criminal intent
Vorschlag, m – proposal; suggestion
vorschlagen, v – propose, v; suggest, v
Vorschlagsliste, f – list of candidates (pl)
Vorschlagsrecht, n *(bei Personen, pl)* – right of nomination
Vorschlagswesen, n *(betriebliches)* – employee suggestion scheme
Vorschrift, f (1) – regulation; rule; prescription
Vorschrift, f (2) *(Gesetz, n)* – provision; directive
vorschriftsmäßig – in due form; as prescribed; correct; proper
Vorschulbildung, f – nursery education; pre-school education; preschool level
Vorschuss (m) abrechnen, v – settle an advance, v
Vorschuss (m) bewilligen, v *(Vorschuss (m) genehmigen, v)* – grant an advance, v
Vorschuss, m *(Vorschusszahlung, f)* – payment in advance; advance payment; advance; anticipation payment; payment on account
Vorsicht, f – caution; care
vorsichtig – careful
Vorsichtsmaßnahme, f – precautionary measure; precaution measure; safeguard
Vorsichtsmaßregel, f – precaution
Vorsitz (m) führen, v *(Vorsitz (m) haben, v)* – chair, v
Vorsitz, m – chair; chairmanship; presidency

Vorsitzende/r, f/m – chairwoman/ chairman; chairperson
Vorsorge, f – precaution; provision *<med>*; provisory care *<med>*
Vorsorgekur, f – preventive curative treatment
Vorsorgemaßnahme, f – preventive measure
Vorsorgepauschale, f – blanket allowance; contingency sum
Vorsorgeuntersuchung, f *<med>* – precautionary medical checkup; prophylactic medical examination
vorsorglich – provident
Vorsprung, m – lead; edge
Vorstand, m *(Gremium, n)* – managing board; board of managing directors (pl); executive board; board of management
Vorstandsmitglied, n – member of the executive board; member of the board of managing directors (pl); member of the managing board; member of the board of management; managing director
Vorsteher, m – head of department; director; principal; warden; senior employee
vorstellen, v (1) *(jmd)* – introduce s.o. to s.o., v
vorstellen, v (2) *(sich bei jmd)* – introduce oneself to s.o., v
vorstellen, v (3) *(sich etwas)* – imagine, v
Vorstellung, f (1) *(Vortrag, m)* – presentation
Vorstellung, f (2) *(Bewerbung, f)* – personal introduction; personal presentation
Vorstellungsgespräch, n – job interview; employment interview; pre-employment interview
Vorstellungskosten (pl) – expenses (pl) of the employment interview
Vorstellungskraft, f – imagination
Vorstellungstermin, m – date of hiring interview
Vorsteuer, f – prior turnover tax
Vorstrafe, f – previous conviction; prior conviction
Vorstrafenregister, n – police record; police report; criminal record; criminal report
vortäuschen, v – pretend, v; simulate, v; feign, v; sham, v
Vorteil, m (1) – advantage; benefit; gain; good; behoof
Vorteil, m (2) *(geldwerter)* – benefits (pl) in money's worth; imputed income; perk
vorteilhaft – advantageous; beneficial; gainful
Vortrag, m *(Vorlesung, f)* – lecture; presentation; speech
vorübergehend – temporary
vorübergehende Anstellung, f – temporary employment
Voruntersuchung, f – pre-examination; preliminary inquiry; pre-trial procedure
Vorurteil, n – prejudice; prejudgement; bias
Vorverdienste (pl) – previous earnings (pl)
Vorverfahren, n – preliminary proceedings (pl)
Vorverhandlung, f *<jur>* – pretrial
Vorversicherungszeit, f – ante-insurance period
Vorvertrag, m – precontract; preliminary contract; preliminary agreement; provisional agreement
vorvertraglich – pre-contractual
Vorwahl, f *(Telefon, f)* – area code
Vorwand, m – pretext
Vorwegabzug, m – deduction beforehand
Vorwegnahme, f – anticipation

vorwerfbar – reproachable
Vorwort, n – preface
Vorwurf, m – charge; reproach
vorzeitig – premature; before its proper time; early; precocious; in advance of maturity
vorzeitige Invalidität, f – premature disability
vorzeitige Pensionierung, f – early retirement
vorzeitige Tilgung, f – prior redemption
vorzeitiges Altersruhegeld, n – early retirement benefit
vorzüglich – outstanding
Vorzug, m – preference; priority
Vorzugsaktie, f – preference share <*GB*>; preference stock <*US*>
Vorzugsbehandlung, f – preferential treatment
Vorzugspreis, m – preferential price; special price
VVaG → Versicherungsverein (m) auf Gegenseitigkeit (f)
VWL → Volkswirtschaftslehre, f

W

Wache, f – guard
Wachstum, n – growth
Wachstumsrate, f – growth rate
Wächter/in, m/f – guard; guardian
wählbar – eligible for election
Wählbarkeit, f – eligibility for election
Wählbarkeitsvoraussetzung, f – qualification for eligibility
wählen, v (1) – elect, v; vote for, v
wählen, v (2) *(in geheimer Wahl, f)* – ballot, v
wählen, v (3) *(auswählen, v)* – select, v; choose, v
Wähler/in, m/f – elector; voter
Wählerliste, f – voters' list; electoral register; electoral list; electoral roll
Wählerschaft, f – electorate; voting population
während der bezahlten Arbeitszeit, f – on company time
während der Dienstzeit, f – in-service
Währung, f – currency; foreign exchange
Währungsklausel, f – currency clause; exchange clause
Wahl (f) anfechten, v – contest an election, v
Wahl, f (1) *(Abstimmung, f)* – election; voting
Wahl, f (2) *(Auswahl, f)* – selection; choice; option
Wahl, f (3) *(geheime)* – secret voting; voting by secret ballot
Wahl, f (4) *(getrennte)* – voting by separate ballot
Wahlakten (pl) – election returns (pl)
Wahlanfechtung, f – election contest; contesting of an election
Wahlausschreiben, n – declaration of the election
Wahlbeamte/r, f/m – elected official
Wahlbeeinflussung, f – undue influencing of the voters (pl)
Wahlbehinderung, f – obstruction of voting; obstruction of polling
wahlberechtigt – entitled to vote; having voting rights (pl)
Wahlberechtigte/r, f/m – registered voter; registered elector; person entitled to vote
Wahlberechtigung, f – right to vote; voting right; electoral capacity

Wahlbeteiligung, f – voting attendance; voter participation; turn out at the polls (pl)
Wahlbetrug, m – electoral fraud
Wahlbewerber/in, m/f – election applicant
Wahldelegierte/r, f/m – electoral delegate
Wahleinspruch, m – objection to the validity of an election
Wahlergebnis, n – election result; election returns (pl); outcome of an election
Wahlfach, n – optional subject
Wahlfälschung, f – falsification of ballots (pl); electoral fraud; ballot rigging
wahlfrei – optional; facultative
Wahlfreiheit, f – option; freedom to vote
Wahlgang, m – ballot
Wahlgeheimnis, n – secrecy of the ballot; electoral privacy
Wahlhelfer/in, m/f – electoral assistant
Wahlkampf, m – election campaign
Wahlkandidat/in, m/f – election candidate
Wahlkosten (pl) – election expenses (pl)
Wahlmännerwahl, f – election by electoral delegates (pl)
Wahlmanipulation, f – manipulation of an election
Wahlmann/ -frau, m/f – delegate; elector *<US>*
WahlO → Wahlordnung, f
Wahlordnung, f (WahlO) – Election Regulations
Wahlorgan, n – electoral body
Wahlperiode, f – electoral term; electoral period
Wahlpflicht, f – electoral duty; compulsory voting
Wahlpflichtfach, n – optional compulsory subject of choice
Wahlprüfung, f – electoral scrutiny
Wahlrecht, n (1) – right to vote; voting right; option
Wahlrecht, n (2) *(aktives)* – right to vote; right to elect
Wahlrecht, n (3) *(passives)* – eligibility; right to hold elective office
Wahlunterlagen (pl) – election documents (pl)
Wahlurne, f – ballot box; voting box
Wahlverfahren, n – electoral procedure; electoral process; voting procedure
Wahlversammlung, f – electoral meeting
Wahlverteidiger, m – counsel of one's own choice
Wahlvorgang, m – electoral process
Wahlvorschlag, m – nomination; election proposal
Wahlvorschlagsliste, f – nomination list
Wahlvorschriften (pl) – election provisions (pl)
Wahlvorstand, m – electoral board; returning board *<US>*; committee supervising the election
wahlweise – optional; alternatively
Wahlzettel, m – ballot paper; voting paper
Wahrheit, f – truth
Wahrheitsbeweis, m – proof by preponderance of the evidence
Wahrheitspflicht, f – obligation to be truthful
Wahrnehmung, f (1) – observation; notice
Wahrnehmung, f (2) *(eines Reizes, m)* – perception
Wahrnehmung, f (3) *(eines Rechtes, n)* – assertion

Wahrnehmung, f (4) *(berechtigter Interessen, pl)* – preservation of legitimate interests (pl); preservation of privileged interests (pl)
Wahrnehmungsfähigkeit, f – power of perception
Waise, f – orphan
Waisengeld, n – orphan's benefit
Waisenrente, f – orphan's pension
Wanderarbeitnehmer/in, m/f – migrant worker
Wandergewerbe, n – itinerant trade
Waren (pl) – goods (pl); commodities (pl)
Warenbestand, m – inventory; trading stock; stock in trade
Warenrabatt, m – trade discount; merchandise allowance
Warmbetrieb, m – heat treat operation
Warnaussperrung, f – warning lockout
warnen, v – caution, v; warn, v
Warnfunktion, f – warning function
Warnstreik, m – warning strike; token strike *<GB>*
Warnung, f – warning; reprimand
Wartefrist, f – waiting period
Warteliste, f – waiting list
Warteschleife, f – waiting loop
Warteschleifenregelung, f – waiting loop regulation
Wartezeit, f (1) – waiting period; qualifying period
Wartezeit, f (2) *(bei einer Zeitstudie, f)* – attendance time; stand-by time; period of stand-by
Wartung, f – maintenance; upkeep
Wartungsmonteur, m – maintenance man
Wartungspersonal, n – maintenance staff; maintenance personnel
Wechsel, m (1) *(Wertpapier, n)* – bill of exchange; promissory note
Wechsel, m (2) *(Änderung, f)* – change; rotation
Wechselkurs, m – exchange rate
wechseln, v (1) – change, v; rotate, v
wechseln, v (2) *(häufig die Stelle, f ~)* – job-hop, v
Wechselprotest, m – notice of protest
Wechselschicht, f – rotating shift
Wechselschichtarbeit, f – work in rotating shifts (pl)
Wechselschichtzulage, f – rotating shift allowance
wechselseitig – mutual; reciprocal; alternate
Wechselwirkung, f – interaction
Wegegeld, n – pedage
Wegeunfall, m – travel accident; accident while travelling
Wegezeit, f – travel time
Wegezeitvergütung, f – travel time compensation
Wegfall, m (1) – cessation; abolition
Wegfall, m (2) *(der Geschäftsgrundlage, f)* – frustration of contract clause
Wehrbeauftragter, m – parliamentary commissioner for the armed forces (pl)
Wehrdienst (m) leisten, v – do one's military service, v; do one's national service, v *<GB>*
Wehrdienst, m – military service; national service *<GB>*; selective service *<GB>*; service in the armed forces (pl)
Wehrdienstleistender, m – person who does his military service; person who does his national service
Wehrdienstpflichtiger, m – person liable to military service
Wehrdienstverweigerer, m (1) – passive military service resister; draft dodger *<US>*

Wehrdienstverweigerer, m (2) *(aus Gewissensgründen, pl)* – conscientious objector

Wehrdienstverweigerung, f – refusal to do one's military service; refusal to do one's national service

Wehrpass, m – military service book

Wehrpflicht, f (1) – military duty

Wehrpflicht, f (2) *(allgemeine)* – compulsory military service

Wehrpflichtgesetz, n – Universal Draft Act

wehrpflichtig – liable to military service

Wehrpflichtiger, m – draftee; person liable to military service

Wehrüberwachung, f – surveillance of drafting

Wehrübung, f – reserve duty training

weiblich – female

weigern (sich), v – refuse, v; deny, v

Weigerung, f – refusal; denial

Weihnachten – Christmas

Weihnachtsfreibetrag, m – Christmas tax exemption; tax-free Christmas allowance

Weihnachtsgeld, n – Christmas bonus

Weihnachtsgratifikation, f – Christmas bonus

Weihnachtszuwendung, f – Christmas grant

Weisung, f – command; directive; direction; order; instruction

Weisungsbefugnis, f – authority to direct; right to issure directions (pl); command authority

weisungsgebunden – subject to directions (pl); bound by instructions (pl)

Weisungsrecht, n – authority to direct; right to issue directions (pl)

Weiterarbeit, f – continued work

Weiterbeschäftigung, f (1) – continued employment

Weiterbeschäftigung, f (2) *(Arbeit läuft weiter, als hätte es keine Kündigung gegeben.)* – reinstatement

Weiterbeschäftigungsanspruch, m – employee's entitlement to continue working

Weiterbeschäftigungspflicht, f – employer's obligation to keep the employee

WeiterbG → Weiterbildungsgesetz, n

Weiterbildung, f (1) – continuing education; further education *<GB>*

Weiterbildung, f (2) *(berufliche)* – advanced occupational training

Weiterbildung, f (3) *(ständige)* – ongoing education; ongoing training

Weiterbildungsgesetz, n (WeiterbG) – Act to Promote Continuing Vocational Training

Weiterbildungsmaßnahme, f – measure of ongoing education

Weiterentwicklung, f (1) – further development

Weiterentwicklung, f (2) *(persönliche)* – personal growth

weiterführende Schule, f – secondary school

Weiterverkauf, m – resale

Weiterverpflichtung, f – re-enlistment

Weiterversicherung, f (1) – continued insurance

Weiterversicherung, f (2) *(freiwillige)* – optional continued insurance

Weltbank, f – World Bank

Weltgesundheitsorganisation, f – World Health Organization (WHO)

Welthandelskonferenz, f – United Nations Conference on Trade and Development (UNCTAD)
Wendigkeit, f – mobility; flexibility
Werbegeschenk, n – promotional gift
Werbeleiter/in, m/f – advertising manager; promotion manager <*US*>
werben, v (1) *(Kunden, pl)* – win (customers, pl), v; attract (customers, pl), v
werben, v (2) *(Arbeitskräfte, pl)* – recruit (personnel), v; enlist, v
Werbewirtschaft, f – advertising
Werbung, f (1) – advertisement; advertising; promotion <*US*>
Werbung, f (2) *(gewerkschaftliche)* – unionized advertisement <*US*>
Werbungskosten (pl) *(Steuer, f)* – income-related expenses (pl); occupational expenses (pl); professional outlays (pl); professional expenditures (pl) <*US*>; business expenditures (pl) <*GB*>
Werbungskostenpauschale, f – standard deduction for expenses (pl)
Werdegang, m – employee's background; personal history; career
Werft, f – shipyard; dockyard
Werftarbeiter, m – yardman
Werk, n *(Fabrik, f)* – plant; factory; establishment; works
Werklehrer/in, m/f – woodwork teacher; metalwork teacher
Werkmeister, m – foreman; master mechanic; workmaster
Werksangehörige/r, f/m – employee of the firm; member of staff; staff member; plant employee
Werksanlagen (pl) – plant facilities (pl)
Werksarzt, m – company doctor; company physician
Werksausweis, m – plant ID card
Werksbesetzung, f – plant occupation
Werksbücherei, f – industrial library
Werkschutz, m – plant security; plant industrial police <*US*>; works protection force
Werksferien (pl) *(Werkferien, pl)* – holiday shutdown; vacation shutdown <*US*>
Werksfeuerwehr, f – plant fire department
Werksgelände, n – factory compound
Werkskantine, f – canteen; catering department; cafeteria <*US*>; tommy shop
Werkskindergarten, m – in-plant nursery school; in-plant kindergarten
Werksküchen (pl) – canteen; catering department
Werksleiter/in, m/f – plant manager; works manager
Werksmietwohnung, f – company-owned flat <*GB*>; company flat <*GB*>; company-owned apartment <*US*>; company apartment <*US*>; company-owned dwelling
Werkspionage, f – industrial espionage
Werksrente, f – company pension
Werkstatt, f (1) – workshop; manufacturing workshop; workroom
Werkstatt, f (2) *(beschützende)* – protective workshop; sheltered workspace
Werkstoff, m – material
Werkstoffkunde, f – material technology
Werkstudent/in, m/f – industrial student; working student; temporary student employee
Werkstück, n – workpiece

Werksurlaub, m – company holidays (pl); plant shut-down
Werksverkehr, m – in-plant traffic
Werksverpflegung, f – company catering
Werkswohnung, f – company-owned flat <*GB*>; company-owned apartment <*US*>; company-owned housing
Werkszeitung, f – employee newspaper; company newspaper/magazine; employee/plant magazine; house journal; personnel periodical
werktätig – labo(u)ring; working
Werktag, m – working day; workday <*US*>
Werkunterricht, m – manual training
Werkvertrag, m – contract for work and services (pl); work performance contract; contract for material and labo(u)r
Werkzeitschrift, f – employee newspaper; company newspaper; employee magazine; plant magazine; house journal
Werkzeug, n – tool
Werkzeugeinrichter/in, m/f – die setter
Werkzeuggeld, n – tool allowance
Werkzeugkosten (pl) – tooling expense
Werkzeugmacher/in, m/f (1) *(Presswerkzeug, n)* – tool maker
Werkzeugmacher/in, m/f (2) *(Schnittwerkzeug, n)* – die maker
Werkzeugmechaniker/in, m/f – tool mechanic
Wert, m (1) – value; worth
Wert, m (2) *(innerer)* – intrinsic value
Wertarbeit, f – quality work; decrease in value
Wertberichtigung, f – value adjustment
Wertbestimmung, f – valuation
Wertesystem, n – system of moral values (pl)
Wertewandel, m – change in moral values (pl); change of moral values (pl)
Wertgegenstände (pl) – valuables (pl)
Wertigkeitsspanne, f *(einer Lohn-/Gehaltsgruppe, f)* – evaluation range
Wertminderung, f – diminution of value; reduction in value; value decrease
Wertpapier, n – bond; security; stock
Wertpapiersparplan, m – share savings scheme
Wertschätzung, f – estimation
Wertschöpfung, f – net value added
Wertsicherung, f – value guarantee
Wertsicherungsklausel, f – stable value clause
Wertsteigerung, f – enhancement in value
Werturteil, n – value judgement
wertvoll – valuable
Wertzuwachs, m – appreciation; increment; added value
Wesen, n *(Wesensart, f)* – nature
wesentlich – essential; material; substantial; vital
wesentlicher Bestandteil, m – essential component; essential part
Wettbewerb, m (1) – competition
Wettbewerb, m (2) *(unlauterer)* – unfair competition
Wettbewerbsabrede, f – hono(u)rable understanding
Wettbewerbsbeschränkung, f – restraint of competition; competitive restraint; restriction on competition
Wettbewerbsentschädigung, f – competition remuneration

wettbewerbsfähig – competitive
Wettbewerbsfreiheit, f – freedom of competition
Wettbewerbsgesetz, n → Gesetz (n) gegen den unlauteren Wettbewerb (m)
Wettbewerbshandlung, f – act of competition
Wettbewerbsklausel, f – competitive clause; non-competition clause; restraint clause
Wettbewerbsrecht, n – law on competition
Wettbewerbstätigkeit, f – competitive activity
Wettbewerbsverbot, n – restraint of competition; prohibition of competition; prohibition to compete
Wettbewerbsverbotsklausel, f – clause forbidding competition
wettmachen, v – make up, v; recover, v
wichtig – important; essential; major
wichtiger Grund, m – important reason; special reason
Widerbeklagte/r, f/m – cross-defendant
Widerkläger/in, m/f – defendant alleging counterclaim; defendant counterclaiming; cross-complainant
Widerklage (f) erheben, v – counterclaim, v
Widerklage, f – cross-action; cross complaint; counteraction/counterclaim; countercharge; countersuit
widerlegbar – rebuttable; refutable
widerrechtlich – unlawful; wrongful; illegal; illicit; contrary to law
widerrechtliche Handlung, f – civil wrong; tort
Widerruf, m – revocation; withdrawal; repudiation; disavowal; retraction; disclaimer
widerrufen, v (1) – withdraw, v; call back, v; revoke, v; annul, v; disavow, v
widerrufen, v (2) – repudiate, v
widerrufen, v (3) *(einen Auftrag, m)* – cancel an order, v; withdraw an order, v
widerruflich – revocable; precarious *<law>*
Widerrufsbescheid, m – withdrawal document
Widerrufsrecht, n – right of revoking
Widerrufsvorbehalt, m – revocation clause; proviso of cancellation
widersprechen, v – object, v
Widerspruch (m) einlegen, v – interpose an objection, v; appeal, v; lodge an objection, v
Widerspruch, m – contradiction; discrepancy; opposition; objection *<law>*; protest *<law>*
Widerspruchsbescheid, m – ruling on an objection
Widerspruchsgrund, m – reason for objection
Widerspruchsklage, f – third-party action against execution
Widerspruchsrecht, n – right of objection
Widerspruchsstelle, f – appeal committee
Widerspruchsverfahren, n – procedure of objection
Widerstand, m (1) – resistance
Widerstand, m (2) *(gegen die Staatsgewalt, f)* – resistance to state authority; secession
widrig – adverse
wieder aufnehmen, v *(die Arbeit, f)* – resume work, v

wieder einstellen, v – re-employ, v; re-engage, v

wieder in den Arbeitsprozess (m) eingliedern, v *(jmd)* – put s.o. back to work, v; rehabilitate s.o., v

wieder ins Erwerbsleben (n) zurückkehren, v – rejoin the labo(u)r force, v

wieder zur Arbeit (f) melden, v *(sich)* – report back to work, v

Wiederanstellung, f – reappointment; re-engagement

Wiederaufnahme, f (1) – resumption; reopening

Wiederaufnahme, f (2) *(der Arbeit, f)* – resumption of work

Wiederaufnahmeverfahren, n (1) – reopening of a case

Wiederaufnahmeverfahren, n (2) *(Strafprozess, m)* – new trial

Wiederbelebung, f *(der Wirtschaft, f)* – upswing

Wiederbeschäftigung, f – re-employment

Wiederbeschaffung, f – replacement

Wiederbeschaffungskosten (pl) – replacement costs (pl); current replacement cost

Wiedereingewöhnung, f – recovery

Wiedereingliederung, f (1) – reintegration

Wiedereingliederung, f (2) *(berufliche)* – vocational rehabilitation

Wiedereingliederung, f (3) *(soziale)* – resettlement

Wiedereingliederungsbeihilfe, f – resettlement allowance

Wiedereingliederungsmaßnahme, f – resettlement measure

wiedereinsetzen, v – reinstate, v

Wiedereinsetzung, f (1) – reinstatement

Wiedereinsetzung, f (2) *(in den vorigen Stand, m)* – restitution to the previous condition

wiedereinstellen, v – reemploy, v; reengage, v

Wiedereinstellung, f – re-employment; reappointment; re-engagement; reinstatement

Wiedereinstellungklausel, f – reinstatement clause

Wiedereinstellungsanspruch, m – reinstatement claim; legal right of reinstatement

Wiedereinstellungszusage, f – promise of re-employment

Wiedereintritt, m *(in das Berufsleben, n)* – re-entry into employment

Wiederernennung, f – reappointment

Wiedergutmachung, f – reparation; restitution; amends (pl)

wiederherstellen, v – restore, v; repair, v; re-establish, v

Wiederherstellung, f – restoration; repair

wiederholen, v – repeat, v; recur, v

wiederholt – repeatedly

Wiederholung, f – repetition; recurrence

Wiederholungsgefahr, f – danger of recidivism; danger of recurrence

Wiederholungskurs, m – refresher course

Wiederholungsprüfung, f – re-examination

Wiedervereinigung, f – reunification

Wiederwahl, f – re-election

wild (1) – wild

wild (2) *(unerlaubt)* – illegal; unauthorized

wilder Streik, m – wildcat strike

Wille, m – will; intent

Willenserklärung, f – declaration of intent; declaration of legal intent; declaratory act; statement of volition
Willenskraft, f – willpower
Willensmangel, m – failure of intent
Willensstärke, f – strong will
Willkür, f – free will; discretion; arbitrariness
Willkürkontrolle, f – control of arbitrariness
willkürlich – arbitrary
Willkürverbot, n – unlawfulness of arbitrary rule
Winterbeihilfe, f – winter assistance
wirksam – effective; operative; valid; efficient
wirksam werden, v – take effect, v; become operative, v
Wirksamkeit, f – effectiveness; efficiency; validity; operation
Wirksamkeitsvoraussetzung, f – efficiency requirement
Wirksamwerden, n – coming into force; becoming effective; becoming operative
Wirkstoff, m – active substance; agent
Wirkung, f (1) – effect; consequence
Wirkung, f (2) *(aufschiebende)* – suspensory effect
Wirkungsbereich, m (1) – sphere of action; sphere of activity; scope of activities (pl)
Wirkungsbereich, m (2) *(eines Gesetzes, n)* – purview
Wirkungsgrad, m – efficiency
Wirkungskreis, m – sphere of functions (pl)
wirkungslos – inoperative
wirkungsvoll – effective
Wirtschaft, f (1) – economy; economic system
Wirtschaft, f (2) *(freie)* – free economy
Wirtschaft, f (3) *(gewerbliche)* – industry
wirtschaftlich – economic; economical; cost-efficient; commercial
wirtschaftliche Abhängigkeit, f – economic dependency
wirtschaftliche Angelegenheit, f – economic matter; economic affair
wirtschaftliche Entwicklung, f – economic development
wirtschaftliche Interessen (pl) – commercial interests (pl)
Wirtschaftlichkeit, f – cost-effectiveness; economic efficiency
Wirtschafts- und Währungsunion, f – economic and monetary union
Wirtschaftsaufschwung, m – recovery in economic activity; upswing
Wirtschaftsausschuss, m – economic affairs committee; economic committee
Wirtschaftsenglisch, n – business English; English in industry and commerce
Wirtschaftsexperte, m/Wirtschaftsexpertin, f – economic expert; expert in economics (pl)
Wirtschaftsfachschule, f – commercial college
Wirtschaftsflüchtling, m – economic migrant
Wirtschaftshilfe, f – economic aid
Wirtschaftsingenieurwesen, n – industrial engineering; business engineering
Wirtschaftskriminalität, f – white-collar criminality
Wirtschaftslage, f – economic situation; state of the economy; market prospects (pl)
Wirtschaftsleben, n – economic life; economic activity

Wirtschaftslenkung, f – controlled economy; guidance of trade *<US>*
Wirtschaftsoberschule, f – commercial college
Wirtschaftsordnung, f – economic system
Wirtschaftsprüfer/in, m/f (1) – auditor
Wirtschaftsprüfer/in, m/f (2) *(vereidigte/r)* – certified public accountant (CPA) *<US>*; chartered accountant *<GB>*
Wirtschaftsprüferbericht, m – auditor's report; auditor's opinion
Wirtschaftsrecht, n – commercial law; business law; economic law
Wirtschaftsrisiko, n – economic risk
Wirtschaftsspionage, f – economic espionage; industrial espionage
Wirtschaftssystem, n – economic system
Wirtschaftsunternehmen, n – business enterprise
Wirtschaftsverbrechen, n – white-collar crime; economic crime
Wirtschaftsvereinigung, f – trade association
Wirtschaftswachstum, n – economic growth
Wirtschaftswissenschaft, f – economic science; economics
Wirtschaftswissenschaften (pl) – economics
Wirtschaftszweig, m – branch of economy
Wissen, n (1) – knowledge
Wissen, n (2) *(technisches)* – know-how
Wissenschaft, f – science
Wissenschaftler/in, m/f – scientist
wissenschaftlich – scientific; academic
Wissensmanagement, n – knowledge management
Wissenstransfer, m – transfer of knowledge
wissentlich – knowingly; deliberate
Witwe, f – widow
Witwengeld, n – widow's allowance; widow's benefit
Witwenrente, f – widow's pension
Witwer, m – widower
Witwerrente, f – widower's pension
Wochenarbeitszeit, f – hours (pl) worked per week; weekly working hours (pl); working week
Wochenendarbeit, f – work on weekends (pl)
Wochenhilfe, f – maternity relief
Wochenlohn, m – weekly wage; weekly pay
Wochentag, m – day of the week; weekday
wöchentliche Abrechnung, f – weekly settlement
wöchentliche Arbeitszeit, f – weekly working hours (pl)
wörtlich – verbal; verbatim; literal
wörtliche Übersetzung, f – literal translation
wörtliches Angebot, n *(einer Leistung, f)* – verbal offer
Wohl, n (1) – welfare; weal *<fml>*
Wohl, n (2) *(des Betriebs, m)* – well-being of the establishment
Wohlbefinden, n – well-being
wohlerworbene Rechte (pl) – vested rights (pl)
Wohlfahrt, f – public welfare; social welfare
Wohlfahrtseinrichtung, f – welfare services (pl)
Wohlfahrtsempfänger/in, m/f – welfare recipient; welfare beneficiary
Wohlfahrtspflege, f – welfare work; charity

Wohlfahrtsstaat, m – social welfare state

Wohlfahrtsunterstützung, f – public relief

wohlhabend – moneyed; wealthy

Wohlstand, m – prosperity; wealth

wohltätig – benevolent; charitable

Wohltätigkeit, f – charity

Wohltätigkeitseinrichtung, f – charitable organisation/organization

Wohltätigkeitssektor, m *(Branche, f)* – charity; non-profit sector

wohlwollend – benevolent

Wohnbedarf, m – housing requirement

wohnen, v – reside, v; live, v; lodge, v

Wohngebiet, n – residential area

Wohngeld, n – housing money; public housing allowance; rent grant

Wohngeldbescheinigung, f – statement of housing subsidy

Wohngeldzuschuss, m – housing subsidy; housing assistance; allowance for rent; allowance for room; lodging allowance

Wohnheim, n – lodging house; rooming house <*US*>; dormitory

Wohnort, m (1) – place of residence; domicile; home location

Wohnort, m (2) *(ständiger)* – place of permanent address

Wohnraum, m – residential space; housing accommodation

Wohnraumbeschaffung, f – provision of housing space

Wohnsitz (m) haben, v – reside, v

Wohnsitz, m (1) – residence; place of residence; domicile; place of abode

Wohnsitz, m (2) *(gewöhnlicher)* – normal residence

Wohnsitz, m (3) *(ständiger)* – permanent residence

Wohnsitz, m (4) *(steuerlicher)* – tax domicile

Wohnsitz, m (5) *(zweiter)* – secondary residence

Wohnung, f (1) – flat <*GB*>; apartment <*US*>; accommodation; housing; lodging

Wohnung, f (2) *(möblierte)* – furnished flat <*GB*>; furnished apartment <*US*>

Wohnungsabteilung, f – housing department

Wohnungsbau, m (1) – housing construction; house-building; housing

Wohnungsbau, m (2) *(öffentlich geförderter)* – public housing scheme; publicly assisted house-building

Wohnungsbau, m (3) *(sozialer)* – low-income housing; council housing <*GB*>; federally financed low-cost housing <*US*>; public housing <*US*>

Wohnungsbaudarlehen, n Wohnungsdarlehen, n – housing loan

Wohnungsbauförderung, f – promotion of housing construction

Wohnungsbauprämie, f – housing construction grant; housing construction premium

Wohnungsdarlehen, n → Wohnungsbaudarlehen, n

Wohnungseigentum, n – property in a freehold flat <*GB*>; property in a condominium <*US*>

Wohnungsnot, f – housing shortage

Wohnungswesen, n – housing

Wohnungszusage, f – housing promise; housing commitment

Wortführer, m – spokesman; fugleman

wortgetreu – literal

Wortlaut, m – wording

Wortschatz, m (1) – vocabulary
Wortschatz, m (2) *(aktiver)* – active vocabulary
Wucher, m – usury
Würde, f – dignity
würdigen, v – appreciate, v

Z

Zahl, f – figure; number
zahlbar (1) – payable
zahlbar (2) *(in ausländischer Währung, f)* – payable in foreign currency
zahlen, v (1) *(für)* – pay for, v; make payments (pl) for, v
zahlen, v (2) *(in Raten, pl)* – pay by instal(l)ments (pl), v
zahlen, v (3) *(im Voraus)* – pay in advance, v; prepay, v
Zahlmeister, m – paymaster; cashier
Zahlstelle, f – paying office; office of payments (pl) <*GB*>
Zahltag, m – day of payment; payday; day of settlement
Zahlung (f) einstellen, v – suspend payments (pl), v
Zahlung (f) leisten, v – make payments (pl), v
Zahlung (f) verweigern, v – dishono(u)r, v
Zahlung, f (1) – payment
Zahlung, f (2) *(bargeldlose)* – payment by transfer; payment by check <*US*>; cashless payment
Zahlung, f (3) *(einmalige)* – gratuity
Zahlung, f (4) *(rückwirkende)* – retrospective pay
Zahlung, f (5) *(unter Vorbehalt, m)* – payment under proviso; payment under reservation
Zahlungsanspruch, m – payment claim
Zahlungsantrag, m – payment claim
Zahlungsanweisung, f – order for payment; money order; payment order
Zahlungsart, f – mode of payment
Zahlungsaufforderung, f – claim for payment; request for payment
Zahlungsaufschub, m – delay of payment; deferment of payment; respite; extension of credit
Zahlungsauftrag, m – payment authorization
Zahlungsausgang, m – outpayment
Zahlungsbefehl, m – order of payment; order to pay; precept; order for payment
Zahlungsbeleg, m – voucher; receipt
Zahlungsdokument, n – instrument of payment
Zahlungseinstellung, f – cessation of payments (pl)
Zahlungsempfänger/in, m/f – payee; recipient
zahlungsfähig – solvent; able to pay
Zahlungsfähigkeit, f – solvency; ability to pay
Zahlungsfrist, f – term for payment; time of payment; period of grace
Zahlungsklage, f – action for payment
Zahlungsnachweis, m – proof of payment
Zahlungsort, m – place of payment
Zahlungspflicht, f – liability for payment; liability to make payments (pl)

Zahlungsrückstände (pl) – arrears (pl) of pay
Zahlungsschwierigkeit, f – pecuniary difficulty; pecuniary embarrassment
Zahlungstermin, m – payment deadline; date of payment
zahlungsunfähig – insolvent; unable to pay
Zahlungsunfähigkeit, f – insolvency; inability to pay
Zahlungsverbot, n (1) – stop order
Zahlungsverbot, n (2) *(vorläufiges)* – temporary freezing of payments (pl)
Zahlungsverbot, n (3) *(an Drittschuldner; pl)* – garnishment
Zahlungsvereinbarung, f – payment arrangement
Zahlungsversprechen, n – promise of payment
Zahlungsverweigerung, f – refusal of payment; dishono(u)r
Zahlungsverzug, m – default in payment; delay of payment; delay of pay
Zahlungsweise, f – mode of payment; method of payment
Zahnarzt, m – dentist
Zahnersatz, m – dental prothesis
Zahntechniker/in, m/f – dental technician; dental mechanic
zedieren, v – assign, v
zehnjährig – ten-year-old; of ten years (pl); ten years (pl) of age
Zehrgeld, n – travel(l)ing money
Zeichner/in, m/f *(Konstruktionszeichner/in, m/f)* – draughtsman/ draughtswoman <*GB*>; draftsman/ draftswoman <*US*>
Zeichnung, f – drawing
Zeichnungsbefugnis, f – authorization to sign
zeichnungsberechtigt – authorized to sign
Zeichnungsvollmacht, f – signatory power
Zeilenhonorar, n – linage; penny a line payment; space fee <*US*>
Zeit, f (1) – time
Zeit, f (2) *(Zeitraum, m)* – period
Zeit, f (3) *(auf unbestimmte)* – sine die
Zeit- und Bewegungsstudie, f – time and motion study
Zeitabgleich, m – time levelling
Zeitablauf, m – lapse of time; passage of time
Zeitabschnitt, m – period; segment of time
Zeitakkord, m – time-based piecework
Zeitanteil, m – allocated time
Zeitarbeit, f – temporary employment; temporary work; job leasing
Zeitarbeiter/in, m/f – temporary worker
Zeitarbeitsverhältnis, n – temporary employment relationship
Zeitarbeitsvertrag, m – contract for temporary employment; temporary employment contract; short-term contract
Zeitaufnahme, f – time study
Zeitaufnahmebogen, m – time study sheet
Zeitausgleich, m – time balance
Zeitausweis, m – time recording ID card
Zeitbeschränkung, f – time limit
Zeitbindung, f – time constraint
Zeitdauer, f (1) – period; period of time
Zeitdauer, f (2) *(bestimmte)* – term; time
Zeitdruck, m – time pressure; deadline pressure
Zeiteinheit, f – time unit
Zeitelement, n – time element

Zeiterfassung, f – time recording

Zeiterfassungsgerät, n – time recording device

Zeiterfassungssystem, n – time recording system

Zeitermittlung, f – determination of times (pl)

Zeitersparnis, f – saving of time

Zeitfaktor, m *(festgelegter)* – recorded time value

Zeitgrad, m – performance efficiency; rate of labo(u)r utilisation/utilization

Zeitguthaben, n – positive flextime balance; time credit

Zeitgutschrift, f – time credit

Zeitkontrolle, f – timekeeping; time control

Zeitlohn, m – straight time pay; time wages (pl) *<US>*; time rate-wage *<US>*; wage according to time spent

Zeitlohnarbeit, f – straight time work; day work *<GB>*; work at time rates (pl)

Zeitmangel, m – lack of time

Zeitpersonal, n – temporary staff; employees (pl) under contract with an employment agency

Zeitplan, m – time schedule; time scale; timetable

Zeitplanung, f – time scheduling

Zeitpunkt, m (1) – date; point in time

Zeitpunkt, m (2) *(maßgebender)* – operative date

Zeitraum, m – period; period of time

Zeitreihenanalyse, f – time series analysis

Zeitrente, f – temporary annuity

Zeitschrift, f – periodical; journal; magazine

Zeitschulden (pl) – negative flextime balance

Zeitspanne, f – period of time; time span

Zeitstudie, f – time and motion study

Zeitstudieningenieur/in, m/f – time and motion study engineer; efficiency engineer

Zeitung, f – newspaper

Zeitungsanzeige, f – advertisement; ad *<US>*; insertion

Zeitversäumnis, n – loss of time

Zeitvertrag, m – fixed-term contract; non-regular contract; temporary contract

Zeitvorgabe, f – time target; time standard; allowed time

zeitweilig – temporary

Zeitwertvorgabe, f – current value factor

Zeitwirtschaft, f – time management

Zeitzuschlag, m – time supplement

Zensur, f *(Benotung, f)* – mark *<GB>*; grade *<US>*

Zentrale, f *(eines Unternehmens, n)* – head office; headquarters (pl)

zentraler Einkauf, m – central purchasing

Zentralregister, m – central register

Zerrüttung, f (1) – disruption; ruination; confusion

Zerrüttung, f (2) *(der Ehe, f)* – disruption of the conjugal relations (pl)

Zerspanungsmechaniker/in, m/f – cutting mechanic

Zession, f – assignment; transfer; subrogation

Zeuge, m – witness

Zeugen (pl) beibringen, v – produce witnesses (pl), v

Zeugenaussage, f *<jur>* – testimony

Zeugenbeweis, m *<jur>* – proof by witnesses (pl); parol evidence

Zeugengeld, n – witness fee; witness expenses (pl)

Zeugenvernehmung, f – hearing of witnesses (pl); examination of witnesses (pl)
Zeugenvorladung, f – summons
Zeugnis (n) verweigern, v *<jur>* – refuse to give testimony as a witness, v
Zeugnis, n (01) *(Bescheinigung, f)* – certificate; attestation; record
Zeugnis, n (02) *(Schulzeugnis, n)* – school report; credit report *<US>*; grade report *<US>*; marks (pl) *<GB>*
Zeugnis, n (03) *(Arbeitszeugnis, n)* – reference; leaving certificate; testimonial
Zeugnis, n (04) *(Prüfungszeugnis, n)* – diploma; certificate; credential
Zeugnis, n (05) *(Führungszeugnis, n)* – reference; testimonial
Zeugnis, n (06) *(vor Gericht, n)* – testimony; testimonial; evidence
Zeugnis, n (07) *(amtliches)* – official certificate
Zeugnis, n (08) *(ärztliches)* – medical certificate; doctor's certificate
Zeugnis, n (09) *(einfaches)* – simple references (pl)
Zeugnis, n (10) *(qualifiziertes)* – qualified references (pl)
Zeugnisabschrift, f (1) – copy of a certificate; copy of a diploma
Zeugnisabschrift, f (2) *(beglaubigte)* – certified copy of a diploma; exemplified copy of a diploma
Zeugnisanspruch, m – entitlement to a reference; entitlement to a testimonial
Zeugnisentwurf, m – draft of a reference; draft of a testimonial
Zeugnisnote, f – grade *<US>*; mark *<GB>*; rating
Zeugnissprache, f – certification language
Zeugnisverweigerungsrecht, n – right to refuse to give evidence; right to refuse to give testimony as a witness; immunity from witness
ziehen, v *(in Zweifel, m)* – impeach, v
Ziel (n) erreichen, v – attain an objective, v
Ziel, n – aim; goal; objective; target
Zieleinkommen, n – target income
Zielerreichung, f – target attainment
Zielgruppe, f – target group
Zielkonflikt, m – conflicting aim; conflicting objective
Zielsetzung, f – marking of aims (pl); goal setting
Zielvereinbarung, f – goal setting agreement
Zielvorgabe, f – aim; goal; target
Zielvorstellung, f – aim; goal; target
Ziffer, f *(eines Paragraphen, m)* – subsection
Zins, m – interest; interest rate
Zinsersparnis, f – interest saving
Zinsertrag, m – yield of tax; yield of taxes (pl)
zinsfrei – interest-free
Zinsfreistellung, f – exemption from interests (pl)
zinslos – interest-free
Zinsvergünstigung, f – interest rebate
Zinszuschuss, m – interest relief grant; interest rate subsidy; interest subsidy
Zivildienst, m – non-military service; civilian service
Zivilgericht, n – civil court; court for private law cases (pl)
Zivilgerichtsbarkeit, f – civil jurisdiction
Zivilkammer, f – civil chamber
Zivilklage, f – civil action; civil suit
Zivilprozess, m – civil suit

Zivilprozessordnung, f (ZPO) – Code of Civil Procedure; Civil Procedure Code; Civil Practice Act
Zivilrecht, n – civil law; private law
zivilrechtlich – under civil law; under private law; according to civil law; according to private law
Zivilsache, f – civil law case; private law case; civil case
Zölibatsklausel, f – prohibition-to-marry clause
Zollabgaben (pl) – customs expenses (pl)
ZPO → Zivilprozessordnung, f
Zubehör, n – accessories (pl)
zubilligen, v – grant, v; award, v; allow, v; concede, v
Züchtigungsrecht, n – right of chastisement; right of corporeal punishment
zueignen (sich), v – acquire, v; appropriate, v
Zueignung, f – appropriation
zuerkennen, v – award, v
zufällig – accidental; coincidental; incidental; casual; by accident
Zufall, m – chance; accident
Zufallsstichprobe, f – random sample
Zuflussprinzip, n – accrual principle
zufrieden stellen, v – satisfy, v
zufrieden stellend – satisfactory
Zufriedenheit, f – satisfaction
Zugabe, f – supplement; free gift; direct premium
Zugang, m (1) *(zum Betrieb, m)* – access
Zugang, m (2) *(der Kündigung, f)* – arrival of the notice of termination; receipt of the notice of termination
Zugang, m (3) *(Eingang, m)* – gate
Zugangskontrolle, f – access control
Zugangsrecht, n (1) – access right
Zugangsrecht, n (2) *(gewerkschaftliches)* – unionized/unionised right of access
zugehörig – accessory
zugelassen werden, v *(als Barrister, m)* – be called to the bar, v; be admitted to the bar, v
Zugeständnis, n – admission; concession
zugewiesene Arbeit, f – stint
Zugewinn, m – accrued gain
Zugewinnausgleich, m – equalization/equalisation of accrued gains (pl)
Zugewinngemeinschaft, f – community of accrued gains (pl)
Zugluft, f – heavy draft
zugriffsberechtigt *(Daten, pl)* – entitled to access
Zugriffsberechtigung, f *(Daten, pl)* – entitlement to access
Zugriffskontrolle, f *(Daten, pl)* – access control
Zugrundelegung, f – taking sth as the basis
zukünftig – future
Zukunftsprognose, f – prognostication into the future
Zukunftssicherung, f – protection of the future; provision for the future
zulässig – admissible; permissible
zulässiges Beweismittel, n – proper evidence
Zulässigkeit, f – admissibility; permissibility
Zulage, f – extra pay; bonus; allowance; merit; additional pay
Zulagenvolumen, n – total of all additional allowances (pl); total of all allowances (pl)
Zulagenzahlung, f – payment of allowances (pl)
zulassen, v – admit, v; permit, v; allow, v

Zulassung, f (1) *(Konzession, f)* – admission; licence/license; permit; permission; concession
Zulassung, f (2) *(behördliche)* – official authorization
Zulassung, f (3) *(als Rechtsanwalt, m)* – admission to the bar
Zulassungsantrag, m – application for admission
Zulassungsbestimmungen (pl) – terms (pl) of admission
Zulassungskriterien (pl) – admission criteria (pl)
Zulassungsverfahren, n – admission procedure
Zulassungsvoraussetzung, f – admission requirement
zum Ausgleich (m) von – in settlement of; compensational
zumutbar – reasonable; appropriate; acceptable
Zumutbarkeit, f – reasonableness; appropriateness
Zunahme, f – increase; increment
Zuname, m – family name; surname; last name *<US>*
Zunft, f – guild
Zuordnung, f (1) *(bei Wahlen, pl)* – assignment
Zuordnung, f (2) *(Datenverarbeitung, f)* – allocation
Zuordnung, f (3) *(gleichwertiger Tätigkeiten (pl) zu einer Entgeltgruppe, pl)* – banding (Methode der Arbeitsbewertung)
zur Pacht, f – on lease
zurechenbar – attributable; imputable
zurechnen, v – attribute, v; ascribe to, v
Zurechnungsbetrag, m – allocated amount
zurechnungsfähig *<jur>* – responsible
Zurechnungsfähigkeit, f – sane state of mind; responsible capacity; mental capacity; criminal responsibility
Zurechnungsunfähigkeit, f – insane state of mind
Zurechnungszeit, f – time credit
zurechtweisen, v – rebuke, v
zurückbehalten, v (1) – detain, v; hold, v
zurückbehalten, v (2) *(von Eigentum, n)* – retain, v; withhold, v
Zurückbehaltung, f – withholding; retention; detention
Zurückbehaltungsrecht, n – right of retention; right of detention/lien; retainer; retaining lien; recoupment
zurückbezahlen, v – pay back, v; repay, v; refund, v; reimburse, v
zurückdatieren, v – date back, v
zurückerstatten, v – refund, v; return, v; reimburse, v; repay, v; pay back, v
Zurückerstattung, f – refund; reimbursement; repayment
zurückfordern, v – reclaim, v; ask for s.th. back
Zurückforderung, f – reclamation
zurückgeben, v – return, v; give back, v
zurückhalten, v – detain, v; withhold, v
zurückkehren, v – return, v
Zurücknahme, f (1) – resumption; withdrawal
Zurücknahme, f (2) *(Widerruf, m)* – revocation
Zurücknahme, f (3) *(der Kündigung, f)* – withdrawal of the termination notice
zurücknehmen, v – withdraw, v; revoke, v
zurückrechnen, v – reckon back, v

zurückstellen, v (1) – set back, v; put on hold, v

zurückstellen, v (2) *(vertagen, v)* – postpone, v; adjourn, v; defer, v

zurückstellen, v (3) *(Geld, n)* – reserve, v; set aside, v

zurückstellen, v (4) *(vom Wehrdienst, m)* – defer from service, v

Zurückstellung, f (1) *(Vertagung, f)* – postponement; adjournment; deferment

Zurückstellung, f (2) *(Bilanz, f)* – reserve; provision

Zurückstellung, f (3) *(vom Wehrdienst, m)* – exemption from military service; exemption from service; postponement of national service <*GB*>; deferment <*US*>

Zurückstufung, f – downgrading; demotion

zurücktreten, v (1) *(von einem Posten, m)* – relinquish a position, v; resign from an office, v; retire, v; renounce, v; go out, v

zurücktreten, v (2) *(von einem Posten, m)* – sign off, v <*infml*>

zurücktreten, v (3) *(von einem Vertrag, m)* – rescind a contract, v

zurückverweisen, v (1) – refer back to, v; remand, v

zurückverweisen, v (2) *(Rechtssache, f)* – remand, v; recommit, v

Zurückverweisung, f – remand; recommitment

zurückweisen, v – reject, v; refuse, v; disallow, v; repudiate, v; dismiss, v <*law*>

Zurückweisung, f – rejection

zurückzahlen, v – refund, v; reimburse, v; repay, v; pay back, v

zurückziehen, v (1) – withdraw, v; retire, v

zurückziehen, v (2) *(sich)* – sign off, v <*infml*>

zurückziehen, v (3) *(sich zur Beratung, f)* – retire to deliberate, v

zusätzlich – additional; supplementary; extra

Zusage, f – confirmation; promise; commitment

Zusammenarbeit, f (1) – co-operation; collaboration

Zusammenarbeit, f (2) – collaborative commerce (internetbasierte, unternehmensübergreifende Zusammenarbeit zwischen Lieferanten, Kunden und Mitarbeitern unter Nutzung vielfältiger Zugangskanäle)

zusammenarbeiten, v – work together, v; co-operate, v; collaborate, v

Zusammenbau, m – assembly

zusammenbrechen, v – collapse, v; break down, v

Zusammenbruch, m – collapse; breakdown

Zusammenfassung, f – summary; abstract; recapitulation; summing-up

zusammenfinden, v – get together, v <*US,infml*>

zusammengefasst – summarized

zusammenhängend – coherent

Zusammenhang, m – context; connection

Zusammenkunft, f – assembly; convention

Zusammenlegung, f – consolidation

zusammenrotten (sich), v – gang up, v; riot, v

zusammenschließen (sich), v – amalgamate, v

Zusammenschluss, m – amalgamation; integration; merger; consolidation

Zusammensetzung, f – composition

Zusammenstellung, f – compilation

Zusatzabkommen, n – additional agreement
Zusatzarbeit, f – extra work
Zusatzausbildung, f – additional training
Zusatzbestimmung, f – supplementary provision
Zusatzbetrag, m – additional amount
Zusatzeinkommen, n – additional income; extra income
Zusatzklausel, f (1) – additional clause; added clause
Zusatzklausel, f (2) *(Versicherung, f)* – rider
Zusatzkosten (pl) – additional cost; imputed cost
Zusatzleistung, f – supplementary benefit
Zusatzqualifikation, f – additional qualification
Zusatzrente, f – supplementary pension; additional annuity
Zusatzurlaub, m – additional leave; extra leave; supplementary holiday *<GB>*; supplementary vacation *<US>*
Zusatzverpflegung, f – additional rations (pl)
Zusatzversicherung, f – supplementary insurance; complementary insurance
Zusatzversorgung, f – supplementary benefits (pl); additional benefits (pl)
Zusatzversorgungskasse, f – supplementary benefit fund; additional benefit fund
Zusatzversorgungsrente, f – supplemental pension
Zuschlag, m *(Zuschuss, m)* – extra charge; bonus; premium; surcharge
zuschlagspflichtig – subject to a supplementary charge acceptable
Zuschuss, m (1) – allowance
Zuschuss, m (2) *(staatlicher)* – subsidy; grant
Zuschuss, m (3) *(finanzieller)* – pecuniary aid
Zuschuss, m (4) *(zum Unterhalt, m)* – allocation
Zuschuss, m (5) *(verlorener)* – nonreturnable aid
Zuschuss, m (6) *(für die Fahrt (f) zum Arbeitsplatz, m)* – travel allowance
zusichern, v – warrant, v; assure, v; promise, v
Zusicherung, f – assurance; warranty
Zuspätkommen, n – lateness
zusprechen, v – award, v
zuständig – competent; responsible; in charge
zuständige Behörde, f – relevant administrative body
zuständiges Gericht, n – court of competent jurisdiction
Zuständigkeit, f (1) – responsibility; accountability; competence; jurisdiction
Zuständigkeit, f (2) *(erstinstanzliche)* – original jurisdiction
Zuständigkeit, f (3) *(örtliche)* – territorial jurisdiction; venue of jurisdiction
Zuständigkeitsbereich, m – area of responsibility; area of competence; sphere of competence
Zustand, m – state; condition
zustellen, v (1) – serve upon, v
zustellen, v (2) *(liefern/senden, v)* – deliver, v; forward, v
Zustellkosten (pl) *<jur>* – costs (pl) for/of issuing a summons
Zustellung, f (1) *(Post, f)* – delivery

Zustellung, f (2) *(Gericht, n)* – service
Zustellung, f (3) *(öffentliche)* – service by publication
Zustellung, f (4) *(einer Entscheidung, f)* – notification of a decision
Zustellungsanschrift, f – address for service
Zustellungsbevollmächtigte/r, f/m – person authorized to receive service acceptable
Zustellungsurkunde, f – affidavit of service; certificate of service
zustimmen, v – agree, v; approve, v; consent, v
Zustimmung, f (1) – agreement; approval; consent; sanction; affirmation
Zustimmung, f (2) *(stillschweigende)* – tacit approval; implied consent; implicit affirmation
Zustimmungserfordernis, n – necessity of consent
Zustimmungserklärung, f – appearance of consent
Zustimmungsersetzung, f *<jur>* – court order in lieu of the works council's consent
Zustimmungsgesetz, n – law requiring the consent of the German Federal Council (Bundesrat)
zustimmungspflichtig – requiring consent
Zustimmungsverweigerung, f – refusal of one's consent
zuteilen, v – assign, v; allocate, v; allot, v
zutreffend – correct; based on fact; applicable
Zutritt, m – access; admission; entry; entrance; ingress
Zutrittsrecht, n – right of access
zuverlässig – reliable; dependable
Zuverlässigkeit, f (1) – reliability
Zuverlässigkeit, f (2) *(persönliche)* – good repute
Zuwachs, m – growth; increase
Zuwachsrate, f – growth rate; rate of growth
Zuwanderer, m – immigrant
Zuwanderungsgesetz, n (ZuwG) – Immigration Act
zuweisen, v (1) – assign, v; allocate, v; apportion, v; attribute, v
zuweisen, v (2) *(jmd einen neuen Aufgabenbereich, m)* – assign a duty to s.o., v
Zuweisung, f – assignment; allocation; apportionment
Zuwendung, f – gift; donation; benefit; gratuity; bestowal
ZuwG → Zuwanderungsgesetz, n
zuwiderhandeln, v – contravene, v; offend, v
Zuwiderhandlung, f – contravention; noncompliance; infringement; offence/offense
Zuzahlung, f – additional payment
Zuzug, m (1) – entry; arrival
Zuzug, m (2) *(Einwanderung, f)* – immigration
Zuzugsgenehmigung, f – permit of residence
Zwang, m – compulsion; coercion; constraint; restraint; pressure
zwanglos – casual; informal
Zwangsabgabe, f – compulsory contribution; compulsory levy
Zwangsarbeit, f – compulsory work; compulsory labo(u)r, forced labo(u)r; hard labo(u)r; panel labo(u)r; slave labo(u)r
Zwangsarbeiter/in, m/f – forced labo(u)r convict
Zwangsbeitrag, m – compulsory contribution

Zwangsbeitreibungsverfahren, n – procedure for enforcing payment
Zwangsgeld, n – coercive enforcement penalty
Zwangsmaßnahme, f – compulsory measure; coercive measure; measure of coercion
Zwangsmitgliedschaft, f – compulsory membership
Zwangsmittel (pl) – coercive means (pl)
Zwangspensionierung, f (1) *(vorgeschriebenes Pensionsalter, n)* – compulsory retirement; mandatory retirement
Zwangspensionierung, f (2) *(erzwungene Pensionierung, f)* – forced retirement
Zwangsräumung, f – eviction; ejectment
Zwangsschlichtung, f – compulsory arbitration
Zwangsurlaub, m – compulsory leave; compulsory vacation <*US*>
Zwangsvergleich, m – compulsory settlement; forced arbitration
zwangsverpflichtet – indentured; conscript
Zwangsversicherung, f – compulsory insurance
Zwangsversteigerung, f – compulsory auction; execution sale
Zwangsverwaltung, f – compulsory administration; receivership <*law*>; judicial sequestration <*law*>
Zwangsvollstreckung, f (1) – compulsory enforcement; execution; distraint, distress; enforcing of a judgement; seizure by way of execution
Zwangsvollstreckung, f (2) *(in ein Grundstück, n)* – foreclosure <*US*>
zwangsweise – compulsory
Zweck, m – purpose; intention
Zweckbefristung, f – limitation until the achievement of a specific purpose
Zweckbestimmung, f – appropriation
zweckdienlich – suitable; useful
zweckdienliche Angaben (pl) – relevant information
Zweckentfremdung, f – misuse of the purpose; misappropriation
Zweckerreichung, f – achievement of purpose
zwecklos – futile; purposeless
zweckmäßig – expedient; appropriate; practical; functional
Zweckmäßigkeit, f – expediency; usefulness
Zweifel (pl) *(begründete)* – well-founded doubts (pl)
Zweifel, m – doubt
Zweigbetrieb, m – branch establishment
Zweigniederlassung, f – branch office; subsidiary
zweisprachig – bilingual
zweistufig – two-tier
Zweiter Bildungsweg, m – the second way of gaining university admission
Zweiter Weihnachtstag, m – Boxing Day
Zweitstudium, n – second degree
Zweitwohnsitz, m – secondary residence
Zweiwochenfrist, f – two-weeks period; fortnight's period
zwingen, v *(jmd)* – force s.o., v; coerce s.o., v
zwingend – compulsory; mandatory; compelling; cogent; peremptory
Zwischenbericht, m – interim report; progress report
Zwischenbescheid, m – interim reply; interim notice

Zwischenbescheinigung, f – interim statement

zwischenbetrieblich – inter-company

Zwischenbeurteilung, f – interim appraisal; interim staff report

Zwischenergebnis, n – intermediate result

Zwischenfall, m – incident

Zwischenmeister, m – intermediate master craftsman

zwischenmenschliche Beziehungen (pl) – interpersonal relations (pl); human relations (pl)

Zwischenprüfung, f – intermediate examination; mid-couse examination; mid-term exam *<US>*

zwischenstaatlich (1) *(zwischen Nationalstaaten, pl)* – intergovernmental

zwischenstaatlich (2) *(zwischen einzelnen Bundesstaaten, pl)* – interstatal

Zwischenstreit, m – intervention

Zwischensumme, f – subtotal

Zwischenurteil, n – interlocutory judgement

Zwischenverdienst, m – intermediate earnings (pl)

zwischenzeitlich – intermediate; interim

Zwischenzeugnis, n (1) – intermediate report; interim certificate

Zwischenzeugnis, n (2) *(schulisches)* – term report

Zwölftelungsprinzip, n – principle of dividing sth into twelve parts (pl)

Zyklus, m – cycle

Anregungen, Hinweise und Ergänzungen

Sollten Sie bei der Benutzung des Fachwörterbuches Begriffe vermissen oder Vorschläge zu bestehenden Begriffen haben, bitten wir Sie, uns diese unter der E-Mail-Adresse:

fachverlag@datakontext.com

mitzuteilen.

Ebenso dankbar sind wir für Anregungen und Verbesserungsvorschläge jeder Art.

Comments and suggestions

In case you would like to comment any of the terms found in this glossary, we ask you to send us an e-mail.

Our e-mail-adress is: fachverlag@datakontext.com.

We would also appreciate if you could send us your suggestions for improvement of this glossary.

Vielen Dank

Autor und Herausgeber

Many thanks

Author and Publisher

Englischer Teil / English Part

Foreword to the Fourth Edition

If a dictionary reaches the fourth edition, it must have offered something special to its users. Our dictionary of human resources terminology owns its success to the great number of specialist terms.

With approximately 14.000 headwords it is the most comprehensive and unique human resources dictionary world-wide, thus setting standards in international communication.

The clear alphabetical order facilitates the quick and problem-free finding of the terms.

It is self-evident, that all headword entries of the previous edition have been reviewed and – if necessary – revised and supplied.

With the fourth edition on hand, DATAKONTEXT-Fachverlag (the publisher) is aiming at the supply of all practising professionals in occupational training, industrial safety, payroll matters, collective bargaining, labo(u)r market policy, company law, with a reliable reference book.

Frechen, September 2004 Author and Publisher

Advice to the Users

- Catchwords are principally compiled in alphabetical order, heavy-typed and seperated by a paragraph.
- The classification of a word as a catchword or its supgroupings under a catchword is attributable to the grade of its independence.
- The catchword is seperated from is translation by horizontal stroke.
- In case there is more than one translation for a catchword, the translations are seperated by a semicolon.
- A diagonal stroke (/) separates synonyms of a word or an expression. Synonyms placed immediately ahead or behind the diagonal stroke may be exchanged. The meaning of the word or expression remains unchanged.
- Where hyphen and division mark coincide in the division of a hyphened English word, the hyphen is repeated at the beginning of the next line.
- When a catchword deviates from Standard English the level of usage is indicated by "<infml>" (= informal) or "<sl>" (=slang).
- Plural forms have been arranged in the same alphabetical order as the singular. They have been marked by "(pl)".
- In both sections (German-English and English-German) the verbs have been marked with "v".
- Round brackets
  - · following a noun enclose the indication of the number of the noun „(pl)".
  - · enclose words or parts of words which may be read or omitted without changing the sense. Thus e.g. Förder(ungs)unterricht signifies that both "Förderungsunterricht" and "Förderunterricht" may be used with exactly the same meaning,
  - · within a word enclose single letters or a part of the word which allow an additional form of spelling, e.g. "labo(u)r".
- brackets enclose an explanation of a word or a term.
- Terms mainly used in the English or the American linguistic area, are marked with "<GB>" or "<US>" respectively.

Explanation of the use of abbreviations and signs
Erläuterung der verwendeten Abkürzungen und Zeichen

→	- see	- siehe
biolog	- biological	- biologisch
entspr	- is equivalent to	- entspricht
f	- female	- weiblich
fig	- figurative	- figürlich, bildlich
fml	- formal	- förmlich
GB	- chiefly used in the Englisch linguistic area	- hauptsächlich im englischen Sprachraum gebräuchlich
infml	- informal	- umgangssprachlich
jmd	- someone(´s)	- jemand (em,-en,es)
jur	- legal, juridical	- juristisch
law	- legal	- rechtlich
m	- male	- männlich
med	- medical	- medizinisch
mil	- military	- militärisch
n	- neutral	- sächlich
o., one´s	- one, one´s	- ein, eines
o.s	- oneself	- sich (selbst)
pl.	- plural	- Plural/Mehrzahl
s.o.	- someone	- jemand
s.th.	- something	- etwas
sl	- slang	- Slang
techn	- technical	- technisch
US	- chiefly used in the American linguistic area	- hauptsächlich im amerikanischen Sprachraum gebräuchlich
v	- verb	- Verb

A

a day's work – Tagesarbeit, f
a month's notice – Kündigungsfrist (f) von einem Monat
A-level *<GB>* – Hauptfach, n; Leistungskurs, m
A-level certificate *<GB>* – *Abiturzeugnis, n*
A-level subject *<GB>* – Abiturfach, n
abandon, v (1) – aufgeben, v
abandon, v (2) – verlassen, v
abandon an appeal, v – Berufung (f) zurückziehen, v
abandonment – Aufgabe, f
abandonment duty – Überlassungspflicht, f
abandonment of a claim – Anspruchsverzicht, m
abandonment of an action – Klagerücknahme, f
abandonment of salary – Gehaltsverzicht, m
abandonment of the workplace – Verlassen (n) des Arbeitsplatzes, m
abate, v – herabsetzen,v; reduzieren, v
abatement – Abschlag, m; Aufhebung, f; Rabatt, m; Kürzung, f
abatement rate – Kürzungssatz, m
abdicate, v – abdanken, v; Amt niederlegen
abet, v – anstiften, v; anzetteln, v
abetter – Anstifter/in, m/f
abetting – Anstiftung, f; Aufwiegelung, f
ability – Fähigkeit, f; Fertigkeit, f; Können, n
ability requirement – Fähigkeitsanforderung, f
ability test – Eignungstest, m
ability to communicate – Kommunikationsfähigkeit, f
ability to concentrate – Konzentrationsfähigkeit, f
ability to convince – Überzeugungskraft, f
ability to earn *(a living, a livelihood)* – Erwerbsfähigkeit, f
ability to grasp – Auffassungsgabe, f; Verständnis, n
ability to lead – Führungsfähigkeit, f
ability to pay – Zahlungsfähigkeit, f
ability to perform – Arbeitsfähigkeit, f; Leistungsfähigkeit, f
ability to work – Arbeitsfähigkeit, f; Erwerbsfähigkeit, f
ability to work in a team – Teamfähigkeit, f
abjudicate, v – aberkennen, v; aburteilen, v, verwerfen, v
abjudication – Aberkennung, f
able – fähig; tüchtig; in der Lage (etwas zu tun, v)
able to buy – kaufkräftig
able to compete – wettbewerbsfähig; konkurrenzfähig
able to earn a livelihood – erwerbsfähig
able to make contracts (pl) – geschäftsfähig
able to pay – zahlungsfähig
able to perform – leistungsfähig
able to work – arbeitsfähig
able-bodied – diensttauglich *<mil>;* gesund; körperlich kräftig; leistungsfähig
able-bodied person – Nichtbehinderte/r, m/f
able-minded – geistig leistungsfähig
abnegate, v – abstreiten, v; ableugnen, v
abnegation – Ableugnung, f

abode – Aufenthalt, m; Wohnsitz, m
abolish, v – abschaffen, v; aufheben, v
abolition – Abschaffung, f; Aufhebung, f; Einstellung, f
abort, v – abtreiben, v
abortion – Abtreibung, f; Schwangerschaftsabbruch, m
above the general wage scale – übertariflich
abroad – im Ausland, n
abrogate, v – aufheben, v; annullieren, v; aberkennen, v
abrogation – Aufhebung, f
abrogation of the law – Gesetzesänderung, f
absence – Abwesenheit, f; Nichterscheinen, n; Fehlzeit, f
absence from work – Abwesenheit (f) von der Arbeit, f; Fehlzeit, f; Arbeitsversäumnis, f
absence due to illness – krankheitsbedingte Abwesenheit, f
absence of formal requirements (pl) – Formfreiheit, f
absence over leave – Urlaubsüberschreitung, f
absence period – Abwesenheitszeitraum, m
absence without leave (AWOL) – unerlaubtes Arbeitsversäumnis, f; unerlaubtes Fehlen, n; unentschuldigtes Fernbleiben, n
absences (pl) due to sickness – Krankheitszeiten (pl)
absent – abwesend; fehlend
absent time (from work) – Fehlzeit, f; Abwesenheitszeit, f
absent without leave – unerlaubt/ unentschuldigt fehlend
absentee – Abwesende/r, f/m
absentee ballot – Briefwahl, f
absenteeism – dauerhafte Abwesenheit, f; dauerhaftes Fehlen/ Fernbleiben, n
absenteeism rate – Abwesenheitsrate, f; Fehlzeitenquote, f
absenteeism register – Fehlzeitenkartei, f
absenteeism statistics – Fehlzeitenstatistik, f
absolute – absolut; unbedingt; rechtskräftig
absolute discretion – freies Ermessen, n
absolute guarantee/guaranty – selbstschulnerische Bürgschaft, f
absolute impossibility – objektive Unmöglichkeit, f
absolute liability – Gefährdungshaftung, f
absolute owner – Eigentümer, m
absorb, v – aufnehmen, v; einverleiben, v
absorption – Einverleibung, f; Übernahme (f) eines Betriebs, *m*
absorption into active employment – Eingliederung (f) in den Arbeitsmarkt, *m*
abstain, v *(from doing sth)* – unterlassen, v
abstention <*law*> – Unterlassung, f
abstention from voting – Stimmenthaltung, f
abstract – abstrakt
abstract – Kurzfassung, f; Zusammenfassung, f; Auszug, m
abstract of record – Tatbestand, m; Sachverhalt, m
abstract thinking – abstraktes Denken, n
abuse – Missbrauch, m
abuse, v – missbrauchen
abuse of alcohol – Alkoholmissbrauch, m

abuse of discretion – Ermessensmissbrauch, m
abuse of law – Rechtsmissbrauch, m
abuse of title – Rechtsmissbrauch, m
academic – akademisch; wissenschaftlich
academic advisory service – Studienberatung, f
academic degree – akademischer Grad, m; Titel, m
academic finals (pl) – akademischer Abschluss, m
academic rank – akademischer Rang, m
academic records (pl) *<US>* – Studiennachweise (pl)
academic title – akademischer Grad/Titel, m
academic training – akademische Ausbildung, f; Hochschulausbildung, f
academical → academic
academical qualification – akademische Vorbildung, f
academically trained engineer – Diplomingenieur/in, m/f
academy – Akademie, f
academy of arts (pl) – Kunsthochschule, f; Kunstakademie, f
accede an office, v – ein Amt (n) antreten, v
accelerated procedure – beschleunigtes Verfahren, n
acceleration clause – Fälligkeitsklausel, f
accept a position, v – eine Stellung (f) annehmen, v
accept, v – annehmen, v; hinnehmnen, v; entgegennehmen, v; anerkennen, v
acceptable – vernünftig; annehmbar; zumutbar
acceptance – Akzeptanz, f; Anerkennung, f; Annahme, f; Entgegennahme, f; Übernahme, f
acceptance of benefit – Vorteilsannahme, f
acceptance of responsibility – Übernahme von Verantwortung, f
access – Zugang, m; Zutritt, m
access control – Zugangskontrolle, f; Zugriffskontrolle, f
access of young people to employment – Zugang (m) Jugendlicher zum Berufsleben
access right – Zugangsrecht, n
access to files (pl) – Einsichtnahme, f (in Akten, pl)
accession – Beitritt, m (durch Vertrag, m)
accession of title – Eigentumserwerb, m
accessories (pl) – Zubehör, n
accessory *<law>* – Gehilfe, m
accessory – zugehörig
accessory obligation – Nebenpflicht, f
accessory prosecution *<law>* – Nebenklage, f
accessory to – Mitschuldige/r, f/m
accident – Unfall, m; Unglücksfall, m; Zufall, m
accident annuity – Unfallrente, f
accident at sport – Sportunfall, m
accident at work – Arbeitsunfall, m
accident benefit – Unfallentschädigung, f
accident black spot – Unfallschwerpunkt, m
accident damage – Unfallbeschädigung, f
accident during service – Dienstunfall, m
accident event – Schadensereignis, n
accident frequency – Unfallhäufigkeit, f

accident frequency rate – Unfallhäufigkeitsrate, f
accident hazard – Unfallgefahr, f
accident indemnity – Unfallentschädigung, f
accident insurance – Unfallversicherung, f
accident insurance carrier – Unfallversicherungsträger, m
accident insurance contribution – Unfallversicherungsbeitrag, m
Accident Insurance Reorganizing Act – Unfallversicherungsneuregelungsgesetz, n
accident involving personal injury – Unfall (m) mit Personenschaden, *m*
accident notification – Unfallanzeige, f
accident prevention – Unfallschutz, m; Unfallverhütung, f
accident prevention rules (pl) – Unfallverhütungsvorschriften (pl)
accident proneness – Unfallneigung, f
accident report – Unfallbericht, m
accident risk – Unfallrisiko, n
accident self-insurance – Eigenunfallversicherung, f
accident severity rate – Unfallschwererate, f
accident site – Unfallort, m
accident statistics (pl) – Unfallstatistik, f
accident while travel(l)ing – Wegeunfall, m
accidental – zufällig
accommodate o.s., v – sich anpassen, v
accommodate, v – aushelfen, v; unterbringen, v
accommodation (1) – Unterkunft, f; Unterbringung, f
accommodation (2) – Gefälligkeit, f
accommodation certificate – Gefälligkeitsattest, n
accommodation costs (pl) – Unterbringungskosten (pl)
accomplice – Komplize, m/ Komplizin, f; Mittäter/in, m/f
accomplish a mission / an assignment, v – einen Auftrag (m) / eine Aufgabe (f) erfüllen, v
accomplish, v – erfüllen, v; erreichen, v; erlangen, v
accomplishment – Leistung, f; Erfüllung, f; Erfolg, m
accord – Einklang, m; Übereinstimmung, f
accordance – Übereinstimmung, f
according to – gemäß; laut
according to agreed wage scale – tariflich
according to civil law – zivilrechtlich
according to law – rechtlich; gesetzlich
according to merit – leistungsbedingt
according to plan – planmäßig
according to private law – privatrechtlich
according to schedule – plangemäß
according to the articles/ statutes (pl) – satzungsgemäß
according to trade customs – handelsüblich
according to wage scale – tariflich
account – Abrechnung, f; Konto, n
account balance – Kontostand, m
account day – Abrechnungstag, m
account for expenses (pl), v – Spesen (pl) abrechnen, v
account holder – Kontoinhaber/in, m/f
account number – Kontonummer, f
account receivable – Forderung, f; (beizutreibende) Schuld, f
account, v – abrechnen, v; buchen, v

account-only cheque/check – Verrechnungsscheck, m
accountability – Nachweispflicht, f; Rechenschaftspflicht, f; Haftbarkeit, f; Haftpflicht, f; Verantwortung, f
accountable – verantwortlich; rechenschaftspflichtig
accountancy – Buchführung, f
accountant – Buchhalter/in, m/f; Rechnungsprüfer/in, m/f
accounting – Buchhaltung, f; Rechnungswesen, n
accounting and finance – Rechnungs- und Finanzwesen, n
accounting change – Umbuchung, f
accounting date – Abrechnungstermin, m
accounting department – Buchhaltung(sabteilung), f
accounting office – Abrechnungsstelle, f
accounting period – Abrechnungsperiode, f; Abrechnungszeitraum, m
accounting principle – Rechnungslegungsmethode, f
accounting program – Abrechnungsprogramm, n
accounting system – Abrechnungssystem, f
accounting transfer – Umbuchung, f
accounting unit – Abrechnungseinheit, f
accounts (pl) receivable – Forderungen (pl)
accounts department – Buchhaltung(sabteilung), f
accounts payable (pl) – Verbindlichkeiten (pl)
accounts (pl) receivable statement – Aufstellung (f) der Forderungen (pl)
accredited merchant – Vollkaufmann/-kauffrau, m/f
accrual – Rückstellung, f (Bilanz, f)
accrual of an inheritance – Erbfall, m
accrual principle – Zuflussprinzip, n
accrue, v – anfallen, v (Steuern/ Zinsen, pl); anwachsen, v
accrued commission – Provisionsanspruch, m
accrued gain – Zugewinn, m
accrued pension rights (pl) – Pensionsanwartschaft, f
accumulate, v – anhäufen, v; ansammeln, v
accumulation – Anhäufung, f; Ansammlung, f
accuracy – Genauigkeit, f
accusation – Anschuldigung, f; Beschuldigung, f; Anklage, f
accusatory principle – Offizialmaxime, f
accuse s.o. (of sth), v – jmd anschuldigen, v; beschuldigen, v; anklagen, v
accused – Beschuldigte/r, f/m
accuser – Ankläger/in, m/f
achieve, v – erreichen, v; erlangen, v; leisten, v
achievement – Errungenschaft, f; Leistung, f; Erfolg, m
achievement motivation – Leistungsmotivation, f
achievement of purpose – Zweckerreichung, f
achievement principle – Leistungsprinzip, n
achievement test – Leistungstest, m
achievement-oriented – leistungsorientiert
acknowledge, v – anerkennen, v; bestätigen, v; zugeben, v
acknowledgement – Anerkenntnis, n; Bescheinigung, f; Beglaubigung, f
acknowledgement of an order – Auftragsbestätigung, f

acknowledgement of debt – Schuldanerkenntnis, n

acknowledgement of non-indebtedness – negatives Schuldanerkenntnis, n *<jur>*

acknowledgement of receipt – Empfangsbestätigung, f

acquaint oneself with, v – sich vertraut machen mit, v; sich einarbeiten, v

acquainted – vertraut

acquiescence – stillschweigende Anerkennung, f

acquire, v – erwerben, v; sich zueignen, v

acquired right – Besitzstand, m

acquired status – Besitzstand, m

acquirement by one's efforts (pl) – Erarbeitung, f

acquisition – Erwerb, m

acquisition commission – Abschlussprovision, f

acquisition in good faith – gutgläubiger Erwerb, m

acquisition of a right/title – Rechtserwerb, m

acquisition of data – Datenbeschaffung, f

acquisition of property – Eigentumserwerb, m

acquisition of skills (pl) – Aneignung (f)/ Erwerb (m) von Fähigkeiten (Pl)

acquit, v – freisprechen, v

acquittal – Freispruch, m

acquittance – Quittung, f

across-the-board increase – allgemeine Lohn- und Gehaltserhöhung, f

act – Gesetz, n; Handlung, f; Tat, f

act as s.o.'s deputy, v – als jemandes Stellvertreter/in (m/f) fungieren, v

act as, v – fungieren/handeln als,v

act for, v – jmd vertreten, v

act of assignment – Abtretungserklärung, f

act of competition – Wettbewerbshandlung, f

act of courtesy – Gefälligkeit, f

act of God – höhere Gewalt, f

act of state – Hoheitsakt, f

act of violence – Gewalttat, f

Act on Continued Payment of Wages and Salaries during Sickness – Entgeltfortzahlungsgesetz, n (EFZG)

Act on Correspondence Lessons – Fernunterrichtsgesetz, n

Act on European Works Councils – Gesetz (n) über Europäische Betriebsräte (pl) (EBRG)

Act on Financial Assistance for Students – Ausbildungsförderungsgesetz, n

Act on Granting Annual Holiday Allowances to Civil Servants – Urlaubsgeldgesetz, n (UrlGG)

Act on Minimum Standards for Posted Workers (Act on the Mandatory Conditions of Employment in Cross-Border Employment Situations) – Arbeitnehmerentsendegesetz, n (AEntG)

act on s.o., v – auf jmd einwirken, v

Act on Social Assistance for Former Soldiers of the Bundeswehr and Their Survivors – Soldatenversorgungsgesetz, n (SVG)

Act on Social Assistance to War Victims – Bundesversorgungsgesetz, n (BVG)

Act on the Modernization of the Law of Obligations – Schuldrechtsmodernisierungsgesetz, n

Act on the Prevention of Unemployment of Severely Disabled Persons – Gesetz (n) zur Bekämpfung der Arbeitslosigkeit Schwerbehinderter (SchbBAG)
Act on the Promotion of a Voluntary Ecological Year – Gesetz (n) zur Förderung eines freiwilligen ökologischen Jahrs (FÖJG)
Act on the Regulation of Labo(u)r Contracting – Arbeitsvertragsgesetz, n (ArbVertrG)
Act to Improve Works Old-Age Pension Coverage – Betriebsrentengesetz, n
Act to Promote Continuing Vocational Training – Weiterbildungsgesetz, n (WeiterbG)
act, v – handeln, v; tun, v
acting (1) – geschäftsführend
acting (2) – stellvertretend
acting director – geschäftsführende/r Direktor/in, m/f
acting in good faith – gutgläubig handelnd
acting manager – stellvertretende/r Leiter/in, m/f
acting representative – Stellvertreter/in, m/f
action (1) – Handlung, f; Tat, f; Maßnahme, f
action (2) – Klage, f ; Prozess, m
action against unlawful dismissal – Kündigungsschutzklage, f
action by stages (pl) – Stufenklage, f
action for amendment of a judgement – Berichtigungsklage, f
action for annulment – Anfechtungsklage, f
action for avoidance – Anfechtungsklage, f (bei Verträgen, pl)
action for breach of contract – Klage (f) wegen Vertragsverletzung, *f*
action for compensation/damages (pl) – Schadensersatzklage, f
action for declaratory judgement – Feststellungsklage, f
action for default – Unterlassungsklage, f
action for libel/slander – Verleumdungsklage, f
action for money-judgement – Forderungsklage, f
action for payment – Zahlungsklage, f
action for (specific) performance – Leistungsklage, f
action for a permanent injunction – Unterlassungsklage, f
action for recovery of an inheritance – Erbschaftsklage, f
action for restitution – Restitutionsklage, f
action for satisfaction – Leistungsklage, f
action for the modification of rights (pl) – Gestaltungsklage, f
action for trespass – Schadensersatzklage, f (aus unerlaubter Handlung, f)
action implying intention – konkludentes Handeln, n
action of eviction/ejectment – Räumungsklage, f
action on the grounds (pl) of administrative inactivity – Untätigkeitsklage, f
action program(me) – Aktionsprogramm, n
action to declare an administrative act void – Anfechtungsklage, f
action to determine the personal status of s.o. – Statusklage, f
action to issue an administrative act – Verpflichtungsklage, f
action to oppose enforcement – Vollstreckungsgegenklage, f

action to perform – Leistungsklage, f
actionable – klagbar
active – aktiv, emsig
active adult life – Arbeitsleben, n
active civilian population – Erwerbsbevölkerung, f; erwerbstätige Bevölkerung, f
active labo(u)r force – Erwerbsbevölkerung, f; Erwerbspersonen (pl)
active employment – aktiver Dienst, m
active life – Arbeitsleben, n
active partner – geschäftsführende/r Gesellschafter/in, m/f
active property – Besitzstand, m (Vermögen, n)
active rate – Erwerbsquote, f
active regret/repentance – tätige Reue, f
active service – Militärdienst, m
active substance – Wirkstoff, m
active vocabulary – aktiver Wortschatz, m
activity – Beschäftigung, f; Tätigkeit, f; Leistungsart, f
activity abroad – Auslandstätigkeit, f
activity level – Beschäftigungsgrad, m
activity profile – Tätigkeitsprofil, n
activity quantity – Leistungsmenge, f
activity rate – Beschäftigtenanteil, m
activity report – Tätigkeitsbericht, m
activity type – Art der Beschäftigung,f; Leistungsart, f
activity value – Leistungswert, m
actor – Täter/in, m/f
actual – effektiv; eigentlich; tatsächlich
actual earnings (pl) – Effektivverdienst, m
actual employment relationship – faktisches Arbeitsverhältnis, v
actual expenses (pl) – Barauslagen (pl)
actual loss – materieller Schaden, m
actual possession – tatsächlicher Besitz, m
actual reserves (pl) *(for pensions)* – Deckungsrückstellungen (pl)
actual strength – Iststärke, f
actual time – Istzeit, f
actual time recording – Istzeiterfassung, f
actual wage – Effektivlohn, m
actuarial – versicherungsmathematisch
actuarial evaluation – versicherungsmathematische Bewertung, f
actuarial reserves (pl) for pensions (pl) – Pensionsrückstellungen (pl)
actuary – Versicherungsmathematiker/in, m/f
ad → advertisement
adapt, v – (sich) anpassen, v
adaptability – Anpassungsfähigkeit, f
adaptation – Anpassung, f; Angleichung, f
adaptation aid/grant – Anpassungshilfe, f
adaptation of staff(ing) level – Personalanpassung, f
adaptation training – Anpassungsfortbildung, f
adapted to the needs (pl) of men (pl) – menschengerecht
add to, v – hinzukommen, v; hinzufügen, v; vermehren, v; ergänzen, v
added clause – Zusatzklausel, f
added value – Mehrwert, m
added value tax – Mehrwertsteuer, f
addendum – Zusatz, m; Nachtrag, m
addicted to drugs (pl) – drogenabhängig
addiction – Sucht, f
addition – Zusatz, m; Hinzufügung, f
additional – zusätzlich
additional agreement – Zusatzabkommen, n

additional amount – Hinzurechnungsbetrag, m; Zusatzbetrag, m
additional annuity – Zusatzrente, f
additional ballot – Stichwahl, f
additional benefit fund – Zusatzversorgungskasse, f
additional benefits (pl) – Zusatzversorgung, f
additional claim – Hilfsantrag, m
additional clause – Zusatzklausel, f
additional cost – Zusatzkosten (pl)
additional earnings (pl) – Zusatzverdienst, m
additional employment – Nebenbeschäftigung, f
additional expenditure for board/ food – Verpflegungsmehraufwand, m
additional expenses (pl) – Mehraufwand, m; Mehrausgaben (pl)
additional function – Nebenamt, n
additional holidays (pl) – Mehrurlaub, m
additional income – Hinzuverdienst, m; Zusatzeinkommen, n
additional income limit – Hinzuverdienstgrenze, f
additional leave – Zusatzurlaub, m
additional leave for severely handicapped persons (pl) – Schwerbehindertenurlaub, m
additional opinion – ergänzende Stellungnahme, f
additional pay – Zusatzlohn, m
additional payment – Zuzahlung, f; zusätzliche Zahlung, f
additional period time – Nachfrist, f
additional personnel expenditure – Personalzusatzaufwand, m
additional qualification – Zusatzqualifikation, f
additional rations (pl) – Zusatzverpflegung, f
additional respite – Nachfrist, f
additional staff costs (pl) – Personalzusatzkosten (pl)
additional subject – Nebenfach, n
additional training – Zusatzausbildung, f
additional vacation – Zusatzurlaub, m
additional vacation for handicapped persons (pl) – Behindertenurlaub, m
additional work – Mehrarbeit, f
address (1) – Adresse, f; Anschrift, f
address (2) – Ansprache, f
address for service – Zustellungsanschrift, f
addressee – Adressat/in, m/f
adept – geschickt (in)
adequacy – Angemessenheit, f
adequate – angemessen; sachgerecht
adjective law – Prozessrecht, n; formelles Recht, f
adjourn a meeting, v – eine Sitzung (f) verlegen, v
adjourn sine die, v – auf unbestimmte Zeit (f) vertagen, v
adjourn, v – vertagen, v
adjournment – Vertagung, f
adjudge, v – (richterlich) entscheiden, v
adjudicate, v – durch Urteil (n) entscheiden, v
adjudication – Zuerkennung, f *<jur>*; richterliche Entscheidung, f; Urteil, n
adjudication in bankruptcy – Konkurseröffnung, f
adjudicator – Schiedsgutachter/in, m/f
adjust, v – angleichen, v; anpassen, v; bereinigen, v; berichtigen, v
adjusted share of wages (pl) and salaries (pl) – bereinigte Lohnquote, f
adjustment – Anpassung, f; Angleichung, f; Bereinigung, f; Berichtigung, f; Ausgleich, m

adjustment of wages (pl) – Anpassung/Angleichung (f) der Löhne (pl)
administer an oath, v – einen Eid (m) abnehmen, v; vereidigen, v
administer, v – verwalten, v; Amt (n) ausüben
administering authority – Verwaltungsbehörde, f
administration – Amtsführung, f; Verwaltung, f; Regierung, f <*US*>
administration authority – Verwaltungsbehörde, f
administration body – Verwaltungsorgan, n; Behörde, f
administration district – Verwaltungsbezirk, m
administration fee – Bearbeitungsgebühr, f
administration of an estate – Nachlassverwaltung, f
administration of applications (pl) – Abwicklung (f) eines Bewerbungsverfahrens, n
administration of justice – Justiz, f; Rechtspflege, f
administration of property – Vermögensverwaltung, f
administration procedure – Verwaltungsverfahren, n
administration provision – Verwaltungsvorschrift, f
administrative – verwaltungstechnisch
administrative act – Verwaltungsakt, m
administrative agency – Verwaltungsstelle, f
administrative aid/ assistance *(mutual)* – Amtshilfe, f
Administrative Appeals Court – Oberverwaltungsgericht, n (OVG)
administrative area – Verwaltungsbezirk, m
administrative assistant – Verwaltungsinspektor, m
administrative authority – Verwaltungsbehörde, f
administrative board – Verwaltungsrat, m
administrative body – Verwaltungsorgan, n; Verwaltungsbehörde, f
administrative charge – Bearbeitungsgebühr, f; Verwaltungsgebühr, f
administrative committee – Verwaltungsausschuss, m
administrative compulsion – Verwaltungszwang, m
administrative costs (pl) – Verwaltungskosten (pl)
administrative court – Verwaltungsgericht, n
administrative decision – Verwaltungsbescheid, m
administrative district – Regierungsbezirk, m
administrative expenditure – Verwaltungsaufwand, m
administrative expenses (pl) – Verwaltungskosten (pl)
administrative fee – Verwaltungsgebühr, f
administrative fine – Bußgeld, n; Ordnungsgeld, n
administrative grade – höherer Dienst, m
administrative jurisdiction – Verwaltungsgerichtsbarkeit, f
administrative law – Verwaltungsrecht, n
administrative matter – Verwaltungsangelegenheit, f
administrative measure – Verwaltungsmaßnahme, f
administrative offence/offense – Ordnungswidrigkeit, f

Administrative Offences/Offenses Act – Ordnungswidrigkeitengesetz, n (OWiG)
administrative office – Dienststelle, f
administrative order – Verwaltungsordnung, f
administrative penalty – Ordnungsstrafe, f
administrative penalty notice – Bußgeldbescheid, m
administrative personnel – Verwaltungspersonal, n
administrative procedure – Verwaltungsverfahren, n
administrative provision – Verwaltungsvorschrift, f
administrative regulation – Verwaltungsordnung, f
administrative regulations (pl) – Verwaltungsvorschriften (pl)
administrative rules (pl) Ordnungsrecht, n
administrative staff – Verwaltungspersonal, n
administrative supervision – Dienstaufsicht, f
administrative tribunal – Verwaltungsgericht, n
administrator – Verwalter, m
administratrix – Verwalterin, f
admissibility – Zulässigkeit, f
admissibility as a party in court – Parteifähigkeit, f
admissible – statthaft; zulässig
admission – Aufnahme, f; Zulassung, f; Zugeständnis, n; Zutritt, m
admission criteria (pl) – Aufnahmekriterien (pl); Zulassungskriterien (pl)
admission fee – Aufnahmegebühr, f
admission procedure – Aufnahmeverfahren, n; Zulassungsverfahren, n
admission requirement – Zulassungsvoraussetzung, f
admission to the bar – Zulassung (f) als Rechtsanwalt/ -anwältin (m/f)
admit a claim, v – einen Anspruch (m) anerkennen, v
admit, v (1) – zugeben, v; eingestehen, v; anerkennen, v;
admit, v (2) – zulassen, v; aufnehmen, v
admonish, v – ermahnen, v; abmahnen, v;
admonition (1) – Zahlungserinnerung, f
admonition (2) – Ermahnung, f; Abmahnung, f; Verwarnung, f
adolescent – Heranwachsende/r, f/m; Jugendliche/r, f/m
adopting a resolution – Beschlussfassung, f
adoption (1) – Adoption, f
adoption (2) – Verabschiedung, f (von Gesetzen, pl)
ADR → alternative dispute resolution
adult – Erwachsene/r, f/m
adult education – Erwachsenenbildung, f; Andragogik, f
adult evening classes (pl) – Abendschule, f; Abendgymnasium, n
adult evening courses (pl) – Volkshochschule, f
advance (1) – Beförderung, f; Förderung, f; Aufstieg, m; Fortschritt, m
advance (2) – Vorauszahlung, f; Vorschuss, m
advance (3) – vorherig; im Voraus; im Vorhinein
advance approval – vorherige Genehmigung, f
advance arguments (pl), v – streiten, v
advance income statement – Entgeltvorausbescheinigung, f
advance notice – Vorankündigung, f

advance on costs (pl) – Kostenvorschuss, m
advance on expenses (pl) – Spesenvorschuss, m
advance on salary – Gehaltsvorschuss, m
advance on travel expenses (pl) – Reisekostenvorschuss, m
advance on wages (pl) – Lohnvorschuss, m
advance payment – Vorauszahlung, f; Anzahlung, f
advance payment of law costs (pl) – Prozesskostenvorschuss, m
advance payment of taxes (pl) – Steuervorauszahlung, f
advance performance – Vorleistung, f
advance rental – Mietvorauszahlung, f
advance tax payment – Steuervorauszahlung, f
advance, v (1)– aufsteigen, v
advance, v (2) (*s.o. to the position of)* – jmd befördern, v
advance, v (3) – bevorschussen, v; (Geld, n) auslegen, v; vorlegen, v
advanced – fortgeschritten
advanced course – Fortgeschrittenenkurs, m
advanced learner – Fortgeschrittene/r, f/m
advanced occupational training – berufliche Weiterbildung, f
advanced old-age pension – vorgezogenes Altersruhegeld, n
advanced position – gehobene Stellung, f
advanced studies (pl) – Vertiefungsstudium, n
advanced supplementary level – Leistungskurs, m; Hauptfach, n
advanced technical training college – Technikerschule, f
advanced training – Fortbildung, f; Weiterbildung, f
advanced training course – Aufbaukurs, m; Fortbildungskurs, m
advanced training event – Fortbildungsveranstaltung, f
advanced training planning – Fortbildungsplanung, f
advanced training program(me) – Fortbildungsprogramm, n
advanced vocational training – Berufsfortbildung, f
advancement – beruflicher Aufstieg, m; Karriere, f; Beförderung, f
advancement costs (pl) – Fortbildungskosten (pl)
advancement roster – Beförderungsliste, f
advancement to a higher step – Aufstieg (m) in den Dienstaltersstufen (pl)
advancement to managerial positions (pl) – Aufstieg (m) in den Führungskreis*, m*
advantage – Vorteil, m
advantageous – vorteilhaft
adversary – Gegner/in, m/f; Gegenspieler/in, m/f
adverse – ungünstig; widrig; nachteilig
adverse cash balance – Kassenfehlbetrag, m
adverse claim – Gegenforderung, f; Gegenanspruch, m
adverse swing – ungünstige Entwicklung, f
adverse to labo(u)r – arbeitsscheu
advertise a vacancy, v – eine Stelle (f) ausschreiben, v
advertise (for), v – suchen, v; annoncieren, v; Anzeige (f) aufgeben, v; anzeigen, v; werben, v

advertisement – Annonce, f; Zeitungsanzeige, f; Inserat, n; Werbung, f
advertisement fee – Inseratskosten (pl)
advertisement for a position – Stellenanzeige, f
advertisement of vacancies (pl) – Aussschreibung (f) von Stellen (pl)
advertising – Werbewirtschaft, f
advertising manager – Werbeleiter/in, m/f
advice (1) – Beratung, f; Rat, m; Ratschlag, m
advice (2) – Nachricht, f; Information, f
advise s.o., v – jmd beraten, v; jmd informieren, v
adviser/advisor – Ratgeber/in, m/f; Berater/in, m/f
advisory – beratend
advisory and service function – Beratungsfunktion, f
advisory board – Beirat, m; Beratungsstelle, f
advisory body – Beratungsgremium, n
advisory council – Beirat, m
advisory service – Beratungsdienst, m
advisory service for drug addicts (pl) – Drogenberatung, f
advocacy – Anwaltschaft, f
advocate – Rechtsanwalt/ -anwältin, m/f; Advokat/in, m/f
advocate, v – befürworten, v; verteidigen, v
AEEU → Amalgamated Engineering and Electrical Union
aesthetic education – Kunsterziehung, f
affidavit – schriftliche eidesstattliche Erklärung, f
affidavit of means (pl) – Offenbarungseid, m
affidavit of service – Zustellungsurkunde, f
affiliated company – Konzernunternehmen, n
affiliated undertaking – verbundenes Unternehmen, n
affiliation – Feststellung (f) der Vaterschaft, *f*
affinal – verschwägert
affirm by/upon oath, v – beeiden, v
affirm, v – bestätigen, v; versichern, v; behaupten, v
affirmation – Bestätigung, f; Versicherung, f; Behauptung, f
affirmation in lieu of an oath – eidesstattliche Versicherung, f
affirmative action – gezielte Einstellungspolitik, f
affirmative judgement – obsiegendes Urteil, n
affix, v – beifügen, v; beiheften, v
afford the necessary assistance, v – Unterstützung (f) gewähren, v
aforethought – Vorsatz, m
aforethought – vorsätzlich
after – in Anlehnung (f) an; nachher; später
after deadline has expired – nach Fristablauf, m
after expiry of the stipulated period – nach Fristablauf, m
after final judgement – nach Rechtskraft (f) des Urteils, n
after hours (pl) – außerhalb der Arbeitszeit, f
after office hours (pl) – nach Dienstschluss, m
after sales service – Kundendienst, m
after-effect – Nachwirkung, f
after-effects (pl) – Spätfolgen (pl)

after-hours (pl) – außerhalb der Dienstzeit, f; nach Geschäftsschluss, m
after-hours course – Lehrgang, m
afternoon – Nachmittag, m
against good morals (pl) – sittenwidrig
against payment – entgeltlich
age – Alter, n; Lebensalter, n
age allowance – Altersfreibetrag, m
age bracket – Altersklasse, f
age discrimination – Altersdiskriminierung, f
age distribution – Altersaufbau, m
age exemption – Altersfreibetrag, m
age group – Altersgruppe, f; Altersstufe, f
age limit – Altersgrenze, f
age of criminal responsibility – Strafmündigkeit, f
age pyramid – Alterspyramide, f
age related reduction in working hours (pl) – Altersfreizeit, f
age structure – Altersstruktur, f
age-at-entry – Eintrittsalter, n
age-related functional deterioration – altersbedingte funktionelle Veränderung, f
agencies (pl) engaged in vocational training – Ausbildungsträger (pl)
agency (1) – Agentur, f; Behörde, f; Dienststelle, f; Filiale, f
agency (2) – Stellvertretung, f; Vertretungsbefugnis, f
agency by estoppel – Anscheinsvollmacht, f
agency of necessity – Geschäftsführung (f) ohne Auftrag, *m*
agency without authority – Geschäftsführung (f) ohne Auftrag, *m*
agenda – Tagesordnung, f
agenda setting – Aufstellung (f) der Tagesordnung, *f*
agent (1) – Sachwalter/in m/f; Stellvertreter/in, m/f; Beauftragte/r, f/m
agent (2) – Wirkstoff, m; Arbeitsstoff, m
agent in the field – Vertreter/in (m/f) im Außendienst (m); Außendienstler/in, m/f
aggravate, v – verschlimmern, v; verschlechtern, v; erschweren, v
aggravating – erschwerend
aggravation – Verschärfung, f; Verschlimmerung, f
aggravation of invalidity – Verschlimmerung (f) des Invaliditätszustands, *m*
aggregate income – Gesamteinkommen, n
aggregate wages (pl) and salaries (pl) – Lohnsumme, f
aggressive – aggressiv; streitsüchtig
aggressive lockout – Angriffsaussperrung, f
aggrieved party – Geschädigte/r, f/m; geschädigte Partei, f
agitation – Anstiftung, f
agitator – Aufwiegler/in, m/f; Rädelsführer/in, m/f
agree upon sth with s.o., v – sich mit jmd auf etwas einigen, v; sich mit jmd vergleichen, v
agree with, v – übereinstimmen mit jmd, v
agree, v – einwilligen, v; übereinkommen, v; zustimmen, v; vereinbaren, v; billigen, v
agreed notice – vereinbarte Kündigungsfrist, f
agreed term – vereinbarte Laufzeit, f
agreed wage rate – Tarifsatz, m
agreed wages (pl) – vertraglich vereinbarter Lohn, m

agreement – Abkommen, n; Abmachung, f; Abrede, f; Absprache, f; Einigung, f; Einvernehmen, n; Einverständnis, n; Übereinkunft, f; Vereinbarung, f; Zustimmung, f
agreement between the parties (pl) – Parteivereinbarung, f
agreement by parol – mündliche Vereinbarung, f
agreement in restraint of trade – Konkurrenzverbot, n
agreement in writing – schriftliche Vereinbarung, f
agreement on the wage structure – Lohnrahmenabkommen, n
agreement on wage rates (pl) – Lohnabkommen, v
agricultural labo(u)rer – Landarbeiter/in, m/f
agricultural work – Landarbeit, f
aid – finanzielle Beihilfe, f; Unterstützung, f; Hilfe, f; Beistand, m
aid official – Entwicklungshelfer/in, m/f
aid payment – Unterstützungsleistung, f; Unterstützungszahlung, f
aid to memory – Gedächtnisstütze, f
aid, v – helfen, v; unterstützen, v; Beistand (m) leisten, v
aide – Assistent/in, m/f; Helfer/in, m/f
aider and abetter *<law>* – Tatgehilfe/ -gehilfin, m/f
aim – Ziel, n; Zielvorgabe, f; Zielvorstellung, f
aim of a promotion – Förderungsziel, n
air pollution – Luftverschmutzung, f
aircraft mechanic – Flugzeugmechaniker/in, m/f
airfare – Flugkosten (pl)
akin to – verwandt mit
alcohol – Alkohol, m
alcohol abuse – Alkoholmissbrauch, m
alcohol addiction – Alkoholabhängigkeit, f
alcoholism – Alkoholismus, m
aleatory – unbestimmt; unsicher
alien – Ausländer/in, m/f; Fremde/r, f/m
alien – fremd; ausländisch
alien registration authority – Ausländerbehörde, f
alien's residence permit – Aufenthaltserlaubnis (f) für ausländische Staatsangehörige (pl)
alienability – Übertragbarkeit, f
alienate, v – übereignen, v; veräußern, v;
Aliens' Act – Ausländergesetz, n (AuslG)
aliens' office – Ausländeramt, n
alignment – Ausrichtung, f; Gleichlauf, m; Gruppierung, f
aliment, v – Unterhalt (m) zahlen (an den Ehepartner), v
alimony – Unterhalt (m) an den/die Ehepartner/in (m/f)
alimony creditor – Unterhaltsgläubiger/in, m/f
alimony payment – Unterhaltszahlung, f
All expenses (pl) will be refunded. – Spesen (pl) werden erstattet.
All Saints' Day – Allerheiligen, n
all-day school – Ganztagsschule, f
all-round education – gute Allgemeinbildung, f; umfassende Bildung, f
allegation – Behauptung, f; Vorbringen, n *<jur>*
allege to nullity, v – sich auf Nichtigkeit (f) berufen, v
allege, v – behaupten, v; geltend machen, v
allocate, v – verteilen, v; zuweisen, v
allocate duties (pl), v – Pflichten (pl) zuweisen

allocate expenses (pl), v – Kosten (pl) verteilen, v
allocated amount – Zurechnungsbetrag, m
allocated time – Zeitanteil, m
allocation (1) – Zuweisung, f; Verteilung, f; Umlage, f; Dotierung, f
allocation (2) – Zuschuss (m) zum Unterhalt, m
allocation of data – Zuordnung (f) von Daten (pl)
allocation of duties (pl) – Geschäftsverteilung, f
allocation of quotas – Quotenzuteilung, f
allocation of seats (pl) – Sitzverteilung, f
allocation of tasks (pl) – Aufgabenzuordnung, f
allocation of the burden of proof – Beweislastverteilung, f *<jur>*
allot, v – zuweisen, v; verteilen, v; zuteilen, v
allotment – Verteilung, f; Zuteilung, f; Aufteilung, f
allotment of seats (pl) – Sitzverteilung, f
allow a claim, v – einen Anspruch (m) anerkennen, v
allow a respite in payment, v – Zahlungsaufschub (m) gewähren v; stunden, v
allow services (pl), v – Betriebszugehörigkeit (f) anrechnen, v
allow the appeal, v – der Berufung (f) stattgeben, v
allow time of payment, v – stunden, v
allow, v (1) – erlauben, v; gewähren, v; gestatten, v; zulassen, v
allow, v (2) – anrechnen, v; abrechnen, v; vergüten, v
allowance – Zuschuss, m; Zulage, f; Beihilfe, f; finanzielle Unterstützung, f
allowance above tariff rates (pl) – übertarifliche Entgeltzulage, f
allowance for attendance – Sitzungsgeld, n
allowance for board – Beköstigungsgeld, n; Verpflegungsgeld, n
allowance for difficult working conditions (pl) – Erschwerniszulage, f
allowance for dirty work – Schmutzzulage, f
allowance for errors (pl) – Fehlgeld, n
allowance for old-age provisions (pl) – Altersvorsorgezulage, f
allowance for rent/room – Mietbeihilfe, f
allowance in kind – Deputat, n
allowance of service time – Dienstzeitanrechnung, f
allowance of time – Stundung, f
allowance period – Gewährungszeitraum, m
allowed time (1) – zusätzliche Erholungspause, f
allowed time (2) – Vorgabezeit, f; Zeitvorgabe, f
alter, v – ändern, v; abändern, v; verändern, v
alterability *<law>* – Abdingbarkeit, f
alterable *<law>* – abdingbar
alteration – Änderung, f; Abänderung, f; Veränderung, f
alteration in the articles (pl) – Satzungsänderung, f
alteration of an establishment – Betriebsänderung, f
alternate (1) – abwechselnd; wechselseitig
alternate (2) – Stellvertreter/in, m/f

alternation of the company owner/ proprietor – Betriebsinhaberwechsel, m
Alternative Dispute Resolution (ADR) *<US>* – außergerichtliche Streitbeilegung, f
alternative military service – Ersatzdienst, m
alternatively – wahlweise
alumna – ehemalige Schülerin, f; ehemalige Studentin, f
alumni – Ehemalige (pl)
alumnus – ehemaliger Schüler, m; ehemaliger Student, m
amalgamate, v – fusionieren, v; verschmelzen, v; sich zusammenschließen, v
Amalgamated Engineering and Electrical Union (AEEU) *<GB>* – Gewerkschaft (f) für Arbeitnehmer (pl) in der Metall- und Elektroindustrie*, f*
amalgamation – Vereinigung, f; Verschmelzung, f; Zusammenschluss, m; Fusion, f
amalgamation of industries (pl) – Betriebszusammenschluss, m
ambition – Ehrgeiz, m
ambitious – ehrgeizig
ambulance man/woman – Sanitäter/in, m/f
ameliorate, v – verbessern, v; berichtigen, v
amenable – verantwortlich
amend, v – ändern, v; überarbeiten, v; berichtigen, v;
amended version – Neufassung, f
amendment – Änderung, f; Gesetzesänderung, f; Verbesserung, f; Berichtigung, f; Nachtrag, m
amendment of contract – Vertragsänderung, f
amendment of pleadings (pl) – Klageänderung, f
amendment of the statutes (pl) – Satzungsänderung, f
amendments (pl) to an action – Klageänderung, f
amends (pl) – Wiedergutmachung, f; Schadensersatz, m; Geldentschädigung, f; Geldbuße, f
amenity – Annehmlichkeit, f
Americans with Disabilities Act (ADA) *<US>* – Verbot (n) der Diskriminierung (f) wegen Behinderung*, f*
amicable – freundschaftlich; gütlich
amicable agreement *(for settling disputes, pl)* – Schlichtungsvereinbarung, f; gütliche Streitbeilegung, f; gütlicher Vergleich, m; gütliche Einigung, f
amortizable loan – Tilgungsdarlehen, n
amortization – Tilgung, f
amortization schedule – Tilgungsplan, m
amount – Betrag, m; Summe, f
amount debited – Lastschriftbetrag, m
amount in controversy – Streitwert, m *<jur>*
amount insured – Versicherungssumme, f
amount of compensation – Ausgleichsbetrag, m
amount of damage – Schadenshöhe, f
amount of insurance – Versicherungssumme, f
amount of loan – Darlehenssumme, f
amount of loss – Schadenssumme, f
amount of money – Geldbetrag, m
amount of remuneration – Entgelthöhe, f
amount of work – Arbeitsmenge, f
analogous – analog
analogy – Analogie, f
analogy of law – Rechtsanalogie, f

ancestral estate – Stammsitz, m
ancillary – untergeordnet; hilfs-
ancillary activity – Hilfstätigkeit, f; Nebentätigkeit, f
ancillary costs (pl) – Nebenkosten (pl)
ancillary establishment – Nebenbetrieb, m
ancillary expenses (pl) – Nebenkosten (pl)
ancillary rental costs (pl) – Mietnebenkosten (pl)
ancillary undertaking – Hilfsbetrieb, m
ancillary wage costs (pl) – Lohnnebenkosten (pl)
ancillary worker – Hilfsperson, f
ancillary workers (pl) – Hilfspersonal, n
andragogic – Erwachsenenbildung, f
anent – betreffend
annex – Nachtrag, m
anniversary – Jubiläum, n
anniversary bonus – Jubiläumsgeld, n; Jubiläumszuwendung, f
anniversary celebration/party – Jubiläumsfeier, f
anniversary event – Jubiläumsveranstaltung, f
anniversary payment – Jubiläumszahlung, f
anniversary present – Jubiläumsgeschenk, n
announce, v – anzeigen, v; bekannt geben, v
announcement – Anzeige, f; Bekanntgabe, f; Bekanntmachung, f
announcement function – Ankündigungsfunktion, f
annual – jährlich
annual account – Jahresrechnung, f
annual accounts (pl) – Jahresabschluss, m
annual adjustment of income tax – Lohnsteuerjahresausgleich, m
annual average earnings (pl) – Jahresdurchschnittsverdienst, m
annual balance sheet – Abschlussbilanz, f
annual earnings (pl) – Jahresarbeitsverdienst, m
annual earnings (pl) threshold – Jahresarbeitsentgeltgrenze, f
annual economic report – Jahreswirtschaftsbericht, m
annual employee-car discount – Jahreswagenrabatt, m
annual employee compensation limit – Jahresarbeitsentgeltgrenze, f
annual entitlement – Jahresanspruch, m
annual general meeting – Jahreshauptversammlung, f
annual health insurance proof – Krankenversicherungsnachweis, m
annual holiday – Jahresurlaub, m
annual income – Jahresarbeitsentgelt, n; Jahreseinkommen, n
annual income statement to social insurance institution – Jahresmeldung (f) zur Sozialversicherung
annual income tax return – Rückzahlung (f) zuviel gezahlter Einkommen-/Lohnsteuer, f
annual leave – Jahresurlaub, m
annual meeting – Jahresversammlung, f
annual meeting of works councils (pl) – Betriebsräteversammlung, f
annual output – Jahresleistung, f
annual payment – Jahreszahlung, f
annual payroll account – Jahreslohnkonto, n
annual premium – Jahresprämie, f

annual remuneration certificate – Jahresentgeltbescheinigung, f
annual rent – Grundrente, f
annual report – Geschäftsbericht, m; Jahresbericht, m; Jahresmeldung, f
annual salary – Jahresgehalt, n
annual special payment – Jahressonderzahlung, f
annual subscription – Jahresbeitrag, m
annual target working hours (pl) – Jahressollarbeitszeit, f
annual tax certificate – Jahressteuerbescheinigung, f
annual tax table – Jahreslohnsteuertabelle, f
annual turnover premium – Jahresumsatzprämie, f
annual wage – Jahreslohn, m
annual wage tax recomputation – Lohnsteuerjahresausgleich, m
annual wage tax table – Jahreslohnsteuertabelle, f
annuity – Jahresrente, f; jährliche Zahlung, f; Rente, f
annul, v – annullieren, v; außer Kraft setzen, v
annulment – Annullierung, f; Nichtigkeitserklärung, f
anonymous – anonym
answer, v – beantworten, v
answer for, v – verbürgen (sich), v; haften für
answerable – haftbar; verantwortlich
ante-insurance period – Vorversicherungszeit, f
ante-natal care – Schwangerschaftsvorsorge, f
antedate, v – vordatieren, v
anti-noise specifications (pl) – Lärmbekämpfungsvorschriften (pl)
anti-union – gewerkschaftsfeindlich
anticipate, v – verfügen, v; vorwegnehmen, v
anticipated retirement – vorgezogener Ruhestand, m
anticipation – Vorgriff, m; Vorwegnahme, f
anticipation payment – Abschlagszahlung, f
anticipatory assignment – Vorausabtretung, f
apartment – (Einzel)Zimmer, n *<GB>*; (Etagen)Wohnung, f *<US>*
apartment building *<US>* – Mietshaus
apologize, v – entschuldigen, v
apology – Entschuldigung, f; Abbitte, f
apparent – offenbar
apparent authority – Anscheinsvollmacht, f
appeal (1) – Anfechtung, f
appeal (2) – Anrufung, f
appeal (3) *(on facts and law)* – Berufung, f *<jur>*
appeal (4) – Berufungsklage, f
appeal against a court order – Revisionsbeschwerde, f
appeal against denial of leave to appeal – Nichtzulassungsbeschwerde, f
appeal committee – Widerspruchsstelle, f
appeal on law – Revision, f *<jur>* (im Zivilprozess)
appeal on facts (pl) and law – Berufung, f
appeal period – Berufungsfrist, f
appeal procedure – Beschwerdeverfahren, n; Revisionsverfahren, n *<jur>*
appeal proceedings (pl) – Berufungsverfahren, n *<jur>*; Beschwerdeverfahren, n
appeal reply period – Berufungserwiderungsfrist, f

appeal, v (1) – anfechten, v
appeal, v (2) – Berufung (f) einlegen, v
appealable – anfechtbar; berufungsfähig; revisionsfähig *<jur>*
appeals (pl) committee – Beschwerdeausschuss, m
appeals (pl) court *<US>* – Berufungsgericht, n
appear, v – erscheinen, v
appearance – Anschein, m; Erscheinung, f; Schein, m
appearance of consent – Zustimmungserklärung, f
appelant – Revisionskläger/in, m/f *<jur>* ; Beschwerdeführer/in, m/f
appelate court – Berufungsinstanz, f
appellant – Berufungskläger/in, m/f
appellee *<law>* – Berufungsbeklagte/r, f/m
applicable – anwendbar; passend
applicant – Antragssteller/in, m/f; Bewerber/in, m/f; Kandidat/in, m/f
applicant file – Bewerberkartei, f
applicant for a position – Stellenbewerber/in, m/f
applicant for an apprenticeship – Lehrstellenbewerber/in, m/f
applicant profile – Bewerberprofil, n
applicant's file – Bewerberakte, f
applicant's questionnaire – Bewerberfragebogen, m
application – Antrag, m; Antragsstellung, f; Anwendung, f; Bewerbung, f; Gesuch, n
application blank *<US>* – Bewerbungsformular, n
application deadline – Bewerbungsfrist, f; Bewerbungstermin, m
application documents (pl) – Bewerbungsunterlagen (pl)
application expenses (pl) – Bewerbungskosten (pl)
application for a loan – Darlehensantrag, m
application for a position – Stellenbewerbung, f
application for admission – Antrag (m) auf Zulassung, *f*
application for employment – Stellengesuch, n
application for financial aid – Beihilfeantrag, m
application for leave – Urlaubsantrag, m
application for refund – Erstattungsantrag, m
application for relief – Klageantrag, m
application for transferral – Versetzungsgesuch, n
application form – Antragsformular, n; Bewerbungsbogen, m; Bewerbungsformular, n
application interview – Bewerbungsgespräch, n
application limitation – Antragsbeschränkung, f
application originating the proceedings (pl) – Klageschrift, f
application papers (pl) – Bewerbungsunterlagen (pl)
application requirements (pl) – Antragsvoraussetzung, f
Application Service Providing (ASP) – Personal-Software, f
application technology – Anwendungstechnik, f
application test – Bewerbungstest, m
applied arts (pl) – handwerkliche Tätigkeiten (pl)
applied economics (pl) – Betriebswirtschaftslehre, f
applied ergonomics (pl) – angewandte Ergonomie, f
applied research – angewandte Forschung, f

apply for a patent, v – Patent anmelden, v
apply for, v – beantragen, v; bewerben, v
apply mutatis mutandis, v – entsprechende Anwendung (f) finden, v
apply to a firm for a job, v – sich um eine Stelle bewerben, v
apply, v – anwenden, v
appoint a salary, v – Gehalt vereinbaren, v
appoint s.o. to a post, v – jmd für eine Stelle bestimmen, v
appoint, v – bestallen, v; bestellen, v; ernennen, v
appointing authority – Anstellungsbehörde, f
appointment – Anstellung, f; Bestallung, f; Bestellung, f; Ernennung, f; Verabredung, f
appointment procedure – Bestellungsverfahren, n
appointment to the civil service – Beamtenernennung, f
apportion, v – verteilen, v
apportioned chamber contribution – Kammerumlage, f
apportionment – Umlage, f
appraisal – Bewertung, f; Beurteilung
appraisal criterion – Beurteilungskriterium, n
appraisal error – Beurteilungsfehler, m
appraisal factor – Beurteilungsmerkmal, n
appraisal form – Beurteilungsformular, n
appraisal interview – Beurteilungsgespräch, n
appraisal key – Beurteilungsschlüssel, m
appraisal margin – Beurteilungsspielraum, m
appraisal period – Beurteilungszeitraum, m
appraisal principle – Beurteilungsgrundsatz, m
appraisal procedure – Beurteilungsverfahren, n
appraisal scheme – Beurteilungsschema, n
appraisal system – Beurteilungssystem, n
appraisal technique – Beurteilungstechnik, f
appraisal time – Beurteilungszeitpunkt, m
appraise, v – bewerten, v; beurteilen, v
appreciate, v – schätzen, v; würdigen, v
appreciation – Wertzuwachs, m
apprehend, v – ergreifen, v
apprentice – Auszubildende/r, f/m (AZUBI); Lehrling, m
apprentice teacher – Lehrlingsausbilder/in, m/f
apprentice's certificate – Lehrzeugnis, n; Lehrbrief, m
apprentices' final examination (1) – Gesellenprüfung, f
apprentices' final examination (2) – Lehrabschlussprüfung, f
apprentices' teacher – Ausbildungsmeister/in, m/f; Lehrmeister/in, m/f
apprentices' training shop – Lehrwerkstatt, f
apprentices' wage – Lehrlingsvergütung, f
apprenticeable occupation/trade – Lehrberuf, m
apprenticeship – Ausbildungszeit, f
apprenticeship (1) – Lehre, f; Lehrzeit, f
apprenticeship (2) – Lehrverhältnis, n

apprenticeship contract – Lehrvertrag, m
apprenticeship training post – Lehrstelle, f
approach – Vorgehen, n
appropriate – angemessen; passend; geeignet; zumutbar
appropriateness – Zumutbarkeit, f; Angemessenheit, f
appropriation – Aneignung, f; Zueignung, f; Zweckbestimmung, f
appropriation of funds (pl) – Bewilligung (f) von Mitteln
approval – Zustimmung, f; Genehmigung, f
approval of an application – Antragsgenehmigung, f
approval of cancellation – Löschungsbewilligung, f
approval of the executive committee's acts (pl) – Entlastung (f) des Vorstands
approve (of), v – billigen, v; zustimmen, v
approving authority – Genehmigungsbehörde, f
approximate, v – annähernd; ungefähr; angleichen, v
aptitude – Eignung, f
aptitude certificate – Eignungszeugnis, n
aptitude profile – Eignungsprofil, n
aptitude rating – Eignungsbeurteilung, f
aptitude test – Eignungsprüfung, f; Eignungstest, m
arbiter – Schiedsmann, m
arbitral award – Schiedsspruch, m
arbitral case – Schiedssache, f
arbitral jurisdiction – Schlichtungswesen, n
arbitral tribunal – Schiedsgericht, n
arbitrary (1) – eigenmächtig
arbitrary (2) – willkürlich
arbitrary agreement – Kompromiss, m
arbitrary discrimination – Diskriminierung, f
arbitrate, v – schlichten, v
arbitration – verbindliche Schlichtung, f
arbitration agreement – Schiedsabkommen, n; Schiedsvertrag, m
arbitration board – Schiedsausschuss, m; Schiedsstelle, f; Schlichtungsstelle, f
arbitration body – Schiedsstelle, f
arbitration clause – Schiedsklausel, f
arbitration proceedings (pl) – Schiedsgerichtsverfahren, n; Schiedsverfahren, n; Schlichtungsverfahren, n
arbitrator – Schiedsrichter, m; Schlichter/in, m/f
arbitrator's award – Schiedsgutachten, n
arc welder – E-Schweißer, m
architecture – Architektur, f
archive administration – Archivwesen, n
area – Bereich, m; Gebiet, n
area code – Vorwahl, f
area of activity – Tätigkeitsbereich, m
area of competence – Geltungsbereich, m
area of operation – Geschäftsbereich, m
area of priority – Schwerpunktbereich, m
area of protection – Schutzbereich, m
area of responsibility – Verantwortungsbereich, m; Zuständigkeitsbereich, m
area of specialisation – Fachrichtung, f
area where the regular pay scale does not apply – AT-Bereich, m

argue, v – mündlich verhandeln, v; streiten, v
argumentation – Beweisführung, f
arise, v – anfallen, v
armed forces (pl) – Heer, n; Streitkräfte (pl)
army – Armee, f; Heer, n
arraign, v – vor Gericht stellen, v
arrange s.th., v – vereinbaren, v; regeln, v
arrangement – Ordnung, f; Verabredung, f; Festsetzung, f
arrears (pl) – Rückstand, m; ausstehende Forderungen (pl)
arrears (pl) of pay – Zahlungsrückstände (pl)
arrest – Arrest, m; Beschlagnahme, f; Festnahme, f; Verhaftung, f;
arrest, v – beschlagnahmen, v festnehmen, v; verhaften, v
arrival of the notice of termination – Zugang (m) der Kündigung, *f*
art college – Kunsthochschule, f
art education – Kunsterziehung, f
article – Artikel, m; Paragraf, m
articled clerk (1) – Rechtspraktikant/in, m/f
articled clerk (2) <*GB*>– Rechtsreferendar/in, m/f
articles (pl) of agreement – Vertragsurkunde, f
articles (pl) of apprenticeship – Ausbildungsvertrag, m
articles (pl) of an association – Satzung (f) einer Vereinigung, f
artisan – Kunsthandwerker, m
artist – Künstler/in, m/f
as agreed – vereinbarungsgemäß
as amended on – Fassung (f) vom
as of right – von Rechts (n) wegen
Ascension Day – Christi Himmelfahrtstag, m
ascertain, v – erheben, v; feststellen, v
ascertainment – Feststellung, f
ask too little of s.o., v – unterfordern, v
ask, v – fragen, v
aspirant – Anwärter/in, m/f
aspiration – Streben, n; Bestrebung, f
assay office – Prüfstelle, f
assemble, v– sich versammeln
assembly – Mitgliederversammlung, f; Zusammenkunft, f; Montage, f; Zusammenbau, m
assembly line – Fließband, n; Montagelinie, f; Montageband, n
assembly operation – Montagebetrieb, m
assembly shop – Montagebetrieb, m
assembly work – Montagearbeit, f
assembly worker – Montagearbeiter/in, m/f
assembly-line production – Fließbandfertigung, f
assembly-line worker – Fließbandarbeiter, m
assert, v – behaupten; geltend machen; sich berufen auf
assertion – Geltendmachung, f; Wahrnehmung, f
assess costs (pl), v – Kosten (pl) festsetzen, v
assess, v – beurteilen, v; bewerten, v; einschätzen, v; festsetzen, v; heranziehen, v; veranlagen, v
assessable – umlagepflichtig
assessment – Bemessung, f; Einschätzung, f; Festsetzung, f; Veranlagung, f
assessment centre/center – Bewerberprüfung, f; Assessment Center
assessment of costs (pl) – Kostenfestsetzung, f <*jur*>
assessment of risks (pl) – Risikoabwägung, f

assessment of the state of health – Gesundheitsfeststellung, f
assessment of the tax– Steuerfestsetzung, f
assessment period – Veranlagungszeitraum, m
assessment system – Bewertungssystem, n
assessment threshold – Bemessungsgrenze, f
assessor – Beisitzer, m
assessor to the conciliation board – Einigungsstellenbeisitzer/in, m/f
asset-creating capital – vermögensbildende Kapitalanlage, f
asset-forming benefit – vermögenswirksame Leistung, f
assets (pl) – Vermögen, n; Vermögenswerte (pl); Aktiva (pl)
assign a duty to s.o., v – Aufgaben (pl) zuweisen, v; Aufgabenbereich (m) zuweisen, v
assign, v – abtreten, v (Forderung); anweisen, v (Geld); übereignen, v; überlassen, v; übertragen, v; zedieren, v; zuteilen, v; zuweisen, v
assignment – Arbeitsaufgabe, f; Zession, f; Zuordnung, f; Zuweisung, f
assignment by way of security – Sicherungsabtretung, f
assignment of a salary – Gehaltsfestsetzung, f
assignment of actions (pl) – Geschäftsverteilung, f
assignment of claim – Forderungsabtretung, f
assignment of functions (pl) – Funktionszuweisung, f
assignment of salary – Gehaltsabtretung, f
assignment to a foreign country – Auslandsentsendung, f
assist, v – aushelfen, v; beistehen, v
assistance – Beistand, m; Mithilfe, f; Unterstützung, f
assistant – Assistent/in, m/f; Gehilfe/ Gehilfin, m/f
assistant administrator – Verwaltungsreferendar/in, m/f <*jur*>
assistant interpreter – Hilfsdolmetscher/in, m/f
assistant judge – Gerichtsassessor/in, m/f (person having passed the final State Examination in Germany and being temporarily employed by a court in a judicial capacity)
assistant manager – stellvertretender Leiter, m
assistant position – Assistentenstelle, f
assisted passage – Fahrgeldzuschuss, m
associate – Arbeitskollege/ -kollegin, m/f; Berufskollege/Berufskollegin, m/f; Standeskollege, m
associate judge – beisitzende(r) Richter/in, m/f
associated company – Beteiligungsgesellschaft, f
associated installation – Nebenbetrieb, m
association – Gesellschaft, f; Verband, m; Verein, m; Vereinigung, f
association for the promotion of common objectives (pl) – Interessengemeinschaft, f
Association of German Chambers of Industry and Commerce – Deutscher Industrie- und Handelstag, m (DIHT)
association of municipalities (pl) – Gemeindeverband, m
assume an office, v – Amt (n) übernehmen, v

assume responsibility, v – Verantwortung (f) übernehmen, v
assume the expenses (pl), v – aufkommen, v (für Ausgaben)
assume, v – annehmen, v; vermuten, v
assumption – Annahme, f; Übernahme, f
Assumption Day – Mariä Himmelfahrtstag, m
assumption of debt – Schuldübernahme, f
assumption of office – Amtsantritt, m; Amtsübernahme, f
assurance – Beteuerung, f; Versicherung, f; Lebensversicherung, f *<GB>*; Zusicherung, f
assure, v – versichern, v; zusichern, v
asylum seeker – Asylbewerber/in, m/f
at agreed notice – mit vereinbarter Kündigungsfrist, f
at issue – streitig
at once – sofort
at one's own discretion – in eigenem Ermessen, n
at own risk – auf eigene Gefahr, f
at statutory notice – mit gesetzlicher Kündigungsfrist, f
at the end of x months' probation – nach einer Probezeit (f) von x Monaten (pl)
at work – bei der Arbeit, f
atmosphere at work – Betriebsklima, n
atonement – Buße, f; Sühne, f
attach, v (1) – beifügen, v; beiheften, v;
attach, v (2) – pfänden, v; beschlagnahmen, v
attachability – Pfändbarkeit, f
attachable – pfändbar
attached – gepfändet
attaching creditor – Pfändungsgläubiger/in, m/f
attachment (1)– Beilage, f; Anlage, f;
attachment (2)– Pfändung, f; Beschlagnahme, f
attachment of salary – Gehaltspfändung, f
attachment of wages (pl) – Lohnpfändung, f
attain an objective, v – Ziel (n) erreichen, v
attain, v – erzielen, v; erreichen, v
attainments (pl) – Kenntnisse, pl
attempt – Versuch, m
attempt at conciliation – Schlichtungsversuch, m
attempt foredoomed to failure – untauglicher Versuch, m
attempt, v – versuchen, v
attempted suicide – Selbstmordversuch, m
attend, v – anwesend sein, v; teilnehmen
attendance – Anwesenheit, f
attendance allowance – Anwesenheitsgeld, n; Zeugengeld, n
attendance at work – Anwesenheit (f) am Arbeitsplatz, *m*
attendance bonus – Anwesenheitsprämie, f
attendance check – Anwesenheitskontrolle, f
attendance data (pl) – Anwesenheitsdaten (pl)
attendance fee – Diäten, pl
attendance list – Anwesenheitsliste, f
attendance of a vocational school – Berufsschulbesuch, m
attendance registration – Anwesenheitserfassung, f
attendance time (1) – Anwesenheitszeit, f
attendance time (2) – Wartezeit (f) bei Zeitstudie
attendant – Teilnehmer/in, m/f; Begleiter/in, m/f

attention – Aufmerksamkeit, f; Obacht, f
attest a signature, v – Unterschrift (f) beglaubigen, v
attest, v – beurkunden, v; bezeugen, v, amtlich bescheinigen, v; beglaubigen, v
attitude – Haltung, f; Standpunkt, m
attitude to/towards – Haltung, f; Einstellung, f
attitude to work – Einstellung (f) zur Arbeit, f
attorney-at-law *<US>* – Rechtsanwalt, m
attorney-in-fact – gesetzliche(r) Vertreter/in, m/f; Bevollmächtigte/r, f/m
attorney of record *<US>* – Prozessbevollmächtigte/r, f/m
attorney for the defense *<US>* – Anwalt/Anwältin (m/f) der beklagten Partei; Verteidiger/in
attractive personality – Persönlichkeit, f
attributable – zurechenbar
attribute – Merkmal, n;
attribute, v – zurechnen, v
audio-typist – Phonotypist/in, m/f
audit – Buchprüfung, f; Rechnungsprüfung, f; Revision, f
audit, v *<US>* – Gasthörer (m) sein, v
auditing acceptability – Revisionssicherheit, f
auditor – Abschlussprüfer/in, m/f; Bücherrevisor/in, m/f; Buchprüfer/in, m/f; Kassenprüfer/in, m/f; Rechnungsprüfer/in, m/f; Revisor/in, m/f; Wirtschaftsprüfer/in, m/f
auditor's report – Wirtschaftsprüferbericht, m
augment, v – vermehren, v
aura – Ausstrahlung, f
austerity program(me) – Sparprogramm, n
austerity measure – Einsparungsmaßnahme, f
authentic – echt; verbürgt
authenticate, v – bescheinigen, v; beglaubigen, v; beurkunden, v
authenticated copy of the judgement – Ausfertigung (f) des Urteils, n
authenticating clerk – Urkundsbeamter
authentication – Beurkundung, f
authenticity – Echtheit, f; Rechtsgültigkeit, f; Glaubwürdigkeit, f
author – Autor, m; Verfasser/in, m/f; Urheber/in, m/f
author's fee – Tantieme, f
authorisation/ authorization for registration – Eintragungsbewilligung, f
authorise s.o., v *<GB>* – berechtigen (jmd), v *<jur>* → authorize; v
authoritarian – autoritär
authoritative – fachkundig; maßgeblich; amtlich
authorities (pl) for the protection of the constitution – Verfassungsschutzbehörden (pl)
authority (1) – Autorität, f; Ansehen, n; Fachmann, m
authority (2) – Befugnis, f
authority (3) – Behörde, f
authority (4) – Vollmacht, f; Amtsgewalt, f
authority for the protection and integration of disabled persons (pl) – Integrationsamt, n
authority to act – Handlungsvollmacht, f
authority to conclude any kind of collective agreements (pl) – Tarifhoheit, f
authority to direct – Weisungsbefugnis, f; Weisungsrecht, n

authority to contract – Abschlussvollmacht, f
authority to hire – Einstellungsvollmacht, f
authority to make a motion – Antragsbefugnis, f
authority to negotiate – Verhandlungsvollmacht, f; Abschlussvollmacht, f
authority to sign – Unterschriftsvollmacht, f
authorization – Bevollmächtigung, f; Ermächtigung, f; Berechtigung, f
authorization for settlement – Regelungsbefugnis, f
authorization to sign – Zeichnungsbefugnis, f
authorize, v – bevollmächtigen, v; ermächtigen, v; genehmigen, v
authorized – bevollmächtigt, befugt
authorized agent – Handlungsbevollmächtigte/r, f/m
authorized clerk/ signatory – Prokurist, m
authorized proxy – Prozeßbevollmächtigte/r, f/m
authorized attorney – Prozessbevollmächtigte/r, f/m
authorized position – Planstelle, f
authorized representative – bevollmächtigte/r Vertreter/in, m/f
authorized to sign – unterschriftsberechtigt; zeichnungsberechtigt
authorized/authorised agent – Handlungsbevollmächtigte/r, f/m
automat – Automat, m
automation – Automation, f; Automatisierung, f
automobile mechanic *<US>* – Kraftfahrzeugschlosser, m
autonomous – autonom; unabhängig
autonomous pension fund – selbstständiger Pensionsfonds, m
autonomous working group – autonome Arbeitsgruppe, f
autonomy in negotiating wage rates (pl) – Tarifautonomie, f
auxiliary – zusätzlich, helfend, mitwirkend
auxiliary establishment – Hilfsbetrieb, m
auxiliary employment – Aushilfsbeschäftigung, f
auxiliary employment contract – Aushilfsarbeitsvertrag, m
auxiliary employment relationship – Aushilfsarbeitsverhältnis, n
auxiliary means (pl) – Hilfsmittel (pl)
auxiliary officer – Hilfsbeamte/r, f/m
auxiliary personnel – Hilfspersonal, n
auxiliary plant – Hilfsbetrieb, m; Nebenbetrieb, m
auxiliary staff – Aushilfspersonal, n; Hilfskräfte (pl)
auxiliary work – Hilfsarbeit, f
auxiliary worker – Hilfsarbeiter/in, m/f
availability – Verfügbarkeit, f
availability for duty – Arbeitsgemeinschaft, f
available – vorhanden; verfügbar; erhältlich
available employment – freie Arbeitsplätze (pl); vorhandene Beschäftigung, f
average – Durchschnitt, m; durchschnittlich
average earnings (pl) – Durchschnittsverdienst, m; Durchschnittseinkommen, n
average elemental time – durchschnittliche Grundzeit, f
average income – Durchschnittseinkommen, n
average marks (pl) *<GB>* – Notendurchschnitt, m

average pay – Durchschnittsbezahlung, f
average salary – Durchschnittsgehalt, n
average wage – Durchschnittslohn, m
averment – Sachvortrag, m; Behauptung, f
averting dangers (pl) – Gefahrenabwehr, f
avocation – nebenberufliche Tätigkeit, f
avocational – nebenberuflich
avoid, v – anfechten, v (Vertrag, m); umgehen, v; vermeiden, v; meiden, v
avoidable – vermeidbar, anfechtbar
avoidance – Anfechtung, f; Aufhebung, f; Umgehung, f
avoidance of a contract owing to mistake – Irrtumsanfechtung, f
avowal – Bekenntnis, n; Eingeständnis, n; Geständnis, n
award – Auszeichnung, f; Ehrengabe, f; Prämie, f; Belohnung, f; Spruch, m; Urteil, n
award, v – verleihen, v; zuerkennen, v; zusprechen, v
award a bonus/ a premium for s.th. – etwas prämieren, v
award a prize to s.o., v – prämieren, v
award by consent – Schiedsspruch, m
award demages against s.o. – jmd zur Leistung (f) von Schadenersatz (m) verurteilen, v
award holder – Stipendiat/in, m/f
award of the arbitral tribunal – Spruch (m) der Schiedsstelle, f
award which is open to appeal – rechtsmittelfähige Entscheidung, f
award winner – Preisträger/in, m/f
awarding of a doctorate – Promotion, f
awarding of the pension – Rentenfestsetzung, f
axe, v – Personal drastisch abbauen, v

B

bachelor (1) – Junggeselle, m
bachelor (2) – Bakkalaureus, m (niedrigster akademischer Grad – unterhalb des Master-oder Doctorgrads-oder Inhaber desselben)
bachelor flat <*GB*> – Junggesellenwohnung, f
bachelor girl – Junggesellin, f
bachelor quarter – Junggesellenwohnheim, f
Bachelor of Arts (pl) (B.A.) – Bakkalaureus (m) der philosophischen Fakultät
Bachelor of Economic Science (B.Sc.Econ.) – Bakkalaureus (m) der Wirtschaftswissenschaften (pl), entspricht: Diplomkaufmann/ Diplomkauffrau
Bachelor of Law (B.L.) – Bakkalaureus (m) der Rechtswissenschaft (f), entspricht: Rechtsreferendar/in (m/f)
Bachelor of Science (B.Sc.) – Bakkalaureus (m) der Naturwissenschaften (pl)
back pain – Rückenschmerzen (pl)
back pay – rückständiger Lohn, m
back s.o. with money, v – finanziell unterstützen (jmd), v
back-up copy – Sicherheitskopie, f
background – Hintergrund, m; Werdegang, m; Erfahrung, f

background check – Bewerberüberprüfung, f; Einstellungsüberprüfung, f
background knowledge – Hintergrundwissen, n
background training – Grundausbildung, f
backlog demand – Nachholbedarf, m
bad – schlecht; schlimm
bad behavio(u)r – schlechtes Benehmen, n
bad cunning objection – Arglisteinwand, m
bad faith – Bösgläubigkeit, f
bad job – Pfuscherei, f
bad record – Leumund, m
bad-weather allowance – Schlechtwettergeld, n
badge – Hausausweis, m
badge reader – Ausweislesegerät, n
badly paid position – Stellung, f
bail – (im Strafverfahren) Bürgschaft, f; Kaution, f; Sicherheitsleistung, f
bail, v – Bürgschaft (f) leisten, v; Kaution (f) stellen, v
bailiff – Gerichtsvollzieher, m
balance – Ausgleich, m; Differenzbetrag, m; Gleichgewicht, n
balance, v – abstimmen, v; aufrechnen, v
balance of accounts – Bilanz, f
balance of activities (pl) – Leistungsbilanz, f
balance revision – Saldokorrektur, f
balance sheet – Bilanzbogen, m
balanced – ausgewogen; ausgeglichen
balancing – Abstimmung, f
balancing of interests (pl) – Interessenabwägung, f
balk, v – sich sträuben, v
ballot – Stimmzettel, m; geheime Abstimmung, f; Wahlgang, m
ballot, v – geheim wählen, v
ballot box – Wahlurne, f
ballot paper – Wahlzettel, m
ban – Sperre, f; Verbot, n; Bann, m
ban from a profession – Berufsverbot, n
ban on leave – Urlaubssperre, f
ban on smoking – Rauchverbot, n
ban on strikes (pl) – Streikverbot, n
bandage – Verband, m <*med*>
banding – Zuordnung (f) gleichwertiger Tätigkeiten (pl) zu einer Entgeltgrupe (f) (Methode der Arbeitsbewertung)
bank – Bank, f; Bankhaus; n
bank account – Bankkonto, n
bank charges (pl) – Bankgebühren (pl)
bank clerk – Bankangestellte/r, f/m
bank code number – Bankleitzahl, f
bank details (pl) – Bankverbindung, f
bank guarantee – Bankbürgschaft, f
bank overdraft credit – Überziehungskredit, m
bank saving bond – Sparbrief, m
bank statement – Bankauszug, m
bank transaction – Bankgeschäft, n
bank transfer – Banküberweisung, f
banker – Bankier, m
banker's discretion – Bankgeheimnis, n
banking – Banksektor, m; Bankgeschäft, n
banking law – Bankrecht, n
banking secrecy – Bankgeheimnis, f
bankrupt – zahlungsunfähig, bankrott
bankruptcy – Bankrott, m; Konkurs, m
Bankruptcy Act <*GB*> – Konkursordnung, f (KO)
bankruptcy assets (pl) – Konkursmasse, f
bankruptcy of an estate – Nachlasskonkurs, m
bankruptcy petition – Konkursantrag, m

bankruptcy proceedings (pl) – Konkursverfahren, n
bar – Anwaltschaft, f; Gerichtsschranke, f; Stand (m) der „barristers“
bar association *<US>* – Anwaltskammer, f
bar of trial – Prozesshinderung, f
bargain – Abkommen, n; Handel, m; vorteilhaftes Geschäft, n
bargain for (to), v – etwas aushandeln,v; verhandeln, v, feilschen, v
bargain work – Kontraktarbeit, f
bargaining (on,about) – Verhandlung (f) über
bargaining agent – Gewerkschaft, f (von einem Arbeitgeber als Verhandlungspartner anerkannt)
bargaining level – Verhandlungsebene, f (z.B. Gesamtunternehmen oder Betrieb)
bargaining point – Verhandlungspunkt, m
bargaining power – starke Verhandlungsposition, f
bargaining unit – Geltungsbereichsgruppe (f) von Arbeitnehmern (pl)
barred – abgesperrt, verriegelt
barrister *<GB>* – Rechtsanwalt/-anwältin (m/f) vor höheren Gerichten plädierend
base – Ausgangspunkt, m; Grundlage, f; Basis, f
base award – Grundbetrag, m
base rate – Grundtarif, m
base time – Grundarbeitszeit, f; Normalzeit, f
base wage – Grundlohn, m
based upon mutuality – auf Gegenseitigkeit (f) beruhend
basic – grundlegend
basic abatement – Grundfreibetrag, m; Steuerfreibetrag, m
basic amount – Grundbetrag, m; Sockelbetrag, m
basic annual salary – Jahresgrundgehalt, n
basic commercial training – kaufmännische Grundausbildung, f
basic competence – Grundfertigkeiten (pl)
basic data (pl) – Grunddaten (pl)
basic illness – Grundleiden, n
basic income – Grundeinkommen, n
basic knowledge – Grundkenntnisse (pl)
Basic Law for the Federal Republic of Germany – Grundgesetz, n (GG)
basic military duty – Grundwehrdienst, m
basic pay – Basisbezüge (pl) (ohne Zuschläge und Zulagen)
basic policies (pl) – Grundsätze (pl)
basic policies (pl) – Grundsätze (pl)
basic provision – grundlegende Bestimmung, f
basic rate – Grundtarif, m; Grundlohnvergütung, f
basic remuneration – Grundvergütung, f
basic research – Grundlagenforschung, f
basic right (of a citizen) – Grundrecht, n (des Bürgers)
basic rule – Grundregel, f
basic salary – Grundgehalt, n
basic skills (pl) – Grundfertigkeiten (pl)
basic studies (pl) – Grundstudium, n
basic training – Grundausbildung, f
basic vocational training – Berufsgrundausbildung, f
basic wage – Basislohn, m; Grundlohn, m
basic wage policy – Entlohnungsgrundsatz, m

basis – Basis, f; Grundlage, f
basis for/of assessment – Bemessungsgrundlage, f
basis for calculation – Berechnungsgrundlage, f
basis income – Basiseinkommen, n
basis of a claim – Anspruchsgrundlage, f
basis of a contract – Geschäftsgrundlage, f
basis of a transaction – Geschäftsgrundlage, f
basis of taxation – Steuerbemessungsgrundlage, f
basis of valuation – Bewertungsgrundlage, f
batch processing – Stapelverarbeitung, f (Daten)
be (here) on business, v – beruflich (hier) zu tun haben, v
be able to, v – befähigt sein, v
be absent without good excuses (pl), v – unentschuldigt fehlen, v
be absent, v – fehlen, v
be an expert on a subject, v – kompetent sein, v
be apprenticed to s.o., v – in der Lehre sein bei jmd
be at a loose end, v *<infml>* – ohne geregelte Tätigkeit (f) sein, v
be away on business, v – beruflich verreist sein, v
be born in wedlock, v – ehelich geboren sein, v
be called to the bar, v – als Barrister zugelassen werden, v
be concurrent, v – konkurrieren, v
be consistent with company practice, v – betriebsüblich sein, v
be detained by business, v – dienstlich verhindert sein, v
be detained by work, v – beruflich verhindert sein, v
be dismissed, v – entlassen werden, v
be disputed, v – streitig sein, v
be due, v – verfallen, v
be eligible, v – anspruchsberechtigt sein, v
be employed on a full-time basis, v – in Vollzeit (f) beschäftigt sein, v
be employed, v (1) – Arbeit (f) haben, v
be employed, v (2) – beschäftigt sein, v
be engaged in a lawsuit with s.o., v – Prozess (m) führen, v
be enterprising, v – Initiative (f) besitzen, v
be entitled to a bonus, v – tantiemeberechtigt sein, v
be entitled to, v – Anspruch (m) haben, v
be gainfully employed with s.o., v – im Arbeitsverhältnis (n) mit jmd stehen, v
be gainfully employed, v – beschäftigt sein, v
be idle, v – stillliegen, v; untätig sein
be in business, v – geschäftlich tätig sein, v
be in default, v – in Verzug (m) sein, v
be in s.o.'s pay, v – angestellt sein, v
be in salaried employment, v – im Angestelltenverhältnis (n) stehen, v
be in service, v – in Stellung (f) sein, v
be in session, v – tagen, v
be in the law, v – Jurist/in (m/f) sein, v
be lacking in drive, v – Initiative (f) vermissen lassen, v
be lacking, v – mangeln, v
be late, v – verspäten (sich), v

be liable as principal debtor, v – als Hauptschuldner/in (m/f) haften, v
be liable for damage, v – schadenersatzpflichtig sein
be liable, v – haften, v
be made redundant, v – Arbeitsplatz (m) verlieren, v; Stelle (f) verlieren, v
be missing, v – fehlen, v
be of age, v – volljährig sein, v
be off duty, v – dienstfrei haben, v
be off the payroll, v – entlassen sein, v
be off work, v – nicht am Arbeitsplatz (m) sein, v
be on duty, v – im Dienst (m) sein, v
be on holiday, v – Urlaub (m) machen, v
be on night shift, v – Nachtschicht (f) haben, v
be on relief, v – Fürsorgeunterstützung (f) beziehen, v
be on the dole, v – stempeln gehen, v *<infml>*
be on the sick list, v – krankgeschrieben sein, v
be on the unemployment rolls (pl), v *<US>* – Erwerbslosenunterstützung (f) beziehen, v
be on welfare, v *<US>* – Sozialhilfe (f) beziehen, v
be out of employ, v – ohne Beschäftigung (f) sein, v
be out on strike, v – sich im Streik befinden, v
be paid above agreed wage scale, v – übertariflich bezahlt werden, v
be paid below agreed wage scale, v – unter Tarif bezahlt werden, v
be paid (v) by results (pl) – nach Ergebnis bezahlt werden, v
be permanently employed, v – fest angestellt sein, v
be prevented by business, v – geschäftlich verhindert sein, v
be qualified in one's subject, v – fachlich qualifiziert sein, v
be regularly employed, v – festangestellt; in ungekündigter Stellung sein, v
be represented by a lawyer, v – durch eine/n Anwalt/Anwältin vertreten sein, v
be retired, v – im Ruhestand (m) sein, v; pensioniert sein, v
be retired, v (3) – versetzt werden, v
be returned unfit for work, v – arbeitsunfähig geschrieben werden, v
be right, v – Recht haben
be self-employed, v – freiberuflich tätig sein, v
be short of money, v – knapp an Geld (n) sein, v
be short-handed, v – knapp an Personal (n) sein, v
be slack at one's work, v – bummeln, v
be strike-bound, v – vom Streik (m) betroffen sein, v; bestreikt werden
be subordinate to s.o., v – unterstehen, v
be suitable for, v – eignen (sich), v
be suspended, v – ruhen, v; freigestellt sein, v
be taken with a disease, v – Krankeit (f) bekommen, v
be thrown out of work, v – arbeitslos werden, v
be under contract, v – unter Vertrag stehen, v
be under guardianship, v – unter Vormundschaft (f) stehen, v
be under negotiation, v – Verhandlungsgegenstand (m) sein, v
be under notice to quit, v – gekündigt sein, v

be understaffed, v – unter Personalmangel leiden, v
be unemployed, v – keine Arbeit (f) haben, v
be valid, v – gelten, v
be versed in a trade, v – branchenkundig sein, v
be wrapped up in one's work, v – in seiner Arbeit (f) völlig aufgehen, v
bear costs (pl), v – Kosten (pl) tragen, v
bear responsibility, v – Verantwortung (f) tragen, v
bearable – erträglich
bearer – Inhaber, m
bearer bond *<US>* – Inhaberschuldverschreibung, f
bearer cheque/check – Inhaberscheck, m
bearer paper – Inhaberpapier, n
bearer share *<GB>* – Inhaberaktie, f
bearing – persönliches Auftreten, n
become a member, v – Mitglied (m) werden, v
become engaged, v – verloben (sich), v
become retired, v – pensioniert werden, v
become statute-barred, v – verjähren, v
become unemployed, v – arbeitslos werden, v
begin work, v – Betrieb (m) aufnehmen, v; Arbeit (f) aufnehmen, v
begin, v – beginnen, v; anfangen, v
beginner – Anfänger/in, m/f; Neuling, m
beginners' course *<GB>* – Anfängerkurs, m
beginners' wage rate – Anlernlohnrate, f
beginning – Beginn, m
beginning of work – Arbeitsantritt, m
behave, v – anstellen (sich), v; benehmen (sich), v
behavio(u)r – Verhalten, n; Benehmen, n; Betragen, n
behavio(u)r change – Verhaltensänderung, f
behavio(u)r code – Verhaltenskodex, m
behavio(u)ral pattern – Verhaltensmuster, n
behavio(u)ral role – Rollenverhalten, n
behavio(u)ral science – Verhaltenswissenschaft, f
behavio(u)ral training – Verhaltenstraining, n
belated pleading – verspätetes Vorbringen, n
believable – glaubhaft
believe, v – glauben, v
bench – Richterbank, f
bench warrant – Haftbefehl, m
benchmark – Bezugspunkt, m
benchmark job – Richtarbeitsplatz, m
beneficial interest – Nutzungsrecht, n
beneficiary – Begünstigte/r, f/m; Bezugsberechtigte/r, f/m; Nutznießer/in, m/f
benefit – Leistung, f; Zuwendung, f; Nutzen, m; Vorteil, m; Vergünstigung, f
benefit entitlement – Leistungsanspruch, m
benefit in cash – Geldleistung, f
benefit in kind – Naturalleistung, f; Sachleistung, f
benefit plan – Leistungsplan, m
benefit rate – Leistungssatz, m
benefit scheme – Leistungsplan, m
benefit to the public – Gemeinnützigkeit, f
benefits (pl) in money's worth – geldwerter Vorteil, m
benevolent – wohltätig; wohlwollend

benevolent fund – Unterstützungskasse, f
bestow (to) – <Auszeichnung, f => verleihen, v; zuwenden, v
bestowal – <Auszeichnung, f => Verleihung, f; Zuwendung, f
bereavement leave *<US>* – Freistellung, f
berthed accommodation – Schlafplätze (pl)
betrayal of a secret – Geheimnisverrat, m
better one self, v *(financially)* – sich verbessern, v
betterment – Verbesserung, f
bias – Befangenheit, f; Voreingenommenheit, f
biased – befangen
bidding period – Ausschreibungsfrist, f
big industries (pl) – Großindustrie, f
big-income earner – Großverdiener/in, m/f
bilateral contract – gegenseitiger Vertrag, m
bilingual – zweisprachig
bill (1) – Gesetzesentwurf, m
bill (2) – Gesetzesvorlage, f
bill (3) – Rechnung, f
bill of complaint – Klageschrift, f
bill of exchange – Wechsel, m
bill of indictment – Anklageschrift, f
billing – Berechnung, f
billion – Milliarde, f
bind oneself, v – verpflichten (sich), v
bind, v – binden, v
binding – bindend; verbindlich; verpflichtend
binding decision – verbindliche Entscheidung, f
biochemistry – Biochemie, f
biodata – biographische Daten (pl)
biology – Biologie, f
birth – Geburt, f
birth certificate – Geburtsurkunde, f
birth grant – Geburtenbeihilfe, f
birth rate – Geburtenziffer, f
birthday list – Geburtstagsliste, f
black coated *<GB>* – angestellt
black worker – (Büro-)Angestellter, m
blacking – Solidaritätsstreik, m; Sympathiestreik, m, Boykott, m
blackleg *<GB>* – Streikbrecher, m
blackleg, v *<GB,infml>* – als Streikbrecher (m) gegen die Gewerkschaftssatzung (f) verstoßen, v
blackleg work *<GB>* – Streikarbeit, f
blackleggery *<GB>* – gewerkschaftsfeindliches Verhalten, n
blacklist – schwarze Liste, f
blackmail – Erpressung, f;
blackmail, v – erpressen, v
blacksmith – Schmied, m
blame – Verschulden, n; Schuld, f
blame (to), v – beschuldigen, v; verantwortlich machen v; rügen, v; tadeln, v
blameless – unbescholten
blank signature – Blankounterschrift, f
blanket agreement – Abkommen (n), das einen Industriezweig (m) oder eine große Gruppe (f) von Arbeitnehmern (pl) betrifft
blanket allowance – Pauschbetrag, m
blanket rate – Pauschalsatz, m
blind application – Blindbewerbung, f
blind to the shortcomings (pl) of one's company – betriebsblind
block, v – blockieren, v
block instruction – Blockunterricht, m
block of flats (pl) *<GB>* – Mietshaus, n
block of shares (pl) – Aktienpaket, n
block release instruction – Blockunterricht, m
blockade – Blockade, f;

blockade, v – sperren, v
blocked account – Sperrkonto, n
blocking agreement – Stillhalteabkommen, n
blocking effect – Sperrwirkung, f
blocking period – Sperrfrist, f
blood – Blut, n
blood relationship – Blutsverwandtschaft, f
blood sample – Blutprobe, f
blood test – Blutprobe, f
blood-alcohol – Blutalkohol, m
board (1) – Amt, n; Behörde, f
board (2) – Ausschuss, m
board (3) – Anschlagbrett, n
board (4) – Kommission, f
board (5) – Verpflegung, f
board and lodging – Kost (f) und Logis, n
board of arbitration – Schiedskommission, f; Schiedsstelle, f
board of conciliation – Einigungsstelle, f
board of control – Kontrollbehörde, f
board of directors (pl) – Verwaltungsrat, m
board of examiners (pl) – Prüfungsausschuss, m
board of inquiry – Untersuchungsausschuss, m
board of management – Vorstand, m
board of mediation – Vermittlungsausschuss, m
board of supervision – Aufsichtsrat, m
board of trade *<US>* – Handelskammer, f
boarding money – Kostgeld, n
boarding school – Internat, n
bodily – physisch; körperlich
body – Gremium, n; Organ, n; Körperschaft, f
body governed by public law – Körperschaft (f) des öffentlichen Rechts, f
body language – Körpersprache, f
body of evidence – Beweismaterial, n
body of the judicature – Organ (n) der Rechtsplfege, n
body repairman/repairwoman – Ausbeuler/in, m/f
body size – Körpergröße, f
bogus company – Scheinfirma, f (founded by a person who has adopted freelance status so that his/her employer avoids paying socical security contributions)
boilerplate text – Textbaustein, m
bona fide – gutgläubig, in gutem Glauben
bona fide rights (pl) protection – Gutglaubensschutz, m
bona-fide owner – Eigentümer, m
bond (1) – Schuldverschreibung, f
bond (2) – Wertpapier, n
bonus – Gratifikation, f; Prämie, f; Sonderzahlung, f; Tantieme, f
bonus calculation – Bonusberechnung, f
bonus due date – Bonusstichtag, m
bonus earnings (pl) – Zusatzeinkommen, n
bonus for good attendance – Anwesenheitsprämie, f
bonus in kind – Sachprämie, f
bonus scheme – Prämiensystem, n
bonus settlement – Bonusabrechnung, f
book, v (1) – buchen, v
book, v (2) – verbuchen, v
book man – Disponent, m
book reserve for pensions (pl) – Pensionsrückstellung, f
booking – Buchung, f
booking note – Buchungsbeleg, m

bookkeeper – Buchhalter/in, m/f
bookkeeping – Buchhaltung, f
bookkeeping clerk – Buchhalter, m
bookkeeping department – Buchhaltung, f
bookseller – Buchhändler/in, m/f
boom – Blütezeit, f; Hochkonjunktur, f; Aufschwung, m
booming economy – Hochkonjunktur, f
boost the sales (pl), v – Verkauf (m) ankurbeln, v
borderline case – Grenzfall, m
borrow, v – entleihen, v
borrower – Entleiher/in, m/f; Darlehensnehmer/in, m/f
borrower operation – Entleiherbetrieb, m
boss – Chef/in, m/f
boss, v – Chef/in (m/f) sein, v
bossing – Vorgesetzten-Mobbing, n
bottleneck – Engpass, m
bounce, v *<US>, <sl>* – feuern, v; an die Luft setzen, v *<infml>*
bound – gebunden
bound by collective agreement – tarifgebunden
bound by contract – vertraglich verpflichtet
boundaries (pl) of responsibility – Verantwortungsspielraum, m
box-number advertisement – Chiffreanzeige, f
Boxing Day – Zweiter Weihnachtstag, m
boy apprentice – Lehrjunge, m
boycott – Boykott, m
bracket – Kategorie, f; Klasse, f; Gruppe, f; (soziale) Schicht, f
brainjogging – Gedächtnistraining, n; Gehirntraining, n
brainstorming – Ideenfindung, f; Ideensammlung, f
brainwave – Geistesblitz, m
brainwork – geistige Arbeit, f
branch – Niederlassung, f; Sparte, f
branch abroad – Auslandsniederlassung, f
branch establishment – Zweigbetrieb, m
branch manager – Filialleiter/in, m/f
branch of business – Geschäftszweig, m
branch of economy – Wirtschaftszweig, m
branch of industry – Industriezweig, m
branch of law – Rechtsdisziplin, f
branch of production – Produktionszweig, m
branch of study – Fachrichtung, f; Studienrichtung, f
branch office – Filiale, f; Geschäftsstelle, f; Nebenstelle, f; Zweigniederlassung, f
brawl – Schlägerei, f
breach – Bruch, m; Übertretung, f; Verletzung, f
breach of an oath – Eidbruch, m
breach of confidence – Vertrauensbruch, m
breach of contract – Vertragsbruch, m
breach of duty – Pflichtverletzung, f
breach of faith – Treuebruch, m
breach of official duty – Amtspflichtverletzung, f
breach of one's duty – Pflichtverstoß, m
breach of regulations (pl) – Ordnungswidrigkeit, f
breach of the employment contract – Arbeitsvertragsbruch, m
bread ticket *<US>* – Essenbon, m; Essenmarke, f
bread-winner – Ernährer/in, m/f; Geldverdiener/in, m/f

break – Arbeitspause, f; Pause, f; Bruch, m

break into a house, v *(with the intent to commit a felony)* – einbrechen, v

breakdown off negotiations (pl) – Abbruch, m; Scheitern (n) von Verhandlungen (pl)

break one's oath, v – Eid (m) brechen, v

break room – Pausenraum, m

breakdown – Ausfall, m; Panne, f; Betriebsausfall, m; Zusammenbruch, m

breakeven performance – wirtschaftliche Leistungsgrenze, f

breakeven point – Gewinnschwelle, f

breakfast break – Frühstückspause, f

breaking off – Abbruch, m (von Verhandlungen, pl)

breaking-in – Eingewöhnung, f; Einarbeitung, f

breaking-in subsidy – Einarbeitungszuschuss, m

breathing air – Atemluft, f

bribable – bestechlich

bribe – Bestechungsgeld, n

bribe money – Schmiergeld, n

bribe s.o., v – bestechen (jmd), v

bribery – Bestechlichkeit, f

bribery of an official – Beamtenbestechung, f

bribing – Bestechung, f

bridge job – Überbrückungstätigkeit, f

bridge payment – Überbrückungszahlung, f; Übergangsgeld, n

bridging day – Brückentag, m

brief – Schriftsatz, m

brief, v – einweisen, v; unterweisen, v; instruieren, v

brief a lawyer, v – Anwalt/Anwältin (m/f) bestellen, v *<jur>*

briefing – Beauftragung, f; Einsatzbesprechung, f; Instruktion, f; Lagebesprechung, f

bright – aufgeweckt; klug; gescheit

bring a lawsuit, v *(against)* – Klage (f) einreichen, v

bring an action, v – Klage (f) erheben, v

bring into court, v – vor Gericht bringen, v; klagen, v

bring up, v – aufziehen, v; großziehen, v

bringing-up – Erziehung, f; Kinderstube, f

broken – kaputt *<infml>*; zerbrochen

broker – Makler/in, m/f

broker's fee – Maklerprovision, f

brokerage – Maklergebühr, f

brokerage contract – Maklervertrag, m

brothers (pl) and sisters (pl) – Geschwister (pl)

brush-off – Entlassung, f

buddy *<US>, <infml>* – Kamerad, m; Kumpel, m *<infml>*; Anlernpate (m) für neue Mitarbeiter (pl)

buddy system *<US>* – Betreuung (f) neuer Mitarbeiter (pl) am Arbeitsplatz*, m*

budget – Budget, n; Etat, m; Haushalt, m; Haushaltsplan, m

budget planning – Budgetplanung, f

budget variance – Budgetabweichung, f

budgetary control – Budgetkontrolle, f

building – Gebäude, n; Bauwerk, n

building and loan association *<US>* – Bausparkasse, f

building control office – Baupolizei, f

building inspection – Bauaufsicht, f

building license/licence *<US/GB>* – Baugenehmigung, f

building loan – Baudarlehen, n

building loan contract – Bausparvertrag, m

building permit – Baugenehmigung, f
building site – Baustelle, f
building society *<GB>* – Bausparkasse, f
building trade – Baugewerbe, n
bulletin – Aushang, m; amtliche Bekanntmachung, f
bump s.o., v – bei der Sozialauswahl (f) andere Arbeitnehmer verdrängen, v
bumping *<infml>* – Prozess (m) der Verdrängung, *f*
burden – Belastung, f; Last, f
burden, v – belasten, v
burden center/centre *<US/GB>* – Kostenstelle, f
burden of proof – Beweislast, f
burden to explain – Darlegungslast, f
Bureau of Taxation and Finance – Finanzamt, n
Bureau of Vital Statistics (pl) – Standesamt, n
burglary – Einbruch, m
burnout – seelische Erschöpfung, f
bury, v – beerdigen, v
business – Fach, n; Aufgabe, f; Geschäft, n; Betrieb, m; Geschäftsleben, n; Tätigkeit, f; Gewerbe, n
business activity – Geschäftstätigkeit, f
business address – Geschäftsadresse, f
business administration – Betriebswirtschaft, f
business agent – Handelsvertreter, m
business anniversary – Geschäftsjubiläum, n
business area – geschäftliches Umfeld, n
business call – Dienstgespräch, n
business car – Geschäftswagen, m
business card – Visitenkarte, f
business career – Laufbahn, f
business college *<US>* – Handelsakademie, f
business conference – Besprechung, f
business connection – Geschäftsverbindung, f
business consultant *<US>* – Betriebsberater/in, m/f
business cycle – Konjunkturkreislauf, m
business department – Betriebsabteilung, f
business development – Geschäftsentwicklung, f
business economics *<GB>* – Betriebswirtschaft, f
business English – Wirtschaftsenglisch, n
business enterprise – Wirtschaftsunternehmen, n
business entertainment – Bewirtung, f
business expenses (pl) – Betriebsausgaben (pl)
business failure – Pleite, f; Konkurs, m
business game – Unternehmensplanspiel, n
business hazard – Betriebsrisiko, n
business hours (pl) – Geschäftsstunden (pl); Geschäftszeit, f
business interruption – Betriebsunterbrechung, f
business law – Wirtschaftsrecht, f
business letter – Geschäftsbrief, m
business line – Branche, f
business lunch – Arbeitsessen, n
business man – Unternehmer, m
business management – Betriebswirtschaftslehre, f (BWL); Geschäftsführung, f
business matter – geschäftliche Angelegenheit, f

business method – Geschäftsmethode, f
business operation – Geschäftsbetrieb, m
business outlook – Geschäftsaussichten (pl)
business owner – Unternehmer/in, m/f
business paper – Fachzeitschrift, f
business partner – Geschäftspartner/in, m/f
business plan – Geschäftsplan, m
business policy – Geschäftspolitik, f
business process outsourcing (BPO) – Auslagerung, f
business purpose – Geschäftszweck, m
business records (pl) – Geschäftsunterlagen (pl)
business relations (pl) – Geschäftsbeziehungen (pl)
business report – Geschäftsbericht, m
business school <*US*> – Handelsschule, f; Wirtschaftsschule, f
business school examination for commercial assistants (pl) – Kaufmannsgehilfenprüfung, f
business secret – Geschäftsgeheimnis, n
business standing – Stellung, f
business tax – Gewerbesteuer, f
business thinking – unternehmerisches Denken, n
business travel/ trip – Geschäftsreise, f; Dienstreise, f
business travel expenses (pl) – Dienstreisekosten (pl)
business travel order – Dienstreiseauftrag, m
business trend – Konjunkturverlauf, m
business trip (1) – Dienstreise, f
business trip (2) – Geschäftsreise, f
business use – Betriebszweck, m
business year – Geschäftsjahr, n
businessman – Geschäftsmann, m
businesswoman – Geschäftsfrau, f
busy – emsig; fleißig; geschäftig
butcher – Fleischer/in, m/f; Metzger/in, m/f
buy, v – abnehmen, v
buy over, v – bestechen, v
buy up a claim, v – Anspruch (m) abfinden, v
buyer – Einkäufer/in, m/f; Käufer/in, m/f
buzz word – Schlagwort, n
by amicable arrangement – auf gütlichem Wege, m
by authority – mit amtlicher Genehmigung, f
by birth – gebürtig
by inadvertence – versehentlich
by mutual agreement – in gegenseitigem Einvernehmen, n
by mutual consent – einverständlich; einvernehmlich
by order of – im Auftrag (m) von
by order of the court – auf Beschluss (m) des Gerichts, n
by procuration – per Prokura, f
by the job – im Akkord, m
by virtue of an office – von Amts wegen
by virtue of the law – kraft Gesetzes, n
by-election – Nachwahl, f
by-law – Satzung, f; Statuten (pl)
by-product – Nebenprodukt, n

C

ca'canny *<infml>* – bewusste Produktionsverlangsamung, f; bewusstes Langsamarbeiten, n
cadrastal office – Katasteramt, n
cafeteria – Kantine, f (für Erfrischungen); Selbstbedienungsrestaurant, n
calculate, v – ausrechnen, v; berechnen, v; errechnen, v
calculating rule – Berechnungsverfahren, n
calculation – Berechnung, f; Errechnung, f
calculation basis *(for tax or social insurance contributions)* – Bemessungsgrundlage, f
calculation of averages (pl) – Durchschnittsberechnung, f
calculation of profitability – Rentabilitätsrechnung, f
calculation of wages (pl) – Entgeltberechnung, f
calendar day – Kalendertag, m
calendar half – Kalenderhalbjahr, n
calendar quarter – Kalendervierteljahr, n
calendar year – Kalenderjahr, n
calender-daily – kalendertäglich
call – Anruf, m; Aufforderung, f; Aufruf, m
call, v – abrufen, v; laden, v
call a strike, v – Streik (m) ausrufen, v
call away, v – abberufen, v
call in, v – beiladen, v; einberufen, v
call off a strike, v – Streik (m) abbrechen, v
call on, v– auffordern, v
callable – kündbar
calling in – Beiladung, f
calling-in-pay – Entschädigung (f) für das Bestellen zur Arbeit (f) außerhalb der regelmäßigen individuellen Arbeitszeit, f
campus recruiting – Anwerbung (f) von Hochschulabsolventen (pl) an der Hochschule, *f*
cancel, v – niederschlagen, v; rückgängig machen, v; stornieren, v; widerrufen, v; streichen, v; aufheben, v
cancel a contract, v – Vertrag (m) aufheben, v
cancel an order, v – Auftrag (m) widerrufen, v
cancel s.o.'s membership, v – als Mitglied (n) abmelden, v
cancellation – Storno, n; Aufhebung, f; Streichung, f; Abbestellung, f; Tilgung, f
cancellation clause – Kündigungsklausel, f; Verfallsklausel, f
cancellation contract – Aufhebungsvertrag, m
cancellation entitlement – Löschungsanspruch, m
cancellation fee – Stornogebühr, f
cancellation of a contract – Vertragsauflösung, f
cancellation of guarantee – Haftungsbefreiung, f
cancer – Krebs, m
candidate – Anwärter/in, m/f; Kandidat/in, m/f; Bewerber/in, m/f; Prüfungskandidat/in, m/f
candidate, v – kandidieren, v
candidate for a doctor´s degree – Doktorand, m
candidate for scholastic hono(u)rs (pl) – Doktorand, m

candidate for the civil service – Beamtenanwärter/in, m/f
candidates' personalities electoral system – Persönlichkeitswahl, f (in which a vote is cast for a candidate rather than for a candidate list)
canons (pl) of professional etiquette – Standesrecht, n
canteen – Gemeinschaftsküche, f; Kantine, f; Werkskantine, f; Werksküchen (pl)
canteen facilities (pl) – Kantineneinrichtung, f
canteen food – Kantinenessen, n
canteen keeper – Kantinenwirt, m
capability – Tauglichkeit, f; Fähigkeit, f
capable – berechtigt <*jur*>; fähig; qualifiziert
capable of being developped – bildungsfähig <=*Geist*>
capable of being educated – bildungsfähig <=*Mensch*>
capable of contracting – geschäftsfähig
capable to act – handlungsfähig
capable to sue and be sued – prozessfähig
capable to work – arbeitsfähig
capacity – Befähigung, f; Kapazität, f; Inhalt, m; Leistungsfähigkeit, f; Volumen, n
capacity for work – Leistungsfähigkeit, f
capacity load factor – Kapazitätsausnutzungsgrad, m
capacity of disposing– Geschäftsfähigkeit, f
capacity of machinery – Maschinenauslastung, f
capacity planning – Kapazitätsplanung, f
capacity to act – Handlungsfähigkeit, f
capacity to be sued – Passivlegitimation, f
capacity to conduct a case in court – Postulationsfähigkeit, f
capacity to contract – Geschäftsfähigkeit, f
capacity to sue and to be sued – Prozessfähigkeit, f
capacity to sue – Aktivlegitimation, f
capacity to work – Arbeitsfähigkeit, f
capacity utilization – Kapazitätsausnutzung, f
capital – Gesellschaftskapital, n; Kapital, n; Vermögen, n
capital accumulation – Vermögensbildung (f) durch Sparleistung, f
Capital Accumulation Act – Vermögensbildungsgesetz, n (VermBG) (Act to Encourage the Accumulation of Capital by Employees)
capital coverage – Kapitaldeckung, f
capital coverage method – Kapitaldeckungsverfahren, n
capital crime – Kapitalverbrechen, n
capital expenditure budget – Investitionsbudget, n
capital formation – Vermögensbildung, f
capital goods (pl) – Investitionsgüter (pl)
capital income tax– Kapitalertragssteuer, f
capital increase – Kapitalerhöhung, f
capital investment – Kapitalanlage, f
capital reserves (pl) – Kapitalrücklage, f
capital returns tax – Kapitalertragssteuer, f
capital spending – Kapitalaufwand, m
capital stock <*US*> – Grundkapital, f
capital yield – Kapitalertrag, m
capital yield tax <*GB*> – Kapitalertragssteuer, f

capital-forming investment *(under the employee' saving scheme)* – vermögenswirksame Anlage, f
capital-gains tax <*US*> – Kapitalertragssteuer, f
capitalized annuity – Kapitalrente, f
captivity – Gefangenschaft, f
capture – Gefangennahme, f
car – Wagen, m; Auto, n
car allowance – Fahrtkostenpauschale, f
car loan – Darlehen (n) zur Anschaffung (f) eines Kraftfahrzeugs, n
car owner – Fahrzeughalter/in, m/f
carcinogene – krebserzeugend; krebserregend
care – Betreuung, f; Obhut, f; Fürsorge, f; Pflege, f
care, v – sorgen, v; pflegen, v
care and custody – Sorgerecht, n <*jur*>
care of patients (pl) – Krankenversorgung, f
career – Karriere, f; Laufbahn, f
career advancement – beruflicher Aufstieg, m
career adviser/advisor – Berufsberater/in, m/f; Laufbahnberater, m
career advisory service – Berufsberatung, f
career bracket – Laufbahn, f
career counsel(l)ing – Arbeits- und Berufsberatung, f
career counselor – Karriereberater/in, m/f
career development – berufliche Entwicklung, f
career for specialists (pl) – Fachlaufbahn, f
career interruption – Karriereknick, m
career ladder – Karriereleiter, f
career officer – Bildungsberater/in, m/f
career opportunities (pl) – berufliche Aussichten (pl); Karrieremöglichkeiten (pl)
career path <*US*> – Laufbahn, f; Werdegang, m
career planning – Karriereplanung, f; Laufbahnplanung, f; Personalplanung, f
career prospects (pl) – Aufstiegsmöglichkeiten (pl); Karriereaussichten (pl)
career-oriented – berufsbezogen
careful – sorgfältig; vorsichtig; umsichtig
careless – fahrlässig; sorglos; leichtfertig
carelessness – Fahrlässigkeit, f; Leichtfertigkeit, f
carer – Pflegeperson, f
caretaker – Hausmeister/in, m
caretaking – Betreuung, f
cargo – Ladung, f
carnival – Karneval, m
carousel training – Durchlaufen, n
carpenter – Schreiner/in, m/f
carry a trade, v – Beruf (m) ausüben, v
carry on a business, v – Geschäft (n) betreiben, v
carry on a trade, v – Gewerbe (n) ausüben, v
carry on, v – betreiben, v
carry out, v – erfüllen, v
carry-over payment – Übergangsvergütung, f
cartel – Kartell, n
cartel authority – Kartellbehörde, f
cartel court – Kartellgericht, n
Cartel Office – Kartellamt, n
case (1) – Fall, m
case (2) – Umstand, m
case at bar – Rechtssache, f
case files (pl) – Prozessakten (pl)

case law – Fallrecht, n (basierend auf Präzedenzfällen, pl)
case of hardship – Härtefall, m
case records (pl) – Prozeßakten (pl)
case study – Fallstudie, f
casebook – Entscheidungssammlung, f
cash (1) – bar
cash (2) – Bargeld, n
cash advance – Barvorschuss, m
cash auditor – Kassenrevisor, m
cash balance – Kassenbestand, m
cash benefit – Barleistung, f; Geldleistung, f
cash box – Kassenschalter, m
cash coefficient – Geldfaktor (m) bei Akkordbezahlung, f
cash discount – Skonto, n
cash earnings (pl) – Barentlohnung, f
cash in bank – Bankguthaben, n
cash office – Kasse, f
cash payment – Barzahlung, f
cash register – Kasse, f
cash remittance – Barüberweisung, f
cash settlement – Barabrechnung, f
cash surrender value – Rückkaufswert, m
cash value – Barwert, m
cash wages (pl) – Barlohn, m; Geldlohn, m
cash, v – kassieren, v
cashier – Kassierer/in, m/f; Kassenverwalter/in, m/f
cashier of the court – Gerichtskasse, f
cashless – bargeldlos
cashless wage payment – bargeldlose Lohnzahlung, f
cast lots (pl), v – Lose (pl) ziehen, v; auslosen, v
cast the ballot, v – Stimmzettel (m) abgeben, v
casting vote – Stichentscheid, m; die entscheidende Simme, f
casual – salopp; lässig; zwanglos; zufällig
casual clothing – Freizeitkleidung, f
casual employment – Gelegenheitsbeschäftigung, f
casual jacket – Freizeitjacke, f
casual work – nicht ständige Beschäftigung, f ; Gelegenheitsarbeit, f
casual worker (1) – Aushilfskraft, f
casual worker (2) – Gelegenheitsarbeiter/in, m/f; unständig Beschäftigte/r, f/m
casualty – Unfall, m; Unglücksfall, m; Todesfall, m
catalogue of benefits (pl) – Leistungskatalog, m
catalogue of group payment – Entgeltgruppenkatalog, m
catapult seat – Schleudersitz, m
catch word – Stichwort, n
catch-up increase <*GB*> – Entgelterhöhung (f) zur Wiederherstellung (f) der Einkommensrelation (f) zu einer Vergleichsgruppe
catchment area – Einzugsgebiet, n
category – Kategorie, f; Art, f; Klasse, f; Gruppe; f
category of persons (pl) – Personenkreis, m
category of risk – Gefahrenklasse, f
catering department – Kantinenwesen, n; Werkskantine, f; Verpflegungswesen, n
Catholic – katholisch
causal – kausal; ursächlich
causal connection – Kausalzusammenhang, m
causal link – Kausalzusammenhang, m
causal relationship – Kausalzusammenhang, m
causality – Kausalität, f; Ursächlichkeit, f
cause (1) – Grund, m; Anlass, m

cause (2) – Streitsache, f; Rechtsstreit, m
cause (3) – Ursache, f
cause, v – verursachen, v
cause for rescission – Anfechtungsgrund, m
cause in law – Rechtsgrund, m
cause list – Prozessliste, f *<jur>*; Terminliste, f
cause of accident – Unfallursache, f
cause of action – Klageanspruch, m; Klagegrund, m
cause of sickness – Krankheitsursache, f
causer – Verursacher, m
caution (1) – Behutsamkeit, f; Vorsicht, f
caution (2) – Eidesbelehrung, f *<jur>*; Rechtsmittelbelehrung, f
caution (3) – polizeiliche Verwarnung, f
caution, v – warnen, v; belehren, v; ermahnen, v
caveat – Schutzschrift, f *<jur>*
cease to have effect, v – außer Kraft treten, v
cease working, v – Feierabend (m) machen, v
ceiling – Höchstmarke, f; Höchstgrenze, f
celebrate an anniversary, v – Jubiläum (n) begehen, v
celebration of an anniversary – Jubiläumsfeier, f
celebrity – Persönlichkeit, f
cendemn, v – verurteilen, v
censure – Rüge, f; Tadel, m; Missbilligung, f
center *<US>*/**centre** *<GB>* – Mittelpunkt, m; Zentrale, f
central – zentral
central association of industry – Spitzenverband (m) der Industrie, f
central department – Hauptabteilung, f; Zentralstelle, f
central office – Hauptverwaltung, f
central purchasing – zentraler Einkauf, m
central register – Zentralregister, m
central representation of juvenile employees (and apprentices) – Gesamtjugendvertretung, f
central staff council (1) *(in civil services)* – Gesamtpersonalrat, m
central staff council (2) – Hauptpersonalrat, m
central works council – Gesamtbetriebsrat, m
ceremonial leave *<US>* – Freistellung, f
certainty in the law – Rechtssicherheit, f
certificate – Bescheinigung, f; Prüfungszeugnis, n; Zeugnis, n; Attest, n
certificate of appointment – Ernennungsurkunde, f
certificate of apprenticeship – Lehrbrief, m; Lehrzeugnis, n
certificate of attendance – Teilnahmebestätigung, f
certificate of birth – Geburtsurkunde, f
certificate of character – Führungszeugnis, n
certificate of (professional) competence – Befähigungsnachweis, m
certificate of conduct – Führungszeugnis, n
certificate of disability – Arbeitsunfähigkeitsbescheinigung, f
certificate of discharge – Entlassungzeugnis, n
certificate of employment – Beschäftigungsnachweis, m
certificate of entitlement – Berechtigungsschein, m

certificate of good behavio(u)r – Leumundszeugnis, n
certificate of hire – Heuerschein, m
certificate of indebtedness – Schuldschein, m
certificate of inheritance – Erbschein, m
certificate of marriage – Heiratsurkunde, f; Trauschein, m
certificate of participation – Teilnahmebestätigung, f
certificate of proficiency – Befähigungsnachweis, m
certificate of qualification – Befähigungsnachweis, m
certificate of registration – Immatrikulationsbescheinigung, f
certificate of title to a motor vehicle – Kraftfahrzeugbrief, m
certificate of wage tax deduction – Lohnsteuerbescheinigung, f
certification – amtliche Beglaubigung, f; Bestätigung, f; öffentliche Beurkundung, f
certification language – Zeugnissprache, f
certified – bescheinigt, beglaubigt
certified accountant *<GB>* – Wirtschaftsprüfer, m
certified copy – gerichtlich, notariell oder amtlich beglaubigte Abschrift, f; Ausfertigung, f
certified copy of a diploma – Zeugnisabschrift, f
certified economist – Diplomkaufmann/-kauffrau, m/f
certified engineer – Diplomingenieur/in, m/f
certified public accountant (CPA) *<US>* – Wirtschaftsprüfer/in, m/f
certify in due legal form, v – öffentlich beurkunden, v
certify s.o. as fit, v – gesundschreiben, v
certify, v – beglaubigen, v; bescheinigen, v; bestätigen, v
cessation – Wegfall, m
cessation of payments (pl) – Zahlungseinstellung, f
cessation of work – Einstellung, f
cession – Abtretung, f; Verzicht, m
cession of wages (pl) – Lohnabtretung, f
chain – Kette, f
chain employment contract – Kettenarbeitsvertrag, m
chain of causation – Kausalzusammenhang, m
chair – Vorsitz, m; Sitz, m
chair, v – Vorsitz (m) führen, v
chairman – Vorsitzender, m
chairman of the conciliation board – Einigungsstellenvorsitzender, m
chairman of the works council – Betriebsratsvorsitzender, m
chairmanship – Vorsitz, m; Amt (f) des Vorsitzenden
chairperson of the supervisory board – Aufsichtsratsvorsitzende/r, f/ m
chairwoman – Vorsitzende, f
challenge – Herausforderung, f; Anfechtung, f
challenge, v – anfechten, v; bestreiten, v; herausfordern, v
chamber – Kammer, f
chamber of a court – Kammer (f) des Gerichts, n
Chamber of Commerce – Handelskammer, f
Chamber of Handicrafts – Handwerkskammer, f
Chamber of Industry and Commerce – Industrie- und Handelskammer, f
chamber of labo(u)r – Arbeiterkammer, f

chance – Chance, f; Gelegenheit, f; Zufall, m
chancellery – Kanzlei, f (in der Verwaltung)
chancery <*GB*> – Kanzlei, f (im Gericht)
change – Änderung, f; Wechsel, m; Wandel, m
change, v – ändern, v; verändern, v; wechseln, v
change booking, v – umbuchen, v
change clothes, v – umziehen, v
change in company structure – Betriebsänderung, f
change in employment – Stellenwechsel, m
change in moral values (pl) – Wertewandel, m
change in pay – Entgeltänderung, f
change in scale of wages (pl) and salaries (pl) – Tarifänderung, f
change in the onus of proof – Beweislastumkehr, f
change in the personnel – Personalwechsel, m
change in the staff – Personalwechsel, m
change notice – Änderungsanzeige, f
change of (employment) group – Gruppenwechsel, m
change of address – Adressenänderung, f
change of civil status – Personenstandsänderung, f
change of contract – Vertragsänderung, f
change of employer – Arbeitgeberwechsel, m
change of names (pl) – Namensänderung, f
change of party – Parteiwechsel, m
change of salary – Gehaltsänderung, f
change of shift – Schichtwechsel, m
change of the employment contract – Arbeitsvertragsänderung, f
change of working hours (pl) – Arbeitszeitänderung, f
change one's job, v – Arbeitsplatz (m) wechseln, v
change one's profession, v – umsatteln, v <*infml*>
change profession, v – Beruf (m) wechseln, v
changeover – Schichtwechsel, m
changing room – Umkleideraum, m
channels of appeal – Rechtsmittel (pl) und Rechtsbehelfe (pl)
chapter – Kapitel, n; Abschnitt, m
character – Charakter, m; Wesen, n; Art, f; Ruf, m
character analysis – Charakteranalyse, f
character defect – Charakterfehler, m
character trait – Charaktereigenschaft, f
characteristic – Merkmal, n
characteristic feature – Hauptmerkmal, n
characteristic feature of the facts (pl) of a case – Tatbestandsmerkmal, n
characteristic trait – Charakterzug, m
charge (1) – Abgabe, f; Gebühr, f
charge (2) <*law*> – Anklage, f; Anzeige, f
charge (3) – Berechnung, f; Spesen (pl)
charge (4) – Bürde, f; Belastung, f
charge (5) – Vorwurf, m; Beschuldigung, f
chargeable – anrechenbar; anrechnungsfähig
chargehand <*GB*> – Vorarbeiter, m
charitable – mildtätig; wohltätig
charitable nature – Gemeinnützigkeit, f

charitable organisation/ organization – Wohltätigkeitseinrichtung, f
charity (1) – Wohltätigkeit, f
charity (2) – Wohltätigkeitssektor, m
charity work – Sozialarbeit, f
chart – Tabelle, f; Schaubild, n; Skala; f
chart organization – Organigramm, n
chartered accountant <*GB*> – beeidigte/r Rechnungsprüfer/in, m/f / Wirtschaftsprüfer/in, m/f
cheap – billig
cheat – Betrug, m
cheat, v – betrügen, v; mogeln, v; übervorteilen, v
cheat on taxes (pl), v – Steuern (pl) hinterziehen, v
check – Überprüfung, f; Nachprüfung, f; Kontrollschein, m; Scheck <*US*>
check, v – überprüfen, v; kontrollieren, v; inspizieren, v
Check Act <*US*> – Scheckgesetz, n
check in, v – (bei Arbeitsbeginn) Karte einstempeln, v <*GB*>
check on the operation – Arbeitskontrolle, f
check out, v – (bei Arbeitsende) Karte ausstempeln, v <*GB*>
check study – Kontrolluntersuchung, f
check-off – Einbehaltung des Gewerkschaftsbeitrages, f
checking account <*US*> – Scheckkonto, n
checklist – Kontrollliste, f
checkoff system <*US*> – Einbehaltung (f) von Gewerkschaftsbeiträgen (pl) durch Arbeitgeber, m
chemical engineer – Chemieingenieur/in, m/f
chemical laboratory assistant – Chemielaborant/in, m/f
chemically-trained laboratory technician – Chemotechniker/in, m/f
chemist – Chemiker/in, m/f
chemistry – Chemie, f
cheque <*GB*> – Scheck, m
cheque card <*GB*> – Scheckkarte, f
chicane – Schikane, f
chief (1) – hauptsächlich
chief (2) – Chef, m; Vorgesetzter, m; Leiter, m; Anführer, m
chief accountant – Chefbuchhalter/in, m/f; Hauptbuchhalter/in, m/f
chief claim – Hauptforderung, f
chief administrative officer of a district – Oberkreisdirektor/in, m/f
chief clerk – Disponent/in, m/f; Bürovorsteher/in, m/f
chief communal officer – Gemeindedirektor, m
chief engineer – Chefingenieur/in, m/f; leitende/r Ingenieur/in, m/f
Chief Executive of a county – Landrat, m
Chief Executive Officer (CEO) – Konzernchef/-chefin, m/f
chief of section – Dezernent/in, m/f
chief of personnel – Personalchef, m
chief official of a district – Regierungspräsident/in, m/f
child – Kind, n
child allowance – Kinderzulage, f
child benefit <*GB*> – Kindergeld, n
child benefit fund – Kindergeldkasse, f
child bounty <*US*> – Kinderzulage, f
child care – Kinderbetreuung, f
child education – Kindererziehung, f
child labor <*US*> – Kinderarbeit, f
child relief – <*Steuer*=> Kinderfreibetrag, f
child support – Kindesunterhalt, m
child welfare worker – Jugendpfleger/in, m/f
childhood – Kindheit, f
childless – kinderlos
children (pl) – Kinder (pl)

children's allowance <*GB*> – Kindergeld, n; Kinderzulage, f
children's home – Kinderheim, n
children's labour <*GB*> – Kinderarbeit, f
choice – Auswahl, f; Wahl, f; Auslese, f
choice of career – Berufswahl, f
choice of doctor – Arztwahl, f
choice of profession – Berufswahl, f
chore – lästige Pflicht, f
Christian name – Taufname, m; Vorname, m
Christmas – Weihnachten
Christmas bonus – Weihnachtsgeld, n; Weihnachtsgratifikation, f
Christmas Eve – Heiligabend, m
Christmas grant – Weihnachtszuwendung, f
Christmas tax exemption – Weihnachtsfreibetrag, m
chronic disease – chronische Krankheit, f
church tax <*US*> – Kirchensteuer, f
church tax rate – Kirchensteuerhebesatz, m
circular letter – Rundschreiben, n
circulation – Umlauf, m; Verbreitung, f
circulation procedure – Umlaufverfahren, n
circumstantial evidence – Indizienbeweis, m <*jur*>
citation – Ladung, f <*jur*>; Vorladung (f) vor Gericht, n
cite, v – (vor)laden, v
citizen – Bürger/in, m/f; Staatsbürger/in, m/f
citizen´s action group – Bürgerinitiative, f
citizenship – Staatsangehörigkeit, f
city council – Stadtrat, m
city councillor – Stadtverordnete/r, f/m
civil – staatlich, bürgerlich
civil action – Privatklage, f; Zivilklage, f
Civil and Public Service Examination (CSE) – Staatsexamen, f (für bestimmte Beschäftigte im Staatsdienst, m)
civil case – Zivilsache, f
civil chamber – Zivilkammer, f
Civil Code– Bürgerliches Gesetzbuch, n
civil court – Zivilgericht, n
civil engineer – Bauingenieur/in, m/f
civil engineering – Bauingenieurwesen, n
civil fine – Bußgeld, f
civil jurisdiction – Zivilgerichtsbarkeit, f
civil law – bürgerliches Recht, n; Zivilrecht, n
civil law case – Zivilsache, f
civil law partnership – Gesellschaft (f) bürgerlichen Rechts, n
civil liability insurance – Haftpflichtversicherung, f
civil magistrate <*US*> – Standesbeamter, m
civil marriage – standesamtliche Trauung, f
Civil Practice Act – Zivilprozeßordnung, f
civil procedure/proceedings (pl) – Zivilprozeß, m
civil rights (pl) – bürgerliche Ehrenrechte (pl)
civil servant – Beamter/Beamtin, m/f
civil servant who has passed the second state examination – Assessor/in, m/f (especially in jurisprudence or pedagogy)
civil servants' law – Beamtenrecht, n
Civil Servants' Pension Act – Beamtenversorgungsgesetz, n

Civil Servants' Remuneration Act – Beamtenbesoldungsgesetz, n (Beamt.BesG)
civil servants' strike – Beamtenstreik, m
civil service – öffentlicher Dienst, m; Staatsdienst, m; Verwaltungsdienst, m
Civil Service Act – Beamtengesetz, n
civil service law – Beamtenrecht, n
civil service machinery – Beamtenapparat, m
civil service pay *<GB>* – Beamtenbesoldung, f
civil service status – Beamtenverhältnis, n
civil status – Familienstand, m; Personenstand, m
civil suit – Zivilprozess, m
civil wrong – unerlaubte Handlung, f
civil-law – bürgerlich-rechtlich
civil-law partnership – Gesellschaft (f) bürgerlichen Rechts
civilian service – Zivildienst, m
claim – Anspruch, m; Forderung, f; Recht, n
claim, v – beanspruchen, v; fordern, v; postulieren, v
claim against common debtor's estate – Masseforderung, f
claim damages (pl), v – Schadensersatz (m) beanspruchen, v
claim for compensation – Ersatzanspruch, m
claim for compensation for pain and suffering – Schmerzensgeldanspruch, m
claim for damages (pl) – Schadensersatzanspruch, m; Schadensersatzforderung, f
claim for indemnification – Entschädigungsanspruch, m
claim for payment – Zahlungsaufforderung, f
claim for recovery – Rückforderungsanspruch, m
claim for reimbursement – Erstattungsanspruch, m
claim for rent – Mietforderung, f
claim for the continuation of payments (pl) – Fortzahlungsanspruch, m
claim of exemption from work – Freistellungsanspruch, m
claim of ownership – Eigentumsanspruch, m
claim on account of unjust enrichment – Bereicherungsanspruch, m
claim originating from the previous year – Vorjahresanspruch, m
claim package – Forderungspaket, n
claim provable in bankruptcy – Konkursforderung, f
claim settlement – Anspruchsregulierung, f
claim to leadership – Führungsanspruch, m
claim to maintenance – Versorgungsanspruch, m
claim to receive information – Auskunftsanspruch, m
claim under a contract – vertraglicher Anspruch, m
claimant – Kläger, m; betreibende Partei, f; Antragsteller, m; Beschwerdeführer, m
claims (pl) department – Schadensabteilung, f
clarify, v – aufklären, v
clash – Konflikt, m
clash of interests (pl) – Interessenkollision, f
class – Klasse, f; Schicht, f
class action *<US>* – Gruppenklage, f *<jur>*; Sammelklage, f *<jur>*
class of risk – Gefahrenklasse, f

class spokesman/ spokeswoman – Klassensprecher/in, m/f
class struggle – Klassenkampf, m
class teacher – Klassenlehrer/in, m/f
classical education – Bildung, f; humanistische Bildung, f
classification – Eingruppierung, f; Einstufung, f; Einteilung, f
classification figure – Kennzahl, f
classify, v – eingruppieren, v; einordnen, v; einstufen, v; einteilen, v
classmate – Mitschüler/in, m/f
classroom test – Klassenarbeit, f
clause – Klausel, f; Vorbehalt, m; Vertragsbestimmung, f; Abschnitt (m) eines Gesetzes, n
clause contracting out of collective agreements (pl) – Tarifausschlussklausel, f
clause forbidding competition – Wettbewerbsverbotsklausel, f
clause reserving errors (pl) – Irrtumsvorbehalt, m
clawback *<infml>* – Beschneiden(n) von Vergünstigungen (pl)
clean up, v – aufräumen, v
clean-lived – mit einwandfreiem Lebenswandel, m
cleaner – Reiniger/in, m/f
clear – überschaubar
clear of arrears (pl) of work, v – Arbeitsrückstände (pl) erledigen, v
clearance – Räumung, f
clearance card – Abgangszeugnis (n) für Angestellte (pl)
clearing account – Verrechnungskonto, n
clearing up – Aufklärung, f
clerical – geistlich, klerikal
clerical assistant – Bürogehilfe/-gehilfin, m/f; Verwaltungsassistent/in, m/f
clerical error – Schreibfehler, m
clerical mistake – Schreibfehler, m
clerical officer – Verwaltungssekretär/in, m/f
clerical staff – Büropersonal, n
clerical work – Büroarbeit, f
clerk – kaufmännischer Angestellter, m; Schreibkraft, f; Schriftführer; m
clerk of the court – Protokollführer/in, m/f; Gerichtsschreiber/in, m/f
client – Auftraggeber/in, m/f; Klient/in, m/f; Mandant/in, m/f; Kunde/Kundin m/f
clients' protection clause – Mandantenschutzklausel, f
clinical elective – Famulatur, f
cliquism – Cliquenwirtschaft, f
clock in, v – einstempeln, v
clock out, v – ausstempeln, v
clock, v – Arbeitszeit (f) registrieren, v
clock-in time/clock-out time – Kommt-Geht-Zeit, f
close an account, v – Konto (n) auflösen, v
close down a plant, v – Betrieb (m) schließen, v
close down, v – (Betrieb, m) stilllegen, v
close, v (1) – aufheben, v
close, v (2) – schließen, v; beenden, v
close of work – Arbeitsschluss, m
closed meeting – Klausurtagung, f
closed shop *<GB>* – gewerkschaftspflichtiger Betrieb, m
closing date – Abschlusstermin, m; Abschlussdatum, n
closing date for receipt of offers (pl) – Angebotsfrist, f
closing down of operation – Betriebsschließung, f
closing hour – Polizeistunde, f
closing of account – Rechnungsabschluss, m
closing statement – Abschlussbericht, m

closing time – Büroschluss, m; Geschäftsschluss, m; Polizeistunde, f; Ladenschluss, m; Dienstschluss, m
closure – Abschluss, m; Schließung, f; Stilllegung, f
closure of a debate – Schluß (m) einer Aussprache, f
closure of discussions (pl) – Abschluß (m) der Beratungen (pl)
clothing – Bekleidung, f
clothing allowance – Bekleidungszuschuss, m; Kleidergeld, n
clumsy – unbeholfen; ungeschickt; schwerfällig
co-creditor – Gesamtgläubiger, m
co-debtor – Gesamtschuldner, m
co-decision – Mitentscheidung, f
co-determination – Mitbestimmung, f
Co-Determination Act – Mitbestimmungsgesetz, n (MitbestG) (Act Concerning Co-Determination of Employees)
co-determination in the workplace – Mitbestimmung, f
co-determination right – Mitbestimmungsrecht, n
co-determine, v – mitbestimmen, v
co-insurance – Mitversicherung, f
co-management – Mitbestimmung, f; Mitdirektion, f
Co-Management Act – Mitbestimmungsgesetz, f (für die Montanindustrie, f)
co-operate/cooperate with s.o., v – mitarbeiten, v; mitwirken, v
co-operation *<GB>* – Mitarbeit, f; Zusammenarbeit, f
co-operative (1) *<GB>* – genossenschaftlich
co-operative (2) – hilfsbereit; behilflich
co-operative management style – kooperativer Führungsstil, m
co-operative society *<GB>* – Genossenschaft, f
co-optee – kooptiertes Mitglied, n
co-ordinate, v (1) – aufeinander abstimmen, v
co-ordinate, v (2) *<GB>* – koordinieren, v; in Einklang (m) bringen
co-ordination *<GB>* – Koordination, f
co-owner – Geschäftsteilhaber/in, m/f; Miteigentümer/in, m/f; Mitinhaber/in, m/f
co-ownership – Miteigentum, n
co-plaintiff – Nebenkläger/in, m *<jur>*; Streitgenosse, m *<jur>*
coach s.o. in s.th., v – jmd in eine Sache (f) einarbeiten, v
coaching – Rollenberatung, f; Lernbetreuung,f ; Anleitung, f
coaching and counsel(l)ing – Förderung und Beratung, f
Coal and Steel Co-Determination Act – Montanmitbestimmungsgesetz, n (Act respecting Co-Management by Employees in the Boards of Supervision and in the Managing Boards of Undertakings in the Mining Industry and the Iron and Steel Production Industry)
coal, iron and steel industry – Montanindustrie, f
coal-mining industry – Kohlebergbau, m
coalition – Koalition, f
code – Gesetzbuch, n
Code of Civil Procedure – Zivilprozessordnung, f (ZPO)
Code of Commerce – *<entspr>* Handelsgesetzbuch, f
Code of Commercial Law – *<entspr>* Handelsgesetzbuch, f
Code of Criminal Procedure – Strafprozessordnung, f (StPO)
code of procedure – Prozessordnung, f
coeducation – Gemeinschaftserziehung, f

coeducational school – Gemeinschaftsschule, f
coerce, v – nötigen, v; zwingen, v
coercion – Nötigung, f; Zwang, m
coercive – einschränkend, zwingend
coercive detention – Erzwingungshaft, f
coercive enforcement penalty – Zwangsgeld, n
coercive means (pl) – Zwangsmittel (pl)
coercive measure – Beugemittel, n
coercive penalty – Beugestrafe, f
cogent – triftig, stichhaltig, überzeugend; zwingend
cogent law – zwingendes Recht, n
coherent – zusammenhängend; schlüssig
collaborate ,v – zusammenarbeiten, v; mitarbeiten, v
collaboration – Zusammenarbeit, f; Mitarbeit, f
collaborative commerce – Zusammenarbeit, f
collapse – Zusammenbruch, m
collapse, v – zusammenbrechen, v; einstürzen
collateral – nebenherlaufend, gleichzeitig
collateral agreement – Nebenabrede, f
collateral obligation – Nebenpflicht, f
collateral promise – Bürgschaftsversprechen, n
collaterals (pl) – Banksicherheiten (pl)
colleague – Arbeitskollege/ -kollegin, m/f; Kollege/Kollegin, m/f; Mitarbeiter/in, m/f
collect data, v – Daten (pl) erheben, v
collect, v – einziehen, v; sammeln, v; kassieren, v
collectible amount – eintreibbare Forderung, f
collecting agency – Einzugsstelle, f
collection – Einzug, m; Sammlung, f
collection expenses (pl) – Mahnkosten (pl)
collection fee – Mahngebühr, f
collection of contributions (pl) – Beitragseinzug, m
collection of signatures (pl) – Unterschriftensammlung, f
collection order – Einzugsermächtigung, f
collection proceedings (pl) – Einziehungsverfahren, n; Einzugsverfahren, n
collective – kollektiv; gemeinschaftlich
collective agreement – Gesamtarbeitsvertrag, m; Gesamtvereinbarung, f; Tarifvereinbarung, f
collective agreement area – Tarifbezirk, m
collective agreement between trade union and employers' association – Verbandstarifvertrag, m
collective agreement committment – Tarifbindung, f
collective agreement on the association level – Flächentarifvertrag, m
collective agreement opening clause – Tariföffnungsklausel, f
collective agreement provision – Tarifnorm, f
collective agreements (pl) register – Tarifregister, n
Collective Agreements Act – Tarifvertragsgesetz, n (TVG)
collective bargaining – Kollektivertragsverhandlung, f; Tarifverhandlungen (pl)
collective bargaining agreement – Kollektivvertrag, m; Tarifabkommen, n; Tarifvereinbarung, f

collective bargaining area – Tarifbereich, m
collective bargaining autonomy – Tarifautonomie, f
collective bargaining capacity – Tariffähigkeit, f
collective bargaining claim – Tarifforderung, f
collective bargaining commission – Tarifkommission, f
collective bargaining committee – Tarifausschuss, m
collective bargaining law – Tarifrecht, n
collective bargaining policy – Tarifpolitik, f
collective bargaining power – Tariffähigkeit, f
collective bargaining practice – Tarifübung, f
collective bargaining region – Tarifbezirk, m
collective bargaining round – Tarifrunde, f
collective company agreement – Gesamtbetriebsvereinbarung, f
collective dismissal – Massenentlassung, f
collective framework agreement – Rahmentarifvertrag, m
collective guilt – Kollektivschuld, f
collective interest – kollektives Interesse, n
collective labo(u)r agreement (1) – Kollektivarbeitsvertrag, m
collective labo(u)r agreement (2) – Tarifvertrag, m
collective labo(u)r law – kollektives Arbeitsrecht, n
collective negotiations (pl) – Verhandlungen (pl) auf kollektiver Basis, f
collective promise – Gesamtzusage, f
collective regulation – kollektive Regelung, f
collective scale salary – Tarifgehalt, n
collective settlement committee – Tarifausschuss, m
collective transportation – Sammelbeförderung, f
collective wage formation – tarifliche Lohngestaltung, f
collective wage rate bracket – Tarifklasse, f
collectively agreed pay – Tarifentgelt, n
collectively negotiated wage – Tariflohn, m
college – höhere Lehranstalt, f; Akademie, f; Hochschule, f
College of Advanced Technology *<US>* – technische Hochschule, f
College of Further Education – Fachoberschule, w
college recruitment – Personalwerbung (f) an einer Hochschule, f
collegial – kollegial
collusion – Einverständnis, n
combative measure – Kampfmaßnahme, f
combative parity – Kampfparität, f
combative tactics (pl) – Kampftaktik, f
combative target – Kampfziel, n
combination – Verbindung, f; Vereinigung, f *<Vorgang>*
combine – Konzern, m; Kartell, n; Vereinigung, f
combine committee *<GB>* – überbetriebliches Shop Steward-Komitee, n
combine works council – Konzernbetriebsrat, m
come into force, v – in Kraft treten, v

come into s.o.'s domain, v – in jmds Aufgabengebiet (n) fallen, v
come to a decision, v – entschließen (sich), v
come to an agreement, v – Abkommen (n) treffen, v
come to terms on sth, v – aushandeln, v
come, v – kommen, v
coming into force - Inkrafttreten, n; Wirksamwerden, n
command – Befehl, m; Gebot,n; Herrschaft, f; Weisung, f
command, v – kommandieren, v
command authority – Befehlsgewalt, f; Weisungsbefugnis, f
command of a language – Beherrschung (f) einer Sprache, f
command of English – Englischkenntnisse (pl)
command of French – Französischkenntnisse (pl)
commence, v – beginnen, v; anfangen, v; einführen, v
commence the proceedings (pl), v – Verfahren (n) einleiten, v *<jur>*
commencement – Beginn, m; Anfang, m
commencement of a term – Fristbeginn, m
commencement of action – Klageerhebung, f
commencement of work – Arbeitsbeginn, m
commendatory letter – Empfehlungsschreiben, n
commensurability – Verhältnismäßigkeit, f
comment – Kommentar, m; Äußerung, f
commentary – Kommentar, m
commerce – Handel, m
commercial – geschäftlich; kaufmännisch; gewerblich
commercial accounting – kaufmännisches Rechnungswesen, n
commercial agent – Handelsvertreter, m
commercial apprentice – kaufmännische/r Auszubildende/r, f/ m
commercial apprenticeship – kaufmännische Lehre, f
commercial assistant – Kaufmannsgehilfe, m/ Kaufmannsgehilfin, f; Handlungsgehilfe/-gehilfin, m/f
commercial broker – Handelsmakler, m
commercial clerk *<US>* – kaufmännische/r Angestellte/r, f/m; Bürokaufmann/-kauffrau, m/f
Commercial Code – *<entspr.>* – Handelsgesetzbuch, n (HGB)
commercial college – Handelsakademie, f; Wirtschaftsfachschule, f; Wirtschaftsoberschule, f
commercial company – Handelsgesellschaft, f
commercial court – Handelsgericht, n
commercial documents (pl) – Geschäftspapiere (pl)
commercial English – Handelsenglisch, n
commercial enterprise – Handelsunternehmen, n
commercial interests (pl) – wirtschaftliche Interessen (pl)
commercial judge – Handelsrichter, m
commercial law (1) – Handelsgesetz, n
commercial law – Handelsrecht, n; Wirtschaftsrecht, n
commercial manager – kaufmännische/r Leiter/in, m/f
commercial occupation – kaufmännischer Beruf, m
commercial power (of attorney) – Handlungsvollmacht, f

commercial register – Handelsregister, f
commercial school – Handelsschule, f
commercial training – kaufmännische Ausbildung, f
commercial travel(l)er – Handelsreisender, m
commissary – Verpflegungsausgabe, f; Kantine, f
commission – Provision, f; Vermittlungsprovision, f; Kommission, f; Ausschuss, m
commission agent – Kommissionär/in, m/f
commission arrear – Gebührennachzahlung, f
commission basis – Provisionsbasis, f
commission calculation – Provisionsabrechnung, f
commission for collective wage agreements (pl) – Tarifkommission (f) für Lohnverhandlungen (pl)
commission of inquiry – Ermittlungsausschuss, m
Commission of the European Union – Europäische Kommission, f
commission of the offence – Täterschaft, f
commission on sales (pl) effected – Umsatzprovision, f
commission rate – Provisionssatz, m
commission transaction – Kommissionsgeschäft, n
commission, v – beauftragen, v
commissioner – beauftragte/r Richter/in, f/m; Beauftragte/r, f/m; Kommissar/in, m/f
Commissioner for Aliens – Ausländerbeauftragter, m
commissioner for women's affairs (pl) – Frauenbeauftragte, f
commissioner for data protection – Datenschutzbeauftragter, m
commissioner of deeds (pl) – Urkundsbeamter, m
commit, v – verpflichten,v; binden, v; begehen, v
commitment – Zusage, f; Verpflichtung, f
commitment effect – Bindungswirkung, f
committal for trial – Eröffnungsbeschluss, m *<jur>*
committal proceedings (pl) – Eröffnungsverfahren, n
committee – Ausschuss, m
committee for labo(u)r protection – Arbeitsschutzausschuss, m
committee of inquiry – Untersuchungsausschuss, m
committee of spokesmen – Sprecherausschuss, m
Committee on Labo(u)r and Social Affairs (pl) – Ausschuss (m) für Arbeits- und Sozialangelegenheiten (pl)
common – allgemein; gemeinsam; gemeinschaftlich
common debtor – Gemeinschuldner, m
common error – Revisionsgrund, m
common good – Allgemeinwohl, n; Gemeinwohl, n
common law – gemeines Recht, n; Gewohnheitsrecht, n; Fallrecht, n
common nuisance – grober Unfug, m
common room – Gemeinschaftsraum, m
common sense – praktischer Sinn, m; gesunder Menschenverstand, m
common usage – Verkehrssitte, f
common use – Gemeingebrauch, m
common weal – Gemeinwohl, n; Allgemeinwohl, n
common work – Handarbeit, f

common-law partner – Lebenspartner/in, m/f
communal board – Gemeindebehörde, f
communal council – Gemeinderat, m
communal organization – Komunalverband, m
communication (1) – Kommunikation, f; Nachricht, f
communication (2) – Verständigung, f; Meinungsaustausch, m
communicate, v – sich mitteilen, kommunizieren, v
communication control – Übermittlungskontrolle, f
communication engineering – Fernmeldetechnik, f; Nachrichtentechnik, f
communications (pl) equipment installer – Fernmeldemonteuer, m
communication messenger – Erklärungsbote, m
communication of views (pl) – Meinungsaustausch, m
communications electronics technician – Kommunikationselektroniker/in, m/f
communications engineering – Nachrichtentechnik, f
communications science – Kommunikationswissenschaft, f
communicative – gesprächig; mitteilsam
community – Allgemeinheit, f; Gemeinschaft, f; Gemeinde, f
community law – Gemeinschaftsrecht, n
community of accrued gains (pl) – Zugewinngemeinschaft, f
community of heirs (pl) – Erbengemeinschaft, f
community of goods (pl) – Gütergemeinschaft, f
community of property – Gütergemeinschaft, f
community of interests (pl) – Interessengemeinschaft, f
community service work – Arbeit, f
commute, v *<US>* – pendeln, v zwischen Wohnung (f) und Arbeitsstätte, f
commuter *<US>* – Pendler/in, m/f
commuter allowance – Pendlerzulage, f; Fahrgeldzuschuss, m
commuter bus – Pendlerbus, m
commuting expenses (pl) – Fahrtkosten (pl)
companies (pl) under mercantile law – Gesellschaften (pl) des Handelsrechts, n
company – Gesellschaft, f; Unternehmen, n; Firma, f
company accounting procedure – Firmenabrechnungsverfahren, n
Company Act *<GB>* – Aktiengesetz, n
company agreement – Betriebsabsprache, f; Firmentarifvertrag, m; Haustarif, m
company alienation – Betriebsveräußerung, f
company anniversary – Betriebsjubiläum, n; Firmenjubiläum, n
company bargaining – Verhandlungen, pl
company car – Dienstfahrzeug, n; Dienstwagen, m; Firmenfahrzeug, n; Firmenwagen, m
company catering – Werksverpflegung, f
company consultant – Unternehmensberater, m
company doctor – Betriebsarzt/ Betriebsärztin, m/f; Werksarzt/ Werksärztin, m/f
company department – Betriebsabteilung, f

company employee – Firmenangehörige/r, f/m
company event – Betriebsveranstaltung, f
company facilitated sports activities (pl) – Betriebssport, m
company flat <*GB*> – Dienstwohnung, f
company flat <*GB*> – Dienstwohnung, f
company holidays (pl) – Betriebsferien (pl); Werksurlaub, m
company image – Firmenimage, n
company law <*GB*> – Gesellschaftsrecht, n; Aktienrecht, n
company loan – Firmendarlehen, n
company magazine – Firmenzeitschrift, f; Betriebszeitung, f; Betriebszeitschrift, f
company management – Unternehmensleitung, f
company owner – Betriebsinhaber/in, m/f
company ownership – Firmeneigentum, n
company penance scheme – Betriebsbußordnung, f
company pension – Betriebspension, f; Betriebsrente, f; Firmenpension, f; Werksrente, f
Company Pension Act – Gesetz (n) zur Verbesserung der betrieblichen Altersversorgung (f) (BetrAVG) (Act concerning the Improvement of Company Pension Schemes)
company pension scheme – betriebliche Altersversorgung, f
company pensioner – Firmenrentner, m; Firmenpensionär, m
company physician – Werk-/ Betriebsarzt, m
company plane – Firmenflugzeug, n
company practice – Betriebsübung, f
company premises (pl) – Firmengelände, n
company (guiding) principles (pl) – Unternehmensgrundsätze, f
company saving plan – betriebliche Sparförderung, f
company seniority – Dauer (f) der Betriebszugehörigkeit, f
company size – Unternehmensgröße, f
company social policy – betriebliche Sozialpolitik, f
company-sponsored housing – werkgeförderte Wohnung, f
company sports facilities (pl) – Betriebssporteinrichtung, f
company statistics – Betriebsstatistik, f
company suggestion scheme – betriebliches Vorschlagswesen, n
company takeover – Betriebsübernahme, f; Unternehmensübernahme, f
company tariff agreement – Haustarif, m
company time – vom Betrieb (m) bezahlte Arbeitszeit, f
company trade union – Betriebsgewerkschaft, f
company training centre/center – betriebliche Ausbildungsstätte, f
company with limited liability – Gesellschaft mit beschränkter Haftung, f (GmbH)
company-owned – betriebseigen
company-owned flat <*GB*> – Werksmietwohnung, f; Werkswohnung, f
comparable – vergleichbar
compare, v – vergleichen, v
comparison – Vergleich, m
compassionate leave <*US*> – Freistellung, f; Sonderurlaub (m) aus dringenden familiären Gründen (pl)

compatible (1) – kompatibel; passend; im Einklang (m) stehend
compatible (2) – vereinbar
compel, v – erzwingen, v; zwingen, v
compelling – zwingend
compelling operational reasons (pl) – dringende betriebliche Erfordernisse (pl), zwingende betriebliche Gründe (pl)
compelling personal grounds (pl) – zwingende persönliche Gründe (pl)
compendium of laws (pl) – Gesetzessammlung, f
compensate, v – abgelten, v; ausgleichen, v; entschädigen, v; Ersatz (m) leisten, v; ersetzen, v; kompensieren, v; Schaden (m) ersetzen, v
compensation – Abfindung, f; Abfindungsbetrag, m; Abgeltung, f; Abstandszahlung, f; Aufrechnung, f; Ausgleich, m; Bezahlung, f; Kompensation, f; Entschädigung, f; Ersatz, m; Entgelt, n
compensation administration – Lohn- und Gehaltsverwaltung, f
compensation certificate – Vergütungsnachweis, m
compensation claim – Ausgleichsanspruch, m; Entschädigungsanspruch, m; Vergütungsanspruch, m
compensation comparison – Einkommensvergleich, m
compensation development – Einkommensentwicklung, f
compensation evaluation – Einkommensbemessung, f
compensation for accidents (pl) at work – Entschädigung (f) von Arbeitsunfällen (pl)
compensation for accumulated flextime/flexitime hours (pl) – Gleitzeitausgleich, m
compensation for competitive restriction – Karenzentschädigung, f
compensation for damage in kind – Naturalherstellung, f
compensation for damages (pl) – Schadensersatz, m
compensation for earnings (pl) /pay /wages (pl) lost – Entschädigung (f) für Lohnverlust, m; Lohnausgleich, m
compensation for holiday not taken – Urlaubsabgeltung, f
compensation for pain and suffering – Schmerzensgeld, n
compensation for rendered services (pl) – Leistungsausgleich, m
compensation for restraint of competition – Karenzentschädigung, f
compensation for use – Nutzungsentschädigung, f
compensation for wage deficiencies (pl) – Lohnausgleich, m
compensation for wages (pl) loss – Lohnausfallvergütung, f
compensation in cash – Barabgeltung, f
compensation package – Gesamtvergütungspaket, n
compensation payment – Ausgleichszahlung, f; Ersatzleistung, f; Ersatzzahlung, f
compensation policy – Entgeltpolitik, f; Einkommensgestaltung, f
compensation scheme – Ausgleichsregelung, f
compensation survey – Einkommensvergleich (m) zwischen Unternehmen (pl)
compensation type – Entlohnungsart, f
compensatory – ausgleichend; entschädigend

compensatory allowance – Ausgleichszulage, f
compensatory amount – Ausgleichsbetrag, m; Ausgleichsabgabe, f
compensatory award *(for unfair dismissal)* – Entschädigung (f) für ungerechtfertigte Entlassung, f
compensatory damages (pl) – Schadensersatz, m
compensatory leave – Arbeitsfreistellung, f; Freizeitausgleich, m
compensatory payment – Abfindungszahlung, f
compensatory shift – Freischicht (f) zum Ausgleich (m) von Mehrarbeit, f
compensatory shift pattern – Freischichtenmodell, n
compete, v – konkurrieren, v
competence – Kompetenz, f; Tauglichkeit, f; Tüchtigkeit, f; Zuständigkeit, f
competence of a court – Gerichtsstand, m
competence to issue framework legislation – Rahmenkompetenz, f
competence to participate – Beteiligungsbefugnis, f
competent – zuständig; tüchtig, fachkundig, sachkundig
competent authority – zuständige Behörde, f
competent court – zuständiges Gericht, n
competing collective agreements (pl) – Tarifkonkurrenz, f
competition – Konkurrenz, f; Wettbewerb, m
competition clause – Konkurrenzklausel, f; Wettbewerbsklausel, f
competition in performance – Leistungswettbewerb, m
competition remuneration – Wettbewerbsentschädigung, f
competitive – konkurrenzfähig; wettbewerbsfähig
competitive activity – Konkurrenztätigkeit, f; Wettbewerbstätigkeit, f
competitive advantage – Wettbewerbsvorteil, m
competitive clause – Wettbewerbsklausel, f
competitive examination – Ausleseprüfung, f
competitor – Konkurrent/in, m/f; Mitbewerber/in, m/f
compilation – Zusammenstellung, f; Sammlung, f
complain of sth to s.o., v – beklagen (sich), v; beschweren (sich), v; Anzeige erstatten, v
complain, v – klagen, v; reklamieren, v
complainant – Kläger/in, m/f; Beschwerdeführer/in, m/f
complainant party – Partei, f
complainer – Beschwerdeführer/in, m/f
complaining – beschwerdeführend
complaint – Beschwerde, f; Klage, f; Klageschrift, f; Beanstandung, f; Strafanzeige, f
complementary studies (pl) – Ergänzungsstudium, n
complementary ticket – Freikarte, f
complete, v – vervollständigen, v; vollenden, v
complete one's apprenticeship, v – auslernen, v; Lehre (f) beenden, v
complete one's studies, v – Studium (n) abschließen, v
complete one's training, v – auslernen, v
complete periods (pl) of insurance – Versicherungszeiten (pl) zurücklegen
completion – Abschluss, m; Fertigstellung, f; Vollendung, f

completion of one's apprenticeship – Lehrabschluss, m
completion of one's education – Ausbildungsabschluss, m
completion of one's education – Bildungsabschluss, m
compliance – Einhaltung, f
complicity – Mitschuld, f; Mittäterschaft, f
comply with a contract, v – Vertrag (m) erfüllen, v
comply with formalities (pl), v – Formalitäten (pl) erledigen, v
comply with, v – einhalten, v; entsprechen, v
component – Bestandteil, m
component of a file – Aktenbestandteil, m
composition – Abfindung, f; Aufbau, m; Zusammensetzung, f; *of the conciliation board* – Besetzung (f) der Einigungsstelle, f; Kompromiss, m *<jur>;* Vergleich (m) mit Gläubiger, m
composition payment – Ablösezahlung, f
composition proceedings (pl) – Vergleichsverfahren, n
compound allowance – Mischzuschlag, m
compound with, v – abfinden, v
compound, v – ablösen, v
comprehend, v – erfassen, v; verstehen, v
comprehensive – inhaltsreich; umfassend
comprehensive agreement *<GB>* – Tarifvertrag, m
comprehensive clause – Generalklausel, f
comprehensive insurance – Vollversicherung, f
comprehensive school *<GB>* – Gesamtschule, f
comprehensive university – *<entspr.=>* – Gesamthochschule, f
compromise – Kompromiss, m; Zugeständnis, n; Vergleich, m
compromise, v – vergleichen, v *<jur>*
compromise in court – Prozessvergleich, m
compulsion – Zwang, m; Druck, m
compulsory insurance on request – Antragspflichtversicherung, f
compulsory measure of care – Erziehungsmaßregel, f
compulsory registration – Meldepflicht (f) bei der Polizei
compulsion – Zwang, m
compulsion of union membership – Gewerkschaftszwang, m
compulsorily insured person – Pflichtversicherte/r, f/m
compulsory – zwangsweise; zwingend; obligatorisch, bindend
compulsory vaccination – Impfzwang, m; Impfpflicht, f
compulsory administration – Zwangsverwaltung, f
compulsory arbitration – Zwangsschlichtung, f
compulsory attendance – Präsenzpflicht, f
compulsory auction – Zwangsversteigerung, f
compulsory contribution – Pflichtbeitrag, m; Zwangsabgabe, f; Zwangsbeitrag, m
compulsory education – allgemeine Schulpflicht, f
compulsory enforcement – Zwangsvollstreckung, f
compulsory health insurance for pensioners (pl) – Rentnerkrankenversicherung, f
compulsory health insurance fund – Pflichtkrankenkasse, f

compulsory insurance – Pflichtversicherung, f; Zwangsversicherung, f
compulsory leave – Zwangsurlaub, m
compulsory measure – Zwangsmaßnahme, f
compulsory medical examination – Pflichtuntersuchung, f <*med*>
compulsory membership – Zwangsmitgliedschaft, f
compulsory military service – allgemeine Wehrpflicht, f
compulsory representation – Vertretungszwang, m
compulsory retirement – Zwangspensionierung, f
compulsory school period – Pflichtschulzeit, f
compulsory settlement – Zwangsvergleich, m
compulsory shop-closing time – Ladenschlusszeit, f
compulsory subject – Pflichtfach, n
compulsory vocational schooling – Berufsschulpflicht, f
compulsory work – Zwangsarbeit, f
computation – Berechnung, f; Errechnung, f
computation date – Stichtag, m
computation of deductions (pl) – Beitragsberechnung, f
computation of workplaces (pl) – Arbeitsstättenzählung, f
computer – Computer, m; Rechner, m
computer centre/center – Rechenzentrum, n
computer clerk – Informatikkaufmann, m/ -kauffrau, f
computer engineering – Informatik, f
computer illiterate – Computer-Laie, m
computer literacy – Computerwissen, n
computer literate – EDV-Kenntnisse (pl)
computer science – Informatik, f
computer scientist – Informatiker/in, m/f
computer-aided – computerunterstützt
computer-aided design (CAD) – computerunterstütztes Entwerfen, n
computer-aided engineering (CAE) – computerunterstütztes Konstruieren, n
computer-aided instruction (CAI) – computerunterstützte Unterweisung, f
computer-aided learning (CAL) – computerunterstütztes Lernen, n
computer-aided manufacturing (CAM) – computerunterstützte Fertigung, f
computer-controlled – computergesteuert
computer-integrated manufacturing – Computer-integrierte Fertigung, f
conceal fraudently, v – arglistig verschweigen, v
conceal, v – unterdrücken, v; verbergen, v; verheimlichen, v; verschweigen, v
concede, v – bewilligen, v; gewähren, v; nachgeben, v
conceit – Dünkel, m; Einbildung, f; Eitelkeit, f
concentrate, v – konzentrieren, v
conception – Konzept, n
conception period – Empfängniszeit, f
concern – Besorgnis, f; Unruhe, f; Sorge, f; Konzern, m
concerted action – konzertierte Aktion, f
concession – Bewilligung, f
conciliate, v – schlichten, v

conciliation – Versöhnung, f; Vermittlung, f; Schlichtung, f (Parteien entscheiden freiwillig über Annahme des Vermittlungsvorschlages>

conciliation board – Einigungsstelle, f; Schlichtungsstelle, f; Vermittlungsausschuss, m

conciliation board proceedings (pl) – Einigungsstellenverfahren, n

conciliation committee – Schlichtungsausschuss, m

conciliation hearing – Sühnetermin, m

conciliation proceedings (pl) – Einigungsverfahren, n; Vermittlungsverfahren, n

conciliator – Vermittler, m; Schlichter, m

conciliatory – vermittelnd, versöhnlich

conciliatory hearing – Gütetermin, m; Güteverhandlung, f

conciliatory proceedings (pl) – Güteverfahren, n

conciliatory proposal – Einigungsvorschlag, m; Vermittlungsvorschlag, m

conclude a contract, v – Vertrag (m) abschließen, v; Vertrag (m) schließen, v

conclude an arrangement, v – Vergleich (n) schließen, v

conclude, v – abschließen, v; beenden, v; eingehen, v; *(a contract)* – Vertrag (m) schließen, v

conclusion – Abschluss, m; prozesshindernde Einrede, f; Folgerung, f; Schluss, m

conclusion of a contract – Vertragsabschluss, m

conclusive – entscheidend; endgültig; schlüssig

conclusiveness – Schlüssigkeit, f; Beweiskraft, f

concrete – konkret

concurrence – Übereinstimmung, f; Zustimmung, f; Genehmigung, f

concurrent legislation – konkurrierende Gesetzgebung, f

concurring claims (pl) – Anspruchskonkurrenz, f

condemn, v – verurteilen, v

condition – Auflage, f; Bedingung, f; Vorbehalt, m; körperliche Verfassung, f

condition of probation – Bewährungsauflage, f

conditional – bedingt

condominium *<US>* – Wohnungseigentum, n

condominium apartment *<US>* – Eigentumswohnung, f

conduct – Benehmen, n; Verhalten, n; Betragen, n; Führung, f

conduct, v – führen, v; leiten, v

conduct (an activity), v – Tätigkeit (f) ausüben, v

conduct of a case – Prozessführung, f

conduct of a business – Geschäftsführung, f

conduct-related – verhaltensbedingt

Confederation of German Employers' Associations (pl) – Bundesvereinigung (f) der Deutschen Arbeitgeberverbände (pl) (BDA)

Confederation of German Industries (pl) – Bundesverband (m) der Deutschen Industrie (f) (BDI)

Confederation of German Trade Unions – Deutscher Gewerkschaftsbund, m (DGB)

confer, v – sich beraten, v; Rücksprache (f) nehmen, v; Titel (m) verleihen, v

confer a doctor's degree upon s.o., v – jmd promovieren, v

conference (1) – Konferenz, f

conference (2) – Tagung, f; Sitzung, f
conference committee *<US>* – Vermittlungsausschuss, m
conference conferment – <Auszeichnung, f => Verleihung, f
conference of a doctor´s degree – Promotion, f
conference room – Besprechungsraum, m
conference telephone call – Telefonkonferenz, f
conferment of procuration – Prokuraerteilung, f
confess, v – bekennen, v; gestehen, v
confession – Bekenntnis, n; Religionsbekenntnis, n; Schuldbekenntnis, n; Eingeständnis, n
confidence – Vertrauen, n
confidential – vertraulich
confidential agent – Vertrauensperson, f
confidential post – Vertrauensstellung, f
confidentiality – Vertraulichkeit, f
confine, v (1) – einsperren, v; einschränken, v; begrenzen, v
confine, v (2) – entbinden, v
confinement (1) – Haft, f; Gefangenschaft, f
confinement (2) – Niederkunft, f; Entbindung, f
confirm, v – bestätigen, v; bekräftigen, v
confirmation – Bestätigung, f; Zusage, f
confirmation note – Bestätigungsschreiben, n
confirmation of application – Bewerbungsbestätigung, f
confirmation of cover – Deckungszusage, f
confirmation of receipt – Empfangsbestätigung, f
confirmation of registration – Anmeldebestätigung, f
confiscate, v – beschlagnahmen, v
conflict – Konflikt, m; Auseinandersetzung, f; Kontroverse, f; Widerspruch, m
conflict management – Konfliktbewältigung, f; Konfliktregelung, f; Konfliktmanagement, n
conflict of duties (pl) – Pflichtenkollision, f
conflict of interests (pl) – Interessenkollision, f
conflict of laws (pl) – Normenkollision, f *<jur>*
conflicting aim – Zielkonflikt, m
conformity – Übereinstimmung, f
confrontation – Gegenüberstellung, f
congenital – angeboren; ererbt
congenital defect – Geburtsfehler, m
congenital disability – angeborene Behinderung, f
congress – Kongress, m; Tagung, f
conjugal – ehelich, eine Ehe (f) betreffend
conjugal community – Gemeinschaft, f
conjugal life – eheliche Lebensgemeinschaft, f
conjure, v – beschwören, v
connect, v – verbinden, v
connection – Anschluss, m; Verbindung, f; Beziehung, f
conscience – Gewissen, n
conscientious – gewissenhaft; pflichtbewusst
conscientious objection – Kriegsdienstverweigerung (f) aus Gewissensgründen (pl)
conscientious objector – Wehrdienstverweigerer, m
conscientiousness – Pflichtbewusstsein, n
conscious – bewusst

conscious negligence – bewusste Fahrlässigkeit, f
conscription order – Einberufungsbefehl, m
consensus – Konsens, m
consent – Einwilligung, f; Zustimmung, f
consent, v – einwilligen, v; zustimmen, v
consent judgement – Prozessvergleich, m
consequence – Folge, f; Wirkung, f; Konsequenz, f
consequence of default – Verzugsfolge, f
consider, v – sich beraten, v
considerable – erheblich
considerate – rücksichtsvoll
consideration – Rücksichtnahme, f; Gegenwert, m; Gegenleistung, f; Betrachtung, f
consideration of evidence – Beweiswürdigung, f
consistent – gleichmäßig; folgerichtig; übereinstimmend
consolidation – Zusammenlegung, f
consolidation into a lump sum – Pauschalierung, f
conspiracy – Komplott, n; Verschwörung, f
constant – gleichbleibend; ständig
constant night-shift work – ständige Nachtschicht, f
constituent – rechtsbegründend; konstituierend
constituent fact – Tatbestandsmerkmal, n
constituent instrument of a company – Gesellschaftsvertrag, m
constitute a quorum, v – beschlussfähig sein, v
constitute, v – konstituieren, v
constitution – Verfassung, f *<jur>*
constitution of courts (pl) – Gerichtsverfassung, f
constitution of local authority – Gemeindeverfassung, f
constitutional – verfassungsmäßig
constitutional amendmend – Verfassungsänderung, f
constitutional complaint – Verfassungsbeschwerde, f
constitutional court – Verfassungsgericht, n
constitutional jurisdiction – Verfassungsgerichtsbarkeit, f
constitutional law – Verfassungsrecht, n
constitutional order – verfassungsmäßige Ordnung, f
constitutional organ – Verfassungsorgan, n
constitutional right – Grundrecht, n
constitutional state – Rechtsstaat, m
constitutive – rechtsbegründend
constraint – Nötigung, f
construct, v – konstruieren, v
construction – Bau, m; Bauwerk, n
construction industry – Bauindustrie, f
construction job – Bauberuf, m
construction mechanic – Konstruktionsmechaniker/in, m/f
constructive – konstruktiv; aufbauend
constructive dismissal *<GB>* – vom Arbeitgeber (m) veranlasste Kündigung (f) durch den Arbeitnehmer (m) (termination of an existing contract connected with an offer for a new contract)
constructor – Erbauer/in, m/f; Konstrukteur/in, m/f
construe, v – auslegen, v; interpretieren, v
construe narrowly, v – eng auslegen, v

consult, v – um Rat (m) fragen; zu Rate ziehen
consult s.o., v – beraten, v
consultancy contract – Beratervertrag, m
consultant – Berater/in, m/f
consultation – Rücksprache, f; Beratung, f
consultation contract – Beratungsvertrag, m
consultation hour – Sprechstunde, f
consultation paper – Diskussionspapier, n
consultation right – Beratungsrecht, n
consulting – beratend
consulting engineer – technische/r Berater/in, m/f; beratende/r Ingenieur/in; m/f
consulting firm – Beratungsunternehmen, n
consumer – Verbraucher/in, m/f
consumer price index – Lebenshaltungsindex, m
consumption – Verbrauch, m
consumption of alcohol – Alkoholkonsum, m
consumption tax – Verbrauchssteuer, f
contact – Kontakt, m; Verbindung, f
contact details (pl) – Kontaktinformation, f
contact person – Ansprechpartner/in, m/f
contact point – Kontaktstelle, f
contagious disease – ansteckende Krankheit, f
contempt – Verachtung, f; Geringschätzung, f; Missachtung, f
contempt of the court – Missachtung (f) des Gerichts (n), *<jur>*
contemptible – ungebührlich; verächtlich
contend, v – streiten, v; behaupten, v
content – Inhalt, m
contentious – streitig
contentious jurisdiction – streitige Gerichtsbarkeit, f *<jur>*
contentious proceedings (pl) – Erkenntnisverfahren, n
contents (pl) of a file – Akteninhalt, m
contest a claim, v – Anspruch (m) bestreiten, v
contest an election, v – Wahl (f) anfechten, v
contest, v – abstreiten, v; bestreiten, v; anfechten, v
contestability – Anfechtbarkeit, f
contestable – streitig
contestation – Streitpunkt, m; Kontroverse, f; Auseinandersetzung, f
contested judgement – Urteil, n
contesting of an election – Wahlanfechtung, f
context – Zusammenhang, m
contextual studies (pl) – Einführungslehrgang, m
contingencies (pl) – Rückstellungen (pl)
contingency – Eventualfall, m; unvorhergesehenes Ereignis, n
contingency plan – Einsatzplan, m; Notstandsplan, m
contingent claim – Eventualanspruch, m
contingent fee – Erfolgshonorar, n
contingent intent – Eventualvorsatz, m
contingent right – bedingtes Recht, n
continual – andauernd; unaufhörlich; fortwährend; beständig
continual learning – ständiges Lernen, n
continual pension adjustment – Rentendynamik, f
continuance – Vertagung, f
continuation – Fortsetzung, f; Fortführung, f; Erweiterung, f

continuation course – Fortbildungslehrgang, m
continuation of offence – Fortsetzungszusammenhang, m
continuation of payments (pl) (to sick workers) – Lohnfortzahlung (f) im Krankheitsfall, m
continue, v – fortdauern, v; fortfahren, v; fortsetzen, v; weitermachen, v; fortgesetzt; anhaltend; fortlaufend; kontinuierlich
continued act – fortgesetzte Handlung, f
continued education for staff – Personalweiterbildung, f
continued employment – Weiterbeschäftigung, f
continued existence – Fortbestand, m
continued existence clause – Bestandsklausel, f
continued illness – Fortsetzungserkrankung, f
continued insurance – Weiterversicherung, f
continued pay – Entgeltfortzahlung, f
continued payment *(of wages and salaries)* – Fortzahlung, f
continued payment during sickness – Lohnfortzahlung (f) im Krankheitsfall, m
continued payment of salary *(in case of illness)* – Gehaltsfortzahlung (f) im Krankheitsfall, m
continued payment of wages *(to sick workers)* – Lohnfortzahlung (f) im Krankheitsfall, m
continued work – Weiterarbeit, f
continuing – fortgesetzt
continuing education – Weiterbildung, f; Fortbildung, f
continuous – kontinuierlich; ununterbrochen
continuous jurisdiction – ständige Rechtsprechung, f
continuous noise – Dauerlärm, m
continuous operation – Konti-Betrieb, m
continuous performance – Dauerleistung, f
contraception – Empfängnisverhütung, f
contract – Vertrag, m; Vereinbarung, f
contract amateur – Vertragsamateur, m
contract cancellation – Vertragskündigung, f
contract condition – Vertragsbedingung, f
contract duration – Vertragsdauer, f
contract for material and labo(u)r – Werkvertrag, m
contract for services (pl) – Dienstleistungsvertrag, m (mit selbständig Beschäftigten); Werkvertrag, m
contract for temporary employment – Zeitarbeitsvertrag, m
contract for work and materials (pl) – Werkliefervertrag, m
contract for work and services (pl) – Werkvertrag, m
contract law – Vertragsrecht, n
contract negotiation – Vertragsverhandlung, f
contract of agency – Geschäftsbesorgungsvertrag, m
contract of employment – Arbeitsvertrag, m
contract of inheritance – Erbvertrag, m
contract of loan for use – Leihvertrag, m
contract of manufacture – Werkvertrag, m
contract of purchase – Kaufvertrag, m

contract of service – Dienstleistungsvertrag, m (mit Arbeitnehmer, m)
contract out, v – Arbeiten (pl) weitervergeben, v
contract representative – Abschlussvertreter/in, m/f
contract research – Vertragsforschung, f
contract services (pl) – Lohnarbeiten (pl)
contract supplement – Vertragsergänzung, f
contract system – Gedinge, n
contract wage(s) – Tariflohn, m
contract wage payment – Akkordbezahlung, f; Akkordsatz, m
contract winding up the employment relationship – Abwicklungsvertrag, m (agreement on the rights and obligations in connection with the termination of employment following a dismissal with notice)
contract work – Akkordarbeit, f
contract year – Vertragsjahr, n
contract-breaking – vertragsbrüchig
contracting out – Auftragsvergabe (f) an außenstehende Dritte (pl)
contractor – Bauunternehmer/in, m/f; Auftragnehmer/in, m/f
contractual – schuldrechtlich; vertraglich
contractual aim – Vertragszweck, m
contractual association – Arbeitsgemeinschaft, f
contractual capacity – Geschäftsfähigkeit, f
contractual clause – Vertragsklausel, f
contractual commitment – vertragliche Zusage, f
contractual freedom – Vertragsfreiheit, f
contractual liability – Vertragshaftung, f
contractual link – vertragliche Bindung, f
contractual loyalty – Vertragstreue, f
contractual obligation – Bindung, f; schuldrechtliche Verpflichtung, f; vertragliche Verpflichtung, f
contractual partner – Vertragspartner/in, m/f
contractual penalty – Vertragsstrafe, f
contractual pension adjustment – schuldrechtlicher Versorgungsausgleich, m
contractual period – Vertragszeit, f
contractual power – Abschlussvollmacht, f; Handlungsvollmacht, f
contractual relationship – Vertragsverhältnis, n
contractual term – Vertragsklausel, f
contractual wage – Tariflohn, m
contractual working hours (pl) – vertragliche Arbeitszeit, f
contradiction – Widerspruch, m
contrary to the contract – vertragswidrig
contrary to the employment contract – arbeitsvertragswidrig
contrary to (the) law – gesetzwidrig; widerrechtlich
contrast – Gegensatz, m
contravene, v – verstoßen, v; zuwiderhandeln, v
contravention – Zuwiderhandlung, f
contribute, v – beisteuern, v; Beitrag (m) leisten, v; beitragen, v
contributed property – eingebrachtes Gut, n
contribution – Beitrag, m; Abgabe, f
contribution allowance – Beitragszuschuss, m
contribution debtor – Beitragsschuldner/in, m/f

contribution due – fälliger Beitrag, m
contribution for old-age provisions (pl) – Altersvorsorgebeitrag, m
contribution group – Beitragsgruppe, f
contribution in kind – Naturalleistung, f
contribution payment – Beitragszahlung, f
contribution rate – Beitragssatz, m
contribution rate table – Beitragstabelle, f
contribution refund – Beitragsrückerstattung, f
contribution scale – Beitragsklasse, f
contribution to building costs (pl) – Baukostenzuschuss, m
contribution to the pension scheme – Pensionsbeitrag, m
contributions (pl) account – Beitragskonto, n
contributions (pl) in arrears – Beitragsrückstände (pl)
contributor – Beitragszahler/in, m/f
contributory – beitragspflichtig
contributory employment – beitragspflichtige Beschäftigung, f
contributory negligence – Mitverschulden, n; mitwirkendes Verschulden, n *<jur>*
contributory period – Beitragszeit, f
contributory sickness benefit – Krankengeld, n
control – Kontrolle, f
control authority – Kontrollbehörde, f
control commission – Aufsichtsamt, n
control engineer – Regeltechniker/in, m/f
control group – Kontrollgruppe, f
control of arbitrariness – Willkürkontrolle, f
control of contents (pl) – Inhaltskontrolle, f
control report – Kontrollmeldung, f
control visit – Kontrollbesuch, m
control visit to employees (pl) put on the sick list – Krankenkontrolle, f
control, v – kontrollieren, v; steuern, v; beherrschen, v
controllableness – Beherrschbarkeit, f
controlled economy – Wirtschaftslenkung, f
controller – Rechnungsprüfer, m; Leiter des Rechnungswesens *<US>*
controller of the data file – speichernde Stelle, f
controlling – Controlling, n
controlling company – herrschendes Unternehmen, n
controlling device – Kontrolleinrichtung, f
controversial – gegensätzlich; strittig
controversy – Streitfrage, f
convalescence – Genesung, f; Rekonvaleszenz, f
convalescent – genesend
convalescent home – Genesungsheim, n
convalescent leave – Genesungsurlaub, m
convalescent workplace – Schonarbeitsplatz, m
convene a meeting, v – Sitzung (f) anberaumen, v
convene, v – einberufen, v; versammeln (sich), v
convenient – günstig
convening – Einberufung, f
convenor *<GB>* – gewählter Sprecher (m) der Shop Stewards (pl) im Betrieb, m
conversation – Gespräch, n
convention – Abkommen, n; Übereinkommen, n;Tagung, f

conventional – hergebracht; konventional
conventional penalty – Vertragsstrafe, f
conversation guide – Gesprächsleitfaden, m
conversion – Umwandlung, f
conversion of remuneration – Entgeltumwandlung, f
conversion of salaries (pl) – Gehaltsumwandlung, f
conversion table – Umrechnungstabelle, f
convert, v – umrechnen, v
convey, v – übermitteln, v
conveyance – Übereignung, f
convict, v – verurteilen, v
conviction – Überzeugung, f
convince s.o., v – überzeugen (jmd), v
convincing – schlüssig
cooling-off period – Abkühlungsphase, f; Überdenkungszeitraum, m
Cooperative Associations Act – Genossenschaftsgesetz, n
co-partner – Teilhaber, m
co-partnership – offene Handelsgesellschaft, f
copy – Abschrift, f; Ausfertigung, f; Kopie, f
copy of a certificate – Zeugnisabschrift, f
copy, v – kopieren, v
copyright – Urheberrecht, n
core – Kern, m; Herz, n; Seele, f; Mark, n
core area – Kernbereich, m
core subject – Hauptfach, n
core time – Kernarbeitszeit, f; Kernzeit, f
core workforce – Stammbelegschaft, f
core working hours (pl) – Kern(arbeits)zeit, f
corollary – Umkehrsatz, m
corporate – vereinigt; körperschaftlich; Gesellschafts...; Firmen...
corporate body – Körperschaft, f; juristische Person, f
corporate communication – Unternehmenskommunikation, f
corporate constitution – Unternehmensverfassung, f
corporate counsel – Syndikus, m
corporate culture – Unternehmenskultur, f
corporate hierarchy – Unternehmenshierarchie, f
corporate income tax *<GB>* – Körperschaftssteuer, f
corporate ladder – Karriereleiter, f
corporate management – Firmenleitung, f; Unternehmensführung, f; Unternehmensleitung, f
corporate name – Firmenname, m
corporate organisation/ organization – Unternehmensorganisation, f
corporate policy – Unternehmenspolitik, f
corporate principles (pl) – Unternehmensleitbild, n; Unternehmensgrundsätze (pl)
corporate secretary – Direktionsassistent/in, m/f
corporate sector – Unternehmensbereich, m
corporate strategy – Unternehmensstrategie, f
corporate structure – Unternehmensaufbau, m; Unternehmensstruktur, f
corporation – Körperschaft, f; Vereinigung, f; Gesellschaft, f
Corporation Act *<US>* – Aktiengesetz, n
corporation law *<US>* – Aktienrecht, n

corporation sole – Einmanngesellschaft, f
corporation tax – Körperschaftssteuer, f
Corporation Tax Act – Körperschaftssteuergesetz, n
Corpus Christi Day – Fronleichnamstag, m
correct – zutreffend
correct, v – berichtigen, v; verbessern, v
correction – Berichtigung, f; Verbesserung, f
correction claim – Berichtigungsanspruch, m
correction period – Korrekturperiode, f
correction run – Korrekturlauf, m
corrective – verbessernd; berichtigend
corrective action – Abhilfemaßnahme, f
corrective education – Fürsorgeerziehung, f
corrective training – Entziehungskur, f
correspondence – Korrespondenz, f; Schriftverkehr, m; Übereinstimmung, f
correspondence course – Fernlehrgang, m
correspondence lesson – Lehrbrief (m) eines Fernlehrgangs, m
correspondence school – Fernlehrinstitut, n
correspondence university – Fernuniversität, f
correspondent bank – Korrespondenzbank, f
corrupt – korrupt; bestechlich
corrupt, v – bestechen, v
corruptibility – Bestechlichkeit
corruptible – bestechlich
corruption – Bestechung, f
cost – Kosten (pl); Aufwand, m; Preis, m
cost, v – kosten, v
cost absorption – Kostenübernahme, f
cost accounting – Betriebsbuchhaltung, f; Kostenrechnung, f
cost analyst – Kostenanalytiker/in, m/f
cost and performance calculating – Kosten- und Leistungsrechnung, f
cost center/centre – Kostenstelle, f
cost consciousness – Kostenbewusstsein, n
cost containment – Kostendämpfung, f
cost control – Kostenkontrolle, f
cost coverage – Kostendeckung, f
cost cut – Kostenabbau, m
cost development – Kostenentwicklung, f
cost discussion – Kostenbesprechung, f
cost effective – kostenintensiv
cost equalization – Kostenausgleich, m
cost estimate – Kostenvoranschlag, m
cost explosion – Kostenexplosion, f
cost factor – Kostenfaktor, m
cost for an action/a lawsuit – Prozesskosten (pl)
cost of expertise – Sachverständigenkosten (pl)
cost of living – Lebenshaltungskosten (pl); Unterhaltskosten (pl)
cost of production – Produktionskosten (pl); Fertigungskosten (pl)
cost of the proceedings (pl) – Prozesskosten (pl)
cost planning – Kostenplanung, f
cost pressure – Kostendruck, m
cost projection – Kostenplan, m
cost reduction – Kostenabbau, m; Kostensenkung, f

cost reimbursement – Kostenerstattung, f
cost saving – Kosteneinsparung, f
cost sharing – Kostenbeteiligung, f
cost structure – Kostenstruktur, f
cost thinking – Kostendenken, n
cost unit – Kostenträger/in, m/f
cost-accounting department – Kalkulationsabteilung, f
cost-conscious – kostenbewusst
cost-cutting drive – Sparprogramm, n
cost-effectiveness – Wirtschaftlichkeit, f
cost-of-living adjustment – Anpassung (f) der Entgelte (pl) an die Lebenshaltungskosten (pl)
cost-of-living allowance (COLA) – Lebenshaltungskostenausgleich, m; Teuerungszulage, f; Teuerungsausgleich, m
cost-of-living index – Lebenshaltungs(kosten)index, m
costs (pl) – Kosten (pl); Auslagen (pl); Spesen (pl); Gebühren (pl)
costs (pl) for/of issuing a summons – Zustellkosten (pl) *<jur>*
costs (pl) of a health cure – Kurkosten (pl)
costs (pl) of default – Verzugskosten, pl
costs (pl) of litigation – Prozesskosten, f
costs (pl) of litigation assistance – Prozesskostenhilfe, f
costs (pl) of the proceedings (pl) – Verfahrenskosten (pl)
cottage industry – Heimindustrie, f
council – Rat, m
council meeting – Ratsversammlung, f
Council of Europe – Europarat, m
councillor – Ratsmitglied, n
counsel – Rat, m; Beratung, f; Entschluß; m; persönliche Meinung, f; Berater, m; Ratgeber, m; *<jur>* Rechtsbeistand, m; Rechtsberater, m
counsel of one's own choice – Wahlverteidiger, m
counsel(l)ing – Beratung, f
counseling group of experts (pl) – Sachverständigenrat, m
counsellor *<GB>* – Berater/in, m/f; Rechtsbeistand, m
counsellor-at-law *<US>* – Rechtsbeistand, m; Anwalt, m
count, v – zählen, v
counteraction – Gegenwirkung, f; *<jur>* Widerklage, f
counter-appeal – Anschlussrevision, f; Anschlussberufung, f
counter-performance – Gegenleistung, f
counter-signature – Gegenzeichnung, f
counterclaim – Aufrechnung, f; Gegenanspruch, m; Gegenforderung, f *<jur>*; Widerklage, f
counterclaim, v – Gegenforderung (f) stellen, v; Widerklage (f) erheben, v
counterevidence – Gegenbeweis, m
counterpart entry – Gegenbuchung, f
counterproposal – Gegenvorschlag, m
counterquestion – Gegenfrage, f
counterstatement – Gegendarstellung, f
countervailing charge – Ausgleichsabgabe, f
counting of votes (pl) – Stimmauszählung, f
country – Staat, m; Land, n
country of birth – Geburtsland, n
country of origin – Herkunftsland, n
county – Kreis, m; Landkreis, m

county assembly – Kreistag, m
county constitution – Kreisverfassung, f
county council – Kreistag, m
county district – Landkreis, m
county court *<GB>* – Amtsgericht, n
coupon – Gutschein, m
course – Kurs, m; Weg, m; Folge, f
course fee – Kursgebühr, f
course of education – Bildungsgang, m
course of instruction – Ausbildungskurs, m; Lehrgang, m
course of law – Rechtsweg, m
course of study – Studiengang, m
course of training – Ausbildungsgang, m
course of (medical) treatment – Kur, f
court – Gericht, n; Gerichtssitzung, m; Gerichtshof, m
court above – höhere (Gerichts-) Instanz, f
court cashier – Gerichtskasse, f
court costs (pl) – Gerichtskosten (pl)
Court Costs Act – Gerichtskostengesetz, n (GKG)
court decision – Gerichtsentscheidung, f
court fees (pl) – Gerichtsgebühren (pl)
court files (pl) – Gerichtsakten (pl)
court judgement – gerichtliche Entscheidung, f
court of appeal – Appellationsgericht, n
court of appeals – Berufungsgericht, n; Revisionsinstanz, f *<jur>*
court of arbitration – Schiedsgericht, n
court of bankruptcy – Konkursgericht, n
court of competent jurisdiction – zuständiges Gericht, n
court of first instance – *<entspr=>* Amtsgericht, n
court of hono(u)r – Ehrengericht, n
court of review – Revisionsgericht, n *<jur>*
court of trade – Handelsgericht, n
court order – Gerichtsbeschluss, m
court order for the taking of evidence – Beweisbeschluss, m *<jur>*
court order in lieu of the works council's consent – Zustimmungsersetzung, f *<jur>*
court order of correction – Berichtigungsbeschluss, m
court order to stay the proceedings (pl) – Aussetzungsbeschluss, m
court order to suspend the execution – Aussetzungsbeschluss, m
court proceedings (pl) – Gerichtsverfahren, n
court rules (pl) – Prozessordnung, f
court sergeant – Justizwachtmeister, m
court session – Gerichtssitzung, f
court settlement – Prozessvergleich, m
court's office – Geschäftsstelle (f) des Gerichts, n
covenant – Nebenvereinbarung, f
coverage – Deckung, f; Anwendungsbereich, m; Geltungsbereich, m; Verbreitung, f
covering letter – Anschreiben, n; Begleitbrief, m
covering one`s costs (pl) – kostendeckend
covin – arglistige Täuschung, f
co-worker – Mitarbeiter/in, m/f; Arbeitskollege, m; Arbeitskollegin, f
crab *<infml>* – Miesmacher, m *<infml>;* Nörgler, m *<infml>;* Querulant/in, m/f

crackajack *<infml>* – Kerl, m; toller Kerl, m *<infml>*; Knüller, m *<infml>*; prima Sache, f *<infml>*
crackdown *<US>* – Maßregelung, f
craft – Gewerbe, n; Handwerk, n; Handfertigkeit, f
craft business – Handwerksbetrieb, m
craft certificate – Facharbeiterbrief, m; Gesellenbrief, m
craft guild – Handwerkerinnung, f
craft industry – Handwerk, n
craft master – Handwerksmeister, m
craft trades (pl) – Handwerk, n
craft training – Handwerkerausbildung, f
craft union *<GB>* – Fachgewerkschaft, f; Berufsgewerkschaft, f
crafts (pl) chamber – Handwerkskammer, f
Crafts Code – Handwerksordnung, f
craftsman – Geselle, m; Facharbeiter, m; Handwerker, m
craftsman's business – Handwerksbetrieb, m
craftsmanship – handwerkliches Können, n; Kunstfertigkeit, f
cram, v *<infml>* – für eine Prüfung (f) büffeln, v *<infml>*; pauken, v *<infml>*; ochsen, v *<infml>*
crane driver – Kranführer, m
crane operator – Kranführer, m
cranky – kauzig; wunderlich; reizbar; schlecht gelaunt
crash course – Intensivkurs, m
create, v – schaffen, v
creation – Bildung, f
creation of private means (pl) for employees (pl) *(through fiscal grants (pl) and tax privileges, pl)* – Vermögensbildung (f) für Arbeitnehmer (pl)
creative – schöpferisch
creative freedom – Gestaltungsfreiheit, f
creativity – Kreativität, f
credentials (pl) – Empfehlungsschreiben, n; Referenz, f
credibility – Glaubwürdigkeit, f
credible – glaubwürdig; glaubhaft
credit – Kredit, m; Ansehen, n; guter Ruf, m; Anerkennung, f; Verdienst, n; Abgangszeugnis *<US>*, f
credit, v – anrechnen, v; zuschreiben, v; gutschreiben, v
credit balance – Guthaben, n
credit card – Kreditkarte, f
credit contract – Kreditvertrag, m
credit entry – Gutschrift, f
credit factor – Anrechnungsfaktor, m
credit institute – Kreditinstitut, n
credit period – Anrechnungszeitraum, m
credit s.o. for his/her years (pl) of service, v – Dienstzeit (f) anrechnen, v
creditable service – anrechenbare Betriebszugehörigkeit, f
crediting – Anrechnung, f
crediting agreement – Anrechnungsabrede, f
creditor – Gläubiger/in, m/f
creditor of bankrupt – Konkursgläubiger/in, m/f
creditor of the estate – Nachlassgläubiger/in, m/f
creditor position – Gläubigerstellung, f
creditor's default – Gläubigerverzug, m
creditor's delay – Gläubigerverzug, m
creditor's right – Gläubigerrecht, n
credulous – gutgläubig
creeping inflation – Inflation, f
crew – Besatzung, f
criminal – kriminell; verbrecherisch; strafrechtlich; strafbar
criminal act – Straftat, f
criminal case – Strafsache, f

Criminal Code – Strafgesetzbuch, n (StGB)
criminal conviction – Strafurteil, n
criminal court – Strafgericht, n
criminal discretion – Strafmündigkeit, f
criminal investigation – Ermittlung, f
criminal jurisdiction – Strafgerichtsbarkeit, f
criminal justice – Strafrechtspflege, f
criminal law – Strafrecht, n
criminal liability – strafrechtliche Verantwortlichkeit, f
criminal neglect – grobe Fahrlässigkeit, f
criminal offence/offense – strafbare Handlung, f
criminal police – Kriminalpolizei, f
criminal proceedings (pl) – Strafverfahren, n; Strafprozess, m
criminal prosecution – Strafverfolgung, f
criminal report – Vorstrafenregister, n
criminal responsibility – Schuldfähigkeit, f; Zurechnungsfähigkeit, f
crisis – Krise, f
crisis management – Krisenmanagement, n
criteria (pl) for assessment – Bewertungskriterien (pl)
critical – kritisch
cross – Kreuz, n
cross action – Widerklage, f
cross appeal – Anschlussberufung, f
cross-claim – Gegenforderung, f
cross comparison – Quervergleich, m
cross-complaint – Widerklage, f
cross-petition – Widerklage, f
cross-reference – Rückverweisung, f
cross suit – Gegenklage, f
cross-border employee – Grenzgänger/in, m/f
cross-defendant – Widerbeklagte/r, f/m
crossed cheque/check – Verrechnungsscheck, m
crucial point – Kernpunkt, m
cry off, v – absagen, v; zurücktreten, v; rückgängig machen, v
culpability – Strafbarkeit, f
culpable – schuldhaft
culprit – Angeklagter; Angeschuldigter; Verbrecher
cultivable – bildungsfähig
cultural management – Kulturmanagement, n
culture – Kultur, f
cumbersome – schwerfällig
cumulative – kumulativ
cumulative assumption of debts (pl) – Schuldbeitritt, m
curative procedure – Heilverfahren, n
curative treatment – Heilbehandlung, f
curator – Pfleger, m; Vormund, m
curatorship – Pflegschaft, f
cure – Kur, f; Heilverfahren, n; Heilung, f
cure, v – heilen, v
cure home – Kurheim, n
curing defects (pl) – Heilung, f
currency – Währung, f
currency clause – Währungsklausel, f
current – amtierend; gegenwärtig; aktuell; laufend
current account – laufendes Konto, n
current assets (pl) – Umlaufvermögen, n; kurzfristiges Vermögen, n
current business – laufende Geschäfte (pl)
current expenses (pl) – laufende Ausgaben (pl)
current liabilities (pl) – Verbindlichkeiten, pl

current value factor – Zeitwertvorgabe, f
curriculum – Lehrplan, m; Studienplan, m; Unterrichtsplan, m
curriculum subject – Lehrfach, n
curriculum vitae (CV) – Lebenslauf, m
curtailment of activity – Minderung (f) der Erwerbsfähigkeit, f
custodian – *<jur>* Pfleger, m
custody – Gewahrsam, m *<jur>*; tatsächlicher Besitz, m; Verwahrung, f; Haft, f; Sorgerecht, n
custom – Sitte, f; Brauch, m; Gewohnheit, f
customary – gewohnheitsmäßig
customary law – Gewohnheitsrecht, n
customer – Kunde, m/ Kundin, f
customer service – Kundendienst, m
customize/costomise, v – maßschneidern, v
customized *<US>* – maßgeschneidert
customs expenses (pl) – Zollabgaben (pl)
cut, v – herabsetzen, v
cut back on costs (pl), v – Kosten (pl) einsparen, v
cut class, v *<US>* – Schule (f) schwänzen, v
cut down wages (pl), v – Lohn (m) kürzen, v
cut in pay/wage(s) – Lohnkürzung, f; Lohnsenkung, f
cut in standard working hours (pl) – Arbeitszeitverkürzung, f
cut in statutory benefits (pl) – Eingriff (m) in das Leistungsrecht, n
cut production, v – Produktion (f) einschränken, v
cut wages (pl), v – Löhne (pl) herabsetzen, v
cutback – Kürzung, f; Abschaffung, f
cutback of manpower – Arbeitskräfteabbau, m
cuts (pl) in social services (pl) – Sozialabbau, m
cutting down activities (pl) – Betriebseinschränkung, f
cutting mechanic – Zerspanungsmechaniker/in, m/f
cutting of wages (pl) – Lohnabbau, m
cycle – Zyklus, m
cycle time – Taktzeit, f
cyclical surtaxe – Konjunkturzulage, f

D

daily – täglich
daily allowance – Tagegeld, n
daily breader <*GB*> – Pendler, m
daily earnings (pl) – Tagesverdienst, m
daily office routine – Büroalltag, m
daily output – Tagesleistung, f
daily rate – Tagessatz, m
daily rate for patient care – Pflegesatz, m
daily subsistence allowance – Tagegeld, n
daily wage – Tagelohn, m; Tageslohn, m
daily working hours (pl) – tägliche Arbeitszeit, f
damage – Beschädigung, f; Schaden, m
damage, v – beschädigen, v; schädigen, v
damage-bent work – schadensgeneigte Arbeit, f
damage caused by default – Verzugsschaden, m
damage claim – Schadensersatzanspruch, m
damage compensation – Schadensersatz, m
damage for pain and suffering <*GB*> – Schmerzensgeld, n
damage rate – Schadensquote, f
damage report – Schadensanzeige, f; Schadensmeldung, f
damage suffered by a third party – Drittschaden, m
damage suit – Schadensersatzklage, f
damage to property – Sachbeschädigung, f
damage to s.one´s health – Gesundheitsschaden, m
damages suit – Klage, f
danger – Gefahr, f
danger allowance – Gefahrenzulage, f
danger of a strike – Streikgefahr, f
danger of life – Lebensgefahr, f
danger of recidivism – Wiederholungsgefahr, f
danger of recurrence – Wiederholungsgefahr, f
danger pay – Gefahrenzulage, f
dangerous – gefährlich; gefahrvoll; riskant
dangerous substances (pl) – gefährliche Stoffe (pl)
dangerous to the public – gemeingefährlich
dangerous working materials (pl) – gefährliche Arbeitsstoffe (pl)
data (pl) – Daten (pl); Angaben (pl)
data aquisition – Datenbeschaffung, f
data base – Datenbank, f
data blocking – Datensperrung, f
data capture – Datensperre, f
data capture techniques (pl) – Datenerfassungsverfahren, n
data care – Datenpflege, f
data collection – Datenerfassung, f; Datenerhebung, f; Datensammlung, f
data communication – Datenaustausch, m; Datenübermittlung, f
Data Communications Ordinance – Datenübermittlungsverordnung, f
data comparison – Datenvergleich, m
data conversion – Datenumsetzung, f

data entry – Datenerfassung, f; Dateneingabe, f
Data Entry Ordinance – Datenerfassungsverordnung, f
data erasure – Datenlöschung, f
data file – Datei, f
data file register – Dateienregister, n
data input – Dateneingabe, f
data input device – Dateneingabegerät, n
Data Input Ordinance – Dateneingabeverordnung, f (DEVO)
data memory – Datenspeicher, m
data memory control – Datenspeicherkontrolle, f
data modification – Datenveränderung, f
data of candidates – Bewerberdaten (pl)
data of entrance – Eintrittsdatum, n
data preparation – Datenaufbereitung, f
data preservation – Datenaufbewahrung, f
data privacy – Datengeheimnis, n
data processing – Daten (pl) verarbeitend; Datenverarbeitung, f
data processing machine – Datenverarbeitungsgerät, n
data protection – Datenschutz, m
Data Protection Act – Datenschutzgesetz, n
data protection commissioner – staatliche/r Datenschutzbeauftragte/r, f/m
data protection officer – betriebliche/r Datenschutzbeauftragte/r, f/m
data recording – Datenaufnahme, f
data retrieving – Datenabruf, m
data safeguarding – Datensicherung, f
data security – Datensicherheit, f
data stock – Datenbestand, m
data storage – Datenspeicherung, f
data storage media control – Datenträgerkontrolle, f
data storage medium – Datenträger, m
data subject – Betroffene/r, f/m
data systems engineering – Datentechnik, f
data transmission – Datenübertragung, f
Data Transmission Ordinance – Datenübertragungsverordnung, f (DÜVO)
data use – Datennutzung, f
database – Datenbank, f
date – Datum, n; Zeitpunkt, m; Termin, m
date back, v – zurückdatieren, v
date of appointment – Antrittsdatum, n
date of birth – Geburtsdatum, n
date of delivery *<US>* – Entbindungsdatum, n
date of hearing – Verhandlungstermin, m
date of hire – Einstellungsdatum, n
date of hiring interview – Vorstellungstermin, m
date of leaving – Austrittsdatum, n
date of notice of dismissal – Kündigungstermin, m
dating back – Rückdatierung, f
daughter – Tochter, f
day – Tag, m
day labo(u)rer – Tagelöhner/in, m/f
day nursery – Kinderkrippe, f; Kindertagesstätte, f
day of absence – Abwesenheitstag, m; Fehltag, m
day of account – Abrechnungstag, m
day of payment – Zahltag, m
day of the week – Wochentag, m
day off – arbeitsfreier Tag, m; Ruhetag, m

day off for women with own household – Hausarbeitstag, m
day program(me) – Tagesprogramm, n
day rate – Tageslohn, m; Tagessatz, m
day shift – Tagschicht, f
day's leave – Urlaubstag, m
day-to-day business – Tagesgeschäft, n; normaler Geschäftsbetrieb, m
daywork *<GB>* – Arbeit (f) während des Tages; Zeitlohnarbeit, f
de facto – faktisch
de facto employment relationship – faktisches Arbeitsverhältnis, n
dead – tot
dead file – abgelegte Akte, f
dead loss – Totalverlust, m
dead-end job – Stellung (f) ohne Aufstiegschancen (pl)
deadline (1) – Frist, f; Befristung, f; Stichtag, m
deadline (2) *<US>* – letzter Termin, m
deadline, v – befristen, v
deadline for application – Antragsfrist, f; Bewerbungsfrist, f
deadline pressure – Termindruck, m
deaf – taub
deaf-mute – taubstumm
deafness – Taubheit, f
deal with, v – beschäftigen, v; besorgen, v; erledigen, v
deal, v – handeln, v
dealings (pl) – Verkehr, m
dean – Dekan, m
deanship – Dekanat, n
death – Tod, m; Todesfall, m
death benefit – Hinterbliebenenrente, f; Sterbegeld, n
death certificate – Sterbeurkunde, f; Todesurkunde, f
death duty – Erbschaftssteuer, f
death in service benefit – Sterbegeld, n; „Gnadengehalt", n
death-in-service benefit – Gnadengehalt, n
death rate – Sterbeziffer, f
death risk – Sterblichkeitsrisiko, n
debate – Aussprache, f; Debatte, f
debilitation – Entkräftung, f
debit – Belastung, f
debit, v – Konto belasten, v
debit balance – Fehlbetrag, m
debit entry – Abbuchung, f; Lastschrift, f
debit note – Lastschrift, f
debit order – Abbuchungsauftrag, m
debit s.o.'s account with, v – abbuchen, v
debt – Schuld, f
debt collectible by the creditor – Holschuld, f
debt payable to the creditor – Bringschuld, f
debt relationship – Schuldverhältnis, n
debtor – Schuldner/in, m/f
debtor to a loan – Darlehensschuldner/in, m/f
debtor's delay – Schuldnerverzug, m
deceit – Betrug, m; Hinterlist, f
deceitful – hinterlistig
deceive, v – täuschen, v
decentralisation *<GB>* – Dezentralisierung, f
deception – Täuschung, f
decide, v – beschließen, v; entscheiden, v; urteilen, v
decision – Entscheidung, f; Beschluss, m; Urteil, n
decision as the case lies – Entscheidung (f) nach Aktenlage, f
decision in an individual case – Einzelfallentscheidung, f
decision maker – Entscheidungsträger/in, m/f

decision making – Entscheidungsfindung, f
decision-making ability – Entscheidungsfähigkeit, f
decision-making aid – Entscheidungshilfe, f
decision-making level – Entscheidungsebene, f
decision of the court – gerichtliche Anordnung, f
decision of the works council – Betriebsratsbeschluss, m
decision on the substance of the case *<law>* – Entscheidung (f) in der Hauptsache, f
decision rendering a tariff agreement compulsory – Allgemeinverbindlichkeitserklärung (f) eines Tarifvertrages
decisive – ausschlaggebend; maßgebend
decisiveness – Entschlossenheit, f
declaration – Erklärung, f; Aussage, f; Verkündung, f; Klageschrift, f
declaration made by third party debtor – Drittschuldnererklärung, f
declaration of assignment – Abtretungserklärung, f
declaration of death – Todeserklärung, f
declaration of enrol(l)ment – Beitrittserklärung, f
declaration of intent – Willenserklärung, f
declaration of intent(ion) – Absichtserklärung, f
declaration of loss – Verlustmeldung, f
declaration of nullity – Nichtigkeitserklärung, f
declaration of recission – Anfechtungserklärung, f
declaration of the election – Wahlausschreiben, n
declaration of the general obligation of a collective agreement – Allgemeinverbindlicherklärung, f
declaration on oath – eidesstattliche Erklärung, f
declaratory action – Feststellungsklage, f *<jur>*
declaratory decree – Feststellungsbescheid, m *<jur>*
declaratory judgement – Feststellungsurteil, n *<jur>*
declare a bankrupt, v – Konkurs (m) erklären, v
declare incompetent, v – entmündigen, v
declare resignation, v – Rücktritt (m) erklären, v
declare, v – erklären, v
decline – Niedergang, m; Abnahme, f; Rückgang, m
decline in economic activity – Konjunkturabschwächung, f
decline in performance – Leistungsabfall, m
decline in real wages (pl) – Reallohneinbuße, f
decline in the birth rate – Geburtenrückgang, m
decline, v – ablehnen, v; ausschlagen, v
declining-balance depreciation – degressive Abschreibung, f
decrease – Abnahme, f; Verminderung, f; Kürzung, f
decrease, v – abnehmen, v; mindern, v; vermindern, v
decrease in efficiency – Leistungsverlust, m
decrease in production – Produktionsrückgang, m
decrease in real income – Realeinkommensschmälerung, f
decrease in turnover – Umsatzrückgang, m

decrease of earning capacity – Erwerbsminderung, f
decreased contributions (pl) – Beitragsermäßigung, f
decree – Bescheid, m; Erlass, m; Verfügung, f; Verordnung, f; Beschluss, m *<jur>;* Urteil, n
decree, v – erlassen, v; beschließen, v; verordnen, v
decree of forthcoming writ of attachment – Pfändungs- und Überweisungsbeschluss, m (PfÜB)
decree on employment abroad – Auslandstätigkeitserlass, m
decruiting – Personalabbau, m
dedication – Engagement, n
deduct, v – absetzen, v; anrechnen, v; einbehalten, v
deduct from pay, v – vom Lohn (m) einbehalten, v
deduct from wage, v – vom Lohn (m) abziehen, v
deductable average – Selbstbehalt, m
deductible – steuerlich absetzbar; abzugsfähig
deductible amount – Absetzbetrag, m
deductible from tax – steuerlich absetzbar
deduction – Abschlag, m; Absetzung, f; Abzug, m; Einbehaltung, f
deduction at source – Quellenabzug, m
deduction beforehand – Vorwegabzug, m
deduction from salary – Gehaltsabzug, m
deduction from wages/pay – Lohnabzug, m
deduction method – Abzugsmethode, f
deduction of union dues (pl) – Einbehaltung (f) von Gewerkschaftsbeiträgen
deduction of wage tax – Lohnsteuerabzug, m
deduction procedure – Abzugsverfahren, n
deed – Dokument, n; (Vertrags-) Urkunde, f; Akt, m; Tat, f
deed of assignment – Abtretungsurkunde, f
deed of gift – Schenkungsurkunde, f
defalcate, v – unterschlagen, v; veruntreuen, v
defalcation – Unterschlagung, f; Veruntreuung, f
defamation – Verleumdung, f; Beleidigung, f
defame, v – verleumden, v; beleidigen, v
default – Fristversäumnis, n; Nichterscheinen (n *<jur>*) vor Gericht, n; Säumnis, n; Nachlässigkeit, f; Verzug, m; Unterlassung, f
default action *<GB>* – Mahnverfahren, n
default in accepting – Annahmeverzug, m
default in payment – Zahlungsverzug, m
default in taking delivery – Annahmeverzug, m
default interest – Verzugszinsen (pl)
default judgement – Versäumnisurteil, n
default of appearance – Versäumnis, n
default summons – Versäumnisverfahren, n
defect – Schwäche, f; Fehler, m; Mangel, m; Gebrechen, n
defect in character – Charakterfehler, m
defect in title – Rechtsmangel, m
defect of form – Formfehler, m
defect in judgement – Mangel (m) an Urteilskraft, f

defect of memory – Gedächtnisschwäche, f

defect of quality – Sachmangel, m

defective – fehlerhaft; gebrechlich; mangelhaft

defence/defense *<US>* – Verteidigung, f *<jur>* ; Verteidigungsschrift, f; Einwand, m; Einrede, f

defence/defence counsel – Verteidiger, m *<jur>*

defence/defense of statute of limitations (pl) – Verjährungseinrede, f *<jur>*

defence/defense to the application – Klagebeantwortung, f

defend, v – verteidigen, v

defendant – Angeklagte/r, f/m; Beklagte/r, f/m

defendant alleging counterclaim – Widerkläger/in, m/f

defendant party – Partei, f

defender – Verteidiger, m

defensive lockout – Abwehraussperrung, f

defer, v – aufschieben, v; verschieben, v; verzögern, v; *<mil=>* zurückstellen (v) vom Wehrdienst, m

defer from service, v – zurückstellen, v

deferential – achtungsvoll, respektvoll, rücksichtsvoll

deferment – Vertagung, f; Aussetzung, f

deferment of payment – Zahlungsaufschub, m

deferred compensation – Vergütung, f

deferred liability – Rückstellung, f

deficiency – Ausfall, m; Mangelhaftigkeit, f; Defekt, m; Fehlen, n; Manko, n; Schwäche, f

deficiency agreement – Mankoabrede, f

deficiency analysis – Mängelanalyse, f

deficiency claim – Mängelrüge, f

deficiency compensation – Nachteilsausgleich, m

deficiency guarantee – Ausfallbürgschaft, f

deficiency in title – Rechtsmangel, m

deficient service – mangelhafte Leistung, f

deficit – Manko, n

definitive decision – Endurteil, n

deformity – Missbildung, f

defraud, v – Steuern (pl) hinterziehen, v; betrügen, v; unterschlagen, v

defraudation – Unterschlagung, f; Hinterziehung, f; Betrug, m

defraudation of contributions (pl) – Beitragshinterziehung, f

defrauder – Betrüger/in, m/f

defray expenses (pl), v – bestreiten, v

degenerative disease – Verschleißerkrankung, f

degradable – abbaubar

degree (1) – akademischer Grad, m

degree (2) – Grad, m; Stufe, f; Rang, m; Ausmaß, n

degree of fitness – Tauglichkeitsgrad, m

degree of negligence – Verschuldensgrad, m

degree of punishment – Strafmaß, n

degree of relationship – Verwandtschaftsgrad, m

delay – Aufschub, m; Verzögerung, f; Verzug, m

delay, v – aufschieben, v; verzögern, v

delay in performance – Leistungsverzug, m

delay of payment – Zahlungsaufschub, m

delay penalty – Säumniszuschlag, m

delay unduly, v – verschleppen, v
delegate – Delegierte/r, f/m; Wahlmann/ -frau, m/f
delegate, v – abordnen, v; delegieren, v; entsenden, v
delegate a task, v – Aufgabe (f) übertragen, v
delegate an authority to s.o., v – Vollmacht (f) erteilen, v
delegate responsibility, v – Verantwortung (f) übertragen, v
delegation – Abordnung, f; Delegation, f; Entsendung, f
delegation of duties – Pflichtenübertragung, f
delegation of powers (pl) – Übertragung (f) von Vollmachten (pl)
delegation of responsibilities (pl) – Delegation (f) von Verantwortung, f
delegator – Vollmachtgeber/in, m/f
delete, v – löschen, v; tilgen, v; streichen, v
deletion – Löschung, f; Tilgung, f; Streichung, f
deliberate – vorsätzlich; absichtlich; wissentlich
deliberate wrongdoing – vorsätzliches Handeln, n
deliberation – Beratung, f
delinquency – Kriminalität, f
delinquent – kriminell; straffällig
deliver, v – aushändigen, v; entbinden, v <*US*>; liefern, v; zustellen, v
deliverer – Lieferant/in, m/f
delivery – Aushändigung, f; Herausgabe, f; Entbindung, f <*US*>; Lieferung, f; Zustellung, f
delivery of possession – Besitzübergang, m
demand – Anspruch, m; Forderung, f; Nachfrage, f; Bedarf, m
demand, v – verlangen, v
demand for a state penalty – Strafantrag, m
demand for employees/ workers (pl) – Arbeitskräftebedarf, m
demand for further education – Weiterbildungsbedarf, m
demand for labo(u)r – Arbeitskräftebedarf, m
demand for managers – Führungskräftebedarf, m
demand for prosecution – Strafantrag, m
demand for return – Rückforderung, f
demanding – anspruchsvoll
demanning – Personalabbau
demarcation <*GB*> – Abgrenzung, f; Abgrenzung von Tätigkeiten (pl) danach, welche Arbeitnehmer (pl) aufgrund ihrer Gewerkschaftszugehörigkeit für ihre Erledigung (f) zuständig sind
demeano(u)r – Verhalten, n; Benehmen, n; persönliches Auftreten, n
demography – Demographie, f
demonstrate, v – demonstrieren, v
demonstration – Demonstration, f
demonstration strike – Demonstrationsstreik, m
demonstrator – Demonstrant/in, m/f
demotion – Rückstufung, f; Degradierung, f
demotional classification – niedrigere Einstufung, f
denationalisation <*GB*> – Privatisierung (f) von staatlichen Betrieben (pl)
denial – Ableugnung, f; Verneinung, f; Weigerung, f
denominational school <*GB*> – Bekenntnisschule, f; konfessionelle Schule, f
denounce, v – Anzeige (f) erstatten, v
denounce s.o., v – jmd anzeigen, v
dental prothesis – Zahnersatz, m

dental technician – Zahntechniker/in, m/f
dentist – Zahnarzt, m
dennunciation – Strafanzeige, f; Anzeige, f
deny, v – ableugnen, v; abstreiten, v; verneinen, v; sich weigern, v
deny a motion, v – ablehnen, v
department – Abteilung, f; Dezernat, n; Fachbereich, m; Referat, n; Ressort, n
department head – Referatsleiter/in, m/f
department manager – Abteilungsleiter/in, m/f
Department of Education and Science *<US>* – Kultusministerium, n
Department of Employment (DE) *<GB>* – Arbeitsministerium, n
Department of Labor *<US>* – Arbeitsministerium, n
department(al) meeting – Abteilungsversammlung, f
department(al) organization *<US>* – Abteilungsorganisation, f
departmental development conference – Abteilungsentwicklungsgespräch, n
departure – Abreise, f
dependants (pl)/ dependents (pl) *<law>* – Familienangehörige, pl
dependence – Abhängigkeit, f
dependency – Abhängigkeit, f
dependency agreement – Beherrschungsvertrag, m
dependency exemption – Unterhaltsfreibetrag, m
dependency report – Abhängigkeitsbericht, m
dependent – abhängig; hörig; unselbständig
dependent child – unterhaltsberechtigtes Kind, n
dependent company – abhängiges Unternehmen, n
dependents' benefits (pl) – Leistungen (pl) an Unterhaltsberechtigte, (pl)
depersonalisation *<GB>* – Anonymisierung, f
deploy – Mitarbeiter mit anderen Arbeiten beschäftigen
deployment – Einsatz von Mitarbeitern
deport, v – abschieben, v; ausweisen, v
deportation – Abschiebung, f; Ausweisung, f
depose, v – unter Eid (m) aussagen, v
deposit – Anzahlung, f; Einzahlung, f; Hinterlegung, f
deposit, v – hinterlegen, v; anzahlen, v
deposition – Hinterlegung, f
deprecate, v – mißbilligen, v
depreciable – absetzbar
depreciation – Abschreibung, f; Abnutzung, f; Minderwert, m; Wertminderung, f
depreciation compensation – Abnutzungsentschädigung, f
deprivation – Entzug, m; Entziehung, f; Aberkennung, f
deprivation of liberty – Freiheitsentziehung, f
deprive s.o. of sth, v – aberkennen, v
deputy – amtliche/r Stellvertreter/in, m/f ;Vertreter/in, m/f; Beauftragte/r, f/m
deputy – stellvertretend
deputy member – Ersatzmitglied, n
deregulation – Abbau (m) von bürokratischen Hindernissen (pl)
descend from, v – abstammen (von), v

descendant – Abkömmling, m; Nachkomme, m
describe, v – beschreiben, v
description – Beschreibung, f
description of party – Parteibezeichnung, f
deserter – Deserteur/in, m/f
desertion – Verlassen, n
deserts (pl) – das Verdienst, n
design – Gestaltung, f; Formgebung, f; Konstruktion, f
design, v – entwerfen, v; konstruieren, v; planen, v
design engineer – Konstrukteur/in, m/f
designate, v – ausersehen, v; bezeichnen, v; benennen, v; vorsehen, v
desire, v – begehren, v; wünschen, v
desired salary – Gehaltsvorstellung, f
desk – Schreibtisch, m
desk murderer – Schreibtischtäter, m
desk work – Büroarbeit, f; Schreibarbeit, f
destination – Reiseziel, n
destruction – Untergang, m
desultory – sprunghaft; oberflächlich; flüchtig; planlos; halbherzig
detach, v – abstellen, v
detail – Einzelheit, f
detailed – eingehend
detain temporarily, v – festnehmen, v
detain, v – festhalten, v; vorenthalten, v; zurückbehalten, v; zurückhalten, v
detention – Festnahme, f; Gewahrsam, m; Haft, f
detention (right of ~) – Zurückbehaltungsrecht, n
detention centre *<GB>* – Jugendstrafanstalt, f
detention home *<US>* – Jugendstrafanstalt, f
detention of wages (pl) – Entgelteinbehaltung, f
detention pending trial – Untersuchungshaft, f
deteriorate, v – verschlechtern, v
deterioration – Verschlechterung, f
determination – Feststellung, f; Regelung, f
determination of the agenda – Festlegung (f) der Tagesordnung, f
determination of times (pl) – Zeitermittlung, f
determine, v – bestimmen, v; festsetzen, v; festlegen, v
determined – entschlossen; schlüssig
deterrence – Abschreckung, f
detriment – Nachteil, m; Schaden, m
detrimental – schädlich, nachteilig
devaluation – Abwertung, f
develop, v – entwickeln, v; entfalten, v
development – Entwicklung, f; Fortentwicklung, f
development aid man/woman – Entwicklungshelfer/in, m/f
development assistance – Entwicklungshilfe, f
development by agreed rates (pl) – Tarifentwicklung, f
development engineer – Entwicklungsingenieur/in, m/f
development goal – Entwicklungsziel, n
development level – Entwicklungsgrad, m
development margin – Entwicklungsspielraum, m
development measure – Entwicklungsmaßnahme, f
development of fresh activities (pl) – Schaffung, f
development of personality – Persönlichkeitsentfaltung, f
development of staff level – Personalbestandsentwicklung, f

development plan – Bebauungsplan, m
development planning – Entwicklungsplanung, f
development potential – Entwicklungspotenzial, n
development process – Entwicklungsprozess, m
development prospect – Entwicklungsperspektive, f
development workplace – Entwicklungsarbeitsplatz, m
deviate from, v – abweichen von, v
deviating – abweichend
deviation – Abweichung, f
device – Gerät, n
device protection – Gerätesicherung, f
devolution of property – Eigentumsübergang, m
devolution of title *<law>* – Rechtsübergang, m *<jur>*
devolve upon, v – abwälzen auf, v; Rechte (pl) und Pflichten (pl) übertragen, v
devolve, v – anfallen, v
dexterity – Geschicklichkeit, f; Handfertigkeit, f
dexterous – geschickt; gewandt, flink
diagnosis – Diagnose, f
diagram – Diagramm, n
dialect – Dialekt, m
diary – Tagebuch, n
dictate of fairness – Fairnessgebot, n
dictation – Diktat, n
diction – Ausdrucksweise, f
die maker – Schnitt- und Stanzwerkzeugmacher/in, m/f
die setter – Werkzeugeinrichter/in, m/f
differ, v – abweichen; sich unterscheiden
difference – Unterschied, m
different – unterschiedlich; verschieden
differential – Unterschied in der Entlohnung und bei den Beschäftigungsbedingungen zwischen Arbeitnehmergruppen im selben Betrieb oder in dem selben Industriezweig
differential piece rate – Differentialstücklohn, m
differentiation – Unterscheidung, f; (Auf-)Teilung, f
differentiation clause – Differenzierungsklausel, f
differentiation of labo(u)r – Arbeitsteilung, f
differentiation of wages (pl) – Lohnstaffelung, f
differing amount – Unterschiedsbetrag, m
difficult – schwierig
difficulty – Schwierigkeit, f
digest – Gesetzessammlung, f
dignity – Würde, f
dilatory – aufschiebend; säumig; verzögernd
dilatory plea – anspruchshemmende Einrede, f; aufschiebende Einrede, f
diligence – Fleiß, m; Sorgfalt, f
diligent – geschäftstüchtig
dilution *<GB>* – Beschäftigung von Nicht-Facharbeitern auf Facharbeiterstellen
diminish, v – mindern, v; vermindern, v
diminution of value – Wertminderung, f
ding man – Ausbeuler, m
dining room – Speisesaal, m Speiseraum, m
diploma (1) *<US>* – Diplom, n
diploma (2) – Abgangszeugnis, n
diplomatic service – diplomatischer Dienst, m

direct – direkt; unmittelbar; persönlich

direct, v – anweisen, v; anordnen, v; leiten, v; verfügen, v

direct agency – direkte Stellvertretung, f

direct appeal to the Supreme Court – Sprungrevision, f

direct compulsion – unmittelbarer Zwang, m

direct control contract – Beherrschungsvertrag, m

direct debiting service – Abbuchungsverfahren, n; Lastschriftverfahren, n

direct engagement – Direktanstellung, f

direct insurance – Direktversicherung, f

direct labo(u)r costs (pl) – Fertigungslöhne (pl); direkte Arbeitskosten (pl)

direct life insurance – Direktversicherung, f

direct representation – direkte Stellvertretung, f

direct seat – Direktmandat, n

direct union agreement – Haustarif(vertrag),m

direct voting – unmittelbare Wahl, f

direct wage – produktiver Lohn, m

direct worker – Arbeitnehmer (m), der direkt an der Herstellung (f) von Waren beteiligt ist

direction (1) – Anweisung, f; Anordnung, f

direction (2) – Bestimmung, f; Verfügung, f; Leitung, f

directive (1) – Verfügung, f; Vorschrift; Anweisung, f

directive (2) – Verordnung, f <*jur*>; Richtlinie, f

directly enforceable guarantee – selbstschuldnerische Bürgschaft, f

directly liable – selbstschuldnerisch

director – Direktor/in, m/f; Vorsteher, m; Mitglied des Verwaltungsrats (Aufsichtsrats) einer Kapitalgesellschaft, f

director-general – Generaldirektor, m

director of business affairs – Direktor/in, m/f

director of industrial relations – Arbeitsdirektor, m

director's fees (pl) – Aufsichtsratsvergütung, f

directory – Verzeichnis, n

directory enquiries (pl) <*GB*> – Auskunft, f

directory provision – Sollvorschrift, f

dirty – schmutzig, dreckig

dirty money <*GB*> – Schmutzzulage, f

dirty work – niedere Arbeit, f; Dreckarbeit, f <*infml*>

disability – Behinderung, f; Unfähigkeit, f; Unvermögen, n; (dauernde) Körperbehinderung, f

disability (for work or service) – Arbeitsunfähigkeit, f

disability for imprisonment – Haftunfähigkeit, f

disability insurance <*US*> – Invalidenversicherung, f

disability pension – Invalidenrente, f; Berufsunfähigkeitsrente, f

disabled – dauernd arbeitsunfähig; geschäftsunfähig; unfähig; invalide; unbrauchbar; untauglich

disabled person – behinderter Mensch, m; Invalide, m

disabled person's ID card – Behindertenausweis, m

disabled persons' quota – Schwerbehindertenquote, f

disabled persons' representative – Schwerbehinderten-Vertrauensmann, m

disablement – Dienstunfähigkeit, f; Invalidität, f
disablement annuity – Invaliditätsrente, f; Invalidenrente, f
disablement insurance contribution – Invalidenversicherungsbeitrag, m
disadvantage – Nachteil, m
disadvantaged – benachteiligt
disadvantageous – nachteilig; unvorteilhaft
disagree, v – nicht übereinstimmen, v
disagree with, v – verschiedener Meinung (f) sein, v
disagreement – Meinungsverschiedenheit, f; Uneinigkeit, f
disallow, v – zurückweisen, v
disapproval – Missbilligung, f; Mängelrüge, f
disapprove, v – missbilligen, v
disassemble – demontieren, v
disavow, v – widerrufen, v
disavowal – Widerruf, m; Nichtanerkennung, f
disbarring legal actions (pl) – unter Ausschluss (m) des Rechtsweges, *m*
disburse, v – auszahlen, v
disburse money, v – Geld (n) auslegen, v
disbursement – Auslage, f; Auszahlung, f
disbursement procedure – Auszahlungsverfahren, n
discharge – Ablösung, f; Freisetzung, f; Entlassung, f; Entlastung, f
discharge, v – freisetzen, v; entlasten, v; entlassen, v
discharge from office – Dienstenthebung, f
discharge of debt – Schuldbefreiung, f
discharge of labo(u)r – Freisetzung, f
discharge paper – Arbeitsbescheinigung, f
discharge papers (pl) – Entlassungspapiere (pl)
discharge payment – Ablösezahlung, f
disciplinarian – Disziplinarvorgesetzte/r, f/m
disciplinary – disziplinarisch; erzieherisch
disciplinary action – Disziplinarmaßnahme, f
disciplinary case – Disziplinarfall, m
disciplinary complaint – Dienstaufsichtsbeschwerde, f
disciplinary court – Ehrengericht, n
disciplinary fine – Ordnungsstrafe, f; Ordnungsgeld, n
disciplinary law – Disziplinarrecht, n
disciplinary measure – Disziplinarmaßnahme, f
disciplinary penalty – Disziplinarstrafe, f
disciplinary powers (pl) – Disziplinargewalt, f
disciplinary procedure – Disziplinarverfahren, n
disciplinary procedures (pl) – Disziplinarbestimmungen (pl)
disciplinary proceedings (pl) – Disziplinarverfahren, n
disciplinary punishment – Maßregelung, f
disciplinary record – Disziplinarunterlage, f
disciplinary transfer – Strafversetzung, f
discipline – Disziplin, f; Studienfach, n
disciplined – diszipliniert
disclaim, v – ausschlagen, v; *<jur>* verzichten auf, v; ausschlagen, v; keinen Anspruch erheben auf, v
disclaimer – Widerruf, m; Verzicht, m

disclose, v – offenbaren, v; enthüllen, v; verraten, v

disclosure – Enthüllung, f; Auskunft, f; Offenlegung, f; Offenbarung, f

discount – Nachlass, m; Skonto, n; Rabatt, m; Abschlag, m

discount, v – abziehen, v

discovery – Entdeckung, f

discover, v – entdecken, v; aufdecken, v

discovery of documents (pl) – Aufklärungspflicht, f

discreditable – ehrenrührig

discreet – verschwiegen

discretion – Belieben, n; Ermessen, n; Gutdünken, n; Verfügungsgewalt, f; Verschwiegenheit, f

discretion margin – Ermessensspielraum, m

discretionary clause – Kannvorschrift, f

discretionary – beliebig; wahlfrei; ins Ermessen (n) gestellt

discretionary decision – Ermessensentscheidung, f

discretionary power – Vollmacht, f

discriminate against s.o., v – diskriminieren, v

discrimination – Diskriminierung, f; unterschiedliche Behandlung, f

discrimination ban – Benachteiligungsverbot, n

discriminatory treatment – unterschiedliche Behandlung, f

discuss, v – beraten, v; besprechen, v; diskutieren, v; erörtern, v

discussion – Erörterung, f; Gespräch, n

discussion between superior and employee upon returning to work – Krankengespräch, n

disease – Leiden, n; Krankheit, f

disease pattern – Krankheitsbild, n

disease proneness – Krankheitsanfälligkeit, f

disengage, v – entheben, v, entlasten, v

dishonest – ehrlos; unehrenhaft; unehrlich; unredlich

dishono(u)r, v – Zahlung (f) verweigern, v

dishono(u)rable – unehrenhaft; schändlich; schimpflich; gemein

disincorporate, v – ausgliedern, v

disinherit, v – enterben, v

dislocate labo(u)r, v – Arbeitskräfte (pl) umsetzen, v

dislocate, v – auslagern, v

dislocation – Auslagerung, f

disloyal – pflichtvergessen; treulos

disloyalty (1) – Untreue, f; Treubruch, m; Verrat, m

dismemberment schedule – Gliedertaxe, f (in Unfallversicherung, f)

dismiss s.o., v – verabschieden, v; entlassen, v; fortschicken, v; *<jur>* zurückweisen, v; abweisen, v

dismiss s.o. without notice, v – kündigen, v; fristlos entlassen, v

dismiss with costs (pl), v – kostenpflichtig abweisen, v

dismiss with notice, v – fristgerecht entlassen, v

dismiss without notice, v – fristlos entlassen, v

dismissal – Abweisung, f *<jur>*; Amtsenthebung, f; Kündigung, f; Entlassung, f

dismissal barrier – Entlassungssperre, f

dismissal compensation – Abfindung, f; Entlassungsgeld, n

dismissal for cause – gerechtfertigte Entlassung, f

dismissal for conduct-related reasons – Kündigung, f

dismissal for exceptional reasons (pl) – Kündigung, f
dismissal for health reasons (pl) – krankheitsbedingte Kündigung, f
dismissal for incompetence – Entlassung (f) wegen unzulänglicher fachlicher Leistungen (pl)
dismissal for operational reasons (pl) – betriebsbedingte Kündigung, f
dismissal for person-related reasons (pl) – Kündigung, f
dismissal litigation – Kündigungsrechtsstreit, m
dismissal of an action – Klageabweisung, f
dismissal on suspicion of unlawful conduct – Verdachtskündigung, f
dismissal pay – Entlassungsgeld, n
dismissal proceedings (pl) – Kündigungsschutzverfahren, n
dismissal protection – Kündigungsschutz, m
dismissal with notice – fristgerechte Kündigung, f
dismissal without notice – fristlose Kündigung, f
disobedience – Ungehorsam, m Nichtbefolgung, f
disobey, v – missachten, v
disobeyance – Missachtung, f
disorder – Unordnung, f
disorderly – ordnungswidrig; schlampig; unordentlich
disorderly conduct – ordnungswidriges Verhalten, n
displaced person (DP) – Verschleppter, m; Zwangsarbeiter, m
display unit – Datensichtgerät, m
disposable income – verfügbares Einkommen, n
disposal – Verfügung, f; Veräußerung, f
disposal of a case – Erledigung, f
dispose, v – auslegen, v
dispose of, v – verfügen (v) über
disposition – Charakteranlage, f; Veranlagung, f; Neigung, f; Hang, m; Laune, f; Verfügungsgewalt, f
disposition of property – Vermögensverfügung, f
disproportionate – unverhältnismäßig
disputable – anfechtbar
dispute – Streit, m; Streitfall, m; Streitigkeit, f; Debatte, f
dispute, v – (be)streiten; anfechten
dispute machinery – Schlichtungsverfahren, n
dispute procedure – freiwillige Verfahrensordnung (f) zur Beilegung (f) von Streitigkeiten (pl) am Arbeitsplatz (m) zwischen Arbeitgeber (m) und Arbeitnehmer, m
dispute settlement – Streitbeilegung, f
disqualification – mangelnde Eignung, f; Unfähigkeit, f; Untauglichkeit, f
disregard, v – missachten, v
disreputable life – ehrloser Lebenswandel, m
disrespectful – unhöflich; respektlos; frech
disruption – Zerrüttung, f
disruption of the conjugal relations (pl) – Zerrüttung (f) der ehelichen Gemeinschaft, m
dissatisfaction – Unzufriedenheit, f
dissatisfied – unzufrieden
dissemination – *<Daten =>* Bekanntgabe, f; Weiterverbreitung, f
dissemination of information – Verbreitung (f) von Nachrichten (pl)
dissent from, v – anderer Meinung (f) sein als; nicht übereinstimmen mit
dissentient – andersdenkend; abweichend

dissenting opinion – abweichende Meinung, f
dissenting vote – Gegenstimme, f
dissertation – Doktorarbeit, f; Dissertation, f
dissolution – Auflösung, f
dissolution contract – Auflösungsvertrag, m
dissolution fault – Auflösungsverschulden, n
dissolution order – Auflösungsbeschluss, m
dissolve, v – auflösen, v
dissolving condition – auflösende Bedingung, f
dissolving effect – lösende Wirkung, f
dissuation – warnender Rat, m; Abmahnung, f
distance – Entfernung, f; Distanz, f
distance in kilometers (pl) – Entfernungskilometer (pl)
distance working – Telearbeit, f
distancing *<GB>* – Beschäftigung (f) vom Subunternehmern (pl)
distrain – Pfändung, f; Beschlagnahme, f; Zwangsvollstreckung, f
distrain, v – pfänden, v; beschlagnahmen, v
distrain wages (pl), v – Lohn (m) pfänden, v
distress – Notlage, f; Gefahr, f; Elend, n; Beschlagnahme, f; Zwangsvollstreckung, f
distress, v – pfänden, v; beschlagnahmen, v
distress warrant – Pfändungsbeschluß, m
distribute, v – verteilen, v; austeilen, v
distribute (the proceeds, pl), v – ausschütten, v
distribution – Aufteilung, f; Einteilung, f; Verteilung, f
distribution of business – Geschäftsverteilung, f
distribution of income – Einkommensverteilung, f
distribution of seats (pl) – Verteilung, f
distribution of wage costs (pl) – Lohnkostenverteilung, f
district – (Verwaltungs-)Bezirk, m; Kreis, m
district administration – Bezirksregierung, f
district agreement *<GB>* – Tarifvertrag (m) für einen Bezirk, m
district attorney *<GB>* – Staatsanwalt, m
district board – Gemeindeverband, m
district commissioner – Bezirkshauptmann, m
district court – Bezirksgericht, n; *<US>* Amtsgericht, n
distrust – Misstrauen, n
distrust, v – misstrauen, v
disturb, v – stören, v
disturbance – Störung, f; Belästigung, f
disturbed behavio(u)r – Verhaltensstörung, f
divergence – Divergenz, f
divergent – abweichend
divide, v – aufteilen, v; teilen, v; trennen, v
dividend – Dividende, f
divisible – teilbar
divisible performance – teilbare Leistung, f
division (1) – Bereich, m
division (2) – Teilung, f; Spaltung, f
division manager – Bereichsleiter/in, m/f
division of labo(u)r – Arbeitsteilung, f
division of the labo(u)r court – Kammer (f) des Arbeitsgerichts, n
divorce – Ehescheidung, f

divorced – geschieden
divorcee – geschiedener Ehegatte, m
divulge a trade secret, v – Betriebsgeheimnis (n) verraten, v
do one's military service, v – Wehrdienst (m) leisten, v
do one's practical training, v – Praktikum (n) absolvieren, v
do without, v – entbehren, v
dock worker – Hafenarbeiter/in, m/f
doctor – Arzt, m; Doktor, m
Doctor of a social security scheme – Kassenarzt, m
Doctor of Civil and Canon Law (J.U.D.) – Doktor beider Rechte (pl) (Dr. jur. utr.)
Doctor of Law (LL.D.) – Doktor der Jurisprudenz (Dr. jur.)
Doctor of Medicine (M.D.) – Doktor der Medizin (Dr. med.)
Doctor of Natural Science (Nat.Sc.D.) – Doktor der Naturwissenschaften (Dr. rer. nat.)
Doctor of Philosophy (Ph.D.) – Doktor der Philosophie (Dr. phil.)
doctor's certificate – Attest, n; ärztliches Zeugnis, n
doctor's consultation – Arztbesuch, m
doctor's degree – Doktorgrad, m; Doktortitel, m
doctoral candidate – Doktorand/in, m/f
doctoral degree– Doktorgrad, m
doctoral dissertation – Doktorarbeit, f; Dissertation, f
doctoral thesis – Dissertation, f
doctorand – Doktorand, m
doctorate – Doktortitel, m; Doktorwürde, f
document – Beleg, m; Dokument, n; Unterlage, f; Urkunde, f
document of vital statistics (pl) – standesamtliche Urkunde, f
documentary – urkundlich
documentary evidence – Urkundenbeweis, m
documentary list – Nachweisliste, f
documentation book – Nachweisbuch, n
documentation function – Dokumentationsfunktion, f
dodging *<GB>* – arbeitsscheu
doing – Tätigkeit, f; Handeln, n
dole – Arbeitslosenunterstützung, f
domain – Aufgabengebiet, n
domestic – häuslich; inländisch
domestic affairs (pl) – häusliche Angelegenheiten (pl)
domestic agreement *<GB>* – Tarifvertrag, m
domestic economy – Hauswirtschaft, f; Haushaltkunde, f
domestic employment – Beschäftigung (f) im Haushalt, m
domestic help – Dienstbote/-botin, m/f; Hausgehilfe/ -gehilfin, m/f; Haushaltshilfe, f
domestic income – Inlandseinkommen, n
domestic market – Binnenmarkt, m; inländischer Markt, m
domestic policy – Innenpolitik, f
domestic relations law *<US>* – Familienrecht, n
domestic science – Haushaltskunde, f; Hauswirtschaftslehre, f
domestic science college – Haushaltungsschule, f; Hauswirtschaftsschule, f
domestic servant – Hausangestellte, f
domestic services (pl) – häusliche Dienste (pl)
domestic staff – Hauspersonal, n
domestic travel – Inlandsreise, f
domicile – Wohnsitz, m
domiciliary right – Hausrecht, n

dominant – bestimmend; herrschend; tonangebend; vorherrschend
dominant company – herrschende Gesellschaft, f
dominant influence – beherrschender Einfluss, m
dominant leader – Führungspersönlichkeit, f
dominant undertaking – herrschendes Unternehmen, f
dominate, v – beherrschen, v
donate, v – schenken, v; spenden, v; stiften, v
donation – Schenkung, f; Spende, f
doorkeeper – Pförtner, m
dormant – ruhend; untätig
dormant employment relationship – ruhendes Arbeitsverhältnis, n
dormant partner – stiller Teilhaber, m
dormant partnership – stille Gesellschaft, f
dossier – Akte, f; Urkunde, f
double – doppelt
double burden – Doppelbelastung, f
double employment – Doppelarbeitsverhältnis, n
double entry method – doppelte Buchführung, f
double mandate – Doppelmandat, n
double period – Blockstunde, f
double qualification – Doppelqualifikation, f
Double-Taxation Convention (DTC) *<GB>* – Doppelbesteuerungsabkommen, n
double wage earner – Doppelverdiener/in, m/f
doubt – Bedenken, n; Zweifel, m
down-grading *(of a job)* – Abgruppierung, f
down-time – Ausfallzeit, f
downgrade, v (1) – abgruppieren, v
downgrade, v (2) – niedriger einstufen, v
downgrading – Herabstufung, f; Zurückstufung einer Tätigkeit im Arbeitswert, m; Abgruppierung, f
downpayment – Anzahlung, f (bei Ratenkauf, m)
downsizing – Straffung, f; Gesundschrumpfen, n
downswing – Konjunkturabschwächung, f
downtime – Stillstandzeit, f; Ausfallzeit, f; Leerlaufzeit, f
downward phase – Abschwung, m
draft (1) – Entwurf, m; Konzept, n; Skizze, f
draft (2) – Abheben von Geld vom Konto, m
draft (3) *<US>* – Einberufung, f *<mil>* zum Wehrdienst, m
draft, v – ausfertigen, v; verfassen, v; dienstverpflichten, v
draft a bill, v – Gesetz (n) ausfertigen, v
draft agreement – Vertragsentwurf, m
draft attached – Einziehungsauftrag, m
draft board – Musterungskommission, f *<mil>*
draft contract – Vertragsentwurf, m
draft directive – Richtlinienvorschlag, m
draft law – Gesetzentwurf, m; Gesetzesvorlage, f
draft of a reference – Zeugnisentwurf, m
draft order – *<mil>* Einberufungsbefehl, m
draftee – Wehrpflichtiger, m
draughtsman *<GB>* – Bauzeichner, m; Konstruktionszeichner, m
draughtsman/draughtswoman *<GB>* – Zeichner/in, m/f
draw a benefit, v – Leistung (f) beziehen, v

draw a pension, v – Pension (f) beziehen, v; Rente (f) beziehen, v
draw by lot, v – auslosen, v; per Los (n) entscheiden, v
draw unemployment benefit, v – Arbeitslosenunterstützung (f) beziehen, v
draw up the minutes, v – Protokoll (n) aufnehmen, v
draw wages (pl), v – Lohn (m) beziehen, v
draw, v – ausstellen, v; zeichnen, v
drawer – Aussteller/in, m/f
drawing – Zeichnung, f; Skizze, f
drawing account – Girokonto, n
drawing of lots (pl) – Auslosung, f
drawings (pl) – Einnahmen, pl
dress regulations (pl) – Kleiderordnung, f
dressing room – Umkleideraum, m
drill hand operator – Bohrwerkdreher/in, m/f
drive – Elan, m; Dynamik, f; Schwung, m
drive, v – *<Fahrzeug =>* lenken, v; fahren, v
driver (1) – Antreiber, m; Schinder, m
driver (2) – Fahrer/in, m/f; Lenker/in, m/f; Kraftfahrer/in, m/f
driver´s license *<US>* – Fahrerlaubnis, f; Führerschein, m
driving ban – Fahrverbot, n
driving experience – Fahrpraxis, f
driving instructor – Fahrlehrer/in, m/f
driving licence *<GB>* – Fahrerlaubnis, f; Führerschein, m
driving period – Lenkzeit, f
drop in confidence – Vertrauensverlust, m
drop in output – Produktionsrückgang, m
drop-out – Schulabbrecher/in, m/f; Studienabbrecher/in, m/f
drop out, v – aussteigen, v; Schule (f) abbrechen, v; Studium (n) abbrechen, v
dropped shift – Fehlschicht, f
drug – Droge, f
drug abuse – Drogenmissbrauch, m
drug addict – Drogenabhängige/r, f/m; Rauschgiftsüchtige/r, f/m
drug addiction – Drogenabhängigkeit, f; Drogensucht, f
drummer – Handelsvertreter, m *<US>*; Handlungsreisender, m *<US>*
drunkard – Trinker/im, m/f; Trunksüchtige/r, f/m
drunkenness – Trunkenheit, f
drunkenness at the wheel – Trunkenheit (f) am Steuer, n
dry-out training – Entziehungskur, f
dual qualification – Doppeldiplom, n
dual system of vocational training – duales Ausbildungssystem, n
due – fällig; geschuldet
due care – verkehrsübliche Sorgfalt, f
due date – Fälligkeitstermin, m; Verfalldatum, n
due diligence – angemessene Sorgfalt, f
due for retirement – pensionsreif
due notice – ordnungsgemäße Kündigung, f
due process of law – Verfahren, n *<jur>*
due to old-age – altersbedingt
dummy corporation – Briefkastenfirma, f
dunce (1) – Dummkopf, m
dunce (2) *<infml>* – schlechte/r Schüler/in, m/f
dunning – Mahnung, f
dunning letter – Mahnbrief, m
dunning proceedings (pl) – Mahnverfahren, n

duplicate – Duplikat, n; Abschrift, f
duplicate, v – kopieren, v; vervielfältigen, v
duplication of work – Doppelarbeit, f
durable – fest
duration – Dauer, f
duration of benefit – Leistungsdauer, f
duration of employment – Beschäftigungsdauer, f
duration of entitlement – Bezugsdauer, f
duration of investment – Anlagedauer, f
duration of studies (pl) – Studiendauer, f
duress – Nötigung, f
duress to be successful – Erfolgszwang, m
dutiful – pflichtgemäß; pflichtbewusst; gehorsam
duty – Aufgabe, f; Dienst, m; Abgabe, f; Zoll, m; Obliegenheit, f; Pflicht, f; Verpflichtung, f
duty of diligence – Sorgfaltspflicht, f
duty of furnishing maintenance – Unterhaltspflicht, f
duty of loyalty – Treuepflicht, f
duty of making compensation – Ersatzpflicht, f
duty of notification – Meldepflicht, f (bei einer Krankheit)
duty of the works council – Betriebsratsaufgabe, f
duty roster – Dienstplan, m
duty station – Arbeitsort, m
duty to cooperate – Mitwirkungspflicht, f
duty to disclose – Aufklärungspflicht, f
duty to disclose information – Auskunftspflicht, f
duty to furnish support – Unterhaltspflicht, f
duty to make inquiries (pl) – Erkundigungspflicht, f
duty to obey – Gehorsamspflicht, f
duty to participate – Mitwirkungspflicht, f
duty to refrain from doing sth – Unterlassungspflicht, f
duty to report – Anzeigepflicht, f; Meldepflicht, f
duty to take care– Sorgfaltspflicht, f
duty to work – Arbeitspflicht, f
duty travel allowance – Dienstreisepauschale, f
duty travel time – Dienstreisezeit, f
dwelling – Wohnung, f; Wohngebäude, n
dynamic – dynamisch
dynamics – Dynamik, f
dynamization – Dynamisierung, f

E

eagerness for work – Arbeitseifer, m
ear – Ohr, n
ear protection device – Gehörschutzmittel, n
early cancer diagnosis – Krebsfrüherkennung, f
early closing *(before public holidays, pl)* – Frühschluss (m) vor Sonn- und Feiertagen (pl)
early diagnosis – Früherkennung, f
early retirement – Frühpensionierung, f; Pensionierung, f; Ruhestand, m; vorgezogener Ruhestand, m; vorzeitige Pensionierung, f
early retirement benefit – vorgezogenes Altersruhegeld, n
early retirement scheme – Vorruhestandsregelung, f
earmark – Unterscheidungsmerkmal, n
earn additonally – dazuverdienen, v
earn far below the agreed rate, v – weit unter Tarif (m) verdienen, v
earn money, v – Geld (n) verdienen, v
earn one's living, v – Lebensunterhalt (m) verdienen, v
earn well above the agreed rate, v – weit über Tarif (m) verdienen, v
earn, v – verdienen, v; einnehmen, v
earned income – Arbeitseinkommen, n
earned income allowance – Arbeitnehmerfreibetrag, m
earned income relief – Arbeitnehmerfreibetrag , m
earner – Verdiener, m
earnest money – Anzahlung, f; Handgeld, n; Aufgeld, n
earning power – Ertragskraft, f
earnings (pl) – Arbeitsverdienst, m; Bruttoverdienst, m; Einkommen, n; Bruttoeinkommen; Ertrag, m
earnings (pl) factor – Verdienstgrad, m
earnings (pl) gap – Lohnschere, f
earnings (pl) growth – Einkommenszuwachs, m
earnings (pl) level – Lohnniveau, n
earnings (pl) limit – Verdienstgrenze, f
earnings (pl) loss – Verdienstausfall, m
earnings (pl) prospects (pl) – Verdienstaussichten (pl)
earnings (pl) situation – Ertragslage, f
ease, v – entlasten
easement – Grunddienstbarkeit, f
Easter – Ostern
Easter Holidays (pl) – Osterferien (pl)
Easter Monday – Ostermontag, m
easy money – Geld, n
ecologically beneficial – umweltfreudlich; umweltverträglich
economic – gewinnbringend; rentabel; wirtschaftlich
economic activity – Wirtschaftsleben, n; Wirtschaftsgeschehen, n
economic affairs committee – Wirtschaftsausschuss, m
economic aid – Wirtschaftshilfe, f
economic and monetary union – Wirtschafts- und Währungsunion, f
economic committee – Wirtschaftsausschuss, m
economic cycle – Konjunkturkreislauf, m

economic dependency – wirtschaftliche Abhängigkeit, f
economic development – wirtschaftliche Entwicklung, f
economic dispute – Tarifauseinandersetzung, f
economic efficiency – Wirtschaftlichkeit, f
economic espionage – Wirtschaftsspionage, f
economic expert – Wirtschaftsexperte, m/Wirtschaftsexpertin, f
economic freedom – Gewerbefreiheit, f
economic growth – Wirtschaftswachstum, n
economic life – Wirtschaftsleben, n
economic matter – wirtschaftliche Angelegenheit, f
economic migrant – Wirtschaftsflüchtling, m
economic return – Rentabilität, f
economic risk – Wirtschaftsrisiko, n
economic science – Wirtschaftswissenschaft, f
economic situation – Wirtschaftslage, f
economic subsidy fraud – Subventionsbetrug, m
economic system – Wirtschaftsordnung, f
economic system – Wirtschaftssystem, n
economic trend – Konjunkturablauf, m
economical – sparsam; wirtschaftlich
economics – Wirtschaftswissenschaften (pl); Volkswirtschaftslehre, f
economy – Wirtschaft, f; Wirtschaftssystem, n; Wirtschaftlichkeit, f
economy measure – Sparmaßnahme, f
Econonic and Monetary Union – Wirtschafts- und Währungsunion, f
editing – Herausgabe, f
edition – Auflage, f; Ausgabe, f
editor – Herausgeber, m
educatable – bildungsfähig
educate, v – erziehen, v
educated – gebildet
education – Ausbildung, f; Bildung, f; Erziehung, f; Schulbildung, f; Bildungswesen, n
education and further education – Aus- und Fortbildung, f
education and training – Bildung (f) und Ausbildung, f
education in skills (pl) – fachliche Ausbildung, f
education subsidy – Erziehungsbeihilfe, f
education work – Bildungsarbeit, f
educational – erzieherisch; pädagogisch
educational allowance – Erziehungsgeld, n
educational background – Vorbildung, f
educational certificate – Ausbildungsnachweis, m
educational channel – Bildungsweg, m
educational consultant – Studienberater, m
educational controlling – Bildungscontrolling, n
educational costs (pl) – Bildungskosten (pl)
educational counselling – Ausbildungsberatung, f
educational establishment – Lehranstalt, f
educational event – Bildungsveranstaltung, f
educational facility – Bildungseinrichtung, f
educational goal – Bildungsziel, n

educational grant – Erziehungsbeihilfe, f

educational guidance – Bildungsberatung, f

educational institution – Bildungsanstalt, f; Lehranstalt, f

educational leave – Bildungsurlaub, m

educational level – Bildungsniveau, n

educational measure – Bildungsmaßnahme, f

educational needs (pl) – Bildungsbedarf, m

educational opportunities – Bildungsangebot, n; Bildungschancen (pl)

educational planning – Bildungsplanung, f

educational policy – Bildungspolitik, f

educational programme – Bildungsprogramm, n

educational standard – Bildungsniveau, n

educational system – Bildungssystem, n; Schulsystem, n; Bildungswesen, n

educationalist – Pädagoge, m/ Pädagogin, f

educationally handicapped – lernbehindert

effect – Wirkung, f; Geltung, f; Wirksamkeit, f

effect, v – bewirken, v; bedingen, v; (Vertrag, m) abschließen

effect on third party – Drittwirkung, f

effect payments (pl), v – leisten, v

effective – wirksam; effektiv; wirkungsvoll

effective clause – Effektivklausel, f

effective date – Zeitpunkt (m) des Inkrafttretens, n

effectiveness – Effektivität, f; Wirksamkeit, f

efficiency – Leistungskraft, f; Leistungsfähigkeit, f; Wirksamkeit, f

efficiency check – Leistungskontrolle, f

efficiency contest – Leistungswettbewerb, m

efficiency engineer – Zeitstudieningenieur, m

efficiency level – Leistungsgrad, m

efficiency payment – Leistungsentgelt, n

efficiency rating – Leistungsbewertung, f; Leistungsgradschätzen, n

efficiency requirement – Wirksamkeitsvoraussetzung, f

efficiency system – Leistungssystem, n

efficiency variance – Leistungsgradabweichung, f

efficiency wage *<US>* – Leistungslohn, m

efficient – leistungsfähig, tüchtig; effizient, wirksam

effort – Anstrengung, f; Arbeit, f; Bestrebung, f; Mühe, f

egg-head *<US,infml>* – Intellektueller „Eierkopf“

eight-hour day – Achtstundentag, m

ejectment – Zwangsräumung, f

elaboration – Ausarbeitung, f

elect, v – wählen, v

elected official – Wahlbeamte/r, f/m

election – Wahl, f

election according to the principles of proportional representation – Verhältniswahl, f

election applicant – Wahlbewerber/in, m/f

election by electoral delegates (pl) – Wahlmännerwahl, f

election by secret ballot – geheime Wahl, f

election campaign – Wahlkampf, m

election candidate – Wahlkandidat/in, m/f

election contest – Wahlanfechtung, f

election documents (pl) – Wahlunterlagen (pl)
election expenses (pl) – Wahlkosten (pl)
election fraud – Wahlbetrug, m; Wahlfälschung, f
election meeting – Wahlversammlung, f
election of delegates (pl) – Delegiertenwahl, f; Wahlmännerwahl, f
election provisions (pl) – Wahlvorschriften (pl)
Election Regulations – Wahlordnung, f (WahlO)
election result – Wahlergebnis, n
election returns (pl) – Wahlakten (pl)
elective – gewählt, wählend, wahlberechtigt
elector – Wähler/in, m/f
electoral assistant – Wahlhelfer/in, m/f
electoral board – Wahlvorstand, m
electoral body – Wahlorgan, n
electoral capacity – Wahlberechtigung, f
electoral delegate – Wahldelegierte/r, f/m
electoral duty – Wahlpflicht, f
electoral fraud – Wahlbetrug, m
electoral meeting – Wahlversammlung, f
electoral period – Wahlperiode, f
electoral procedure – Wahlverfahren, n
electoral process – Wahlvorgang, m
electoral register – Wählerliste, f
electoral scrutiny – Wahlprüfung, f
electoral term – Wahlperiode, f
electorate – Wählerschaft, f
electric power blackout – Stromausfall, m
electrical engineer – Elektroingenieur/in, m/f
electrical engineering – Elektrotechnik, f
electrical machine fitter – Elektromaschinenmonteur, m
electrician – Elektrotechniker/in, m/f
electrician fitter – Elektroinstallateur, m
electronic data processing (EDP) – elektronische Datenverarbeitung, f (EDV)
electronics technician – Elektroniker, m
element of an offence/offense – Tatbestandsmerkmal, n
elementary – einführend, grundlegend
elementary education – Grundschulausbildung, f; Volksschulbildung, f
elementary school – Grundschule, f
eligibility (1) – Anspruchsberechtigung, f
eligibility (2) – Wählbarkeit, f
eligibility for election – Wählbarkeit, f
eligible for a benefit – leistungsberechtigt
eligible for a pension – pensionsberechtigt
eligible for application – antragsberechtigt
eligible for election – wählbar
eligible income for insurance – versicherungspflichtiges Entgelt, n
eliminate, v – beseitigen, v; streichen, v
elite – Elite, f
eloquent – sprachgewandt
elusion – Umgehung, f
embezzle, v – unterschlagen, v; veruntreuen, v; entwenden, v
embezzlement – Unterschlagung, f
emergency – Notfall, m; Notlage, f
emergency address – Notadresse, f; Notfalladresse, f
emergency doctor – Notarzt, m

emergency exit – Notausgang, m
emergency lighting – Notbeleuchtung, f
emergency man – Ersatzmann, m
emergency measure – Notmaßnahme, f; Sofortmaßnahme, f
emergency relief – Notstandsbeihilfe, f; Soforthilfe, f
emergency service – Notdienst, m; Breitschaftsdienst, m
emergency shelter – Notunterkunft, f
emergency situation – Notstand, m
emergency team – Noteinsatzmannschaft, f
emergency treatment – Notbehandlung, f; Erste Hilfe, f
emigrate, v – auswandern, v
emigration – Auswanderung, f
emoluments – Dienstbezüge (pl); Honorar, n; Vergütung, f
emotionally stable – ausgeglichen
empathy – Einfühlungsvermögen, n
empirical – empirisch
employ – Dienst, m; Beschäftigungsverhältnis, n
employ, v – Arbeit (f) geben, v; beschäftigen, v; einstellen, v; einsetzen, v
employable – einsatzfähig; einsetzbar; verwendbar
employed – angestellt; beschäftigt, berufstätig
employed person – Beschäftigter, m; Arbeitnehmer, m
employee – Arbeitnehmer/in, m/f; Belegschaftsmitglied, n; Lohn- oder Gehaltsempfänger/in, m/f; Beschäftigte/r, f/m
employee allowance – Arbeitnehmerzulage, f
employee appraisal after the probationary period – Probezeitbeurteilung, f
employee assessment – Mitarbeiterbeurteilung, f
employee assessment system – Mitarbeiterbeurteilungssystem, n
employee association – Arbeitnehmervereinigung, f; Arbeitskammer, f
employee attitude survey – Betriebsumfrage, f; Mitarbeiterbefragung, f
employee benefit department – Sozialabteilung, f
employee benefits (pl) – Sozialleistungen, (pl)
employee car – Jahreswagen, m
employee category – Arbeitnehmergruppe, f
employee chamber – Arbeitnehmerkammer, f
employee coaching – Mitarbeiterberatung, f
employee compensation liable to contribution – beitragspflichtiges Arbeitsentgelt, n
employee counsel(l)ing – Mitarbeiterberatung, f
employee covered by/ under collective agreement – Tarifangestellte/r, f/m
employee data (pl) – Arbeitnehmerdaten (pl)
employee discount – Belegschaftsrabatt, m; Mitarbeiterrabatt, m; Personalrabatt, m
employee exempted amount – Arbeitnehmerfreibetrag, m
employee food services (pl) – Kantineneinrichtung, f
employee grievance – Beschwerde (f) eines Arbeitnehmers (m) bei Arbeitsstreitigkeiten (pl)
employee group – Mitarbeitergruppe, f

employee ID card – Firmenausweis, m
employee in charge – Sachbearbeiter/in, m/f
employee in charge of personnel development – Personalentwickler/in, m/f
employee interview – Personalinterview, n
employee invention – Arbeitnehmererfindung, f
employee invention award – Arbeitnehmererfindervergütung, f
employee involvement – Mitarbeiterbeteiligung, f
employee liability – Arbeitnehmerhaftung (f) an betrieblichen Entscheidungsprozessen (pl)
employee loan – Mitarbeiterdarlehen, n; Personalkredit, m
employee manual – Betriebshandbuch, n
employee master file – Mitarbeiterstammdatei, f
employee meeting – Belegschaftsversammlung, f
employee moral – Arbeitsmoral, f
employee motivation – Arbeitsmotivation, f
employee newspaper – Werkszeitung, f; Werkzeitschrift, f
employee obligations (pl) – Arbeitnehmerpflichten (pl)
employee of the church – kirchlicher Arbeitnehmer, m
employee of the firm – Werksangehörige/r, f/m
employee on temporary loan – Leiharbeitnehmer/in, m/f
employee participation – Arbeitnehmerbeteiligung, f
employee pension scheme – betriebliche Altersversorgung, f
employee potential – Mitarbeiterpotential, n
employee protection – Arbeitnehmerschutz, m
employee protection provision – Arbeitnehmerschutznorm, f
employee purchase – Personaleinkauf, m
employee rating *<US>* – Einstufung (f) nach Leistung, f
employee relations (pl) – Mitarbeiterbeziehungen (pl)
employee relationship – Mitarbeiterverhältnis, n
employee representation – Arbeitnehmervertretung, f; Belegschaftsvertretung, f
employee representative – Arbeitnehmervertreter/in, m/f; Belegschaftsvertreter/in, m/f
employee rights (pl) – Arbeitnehmerrechte (pl)
employee roster – Stellenbesetzungsplan, m
employee savings bonus – Arbeitnehmersparzulage, f
employee selection – Personalauslese, f
employee service agency – Personalservice-Agentur, f (PSA)
employee service invention – Diensterfindung, f
employee share *<GB>* – Belegschaftsaktie, f
employee share ownership – Beteiligung (f) der Arbeitnehmer (pl) am Aktienkapital, n
employee skills inventory – Fähigkeitsdatei, f
employee status – Anstellungsverhältnis, n; Arbeitnehmerstatus, m
employee suggestion scheme – betriebliches Vorschlagswesen, n
employee test – Eignungsprüfung, f

employee turnover – Fluktuation, f; Mitarbeiterfluktuation, f
employee voluntary termination notice – Eigenkündigung, f
employee's background – Werdegang, m
employee's contribution (to social insurance) – Arbeitnehmeranteil, m
employee's entitlement to continue working *(in his/her employment)* – Weiterbeschäftigungsanspruch, m
employee's loyalty duty *(towards the employer)* – Treuepflicht, f
employee's withholding exemption – Lohnsteuerfreibetrag, m
employees (pl) – Personal, n; Belegschaft, f
employees' food services (pl) – Verpflegungsdienste (pl)
employees' invention – Betriebserfindung, f
employer – Arbeitgeber/in, m/f; Dienstherr/in, m/f
employer contribution – Arbeitgeberleistung, f
employer contributions (pl) to employee savings (pl) – vermögenswirksame Leistung, f (under the employees' saving scheme)
Employer Liability Act *<US>* – Arbeitgeberhaftpflichtgesetz, n
employer number – Betriebsnummer, f
employer's allowance – Arbeitgeberzuschuss, m
employer's contribution – Arbeitgeberbeitrag, m
employer's contribution to pension insurance – Arbeitgeberanteil (m) zur Rentenversicherung, f
employer's duty for social care *(towards the employee)* – Fürsorgepflicht, f
employer's expenses (pl) – Arbeitgeberaufwendungen (pl)
employer's liability – Arbeitgeberhaftung, f; Betriebshaftpflicht, f
employer's liability insurance – Betriebshaftpflichtversicherung, f
employer's loan – Arbeitgeberdarlehen, n
employer's notice – Arbeitgeberkündigung, f
employer's obligation to keep the employee *(in his/her employment)* – Weiterbeschäftigungspflicht, f
employer's obligations (pl) – Arbeitgeberpflichten (pl)
employer's payments (pl) – Arbeitgeberaufwendungen (pl)
employer's pension commitment – Direktzusage, f; Pensionszusage, f; Versorgungszusage, f
employer's representative – Arbeitgebervertreter/in, m/f
employer's social contribution – Arbeitgeberanteil (m) zur Sozialversicherung, f
employers' association – Arbeitgeberverband, m
employers' liability insurance association – Berufsgenossenschaft, f
employment – Anstellung, f; Arbeit, f ; Arbeitsverhältnis, n; Beschäftigung, f; Tätigkeit, f; Einsatz, m
employment ad(vertisement)– Stellenanzeige, f; Stellenausschreibung, f
employment agency – Arbeitsvermittlung, f; Stellenvermittlung, f; Arbeitsagentur, f
employment aid – Einstellungsbeihilfe, f
employment ambition – Berufswunsch, m

employment anniversary – Arbeitsjubiläum, n; Dienstjubiläum, n
Employment Appleal Tribunal (EAT) *<GB>* – Berufungsinstanz (f) gegen Entscheidungen (pl) der Industrial Tribunals
employment applicant – Arbeitssuchende/r, f/m
employment authorities (pl) – Arbeitsverwaltung, f
employment bottleneck – Beschäftigungsengpass, m
employment branding – Streben, n
employment category (1) – Beschäftigungsart, f
employment category (2) – Beschäftigungsgruppe, f
employment certificate – Arbeitsbescheinigung, f
employment claim – Beschäftigungsanspruch, m; Einstellungsanspruch, m
employment company – Beschäftigungsgesellschaft, f
employment condition – Beschäftigungsbedingung, f
employment conditions (pl) – Arbeitsbedingungen, pl
employment conditions (pl) agreement – Tarifvertrag, m
employment contract – Anstellungsvertrag, m; Arbeitsvertrag, m; Dienstvertrag, m
employment creation – Schaffung (f) neuer Arbeitsplätze (pl)
employment criteria (pl) – Einstellungskriterien (pl)
employment exchange *<GB>* – Arbeitsagentur, f
employment form – Einstellungsbogen, m
employment fraud – Anstellungsbetrug, m
employment income – Einkünfte, pl
employment interview – Einstellungsgespräch, n
employment limit – Beschäftigungsbeschränkung, f
employment market – Stellenmarkt, m
employment obligation – Beschäftigungspflicht, f
employment of labo(u)r – Arbeitseinsatz, m
employment on trial basis – Probearbeitsverhältnis, n
employment operation – Beschäftigungsbetrieb, m
employment outlook – Beschäftigungsaussichten (pl)
employment papers *(pl)* – Arbeitspapiere (pl)
employment picture – Beschäftigungslage, f
employment placement service – Arbeitsvermittlung, f
employment plan – Beschäftigungsplan, m
employment policy – Beschäftigungspolitik, f
employment premium – Beschäftigungsprämie, f
employment promotion – Beschäftigungsförderung, f
Employment Promotion Act (1) – Arbeitsförderungsgesetz, n (AFG)
Employment Promotion Act (2) – Beschäftigungsförderungsgesetz, n (BeschFG)
employment promotion company – Beschäftigungsförderungsgesellschaft, f
employment prospects (pl) – Beschäftigungsaussichten (pl)
employment rate – Einstellungsquote, f
employment relationship – Beschäftigungsverhältnis, n; Arbeitsverhältnis, n; Dienstverhältnis, n

employment relationship between marriage partners (pl) – Ehegattenarbeitsverhältnis, n
employment relationship of a seaman – Heuerverhältnis, n
employment risk – Berufsrisiko, n
employment scheme – Arbeitsbeschaffungsprogramm, n
employment services (pl) – Arbeitsverwaltung, f; Arbeitsvermittlungsdienst, m
employment status – Dienststellung, f
employment subject to wage tax – lohnsteuerpflichtige Beschäftigung, f
employment subsidy – Beschäftigungsbeihilfe, f; Beschäftigungshilfe, f; Lohnkostenzuschuss, m
employment tax *<US>* – Lohnsteuer, f
employment work – unselbständige Arbeit, f
empower, v – bevollmächtigen, v; ermächtigen, v
emulate, v – nacheifern, v
emuluments (pl) – Diäten, pl
enable, v – ermöglichen, v; möglich machen, v
enact, v – erlassen, v
enactment – Erlass, m
enclose, v – anhängen, v; beifügen, v; beilegen, v
enclosure – Anlage, f; Beilage, f
encourage, v – ermutigen, v; ermuntern, v; anspornen, v
end – Schluss, m
end of work – Arbeitsende, n; Arbeitsschluss, m
end of working hours (pl) – Arbeitszeitende, n
end-of-year bonus – Abschlussvergütung, f
endanger, v – gefährden, v
endangerment – Gefährdung, f
endeavo(u)r – Anstrengung, f; Bemühung, f
endeavo(u)r to effect a reconciliation – Sühneversuch, m
endeavour, v *<GB>* – bemühen (sich), v
endow, v – schenken, v; stiften, v; spenden, v
endowment – Dotierung, f
endowment insurance – Lebensversicherung (f) auf den Erlebensfall, m
endurance – Ausdauer, f
energy – Energie, f
energy industry – Energiewirtschaft, f
enforce, v – durchsetzen, v; erzwingen, v; vollstrecken, v
enforce a claim, v – Anspruch (m) geltend machen, v
enforce the payment of, v – beitreiben, v
enforceability – Vollstreckbarkeit, f; Durchsetzbarkeit, f
enforceable – durchsetzbar; erzwingbar; vollstreckbar
enforceable judgement – Titel, m *<jur>*
enforcement – Erzwingung, f; Vollstreckung, f; Vollzug, m
enforcement of payment – Beitreibung, f
enforcement of the judgement – Vollstreckung (f) aus dem Urteil, n
engage in an outside activity, v – Nebentätigkeit (f) ausüben, v
engage, v (1) – anheuern, v; verpflichten, v; binden, v
engage, v (2) – engagieren, v; einstellen, v; anstellen, v
engaged – verlobt
engagement (1) – Anstellung, f; Einstellung, f; Beschäftigung, f
engagement (2) – Bindung, f; Verpflichtung, f

engagement (3) – Verlöbnis, n
engine – Motor, m; Maschine, f
engine fitter – Motorenschlosser/in, m/f
engineer – Ingenieur/in, m/f
engineering – Ingenieurwesen, n; Technik, f
engineering department – technische Abteilung, f
engineering process – technisches Verfahren, n
enhance the turnover, v – Umsatz (m) steigern, v
enhancement in value – Wertsteigerung, f
enlarge, v – erweitern, v
enlargement – Erweiterung, f; Vergrößerung, f
enlighten, v – aufklären, v
enlist, v (1) – aufnehmen, v; zur Mitarbeit (f) gewinnen, v
enlist, v (2) – Soldat (m) werden, v
enrichment – Anreicherung, f; Bereicherung, f
enrol(l)ment – Anmeldung, f; Einschreibung, f; Eintragung, f; Beitrittserklärung, f
enrol, v/ enroll, v – immatrikulieren (sich), v; sich anmelden, v
enter, v – eintragen, v; eintreten, v
enter a plea, v – Einrede (f) erheben, v
enter an appearance, v – vor Gericht (n) erscheinen, v
enter into a contract, v – Vertrag (m) schließen, v
enter into a profession, v – Beruf (m) ergreifen, v
enter into negotiations, v – in Verhandlungen (pl) eintreten, v
enter service, v – Dienst (m) antreten, v; verdingen (sich), v
enter upon a career, v – Laufbahn (f) einschlagen, v
enter upon new duties (pl), v – neuen Aufgabenbereich (m) übernehmen, v
entering of an action – Klageerhebung, f
enterprise – Geschäft, n; Unternehmen, n; Wagnis, n
enterprise culture – Unternehmenskultur, f
entertain, v *(s.o.)* – bewirten, v
entertainment – Gastfreundschaft, f; Bewirtung, f; Unterhaltung, f
entertainment allowance – Bewirtungskostenpauschale, f; Aufwandsentschädigung, f
entertainment costs (pl) – Bewirtungskosten (pl)
entertainment expenses (pl) – Bewirtungsspesen (pl)
enthusiasm – Begeisterung, f
entice, v – abspenstig machen, v; abwerben, v; verlocken, v
enticement – Abwerbung, f; Verführung, f
entitle, v – Anspruch (m) geben auf, v; jmd berechtigen, v
entitled to a commission – provisionsberechtigt
entitled to a pension – pensionsberechtigt
entitled to access – zugriffsberechtigt
entitled to alimony – unterhaltsberechtigt (Ehepartner/in, m/f)
entitled to elect a works council – betriebsratsfähig
entitled to give notice – kündigungsberechtigt
entitled to inherit – erbberechtigt
entitled to maintenance – unterhaltsberechtigt (Kind)
entitled to purchase – bezugsberechtigt
entitled to receive – empfangsberechtigt

entitled to store – speicherungsberechtigt
entitled to vote – stimmberechtigt; wahlberechtigt
entitlement – Berechtigung, f; Anspruch, m
entitlement period – Anspruchszeitraum, m
entitlement to a reference – Zeugnisanspruch, m
entitlement to access – Zugriffsberechtigung, f
entitlement to benefit(s) – Leistungsanspruch, m
entitlement to continual pay – Entgeldfortzahlungsanspruch, m
entitlement to pension – Pensionsanspruch, m; Ruhegehaltsanspruch, m
entitlement to purchase – Bezugsberechtigung, f
entrance – Eingang, m; Eintritt, m; Zutritt, m; Aufnahme, f
entrance exam(ination) – Aufnahmeprüfung, f
entrance fee – Aufnahmegebühr, f
entrance into/upon an office – Amsantritt, m
entrance qualification – Aufnahmebedingung, f
entrance qualification for a technical college – Fachschulreife, w
entrance rate – Anfangslohn, m; Einstellohn, m
entrance upon office – Antritt, m
entrepreneur – Unternehmer/in, m/f
entrepreneurial – unternehmerisch
entrust s.o. with sth, v – betrauen, v
entrust, v – anvertrauen, v; betrauen, v
entry – Buchung, f; Eintragung, f; Einreise, f; Eintritt, m; Zuzug, m
entry age – Eintrittsalter, n
entry date – Eintrittsdatum, n
entry in the register – Registereintragung, f
entry into force – Inkrafttreten, n
entry into office – Amtsantritt, m
entry into service – Dienstantritt, m
enumeration – Aufzählung, f
environment – Umfeld, n; Milieu, n; Umgebung, f; Umwelt, f
environment-conscious – umweltbewusst
environmental change – Umweltveränderung, f
environmental effects (pl) – Umwelteinflüsse (pl)
environmental impact – Umweltbelastung, f
environmental impact assessment – Umweltverträglichkeitsprüfung, f
environmental influence – Umgebungseinfluss, m
environmental pollution – Umweltverschmutzung, f
environmental protection – Umweltschutz, m
environmental protection law – Umweltschutzrecht, n
environmental protection officer – Umweltschutzbeauftragte/r, f/m
environmentally beneficial – umweltfreundlich
equal – gleich; gleichgestellt
equal opportunities (pl) – Chancengleichheit, f
equal rights for women – Gleichberechtigung, f
equal say in decision-making for each of three groups – Drittelparität, f
equal status – Gleichstellung, f
equal treatment – Gleichbehandlung, f

equalisation/equalization claim – Ausgleichsforderung, f
equalisation/equalization levy – Ausgleichsabgabe, f
equalisation/equalization pay for non-employment of disabled persons – Ausgleichsabgabe (f) für Nichtbeschäftigung von behinderten Menschen (pl)
equality – Gleichheit, f
Equality for Disabled Persons Act – Behindertengleichstellungsgesetz, n (BGG)
equality in kind – Gleichartigkeit, f
equality of wages (pl) – Lohngleichheit, f
equalization – Gleichstellung, f; Angleichung, f; Ausgleich, m
equalization fund – Ausgleichskasse, f
equalization/equalisation of accrued gains (pl) – Zugewinnausgleich, m
equalization payment – Ausgleichszahlung, f
equalize, v – ausgleichen, v
equally entitled – gleichberechtigt
equip, v – ausstatten, v; ausrüsten, v
equipment – Arbeitszeug, n; Ausrüstung, f; Ausstattung, f; Einrichtung, f
Equipment Safety Law – Gerätesicherheitsgesetz, n
equitable – billig
equitable judgement – billiges Ermessen, n
equity – Billigkeit, f
equity capital – Eigenkapital, f
equity warrant – Aktienoptionsanleihe, f
equivalence – Gleichwertigkeit, f
equivalence agreement – Äquivalenzvereinbarung, f
equivalent (1) – Gegenwert, m
equivalent (2) – gleichbedeutend; gleichwertig
erase, v – löschen, v
erase a data file, v – Datei (f) löschen, v
erasure – <Daten => Löschung, f
ergonomic – ergonomisch; arbeitswissenschaftlich
ergonomic design – ergonomische Gestaltung, f
ergonomic science – Arbeitswissenschaft, f
ergonomics – Arbeitswissenschaft, f; Ergonomie, f; Arbeitslehre, f
erosion – Schwund, m; Verschleiß, m
erosion of purchasing power – Kaufkraftschwund, m
error – Fehler, m; Irrtum, m
error as to the content of the declaration – Inhaltsirrtum, m
error in law – Rechtsirrtum, m
error in motive – Motivirrtum, m
error of discretion – Ermessensfehler, m
error of fact – Tatsachenirrtum, m
error of judgement – Ermessensfehler, m
escalator adjustment – automatischer Lohnausgleich, m
escalator clause <*US*> – Ausgleichsklausel, f; Indexklausel, f; Lohngleitklausel, f; Preissteigerungsklausel, f
escape, v – fliehen, v; entkommen, v
escape clause – Rücktrittsklausel, f
escape route – Fluchtweg, m
essential – wesentlich
essential component – wesentlicher Bestandteil, m
essential part – wesentlicher Bestandteil, m
establish, v (1) – einrichten, v; sich niederlassen, v

establish, v (2) – errichten, v; gründen, v
established civil servant – Berufsbeamter/Berufsbeamtin, m/f
established company practice – betriebliche Übung, f
established doctor – niedergelassene/r Arzt/ Ärztin, m/f
established judge – Berufsrichter/in, m/f
established official – Beamter/ Beamtin (m/f) auf Lebenszeit, f
established operating practices (pl) – betriebliche Übung, f
established post – Planstelle, f
establishment – Betriebsstätte, f; Geschäft, n; Niederlassung, f; Ernennung (f) zum Beamten (m) auf Lebenszeit, f
establishment of the works council – Konstituierung (f) des Betriebsrats, m
establishment under public law – Anstalt (f) des öffentlichen Rechts, n
estate – Besitztum, n; Nachlass, m; Erbmasse, f
estate agent – Grundstücksmakler/in, m/f
estate tax – Erbschaftssteuer, f
estimate – Schätzung, f; Bewertung, f; Kostenvoranschlag, m
estimate of a person's character – Charakterbeurteilung, f
estimate, v – schätzen, v; taxieren, v; kalkulieren, v
estimated number of unreported cases (pl) – Dunkelziffer, f
estimation – Wertschätzung, f; guter Ruf, m
estimation of evidence – Beweiswürdigung, f
estop from, v *<law>* – hindern, v *<jur>*
EU national – EU Bürger, m
European Coal and Steel Community – Europäische Gemeinschaft (f) für Kohle (f) und Stahl (m); Montanunion, f
european community law – Europarecht, n
European Council – Europäischer Rat, m
European Court of Human Rights *(pl)* – Europäischer Gerichtshof für Menschenrechte (pl)
European Court of Justice – Europäischer Gerichtshof, m
European Entertainment Alliance (EEA) – Europäische Allianz für Unterhaltung, f
European Federation of Building and Woodworkers (pl) (EFBWW) – Europäische Föderation (f) der Bau- und Holzarbeiter/innen (pl)
European Federation of Food, Agriculture and Tourism Trade Unions (EFFAT) – Europäischer Verband (m) der Lebensmittel-, Landwirtschafts und Tourismus-Gewerkschaften (pl)
European Federation of Journalists (EFJ) – Europäische Journalistengruppe, f
European Federation of Public Service Unions (EPSU) – Europäischer Gewerkschaftsverband (m) für den öffentlichen Dienst (EGÖD)
European Medium and Small Business Union – Europäische Mittelstandsunion, f (EMU)
European Metalworkers' Federation (EMF) – Europäischer Metallgewerkschaftsbund, m
European Mine, Chemical and Energy Workers' Federation (EMCEF) – Europäische Födera-

tion (f) der Bergbau-, Chemie- und EnergiearbeiterInnen
European Parliament – Europäisches Parlament, n
European Social Charta – Europäische Sozialcharta, f
European Trade Union Committee for Education (ETUCE) – Europäischer Gewerkschaftsausschuss (m) für Bildung und Wissenschaft, f
European Trade Union Federation - Textiles, Clothing and Leather (ETUF-TCL) – Europäischer Gewerkschaftsausschuss Textil, Bekleidung und Leder
European Trade Unions' Confederations (ETUC) – Europäische Gewerkschaftskonföderation, f
European Transport Workers' Federation (ETF) – Europäische Transportarbeiter-Föderation, f
European Union – Europäische Union, f (EU)
evade the law, v – Gesetze (pl) umgehen, v
evaluate, v – abschätzen, v; auswerten, v; bewerten, v
evaluation – Auswertung, f; Beurteilung, f; Bewertung, f
evaluation basis – Bemessungsgrundlage, f
evaluation range – Wertigkeitsspanne, f
evasion – Umgehung, f
evasion of tax – Steuerhinterziehung, f
evasion of the law – Gesetzesumgehung, f
evening – Abend, m
evening classes (pl) – Abendkursus, m
evening school – Abendschule, f
event – Ereignis, n; Veranstaltung, f
event of loss – Schadensfall, m
eviction – Räumung, f; Zwangsräumung, f; Ausweisung, f
evidence – Augenscheinlichkeit, f; Offenkundigkeit, f; Beweismittel (pl); Beweismaterial, n
evidence for the prosecution – Belastungsmaterial, n
evidence in rebuttal – Gegenbeweis, m
evidence proving the use – Verwendungsnachweis, m
evident – offenkundig; augenscheinlich
evidential procedure – Beweisverfahren, n
evidentiary purpose – Beweiszweck, m
ex officio – von Amts wegen
ex officio guardianship – Amtsvormundschaft, f
examination (1) – Examen, n; Prüfung, f; Untersuchung, f
examination (2) – (Zeugen-) Vernehmung, f *<jur>*
examination candidate – Examenskandidat/In, m/f
examination date – Prüfungstermin, m
examination for the General Certificate *<GB> (of Advanced-Level High School Education)* – Abitur, n
examination for the master's diploma – Meisterprüfung, f
examination of one's conscience – Gewissensprüfung, f
examination of professional competence – berufliche Eignungsprüfung, m
examination of witnesses (pl) – Zeugenvernehmung, f
examination passed with distinction – Prädikatsexamen, n
examination phobia – Prüfungsangst, f

examination regulations (pl) – Prüfungsordnung, f
examination requirements (pl) – Prüfungsanforderungen (pl)
examination subject – Prüfungsfach, n
examination task – Prüfungsaufgabe, f
examination topic – Prüfungsthema, n
examine, v – befragen, v; prüfen, v; mustern, v
examinee – Kandidat/in, m/f; Prüfling, m
examiner – Prüfer/in, m/f
examining department – Prüfstelle, f
exceed, v – überschreiten, v; übertreffen, v; hervorragen, v
exceeding of one's discretionary powers (pl) – Ermessensüberschreitung, f
excel, v – auszeichnen (sich), v; überragen, v; übertreffen, v
excellent – ausgezeichnet
except – außer; ausgenommen
exception – Ausnahme, f; Einwendung, f; Einwand, m; Einspruch, m *<jur>*
exceptionable – tadelnswert; anfechtbar
exceptional – außergewöhnlich; ungewöhnlich
exceptional permission – Ausnahmegenehmigung, f
excerpt – Auszug, m
excess – Übermaß, n; Überschuss; m
excess capacity – Überkapazität, f
excess charge – Aufpreis, m
excess costs (pl) – Mehrkosten (pl)
excess labour supply – Arbeitskräfteüberschuss, m
excess of age – Überalterung, f
excess of births (pl) over deaths (pl) – Geburtenüberschuss, m
excess of purchasing power – Kaufkraftüberschuss, m
excess payment of wages (pl) – Lohnüberzahlung, f
excess value – Mehrwert, m
exchange – Austausch, m; Wechsel, m; Umtausch, m
exchange, v – austauschen, v
exchange of correspondence – Schriftwechsel, m
exchange of experience – Erfahrungsaustausch, m
exchange of ideas (pl) – Gedankenaustausch, m
exchange of letters (pl) – Schriftwechsel, m
exchange of views (pl) – Meinungsaustausch, m
exchange program(me) – Austauschprogramm, n
exchange rate – Wechselkurs, m
excise tax – Verbrauchssteuer, f
exclude, v – ausschließen, v
exclude the public, v – die Öffentlichkeit (f) ausschließen, v
exclusion – Ausschluss, m; Ausgrenzung, f
exclusion of liability – Haftungsausausschluss, m
exclusive – ausschließlich
exclusive agent – Alleinvertreter/in, m/f
exclusive owner – Alleineigentümer/ in, m/f
exclusive right – Exklusivrecht, n
exclusive time limit – Ausschlussfrist, f
exclusivity stipulation – Ausschlussklausel, f
exculpate, v – entschuldigen, v; rechtfertigen, v
exculpation – Entlastung, f; Entschuldigungsgrund, m

exculpatory evidence – Entlastungsbeweis, m
excursion – Ausflug, m
excuse – Entschuldigung, f
excuse, v– entschuldigen, v; verzeihen, v
execute, v – ausführen, v; erledigen, v; vollstrecken v; vollziehen, v
executed treaty – Realvertrag, m
execution (1) – Vollstreckung, f; Zwangsvollstreckung, f *<jur>*
execution (2) – Vollzug, m; Ausführung, f; Durchführung, f; Erfüllung, f
execution of a contract – Vertragserfüllung, f
executive – Geschäftsführer, m; Angehöriger der Geschäftsleitung, f
executive – vollziehend; ausübend; Leitender Angestellter, m *<US>*; Geschäftsführer, m *<US>*
executive ability – Führungsfähigkeit, f
executive board – Vorstand, m
executive committee – geschäftsführender Ausschuss, m
executive committee of the central works council – Gesamtbetriebsausschuss, m
executive decree – Durchführungsverordnung, f
executive dining room – Direktionskasino, n
executive dining room – Kasino, n
executive director – Direktor/in, m/f
executive employee – obere Führungskraft, f; leitender Angestellter, m
executive floor – Chefetage, f; Führungsetage, f
executive management – Unternehmensspitze, f
executive payroll – Geschäftsführerabrechnung, f
executive power – Exekutivgewalt, f
executive secretary (1) *<US>* – Geschäftsführer, m
executive secretary (2) – Chefsekretär/in, m/f
executive staff – Führungsstab, m
executor – Testamentsvollstrecker, m
exemplary damages (pl) – Schmerzensgeld, n (pecuniary damage in compensation for physical suffering and pain)
exempt – ausgenommen; befreit; frei von
exempt employee – außertarifliche/r Angestellte/r, f/m (employee not covered by collective bargaining agreements); AT-Angestellte/r, f/m
exempt from, v – befreien von, v; freistellen von
exempt from compulsory insurance – versicherungsfrei
exempt from tax(ation) – steuerfrei
exempt from the agreed scale – außertariflich
exempt life insurance – befreiende Lebensversicherung, f
exempt staff – außertariflicher Kreis, m
exempt (salaried) employee – außertariflicher Angestellter, m
exempted amount – Freibetrag, m
exempted from co-determination – mitbestimmungsfrei
exemption – Ausnahme, f
exemption clause – Ausnahmeklausel, f
exemption from attachment *<US>* *(of wages)* – Pfändungsschutz, m
exemption from compulsory insurance – Befreiung (f) von der Versicherungspflicht, f
exemption from contributions (pl) – Beitragsfreiheit, f
exemption from distraint – Pfändungsschutz, m

exemption from execution – Vollstreckungsschutz, m
exemption from interests (pl) – Zinsfreistellung, f
exemption from liability – Haftungsbefreiung, f; Haftungsausschluss, m
exemption from military service – Zurückstellung, f
exemption from seizure – Unpfändbarkeit, f
exemption from social insurance – Sozialversicherungsfreiheit, f
exemption from statutory health insurance – Krankenversicherungsfreiheit, f
exemption from taxation – Steuerfreiheit, f; Steuerbefreiung, f
exemption from transfer – Unversetzbarkeit, f
exemption from work – Freistellung (f) von der Arbeit, f
exemption limit – Freigrenze, f
exercise – Übung, f; Ausübung, f
exercise, v – ausüben, v; üben, v
exert an influence on s.o., v – einwirken, v auf
exhaust, v – erschöpfen, v
exhausted – erschöpft
exhaustion – Erschöpfung, f
exhibit, v – darlegen, v; zeigen, v; beweisen, v; ausstellen, v
existence – Vorhandensein, n
exit – Ausgang, m; Ausfahrt, f; Abgang, m
exit control – Ausgangskontrolle, f
exit interview <*US*> – Abgangsinterview, n
exonerate, v – freisprechen, v
exonerate from liability, v – Haftung (f) ausschließen, v
exoneration – Entlastung, f; Freisprechung, f
expand, v – ausdehnen, v
expansion of production – Produktionsausweitung, f; Produktionssteigerung, f
expatriate – ständig im Ausland (n) lebend; heimatlos
expect, v – erwarten, v
expectancy – Anwartschaft, f <*jur*>; Erwartung, f
expectant estate – Anwartschaftsrecht, n
expectant mother – werdende Mutter, f
expectation – Erwartung, f
expectation of good faith – Grundsatz (m) von Treu und Glauben
expediency – Zweckmäßigkeit, f
expedient – zweckmäßig
expel, v – ausweisen, v; vertreiben, v
expellee – Vertriebene/r, f/m
Expellee and Resettler Pensions Act – Fremdrentengesetz, n
expenditure – Aufwand, m; Aufwendungen (pl); Verbrauch, m; Ausgaben (pl)
expenditure for board – Verpflegungskosten (pl)
expenditure on personnel – Personalaufwand, m
expenditures (pl) <*US*> – Ausgabe, f
expense – Aufwendung, f; Aufwand, m; Ausgaben (pl); Spesen (pl)
expense account – Auslagenabrechnung, f; Spesenkonto, n; Spesenrechnung, f
expense-account rules (pl) – Spesenrichtlinie, f
expense allowance – Aufwandsentschädigung, f
expense fraud – Spesenbetrug, m
expense refund – Aufwendungsersatz, m; Auslagenersatz, m
expense reimbursement – Auslagenerstattung, f; Spesenerstattung, f
expense voucher – Spesenbeleg, m

expenses (pl) – Kosten (pl); Spesen (pl); Auslagen (pl)
expenses (pl) incurred for meals (pl) – Verpflegungskosten (pl)
expenses (pl) of the employment interview – Vorstellungskosten (pl)
experience – Erfahrung, f
experience abroad – Auslandserfahrung, f
experience exchange group – Erfahrungsgruppe, f
experience in a business line – Branchenkenntnisse (pl)
experience stay – Erfahrungsaufenthalt, m
experienced in – erfahren
experiment – Experiment, n
experimental method – Testmethode, f
experimental stage – Versuchsstadium, n
expert (1) – Experte/ Expertin, m/f; Fachmann/ -frau, m/f; Kapazität, f; Kenner/in, m/f; Sachkundige/r, f/m; Sachverständige/r, f/m; Sachkenner, m
expert (2) – sachkundig; sachverständig
expert advice – Fachberatung, f
expert adviser/advisor – Fachberater/in, m/f
expert attorney (specialized on) – Fachanwalt (für), m
expert in industrial law *<GB>* – Arbeitsrechtler/in, m/f
expert knowledge – Sachkenntnis, f; Spezialwissen, n; Fachwissen, n
expert opinion – (Sachverständigen-)Gutachten, n
expert opinion of a graphologist – graphologisches Gutachten, n
expert opinion on hereditary factors – erbbiologisches Gutachten, n
expert task force – Expertenteam, n
expert witness – Sachverständiger, m *<jur>*
expert's report – Expertise, f
expertise – fachmännisches Können, n; Fachwissen, n; Gutachten, n; Sachkunde, f; Sachkenntnis, f; Sachverstand, m; Sachverständigengutachten, n
experts' salaries (pl) – Expertengehälter (pl)
expiration – Außerkrafttreten, n; Erlöschen, n; Ablauf, m *<US>*; Fälligkeit, f; Verfall, m
expiration of deadline *<US>* – Fristablauf, m
expire, v – ablaufen, v (Frist); auslaufen, v; erlöschen, v; ungültig werden; verfallen, v; außer Kraft treten
expiring date – Verfallsfrist, f
expiry *<GB>* – Ablauf, m
expiry clause – Verfallsclausel, f
expiry date *<GB>* – Ablaufdatum, n; Verfalltag, m; Endtermin, m
explain, v – erklären, v; erläutern, v
explanation – Erklärung, f; Erläuterung, f; Klarstellung, f
explanation of the annual account – Erläuterung (f) des Jahresabschlusses
explicit – ausdrücklich
exploit, v – ausbeuten, v; ausnutzen, v
exploitation – Ausbeutung, f; Ausnutzung, f
explore, v – erkunden, v; erforschen, v
export, v – ausführen, v
expose, v – aussetzen, v
exposed – ausgesetzt; exponiert; preisgegeben; gefährdet
exposed to radiation – strahlengefährdet
exposure – Aussetzung, f
exposure draft – Diskussionsentwurf, m

express delivery – Eilzustellung, f
expression – Ausdruck, m
expresssion of one's opinion – Meinungsäußerung, f
expropriate, v – enteignen, v
expropriation – Enteignung, f
extend – Ausdehnung, f; Grad, m; Ausmaß, n; Weite, f
extend, v – ausdehnen, v; verlängern, v; erweitern, v
extend a time limit, v – aufschieben, v
extend of protection – Schutzbereich, m
extension – Ausdehnung, f; Verlängerung, f; Erweiterung, f
extension of the insured person's contribution *(to the costs (pl) of the health service)* – Selbstbeteiligung, f
extension of the probationary period – Probezeitverlängerung, f
extension of time – Fristverlängerung, f
exterior – auswärtig
external – außerbetrieblich; betriebsfremd; extern
external account – Außenhandelsbilanz, f
external audit – Betriebsprüfung, f
external training – außerbetriebliche Ausbildung, f
extinction – Untergang, m
extinction of previous convictions (pl) – Straftilgung, f
extinctive prescriptionon – Verjährung, f
extort, v – erpressen, v
extortion – Erpressung, f
extra – besonders; zusätzlich
extra allowance – Sonderzulage, f
extra bonus – Sonderzuwendung, f
extra burden – Mehrbelastung, f
extra charge (1) – Mehrbelastung, f
extra charge (2) – Zuschlag, m
extra cost – Mehrkosten (pl)
extra-curricular education – außerschulische Bildung, f
extra dividend – Bonus, m
extra hours (pl) – Überstunden (pl)
extra-judicial – außergerichtlich
extra-judicial settlement – außergerichtlicher Vergleich, m
extra leave – Sonderurlaub, m; Zusatzurlaub, m
extra-marital cohabitation – nichteheliche Lebensgemeinschaft, f
extra pay – Gehaltszulage, f; Lohnzuschlag, m; Prämie, f; Sondervergütung, f
extra shift – Sonderschicht, f
extra work – Zusatzarbeit, f; Mehrarbeit, f
extract – Auszug, m
extradite, v – ausliefern, v (Fremdenrecht, n)
extradition – Auslieferung, f
extraordinary – außergewöhnlich; außerordentlich
extraordinary burden – außergewöhnliche Belastung, f
extraordinary notice of dismissal – außergewöhnliche Kündigung, f
extraordinary obligation – außergewöhnliche Belastung, f
extraordinary termination – außerordentliche Kündigung, f
extraprofessional – außerberuflich
extremely handicapped person – Schwerstbehinderte/r, f/ m
extremely heavy work – Schwerstarbeit, f
eyesight – Sehkraft, f
eyewitness – Augenzeuge/ -zeugin, m/f

F

fabrication – Fälschung, f
face – Gesicht, n
face guard– Schutzmaske, f
face shield – Schutzschild, m
face value– Nennbetrag, m
facilitate, v – erleichtern, v; fördern, v
facilitation of work – Arbeitserleichterung, f
facilities (pl) – Anlage, f
facility – Einrichtung, f
fact – Tatsache, f; Wirklichkeit, f; Sachverhalt, m
factor – Faktor, m; Umstand, m
factory – Betrieb, m; Fabrik, f; Fabrikgebäude, n
Factory Act *<GB>* – Arbeiterschutzgesetz, n
factory agreement – Betriebsvereinbahrung, f
factory committee – Betriebsrat, m
factory compound – Fabrikgelände, n; Werksgelände, n
factory hand – Fabrikarbeiter, m
factory inspectorate division – Gewerbeaufsichtsamt, n
factory manager – Fabrikleiter, m
factory meeting – Betriebsversammlung, f
factory order – Betriebsgenehmigung, f
factory work – Fabrikarbeit, f
factory worker – Industriearbeiter/in, m/f; Fabrikarbeiter/in, m/f
facts (pl) – Tatbestand, m
facts (pl) of the case – Sachverhalt, m; Tatbestand, m
factual – tatsächlich, auf Tatsachen (pl) beruhend
factual claim – Tatsachenbehauptung, f
factual company – faktische Gesellschaft, f
factual connection – Sachzusammenhang, m
factual employment – faktisches Arbeitsverhältnis, n
factual error – Tatsachenirrtum, m
factual mistake – Tatbestandsirrtum, m
factual situation – Sachlage, f; Sachverhalt, m
factual statement – Begründung, f
faculty – Fakultät, f; Fähigkeit, f; Geschicklichkeit, f; Können, n; Talent, n
fag one self out, v – kaputtmachen (sich), v *<infml>*
fag, v *<GB>* – abarbeiten (sich), v *<infml>;* schinden, v *<infml>*
fail, v – keinen Erfolg (m) haben, v; fehlschlagen, v; nachlassen, v; scheitern, v; versagen, v; ausfallen, v; fehlen, v; mangeln, v
fail in an exam(ination), v – Prüfung (f) nicht bestehen, v
fail seriously in one's obligations (pl), v – grob gegen seine Pflichten (pl) verstoßen, v
fail to appear – ausbleiben, nicht erscheinen
fail to do – unterlassen
failure – Fehlschlag, m; Mangel, m; Misserfolg, m; Misslingen, n; Scheitern, n; Versagen, n
failure of intent – Willensmangel, m
failure of performance – Nichterfüllung, f
failure of work –Arbeitsausfall, m
failure rate – Ausfallrate, f *<tech>;* Durchfallquote, f

failure to act – Untätigkeit, f
failure to meet obligations (pl) – Leistungsverzug, m
failure to perform – Nichterfüllung, f
failure to work – Arbeitsversäumnis, n
fair – anständig; makellos; schön; nett; aufrichtig; gerecht; angemessen
fair behaviour/behavior – loyales Verhalten, n
fair competition – lauterer Wettbewerb, m
fair dismissal – gerechtfertigte Entlassung, f
fair income – angemessenes Einkommen, n
fair labor practice *<US>* – Arbeitsschutz, m
fair standard of living – angemessener Lebensstandard, m
fairness – Gerechtigkeit, f; Billigkeit, f
faith – Glaube(n), m;Vertrauen, n; Treue, f
faithful – treu
fake – Fälschung, f
fake, v – fälschen, v; fingieren, v
fall – Fall, m; Sturz, m; Niedergang, m
fall, v – fallen, v
fall-back pay – Arbeitsausfallentschädigung, f
fall break *<US>* – Herbstferien (pl)
fall due, v – fällig werden, v
fall ill, v *(with)* – erkranken, v; krank werden, v
fall in output – Produktionseinbuße, f
fall in produktion – Produktionsrückgang, m
fall under the statute of limitations (pl) – verjähren
false – unrichtig; falsch; unecht
false assumption of authority – Amtsanmaßung, f
false certification – Falschbeurkundung, f
false oath – Meineid, m
false pretenses (pl) – falsche Behauptung, f
false swearing – Falscheid, m
false testimony – Falschaussage, f
falsehood – Unwahrheit, f
falsification – Fälschung, f
falsification of ballots (pl) – Wahlfälschung, f
falsification of documents (pl) – Urkundenfälschung, f
familiarization – Gewöhnung, f; Einarbeitung, f
familiarize one self with, v – sich einarbeiten, v
family – Familie, f
family allowance *<GB>* – Familienbeihilfe, f; Familienzulage, f; Kindergeld, n
family assistance – Familienhilfe, f
family benefits (pl) – Familienleistungen (pl)
family burden equalization fund – Familienlastenausgleichsfond, m
family business – Familienbetrieb, m
family care – Familienfürsorge, f
family community – häusliche Gemeinschaft, f
family court – Familiengericht, n
family doctor – Hausarzt, m
family environment – häusliches Milieu, n; Umgebung, f
family equalization fund – Familienausgleichskasse, f
family helpers (pl) – mithelfende Familienangehörige (pl)
family holding – Familienbetrieb, m
family income – Familieneinkommen, n
family insurance – Familienversicherung, f
family law – Familienrecht, n
family member – Familienangehörige/r, f/m

family name – Familienname, m; Zuname, m
family record – Familienbuch, n
family register – Familienbuch, n
family separation – Familientrennung, f
family status – Personenstand, m
family workers (pl) – mithelfende Familienangehörige, pl
family-friendly – familienfreundlich
farewell party – Abschiedsfeier, f
farewell speech – Abschiedsrede, f
farewell visit – Abschiedsbesuch, m
farm labo(u)r force – Arbeitskräfte, pl
farmhand – Landarbeiter, m
fatal – tödlich; mit tödlichem Ausgang, m
fatal accident – tödlicher Unfall, m
fatherhood – Vaterschaft, f
fatigue – Erschöpfung, f; Ermüdung, f; Übermüdung, f
fatigue allowance – Erholungszuschlag, m; Ermüdungszuschlag, m
fault *<US>* – Verschulden, n; Fehler, m; Mangel, m; Versehen, n
faultless – fehlerfrei; fehlerlos
faulty – fehlerhaft
faulty possession – fehlerhafter Besitz, m
favo(u)r – Gunst, f
favo(u)rability principle – Günstigkeitsprinzip, n
favo(u)rable – günstig
feasibility study – Durchführbarkeitsstudie, f; Projektstudie, f
feasible – durchführbar
featherbeding *<GB>* – (von Gewerkschaften geforderte) Überbesetzung (f) von Arbeitskräften (pl)
feature – Merkmal, n
federal – föderativ; bundesstaatlich; Bundes...
Federal Act concerning Committees Representing Supervisory Personnel – Sprecherausschussgesetz, n (SprAuG)
Federal Act on Employee Inventions – Arbeitnehmererfindergesetz, n (ArbNEerfG)
Federal Act on Holidays – Feiertagsgesetz, n (FeierTG)
Federal Act on Removal Expenses *(for federal officials)* – Bundesumzugskostengesetz, n
Federal Act on Travel Expenses for the Civil Service – Bundesreisekostengesetz, n
Federal Act on Work at Home – Heimarbeitsgesetz, n (HAG)
Federal Act to Counteract Illicit Work – Gesetz (n) zur Bekämpfung der Schwarzarbeit (SchwarbG)
Federal Act to Counteract Unfair Competition – Gesetz (n) gegen den unlauteren Wettbewerb (m) (UWG); Wettbewerbsgesetz, n
Federal Act to Establish Minimum Working Conditions – Gesetz (n) über Mindestarbeitsbedingungen (pl) (MinArbBedG)
Federal Administrative Court – Bundesverwaltungsgericht, n
Federal Armed Forces (pl) – Bundeswehr, f
Federal Army – Bundesheer, n
Federal Attorney Fees Act – Bundesrechtsanwaltsgebührenornung, f (BRAGO)
Federal Attorneys Act – Bundesrechtsanwaltsordnung, f (BRAO)
Federal Audit Office – Bundesrechnungshof, m
federal authority – Bundesbehörde, f
Federal Bank – Deutsche Bundesbank, f
federal bond – Bundesobligation, f

Federal Border Police – Bundesgrenzschutz, m
federal budget – Bundeshaushalt, m
Federal Cabinett – Bundeskabinett, n
Federal Cartel Office – Bundeskartellamt, n
Federal Chancellery – Bundeskanzleramt, n
Federal Chancellor – Bundeskanzler, m
federal civil servant – Bundesbeamter/Bundesbeamtin, m/f
federal commissioner – Bundesbeauftragte/r, f/m
Federal Commissioner for Data Protection – Bundesdatenschutzbeauftragte/r, f/m
Federal Constitutional Court – Bundesverfassungsgericht, n
Federal Council – Bundesrat, m
federal court – Bundesgericht, n
Federal Court of Justice – Bundesgerichtshof, m
Federal Data Protection Act – Bundesdatenschutzgesetz, n (BDSG) (Act on the Protection against the Misuse of Personal Data in Data Processing)
federal department – Bundesbehörde, f
Federal Family Allowance Act (Act Respecting the Grant of Family and Education Supplement) – Bundeskindergeldgesetz, n
Federal Finance Court – Bundesfinanzhof, m
Federal Frontier Guards (pl) – Bundesgrenzschutz, m
Federal Gazette – Bundesanzeiger, m
Federal Government – Bundesregierung, f
Federal Health Office – Bundesgesundheitsamt, n
Federal Immission Control Act – Bundesimmissionsschutzgesetz, n
federal institute – Bundesanstalt, f
Federal Insurance Authority – Bundesversicherungsamt,n
Federal Insurance Institute for Salaried Employees (pl) – Bundesversicherungsanstalt (f) für Angestellte (pl) (BfA)
federal judge – Bundesrichter/in, m/f
Federal Labo(u)r Court – Bundesarbeitsgericht, n
Federal Labo(u)r Institute – Bundesagentur für Arbeit, f
federal law – Bundesrecht, n
Federal Law Gazette – Bundesgesetzblatt, n
Federal Leave Act (Act to Provide for a Minimum Period of Leave for Workers) – Bundesurlaubsgesetz, n
federal legislation – Bundesgesetzgebung, f
federal matter – Bundesangelegenheit, f
Federal Miners´ Insurance Institution – Bundesknappschaft, f
federal minister *<GB>* – Bundesminister/in, m/f
Federal Minister of Labour and Social Affairs – Bundesminister für Arbeit und Sozialordnung
federal officer – Bundesbeamter, m
federal official – Bundesbeamter, m
Federal Prosecutor´s Department – Bundesanwaltschaft, f
federal register of traffic offences/offenses (pl) – Verkehrszentralregister, n
Federal Regulations Gazette – gemeinsames Ministerialblatt, n
Federal Remuneration Act – Bundesbesoldungsgesetz, n (BBesG)
federal research institute – Bundesforschungsanstalt, f

federal saving bond – Bundesschatzbrief, m
Federal Social Assistance Act – Bundessozialhilfegesetz, n
Federal Social Insurance Institution for Salaried Employees – Bundesversicherungsanstalt (f) für Angestellte (BfA)
Federal Social Court – Bundessozialgericht, n
Federal Society of Miners (pl) – Bundesknappschaft, f
federal state *(in Germany)* – Bundesland, n
federal state authority – Landesbehörde, f
Federal State Law on Civil Servants – Landesbeamtengesetz, n
Federal Statistics Office – Statistisches Bundesamt, n
federal statute – Bundesgesetz, n
Federal Supervisory Office – Bundesaufsichtsamt, n
federal territory – Bundesgebiet, n
federal unemployment tax *<US>* – Arbeitnehmerbetrag, m
federated company – Unternehmen, das einem Arbeitgeberverband (m) angehört
federation – Bund, m; Spitzenverband, m
Federation of German Employers' Associations (pl) – Bundesvereinigung (f) der Deutschen Arbeitgeberverbände (pl)
Federation of German Industries (pl) – Bundesverband (m) der Deutschen Industrie, f
Federation of German Trade Unions (pl) – Deutscher Gewerkschaftsbund, m
federation of industries (pl) – Industrieverband, m
federation of trade unions (pl) – Gewerkschaftsbund, m; Gewerkschaftsverband, m
fee – Gebühr, f; Honorar, n; Vergütung, f
fee for keeping of an account – Kontoführungsgebühr, f
fee for opening an account – Kontoeröffnungsgebühr, f
fee for the use of – Benutzungsgebühr, f
fee payable – Honoraranspruch, m
feedback – Rückmeldung, f
feeling of one's own value – Selbstwertgefühl, n
fees (pl) – Kosten, pl
feign, v – fingieren, v
fellow worker – Arbeitskollege, m
felonious wounding – gefährliche Körperverletzung, f
felony – Verbrechen, n
female – weiblich
female labo(u)r – weibliche Arbeitskräfte, pl
female trained bank employee – Bankkauffrau, f
female work – Frauenarbeit, f
fetch and carry, v – Handlanger (m) sein, v; niedrige Dienste verrichten, v
fictitious – fiktiv
fictitious marriage – Scheinehe, f
fictitious merchant – Scheinkaufmann/ -kauffrau, m/f
fictitious qualifying period – Ersatzzeit, f
fictitious transaction – Scheingeschäft, n
fidelity – Treue, f
fiduciary (1) – treuhänderisch
fiduciary (2) – Vertrauensperson, f
fiduciary relationship – Vertrauensverhältnis, n
fiduciary loan – Personalkredit, m

field – Gebiet, n; Feld, n; Fachgebiet, n; Fachbereich, m
field allowance – Außendienstzulage, f
field of action – Aktionsbereich, m; Beteiligungsbereich, m
field of activity – Tätigkeitsbereich, m; Arbeitsgebiet, n
field of application – Anwendungsbereich, m
field of law – Rechtsgebiet, n
field of occupation – Berufsfeld, n
field of research – Forschungsgebiet, n
field organisation/organization – Außenorganisation, f
field service – Außendienst, m
field staff – Außendienstpersonal, n
field worker – Außendienstler/in, m/f
fight – Schlägerei, f
figure – Zahl, f
figurehead – Strohmann, m
file – Akte, f; Aktenablage, f; Aktenvorgang, m; Kartei, f; Datei, f; Ordner, m
file, v – ablegen, v; anmelden, v; einreichen, v; einbringen, v
file a claim, v – Anspruch (m) anmelden, v
file a criminal complaint, v – Strafanzeige (f) erstatten, v
file a petition for bankruptcy, v – Konkurs (m) anmelden, v
file an action, v – Klage (f) erheben, v
file an application, v – Antrag (m) stellen, v; Antrag (m) einreichen, v
file cabinet – Aktenschrank, m
file card – Karteikarte, f
file clerk *<US>* – Registrator, m
file folder – Aktenordner, m
file material, v – Akten (pl) ablegen, v
file number – Aktenzeichen, n
file store – Datenspeicher, m
file suit, v– Klage erheben, v
filing – Ablegen von Akten (pl); Einreichung, f; Anmeldung, f
filing clerk *<GB>* – Registrator, m
filing date – Abgabetermin, m
filing department – Registratur, f
filing room – Archiv, n
filing system – Ablagesystem, n
fill, v – ausfüllen, f; anfüllen, v
fill a position, v – Stelle (f) besetzen, v
fill a vacancy, v – (offene) Stelle (f) besetzen, v
filling *(of a position)* – Besetzung, f
filling of a vacancy – Stellenbesetzung (f) einer offenen Stelle, f
final – entgültig; unwiderruflich; *<jur>* rechtskräftig
final account – Schlussabrechnung, f; Endabrechnung, f
final assembly – Endmontage, f; Fertigmontage, f
final bonus – Abschlussprämie, f
final certificate – Abschlusszeugnis, n
final commission – Abschlussprovision, f
final date – Schlusstermin, m
final decision – Endurteil, f
final examination – Abschlussprüfung, f
final interview – Abgangsinterview, n
final judgement – Endurteil, n; Schlussurteil, n
final payment – Restzahlung, f
final processing – Endverarbeitung, f
final report – Schlussbericht, m
final sentence – Endsatz, m
final secondary school examination – Reifeprüfung, f; Abitur, n
final speech – Schlussvortrag, m
finals (pl) – Schlussexamen, n
finance management – Kapitalwirtschaft, f

finance office *<US>* – Finanzamt, n
financial – finanziell
financial accountant – Finanzbuchhalter/in, m/f
financial accounting – Finanzbuchhaltung, f
financial affairs (pl) – Finanzwesen, n
financial aid – materielle Hilfe, f
financial assets (pl) – Geldanlage, f; Vermögenswerte (pl)
financial assistance – finanzielle Unterstützung, f
financial assistance to the gifted – Begabtenförderung, f
financial burden – finanzielle Belastung, f
financial commitment – Verpflichtung, f
financial debts (pl) – Verbindlichkeiten, pl
financial distress – finanzielle Notlage, f
financial economics (pl) – Finanzwissenschaft, f
financial plan – Finanzplan, m
financial planning – Finanzplanung, f
financial position – Lage, f
financial position – Vermögenslage, f
financial standing – Bonität, f
financial statement – Bilanz, f
financial status – finanzielle Lage, f
financial strain – Belastung, f
financial strength – wirtschaftliche Leistungskraft, f
financial support for talented students (pl) – Begabtenförderung, f
financial system – Finanzverfassung, f
financial year – Haushaltsjahr, n; Geschäftsjahr, n
financially strong – kapitalstark; wirtschaftlich leistungsfähig
financing – Finanzierung, f
financing activities (pl) – Finanzierungstätigkeit, f
find, v – finden, v
find for, v – verurteilen, v
finding of employment – Arbeitsvermittlung, f
findings (pl) – Befund, m; Feststellungen (pl); Erkenntnis, f
findings (pl) of ergonomics – arbeitswissenschaftliche Erkenntnisse (pl)
findings (pl) of facts (pl) – Tatsachenfeststellung, f; richterliche Erkenntnis, f
fine – Geldstrafe, f; Geldbuße, f; Zwangsgeld, n
fine mechanics (pl) – Feinmechanik, f
finish, v (1) – aufhören mit, v beenden, v; vollenden, v
finish, v (2) – nacharbeiten, v
finish learning – auslernen, v; Lehre (f) beenden, v
fire – Feuer, n
fire and explosion protection – Brand- und Explosionsschutz, m
fire brigade – Feuerwehr, f *<GB>;* örtliche freiwillige Feuerwehr, f *<US>*
fire department – Feuerwehr, f *<US>*; Feuerversicherungsabteilung, f *<US>*
fire drill – Feuerübung, f
fire extinguisher – Feuerlöscher, m
fire fighter – Feuerwehrmann, m
fire insurance – Feuerversicherung, f
fire officer – Feuerwehrmann, m
fire prevention – Brandschutz, m
fire protection – Feuerschutz, m
fire, v *<US,infml>* – entlassen, v; rausschmeißen, v; feuern, v
firing *<infml>* – Entlassung, f
firm – Firma, f
firm that trains apprentices – Lehrbetrieb, m

first – erst(er,-e,-es); anfänglich
first aid – erste Hilfe, f
first-aid box – Verbandskasten, m
first aid kit – Verbandskasten, m
first-aid station – Sanitätsstation, f; Unfallstation, f; Erste-Hilfe-Station, f
first entry – Ersteintritt, m
first illness – Ersterkrankung, f
first instal(l)ment – Anzahlung, f
first job – Anfangsstellung, f
first-level supervisor – Dienstvorgesetzte/r, f/m
first-line supervisor – Vorgesetzter (m) auf betrieblicher Ebene, f
first name – Vorname, m
first sickness – Ersterkrankung, f
fiscal – steuerlich; Finanz...
fiscal adjustment – Finanzausgleich, m
fiscal administration – Finanzverwaltung, f
fiscal burden – Abgaben, pl
Fiscal Code – Abgabenordnung, f
fiscal court – Finanzgericht, n
fiscal equity – Steuergerechtigkeit, f
fiscal fraud – Steuerhinterziehung, f
fiscal investigation – Steuerfahndung, f
fiscal tax audit – Betriebsprüfung, f
fiscal year – Rechnungsjahr, n
fit – passend; tauglich
fit into, v – eingliedern, v
fit for service – diensttauglich
fit for work – arbeitsfähig
fitness – Tauglichkeit, f; gute körperliche Verfassung, f
fitness for work – Arbeitsfähigkeit, f
fitness test – Eignungsuntersuchung, f *<med>*
fitter – Installateur, m; Einrichter, m; Monteur, m; Mechaniker, m
five-day week – Fünftagewoche, f
fix, v – festlegen, v
fix up, v *<US>*, *<infml>* – Stelle (f) besorgen, v
fixed – festgesetzt; bestimmt; unveränderlich
fixed allowance – Pauschalvergütung, f
fixed amount – Festbetrag, m
fixed annual salary – Jahresfixum, n
fixed costs (pl) – Festkosten (pl); Fixkosten (pl); gleichbleibende Belastung, f
fixed date – Stichtag, m
fixed duration employment contract – Arbeitsvertrag, m
fixed holiday – Feiertag, m
fixed income – festes Einkommen, n
fixed liability – langfristige Verbindlichkeit, f
fixed period – Frist, f
fixed salary (1) – festes Gehalt, n
fixed salary (2) – Festgehalt, n
fixed salary (3) – Fixum, n
fixed salary (4) – Gehalt, n
fixed sum – Festbetrag, m; Fixum; n
fixed-term agreement – Befristungsabrede, f
fixed-term contract – Zeitvertrag, m; befristeter Vertrag, m
fixed time – Termin, m
fixed wage – Festlohn, m
fixing of a separation pay – Festsetzung (f) einer Trennungsentschädigung, f
flat (1) *<GB>* – Etagenwohnung, f; Mietwohnung, f
flat (2) – flach; eben; glatt; seicht
flat charge – Pauschalgebühr, f
flat fee – Pauschalgebühr, f
flat rate – einheitlicher Lohnsatz, m; Grundlohn, m
flat-rate reimbursement – Pauschalerstattung, f
flat sum – Pauschale, f; Pauschbetrag, m

fleet works council – Seebetriebsrat, m
flex time agreement – Gleitzeitvereinbarung, f
flexibilisation/ flexibilization of working hours (pl) – Arbeitszeitflexibilisierung, f
flexibility – Anpassungsfähigkeit, f; Flexibilität, f; Beweglichkeit, f
flexible (1) – anpassungsfähig
flexible (2) – flexibel
flexible age limit – flexible Altersgrenze, f
flexible retirement age – flexible Altersgrenze, f
flexible working hours (pl) – Arbeitszeit, f
flextime – flexible Arbeitszeit, f; gleitende Arbeitszeit, f; Gleitzeit, f
flextime/flexitime balance – Gleitzeitsaldo, m
flextime/flexitime deficit – Gleitzeitunterschreitung, f
flextime/flexitime excess – Gleitzeitüberschuss, m
flextime/flexitime model – Gleitzeitmodell, n
flextime/flexitime work – Gleitzeitarbeit, f
floater – Gelegenheitsarbeiter (m), jmd, der seine Arbeitsstelle (f) oft wechselt *<US,infml>*
floating – ohne festen Wohnsitz, m
floating holiday – beweglicher Feiertag, m
floor – Stockwerk, n; Etage, f
floor check – Anwesenheitskontrolle, f
floor manager *<US>* – Abteilungsleiter/in (m/f) im Warenhaus, n
flop *<infml>* – Misserfolg, m; Niete, f *<US>*; Versager, m
flow – Fließen; Strömen
flow chart – Ablaufdiagramm, n; Arbeitsablaufplan, m
flow system – Fließbandfertigung, f
fluctuation – Schwankung, f; Fluktuation, f
fluency in a language – Sprachbeherrschung, f
fluent – fließend
flunc out, v– (Prüfung) durchfallen, v
flunky *<US>* – Handlanger, m
flyer *<US>* – Flugblatt, n
flying personnel – fliegendes Personal, n
flying pickets (pl) – Streikposten (pl), die vor verschiedenen Betrieben eingesetzt werden
flying squad – Springerpool, m
flysheed – Flugblatt, n
follow, v – folgen, v
follow a trade, v – beruflich tätig sein, v
follow-up – weitere Untersuchung, f; Nachfassen, n
follow-up medical examination – ärztliche Nachuntersuchung, f
follow-up treatment – Nachbehandlung, f *<med>*
fomentation – Anstiftung, f; Aufwiegelung, f
fomenter – Anstifter, m; Aufwiegler, m
food for thought – Denkanstoß, m
for consideration – entgeltlich
for lack of evidence – mangels Beweis, m
for life (1) – lebenslänglich
for life (2) – auf Lebenszeit, f
forbearance – Geduld, f; Nachsicht, f; Unterlassung, f *<jur>*; Stundung, f
forbid, v – verbieten, v
force – Stärke, f; Kraft, f; Gewalt, f; Macht, f; Rechtskraft, f *<jur>*; Rechtsgültigkeit,d
force, v – erzwingen, v
force in law – Rechtswirkung, f
force majeur – höhere Gewalt, f
force of an agreement – Gültigkeit, f

force of law – Gesetzeskraft, f
force s.o., v – zwingen, v
forced labo(u)r – Zwangsarbeit, f
forced labo(u)r convict – Zwangsarbeiter/in, m/f
forced retirement – Zwangspensionierung, f
forecast – Vorausschau, f; Vorausschätzung, f
forecast, v – vorhersagen, v
foreclosure (1) – Verfallserklärung, f; Rechtsausschließung, f
foreclosure (2) <*US*> – Zwangsvollstreckung (f) in ein Grundstück, n
foreign – ausländisch; fremd
foreign assignment – Auslandseinsatz, m
foreign-correspondence secretary – Fremdsprachensekretär/in, m/f
foreign countries (pl) – Ausland, n
foreign delegation – Auslandsabordnung, f
foreign employee – Fremdarbeitnehmer/in, m/f
foreign exchange – Devisen (pl)
foreign experience – Auslandserfahrung, f
foreign labo(u)r – ausländische Arbeitskräfte (pl)
foreign language – Fremdsprache, f
foreign language skills (pl) – Fremdsprachenkenntnisse (pl)
foreign payroll – Auslandsabrechnung, f
foreign policy – Außenpolitik, f
foreign position increase (FPI) – Auslandstätigkeitszulage, f
foreign service – Dienst (m) im Ausland, n
foreign service allowance – Auslandszulage, f
foreign trade – Außenhandel, m; Außenwirtschaft, f
foreign worker – ausländischer Arbeitnehmer, m
foreigner – Ausländer/in, m/f
forelady <*US*> – Vorarbeiterin, f; Werkmeisterin, f
foreman – Meister, m; Vorarbeiter, m; Polier (Bau), m; Werkmeister, m; Steiger (Bergbau), m
foreman in the construction business – Polier, m
forename <*US*> – Vorname, m
forewoman – Meisterin, f Vorarbeiterin, f
forfeit – Geldstrafe, f; Vertragsstrafe, f; Bußgeld, n; Pfand, n
forfeit, v – verfallen, v; einbüßen, v; verwirken, v; verlieren, v
forfeiture – Verfall, m; Verlust, m; Entzug, m; Verwirkung, f
forfeiture of a right – Rechtsverlust, m
forfeiture of s.o.'s driving license – Entzug (m) der Fahrerlaubnis, f
forging machine operator – Schmied, m
forgive, v – verzeihen, v
forgiveness – Verzeihung, f
form (1) – Form, f; Formblatt, n
form (2) – Vordruck, n
form (3) – Art, f; Weise, f
form (4) <*GB*> – Schulklasse, f
form, v – bilden, v; gestalten, v
form employment contract – Formulararbeitsvertrag, m
form of address – Anrede, f
form of enterprise – Unternehmensform, f
form of order sought <*law*> – Anträge (pl)
form of order sought by the applicant <*law*> – Anträge (pl) des Klägers
form reserves (pl), v – Rücklage (f) bilden, v

formal – formal; formell; offiziell; förmlich
formal defect – Formfehler, m *<jur>*
formal education – Bildung, f; Schulausbildung, f
formal error – Formfehler, m
formal objection – Einspruch, m
formal opinion – Stellungnahme, f
formal organisation/organization – formale Organisation, f; formelle Organisation, f
formal requirement – Formerfordernis, n; Formvorschrift, f
formal training – Formalausbildung, f
formal validity – formelle Rechtskraft, f
formalistic – formalistisch
formality – Formalie, f; Formalität, f
formation – Bildung, f; Formung, f; Gestaltung, f
formation of a coalition – Koalitionsbildung, f
formation of capital – Vermögensbildung, f
formation of gross pay – Bruttolohnbildung, f
formation of treaty – Vertragsschluß, m
formation of wealth – Vermögensbildung, f
forseeable – voraussehbar
forwarding clerk – Expedient/in, m/f
foster – Pflege...
foster-child – Pflegekind, n
foster parents (pl) – Pflegeeltern (pl)
fosterling – Schützling, m; Pflegekind, n
fostress – Pflegerin, f
found, v – gründen, v; stiften, v
foundation – Stiftung, f; Gründung, f; Anstalt, f
foundation of claim – Anspruchsgrundlage, f
foundation under public law – Stiftung (f) des öffentlichen Rechts, n
fractional – Bruch...; Teil...; unbedeutend
fractional amount – Teilbetrag, m
fractional part – Bruchteil, m
fractional value – Teilwert, m
fragmentation of operation – Betriebsaufspaltung, f
fragmentation of work – Arbeitszergliederung, f
framework – Rahmen, m; Gerüst, n; Gerippe, n
framework agreement – Rahmenabkommen, n; Rahmenvereinbarung, f
framework collective agreement on general working and employment conditions (pl) – Manteltarifvertrag, m
Framework Collective Agreement for Employment in Public Service – Bundesmanteltarifvertrag, m (German Federal Collective Framework Agreement for Employees in the Civil Service)
framework curriculum – Rahmenlehrplan, m
framework law – Rahmengesetz, n
framework legislation – Rahmengesetzgebung, f
fraud – Betrug, m; arglistige Täuschung, f; Schwindel, m
fraudulent – arglistig; betrügerisch
fraudulent alteration of civil status – Personenstandsfälschung, f
fraudulent bankruptcy – betrügerischer Bankrott, m
fraudulent intent – betrügerische Absicht, f
fraudulent misinterpretation – arglistige Täuschung, f
free – frei; unabhängig; ungebunden; gratis; unentgeltlich
free allowance – Freibetrag, m

free board and lodging – freie Station, f
free collective bargaining – Tarifvertragsfreiheit, f
free day – freier Tag, m
free development of personality – freie Entfaltung (f) der Persönlichkeit, f
free economy – freie Wirtschaft, f
free enterprise – Marktwirtschaft, f
free invention – freie Erfindung, f
free labo(u)r – (gewerkschaftlich) nicht organisierte Arbeitnehmer (-schaft)
free-lance contributor – freie/r Mitarbeiter/in, m/f
free-lance employment – freie Mitarbeit, f
free movement of labo(u)r – Arbeitnehmerfreizügigkeit, f
free of charge – gebührenfrei; gratis; kostenfrei; kostenlos
free of duty – abgabenfrei; zollfrei
free of rent – mietfrei
free ride – Freifahrt, f
free rider – Trittbrettfahrer, m *<infml>*
free time – freie Zeit, f
free trade – Freihandel, m
free will – Willkür, f
freedom – Freiheit, f; Unabhängigkeit, f
freedom from taxation – Steuerfreiheit, f
freedom of action – Handlungsfreiheit, f
freedom of association – Koalitionsfreiheit, f
freedom of choosing one's doctor – Arztwahlfreiheit, f
freedom of coalitions (pl) – Koalitionsfreiheit, f
freedom of competition – Wettbewerbsfreiheit, f
freedom of conscience – Gewissensfreiheit, f
freedom of contract – Vertragsfreiheit, f
freedom of establishment – Niederlassungsfreiheit, f
freedom of expression – Meinungsäußerungsfreiheit, f
freedom of movement – Freizügigkeit, f
Freedom of Movement for EU Citizens Act – Freizügigkeitsgesetz / EU, n (FreizügGEU)
freedom of opinion – Meinungsfreiheit, f
freedom of practicing one's vocation – Berufsausübungsfreiheit, f
freedom of signing a contract – Abschlussfreiheit, f
freedom of speech – Redefreiheit, f
freedom of teaching – Lehrfreiheit, f
freedom of the press – Pressefreiheit, f
freedom of trade – Gewerbefreiheit, f
freedom to choose a profession or trade – Berufsfreiheit, f
freedom to contract – Abschlussfreiheit, f
freedom to form associations (pl) – Vereinigungsfreiheit, f
freedom to strike – Streikrecht, n
freehold flat *<GB>* – Eigentumswohnung, f
freelance – freiberuflich; freischaffend
freelance work – freie Mitarbeit, f
freelancer – freie/r Mitarbeiter/in, f/m; Freischaffende/r, f/m; Freiberufler/in, m/f
freeloader *<infml>* – Schnorrer, m
freerider *<infml>* – Trittbrettfahrer, m
freeze, v – einfrieren, v
freeze on wages *<US,infml>* – Lohnstop, m

frequent – häufig; oft
frictional unemployment – Beschäftigungslosigkeit, f
fringe benefit costs (pl) – Personalnebenkosten (pl)
fringe benefit package – Nebenleistungspaket, n
fringe benefits (pl) – Entgeltzusatzleistungen (pl); Lohnnebenleistungen (pl); Sozialleistungen (pl)
front pay – Lohnvorschuss, m
frontier – Grenze, f (Staatsrecht)
frontier worker – Grenzgänger, m
frustration – Frustration, f; Scheitern, n
frustration of contract – Wegfall (m) der Geschäftsgrundlage
frugleman – Anführer, m; Wortführer, m
fulfil(l)ment of the notice period – Ablauf (m) der Kündigungsfrist, f
fulfil, v <*GB*> – erfüllen, v
fulfilment <*GB*> – Erfüllung, f
full – voll; unbeschränkt; kräftig
full age – Mündigkeit, f
full (commercial) power of representation – Prokura, f
full-day nursery – Ganztagskindergarten, m
full employment – Vollbeschäftigung, f
full (legal) age – Mündigkeit, f; Volljährigkeit, f
full member – ordentliches Mitglied, n
full operating capacity – Kapazität, f
full power (of attorney) – Generalvollmacht, f
full professor – Professor/in, m/f
full-time – hauptamtlich; hauptberuflich
full-time employee – Vollzeitbeschäftigte/r, f/m
full-time employment – Ganztagsbeschäftigung, f; Vollzeitbeschäftigung, f; Ganztagsarbeit, f
full-time job – Ganztagsstelle, f
full-time training – Vollzeitausbildung, f
full-time work – Ganztagsarbeit, f; Vollarbeit, f
full-time works council member – freigestelltes Betriebsratsmitglied, n
full trader – Vollkaufmann, m
full working hours (pl) – Vollarbeitszeit, f
fulltime specialized vocational training school – Berufsfachschule, f
fully authorized officer – Prokurist, m
fully trained lawyer – Volljurist/in, m/f
function – Funktion, f; Aufgabe, f; Amt, n; Geschäftsbereich, m
function as, v – fungieren, v
function matrix – Funktionsmatrix, f
functional – funktionell; amtlich; dienstlich; zweckbetont
functional allowance – Funktionszulage, f
functional alteration – Funktionsänderung, f
functional area – Funktionsbereich, m
functional classification – Aufgliederung, f
functional department – Fachabteilung, f
functional unit – Funktionseinheit, f
functionary – Funktionär/in, m/f; Amtsträger/in, m/f
functioning – Funktionsfähigkeit, f
fund – Vermögen, n; Fonds (pl); Geldmittel (pl)
fundamental freedom – Grundfreiheit, f
fundamental human right – Menschenrecht, n
fundamental right – Grundrecht, n
funds (pl) – Kapital, n; Mittel (pl)
funeral – Beerdigung, f

funeral allowance – Sterbegeld, n
funeral expenses (pl) – Beerdigungskosten (pl)
fungible good – vertretbare Sache, f
furnish evidence, v – Beweis (m) liefern, v
furnish security, v – Sicherheit (f) leisten, v
furnished flat <*GB*> – möblierte Wohnung, f
further development – Weiterentwicklung, f
further education <*GB*> – Fortbildung, f; Weiterbildung, f
further training <*GB*> – Fortbildung, f
furthering of the gifted – Begabtenförderung, f
fusion – Verschmelzung, f
futile – zwecklos
future – zukünftig

G

gadgets (pl) – Arbeitsmittel (pl)
gaffer <*GB*> – Chef, m; Vorarbeiter, m
gain – Vorteil, m; Nutzen, m; Verdienst, m; Gewinn, m
gain, v – gewinnen, v
gainful – einträglich; gewinnbringend; vorteilhaft
gainful activity – Erwerbstätigkeit, f
gainful employment – Erwerbsarbeit, f
gainful occupation – Beschäftigung, f
gainfully employed – erwerbstätig
gainfully employed person – Erwerbstätige/r, m/f
gainings (pl) – Einkünfte (pl); Gewinn(e)
game – Spiel, n; Sport, m; Zeitvertreib, m
games master – Sportlehrer, m
games mistress – Sportlehrerin, f
gang – Arbeiterkolonne, f; Rotte, f; Trupp, m
gang leader – Rottenführer/in, m/f; Kolonnenfüher/in, m/f
gang piecework <*infml*> – Gruppenakkord, m
gang up, v – zusammenrotten (sich), v
gang work – Kolonnenarbeit, f
gang worker – Kolonnenarbeiter/in, m/f
ganger – Vorarbeiter, m; Rottenführer, m
gap – Lücke, f; Spalt; m; Kluft, f
gap filling – Lückenfüllung, f
garnish, v – Forderung (f) beim Drittschuldner (m) pfänden
garnish an account, v – Konto (n) pfänden, v
garnishee – Drittschuldner/in, m/f
garnishee information – Drittschuldnerauskunft, f
garnishee order <*GB*> – Pfändungsbeschluss
garnishment – Forderungspfändung, f; Zahlungsverbot (n) an den Drittschuldner
garnishment of wages (pl) – Lohnpfändung, f
gas welder – Acetylen-Schweißer, m
gate – Zugang, m; Tor, n; Pforte, f
gate control – Torkontrolle, f
gatekeeper – Pförtner, m
gazette – Zeitung, f; Amtsblatt, n; Staatsanzeiger, m
gender discrimination – Benachteiligung (f)/ Diskriminierung (f) wegen des Geschlechts, n
gender – Geschlecht, n

gender equality policy – Gleichstellungspolitik, f
gender-neutral – geschlechtsneutral
general – allgemein; gemeinschaftlich; üblich
general administration – Hauptverwaltung, f
general administrative expenses (pl) – Sachaufwand, m
general agent – Generalbevollmächtigte/r, f/m; Generalvertreter/in, m/f
General Agreement on Tariffs and Trade – Allgemeines Zoll- und Handelsabkommen, n
general assembly – Generalversammlung, f; Vollversammlung, f
general authority – Generalvollmacht, f
general business terms (pl) – allgemeine Geschäftsbedingungen (pl)
General Certificate of Advanced-Level High School Education *<GB>* – Abitur, n
General Certificate of Education *<GB> (advanced level)* – Reifezeugnis, n
General Certificate of Secondary Education (GCSE) *<GB>* – entspr.: Mittlere Reife, f
general (company) meeting – Hauptversammlung, f
general context – Gesamtzusammenhang, m
general counsel *<US>* – Justitiar, m; Syndikus, m
general creditor – Massegläubiger/in, m/f
general customs (pl) – Gewohnheitsrecht, n
general deterrence – Generalpräventon *<jur>*
general disability – Erwerbsunfähigkeit, f
general education – Allgemeinbildung, f
general election – allgemeine Wahl, f
general executive manager – Hauptgeschäftsführer/in, m/f
general expenses (pl) – Gemeinkosten (pl)
general fee for court proceedings (pl) – Prozessgebühr, f
general foreman – Obermeister, m
general increase – allgemeine Lohnerhöhung, f
general knowledge – Allgemeinwissen, n
general manager – Generaldirektor/in, m/f
general meeting – Generalversammlung, f; Gesellschafterversammlung, f; Hauptversammlung, f
general merchant – Vollkaufmann, m
General, Municipal and Boilermakers' Union (GMB) *<GB>* – Gewerkschaft (f) für un- und angelernte Arbeiter (pl)
general obligation (of a collective agreement) – Allgemeinverbindlichkeit (f) eines Tarifvertrages, m
general partner – Komplementär/in, m/f; persönlich haftender Gesellschafter, m
general partnership – offene Handelsgesellschaft, f (1) (OHG)
general power – Generalvollmacht, f
general practitioner – praktische Ärztin/praktischer Arzt, f/m
general price increase – Teuerung, f
general procuration – Gesamtprokura, f
general property tax *<US>* – Vermögensteuer, f
general public – breite Öffentlichkeit, f
general public interest – Gemeinwohl, n

general purpose computer – Universalrechner, m
general release – Schulderlass, m
general retainer – festes Honorar, n
general school – allgemeinbildende Schule, f
general secondary school – Hauptschule, f
general secondary school leaving certificate – Hauptschulabschluss, m
General Sickness Benefit Fund – Allgemeine Ortskrankenkasse, f
general stockholders´ meeting <*US*> – Aktionärsversammlung, f; Hauptversammlung, f
general strike – Generalstreik, m
general supervision – Oberaufsicht, f
general terms (pl) and conditions (pl) of trade – allgemeine Geschäftsbedingungen (pl)
general union <*GB*> – Multigewerkschaft, f
generally binding – allgemeinverbindlich
generic – generisch; Gattungs...
generic job title – weitgefasste Tätigkeitsbezeichnung, f; Sammelbezeichnung (f) einer Tätigkeitsgruppe, f
generic term – Gattungsbezeichnung, f
genetic – genetisch
genetic dispositions (pl) – genetische Anlagen (pl)
genetic engineering – Gentechnik, f
genius – Begabung, f; Veranlagung, f
geography – Geographie, f
German as a foreign language (GFL) – Deutsch als Fremdsprache, f
German Civil Code – Bürgerliches Gesetzbuch, n (BGB)
German Civil Servants' Federation – Deutscher Beamtenbund, m (DBB)
German Civil Service Collective Agreement – Bundesangestelltentarifvertrag, m (BAT)
German Commercial Code – Handelsgesetzbuch, n (HGB)
German Economic Institute – Institut (n) der Deutschen Wirtschaft, f
German Federal Act on Staff Representation in Civil Services (pl) – Bundespersonalvertretungsgesetz, n (BPersVG)
German Federal Armed Forces (pl) – Bundeswehr, f
German Federal Army – Bundesheer, n
German Federal Cabinet – Bundeskabinett, n
German Federal Cartel Office – Bundeskartellamt, n
German Federal Chancellery – Bundeskanzleramt, n
German Federal Chancellor – Bundeskanzler, m
German Federal Civil Service Act – Bundesbeamtengesetz, n (BG)
German Federal Constitutional Court – Bundesverfassungsgericht, n
German Federal Council – Bundesrat, m
German Federal Court of Justice – Bundesgerichtshof, m
German Federal Educational Allowances Act – Bundeserziehungsgeldgesetz, n (BErzGG) (German Federal Act to Provide Benefits and Paid Leave to Parents of Newly-Born Babies)
German Federal Family Allowances Act – Bundeskindergeldgesetz, n (BKGG) (Act respecting the

grant of family and education supplements)

German Federal Finance Court – Bundesfinanzhof, m

German Federal Frontier Guards (pl) – Bundesgrenzschutz, m

German Federal Government – Bundesregierung, f

German Federal Health Office – Bundesgesundheitsamt, n

German Federal Institute for Occupational Safety and Health – Bundesanstalt (f) für Arbeitsschutz (m) und Arbeitsmedizin, f

German Federal Institute for Worker Protection and Accident Reserach – Bundesanstalt (f) für Arbeitsschutz (m) und Unfallforschung, *m*

German Federal Insurance Office – Bundesversicherungsamt, n

German Federal Insurance Supervision Office – Bundesaufsichtsamt (n) für das Versicherungswesen, n

German Federal Intelligence Service – Bundesnachrichtendienst, m

German Federal Labo(u)r Agency *(formerly known as German Federal Labo(u)r Office)* – Bundesagentur (f) für Arbeit (f) (BA)

German Federal Labo(u)r Court – Bundesarbeitsgericht, n

German Federal Law Gazette – Bundesgesetzblatt, n

German Federal Leave Act – Bundesurlaubsgesetz, n (BUrlG) (Act to provide for a minimum period of leave for employees)

German Federal Miners' Insurance Institution – Bundesknappschaft, f

German Federal Minister of Economics <*GB*> – Bundesminister (m) für Wirtschaft, f

German Federal Minister of Health – Bundesminister (m) für Gesundheit, f

German Federal Minister of Labour and Social Affairs <*GB*> – Bundesarbeitsminister/in, m/f

German Federal Minister of Labour and Social Affairs <*GB*> – Bundesminister (m) für Arbeit (f) und Sozialordnung, f

German Federal Ministry of Justice <*GB*> – Bundesjustizministerium, n

German Federal Office for Motor Traffic – Kraftfahrtbundesamt, n

German Federal Parliament – Bundestag, m

German Federal Patent Office – Bundespatentamt, n

German Federal Prosecutor's Office – Bundesanwaltschaft, f

German Federal Reserve Bank – Bundesbank, f

German Federal Student Aid Act – Bundesausbildungsförderungsgesetz, n (BAföG)

German Federal Supervisory Office – Bundesaufsichtsamt, n

German Federal Supreme Administrative Court – Bundesverwaltungsgericht, n

German Federal Supreme Social Court – Bundessozialgericht, n

German Federal Tax Bulletin – Bundessteuerblatt, n

German Industrial Standard – DIN-Norm, f; Deutsche Industrie-Norm, f

German language and literature – Germanistik, f

German Mail Administration – Deutsche Post, f

German Policemen Union – Gewerkschaft (f) der Polizei, f

German Public Service Pay Agreement – Bundesentgelttarifvertrag, m

German Railways – Deutsche Bahn, f

German Reich Social Insurance Code – Reichsversicherungsordnung, f (RVO)

German Unification Treaty – Deutscher Einigungsvertrag, m

gestation – Schwangerschaft, f

get bounced, v *<US,infml>* – gefeuert werden, v *<infml>*

get into debt, v – sich verschulden, v

get the sack, (1) v *<sl>* – hinausfliegen, v *<infml>*

get the sack, (2) v *<sl>* – entlassen werden, v

get tired, v – ermüden, v

get together, v *<US>, <infml>* – zusammenfinden, v; sich einigen, v

getting used to one's work – Einarbeitung, f

getup *<US>* – Unternehmungsgeist, m; Initiative, f

ghost driver – Geisterfahrer/in, m/f

gift – Zuwendung, f; Gabe, f; Begabung, f; Talent, n; Geschenk, n; Schenkung, f

gift tax – Schenkungssteuer, f

gifted – begabt; talentiert

gifted technically – technisch begabt

girl apprentice – Lehrmädchen, n

give a receipt, v – quittieren, v

give, v – geben, v

give advice, v – Rat (m) geben, v; jmd beraten

give an audience – anhören, v

give an opinion – beurteilen, v

give an order, v – Anweisung (f) geben, v; Auftrag (m) erteilen, v

give approval – genehmigen, v

give employment – beschäftigen, v

give evidence, v – aussagen, v

give leave to appeal, v – Berufung (f) zulassen, v

give notice of s.o.'s change of address, v – abmelden, v

give notice of, v – ankündigen, v

give notice to quit, v – aufkündigen, v; kündigen, v

give notice to s.o., v *(to terminate employment)* – kündigen, v

give orders (pl) – Anweisungen (pl) geben, v

give place to s.o., v – ersetzt werden, v

give procuration, v – Prokura (f) erteilen, v

give relief, v – Entlastung (f) erteilen, v

give s.o. a 6 month's notice, v – mit einer Frist von 6 Monaten (pl) kündigen, v

give s.o. a share in sth, v – mitbeteiligen, v

give s.o. into custody, v – verhaften lassen, v

give s.o. leave, v – beurlauben, v; freistellen, v

give s.o. the sack, v *<sl>* – entlassen, v

give up – aufgeben, v; verzichten, v

glass blower – Glasbläser, m

glass cutter – Glasschleifer, m

glassman – Glaser, m; Glasmacher, m

glazer – Glasierer, m; Polierer, m

glide, v – gleiten, v

gliding time – Gleitzeit, f

gliding working hours (pl) – gleitende Arbeitszeit, f

global amount – Pausch(al)betrag, m

glutton for work – Arbeitstier, n *<infml>*

go, v – gehen, v

go between – vermitteln, v

go into – Beruf (m) ergreifen

go into self-employment, v – selbstständig machen (sich), v
go on leave, v – gehen, v
go on strike, v – treten, v
go out – streiken; abtreten; zurücktreten
go-slow *<GB>* – Bummelei, f; planmäßiges Langsamarbeiten, n
go slow strike *<GB>* – Bummelstreik, m
go to court – klagen, v
goal – Ziel, n; Zielvorgabe, f
goal setting – Zielsetzung, f
goal setting agreement – Zielvereinbarung, f
goggles (pl) – Schutzbrille, f
going-away present – Abschiedsgeschenk, n
going rate – für eine Tätigkeit (f) übliche Lohnrate (f) auf dem lokalen Arbeitsmarkt, m
golden – golden; goldfarben
golden handshake – „Goldener Händedruck" = besondere finanzielle Entschädigung (f) für die vorzeitige Beendigung (f) des Arbeitsverhältnisses
golden hello *<GB>* – Abwerbeprämie (f), Einmalzahlung (f) an abgeworbenen Arbeitnehmer*, m*
golden wedding – goldene Hochzeit, f
good – Nutzen, m; Wert, m; Vorteil, m; Wohl, f; gut
good behaviour – gute Führung, f
good conduct – gute Führung, f
good-conduct certificate – Führungszeugnis, n
good faith – guter Glaube, m; Treu (f) und Glauben*, m*
Good Friday – Karfreitag, m
good manners (pl) – gute Sitten (pl)
good reason – triftiger Grund, m
good reputation – Leumund, m
good repute – Zuverlässigkeit, f
goods (pl) – Waren (pl)
gossip – Gerücht, n
govern, v – regieren, v
governing – leitend
governing board – Verwaltungsrat, m
governing board of directors – Hauptvorstand, m
governing body – leitendes Organ, n
governing council – Verwaltungsrat, m
governing director – Direktor/in, m/f; Geschäftsführer/in, m/f
government – Regierung, f; Obrigkeit, f
government agency – Regierungsstelle, f
government bill – Regierungsvorlage, f
government employee – Arbeitnehmer (m) des öffentlichen Dienstes
government liability – Staatshaftung, f
government measures (pl) to promote home ownership – Eigenheimförderungsmaßnahmen (pl)
government service – Staatsdienst, m
governmental – staatlich
gown – Amtstracht, f; Robe, f; Talar, m
grace – Gnade, f
grace period – Gnadenfrist, f
grade – Zeugnisnote, f *<US>*; Zensur, f; Grad, m; Stufe, f; Rang, m; Besoldungsstufe, f; Entgeltgruppe, f; Jahrgangsstufe, f
grade creep – langsames Verschieben (n) der Entgeldgruppenstruktur (f) nach oben durch Höherbewertung (f) einzelner Arbeitsplätze (pl)
grade determination – Einstufung, f
grade of remuneration – Besoldungsstufe, f
grade point average (GPA) *<US>* – Notendurchschnitt, m

grade school – Grundschule, f
grading – Einstufung, f
grading method – Einstufungsverfahren, n
grading of wage(s) – Lohnstaffelung, f
grading system – Benotungssystem, n
gradual – schrittweise; stufenweise; allmählich
gradual payment – Abzahlung, f
graduate – Graduierte/r, f/m; Abiturient/in, m/f <*US*>; Promovierte/r, f/m
graduate, v – akademischen Grad (m) verleihen, v
graduate education – Hochschulausbildung, f
graduate in business administration – Betriebswirt, m
graduate in national economics – Volkswirt/in, m/f
graduate school – weiterführende (Hoch-)Schule, f
graft – Bestechung, f
grammar school – Gymnasium, n <*GB*>; Oberschule, f <*GB*>; Schulform zwischen Grundschule und weiterführender Schule <*US*>
grammar school education – Gymnasialausbildung, f
grammar school student
– Gymnasiast, m
grand larcency – schwerer Diebstahl, m
grandfathering – Besitzstandswahrung, f
grant v – (staatlicher) Zuschuss, m; Subvention, f; Stipendium, n; Beihilfe, f
grant, v – bewilligen, v; gewähren, v; zubilligen, v
grant a hearing, v – anhören, v
grant a loan, v – Darlehen (n) gewähren, v
grant a stay of execution, v – Vollstreckung (f) aussetzen, v
grant an advance, v – Vorschuss (m) bewilligen, v
grant of delay – Stundung, f
grant pardon, v – begnadigen, v
granting procedure – Bewilligungsverfahren, n
granting s.o. a leave – Beurlaubung, f
grants (pl) towards the payroll – Personalkostenzuschuss, m
grapevine – Gerüchteküche, f
graphic design – Grafik-Design, n
graphology – Graphologie, f
grasp – Verständnis, n
gratification – Honorar, n; Gratifikation, f; Belohnung, f
gratuitous – frei; unentgeltlich
gratuity – Geldgeschenk, n; Gratifikation, f; Sondervergütung, f; Trinkgeld, n
grave – schwerwiegend
Great Bench – Senat, m
grease – Schmiergeld, n
grease monkey <*US,infml*> – Automechaniker, m; Flugzeugmechaniker, m; Schmiermax,m <*infml*>
green card <*US*> – Arbeitsbewilligung (f) für die USA
greenfield site – Standort (m) für ein neues Werk (n) „auf der grünen Wiese“
grievance – Beschwerde(grund); Klage(grund) bei Arbeitsstreitigkeiten (pl)
grievance committee – Beschwerdestelle, f; Schlichtungsausschuss, m
grievance procedure – Beschwerdeverfahren (n) für Arbeitnehmer/innen, m/f
grind, v – eifrig lernen; pauken<*infml*>; büffeln <*infml*>

grinder – Schleifer, m
gripe, v *<infml>* – murren, v *<infml>*
groom s.o. as successor, v – Nachfolger/in (m/f) heranziehen, v
gross – brutto; gesamt; grob; schwer
gross annual amount – Jahresbrutto, n
gross breach of duty – grobe Pflichtverletzung, f
gross domestic product (GDP) – Bruttoinlandsprodukt, n (BIP)
gross earnings (pl) – Bruttoarbeitsentgelt, n; Bruttoeinkommen, n
gross fault – grobe Fahrlässigkeit, f
gross hourly wages (pl) – Bruttostundenverdienst, m
gross income – Bruttoeinkommen, n
gross misconduct – Fehlverhalten, n
gross monthly earnings (pl) – Bruttomonatseinkommen, n
gross national product (GNP) – Bruttosozialprodukt, n (BSP)
gross negligence – grobe Fahrlässigkeit, f
gross pay – Bruttovergütung, f
gross payroll accounting – Bruttoentgeltabrechnung, f
gross salary – Bruttogehalt, n
gross wages (pl) – Bruttolohn, m
gross wages account – Bruttolohnabrechnung, f
ground – Grund, m; Ursache, f; Veranlassung, f; Boden, m
ground crew – Bodenpersonal, n
ground of appeal – Berufungsgrund, m
ground of justification – Rechtfertigungsgrund, m
ground rent – Erbbauzins, m; Grundrente, f
grounds (pl) – Begründung, f
grounds for a judgement – Urteilsbegründung, f
grounds for discharge – Entlassungsgrund, m
grounds for giving notice – Kündigungsgrund, m
group – Gruppe, f
group accident insurance – Gruppenunfallversicherung, f
group bonus – Gruppenprämie, f
group counselling – Gruppenberatungsgespräch, n
group discussion – Gruppendiskussion, f
group dynamics (pl) – Gruppendynamik, f
group election – Gruppenwahl, f
group head – Sachgebietsleiter/in, m/f
group incentive – Gruppenakkord, m; Gruppenprämie, f
group incentive wage – Gruppenleistungslohn, m
group insurance – Gruppenversicherung, f
group leader – Gruppenleiter/in, m/f; Kolonnenführer/in, m/f
group life insurance – Gruppen-Lebensversicherung, f
group member – Gruppenmitglied, n
group membership – Gruppenzugehörigkeit, f
group of affiliated companies (pl) *<GB>* – Konzern, m
group of employees (pl) – Beschäftigtengruppe, f
group of participants (pl) – Teilnehmerkreis, m
group of persons (pl) – Personengruppe, f
group of persons (pl) employed – Beschäftigtengruppe, f
group of piece-workers (pl) – Akkordkolonne, f
group output – Gruppenleistung, f
group piecework – Gruppenakkord, m

group piecework rate – Gruppenakkordlohn, m
group representative – Gruppenvertreter/in, m/f
group structure – Gruppenstruktur, f
group supervisor – Gruppenleiter, m
group-term life insurance – Gruppenlebensversicherung, f
group valuation – Pauschalbewertung, f
group work – Gruppenarbeit, f
grouse, v *<infml>* – meckern, v *<infml>*; nörgeln, v *<infml>*
grouser *<infml>* – Nörgler, m; Querulant, m
growth – Wachstum, n; Zuwachs, m
growth rate – Wachstumsrate, f; Zuwachsrate, f
grumble, v – nörgeln, v; querulieren, v
grumbler – Nörgler, m; Querulant, m
guarantee – Bürgschaft, f; Sicherheit, f; Gewährleistung, f; Garantie, f
guarantee, v – garantieren, v; bürgen, v; gewährleisten, v
guarantee contract – Bürgschaftsvertrag, m
guarantee jointly and severally – selbstschuldnerische Bürgschaft (f) leisten
guarantee of access to the courts (pl) – Rechtsweggarantie, f
guaranteed – verbürgt
guaranteed annual income – garantiertes Jahreseinkommen, n
guaranteed annual wages (pl) – garantierter Jahreslohn, m
guaranteed employment – garantierte Arbeitszeit, f
guaranteed minimum wage – garantierter Mindestlohn, m
guaranteed wage – Garantielohn, m
guarantor – Bürge, m; Garant, m
guaranty *<US>* = **guarantee** – Bürgschaft, f
guaranty for the existence of employees' and employers' associations – Bestandsgarantie, f
guard (1) – Wache, f; Wächter/in, m/f; Wärter/in, m/f; Pförtner/in, m/f
guard (2) – Schutzvorrichtung, f
guard rail – Schutzgeländer, n; Schutzgitter, n
guardian – Pfleger, m; Vormund, m
guardian allowance – Pflegegeld, n
guardianship – Pflegschaft, f; Vormundschaft, f
guardianship court – Vormundschaftsgericht, n
guardianship of absentees (pl) – Abwesenheitspflegschaft, f
guest lecturer – Gastdozent, m
guidance – Leitung, f; Anleitung, f; Belehrung, f
guidance counselor *<US>* – Berufsberater, m; Studienberater, m
guide – Führer, m; Leitfaden; m; Anleitung, f
guide, v – führen, v; leiten, v; lenken, v; anleiten, v
guideline – Leitlinie, f; Richtlinie, f
guideline for labo(u)r disputes (pl) – Arbeitskampfrichtlinie, f
guiding principle – Leitsatz, m
guiding rule – Regel, f
guild (1) – Gilde, f
guild (2) – Zunft, f; Innung, f
guild sickness insurance fund – Innungskrankenkasse, f
guilt – Schuld, f (Strafrecht); Strafbarkeit, f
guilty – schuldig (Strafrecht); strafbar
guilty intent – Vorsatz, m
guilty knowledge – Unrechtsbewusstsein, n

H

habilitation – Habilitation, f qualification for a teaching career in higher education
habit – Gewohnheit, f
habitual – gewohnheitsmäßig
habitual drunkenness – Trunksucht, f
hairdresser – Frisör/in, m/f
half – halb
half holiday – Nachmittag, m
half-cover – Halbbelegung, f; Halbdeckung, f
half-day job – Halbtagsstelle, f
half-orphan – Halbwaise, f
half pay – Wartegeld, n; halbes Geld, n
half proof – Anscheinsbeweis, m
half-time – halbtägig; halbtags
half-time employment – Halbtagsbeschäftigung, f
half-time job – Halbtagsstelle, f
half-time work – Halbtagsarbeit, f
half-time worker – Halbtagskraft, f
half-timer – Halbtagskraft, f
hallboy – Laufbursche (m) im Hotel, n
halt production lines (pl), v – Produktion (f) stilllegen, v
hand – Routinier, m; Fachmann, m
handbook – Handbuch, n
handicap – Erschwernis, f; Behinderung, f
handicapped – behindert
handicapped person – Behinderter
handicraft – Kunsthandwerk, n; Handfertigkeit, f
handicraft pursuit – Handwerksberuf, m
handicraftmaster – Handwerksmeister, m
Handicrafts Code – Handwerksordnung, f (HwO)
handicraftsman – Handwerker, m
hand(i)work – Handarbeit, f
handle, v – abwickeln, v
handling – Abwicklung, f; Handhabung, f
handling costs (pl) – Bearbeitungskosten (pl)
handmaid(en) – Gehilfe, m; Gehilfin, f; Handlanger/in, m/f
handwriting – Handschrift, f
handwritten – handschriftlich
handyman – Faktotum, n; Mädchen (n) für alles
hanker after appreciation, v – Geltungsbedürfnis (n) haben, v
harass, v – schikanieren, v; belästigen, v
harassment – Belästigung, f; Schikane, f
harassment on the job – Mobbing, n
hard – hart; fest; anstregend; mühsam
hard-earned – sauer verdient <*infml*>; mühsam erworben, v
hard hat – Schutzhelm, m
hard job allowance – Erschwerniszulage, f
hard labo(u)r – Zwangsarbeit, f
hard of catching a cold – Erkältungsgefahr, f
hard to place – schwer zu vermitteln
hard work – schwere Arbeit, f
hardness – Härte, f
hardship – Härte, f; Bedrängnis, f; Mühsal, f
hardship case – Härtefall, m
hardworking – fleißig; hart arbeitend
harm – Schaden, m; Unrecht, n; Übel, n

harmful – schädlich
harmful agent – gesundheitsschädliche Substanz
harmful for adolescents (pl) – jugendgefährdend
harmful substance – Schadstoff, m
harmful working material – gefährlicher Arbeitsstoff, m
harmless – unschädlich
harmonization – Harmonisierung, f
harness maker – Sattler, m
have, v (1) – führen, v
have, v (2) – haben, v
have (a good) command of a lanugage, v – Sprache (f) beherrschen, v
have a voice, v *(in)* – Mitspracherecht (n) haben, v
have access to the files (pl), v – Akteneinsicht (f) haben, v
have effect – wirken; Auswirkung (f) haben
have finished one's apprenticeship, v – Lehrabschluss (m) haben, v
have full power, v – Vollmacht (f) haben, v
have missed one's vocation, v – Beruf (m) verfehlt haben, v
have no police record, v – unbescholten sein, v
have prospects of moving to a position of greater responsibility, v – Aufstiegsmöglichkeiten (pl) haben, v
have regular work, v – geregelte Beschäftigung (f) haben, v
have relations (pl) with – verkehren mit
having equal rights (pl) – gleichberechtigt sein
having full legal capacity – rechtsfähig sein
having legal capacity to make contracts (pl) – geschäftsfähig sein
having purchasing power – kaufkräftig sein
having restricted legal capacity – geschäftsfähig
hazard – Gefahr, f; Wagnis, n; Risiko, n; Zufall, m
hazard, v – wagen; riskieren; aufs Spiel setzen
hazard bonus – Gefahrenzulage, f
hazard of catching a cold – Erkältungsgefahr, f
hazard potential – Gefährdungspotenzial, n
hazardous – gewagt; gefährlich; riskant
hazardous duty allowance – Gefahrenzulage, f
hazardous employment – gefahrengeneigte Arbeit, f
hazardous goods (pl) – Gefahrgut, n
hazardous substance – gefährlicher Arbeitsstoff, m; Gefahrstoff, m; Schadstoff, m
Hazardous Substances Ordinance – Gefahrstoffverordnung, f (GefStoffVO)
hazardous substances' commissioner – Gefahrstoffbeauftragte/r, f/m
head – Spitze, f; höchste Stelle, f; Leiter, m; Chef, m
head clerk – Bürovorsteher, m
head note – Leitsatz, m
head of department – Dienststellenleiter/in, m/f; Ressortleiter/in, m/f; Abteilungsleiter/in, m/f; Vorsteher/in, m/f
head of personnel – Personalchef/in, m/f; Personalleiter/in, m/f
head of section – Referatsleiter, m
head of training – Ausbildungsleiter/in, m/f
head office – Hauptsitz, m; Hauptverwaltung, f; Zentrale, f

head physician – Oberarzt, m/ Oberärztin, w
headcount – Personalstärke, f
headcount budget – Personalbudget, n; Kopfzahlbudget, n
headcount saving – Personaleinsparung, f
headcount statistics (pl) – Personalstatistik, f
headcount strength – Personalstärke, f
headhunter *<infml>* – Personalbeschaffer, m
headmaster *<GB>* – Schulleiter, m
headmistress *<GB>* – Schulleiterin, f
headquarters (pl) – Zentrale (f) eines Unternehmens; Hauptverwaltung, f
headwork – Kopfarbeit, f; geistige Arbeit, f
headworker – Kopfarbeiter/in, m/f
heal, v – heilen, v
healing – Heilung, f
health – Gesundheit, f
health care – Gesundheitsfürsorge, f; Gesundheitspflege, f
health certificate – Gesundheitsattest, n; Gesundheitszeugnis, n
health-compatible – gesundheitsverträglich
health conditions (pl) at work – Gesundheitsschutz (m) am Arbeitsplatz, m
health consciousness – Gesundheitsbewusstsein, n
health cost reform – Gesundheitsreform, f
health cure – Kur, f
health disorder – Gesundheitsstörung, f
health facility – Gesundheitseinrichtung, f
health hazard – Gesundheitsgefahr, f; Gesundheitsrisiko, n
health insurance *<GB>* – Krankenversicherung, f
health insurance carrier – Krankenversicherungsträger, m
health insurance company – Krankenversicherungsgesellschaft, f
health insurance exemption – KV-Befreiung, f
health insurance fund – Krankenkasse, f
health insurance institution – Krankenversicherungsträger, m
health insurance liability – Krankenversicherungspflicht, f
health insurance premium – Krankenversicherungsbeitrag, m
health insurance suspension – Krankenversicherungsfreiheit, f
health officer – Vertrauensarzt, m; Amtsarzt, m
health physics (pl) – Gesundheitsschutz, m
health problem – Gesundheitsproblem, n
health protection – Gesundheitsschutz, m
health record – Gesundheitsakte, f
Health Reform Act – Gesundheitsreformgesetz, n
health service – Gesundheitsdienst, m
health service cheque – Krankenschein, m
health service professions (pl) and occupations (pl) – Gesundheitsberufe (pl)
health status – Gesundheitszustand, m
health surveillance – gesundheitliche Überwachung, f *<med>*
healthy – gesund
hearing – Anhörung, f; Vernehmung, f; mündliche Verhandlung, f *<jur>*

hearing evidence – Beweisaufnahme, f
hearing fee – Verhandlungsgebühr, f
hearing-impaired – hörgeschädigt
hearing impairment – Schwerhörigkeit, f
hearing of evidence – Beweiserhebung, f
hearing of the parties (pl) – Anhörung (f) der Beteiligten (pl)
hearing of the works council – Anhörung (f) des Betriebsrats, m
hearing of witnesses (pl) – Zeugenvernehmung, f
hearing protection – Gehörschutz, m
heat allowance – Hitzezuschlag, m
heat break – Hitzepause, f
heat treat operation – Warmbetrieb, m
heater – Heizer, m
heating costs (pl) – Heizkosten (pl)
heave-ho *<US>, <infml>* – Rausschmiss, m
heavy – schwer
heavy draft – Zugluft, f
heavy industry – Schwerindustrie, f
heavy work – Schwerarbeit, f
heedless – fahrlässig
heedlessness – Fahrlässigkeit, f
heir – Erbe, m
heiress – Erbin, f
hellier *<GB>* – Dachdecker, m
helmet – Schutzhelm, m
help (1) – Hilfe, f; Beistand, m; Unterstützung, f
help (2) –; Hilfsarbeiter/in, m/f; Stütze,f
help (3) – Hilfskraft, f; Gehilfe, m
help, v – helfen, v
help out, v – arbeiten, v
helper – Helfer/in, m/f; Hilfskraft, f; Aushilfe, f
helpless – hilflos
helplessness – Hilflosigkeit, f
helpmate – Gehilfe, m
hereditary – erblich
hereditary lease – Erbpacht, f
hereditary succession – Erbfolge, f
hesitant – unschlüssig
hidden defect – verborgener Mangel, m; verdeckter Mangel, m
hierarchical supervision – Dienstaufsicht, f
hierarchy – Hierarchie, f; Rangordnung, f
high *<adj>* – hoch; wichtig; bedeutend; stark
high-birth-rate years (pl) – geburtenstarke Jahrgänge (pl)
high-flyer – Senkrechtstarter, m
high industrial activity – Hochkonjunktur, f
high-level – hochrangig
high marks (pl) – gute Beurteilung, f
high-performing – leistungsstark
high-risk activities (pl) – hoch gefährliche Tätigkeiten (pl)
high salaried employee – hochbezahlte/r Angestellte/r, f/m
high school – höhere Schule *<US>*; Realschule *<US>*; Hochschule, f
high school diploma – Abiturzeugnis, n *<US>*
high school graduation – Abitur, n *<US>*
high-tension current electrician – Starkstromelektriker, m
higher – höher
Higher Administrative Court – Oberverwaltungsgericht, n
higher authority – vorgesetzte Behörde, f
higher education – höhere Bildung, f; Hochschulausbildung, f
higher intermediate service – Dienst, m
higher service – Dienst, m
highest income – Spitzeneinkommen, n

highflyer – Überflieger, m <*infml*>
highly <*adv*> – hoch; wichtig; bedeutend; stark
highly gifted – hochbegabt
highly intelligent – hochbegabt
highly paid – hochbezahlt
highly qualified – hochqualifiziert
hike in production – Produktionssteigerung, f
hinder, v – behindern, v; hemmen, v; hindern, v; verhindern, v
hindrance – Behinderung, f; Hindernis, n; Hemmung, f
hire – Heuer, f; Miete, f; Mietzins, m
hire, v – anstellen, v; anheuern, v; in Dienst (m) nehmen, v <*US*>
hiring claim – Einstellungsanspruch, m
hiring conditions (pl) – Anstellungsbedingungen (pl); Einstellungsbedingungen (pl)
hiring form – Einstellungsbogen, m
hiring formalities (pl) – Einstellungsformalitäten (pl)
hiring freeze <*US*> – Einstellungsstop, m
hiring procedure – Einstellungsverfahren, n
hiring questionnaire – Einstellungsfragebogen, m
hit-and-run offence/offense – Fahrerflucht, f
hold – Haft, f; Gewahrsam, n
hold, v – besitzen, halten
hold (an) office, v – Amt (n) inne haben, v
hold a degree, v – akademischen Grad (m) besitzen, v
hold a meeting, v – Sitzung (f) abhalten, v; tagen, v
hold a position, v – Position (f) innehaben, v
holder – Inhaber, m
holder for value – gutgläubiger Besitzer, m
holder of a position – Stelleninhaber, m
holding company – Dachgesellschaft, f
holding period – Haltefrist, f
holiday (1) – Feiertag, m; freier Tag, m; Ruhetag, m
holiday (2) <*GB*> – Ferien (pl); Urlaubstag, m
holiday allowance – Urlaubszuschuss, m
holiday bonus – Urlaubsgeld, n
holiday entitlement – Urlaubsanspruch, m
holiday pay – Feiertagsbezahlung, f; Feiertagslohn, m; Feiertagsvergütung, f; Urlaubsvergütung, f
holiday premium – Feiertagszuschlag, m
holiday regulation – Urlaubsregelung, f
holiday replacement – Urlaubsvertretung, f
holiday replacer – Urlaubsvertreter/in, m/f
holiday season – Ferienzeit, f; Urlaubszeit, f
holiday settlement – Urlaubsabwicklung, f
holiday shutdown – Werksferien (pl)
holiday substitution – Ferienvertretung, f
holiday work – Feiertagsarbeit, f; Ferienarbeit, f
holiday/vacation address – Ferienadresse, f
holiday/vacation assistance – Ferienbeihilfe, f
holiday/vacation course – Ferienkurs, m
holiday/vacation post – Ferienbeschäftigung, f

holiday/vacation schedule – Ferienordnung, f
holiday/vacation work – Ferienarbeit, f
holiday/vacation workers (pl) – Ferienkräfte (pl)
holidays (pl) – Ferien (pl); Urlaub, m
holidays (pl) with pay – bezahlter Urlaub, m
holistic – ganzheitlich
holographic – eigenhändig
holographic will – eigenhändiges Testament, n
Holy Saturday – Karsamstag, m
Holy Thursday – Gründonnerstag, m (in der anglikanischen Kirche: Himmelfahrtstag)
home – Heim, n; Heimat, f; Zuhause, n; Wohnung, f; Haushalt, m
home address – Heimatanschrift, f
home care – häusliche Pflege, f
home country – Heimatland, n
home help – Hausgehilfe, m; Haushaltshilfe, f
home leave – Heimaturlaub, m
home loan – Wohnungsbaudarlehen, n
home nursing – häusliche Krankenpflege, f
home visit – Hausbesuch, m
home-improvement loan – Instandsetzungsdarlehen, n
homeless – heimatlos; obdachlos
homelessness – Obdachlosigkeit, f
homework – Hausaufgabe, f
homework committee – Heimarbeitsausschuss, m
homework premium – Heimarbeitszuschlag, m
homework relationship – Heimarbeitsverhältnis, n
homeworker – Heimarbeiter/in, m/f
homogeneous collective regulation – Tarifeinheit, f
honest – ehrlich; redlich
honesty – Ehrlichkeit, f
hono(u)r s.o., v – auszeichnen (jmd), v
hono(u)r's degree – akademischer Grad, m
hono(u)rable understanding – Wettbewerbsabrede, f
hono(u)rs degree – Universitätsexamen, n
honorarium – Honorar, n
honorary – ehrenamtlich; Ehren...
honorary activity – ehrenamtliche Tätigkeit, f
honorary degree – Titel, m; Doktorgrad, m
honorary duties (pl) – ehrenamtliche Aufgaben (pl)
honorary function – Ehrenamt, n
honorary judge – ehrenamtlicher Richter/in, m/f
honorary member – Ehrenmitglied, n
honorary office – Ehrenamt, n
honorary post – Ehrenamt, n
honorary professor – Honorarprofessor/in, m/f
honorary service – ehrenamtliche Tätigkeit, f
honour *<GB>* – Ehre, f; Ehrfurcht, f; Ansehen, n; Hochachtung, f
honourable *<GB>* – ehrenhaft
horizontal borer – Horizontalbohrer, m
horizontal union – Einheitsgewerkschaft, f
hortary process – Mahnverfahren, n
hospital – Klinik, f; Krankenhaus, n
Hospital Allowance Regulation – Krankenhauspflegesatzverordnung, f
hospital care – Krankenhausbehandlung, f; Versorgung (f) im Krankenhaus, n
hospital care rate – Krankenhauspflegesatz, m

hospital insurance <*US*> – Krankenhauskostenversicherung, f
hospital per diem benefit – Krankenhaustagegeld, n
hospital staff – Krankenhauspersonal, n
hospital treatment – Krankenhausbehandlung, f
hospital treatment class – Pflegeklasse, f
hospitalise/hospitalize, v – in das Krankenhaus (n) einliefern, v
hospitalization insurance <*US*> – Krankenhauskostenversicherung, f
host country – Gastland, n
hostage – Geisel, f
hostile work environment – unwirtliche Arbeitsumgebung, f
hour – Stunde, f
hour not worked – Ausfallstunde, f
hour of absence – Fehlstunde, f
hour worked – Arbeitsstunde, f
hourly – stündlich, ständig
hourly paid employee – Lohnempfänger/in, m/f
hourly paid worker – Arbeiter/in, m/f
hourly rate – Stundensatz, m
hourly rate of pay – Stundenlohnsatz, m
hourly wage earner – Stundenlöhner, m
hourly wage rate – Stundenlohn, m
hourly worker – Stundenlohnempfänger/in, m/f
hours (pl) fixed under collective agreements (pl) – tarifliche Arbeitszeit, f
hours of overtime – Mehrarbeitsstunden (pl)
hours of work – Arbeitszeit, f
Hours of Work Act – Arbeitszeitgesetz, n (ArbZG)
hours (pl) worked – tatsächlich geleistete Arbeit, f
hours (pl) worked per week – Wochenarbeitszeit, f
house journal – Werkzeitschrift, f
house manager – Hausverwalter, m
house search – Hausdurchsuchung, f
housebreaking with the intent to commit a felony – Einbruch, m
housebuilding – Wohnungsbau, m
household – Haushalt, m
household allowance – Haushaltszulage, f
household equipment – Hausrat, m
household help – Haushaltshilfe, n
housekeeper's housework day – Hausarbeitstag, m
housewife – Hausfrau, f
housing – Wohnungswesen, n; Wohnung, f; Unterbringung, f
housing accomodation – Wohnraum, m
housing allowance – Mietbeihilfe, f; Mietzuschuss, m; Wohngeld, n
housing construction – Wohnungsbau, m
housing construction grant – Wohnungsbauprämie, f
housing department – Wohnungsabteilung, f
housing loan – Wohnungsbaudarlehen, n; Wohnungsdarlehen, n
housing money – Wohngeld, n
housing promise – Wohnungszusage, f
housing requirement – Wohnbedarf, m
housing shortage – Wohnungsnot, f
housing subsidy – Wohngeldzuschuss, m; öffentliche Mietbeihilfe, f
howler <*infml*> – grober Schnitzer, m <*infml*>
human – menschlich; Menschen...
human being – Mensch, m
human dignity – Menschenwürde, f

human factors (pl) – Arbeitswissenschaft, f

human factors engineering – arbeitswissenschaftliche Arbeitsgestaltung, f

human relations (pl) – Beziehungen (pl) zu den Mitarbeitern (pl); zwischenmenschliche Beziehungen (pl)

human resources (pl) (1) – Mitarbeiterschaft, f; Belegschaft, f

human resources (pl) (2) – Personalwesen, n

Human Resources (pl) Business Process Outsourcing (HR BPO) – Auslagerung der teilweisen oder vollständigen Verantwortung für die Geschäftsprozesse der Personalabteilung an einen Dienstleister

human resources (pl) department <*US*> – Personalabteilung, f

human resources (pl) management (HRM) – Personalmanagement, n (als Teil der Unternehmensführung, f); Personalwirtschaft, f

human resources (pl) planning – Personalplanung, f

human resources (pl) potential – Potenzial (n) der Belegschaft, f

human rights (pl) – Menschenrechte (pl)

human sciences (pl) – Geisteswissenschaften (pl)

humane – menschlich; menschenfreundlich; humanistisch

humane job engineering – menschengerechte Gestaltung (f) der Arbeit, f

humane learning – humanistische Bildung, f

humane working techniques (pl) – menschengerechte Arbeitstechnologien (pl)

humanities (pl) – Geisteswissenschaften (pl)

humanization of the working environment – Humanisierung (f) der Arbeitswelt, f

husband – Ehemann, m

hush-money – Schweigegeld, n

hygiene – Hygiene, f; Gesundheitspflege

hygiene at work – Arbeitshygiene, f

hygiene engineer <*US*> – Umweltingenieur/in, m

hygienist <*US*> – Umweltschutzbeauftragter, m

I

idea – Idee, f
identifiable – bestimmbar
identification – Identifikation, f
identification card (ID) – Ausweis, m
identification docoment – Ausweis, m
identification particulars (pl) – Angaben (pl) zur Person, f
identify, v – ausweisen, v
identity – Identität, f
identity card (ID card) – (Personal-)Ausweis, m
ideological enterprise – Tendenzunternehmen, n
ideological establishment – Tendenzbetrieb, m
ideological protection – Tendenzschutz, m
idle – faul; müßig; untätig; ungenutzt; unbeschäftigt
idle capacity – ungenutzte Kapazität, f
idle labo(u)r – überzählige Arbeitskräfte (pl)
idle shift – Feierschicht, f
idle time – Leerlaufzeit, f; unproduktive Zeit, f
idle time compensation – Ausfallohn, m
idle workmen – unbeschäftigte Arbeiter (pl)
idleness – Faulheit, f; Untätigkeit, f
idler – Bummelant/in, m/f; Faulenzer/in, m/f
ignorance – Nichtwissen, n; Unkenntnis, f
ignore, v – missachten, v
ill – krank; schlecht
illegal – gesetzwidrig; rechtswidrig; illegal; ungesetzlich
illegal strike – wilder Streik, m
illegitimate – außerehelich; nichtehelich; unehelich; unrechtmäßig
illegitimate child – uneheliches Kind, n
illicit – unzulässig; unerlaubt; verboten
illicit act – unerlaubte Handlung, f
illicit work – Schwarzarbeit, f
illicit worker – Schwarzarbeiter, m
illiteracy – Bildungsmangel, m
illness – Erkrankung, f; Krankheit, f
illness frequency rate – Krankheitshäufigkeitsrate, f
imagination – Vorstellungskraft, f
imagine, v – vorstellen, v
imbalanced – unausgeglichen
imbecility – Geistesschwäche, f
immaterial – immateriell; nebensächlich
immaterial harm – Nichtvermögensschaden, m
immature – unreif
immediate – unmittelbar; unverzüglich; sofort
immediate appeal – sofortige Beschwerde, f *<jur>*
immediate possession – unmittelbarer Besitz, m
immediate resignation – fristlose Kündigung, f
immediate superior – Vorgesetzter, m
immigrant – Zuwanderer, m
immigrant worker – Gastarbeiter/in, m/f; Fremdarbeiter/in, m/f
immigration – Zuzug, m
Immigration Act – Zuwanderungsgesetz, n (ZuwG)

immigration office – Ausländerbehörde, f
immoral – sittenwidrig; unmoralisch; unsittlich
immorality – Sittenwidrigkeit, f
immovable – unbeweglich
immovables (pl) – Vermögen, n
immunity – Immunität, f; Sonderrecht, n
immunity of witness – Zeugnisverweigerungsrecht, n
impact – Auswirkung, f; Einfluss, m
impair, v – beeinträchtigen, v; schwächen, v
impaired – geschädigt; beeinträchtigt; geschwächt; vermindert
impairment – Beeinträchtigung, f
impairment of performance – Leistungsstörung, f
impartial – unbefangen; unparteiisch
impartiality – Unbefangenheit, f
impeach, v (1) – in Zweifel ziehen, v
impeach, v (2) <*pol*> – beschuldigen, v; anklagen, v; anfechten, v
impeachment – Anfechtung, f
impede, v – behindern; hindern
impediment – Hinderungsgrund, m; gesetzliches Hindernis, n
impediment to an action – Prozesshindernis, n
impersonal – unpersönlich
implead, v – Streit (m) verkünden, v
implement, v – ausführen, v; durchführen, v; einführen, v
implement(s) – Arbeitsgerät, n
implementation – Ausführung, f; Durchführung, f; Einführung, f
implementing directive – Durchführungsrichtlinie, f
implementing order – Durchführungsverordnung, f
implementing ordinance – Ausführungsverordnung, f; Durchführungsverordnung, f
implementing provisions (pl) – Ausführungsbestimmungen (pl)
implied – stillschweigend; vermuted
implied conduct – konkludentes Handeln, n
implied consent – stillschweigende Zustimmung, f
imply, v – vermuten, v
importance – Wichtigkeit, f; Bedeutung, f
important – wichtig; bedeutend
important reason – wichtiger Grund, m
impose, v – (Gebühren) erheben, v; gebieten, v
impose obligations (pl), v – Auflagen (pl) machen, v
imposed secrecy – Geheimhaltungspflicht, f
imposition – Auflage, f
impossibility – Unmöglichkeit, f
impossible – unmöglich
imprest – Handgeld, n
imprison, v – einsperren, v
imprisonment – Haftstrafe, f; Strafhaft, f
improve, v – verbessern, v
improvement – Besserstellung, f; Besserung, f; Verbesserung, f
improvement factor – (vereinbarte) jährliche Lohnangleichung (f) an den Produktivitätsfortschritt, m
improvement in performance – Leistungsverbesserung, f
improvement of one´s knowledge – Fortbildung, f
impugn, v – anfechten; bestreiten
impugnment – Anfechtung, f; Einwand, m; Bestreiten, n
imputable– zurechenbar
impute, v – bezichtigen
imputed income – geldwerter Vorteil, m
in a foreign language – fremdsprachig

in accordance with local customs (pl) – ortsüblich
in addition to one`s job – berufsbegleitend
in advance – im Voraus
in an advisory function – in beratender Funktion, f; mit beratender Stimme, f
in arrears (pl) – rückständig
in bad faith – in böser Absicht, f; bösgläubig; schlechtgläubig
in case of survival – im Erlebensfall, m
in chambers (pl) – unter Ausschluss (m) der Öffentlichkeit, *f*
in chambers (pl) *<law>* – in nichtöffentlicher Sitzung, f *<jur>*
in-company training (1) – betriebliche Ausbildung, f
in-company training (2) – betriebliche Fortbildung, f
in co-operation/cooperation with – unter Mitarbeit (f) von
in compliance with the constitution – verfassungskonform
in controversy – streitig
in court – vor Gericht, n
in-depth studies (pl) – Vertiefungsstudium, n
in due form – vorschriftsmäßig
in due time – fristgerecht
in duplicate – in doppelter Ausführung, f; in doppelter Ausfertigung, f
in equal numbers (pl) – paritätisch
in force – in Kraft, f
in good faith – gutgläubig
in-hospital benefit – Krankenhausbeihilfe, f
in hours (pl) – innerhalb der Arbeitszeit, f
in-house training – innerbetriebliche Ausbildung, f ; betriebliches Ausbildungswesen, n
in imitation of – in Anlehnung (f) an
in lieu of an oath – an Eides (m) statt; eidesstattlich
in lieu of payment – an Zahlungs (f) statt
in litigation – streitbefangen
in need of help – hilfsbedürftig
in need of protection – schutzbedürftig
in open court – in öffentlicher Gerichtssitzung, f
in operation – in Betrieb (m) befindlich
in-patient treatment – ärztliche Behandlung, f
in-plant – betriebsintern
in-plant nursery school – Betriebskindergarten, m; Werkskindergarten, m
in-plant traffic – Werksverkehr, m
in-plant training – innerbetriebliche Ausbildung, f
in private law – privatrechtlich
in private practice – freiberuflich
in rem proceedings (pl) – objektives Verfahren, n
in return – Gegenleistung, f
in return for payment – entgeltlich
in-service – während der Dienstzeit, f
in-service training for graduates (pl) – Kontaktstudium, n
in settlement of – zum Ausgleich (m) von
in the absence of – mangels
in the first ballot – im ersten Wahlgang, m
in the matter of – in der Angelegenheit, f
in the normal course of business – geschäftsmäßig
in the proper form – formgerecht
inability – Unfähigkeit, f; Unvermögen, n
inability to make decisions (pl) – Entscheidungsschwäche, f

inability to pay – Zahlungsunfähigkeit, f
inability to work – Arbeitsunfähigkeit, f
inactive – inaktiv; träge; untätig
inactive period – Ausfallzeit, f (Versicherung)
inactive working relationship – ruhendes Arbeitsverhältnis, n
inactivity – Untätigkeit, f
inadequate – unangemessen; dürftig; mangelhaft
inadmissibility – Unzulässigkeit, f
inadmissible – unzulässig
inalienability – Unabdingbarkeit, f
inalienable – unabdingbar
inappropriate – ungeeignet; unpassend
incalculable – unberechenbar
incapability – Unfähigkeit, f
incapable – untauglich; unfähig
incapable of being terminated by notice – unkündbar
incapable of work – arbeitsunfähig
incapacitated – arbeitsunfähig; erwerbsunfähig; *<jur>* geschäftsunfähig
incapacitation – Entmündigung, f
incapacity – Unfähigkeit; Untauglichkeit; Unvermögen; *<jur>* Geschäftsunfähigkeit
incapacity for any gainful employment – Erwerbsunfähigkeit, f
incapacity for employment – Berufsunfähigkeit, f
incapacity for/to work – Arbeitsunfähigkeit, f
incapacity of forming intent – Unzurechnungsfähigkeit, f
incapacity to contact – Geschäftsunfähigkeit, f
incapacity to sue – Geschäftsunfähigkeit, f
incendiary – Aufwiegler, m; Hetzer, m
incentive – Anreiz, m; Ansporn, m; Arbeitsanreiz, m
incentive bonus – Leistungsprämie, f
incentive bonus system – Prämiensystem, n
incentive pay(ment) – Leistungsentgeld
incentive system – Anreizsystem, n
incentive trip – Incentive-Reise, f
incentive wage – Leistungslohn, m
incentive wage earner – Leistungslöhner, m
incentive wage rate – Leistungslohnsatz, m
incentive wage system – Leistungslohnsystem, n
incident – Vorfall, m; Zwischenfall, m
incident-prone work – Arbeit, f
incidental – beiläufig; nebensächlich; Neben...
incidental consequence – Nebenfolge, f
incidental costs (pl) – Nebenkosten (pl)
incidental expenses (pl) – Nebenkosten (pl)
incidental income – Nebenverdienst, m
incidental provision – Nebenbestimmung, f
incidental services (pl) – Nebenleistungen, pl
incite, v – aufwiegeln; anstiften
incitement – Aufwiegelung, f; Anstiftung, f *<jur>*
inclination – Neigung, f
include, v – einbeziehen, v; einschließen, v
income – Bezüge, pl; Einkommen, n ; Einkünfte, pl; Verdienst, m
income bracket – Einkommensstufe, f
income element – Einkommensteil, m

income from capital – Kapitalertrag, m
income from employment – Einkommen (n) aus nichtselbständiger Arbeit, f
income from wages – Erwerbseinkommen, n
income gap – Einkommensabstand, m
income guarantee – Einkommensgarantie, f
income limit – Einkommensgrenze, f
income limit for compulsory insurance – Pflichtgrenze, f
income limit for compulsory social insurance contributions (pl) – Sozialversicherungspflichtgrenze, f
income limit for social insurance – Sozialversicherungsgrenze, f
income maintenance – Einkommenssicherung, f
income policy – Einkommenspolitik, f
income related – einkommensabhängig
income-related expenses (pl) – Werbungskosten (pl)
income restraint – Einkommensbeschränkung, f
income statement – Entgeltbescheinigung, f; Gewinn- und Verlustrechnung, f *<US>*
income structure – Einkommensstruktur, f
income tax – Einkommensteuer, f; Einkommenssteuer, f
Income Tax Act – Einkommensteuergesetz, n (EStG)
income tax allowance – Lohnsteuerfreibetrag, m
income tax assessment – Einkommenssteuerveranlagung, f
income-tax bill – Einkommensteuerbescheid, m
income tax class – Lohnsteuerklasse, f
income tax commutation – Lohnsteuerpauschalierung, f
income-tax declaration *<GB>* – Einkommensteuererklärung, f
income tax deduction – Lohnsteuerabzug, m
Income Tax Implementing Decree – Einkommensteuerdurchführungsverordnung, f (EStDVO)
income tax rate – Einkommensteuertarif, m
income-tax regulations (pl) – Einkommensteuerrichtlinien (pl)
income tax relief *<GB>* – Freibetrag, m
income tax return – Einkommenssteuererklärung, f
income tax statement *<US>* – Einkommenssteuererklärung, f
income taxation – Einkommensbesteuerung, f
income threshold – Beitragsbemessungsgrenze, f
in-company training – (inner) betriebliche Ausbildung, f
incompatibility – Inkompatibilität, f; Unvereinbarkeit, f
incompatible – unverträglich
incompatible with sth. – unvereinbar
incompetence – Nichtbefugnis, f; Nichtzuständigkeit, f; Unfähigkeit; Unvermögen, n
incompetent – unfähig; unzuständig
inconclusive – ohne Beweiskraft, f; nicht schlüssig
inconsistent with – nicht zu vereinbaren mit; unvereinbar mit
incorporate, v – eingliedern, v
incorrect – falsch; unrichtig
increase – Erhöhung, f; Steigerung, f; Zunahme, f; Zuwachs, m; Aufstockung, f

increase, v – erhöhen, v; zunehmen, v; wachsen, v; sich vergrößern, v; steigern, v
increase efficiency, v – Leistung (f) steigern, v; Wirkung steigern, v
increase in – Anhebung, f
increase in efficiency – Leistungssteigerung, f
increase in labo(u)r costs (pl) – Lohnkostenanstieg, m
increase in pay rates (pl) – Tariferhöhung, f
increase in payment – Entgelterhöhung, f
increase in performance – Leistungssteigerung, f
increase in production – Produktionsanstieg, m; Produktionssteigerung, f
increase in productivity – Produktivitätssteigerung, f
increase in taxes (pl) – Steuerprogression, f
increase in the cost of living – Verteuerung (f) der Lebenshaltung, f
increase in turnover – Umsatzsteigerung, f
increase in wage scales (pl) – Tariflohnerhöhung, f
increase in wages (pl) and salaries (pl) – Lohn- und Gehaltserhöhung, f
increase of earnings (pl) – Verdiensterhöhung, f
increase of income – Einkommenssteigerung, f
increase of real wages (pl) – Reallohnerhöhung, f
increase of salary – Gehaltserhöhung, f
increase of standard wage(s) – Tariflohnerhöhung, f
increase performance – Leistung (f) steigern
increased contributions (pl) – Beitragserhöhung, f
increased insurance – Höherversicherung, f
increased performance – Mehrleistung, f
increasing efficiency – leistungssteigernd
increment – Erhöhung, f; Steigerung, f; Vermehrung, f
increment for age – Alterszulage, f
incremental cost – Grenzkosten (pl)
incremental payment – automatische Entgelderhöhung (f) nach Dauer (f) der Beschäftigung, f
incriminate, v – bezichtigen ,v
incriminating – belastend
incriminating evidence – Belastungsmaterial, n
incriminatory – belastend
incumbent *(of a position)* – Stelleninhaber/in, m/f; Amtsinhaber/in, m/f
incumbent of a post – Arbeitsplatzinhaber/in, m/f
incur, v – eingehen, v
indebted – verschuldet
indebtedness – Verschuldung, f
indecisive – unentschlossen
indefeasible – rechtskräftig
indemnification – Ersersatzleistung, f; Entschädigung, f; Abfindung, f; Vergütung, f
indemnification payments (pl) – Schadensersatz, m
indemnity – Abgeltungsbetrag, m; Entschädigung, f; Abfindungssumme, f
indemnity bond *<US>* – Ausfallbürgschaft, f
indemnity case – Haftpflichtprozess, m

indemnity fund <*GB*> – Unterstützungsfonds (m) bei Arbeitgeberverbänden für die Entschädigung (f) von streikbedingten Verlusten
indemnity letter – Ausfallbürgschaftserklärung, f
indemnify, v – abfinden, v
indenture – formelle Urkunde, f; Vertragsurkunde, f; vertragliche Verpflichtung, m
indenture og apprenticeship – Lehrvertrag, m
indentured – zwangsverpflichtet
independence – Eigenständigkeit, f; Unabhängigkeit, f; Selbstständigkeit, f
independent – selbstständig; unabhängig
independent contractor – selbstständiger Unternehmer, m
independent perpetrator – Nebentäter/in, m/f
independent plant – selbstständiger Betrieb, m
index – Index, m
index-linked pension – dynamische Rente, f
indexation of wages – Indexbindung (f) der Löhne (pl)
indication – Hinweis, m; Indiz, n
indict, v – anklagen
indicted person – Angeschuldigter, m
indictment – Anklage, f
indigence – Bedürftigkeit, f
indigent – bedürftig
indirect – indirekt; mittelbar
indirect agency – indirekte Stellvertretung, f; mittelbare Stellvertretung, f
indirect compulsion – mittelbarer Zwang, m
indirect costs (pl) – Betriebsgemeinkosten (pl)
indirect damage – mittelbarer Schaden, m
indirect employment relationship – mittelbares Arbeitsverhältnis, n
indirect evidence – Indizienbeweis, m
indirect intent – indirekter Vorsatz, m
indirect labo(u)r costs (pl) – indirekte Arbeitskosten (pl)
indirect possession – Besitz, m; mittelbarer Besitz, m
indirect tax – indirekte Steuer, f
indirect wages (pl) – indirekter Lohn, m
indirect worker – nicht direkt an der Herstellung (f) einer Ware (f) beteiligter Arbeitnehmer, m
indispensability – Unabdingbarkeit, f
indispensable – unabdingbar
individual – Einzelperson, f
individual activity – Einzeltätigkeit, f
individual case – Einzelfall, m; einzeln; individuell
individual characteristics (pl) – persönliche Merkmale (pl)
individual contract – Einzelvertrag, m
individual earnings (pl) – pro-Kopf-Einkommen
individual employment contract – Einzelarbeitsvertrag, m
individual employment relationship – Einzelarbeitsverhältnis, n
individual labo(u)r law – Individualarbeitsrecht, n
individual measure – Einzelmaßnahme, f
individual notice of termination – Einzelkündigung, f
individual performance – Einzelleistung, f
individual performance ability – persönliche Leistungsfähigkeit, f
individual personnel measure – personelle Einzelmaßnahme, f
individual petition – Individualklage, f

individual piecework rate – Einzelakkord, m
individual protection – Individualschutz, m
individual sphere – Individualsphäre, f
individual statement – Einzelnachweis, m
individual talk – Einzelgespräch, n
individual workplace – Einzelarbeitsplatz, m
individually liable – haftbar
indoor work – Heimarbeit, f
induce, v – überreden, v; veranlassen, v
induced abortion – Schwangerschaftsunterbrechung, f
induct s.o., v *(into office)* – einführen, v (ins Amt, n)
induction – Einarbeitung (f) eines neuen Mitarbeiters (m); Einberufung (f) zum Wehrdienst, m <*US*>
industrial – gewerblich; industriell
industrial accident – Arbeitsunfall, m; Betriebsunfall, m
industrial accident insurance – Betriebsunfallversicherung, f; Gewerbeunfallversicherung, f
industrial action – gegen Arbeitgeber gerichtete Maßnahmen der Arbeitnehmer zur Durchsetzung (f) ihrer Forderungen, einschl. Streik (m), Überstundenstop (m), Arbeit nach Vorschrift, f
industrial activity – gewerbliche Tätigkeit, f
industrial administration – Betriebswirtschaft, f
industrial agreement – tarifvertragliche Vereinbarung, f
industrial area – Industriegelände, n
industrial association – Industrieverband, m; Fachverband, m
industrial clerk – Industriekauffrau, f; Industriekaufmann, m
Industrial Code – Gewerbeordnung, f
industrial company – Industrieunternehmen, n
industrial conflict – Arbeitskonflikt, m; Gegensatz (m) von Kapital (n) und Arbeit*, f*
industrial consultant – Industrieberater/in, m/f
industrial court <*GB*> – Schiedsgericht für Arbeitssachen (pl)
industrial disease – Berufskrankheit, f
industrial dispute – Arbeitsstreitigkeit, f; Arbeitskampf, m
industrial division – Fachgruppe, f; Industriezweig, m
industrial education – Arbeitspädagogik, f
industrial electronics technician – Industrieelektroniker, m
industrial employee – gewerbliche/r Arbeitnehmer/in, m/f
industrial engineer – Betriebsingenieur/in; m/f; Arbeitsstudieningenieur/in, m/f
industrial engineering – Arbeitsplanung, f; Arbeitsvorbereitung, f
industrial enterprise – Gewerbebetrieb, m; gewerbliches Unternehmen, n
industrial espionage – Werkspionage, f
industrial estate – Betriebsgelände, n; Industriegelände, n
industrial experience – Industrieerfahrung, f
industrial fatality – tötlicher Betriebsunfall, m
industrial front <*GB*> – Streikfront, f
industrial hygiene – Arbeitshygiene, f
industrial income – gewerbliche Einkünfte, pl

industrial injuries (pl) insurance *<GB>* – Unfallversicherung, f
industrial injury – Betriebsunfall, m; Arbeitsunfall, m
industrial inspection board – Gewerbeaufsichtsamt, n
industrial know-how – Betriebserfahrung, f
industrial (labor) union *<US>* – Industriegewerkschaft, f
industrial law *<GB>* – Gewerberecht, n
industrial library – Werksbücherei, f
industrial mechanic – Industriemechaniker/in, m/f
industrial medicine – Arbeitsmedizin, f
industrial organisation/organization – Betriebsorganisation, f
industrial park *<US>* – Industriegelände, n
industrial partnership *<US>* – Gewinnbeteiligung (f) der Arbeitnehmer (pl)
industrial peace – Arbeitsfrieden, m
industrial plant – Industriebetrieb, m
industrial psychology – Arbeitspsychologie, f
industrial relations *<US>* – Arbeitnehmer-Arbeitgeber-Beziehungen (pl); Arbeitsbeziehungen (pl); industrielle Beziehungen (pl)
industrial robot – Industrieroboter, m
industrial safety – Arbeitsschutz, m
industrial school – Gewerbeschule, f; Berufsschule, f
industrial sector – Industriezweig, m
industrial site – Industriegelände, n; Betriebsgelände, n
industrial strike – Arbeitskampf, m
industrial student – Werkstudent/in, m/f
industrial (trade) union – Industriegewerkschaft, f
industrial training – gewerbliche Ausbildung, f
industrial tribunal (IT) *<GB>* – Arbeitsgericht (n) für Rechtsfragen aus dem Arbeitsverhältnis, n
industrial truck operator – Flurförderzeugfahrer, m
industrial union – Industriegewerkschaft, f
Industrial Union of Metalworkers in Germany – Industriegewerkschaft (f) Metall (IGM)
industrial worker – Fabrikarbeiter/in, m/f; Industriearbeiter/in, m/f
industry – gewerbliche Wirtschaft, f; Industrie, f
industry-wide (collective) agreement – Tarifvertrag (m) für einen ganzen Industriezweig, m
inebrity – Rausch, m
ineffective – unwirksam
ineffectiveness – Unwirksamkeit, f
inefficiency – Ineffizienz, f; mangelnde Leistungsfähigkeit, f; Leistungsschwäche, f; Untauglichkeit, f
inefficient – ineffizient; untauglich
inequality of treatment – Ungleichbehandlung, f
inequity – Unbilligkeit, f; Ungerechtigkeit, f
inevitable – unvermeidlich
inexperienced – unerfahren
infancy – Minderjährigkeit, f *<jur>*
infant – minderjährig *<jur>*
infectious disease – Infektionskrankheit, f
infer, v – schließen, v
inferiority – Minderwertigkeit, f
inferiority complex – Minderwertigkeitskomplex, m
infirm – gebrechlich (durch Alter)
infirmity – Gebrechlichkeit, f
infirmity of title – Rechtsmangel, m
inflammable – unbrennbar

inflation – Inflation, f
inflict damage, v – Schaden (m) zufügen, v
influence – Einfluss, m
inform, v – benachrichtigen, v; informieren, v; belehren, v
informal – formlos; zwanglos; informell; unverbindlich
informal application – formlose Bewerbung, f
informality – Formlosigkeit, f; Formfehler, m
informatics (pl) – Informatik, f
information – Auskunft, f; Benachrichtigung, f; Information, f; Bescheid, m
information centre/center – Informationszentrale, f
information flow – Informationsfluss, m
information processing – Informationsverarbeitung, f; Datenaufbereitung, f
information scientist – Fachinformatiker/in, m/f
information sign – Hinweiszeichen, n
information storage – Informationsspeicherung, f
information technology (IT) – Informationswissenschaft, f; Informationstechnologie, f
information visit – Informationsbesuch, m
informative – aufschlussreich; aussagekräftig
informative capability – Aussagefähigkeit, f
informed – sachkundig; gebildet
infraction – Übertretung, f
infraction of the law – Gesetzesübertretung, f
infrastructure – Infrastruktur, f
infrequent offender – Gelegenheitstäter/in, m/f
infringe a contract, v – Vertrag (m) brechen, v; Vertrag (m) verletzen, v
infringe upon, v – verstoßen gegen, v
infringement – Rechtsverletzung, f; (Gesetzes-)Verstoß, m; Zuwiderhandlung, f
infringement of a right – Rechtsverletzung, f; Gesetzesverstoß, m
infringement of duty – Dienstvergehen, n
ingenuity – Erfindungsgabe, f
inherit, v – erben, v
inheritance – Erbschaft, f; Nachlass, m
inhibition of disciplinary punishment – Maßregelungsverbot, n
in-hiring rate – Einstellohn, m
in-hospital benefit – Krankenhausbeihilfe, f
in-hours – während der Arbeitszeit, f
iniquitous – unbillig
initial – anfänglich; ursprünglich
initial assistance – Starthilfe, f
initial difficulties (pl) – Anfangsschwierigkeiten (pl)
initial entry – Ersteintritt, m
initial grade – Eingangsstufe, f
initial grading – Ersteingruppierung, f
initial income – Anfangseinkommen, n
initial job – Anfangsstellung, f
initial period – Anlaufperiode, f
initial payment – Anzahlung, f
initial position – Ausgangslage, f
initial salary – Anfangsgehalt, n
initial training – Erstausbildung, f
initial vocational training – Lehre, f; Erstausbildung, f
initial vote – Urabstimmung, f
initiate, v – einführen; einleiten
initiation – Anbahnung, f; Einleitung, f; Aufnahme, f
initiation fee – Aufnahmegebühr, f

initiation of a proceeding – Einleitung (f) eines Verfahrens, n
initiation phase – Anbahnungsphase, f
initiation relationship – Anbahnungsverhältnis, n
initiative – Initiative, f; Entschlusskraft, f; Unternehmungsgeist, m
initiative of one's own – Eigeninitiative, f
injunction – Unterlassungsbefehl, m; gerichtliche Verfügung, f
injunction order – Unterlassungsbefehl, m
injure one's prospects (pl), v – schaden, v
injure, v – beschädigen, v; verletzen, v; schaden, v; verwunden, v
injured party – Geschädigte/r, f/m
injured person – Verletzte/r, f/m
injured persons' allowance – Verletztengeld, n
injured persons' pension – Verletztenrente, f
injurious – schädlich; schädigend
injurious to health – gesundheitsgefährdend; gesundheitsschädlich
injury – Schaden, m; Schädigung, f; Verletzung, f
injury benefit *<GB>* – (Arbeiter-) Unfallrente, f
injury investigation – Unfalluntersuchung, f
injury investigation report – Unfallbericht, m
injury not to property – immaterieller Schaden, m
injury to person – Personenschaden, m
injury to property – Sachbeschädigung, f
injury to s.o.'s health – Gesundheitsschaden, m
Inland Revenue Office *<GB>* – Finanzamt, n
inland waterway transportation – Binnenschifffahrt, f
Inn of Court *<GB>* – Anwaltskammer, f
inner conflict – Gewissenskonflikt, m
innocence – Unschuld, f
innocent – unschuldig
inoccupation – Beschäftigungslosigkeit, f
inoccupied – beschäftigungslos
inofficious – pflichtwidrig
inoperative – wirkungslos; unwirksam; ungültig *<jur>*
inpatient treatment – stationäre Behandlung, f
inpayment – Einzahlung, f
in-plant *<US>* – innerbetrieblich; betriebsintern
input – Eingabe, f
input control – Eingabekontrolle, f
inquiry – Anfrage, f; Untersuchung, f; Nachforschung, f; Nachprüfung, f; Nachfrage, f; Rückfrage, m
inquiry office – Auskunftei, f
inquiry sheet – Erhebungsbogen, m
inquisitorial principle – Untersuchungsgrundsatz, m
insane – geisteskrank; wahnsinnig
insane state of mind – Zurechnungsunfähigkeit, f
insanitary – gesundheitsschädlich; unhygienisch
insanity – Geisteskrankheit, f
insecure – ungesichert; ungewiss
insecurity – Unsicherheit, f
insert, v – Inserat (n) aufgeben, v; einfügen, v; inserieren, v
insertion – Inserat, n
in-service – während der Dienstzeit, f
inside – innerhalb
insidious – heimtückisch; hinterlistig
insight – Einsicht, f; Verständnis,n

insignificant – geringfügig
insignificant employment – geringfügige Beschäftigung, f
insolvency – Insolvenz, f; Zahlungsunfähigkeit, f
insolvency law – Insolvenzrecht, n
Insolvency Ordinance – Insolvenzordnung, f (InsO)
insolvency protected – insolvenzgeschützt
insolvency protection – Insolvenzschutz, m
insolvent – zahlungsunfähig
inspect, v – inspizieren; kontrollieren; Einsicht (f) nehmen in
inspecting officer – Kontrollbeamte/r, f/m
inspection – Augenscheinseinnahme, f; Aufsicht, f; Durchsicht, f; Prüfung, f; Einsichtnahme, f
inspection of files (pl) – Akteneinsicht, f
inspection of the records (pl) – Akteneinsicht, f
inspection right – Einblicksrecht, n; Einsichtsrecht, n
inspector – Aufsichtsbeamter, m; Kontrolleur/in, m/f
inspector general – Oberinspektor/in, m/f
install, v – (Maschine) aufstellen, v; einrichten, v
instal(l)ment – Abzahlungsrate, f
instal(l)ment savings (pl) – Ratenzahlung, f
installation – Aufstellung, f (Maschine); Betriebseinrichtung, f; Betriebsanlage, f
installation allowance – Montagezuschlag, m
installment *<US>* – Rate, f
instalment payment – Teilzahlung, f
instance – Instanz, f *<jur>;* Rechtszug, m
instance of appeal – Beschwerdeinstanz, f
instant – fristlos; sofortig
instant dismissal – fristlose Kündigung, f
instigate, v – anstiften, v; anzetteln, v
instigation – Anstiftung, f; Aufhetzung, f; Aufwiegelung, f
instigator – Anstifter/in, m/f
institute – Einrichtung, f; Akademie, f; Institut, n; Anstalt, f
institute, v – errichten, v; einrichten, v; einführen, v; einleiten, v
institute an inquiry, v – Untersuchung (f) einleiten, v
institute bankruptcy proceedings (pl), v – eröffnen, v
institute legal proceedings (pl), v – Verfahren (n) einleiten, v; vor Gericht auftreten, v
institute legal proceedings (pl) against s.o., v – Prozess (m) anstrengen, v
Institute of Technology *<US>* – <entspr> Technische Hochschule, f
institutes (pl) of higher learning – Hochschuleinrichtungen (pl)
institution – Anstalt, f; öffentliche Einrichtung, f
institution providing benefits (pl) – Leistungsträger, m
institutional premises (pl) – Verwaltungsgebäude, n
instruct, v – anleiten, v; belehren, v; anweisen, v; anlernen, v; unterrichten, v; unterweisen, v
instruct a lawyer, v – Anwalt/Anwältin (m/f) beauftragen, v
instruct s.o. for, v – jmd einarbeiten, v
instruction – Anleitung, f; Ausbildung, f ; Belehrung, f; Unterweisung, f; Unterrichtung, f

instructional equipment – Lehrmaterial, n
instructions (pl) on s.o.'s right to appeal – Rechtsmittelbelehrung, f
instructor – Ausbilder/in, m/f; Lehrmeister, m
instructor proficiency exam(ination) – Ausbildereignungsprüfung, f
instructor's bonus – Ausbilderzulage, f
instrument – Urkunde, f; Rechtsakt, m; Mittel, n
instrument engineering – Feinmechanik, f
instrument issued by the authorities (pl) – Hoheitsakt, m
instrument of appointment – Ernennungsurkunde, f
instrument of approval – Genehmigungsurkunde, f
instrument of payment – Zahlungsdokument, n
insubordination – Insubordination, f
insufficient – unzulänglich; unzureichend
insult – Beleidigung, f *<allg>;* Ehrverletzung, f
insult, v – beleidigen, v
insurance – Versicherung, f
insurance against accidents (pl) abroad – Auslandsunfallversicherung, f
insurance against damage to third parties (pl) – Haftpflichtversicherung, f
insurance against disability – Invaliditätsversicherung, f
insurance against personal injury – Personenschadenversicherung, f
insurance agent – Versicherungsvertreter, m
insurance agreement – Versicherungsvertrag, m
insurance application – Versicherungsantrag, m
insurance benefit – Versicherungsleistung, f
insurance body – Versicherungsanstalt, f
insurance business – Versicherungswirtschaft, f
insurance case – Versicherungsfall, m
insurance certificate – Versicherungsbescheinigung, f
insurance claim – Versicherungsanspruch, m
insurance company – Versicherungsgesellschaft, f
insurance conditions (pl) – Versicherungsbedingungen (pl)
insurance contract – Versicherungsvertrag, m
insurance contribution – Versicherungsbeitrag, m
insurance control – Versicherungsaufsicht, f
insurance coverage – Versicherungsdeckung, f; Versicherungsschutz, m
insurance deduction – Versicherungsabzug, m
insurance exemption – Versicherungsfreiheit, f
insurance for legal costs (pl) – Rechtsschutzversicherung, f
insurance fraud – Versicherungsbetrug, m
insurance holder – Versicherungsnehmer/in, m/f
insurance institution – Versicherungsträger, m
insurance law – Versicherungsrecht, n
insurance liability limit – Versicherungspflichtgrenze, f

insurance linked to investment funds (pl) – fondsgebundene Lebensversicherung, f
insurance membership card – Versicherungsausweis, m
insurance number – Versicherungsnummer, f
insurance on death only – Versicherung (f) auf den Todesfall, m
insurance on survival on a stipulated age – Versicherung (f) auf den Erlebensfall, m
insurance period – Versicherungszeit, f
insurance plate – Versicherungsplakette, f
insurance policy – Versicherungspolice, f; Versicherungsschein, m
insurance premium – Versicherungsprämie, f
insurance relationship – Versicherungsverhältnis, n
insurance settlement – Versicherungsleistung, f
insurance steward – Versichertenältester, m
insurance tariff – Versicherungstarif, m
insurance tax – Versicherungssteuer, f
insurance terms (pl) and conditions (pl) – Versicherungskonditionen (pl)
insurance ticket – Versicherungskarte, f
insurance year – Versicherungsjahr, n
insurance-exempt employment – versicherungsfreie Beschäftigung, f
insurant – Versicherungsnehmer, m
insure, v – versichern, v
insured – Versicherter, m
insured event – Versicherungsfall, m
insured person – Versicherungsnehmer/in, m/f
insured persons' share – Versichertenanteil, m
insurer – Versicherer, m
intact – heil
intake of personnel – Personalzugang, m
intangible value – immaterieller Wert, m
integrate s.o., v *(into the working process)* – eingliedern, v
integrated small group – integrierte Kleingruppe, f
integrated training – Verbundausbildung, f
integrated university – Gesamthochschule, f
integration – Eingliederung, f
integration into active employment – Eingliederung (f) in den Arbeitsprozess, m
integrity – Ehrenhaftigkeit, f; Integrität, f
intellect – Denkvermögen, n; Verstand, m
intellectual – Intellektuelle/r, f/m; intellektuell; geistig; verstandesmäßig
intellectual background – Allgemeinbildung, f
intellectual property – geistiges Eigentum, f
intellectual worker – Geistesarbeiter/in, m/f
intelligence – Intelligenz, f
intelligence office *<US>* – Arbeitsnachweisstelle, f
intelligence test – Intelligenztest, m
intelligent – gescheit; aufgeweckt; intelligent; klug
intend, v – beabsichtigen
intended recourse to shareholder – Durchgriffshaftung, f
intendment of the law – gesetzgeberische Absicht, f

intensive – intensiv
intensive course – Intensivkurs, m
intent – Absicht, f; Vorhaben, n
intent of profit making – Gewinnerzielungsabsicht, f
intention (1) – Vorhaben, n; Absicht, f; Plan, m
intention (2) – Vorsatz, m *<jur>*
intention of stating sth of legal consequence – Erklärungswille, m *<jur>*
intention of the parties (pl) – Parteiwillen, m
intentional – absichtlich; vorsätzlich
interaction – Wechselwirkung, f
interactive processing – Dialogverarbeitung, f
interception – Unterschlagung, f
intercession – Fürsprache, f
intercessor – Fürsprecher/in, m/f
interchangeability – Austauschbarkeit, f
interchangeable – austauschbar
intercity wage differential – Ortsklassenausgleich, m
inter-company – überbetrieblich; zwischenbetrieblich
intercultural – interkulturell
interdepartmental – abteilungsübergreifend
interdepartmental conference – Abteilungsleiterbesprechung, f
interdict, v – untersagen
interdiction – Untersagung, f *<jur>*; Entmündigung, f
interdisciplinary – interdisziplinär
interest (1) – Interesse, n
interest (2) – Zins, m; Anteil, m; Anrecht, n
interest bearing – verzinslich
interest dispute – Tarifauseinandersetzung, f
interest in a business – Geschäftsanteil, m
interest in the complete satisfaction of an obligation – Erfüllungsinteresse, n
interest in the performance of the contract – positives Interesse, n
interest in work – Arbeitsinteresse, n
interest of (the) employee – Arbeitnehmerinteresse, n
interest of a third party – Drittinteresse, n
interest on arreas (pl) – Verzugszinsen, f
interest rate – Zinssatz, m
interest rebate – Zinsvergünstigung, f
interest relief grant – Zinszuschuss, m
interest saving – Zinsersparnis, f
interest situation – Interessenlage, f
interest subsidy – Zinsverbilligung, f; Zinszuschuss, m
interested party – Beteiligter, m; interessierte Vertragspartei, f
interest-free – zinslos; zinsfrei
interference – Eigenmacht, f
interference with – Beeinträchtigung, f
interfirm comparative studies (pl) – Betriebsvergleich, m
inter-generational contract – Generationenvertrag, m
intergovernmental – zwischenstaatlich
interim – provisorisch; vorsorglich; vorläufig; einstweilig
interim aid – Überbrückungsbeihilfe, f
interim appraisal – Zwischenbeurteilung, f
interim certificate – Zwischenzeugnis, n; Interimsschein, m
interim examination – Zwischenprüfung, f
interim injunction – einstweilige Verfügung, f

interim order – einstweilige Anordnung, f
interim payment – Übergangsgeld, n
interim personnel measure – vorläufige personelle Maßnahme, f
interim reply – Zwischenbescheid, m
interim report – Zwischenbericht, m
interim statement – Zwischenbescheinigung, f
interlocutory injunction – einstweilige Verfügung, f
interlocutory judgement – Zwischenurteil, n
intermediary – Vermittler/in, m/f
intermediate – zwischenzeitlich; vermittelnd
Intermediate Certificate – Mittlere Reife, f
intermediate diploma – Vordiplom, n
intermediate earnings (pl) – Zwischenverdienst, m
intermediate examination – Zwischenprüfung, f
intermediate master craftsman – Zwischenmeister, m
intermediate report – Zwischenzeugnis, n
intermediate result – Zwischenergebnis, n
intermediate school *<US>* – Mittelschule, f
intermediate service – Dienst, m
intern – Praktikant/in, m/f
internal – intern
internal audit – Innenrevision, f
Internal European Market – Europäischer Binnenmarkt, m
internal justice *(of a company)* – Betriebsjustiz, f
internal penalty – Betriebsbuße, f
internal relationship – Innenverhältnis, n
Internal Revenue Code *<US>* – Abgabenordnung, f
Internal Revenue Office *<US>* – Finanzamt, n
international – international; zwischenstaatlich
international assignment – Auslandsabordnung, f
International Bank for Reconstruction and Development – Internationale Bank (f) für Wiederaufbau und Entwicklung
International Chamber of Commerce (ICC) – Internationale Handelskammer, f
International Court of Justice (ICJ) – Internationaler Gerichtshof, m (IGH)
International Federation of Chemical, Energy and Mine Workers Unions (IECM) – Internationale Föderation (f) der Chemie, Energie und Bergarbeiter-Gewerkschaften (pl)
International Lab(o)ur Office – Internationales Arbeitsamt, n
International Labour/Labor Organisation (ILO) – Internationale Arbeitsorganisation, f (IAO)
international law – Völkerrecht, n
International Monetary Fund (IMF) – Internationaler Währungsfonds, m (IWF)
international private law – internationales Privatrecht, n
international relations (pl) – internationale Beziehungen (pl)
international service allowance (ISA) – Auslandsaufenthaltszulage, f
international treaty – Staatsvertrag, m
internship – Betriebspraktikum, n; Praktikum, n
internship abroad – Auslandspraktikum, n

internship certificate – Praktikumsnachweis, m
interoffice messenger – Hausbote, m
interoffice slip – Laufzettel, m
interpersonal relations (pl) – zwischenmenschliche Beziehungen (pl)
interpersonal skills (pl) – Fertigkeiten, pl
interpleader challenging execution – Vollstreckungsgegenklage, f
interpose an objection, v – Widerspruch (m) einlegen, v
interpret, v – auslegen, v; dolmetschen, v
interpretation – Auslegung, f
interpretation of a contract – Vertragsauslegung, f
interpretation of the law – Gesetzesauslegung, f
interpreter – Dolmetscher/in, m/f
interrogation of a party – Parteivernehmung, f
interrupt, v – unterbrechen, v
interruption – Unterbrechung, f
interruption of work – Arbeitsunterbrechung, f
interstatal – zwischenstaatlich
intervene, v – einmischen (sich), v
intervene in proceedings (pl), v – einem Rechtsstreit (m) beitreten, v
intervener – Streithelfer, m *<jur>*
intervention – Vermittlung, f; Einmischung, f; Streithilfe, f; Nebenintervention, f *<jur>*
intestate succession – gesetzliche Erbfolge, f
intimidation – Einschüchterung, f; Nötigung, f *<jur>*
intoxication – Trunkenheit, f; Rausch, m
introduce evidence, v – Beweis (m) antreten, v
introduce oneself to s.o., v – sich vorstellen, v
introduce s.o. to s.o., v – jmd vorstellen, v
introduce, v – einleiten, v
introduce, v (new employees, pl) – einführen, v (neue Mitarbeiter, pl)
introduction – Einführung, f; Einleitung, f; Vorstellung, f
introduction of evidence – Beweisantritt, m
introductory act – Einführungsgesetz, n
invalid – (rechts-)ungültig; unwirksam; nichtig
invalidate, v – für ungültig erklären, v; ungültig machen, v
invalidating cause – Anfechtungsgrund, m
invalidation – Ungültigkeitserklärung, f
invalidity – Invalidität, f; Gebrechlichkeit, f
invalidity benefit – Invalidenrente, f
invalidity insurance – Invalidenversicherung, f
invalidity pension – Erwerbsunfähigkeitsrente, f; Ruhegehalt (n) wegen Dienstunfähigkeit, f
invalidity suit – Nichtigkeitsklage, f
invent, v – erfinden, v
invention – Erfindung, f
inventor – Erfinder/in, m/f
inventor's bonus – Erfindervergütung, f
inventory – Inventar, n; Vorrat, m; Warenbestand, m
inventory checker – Bestandsprüfer/in, m/f
inventory taking – Inventur, f
inverse condemnation – enteignungsgleicher Eingriff, m
invest money, v – Geld (n) anlegen, v
invest, v – anlegen, v; investieren, v
investigate, v – ermitteln, v; nachforschen, v; untersuchen, v

investigating committe – Untersuchungsausschuss, m
investigating magistrate – Untersuchungsrichter/in, m/f
investigation – Untersuchung, f; Ermittlung, f; Nachforschung, f
investigation evidence – Ausforschungsbeweis, m
investigation of tax offences (pl) – Steuerfahndung, f
investing activities (pl) – Investitionstätigkeit, f
investment – Geldanlage, f; Investition, f
investment adviser/advisor – Anlageberater/in, m/f
investment planning – Investitionsplanung, f
investment wages (pl) and salaries (pl) – Investivlohn, m
investor – Investor/in, m/f
invigilate, v – Prüfung (f) beaufsichtigen , v
inviolability of letters (pl) – Briefgeheimnis, n
invitation – Aufforderung, f; Einladung, f
invitation to tender – Ausschreibung, f
invite, v – auffordern, v; einladen, v
invoice – Rechnung, f
invoice, v – abrechnen, v
invoice clerk – Fakturist/in, m/f
involve, v – einbeziehen,v beteiligen, v
involvement – Beteiligung, f
invulnerable – unverletzlich
iron and steel industry – Eisen- und Stahlindustrie, f
iron worker – Hüttenarbeiter, m
irrebuttable – unwiderlegbar
irregular – regelwidrig; ungesetzlich; ungeordnet; unregelmäßig
irregularity – Formfehler, m *<jur>*; Verfahrensmangel, m
irrelevant – unerheblich; unwesentlich
irremovability – Unversetzbarkeit, f
irremovable – nicht entfernbar, unabsetzbar
irreplaceable – unersetzlich
irreproachable – einwandfrei; tadelsfrei; untadelig
irresponsible – unverantwortlich; unzurechnungsfähig; verantwortungslos
irrevocable – unwiderruflich
irritation of the skin – Hautreizung, f
isolation – Isolation, f
issue – Streitpunkt, m
issue, v – ausfertigen, v; erlassen, v; ausgeben, v; herausgeben, v
issue an authorization, v – Genehmigung (f) erteilen, v
itinerant occupation – Reisetättigkeit, f
itinerant trade (1) – Reisegewerbe, n
itinerant trade (2) – Wandergewerbe, n

J

jackal – Handlanger, m; Helfershelfer, m

Jack-of-all-trades *<infml>* – Alleskönner, m; Allerweltskerl, m

jail – Gefängnis, n; Kerker, m

jail sentence – Gefängnisstrafe, f; Freiheitsstrafe, f

janitor – Pförtner, m; Hausmeister, m *<US>*

jib, v *<infml>* – sträuben (sich), v

job – Arbeitsbereich, m; Stellung, f; Stelle, f; Tätigkeit, f; Amt, n; Position, f; Aufgabe, f; Pflicht, f; Arbeitsplatz, m; Arbeit, f; Beruf, m; Beschäftigung, f

job, v – im Akkord arbeiten, v; Gelegenheitsarbeit (f) machen, v

job adaptation – Arbeitsplatzanpassung, f

job advertisement – Stellenanzeige, f

job analysis – Arbeitsplatzanalyse, f; Aufgabenanalyse, f; Tätigkeitsanalyse, f; Arbeitsstudie, f

job applicant – Stellenbewerber, m; Arbeitssuchender, m

job application – Stellenbewerbung, f

job aspirations (pl) – berufliche Bestrebungen (pl)

job assignment – Aufgabe, f; Aufgabenzuweisung, f

job card *<US>* – Stundenzettel, m

job category – Berufsgruppe, f

job change – Arbeitsplatzwechsel, m; Stellenwechsel, m

job classification – Einstufung, f

job comparison – Stellenvergleich, m

job content – Arbeitsinhalt, m; Aufgabenstellung, f; Tätigkeitsinhalt, m

job control – Auftragskontrolle, f

job counse(l)ling – Berufsberatung (f) durch Arbeitsagentur, f

job-creating activities (pl) – beschäftigungsfördernde Tätigkeiten (pl)

job-creating investment – arbeitsplatzschaffende Investition, f

job-creating measure – Arbeitsbeschaffungsmaßnahme, f (ABM)

job creation – Arbeitsplatz(be)-schaffung, f

job creation scheme position – ABM-Stelle, f

job cut – Stellenabbau, m

job data – Arbeitsplatzdaten (pl)

job description – Arbeitsplatzbeschreibung, f; Stellenbeschreibung, f; Tätigkeitsbeschreibung, f

job design – äußere Arbeitsplatzgestaltung, f

job efficiency – Leistungsfähigkeit, f

job engineering – inhaltliche Arbeitsplatzgestaltung, f

job enlargement – Arbeitserweiterung, f; Aufgabenerweiterung, f

job enrichment – Arbeitsbereicherung, f; Aufgabenanreicherung, f

job evaluation – Arbeitsbewertung, f; Arbeitsplatzbewertung, f

job fair – Bewerbermesse, f; Jobmesse, f

job familiarization– Einarbeitung, f

job feature – Tätigkeitsmerkmal, n

job freeze – Einstellungsstop, m

job grading – Einstufung, f

job guarantee – Beschäftigungsgarantie, f

job holder – Stelleninhaber, m

job-hop, v – häufig Stelle (f) wechseln, v

job-hopping – Berufswechsel, m; häufiger Stellenwechsel, m
job hunt – Stellensuche, f
job instruction – Arbeitsanweisung, f; Arbeitsunterweisung, f
job interview – Bewerbungsgespräch, n; Vorstellungsgespräch, n
job layout – Arbeitsplatzgestaltung, f
job leasing – Leiharbeit, f
job market – Arbeitsmarkt, m; Arbeitsstellenmarkt, m
job market situation – Arbeitsmarktlage, f
job mobility – berufliche Mobilität, f
job motivation – berufliche Motivation, f
job nomenclature – Berufsbezeichnung, f
job offer – Stellenangebot, n
job opening – offene Stelle, f
job opportunity – Beschäftigungsmöglichkeit, f; Stellenangebot, n
job order – Arbeitsauftrag, m
job performance – Arbeitsleistung, f
job placement – Stellenvermittlung, f; Stellenbesetzung, f
job posting – Arbeitsplatzausschreibung, f; Stellenausschreibung, f
job-processing contract – Lohnveredelungsvertrag, m
job production *<US>* – Einzelfertigung, f
job profile – Tätigkeitsprofil, n
job prospects (pl) – Berufsaussichten (pl)
job protection – Arbeitsplatzschutz, m
Job Protection Act – Arbeitsplatzschutzgesetz, n (ArbPlSchG) (Act on Employment Protection in the Event of Call-Up for Military Service)
job qualification – berufliche Qualifikation, f
job rating *<US>* – Arbeitsbewertung, f
job-related bodily posture – Arbeitshaltung, f
job-related difficulty – Arbeitsschwierigkeit, f
job-related instruction – Arbeitsanweisung, f
job report – Arbeitsbericht, m
job requirement – Arbeitsanforderung, f; Arbeitsplatzanforderung, f
job rotation – planmäßiger Arbeitsplatzwechsel, m; systematischer Arbeitsplatzwechsel, m
job safety – Sicherheit, f
job satisfaction – Arbeitszufriedenheit, f; Arbeitsfreude, f
job search – Arbeitssuche, f; Stellensuche, f
job security – Arbeitsplatzsicherheit, f; Arbeitsplatzschutz, m
job seeker – Arbeitssuchender, m
job selection – Arbeitsplatzwahl, f
job seniority – Dienstalter, n
job setter – Einrichter, m
job sharing – Arbeitsplatzteilung, f
job simplification – Arbeitsvereinfachung, f
job situation – Arbeitsmarktlage, f
job specification *<US>* – Arbeits(platz)beschreibung, f
job starter – Berufsanfänger/in, m/f
job structure – Aufgabenstruktur, f
job success – Berufserfolg, m
job tenure – Dauer (f) der Betriebszugehörigkeit, f
job ticket – Akkordzettel, m; Stundenzettel, m
job time – Akkordzeit, f
job time ticket – Akkordzettel, m
job title – Funktionsbezeichnung, f; Berufsbezeichnung, f *<US>*; Tätigkeitsbezeichnung, f
job vacancy – offene Stelle, f
job vacancy service – Arbeitsagentur, f

job work – Stückakkord, m
jobber – Gelegenheitsarbeiter/in, m/f
jobbing – Gelegenheitsarbeit, f
jobbing hand – Akkordarbeiter, m; Gelegenheitsarbeiter, m
jobbing man – Gelegenheitsarbeiter, m
jobholder – Stelleninhaber, m
jobhop, v – Arbeitsplatz (m) häufig wechseln, v
jobless – arbeitslos; ohne Beschäftigung, f; ohne Arbeitsstelle, f
join, v – anschließen (sich), v; zusammenfügen, v; beitreten, v; eintreten in ,v
join a number of related cases (pl) – mehrere anhängige Rechtssachen (pl) miteinander verbinden, v
joinder of actions (pl) – Klagehäufung, f
joiner – Tischler/in, m/f; Schreiner/in, m/f
joining – Beitritt, m
joining of issue – Einlassung, f *<jur>*
joint – gemeinsam; gemeinschaftlich
joint account – gemeinschaftliches Guthaben, n; Gemeinschaftskonto, n
joint agency – Gesamtvertretung, f
joint and several – gesamtschuldnerisch; solidarisch
joint and several creditor – Gesamtgläubiger/in, m/f
joint and several debtor – Gesamtschuldner/in, m/f
joint and several liability – gesamtschuldnerische Haftung, f; Solidarhaftung, f
joint association – Solidargemeinschaft, f
joint creditor – Gesamtgläubiger, m
joint debtor – Gesamtschuldner, m
joint election (of hourly and salaried employees) – Gemeinschaftswahl, f
joint enterprise – Gemeinschaftsunternehmen, n
joint estate – Gesamteigentum, n
joint guilt – Mitverschulden, n
joint institution – Einrichtung, f
joint institutions (pl) – Organe (pl)
joint liability – Gesamthaftung, f
joint management – gemeinsame Leistung, f
joint marital property – Gütergemeinschaft, f
joint meeting – gemeinsame Sitzung, f
joint obligation – Gesamtschuldverhältnis, n
joint operation – Gemeinschaftsbetrieb, m
joint owner – Miteigentümer, m; Teilhaber, m
joint possession – Mitbesitz, m
joint power of attorney – Geamtvollmacht, f
joint power of Prokura – Geamtprokura, f
joint property – Miteigentum, n
joint representation – Gesamtvertretung, f
joint representative of severely handicapped persons (pl) – Gesamtvertrauensmann, m
Joint Senate – Gemeinsamer Senat, m
joint signature – Geamtprokura , f
Joint Stock Companies Act *<GB>* – Aktiengesetz, n (AktG)
joint stock company – Aktiengesellschaft, f *<GB>*; Offene Handelsgesellschaft (f) auf Aktien (pl) *<US>*
joint tenancy – Mitbesitz, m
joint will – gemeinschaftliches Testament, n

joint working party – gemeinsame Arbeitsgruppe, f
journalism – Journalistik, f
journey – Reise, f; Fahrt, f
journey home to one's family – Familienheimfahrt, f
journeyman – Handwerksbursche, m; Handwerksgeselle, m
journeyman´s (final) examination – Gesellenprüfung, f
journeywoman – Gesellin, f
journeywork – Gesellenarbeit, f
jubilarian – Jubilar/in, m/f
jubilarian's celebration – Jubilarfeier, f
jubilee – besonderes Jubiläum, n
judge – Richter/in, m/f
judge, v – beurteilen, v; richten, v; urteilen, v; entscheiden, v; Recht (n) sprechen, v
judge of a commercial court – Handelsrichter/in, m/f
judge's order – gerichtliche Auflage, f
judge-made law – Richterrecht, n
judgement – Urteil, n (im Zivilprozess); gerichtliche Entscheidung, f; Urteilsbegründung, f *<GB>*
judgement alterating a legal relationship – Gestaltungsurteil, n
judgement by confession – Anerkenntnisurteil, n
judgement by default – Versäumnisurteil, n
judgement capability – Urteilsfähigkeit, f
judgement debt – vollstreckbare Forderung, f
judgement granting affirmative relief – Leistungsurteil, n
judgement of acquittal – Freispruch, m
judgement on appeal – Berufungsurteil, n
judgement on procedural grounds (pl) – Prozessurteil, n
judgement on the basis of the cause of action – Grundurteil, n
judgement on the merits (pl) *(of a case)* – Sachurteil, n
judgement proceedings (pl) – Urteilsverfahren, n
judgement-proof *<US>* – zahlungsunfähig; nicht pfändbar
judicature – Gerichtswesen, n; Rechtsprechung, f; Rechtspflege, f
Judicature Act *<GB>* – Gerichtsverfassungsgesetz, n (GVG)
judicial – richterlich; gerichtlich
judicial apprentice – Gerichtsreferendar, m
judicial arrangement – gerichtlicher Vergleich, m
judicial authority – Gericht, n
judicial committee – Rechtsausschuss, m
judicial conciliation – Sühnetermin, m
judicial decree – Gerichtsbeschluss, m
judicial discretion – richterliches Ermessen, n *<US>*
judicial district – Gerichtsbezirk, m
judicial error – Rechtsirrtum, m
judicial evidence – Beweismittel, n
judicial holidays (pl) – Gerichtsferien (pl)
judicial office – Richteramt, n
judicial officer – Rechtspfleger/in, m/f
judicial order – richterliche Verfügung, f
judicial power – richterliche Gewalt, f
judicial precedent – Präjudiz, n *<jur>*
judicial proceedings (pl) – Gerichtsverfahren, n
judicial record – Strafregister, n

judicial remedy – Rechtsbehelf, m
judicial sequestration – Beschlagnahme, f
judicial trainee – Gerichtsreferendar, m
judicial vacations (pl) *<US>* – Gerichtsferien, f
judicial view *<law>* – Augenschein, m
juncture of working time – Lage, f
junior – jünger im Amt, n; untergeordnet
junior clerk – zweiter Buchhalter,m
junior director – Juniorchef/in, m/f
junior high school *<US>* – Mittelstufe, f
junior house officer *<GB>* – Arzt, m
junior judge – Gerichtsassessor, m
junior lawyer – Gerichtsreferendar/in, m/f
junior school *<GB>* – Grundschule, f
junior staff – Nachwuchs, m
juniority – jüngeres Dienstalter, n
jural – rechtlich
juridical – gerichtlich; juristisch
juridical order – gerichtliche Anordnung, f
juridical sequestration – gerichtliche Beschlagnahme, f
jurisdiction – Entscheidungsbefugnis, f *<jur>;* Gerichtsbarkeit, f; Rechtsprechung, f
jurisdiction over industrial matters – Arbeitsgerichtsbarkeit, f
jurisdiction over the subject – sachliche Zuständigkeit, f *<jur>*
jurisdiction relating to unlitigated matters (pl) – freiwillige Gerichtsbarkeit, f
jurisdictional amount *<US>* – Streitwert, m
jurisprudence – Rechtslehre, f; Rechtswissenschaft, f
jurist – Rechtsstudent/in, m/f *<GB>*; Rechtsanwalt, m *<US>*
juristic – juristisch
juristic act – Rechtsgeschäft, n
juristic assistance – Rechtshilfe, f
juristic person – juristische Person, f
juror – Geschworener, m
just – berechtigt; gerecht; rechtmäßig
justice – Gerechtigkeit, f; Rechtmäßigkeit, f; Berechtigung, f
justice in wages (pl) – Lohngerechtigkeit, f
justiciary – Justitiar, m
justifiable – vertretbar; gerechtfertigt
justification – Begründung, f; Rechtfertigung, f; Berechtigung, f
justification of the complaint – Beschwerdeberechtigung, f
justified – begründet; berechtigt; gerechtfertigt
justified aspirations (pl) – berechtigte Erwartungen (pl)
justify, v – begründen, v; entschuldigen, v; rechtfertigen, v
juvenile – jugendlich; Jugendliche/r, f/m
juvenile care – Jugendarbeit, f
juvenile court – Jugendgericht, n
Juvenile Court Act – Jugendgerichtsgesetz, n
juvenile delinquency – Jugendkriminalität, f
juvenile detention – Jugendarrest, m
juvenile employees' meeting – Jugendversammlung, f
juvenile employees' representative – Jugendvertreter/in, m
juveniles' (pl) and apprentices (pl) representation – Jugend- und Auszubildendenvertretung, f

K

keen perception – Scharfsinn, m
keep, v – halten, v
keep away from work, v – der Arbeit fernbleiben, v
keep in custody, v – verwahren, v
keep records (pl), v – archivieren, v
keep s.o. from his/her work, v – von der Arbeit (f) abhalten, v
keep s.o. from work, v – abhalten, v
keep silent, v – schweigen, v
keep the minutes (pl), v – Protokoll (n) führen, v
keep up-to-date – auf dem Laufenden halten, v
keeper of the minutes (pl) – Protokollführer/in, m/f
keeping of an account – Kontoführung, f
keeping of payroll accounts (pl) – Lohnkontenführung, f
keeping of personnel records (pl) – Personalaktenführung, f
key – Schlüssel
key data (pl) – Eckdaten (pl)
key date – Stichtag, m
key-date regulation – Stichtagsregelung, f
key indicator – Kennziffer, f
key number – Kennzahl, f
key objective– Hauptziel, f
key position – Schlüsselposition, f; Schlüsselstellung, f
key qualification – Schlüsselqualifikation, f
key skills (pl) – Schlüsselqualifikationen (pl)
kick – Fußtritt
kick back, v *<US,sl>* – Schmiergeld (n) zahlen, v
kidnap, v – verschleppen, v
killing – Tötung, f
kin – Verwandtschaft, f
kind – freundlich; nett; Art, f; Sorte, f; Gattung, f
kind of benefits (pl) – Leistungsart, f
kindergarten – Kindergarten, m
kindness – Gefälligkeit, f
kiss-off *<US,sl>* – Rausschmiss, m
knock off, v – Arbeit (f) einstellen, v; Feierabend (m) machen, v
knocking-off time *<infml>* – Arbeitsschluss, m; Feierabend, m
know-how – Erfahrungswissen, n; besondere Fachkenntnisse, pl; technisches Wissen, n
knowing – kundig
knowingly – wissentlich
knowledge – Kenntnisstand, m; Kenntnis, f; Wissen, n
knowledge management – Wissensmanagement, n
knowledge of languages (pl) – Sprachkenntnisse (pl)
knowledge of life – Lebenserfahrung, f
knowledge of people – Menschenkenntnis, f
knowledge of the law – Rechtskenntnisse (pl)

L

lab – Labor, n; Laboratorium, n
label, v – kennzeichnen, v
labelling – Kennzeichnung, f
labo(*u*)r *<US,GB>* – (schwere) Arbeit, f; Mühe, f; Plage, f; Anstrengung, f; Arbeiterschaft, f; Arbeitskräfte (pl)
labo(u)r aid – Arbeitsplatzbeihilfe, f
labo(u)r allocation – Arbeitseinsatz, m; Arbeitszuweisung, f
labo(u)r case – Arbeitsgerichtsprozess, m
Labo(u)r Code – Arbeitsgesetzbuch, n
labo(u)r conflict – Arbeitskonflikt, m
labo(u)r contract – Arbeitsvertrag, m
labo(u)r cost – Arbeitskosten (pl); Lohnkosten (pl)
labo(u)r cost adjustment – Anpassung (f) der Arbeitskosten (pl)
labo(u)r cost distribution – Lohnverteilung, f
labo(u)r cost survey – Arbeitskostenerhebung, f
labo(u)r costs (pl) – Lohnaufwand, m
labo(u)r court – Arbeitsgericht, n
Labo(u)r Court Act – Arbeitsgerichtsgesetz, n (ArbGG)
labo(u)r court judge – Arbeitsrichter/in, m/f
labo(u)r court proceedings (pl) – Arbeitsgerichtsverfahren, n
Labo(u)r Day – Tag (m) der Arbeit (f) (in Europa: 1. Mai, in USA: Erster Montag im September)
labo(u)r demand – Nachfrage (f) nach Arbeitskräften (pl)
Labo(u)r Department *<US>* – Arbeitsministerium, n
labo(u)r director – Arbeitsdirektor, m; Arbeitnehmervertreter (m) im Direktorium, n
labo(u)r dispute – Arbeitsauseinandersetzung, f; Arbeitskampf, m
labo(u)r dispute action – Arbeitskampfmaßnahme, f
labo(u)r dispute law – Arbeitskampfrecht, n
labo(u)r force – Arbeiterschaft, f; Belegschaft, f; Erwerbsbevölkerung, f
labo(u)r force participation rate – Erwerbsquote, f
labo(u)r force reduction – Arbeitskräfteabbau, m
labo(u)r income shares (pl) – Lohnquote, f
labo(u)r intensive – arbeitsintensiv
labo(u)r jurisdiction – Arbeitsrechtsprechung, f
labo(u)r law – Arbeitsrecht, n
labo(u)r law science – Arbeitsrechtswissenschaft, f
labo(u)r leader – Arbeiterführer/in, m/f
labo(u)r legislation – Arbeitsgesetzgebung, f
labo(u)r management relations (pl) – Arbeitnehmer-Arbeitgeber-Beziehungen (pl)
labo(u)r market area – (Arbeitskräfte-)Einzugsgebiet, n
labo(u)r market flexibility – Arbeitsmarktflexibilität, f
labo(u)r market policy – Arbeitsmarktpolitik, f
labo(u)r market situation – Arbeitsmarktlage, f
labo(u)r market statistics (pl) – Arbeitsmarktstatistik, f

labo(u)r mobility – Mobilität (f) der Arbeitskräfte (pl); Freizügigkeit, f
labo(u)r movement – Arbeiterbewegung, f
labo(u)r office – Arbeitsagentur, f
labo(u)r output – Arbeitsergebnis, n
labo(u)r piracy – Personalabwerbung, f
labo(u)r productivity – Arbeitsproduktivität, f
labo(u)r protection – Arbeitsschutz, m
Labo(u)r Protection Act – Arbeitsschutzgesetz, n
labo(u)r protection law – Arbeitsschutzgesetz, n
labo(u)r relations (pl) – Beziehungen (pl) zwischen Arbeitnehmervertretungen (pl) und Arbeitgebern (pl)
labo(u)r relations director – Arbeitsdirektor, m
labo(u)r replacement – Freisetzung (f) von Arbeitskräften (pl)
labo(u)r report – Arbeitsnachweis, m
labo(u)r representative – Arbeitnehmervertreter, m
labo(u)r-saving – Arbeitskräftesparend
labo(u)r shortage – Arbeitskräftemangel, m
labo(u)r struggle – Arbeitskampf, m
labo(u)r supply – Arbeitskräfteangebot, n
labo(u)r supply contract – Arbeitnehmerüberlassungsvertrag, m
labo(u)r turnover – Arbeitskräftefluktuation, f; Personalwechsel, m
labo(u)r union *<US>* – Gewerkschaft, f
labo(u)r unit costs (pl) – Lohnstückkosten (pl)
labo(u)r value – Arbeitswert, m
labourer *<GB>* – Amtshilfe, f; ungelernter Arbeiter, m
labo(u)ring – arbeitend; werktätig
laboratory worker – Laborant/in, m/f
labour exchange *<GB>* – Arbeitsagentur, f; Arbeitsvermittlung, f
labour utilisation rate *<GB>* – Leistungsgrad, m
lack – Mangel, m; Fehlen, n; Knappheit, f
lack of a quorum – Beschlussunfähigkeit, f
lack of apprenticeships (pl) – Lehrstellenmangel, m
lack of confidence – Misstrauen, n
lack of education – Bildungsmangel, m
lack of form – Formmangel, m
lack of interest – Desinteresse, n
lack of leadership – Führungsschwäche, f
lack of practical experience – mangelnde Berufserfahrung, f
lack of time – Zeitmangel, m
lack of training positions (pl) – Lehrstellenmangel, m
lack of work – Arbeitsmangel, m
lady housekeeper – Haushälterin, f
lady typist – Stenotypistin, f
laggard – Bummler, m
lame duck *<infml>* – Versager, m; Niete, f
land – Land, n; Grund, m; Boden, m; Bundesland, n
land authority – Landesbehörde, f
land charge – Grundschuld, f; Reallast, f
land government – Landesregierung, f
land law – Landesrecht, n
land property – Grundbesitz, m
land register – Grundbuch, n
Land Registry Act – Grundbuchordnung, f

land tax – Grundsteuer, f
landholding – Grundbesitz, m
landlord/landlady – Vermieter/in, m/f
language – Sprache, f; Ausdrucksweise, f
language barrier – Sprachbarriere, f
language laboratory – Sprachlabor, n
language lessons (pl) – Sprachkurs, m
language of a case – Verfahrenssprache, f
language skills (pl) – Sprachkenntnisse (pl)
language training – Sprachausbildung, f
languaged – sprachkundig; sprachgewandt
lapse – Wegfall, m; Erlöschen, n
lapse, v – erlöschen, v ; verfallen, v (Anspruch, Recht)
lapse from one´s duty – Pflichtverletzung, f
lapse of time – Zeitablauf, m
laceny – Diebstahl, m *<jur>*; Unterschlagung
large – groß; umfassend; ausgedehnt
large concern – Großunternehmen, n
large establishment – Großbetrieb, m
large-scale computer – Großrechner, m
large-scale enterprise – Großunternehmen, n
large-scale establishment – Großbetrieb, m
Large Senat – Großer Senat, m
last day of month – Monatsultimo, m
last in – first out (LIFO) – Auswahlgrundsatz (m) bei der Kündigung (f) aus betrieblichen Gründen (pl)
last name – Nachname, m
last will – letztwillige Verfügung, f; Testament, n
lasting several months (pl) – mehrmonatig
late – verstorben; spät
late arrival – verspätete Ankunft , f
late shift – Spätschicht, f
lateness – Verspätung, f; Zuspätkommen, n
latent defect – verborgener Mangel, m
lateral move – Wechsel (m) auf gleichwertigen Arbeitsplatz, m
lateral thinker – Querdenker, m
lathe operator– Dreher, m
launch – Anlauf, m; Start, m (Produktion, f)
laundress – Wäscherin, f
law – Gesetz, n ; Recht, n ; Jura
law breaking – Gesetzesverstoß, m
law code – Gesetzbuch, n
law costs (pl) – Prozesskosten, f
law court – Gerichtshof, m
law maker – Gesetzgeber, m
Law of a Land – Landesgesetz, n
law of bills (pl) and notes (pl) – Scheck- und Wechselrecht, n
law of contract – Vertragsrecht, n
law of descent and distribution – Erbrecht, n
law of fixed-term employment relationship – Befristungsrecht, n
law of nations (pl) – Völkerrecht, n
law of obligations (pl) – Schuldrecht, n
law of partnership – Gesellschaftsrecht, n
law of personnel records (pl) – Personalaktenrecht, n
law of practice – Prozessrecht, n; Verfahrensrecht, n
law of procedure – Verfahrensrecht, n; Prozessrecht, n
law of real property – Sachenrecht, n
law of taxation – Steuerrecht, n

law of tenancy – Mietrecht, n
law of things (pl) – Sachenrecht, n
law office – Kanzlei, f
law officer – Justizbeamte/r, f/m
law on competition – Wettbewerbsrecht, n
law on criminal prosecution for tax offences/offenses (pl) – Steuerstrafrecht, n
law on staff represenation – Personalvertretungsrecht, n
law reports (pl) casebook – Entscheidungssammlung, f
law requiring the consent of the German Federal Council (Bundesrat) – Zustimmungsgesetz, n
law to amend *(previous legislation)* – Abänderungsgesetz, n
lawful – gesetzlich; gesetzmäßig; rechtmäßig; zulässig
lawful act – Rechtshandlung, f
lawful age – Mündigkeit, f; Volljährigkeit, f
lawful interest – berechtigtes Interesse, n
lawful notice – rechtmäßige Kündigung, f
lawfulness – Gesetzmäßigkeit, f; Rechtmäßigkeit, f
lawless – rechtswidrig; gesetzwidrig
lawlessness – Rechtswidrigkeit, f
lawsuit – Gerichtsverfahren, n; Prozess, m <*jur*>; Klage, f
lawyer – Advokat, m; Anwalt/Anwältin, m/f ; Jurist/in, m/f; Rechtsanwalt/-anwältin, m/f
lawyer's fee – Rechtsanwaltsgebühr, f
lawyer's legal fee – Anwaltsgebühr, f
lawyer's office – Anwaltskanzlei, f
lawyer's secretary – Anwaltsgehilfe/Anwaltsgehilfin, m/f
lay – laienhaft; nicht fachmännisch; Laien...
lay assessor – Schöffe, m
lay claim, v – Klage erheben, v
lay down tools (pl), v – Arbeit (f) niederlegen, v
lay judge – ehrenamtlicher Beisitzer (m) bei Gericht,n ; Laienrichter/in, m/f
lay off, v – Arbeitnehmer (pl) vorübergehend entlassen, v
lay off of personnel – vorübergehende Personalfreisetzung, f
lay official – nebenamtlich tätiger Funktionär, m
laying-up premium – Stilllegungsprämie, f
layoff – vorübergehende Entlassung, f
layoff benefit – Entschädigung (f) für (vorübergehende) Entlassung, f; Entlassungsgeld, f
lazy – faul; träge
lead – Vorsprung, m; Führung, f
lead, v – führen, v ; leiten, v; lenken, v; vorangehen, v
lead time – Vorlaufzeit, f
leader – Anführer/in, m/f; Leiter/in, m/f; Führungspersönlichkeit, f; Spitzenreiter, m
leader of a gang – Rädelsführer/in, m/f
leadership – Führung, f; Führungseigenschaft, f; Menschenführung, f
leadership ability – Führungsgabe, f
leadership behavio(u)r – Führungsverhalten, n
leadership guidelines (pl) – Führungsrichtlinien (pl)
leadership model – Führungsmodell, n
leadership position – Führungsposition, f
leadership potential – Führungspotential, f
leadership responsibility – Führungsverantwortung, f

leadership strategy – Führungsstrategie, f
leadership style – Führungsstil, m
leadership tool – Führungsmittel, n
leading (1) – führend; (be)herrschend
leading (2) – leitend; maßgebend
leading case – Präzedenzfall, m
leading hand – Vorarbeiter, m
leading question – Suggestivfrage, f
leaflet – Merkblatt, n; Flugblatt, n
lean over backwards, v *<infml>* – sich alle Mühe geben, v
lean production – schlanke Produktion, f
leap-frogging – gegenseitiges Hochtreiben (n) der Löhne (pl) durch Bezugnahme (f) auf Löhne vergleichbarer Arbeitnehmergruppen (pl)
learn, v – erfahren, v; lernen, v
learn by heart – auswendig lernen, v
learned in – bewandert in; erfahren
learned in the law – rechtskundig
learner – Anfänger, m; Anlernling, m
learner's (wage) rate – Anlernlohn, m
learning – Gelehrsamkeit, f; Bildung, f
learning achievement – Lernerfolg, m
learning aids (pl) – Lernmittel (pl)
learning method – Lernmethode, f
learning objective – Lernziel, n
learning process – Lernfortschritt, m
learning process – Lernprozess, m
lease – Pacht, f; Pachtzeit, f; Mietzeit, f
lease contract – Mietvertrag, m; Pachtvertrag, m
leasee – Pächter, m
leasehold – Pachtbesitz, m
leaseholder – Mieter/in, m/f; Pächter/in, m/f
leave – Abschied, m; Abgang, m; Urlaub, m; Erlaubnis, f
leave, v – sich entfernen, v ; hinterlassen, v; verlassen, v; (von der Schule) abgehen, v; abreisen, v
leave account – Urlaubskonto, n
leave book – Urlaubsliste, f
leave demand – Urlaubsverlangen, n
leave entitlement – Urlaubsanspruch, m
leave for further education – Bildungsurlaub, m
leave for military service – Beurlaubung (f) zum Wehrdienst, m
leave of absence – entschuldigtes Fehlen, n; genehmigte Abwesenheit, f
leave off work – Arbeit (f) einstellen
leave pay – Urlaubsentgeld, n
leave period – Urlaubszeit, f
leave planning – Urlaubsplanung, f
leave schedule – Urlaubsplan, m
leave statement – Urlaubsbescheinigung, f
leave to appeal – Revisionszulassung, f *<jur>*
leave without pay – unbezahlter Urlaub, m
leave year – Urlaubsjahr, n
leaving certificate – Abgangszeugnis, n; Abmeldebescheinigung, f
leaving examination – Reifeprüfung, f; Abitur, n
lecture – Vorlesung, f; Kolleg, n; Vortrag, m
lecture room – Hörsaal, m
lecturer – Dozent/in, m/f; Lehrbeauftragte/r, f/m; Lektor/in, m/f
leeway *<US>* – Spielraum, m
leeway to render decisions (pl) – Dispositionsbefugnis, f
legacy – Vermächtnis, n
legal – gesetzlich; gesetzmäßig; juristisch; rechtlich; rechtmäßig; rechtsgültig; legal
legal ability – Rechtsfähigkeit, f

legal act – Rechtsgeschäft, n; Rechtshandlung, f
legal action – Prozess, m <*jur*>; Klage, f; Rechtsstreit, m
legal advice – Rechtsberatung, f
legal advisor – Rechtsbeistand, m; Rechtsberater/in, m/f
legal age – Volljährigkeit, f
legal agent – gesetzlicher Vertreter, m
legal aid – rechtlicher Beistand, m; Rechtshilfe, f; Prozesskostenhilfe, f
legal aid insurance – Rechtsschutzversicherung, f
legal argument – Rechtsgrund, m
legal assignment of claim – gesetzlicher Forderungsübergang, m
legal basis – Rechtsgrundlage, f
legal capacity (to act) – Geschäftsfähigkeit, f ; Rechtsfähigkeit, f
legal capacity to sue – Prozessfähigkeit, f
legal case – Rechtssache, f
legal charges (pl) – Prozesskosten (pl)
legal claim – Rechtsanspruch, m
legal competency – Rechtszuständigkeit, f
legal consequence – Rechtsfolge, f
legal deductions (pl) – gesetzliche Abzüge (pl)
legal defect – Gesetzeslücke, f
legal definition – Legaldefinition, f
legal demand – Rechtsanspruch,m
legal department – Rechtsabteilung, f
legal disability – Geschäftsunfähigkeit, f
legal disadvantage – Rechtsnachteil, m
legal dispute – Rechtsstreitigkeit, f
legal domicile – Gerichtsstand, m
legal duty – Rechtspflicht, f
legal duty to protect the public – Verkehrssicherungspflicht, f
legal effect – Rechtswirkung, f
legal entity – juristische Person, f
legal fiction – gesetzliche Vermutung, f
legal force – Gesetzeskraft, f; Rechtskraft, f
legal form – Rechtsform, f
legal gazette – Gesetzblatt, n
legal guardian – gesetzlicher Vormund, m
legal holiday – gesetzlicher Feiertag, m
legal incapacitation – Entmündigung, f
legal incapacity– Geschäftunfähigkeit, f
legal institution – Rechtsinstitut, n
legal instruction – Rechtsbelehrung, f
legal interest in a declaratory judgement – Feststellungsinteresse, n <*jur*>
legal justification – Rechtfertigungsgrund, m
legal knowledge – Rechtskenntnisse (pl)
legal liability – gesetzliche Haftpflicht, f; gesetzliche Haftung, f
legal liability for accidents (pl) – Unfallhaftpflicht, f
legal mandate – Prozessvollmacht, f
legal matter – Prozesssache, f
legal nature – Rechtsnatur, f
legal norm – Rechtsnorm, f
legal obligation – Rechtsverbindlichkeit, f
legal obligation to pay alimony – Unterhaltspflicht, f
legal operations (pl) – Rechtsgeschäfte (pl)
legal opinion – Rechtsansicht, f; Rechtsauffassung, f; Rechtsgutachten, n
legal person – juristische Person, f

legal personality – Rechtspersönlichkeit, f
legal position – Rechtslage, f; Rechtsposition, f
legal practice – Rechtspraxis, f
legal prejudice – Rechtsnachteil, m
legal principle– Rechtsgrundsatz, m
legal proceedings (pl) – Gerichtsverfahren, n; Prozess, m
legal protection – Rechtsschutz, m
legal protection for bona fide acts (pl) – Vertrauensschutz, m
legal protection of industrial property – gewerblicher Rechtsschutz, m
legal provision – Gesetzesvorschrift, f; gesetzliche Bestimmung, f; Rechtsvorschrift, f
legal question – Rechtsfrage, f
legal redress – Rechtsbehelf, m
legal regime – Rechtsordnung, f
legal regulation – Rechtsverordnung, f
legal relationship – Rechtsverhältnis, n
legal remedy – Rechtsbehelf, m; Rechtsmittel, n
legal representation in court – Prozessvertretung, f
legal representative – Rechtsvertreter/in, m/f; gesetzlicher Vertreter/in, m/f
legal representative in court – Prozessvertreter/in, m/f
legal reservation – Gesetzesvorbehalt, m
legal reserves (pl) – gesetzliche Rücklage, f
legal right – Rechtsanspruch, m
legal sequence – Rechtsfolge, f
legal service training – Rechtsreferendariat, n
legal status – Rechtsstellung, f
legal structure – Rechtsform, f
legal succession – Rechtsnachfolge, f
legal supervision – Rechtsaufsicht, f
legal system – Rechtsordnung, f; Rechtssystem, n
legal term – Fachausdruck, m
legal title – Rechtstitel, m
legal training – juristische Ausbildung, f
legal transaction – Rechtsgeschäft, f
legal uncertainty – Rechtsunsicherheit, f
legal validity – Rechtskraft, f
legal venue – Gerichtsstand, m
legal withholdings (pl) *<US>* – gesetzliche Abzüge (pl)
legality – Rechtmäßigkeit, f; Gesetzlichkeit, f
legally *<adv>* – gesetzlich; gesetzmäßig; rechtmäßig; rechtsgültig; rechtlich; juristisch
legally binding – rechtsverbindlich
legally capable – rechtsfähig
legally competent – geschäftsfähig
legally effective – rechtswirksam
legally incompetent – geschäftsunfähig
legally invalid – rechtsungültig
legally liable – gesetzlich haftbar
legally operative – rechtswirksam
legally relevant – rechtserheblich
legally responsible – geschäftsfähig
legislate, v – Gesetz (n) erlassen, v
legislation – Gesetzgebung, f; Rechtsvorschriften (pl)
legislation on foreigners (pl) – Ausländerrecht, n
legislative – gesetzgebend
legislative act – Rechtsetzung, f
legislative action – Erlass (m) von Rechtsvorschriften (pl)
legislative body – gesetzgebende Körperschaft, f

legislative initiative – Gesetzesinitiative, f
legislative power – gesetzgebende Gewalt, f
legislative powers (pl) – Rechtsetzungsbefugnis, f
legislator – Gesetzgeber, m
legist – Rechtskundige/r, f/m; Jurist/in, m/f
legitimacy – Rechtmäßigkeit, f; Berechtigung, f; Ehelichkeit, f
legitimacy as the proper party – Sachlegitimation, f
legitimate – gesetzlich; rechtmäßig; gesetzmäßig; mit berechtigtem Anspruch (m) auf
legitimate child – eheliches Kind, n
legitimate claim – berechtigter Anspruch, m
legitimate interest – schutzwürdiges Interesse, n
legitimate interest to take legal action – Rechtsschutzbedürfnis, n
legman *<US>* – Laufbursche, m; Gehilfe, m
legwork *<US,infml>* – Kleinarbeit, f; Lauferei, f *<infml>*
leisure – Muße, f; freie Zeit, f
leisure activity – Freizeitaktivität, f
leisure industry – Freizeitindustrie, f
leisure service – Freizeitgestaltungsprogramm, n
leisure time – Feierabend, m; freie Zeit, f; Freizeit, f; Muße, f
leisure time accident – Freizeitunfall, m
leisure time activity – Freizeitbeschäftigung, f
leisure time entitlement – Freizeitanspruch, m
lend, v – verleihen, v
lender – Darlehensgeber/in, m/f; Kreditgeber/in, m; Verleiher/in, m/f
lending – Kreditgewährung, f; Leihe, f
length – Länge, f; Umfang, m; Dauer, f
length of company service – Dauer der Betriebszugehörigkeit, f
length of (continuous) employment – (ununterbrochene) Betriebszugehörigkeit/ Beschäftigungszeit, f
length of leave – Urlaubsdauer, f
length of stay – Aufenthaltsdauer, f; Verweildauer, f
length of validation – Gültigkeitsdauer, f
length-of-service step – Dienstaltersstufe, f
lenience – Nachsicht, f
lenient – nachsichtig
lesson – Unterrichtsstunde, f
lessons (pl) – Schule,f ; Unterricht, m; Unterweisung, f
lessor – Vermieter/in, m/f ; Verpächter/in, m/f
let out a work, v – Arbeit (f) vergeben, v
let, v – vermieten, v
letter (1) – Brief, m
letter (2) – Buchstabe, m
letter of apology – Absageschreiben, n; Entschuldigungsbrief, m
letter of application – Bewerbungsschreiben, n
letter of attorney – Vollmachtsurkunde, f
letter of complaint – Beschwerdeschrift, f
letter of confinement – Schwangerschaftsbescheinigung, f
letter of confirmation – Bestätigungsschreiben, n
letter of credit – Akkreditiv, n
letter of employment – Anstellungsschreiben, n
letter of intent – schriftliche Absichtserklärung, f
letter of recommendation – Empfehlungsschreiben, n

letter of thanks – Dankschreiben, n
letter of transmittal – Begleitschreiben, n
letters patent – Patentschrift, f
letting – Vermietung, f
level – Ebene, f; Niveau, n
level of activity – Kapazitätsausgleich, m
level of employment – Beschäftigtenstand, m
level of performance – Leistungsniveau, n
level of pollution or nuisance – Belastungsstand, m; Belastungswerte (pl)
level of production – Produktionsstand, m
level of remuneration – Besoldungsniveau, n
level of training – Ausbildungsstand, m
level of unemployment – Arbeitslosenquote, f
level of wages (pl) – Lohnniveau, n
level(l)ing (1) – Angleichung, f
level(l)ing (2) – Nivellierung, f; Bestimmung (f) der Durchschnittszeit für einen Arbeitsvorgang, m *<US>*
leverage – Einflussnahme, f
levy – Abgabe, f; Beitrag, m; Umlage, f; Beschlagnahme, f *<US>*
levy a distress, v – Pfändung (f) vornehmen, v
levy a tax, v – Steuer (f) erheben, v
liabilities (pl) – Fremdkapital, n; Passiva (pl); Schulden (pl)
liability – Haftung, f ; Haftpflicht, f; Verantwortlichkeit, f; Verbindlichkeit, f; Verpflichtung, f
liability based on fault – Verschuldenshaftung, f
liability based on principles (pl) of reliance – Vertrauenshaftung, f
liability coverage – Haftungsumfang, m
liability for compensation – Schadensersatzpflicht, f
liability for damages (pl) – Schadensersatzpflicht, f
liability for defects (pl) – Mängelhaftung, f
liability for deficit – Mankohaftung, f
liability for payment – Zahlungspflicht, f
liability of an estate – Nachlassverbindlichkeit, f
liability to contribute *(to social insurance)* – Beitragspflicht, f
liability to insure – Versicherungspflicht, f
liability to notice – Anzeigepflicht, f
liability to penalty – Strafbarkeit, f
liability to recourse – Regresspflicht, f
liability to support – Unterhaltspflicht, f
liability to taxation – Steuerpflicht, f
liable – pflichtig; verantwortlich; schuldig; haftbar
liable by way of recourse – regresspflichtig
liable for damages (pl) – schadensersatzpflichtig
liable for payment – zahlungspflichtig
liable for services (pl) – leistungspflichtig
liable to charges (pl) – gebührenpflichtig
liable to duty – abgabenpflichtig
liable to insurance – versicherungspflichtig
liable to military service – wehrpflichtig
liable to pay contributions (pl) – beitragspflichtig
liable to prosecution – strafbar; straffällig

liable to social security contributions (pl) – sozialversicherungspflichtig
liable to taxation – steuerpflichtig
liaison – Zusammenarbeit, f; Verbindung, f
liaison agency –Verbindungsstelle, f
liaison office – Verbindungsstelle, f
liaison officer – Verbindungsmann/ -frau, m/f
liar – Lügner/in, m/f
libel – Beleidigung (f) durch Schriftstück, n; Klageschrift, f *<jur>*
libel, v – Klageschrift (f) einreichen, v; schriftlich beleidigen, v; verleumden, v
liberal – großzügig; aufgeschlossen; liberal
liberal arts (pl) – die schönen Künste (pl)
liberal education – allgemeinbildende Erziehung, f; Allgemeinbildung, f
liberal profession – freier Beruf, m
liberation – Freilassung, f
liberty – Freiheit, f
liberty of action – Handlungsfreiheit, f
librarian – Bibliothekar/in, m/f
library – Bibliothek, f
licence/license *<GB/US>* – Erlaubnis, f; behördliche Genehmigung, f; Zulassung, f; Befähigungsnachweis, m
licence fee *<GB>* – Genehmigungsgebühr, f
licence/license to practice – Approbation, f
licence/license fee – Lizenzgebühr, f
licensing authority – Genehmigungsbehörde, f
lie – Lüge, f
lie off, v – ausruhen (sich), v; pausieren, v
lie up, v – ruhen, v; ausruhen, v; das Bett hüten, v
lien – Pfandrecht, n *<jur>*; Zurückbehaltungsrecht, n
lien on real property – Grundpfandrecht, n
lieu day – freier Tag (m) zum Ausgleich (m) von Mehrarbeit, f; Freischichttag, m
life – Leben, n; Lebensweise, f
life annuity – Lebensrente, f; Leibrente, f
life assurance *<GB>* – Lebensversicherung, f
life expectancy – Lebenserwartung, f
life experience – Lebenserfahrung, f
life insurance – Lebensversicherung, f
life insurance contract – Lebensversicherungsvertrag, m
life insurance policy – Lebensversicherungsvertrag, m
life insurance with return of premiums (pl) – Lebensversicherung (f) mit Prämienrückgewähr, f
life sentence – lebenslängliche Freiheitsstrafe, f
life table – Sterbetafel, f
life-insurance premium – Lebensversicherungsprämie, f
lifetime – Lebensdauer, f; Lebenszeit, f
lifetime employment – Anstellung (f) auf Lebenszeit, f
lifetime position – Lebensstellung, f
light industry – Kleinindustrie, f
light work – leichte Arbeit, f
lighting – Beleuchtung, f
limit – Grenze, f; Begrenzung, f; Schranke, f
limit, v – begrenzen, v; befristen, v
limit for compulsory social insurance contributions (pl) – Sozialversicherungspflichtgrenze, f
limit of exemption from execution – Pfändungsfreigrenze, f

limit on enrolment – Numerus clausus, m

limitation – Begrenzung, f; Beschränkung, f; Grenze, f; Einschränkung, f

limitation of a claim – Anspruchsverjährung, f

limitation of actions (pl) – Verjährung, f

limitation of expenses (pl) – Aufwandsbegrenzung, f

limitation of liability – Haftungsbeschränkung, f

limitation of time – Befristung, f

limitation of working capability – Einschränkung (f) der Arbeitsfähigkeit, f

limitation of working hours (pl) – Arbeitszeitbeschränkung, f

limitation period – Verjährungsfrist, f

limitation until the achievement of a specific purpose – Zweckbefristung, f (limitation of validity of a contract until the intended purpose is achieved)

limited – beschränkt; begrenzt

limited commercial partnership – Kommanditgesellschaft, f (KG)

limited employment – befristetes Arbeitsverhältnis, n

limited employment contract – befristeter Arbeitsvertrag, m

limited labo(u)r contract – befristeter Arbeitsvertrag, m

Limited Liability Companies' Act – GmbH-Gesetz, n

limited liability company *<US>* – Gesellschaft (f) mit beschränkter Haftung, f (GmbH)

limited partner – Kommanditist/in, m/f

Limited Partnership with a Limited Liability Company *(as a General Partner)* – GmbH & Co.KG

limited partnership with a share capital – Kommanditgesellschaft (f) auf Aktien (pl)

limited strike – befristeter Streik, m

linage – Zeilenhonorar, n

line – Fach, n; Art, f; Methode, f; Linie, f

line balancing – Austakten, n

line man *<US>* – Streckenarbeiter, m

line management – Linienführungskräfte (pl)

line manning – Fließbandbesetzung, f

line of argument – Beweisführung, f

line of business– Geschäftszweig, m; Branche, f

line of conduct – Lebenswandel, m

line production – Fließfertigung, f

line production work – Fließbandarbeit, f

line speed – Fließbandgeschwindigkeit, f

linear increase – Erhöhung, f

lineman *<US>* – Streckerarbeiter, m

linguist – Fremdsprachler, m; Sprachenkundige/r, f/ m

linguistic difficulties (pl) – Sprachschwierigkeiten (pl)

link – Bindeglied, n; Verbindung (sstück), f(n)

liquidate, v (1) – abwickeln, v

liquidate, v (2) – auflösen, v

liquidation (1) – Liquidation, f

liquidation (2) – Abwicklung, f

liquidator of a bankrupt's estate – Konkursverwalter/in, m/f

list – Aufstellung, f; Liste, f; Verzeichnis, n

list, v – verzeichnen, v

list of applicants (pl) – Bewerberliste, f

list of candidates (pl) – Kandidatenliste, f; Vorschlagsliste, f

list of employe(e)s (pl) – Personalverzeichnis, n

list of names (pl) – Namensliste, f; Anwesenheitsliste, f
list of participants (pl) – Teilnehmerliste, f
list voting – Listenwahl, f
listen, v – zuhören, v
listening comprehension – Hörverstehen, n
literal – wortgetreu; wörtlich
literal translation – wörtliche Übersetzung, f
literature – Schrifttum, n
litigate, v – bestreiten, v; anfechten, v; streiten, v (vor Gericht, n); Prozess führen, v
litigation – Prozess, m; Streitsache, f; Rechtsstreit, m
litigation involving a third-party actor – Drittschuldnerprozess, m
litigation with necessary representation by a lawyer – Anwaltsprozess, m
litigious (1) – streitsüchtig; prozesssüchtig
litigious (2) – strittig <*jur*>; streitig
litigious person – Querulant, m
little – klein
little master <*GB*> – Geselle, m
live, v – leben, v; wohnen, v
live in retirement, v – in Ruhestand leben, v
live separate and apart, v – getrennt leben, v
livelihood – Auskommen, n; Lebensunterhalt, m
living – Lebensführung, f; Lebensweise, f; Lebensunterhalt, m
living conditions (pl) – Lebensbedingungen (pl)
living costs (pl) – Lebenshaltungskosten (pl)
living standard – Lebenshaltung, f; Lebensstandard, m
living wage – Existenzminimum, n
load – Arbeitspensum, n; Leistungssoll, n
load factor – Belastungsfaktor, m
loaf, v – faulenzen, v; herumlungern, v <*infml*>; herumtreiben (sich), v
loan – Darlehen, n
loan, v – beleihen, v
loan agreement – Darlehensvertrag, m
loan contract – Darlehensvertrag, m
loan repayment – Darlehenstilgung, f
loan secured by mortgages (pl) – Hypothekendarlehen, n
loan sum – Darlehensbetrag, m
loan terms (pl) – Darlehenskonditionen (pl)
loan to an employe(e) – Arbeitnehmerdarlehen, n
loaner – Darlehensgeber, m
loans receivable – Darlehensforderung, f
local – örtlich
local and regional authority – Gebietskörperschaft, f
local authority – Gemeinde, f
local cost-of-living allowance – Ortszuschlag, m
local council – Gemeinderat, m
local court <*GB*> – Amtsgericht, n (lower court having jurisdiction over minor civil and criminal cases; court of first instance)
Local General Sickness Benefit Fund – allgemeine Ortskrankenkasse, f (AOK)
local government – Kommunalverwaltung, f
Local Government Code – Gemeindeordnung, f
local government official – Gemeindebeamter, m/ Gemeindebeamtin, f
local jurisdiction – örtliche Zuständigkeit, f

local public transportation – öffentlicher Nahverkehr, m
local rates (pl) – Gemeindeabgaben (pl)
local service – Nahverkehr, m
local strike – Teilstreik, m
local traffic – Nahverkehr, m
local wage – Lohn, m
location (1) – Lage, f
location (2) – Platz, m; Stelle, f
location (3) – Standort, m
location of the accident – Unfallort, m
locational advantage – Standortvorteil, m
lock flag – Sperrvermerk, m
lock-out – Aussperrung, f
lock out, v – aussperren, v
locksmith – Schlosser/in, m/f
lodge, v – hinterlegen, v; deponieren, v; wohnen, v; (Anzeige) erstatten, v
lodge a claim, v – Forderung (f) erheben, v; Forderung (f) stellen, v
lodge a complaint, v – Beschwerde (f) einlegen, v
lodge a defense – Klagebeantwortung (f) einreichen
lodge a deposit, v – Kaution (f) hinterlegen, v
lodge a protest, v – Protest (m) erheben, v
lodge a tax declaration, v – Steuererklärung (f) abgeben, v
lodge an appeal, v – Revision (f) einlegen, v
lodge an objection, v – Einspruch (m) einlegen, v
lodge guarantee – Sicherheit (f) leisten
lodge security – Kaution (f) stellen; Sicherheit (f) leisten
lodgement *<GB>* **/lodgment** – Einreichen *<jur>* (einer Klage); Einlegen (der Berufung); Sicherheit (f) leisten
lodger – Mieter/in, m/f
lodging – Wohnung, f; Unterkunft, f
lodging allowance – Mietentschädigung, f; Mietzulage, f; Wohngeldzuschuss, m
lodging house – Wohnheim, n
lodgings (pl) – Mietwohnung, f; möbiliertes Zimmer, n
log – Verteilzeitaufnahme, f
logbook – Fahrtenbuch, n
logical – folgerichtig; schlüssig
lokal sickness fund – Ortskrankenkasse, f
London Weighting – Lebenshaltungskostenzulage (f) für einen in London arbeitenden Arbeitnehmer, m
long-distance separation allowance – Fernauslösung, f
long-term – langfristig
long-term illness – Langzeiterkrankung, f
long-term memory – Langzeitgedächnis, n
long-term personnel planning – langfristige Personalplanung, f
long-term planning – langfristige Planung, f
long-term unemployed person – Langzeitarbeitslose/r, f/m
long-term unemployment – Dauerarbeitslosigkeit, f; Langzeitarbeitslosigkeit, f
long vacation *<US>* – große Ferien (pl)
look after, v – betreuen, v; pflegen, v; hüten, v
look for a job, v – Arbeit (f) suchen, v; Stelle (f) suchen, v
loophole in the law – Gesetzeslücke, f
loose – locker; ungebunden; frei
loose-living – einen lockeren Lebenswandel (m) führend

looseleaf collection – Loseblattsammlung, f
lord mayor – Oberbürgermeister/in, m/f
lorimer – Gürtler, m; Sattler, m
lose, v – unterliegen, v; verlieren, v
lose a case, v – Prozess (m) verlieren, v
loser – Verlierer/in, m/f; Versager, m
loss – Verlust, m ; Ausfall, m; Einbuße, f
loss in efficiency – Leistungsverlust, m
loss incurred from breach of confidence – Vertrauensschaden, m
loss of earnings (pl) – Verdienstausfall, m; entgangener Gewinn, m
loss of eligibility – Verlust, m
loss of employment – Verlust, m
loss of hono(u)r – Ehrverlust, m
loss of income – Einkommensverlust, m; Einkommensausfall, m
loss of pay – Lohnausfall, m; Verdienstausfall, m
loss of power – Machtverlust, m
loss of production – Produktionsausfall, m
loss of remuneration– Verdienstausfall, m
loss of time – Zeitversäumnis, n
loss of wages (pl) – Lohnausfall, m; Verdienstausfall, m
loss of working hours (pl) – Arbeitsausfall, m
loss period of time – Ausfallzeit, f
lot – Los, n
lounger – Bummelant/in, m/f; Faulenzer/in, m/f
low – niedrig, wenig
low-achieving – leistungsschwach
low-income earner – Geringverdiener, m
low-income housing – sozialer Wohnungsbau, m
low paid part-time employee – niedrig bezahlte/r Teilzeit-Beschäftigte/r, f/m
low paid part-time employment – gering bezahlte Freizeit-Beschäftigung, f
low wage – Niedriglohn, m
low-wage country – Niedriglohnland, n
lower classman *<US>* – Student (m) im ersten oder zweiten Studienjahr, n
lower court – untere Instanz, f *<jur>*
lower school – Unterstufe (f) und Mittelstufe (f) der höheren Schulen (pl)
loyal – loyal; treu ergeben
loyalty – Treue, f
loyalty and good faith – Treu und Glaube(n), m
loyalty bonus – Treueprämie, f
loyalty obligation – Loyalitätspflicht, f
loyalty to the company – Betriebstreue, f
lucrative – einträglich
lucubrate, v – bei Nacht (f) arbeiten/studieren
luddism *<GB>* – Maschinenstürmerei, f
luggage – Reisegepäck, n
luggage insurance – Reisegepäckversicherung, f
lump sum – Pauschalbetrag, m; Pauschale, f
lump-sum accounting – Pauschalabrechnung, f
lump sum allowance for on call-duty – Rufbereitschaftspauchale, f
lump-sum amount – Pauschbetrag, m
lump sum benefits (pl) – Kapitalabfindungen (pl)

lump-sum compensation – Pauschalentschädigung, f; Pauschalabfindung, f

lump-sum contribution payment – pauschalierte Beitragszahlung, f

lump sum for meals (pl) – Verpflegungspauschale, f

lump sum for special expenditures (pl) *<US>* – Sonderausgabenpauschale, f

lump sum for transportation expenses (pl) – Fahrtkostenpauschale, f

lump-sum income tax – Lohnsteuerpauschale, f

lump sum indemnity – Pauschalabfindung, f

lump-sum mileage allowance *<US>* – Kilometerpauschale, f

lump-sum payment – Pauschalzahlung, f

lump-sum remuneration – Pauschalvergütung, f

lump sum settlement – Kapitalabfindung, f

lump-sum settlement – Pauschalabfindung, f; Pauschalabgeltung, f

lump-sum tax – Pauschalsteuer, f

lump sum tax payment – Pauschalversteuer, f

lump-sum taxation – Pauschalbesteuerung, f; Pauschalversteuerung, f

lump sum payment – Pauschalbetrag, m; Pauschalzahlung, f

lunacy – geistige Unzurechnungsfähigkeit, f *<jur>*

lunatic – geisteskrank, wahnsinnig

lunatic asylum – Irrenanstalt, f

lunch break – Mittagspause, f

lunch ticket – Essensbon, m

lunchroom *<US>* – Kantine, f

lunch break – Mittagspause, f

lure labo(u)r, v – Arbeitskräfte abwerben, v

M

machine – Maschine, f; Apparat, m; Vorrichtung, f
machine, v – herstellen, v
machine downtime – Maschinenstillstandszeit, f
machine fitter – Maschinenschlosser, m
machine idle time – Maschinenausfallzeit, f
machine maintenance man – Maschinenwart, m
machine minder – Maschinenwart, m
machine shop – Maschinenhalle, f; Werkstatt, f
machine time – Maschinenzeit, f
machinery – maschinelle Ausrüstung, f; Maschinenanlage, f
Machinery Guardian Act – Maschinenschutzgesetz, n
machinist – Maschinenbauer, m; Maschinist, m; Facharbeiter für Werkzeugmaschinen (pl)
made by hand – manuell hergestellt
made work *<US>* – Arbeitsbeschaffungsprogramme (pl)
magistrate's court – Schöffengericht, n
maid (servant) *<US>* – Dienstmädchen, n; Hausangestellte, f
maiden name – Mädchenname (m) einer verheirateten Frau, f
mail *<US>* – Post, f
mail, v – Post aufgeben, v
mail ballot *<US>* – Briefwahl, f
mail office *<US>* – Postamt, n
mailing list – Verteiler, m
main – hauptsächlich
main activity – Erwerbstätigkeit, f
main actor – Haupttäter/in, m/f
main aptitude – Eignungsschwerpunkt, m
main course of studies (pl) – Hauptstudium, n
main demand – Hauptforderung, f
main department – Hauptabteilung, f
main department manager – Hauptabteilungsleiter/in, m/f
main establishment – Hauptbetrieb, m
main issue – Hauptsache, f
main office – Hauptbüro, n
main proceedings (pl) – Hauptverfahren, n
main profession – Hauptberuf, m; Haupterwerbszweig, m
main purpose – Hauptzweck, m
main session – Hauptverhandlung, f
main study – Hauptstudium, n
main subject – Hauptfach, n
main trial – Hauptverhandlung, f
maintain, v – unterhalten, v; unterstützen, v; aufrechterhalten, v; beibehalten, v
maintain an action, v – Klage (f) anhängig machen, v
maintain the files (pl), v – Akten (pl) führen, v
maintenance (1) – Instandhaltung, f
maintenance (2) – Unterhalt, m
maintenance (3) – Wartung, f; Pflege, f; Unterhalt, m; Unterstützung, f
maintenance allowance – Unterhaltsgeld, n
maintenance claim – Unterhaltsanspruch, m
maintenance costs (pl) – Unterhaltskosten (pl)
maintenance creditor – Unterhaltsgläubiger/in, m/f

maintenance expectancy – Versorgungsanwartschaft, f
maintenance fitter – Betriebsschlosser, m
maintenance-free – wartungsfrei
maintenance grant – staatlicher Unterhaltszuschuss, m
maintenance man – Wartungsmonteur, m
maintenance mechanic – Betriebsschlosser, m
maintenance mechanic hydraulic equipment – Hydrauliker, m
maintenance payment – Unterhaltszahlung, f
maintenance payments (pl) – Alimente (pl)
maintenance personnel – Wartungs-/Instandhaltungspersonal, n
maintenance staff – Instandhaltungspersonal, n; Wartungspersonal, n
maintenance work – Erhaltungsarbeit, f
major (1) – bedeutend; größer; wichtig; schwerwiegend; volljährig
major (2) *<US>* – Leistungskurs, m; Hauptfach, f
majority (1) – Mehrheit, f; größere Zahl, f
majority (2) – Volljährigkeit, f; Mündigkeit, f
majority decision – Mehrheitsbeschluss, m
majority interest – Mehrheitsbeteiligung, f
majority of votes (pl) – Stimmenmehrheit, f
majority opinion – Mehrheitsauffassung, f
majority view – Mehrheitsauffassung, f
majority vote – Mehrheitswahl, f
majority vote system – Mehrheitswahlrecht, n
make – Ausführung, f; Beschaffenheit, f; Zustand, m; Machart, f; Fabrikat, n
make, v – machen, v; anfertigen, v; herstellen, v; zubereiten, v
make a back-payment, v – nachzahlen, v
make a career for one self, v – Karriere (f) machen, v
make a claim, v – Forderung (f) geltend machen, v
make a decision, v – Entscheidung (f) fällen, v
make a deposit, v – anzahlen, v
make a further payment, v – nachbezahlen, v
make a living, v – Lebensunterhalt (m) bestreiten, v
make a mess of a test, v *<infml>* – Test (m) verpfuschen, v *<infml>*
make a note, v – aufzeichnen, v; notieren, v
make an offer, v – Angebot (n) abgeben, v
make full use of, v – auslasten, v
make good, v – berufliche Stellung (f) ausbauen, v
make known – bekanntmachen
make money, v – Geld (n) verdienen, v
make over, v – Eigentum (n) übertragen, v
make payments (pl), v – Zahlung (f) leisten, v
make public, v – verkünden, v
make redundant – Arbeitskräfte (pl) freisetzen
make sure, v – nachprüfen, v
make-up – nachgeholte Prüfung *<US,infml>*
make up, v – wettmachen, v; Versäumtes (n) nachholen, v

make-up day – Nacharbeitstag, m; Nachholtag, m; Vorarbeitstag, m; Vorholtag, m
make up for (a loss), v – ausgleichen, v
make-up pay – Akkordzuschlag, m; Nachholtag, m; Vorarbeitstag, m; Vorholtag, m
make-up shift – Vorholschicht, f
make-up work – Vorarbeit, f; Nacharbeit, f; Nachholarbeit, f
male – männlich
male nurse – Pfleger, m <*med*>
male trained bank employee – Bankkaufmann, m
malfeasance – Amtsdelikt, n
malfeasance – Amtsmissbrauch, m
malfeasance in office – Amtsvergehen, n; Amtsdelikt, n
malice (1) – Arglist, f; böswillige Absicht, f
malice (2) – Böswilligkeit, f
malicious (1) – arglistig
malicious (2) – böswillig; vorsätzlich
malinger, v (1) – sich krank stellen, v
malinger, v (2) – simulieren, v
malingerer – Simulant/in, m/f; Drückeberger/in, m/f
malperformance – Schlechterfüllung, f
malpractice – Pflichtverletzung, f <*jur*>; Kunstfehler, m (Arzt); Amtsvergehen, n; Untreue, f
maltreat s.o., v – schinden, v
man (a position), v – Arbeitsplatz (m) besetzen, v; einnehmen, v
man hour – Arbeitsstunde, f; Arbeitsleitung (f) pro Mann und Stunde, f
man-work unit – Vollarbeitskraft, f
manage, v – leiten, v; führen, v; lenken, v; verwalten, v; beaufsichtigen, v
manage a business, v – Unternehmen (n) leiten, v
manage conflicts (pl) – Konflikte (pl) lösen, v
management (1) – Geschäftsführung, f
management (2) –Geschäftsleitung, f
management (3) – Führungsmannschaft, f; Gruppe (f) der Leitenden Angestellten (pl)
management behavio(u)r – Führungsverhalten, f
management board – Vorstand, m
management body – Führungsorgan, n; Leitungsorgan, n
management capability – Führungseigenschaft, f
management committee – Direktorium, n; geschäftsführender Ausschuss, m
management company – Verwaltungsgesellschaft, f
management concept – Führungskonzept, n
management consultancy – Managementberatung, f
management consultant – Unternehmensberater/in, m/f
management development – Führungskräfteentwicklung, f
management experience – Führungserfahrung, f
management function – Führungsfunktion, f
management group – Führungsgruppe, f; Führungskader, m; Führungskreis, m
management hierarchy – Führungshierarchie, f
management level – Führungsebene, f
management objective – Unternehmensziel, n
management of affairs without mandate – Geschäftsführung (f) ohne Auftrag, m

management of staff – Personalwirtschaft, f
management philosophy – Führungsphilosophie, f
management planning – Nachwuchsplanung, f
management position – Führungsposition, f
management potential – Führungspotenzial, n
management prerogative – Direktionsrecht, n; Recht der Führungskräfte (pl); unbeeinflusst von Mitbestimmungsrechten (pl) zu führen
management requirements (pl) – Führungskräftebedarf, m
management science – Führungslehre, f
management skills (pl) – Führungsqualitäten (pl)
management staff – Führungskräfte (pl); Führungskreis, m
management structure – Führungsstruktur, f
management style – Führungsstil, m
management task – Führungsaufgabe, f
management team – Führungsmannschaft, f; Führungsteam, n
management technique – Führungstechnik, f
management techniques (pl) – Führungsmethode, f; Managementtechniken (pl)
management tool – Führungsinstrument, n
management trainee – Führungsnachwuchskraft, f
management trainee file – Nachwuchskräftekartei, f
management training – Führungskräfteschulung, f
management without mandate – geschäftsführung (f) ohne Auftrag, m
manager (1) – Führungskraft, f
manager (2) – Geschäftsleiter, m
manageress (1) – Geschäftsführerin, f
manageress (2) – Leiterin, f
managerial – geschäftsführend; leitend; Direktions...
managerial authority – Führungsbefugnis, f
managerial behavio(u)r – Führungsverhalten, n
managerial body – Geschäftsführungsorgan, n
managerial disease – Managerkrankheit, f
managerial employee – leitende/r Angestellte/r, f/m; obere Führungskraft, f
managerial level – Führungsebene, f
managerial position – leitende Stellung, f
managerial practice – Führungspraxis, f
managerial quality – Führungseignung, f
managerial responsibility – Führungsverantwortung, f
managerial staff – Führungspersonal, n; Führungskräfte (pl)
managerial style – Führungsstil, m
managerial success – Führungserfolg, m
managerial techniques (pl) – Führungsmethode, f; Managementtechniken (pl)
managerial training – Führungskräfteschulung, f
managing – geschäftsführend
managing agent – Handlungsbevollmächtigter, m
managing board – geschäftsführender Vorstand, m; Verwaltungsrat, m
managing clerk – Geschäftsführer, m

managing director – geschäftsführendes Vorstandsmitglied, n; Geschäftsführer, m
managing partner – geschäftsführender Gesellschafter, m
mandatary – Beauftragte/r, f/m
mandate – Mandat, n; Vertretungsauftrag, m; Prozessvollmacht, f
mandatory merchant – Musskaufmann, m
mandatory regulation – Mussvorschrift, f; zwingende Rechtsvorschrift, f
mandatory representation by a lawyer – Anwaltszwang, m
manhour – Arbeitsstunde (f) pro Mann, m (Produktionseinheit)
manhours (pl) – aufgewndte Zeit, f; Arbeitsleistung, f
manipulation of an election – Wahlmanipulation, f
manning – Besetzung (f) der Arbeitsplätze (pl)
manning level – personelle Ausstattung, f
manning of moving lines (pl) – Besetzung (f) des Fließbands, n
manning table – Stellenbesetzungsplan, m
manpower – menschliche Arbeitskraft, f; verfügbare Arbeitskräfte (pl); Beschäftigte (pl)
manpower assignment – Arbeitskräfteeinsatz, m
manpower budget – Personalbudget, n
manpower cutback – Arbeitskräfteabbau, m
manpower inventory – Personalverzeichnis, n
manpower needs (pl) – Arbeitskräftebedarf, m
manpower planning – Strategie der Arbeitskräftegewinnung (f) und -erhaltung, f
manpower provision – Arbeitnehmerüberlassung, f
Manpower Provision Act – Arbeitnehmerüberlassungsgesetz, n (AÜG) (Act concerning the provision of manpower as a commercial operation)
manpower requirement computation – Personalbedarfsermittlung, f
manpower requirements (pl) (1) – Arbeitskräftebedarf, m
manpower requirements (pl) (2) – Personalanforderung, f; Personalbedarf, m
manpower shortage – Personalmangel, m
manpower supplier – Arbeitskräfteverleiher/in, m/f; Leiharbeitgeber/in, m/f
manpower supply client – Entleiher, m
manual (1) – Leitfaden, m; Handbuch, n
manual (2) – manuell; mit der Hand (f) arbeitend; eigenhändig
manual aptitude – Handfertigkeit, f
manual labo(u)r – körperliche Arbeit, f
manual labo(u)r force – Arbeiterbelegschaft, f
manual skills (pl) – Handfertigkeit, f
manual training – Werkunterricht, m
manual work – Handarbeit, f
manual worker – gewerbliche/r Arbeitnehmer/in, m/f; Handarbeiter/in, m/f
manufacture – Produktion, f; Herstellung, f; Erzeugnis, n
manufacture, v – fabrikmäßig herstellen, v; produzieren, v

manufacture of single parts (pl) – Einzelteilfertigung, f
manufacturer's liability – Produkthaftung, f
manufacturing – Fertigung, f
manufacturing branch – Fertigungszweig, m
manufacturing company – Produktionsgesellschaft, f
manufacturing costs (pl) – Herstellungskosten (pl); Gestehungskosten (pl)
manufacturing engineering – Fertigungstechnik, f
manufacturing expenses (pl) – Fertigungskosten (pl)
manufacturing industry – produzierendes Gewerbe, n
manufacturing loss – Betriebsverlust, m
manufacturing overhead expenses (pl) – Fertigungsgemeinkosten (pl)
manufacturing plant – Fertigungsbetrieb, m
manufacturing process – Herstellungsverfahren, n
manufacturing schedule – Fertigungsplan, m
manufacturing shop – Fertigungsstätte, f
manufacturing training – gewerbliche Ausbildung, f
Manufacturing-Science-Finance (MSF) *<GB>* – Maschinenbaugewerkschaft, f
manufacturing workshop – Werkstätte, f
margin – Bandbreite, f; Freiraum, m; Spielraum, m
margin for decision – Entscheidungsspielraum, m
margin for manoeuvre – Handlungsspielraum, m
margin of income – Einkommensgrenze, f
margin of profit – Gewinnspanne, f; Verdienstspanne, f
marginal cost – Grenzkosten (pl)
marginal tax burden – Grenzbelastung, f
marginal value – Grenzwert, m
marine engineering – Schiffsmaschinenbau, m
mariner – Seemann, m; Matrose, m
marital – ehelich
marital cohabitation – Verkehr, m
marital partner – Ehepartner/in, m/f
marital status – Familienstand, m
maritime court – Seeamt, n
maritime – See...; Seemanns...
maritime labo(u)r law – Seearbeitsrecht, n
maritime law – Seerecht, n
maritime navigation – Seeschifffahrt, f
mark *<GB>* – Leistungsnote, f; Note, f; Schulnote, f; Zensur, f
mark, v *<GB>* – benoten, v
mark of origin – Herkunftsbezeichnung, f
market – Markt, m
market analysis – Marktanalyse, f
market condition – Marktlage, f
market development – Marktentwicklung, f
market economy – Marktwirtschaft, f
market investigation – Marktuntersuchung, f
market leader – Marktführer, m
market prospects (pl) – Konjunkturaussichten (pl); Wirtschaftslage, f
market share – Marktanteil, m
marketing – Absatzförderung, f; Vertrieb, m
marketing planning – Absatzplanung, f
marking of aims (pl) – Zielsetzung, f

marriage – Ehe, f; Eheschließung, f; Heirat, f; Hochzeit, f
marriage allowance – Heiratsbeihilfe, f
marriage articles (pl) – Ehevertrag, m <*jur*>
marriage ceremony – Trauung, f
marriage certificate – Heiratsurkunde, f
marriage contract – Ehevertrag, m
marriage grant – Ehestandsbeihilfe, f
marriage licence/license – Aufgebot, n
marriage loan – Ehestandsdarlehen, n
marriage prohibition – Eheverbot, n
married – verheiratet
married name – Ehename, m
mass change notice – Massenänderungskündigung, f
mass – Masse, f; große Menge, f; Mehrzahl, f; Hauptteil, m
mass customization – maßgeschneiderte Massenproduktion, f
mass demonstration – Massendemonstration, f
mass dismissal – Massenentlassung, f
mass meeting – Massenversammlung, f
mass producer – Massenhersteller/in, m/f
mass production – Massenproduktion, f
mass purchasing power – Massenkaufkraft, f
mass release – Massenentlassung, f
mass strike – Vollstreik, m; Generalstreik, m
mass unemployment – Massenarbeitslosigkeit, f
master – Meister, m; Lehrmeister, m; Handwerksmeister, m; Arbeitgeber, m; Dienstherr, m <*jur*>
master agreement <*US*> – Manteltarif, m
master craft(s)man – Handwerksmeister, m; Ausbildender, m
master craftsman's certificate – Meisterbrief, m
master file – Stammband, n; Stammakte, f
Master of Arts (MA) – Magister Artium, Magister (m) der freien Künste (pl)
master of an apprentice – Lehrherr, m
Master of Business Administration (MBA) <*US*> – Betriebswirt/in, m/f
Master of Science (MS) – Magister Scientiarum, Magister (m) der Naturwissenschaften (pl)
masterpiece – Meisterstück, n
mate – Arbeitskamerad/in, m/f; Kumpel, m <*infml*>; Gefährte, m/ Gefährtin, f; Gehilfe, m/ Gehilfin, f
material (1) – Material, n; Werkstoff, m; Rohstoff, m
material (2) – materiell; körperlich, haupsächlich; wesentlich
material damage – Sachschaden, m
material defect – Materialfehler, m
material handling equipment operator – Flurförderzeugfahrer, m
material property – Sachwerte (pl)
material scope of application – sachlicher Geltungsbereich, m
material technology – Werkstoffkunde, f
materials (pl) management – Materialwirtschaft, f
maternity – Mutterschaft, f
maternity aid – Mutterschaftshilfe, f
maternity allowance – Entbindungsgeld, n
maternity benefit – Mutterschaftsgeld, n

maternity leave – Mutterschaftsurlaub, m; Schwangerschaftsurlaub, m
maternity pay – Mutterschutzentgelt, n; Mutterschutzlohn, m
maternity protection – Mutterschutz, m
Maternity Protection Act – Mutterschutzgesetz, n (MuSchG) (Act concerning the Protection of Mothers-to-Be and Nursing Mothers)
maternity protection period – Mutterschutzfrist, f
maternity relief – Wochenhilfe, f
mathematics – Mathematik, f
matriculation requirements (pl) – allgemeine Hochschulreife, f; Zulassungsvoraussetzungen (pl) für die Hochschule, f
matriculation requirements for the University of Applied Sciences – Fachhochschulreife, f
matrimonial – ehelich
matrimonial case – Ehesache, f *<jur>*
matrimonial law – Eherecht, n
matrimonial offence/offense – Eheverfehlung, f
matrimonial property agreement – Ehevertrag, m
matrimonial regime – Güterstand, m
matter – Angelegenheit, f; Sache, f; Tatsache, f
matter for negotiation – Verhandlungsgegenstand, m
matter handled upon request – Auftragsangelegenheit, f
matter in controversy – Streitgegenstand, m
matter in dispute – Streitgegenstand, m *<jur>*
matter in issue – Beweisthema, n; zu beweisende Tatsache, f *<jur>*
matter of discretion – Ermessensfrage, f
matter of routine – Routineangelegenheit, f
mature – reif; gereift; fällig; zahlbar
maturity – Fälligkeit, f; Reife, f
maturity period – Laufzeit, f
maximum age – Höchstalter, n
maximum age limit – Höchstaltersgrenze, f
maximum amount – Höchstbetrag, m
maximum capacity – Höchstkapazität, f
maximum contribution – Höchstbeitrag, m
maximum duration – Höchstdauer, f
maximum indemnity – Höchsthaftung, f
maximum number – Höchstzahl, f
maximum output – Höchstleistung, f
maximum pension – Höchstrente, f
maximum performance – Spitzenleistung, f; Höchsleistung, f
maximum punishment – Höchststrafe, f
maximum rate (1) – Höchstbetrag, m
maximum rate (2) – Höchstsatz, m
maximum rate for pharmaceuticals (pl) – Arzneimittelhöchstbetrag, m
maximum salary – Höchstgehalt, n
maximum time of work – Höchstarbeitszeit, f
maximum wage (rate) – Spitzenlohn, m; Höchslohn, m
maximum working hours (pl) – Höchstarbeitszeit, f
meal – Mahlzeit, f; Essen, n
meal allowance – Essenszuschuss, m; Verpflegungskostenzuschuss, m
meal break – Essenspause, f
meal ticket – Essensbon, m; Essensmarke, f
mean (1) – Hilfsmittel, n; Werkzeug, n
mean (2) – schlecht; gering; unbedeutend; mittler; durchschnittlich;

mean employment – durchschnittlicher Personalstand, m
mean life – mittlere Lebensdauer, f
meaning of the term "employee" – Arbeitnehmerbegriff, m
means (pl) of production – Produktionsmittel (pl); Betriebsmittel (pl)
means (pl) of proof – Beweismittel (pl)
measure – Maßnahme, f
measure of ongoing education – Weiterbildungsmaßnahme, f
measurement – Messung, f
measurement of times by differences (pl) – Folgezeitverfahren, n
meatman *<US>* – Metzger, m; Fleischer, m
mechanic – Mechaniker/in, m/f; Maschinist, m; Handwerker, m; Schlosser, m
mechanic trained for precision work – Feinmechaniker, m
mechanical engineer – Maschinenbauingenieur/in, m/f
mechanical – mechanisch; maschinell; Maschinen...
mechanical engineering – Maschinenbau, m
mechanics – Mechanik, f
media – Medien (pl)
media designer – Mediengestalter/in, m/f
media science – Medienwissenschaft, f
mediate, v – vermitteln, v; schlichten, v
mediation – Schlichtung, f; Vermittlung, f
mediator – Vermittler (m), der einen genauen Vermittlungsvorschlag (m) macht; Schlichter, m; Fürsprecher, m
medical – ärztlich; medizinisch
medical care – ärztliche Betreuung, f; ärztliche Versorgung, f
medical care establishment – Krankenanstalt, f
medical certificate – ärztliches Attest, n; ärztliches Zeugnis, n
medical check-up *<US>* – ärztliche Untersuchung, f
medical commissioner – Vertrauensarzt, m/Vertrauensärztin, f
medical data (pl) – Gesundheitsdaten (pl)
medical engineering – Medizintechnik, f
medical examination – ärztliche Untersuchung, f
medical examiner – Vertrauensarzt, m; Amtsarzt, m *<US>*
medical expert – medizinischer Sachverständiger, m
medical file – Krankenakte, f
medical findings (pl) – ärztlicher Befund, m
medical history – Krankengeschichte, f; Anamnese, f
medical jurisprudence – Gerichtsmedizin, f
medical officer of health *<GB>* – Amtsarzt, m
medical occupation (pl) – Gesundheitsberufe (pl)
medical practitioner – praktischer Arzt, m
medical privacy – Arztgeheimnis, n; ärztliche Schweigepflicht, f
medical record – Gesundheitsakte, f; Krankenblatt, n
medical referee *<US>* – Vertrauensarzt, m
medical science – Heilkunde, f; Medizin, f
medical service – medizinischer Dienst, m

medical specialist – Facharzt/-ärztin, m/f
medical surveillance – ärztliche Überwachung, f
medical treatment – ärztliche Behandlung, f
medicinal – medizinisch; heilkräftig
medicinal products (pl) – Arzneimittel (pl)
medicinal substances (pl) – Arzneistoffe (pl)
medicine – Medizin, f; Arznei, f; Medikament, n
medicine examination – ärztliche Prüfung, f
medium – mittelmäßig; mittel
medium-sized business – mittelständisches Unternehmen, n
medium-sized enterprise – Mittelbetrieb, m
medium-term – mittelfristig
meet the requirements (pl), v – Anforderungen (pl) erfüllen, v
meet, v – erfüllen, v; treffen, v; sich versammeln, v
meeting – Besprechung, f; Konferenz, f; Sitzung, f; Versammlung, f
meeting of creditors (pl) – Gläubigerversammlung, f
meeting of shareholders/ stockholders (pl) – Hauptversammlung, f
melter – Schmelzer, m
member – Mitglied, n
member of a legal organ – Organmitglied, n
member of the executive board – Vorstandsmitglied, n
member of the exempt staff – außertarifliche/r Mitarbeiter/in, m/f
member of the managing board in charge of personnel affairs (pl) – Personalvorstand, m
member of the staff – Belegschaftsmitglied, n; Mitarbeiter, m
member of the supervisory board – Aufsichtsratsmitglied, n
membership – Mitgliedschaft, f
membership association – nichtrechtsfähiger Verein, m
membership certificate – Mitgliedsbescheinigung, f
membership corporation – eingetragener Verein, m (e.V.)
membership drive – Mitgliederwerbung, f
membership fee – Mitgliedsbeitrag, m
membership number – Mitgliedsnummer, f
membership right – Mitgliedschaftsrecht, n
memo(randum) – Aktennotiz, f; Aktenvermerk, m; Aufzeichnung, f
memorandum of dept – Schuldschein, m
memorandum of deposit – Hinterlegungsurkunde, f
memorandum of law – Schriftsatz, m *<jur>*
memory – Erinnerung, f; Gedächtnis, n
mental – geistig; innerlich; psychisch
mental ability – geistige Fähigkeit, f
mental capacity – Geschäftsfähigkeit, f *<jur>*; Zurechnungsfähigkeit, f
mental deficiency – Schwachsinn, m
mental disease – Geisteskrankheit, f
mental disruption – Geistesstörung, f
mental disturbance – Bewusstseinsstörung, f
mental flexibility – geistige Beweglichkeit, f
mental illness – Geisteskrankheit, f
mental incapacity – Unzurechnungsfähigkeit, f
mental infirmity – Geistesschwäche, f
mental process – Denkprozess, m
mental reservation – geheimer Vorbehalt, m

mentally <*adv*> – geistig; innerlich; psychisch
mentally disabled – geistig behindert
mentally disturbed – geistesgestört
mentally handicapped – geistig behindert
mentally retarded – geistig behindert
mentally sick – geisteskrank
mentor <*US,infml*> – Betreuer/in, m/f
mercantile – kaufmännisch
mercantile agency – Handlungsvollmacht, f
mercantile law – Handelsrecht, n
mercantile partnership – Offene Handelsgesellschaft (OHG)
merchant – Kaufmann, m
merchant by appearance – Scheinkaufmann, m
merchant´s clerk – Handlungsgehilfe, m/ -gehilfin, f
merger – Firmenzusammenschluss, m; Verschmelzung, f (durch Neugründung, f); Fusion (f) durch Aufnahme, f
merit (1) – Entgeltzulage, f
merit (2) <*US*> – Leistungszulage, f
merit (3) – Verdienst, n
merit appraisal – Leistungsbeurteilung, f; Leistungsbewertung, f
merit based pay – leistungsbezogene Entlohnung, f
merit bonus – Leistungsbonus, m; Leistungsprämie, f
merit increase – leistungsbezogene Entgelterhöhung, f; übertarifliche Zulage, f
merit rating – Leistungsbewertung, f; Leistungseinstufung, f
meritocratic – leistungsorientiert
merits (pl) – die wesentlichen Gesichtspunkte (pl)
merits (pl) of the application – Begründetheit (f) des Antrags, m
messenger – Bote, m
messenger boy – Laufbursche, m; Botenjunge, m
metal industry – Metallindustrie, f
metallurgical industry – Hüttenindustrie, f
metalworker – Metallarbeiter/in, m/f
method – Methode, f; Verfahren, n; Verfahrensweise, f
method of calculation – Berechnungsmethode, f
method of operation – Arbeitsweise, f
method of work – Arbeitsmethode, f
method-time measurement (MTM) – Elementarzeitbestimmungssystem, n
methodical – methodisch
methods time measurement procedure – MTM-Verfahren, n
microfilming – Mikroverfilmung, f
middle class – Mittelstand, m
middle management – mittlere Führungsebene, f
middle name – zweiter Vorname, m
middle-bracket income – mittleres Einkommen, n
middle-class – mittelständisch
migrant worker – Wanderarbeitnehmer/in, m/f
migration – Abwanderung, f
mileage allowance – Kilometergeld, n
military – Militär, n; militärisch
military duty – Wehrpflicht, f
military service – Militärdienst, m; Wehrdienst, m
military service book – Wehrpass, m
military tribunal – Kriegsgericht, n
milling cutter – Fräser/in, m/f
million – Million, f
mine – Grube, f; Mine, f
mine foreman – Obersteiger, m; Steiger, m

mine pit – Bergwerk, n
mine safety – Grubensicherheit, f
mine worker – Bergarbeiter, m
mine workers' allowance – Bergmannsprämie, f
miner – Bergarbeiter, m; Bergmann, m; Grubenarbeiter, m
miners' benefit fund/ provident fund – Knappschaftskasse, f
miners' guild – Knappschaft, f
miners' insurance – Knappschaftsversicherung, f
miners' pension insurance fund – knappschaftliche Rentenversicherung, f
miners' pension insurance scheme – knappschaftliche Rentenversicherung, f
minimum – minimal; mindest-er,-e,-es; Mindest...
minimum age – Mindestalter, n
minimum capital – Mindeskapital,n
minimum amount – Mindestbetrag, m
minimum contribution – Mindestbeitrag, m
minimum demand – Mindestbedarf, m
minimum employment conditions (pl) – Mindestarbeitsbedingungen (pl)
minimum extent – Mindestumfang, m
minimum income – Mindesteinkommen, n
minimum leave – Mindesturlaub, m
minimum leave entitlement – Mindesturlaubsanspruch, m
minimum number – Mindestzahl, f
minimum of existence – Existenzminimum, n
minimum pay – Mindestverdienst, m
minimum pension – Mindestrente, f
minimum pensionable age – Mindestrentenalter, n
minimum performance – Mindestleistung, f
minimum period – Mindestdauer, f
minimum period of employment – Mindestbeschäftigungszeit, f
minimum qualification – Mindestqualifikation, f
minimum remuneration – Mindestentlohnung, f
minimum required grade – Mindestnote, f
minimum requirement – Mindestvoraussetzung, f
minimum standard – Mindestnorm, f
minimum training – Mindestausbildung, f
minimum wage – Mindestlohn, m
minimum weekly working hours (pl) – Mindestwochenarbeitszeit, f
minimum working time – Mindestarbeitszeit, f
mining – Bergbau, m
mining engineer – Bergbauingenieurin, m/f
mining engineering – Bergbautechnik, f
mining industry – Bergbauindustrie, f
mining law – Bergrecht, n
minister – Minister, m
Minister of Education and Cultural Affairs *<GB>* – Kultusminister, m
Minister of Labour *<GB>* – Arbeitsminister, m
ministry – Ministerium, n
Ministry of Justice *<GB>* – Justizministerium, n
Ministry of Labour *<GB>* – Arbeitsministerium, n
minor (1) – kleines Kind, n
minor (2) – minderjährig; unbedeutend; untergeordnet
minority (1) – Minderheit, f
minority (2) – Minderjährigkeit, f

minority group – Minterheitengruppe, f
minority opinion – Minderheitsauffassung, f
minority view – Minderheitsauffassung, f
minute <*GB*> – Protokollnotiz, f
minute, v – protokollieren, v
minutes (pl) – Sitzungsniederschrift, f; Protokoll, n
minutes (pl) of the proceedings (pl) – Verhandlungsprotokoll, n
minutes (pl) (of a meeting/hearing/trial) – Sitzungsbericht, m
misadventure – Unglücksfall, m; Missgeschick, n
misapplication – Missbrauch, m; Veruntreuung, f
misappropriate, v – unterschlagen, v; veruntreuen, v
misappropriation – Unterschlagung, f; Veruntreuung, f
misbehaviour <*GB*> – schlechtes Benehmen, n
miscalculate, v – sich verrechnen, v
miscalculation – Fehlkalkulation, f; Rechenfehler, m
miscarriage – Fehlgeburt, f; Misslingen, n; Fehlschlag, m
miscarriage of justice – Fehlurteil, n; Justizirrtum, m
miscasting – Fehlbesetzung, f
mischance – Unfall, m; Missgeschick, n
mischief – körperlicher Schaden, m; Verletzung, f; Unheil, n; Unglück, n
miscellaneous – verschieden
misconduct – Fehlverhalten, n; Verfehlung, f; Fehltritt, m; schuldhaftes Verhalten, n
misdemeano(u)r – Vergehen, n <*jur*>; Übertretung, f <*jur*>
misfeasance – unerlaubte Handlung, f; Amtsmissbrauch, m
misjudge, v – falsch beurteilen, v; verkennen, v
misjudgement – falsche Beurteilung, f
mislead, v – irreführen, v
misleading claim – unzulässige Behauptung, f
mismanagement – schlechte Führung, f; Misswirtschaft, f
misogynic – frauenfeindlich
miss, v – versäumen, v
missing – verschollen; ausbleibend; abwesend; fehlend
missing consent – fehlende Zustimmung, f
mistake – Fehler, m; Versehen, n; Irrtum, m
mistake in law – Rechtsirrtum, m
mistake in the utterance – Erklärungsirrtum, m
mistake of fact – Tatsachenirrtum, m
misuse – Missbrauch, m
misuse of documents (pl) – Urkundenmissbrauch, m
misuse of powers (pl) – Ermessensmissbrauch, m
misuse of the purpose – Zweckentfremdung, f
mitch, v – Schule (f) schwänzen, v
mitigate, v – mildern, v
mitigating circumstances (pl) – mildernde Umstände (pl)
mitigation – Milderung, f; Abschwächung, f
mittimus <*infml*> – blauer Brief, m <*infml*>; Entlassung, f
mixed marriage – Mischehe, f
mobbing – Psychoterror, m
mobile – ambulant; beweglich
mobility – Beweglichkeit, f; Mobilität, f; Wendigkeit, f
mobility allowance – Mobilitätszulage, f
mobility clause – Versetzungsklausel, f

mobility-impaired – bewegungseingeschränkt; gehbehindert
mock employment – Scheinarbeitsverhältnis, n
mode – Art, f; Weise, f; Methode, f
mode of payment – Zahlungsart, f; Zahlungsweise, f
mode of procedure – Verfahrensart, f
model – Modell, n
model maker – Modellbauer, m
model plant – Musterbetrieb, m
modeller – Modellmacher, m; Mustermacher, m
moderate – moderat; mäßig
moderate, v – mildern, v; mäßigen, v
moderate income – bescheidenes Einkommen, n
moderation in incomes policy – lohnpolitische Zurückhaltung, f
moderator – Moderator/in, m/f
modernize, v – modernisieren
modest – anspruchslos
modification – Abänderung, f; Veränderung, f
modify, v – modifizieren, v; verändern, v; abändern
molest, v – belästigen, v
monetary erosion – Geldwertschwund, m
monetary value – Geldwert, m
money – Geld, n; Vermögen, n
money claim – Geldforderung, f
money debt – Geldschuld, f
money investment – Geldanlage, f
money loan – Darlehen, f
money obligation – Geldschuld, f
money order – Geldanweisung, f
money penalty – Geldstrafe, f
money piecework – Geldakkord, m
money transfer – Geldüberweisung, f
moneyed (1) – vermögend; reich
moneyed (2) – wohlhabend; kaufkräftig
monitoring – Überwachung, f
monitoring device – Überwachungseinrichtung, f
monitoring equipment – Überwachungsanlage, f
monitoring of data protection – Datenschutzkontrolle, f
monitoring of dates (pl) – Terminverfolgung, f
mono-disciplinary – fachspezifisch
monotonous – eintönig; einförmig
monotony – Monotonie, f
monthly – monatlich
monthly earnings (pl) – Monatsverdienst, m
monthly income – Monatseinkommen, n
monthly instal(l)ment – Monatsrate, f
monthly report – Monatsbericht, m; Monatsmeldung, f
monthly payment of wages (pl) – monatliche Lohnzahlung, f
monthly salary – Monatsgehalt, n
monthly tally – monatliche Abrechnung, f; Abrechnung, f
monthly wage – Monatslohn, m
monthly working hours – Monatsarbeitsstunden (pl)
mood – Laune, f; Stimmung, f
moonlight, v – Nebenbeschäftigung (f) ausüben, v
moonlighter *<GB,infml>* – Person (f) mit zwei bezahlten Beschäftigungen (pl); Doppel(t)verdiener
moonlighting *<GB,infml>* – Doppelbeschäftigung, f
moral – moralisch; sittlich
moral law – Sittengesetz, n
moral obligation – moralische Verpflichtung, f
moral strength – Charakterstärke, f
moral support – moralische Unterstützung, f
morale – Moral, f; Haltung, f
morale at work – Arbeitsmoral, f

moratorium – Stillhaltevereinbarung, f; Zahlungsaufschub, m; Stundung, f

morning shift – Frühschicht, f

mortal – tödlich

mortal danger – Lebensgefahr, f

mortality – Sterblichkeit, f

mortality rate – Sterbeziffer, f; Sterblichkeitsziffer, f

mortality table – Sterblichkeitstabelle, f; Sterbetafel, f

mortgage – Hypothek, f; Verpfändung, f; Pfandrecht, n; Pfandbrief, m

mortgage bond – Hypothekenpfandbrief, m

mortgage certificate – Hypothekenbrief, m

mother – Mutter, f

mother tongue – Muttersprache, f

motion – Antrag, m; Gesuch, n; Prozessantrag, m; Bewegung, f

motion analysis – Bewegungsstudie, f

motion for a declaration of title – Feststellungsantrag, m

motion for alternative relief – Hilfsantrag, m

motion for judgement – Klageantrag, m

motion in error – Revisionsschrift, f *<jur>*

motion to receive evidence – Beweisantrag, m *<jur>*

motivate, v – begeistern, v; motivieren, v; anregen, v

motivation – Motivation, f; Anregung, f

motor – Motor, m; treibende Kraft, f

motor engine fitter – Autoschlosser/in, m/f; Motorenschlosser/in, m/f

motor mechanic – Automechaniker/in, m/f

motor vehicle – Kraftfahrzeug, n

motor vehicle mechanic – Kraftfahrzeugmechaniker/in, m/f

motor vehicle registration certificate – Kraftfahrzeugschein, m

motor vehicle tax – Kraftfahrzeugsteuer, f

moulder – Former, m; Gießer, m

movable – beweglich; mobil

movables (pl) (1) – bewegliche Sachen (pl)

movables (pl) (2) – Mobiliar, n; Mobilien (pl)

move, v – bewegen, v; umziehen, v; jmd veranlassen, v; versetzen, v; umsetzen, v; beantragen, v

move up, v – nachrücken, v

movement – Bewegung, f; Verlagerung, f

moving – beweglich; sich bewegend; treibend

moving allowance – Umzugs(kosten)beihilfe

moving expenses (pl) – Umzugskosten (pl)

moving line – Fließband, n

moving line manning – Besetzung (f) des Fließbands

moving line production – Bandarbeit, f

moving line speed – Bandgeschwindigkeit, f

moving line work – Fließbandarbeit, f

moving party – Antragsteller, m

mug up, v *<GB,infml>* – ochsen, v *<infml>*; büffeln; angestrengt lernen

multi-disciplinary – fachübergreifend

multilingual – mehrsprachig

multiple – mehrfach; vielfach

multiple application – Mehrfachbewerbung, f

multiple birth – Mehrlingsgeburt, f

multiple choice – Mehrfachauswahl, f

multiple employment – Mehrfachbeschäftigung, f

multiple employment contract – Kettenarbeitsvertrag, m

multiple management – multiple Führung, f
multiple placement – Mehrfachbesetzung, f
multiple production – Serienfertigung, f
multiple shift operation – Mehrschichtbetrieb, m
multiple taxation – Mehrfachbesteuerung, f
multiple temporary limitation – Mehrfachbefristung, f
multiplication – Vervielfältigung, f
multiply, v – vervielfältigen, v
multistage – mehrstufig
municipal – kommunal; städtisch
municipal administration – Gemeindeverwaltung, f
municipal authority – Gemeindeverwaltung, f
municipal board – Magistrat, m
municipal corporation – Kommunalverband, m; Selbstverwaltungskörperschaft, f
municipal council – Gemeinderat, m
municipal court – <*entspr*> Amtsgericht, n
municipal government election – Kommunalwahl, f
municipal law – Stadtrecht, n
municipal payroll tax – Lohnsummensteuer, f
municipal regulations (pl) – Gemeindeordnung, f
municipality – Gemeinde, f
muscular strain – Muskelbelastung, f
muscular work – Muskelarbeit, f
muster – Musterung, f <*mil*>
mutual – gegenseitig; wechselseitig
mutual aid – gegenseitige Hilfe, f
mutual benefit society – Unterstützungsverein (m) auf Gegenseitigkeit, f
mutual confidence – gegenseitiges Vertrauen, n
mutual consent – Einigung, f
mutual contributory negligence – beiderseitiges Verschulden, n <*jur*>
mutual indemnity society – Berufsgenossenschaft, f
mutual insurance association – Versicherungsverein (m) auf Gegenseitigkeit (f) (VVaG)
mutuality – Gegenseitigkeit, f
mwc value – MAK-Wert, m (maximum allowable workplace concentration)

N

name – Name, m; Bezeichnung, f
name, v – benennen, v
name affix – Namenszusatz, m
name at birth – Geburtsname, m
name tag – Namensschild, n
nanny – Kindermädchen, n
narcotic – Rauschgift, n; Betäubungsmittel,n
national – national; Staatsangehörige/r, f/m; Staatsbürger/in, m/f
national assistance *<GB>* – Sozialhilfe, f
National Day – Nationalfeiertag, m
national economics – Volkswirtschaftslehre, f (VWL)
national economy – Volkswirtschaft, f
national feeling – Nationalgefühl, n
national giro account *<GB>* – Postscheckkonto, n
National Health Service *<GB>* – Gesundheitsdienst, m
national income – Sozialprodukt, n
National Insolvency Fund for Retirement Pensions (pl) – Pensionssicherungsverein, m
National Insurance *<GB>* – allgemeine Sozialversicherung, f
National Insurance contribution *<GB>* – Sozialversicherungsbeitrag, m
national language – Landessprache, f
national law – innerstaatliches Recht, n
National Minimum Wage Act (NMWA) *<GB>* – Mindestlohngesetz, n
national product – Sozialprodukt, n
national service *<GB>* – Militärdienst, m; Wehrdienst, m
nationality – Nationalität, f; Staatsangehörigkeit, f
native – natürlich; angeboren; einheimisch
native place – Heimatort, m; Geburtsort, m
native country – Vaterland, n; Geburtsland, n
native language – Muttersprache, f
native town – Heimatstadt, f
natural – natürlich; üblich; normal
natural endowment – natürliche Begabung, f
natural person – natürliche Person, f
natural practitioner – Heilpraktiker/in, m/f
natural sciences (pl) – Naturwissenschaften (pl)
natural scientist – Naturwissenschaftler/in, m/f
natural wastage – natürlicher Abgang von Arbeitskräften (pl) (z.B. durch Tod oder Pensionierung)
natural talent – Naturtalent, n
nature – Eigenart, f; Charakter, m; Veranlagung, f; Wesen, n
nature protection – Naturschutz, m
naval constructor *<US>* – Schiffsbauer, m
naval engineering – Schiffstechnik, f
necessary (1) – erforderlich; nötig
necessary (2) – notwendig
necessity – Erforderlichkeit, f
necessity of consent – Zustimmungserfordernis, n
necessity to act – Handlungsbedarf, m
need – Bedarf, m; Mangel, m; Bedürfnis, f; Nachfrage, f

need for training – Ausbildungsbedarf, m
needfull – nötig, notwendig
neediness – Bedürftigkeit, f
needs (pl) analysis – Bedarfsanalyse, f
needs (pl) determination – Bedarfsermittlung, f
needy – bedürftig; notleidend
negative – negativ; ablehnend
negative flextime/flexitime balance – Gleitzeitschuld, f
negative reply – Absage, f; abschlägiger Bescheid, m
neglect – Unterlassung, f; Versäumnis, n
neglect of one's duty – Pflichtversäumnis, f
neglect, v – vernachlässigen, v; versäumen, v
neglectful – nachlässig
negligence – Nachlässigkeit, f; Unachtsamkeit, f; Fahrlässigkeit, f *<jur>*
negligent – leichtfertig; fahrlässig *<jur>*
negligent offence/offense – Fahrlässigkeitsdelikt, n
negotiable – vertretbar
negotiate, v – aushandeln, v; verhandeln, v
negotiate an industrial agreement, v – Tarifvertrag (m) aushandeln, v
negotiating margin – Verhandlungsspielraum, m
negotiating partner – Verhandlungspartner, m
negotiating party – Verhandlungspartner, m
negotiating power – Verhandlungsvollmacht, f
negotiation (about, on, over, for) – Verhandlung, f
negotiation outcome – Verhandlungsergebnis, n
negotiation procedure – Verhandlungsverfahren, n
negotiation skills – Verhandlungsgeschick, n
negotiator – Unterhändler/in, m/f
nepotism – Vetternwirtschaft, f
nerd *<US,infml>* – Streber, m
nervous – nervös
nervous disorder – nervöse Störung, f
net – Netto; Rein...; Roh...
net amount – Nettobetrag, m
net earnings (pl) – Nettobezüge (pl)
net earnings (pl) settlement – Nettolohnabrechnung, f
net gain – Nettogewinn, m
net income – Nettoeinkommen, n; Nettoentgelt, n; Nettoverdienst, m
net national income – Volkseinkommen, n
net pay – Nettolohn, m; Nettoverdienst, m
net profit – Nettogewinn, m; Reingewinn, m
net receipts (pl) – Nettoeinnahme, f; Roheinnahme, f
net report payroll – Nettoabrechnung, f
net salary – Nettogehalt, f
net takings (pl) – Nettoeinnahme, f
net value added – Wertschöpfung, f
net wages (pl) – Nettolohn, m
net wages (pl) agreement – Nettolohnvereinbarung, f
network planning technique – Netzplantechnik, f
neutral – neutral; unparteiisch
neutrality – Neutralität, f
new advertisement – Neuausschreibung, f
new election – Neuwahl, f

new employee – Neueingestellte/r, f/m
new employment – Neueinstellung, f
new student – Studienanfänger/in, m/f
new trial – Wiederaufnahmeverfahren, n
New Year's Day – Neujahrstag, m
New Year's Eve – Silvester, n
newcomer – Neuling, m
newspaper – Zeitung, f
nicotine consumption – Nikotingenuss, m
night– Nacht, f; Abend, m
night-baking ban – Nachtbackverbot, n
night duty – Nachtdienst, m
night school – Abendkursus, m; Abendschule, f
night service allowance – Nachtdienstzulage, f
night shelter – Obdachlosenasyl, n
night shift – Nachtschicht, f
night shift premium – Nachtschichtzulage, f
night shift work – Nachtschichtarbeit, f
nightwork – Nachtarbeit, f
nightwork premium – Nachtarbeitszuschlag, m
nightwork time – Nachtarbeitszeit, f
noble *<US,sl>* – Anführer (m) von Streikbrechern
no-claim bonus *<GB>* – Schadensfreiheitsrabatt, m
no-smoking office – Büro (n) mit Rauchverbot, n
no-strike clause – Streikverbotsklausel, f
noble *<US,sl>* – Anführer/in (m/f) von Streikbrechern (pl)
noise – Lärm, m; Krach, m; Geräusch, n
noise abatement – Lärmbekämpfung, f; Lärmminderung, f
noise barriers (pl) – Lärmschutzanlage, f
noise break – Lärmpause, f
noise certificate – Lärmbescheinigung, f
noise deafness – Lärmschwerhörigkeit, f
noise exposure – Lärmbelästigung, f
noise impact – Lärmeinwirkung, f
noise level – Geräuschpegel, m; Lärmpegel, m; Lautstärke, f
noise pollution – Lärmbelastung, f; Schallemissionen (pl)
noise prevention – Lärmschutz, m; Lärmvermeidung, f
noise protection – Lärmschutz, m
noise standards (pl) – Schallnormen (pl)
nomenclature – Fachsprache, f
nominal – nominal; nominell
nominal amount – Nennbetrag, m
nominal coincidence – Idealkonkurrenz, f
nominal man-hours (pl) – Sollarbeitsstunden (pl)
nominal proxy – Titularprokurist, m
nominal salary – Nettogehalt, n
nominal signing clerk – Titularprokurist, m
nominal value – Nennwert, m; Nominalwert, m
nominal wage – Nominallohn, m
nominate, v – berufen, v; benennen, v; nominieren, v
nomination – Benennung, f; Nominierung, f
nomination list – Wahlvorschlagsliste, f; Kandidatenliste, f
nominee – Vorgeschlagener, m; Kandidat, m
non-academic – Nichtakademiker, m
non-act – Unterlassung, f

non-active status – Ruhestand, m
non-admission – Nichtzulassung, f
non-appearance – Nichterscheinen vor Gericht, f
non-attendance – Versäumnis, n; Fehlen, n
non-call-up – Nichteinberufung, f
non-cash benefit – Sachzuwendung, f
non-compliance – Nichterfüllung, f
non-contentious litigation – freiwillige Gerichtsbarkeit, f
non-contributory – beitragsfrei
non-criminal offence/offense – Ordnungswidrigkeit, f
non-enrolled student – Gasthörer, m
non-entitled – nichtberechtigt
non-entitled person – Nichtberechtigte/r, f/ m
non-exempt staff – Tarifkreis, m; Tarifmitarbeiter (pl)
non-family labo(u)r – Arbeitskräfte, pl
non-forfeitability *(of pension expectancy)* – Unverfallbarkeit, f
non-forfeitability certificate – Unverfallbarkeitsbescheinigung, f
non-forfeitable – unverfallbar
non-manual staff – Angestellte, pl
non-military service – Zivildienst, m; Ersatzdienst, m
non-monetary compensation – Sachbezug, m
non-observance – Nichtbeachtung, f
non-occupational – berufsfremd
non-operators (pl) – Betriebsfremde (pl)
non-pay-scale – außertariflich
non-professional judge – Laienrichter, m
non-profit making – gemeinnützig
non-recurring income – einmalige Bezüge (pl)
non-recurring payment – Einmalzahlung, f
non-registered association – Verein, m
non-renewal notice – Nichtverlängerungsmitteilung, f
non-returnable aid – Zuschuss, m
non-taxable – steuerfrei
non-tax-paid – unversteuert
non-tenured employment – Angestelltenverhältnis, n
non-terminability – Unkündbarkeit, f
non-union shop *<US>* – gewerkschaftsfreier Betrieb, m
non-wage labo(u)r costs (pl) – Lohnnebenkosten (pl)
non-working day – arbeitsfreier Tag, m
non-working shift – Freischicht, f
nonage – Minderjährigkeit, f Unmündigkeit, f
nonconfidence vote – Misstrauensvotum, n
nonfeasance – pflichtwidrige Unterlassung, f
nonfulfillment – Nichterfüllung, f
nonliability – Haftungsausschluss, m
nonoperation factory – Betrieb, m
nonperformance – Nichtleistung, f; Nichterfüllung, f
nonpresentment – Nichtvorlage, f
nonprofit corporation – gemeinnützige Einrichtung, f
nonproliferation – Nichtweitergabe, f
nonsmoker – Nichtraucher/in, m/f
nonsuit – Klageabweisung, f *<jur>*
nonsuit, v – abweisen, v
nonunion employee – Nichtorganisierte/r, f/m
nonunion shop *<US>* – gewerkschaftsfreier Betrieb, m
nonvoter – Nichtwähler/in, m/f
nonvoting – nicht stimmberechtigt
normal – normal; gewöhnlich
normal case – Regelfall, m

normal distribution – Normalverteilung, f
normal output – Normalleistung, f
normal performance – Normalleistung, f
normal residence – Wohnsitz, m
normal time limit – Regelfrist, f
normal work – Normalarbeit, f
normal working day – Normalarbeitstag, m
normal working hours (pl) – Normalarbeitszeit, f
normally – im Regelfall, m
normative – normativ
normative effect – Normativwirkung, f
not in gainful employment – ohne berufliche Tätigkeit, f
not mandatory – abdingbar
not permitted – unstatthaft
not responsible – unzuständig
not to be in gainful employment, v – ohne Beschäftigung sein, v
not to come up to standard, v – Anforderungen (pl) nicht genügen, v
not to have finished one's apprenticeship, v – keinen Lehrabschluss (m) haben, v
not under notice – ungekündigt
not working – außer Betrieb
not-for-profit organisation – gemeinnützige Organisation, f
notarial – notariell
notarial certificate – notarielle Bescheinigung, f
notarial certification – notarielle Beurkundung, f
notarial recording –Beurkundung, f
notary (public) – Notar, m
notary's office – Notariat, n
note – Anmerkung, f; Vermerk, m; Aufzeichnung, f; Notiz, f; Banknote, f
notice – Ankündigung, f; Kenntnisnahme, f; Notiz, f; Nachricht, f; Anzeige, f; Bekanntmachung, f
notice announcement – Kündigungserklärung, f
notice board – Anschlagtafel, f; Aushangtafel, f; schwarzes Brett, n
notice confirmation – Kündigungsbestätigung, f
notice in writing – schriftlicher Bescheid, m
notice of an intended marriage – Aufgebot, n
notice of appeal – Berufungsschrift, f
notice of assessment – Feststellungsbescheid, m
notice of defects (pl) – Mängelanzeige, f; Mängelrüge, f
notice of dismissal – Entlassungsschreiben, n
notice of exemption – Freistellungsbescheid, m
notice of intention – Absichtserklärung, f
notice of protest – Wechselprotest, m
notice of rejection – Ablehnungsbescheid, m
notice of termination of employment – Kündigung, f
notice of termination pending a change of contract – Änderungskündigung, f
notice of vacancy – Stellenausschreibung, f
notice of withdrawal – Abmeldung, f; Rücktrittsanzeige, f
notice period – Kündigungsfrist, f
Notice Period Act – Kündigungsfristengesetz, n (Act Respecting the Standardization of Notice Periods for Hourly and Salaried Employees)
notice renouncement – Kündigungsverzicht, m
notice to pay – Mahnbescheid, m
notice to quit – Aufkündigung (f) der Dienste (pl)

notice to terminate – (ordentliche) Kündigung, f
notifiable – anzeigepflichtig; meldepflichtig
notifiable accident at work – meldepflichtiger Arbeitsunfall, m
notifiable disease – meldepflichtige Krankheit, f
notification (1) – Anzeige, f; Bekanntmachung, f
notification (2) – Mitteilung, f; Meldung, f
notification of a decision – Zustellung (f) einer Entscheidung, f
notification of change of residence – behördliche Umzugsmeldung, f
notification of change (of terms of employment) – Änderungskündigung, f
notification of defect – Mängelrüge, f
notification of pregnancy – Schwangerschaftsmeldung, f
notification of sickness *(to one's employer)* – Krankmeldung, f
notify, v – anmelden, v; anzeigen, v
notional earnings (pl) – fiktives Arbeitsentgelt, n
notional salary – Gehaltszwischenstufe, f
notwithstanding – unbeschadet
novice – Anfänger, m; Neuling, m
novitiate – Lehrzeit, f; Lehre, f
noxious – gesundheitsgefährdend; gesundheitsschädlich
noxious air – Immissionen (pl)
noxious substance – Schadstoff
nugatory – unwirksam, nichtig
nuisance – Störung, f; Belästigung, f
nuisance through odours (pl) – Geruchsbelästigung, f
nullification proceedings (pl) – Nichtigkeitsverfahren, n
nullify, v – nichtig erklären, v; für nichtig erklären, v
nullity – Nichtigkeit, f
nullity appeal – Nichtigkeitsbeschwerde, f
nullity proceedings (pl) – Nichtigkeitsverfahren, n
nullity suit – Nichtigkeitsklage, f
number – Zahl, f; Anzahl, f; Nummer, f
number of participants (pl) – Teilnehmerzahl, f
number of personnel – Beschäftigtenzahl, f; Personalstärke, f
nurse – Krankenschwester, f
nurse, v – pflegen
nursemaid – Kindermädchen, n
nursery – Kindertagesstätte, f
nursery education – Vorschulbildung, f
nursery maid – Kindermädchen, n
nursing – Stillen; Säugen; Krankenpflege
nursing benefit – Stillgeld, n
nursing insurance – Pflegeversicherung, f
nursing insurance exemption – PV-befreit
nursing mother – stillende Mutter, f
nursing staff – Pflegepersonal, n
nursing time – Stillzeit, f
nursing treatment – Pflege, f

O

oath – Eid, m; Schwur, m
oath in office – Diensteid, m; Amtseid, m
oath of disclosure – Offenbarungseid, m
obedience – Gehorsam, m
object – Gegenstand, m; Objekt, n
object, v – einwenden, v; widersprechen, v
object at issue – Streitgegenstand, m
object of legal protection – Rechtsgut, n
object of negotiation – Verhandlungsgegenstand, m
object to, v – beanstanden, v
objection – Einspruch, m; Einwand, m; Einwendung, f; Reklamation, f
objection to the validity of an election – Wahleinspruch, m
objective (1) – Ziel, n
objective (2) – objektiv; sachlich
objective crime – Erfolgsdelikt, n *<jur>*
objectivity – Objektivität, f
obligate, v –verpflichten
obligation – Pflicht, f; Verpflichtung, f; Verbindlichkeit, f; Schuld, f
obligation for faith – Treuepflicht, f
obligation for loyalty – Treuepflicht, f
obligation of contract – schuldrechtliche Verpflichtung, f
obligation of secrecy – Verschwiegenheitspflicht, f
obligation of social care – Betreuungspflicht, f
obligation to admit s.o. as a member – Aufnahmezwang, m
obligation to be performed at the debtor's place of business – Schickschuld, f
obligation to be truthful – Wahrheitspflicht, f
obligation to conclude a contract – Abschlusszwang, m
obligation to contract – Abschlusszwang, m; Kontrahierungszwang, m
obligation to contribute – Beitragspflicht, f
obligation to contribute to social insurance – Sozialversicherungspflicht, f
obligation to disclose – Offenbarungspflicht, f
obligation to discretion – Verschwiegenheitspflicht, f
obligation to explain – Darlegungspflicht, f
obligation to give due consideration – Rücksichtnahmepflicht, f
obligation to give information – Auskunftspflicht, f
obligation to give notice – Mitteilungspflicht, f
obligation to inform – Informationspflicht, f
obligation to inform – Unterrichtungspflicht, f
obligation to insure – Versicherungspflicht, f
obligation to keep peace – Friedenspflicht, f
obligation to notify – Meldepflicht, f; Anzeigepflicht, f
obligation to observe neutrality – Neutralitätspflicht, f
obligation to pay social insurance contributions (pl) – Sozialversicherungspflicht, f
obligation to pay the costs (pl) incurred – Kostentragungspflicht, f

obligation to perform – Leistungsverpflichtung, f
obligation to plead – Erklärungspflicht, f
obligation to preserve records (pl) – Aufbewahrungspflicht, f
obligation to provide information – Auskunftspflicht, f
obligation to provide maintenance – Unterhaltspflicht, f
obligation to register – Meldepflicht, f
obligation to reimburse – Erstattungspflicht, f; Rückerstattungspflicht, f
obligation to remunerate – Entlohnungspflicht, f
obligation to report – Anzeigepflicht, f
obligation to report back – Rückmeldepflicht, f
obligation to supervise – Aufsichtspflicht, f
obligation to take s.o. into employment – Einstellungspflicht, f
obligatorily registrable trader – Sollkaufmann, m
obligatory – obligatorisch; bindend; unumgänglich
obligatory agreement – bindende Abmachung, f
obligatory insurance (scheme) – Pflichtversicherung, f
obligatory registration – Meldepflicht, f
obligee – Gläubiger, m
obligor – Schuldner, m
observation – Wahrnehmung, f; Beobachtung, f
observation form – Beobachtungsbogen, m
observation period – Beobachtungszeitraum, m
observe a term of notice, v – Kündigungsfrist (f) einhalten, v
observe, v – beobachten, v; beachten, v
observing the term – fristwahrend
obstacle – Hindernis, n
obstinacy – Eigensinn, m
obstinate – eigensinnig
obstruct, v – behindern
obstruction of polling – Wahlbehinderung, f
obstruction of voting – Wahlbehinderung, f
obtain, v – erwerben, v; erhalten, v; beziehen, v
obtain a doctorate – promovieren
obtain relief, v – Unterstützung (f) beziehen, v
obtaining of a doctorate – Promotion, f
occasional – gelegentlich
occasional gift – Gelegenheitsgeschenk, n
occasional work – Gelegenheitsarbeit, f
occupation (1) – Beruf, m
occupation (2) – Tätigkeit, f; Beschäftigung, f
occupation entrance – Berufseinstieg, m
occupational – beruflich
occupational accident – Betriebsunfall, m; Arbeitsunfall, m
occupational activity – berufliche Tätigkeit, f
occupational advancement – berufliche Förderung, f
occupational assistance – Berufshilfe, f
occupational choise – Berufswahl, f
occupational code – Tätigkeitsschlüssel, m
occupational decision – Berufswahl, f

occupational disability – Berufsunfähigkeit, f
occupational disability pension – Berufsunfähigkeitsrente, f
occupational disease – Berufskrankheit, f
occupational distribution – Aufgliederung, f
occupational education – Berufsbildung, f
occupational experience – Berufserfahrung, f
occupational exposure – Gefährdung (f) am Arbeitsplatz, m
occupational group – Berufsgruppe, f
occupational hazard – Arbeitsumweltrisiko, n; Berufsrisiko, n
Occupational Health and Risk Management System (OHRIS) – Arbeitsschutzmanagementsystem, n
Occupational Health and Safety Assessment Series (OHSAS) – Arbeitsschutzbeurteilungssystem, n
occupational health care – arbeitsmedizinische Betreuung, f
occupational health service – arbeitsmedizinischer Dienst, m
occupational history – Berufsweg, m
occupational hygiene – Arbeitshygiene, f
occupational illness – Berufskrankheit, f
occupational injury – Berufsunfall, m
occupational liberty – Berufsfreiheit, f
occupational medicine – Arbeitsmedizin, f
occupational mobility – berufliche Mobilität, f
occupational noise disease – Lärmerkrankung, f
Occupational Pension Regulatory Authority (OPRA) <*GB*> – Staatliche Aufsichtsbehörde (f) für betriebliche Altersversorgung, f
occupational physiology – Arbeitsphysiologie, f
occupational preparation – Vorbereitung, f
occupational qualification – berufliche Qualifikation, f
occupational retraining – berufliche Umschulung, f
occupational risk – Berufsrisiko, n
occupational safety – Arbeitssicherheit, f
Occupational Safety Act – Arbeitssicherheitsgesetz, n (ASiG) (Act respecting plant physicians, safety engineers and other occupational safety specialists)
occupational safety and health – Arbeitsschutz, m
occupational safety expert – Sicherheitsfachkraft, f
occupational safety specialist – Arbeitssicherheitsfachkraft, f
occupational seniority – Dienstalter, n
occupational skills (pl) and competence – berufliche Fähigkeiten (pl)
occupational therapy – Beschäftigungstherapie, f
occupational training – Fachausbildung, f; Berufsausbildung, f
occupational wage – Facharbeiterlohn, m
occupationally disabled – berufsunfähig
occupied population – erwerbstätige Bevölkerung, f
occupy a position, v – Posten (m) besetzen, v
occupy, v – jmd beschäftigen, v; anstellen, v
occur, v – eintreten, v
odd – sonderbar; seltsam; gelegentlich
odd job – Aushilfsarbeit, f

odd jobs (pl) – gelegentliche kleinere Arbeiten (pl)
odd man *<infml>* – Gelegenheitsarbeiter, m
of age – großjährig; mündig; volljährig
of criminal responsibility – strafmündig
of firm character – charakterfest
of higher value – höherwertig
of limited capacity – beschränkt geschäftsfähig
of low wage groups (pl) – einkommensschwach
of no legal force – rechtsunwirksam
of prejudice effect – präjudizielle Wirkung, f *<jur>*
of subsequent nature – nachrangig
of the supreme court – höchstrichterlich
off duty – außer Dienst
off-duty – außerdienstlich
off-duty conduct – außerdienstliches Verhalten, n
off-setting agreement – Aufrechnungsvereinbarung, f
off-setting provision – Anrechnungsklausel, f
offence/offense *<GB/US>* – Delikt, n; Gesetzesverstoß, m; Verfehlung, f
offence requiring an application for prosecution – Antragsdelikt, n
offence/offense committed in the state of intoxication – Rauschtat, f
offences/offenses (pl) involving environmental damage – Umweltkriminalität, f
offend, v – verstoßen, v; zuwiderhandeln, v; beleidigen, v
offender – Straffällige/r, f/m
offer – Angebot, n; Offerte, f
offer, v – anbieten, v
offer evidence, v – Beweis (m) antreten, v
offer for change – Änderungsangebot, n
offer of compromise – Kompromissvorschlag, m
offer of compromise – Vergleichsvorschlag, m
office – Büro, n; Amt, n; Dienststelle, f
office appliances (pl) – Bürohilfsmittel (pl)
office automation – Büroautomation, f; Bürosysteme (pl)
office bearer – Amtsträger, m
office boy – Laufbursche, m
office buildung – Bürogebäude, n
office chief – Bürovorsteher, m
office clerk – Büroangestellte/r, f/m
office communication(s) – Bürokommunikation, f
office day – Büroarbeitstag, m
office equipment – Büroausstattung, f; Büroeinrichtung, f
office head – Bürovorsteher, m
office holder – Amtsinhaber/in, m/f; Amtsträger/in, m
office hours (pl) – Bürostunden (pl); Bürozeit, f; Sprechstunde, f
office hours (pl) of the works council – Betriebsratssprechstunde, f
office keeper – Bürovorsteher/in, m/f
office machine – Büromaschine, f
office of a committeeman/ committeewoman – Betriebsratsamt, n
Office of the German Federal President – Bundespräsidialamt, n
office organisation/organization – Büroorganisation, f
office seeker *<US>* – Stellensucher, m
office worker – Büroangestellter, m
office working instruction – Dienstanweisung, f
office, post – Amt, n
officer – Offizier, m; Amtsträger, m; Funktionär, m

officer of the court – Gerichtsvollzieher, m
officer of the reserve – <*mil*> Reserveoffizier, m
official (1) – Beamter/Beamtin, m/f; Bedienstete/r, f/m; Amtsträger/in, m/f; Führungskraft, f
official (2) – behördlich; amtlich; dienstlich; offiziell
official act – Amtshandlung, f; Verwaltungsakt, m
official authority – Amtsgewalt, f; Behörde, f
official authorization – behördliche Zulassung, f
official body – amtliche Stelle, f
official certificate – amtliche Bescheinigung, f; Testat, n
official channels (pl) – Dienstweg, m
official confidentiality – Amtsgeheimnis, f
official copy – Ausfertigung, f
official defence counsel – Pflichtverteidiger, m
official document – öffentliche Urkunde, f
official duty – Amtspflicht, f; Dienstpflicht, f
official fee – Verwaltungsgebühr, f
official function – Amtshandlung, f; Amtspflicht, f
official gazette – Amtsblatt, n
official holiday – gesetzlicher Feiertag, m
official in charge – Sachbearbeiter, m
official language – Amtssprache, f
official notice – Bekanntmachung, f
official oath – Amtseid, m; Diensteid, m
official physician – Amtsarzt, m
official power – Amtsvollmacht, f; Amtsgewalt, f
official premises (pl) – Diensträume (pl)
official receiver – Konkursverwalter/in, m/f
official relation – Dienstverhältnis, n
official robe – Amtskleidung, f
official seal – Dienstsiegel, n
official secrecy – Amtsverschwiegenheit, f
official secret – Amtsgeheimnis, n; Dienstgeheimnis, n
official solicitor – Amtsanwalt/Amtsanwältin, m/f
official trip– Dienstreise, f
official trip abroad – Auslandsdienstreise, f
official with active status – Beamter/Beamtin, m/f
officially qualified – staatlich geprüft
officiate, v – amtieren, v; fungieren, v
offset, v – anrechnen, v; aufrechnen, v; ausgleichen, v; kompensieren, v
offset clause – Verrechnungsklausel, f
offset(ting) account – Verrechnungskonto, n
offset(ting) provision – Anrechnungsklausel, n
offshoring – Auslagerung(f) von Dienstleistungen in Niedriglohnländer (pl)
old age (1) – hohes Alter, n
old age (2) – Alters...; Alt...
old-age allowance – Altersgeld, n
old age and survivors' pension scheme – Alters- und Hinterbliebenenversorgung, f
old-age annuity – Altersrente, f
old-age assistance – Altershilfe, f
old-age benefit – Leistung (f) bei Alter, n
old-age exemption <*US*> – Altersfreibetrag, m; Altersentlastung, f
old-age insurance – Altersversicherung, f

old-age part-timer – Altersteilzeitbeschäftigter/in, m/f
old-age pension – Altersrente, f; Altersruhegeld, n; Pension, f
Old Age Pension Act – Altersrentengesetz, n (ARG)
old-age pension fund – Altersversorgungskasse, f
old-age pensioner – Altersrenter/in, m/f; Pensionär/in, m/f
Old-Age Pensioners' Part Time Work Act – Altersteilzeitgesetz, n (AltTZG)
old-age (tax) relief amount – Altersentlastungsbetrag, m
old-age transition benefit – Altersübergangsgeld, n
old-age transitional pay – Altersübergangsgeld, n
omission – schuldhafte Unterlassung, f
omit, v – unterlassen, v; auslassen, v
ommission – Versäumnis, n
omnium policy – Einheitsversicherung, f
on active duty – im aktiven Dienst, m
on an x % commission – mit einer Provision (f) von x %
on business – dienstlich; geschäftlich
on call – abrufbereit; auf Abruf, m
on-call duty – Bereitschaftsdienst, m *<med>*; Rufbereitschaft, f
on-call employment – Abrufarbeitsverhältnis, n
on-call work – Abrufarbeit, f
on commission – auf Provisionsbasis, f
on company time – während der bezahlten Arbeitszeit, f
on-cost *<GB>* – Gemeinkosten (pl)
on file – bei den Akten (pl)
on-going training – Fortbildung, f
on lease – zur Pacht, f
on maturity – Fälligkeit, f
on probation – auf Probe, f
on schedule – termingerecht
on straight time – im Zeitlohn, m
on-the-job training – Ausbildung (f) am Arbeitsplatz, m
on the record – aktenkundig
on the record of the case – nach Aktenlage, f
on vacation – in Ferien (pl)
once-for-all payment – Einmalzahlung, f
once-only commutation – einmalige Kapitalzahlung, f (in der Rentenversicherung, f)
once-only payments (pl) – Einmalbezüge (pl)
one-off payment – Einmalzahlung, f
one-sided – einseitig
one's own fault – Selbstverschulden, n
one's own initiative – Privatinitiative, f
one-time premium – Einmalbeitrag, m; Einmalprämie, f
one-time remuneration – Einmalentgelt, n
ongoing education – Weiterbildung, f
ongoing education of employees (pl) – Arbeitnehmerweiterbildung, f
open – offen; frei zugänglich
open, v – eröffnen, v
open a business, v – eröffnen, v
open account – laufendes Konto, n
open a file, v – Akte (f) anlegen, v
open an account, v – Konto (n) einrichten, v /eröffnen, v
open check/cheque – Barscheck, m
open corporation – Publikumsgesellschaft, f
open-ended agreement – Vereinbarung (f) ohne festgelegte Laufzeit, f
open-minded – aufgeschlossen
open-plan office – Großraumbüro, n

open the proceedings (pl), v – Verfahren (n) eröffnen, v <*jur*>
open shop – nicht gewerkschaftspflichtiger Betrieb, m
opening – Eröffnung, f; Inbetriebnahme, f
opening an account – Kontoeröffnung, f
opening capital – Anfangskapital, n
opening clause – Öffnungsklausel, f
opening hours (pl) of shops (pl) – Ladenöffnungszeiten (pl)
opening of proceedings (pl) – Eröffnung (f) eines Verfahrens
opening sentence – Eingangssatz, m
operate, v – bedienen, v; betreiben, v
operating – betrieblich; in Betrieb befindlich
operating charges (pl) – betriebliche Aufwendungen (pl)
operating costs (pl) – Betriebskosten (pl)
operating crew – Betriebspersonal, n
operating defect – Betriebsstörung, f
operating efficiency – betriebliche Leistungsfähigkeit, f
operating expenses (pl) – Betriebskosten (pl); Betriebsausgaben (pl)
operating experience – Betriebserfahrung, f
operating hour – Arbeitsstunde, f
operating hours (pl) – Betriebszeiten (pl)
operating income – Betriebsgewinn, m
operating instruction – Betriebsanweisung, f; Arbeitsanweisung, f
operating instructions (pl) – Bedienungsanleitung, f
operating loss – Betriebsverlust, m
operating manager – Betriebsleiter/in, m/f
operating principle – Geschäftsgrundsatz, m
operating procedure – Arbeitsverfahren, n
operating profit – Betriebsgewinn, m
operating standards (pl) – Betriebsnormen (pl)
operating statement – Betriebsbilanz, f
operating supplies (pl) – Betriebsstoffe (pl)
operating system – Betriebssystem, n
operating trouble – Betriebsstörung, f; Betriebsausfall, m
operating unit – Betriebsteil, m; Betriebsstätte, f
operating week – Arbeitswoche, f
operation – Arbeitsvorgang, m; Betrieb, m; Verfahren, n; Geltung, f; (Rechts-)Wirksamkeit, f
operation manual – Bedienungsanleitung, f
operations (pl) manager – Betriebsleiter, m
operations (pl) research – betriebliche Verfahrensforschung, f
operations (pl) scheduling – Arbeitsvorbereitung, f
operational – betrieblich; betriebsbedingt; betriebstechnisch; funktionsbedingt
operational accounting – Betriebsabrechnung, f
operational activity – Geschäftstätigkeit, f
operational data (pl) – Betriebsdaten (pl)
operational experience – praktische Erfahrung, f
operational hazard – Betriebsgefahr, f
operational life – Betriebsdauer, f
operational management – Betriebsführung, f

operational method – Arbeitsmethode, f
operational peace – Betriebsfrieden, m
operational procedure – Betriebsablauf, m
operational reason – betrieblicher Grund, m
operational risk – Betriebsgefahr, f; Betriebsrisiko, n
operative – Mechaniker, m; Industriearbeiter, m; betrieblich; wirkend; wirksam
operative date – maßgebender Zeitpunkt, m
operative event – anspruchsbegründender Tatbestand, m
operative part of a judgement – Urteilstenor, m *<jur>*; Urteilsformel, f
operative procedure – Betriebsablauf, m
operative training – Facharbeiterausbildung, f
operator – Telefonist/in, m/f
operator (2) – Arbeiter/in (m/f) an Maschinen; Bedienungsperson, f; Anlagenbetreiber/in, m/f
operator towing and lifting equipment – Flurförderzeugfahrer/in, m/f
opinion – Meinung, f; Meinungsäußerung, f; Stellungnahme, f; Urteilsbegründung, f
opinion of a chief consultant – Obergutachten, n
opinion of the court – Entscheidungsgründe (pl) *<jur>*; Urteilsgründe (pl)
opinion poll – Meinungsbefragung, f
opinion research – Meinungsforschung, f
opinion survey – Meinungsumfrage, f
opponent – Gegenspieler/in, m/f; Gegner/in, m/f
opponent of a strike – Streikgegner/in, m/f
opportunity (1) – Chance, f
opportunity (2) – günstige Gelegenheit, f
oppose, v – einwenden; opponieren
opposing party – Prozessgegner/in, m/f
optimum rating – Höchstwertung, f
option – freie Entscheidung, f; Option, f; Wahlfreiheit, f
option right – Optionsrecht, n
optional – beliebig; fakultativ; wahlfrei; wahlweise
optional compulsory subject of choice – Wahlpflichtfach, n
optional continued insurance – Weiterversicherung, f
optional right – Optionsrecht, n
optional subject – Wahlfach, n
oral – mündlich
oral agreement – mündliche Vereinbarung, f
oral contract – mündlicher Vertrag, m
oral exam(ination) – mündliche Prüfung, f
oral hearing – mündliche Verhandlung, f
oral procedure (1) *<law>* – mündliche Verhandlung, f *<jur>*
oral procedure (2) – Verfahren, n
oral report – mündlicher Bericht, m
oral testimony – Vernehmung, f
order – Anordnung, f; Auftrag, m; Befehl, m; Anweisung,f; Bestellung, f; Erlass, m; Gebot, n; Ordnung, f; gerichtliche Verfügung, f; Rang, m
order, v – anordnen, v; anweisen, v; aufgeben, v; befehlen, v; bestellen, v; verfügen, v *<jur>*
order as to costs (pl) *<law>* – Kostenfestsetzungsbeschluss,m *<jur>*; Kostenentscheidung, f

order for costs (pl) *<law>* – Kostenentscheidung, f *<jur>*
order for payment – Zahlungsanweisung, f
order of arrest – Haftbefehl, m
order of attachment – Pfändungsbeschluss, m
order of business – Tagesordnung, f
order of execution – Vollstrekkungsbescheid, m
order of payment – Zahlungsbefehl, m
order of rank – Rangfolge, f
order of remittance – Überweisungsauftrag, m
order of removal – Verweisungsbeschluss, m
order of the court – Gerichtsbeschluss, m
order of the establishment – Ordnung (f) des Betriebs, m
order of voting – Reihenfolge (f) der Abstimmung, f
order principle – Ordnungsprinzip, n
order situation – Auftragslage, f
order to abstain from alcohol *<med>* – Alkoholverbot, n
order to dismiss a case – Einstellungsbeschluss, m *<jur>*
order to pay – Zahlungsbefehl, m
order to stay away from a house – Hausverbot, n
order to stay proceedings (pl) *<law>* – Einstellungsbeschluss, m *<jur>*
orderly – ordnungsgemäß
Ordinance concerning Disruptive Events (pl) – Störfallverordnung, f
Ordinance concerning Remuneration in Kind – Sachbezugsverordnung, f (SachBezVO)
Ordinance on Hazardous Substances (1) – Arbeitsstoffverordnung, f (ArbStoffVO)
ordinary – ordentlich; gemein
ordinary activities (pl) – normale Geschäftstätigkeit, f
ordinary care – Sorgfalt, f
ordinary civil jurisdiction – Zivilgerichtsbarkeit, f
ordinary court – ordentliches Gericht, n
ordinary debts (pl) – Masseschulden (pl)
ordinary jurisdiction – ordentliche Gerichtsbarkeit, f
ordinary life insurance – Lebensversicherung (f) auf den Todesfall, m
ordinary notice of dismissal – ordentliche Kündigung, f
ordinary share/stock *<GB/US>* – Stammaktie, f
ordinary share capital – Stammkapital, n
organ – Organ, n
organisation/organization *<GB/US>* – Organisation, f
organisation/organization and staff plan – Organisations- und Stellenplan, m
organisation/organization chart – Organisationsplan, m; Organisationsschema, n
organisation/organization development (OD) – Organisationsentwicklung, f (OE)
organisation/organization plan – Stellenplan, m
organisation/organization structure – Organisationsstruktur, f
organisational/organizational – organisatorisch; Organisations...
organisational/organizational chart – Geschäftsverteilungsplan, m; Organigramm, n
organisational/organizational defect – Organisationsmangel, m
organisational/organizational form – Organisationsform, f

organisational/organizational level – Organisationsebene, f
organisational/organizational morale – Organisationsebene, f
organisational/organizational planning – Organisationsplanung, f
organisational/organizational purpose – Unternehmenszweck, m
organisational/organizational sovereignty – Organisationshoheit, f
organisational/organizational structure – Organisationsstruktur, f
organisational/organizational substructure – Unterbau, m
organisational/organizational unit – Organisationseinheit, f
organise/organize, v – organisieren, v; einrichten, v
organising/organizing power – Organisationsgewalt, f
orientation – Orientierung, f
orientation aid – Orientierungshilfe, f
orientation level – Orientierungsstufe, f
orientation period – Orientierungsphase, f
orientation program(me) – Orientierungsprogramm, n
origin – Abstammung, f; Herkunft, f; Ursprung, m
original – Urschrift, f; Original,n; urschriftlich; ursprünglich
original capital contribution – Stammeinlage, f
original income – Anfangsbezüge (pl); Anfangseinkommen, n
original insurance – Direktversicherung, f
original jurisdiction – erstinstanzliche Zuständigkeit, f
orphan – Waise, f
orphan's benefit – Waisengeld, n
orphan's pension – Waisenrente, f
ostensible agency – Scheinvollmacht, f
out-of-line rate – übertariflicher Lohn, m
out-of-pocket expenses (pl) – Barauslagen (pl); Spesen (pl)
outbid, v – überbieten, v
outfit allowance – Einkleidungsgeld, n <*mil*>
outlawed claim – verjährter Anspruch, m
outline of a profession – Berufsbild, n
outline program(me) – Rahmenprogramm, n
outpatient treatment – ambulante ärztliche Behandlung, f
outpayment – Zahlungsausgang, m
output – Ausbeute, f; Ausstoß, m; Leistung, f
output curve – Leistungskurve, f
output per shift – Schichtleistung, f
output valuation – Leistungsermittlung, f
outrank s.o., v – im Rang höher stehen als, v
outside (1) – außerhalb, außerberuflich
outside (2) – Außenwelt, f
outside capital – Fremdkapital, n
outside company – Fremdfirma, f
outside help – fremde Hilfe, f
outside work – Arbeit (f) außerhalb des Betriebs, m
outsider – Außenseiter, m
outsourcing – Auslagerung (f) von Kapazitäten (pl) oder einzelner Aufgabenbereiche (pl) an externe Dienstleister (pl)
outstanding (1) – hervorragend; überragend; vorzüglich
outstanding (2) – außenstehend
outstanding balance – Außenstände (pl); offener Betrag, m

outstanding claim – nicht erfüllter Anspruch, m; ausstehende Forderung, f
outstanding debt – Forderung, f; Schuld, f
outwork – Heimarbeit, f
outworker – Heimarbeiter/in, m/f
over-employment – Überbeschäftigung, f
over-indebtedness – Überschuldung, f
over-manning – personelle Überbesetzung, f
overall (1) – gesamt; allumfassend
overall (2) – Arbeitsanzug, m; Monteurkleidung, f
overall achievement – Gesamtleistung, f
overall appraisal – Gesamtbeurteilung, f
overall compensation – Pauschalabfindung, f; Gesamtvergütung, f
overall contract – Gesamtvertrag, m
overall efficiency – Gesamtleistung, f
overall employment (1) – Gesamtbeschäftigung, f
overall employment (2) – Gesamtheit (f) der Beschäftigten (pl)
overall mark <*GB*> – Gesamtnote, f
overall providing – Gesamtversorgung, f
overall providing system – Gesamtversorgungssystem, n
overall representation – Gesamtvertretung, f
overall responsibility – Gesamtverantwortung, f
overall result – Gesamtergebnis, n
overall view – Gesamtbetrachtung, f
overall wage scale – Lohnrahmenabkommen, n; Lohnrahmentarif, m
overassess, v – überschätzen, v
overburden, v – überlasten, v
overcharge (1) – Überforderung, f; Überbelastung, f
overcharge (2) – Überzahlung, f; Mehrbetrag, m
overcharge, v – jmd überfordern, v
overcrowded area – Ballungsgebiet
overdraft *(of an account)* – Kontoüberziehung, f
overdraft facility – Überziehungskredit, m
overdraw an account, v – Konto (n) überziehen, v
overdue – überfällig
overdue interest – Verzugszinsen (pl)
overexertion – Überanstrengung, f
overhead – allgemein; Gesamt . . .
overhaul, v – überholen, v; reparieren, v
overhead costs (pl) – Gemeinkosten (pl); Sozialgemeinkosten (pl)
overhead expenses (pl) – Gemeinkosten (pl)
overhead rate – Gemeinkostenanteil, m
overheads (pl) – Gemeinkosten (pl)
overload – Mehrbelastung, f; Überbelastung, f; Überlastung, f; Überbeanspruchung, f
overman <*US*> – Vorarbeiter, m; Aufseher, m
overnight expenses (pl) – Übernachtungskosten (pl)
overnight stay – Übernachtung, f
overpaid – überbezahlt
overprovision – Überversorgung, f
overqualified – überqualifiziert
overreaction – Überreaktion, f
overseer – Aufseher/in, m/f; Schichtmeister/in, m/f; Inspektor/in, m/f
overstaffed – personell überbesetzt
overstrain – Überlastung, f
overstrain oneself, v – sich überarbeiten, v

overstress – Überbeanspruchung, f
oversupply – Überangebot, n
overtake, v – überholen, v; jmd passieren, v
overtime – Mehrarbeit, f; Überstunden (pl)
overtime arrangement – Überstundenregelung, f
overtime ban – Mehrarbeitsstopp, m; Überstundenverbot, n
overtime bonus – Mehrarbeitszuschlag, m
overtime card – Überstundenpass, m
overtime compensation through time off – Freizeitausgleich, m
overtime hour – Überstunde, f; Mehrarbeitsstunde, f
overtime pay(ment) – Mehrarbeitsvergütung, f; Überstundenbezahlung, f
overtime permit – Überstundenpass, m
overtime premium – Überstundenzuschlag, m; Mehrarbeitszuschlag, m
overtime remuneration – Überstundenvergütung, f
overtime work – Mehrarbeit, f; Mehrarbeitsleistung, f
overview – Überblick, m
overwork – Arbeitsüberlastung, f; Überarbeitung, f
overwork, v – sich überarbeiten, v
owe s.o. sth, v – jmd etwas schulden, v; jmd etwas schuldig sein, v
own – eigen
own contribution – Eigenleistung, f; Selbstbeteiligung, f; Eigenbeitrag, m
own share – Eigenanteil, m
own vehicle insurance – Kaskoversicherung, f
owned capital – Eigenkapital, n
owner – Inhaber/in, m/f; Eigentümer/in, m/f; Besitzer/in, m/f; Halter/in, m/f
owner-occupied house – Eigenheim, n
owner-operated enterprise – Eigenbetrieb, m
owner of the firm – Firmeninhaber/in, m/f
owner's land charge – Eigentümergrundschuld, f
owner's mortgage – Eigentümerhypothek, f
ownership – Eigentumsrecht, n; Besitz, m
oyer – gerichtliche Untersuchung, f

P

pace – Tempo, n
package – Paket, n; Packung, f
package claim – Gesamtforderung, f; Paketforderung, f
package deal – Junktim, n; Kollektivvertrag mit weitem Inhalt,m (Engelt, n; Arbeitsbedingungen, pl; Urlaub, m; Pensionen, pl; etc.)
package of fringe benefits (pl) – Sozialleistungspaket, n
paid – bezahlt; vergütet
paid absence – bezahlte Abwesenheit, f
paid holiday (1) – bezahlter Feiertag, m
paid holiday (2) *<GB>* – bezahlter Urlaub, m
paid holidays *<GB>* – bezahlter Urlaub, m
paid labo(u)r – Lohnarbeit, f
paid labo(u)rer – Lohnarbeiter/in, m/f

paid leave – bezahlte Abwesenheit, f; bezahlter Urlaub, m
paid release from work – bezahlte Freistellung, f
paid vacation – bezahlte Abwesenheit, f; bezahlter Urlaub, m
paid wage – ausbezahlter Lohn, m
paid work – bezahlte Arbeit, f
palm-oil *<infml>* – Schmiergeld, n
pamphlet – Schrift, f; Schriftstück, n; Flugblatt, n
panel (1) – Podium, n
panel (2) – Gremium, n; Jury, f
panel discussion – Podiumsdiskussion, f; Podiumsgespräch, n
panel doctor – Kassenarzt/-ärztin, m/f
panel member – Diskussionsteilnehmer/in, m/f
paper– Schriftstück, n; Unterlage, f; Dokument
paragraph – Absatz (m) im Text, m; Textabschnitt, m
paramedic *<US>* – Sanitäter, m
parameters (pl) – Einflussgrößen (pl)
pardon – Begnadigung, f
pare the workforce, v – Belegschaft (f) reduzieren, v
parentage – Abstammung, f
parent – Elternteil, m; Vorfahr/in, m/f
parent company – Muttergesellschaft, f; Stammhaus, n
parent counsel(l)ing – Elternberatung, f
parent establishment – Stammbetrieb, m
parental – elterlich; Eltern . . .
parental authority – elterliche Gewalt, f *<jur>*
parental care and custody – elterliche Sorge, f
parental contribution – Elternbeitrag, m
parental leave – Elternzeit, f; Elternurlaub, m; Erziehungsurlaub, m
parental power – elterliche Gewalt, f
parents (pl) – Eltern (pl)
parents' council – Elternbeirat, m
parents' night – Elternabend, m
parish register – Kirchenbuch, n
parity – Parität, f; Gleichheit, f
parity co-determination – paritätische Mitbestimmung, f
parity of votes (pl) – Stimmengleichheit, f
parity of wages (pl) – Lohnparität, f
parking – Parken; Parkfläche *<US>*
parking area – Parkfläche, f; Parkplatz, m
parking fees (pl) – Parkgebühren (pl)
parking lot *<US>* – Parkplatz, m
parking site regulation *<GB>* – Parkplatzordnung, f
parliamentary – parlamentarisch
parliamentary commissioner for the armed forces (pl) – Wehrbeauftragter, m
parliamentary committee on public petitions (pl) – Petitionsausschuss, m
parol *<law>* – mündliche Erklärung, f
parol contract – formloser Vertrag, m
parol evidence – Zeugenbeweis, m
parol officer *<US>* – Bewährungshelfer/in, m/f
part – Anteil, m; Teil, m; Bestandteil, m; Abschnitt, m
part-judgement – Teilurteil, n
part payment – Teilzahlung, f
part performance – Teilleistung, f
parts, pl (1) – Teile (pl); Bestandteile (pl)
parts, pl (2) – geistige Fähigkeiten (pl); Talent, n
part-time – nicht vollzeitlich beschäftigt; halbtags; Teilzeit . . .

Part-Time and Fixed-Term Act – Teilzeit- und Befristungsgesetz, n (TzBfG)
part-time employee – Teilzeitkraft, f
part-time employment – Teilzeitbeschäftigung, f; Teilzeitarbeit, f
part-time employment for old age pensioners (pl) – Altersteilzeit, f
part-time employment relationship – Teilzeitarbeitsverhältnis, n
part-time job – Teilzeitarbeitsplatz, m; Teilzeitstelle, f
part-time schooling – Teilzeitunterricht, m
part-time staff – Teilzeitbeschäftigte (pl)
part-time training – Teilzeitausbildung, f
part-time vocational education – Teilzeitausbildung, f
part-time vocational school – Berufsschule, f
part-time work – Teilzeitarbeit, f
part-time work entitlement – Teilzeitanspruch, m
part-time worker – Teilzeitarbeitnehmer/in, m/f; Teilzeitbeschäftigte/r, f/m; Teilzeitkraft, f
part-time working for people approaching retirement – Altersteilzeit, f
part-time working model – Teilzeitmodell, n
part-timer – Teilzeitkraft, f; Teilzeitarbeitnehmer/in, m/f
partial – teilweise
partial amount – Teilbetrag, m
partial deduction – Teilanrechnung, f
partial holiday entitlement – Teilurlaubsanspruch, m
partial incapability to work – Teilarbeitsunfähigkeit, f
partial interest – Teilinteresse, n
partial invalidity – Teilinvalidität, f
partial judgement – Teilurteil, n
partial nullity – Teilnichtigkeit, f
partial payment – Abschlagszahlung, f; Teilzahlung, f
partial performance – Teilleistung, f
partial responsibility – Mitschuld, f
partial shutdown – Teilstilllegung, f
partial suspension – Teilsuspendierung, f
partial termination – Teilkündigung, f
partial voidability – Teilnichtigkeit, f
participant – Teilnehmer/in, m/f; Beteiligte/r, f/m
participant in a course – Kursteilnehmer/in, m/f
participate, v – mitwirken, v; sich beteiligen, v; teilnehmen an, v
participate in the management, v – im Betrieb (m) mitbestimmen, v
participation– Beteiligung, f; Mitwirkung, f; Teilnahme, f
participation in losses (pl) – Verlustbeteiligung, f
participation right – Beteiligungsrecht, n; Mitwirkungsrecht, n
participation in sales (pl) – Umsatzbeteiligung, f
participation in the turnover – Umsatzbeteiligung, f
participation in the work – Mitarbeit, f
participation of employees (pl) in capital accumulation – Vermögensbildung (f) in Arbeitnehmerhand, f
particular address for service – besonderer Gerichtsstand, m
particulars (pl) – Einzelangaben (pl); Personalien (pl); (Personal)angaben (pl); nähere Umstände (pl); Einzelheiten (pl)
parties (pl) in dispute – streitende Parteien (pl)

partner – (Geschäfts)teilhaber/in, m/f; Gesellschafter/in, m/f; Partner/in, m/f; Sozius, m
partner institution – Partnerorganisation, f
partner to collective bargaining – Tarifpartner/in, m/f
partner to the employment contract – Arbeitsvertragspartner/in, m/f
partner with unlimited liability – persönlich haftende/r Gesellschafter/in, m/f
partnership (1) – Partnerschaft, f; Teilhaberschaft, f
partnership (2) – Personalgesellschaft, f; Personengesellschaft, f
partnership agreement – Gesellschaftsvertrag, m
partnership for life – Lebensgemeinschaft, f
partnership of employers (pl) and employees (pl) – Sozialpartnerschaft, f
party (1) – Beteiligte/r, f/m; Partei, f; Vertragspartner/in, m/f
party (2) – politische Partei, f
party (3) *(to the case)* – Partei (f) in einem Rechtsstreit (m)
party affiliation – Parteizugehörigkeit, f
party-political activity – parteipolitische Betätigung, f
party to a case – Partei in einem Rechtsstreit, m
party to a collective agreement – Tarifvertragspartei, f
party to a contract – Vertragspartei, f
party to a lawsuit – Prozesspartei, f
party to the employment contract – Arbeitsvertragspartei, f
party to the proceedings (pl) – Verfahrensbeteiligte/r, f/m
pass (1) – bestandenes Examen, n
pass (2) – Prüfungsnote, f
pass (3) <*GB*> – unterster akademischer Grad, m
pass degree – Universitätsabschluss (n) ohne Auszeichnung, f
pass examination <*GB*> – unterstes universitäres Abschlussexamen, n
pass with distinction – Universitätsabschluss (m) mit Auszeichnung, f
pass, v (1) – vorbeigehen, v; übergehen, v; vorübergehen, v
pass, v (2) – (Gesetz, n) erlassen, v
pass a resolution, v – Beschluss (m) fassen, v
pass an exam(ination), v – eine Prüfung (f) bestehen, v
pass over, v – überleiten, v
passage – Überfahrt, f; Passage, f; Verlauf, m
passenger – Mitfahrer/in, m/f
passenger transportation – Personenbeförderung, f
passing (1) – vorübergehend; durchgehend
passing (2) – Erlass (m) eines Gesetzes (n) oder Urteils, n
passing grade <*US*> – Note (f) “befriedigend”
passing of risk – Gefahrübergang, m <*jur*>
passing of title – Eigentumsübertragung, f <*jur*>
passive – passiv
passive military service resister – Wehrdienstverweigerer, m
passive smoking – Passivrauchen, n
passport – Pass, m
patent (1) – offenkundig
patent (2) – Patent, n
Patent Act – Patentgesetz, n
patent agent – Patentanwalt/-anwältin, m/f
patent attorney <*US*> – Patentanwalt/-anwältin, m/f

patent defect – offenkundiger Mangel, m
patent department – Patentabteilung, f
patent law – Patentrecht, n
Patent Office – Patentamt, n
patent right – Urheberrecht, n
patent specification – Patentschrift, f
paternity – Vaterschaft, f
paternity leave – Vaterschaftsurlaub, m; Erziehungsurlaub, m
patience – Geduld, f
patient – Patient/in, m/f
patient care – Krankenpflege, f
patient care personnel – Krankenpflegepersonal, n
patronize, v – protegieren, v
pattern – Modell, n; Muster, n; Vorlage, f;
pattern bargaining – Pilotabschluss, m
pattern maker – Modelltischler/in, m/f
pattern-setting agreement – Mustervereinbarung, f
pause – Pause, f; Unterbrechung, f
pawn – Pfand, n
pawn, v – verpfänden, v; versetzen, v
pawnee – Pfandgläubiger/in, m/f
pawn money – Pfandgebühr, f
pawnshop – Pfandhaus, n; Leihhaus, n
pay – Arbeitsvergütung, f; Bezahlung, f; Entgelt, n; Entlohnung, f; Arbeitsentgelt, n; Bezüge (pl); Besoldung, f
pay, v – zahlen, v; bezahlen, v; vergüten, v; entlohnen, v; vergüten, v
pay agreement – Entgeltabkommen, n; Entgelttarifvertrag, m; Lohnabkommen, n; Kollektivabkommen, n; Lohnvereinbarung, f
pay alimony, v – Unterhalt (m) an den Ehepartner gewähren, v
pay as you earn (PAYE) *<GB>* – Lohnsteuerabzug, m
pay-as-you-earn system *<GB>* – Quellenabzugsverfahren, n
pay-as-you-go system – Umlageverfahren (n) bei Versicherungen (pl)
pay away, v – auszahlen, v
pay back, v – zurückbezahlen, v; tilgen, v
pay bill – Lohnliste, f; Gehaltsliste, f
pay by instal(l)ments (pl), v – in Raten (pl) (ab)zahlen, v
pay by the hour, v – stundenweise bezahlen, v
pay check *<US>* – Lohnscheck, m; Gehaltsscheck, m
pay code *<GB>* – Lohnsteuertabelle, f
pay cut – Entgeltkürzung, f; Entgeltminderung, f; Lohnsenkung, f
pay damages (pl), v – Schadensersatz (m) leisten, v
pay differential – Lohngefälle, n
pay dispute – Lohnauseinandersetzung, f
pay down, v – bar bezahlen, v
pay element – Entgeltbestandteil, m
pay envelope – Lohntüte, f
pay fixing – Lohnfestsetzung, f
pay for, v – zahlen, v (für)
Pay for Public Holidays Act (Act respecting the payment of wages for public holidays) – Feiertagslohnzahlungsgesetz, n (FLG)
pay for sailors (pl) – Heuer, f
pay in, v – einzahlen, v
pay in advance, v – im Voraus zahlen, v
pay in lieu of, v – abgelten, v
pay in lieu of notice – Abgeltung (f) der Kündigungsfrist, f
pay increase – Lohnerhöhung, f; Lohnsteigerung, f
pay increment – Lohnzuwachs, m
pay level – Lohnniveau, n

pay loss – Lohnausfall, m
pay negotiations (pl) – Lohnverhandlungen (pl); Lohnrunde, f
pay off, v (1) – (ein Darlehen, n) abzahlen, v; (eine Schuld, f) tilgen, v
pay off, v (2) – einen Geschäftspartner auszahlen, v; abfinden, v
pay-off period – Tilgungsfrist, f; Tilgungszeitraum, m
pay office – Lohnbüro, n; Lohnabrechnungsstelle, f
pay out, v – ausbezahlen, v; auszahlen, v
pay over, v – abführen, v (Geld/ Steuern)
pay packet <*GB*> – Lohntüte, f
pay pause – Lohnpause, f
pay per shift – Schichtlohn, m
pay period – Lohnauszahlungszeitraum, m
pay protection – Entgeltsicherung, f
pay raise <*US*> – Lohnerhöhung, f
pay rate – Lohnrate, f
pay rise – Lohnerhöhung, f
pay round – Lohnrunde, f
pay scale – Lohnskala, f; Tarif, m
pay scale area – Tarifgebiet, n
pay scale classification – tarifliche Einstufung, f
pay scale employee – Tarifangestellte/r, f/m
pay scale group – Tarifgruppe, f
pay scale level – Tarifstufe, f
pay schedule – Entgelttabelle, f; Lohntabelle, f
pay settlement – Lohn- und Gehaltsabschluss, m (Tarif, m)
pay sheet – Lohnliste, f; Gehaltsliste, f
pay slip – Entgeltabrechnungsbogen, m; Gehaltszettel, m; Lohnzettel, m; Lohnstreifen, m; Lohnabrechnungsblatt, n
pay s.o. compensation, v – jmd abfinden, v
pay statement – Entgeltbescheinigung, f
pay structure – Entgeltstruktur, f; Lohngefüge, n
pay survey – Lohn- und Gehaltsvergleich, m
pay system – Entgeltsystem, n
pay taxes (pl) on, v – versteuern, v
pay the penalty for, v – verbüßen, v
pay up, v – abzahlen, v
pay wage, v – Lohn (m) auszahlen, v
payability – Fälligkeit, f
payable – zahlbar; fällig
payable check/cheque – Barscheck, m
payable in foreign currency – zahlbar in ausländischer Währung, f
payday <*GB*> – Lohntag, m; Zahltag, m
payee – Zahlungsempfänger/in, m/f
PAYE-tax <*GB*> – Lohnsteuer, f
paying off – Tilgung (f) einer Schuld, f
paying office – Zahlstelle, f
paymaster – Zahlmeister, m
payment – Einzahlung, f; Zahlung, f; Bezahlung, f; Entgelt, n; Vergütung, f; Entlohnung, f
payment amount – Zahlungsbetrag, m
payment arrangement – Zahlungsvereinbarung, f
payment authorisation/ authorization – Zahlungsauftrag, m
payment balance – Entgeltausgleich, m
payment by instal(l)ment – Abschlagszahlung, f
payment by instal(l)ments (pl) – Ratenzahlung, f
payment by results (pl) – Ergebnislohn, m; Leistungsentlohnung, f
payment by transfer – bargeldlose Zahlung, f

payment claim – Entgeltanspruch, m; Zahlungsanspruch, m; Zahlungsantrag, m; Antrag (m) auf Zahlung, f

payment component – Entgeltkomponente, f

payment deadline – Zahlungstermin, m; Fälligkeitstermin (m) einer Zahlung, f

payment determination – Entgeltfestsetzung, f

payment during leave – Urlaubsentgelt, n

payment during sickness – Lohnzahlung (f) im Krankheitsfall, m

payment in advance – Vorschuss, m; Vorauszahlung, f

payment in cash – Barzahlung, f

payment in kind – geldwerte Leistung, f; Naturallohn, m; Sachleistung, f; Deputat, n

payment in lieu of – Abgeltung, f

payment in part – Teilzahlung, f; Ratenzahlung, f

payment in respect of wage debts (pl) *(in the event of bankruptcy)* – Konkursausfallgeld, n

payment of allowances (pl) – Zulagenzahlung, f

payment of contributions (pl) – Beitragsentrichtung, f; Beitragszahlung, f

payment of damages (pl) – Schadensersatzleistung, f

payment of overtime – Vergütung (f) von Überstunden (pl)

payment of remuneration – Entgeltzahlung, f

payment of wage tax arrears (pl) – Lohnsteuernachzahlung, f

payment of wages (pl) – Lohn(aus)zahlung, f; Löhnung, f

payment on account – Akontozahlung, f; Lohnabschlag, m; Vorschusszahlung, f; Anzahlung, f

payment order – Zahlungsauftrag, m; Zahlungsanweisung, f

payment over and above standard salary – außertarifliche Zahlung, f

payment period – Auszahlungsperiode, f; Zahlungszeitraum, m

payment sheet <*US*> – Lohnliste, f

payment under proviso – Zahlung (f) unter Vorbehalt, m

payments (pl) in respect of retirement pensions (pl) – Pensionslasten (pl)

payment(s) system – Entlohnungsmethode, f

payoff – Abfindungszahlung, f

payola <*sl*> – Schmiergeld, n

payout – Auszahlung, f

payroll – Entgeltabrechnung, f; Lohn- und Gehaltsliste, f; Summe (f) der Löhne und Gehälter (pl)

payroll account <*US*> – Lohnkonto, n; Gehaltskonto, n

payroll accounting – Lohn- und Gehaltsabrechnung, f; Lohn(ab)rechnung, f; Personalabrechnung, f; Entgeltabrechnung, f; Lohnbuchhaltung, f

payroll accounting period – Lohnabrechnungszeitraum, m

payroll administration – Entgeltverwaltung, f

payroll bookkeeping – Lohnbuchhaltung, f; Lohnrechnung, f

payroll calculation – Entgeltabrechnung, f (als Vorgang, m)

payroll clerk – Abrechner/in, m/f; Lohnbuchhalter/in, m/f

payroll deduction – Lohnabzug, m; Gehaltsabzug, m

payroll department – Entgeltabrechnungsstelle, f; Lohnabrechnung, f (Abteilung, f); Lohnbüro, n
payroll disbursement *<US>* – Lohnauszahlung, f; Gehaltsauszahlung, f
payroll distribution – Lohnverteilung, f
payroll employment – unselbstständige Tätigkeit, f
payroll fringe costs (pl) – Lohnnebenkosten (pl)
payroll month – Abrechnungsmonat, m
payroll office – Lohnbüro, n; Entgeltabrechnungsstelle, f
payroll package – Entgeltabrechnungsprogramm, n
payroll period – Entgeltabrechnungszeitraum, f; Lohnzahlungszeitraum, m
payroll records (pl) *<US>* – Lohnunterlagen (pl)
payroll sheet – Lohn- und Gehaltsliste, f
payroll system – Gehaltsabrechnungssystem, n; Entgeltabrechnung, f
payroll tax *<US>* – Lohnsummensteuer, f
payroll taxes (pl) – entgeldbezogene Steuern und Abgaben (pl)
payroll total – Lohnsumme, f
payroll type – Abrechnungsart, f
payroll voucher *<US>* – Lohnzettel, m
payroll work – Abrechnungsvorgang, m
peace – Friede(n), m
peace under the law – Rechtsfrieden, m
peak – Höhepunkt, m; Spitze, f; Gipfel, m
peak demand – Spitzenbedarf, m
peak load – Spitzenbelastung, f
peak performance – Spitzenleistung, f
peak prosperity – Hochkonjunktur, f
peak season – Hochsaison, f
pecking order – Hackordnung, f
peculate, v – Geld (n) unterschlagen, v; veruntreuen, v
peculation – Veruntreuung, f; Unterschlagung, f
pecuniary – geldlich, Geld . . .
pecuniary aid – finanzielle Unterstützung, f; Zuschuss, m
pecuniary circumstances (pl) – Vermögensverhältnisse (pl)
pecuniary claim – Geldforderung, f
pecuniary compensation – Geldentschädigung, f
pecuniary damage – Vermögensschaden, m
pecuniary debt – Geldschuld, f
pecuniary difficulty – Zahlungsschwierigkeit, f
pecuniary penalty – Geldbuße, f; Geldstrafe, f
pedage – Wegegeld, n
pegged wages (pl) – Indexlohn, m
penal – strafbar; sträflich; Straf . . .
penal act – strafbare Handlung, f
penal clause – Strafbestimmung, f
Penal Code – Strafgesetzbuch, n
penal complaint – Strafanzeige, f
penal institution – Strafvollzugsanstalt, f
penal judgement – Strafurteil, n
penal law – Strafrecht, n
penal proceedings (pl) – Strafverfahren, n
penal provision – Strafvorschrift, f
penal sum – Geldbuße, f; Buße, f; Vertragsstrafe, f
penalties (pl)– Strafbestimmungen (pl)
penalty – (gesetzliche) Strafe, f; Ahndung, f; Bußgeld, n; Strafzins, m; Zwangsmaßnahme, f

penalty clause – Strafklausel, f
penalty for breach of contract – Vertragsstrafe, f
penalty for default – Verzugskosten (pl)
penalty for nonfulfil(l)ment of a contract – Konventionalstrafe, f
penalty notice – Bußgeldbescheid, m
penalty rate <*US*> – Zulage, f (für Überstunden etc.)
pendency – Abhängigkeit, f
pendency of action – Rechtshängigkeit, f
pending <*law*> – schwebend; anhängig
pending action – anhängige Rechtsstreitigkeit, f
pending at law – rechtshängig
pending case – anhängige Rechtssache, f
pending legal invalidity <*law*> – schwebende Unwirksamkeit, f
pending litigation – anhängiger Rechtsstreit, m
penitentiary <*US*> – Strafanstalt, f
penny fee <*GB*> – Hungerlohn, m
pension – Pension, f; Rente, f; Ruhegeld
pension accrual – Pensions-/Rentenanwartschaft, f
pension adjustment – Pensionsanpassung, f; Rentenanpassung, f
Pension Adjustment Act – Rentenanpassungsgesetz, n
pension advisory department – Rentenberatungsstelle, f
pension applicant – Rentenantragssteller/in, m/f
pension application – Rentenantrag, m
pension balance – Versorgungsausgleich, m
pension claim – Rentenanspruch, m; Pensionsanspruch, m
pension claimant – Rentenantragssteller/in, m/f
pension commitment – Pensionszusage, f; Direktzusage, f
pension computation – Pensionsberechnung, f; Rentenberechnung, f
pension computation base – Rentenbemessungsgrundlage, f
pension contract – Pensionsvertrag, m
pension contribution – Rentenbeitrag, m; Versorgungsbeitrag, m
pension entitlement – Pensionsanspruch, m; Rentenanspruch, m
pension expectancy – Rentenanwartschaft, f; Pensionsanwartschaft, f; Ruhegehaltsanwartschaft, f; Ruhegeldanwartschaft, f
pension for occupational invalidity – Berufsunfähigkeitsrente, f
pension for surviving dependants/dependents (pl) – Hinterbliebenenrente, f
pension fund (1) – Pensionsfonds, m
pension fund (2) – Pensionskasse, f
pension increase – Rentenerhöhung, f; Pensionserhöhung, f
pension increment – Rentensteigerungsbetrag, m; Pensionssteigerung, f
pension insurance contribution – Rentenversicherungsbeitrag, m
pension insurance fund – Rentenversicherung, f
pension insurance number – Rentenversicherungsnummer, f
pension level – Rentenniveau, n
pension liability – Ruhegeldverpflichtung, f
pension notice – Rentenbescheid, m
pension office – Versorgungsamt, n
pension part – Rentenanteil, m

pension-paying institution – Versorgungseinrichtung, f
pension payment – Pensionsleistung, f; Pensionszahlung, f; Rentenzahlung, f; Versorgungsleistung, f
pension reduction – Rentenkürzung, f
Pension Reform Act (Act concerning the Reform of Old-Age Pensions) – Rentenreformgesetz, n
pension reserve – Pensionsrückstellung, f
pension rights (pl) for marital partners (pl) – Ehegattenversorgungsanspruch, m
pension rules (pl) – Versorgungsrichtlinien (pl)
pension s.o., v – jmd pensionieren, v
pension scale – Pensionsstaffel, f; Rentenstaffel, f
pension scheme – Pensionsordnung, f; Versorgungsordnung, f; Versorgungswerk, n
pension scheme provider – Rentenversicherungsträger, m
pension structure reform – Rentenstrukturreform, f
pension-paying institution – Versorgungseinrichtung, f; Versorgungsträger, m
pensionable – ruhegeldfähig
pensionable age – pensionsfähiges Alter, n; Pensionsalter, n
pensionable emoluments (pl) – Pensionsbezüge (pl)
pensionable income – ruhegeldfähiges Einkommen, n
pensionable period – ruhegehaltsfähige Dienstzeit, f
pensionable years (pl) of service – ruhegeldfähige Dienstjahre (pl)
pensioner – Pensionär/in, m/f; Pensionsempfänger/in, m/f; Rentenempfänger/in, m/f; Rentner/in, m/f; Ruhegehaltsempfänger/in, m/f
pensioner health insurance – Krankenversicherung (f) der Rentner (pl) (KVDR)
pensioner nursing insurance – Pflegeversicherung (f) der Rentner (pl) (PVDR)
pensions (pl) – Versorgungsbezüge (pl)
people (pl) – Menschen (pl)
people group key – Personengruppenschlüssel, m
people wishing to enter the labo(u)r market – Erwerbssuchende (pl)
per diem allowance (1) – Diäten (pl); Tagegeld, n
per diem allowance (2) – Reisespesentagessatz, m
per diem indemnification for sickness – Krankentagegeld, n
per diem indemnification insurance – Krankentagegeldversicherung, f
per diem rate – Tagessatz, m
per head – pro Kopf
per-capita income – Pro-Kopf-Einkommen, n
percentage of errors (pl) – Fehlerquote, f
perception – Wahrnehmung, f
perceptive faculty – Auffassungsgabe, f
peremptory – anspruchsvernichtend *<jur>*
peremptory plea – peremptorische Einrede, f *<jur>*
peremptory term *<US>* – Notfrist, f *<jur>*
perfidious – heimtückisch
perform a task, v – Aufgabe (f) erfüllen, v

perform functions (pl), v – Aufgaben (pl) wahrnehmen, v
perform, v – Arbeit (f) leisten, v; ausführen, v; verrichten, v
performance – Arbeit, f; Leistung, f; Verrichtung, f
performance of a contract – Erfüllung (f) eines Vertrages (m)
performance allocation – Leistungsbestimmung, f
performance allowance according to collective agreement – tarifliche Leistungszulage, f
performance appraisal – Leistungsbeurteilung, f
performance aspect – Leistungsgesichtspunkt, m
performance assessment – Leistungsbewertung, f
performance characteristics (pl) – Leistungsmerkmale (pl)
performance chart – Leistungsdiagramm, n
performance control – Leistungskontrolle, f
performance efficiency – Zeitgrad, m
performance expense report – Leistungsabrechnung, f
performance factor – Leistungsfaktor, m
performance guarantee – Leistungsgarantie, f
performance incentive – Leistungsanreiz, m; Leistungsansporn, m
performance monitoring – Leistungsüberwachung, f
performance pay – Leistungsentlohnung, f
performance potential – Leistungspotenzial, n
performance principle – Leistungsprinzip, n
performance rating – nach Leistungsfähigkeit (f) Einstufung, f
performance rating – Leistungsgradschätzung, f
performance standard – Leistungsvorgabe, f
performance system – Leistungssystem, n
performance target – Leistungsziel, n
performance test – Leistungsprüfung, f
performance under stress – Belastbarkeit, f
performance-related – leistungsabhängig; leistungsbezogen
performance-related compensation – leistungsbezogene Vergütung, f
performance-related pay – leistungsabhängiges Entgelt, n
period (of time) – Zeitabschnitt, m; Zeitdauer, f; Zeitraum, m; Zeit, f; Frist, f
period for answer (period of time granted to s.o. to explain something to a commission etc.) – Erklärungsfrist, f
period for application – Anmeldefrist, f
period for filing a suit – Klagefrist, f
period for giving grounds (pl) – Begründungsfrist, f
period for making a complaint – Beschwerdefrist, f
period for objection – Einspruchsfrist, f
period of calculation – Berechnungszeitraum, m
period of competitive restriction – Karenzzeit (f) im Wettbewerb, m
period of convalescence – Schonzeit (f) nach einer Krankheit, f

period of employment – Beschäftigungszeit, f
period of grace – Stundungsfrist, f
period of limitation – Verjährungsfrist, f
period of service – Dienstzeit, f
period of time – Zeitspanne, f
period of time within which a student should complete his studies (pl) – Regelstudienzeit, f
period-restraining – fristhemmend
periodical – Zeitschrift, f
perjure oneself, v – Meineid (m) leisten, v
perjury – Meineid, m
perks (pl) *<GB,infml>* – Sachbezüge (*pl*)
permanency – Unkündbarkeit(f) einer Stellung, f
permanent – dauerhaft
permanent assignment – feste Anstellung, f
permanent civil service – Berufsbeamtentum, n
permanent debt relationship – Dauerschuldverhältnis, n
permanent disability – dauernde Arbeitsunfähigkeit, f; Dauerinvalidität, f
permanent employee – Festangestellte/r, f/m
permanent employment – Festanstellung, f
permanent employment contract – Arbeitsvertrag, m; Dauerarbeitsvertrag, m
permanent employment relationship – Dauerarbeitsverhältnis, n
permanent establishment – Betriebsstätte, f
permanent occupation – Dauerbeschäftigung, f
permanent position – feste Stellung, f; unkündbare Stellung, f
permanent post – Dauerarbeitsplatz, m; Dauerstellung, f
permanent replacement *<US>* – dauerhafte Fremdvergabe (f) von Arbeiten (pl)
permanent residence – ständiger Wohnsitz, m
permanent staff – Stammpersonal, n
permanent task – Daueraufgabe, f
permanent tenure – ungekündigte Stellung, f
permanently disabled – erwerbsunfähig
permission – Erlaubnis, f; Genehmigung, f
permission to enter – Einreiseerlaubnis, f
permission to give evidence – Aussagegenehmigung, f
permit – Passierschein, m
permit of residence – Aufenthaltserlaubnis, f; Zuzugsgenehmigung, f
permit, v – erlauben, v; gestatten, v
perpetrator – Täter/in, m/f
perpetuity – lebenslängliche Rente, f
persistency – Beharrlichkeit, f
persistent – anhaltend; ausdauernd; beharrlich; hartnäckig
persistent refusal to work – beharrliche Arbeitsverweigerung, f
person – Person, f
person authorised/authorized to receive service – Zustellungsbevollmächtigte/r, f/m
person charged – Angeschuldigte/r, f/m
person entitled – Berechtigte/r, f/m
person entitled to a pension – Pensionsberechtigte/r, f/m
person group – Personengruppe, f
person holding power of procuration – Prokurist/in, m/f
person in a higher income bracket – Besserverdienende/r, f/m

person in charge – verantwortliche Person, f
person in charge of – Bearbeiter/in, m/f
person in quasi-employment (person who is not an employee but is treated in law as similar to an employee) – arbeitnehmerähnlich
person liable for payment of taxes (pl) – Steuerschuldner/in, m/f
person liable to military service – Wehrdienstpflichtiger, m
person liable to taxation – Steuerpflichtige/r, f/m
person placed in the same footing as severely handicapped persons (pl) – Gleichgestellte/r, f/m
person who does his military service – Wehrdienstleistender, m
personal – individuell; persönlich; personengebunden
personal account – Privatkonto, n
personal aptitude – persönliche Eignung, f
personal attendance required – persönliche Vorstellung (f) erwünscht
personal characteristics (pl) – persönliche Eigenschaft, f
personal circumstances (pl) – persönliche Verhältnisse (pl)
personal data – Angaben (pl) zur Person; Personalangaben (pl); personenbezogene Daten (pl)
personal exemption – persönlicher Freibetrag, m
personal file – Personaldatei, f
personal growth – persönliche Weiterentwicklung, f
personal identity card – Personalausweis, m
personal income – Privateinkommen, n
personal injury – Gesundheitsbeschädigung, f
personal introduction – persönliche Vorstellung, f
personal liability – persönliche Haftung, f
personal liability of the heir – Erbenhaftung, f
personal presentation – persönliches Erscheinen, n
personal property – persönliches Eigentum, n
personal protection device – Personensicherungsgerät, n
personal protective equipment – Körperschutzmittel, n
personal record – Personalbogen, m
personal rights (pl) – Persönlichkeitsrecht, n
personal search – Leibesvisitation, f
personal security – Personenschutz, m
personal status – Personenstand, m
personality – Persönlichkeit, f
personality development – Persönlichkeitsentwicklung, f
personality disorder – Persönlichkeitsstörung, f
personality image – Persönlichkeitsbild, m
personality protection – Persönlichkeitsschutz, m
personality test – Persönlichkeitstest, m
personally known – persönlich bekannt
personally liable – persönlich haftbar
personnel (1) – Belegschaft, f
personnel (2) <*adj*> – personell
personnel accounting – Lohnbuchhaltung, f
personnel acquisition – Personalakquisition, f

personnel administration – Personalverwaltung, f
personnel affair – personelle Angelegenheit, f
personnel allocation – Personaldisposition, f
personnel appraisal – Personalbeurteilung, f
personnel appraisal form – Personalbeurteilungsbogen, m
personnel appraisal sheet – Beurteilungsbogen, m
personnel assessment – Personalbemessung, f
personnel care – Personalbetreuung, f
personnel change notification – Personalveränderungsmitteilung, f
personnel code – Personalkennzahl, f
personnel committee – Personalausschuss, m
personnel consultant – Personalberater/in, m/f
personnel controlling – Personalcontrolling, n
personnel costs (pl) – Personalkosten (pl)
personnel counsel(l)ing – Personalberatung, f
personnel cover – Personaldecke, f
personnel cutback – Belegschaftsabbau, m
personnel data (pl) – Personaldaten (pl)
personnel data bank – Personaldatenbank, f
personnel data maintenance – Personaldatenpflege, f
personnel decision – Personalentscheidung, f
personnel department – Personalressort, n
personnel development – Mitarbeiterförderung, f; Personalentwicklung, f
personnel development planning – Personalentwicklungsplanung, f
personnel development plan – Personalentwicklungsplan, m
personnel director – Personaldirektor/in, m/f
personnel documents (pl) – Personalunterlagen (pl)
personnel evaluation – Personalbewertung, f
personnel expenditure – Personalausgaben (pl)
personnel expense budget – Personalkostenbudget, n
personnel expense report – Personalabrechnung, f (Dokument, n)
personnel expenses (pl) – Personalaufwendungen (pl)
personnel field – Personalbereich, m
personnel functions (pl) – Personalaufgaben (pl)
personnel index – Personalkartei, f
personnel information system – Personalinformationssystem, n
personnel interview – Personalgespräch, n
personnel inventory – Personalinventur, f
personnel management – Personalführung, f
personnel management system – Personalführungssystem, n
personnel marketing – Personalmarketing, n
personnel master data (pl) – Personalstammdaten (pl)
personnel master data management – Personalstammdatenverwaltung, f
personnel master data sheet – Personalstammblattt, n

personnel matter – Personalangelegenheit, f
personnel measure – Personalmaßnahme, f; personelle Maßnahme, f
personnel number – Personalnummer, f
personnel office – Personalbüro, n
personnel officer – Personalreferent/in, m/f; Personalsachbearbeiter/in, m/f
personnel organisation/ organization – Personalorganisation, f
personnel periodical – Mitarbeiterzeitung, f
personnel placement – Personaleinsatz, m
personnel planning – Personaleinsatzplanung, f
personnel policy – Personalpolitik, f
personnel promotion – Personalförderung, f
personnel questionnaire – Personalbogen, m; Personalfragebogen, m
personnel record – Personalakte, f
personnel recruitment – Personalbeschaffung, f
personnel recruitment planning – Personalbeschaffungsplanung, f
personnel report – Personalbericht, m
personnel reserve – Personalreserve, f
personnel responsibility – Personalverantwortung, f
personnel search – Personalsuche, f
personnel selection – Personalauslese, f
personnel selection standards (pl) – Personalauswahlgrundsätze (pl)
personnel strategy – Personalstrategie, f
personnel strength – Belegschaftsstärke, f
personnel structure – Belegschaftsstruktur, f; Personalstruktur, f
personnel work – Personalarbeit, f
personnel-intensive – personalintensiv
persons (pl) employed – Personalstand, m
persue an occupation, v – einen Beruf (m) ausüben, v
persue one's main activity, v – seine Haupttätigkeit (f) ausüben, v
pertaining to affairs (pl) of vital statistics (pl) – standesamtlich
pertinent information – sachdienliche Angaben (pl)
pertinent laws (pl) – einschlägige Gesetze (pl)
pertinent provisions (pl) – einschlägige Bestimmungen (pl)
perversion of justice – Rechtsbeugung, f *<jur>*
petition – Begehren, n; Eingabe, f; Petition, f; Gesuch, n
petition for immediate review – sofortige Beschwerde, f
petition for pardon – Gnadengesuch, n
petition for review *<law>* – Beschwerde, f *<jur>*
petition for review on law – Rechtsbeschwerde, f *<jur>*
petition in bankruptcy – Konkursantrag, m
petition the court, v – Antrag (m) bei Gericht (n) stellen, v
petitioner – Bittsteller/in, m/f
petty cash – Kaffeekasse, f
petty larcency – einfacher Diebstahl, m
pharmaceuticals (pl) – Arznei, f
Pharmaceuticals Code – Arzneimittelverordnung, f
Pharmaceuticals Law – Arzneimittelgesetz, n

phased retirement – schrittweises Ausscheiden (n) aus dem Erwerbsleben, n
phasing-in period – Einführungszeitraum, m
photo of the applicant – Bewerbungsfoto, n
photograph – Lichtbild, n
physical – körperlich
physical ability – körperliche Leistungsfähigkeit, f
physical abuse – körperliche Misshandlung, f
physical damage – materieller Schaden, m
physical disability – Gebrechen, n; Körperbehinderung, f
physical education – Körperertüchtigung, f
physical education instructor – Sportlehrer/in, m/f
physical effort – Kraftanstrengung, f
physical exertion – körperliche Belastung, f
physical injury – Körperverletzung, f
physical violence – Tätlichkeit, f
physical work – körperliche Arbeit, f
physically disabled – körperlich behindert
physically handicapped – körperbehindert
physics – Physik, f
picket – Streikposten, m
picket, v – Streikposten stehen, v
picket line – Streikpostenkette, f
piece – Stück, n
piece of evidence – Beweismittel, n
piece-rate – Stücklohnsatz, m
piece-rate (formula) – Akkordsatz, m
piece-rate bonus – Akkordprämie, f
piece-rate cutting – Akkordkürzung, f
piece-rate fixing – Akkordfestsetzung, f
piece-rate worker – Akkordarbeiter/in, m/f
piece-work – Akkord, m; Akkordarbeit, f; Gedinge, n
piece-work bonus – Akkordzuschlag, m
piece-work earnings (pl) – Akkordverdienst, m
piece-work pay – Akkordbezahlung, f
piece-work rate – Akkordrichtsatz, m
piece-work rate formula – Akkordlohnsatz, m
piece-work system – Akkordsystem, n; Stücklohnsystem, n
piece-work wage – Akkordlohn, m
piece-work wage(s) – Stücklohn, m
pilot's licence/license to fly a certain type of aircraft – Musterberechtigung, f
pilote scheme – Modellversuch, m
pin money – Heimarbeiterlohn, m; Saisonarbeiterverdienst, m
pipe fitter – Rohrleger, m
pitman – Kumpel, m; Bergmann, m
place – Ort, m; Stelle, f
place a time limit on sth, v – befristen, v
place an order, v – Auftrag (m) erteilen, v
place of birth – Geburtsort, m
place of crime – Tatort, m
place of delivery – Erfüllungsort, m
place of employment – Beschäftigungsort, m; Dienststätte, f; Arbeitsplatz, m
place of payment – Erfüllungsort, m; Zahlungsort, m
place of performance – Erfüllungsort, m; Leistungsort, m
place of permanent address – ständiger Wohnort, m
place of production – Produktionsstätte, f

place of residence – Aufenthaltsort, m; Wohnort, m
place of work – Arbeitsort, m; Arbeitsstätte, f; Arbeitsstelle, f
place, v – unterbringen, v
placement (1) – Einsatz (m) von Mitarbeitern (pl)
placement (2) *(of severely handicapped persons, pl)* – Unterbringung (f) von Schwerbehinderten (pl)
placement agencies (pl) – Stellenvermittlungsdienst, m
placement official – Stellenvermittler/in, m/f
placing of an order – Vergabe (f) eines Auftrags, m
placing of orders (pl) – Auftragsvergabe, f
plaintiff – Kläger/in, m/f
plan – Plan, m
plan, v – planen, v
plan of action – Aktionsplan, m
plan of partition – Teilungsplan, m
planned economy – Planwirtschaft, f
planned time – Planzeit, f
planning – Planung, f
planning and decision-making techniques (pl) – Planungs- und Entscheidungstechnik, f
planning engineer – Planungsingenieur/in, m/f
planning for demand – Bedarfsplanung, f
planning of personnel expenditure – Personalkostenplanung, f
planning premise – Planungsvorgabe, f
planning technique – Planungstechnik, f
plant – Fabrikanlage, f; Produktionsanlage, f; Werk, n
plant bargaining – Tarifverhandungen (pl) auf Betriebsebene, f
plant blockade – Betriebsblockade, f
plant closure – Betriebsstilllegung, f
plant data collection – Betriebsdatenerfassung, f
plant engineer – Betriebsingenieur/in, m/f
plant engineering – Anlagentechnik, f
plant extension – Betriebserweiterung, f
plant facilities (pl) – Werksanlagen (pl)
plant fire department – Werksfeuerwehr, f
plant holidays (pl) – Betriebsurlaub, m
plant ID card – Werksausweis, m
plant inspector (in charge of) – Betriebsbeauftragte/r, f/m (für)
plant inspector for pollution control – Immissionsschutzbeauftragte/r, f/m
plant machine time – Betriebsnutzungszeit, f
plant manager – Werksleiter/in, m/f
plant mechanic – Anlagenmechaniker/in, m/f
plant occupation – Werksbesetzung, f
plant production facility – Betriebsanlage, f
plant relocation – Betriebsverlegung, f
plant section – Betriebsteil, m
plant security – Werkschutz, m
plant shutdown – Betriebsruhe, f
plant site – Betriebsgelände, n
plant tour – Betriebsbesichtigung, f; Betriebsrundgang, m
plant without a works council – betriebsratsloser Betrieb, m
plant wrecking – Sabotage, f
plausibility – Plausibilität, f
plea – Einrede, f *<jur>*

plea in abatement – prozessuale Einrede, f
plead the statute of limitations (pl), v – Verjährung (f) geltend machen, v
plead, v – geltend machen, v; plädieren, v
pleading <*GB*> – vorbereitender Schriftsatz, m
pleadings (pl) – Parteivorbringen, n <*jur*>
pleasant – gefällig
plebiscite – Volksabstimmung, f
pledge – Pfand, n; Pfandgegenstand, m
pledge, v – Pfand (n) bestellen, v; verpfänden, v
pledgeable – verpfändbar
pledgee – Pfandgläubiger/in, m/f
pledging – Verpfändung, f
plenary meeting – Vollversammlung, f
plod, v <*infml*> – schuften, v; sich abmühen, v
plugger <*US,infml*> – Schufter, m
plumber – Klempner, m
pocket money – Taschengeld, n
pockets (pl) of unemployment – lokale Arbeitslosigkeit, f
point rating schedule – Punktschema, n; Punktesystem, n
point rating system – Punktebewertungssystem, n
point system – Punktsystem, n
points (pl) rating – Bewertung (f) nach Punkten (pl)
points (pl) value – Punktwert, m
police – Polizei, f
police clearance – polizeiliches Führungszeugnis, n
police order – Polizeiverfügung, f
police ordinance – Polizeiverordnung, f
police record – Vorstrafenregister, n
policy decision – Grundsatzentscheidung, f
policy month – Versicherungsmonat, m
policy regarding choice of industrial sites – Standortpolitik, f
political – politisch
political science – Staatswissenschaft, f; Politikwissenschaft, f
poll – namentliche Abstimmung, f
poll, v – namentlich abstimmen, v
polluting – umweltgefährdend
pollution control – Umweltschutz (m) gegen Luftverschmutzung, f
pollution control technician – Umwelttechniker/in, m/f
pool – Interessenverband, m
poor law – öffentliches Fürsorgerecht, n
poor performance – schlechte Leistung, f
poor quality – schlechte Qualität, f
population – Bevölkerung, f
population of working age – Bevölkerung (f) im erwerbsfähigen Alter, n
population projections (pl) – zukünftige Bevölkerungsentwicklung, f
population register – Einwohnermeldeamt, n
position – Position, f; Stelle, f; Stellung, f
position chart – Stellenplan, m
position description – Aufgabenbeschreibung, f
position evaluation – Stellenbewertung, f
position review – Arbeitsplatzüberprüfung, f
position title – Positionsbezeichnung, f; Stellenbezeichnung, f
positions (pl) offered – Stellenangebot, n (Zeitungsrubrik, f)
positions (pl) wanted – Stellengesuch, n (Zeitungsrubrik, f)

positive – positiv
positive flextime/flexitime balance – Gleitzeitguthaben, n
possess, v – besitzen, v
possession – Besitz, m
possession for another – Fremdbesitz, m
possession in bad faith – bösgläubiger Besitz, m
possessor – Besitzer/in, m/f
possibility – Möglichkeit, f
post (1) *<GB>* – Post, f
post (2) – Posten, m
post office – Postamt, n
post office box – Postfach, n
post reserved for severely handicapped persons (pl) – Pflichtplatz, m
post restante – postlagernd
post-entry closed shop – gewerkschaftspflichtiger Betrieb, m
post-office savings bank – Postsparkasse, f
post-office savings book *<GB>* – Postsparbuch, n
postage – Porto, n
postage free – portofrei
postal address *<GB>* – Postanschrift, f
postal ballot – Briefwahl, f
postal check/cheque – Postscheck, m; cheque
postal code – Postleitzahl, f
postal giro account number – Postgironummer, f
postal giro office – Postscheckamt, n
postal money order – Postanweisung, f
postal rates (pl) – Portogebühren (pl)
postal savings account – Postsparkonto, n
postcontractual – nachvertraglich
postcontractual trust – nachvertragliche Treuepflicht, f
postgraduate scholarship – Forschungsstipendium, n
postgraduate studies (pl) – Aufbaustudium, n
postman *<GB>* – Postbote, m
postpayment of contributions (pl) – Beitragsnachentrichtung, f
postpone, v – verschieben, v; zurückstellen, v
postponement – Zurückstellung, f; Vertagung, f
potential – Potenzial, n
potential analysis – Potenzialanalyse, f
potential earnings (pl) – Verdienstmöglichkeit, f
potential rating – Entwicklungsbeurteilung, f; Potenzialeinschätzung, f
poverty law – Armenrecht, n
power – Gewalt, f; Kraft, f; Macht, f
power by virtue of appearance – Anscheinsvollmacht, f
power by virtue of sufferance – Duldungsvollmacht, f
power engineering electronics technician – Energieanlagenelektroniker, m
power of attorney – Vertretungsbefugnis, f; Vertretungsvollmacht, f
power of attorney for legal proceedings (pl) – Prozessvollmacht, f
power of control – Kontrollbefugnis, f
power of expression – Ausdrucksfähigkeit, f
power of perception – Wahrnehmungsfähigkeit, f
power of procuration – Prokura, f
power of substitution – Untervollmacht, f
power tension current electrician – Starkstromelektriker/in, m/f

power to assert one's authority – Durchsetzungsvermögen, n
powerful – leistungsfähig
practical – praktisch
practical experience – praktische Erfahrung, f
practical training – fachpraktischer Unterricht, m; praktische Ausbildung, f
practical training for pupils (pl) – Schülerpraktikum, n
practically oriented – praxisnah
practice – Praxis, f
practice book – Arbeitsbuch, n
practice of one's vocation – Berufsausübung, f
practice/practise sabotage, v – sabotieren, v
practician – Praktiker/in, m/f
practice/practise, v – tätig sein (als), v
practice/practise law, v – tätig sein, v als Anwalt/Anwältin, m/f
praise, v – loben, v; preisen, v
practice/practise a fraud on s.o., v – jmd arglistig täuschen, v
prayer – Antrag, m (in einer Klageschrift, f)
prayer of process – Klagebegehren, n
pre-contractual – vorvertraglich
pre-employment medical examination – ärztliche Einstellungsuntersuchung, f
pre-employment period – Vordienstzeit, f
pre-entry closed shop – gewerkschaftspflichtiger Betrieb, m
pre-examination – Voruntersuchung, f
pre-retirement – Vorruhestand, m
Pre-Retirement Act – Vorruhestandsgesetz, n
pre-retirement pay – Vorruhestandsgeld, n
pre-school training – vorschulische Erziehung, f
pre-vocational course – Berufsvorbereitungslehrgang, m
pre-vocational year (year in which a student gains practical skills in preparation for entry into the job market) – Berufsvorbereitungsjahr, n
preamble – Eingangsformel, f
precaution – Vorsichtsmaßregel, f; Vorsorge, f
precautionary – vorbeugend
precautionary argument in support of the claim – Hilfsbegründung, f *<jur>*
precautionary measure – Vorsichtsmaßnahme, f
precautionary medical checkup – Vorsorgeuntersuchung, f
precedence – Vorrecht, n
precedent condition – aufschiebende Bedingung, f; Vorbedingung, f
precept – Vollstreckungsbefehl, m
precision work – Präzisionsarbeit, f
precontract – Vorvertrag, m
predecessor – Vorgänger/in, m/f
predecessor in office – Amtsvorgänger/in, m/f
predecessor in title – Rechtsvorgänger/in, m/f
predetermined elemental-time standards (pl) – System (n) vorbestimmter Zeiten (pl)
predict, v – voraussagen, v
predominant – überwiegend
preface – Vorwort, n
prefer, v – begünstigen, v; bevorzugen, v
preference – Begünstigung, f; Bevorrechtigung, f; Bevorzugung, f; Vorzug, m
preference of the collective agreement – Tarifvorrang, m

preference share <*GB*> – Vorzugsaktie, f
preferential – bevorrechtigt
preferential benefit – Voraus, m
preferential creditor – bevorrechtigte/r Gläubiger/in, m/f
preferential loan – zinsgünstiges Darlehen, n
preferential price – Vorzugspreis, m
preferential treatment (1) *(for secured creditor)* – Absonderung, f
preferential treatment (2) – Vorzugsbehandlung, f
preferred choice of job – Berufswunsch, m
preferred creditor – Begünstigte/r, f/m (Gläubiger/in, m/f)
preferred garnishment *(of wages)* – bevorrechtigte Pfändung, f
pregnancy – Schwangerschaft, f
pregnancy termination – Schwangerschaftsabbruch, m
pregnant – schwanger
pregnant woman – Schwangere, f
prejudice – Vorurteil, n
prejudiced – voreingenommen
preliminary discussion – Vorbesprechung, f
preliminary examination – Vorprüfung, f
preliminary investigation – Vorermittlung, f
preliminary investigation proceedings (pl) – Ermittlungsverfahren, n
preliminary proceedings (pl) – Vorverfahren, n
preliminary remarks (pl) – Vorbemerkung, f
preliminary ruling – Vorbescheid, m
prematernity medical care – ärztliche Schwangerschaftsfürsorge, f
premature – verfrüht; voreilig; vorzeitig
premature birth – Frühgeburt, f
premature disability – vorzeitige Invalidität, f
premature invalidity – Frühinvalidität, f
premature retirement pension – Frührente, f
premature return to work – missglückter Arbeitsversuch, m
premeditated – vorsätzlich
premium – Beitrag, m (zur Versicherung); Prämie, f; Prämienleistung, f
premium rate – Prämiensatz, m
premium reserve – Deckungskapital, n
premium wage – Prämienlohn, m
premium wage pay – Prämienentlohnung, f
premium wage system – Prämienlohnsystem, n
preoccupation – Hauptbeschäftigung, f
preparation – Vorbereitung, f
preparation for retirement – Vorbereitung (f) auf den Ruhestand, m
preparation of decisions (pl) – Entscheidungsvorbereitung, f
preparation of the agenda – Aufstellung (f) der Tagesordnung, f
preparatory conference – Erörterungstermin, m
preparatory period – Vorbereitungszeit, f
preparatory service – Vorbereitungsdienst, m
preparatory work – Vorarbeit, f
prepare, v – vorbereiten, v
prepense – vorsätzlich
prerequisite – Voraussetzung, f
prescribe, v – verschreiben, v <*med*>
prescription – Arzneimittelverordnung, f; Rezept, n
prescription charge – Rezeptgebühr, f
preselection – Vorauswahl, f

presence – Anwesenheit, f; Gegenwart, f
presence of a quorum – Beschlussfähigkeit, f
present evidence, v – Beweis (m) führen, v
present one's credentials (pl), v – seine Zeugnisse (pl) vorlegen, v
present value – Tageswert, m
present, v – darstellen, v; vorlegen, v
presentation – Darstellung, f; Präsentation, f; Referat, n; Vorlage, f; Vorstellung, f
presentation of a prize – Prämierung, f
presentation of an award – Preisverleihung, f
presentation to the German Constitutional Court – Vorlage (f) an das Bundesverfassungsgericht, n
preservation of acquired rights (pl) – Besitzstandswahrung, f
preservation of evidence – Beweissicherung, f
preservation of evidence function – Beweissicherungsfunktion, f
preservation of legitimate interests (pl) – Wahrnehmung (f) berechtigter Interessen (pl)
presidency – Präsidentschaft, f
president (1) – Präsident/in, m/f
president (2) *<US>* – Rektor/in, m/f
presiding judge – vorsitzende/r Richter/in, m/f
presidium – Präsidium, n
press law – Presserecht, n
press release – Presseverlautbarung, f
pressure – Druck, m
pressure of conscience – Gewissensnot, f
pressure to perform – Leistungsdruck, m
presumable – voraussichtlich
presume, v – vermuten, v
presumption – Unterstellung, f; Vermutung, f
presumption of law – gesetzliche Vermutung, f
pretend to be ill, v – krank spielen, v
pretend, v – vortäuschen, v
pretext – Ausflucht, f; Ausrede, f; Vorwand, m
pretrial – Vorverhandlung, f *<jur>*
pretrial discovery – vorgezogenes Beweisverfahren, n
prevailing opinion – herrschende Meinung, f
prevailing party – obsiegende Partei, f
prevalent opinion – herrschende Meinung, f *<jur>*
prevarication (1) – Parteiverrat (m) eines Anwalts, m
prevarication (2) – Tatsachenverdrehung, f
prevent, v – verhindern, v; verhüten, v; vorbeugen, v
prevention – Verhinderung, f; Verhütung, f; Vorbeugung, f
prevention from being on duty – Dienstverhinderung, f
prevention from working – Arbeitsverhinderung, f
preventive curative treatment – Vorsorgekur, f
preventive detention – Sicherungsverwahrung, f
preventive maintenace – vorbeugende Instandhaltung, f
preventive measure – Vorsorgemaßnahme, f
preventive medical care – Gesundheitsvorsorge, f
previous – vorherig
previous action *<law>* – Vorausklage, f *<jur>*
previous conviction – Vorstrafe, f

previous earnings (pl) – Vorverdienste (pl)
previously convicted – vorbestraft
prevocational education year – Berufsgrundbildungsjahr, n
price – Preis, m; Kaufpreis, m
price index – Preisindex, m
price level – Preisniveau, n
price performance ratio – Preis-Leistungs-Verhältnis, n
pride of rank – Standesbewusstsein, n
prima-facie evidence – Augenscheinsbeweis, m
primarily liable – selbstschuldnerisch haftbar
primary election – Urwahl, f
primary industry – Grundstoffindustrie, f
primary insurance benefit – Grundrente (f) bei der Sozialversicherung, f
primary school – Grundschule, f Elementarschule, f
primary school age – Grundschulalter, n
primary share – Stammaktie, f
prime function – Hauptaufgabe, f
prime minister – Ministerpräsident/in, m/f
principal – Chef/in (m/f) einer Firma, f; Dienstherr/in, m/f; Prinzipal/in, m/f; Rektor/in (m/f) einer Schule
principal administrative assistant – Verwaltungsamtsrat, m
principal aim – Hauptziel, n
principal claim – Hauptanspruch, m; Hauptforderung, f
principal debtor – Hauptschuldner/in, m/f; Selbstschuldner, m
principal establishment – Schwerpunktbetrieb, m
principal file – Hauptakte, f
principal issue – Hauptsache, f
principal obligation – Hauptpflicht, f
principal occupation – Haupttätigkeit, f
principal place of business – Hauptniederlassung, f; Hauptgeschäftssitz, m
principal shareholder/stockholder – Großaktionär/in, m/f
principally – grundsätzlich
principle – Grundsatz, m; Prinzip, n
principle of calculation – Berechnungsgrundsatz, m
principle of discretionary prosecution – Opportunitätsprinzip, n
principle of dividing sth into twelve parts (pl) – Zwölftelungsprinzip, n
principle of due course of law – Rechtsstaatsprinzip, n
principle of equal treatment – Gleichbehandlungsgrundsatz, m
principle of equality – Gleichheitsgrundsatz, m
principle of equity – Billigkeitsgrundsatz, m
principle of evidence – Beweisgrundsatz, m
principle of ex officio proceedings (pl) – Offizialmaxime, f
principle of implicit permission – Verbotsprinzip, n
principle of law – Rechtsgrundsatz, m
principle of mandatory prosecution – Legalitätsprinzip, n
principle of organisation/organization in subassociations (pl) – Fachverbandsprinzip, n
principle of parity – Paritätsprinzip, n
principle of party disposition – Dispositionsmaxime, f
principle of party representation – Verhandlungsgrundsatz, m
principle of paying wages during illness – Ausfallprinzip, n
principles (pl) for leave arrangements (pl) – Urlaubsgrundsätze (pl)

principles (pl) of management – Führungsgrundsätze (pl)
print – Ausdruck (m) von Daten (pl); Druck, m
printed form – Vordruck, m
printed matter – Drucksache, f
printing industry – Druckindustrie, f
prior holder – Vorbesitzer/in, m/f
prior rank – Vorrang (m) einer Hypothek, f
prior redemption – vorzeitige Tilgung, f
prior turnover tax – Vorsteuer, f
priority – Priorität, f; Vorrang, m
priority notice – Vormerkung (f) im Grundbuch, n
priority of the law – Gesetzesvorrang, m
prison – Gefängnis, n
prison sentence – Gefängnisstrafe, f
prisoner – Strafgefangene/r, f/m
prisoner of war – Kriegsgefangener, m
privacy – Intimsphäre, f
private – nichtöffentlich; privat
private company – Privatunternehmen, n
private concern – Privatsache; f; Privatangelegenheit, f
private economy – Privatwirtschaft, f
private firm – Einzelfirma, f
private health insurance – private Krankenversicherung, f
private investigator *<US>* – Privatdetektiv/in, m/f
private law – Privatrecht, n
private law company – BGB-Gesellschaft, f
private lecturer – Privatdozent/in, m/f
private lessons (pl) – Einzelunterricht, m; Privatunterricht, m
private life – Privatsphäre, f
private life insurance – private Lebensversicherung, f
private person – Privatperson, f
private property– Privateigentum, n; Privatvermögen, n
private school – Privatschule, f
private telephone call – Privatgespräch, n
private tour – Privatfahrt, f
private tuition – Nachhilfeunterricht, m
private use – Privatnutzung, f
private wrong – Privatdelikt, n
privately insured person – Privatversicherte/r, f/m
privilege (1) – Privileg, n; Sonderrecht, n
privilege (2) *<US>* – verfassungsmäßiges Recht, n
privilege to refuse to give evidence – Aussageverweigerungsrecht, n
privileged debt – bevorrechtigte Forderung, f
privity – Rechtsbeziehung, f *<jur>*
privity of contract – Vertragsinteresse, n
prize – Preis, m; (Auszeichnung, f)
prize competition – Preisausschreiben, n
prize-winning – prämiert
pro rata – anteilig
probation (1) – Bewährung, f *<jur>*
probation (2) – Probezeit, f
probation officer – Bewährungshelfer/in, m/f
probation official – Beamter/Beamtin (m/f) auf Probe, f
probation period – Bewährungszeit, f
probationary advancement – Bewährungsaufstieg, m
probationary engagement – Probeanstellung, f
probationary period – Bewährungsfrist, f
probationer – Probekandidat/in, m/f

probative fact – beweiserhebliche Tatsache, f
probative force – Beweiskraft, f
probative value – Beweiswert, m
probity – Redlichkeit, f
problem solving group – Problemlösungsgruppe, f
procedural agreement – Disziplinarordnung, f
procedural law – Verfahrensrecht, n
procedural rule – Verfahrensregelung, f
procedural rules (pl) – Geschäftsordnung, f
procedure *<law>* – Verfahrensanweisung, f
procedure for enforcing payment – Zwangsbeitreibungsverfahren, n
procedure law – formelles Recht, n
procedure of objection – Widerspruchsverfahren, n
proceedings (pl) – Beweisaufnahmeverfahren, n *<jur>;* Verfahren, n *<jur>*
proceedings (pl) based upon given public notice – Aufgebotsverfahren, n
proceedings (pl) in the principal action – Hauptverfahren, n
process (1) – Prozess, m; Verfahren, n *<jur>*
process (2) – Vorgang, m; Ablauf, m
process, v – behandeln, v *<tech>;* verarbeiten, v; bearbeiten, v
process computer – Prozessrechner, m
process data, v – Daten (pl) verarbeiten, v
process engineering – Verfahrenstechnik, f; Prozesstechnik, f
process of law – Rechtsweg, m
process of legislation – Gesetzgebungsverfahren, n
process of production – Produktionsgang, m
process of selection – Ausleseverfahren, n
process optimization – Prozessoptimierung, f
process organisation/ organization – Ablauforganisation, f
process structure – Aufbau- und Ablauforganisation, f
process time – Bearbeitungszeit, f
processal – prozessual
processing – Bearbeitung, f; Behandlung, f *<tech>;* Verarbeitung, f; Veredelung, f
processing industry (1) – verarbeitende Industrie, f
processing industry (2) – Veredelungswirtschaft, f
processing system – Bearbeitungssystem, n *<tech>*
processing unit – Rechenanlage, f
procure, v – beschaffen, v
procurement – Beschaffung, f
procurement of funds (pl) – Aufbringung (f) der Mittel (pl)
procurement of work – Arbeitsbeschaffung, f; Arbeitsvermittlung, f
produce witnesses (pl), v – Zeugen (pl) beibringen, v
produce, v – anfertigen, v; produzieren, v; herstellen, v
producing firm – Produktionsbetrieb, m
product – Produkt, n
product cycle – Produktzyklus, m
production – Herstellung, f; Produktion, f
production bonus – Produktionsprämie, f
production capacity – Fertigungskapazität, f
production control – Fertigungssteuerung, f; Produktionskontrolle, f

production cycle – Arbeitstakt (m) am Fließband, n
production decline – Produktionsrückgang, m
production engineer – Fertigungsingenieur/in, m/f
production engineering – Fertigungstechnik, f
production facilities (pl) – Produktionseinrichtung, f
production facility – Fabrikationseinrichtung, f; Fertigungsanlage, f
production figure – Produktionsziffer, f
production line – Fertigungsstraße, f; Fließband, n; Produktionsstraße, f
production management – Produktionsleitung, f
production manager – Fertigungsleiter/in, m/f; Produktionsleiter/in, m/f
production method – Fabrikationsmethode, f
production output – Produktionsmenge, f
production planning – Fertigungsplanung, f
production procedure – Fertigungsprozess, m
production process – Fertigungsverfahren, n; Produktionsverfahren, n
production program(me) – Produktionsprogramm, n
production section – Produktionsbereich, m
production target – Produktionssoll, n; Produktionsziel, n
production technique – Produktionstechnik, f
production worker – Produktionsarbeiter/in, m/f
productive – produktiv
productive capacity – Produktionskapazität, f
productive capital – Produktivkapital, n
productive experience – Fabrikerfahrung, f
productive resources (pl) – Produktivkräfte (pl)
productivity – Produktivität, f
productivity bonus – Produktivitätszulage, f
productivity gain – Produktivitätszuwachs, m
productivity limit – Produktivitätsgrenze, f
profession – akademischer oder freier Beruf, m
profession one is aiming for – Berufsziel, n
professional – berufsmäßig; fachlich; fachmännisch; gewerbsmäßig; hauptberuflich; professionell
professional activity – Berufstätigkeit, f
professional aptitude – Berufseignung, f
professional association – Berufsverband, m
professional career – beruflicher Werdegang, m
professional category – Berufsstand, m
professional clothing – Berufskleidung, f
professional competence – fachliche Eignung, f
professional conference – Fachtagung, f
professional discipline – Berufsordnung, f
professional discretion – berufliche Schweigepflicht, f
professional driver – Berufskraftfahrer/in, m/f

professional employment – berufliche Tätigkeit, f
professional error – Kunstfehler, m
professional ethics (pl) – Berufsauffassung, f; Berufsethos, n; Standesregeln (pl)
professional experience – Berufserfahrung, f; Berufspraxis, f
professional fee – Honorar, n
professional future – berufliche Zukunft, f
professional income – berufliches Einkommen, n; Einkünfte (pl) aus freiberuflicher Tätigkeit, f
professional judge – Berufsrichter/in, m/f
professional knowledge – berufliche Kenntnisse, pl
professional life – Berufswelt, f
professional misconduct – standeswidriges Verhalten, n
professional partnership – Sozietät, f
professional pride – Standesdünkel, m
professional prospects (pl) – Berufsaussichten (pl)
professional representation – Berufsvertretung, f
professional secret – Berufsgeheimnis, n
professional soldier – Berufssoldat/in, m/f
professional studies (pl) – Fachstudium, n
professional success – beruflicher Erfolg, m
professional training – berufliche Ausbildung, f
professor – Professor/in, m/f
professorial chair – Lehrstuhl, m
proficient (1) – Könner/in, m/f
proficient (2) *<adj>* – fachmännisch
profit – Gewinn, m; Überschuss, m; Profit, m
profit and loss statement – Gewinn- und Verlustrechnung, f
profit and loss transfer agreement – Gewinnabführungsvertrag, m
profit share – Anteil (m) am Gewinn, m
profit sharing – Ergebnisbeteiligung, f; Gewinnbeteiligung, f; Erfolgsbeteiligung, f
profit shrinking – Ertragseinbruch, m
profit-related pay – gewinnabhängige Vergütung, f
profitability – Rentabilität, f
profitable – rentabel
prognosis – Prognose, f; Vorhersage, f
prognostication into the future – Zukunftsprognose, f
program *<US>* – Programm, n
programme *<GB>* – Programm, n
programmed instruction – programmierte Unterweisung, f
programmer – Programmierer/in, m/f
programming language – Programmiersprache, f
progress – Entwicklung, f; Fortschritt, m
progress report – Erfahrungsbericht, m
progress sharing – Erfolgsbeteiligung, f
progress to the next level, v – aufrücken, v
progression – Progression, f
progressive pension – dynamische Rente, f
progressive taxation – Steuerprogression, f
progressive training – Stufenausbildung, f
progressive wage rate – Progressivlohn, m

prohibit, v – untersagen, v
prohibition – Untersagung, f; Verbot, n
prohibition of apportionment – Umlageverbot, n
prohibition of assembly – Versammlungsverbot, n
prohibition of assignment – Abtretungsverbot, m
prohibition of cutting down – Kürzungsverbot, n
prohibition of discriminatory practices (pl) – Diskriminierungsverbot, n
prohibition of nightwork – Nachtarbeitsverbot, n
prohibition to acquire – Erwerbsverbot, n
prohibition to assign wages (pl) – Lohnabtretungsverbot, n
prohibition to employ – Beschäftigungsverbot, n
prohibition to give notice – Kündigungsverbot, n
prohibition to take industrial action – Arbeitskampfverbot, n
prohibition to work on Sundays (pl) – Sonntagsarbeitsverbot, n
prohibition-to-marry clause – Zölibatsklausel, f
prohibitory law – Verbotsgesetz, n
project – Projekt, n
project group – Projektgruppe, f
project management – Projektmanagement, n
project manager – Projektleiter/in, m/f
project work – Projektarbeit, f
projection – Hochrechnung, f
prolongation – Fristverlängerung, f; Zahlungsaufschub, m
prolongation agreement – Verlängerungsvereinbarung, f
promise – Versprechen, n
promise, v – versprechen, v
promise a reward, v – eine Belohnung (f) aussetzen, v
promise of a pension – Ruhegehaltszusage, f
promise of help – Unterstützungszusage, f
promise of payment – Zahlungsversprechen, n
promise of re-employment – Wiedereinstellungszusage, f
promise to pay – Schuldversprechen, n
promote, v (1) *(s.o. to the position of)* – jmd befördern, v
promote, v (2) – fördern, v
promotion – Beförderung, f; Förderung, f
promotion by seniority – Beförderung (f) nach Dienstalter (n)
promotion circle – Förderkreis, m
promotion ladder – Aufstiegsleiter, f *<fig>;* Beförderungsleiter, f
promotion list – Beförderungsliste, f
promotion of housing construction – Wohnungsbauförderung, f
promotion of prospective managers (pl) – Nachwuchsförderung, f
promotion of study – Studienförderung, f
promotion of vocational training – Ausbildungsförderung, f
promotion of women in working life – Frauenförderung, f
promotion prospects (pl) – Aufstiegschancen (pl)
promotional classification – Einstufung (f) in eine höhere Entgeltgruppe, f
promotional examination – Doktorexamen, n
promotional funds (pl) – Fördermittel (pl)
promotional gift – Werbegeschenk, n

promotional guidelines (pl) – Förderungsrichtlinien (pl)
promotional interview – Förderungsgespräch, n
promotional measure – Förderungsmaßnahme, f
promotional prospects (pl) – Beförderungsaussichten (pl)
promotional transfer – Förderungsversetzung, f
promotions file – Förderkartei, f; Förderungskartei, f
promulgate, v – verkünden, v; bekannt machen, v
promulgation – Verkündung (f) eines Gesetzes, n
prone to illness – krankheitsanfällig
pronounce, v – verkünden, v
pronouncement – Verkündung, f
pronouncement of judgement – Urteilsverkündung, f
proof – Beleg, m; Beweis, m; Nachweis, m
proof by preponderance of the evidence – Wahrheitsbeweis, m
proof by witnesses (pl) – Zeugenbeweis, m *<jur>*
proof of a claim – Anspruchsbegründung, f
proof of appearance – Anscheinsbeweis, m
proof of debts (pl) – Anmeldung (f) von Forderungen (pl) im Konkurs, m
proof of insurance – Versicherungsnachweis, m
proof of payment – Zahlungsnachweis, m
proof problem – Beweisproblem, n
proof relief – Beweiserleichterung, f
proper evidence – zulässiges Beweismittel, n
property – Eigentum, n
property accounting (department) – Anlagenbuchhaltung, f
property guarantee – Eigentumsgarantie, f
property in a freehold flat *<GB>* – Wohnungseigentum, n
property levy – Vermögensabgabe, f
property manager – Immobilienverwalter, m
property participation – Vermögensbeteiligung, f
proportional voting system – Verhältniswahlrecht, n
proportionality principle – Verhältnismäßigkeitsgrundsatz, m
proposal – Vorschlag, m
propose, v – vorschlagen, v
proprietary – vermögensrechtlich
proprietary data – geschützte Daten, pl
proprietary possession – Eigenbesitz, m
proprietor – Eigentümer/in, m/f; Geschäftsinhaber/in, m/f
proprietress – Eigentümerin, f
prosecute a claim, v – Forderung (f) einklagen, v
prosecute, v – gerichtlich gegen jmd vorgehen, v
prospect – Chance, f; Aussicht, f
prospective entitlement – Anwartschaft (f) bei Versicherung, f
prosperity – Wohlstand, m
protect, v – schützen, v
protected area – Schutzbereich, m
protecting mask – Schutzmaske, f
protection – Schutz, m
protection against danger – Gefahrenschutz, m
Protection against Dismissal Act – Kündigungsschutzgesetz, n (KSchG)
protection against radiation – Strahlenschutz, m
protection of homeworkers (pl) – Heimarbeiterschutz, m

protection of interests (pl) – Interessenwahrung, f
protection of minorities (pl) – Minderheitenschutz, m
protection of minors (pl) in employment – Jugendarbeitsschutz, m
protection of nonsmokers (pl) – Nichtraucherschutz, m
protection of pensions (pl) in case of insolvency – Insolvenzsicherung (f) von Pensionen (pl)
protection of possession – Besitzschutz, m
protection of severely handicapped persons (pl) – Schwerbehindertenschutz, m
Protection of Tenants Act – Mieterschutzgesetz, n
protection of the future – Zukunftssicherung, f
protection of working women (pl) – Frauenarbeitsschutz, m
Protection of Young Persons Act – Jugendschutzgesetz, n (JuSchG)
protection period – Schutzfrist, f
protection purpose – Schutzzweck, m
protective – schützend
protective clause – Schutzklausel, f
protective clothing – Schutzkleidung, f; Sicherheitskleidung, f
protective coat – Schutzmantel, m
protective conveyance – Sicherheitsübereignung, f *<jur>*
protective cover – Schutzhülle, f
protective equipment – Schutzausrüstung, f
protective function – Schutzfunktion, f
protective glasses (pl) *<US>* – Schutzbrille, f
protective gloves (pl) – Schutzhandschuhe (pl)
protective hood – Schutzhaube, f
protective installation – Schutzeinrichtung, f
protective labo(u)r law – Arbeitsschutzrecht, n
protective labo(u)r legislation – Arbeitsschutzgesetzgebung, f
protective law – Schutzgesetz, n
protective measure – Schutzmaßnahme, f
protective order – Schutzbestimmungen (pl)
protective provision – Schutzvorschrift, f
protective responsibility – Schutzpflicht, f
protective shoes (pl) – Sicherheitsschuhe (pl)
protective suit – Schutzanzug, m
protective swich – Schutzschalter, m
protective work clothing – Arbeitsschutzbekleidung, f
protective workshop – beschützende Werkstatt, f
protest – Protest, m
protest, v – Protest (m) einlegen, v; protestieren, v
protest strike – Proteststreik, m
Protestant – evangelisch
protocol – Protokoll, n
protocol of acceptance – Abnahmeprotokoll, n
prototype contract – Mustervertrag, m
protracted illness – langwierige Krankheit, f
prove oneself, v – sich bewähren, v
prove s.o.'s guilt, v – einen Täter überführen, v
prove, v – beweisen, v; nachweisen, v
provide information, v – Auskunft (f) erteilen, v
provide maintenance, v – Unterhalt (m) gewähren, v

provide university grants (pl), v – Stipendien (pl) gewähren, v
provided that – vorbehaltlich
provident (1) – fürsorglich
provident (2) – vorsorglich
provident fund – Hilfskasse, f
provident society – Unterstützungsverein, m
provision – Bestimmung, f (in einem Gesetz, n); Regelung, f; Vorkehrung, f; Vorschrift, f
provision for old-age – Altersvorsorge, f
provision for one's old age – Alterssicherung, f
provision of a loan – Darlehensgewährung, f
provision of housing space – Wohnraumbeschaffung, f
provision of information – Auskunftserteilung, f
provision of the law – Gesetzesbestimmung, f
provisional – einstweilig
provisional apprehension – vorläufige Festnahme, f
provisional execution – vorläufige Vollstreckbarkeit, f
provisional stay of the proceedings (pl) – vorläufige Einstellung (f) eines Verfahrens, n
provisionally enforceable – vorläufig vollstreckbar
proximate cause – Hauptursache, f
proxy – Stellvertreter/in, m/f; Bevollmächtigte/r, f/m
psychological – psychisch
psychological pressure – psychische Beanspruchung, f
psychological strain – psychische Belastung, f
psychologist – Psychologe, m
psychology – Psychologie, f
public (1) – öffentlich
public (2) – Öffentlichkeit, f
public administration – öffentliche Verwaltung, f
public announcement – öffentliche Bekanntmachung, f
public assistance allowance – Fürsorgeleistung, f
public assistance principle – Fürsorgeprinzip, n
public body – Körperschaft (f) des öffentlichen Rechts, n; öffentliche Stelle, f
public business – Staatsbetrieb, m
public certification – öffentliche Beglaubigung, f
public charges (pl) – öffentliche Abgaben, pl
public counting of votes (pl) – öffentliche Stimmenauszählung, f
public demonstration – öffentliche Kundgebung, f
public document – öffentliche Urkunde, f
public duty – öffentliches Amt, n
public employee – öffentliche/r Bedienstete/r, f/m
public faith – öffentlicher Glaube, m
public finance authority – Finanzbehörde, f
public funds (pl) – öffentliche Mittel (pl)
public health office – Gesundheitsamt, n
public hearing – öffentliche Gerichtsverhandlung, f
public holiday – allgemeiner Feiertag, m; gesetzlicher Feiertag, m
public housing scheme – öffentlich geförderter Wohnungsbau, m
public institution – öffentlich-rechtliche Anstalt, f
public instrument – öffentliche Urkunde, f

public interest – Allgemeininteresse, n; öffentliches Interesse, n
public interest group – Bürgerinitiative, f
public investigation – Amtsermittlung, f
public law – öffentliches Recht, n; Staatsrecht, n
public liability – Amtshaftung, f
public medical officer – Amtsarzt/Amtsärztin, m/f
public mischief – grober Unfug, m
public notice – Aufgebot, n
public opinion – öffentliche Meinung, f; Verkehrsanschauung, f
public order – öffentliche Ordnung, f
public ownership – Gemeineigentum, n; Staatsbesitz, m
public policy – die guten Sitten (pl)
public prosecutor – Anklagevertreter/in, m/f; Staatsanwalt/-anwältin, m/f
public relations (pl) – Öffentlichkeitsarbeit, f
public relief – öffentliche Fürsorge, f; Wohlfahrtsunterstützung, f
public safety – öffentliche Sicherheit und Ordnung, f
public securities (pl) – Staatspapiere (pl)
public servant – Angestellte/r (f/m) im öffentlichen Dienst, m
public servant – Staatsangestellte/r, f/m
public short-distance passenger transportation – öffentlicher Personennahverkehr, m
public stock corporation – Aktiengesellschaft, f
public transport – öffentlicher Verkehr, m
public undertaking – Regiebetrieb, m
public utilities (pl) – öffentliche Versorgungsbetriebe (pl)
public welfare – Wohlfahrt, f
public youth welfare – Jugendhilfe, f
public-aid benefit – staatliche Unterstützungsleistung, f
public-benefit – gemeinnützig
public-sector employment – Beschäftigung (f) im öffentlichen Dienst, m
publication – Veröffentlichung, f
publicly subsidized dwelling – Sozialwohnung, f
publicness – Öffentlichkeit (f) von Sitzungen (pl)
publish, v (1) – bekannt machen, v
publish, v (2) – verlegen, v; veröffentlichen, v
publishing industry – Verlagswesen, n
punched card – Lochkarte, f
punched tape – Lochstreifen, m
punctual – pünktlich
punctuality – Pünktlichkeit, f
punish, v – bestrafen, v
punishment – Bestrafung, f; Strafe, f
punishment function – Straffunktion, f
pupil – Schüler/in, m/f
purchase – Kauf, m
purchase by instal(l)ments (pl) – Abzahlungskauf, m
purchase of fungible goods (pl) – Gattungskauf, m
purchasing – Bezug (m) von Waren (pl)
purchasing agent – Einkäufer/in (m/f) einer Firma, f
purchasing department – Einkaufsabteilung, f
purchasing power – Kaufkraft, f
purchasing power allowance – Kaufkraftausgleich, m; Kaufkraftzuschlag, m
purchasing power parity (PPP) – Kaufkraftparität, f

purpose – Zweck, m
pursuant to civil service law – beamtenrechlich
purview – Wirkungsbereich (m) eines Gesetzes, n
put a ban on strikes (pl), v – Streikverbot (n) verhängen, v
put in an advertisement, v – Inserat (n) aufgeben, v
put into force, v – in Kraft setzen, v
put on the sick list, v – krankschreiben, v
put s.o. back to work, v – jmd wieder in den Arbeitsprozess (m) eingliedern, v
put s.o. on establishment, v – jmd fest anstellen, v
put s.o. to expense, v – Kosten (pl) verursachen, v
put s.o. to trade, v – jmd ein Handwerk (n) lernen lassen, v
putting sth in the archives (pl) – Archivierung, f

Q

qualification (1) – Anwartschaft, f
qualification (2) – Fähigkeit, f; Qualifikation, f; Tauglichkeit, f
qualification for eligibility – Wählbarkeitsvoraussetzung, f
qualification profile – Qualifikationsprofil, n
qualification program(me) – Qualifizierungsprogramm, n
qualification standards (pl) – Eignungsanforderungen (pl)
qualifications (pl) – Berufskenntnisse (pl)
qualified – kompetent; qualifiziert; tauglich
qualified majority – qualifizierte Mehrheit, f
qualified references (pl) – qualifiziertes Zeugnis, n
qualified voter – Abstimmungsberechtigte/r, f/ m
qualified worker – qualifizierte/r Arbeiter/in, m/f
qualify s.o. as, v – jmd für etwas qualifizieren, v
qualify s.o. for, v – jmd zu etwas befähigen, v
qualifying date – Stichtag, m
qualifying period – Anwartschaftszeit, f; Karenzzeit, f
qualifying to enter a profession – berufsqualifizierend
quality – Qualität, f
quality assurance – Qualitätssicherung, f
quality bonus – Qualitätsprämie, f
quality circle – Qualitätsgruppe, f; Qualitätszirkel, m
quality control – Qualitätskontrolle, f
quality improvement – Qualitätsverbesserung, f
quality increase – Qualitätssteigerung, f
quality objective – Qualitätsziel, n
quality of life – Lebensqualität, f
quality work – Wertarbeit, f
quantitative output – Mengenleistung, f
quantity – Menge, f; Anzahl, f
quantity increase – Mengenausweitung, f
quantity limitation – Mengenbegrenzung, f
quantity standard – Mengenvorgabe, f
quantity wage – Mengenlohn, m

quarterly statement of accounts (pl) – Quartalsabrechnung, f
quarters (pl) – Quartier, n
quasi-contractual – vertragsähnlich
question of conscience – Gewissensentscheidung, f
question, v – vernehmen, v
questioning – Verhör, n; Vernehmung, f
questionnaire – Fragebogen, m
quick strike – kurzfristiger Streik, m
quid pro quo harassment – Belästigung/Nötigung (f) am Arbeitsplatz, m
quit, v – kündigen, v (von Arbeitnehmerseite, f)
quorum – beschlussfähige Mehrheit, f; beschlussfähige Mindestzahl, f; Quorum, n
quota – Quote, f; Anteil, m
quota arrangements (pl) – Quotenregelung, f
quotation (1) – Kurs, m; Notierung, f
quotation (2) – Quotierung, f
quotation (3) – Zitat, n
quote a reference, v – Referenz (f) angeben, v

R

race discrimination – Rassendiskriminierung, f
radiate, v – ausstrahlen, v
radiation – (Aus)strahlung, f
radiation protection officer – Strahlenschutzbeauftragte/r, f/m
radical – radikal
raise an objection, v – Einspruch (m) erheben, v
raise money, v – einen Kredit aufnehmen, v
raise, v – anheben, v; aufbessern, v; steigern, v
random sample – Zufallsstichprobe, f
random test – Stichprobe, f
range of validity – Gültigkeitsbereich, m
rank – Grad, m; Klasse, f; Rangstelle, f; Rangstufe, f; Rangverhältnis, n
rank comparison – Rangvergleich, m
rank-and-file – Mannschaftsstand, m
rank-and-filer – einfaches Belegschaftsmitglied, n
ranking description – Rangbeschreibung, f
ranking method – Rangreihenmethode, f
rate (1) – Rate, f
rate (2) – Taxe, f
rate assessment *<US>* – Umlageverfahren, n
rate of advance – Steigerungsbetrag, m
rate of aid – Beihilfesatz, m
rate of increase – Steigerungsrate, f
rate of inflation – Inflationsrate, f
rate of price increase – Teuerungsrate, f
rate of refund – Erstattungssatz, m
rate of savings (pl) – Sparquote, f
rate s.o. according to his/her merits (pl), v – jmd nach seinen Verdiensten (pl) einschätzen, v
rateable – verhältnismäßig
ratification – Ratifikation, f
ratify, v – anerkennen, v; ratifizieren, v
rating *(of skills)* – Bewertung (f) von Können, n
rating of employees – Einstufung (f) nach Leistung, f
rating scale – Beurteilungsstufe, f

rationalization/rationalisation – Rationalisierung, f
Rationalization and Innovation Centre of the German Industry – Rationalisierungs- und Innovationszentrum der Deutschen Wirtschaft (RKW)
rationalization/rationalisation protection – Rationalisierungsschutz, m
Rationalization Protection Agreement (Agreement to Protect Employees against the Adverse Effects of Rationalization) – Rationalisierungsschutzabkommen, n
rationalise/rationalize, v – rationalisieren, v
ratten, v <*sl*> – Arbeit (f) sabotieren, v
raw material – Rohstoff, m
re-classification – Lohngruppenumstufung, f
re-education allowance – Umschulungsbeihilfe, f
re-election – Neuwahl, f; Wiederwahl, f
re-employ, v – wieder einstellen, v
re-employment – Wiederbeschäftigung, f; Wiedereinstellung, f
re-enlistment – Weiterverpflichtung, f
re-entry into employment – Wiedereintritt (m) in das Berufsleben, n
re-examination – Wiederholungsprüfung, f
re-grading – Rückgruppierung, f
reaction – Reaktion, f
reaction time – Reaktionszeit, f
readiness – Bereitschaft, f
readiness for industrial unrest – Arbeitskampfbereitschaft, f
readiness to perform – Leistungsbereitschaft, f
readiness to take a risk – Risikobereitschaft, f
readjustment – Neufestsetzung, f; Neuordnung, f
readjustment allowance – Überbrückungsgeld, n
ready – bereit
ready for holiday – urlaubsreif
ready for operation – betriebsbereit; einsatzbereit
real (1) – dinglich
real (2) – real; wirklich
real action – dingliche Klage, f
real estate – Immobilien (pl)
real estate acquisition tax – Grunderwerbsteuer, f
real estate dealer/agent – Immobilienmakler, m
real income – Realeinkommen, n
real property – Grundbesitz, m; Grundstück, n; Liegenschaft, f
real right – dingliches Recht, n
real value – Sachwert, m
real wage adjustment – Reallohnanpassung, f
real wage cut – Reallohnkürzung, f
real wages (pl) – Reallohn, m
real-time capture – Echtzeiterfassung, f
realisation/realization – Verwertung, f
realise/realize, v – verwerten, v
realizable – erfüllbar
realization and liquidation statement – Konkurstabelle, f
reallocation – Neuaufteilung, f; Neuverteilung, f
realtime – Echtzeit, f
reappointment – Wiederanstellung, f; Wiederernennung, f
reappraisal – Neubeurteilung, f
rearrange, v – umordnen, v
rearrangement – Neuregelung, f
reasearch and development (R & D) – Forschung und Entwicklung, f (F & E)

reason (1) – Beweggrund, m; Veranlassung, f
reason (2) – Vernunft, f
reason for abandonment – Abkehrgrund, m
reason for dismissal – Entlassungsgrund, m
reason for giving notice – Kündigungsgrund, m
reason for objection – Widerspruchsgrund, m
reasonable (1) – vernünftig
reasonable (2) – zumutbar
reasonable justification – Begründetheit, f
reasonableness – Verhältnismäßigkeit, f; Zumutbarkeit, f
reasoning – Beweisführung, f
reasoning power – Denkfähigkeit, f
reasons (pl) for appeal – Berufungsbegründung, f
reasons (pl) of appeal – Revisionsbegründung, f *<jur>*
reasons (pl) of suspicion – Verdachtsgründe (pl)
reasons (pl) related to the employee – personenbedingt
rebate – Preisnachlass, m
rebuke – Tadel, m
rebuke, v – tadeln, v; zurechtweisen, v
rebuttable – widerlegbar
rebuttal – Entkräftung (f) von Argumenten (pl)
rebuttal argument – Gegenargument, n
recalculation of net payroll – Nettorückrechnung, f
receipt (1) – Beleg, m; Quittung, f
receipt (2) – Eingang, m
receipt accounting – Belegabrechnung, f
receipt for entertainment expenses (pl) – Bewirtungsbeleg, m
receipt in full discharge upon termination of employment – Ausgleichsquittung, f
receipts (pl) – Einnahmen (pl); Gewinn, m
receive, v – empfangen, v; erhalten, v; beziehen, v; einnehmen, v
receive a performance-related salary, v – leistungsgerecht bezahlt werden, v
receive one's notice, v – gekündigt werden, v
recession – Rezession, f
recipient – Empfänger/in, m/f
recipient of benefits (pl) – Leistungsempfänger/in, m/f
reciprocal agreement – gegenseitiger Vertrag, m
recission – Rückgängigmachung, f
reckless – rücksichtslos
recklessness – Fahrlässigkeit, f; Rücksichtslosigkeit, f
reckon back, v – zurückrechnen, v
reclaim, v – zurückfordern, v
reclamation – Zurückforderung, f
reclassification – Neubewertung, f; Umgruppierung, f; Umstufung, f
reclassify, v – umgruppieren, v; umstufen, v
recognition – Anerkennung, f
recognize/recognise, v – anerkennen, v; erkennen, v
recommend, v – empfehlen, v
recommendation – Befürwortung, f; Empfehlung, f
recommendation made by the conciliator – Schlichtungsempfehlung, f
recommitment – Rückverweisung, f
recomputation – Neuberechnung, f
reconciliate, v – versöhnen (sich), v
reconciliation – Versöhnung, f
reconciliation of interest (pl) – Interessenausgleich, m

reconveyance – Rückübereignung, f
record (1) – Niederschrift, f; Akte, f
record (2) – Bestleistung, f
record, v – verzeichnen, v; dokumentieren, v
record collection – Unterlagensammlung, f
record in the minutes (pl), v – ins Protokoll (n) aufnehmen, v
record office – Aktenraum, m
record sheet – Berichtsbogen, m
recorded time value – festgelegter Zeitfaktor, m
recorder – Protokollführer/in, m/f
recording – Protokollierung, f
recording secretary – Schriftführer/in, m/f
records maintenance – Aktenführung, f
records retention – Aktenaufbewahrung, f
recourse (1) – Regress, m
recourse (2) – Rekurs, m; Rückgriff, m
recover, v (1) – beitreiben, v
recover, v (2) – erholen (sich), v; genesen, v
recover, v (3) – Recht (n) bekommen, v
recover a judgement, v – Urteil (n) erwirken, v
recover damages (pl), v – Schadensersatz (m) erhalten, v
recover debts (pl), v – Schulden (pl) beitreiben, v
recoverable – beitreibbar; eintreibbar; erstattungsfähig
recovery (1) – Erholung, f; Genesung, f
recovery (2) – Wiedereingewöhnung, f
recovery in economic activity – Wirtschaftsaufschwung, m
recovery of undue payment – Rückforderung (f) zuviel gezahlter Beiträge (pl)
recreation – Entspannung, f; Erholung, f
recreation area – Erholungsgebiet, n
recreation benefit – Erholungsbeihilfe, f
recreation centre/center – Erholungsheim, n
recreation facility – Freizeiteinrichtung, f
recreation room – Aufenthaltsraum, m; Gemeinschaftsraum, m; Ruheraum, m
recreational activities (pl) – Freizeitgestaltung, f
recreational leave – Erholungsurlaub, m
recreational program(me) – Freizeitprogramm, n; Erholungsprogramm, n
recruit, v – anwerben, v
recruit personnel, v – Arbeitskräfte (pl) werben, v
recruitment – Anwerbung, f; Arbeitskräftebeschaffung, f; Personalwerbung, f; Personalgewinnung, f
recruitment costs (pl) – Einstellungskosten (pl)
recruitment fair – Absolventenmesse, f
recruitment subsidy – Einstellungsbeihilfe, f
recurrent fixed-term employment relationship – mehrfach befristetes Arbeitsverhältnis, n
recurring payments (pl) – wiederkehrende Bezüge (pl)
red-circling – Entgeltschutz (m) nach Neubewertung (f) des Arbeitsplatzes, m
red-tape – bürokratisch
redeem, v – ablösen, v; einlösen, v; tilgen, v
redemption – Rückzahlung (f) eines Darlehens, n; Tilgung, f

redemption loan – Tilgungsdarlehen, n
redemption rate – Tilgungsrate, f
redemption right – Rückkaufsrecht, n
redemption sum – Ablösesumme, f
redemption value – Rückkaufswert, m
redeployment – Umverteilung, f
redirect, v – umbestellen, v
redo, v – nacharbeiten, v
redress grievances (pl), v – Beschwerden (pl) abstellen, v
reduce, v – abbauen, v; einschränken, v; ermäßigen, v; kürzen, v; verringern, v
reduce the labo(u)r force, v – Arbeitskräfte (pl) abbauen, v
reduced efficiency – Leistungsminderung, f
reduced hours (pl) – Kurzarbeit, f
reduced hours compensation – Kurzarbeitergeld, n
reduced output – Minderleistung, f
reduced performance – Minderleistung, f
reduction – Abbau, m; Ermäßigung, f; Kürzung, f; Minderung, f
reduction in employment – Beschäftigungsabbau, m
reduction in wages (pl) – Lohnkürzung, f
reduction of benefits (pl) – Leistungskürzung, f
reduction of earnings (pl) – Einkommensverringerung, f
reduction rule – Kürzungsregel, f
redundancy – Arbeitsplatzverlust, m; Kündigung, f (aus wirtschaftlichen Gründen, pl)
redundancy agreement – Abfindungsvertrag, m
redundancy of personnel – Personalüberhang, m
redundancy payment – Abfindung, f
redundancy scheme – Abfindungsplan, m
redundant – überflüssig; überschüssig; überzählig
redundant labo(u)r – Arbeitskräfteüberschuss, m
redundant worker – überzählige/r Arbeiter/in, m/f
refectory – Speiseraum, m
refer back to, v – zurückverweisen, v
refer to, v – verweisen auf, v
referee – Schiedsrichter, m
reference (1) – Berufung (f) auf, f; Hinweis, m; Quellenangabe, f; Verweis, m; Verweisung, f
reference (2) – Zeugnis, n; Referenz, f
reference example – Richtbeispiel, n
reference initials (pl) – Diktatzeichen, n
reference method – Bezugsmethode, f
reference number – Geschäftszeichen, n; Ordnungszahl, f; Registriernummer, f
reference performance – Bezugsleistung, f
reference period – Berichtszeitraum, m; Bezugszeitraum, m; Referenzperiode, f; Vergleichszeitraum, m
reference value – Richtwert, m
reference year – Bezugsjahr, n
referendum – Volksbegehren, n
referring clause – Bezugnahmeklausel, f
reform of the law of obligations (pl) – Schuldrechtsreform, f
reform of the national pension system – Rentenreform, f
reformatory – Erziehungsanstalt, f
refrain (from doing sth), v – unterlassen, v; enthalten (sich), v
refresh, v – auffrischen, v

refresher course – Auffrischungskurs, m; Wiederholungskurs, m
refreshment room – Erfrischungsraum, m
refugee – Flüchting, m
refund – Zurückerstattung, f
refund, v – ersetzen, v; zurückerstatten, v; zurückzahlen, v
refund expenses (pl), v – Spesen (pl) ersetzen, v
refund of travel expenses (pl) – Reisekostenerstattung, f
refusal – Versagung, f; Verweigerung, f; Weigerung, f
refusal of one's consent – Zustimmungsverweigerung, f
refusal of payment – Zahlungsverweigerung, f
refusal to accept – Annahmeverweigerung, f
refusal to do one's military service – Wehrdienstverweigerung, f
refusal to work – Arbeitsverweigerung, f
refuse to give testimony as a witness, v – Zeugnis (n) verweigern, v *<jur>*
refuse, v – verweigern, v; weigern (sich), v
regional authority – Mittelbehörde, f
regional court – Landgericht, n
Regional Court of Appeals (pl) – Oberlandesgericht, n (OLG)
Regional Employment Office – Landesarbeitsagentur, f
regional federation – Landesverband, m
Regional Insurance Institute – Landesversicherungsanstalt, f
Regional Labo(u)r Court – Landesarbeitsgericht, n
Regional Social Court – Landessozialgericht, n
register – Register, n
register, v – erfassen, v; eintragen, v; registrieren, v; vormerken, v
register a trade, v – Gewerbe (n) anmelden, v
register of births (pl) – Geburtenbuch, n
register of cooperative associations (pl) – Genossenschaftsregister, n
register of data files (pl) – Dateienregister, n
register of employees (pl) celebrating their service anniversary – Jubilarliste, f
register of members (pl) – Mitgliederverzeichnis, f
register of membership corporations (pl) – Vereinsregister, n
register of patents (pl) – Patentrolle, f
register of trades (pl) – Handwerksrolle, f
register of vital statistics (pl) – Personenstandsregister, n
registered association – eingetragener Verein, m
registered letter – Einschreiben, n
registered mail against receipt – Einschreiben (n) gegen Rückschein, m
registered office *<GB>* – Gesellschaftssitz, m
registered paper – Namenspapier, n
registered voter – Wahlberechtigte/r, f/m
registrar – Registrator/in, m/f; Urkundsbeamter/-beamtin, m/f
registrar of vital statistics (pl) – Standesbeamter/-beamtin, m/f
registration – Anmeldung, f; Eintragung, f; Erfassung, f
registration fee – Anmeldegebühr, f
registration form – Anmeldeformular, n

registration list – Vormerkungsliste, f
registry court – Registergericht, n
regrading – Neueinstufung, f
regression – rückläufige Entwicklung, f
regular – ordnungsgemäß; regelmäßig; ständig
regular workforce – Stammbelegschaft, f
regular court of law – ordentliches Gericht, n
regular income – festes Einkommen, n; laufende Bezüge (pl)
regular occupation – regelmäßige Beschäftigung, f
regular payments (pl) – laufende Bezüge, pl
regular periodical payments (pl) – regelmäßig wiederkehrende Leistungen (pl)
regular shift – Normalschicht, f
regular staff – Stammbelegschaft, f
regular wage – Normallohn, m
regular worker – Stammarbeiter/in, m/f
regular working hours (pl) – regelmäßige Arbeitszeit, f
regularity – Ordnungsmäßigkeit, f
regulate, v – regulieren, v; regeln, v
regulation – Regelung, f; Vorschrift, f
Regulation Governing Administrative Courts – Verwaltungsgerichtsordnung, f
regulation of seisin/seizin – Besitzstandsregelung, f
regulation on travel expenses (pl) – Reisekostenrichtlinie, f
regulatory authority – Ordnungsbehörde, f
regulatory laws (pl) – Ordnungsrecht, n
Rehabiliation and Participation of Serverely Disabled Persons – Sozialgesetzbuch, n (SGB 09): Rehabilitation (f) und Teilhabe (f) behinderter Menschen (pl)
rehabilitation – Rehabilitation, f
rehabilitation plan – Sanierungsplan, m
reign of law – Rechtsstaatlichkeit, f
reimbursable – rückzahlbar
reimburse, v – entschädigen, v; erstatten, v; rückerstatten, v
reimburse s.o. (for) his/her expenses (pl), v – jmd seine Auslagen (pl) ersetzen, v
reimbursement – Ersatz, m; Ersetzung, f; Erstattung, f; Rückerstattung, f; Rückvergütung, f; Rückzahlung, f
reimbursement claim – Erstattungsanspruch, m
reimbursement of contributions (pl) – Beitragserstattung, f
reimbursement of costs (pl) – Kostenerstattung, f
reimbursement of expenses (pl) – Kostenerstattung, f; Auslagenerstattung, f
reinforce, v – verstärken, v; vertiefen, v
reinforcement – Verstärkung, f
reinforcement of basic skills (pl) – Vertiefung (f) von Grundkenntnissen (pl)
reinstate, v – wiedereinsetzen, v
reinstatement (1) – Wiedereinsetzung (f) in den vorigen Stand, m
reinstatement (2) – Weiterbeschäftigung, f
reinstatement claim – Wiedereinstellungsanspruch, m
reinstatement clause – Wiedereinstellungsklausel, f
reinsurance – Rückversicherung, f
reintegration – Wiedereingliederung, f
reinterpret, v – umdeuten, v

reinterpretation *(of a termination notice)* – Umdeutung (f) einer Kündigung, f
reject, v – ablehnen, v; zurückweisen, v
reject an application, v – Antrag (m) ablehnen, v
reject an offer, v – Angebot (n) ablehnen, v
rejection – Ablehnung, f; Zurückweisung, f
rejection decision – Ablehnungsbescheid, m
rejoin, v – entgegnen, v (in einem Prozess)
rejoin the labo(u)r force, v – wieder ins Erwerbsleben (n) zurückkehren, v
rejoinder – Erwiderung, f
relapse – Rückfall, m
relate, v – sich beziehen auf, v
related to – verwandt mit
related by marriage – verschwägert
related companies (pl) – verbundene Unternehmen (pl)
related person – Verwandte/r, f/m; Familienangehörige/r, f/m
relating to legal form – formalrechtlich
relation – Beziehung, f; Verhältnis, n
relation to third parties (pl) – Außenverhältnis, n
relationship – Verwandtschaft, f; Verwandschaftsverhältnis, n; Rechtsverhältnis, n; Verwandt sein, n; Verhältnis, n
relationship of votes (pl) – Stimmenverhältnis, n
relationship to child – Kindschaftsverhältnis, n
relative (1) – Angehörige/r, f/m; Verwandte/r, f/m
relative (2) – relativ; verhältnismäßig
relative impossibility – subjektive Unmöglichkeit, f
relative majority – relative Mehrheit, f
relaxation – Erholung, f; Arbeitsruhe, f; Entspannung, f
relay – neue Arbeitsschicht, f
release (1) – Befreiung, f; Entlastung, f; Entbindung, f (von Schulden); Erlass, m (von Schulden);
release (2) – Freigabe, f
release (3) – Verzichtsleistung, f *<jur>*
release, v – freigeben, v; von etwas entbinden, v; entlasten; verzichten
release from, v – erlassen, v; jmd von etwas entbinden, v
release from military service – Entlassung (f) aus dem Militärdienst, m
release from service – Beurlaubung (f) vom Dienst, m
release from work(ing) – Arbeitsbefreiung, f; Arbeitsfreistellung, f
release of a works council member from work – Betriebsratsfreistellung, f
relegation in step – Einstufung (f) in eine niedrigere Dienstaltersstufe, f
relevant – einschlägig; relevant; anwendbar; von Belang, m
relevant administrative body – zuständige Behörde, f
relevant documents (pl) – sachdienliche Unterlagen (pl)
relevant evidence – schlüssige Beweisunterlagen (pl)
relevant information – zweckdienliche Angaben (pl); einschlägige Auskünfte (pl)
reliability – Glaubwürdigkeit, f; Zuverlässigkeit, f
reliable – verlässlich; zuverlässig; vertrauenswürdig; glaubwürdig
relief (1) – Abgabenbefreiung, f
relief (2) – Ablösung, f (für Kollegen,pl)
relief (3) – Erleichterung, f
relief (4) – Fürsorgeunterstützung, f; Unterstützung, f

relief (5) – Rechtshilfe, f *<jur>*; Rechtsbehelf *<jur>*
relief driver – Beifahrer/in, m/f
relief fund – Unterstützungskasse, f
relief man – Springer, m
relief program(me) – Arbeitsbeschaffungsprogramm, n
relief time – persönliche Verteilzeit, f
relief works (pl) – Notstandsarbeiten (pl)
relieve, v – entlasten, v
relieve one another, v – Kollegen vorübergehend ablösen, v
relieving fellow worker – Ablösung, f
religion – Konfession, f; Religion, f
religious affiliation – Religionszugehörigkeit, f
religious belief – Konfession, f
religious community – Religionsgemeinschaft, f
religious denomination – Konfession, f
religious education – Religionsunterricht, m
religious freedom – Religionsfreiheit, f
religious society – Religionsgemeinschaft, f
relinquish, v – ein Recht (n) abtreten, v; preisgeben, v
relinquish a position, v – von einem Posten (m) zurücktreten, v
relinquishment – Überlassung (f) einer Aufgabe, f
relocate, v (1) – umziehen, v
relocate, v (2) – etwas verlagern, v; versetzen, v
relocate a plant, v – Betrieb (m) verlagern, v
relocation (1) – Umzug, m
relocation (2) – Verlegung, f; Standortverlegung, f
remainder – erbrechtliche Anwartschaft, f; Überbleibsel, n; Restbetrag, m
remaining – verbleibend; übrig; restlich
remaining balance – Restbetrag, m
remaining days (pl) of vacation *<US>* – Resturlaub, m
remaining leave – Resturlaub, m
remaining leave entitlement – Resturlaubsanspruch, m
remaining time to maturity of sth – Restlaufzeit, f
remaining wage – Restlohn, m
remand (1) – Zurückverweisung (f) einer Rechtsache, f; eine Rechtssache zurückverweisen, v
remand (2) – Untersuchungshaft, f
remark – Bemerkung, f; Äußerung, f
remedial – heilend; Abhilfe schaffend
remedial action – Abhilfemöglichkeit, f
remedial classes (pl) – Ergänzungsunterricht, m
remedial instruction – Förderunterricht, m
remedial statute – Schutzgesetz, n
remedy (1) – Abhilfe, f; Rechtsbehelf, m
remedy (2) – Heilmittel, n
remedy, v – abhelfen, v
remedy a defect, v – nachbessern, v
remember, v – sich an etwas erinnern, v
remind s.o. of, v – jmd an etwas erinnern, v; mahnen, v
reminder – Erinnerung, f; Mahnung, f
remission – Erlass, m (von Strafen oder Steuern)
remission contract – Erlassvertrag, m
remission of a claim – Forderungsverzicht, m
remission of debts (pl) – Schuld(en)erlass, m
remission of fees (pl) – Gebührenerlass, m

remission of punishment – Straferlass, m
remission of taxes (pl) – Erlass von Steuern (pl)
remit, v (1) – Geld (n) anweisen, v; übermitteln, v
remit, v (2) – Strafe (f) erlassen, v
remit one´s work – Arbeit einstellen; mit der Arbeit aufhören
remittal – Verweisung (f) einer Rechtssache, f
remittance – Anweisung, f; Überweisung, f
remittance of social insurance contributions (pl) – Beitragsabführung (f) an die Sozialversicherung, f
remote damage – Folgeschaden, m
removal – Umzug, m; Verlegung, f; Absetzung, f
removal (from office) – Entfernung (f) aus dem Amt, n; Abberufung, f
removal allowance – Umzugskostenbeihilfe, f
removal expenses (pl) – Umzugskosten (pl)
removal expenses (pl) refund – Umzugskostenerstattung, f
removal from a post– Entfernung (f) aus dem Dienst, m
removal of one's name from the university register – Exmatrikulation, f
remonstrance – Beschwerde, f
remonstrant – Beschwerdeführer, m
remonstrate, v – protestieren, v; einwenden, v
remove, v – entfernen, v; abberufen, v; absetzen, v
remove (from office), v – aus dem Dienst (m) entlassen, v; abberufen, v
remove into a foreign country – Auslandsumzug, m
remunerate, v – entgelten, v; entlohnen, v; entschädigen, v; belohnen, v; vergüten, v; besolden, v; bezahlen, v
remuneration – Dotierung, f; Entgelt, n; Gage, f; Vergütung, f; Entlohnung, f; Belohnung, f
remuneration for employee inventions (pl) – Erfindervergütung, f
remuneration for meals (pl) – Essensgeld, n
remuneration for Members of Parliament – Diäten (pl)
remuneration for work – Arbeitsentgelt, n
remuneration group – Vergütungsgruppe, f
remuneration in cash – Barbezüge (pl)
remuneration in kind – Sachbezüge (pl); Deputat, n
remuneration of performance – Leistungsvergütung, f
remuneration package – Vergütungspaket, n
remuneration principle – Entgeltgrundsatz, m; Entlohnungsgrundsatz, m
remuneration seniority – Besoldungsdienstalter, n
remuneration system – Vergütungssystem, n
render a decision, v – Entscheidung (f) verkünden, v
render a service, v – Dienst (m) leisten, v
rendering an account – Rechnungserteilung, f
renew, v – erneuern, v; verlängern, v
renewal – Erneuerung, f; Verlängerung, f
renounce, v – auf etwas verzichten, v; zurücktreten, v; aufgeben, v

rent – Miete, f; Mietpreis, m; Mietzins, m; Pacht, f; Pachtgeld, n
rent, v – mieten, v; pachten, v
rent allowance – Mietzuschuss, m; Mietbeihilfe, f
rent arrears (pl) – Mietrückstand, m
rent collection – Mieteinzug, m
rent grant – Mietzuschuss, m
rent in advance – Mietvorauszahlung, f
rent increase – Mieterhöhung, f
rent with optional purchase – Mietkauf, m
rental income – Einkünfte (pl) aus Vermietung und Verpachtung, f; Mietertrag, m
rental security deposit – Mietkaution, f
renunciation – Rücktritt, m; Ablehnung, f; Verzicht, m
renunciation of inheritance – Erbverzicht, m
renunciation of pay – Lohnverzicht, m
renunciation right – Rücktrittsrecht, n
reopening – Wiederaufnahme, f
reopening of a case – Wiederaufnahmeverfahren, n <*jur*>
reopening right – Rücktrittsrecht, n
reorganisation/reorganization – Neugestaltung, f; Umbildung, f; Umorganisation, f
reorganise/reorganize, v – umorganisieren, v; neu organisieren, v
repair, v – reparieren, v
repair an injury – Schadensersatz leisten
repair work – Instandsetzungsarbeiten (pl)
repairman – Mechaniker, m
reparation – Wiedergutmachung, f
repatriate of German origin – Spätaussiedler/in, m/f
repay, v – zurückzahlen, v; zurückerstatten, v; tilgen, v
repayable – rückzahlbar
repayable amount – Rückzahlungsbetrag, m
repayment – Rückzahlung, f; Rückerstattung, f; Rückvergütung, f; Tilgung, f
repayment agreement – Rückzahlungsvereinbarung, f
repayment claim – Rückzahlungsanspruch, m
repayment clause – Rückzahlungsklausel, f
repayment instal(l)ment – Tilgungsrate, f
repayment obligation – Rückzahlungspflicht, f
repayment of a loan – Darlehenstilgung, f
repayment period – Rückzahlungsfrist, f
repayment proviso – Rückzahlungsvorbehalt, m
repayment rate – Tilgungsrate, f
repayment requirement – Rückzahlungsverpflichtung, f
repayment schedule – Rückzahlungsplan, m; Tilgungsplan, m
repeal – Aufhebung, f
repeal, v – aufheben, v
repeat, v – wiederholen, v
repeat a year, v – in der Schule (f) sitzenbleiben, v
repeatedly – wiederholt
Repentance Day – Buß- und Bettag, m
repetition – Wiederholung, f
repetitive work – Routinearbeit, f; sich wiederholende Arbeit, f
replace, v – ersetzen, v; vertreten, v
replace a person, v – jemandes Stelle (f) einnehmen, v

replacement – Ablösung, f; Ersatzbeschaffung, f; Ersetzung, f; Neubesetzung, f; Vertretung, f; Wiederbeschaffung, f
replacement costs (pl) – Wiederbeschaffungskosten (pl)
replacement hiring – Ersatzeinstellung, f
replacement needs (pl) – Ersatzbedarf, m
replacement requirements (pl) – Ersatzbedarf, m
replacing works agreement – ablösende Betriebsvereinbarung, f
reply (1) – Bescheid, m
reply (2) – Erwiderung, f; Antwort, f; Gegendarstellung, f
reply, v – entgegnen, v; erwidern, v
report – Bericht, m; Zeugnis, n; Meldung, f; Referat, n
report, v – berichten, v; Bericht erstatten, v; melden, v; referieren, v
report back to work, v – sich wieder zur Arbeit (f) melden, v
report book – Berichtsheft, n
report for duty – sich zum Dienst melden
report for work, v – Arbeit/Dienst antreten, v; sich zur Arbeit (f) melden, v
report s.o. to the authorities (pl), v – Anzeige (f) erstatten, v
report sick, v – sich krankmelden, v
report to s.o. – jmd unterstehen; jmd unterstellt sein
report to the police, v – Anzeige (f) bei der Polizei erstatten, v
reportable – anzeigepflichtig
reportable accident – meldepflichtiger Unfall, m
reportable accident in industry – meldepflichtiger Betriebsunfall, m
reporter – Berichterstatter/in, m/f
reporting – Berichtswesen, n
reporting path – Berichtsweg, m
reporting procedure – Meldeverfahren, n
reporting regulations (pl) – Meldevorschriften (pl)
reprehension – Rüge, f
represent, v – repräsentieren, v; vertreten, v
representation – Vertretung, f; Darstellung, f; Schilderung, f
representation allowance – Aufwandsentschädigung, f
representation of interests (pl) – Interessenvertretung, f
representation of juvenile employees (pl) – Jugendvertretung, f
representation of juvenile employees (pl) and apprentices (pl) – Jugend- und Auszubildendenvertretung, f
representational power – Vertretungsmacht, f
representations (pl) – Vertragsabsprachen (pl) *<jur>*
representative – Beauftragte/r, f/m; Vertreter/in, m/f
representative authority – Vertretungsmacht, f
representative litigation – Musterprozess, m
representative of an association – Verbandsvertreter/in, m/f
representative of insured persons (pl) – Versichertenvertreter/in, m/f
representative of interests (pl) – Interessenvertreter/in, m/f
representative of severely handicapped employees (pl) – Schwerbehindertenbeauftragte/r, f/m
representative of the people – Volksvertreter/in, m/f
representatives' assembly – Vertreterversammlung (f) der Krankenkasse, f

reprimand – Rüge, f; Tadel, m; Verweis, m
reprimand, v – rügen, v; Verweis (m) erteilen, v
reproach – Vorwurf, m
reproachable – vorwerfbar
reprove – Verweis, m; Tadel, m; Rüge, f
reprove s.o. for, v – jmd für etwas einen Verweis (m) erteilen, v
repudiate, v – verwerfen, v; widerrufen, v; zurückweisen, v; abweisen, v
repudiation – Leistungsverweigerung, f; Nichtanerkennung, f; Ablehnung, f; Verwerfung, f; Zurückweisung, f; Anfechtung, f; Widerruf, m
reputation – Ansehen, n; Leumund, m; Ruf, m
repute – Ehrbarkeit, f; Ruf, m; Leumund, m
request – formelles Gesuch, n; Forderung, f; Aufforderung, f; Anforderung, f
request, v – ersuchen, v; auffordern, v; fordern, v
request for cheque/check – Scheckanforderung, f
request for compensation – Entschädigungsantrag, m
request for conciliation – Vergleichsantrag, m
request for extension – Verlängerungsantrag, m
request for information – Auskunftsverlangen, n
request for payment – Zahlungsaufforderung, f
request for refund – Erstattungsantrag, m
request for relief – Beschwerde, f
request the court, v – vor Gericht (n) beantragen, v
require, v – erfordern, v; brauchen, v; nötig haben, v
require a great deal of s.o., v – hohe Anforderungen (pl) an jmd stellen, v
require too little from s.o. – jmd unterfordern
require too much from s.o. – jmd überfordern
required – erforderlich
required qualification – (erforderliche) Vorbildung, f
required strength – Sollstärke, f
required subject *<US>* – Pflichtfach, n
requirement – Anforderung, f; Erfordernis, n; Bedingung, f; Voraussetzung, f; Bedürfnis, n
requirement of a claim – Anspruchsvoraussetzung, f
requirement to provide identification – Identifikationsmeldepflicht, f
requirements (pl) – Anforderungsprofil, n
requirements (pl) analysis – Anforderungsanalyse, f
requirements (pl) profile – Anforderungsprofil, n
requiring consent – zustimmungspflichtig
requisition – Ersuchen, n; Aufforderung, f; Anforderung, f; Beanspruchung, f
resale – Weiterverkauf; m
rescind, v – aufheben, v; annulieren, v; ein Urteil (n) aufheben, v *<jur>*
rescind a contract, v – von einem Vertrag (m) zurücktreten, v
rescind a judgement, v – Urteil (n) aufheben, v
rescinder – Anfechtungsberechtigte/r, f/m
rescission – Rücktritt (m) von einem Vertrag, m; Aufhebung, f; Anfechtung, f; Annullierung, f; Rückgängigmachung, f

rescue – Rettung, f; Bergung, f; Hilfeleistung, f
rescue, v – bergen, v
rescue company – Auffanggesellschaft, f
rescue plan – Rettungsplan, m
rescue route – Rettungsweg, m
rescue station – Rettungswache, f
research – Ermittlung, f; Forschung, f
research centre/center – Forschungszentrum, n
research project – Forschungsprojekt, n
research team – Forschungsteam, n
research worker – Forscher, m
resentment – Ressentiment, n
reservation – Buchung, f; Vorbestellung, f; Reservierung, f; Vorbehalt, m *<jur>*
reservation clause – Vorbehaltsklausel, f
reservation of a right – Rechtsvorbehalt, m
reservation of priority – Rangvorbehalt, m
reservation of the granting of permission – Erlaubnisvorbehalt, m
reservation of title – Eigentumsvorbehalt, m
reserve (1) – Rücklage, f; Reserve, f
reserve (2) – Zurückstellung (f) in der Bilanz, f
reserve, v – zurückstellen, v; reservieren, v
reserve account – Rückstellungskonto, n
reserve duty training – Wehrübung, f
reserve officer – Reserveoffizier, m
reserves (pl) – Rücklagen (pl); Rückstellungen (pl)
reserves (pl) for leave/vacation pay – Rückstellung (f) für Urlaubsentgeld, n
resettlement – soziale Wiedereingliederung, f
resettlement allowance – Umsiedlungsbeihilfe, f; Wiedereingliederungsbeihilfe, f
resettlement measure – Wiedereingliederungsmaßnahme, f
resettler – Aussiedler, m; Übersiedler/in, m/f
reside, v – wohnen, v; Wohnsitz (m) haben, v
residence – Wohnsitz, m; Wohnort, m; Aufenthalt, m
residence permit – Aufenthaltserlaubnis, f
residence requirement – Residenzpflicht, f
resident (1) – ansässig; ortsansässig
resident (2) – Einwohner/in, m/f
residents´registration office – Einwohnermeldeamt, n
residential allowance – Ortszuschlag, m
residential – Wohn...; Wohnsitz...
residential area – Wohngebiet, n
residential space – Wohnraum, m
residual – restlich; übrigbleibend
residual unemployment – Restarbeitslosigkeit, f
residual value – Restwert, m
residue – Restbetrag, m; Überschuss, m
resign, v – zurücktreten, v; Amt/Stelle aufgeben, v; abdanken, v; seinen Abschied nehmen, v; aus dem Dienst (m) ausscheiden, v; Amt (n) niederlegen, v
resign an office/the seals (pl) – ein Amt (n) niederlegen, v
resign from membership – austreten, v
resign from office, v – Amt (n) aufgeben, v

resign from one's post, v – Stellung (f) aufgeben, v
resign from a position, v – Stellung aufgeben, v
resignation – Ausscheiden, n; Amtsaufgabe, f; Rücktritt, m; Abschied, m; Verzicht, m; Kündigung (f) durch Arbeitnehmer, m
resignation from office – Amtsniederlegung, f; Amtsaufgabe, f
resignation of membership – Austritt, m
resignation request – Rücktrittsgesuch, n
resilience – Erhöhung (f) von Widerstandskraft und Leistungsfähigkeit der Mitarbeiter
resist, v – sich wehren, v; sich widersetzen, v
resistance – Widerstand, m
resistance to state authority – Widerstand (m) gegen die Staatsgewalt, f
resit an exam(ination), v – Prüfung (f) wiederholen, v
resolution – Beschluss, m; Entschließung, f; Entschluss, m; Resolution, f
resolution adopted by the partners (pl) – Gesellschafterbeschluss, m
resolution of social insurance account – Kontenklärung, f
resolve, v – beschließen, v; sich entschließen, v; auflösen, v
resort to the general courts (pl) of law – ordentlicher Rechtsweg, m
resource – Hilfsquellen, f; Ressource, f; Aufkommen, n
resources (pl) – Hilfsquellen (pl); Ressourcen (pl)
respiratory organ – Atmungsorgan, n
respiratory protective equipment – Atemschutzgerät, n
respite – Aufschub, m; Aussetzung, f; Stundung, f
respondent *<law>* – Antragsgegner/in, m/f; Berufungsbeklagte/r, f/m; Revisionsbeklagte/r, f/m
responsibilities (pl) – Pflichtenkreis, m
responsibility (1) – Haftung, f
responsibility (2) – Verantwortlichkeit, f; Verantwortung, f; Zuständigkeit, f
responsible (1) – kompetent; verantwortlich; zuständig
responsible (2) – zurechnungsfähig *<jur>*
responsible in law – deliktsfähig
responsible partner – persönlich haftender Gesellschafter, m
rest (1) – Pause, f; Rast, f
rest (2) – Rest, m
rest, v – ruhen, v
rest break – Ruhepause, f
rest cure – Erholungskur, f
rest pause – Ruhepause, f
rest period – Erholungspause, f; Ruhezeit, f
rest period requirement – Erholungsbedarf, m
rest room *<US>* – Toilette, f
rest time – Erholungszeit, f
restaurant business – Gaststättengewerbe, n
restitution – Ersatz, m; Wiedergutmachung, f
restitution to the previous condition – Wiedereinsetzung (f) in den vorherigen Stand, m
restoration – Wiederherstellung, f; Herausgabe, f (einer Sache)
restore, v – sanieren, v; wiederherstellen, v
restrain, v – beschränken, v
restrain production – die Produktion (f) einschränken, v

restraining order – richterliches Verbot, n; einstweilige Verfügung, f
restraint of competition – Wettbewerbsbeschränkung, f; Wettbewerbsverbot, n
restraint – Einschränkung, f; Beschränkung, f; Hemmung, f
restraint clause – Konkurrenzklausel, f; Wettbewerbsklausel, f
restraint of trade – Konkurrenzverbot, n
restrict, v – beschränken, v; begrenzen, v; einschränken, v
restriction (1) – Einschränkung, f; Begrenzung, f
restriction (2) – Hemmung, f
restriction of output – Produktionseinschränkung, f
restriction of production – Produktionsbeschränkung, f; Produktionssenkung, f
restriction of the voting right – Beschränkung (f) des Wahlrechts, n
restriction on competition – Wettbewerbsbeschränkung, f
restriction on individual property for the benefit of society – Sozialbindung, f
restrictive – einschränkend; hemmend
restructure, v – umstrukturieren, v
restructuring – Umstrukturierung, f
resubmission – Wiedervorlage, f
result – Ergebnis, n; Resultat, n; Folge, f
result, v – folgen, v; resultieren, v
result bonus – Erfolgsprämie, f
result control – Erfolgskontrolle, f
result wage – Erfolgslohn, m; Ergebnislohn, m
resulting from an accident – unfallbedingt
resume – kurzer Lebenslauf, m
resume gap – Lücke (f) im Lebenslauf, m
resume work, v – Arbeit (f) wieder aufnehmen, v
resumption (1) – Wiederaufnahme, f
resumption (2) – Zurücknahme, f
resumption of work – Wiederaufnahme (f) der Arbeit, f
Retail Business Closing Hours Act *(law regulating the closing of shops)* – Ladenschlussgesetz, n (LadSchlG)
retail trade – Einzelhandel, m
retailer – Einzelhändler/in, m/f
retain, v – einbehalten, v; zurückbehalten, v
retain a counsel, v – Anwalt/Anwältin (m/f) bestellen, v
retainer (1) – Gebührenvorschuss, m
retainer (2) – Mandat, n; Prozessvollmacht, f
retention (1) – Einbehaltung, f
retention (2) – Mitarbeiterbindung, f
retention period – Aufbewahrungsfrist, f
retire (from service), v – in den Ruhestand (m) treten, v
retire of title – Eigentumsvorbehalt, m
retire on a pension, v – pensionieren lassen (sich), v
retire s.o., v – jmd in den Ruhestand (m) versetzen, v
retire to deliberate, v – sich zur Beratung (f) zurückziehen, v
retired – im Ruhestand, m; außer Dienst, m
retired employee – Ruheständler, m; Pensionär, m
retired pay – Ruhegehalt, f; Pension,f; Altersrente, f
retirement – Abschied (m) aus Alterswgründen (pl); Pensionierung, f; Ruhestand, m; Eintritt (m) in den Ruhestand; Versetzung (f) in den Ruhestand
retirement age – Rentenalter, n

retirement annuity – Versicherungsrente, f
retirement benefit – Altersruhegeld, n
retirement date – Rentenbeginn, m
retirement fund – Pensionskasse, f
retirement income – Altersversorgung, f; Altersbezüge (pl)
retirement pay – Pensionszahlung, f; Rentenzahlung, f
retirement pension – Altersruhegeld, n; Ruhegeld, n
retirement pension plan – Altersversorgung, f
retirement pension system – Alterssicherungssystem, f
retirement plan – Pensionsplan, m
retirement prepatation program(me) – Programm (n) zur Vorbereitung (f) auf den Ruhestand, m
retirement provisions (pl) – Altersfürsorge, f
retiring – Ruhestands...; Pensions...
retiring age – versorgungsfähiges Alter, n
retiring pension – Rente, f; Altersrente, f; Ruhegehalt, n
retract, v – widerrufen, v
retraction – Widerruf, m; Rücknahme, f
retrain, v – umschulen, v; sich umschulen lassen, v
retrain s.o., v – jmd umschulen, v
retrainee – Umschüler/in, m/f
retraining – berufliche Anpassung, f; Umschulung, f
retraining course – Umschulungskurs, m
retraining measure – Umschulungsmaßnahme, f
retransfer – Rückversetzung, f; Wiedereingliederung, f
retrenchment – Streichung, f; Kürzung, f; Beschränkung, f
retrenchment of salary – Gehaltskürzung, f
retrenchment of employe(e)s (pl) – Personalabbau, m
retrieval – Abruf, m; Datenwiedergewinnung, f
retroactive – rückwirkend
retroactive accounting – Rückrechnung, f
retroactive force – Rückwirkung, f
retroactive insurance – Nachversicherung, f
retroactive invoicing – Nachberechnung, f
retroactive pay – rückwirkende Zahlung, f; Nachzahlung (f) aufgrund rückwirkender Entgelderhöhung, f
retroactive pay increase – rückwirkende Lohnerhöhung, f
retroactive payment of wages (pl) – Lohnnachzahlung, f
retroactive wage increase – rückwirkende Lohnerhöhung, f
retroactiveness – Rückwirkung, f
retrospective pay – rückwirkende Zahlung, f
return (1) – Rückgabe, f
return (2) – Rückkehr, f
return (3) – Ertrag, m; Gewinn, m; Steuererklärung, f
return, v (1) – Sachen (pl) herausgeben, v; zurückgeben, v
return, v (2) – zurückkehren, v
return day – Verhandlungstermin, m *<jur>*
return journey – Rückfahrt, f; Rückreise, f
returnee – Rückwanderer, m; Rückwanderin, f
returning board *<US>* – Wahlvorstand, m
returning officer *<GB>* – Berichterstatter/in (m/f) bei Gericht, m

reunification – Wiedervereinigung, f
revaluation – Aufwertung, f; Neubewertung, f
revalue, v – neubewerten, v; aufwerten, v
revenue – Einnahmen, pl; Einkünfte, pl
revenue authorities (pl) – Steuerbehörde, f
revenue court – Finanzgericht, n
revenue expenditure – Betriebsausgaben (pl)
revenue investigation – Betriebsprüfung, f
revenue office – Finanzamt, n
reversal – Aufhebung, f; Umkehrung, f; Urteilsaufhebung, f
reversal of the burden of proof – Beweislastumkehr, f
reverse, v – aufheben, v
revertible – rückfällig
review (1) – Rückblick, m
review (2) – Überprüfung, f; Prüfung, f; Nachprüfung, fm
review, v – nachprüfen, v; prüfen, v
review a case – einen Prozess (m) im Wege der Revision (f) überprüfen, v
review of remand in custody – Haftprüfung, f
revise, v – überarbeiten, v; revidieren, v
revised draft – überarbeiteter Entwurf, m
revised edition – Neufassung, f
revision – Wiederaufnahme (f) des Verfahrens, n
revocable – widerruflich
revocation – Widerruf, m; Zurücknahme, f
revocation clause – Widerrufsvorbehalt, m
revoke, v – widerrufen, v; zurücknehmen, v; aufheben, v; stornieren, v
revoke powers, v – Vollmacht entziehen, v
revoke a contract, v – Vertrag (m) kündigen, v
reward – Belohnung, f; Honorar, n; Prämie, f
reward, v – belohnen, v
rework – Nacharbeit, f
rework, v – überarbeiten, v
rhetoric – Rhetorik, f
ride-sharing group – Fahrgemeinschaft, f
rider (1) – Fahrer/in, m/f
rider (2) – Zusatzklausel, f *<jur>*
right – subjektives Recht, n; Anrecht, n; (Rechts-)Anspruch, m; Berechtigung, f
right in rem – dinglicher Anspruch, m
right of access – Zutrittsrecht, n
right of action – Klagebefugnis, f; Klagerecht, n
right of application – Antragsrecht, n
right of assembly – Versammlungsfreiheit, f; Versammlungsrecht, n
right of cancellation – Rücktrittsrecht, n
right of chastisement – Züchtigungsrecht, n
right of coalition – Koalitionsfreiheit, f
right of co-determination – Mitbestimmungsrecht, n
right of complaint – Beschwerderecht, n
right of domicile – Niederlassungsrecht, n
right of establishment – Niederlassungsrecht, n
right of indemnity – Freistellungsanspruch, m (von Ansprüchen, pl)
right of initiative – Initiativrecht, n
right of lien – Pfandrecht, n
right of maintenance – Unterhaltsanspruch, m

right of nomination – Vorschlagsrecht, n
right of objection – Widerspruchsrecht, n
right of ownership – Eigentumsrecht, n
right of possession – Besitzrecht, n
right of pre-emption – Vorkaufsrecht, n
right of recourse (1) – Regressanspruch, m
right of recourse (2) – Rückgriffsrecht, n; Freistellungsanspruch, m
right of repudiation – Leistungsverweigerungsrecht, n
right of rescission – Rücktrittsrecht, n (vertragliches)
right of retention – Zurückbehaltungsrecht, n
right of return – Rückgabeanspruch, m
right of revoking – Widerrufsrecht, n
right of self-determination – Selbstbestimmungsrecht, n
right of settlement – Niederlassungsfreiheit, f
right of support – Unterhaltsanspruch, m
right of termination – Kündigungsrecht, n
right of veto – Vetorecht, n
right to a pension – Pensionsberechtigung, f
right to alimony – Unterhaltsanspruch (m) eines Ehepartners, m
right to be elected – passives Wahlrecht, n
right to be heard – Anhörungsrecht, n
right to be notified – Informationsanspruch, m
right to benefits (pl) – Leistungsanspruch, m
right to bring suit – Aktivlegitimation, f
right to conclude collective agreements (pl) – Tarifhoheit, f
right to educate – Erziehungsrecht, n
right to forbearance – Unterlassungsanspruch, m
right to form unions and associations/ coalitions (pl) – Koalitionsfreiheit, f
right to free collective bargaining – Tarifautonomie, f
right to give instructions (pl) – Direktionsrecht, n; Weisungsrecht, n
right to give notice – Kündigungsrecht, n
right to have sth removed – Beseitigungsanspruch, m
right to information – Informationsrecht, n
right to issue directions (pl) – Weisungsbefugnis, f
right to object – Einspruchsrecht, n
right to pension – Ruhegehaltsanspruch, m
right to performance – Erfüllungsanspruch, m
right to privacy – Persönlichkeitsrecht, n
right to put questions (pl) – Fragerecht (n) des Arbeitgebers, m
right to refrain s.o. from acting – Unterlassungsanspruch, m
right to refuse to give evidence – Zeugnisverweigerungsrecht, n
right to reprimand – Rügerecht, n
right to strike – Streikrecht, n
right to support – Anspruch (m) auf Unterstützung, f
right to take the initiative – Initiativrecht, n
right to vote – aktives Wahlrecht, n; Stimmrecht, n; Wahlberechtigung, f
right to withhold performance – Leistungsverweigerungsrecht, n

right to withhold testimony – Auskunftsverweigerungsrecht, n
right to work – Recht (n) auf Arbeit, f
rightful claimant – Anspruchsberechtigte/r, m/f
rightful owner – rechtmäßige/r Eigentümer/in, m/f
rightless – rechtlos
ringleader – Rädelsführer, m
rise – Anstieg, m; Aufstieg, m; Steigerung, f
rise, v – steigen, v; ansteigen, v
rise in costs (pl) – Kostenanstieg, m
rise in pay/ salary – Gehaltserhöhung, f
rise in wages (pl) – Anstieg (m) der Löhne (pl)
risk – Risiko, n; Wagnis, n; Gefahr, f
risk distribution – Risikoverteilung, f
risk factor – Risikofaktor, m
risk money – Fehlgeld, n; Mankogeld, n
risk of absconding – Fluchtgefahr, f
risk of failure – Ausfallrisiko, n
risk of management – Betriebsrisiko, n
risk sphere – Risikobereich, m
rival – Rivale/Rivalin, m/f
road safety – Verkehrssicherheit, f
Road Traffic Act – Straßenverkehrsgesetz, n
Road Traffic Ordinance – Straßenverkehrsordnung, f
robe – Robe, f; Talar, m
robot – Roboter, m
role game – Rollenspiel, n
roll – Verzeichnis, n; Liste, f; Urkunde, f; Rolle, f; Namensliste, f
rollback – (Lohn-)Senkung, f; (Personal-)Abbau, m
roofer – Dachdecker/in, m/f
rookie <*s*/> – Neuling, m; Anfänger, m
room for manoeuvre – Handlungsspielraum, m
Rose Monday – Rosenmontag, m
roster – Verzeichnis, n; Liste, f
rota system – Turnusplan, m
rotate, v – rotieren, v; Personal turnusmäßig austauschen,v
rotating shift – Wechselschicht, f; rollende Schicht, f; rollierende Schicht, f
rotating shift allowance – Wechselschichtzulage, f
rotation – turnusmäßiger Wechsel, m; Turnus, m
rotation plan – Rotationsplan, m
rotational work – Turnusarbeit, f
rough work – grobe Arbeit, f
round down, v – (in der Form) abrunden, v
round of inspection *(of an operation)* – Betriebsbegehung, f
round of negotiations (pl) – Verhandlungsrunde, f
round of wage negotiations (pl) – Lohnrunde, f
round off, v – Beträge (pl) abrunden, v
round up, v – Beträge (pl) aufrunden, v
routine – Routine, f
routine work – Routinearbeit, f
routing slip – Laufzettel, m
row – Schlägerei, f
royalty (1) – Tantieme, f; Gewinnanteil, m; laufende Abgabe, f; Lizenzgebühr, f
royalty (2) – Honorar (n) eines Autors, m
rubbish – Müll, m
rubbish collector – Müllwerker/in, m/f
rule – Norm, f; Regel, f; Richtschnur, f; Grundsatz, m; Vorschrift, f <*jur*>; gesetzliche Bestimmung, f; Rechtsgrundsatz, m
rule, v – herrschen, v; beherrschen, v
rule of evidence – Beweisregel, f <*jur*>

rule of law – Rechtsgrundsatz, m *<jur>*; Gesetzesvorschrift, f
rule of procedure – Verfahrensvorschrift, f *<jur>*
rule of work – Arbeitsrichtlinie, f
rules (pl) and bylaws (pl) – Statuten (pl)
rules (pl) of arbitration – Schiedsordnung, f
rules (pl) of conduct – Verhaltensmaßregeln (pl); Verhaltensregeln (pl)
rules (pl) of court – Prozessordnung, f *<jur>*
rules (pl) of procedure – Verfahrensordnung, f *<jur>*; Geschäftsordnung, f
rules (pl) on working hours (pl) – Arbeitszeitregelungen (pl)
rules and regulations (pl) – Durchführungsbestimmung, f
ruling – gerichtliche Entscheidung, f *<jur>*; Bescheid, m; Regelung, f; Richtlinie, f
ruling on an objection – Widerspruchsbescheid, m
ruling procedure – Beschlussverfahren, n
run, v (1) – arbeiten, v; funktionieren, v
run, v (2) – betreiben, v
run a course, v – Kurs (m) abhalten, v
run an operation, v – Betrieb (m) leiten, v
run for, v – kandidieren, v
run for a position, v – sich um einen Posten (m) bewerben, v
runner *<US>* – Geschäftführer, m; Unternehmer, m
running – laufend
running costs (pl) – laufende Kosten (pl)
running period – Laufzeit, f; Gültigkeitsdauer, f
run-off-vote – Stichwahl, f
rupture – Abbruch, m (von Verhandlungen, pl)
rush job – dringende Arbeit, f; eilige Sache, f
rushhour traffic – Berufsverkehr, m

S

s.o. else's fault – Fremdverschulden, n
s.o.'s services (pl) to – Verdienste (pl) um
sabbatical year – akademischer Urlaub, m; Studienurlaub, m
sabotage – Sabotage, f
sack, v <*sl*> – jmd entlassen; jmd hinauswerfen
sack <*sl*> – Laufpaß, m
safe on the road – verkehrssicher
safe place to work – sicherer Arbeitsplatz, m
safeguard – Schutz, m; Sicherung, f; Vorsichtsmaßnahme, f
safeguard, v – schützen, v
safeguard clause – Schutzklausel, f
safeguard measure – Schutzmaßnahme, f
safeguard technology – Sicherheitstechnik, f
safeguarding – Sicherung, f; Sicherstellung, f
safeguarding of employe(e)es´ rights (pl) – Wahrung (f) der Ansprüche (pl) der Arbeitnehmer (pl)
safety <*tech*> – Sicherheit, f; Gefahrlosigkeit, f; Schutz, m
safety at work – Sicherheit am Arbeitsplatz, m
safety boots (pl) – Sicherheitsstiefel (pl); Sicherheitsschuhe (pl)
safety clothing – Sicherheits(be)kleidung, f
safety committee – Sicherheitsausschuss, m
safety competition – Sicherheitswettbewerb, m
safety consciousness – Sicherheitsbewusstsein, n
safety control – Sicherheitskontrolle, f
safety device – Schutzvorrichtung, f
safety engineer – Sicherheitsingenieur/in, m/f
safety equipment – Sicherheitsausrüstung, f
safety expert – Sicherheitsfachkraft, f
safety facility – Sicherheitseinrichtung, f
safety factor – Sicherheitsfaktor, m
safety gloves (pl)– Schutzbrille, f
safety googles (pl) <*infml*> – Schutzhandschuhe (pl)
safety guard – Schutzgitter, n
safety helmet – Schutzhelm, m; Sicherheitshelm, m
safety officer – Sicherheitsbeauftragte/r, f/m
safety program(me) – Unfallschutzprogramm, n
safety provision – Sicherheitsvorschrift, f
safety regulations (pl) – Unfallverhütungsvorschriften (pl); Sicherheitsbestimmungen (pl)
safety requirement – Sicherheitsanforderung, f
safety rules (pl) – Betriebssicherheitsvorschriften (pl)
safety scheme – Unfallverhütungsprogramm, n
safety training – Sicherheitsausbildung, f
sailor – Matrose, m
salaried – (fest)angestellt
salaried employee – Angestellte/r, f/m; Gehaltsempfänger/in, m/f
salaried employee representation – Angestelltenvertretung, f

Salaried Employees' Insurance Act – Angestelltenversicherungsgesetz, n (AVG)
salaried employees' obligatory social security insurance – Angestelltenversicherung, f
salaried employment (status) – Angestelltenverhältnis, n
salaried judge – Berufsrichter, m
salaried staff – Angestelltenbelegschaft, f
salary – Besoldung, f; Gehalt, n
salary, v – besolden; jmd Gehalt (n) zahlen, v
salary account – Gehaltskonto, n
salary adjustment – Gehaltsangleichung, f; Gehaltsanpassung, f
salary adminstration – Gehaltsverwaltung, f
salary advance – Gehaltsvorschuss, m
salary back-payment – Gehaltsnachzahlung, f
salary bonus – Gehaltszulage, f
salary bracket – Gehaltsklasse, f; Gehaltsstufe, f
salary by agreement – Gehalt (n) nach Vereinbarung, f
salary change – Gehaltsänderung, f
salary claim – Gehaltsanspruch, m
salary class – Gehaltsklasse, f
salary cut – Gehaltskürzung, f
salary comparison – Gehaltsvergleich, m (intern)
salary declaration – Gehaltsbescheinigung, f
salary demand – Gehaltsforderung, f; Gehaltswunsch, m
salary demotion – Rückstufung im Gehalt, n
salary department – Gehaltsabrechnungsstelle, f
salary determination – Gehaltsfindung, f; Gehaltsfestsetzung, f
salary differential – Gehaltsgefälle, f; Abstand (m) der Gehaltsgruppen (pl) untereinander
salary earner – Angestellte/r, f/m
salary element – Gehaltsbestandteil, m
salary expectations (pl) – Gehaltserwartung, f
salary finding – Gehaltsfindung, f
salary grade – Gehaltsgruppe, f
salary group – Gehaltsgruppe, f
salary history – persönliche Gehaltsentwicklung, f
salary increase – Gehaltserhöhung, f; Gehaltssteigerung, f
salary level – Gehaltsniveau, n
salary limit – Gehaltsgrenze, f
salary overpayment – Gehaltsüberzahlung, f
salary payment – Gehaltszahlung, f
salary payment system – Gehaltsabrechnungssystem, n
salary policy – Gehaltspolitik, f
salary promise – Gehaltszusage, f
salary pyramid – Gehaltspyramide, f
salary range – Gehaltsspanne, f
salary reduction – Gehaltsabbau, m; Gehaltskürzung, f
salary report – Gehaltsspiegel, m; Vergütungsstudie, f
salary review – Gehaltsüberprüfung, f
salary roll – Gehaltsliste, f
salary roll accounting – Gehaltsabrechung, f (Vorgang, m)
salary roll department – Gehaltsabrechnung, f (Abteilung, f)
salary scale – (Grund-)Gehaltstabelle, f
salary scheme – Besoldungsordnung, f
salary secondary consideration – Gehalt (n) Nebensache, f
salary slip – Gehaltsabrechnung, f; Gehaltsstreifen, m

salary statement – Gehaltsabrechnung, f; Gehaltsmitteilung, f
salary structure – Gehaltsstruktur, f
salary structure agreement – Gehaltsrahmenabkommen, n
salary survey – Gehaltsvergleich, m (extern)
sale – Verkauf, m; Veräußerung, f
sales (1) – Absatz, m
sales (2) – Vertrieb, m; Umsatz, m
sales agent – Handelsvertreter/in, m/f
sales agreement – Kaufvertrag, m
sales area – Verkaufsgebiet, n
sales bonus – Umsatzprämie, f
sales clerk *<US>* – Verkäufer/in, m/f (im Laden, m)
sales contract – Kaufvertrag, m
sales crisis – Absatzkrise, f
sales (pl) manager/manageress – Vertriebsleiter/in, m/f
sales promotion – Absatzförderung, f; Verkaufsförderung, f
sales tax – Umsatzsteuer, f
salesman/saleswoman – Verkäufer/in, m/f
salvo – Vorbehalt(sklausel), f *<jur>*
same-category theory – Gleichstellungstheorie, f
sample – Muster, n; Probe, f; Stichprobe, f; Auswahl, f
sample chronological resume – tabellarischer Lebenslauf, m
sanction (1) – nachträgliche Billigung, f
sanction (2) – Sanktion, f; Strafe, f; gesetzliche Strafe, f *<jur>*
sanction, v (1) – sanktionieren, v; genehmigen, v
sanction, v (2) – bestrafen, v
sane state of mind – Zurechnungsfähigkeit, f
sanitary board – Gesundheitsamt, n
sanitation – Heilfürsorge, f; Gesundheitspflege, f; Gesundheitswesen, n
sanity – *<jur>* Zurechnungsfähigkeit, f
satisfaction (1) – Abfindung (f) eines Gläubigers, m
satisfaction (2) – Befriedigung, f; Zufriedenheit, f; Genugtuung, f
satisfactory – befriedigend; zufrieden stellend
satisfy, v – befriedigen, v; zufrieden stellen, v; jmd entschädigen
satisfy a claim – einen Anspruch (m) befriedigen, v
Saturday work – Samstagsarbeit, f
save, v (1) – retten, v; schützen, v; aufbewahren, v
save, v (2) – sparen, v; einsparen, v
save jobs (pl) – Arbeitsplätze (pl) einsparen, v
save labo(u)r, v – Arbeitskräfte (pl) einsparen, v
save through a building loan association, v – bausparen, v
saving (1) – Einsparung, f
saving (2) – Vorbehalt, m *<jur>*
saving accounts (pl) – Sparanlage, f
saving clause – Ausnahmevorschrift, f *<jur>*
saving of time – Zeitersparnis, f
saving plan – Sparplan, m
saving rates (pl) – Sparzinsen (pl)
saving through equity investments (pl) – Aktiensparen, n
saving under the bonus system – Prämiensparen, n
savings (pl) – Ersparnis(se), f (pl); Rücklage, f
savings account – Sparkonto, n
savings amount – Sparbetrag, m
savings balance – Sparguthaben, n
savings bank – Sparkasse, f
savings-bank-book – Sparbuch, n
savings bond – Sparbrief, m

savings bonus – Sparzulage, f
savings contract – Sparvertrag, m
savings deposit – Spareinlage, f; Sparguthaben, n
savings in equities (pl) – Aktiensparen, n
savings plan – Sparplan, m
savings premium – Sparprämie, f
Savings Premium Act – Sparprämiengesetz, n (SparPG)
savings ratio – Sparquote, f
scab <*sl*> – Streikbrecher/in, m/f
scab work – Schwarzarbeit, f; Arbeit (f) unter Tariflohn, m
scale – Skala, f; Tabelle, f; Tarif, m
scale of fees (pl) – Gebührenordnung, f; Gebührentabelle, f
scale of rates (pl) – Tariftabelle, f
scale of remuneration – Besoldungsordnung, f; Besoldungsregelung, f
scale of wages/salaries (pl) – Lohn-/ Gehaltstabelle, f
scale-wage employe(e) – Tarifangestellter
scarce job – Mangelberuf, m
scarcity – Mangel, m; Knappheit, f
scanning procedure – Abtastverfahren, n
schedule – Liste, f; Tabelle, f; Aufstellung, f; Terminplan, m; Ablaufplan, m
schedule of administrative penalties (pl) – Bußgeldkatalog, m
schedule of attorney's fees (pl) – Rechtsanwaltsgebührenordnung, f
scheduled hours (pl) of work – festgesetzte Arbeitszeit, f
scheduled shift off – Feierschicht, f
scheduled wage(s) – Tariflohn, m
scheme – Schema, n; System, n; Programm, n; Aufstellung, f
scholarship – Stipendium, n
scholastic materials (pl) – Schulmaterial, n
school (1) – Schule, f
school (2) – Schulstufe, f
school (3) – Hochschule, f <*US*>
school beginner – Schulanfänger/in, m/f
school board – Schulamt, n
school bus – Schulbus, m
school curriculum – Lehrplan, m
school enrol(l)ment – Einschulung, f
school fees (pl) – Schulgeld, n
school holidays (pl) <*GB*> – Schulferien (pl)
school leaver <*GB*> – Schulabgänger/in, m/f; Schulentlassene/r, f/m
school-leaving – Schulabgang, m
school-leaving certificate – Schulabschlusszeugnis, n
school-leaving examination (giving right of entry to university) – Reifeprüfung, f
school mate – Mitschüler, m
school qualification <*GB*> – Schulabschluss, m
school report – Schulzeugnis, n; Jahreszeugnis, n
school spokesman – Schulsprecher, m
school year – Schuljahr, n
science – Wissenschaft, f
science of business administration – Organisationslehre, f
scientific – wissenschaftlich
scientist – Wissenschaftler/in, m/f
scope – Gültigkeitsbereich, m (eines Gesetzes); Ausmaß, n; Umfang, m; Geltungsbereich, m
scope for distribution – Verteilungsspielraum, m
scope for judgement evaluation – Beurteilungsspielraum, m
scope of activities (pl) – Wirkungsbereich, m
scope of application – Anwendungsbereich, m

scope of remuneration – Dotierungsrahmen, m
screen – Bildschirm, m
screen, v – überprüfen, v; auswählen, v
screen applicants (pl), v – Bewerber (pl) auswählen, v
screening – Überprüfung, f; strenge Auswahl, f
screening system – Ausleseverfahren, n
script – Skriptum, n; Original, n *<jur>*; Urschrift, f
sealed contract – notarieller Vertrag, m
Seamen's Act – Seemannsgesetz, n (SeemannsG)
seamen's employment agency – Heuerbüro, n
seamen's health insurance fund – Seekrankenkasse, f
search – Durchsuchung, f; Fahndung, f; Suche, f
search for employment – Arbeitsplatzsuche, f
search for, v – fahnden nach, v; suchen nach, v
search warrant – Durchsuchungsbefehl, m; Haussuchungsbefehl, m
season – Saison, f; Jahreszeit, f
seasonal – saisonal
seasonal business – Saisonbetrieb, m
seasonal employment – saisonale Beschäftigung, f
seasonal fluctuation – saisonale Schwankung, f
seasonal unemployment – saisonale Arbeitslosigkeit, f
seasonal work – Saisonarbeit, f
seasonal worker – Saisonarbeiter/in, m/f
seasonally adjusted – saisonbereinigt
seat – Sitz, m (in einem Gremium); Mandat, n
second, v – abordnen, v
second ballot – Stichwahl, f
second-class mail *<US>* – Drucksache, f
second degree – Zweitstudium, n
second distress – Anschlusspfändung, f
second offender – Vorbestrafte/r, f/m
secondary – nebensächlich; untergeordnet; Neben...; Hilfs...
secondary activity – Nebentätigkeit, f
secondary agreement – Nebenabrede, f
secondary attachment – Anschlusspfändung, f
secondary calling – Nebenerwerbstätigkeit, f
secondary education – höhere Schulbildung, f; höheres Schulwesen, n
secondary evidence – unterstützendes Beweismaterial, n *<jur>*
secondary modern pupil *<GB>* – Realschüler/in, m/f
secondary modern school *<GB>* – Realschule, f
secondary office – Nebenamt, n
secondary picketing – Streikpostenstehen durch Betriebsfremde
secondary residence – Zweitwohnsitz, m
secondary school – weiterführende Schule, f
secondary school teacher – Studienrat/Studienrätin, m/f
secondment – (zeitweise) Abordnung, f; Abstellung von Arbeitnehmern zu anderen Arbeitgebern oder Dienststellen; Entsendung, f (von Personal)
secrecy – Verschwiegenheit, f; Geheimhaltung, f; Geheimnis, n
secrecy of elections (pl) – Wahlgeheimnis, n

secrecy of letters (pl) – Briefgeheimnis, n
secrecy of mail *<US>* – Postgeheimnis, n
secrecy of the ballot – Wahlgeheimnis, n
secrecy protection – Geheimnisschutz, m
secret (1) – geheim; heimlich
secret (2) – Geheimnis, n
secret ballot – geheime Abstimmung, f
secret voting – geheime Wahl, f
secretarial – Sekretariats...; Schreib...; Büro...
secretarial allowance – Sekretariatszulage, f
secretarial experience – Sekretariatserfahrung, f
secretarial work – Sekretariatsarbeit, f
secretary (to s.o.) – Sekretär/in (m/f) von jmd
secretary to the managing director – Direktionssekretär/in, m/f
section (1) – Abteilung, f; Dezernat, n
section (2) – Ausschnitt, m
section (3) – Paragraph, m *<jur>*
section chief – Abteilungsleiter, m
sectional – abschnittweise; Teil...
sectional meeting – Teilversammlung, f
sectional strike – branchenspezifischer Teilstreik, m
sector – Arbeitsbereich, m; Arbeitsfeld, n; Branche, f
sector of activity – Gewerbezweig, m
secure, v – sichern, v; sicherstellen, v; Verluste (pl) decken, v
securities (pl) – Wertpapiere (pl); Effekten (pl)
security – Bürgschaft, f; Sicherheit, f; Schutz, m *<jur>*; Garantie, f; Pfand, n
security against insolvency – Insolvenzsicherung, f
security bond – Kaution, f
security clearance – Unbedenklichkeitsbescheinigung, f
security control – Sicherheitsüberprüfung, f; Torkontrolle, f
security note of a bank – Bankbürgschaft, f
sedentary employment – sitzende Beschäftigung, f
segment of the labo(u)r market – Arbeitsmarktsegment, n
seisin/seizin – Besitzstand, m
seizable – pfändbar *<jur>*
seize, v – beschlagnahmen; einziehen; pfänden
seizure – Beschlagnahme, f *<jur>*; Festnahme, f
seizure by way of execution – Zwangsvollstreckung, f
seizure of personal property – Sachpfändung, f
seizure of support payments (pl) – Unterhaltspfändung, f
seizure under a prior claim – Vorpfändung, f
select at random, v – stichprobenweise auswählen, v
select, v – aussuchen, v; auswählen, v; wählen, v
selection – Auslese, f; Auswahl, f; Wahl, f
selection board – Auswahlgremium, n
selection committee – Auswahlausschuss, m
selection criterion – Auswahlkriterium, n
selection guideline – Auswahlrichtlinie, f
selection method – Auswahlmethode, f
selection of applicants (pl) – Bewerberauswahl, f

selection of participants (pl) – Teilnehmerauswahl, f
selection of personnel – Personalauswahl, f
selection procedure – Auswahlverfahren, n
selection right – Auswahlrecht, n
selection test – Auswahltest, m
selective – auswählend; Auswahl...
selective employment tax *<GB>* – Lohnsummensteuer, f
selective strike – Schwerpunktstreik, m
selective service *<US>* – Wehrpflicht, f; Wehrdienst, m
self-administration – Selbstverwaltung, f
self-appraisal – Selbsteinschätzung, f
self-assertion – anmaßendes Auftreten, n
self-assessment – Selbsteinschätzung, f
self-assurance – Selbstbewusstsein, n; Selbstsicherheit, f
self-confidence – Selbstvertrauen, n
self-confident – selbstsicher
self-consciousness – Befangenheit, f; Unsicherheit, f
self-constraint – Selbstbeschränkung, f
self-control – Selbstkontrolle, f
self-dealing – Selbstkontrahieren, n
self-defence/defense – Notwehr, f
self-determination – Selbstbestimmung, f
self-determination regarding private information – informationelle Selbstbestimmung, f
self-development – Selbstentfaltung, f
self-discipline – Selbstdisziplin, f
self-employed – selbständig erwerbstätig; freiberuflich tätig; Selbständiger, m; Freiberufler, m
self-employed person – Selbständige/r, f/m
self-employment – selbstständige Existenz, f
self-employment income – Einkünfte (pl) aus selbständiger Arbeit, f
self-esteem – Selbstachtung, f
self-fulfil(l)ment – Selbstverwirklichung, f
self-governing bodies (pl) – Selbstverwaltungsorgane (pl)
self-government – Selbstverwaltung, f
self-help – Selbsthilfe, f
self-help group – Selbsthilfegruppe, f
self-initiative – Eigeninitiative, f
self-participation – Eigenbeteiligung, f
self-pay patient – Selbstzahler/in, m/f *<med>*
self-rating – Selbstbeurteilung, f
self-respect – Selbstachtung, f
self-supporting – selbständig
sell, v – absetzen, v; veräußern, v; verkaufen, v
seller – Verkäufer/in, m/f
seller's commission – Absatzprovision, f
selling area – Absatzgebiet, n
selling costs (pl) – Verkaufskosten (pl)
selling pressure – Absatzmangel, m
semester – Semester, n
semester address – Semesteranschrift, f
semi-phrase – Halbsatz, m
semi-skilled – angelernt
semi-skilled occupation – Anlernberuf, m
semi-skilled trade – Anlernberuf, m
semi-skilled worker – angelernte/r Arbeiter/in, m/f
seminar – Seminar, n
senate of a court – Senat (m) eines Gerichts, n

send in an application, v – Bewerbung (f) einreichen, v
send off, v – versenden
send-off – Verabschiedung, f
sender – Absender/in, m/f
senior – Ranghöchster; Dienstältester; Ober...
senior administrative assistant – Verwaltungshauptinspektor/in, m/f
senior clerk – Bürovorsteher/in, m/f
senior engineer – Oberingenieur/in, m/f
senior grammar school level – gymnasiale Oberstufe, f
senior high school *<US>* – Oberstufe (f) einer weiterführenden Schule, f
senior journeyman – Vollgeselle, m
senior management – obere Führungsebene, f
senior manager – leitende Führungskraft, f
senior official – leitende/r Beamter/Beamtin, m/f
senior partner – Seniorchef/in, m/f; Hauptteilhaber, m
senior school – Oberstufe, f
senior staff – leitende Angestellte (pl); Betriebsleitung, f
senior staff member – Kaderangehörige/r, f/ m
senior staff personnel file – Kaderakte, f
seniority – Vorrang, m; höheres Dienstalter, n; Anciennität, f
seniority allowance – Dienstalterszulage, f
seniority in grade – Beförderungsdienstalter, n
seniority in step – Besoldungsdienstalter, n
seniority principle – Anciennitätsprinzip, n
seniority system – Dienstaltersprinzip, n
sense – Sinn, m; Gefühl, n; Empfindung, f
sense of duty – Pflichtgefühl, n; Pflichtbewusstsein, n
sense of guilt – Schuldgefühl, n
sense of hearing – Gehör, n
sense of justice – Gerechtigkeitssinn, m
sense of responsibility – Verantwortungsbewusstsein, n
sensitivity – Sensibilität, f
sentence – Strafurteil, n; Urteil, n; Strafmaß, n
sentence, v – verurteilen, v (im Strafprozess, m)
sentence for juveniles (pl) – Jugendstrafe, f
sentence of imprisonment – Freiheitsstrafe, f
separate – getrennt; gesondert
separate, v – absondern, v; ausgliedern, v; trennen, v
separate agreement – Sondervereinbarung, f
separate file – Nebenakte, f
separation (1) – Abgang (m) eines Arbeitnehmers, m
separation (2) – Trennung, f
separation allowance – Auslösung, f; Auswärtszulage, f; Trennungszulage, f
separation compensation – Trennungsentschädigung, f
separation of powers (pl) – Gewaltenteilung, f
separation of property – Gütertrennung, f
separation payment – Abfindung, f (für Verlust des Arbeitsplatzes)
sequence – Folge, f; Reihenfolge, f
sequence of courts (pl) – Instanzenzug, m

sequence of operations (pl) – Arbeitsfolge, f; (technischer) Arbeitsablauf, m
sequence-bound – taktgebunden
sequester, v – beschlagnahmen *<jur>*; unter Treuhänderschaft stellen
serial number – laufende Nummer, f; Seriennummer, f
serial production – Fließarbeit, f
series – Reihe, f; Serie, f; Folge f; Kette, f
series test – Reihenuntersuchung, f
series of strikes (pl) – Streikwelle, f
serious misconduct – schwere Verfehlung, f
seriously disabled person – Schwerbehinderter, m
servant (1) – Diener, m; Dienstbote, m
servant (2) – Handlungsgehilfe/-gehilfin, m/f *<jur>*
serve, v – bedienen, v; dienen, v; Dienst (m) tun, v
serve a formal notice, v – jmd durch Mahnung (f) in verzug (m) setzen, v
serve a prison sentence, v – eine Haftstrafe (f) verbüßen, v
serve an apprenticeship, v – Lehre (f) absolvieren, v
serve one's apprenticeship, v – im Ausbildungsverhältnis (n) stehen, v; Lehre (f) absolvieren, v; lernen, v
serve one's time, v – Lehrzeit (f) ableisten, v
serve upon, v – zustellen, v
serve with the colo(u)rs (pl), v – im Heer (n) dienen, v
service (1) – Arbeit, f; Dienst, m; Dienstleistung, f
service (2) – gerichtliche Zustellung, f
service accomodation – Dienstwohnung, f
service agreement – Dienstvereinbarung, f
service award – Dienstalterzulage, f
service by publication – öffentliche Zustellung, f
service certificate – Dienstzeugnis, n
service company – Dienstleistungsbetrieb, m
service contract – Dienstvertrag, m
service function – Dienstleistungsfunktion, f
service identification card – Dienstausweis, m
service industry – Dienstleistungsbereich, m
service in the armed forces (pl) – Wehrdienst, m
service level – Dienstgrad, m
service money – Bedienungsgeld, n
service of the application – Zustellung (f) der Klageschrift, f *<jur>*
service pension – Beamtenpension, f
service rating – Einstufung (f) nach Dienstalter, n
service regulations (pl) – Dienstrecht, n
service sector – Dienstleistungssektor, m
service status – Dienstverhältnis, n
service supplement – Bedienungszuschlag, m
session (1) – Kurs, m; Unterrichtsstunde, f
session (2) – Tagung, f; Sitzung, f; Sitzungsperiode, f
session period – Sitzungsperiode, f
set, v – setzen, v; stellen, v; legen, v
set a date, v – terminieren, v
set a deadline, v – befristen, v
set a time limit, v – befristen, v
set back, v – zurückstellen, v
set down a date, v – anberaumen, v
set free, v – freilassen, v
set objectives (pl) – Ziele (pl) setzen
set of records (pl) – Aktensammlung, f

set-off <*GB*> **/setoff** <*US*> – Ausgleich, m; Aufrechnung, f; Gegenkonto, n; Gegenforderung, f <*jur*>
set off, v – verrechnen, v; aufrechnen, v
set-off ban – Aufrechnungsverbot, n
set up, v – niederlassen (sich), v
set up an account, v – Konto (n) eröffnen, v
setting of a deadline – Fristbestimmung, f
settle, v – vereinbaren, v; sich einigen, v; aushandeln, v; regeln, v; erledigen, v; sich niederlassen, v; abfinden, v; bereinigen, v
settle a claim, v – Anspruch (m) befriedigen, v; Forderung (f) durchsetzen, v
settle a dispute, v – Streitfall (m) beilegen, v
settle amicably, v – gütlich einigen (sich), v
settle an account, v – Rechnung (f) begleichen, v; Konto (n) ausgleichen
settle an advance, v – Vorschuss (m) abrechnen, v
settle down to work, v – an die Arbeit (f) machen (sich), v
settled income – festes Einkommen, n
settlement – Abschluss (m) einer Vereinbarung, f; Ausgleich, m; Beilegung (f) eines Streits, m; Bereinigung, f; Bezahlung (f) von Schulden (pl); Erledigung, f; Regelung, f; Übereinkommen, n; Vergleich, m
settlement agreement – Regelungsabrede, f
settlement of accounts (pl) – Abrechnung, f; Schlussabrechnung, f
settlement of hardship cases (pl) – Härtefallregelung, f
settlement of liabilities (pl) – Regelung (f) von Verbindlichkeiten (pl)
settlement on incomes (pl) – Lohnvereinbarung; f
settlement out of court – außergerichtliche(r) Regelung, f/Vergleich, m
settling day – Abrechnungstag, m
settling-in period – Einarbeitungszeit, f
settling procedure – Abrechnungsverfahren, n
setup – Aufbau, m; Organisation, f
setup time – Einrichtzeit, f; Rüstzeit, f
severance – Trennung, f; Teilung, f; Aussonderung, f
severance grant – Abgangsgeld, n
severance pay <*US*> – Entlassungsabfindung, f; Entlassungsgeld, n; Härteausgleich, m; Kündigungsabfindung, f
severe handicap – Schwerbehinderung, f
severe reprimand – strenger Verweis, m
Severely Disabled Persons Act – Schwerbehindertengesetz, n (SchbwG)
severely handicapped – schwerbehindert
severely handicapped person – schwerbehinderter Mensch, m
severely handicapped person's pass – Schwerbehindertenausweis, m
severely handicapped persons' representation – Schwerbehindertenvertretung, f
severity allowance – Erschwerniszulage, f
sex – (biologisches) Geschlecht, n
sex discrimination – Diskriminierung (f) wegen des Geschlechts, n
sexual harassment – sexuelle Belästigung, f
sexual offence/offense – Sexualdelikt, n

shake-out employees – Aussonderung (f) ungeeigneter Mitarbeiter (pl)
shakeup – Personalumbau, m
sham (1) – Täuschung, f; Schein, m; Nachahmung, f
sham (2) – Schwindler, m
sham, v – vortäuschen, v; fingieren, v; simulieren, v; heucheln, v
sham business – Scheingeschäft, n
sham contract – Scheinvertrag, m
sham ill, v – sich krank stellen, v
sham transaction – Scheingeschäft, n
shame – Schande, f
shape – (körperliche und geistige) Verfassung, f; Form, f
shaper – Hobler, m
share <*GB*> – Aktie, f; Beteiligung, f
share capital – Aktienkapital, n; Gesellschaftskapital, n
share in a partnership – Anteil (m) am Gesellschaftsvermögen, n
share in profits (pl) – Gewinnbeteiligung, f
share in wages (pl) – Lohnanteil, m
share of earnings (pl) – Ertragsanteil, m
share of profit – Gewinnanteil, m
share savings scheme – Wertpapiersparplan, m
shareholder <*GB*> – Aktionär/in, m/f; Anteilseigner/in, m/f
shareholder representative <*GB*> – Aktionärsvertreter/in, m/f im Aufsichtsrat, m
shed labo(u)r, v – Arbeitskräfte (pl) entlassen, v
sheet metal worker – Blechschlosser/in, m/f
shelter – Notunterkunft, f; Obdach, n; Zuflucht, f
shelterless – obdachlos
shift – Schicht, f; Arbeitsschicht, f
shift allowance – Schichtzulage, f
shift bonus – Schichtzulage, f
shift foreman/forewoman – Schichtführer/in, m/f
shift in the staff/personnel – Personalwechsel, m
shift operation – Schichtbetrieb, m
shift pattern – Schichtmodell, f
shift pay – Schichtlohn, m
shift premium – Schichtzulage, f
shift rotation – Schichtwechsel, m
shift schedule – Schichtplan, m
shift time – Schichtzeit, f
shift work – Schichtarbeit, f
shift worker – Schichtarbeiter/in, m/f
shiftworking pattern – Schichtmodell, n
ship's committee – Bordvertretung, f
ship's crew – Schiffsbesatzung, f
shipbuilder – Schiffbauer/in, m/f
shipbuilding and marine engineering – Schiffbau, m
shipmaster – Schiffskapitän (m) eines Handelsschiffes, n
shipping (1) – Schifffahrt, f
shipping (2) – Versand (m) per Schiff (m) oder Bahn, f
shipping articles (pl) – Heuervertrag, m
shipping office <*GB*> – Heuerbüro, n
ship´s committee – Bordvertretung, f
shipyard – Werft, f
shirk, v – sich vor der Arbeit drücken, v
shirker – arbeitsscheuer Mensch, m
shoe producing industry – Schuhindustrie, f
shop – Geschäft, n; Laden, m
shop agreement – Betriebsvereinbarung, f
shop assistant – Handlungsgehilfe/-gehilfin, m/f; Verkäufer/in, m/f
shop closing – Ladenschluss, m
shop committee – Betriebsrat, m
Shop Coucil Law <*US*> – Betriebsrätegesetz, n
shop discipline – Arbeitsdisziplin, f

shop floor – vor Ort (m) im Betrieb; unterste Ebene (f) im Betrieb, m
shop floor bargaining – Verhandlungen (pl) auf unterster Ebene (f) im Betrieb, m
shop instructor – Fachausbilder/in, m/f
shop regulations (pl) – Arbeitsordnung, f
shop rule – Betriebsordnung, f
shop steward – Betriebsobmann, m; gewerkschaftliche Vertrauensperson, f; Gewerkschaftsbeauftragte/r, f/m; Gewerkschaftsvertreter/in, m/f
shop-opening time – Ladenöffnungszeit, f
shopworker *<US>* – Maschinenarbeiter, m
short – kurz
short break – Kurzpause, f
short business trip – Dienstgang, m
short-distance separation allowance – Nahauslösung, f
short hours (pl) – Kurzarbeit, f
short leave – Kurzurlaub, m
short-term – kurzfristig
short-term contract – Zeitarbeitsvertrag, m; befristeter Arbeitsvertrag, m
short-term employment – kurzzeitige Beschäftigung, f
short-term illness – Kurzerkrankung, f
short-term planning – kurzfristige Planung, f
short time – verkürzte Arbeitszeit, f
short-time – Kurzzeit... *<adj>*
short-time (work) allowance – Kurzarbeitergeld, n
short-time work(ing) – Kurzarbeit, f
short-time worker – Kurzarbeiter/in, m/f
short-time working arrangement – Kurzarbeitsregelung, f
short-timer – Kurzarbeiter, m
shortage – Engpass, m; Mangel, m
shortage in the cash – Kassenfehlbetrag, m
shortage of personnel – Personalmangel, m
shortage of work – Arbeitsmangel, m
shorten, v – verkürzen, v
shortened work-week allowance – Kurzarbeiterunterstützung, f
shortened working hours (pl) – verkürzte Arbeitszeit, f
shortfall – Fehlmenge, f; Fehlbetrag, m; Defizit, n
shorthand – Kurzschrift, f; Stenographie, f
shorthand clerk – Stenokontorist/in, m/f
shorthand note – Stenogramm, n
shorthand typist – Stenotypist/in, m/f
shorthand writing – Kurzschrift, f
show proof, v – Beweis (m) erbringen, v
shrink to a profitable size, v – gesundschrumpfen (sich), v
Shrove Monday – Rosenmontag, m
Shrove Tuesday – Faschingsdienstag, m
shut down, v – Betrieb einstellen, v
shutdown (1) – Arbeitseinstellung, f; Betriebsschließung, f
shutdown (2) *<US>* – vorübergehende Betriebsstilllegung, f
shuttle bus – Pendlerbus, m
siblings (pl) *<infml>* – Geschwister (pl)
sick – krank; unwohl
sick benefit *<GB>* – Krankengeld, n
sick call – Krankenbesuch, m
sick certificate – Krankenschein, m
sick day – Krankheitstag, m
sick fund – Krankenkasse, f
sick insurance – Krankenversicherung, f

sick leave – krankheitsbedingte Abwesenheit, f
sick leave grace period – Karenzurlaub, m
sick list – Krankenliste, f
sick nurse – Krankenschwester, f
sick pay – Entgeltfortzahlung (f) im Krankheitsfall, m
sick pay costs (pl) – Lohnfortzahlungskosten (pl)
sick room – Sanitätsraum, m
sick visit – Krankenbesuch, m
sickness – Krankheit, f; Erkrankung, f; Übelkeit, f
sickness allowance – Krankenbeihilfe, f
sickness benefit entitlement – Krankengeldanspruch, m
sickness benefits (pl) – Krankenbezüge (pl)
sickness certificate – Krankenschein, m
sickness compensation – Krankenvergütung, f
sickness costs (pl) – Krankheitskosten (pl)
sickness figures (pl) – Krankenstand, m
sickness insurance – Krankenversicherung, f
sickness insurance fund *<US>* – Krankenkasse, f
sickness pay – Krankenlohn, m
sickness rate – Krankenziffer, f; Krankheitsquote, f
sickness scheme – Krankenversicherung, f
side-liner – nebenberuflich Beschäftigte/r, f/m
sideline employment – Nebenberuf, m; nebenberufliche Tätigkeit, f; Nebenbeschäftigung, f
sideline job – Nebentätigkeit, f
sidetrack *<fig>* – Abstellgleis, n
sign, v – unterschreiben, v; unterzeichnen, v
sign in, v *<US>* – sich zur Arbeit melden, v
sign language – Gebärdensprache, f
sign off, v *<infml>* – sich zurückziehen, v; von einem Posten zurücktreten, v
sign out, v *<US>* – sich abmelden, v
sign up, v *<infml>* – sich verpflichten, eine Arbeit anzunehmen, v
signal engineering – Fernmeldetechnik, f
signatory – Unterzeichner/in, m/f
signatory power – Zeichnungsvollmacht, f
signature – Unterschrift, f
signature in blanc – Blankounterschrift, f
signed by ... (for ...) – im Auftrag, m (i.A.)
signing clerk – Prokurist, m
silence – Stillschweigen, n
silent – stillschweigend
silent partner – stille/r Gesellschafter/in, m/f; stille/r Teilhaber/in, m/f
silent partnership – stille Gesellschaft, f
silver wedding – Silberhochzeit, f
simple – einfach; glatt; unbedeutend
simple contract – formloser Vertrag, m *<jur>*
simple majority – einfache Mehrheit, f
simple references (pl) – einfaches Zeugnis, n
simple reprimand – Ermahnung, f
simplify, v – vereinfachen, v
simulation game – Planspiel, n
simultaneous – gleichzeitig
simulator – Simulant, m
sine die – auf unbestimmte Zeit, f
single – alleinstehend; ledig

single entry – einfache Buchführung, f
single judge – Einzelrichter, m
single out, v – aussondern, v
single power of procuration – Einzelprokura, f
single process – Einzelvorgang, m
single receipt – Einzelbeleg, m
single-shift operation – Einschichtbetrieb, m
single step – Einzelschritt, m
single task – Einzelaufgabe, f
single woman – ledige Frau, f
single work – Einzelarbeit, f
singling out – Aussonderung, f
singular succession – Einzelrechtsnachfolge, f
sit an examination, v – sich einer Prüfung (f) unterziehen, v
sit-down for work, v – sich an die Arbeit machen
sit-down strike – Sitzstreik, m
sit-in – Betriebsbesetzung (f) durch streikende Arbeitnehmer (pl)
sit strike – Sitzstreik, m
site – Standort, m; Stelle, f; Örtlichkeit, f
site planning – Standortplanung, f
siting – Standortwahl, f
sitting fee *<GB>* – Sitzungsgeld, n; Verhandlungsgebühr, f
situation – Lage, f; Situation, f
six-week period – Sechswochenfrist, f
sixth form college – gymnasiale Oberstufe, f
skeleton – Rahmen, m; Gerippe, f; Gerüst, n
skeleton agreement – Rahmenabkommen, n
skeleton construction – Stahlbau, m
skeleton contract – Rahmenvertrag, m
skeleton law – Rahmengesetz, n
skeleton staff on duty – personelle Notbesetzung, f
skeleton training schedule – Ausbildungsrahmenplan, m
skeleton wage agreement – Lohnrahmenabkommen, n
skeleton works agreement – Rahmenbetriebsvereinbarung, f
skill – Geschicklichkeit, f; Sachkenntnis, f; Fachkenntnis, f
skilled – ausgebildet; qualifiziert
skilled job – Ausbildungsberuf, m
skilled labo(u)r – Fachkräfte (pl); gelernte Arbeitskräfte (pl)
skilled manpower – qualifizierte Arbeitskräfte (pl)
skilled operative – Facharbeiter, m
skilled personnel – Fachpersonal, n
skilled staff – Fachpersonal, n
skilled trade – Fachberuf, m
skilled worker – Facharbeiter/in, m/f
skills (pl) – Fertigkeiten (pl); Berufskenntnisse (pl); Fähigkeiten (pl); Können, n
skills (pl) inventory – Fähigkeitsdatei, f
skills (pl) management – System (n) zur Erfassung (f) fachlicher Qualifikationen (pl)
skin disease – Hautkrankheit, f
slack at one´s work, v – bei der Arbeit bummeln, v
slacker *<infml>* – Drückeberger/in, m/f; Faulenzer/in, m/f
slander – Beleidigung (f) durch gesprochenes Wort, n; üble Nachrede, f
slander, v – beleidigen, v; verleumden, v
slap – Ohrfeige, f
slap, v *<infml>* – heftig tadeln, v
slave – Sklave, m; Arbeitstier, n
slave, v – äußerst hart arbeiten, v

slave driver <*infml*> – Leuteschinder, m
slave labo(u)r – Zwangsarbeit, f
sleep, v – schlafen, v
sleeping – schlafend; Schlaf...
sleeping accommodation – Schlafgelegenheit, f
sleeping partner <*GB*> – stiller Teilhaber, m
sliding scale – gleitender Tarif, m
sliding wage scale – gleitende Lohnskala, f
slip (1) – Fehlleistung, f
slip (2) – Beleg, m; Bon, m
slogger <*infml*> – Arbeitstier, n
slot machine – Automat, m; Verkaufsautomat, m
slow – langsam; schwerfällig
slowdown (1) – Arbeitsverzögerung, f; Bummelstreik, m; bewußtes Langsamarbeiten, n; Abschwächung, f; Abschwung, m
slowdown (2) – Konjunkturabschwung,m
slowdown in economic activity – Abschwächung (f) der Konjunktur, f
slowdown in economic growth – Abschwächung (f) des Wirtschaftswachstums, n
sluggard – Faulenzer, m; Faulpelz, m
slush money <*US*> – Schmiergeld, f
small incomes (pl) relief – Steuervergünstigung (f) für niedrige Einkommen (pl)
small-sized enterprise – Kleinunternehmen, n
small-scale trade – Kleingewerbe, n
small-sized establishment – Kleinbetrieb, m
small trader – Minderkaufmann, m
smart money <*US*> – Schmerzensgeld, f
smell of alcohol on the breath – Alkoholfahne, f
snap strike – spontaner Streik, m
snoopervision <*infml*> – Schnüffelei, f
snow under, v <*US,infml*> – mit Arbeit überhäufen, v
soak <*US,sl*> – Schmiergeld, n
sociable – kontaktfähig; kontaktfreudig; gesellig
social (1) – gesellig
social (2) – gesellschaftlich; sozial
social adjustment – sozialer Ausgleich, m
social affair – soziale Angelegenheit, f
social allowance – Sozialzulage, f
social and medical assistance – Sozialhilfe, f
social assistance institution – Sozialhilfeträger, m
social behavio(u)r – Sozialverhalten, n
social benefit – soziale Leistung, f
social benefits (pl) – Sozialleistungen (pl)
social caretaking – soziale Betreuung, f
social compensation plan – Sozialplan, m
social contributions (pl) – soziale Abgaben (pl)
social costs (pl) – Sozialkosten (pl)
social court – Sozialgericht, n
social economic balance sheet – Sozialbilanz, f
social engineering – angewandte Sozialwissenschaft, f
social environment – Milieu, n
social exclusion – soziale Ausgrenzung, f
social expenditure – Sozialaufwendungen (pl); Sozialausgaben (pl)
social expenditure system – Sozialleistungssystem, n
social expenses (pl) – Sozialkosten, f

social facility – Sozialeinrichtung, f
social group – soziale Gruppe, f
social institution – Sozialeinrichtung, f
social insurance agency – Sozialversicherungsträger, m
social insurance benefits (pl) – Leistungen (pl) aus der Sozialversicherung, f
social insurance body – Sozialversicherungsträger, m
social insurance contribution – Sozialversicherungsbeitrag, m
social insurance contributions (pl) – Sozialabgaben (pl)
Social Insurance Convention – Sozialversicherungsabkommen, n
social insurance ID card – Sozialversicherungsausweis, m
social insurance institution – Sozialversicherungsträger, m
social insurance legislation – Sozialversicherungsrecht, n
social insurance number – Sozialversicherungsnummer, f
social insurance pension – Sozialrente, f; Sozialversicherungsrente, f
social insurance statement – Sozialversicherungsnachweis, m
social jurisdiction – Sozialgerichtsbarkeit, f
social justice – soziale Gerechtigkeit, f
social legislation – Sozialgesetzgebung, f; Sozialrecht, n
social market economy – soziale Marktwirtschaft, f
social matter – soziale Angelegenheit, f
social order – soziale Ordnung, f
social partners (pl) – Sozialpartner (pl); Partner im Sozialleben, n
social pension insurance – Rentenversicherung, f
social plan – Sozialplan, m
social plan severance pay – Sozialplanabfindung, f
social policy – Gesellschaftspolitik, f; Sozialpolitik, f
social protection – sozialer Schutz, m
social rank – gesellschaftlicher Rang, m
social report – Sozialbericht, m
social science – Sozialkunde, f; Sozialwissenschaft, f
social security – soziale Absicherung, f; soziale Sicherheit, f
Social Security Act *<US>* – Sozialversicherungsgesetz, n
social security benefits (pl) – gesetzliche soziale Aufwendung, f
social security body – Sozialversicherungsträger, m
Social Security Code – Sozialgesetzbuch, n (SGB)
social security contribution – Sozialversicherungsbeitrag, m
social security costs (pl) – soziale Aufwendungen (pl)
social security elections (pl) – Sozialwahlen (pl)
social security institution – Sozialleistungsträger, m
social security insurance – Sozialversicherung, f
social security number – Sozialversicherungsnummer, f
social security of civil servants (pl) – Beamtenversorgung, f
social security payroll tax *<US>* – Arbeitgeberanteil (m) zur Sozialversicherung, f
social security scheme – System der sozialen Sicherheit, f
social security statement – Entgeltbescheinigung (f) in der Sozialversicherung, f
social selection – Sozialauswahl, f

social service – Fürsorge, f
social services (pl) – soziale Betreuung, f; Sozialdienste (pl)
social services office – Sozialamt, f
social state – Sozialstaat, m
social support – soziale Absicherung, f
social system – Gesellschaftsordnung, f; soziales System, n
social wages (pl) – Soziallohn, m
social welfare – soziale Fürsorge, f; Sozialfürsorge, f; Sozialhilfe, f
social welfare body – soziale Einrichtung, f
social welfare charges (pl) – Sozialabgaben (pl)
social welfare office – Sozialamt, n
social welfare state – Wohlfahrtsstaat, m
social welfare supplement – Sozialzuschlag, m; Sozialzulage, f
social worker – Sozialarbeiter/in, m/f
socially acceptable – sozial verträglich
socially unwarranted dismissal – sozial ungerechtfertigte Kündigung, f
society – Gesellschaft, f; Verein, m
society covering common risks (pl) – Gefahrengemeinschaft, f
society of miners (pl) – Knappschaft, f
socio-political – gesellschaftspolitisch; sozialpolitisch
sociology – Soziologie, f
socius – Sozius, m
soft job – Druckposten, m
soldier – Soldat/in, m/f
soldier's pay – Sold, m
Soldiers' Act – Soldatengesetz, n (SoldG)
sole – allein; einzig; unverheiratet *<jur>*
sole agent – Alleinvertreter, m
sole authority – Einzelvollmacht, f
sole judge – Einzelrichter/in, m/f
sole owner – Alleineigentümer, m
sole owner of business – Einzelkaufmann, m
sole procuration – Einzelprokura, f
sole proprietor (1) – Alleininhaber/in, m/f
sole proprietor (2) – Einzelkaufmann/-kauffrau, m/f
sole trader – Einzelunternehmer/in, m/f
sole wage earner – Alleinverdiener/in, m/f
solely responsible – eigenverantwortlich
solicitor *<GB>* – Rechtsanwalt/-anwältin (m/f) vor bestimmten niederen Gerichten (pl)
solict, v – Kunden werben, v
solidarity – Solidarität, f
solidarity contribution – Solidaritätsbeitrag, m
solidarity fund – Solidaritätsfonds, m
solidarity strike – Solidaritätsstreik, m
solidary – solidarisch
solitary confinement – Einzelhaft, f
solution – Lösung, f
solvency – finanzielle Leistungsfähigkeit, f; Zahlungsfähigkeit, f
solvent – finanziell; liquide; leistungsfähig; zahlungsfähig
sorting out – Aussonderung, f
sound – fundiert; intakt; gesund; fundiert
sound claim – begründeter Anspruch, m *<jur>*
sound degree – Lautstärke, f
sound out, v – ausforschen, v
sounding out – Ausforschung, f
source of danger – Gefahrenquelle, f
source of law – Rechtsquelle, f
sovereign – hoheitlich; souverän
sovereign power – Hoheitsgewalt, f
sovereign task – Hoheitsaufgabe, f

spare capacity – freie Kapazität, f
spare part – Ersatzteil, n
spare time / hours (pl) – Freizeit, f; Mußestunden (pl)
spare-time activities (pl) – Freizeitgestaltung, f
speaker – Referent/in, m/f; Sprecher/in, m/f
special – besonders; ausdrücklich; außergewöhnlich
special ability – Fachkönnen, n; Spezialkönnen, n
special account – Sonderkonto, n
special agreement – Sondervereinbarung, f
special allowance – Funktionszulage, f; Sonderzulage, f
special area – Fachgebiet, n; Spezialgebiet, n
special assignment – Sonderaufgabe, f
special authority – Einzelvollmacht, f
special bonus – Sondervergütung, f; Sonderzulage, f; Sonderzuwendung; f
special charge – Sonderausgabe, f
special clause – Sonderbestimmung, f
special contingency reserve – Rückstellung, f
special contributions (pl) – Sonderleistungen (pl); Sonderbeiträge (pl)
special court for commercial causes (pl) – handelsrechtliche Kammer, f
special deductions (pl) – Sonderabgaben (pl)
special department for – Fachabteilung für
special expenditures (pl) *<US>* – Sonderausgaben (pl)
special field – Fachrichtung, f; Spezialgebiet, n
special guardian – Abwesenheitspfleger/in, m/f
special knowledge – Fachkenntnisse, pl; Fachwissen, n
special leave – Sonderurlaub, m
special levy – Sonderabgabe, f
special licence/license – Sondergenehmigung, f
special majority – qualifizierte Mehrheit, f
special meeting – Sondersitzung, f
special needs student – Sonderschüler/in, m/f
special part – besonderer Teil, m
special payment – Sondervergütung, f; Sonderzahlung, f
special permission – Sondergenehmigung, f
special permit – schriftliche Sondergenehmigung, f
special protection against dismissals (pl) – Sonderkündigungsschutz, m
special provision/ stipulation – Sondervorschrift, f; Sonderbestimmung, f
special reason – wichtiger Grund, m
special regulation – Sonderregelung, f
special remuneration – Sondervergütung, f
special representation – Sondervertretung, f
special rule – Sonderbestimmung, f
special sacrifice – Sonderopfer, n
special school for educationally subnormal children – Hilfsschule, f; Sonderschule, f
special services (pl) – Sonderleistungen (pl)
special session – Sondersitzung, f
special subject – Hauptfach, n (in der Schule
special tariff – Sondertarif, m

special training – Spezialausbildung, f; Fachausbildung, f
special training course – Fachlehrgang, m
special vacation bonus *<US>* – Urlaubsgeld, n
special work – Sonderarbeit, f; Spezialarbeit, f
specialist – Fachkraft, f; Spezialist/in, m/f; Sachverständiger, m
specialist area – Sachbereich, m; Fachgebiet, n
specialist staff – Fachpersonal, n
specialist teacher – Fachlehrer, m
speciality – Hauptfach, n
specialization – Spezialisierung, f
specialized – fachmännisch
specialized attorney – Fachanwalt, m
specialized body – Fachinstitut, n
specialized course – Leistungskurs, m
specialized division – Fachbereich, m
specialized experience – Facherfahrung, f
specialized industrial training – industrielle Fachausbildung, f
specialized knowledge – Fachkunde, f
specialized literature – Fachliteratur, f
specialized press – Fachpresse, f
specialized professional education – Fachausbildung, f
specialized solicitor – Fachanwalt, m
specialized technical knowledge – technisches Fachwissen, n
specialized training – fachliche Ausbildung, f
species – Gattung, f
species obligation – Gattungsschuld, f
specification – Einzelaufstellung, f; Einzelnachweis, m; Spezifikation, f
specimen – Exemplar, n; Probe, f; Blankett, n
specimen copy – Probeexemplar, n
specimen of s.o.'s handwriting – Handschriftenprobe, f
specimen signature – Unterschriftsprobe, f
speculation deadline – Spekulationsfrist, f
speech – Rede, f; Ansprache, f; Vortrag, m; Plädoyer, n *<jur>*
speech defect – Sprachfehler, m
speech for the defence/defense – Plädoyer (n) der Verteidigung, f
speech impediment – Sprachbehinderung, f; Sprachstörung, f
speech-impaired – sprachbehindert
speed recorder – Fahrtenschreiber, m
speed – Geschwindigkeit, f; Tempo, n
speed up, v – Arbeitstempo (n) erhöhen, v; Leistung (f) steigern, v
spell to, v *<US>* – jmd bei der Arbeit (f) ablösen, v
spend, v – aufwenden, v; ausgeben, v
spending power – Kaufkraft, f
sphere – Sphäre, f; Gebiet, n; Bereich, m
sphere of action – Wirkungsbereich, m; Aufgabenbereich, m; Tätigkeitsbereich, m
sphere of activity – Arbeitsgebiet, n; Aufgabengebiet, n
sphere of business – Geschäftsbereich, m
sphere of functions (pl) – Wirkungskreis, m
sphere of settlement – Regelungsbereich, m
sphere of work – Arbeitsgebiet, n
spin, v *<GB,sl>* – einen Kandidaten (m) durchfallen lassen, v
splitting a cause of action – Teilklage, f
splitting up – Aufgliederung, f

spokesman/spokeswoman – Sprecher/in, m/f; Wortführer/in, m/f
spokesmen (pl) committee – Sprecherausschuss, m
Spokesmen Committee Act – Sprecherausschussgesetz, m (SprAuG)
spokesperson of a work group – Arbeitsgruppensprecher/in, m/f
sponsor – Pate, m/ Patin, f; Schirmherr/in, m/f; Förderer, m
sponsor, v – fördern, v; unterstützen, v; protegieren, v
sports teacher – Sportlehrer, m
spot check – Stichprobe, f
spot welder – Punktschweißer/in, m/f
spotless – unbescholten; makellos
spouse – Ehegatte/-gattin, m/f
spouses (pl) – Eheleute (pl)
spray painter – Spritzlackierer/in, m/f
sprayman – Spritzlackierer, m
spread over, v – verteilen, v
Stability Act – Stabilitätsgesetz, n
stabilization levy *<US>* – Stabilitätsabgabe, f
stable – fest; stabil
stable value clause – Wertsicherungsklausel, f
staff – Angestellte (pl); Arbeitsstab, m; Betriebsangehörige (pl); Mitarbeiterstab, m; Belegschaft, f; Personal, n; Stab, m
staff appointment scheme – Stellenbesetzungsplan, m
staff association – Berufsverband, m
staff bonus – Gratifikation, f
staff committee – Personalausschuss, m; Betriebsrat, m
staff costs (pl) – Personalaufwand, m; Personalaufwendungen (pl)
staff council – Personalrat, m
staff council election – Personalratswahl, f
staff cut – Personalabbau, m
staff department – Betriebsabteilung, f; Stabsabteilung, f
staff dialogue – Mitarbeitergespräch, n
staff expenditure – Personalausgaben (pl); Personalaufwand, m
staff function – Stabsfunktion, f; Stabsstelle, f
staff lawyer – Syndikus, m; Syndikusanwalt, m
staff level – Personalbestand, m
staff list – Personalverzeichnis, n
staff meeting – Personalversammlung, f
staff member – Angestellte/r, f/ m; Betriebsangehörige/r, f/m; Mitarbeiter/in, m/f
staff mobility – Mobilität (f) des Personals, n
staff outing – Betriebsausflug, m
staff party – Betriebsfeier, f
staff planning scheme – Stellenplan, m
staff position – Stabsstelle, f
staff reduction – Personalabbau, m
staff regulations (pl) – Personalstatut, n
staff report – Belegschaftsbericht, m
staff representation – Personalvertretung, f
Staff Representation Act (Act concerning the Representation of Civil Servants and Employees in the Civil Service) – Personalvertretungsgesetz, n
staff representative – Gewerkschaftsbeauftragte/r, f/m
staff retention – Halten (n) von Mitarbeitern (pl)
staff strength – Personalstärke, f; Personalbestand, m
staff turnover – Personalwechsel, m; Mitarbeiterfluktuation, f
staff unit – Stabsabteilung, f

staffing <*GB*> – Mitarbeitergewinnung, f
staffing cutback – Personalabbau, m
staffing requirements (pl) – Personalbedarf, m
staffing schedule <*US*> – Stellenbesetzungsplan, m
stage of hierarchy – Hierarchiestufe, f
stages (pl) of appeal – Instanzenweg, m; Beschwerdeweg, m <*jur*>
stagger starting times (pl), v – Arbeitsbeginn (m) staffeln, v
staggered working hours (pl) – gestaffelte Arbeitszeit, f
stagnation – Stillstand, m
stand by, v – sich bereit halten, v
stand-by duty – Bereitschaftsdienst, m
stand-by time – Arbeitsbereitschaft, f
stand for, v <*GB*> – sich bewerben um, v
stand-in allowance – Ausgleich für Tätigkeit in einer höheren als der eigenen Entgeltgruppe, f
stand surety, v – bürgen, v
standard – Maßstab, m; Norm, f; Standard, m; Normalmaß, n
standard age limit – Regelaltersgrenze, f
standard agreement – Tarifvertrag, m
standard annual leave – Tarifurlaub, m
standard benefit – Regelleistung, f
standard composition – Regelbesetzung, f
Standard Contracts Act – Gesetz (n) über die Allgemeinen Geschäftsbedingungen (pl) (AGBG)
standard deduction for expenses (pl) – Werbungskostenpauschale, f
standard elemental time – Elementarzeit, f
standard German – hochdeutsch
standard hourly wage – Tarifstundenlohn, m
standard labo(u)r rate – Grundlohn, m
standard of attainment – Leistungsnorm, f
standard of knowledge – Bildungsgrad, m
standard of living – Lebenshaltung, f; Lebensstandard, m
standard of living clause – Besitzstandsklausel, f
standard of performance – Leistungsstand, m
standard output – Sollleistung, f; Normalleistung (f) einer Maschine, f
standard performance – Normalleistung, f; Sollleistung, f; Vorgabeleistung, f
standard practice – Gepflogenheit, f
standard price rate – Einheitsstücklohn, m
standard provision – Normativbestimmung, f
standard rate *(of social assistance)* – Regelsatz, m (bei Sozialleistungen, pl)
standard regulation – Einheitsregelung, f
standard time – Vorgabezeit, f
standard wage – Tariflohn, m; Ecklohn, m
standard wage group – tarifliche Lohngruppe, f
standard wage maintenance – Verdienstsicherung, f
standard wage rate differential – Tarifgefälle, n
standard wage-rate bracket – Tariflohngruppe, f
standard working day – Normalarbeitstag, m
standard working hours (pl) – Normalarbeitszeit, f; Sollarbeitszeit, f
standardization committee – Normenausschuss, m

standards (pl) of employee protection – sozialer Schutz (m) der Mitarbeiter (pl)
standby duty – Bereitschaftsdienst, m <*mil*>
standing order – Dauerauftrag, m
standing practice – ständige Übung, f
standing rules (pl) – Geschäftsordnung, f
standing to sue – Prozessführungsbefugnis, f
standing to sue doctrine – Prozessstandschaft, f
standstill – Stillstand, m
standstill of production – Produktionsstillstand, m
start – Beginn, m; Anfang, m
start allowance – Antrittszulage, f
start fee – Antrittsgebühr, f
start in a job – Berufseinstieg, m
start in working life – Eintritt ins Erwerbsleben, n
start of pension payment – Rentenbeginn, m
start of work – Arbeitsbeginn, m
start of working hours (pl) – Arbeitszeitbeginn, m
start working, v – die Arbeit (f) aufnehmen, v
starting – Anfangs-; Ausgangs-
starting date – Einstellungstermin, m
starting of work – Arbeitsaufnahme, f; Dienstantritt, m
starting rate – Anfangslohn, m; Einstelllohn, m
starting salary – Anfangsgehalt, n; Eingangsgehalt, n; Einstellgehalt, n; Einstiegsgehalt, n
starting time – Arbeitsbeginn, m
starting wage – Anfangsentgelt, n; Einstelllohn, m; Einstellungslohn, m
starvation wages (pl) – Hungerlohn, m
state (1) – Staat, m; Bundesland, n
state (2) – Status, m
state (3) – Zustand, m
state, v – feststellen, v
state aid <*US*> – staatliche Unterstützung, f
state demand – verjährter Anspruch, m
state examination – Staatsexamen, n; Staatsprüfung, f
state government – Landesregierung, f
state law – Landesgesetz, n
state of being in need of care – Pflegebedürftigkeit, f
state of business – Geschäftslage, f
state of dependence – Abhängigkeitsverhältnis, n
state of emergency – Ausnahmezustand, m; Notstand, m
state of employment – Beschäftigungsverhältnis, n; Anstellung, f
state of exhaustion – Erschöpfungszustand, m
state of facts (pl) – Tatbestand, m; Sachverhalt, m
state of health – Gesundheitszustand, m
state of mind – Geisteszustand, m
state-of-the-art technology – (neuester) Stand (m) der Technik, f
state of the economy – Konjunktur, f; Wirtschaftlage, f
State (Social) Insurance Institution – Landesversicherungsanstalt, f
state supervision – Staatsaufsicht, f
state working group – Landesarbeitsgemeinschaft, f
stateless – staatenlos
stateless alien – heimatlose/r Ausländer/in, m/f
statement – Angabe, f; Bescheinigung, f; Aussage, f; Erklärung, f; Feststellung, f; Stellungnahme, f

statement of account (1) – Kontoauszug, m
statement of account (2) – Abrechnung, f
statement of claim – Antragsschrift, f; Klagebegründung, f
statement of conditions *<US>* – Bilanzerläuterung, f
statement of contributions (pl) paid – Beitragsnachweis, m; Beitragsbescheinigung, f
statement of defence/defense – Klageerwiderung, f
statement of earnings (pl) – Verdienstbescheinigung, f; Verdienstnachweis, m
statement of expenses (pl) – Spesenabrechnung, f
statement of functions (pl) – Funktionsbeschreibung, f
statement of housing subsidy – Wohngeldbescheinigung, f
statement of source – Quellenangabe, f
statement of the case – Schriftsatz, m
statement of the facts (pl) – Sachverhaltsdarstellung, f
statement of wage withholding tax – Steuernachweis, m (bei Lohnsteuer, f)
static strain – statische Belastung, f
station in life – Stellung, f; Lebensabschnitt, m
stationary treatment – stationäre Behandlung, f
statistics (pl) – Statistik, f
statistics (pl) of/on hours (pl) of work – Arbeitszeitstatistik, f
status – Rang, m; Stand, m; Rechtsstellung, f
status of a public officer – Beamtenverhältnis, n
status of the case – Aktenlage, f
status report – Lagebericht, m
status without a collective agreement in effect – tarifloser Zustand, m
statute – Statut, n; Gesetzesbestimmung, f; Gesetzesvorschrift, f
statute book *<GB>* – Gesetzessammlung, f
statute law – geschriebenes Recht, n; Gesetzesrecht, n
statute of limitation(s) *<law>* – Gesetz (n) über Verjährung, f
statute-barred *<law>* – verjähren, v *<jur>*
statutes (pl) – Satzung, f
statutory – gesetzlich vorgeschrieben; satzungsgemäß
statutory accident insurance fund – gesetzliche Unfallversicherung, f
statutory agent – gesetzliche/r Vertreter/in, m/f
statutory analogy – Gesetzesanalogie, f
statutory attorney – gesetzlicher Vertreter, m
statutory corporation – Körperschaft (f) des öffentlichen Rechts, n
statutory declaration *<GB>* – eidesstattliche Erklärung, f
statutory health insurance – gesetzliche Krankenversicherung, f
statutory health insurance scheme – gesetzliche Krankenversicherung, f
statutory holiday – gesetzlicher Feiertag, m
statutory judge – gesetzliche/r Richter/in, m/f
statutory law – Gesetzesrecht, n
statutory lien – gesetzliches Pfandrecht, n
statutory membership – Pflichtmitgliedschaft, f

statutory monopoly for the procurement of employment – gesetzliches Vermittlungsmonopol, n
statutory notice – gesetzliche Kündigungsfrist, f
statutory offence/offense – strafbare Handlung, f
statutory order – Rechtsverordnung, f
statutory pension insurance – Rentenversicherungspflicht, f
statutory pension insurance fund – gesetzliche Rentenversicherung, f
statutory pensions (pl) equalization – Versorgungsausgleich, m
statutory portion – Pflichtteil, m
statutory provision – gesetzliche Regelung, f
statutory requirement to submit – Vorlegungspflicht, f; Vorlagepflicht, f
statutory right – gesetzliches Recht, n
statutory social insurance – gesetzliche Sozialversicherung, f
stay (1) – Aufenthalt, m
stay (2) *<law>* – Aussetzung, f; Einstellung, f; Vollstreckungsaufschub, m
stay, v – ruhen, v; bleiben, v; anhalten, v; hemmen, v; aufhalten, v
stay abroad – Auslandsaufenthalt, m
stay down – in der Schule (f) sitzen bleiben, v
stay-in (strike) – Sitzstreik, m
stay in hospital – Krankenhausaufenthalt, m
stay of proceedings (pl) – Aussetzen (n) eines Verfahrens, n; ruhendes Verfahren, n
stay on strike, v – Streik (m) fortsetzen, v
stay on the job, v – Stellung (f) (bei)behalten, v
stay overnight, v – übernachten, v
stay the execution, v – Vollstreckung (f) aussetzen, v *<jur>*
stay the proceedings (pl), v – Verfahren (n) aussetzen, v *<jur>*
steam fitter – Heizungsinstallateur, m
steer, v – lenken, v; steuern, v
stenography – Kurzschrift, f
step – Stufe, f; Maßnahme, f
step in, v – eintreten, v; betreten, v
step bonus – Stufenakkord, m
stepchild – Stiefkind, n
stepping stone – Sprungbrett, n *<fig>*
stillbirth – Totgeburt, f
stint – zugewiesene Arbeit, f; Pensum, n; Schicht, f (im Bergbau, m)
stipulate, v – ausbedingen (sich), v; vereinbaren, v; festsetzen, v; Vereinbarung (f) treffen, v
stipulate by contract, v – vertraglich vereinbaren, v
stipulate tacitly, v – stillschweigend vereinbaren, v
stipulated – vertraglich festgelegt; festgesetzt
stipulated penalty – Konventionalstrafe, f
stipulation – Vereinbarung, f; Abmachung, f; Übereinkunft, f; Klausel, f *<jur>*
stipulation in restraint of trade – Konkurrenzklausel, f
stipulator – Vertragspartei, f *<jur>*
stir up, v – aufwiegeln, v
stock – Aktienkapital, n; Gesellschaftskapital, n; Bestand, m; Vorrat, m; Aktie, f *<US>*; Anleihe, f *<GB>*
stock capital – Grundkapital, n
stock certificate *<US>* – Aktienschein, m
stockchaser – Bestandsprüfer/in, m/f
stock check – Bestandskontrolle, f

stock corporation *<US>* – Aktiengesellschaft, f; Kapitalgesellschaft, f
stock exchange – Börse, f
stockholder *<US>* – Gesellschafter/in, m/f; Aktionär/in, m/f; Anteilseigner/in, m/f
stockholders' meeting *<US>* – Aktionärsversammlung, f; Hauptversammlung, f
stock holdings (pl) – Aktienbesitz, m
stockkeeping – Lagerhaltung, f
stock on hand – Bestand, m
stock option – Aktienbezugsrecht, n
stock ownership – Aktienbesitz, m
stocks (pl) – Lagerhaltung, f; Vorräte (pl); Bestände (pl)
stone cutter/mason – Steinmetz, m
stop, v – beenden, v; anhalten, v; aufhören, v
stop business, v – Betrieb (m) einstellen, v
stop operating, v – Betrieb (m) einstellen, v
stop order – Zahlungsverbot, n
stop wages (pl), v – Lohn (m) einbehalten, v
stop working, v – Arbeit (f) abbrechen, v; Arbeit einstellen, v; Arbeit niederlegen, v
stopgap – Notbehelf, m; Ersatz, m; Aushilfskraft, f
stopgap aid – Überbrückungshilfe, f
stoppage – Betriebsausfall, m; Stillstand, m; Hemmung, f; Sperre, f; Beschlagnahme, f *<jur>*
stoppage of production – Produktionseinstellung, f
stoppage of work – Arbeitseinstellung, f
stopwatch – Stoppuhr, f
storage – Aufbewahrung, f; Lagerung, f
store data, v – Daten (pl) speichern, v
storage media control – Speicherkontrolle, f; Datenträgerkontrolle, f
store – Lager, n; Laden, m
store, v – ablegen, v; lagern, v
store-room – Lager, n (eines Geschäfts, n)
store-room clerk – Lagerverwalter/in, m/f
storeman/storewoman – Lagerarbeiter/in, m/f
straight income – Normaleinkommen, n
straigth piece-work – Prämienlohnsystem, n
straight time pay – Zeitlohn, m
straight time work – Zeitlohnarbeit, f
strain – Belastung, f; belastende Auswirkung, f; Anstrengung, f
strange – fremd
stranger – Fremde/r, f/m
strategic position – Schlüsselposition, f
strategy – Strategie, f
straw boss *<US,infml>* – Vorarbeiter, m; Vertreter (m) des Chefs, m
straw man – Strohmann, m
streamline, v – vereinfachen, v; modernisieren, v; rationalisieren, v
strength – Stärke, f; Kraft, f; Gewalt, f
strength of character – Charakterfestigkeit, f
Strengths, Weaknesses, Opportunities and Threats Analysis (SWOT) – SWOT-Analyse, f
stress – Anspannung, f; Beanspruchung, f; Belastung, f;– nervliche Belastung, f
stress disease – Managerkrankheit, f
stress management – Stressbewältigung, f
stretch out *<US,infml>* – Arbeitsintensivierung (f) ohne entsprechende Entgelterhöhung, f

strict law – formelles Recht, n

strict liability – Gefährdungshaftung, f

strictly personal – höchstpersönlich

strike – Ausstand, m; Streik, m

strike, v – streiken, v

strike against, v – bestreiken, v

strike at selected sites (pl) – Punktstreik, m

strike ballot – Streikabstimmung, f; Urabstimmung, f

strike benefit – Streikgeld, n; Streikunterstützung, f

strike benefit fund – Streikfonds, m

strike-bound – bestreikt

strikebreaker – Streikbrecher/in, m/f

strikebreaker premium – Streikbruchprämie, f

strike call – Streikaufruf, m

strike committee – Streikausschuss, m; Streikleitung, f

strike excess – Streikausschreitung, f

strike front – Streikfront, f

strike fund – Streikkasse, f; Streikfonds, m

strike leader – Streikführer/in, m/f

strike movement – Streikbewegung, f

strike notice – Streikankündigung, f

strike order – Streikbefehl, m

strike pact – Streikabkommen, n

strike pay – Streikgeld, n

strike-prone – streikanfällig

strike slogan – Streikparole, f

strike threat – Streikdrohung, f

strike vote – Urabstimmung, f; Streikabstimmung, f

strike work, v – Arbeit (f) niederlegen, v; in den Streik (m) treten, v; Feierabend (m) machen, v

strike works (pl), v – Fabrik (f) bestreiken, v

strike's work – Streikarbeit, f

striker – Streikende/r, f/m

strong will – Willensstärke, f

structural – strukturell; strukturell bedingt; Struktur . . .

structural change – Strukturwandel, m

structural engineering – Hochbau, m

structural organisation/organization – Aufbauorganisation, f

structural unemployment – strukturelle Arbeitslosigkeit, f

structure (1) – Gliederung, f; Struktur, f; Gefüge, n

structure (2) – Bauwerk, n; Gebäude, n

structuring of operations (pl) – Ablauforganisation, f

struggle – Kampf, m

struggle for existence – Existenzkampf, m

student – Lehrgangsteilnehmer/in, m/f; Student/in, m/f; Schüler/in, m/f *<US>*

student about to take the "Abitur" examination – Abiturient/in, m/f

student advisor *<US>* – Studienberater/in, m/f

student aid – Studienbeihilfe, f

student at a professional school – Berufsschüler/in, m/f

student grant – (staatliche) Studienbeihilfe, f

student taking his/her diploma examination – Diplomand/in, m/f

student teacher – Studienreferendar/in, m/f

student welfare organisation/ organization – Studentenwerk, n

study (1) – Studie, f; Untersuchung, f

study (2) – Studium, n

study, v – studieren, v; lernen, v

study group – Studiengruppe, f; Arbeitsgruppe, f; Arbeitsgemeinschaft, f

study law, v – Jura studieren, v; Rechtswissenschaften (pl) studieren, v

study leave – Studienurlaub, m; Bildungsurlaub, m
Study Leave Act – Bildungsurlaubsgesetz, n
study period – Studienzeit, f
study room – Arbeitszimmer, n
study side – Studienrichtung, f
study visit – Studienaufenthalt, m; Studienreise, f
subagency – Untervollmacht, f *<jur>*
subagent – Unterbevollmächtigte/r, f/m *<jur>*; Untervertreter/in, m/f
subcommittee – Unterausschuss, m
subconsciousness – Unterbewusstsein, n
subcontract, v – Arbeit an Unterlieferanten (pl) weitervergeben, v
subcontractor – Subunternehmer/in, m/f; Unterlieferant/in, m/f
subdivision – Unterabteilung, f
sub-forelady *<US>* – Vorarbeiterin, f
sub-foreman *<US>* – Vorarbeiter, m
subject – Fach, n; Sachgebiet, n; Unterrichtsfach, n; Fachgebiet, n; Gegenstand, m; Thema, n
subject area – Fachrichtung,f
subject matter – Betreff, m
subject matter of the dispute – Streitgegenstand, m
subject of a contract – Vertragsgegenstand, m
subject of an action – Prozessgegenstand, m
subject of complaint – Beschwerdegegenstand, m
subject of litigation – Streitgegenstand, m
subject specialist – Sachbearbeiter/in, m/f
subject to a month's notice – mit monatlicher Kündigungsfrist, f
subject to a supplementary charge – zuschlagspflichtig
subject to approval – genehmigungspflichtig
subject to authorisation/ authorization – genehmigungspflichtig
subject to call – kündbar
subject to co-determination – mitbestimmungspflichtig
subject to compulsory insurance – pflichtversichert
subject to consent – vorbehaltlich der Zustimmung, f
subject to directions (pl) – weisungsgebunden
subject to notice – kündbar
subject to social insurance contribution – sozialversicherungspflichtig
subject to taxation – steuerpflichtig
subject to wage tax – lohnsteuerpflichtig
subjective – subjektiv
subjectivity to collective agreements (pl) – Tarifgebundenheit, f
sublease – Untermiete, f; Untervermietung, f; Unterverpachtung, f
sublessee – Untermieter/in, m/f; Unterpächter/in, m/f
subminimum rate – untertariflicher Lohn, m
submission – Einreichung, f; Vorlage, f; Behauptung, f; Kompromiss, m; Unterbreitung, f *<jur>*
submission of accounts (pl) – Rechnungslegung, f
submission of disputes (pl) – Verweisung (f) von Streitigkeiten (pl)
submission of documents (pl) – Vorlage (f) von Unterlagen (pl)
submission of evidence – Beweisantritt, m
submission of the facts (pl) – Tatsachenvortrag, m
submission of requests (pl) – Antragstellung, f

submission order – Vorlagebeschluss, m
submit, v – einreichen, v; vorlegen, v; unterbreiten, v
submit to, v – sich unterwerfen, v
subordinate (1) – Untergebene/r, f/m; Unterstellte/r, f/m
subordinate (2) – untergeordnet; unterstellt
subordinate, v – unterordnen, v
subordination – Unterordnung, f; Unterstellungsverhältnis, n
subrogation – (gesetzlicher) Forderungsübergang, m
subscribe, v – abonnieren, v; unterzeichnen, v
subscriber – Bezieher/in, m/f
subscription – Abonnement, n; Bezug, m; Mitgliedsbeitrag, m *<GB>*
subscription dues (pl) – Mitgliedsbeitrag, m
subscription right – Bezugsrecht, n
subsection – Ziffer, f; Unterabschnitt, m; Absatz, m
subsequent – nachträglich; folgend; nachfolgend; später
subsequent assignment of reasons (pl) – Nachschieben (n) von Gründen (pl)
subsequent condition – nachfolgende Bedingung, f
subsequent impossibility – nachträgliche Unmöglichkeit, f
subsequent improvement – Nachbesserung, f
subsequent insurance – Nachversicherung, f
subsequent payment – Nachzahlung, f
subsequent presentation – Nachschieben, n
subsequent sickness – Folgeerkrankung, f
subsequent statement – Folgebescheinigung, f
subsequent treatment – Nachbehandlung, f
subsequent year – Folgejahr, n
subsidiarity – Subsidiarität, f
subsidiary (1) – Tochtergesellschaft, f; Zweigniederlassung, f
subsidiary (2) – Hilfs . . .; Unterstützungs . . .
subsidiary agreement – Nebenabrede, f
subsidiary activity – Nebentätigkeit, f
subsidiary body – Hilfsorgan, n
subsidiary business – Nebengewerbe, n
subsidiary company – Tochtergesellschaft, f
subsidiary subject – Nebenfach, n
subsidize, v *<US>* – bezuschussen, v
subsidy – Subvention, f; Zuschuss (m) aus öffentlichen Mitteln (pl); Beihilfe, f; Unterstützungsleistung, f
subsidy to construction costs (pl) – Baukostenzuschuss, m
subsistence – Auskommen, n; Lebensunterhalt, m
subsistence allowance – Unterhaltsbeihilfe, f; Unterhaltszuschuss, m
subsistence level – Existenzminimum, n
subsistence minimum – Existenzminimum, n
subsistence wages (pl) – Existenzlohn, m
substance (1) – Substanz, f; Stoff, m
substance (2) – Tenor, m *<jur>*
substantial – beträchtlich; wesentlich; stichhaltig
substantial adverse effects (pl) – wesentliche Beeinträchtigungen (pl)

substantiating documents (pl) – beweiskräftige Unterlagen (pl)
substantiation – Glaubhaftmachung, f; Begründung, f; Erhärtung, f
substantive law – materielles Recht, n
substitute (1) – Ersatz, m; Surrogat, n
substitute (2) – Ersatzkraft, f; Stellvertreter/in, m/f; Vertreter/in, m/f
substitute insolvence pay – Konkursausfallgeld, n
substitute member – Ersatzmitglied, n
substitute performance – Ersatzvornahme, f
substitute power of attorney – Untervollmacht, f *<jur>*
substitute's allowance – Vertretungszulage, f
substituted qualifying period – Ersatzzeit, f
substituted service – Ersatzzustellung, f
substitution – Stellvertretung (f) im Amt, n; Unterbevollmächtigung, f; Vertretung, f; Ersetzung, f; Ersatz, m
substitution during sickness – Krankheitsvertretung, f
substitutional health insurance fund – Ersatzkasse, f
substitutional sickness fund – Ersatzkasse, f
subtenancy – Untermiete, f; Unterpacht, f
subtenant – Untermieter/in, m/f; Unterpächter/in, m/f
subtotal – Zwischensumme, f
succeed, v – Erfolg (m) haben, v; erfolgreich sein, v
succeed in turn, v – ablösen, v
success – Erfolg, m
success experience – Erfolgserlebnis, n
successful – erfolgreich
successful party – obsiegende Partei, f
success-oriented – erfolgsorientiert
succession – Nachfolge, f; Rechtsnachfolge, f
succession candidate – Nachfolgekandidat/in, m/f
succession in office – Amtsnachfolge, f
succession in operation – Betriebsnachfolge, f
succession in title – Rechtsnachfolge, f
succession planning – Nachfolgeplanung, f
succession to an office – Nachfolge (f) im Amt, n
successor – Nachfolger/in, m/f; Erbe/Erbin, m/f
successor in office – Amtsnachfolger/in, m/ f
successor in title – Rechtsnachfolger/in, m/f
sue, v – klagen, v; verklagen ,v; prozessieren, v
sue for a permanent injunction, v – auf Unterlassung (f) klagen, v
sue s.o. for damages (pl), v – jmd auf Schadenersatz (m) verklagen, v
suffer, v – leiden, v; dulden, v
sufficient – ausreichend
sufficient in numbers (pl) – beschlussfähig; zahlenmäßig ausreichend
suggest, v – anregen, v; vorschlagen, v
suggestion – Anregung, f; Vorschlag, m
suggestion award – Prämie (f) für einen Vorschlag, m
suggestion for improvement – Verbesserungsvorschlag, m

suggestion scheme – Vorschlagswesen; Verbesserungsvorschlagswesen, n
suicide – Selbstmord, m
suit – Rechtsstreit, m; Prozess, m; Klage, f *<jur>*
suit for discontinuance – Unterlassungsklage, f
suit money – Prozesskostenvorschuss, m
suitability – Eignung, f; Angemessenheit, f
suitability diagnostics – Eignungsdiagnostik, f
suitability exercise – Eignungsübung, f
suitability potential – Eignungspotential, n
suitability profile – Eignungsprofil, n
suitable – geeignet; zweckdienlich; passend; angemessen
suitor – Kläger/in, m/f; Prozesspartei, f
sum – Summe, f; Geldbetrag, m
sum in dispute – Streitwert, m
summarized – zusammengefasst
summarizing method – summarisches Verfahren, n
summary (1) – summarisch
summary (2) – Zusammenfassung, f; Kurzfassung, f
summary dismissal – fristlose Entlassung, f
summary judge – Ermittlungsrichter/in, m/f
summary minutes (pl) – Ergebnisprotokoll, n
summary offence/offense – Übertretung, f
summary procedure – summarisches Verfahren, n
summary proceedings (pl) (1) – Mahnverfahren, n; Bußgeldverfahren, n
summary proceedings (pl) (2) – summarisches Verfahren, n
summary sentence – Strafbefehl, m
summation – Schlussrede, f; Schlussvortrag, m
summing up – Schlussvortrag, m; Plädoyer, n
summon, v – vorladen, v *<jur>*; auffordern, v; aufrufen, v
summons – Zeugenvorladung, f; formelle Aufforderung, f; Ladung, f *<jur>*
Sunday and holiday calm – Sonn- und Feiertagsruhe, f
Sunday and holiday work – Sonn- und Feiertagsarbeit, f
Sunday duty – Sonntagsdienst, m
Sunday premium – Sonntagszuschlag, m
Sunday work(ing) – Sonntagsarbeit, f
superannuate s.o., v – jmd aus Altersgründen (pl) pensionieren, v; in den Ruhestand (m) versetzen, v
superannuation (1) – Pensionierung, f; Ruhestand, m
superannuation (2) – Pension, f; Altersrente, f
superannuation (3) – Überalterung, f
superannuation fund – Pensionskasse, f
superannuation scheme – Ruhegeldordnung, f
superficial – oberflächlich
superintend, v – überwachen, v; beaufsichtigen, v; leiten, v
superintendence – Aufsicht, f; Oberaufsicht, f; Überwachung, f; Leitung, f
superior (1) – Betriebsvorgesetzte/r, f/m
superior (2) – vorgesetzt; höherrangig

superior court – höhere Instanz, f *<jur>*; Obergericht, n

superior finance directorate – Oberfinanzdirektion, f

superior force – höhere Gewalt, f

superiority – Überlegenheit, f; Höherrangigkeit, f

supervening negligence – Eigenverschulden, n

supervise, v – Aufsicht (f) führen, v; Aufsicht (f) haben, v; beaufsichtigen, v; überwachen, v

supervising authority – Fachaufsicht, f

supervision – Aufsicht, f; Überwachung, f

supervision of good faith – Billigkeitskontrolle, f

supervision of local authorities (pl) by the state – Kommunalaufsicht, f

supervisor – Aufsichtsperson, f; Inspektor/in, m/f; Vorgesetzte/r, f/m

supervisory – Überwachungs . . .; Aufsichts . . .

supervisory authority – Aufsichtsbehörde, f

supervisory board (of a German-type public stock corporation) – Aufsichtsrat, m

supervisory board election – Aufsichtsratswahl, f

supervisory body – Überwachungsstelle, f

supervisory employee – Vorgesetzte/r, f/m

supervisory training – Vorgesetztenschulung, f

supplement – Zugabe, f; Nachtrag, m; Ergänzung, f

supplement to sick pay – Krankengeldzuschuss, m

supplement to voluntary health insurance contributions (pl) – Krankenversicherungszuschuss, m

supplemental pension – Zusatzversorgungsrente, f

supplementary – ergänzend; zusätzlich

supplementary allowance – Amtszulage, f

supplementary benefit – Zusatzleistung, f

supplementary benefit fund – Zusatzversorgungskasse, f

supplementary benefits (pl) – Zusatzversorgung, f; Sozialhilfe, f

supplementary company pension scheme – betriebliche Zusatzversorgung, f

supplementary health insurance – Krankenzusatzversicherung, f

supplementary holiday – Zusatzurlaub, m

supplementary income – Nebeneinnahmen (pl); Nebeneinkommen, n; Nebeneinkünfte (pl)

supplementary insurance – Zusatzversicherung, f

supplementary pension – Zusatzrente, f

supplementary pension fund – Zusatzversorgungskasse, f

supplementary provision – Zusatzbestimmung, f

supplementary social and medical assistance – Sozialhilfe, f

supplementary training – Fortbildung, f

supplementary vacation – Zusatzurlaub, m

supplementation – Ergänzung, f

supplementing judgement – Ergänzungsurteil, n

supplements (pl) to wages (pl) and salaries (pl) – Lohnzusatzkosten (pl)
supplier – Lieferant/in, m/f
supplier of information – Auskunftgeber/in, m/f
supply – Versorgung, f; Vorrat, m; Angebot, n; Lieferung, f; Beschaffung, f
supply, v – versorgen, v; liefern, v; beschaffen, v; besorgen, v
supply gap – Versorgungslücke, f
supply of labo(u)r – Angebot (n) an Arbeitskräften (pl)
supply of staff – Gestellung (f) von Personal, n
supply of temporary workers (pl) – (gewerbsmäßige) Arbeitnehmerüberlassung, f
supply right – Versorgungsanspruch, m
support – Unterhalt, m; Unterstützung, f; Versorgung, f; Beistand, m
support, v – unterstützen, v; beistehen, v
support fund – Unterstützungskasse, f
support measure – Unterstützungsmaßnahme, f
supporting – tragend; stützend; unterstützend
supporting document – Beleg, m; Belegstück, n; Nachweis, m
supporting staff – Hilfspersonal, n
suppress, v – unterdrücken, v
supra-company matter – überbetriebliche Angelegenheit, f
supranational – überstaatlich
supreme court (1) – oberstes Gericht, n;
Supreme Court (2) – oberstes Bundesgericht (n) der USA (pl)
Supreme Court of the German Reich – Reichsgericht, n
supreme power – oberste Staatsgewalt, f
surcharge – Aufschlag, m; Zuschlag, m
surcharge on income tax for the recovery of eastern Germany – Solidaritätszuschlag, m
surety – Sicherheit, f; Bürgschaft, f; Garantie, f; Sicherheitsleistung, f; Gewährleistung, f; Bürge, m
surgical operation – Operation, f <*med*>
surname – Zuname, m; Nachname, m; Familienname, m
surpass, v – übertreffen, v; hervorragen, v
surplus – Mehrbetrag, m; Überhang, m; Überschuss, m
surplus staff – überzähliges Personal, n
surrogate's court – Nachlassgericht, n
surroundings (pl) – Umwelt, f
surtax – Ergänzungsabgabe, f; Steuerzuschlag, m
surveillance – Aufsicht, f; Überwachung, f
surveillance of drafting – Wehrüberwachung, f
survey (1) – Erhebung, f; Umfrage, f
survey (2) – Übersicht, f; Überblick, m
survey of earnings (pl) – Einkommensvergleich, m
survive, v – überleben, v
suviving dependent – Hinterbliebene/r, f/m
surviving spouse – überlebender Ehegatte, m
survivor – Hinterbliebene/r, f/m; Überlebende/r, f/m
survivor's benefit – Hinterbliebenenleistung, f

survivor's pension – Hinterbliebenenbezüge (pl); Hinterbliebenenrente, f
survivor's pension scheme – Hinterbliebenenversorgung, f
suspect (1) – Verdächtige/r, f/m
suspect (2) – verdächtig; suspekt
suspect, v – Verdacht haben, v; verdächtigen, v
suspected fraud – Betrugsverdacht, m
suspend, v – aussetzen, v; einstellen, v; offen lassen, v; suspendieren, v
suspend payments (pl), v – Zahlung (f) einstellen, v
suspension – Aussetzung, f; Ruhen, n; Suspendierung, f; Freistellung (f) von der Arbeit, f
suspension from office – Beurlaubung (f) vom Dienst, m
suspension of a resolution – Aufhebung (f) eines Beschlusse, m
suspension of enforcement – Aussetzung (f) der Vollstreckung, f
suspension of execution – Vollstreckungsaufschub, m
suspension of operation – Aussetzung (f) des Vollzugs, m
suspension of payment(s) – Zahlungseinstellung, f
suspension of proceedings (pl) – Ruhen (n) des Verfahrens, n
suspension of sentence – Strafaufschub, m
suspension of the driving licence/driver's license – Führerscheinentzug, m
suspensive condition – aufschiebende Bedingung, f
suspensive effect – aufschiebende Wirkung, f
suspensory effect – Suspensiveffekt, m; aufschiebende Wirkung, f
suspicion – Misstrauen, n; Verdacht, m
suspicious – verdächtig
swamp s.o. with work, v – jmd mit Arbeit (f) überhäufen, v
swear, v – schwören, v; beschwören, v
swear in, v – vereidigen, v
sweat, v – sich abmühen, v; für einen Hungerlohn (m) arbeiten, v
sweated labo(u)r – unterbezahlte/ausgebeutete Arbeitskräfte (pl)
sweated money – Hungerlohn, m
sweetener *<infml>* – Schmiergeld, n
swing *<infml>* – Arbeitsschicht, f
swing shift *<US,infml>* – Spätschicht, f
swing the lead, v *<infml>* – krankfeiern, v
sworn – beeidigt; eidlich
sworn appraiser – vereidige/r Sachverständige/r, f/m
sworn evidence – beeidigte Aussage, f
swot – Streber/in, m/f
syllabus (1) – Lehrplan, m; Unterrichtsplan, m
syllabus (2) *<law>* – Leitsatz (m) eines Urteils, m
symbol of status – Statussymbol, n
sympathetic – mitfühlend; einfühlsam; teilnahmsvoll; gleichgesinnt
sympathetic action – Solidaritätsmaßnahme, f
sympathetic labo(u)r dispute – Sympathiearbeitskampf, m
sympathetic strike – Sympathiestreik, m
sympathy strike – Sympathiestreik, m; Solidaritätsstreik, m
symptom of fatigue – Ermüdungserscheinung, f
syndic – Syndikus, m; Rechtsberater, m

system – System, n; Gefüge, n; Einheit, f

system of moral values (pl) – Wertesystem, n

system of remuneration – Entlohnungssystem, n; Besoldungsordnung, f

systems (pl) of aid – Beihilferegelungen (pl)

T

table – Tabelle, f; Verzeichnis, n; Liste, f

table of wages (pl) – Lohntabelle, f

table value – Tabellenwert, m

tacit – stillschweigend

tacit agreement – stillschweigende Einwilligung, f

tacit approval – stillschweigende Genehmigung, f; stillschweigende Zustimmung, f

tacit consent – stillschweigende Zustimmung, f

tacit waiver – stillschweigender Verzicht, m

tackle a job, v – Aufgabe (f) erledigen, v

tactics (pl) – Taktik, f

tainted goods (pl) <*GB*> nicht von gewerkschaftlich organisierten Arbeitern (pl) hergestellte Waren (pl)

take, v – nehmen, v; verwenden, v; sich aneignen, v

take a degree, v – akademischen Grad (m) erwerben, v

take a doctor's degree, v – promovieren, v

take a holiday, v – Ferien (pl) machen, v

take a pauper's oath, v – Offenbarungseid (m) leisten, v

take an exam(ination), v – Prüfung (f) machen, v; Prüfung (f) ablegen, v

take an oath, v – Eid (m) leisten, v

take care of, v – betreuen, v; pflegen, v; für jmd sorgen, v

take depreciation on, v – abschreiben, v

take down the minutes (pl), v – protokollieren, v

take effect, v – wirksam werden, v; in Kraft treten, v

take employment, v – Arbeit (f) annehmen, v

take English shorthand, v – Kurzschrift (f) beherrschen, v

take hours (pl) in lieu of, v – Überstunden (pl) abfeiern, v

take into account, v – berücksichtigen, v

take inventory, v – Bestand (m) aufnehmen, v

take leave, v – Urlaub (m) nehmen, v

take legal action, v – Klage (f) erheben, v; klagen, v

take office, v – Amt (n) antreten, v

take one's leave, v – sich beurlauben lassen, v; sich verabschieden, v

take out a policy, v – Versicherung (f) abschließen, v

take out an insurance policy, v – Versicherung (f) abschließen, v

take over an assignment, v – Aufgabe (f) übernehmen, v

take over, v – etwas übernehmen, v

take over for s.o., v – jmds Stelle übernehmen, v

take part in the work of s.o., v – an etwas mitarbeiten, v

take s.o. as apprentice, v – jmd als Lehrling (m) nehmen, v

take shorthand, v – Kurzschrift (f) beherrschen, v
take up a job, v – Beschäftigungsverhältnis (n) eingehen, v
take up a position, v – Stellung (f) antreten, v
take up a profession, v – Beruf (m) ergreifen, v
take up a reference, v – Referenz (f) einholen, v
take up negotiations (pl), v – Verhandlungen (pl) aufnehmen, v; in Verhandlungen (pl) treten, v
take up one's indentures (pl), v – ausgelernt haben, v
take up work, v – Arbeit (f) aufnehmen, v; Dienst (m) antreten, v
take-home pay – Nettoverdienst, m; Effektivverdienst, m
take-net pay – Nettoverdienst, m
takeover – Übernahme, f; Unternehmenserwerb, m
taker-in – Heimarbeiter/in, m/f
taking – Nehmen, n; Einnahme, f; Wegnahme, f
taking effect – Inkrafttreten, n
taking evidence – Beweisaufnahme, f
taking delivery (of a machine) – Abnahme (f) (einer Maschine, f)
taking of proofs (pl) – Beweisaufnahme, f
taking-over – Übernahme, f (eines Betriebes, m)
taking sth as the basis – Zugrundelegung, f
taking up a job – Stellenantritt, m
taking up work – Arbeitsantritt, m
takings (pl) – Einnahmen (pl)
talent – Begabung, f; Talent, n
talent relationship management (TRM) – Betreuung (f) und Bearbeitung (f) von Bewerbungen (pl)
talented – begabt; talentiert
talk shop, v *<infml>* – fachsimpeln, v
tally – Strichliste, f
tangible assets (pl) – Sachanlagen (pl)
tangible property – körperliche Sachen (pl); Sachbesitz, m
tapering *<GB>* – stärkere Anhebung (f) der unteren Gehaltsgruppen (pl)
tardiness – Unpünktlichkeit, f
tardy – unpünktlich; langsam; träge
target – Vorgabe, f; Ziel, n; Zielvorgabe, f; Leistungssoll, n
target attainment – Zielerreichung, f
target date – Stichtag, m; Termin, m
target group – Zielgruppe, f
target hours (pl) – Sollarbeitsstunden (pl)
target income – Zieleinkommen, n
target performance – Leistungssoll, n
target specification – Sollvorgabe, f
target time – Sollzeit, f
targeted work – Sollarbeit, f
tariff – Tarif, m; Tariftabelle, f; Zolltarif, m
tariff class – Tarifklasse, f
tariff corner rate – Ecklohn, m
tariff-exempted amount – Tariffreibetrag, m
tariff group – Tarifgruppe, f
tariff of fees (pl) – Gebührenordnung, f
tariff provision – Tarifbestimmung, f; Tarifnorm, f
tariff reservation – Tarifvorbehalt, m
tariff structure – Tarifstruktur, f
tariff(ing) system – Tarifsystem, n
task – Arbeit, f; Arbeitspensum, n; (schwierige) Aufgabe, f; Tagewerk, n
task area – Aufgabenbereich, m
task catalogue – Aufgabenkatalog, m
task distribution – Aufgabenverteilung, f
task force – Einsatzmannschaft, f; Arbeitsgruppe, f; Expertenteam, n

taskmaster – Schinder, m *<infml>*
task performance – Aufgabenerfüllung, f
task profile – Aufgabenprofil, n
task wage(s) – Akkordlohn, m; Pensumlohn, f
task work – Akkordarbeit, f; Pensumarbeit, f
task worker – Akkordarbeiter/in, m/f
tax – Abgabe, f; Steuer, f
tax, v – besteuern, v
tax abatement – Steuererlass, m; Steuerherabsetzung, f; Steuernachlass, m
tax advantage – Steuervorteil, m; Steuerersparnis, f
tax advisor – Steuerberater/in, m/f
tax allowance – Steuervergünstigung, f; Steuerabzug, m
tax and revenue office – Finanzamt, n
tax assessment – Steuerfestsetzung, f; Steuerveranlagung, f
tax authority – Steuerbehörde, f
tax basis – Besteuerungsgrundlage, f; Steuerbemessungsgrundlage, f
tax bill *<US>* – Steuerbescheid, m
tax bracket – Steuerklasse, f
tax burden – Steuerbelastung, f; Steuerlast, f
tax card – Steuerkarte, f
Tax Code – Abgabenordnung, f (AO)
tax concession – Steuererleichterung, f; Steuervergünstigung, f
tax consultant – Steuerberater/in, m/f
tax consulting – Steuerberatung, f
tax court – Finanzgericht, n
tax court costs (pl), v – Gerichtskosten (pl) festsetzen, v
tax credit *<US>* – Steuerabzug, m
tax declaration – Steuererklärung, f
tax-deductible – steuerabzugsfähig
tax deduction – Steuerabzug, m
tax deferral – Steuerstundung, f
tax demand – Steuerbescheid, m
tax dodger – Steuerhinterzieher/in, m/f
tax domicile – Steuerwohnsitz, m
tax evasion – Steuerhinterziehung, f
tax-exempt – steuerfrei
tax exemption – Steuerbefreiung, f; Steuerfreistellung, f; Steuerfreibetrag, m
tax exemption code – Steuerfreistellungsgrund, m
tax exemption for dependent children – Kinderfreibetrag, m
tax factor – Hebesatz, m
tax fraud – Steuerbetrug, m; Steuerhinterziehung, f
tax-free – steuerfrei
tax-free age allowance *<GB>* – Altersfreibetrag, m
tax-free allowance for training expenses (pl) – Ausbildungsfreibetrag, m
tax-free amount – Steuerfreibetrag, m
tax-free compensation – Abfindungsfreibetrag, m
tax-free saving allowance – Sparerfreibetrag, m
tax increase – Steuererhöhung, f
tax liability – Steuerpflicht, f; Steuerschuld, f
tax office – Finanzamt, n
tax on earnings (pl) – Ertragsteuer, f
tax on income – Einkommensteuer, f
tax on profits (pl) – Körperschaftssteuer, f
tax on the total of wages (pl) and salaries (pl) paid – Lohnsummensteuer, f
tax on wealth – Vermögensteuer, f
tax payer – Steuerzahler/in, m/f
tax payer's registration number – Steuernummer, f
tax penalty – Steuersäumniszuschlag, m

tax period – Steuerzeitraum, m; Veranlagungszeitraum, m
tax prepayment – Steuervorauszahlung, f
tax privilege – Steuervergünstigung, f
tax-privileged – steuerbegünstigt
tax proceeds (pl) – Steuerertrag, m
tax rate – Steuersatz, m
tax reduction – Steuerermäßigung, f; Steuersenkung, f
tax reform – Steuerreform, f
tax refund – Steuererstattung, f; Steuerrückvergütung, f; Steuerrückzahlung, f
tax relief – steuerliche Erleichterung, f; Steuerermäßigung, f
Tax Relief Act – Steuerentlastungsgesetz, n
tax return – Steuererklärung, f
tax rules (pl) – Steuerrichtlinien (pl)
tax saving – Steuerersparnis, f
tax scale – Steuertarif, m
tax secrecy – Steuergeheimnis, n
tax-shelter company – Abschreibungsgesellschaft, f
tax statement – Steuerbescheid, m
tax table – Steuertabelle, f
tax withheld at source – Quellensteuer, f
tax withholding – Steuerabzug, m
taxability – Steuerpflichtigkeit, f
taxable – abgabenpflichtig; steuerpflichtig; versteuerbar
taxable amount – Besteuerungsgrundlage, f
taxable income – steuerpflichtiges Einkommen, n
taxable person – Steuerpflichtige/r, f/m
taxation – Besteuerung, f; Steuern (pl)
taxation charge – Steuerbelastung, f
taxation factor – Steuerbemessungsgrundlage, f
taxing feature – Steuermerkmal, n
teach, v – lehren, v; unterrichten, v
teacher – Lehrer/in, m/f
teacher operating on a fee basis – Honorarlehrkraft, f
teacher training college – pädagogische Hochschule, f (PH)
teaching – Unterricht, m; Unterrichten, n
teaching aids (pl) – Lehrmittel (pl)
teaching allowance – Anlernzuschuss, m
teaching job – Lehrberuf, m
teaching materials (pl) – Lehrmaterial, n; Lehrmittel (pl)
teaching method – Lehrmethode, f; Unterrichtsmethode, f
teaching profession – Lehrberuf, m
teaching qualification – Lehrbefähigung, f
teaching staff – Lehrkörper, m; Lehrkräfte (pl)
team – Arbeitsgemeinschaft, f; Arbeitsgruppe, f; Mannschaft, f
team ability – Teamfähigkeit, f
team briefing – Kommunikation (f) im Unternehmen (n) von oben nach unten
team effort – gemeinschaftliche Anstrengung, f
team leader – Gruppenleiter/in, m/f
team spirit – Teamgeist, m
teamwork – Gemeinschaftsarbeit, f; Teamarbeit, f; Gruppenarbeit, f; organisierte Zusammenarbeit, f
technical – technisch; fachmännisch; fachgemäß
technical book – Fachbuch, n
technical college – Fachhochschule, f
Technical Control Board – Technischer Überwachungs-Verein, m (TÜV)
technical dictionary – Fachwörterbuch, n

technical director – technische/r Leiter/in, m/f

technical drawer <*GB*> – technische/r Zeichner/in, m/f

technical employee – technische/r Angestellte/r, f/m

technical engineering college – <*etwa*> Technische Hochschule

technical equipment – technische Einrichtung, f

technical facilities (pl) – technische Ausrüstung, f

technical high school – <*etwa*> Gewerbeschule, f

technical institution – Fachschuleinrichtung, f

Technical Instructions on Maintaining Air Purity – Technische Anleitung (f) zur Reinhaltung (f) der Luft, f (TA Luft)

technical know-how – technisches Wissen, n

technical knowledge – fachliches Können, n; Fachwissen, n; Fachkenntnisse (pl)

technical man/woman – Fachmann/-frau, m/f

technical manager – technische/r Leiter/in, m/f

technical question – Fachfrage, f

technical requirements (pl) – fachliche Anforderungen (pl)

technical school – <*etwa*> Berufsschule, f

technical skill(s) – technisches Geschick, n

technical staff – technische Führungskräfte (pl); Fachpersonal, n

technical term – Fachausdruck, m; Fachvokabel, f

technical training – technische Ausbildung, f

Technical University – Technische Hochschule, f (TU); Technische Universität, f

technician – Techniker/in, m/f

technique – Technik, f; Methode, f; Verfahren, n; Geschicklichkeit, f

technological – technisch

technological school – Technikum, n

technology – Technik, f; Technologie, f

technology transfer – Technologietransfer, m

telecommunication(s) electronics mechanic – Fernmeldeelektroniker/in, m/f

telecommunication(s) engineer – Fernmeldetechniker/in, m/f

telecommunication(s) engineering – Fernmeldetechnik, f

telecommunication(s) equipment installer – Fernmeldemonteur/in, m/f

telephone connection – Telefonanschluss, m

telephone extension – Fernsprechanschluss, m

telephone operator – Telefonist/in, m/f

telework(ing) – Telearbeit, f

telltale clock Kontrolluhr, f

template – Dokumentvorlage, f

temporal delimitation – zeitliche Abgrenzung, f

temporarily incapacitated – vorübergehend arbeitsunfähig

temporary (1) – kommissarisch

temporary (2) – vorübergehend; zeitweilig; einstweilig

temporary aid – Übergangsbeihilfe, f

temporary annuity – Zeitrente, f

temporary assistance – Aushilfe, f

temporary decision – Vorabentscheidung, f

temporary detention – vorübergehende Festnahme, f

temporary employee – Aushilfe, f
temporary employment – vorübergehende Anstellung, f; Zeitarbeit, f; Zeitarbeitsverhältnis, n
temporary employment agency – Arbeitnehmerüberlassungsfirma, f; Leiharbeitsfirma, f
temporary employment on loan basis – Leiharbeitsverhältnis, n
temporary employment relationship – befristetes Arbeitsverhältnis, n; Zeitarbeitsverhältnis, n
temporary freezing of payments (pl) – vorübergehendes Zahlungsverbot, n
temporary help – Aushilfskraft, f
temporary personnel – Aushilfskräfte (pl); Zeitarbeitskräfte (pl)
temporary restraining order – einstweilige Verfügung, f
temporary staff – Zeitarbeitspersonal, n; befristet Beschäftigte (pl)
temporary student employee – Werkstudent/in, m/f
temporary work – Zeitarbeit, f
temporary worker – Zeitarbeiter/in, m/f; Aushilfskraft, f
temporary workers (pl) – befristet Beschäftigte (pl)
temporary working relationship – befristetes Arbeitsverhältnis, n
ten-year-old – zehnjährig
tenancy – Mietverhältnis, n; Pachtverhältnis, n *<jur>*
tenant – Mieter/in, m/f; Pächter/in, m/f
tender – Angebot, n
tender, v – anbieten, v
tentative – versuchsweise
tentative agreement – vorläufige Übereinkunft, f
tenure – Besitz, m; Anstellung, f; Amt, n
tenure of office – Amtsdauer, f
tenured employment – unkündbare Stellung, f
term (1) – Laufzeit, f; bestimmte Zeitdauer, f; Frist, f;
term (2) – Bezeichnung, f; Ausdruck, m; Wortlaut, m
term (3) – Semester, n
term for payment – Zahlungsfrist, f
term of a claim – Anspruchsdauer, f
term of court – Gerichtstermin, m
term of exclusion – Ausschlussfrist, f
term of limitation – Verjährungsfrist, f
term of notice – Kündigungsfrist, f
term of office – Amtszeit, f; Amtsdauer, f
term of payment – Zahlungsfrist, f
term of relationship – Bindungsdauer, f
term of tenancy – Mietzeit, f
term report – Zwischenzeugnis, n
terminability – Befristung, f
terminable – kündbar; befristet
terminableness – Kündbarkeit, f
terminal – End . . .; Grenz . . .; Abschluss . . .
terminal bonus – Abfindungsbetrag, m
terminal examination – Abschlussprüfung, f
terminal operator – Datentypist/in, m/f
terminate, v – beendigen, v; beenden, v; aufheben, v; kündigen, v
terminate by giving due notice, v – fristgerecht kündigen, v
terminate one's employment, v – sein Arbeitsverhältnis (n) lösen, v
terminate the proceedings (pl), v – Verfahren (n) einstellen, v
termination – Beendigung, f; Ablauf, m; Abschluss, m; Kündigung, f
termination for cause – außerordentliche Kündigung, f
termination notice – Kündigung, f

termination of employment – Beendigung (f) des Arbeitsverhältnisses, n
termination of employment by the employer – Arbeitgeberkündigung, f
termination of proceedings (pl) – Einstellung (f) des Verfahrens, n
termination of the agreement – Außerkrafttreten (n) der Vereinbarung (f9
termination pay(ment) – Abgangsentschädigung, f; Kündigungsabfindung, f
termination with notice – ordentliche Kündigung, f
terms (pl) – Bedingungen (pl); Bestimmungen (pl)
terms and conditions (pl) of trade – Geschäftsbedingungen (pl)
terms (pl) of admission – Zulassungsbestimmungen (pl); Zulassungsbedingungen (pl)
terms (pl) of contract – Vertragsinhalt, m; Vertragsbestimmungen (pl)
terms (pl) of employment – Anstellungsverhältnis, n
territorial – territorial; örtlich
territorial authority – Gebietskörperschaft, f
territorial jurisdiction – örtliche/territoriale Zuständigkeit, f <*jur*>
territorial principle – Territorialitätsprinzip, n
test – Probe, f; Prüfung, f; Test, m; Erprobung, f
test, v – prüfen, v; testen, v; kontrollieren, v; untersuchen, v
test paper <*US*> – Handschriftenprobe, f
test procedure – Testverfahren, n
test report – Prüfbericht, m
test result – Testergebnis, n
test run (1) <*US*> – Kontrolllauf, m
test run (2) – Probelauf, m; Prüflauf, m; Testlauf, m
testator – Erblasser/in, m/f
testimonial – Attest, n; Dienstzeugnis, n; Führungszeugnis, n; Empfehlungsschreiben, n; Empfehlung, f
testimony (1) – Zeugenaussage, f; Beweis, m <*jur*>
testimony (2) – Zeugnis, n
testing – Erprobung, f; Versuch, m
testing engineer – Prüfingenieur/in, m/f
textbook – Lehrbuch, n
text processing – Textverarbeitung, f
The credit for this goes to X. – Dies ist das Verdienst (n) von X.
the firm's normal working hours (pl) – reguläre Arbeitszeit, f
the second way of gaining university admission *(in Germany)* – Zweiter Bildungsweg, m
the working classes (pl) – Arbeiterstand, m
theatrical employment law – Bühnenarbeitsrecht, n
theft – Diebstahl, m
theft control – Diebstahlkontrolle, f
theoretical – theoretisch
theory – Theorie, f
therapeutic measure – Heilmaßnahme, f
thesis – Diplomarbeit, f; Abschlussarbeit, f; Doktorarbeit, f
thief – Dieb/in, m/f
thing – Sache, f; Ding, n; Gegenstand, m
thinking process – Denkprozess, m
think positive, v – positiv denken, v
think-tank – Denkfabrik, f
third party – Dritte/r, f/m
third-party – Dritt . . .
third-party action against execution – Drittwiderspruchsklage, f <*jur*>

third-party beneficiary contract – Vertrag (m) zugunsten Dritter (pl)
third-party complaint – Streitverkündung, f
third-party debtor – Drittschuldner/in, m/f
third-party indemnity insurance – Haftpflichtversicherung, f
third-party liability – Haftpflicht, f
third-party (liability) insurance – Haftpflichtversicherung, f
third-party proceedings (pl) – Drittwiderspruchsklage, f *<jur>*
thirteenth month's payment – Dreizehntes Monatsgehalt, n
thorough – gründlich
thought – Gedanke, m
threat – Bedrohung, f; Drohung, f; Androhung, f
three-fourths majority – Dreiviertelmehrheit, f
three-shift operation – Dreischichtbetrieb, m
threshold – Schwelle, f; Eingang, m
threshold agreement *<GB>* – Vereinbarung (f) über die automatische Anpassung (f) der Löhne (pl) und Gehälter (pl) an die Preissteigerungsrate, f
threshold of performance – Leistungsgrenze, f
through grave negligence – grob fahrlässig
through official channels (pl) – auf dem Amtsweg, m
through the ranks (pl) – Ochsentour, f *<infml>*
throw a picket line, v – Streikposten (pl) aufstellen, v
tick, v *<GB>* – ankreuzen, v
ticket – Fahrkarte, f; Eintrittskarte, f
tie (1) – Verbindung, f
tie (2) – Gleichheit, f; Stimmengleichheit, f
tie up, v – festlegen, v
tie up a factory, v – Fabrik (f) stilllegen, v
tie vote – Stimmengleichheit, f
tiler – Plattenleger, m; Dachdecker, m
time – Zeit, f; Zeitdauer, f
time and motion studies (pl) – REFA-Arbeitsstudien (pl)
time and motion study – Zeit- und Bewegungsstudie, f; Arbeitsstudie, f
time and motion study engineer – Zeitstudieningenieur/in, m/f
time balance – Zeitausgleich, m; Zeitsaldo, m
time bargain – Fixgeschäft, n
time-based piecework – Zeitakkord, m
time bonus – Zeitzuschlag, m
time card – Zeitkontrollkarte, f; Stechkarte, f; Stempelkarte, f
time clock – Kontrolluhr, f; Stechuhr, f; Stempeluhr, f
time constraint – Zeitbindung, f
time control – Zeitkontrolle, f
time credit – Zeitgutschrift, f; Zurechnungszeit, f; Zeitguthaben, n
time element – Zeitelement, n
time for appeal – Revisionsfrist, f *<jur>*
time for appearance – Einlassungsfrist, f
time for payment – Zahlungsfrist, f
time for repudiation – Anfechtungsfrist, f
time in lieu – Ausgleichszeit, f
timekeeping – Zeitkontrolle, f; Zeiterfassung, f
time levelling – Zeitabgleich, m
time limit – zeitliche Befristung, f; Zeitbeschränkung, f; Frist, f
time limit for appeal procedure – Rechtsmittelfrist, f
time limits (pl) for taking steps (pl) in proceedings (pl) – Verfahrensfristen (pl)

timely – rechtzeitig
time management – Plandatenverwaltung, f; Zeitwirtschaft, f
time of apprenticeship – Lehrzeit, f
time of probation – Probezeit, f
time off – arbeitsfrei
time-off – Arbeitsbefreiung, f; Arbeitsfreistellung, f
time-off in lieu – Arbeitsbefreiung (f) zur Abgeltung (f) von Überstunden (pl)
time office – Arbeitsstudienabteilung, f
time-offset – Zeitausgleich, m
time payment *<US>* – Ratenzahlung, f
time preclusion – Ausschlussfrist, f
time prescribed for appeals (pl) – Rechtsmittelfrist, f
time pressure – Zeitdruck, m
time rate setting – Vorgabezeitermittlung, f
time rate (wage) *<US>* – Zeitlohn, m
time recording – Zeiterfassung, f
time recording device – Zeiterfassungsgerät, n
time recording ID card – Zeitausweis, m
time recording system – Zeiterfassungssystem, n
time report sheet – Stundenzettel, m
time scale – Zeitplan, m
time schedule – Terminplan, m; Zeitplan, m
time scheduling – Zeitplanung, f
time series analysis – Zeitreihenanalyse, f
time served *<GB>* – Lehrzeitdauer, f; Dauer der Lehrzeit, f
time sheet – Arbeitszeitblatt, n; Kontrollkarte, f
time span – Zeitspanne, f
time standard – Zeitvorgabe, f
time study – Zeitaufnahme, f; Zeitstudie, f
time study engineer – Zeitstudieningenieur/in, m/f
time study sheet – Zeitaufnahmebogen, m
time supplement – Zeitzuschlag, m
timetable – Stundenplan, m; Zeitplan, m; Fahrplan, m
time target – Zeitvorgabe, f
time to consider – Bedenkzeit, f
time to serve an answer – Einlassungsfrist, f *<jur>*
time unit – Zeiteinheit, f
time wages (pl) *<US>* – Zeitlohn, m
time work – nach Stunden (pl) bezahlte Arbeit, f
timid – ängstlich
timing – Terminierung, f
tin smith – Blechschmied/in, m/f
tip – Trinkgeld, n
title (1) – Titel, m
title (2) – Rechtstitel, m; Anspruch, m
title of execution – Vollstreckungstitel, m
title reference – Rubrum, n
title retention – Eigentumsvorbehalt, m
tobacco smoke – Tabakrauch, m
token – Kennzeichen, n; Markenzeichen, n
token strike *<GB>* – kurzer Warnstreik, m
tolerance (1) – Toleranz, f
tolerance (2) – Abweichung, f *<tech>*
tolerate, v – dulden, v
toleration – Duldung, f
toll – Benutzungsgebühr, f
tommy shop – Werkskantine, f
tool – Werkzeug, n; Gerät, n; Instrument, n
tool allowance – Werkzeuggeld, n
tool engineer – Arbeitsvorbereiter, m

tool engineering – Arbeitsvorbereitung, f
tool maker – Vorrichtungsschlosser, m; Presswerkzeugmacher, m; Werkzeugmacher/in, m/f;
tool mechanic – Werkzeugmechaniker/in, m/f
tool setter – Werkzeugeinrichter/in, m/f
tooling expense – Werkzeugkosten (pl)
tools (pl) – Handwerkszeug, n
top – Spitze, f; Gipfel, m
top-calibre employee – hochqualifizierte/r Angestellte/r, f/m
top earner – Spitzenverdiener/in, m/f
top efficiency – Spitzenleistung, f; Höchstleistung, f
top expert – Spitzenkönner/in, m/f; Experte/Expertin, m/f
top level – auf höchster Ebene, f
top-level employee – Spitzenkraft, f
top management – Führungsspitze, f
top manager – Spitzenmanager, m
top of the class – Klassenbeste/r, f/m
top performer – jmd, der Höchstleistungen (pl) erbringt
top position/spot – Spitzenposition, f
top wage rate – Spitzenlohn, m; Höchstlohn, m
topic – Thema, n
tort – unerlaubte Handlung, f; Delikt, n
tortfeasor – Schädiger/in, m/f
tortious liability – deliktische Haftung, f *<jur>*
total – gesamt; ganz
total amount – Gesamtbetrag, m
total compensation – Gesamtvergütung, f
total cost – Gesamtkosten (pl)
total costs (pl) for education and training – Bildungsaufwand, m
total earnings (pl) – Gesamtverdienst, m
total incapacity – Erwerbsunfähigkeit, f
total income – Gesamteinkommen, n
total intoxication – Volltrunkenheit, f; Vollrausch, m
total length of time – Gesamtdauer, f
total of all additional allowances (pl) – Zulagenvolumen, n
total of all contributory and non-contributory periods (pl) *(to social insurance)* – Versicherungsverlauf, m
total of wages (pl) and salaries (pl) – Lohn- und Gehaltssumme, f
total output – Gesamtleistung, f
total payment – Gesamtvergütung, f
total population – Gesamtbevölkerung, f
total quality management (TQM) – Qualitätsmanagement, n
total remuneration – Gesamtbezüge (pl)
total salary – Gesamtgehalt, n
total staff costs (pl) – Personalaufwand, m
total volume – Gesamtvolumen, n
total wages (pl) – Gesamtlohn, m; Lohnsumme, f
total workforce – Gesamtbelegschaft, f
total working hours (pl) – Gesamtarbeitszeit, f
total working time – Gesamtarbeitszeit, f
tough job – schwierige Arbeit, f
tour a plant, v – Betrieb (m) erkunden, v
tourist industry – Fremdenverkehr, m
trade – handwerklicher Beruf, m; Fach, n; Gewerbe, n; Gewerbetätigkeit, f; Handel, m; Handelsgewerbe, n
Trade and Industry Ordinance – Gewerbeordnung, f (GewO)

trade association – Unternehmerverband, m; Wirtschaftsvereinigung, f
trade control office – Gewerbeaufsichtsamt, n; Gewerbeaufsichtsbehörde, f
trade court – Gewerbegericht, n
trade cycle – Konjunkturzyklus, m
trade deficit – Außenhandelsdefizit, n
trade discount – Warenrabatt, m
trade dispute – Streitigkeit (f) über bestimmte Arbeitsbedingungen (pl)
trade expense – Betriebsausgabe, f
trade guild – Innung, f; Handwerkerinnung, f
trade inspection board – Gewerbeaufsichtsamt, n
trade licence/license – Gewerbeschein, m
trademaster – Handwerksmeister, m
trade physician – Gewerbearzt, m/ Gewerbeärztin, f
trade register – Handelsregister, n
Trade (Regulation) Act – Gewerbeordnung, f
trade regulations (pl) – Gewerberecht, n
trade school – Gewerbeschule, f; Berufsschule, f
trade secret – Betriebsgeheimnis, n; Geschäftsgeheimnis, n
trade supervisory authority – Gewerbeaufsichtsbehörde, n
trade supervisory officer – Gewerbeaufsichtsbeamter/-beamtin, m/f
trade surplus – Außenhandelsüberschuss, m
trade tax – Gewerbesteuer, f
trade union – Gewerkschaft, f
Trade Union Congress (TUC) – Britischer Gewerkschaftsbund, m
trade union contribution – Gewerkschaftsbeitrag, m
trade union movement – Gewerkschaftsbewegung, f
trade unionist – Gewerkschaft(l)er/in, m/f
tradesman – Gewerbetreibender, m; Händler, m
trading profit – Betriebsgewinn, m
traffic – Verkehr, m
traffic accident – Verkehrsunfall, m
traffic offence/offense – Verkehrsdelikt, n
train s.b.'s successor, v – jmds Nachfolger/in (m/f) einarbeiten, v
train s.o., v – jmd anlernen, v; ausbilden, v
trained – ausgebildet; geschult; geübt
trained lawyer – Volljurist, m
trained retail salesman – Einzelhandelskaufmann, m
trained retail saleswoman – Einzelhandelskauffrau, f
trained staff – Fachpersonal, n
trainee – Anlernling, m; in der Ausbildung (f) befindliche Person, f; Nachwuchskraft, f; Praktikant/in, m/f
trainee program(me) – Traineeprogramm, n
trainer – Ausbilder/in, m/f; Ausbildungsmeister/in, m/f; Übungsleiter/in, m/f
training – Ausbildung, f; Lehre, f; Schulung, f; Unterweisung, f
training allowance – Ausbildungsvergütung, f
training assistance – Ausbildungshilfe, f
training bonus – Ausbildungszulage, f
training branch – Ausbildungszweig, m
training by stages (pl) – Stufenausbildung, f

training centre/center – Ausbildungsstätte, f; Ausbildungszentrum, n; Schulungszentrum, n
training certificate – Ausbildungszeugnis, n
training company – Ausbildungsbetrieb, m; Übungsfirma, f
training contract – Ausbildungsvertrag, m
training costs (pl) – Ausbildungskosten (pl)
training course – Ausbildungslehrgang, m; Schulungskurs, m
training directive – Ausbildungsordnung, f
training dropout – Ausbildungsabbrecher/in, m/f
training event – Schulungsveranstaltung, f
training expense – Ausbildungsaufwand, m
training facility – Ausbildungseinrichtung, f
training firm – Ausbildungsbetrieb, m
training funds (pl) – Ausbildungsmittel (pl)
training goal – Ausbildungsziel, n
training grant – Ausbildungsbeihilfe, f
training in industrial skills (pl) – berufliche Ausbildung, f
training leave – Bildungsurlaub, m
training level – Ausbildungsniveau, n; Ausbildungsstand, m
training material(s) – Ausbildungsmaterial, n
training measure – Ausbildungsmaßnahme, f
training method – Ausbildungsmethode, f
training need – Ausbildungsbedarf, m
training objective – Ausbildungsziel, n
training occupation – Ausbildungsberuf, m
training of apprentices (pl) – Lehrlingsausbildung, f
training of evaluating personnel – Beurteilerschulung, f
training officer – Ausbilder/in, m/f
training period – Ausbildungszeit, f; Lehre, f
training plan – Ausbildungsplan, m
training position – Ausbildungsplatz, m; Ausbildungsstelle, f
training post – Ausbildungsplatz, m; Ausbildungsstelle, f
training program(me) – Ausbildungsprogramm, n; Schulungsprogramm, n
training regulations (pl) – Ausbildungsordnung, f
training relationship – Ausbildungsverhältnis, n
training result – Ausbildungserfolg, m
training schedule – Ausbildungsplan, m; Ausbildungsprogramm, n
training scheduling – Ausbildungsplanung, f
training session – Schulungskurs, m
training status – Ausbildungsverhältnis, n
training subsidy – Ausbildungsbeihilfe, f
training supervisor – Lehrgangsleiter/in, m/f
training system – Ausbildungssystem, n
training time – Ausbildungszeit, f
transact, v – abwickeln, v
transaction – geschäftlicher Verkehr, m; Transaktion, f
transaction at a fixed date – Fixgeschäft, n
transfer (1) – Arbeitsplatzwechsel, m; Versetzung, f
transfer (2) – Überlassung, f; Übertragung, f; Umsetzung, f

transfer, v – überführen, v; übertragen, v; überweisen, v; (Personal, n) umsetzen, v; (Betrieb, m) verlegen, v; versetzen, v; abtreten, v <*jur*>
transfer allowance – Umzugskostenbeihilfe, f
transfer abroad – Auslandsentsendung, f
transfer by hand – Übergabe, f
transfer control – Transportkontrolle, f
transfer deed – Abtretungsurkunde, f
transfer money, v – Geld (n) überweisen, v; anweisen, v
transfer month – Überweisungsmonat, m
transfer note – Überweisungsschein, m <*med*>
transfer of knowledge – Wissenstransfer, m
transfer of ownership – Eigentumsübertragung, f
transfer of salaries (pl) – Gehaltsüberweisung, f
transfer of title – Rechtsübertragung, f <*jur*>
transfer of use – Gebrauchsüberlassung, f
transfer offer – Versetzungsangebot, n
transfer order – Überweisungsauftrag, m; Überweisungsbeschluss, m <*jur*>
transfer period – Übertragunszeitraum, m
transfer request – Versetzungsgesuch, n
transfer to a foreign country – Auslandsversetzung, f
transfer to salaried employment – Übernahme (f) ins Angestelltenverhältnis, n
transfer to the salary roll – Überführung (f) ins Angestelltenverhältnis, n
transferability – Übertragbarkeit, f
transferable – übertragbar
transgression – Rechtsübertretung, f
transition – Übergang, m; Überleitung, f
transition of a claim – Anspruchsübergang, m
transitional – Zwischen . . .; Überbrückungs . . .; Übergangs . . .
transitional allowance – Überbrükkungsbeihilfe, f
transitional mandate – Übergangsmandat, n
transitional payment – Übergangsgeld, n; Übergangszahlung, f
transitional period – Übergangszeit, f
transitional provisions (pl) – Übergangsbestimmungen (pl)
translate, v – übersetzen, v
translator – Übersetzer/in, m/f
transmission – Übermittlung, f
transmission of money – Geldüberweisung, f
transport – Transport, m; Verkehr, m
transport, v – befördern, v; transportieren, v
transportation – Beförderung (f) von Gütern (pl) und Personen (pl); Versendung, f
transportation allowance – Fahrgeldzuschuss, m; Fahrtkostenzuschuss, m
transportation cost – Fahrtkosten (pl)
transportation cost refund – Fahrtkostenerstattung, f
transportation expenses (pl) – Fahrgeld, n
transportation pool – Fahrgemeinschaft, f
travel – Reise, f
travel accident – Wegeunfall, m
travel advance – Reisekostenvorschuss, m

travel allowance – Reisekostenvergütung, f; Reisekostenzuschuss, m
travel and tourism – Reise- und Tourismussektor, m
travel day – Reisetag, m
travel document – Fahr(t)ausweis, m
travel expense report – Reisekostenabrechnung, f
travel expenses (pl) – Reisespesen (pl); Reisekosten (pl)
travel on business, v – geschäftlich unterwegs sein, v
travel on duty, v – auf Dienstreise (f) sein, v
travel on official business – Dienstreise, f
travel order – Dienstreiseauftrag, m
travel time – Fahrzeit, f; Reisezeit, f; Wegezeit (f) zum Arbeitsplatz, m
travel time compensation – Wegezeitvergütung, f
travel(l)er – Reisende/r, f/m
travel(l)er's check/cheque – Reisescheck, m
travel(l)ing auditor – Außenprüfer/in, m/f
travel(l)ing expenses (pl) – Reisespesen (pl)
travel(l)ing charges (pl) – Reisespesen (pl)
travel(l)ing money – Zehrgeld, n
traveling salesman *<US>* – Handelsreisender, m; Handlungsreisender, m
treasurer – Schatzmeister/in, m/f
treat, v – bearbeiten, v; behandeln, v
treated as equal (with) – gleichgestellt (mit)
treatment – Bearbeitung, f; Behandlung, f
treatment centre/center (for alcoholics and drug addicts) – Entziehungsanstalt, f
treatment costs (pl) – Behandlungskosten (pl)
treatment method – Behandlungsmethode, f
trend – Tendenz, f; Trend, m; Entwicklung, f
trespass – unerlaubte Handlung, f; Übertretung, f; Vergehen, n; Verstoß, m
trespass, v – unerlaubte Handlung (f) begehen, v; ungesetzlich handeln, v
trial (1) – Erprobung, f; Test, m; Prüfung, f; Probelauf, m
trial (2) – Gerichtsverhandlung, f; Prozess, m *<jur>;* Strafprozess, m; Hauptverhandlung, f; Gerichtsverfahren, n
trial court – Prozessgericht, m
trial date – Prozesstermin, m
trial of a case – streitige Verhandlung, f *<jur>*
trial of indictment – Hauptverhandlung, f
trial period – Probezeit, f
trial run – Probelauf, m
tribunal – Tribunal, n; Gericht, n; Gerichtshof, m
trillion – Billion, f
trip – Reise, f
trip abroad – Auslandsreise, f
trip destination – Reiseziel, n
trouble – Mühe, f; Anstrengung, f; Plage, f; Ärger, f; Schwierigkeiten (pl)
trouble maker – Querulant/in, m/f
trouble shooter *<infml>* – Problemlöser/in, m/f
truck driver – Lastwagenfahrer/in, m/f
truant – Schulschwänzer/in, m/f; Bummelant/in, m/f; Faulenzer/in, m/f
true rent – Grundrente, f

trust (1) – Konzern, m; Kartell, n; Stiftung, f *<jur>*
trust (2) – Vertrauen, n; Zutrauen, n; Treuhandverhältnis, n
trust account – Anderkonto, n
trust deed – Treuhandvertrag, m; Treuhandvertragsurkunde, f
trust estate – Treuhandvermögen, n
trust fund – Treuhandvermögen, n
Trust Fund Institution – (Deutsche) Treuhandanstalt, f
trust officer – Treuhänder/in, m/f
trust property – Treuhandvermögen, n
trust relationship – Treuhandverhältnis, n
trust s.o., v – jmd trauen, v
trustee – Treuhänder/in, m/f
trustee in bankruptcy – Konkursverwalter/in, m/f
trusting – vertrauensvoll
trustworthy – glaubwürdig; vertrauenswürdig
truth – Wahrheit, f
try, v (1) – erproben, v; versuchen, v
try, v (2) – vor Gericht (n) streitig verhandeln, v *<jur>*
trying work – anstrengende Arbeit, f
tuition – Unterricht, m
tunnel vision – Betriebsblindheit, f
turn – Turnus, m
turn down a claim, v – Forderung (f) zurückweisen, v
turner – Drechsler/in, m/f; Dreher/in, m/f
turnout *<GB,infml>* – Einstellung (f) der Arbeit, f; Ausstand, m
turn off, v *<infml>* – entlassen, v; fortschicken, v
turn out, v *<infml>* – entlassen, v; wegjagen, v; vertreiben, v; hinauswerfen, v
turn over, v – umsetzen, v
turnover – Umsatz, m
turnover costs (pl) – Fluktuationskosten (pl)
turnover in the personnel – Personalwechsel, m; Fluktuation, f
turnover in the staff – Personalwechsel, m; Fluktuation, f
turnover of personnel – Personalwechsel (m) zu einem anderen Betrieb, m
turnover rate – Fluktuationsrate, f
turnover statistics (pl) – Fluktuationsstatistik, f
turnover tax *<GB>* – Umsatzsteuer, f
tut *<GB>* – Akkord, m
tut work *<GB>* – Akkordarbeit, f
tutor – Studienleiter/in, m/f; Lehrer/in, m/f; Studienbegleiter/in, m/f; Studienberater/in, mf/
tutoress – Tutorin, f; Erzieherin, f
tutoring – Lernbetreuung, f
twilight shift *<GB>* – Abendschicht, f; Spätschicht, f
two-job man *<US>* – Doppelverdiener, m
two-tier – zweistufig
two-tier wage system – System (n), bei dem Neueingestellte (pl) weniger Entgelt (n) erhalten als die Stammbelegschaft (f).
two-week period – Zweiwochenfrist, f
tying contract – Knebelungsvertrag, m
type – Typ, m; Muster, n; Modell, n; Letter, f
type approval – Betriebserlaubnis, f; Bauartgenehmigung, f
type of a company – Rechtsform (f) eines Betriebes, m
type of benefit – Leistungsart, f
type of costs (pl) – Kostenart, f
type of investment – Anlageform, f
type of leave – Urlaubsart, f
type of remuneration – Entgeltform, f; Entlohnungsform, f

typesetter – Schriftsetzer/in, m/f
typical example – Musterbeispiel, n
typing pool – Gemeinschaftssekretariat, n
typist – Schreibkraft, f
typographer – (Buch)drucker/in, m/f

U

ultimate – äußerst; allerletzt; ultimativ
ultimate buyer – Endabnehmer/in, m/f
ultimate facts (pl) *<law>* – beweiserhebliche Tatsachen (pl)
ultimate jurisdiction for appointments (pl) – Personalhoheit, f
umbrella organisation / organization – Dachverband, m; Dachorganisation, f
umpire – Schiedsrichter, m
unable – unfähig; untauglich; außer Stande; nicht in der Lage
unable to pay – zahlungsunfähig
unable to perform – leistungsunfähig
unable to work – arbeitsunfähig
unacceptability – Unzumutbarkeit, f
unacceptable – unzumutbar
unaccountable – nicht verantwortlich
unacquainted – unkundig; unerfahren; nicht vertraut mit
unambiguous – unzweideutig
unanimity – Einstimmigkeit, f
unanimous – einmütig; einstimmig
unanswerable – nicht haftbar
unappealable – unanfechtbar; nicht berufungsfähig *<jur>*
unappropriated result – Bilanzergebnis, n
unasked – ungefragt
unassignable – unabtretbar; nicht übertragbar *<jur>*
unattachable – pfändungsfrei
unattachable minimum payment – Pfändungsfreibetrag, m
unauthorised/unauthorized – unbefugt; unberechtigt; nicht autorisiert; unerlaubt
unauthorised/unauthorized absence – unerlaubte Abwesenheit, f
unauthorised / unauthorized assumption of a right – Rechtsmissbrauch, m
unavoidable – unabwendbar
unbalanced – unausgeglichen
unblemished – unbescholten
unbribable – unbestechlich
uncertain – unbestimmt; ungewiss
unclarity – Unklarheit, f
unconditional – bedingungslos
unconstitutional – verfassungswidrig
unconstitutionality – Verfassungswidrigkeit, f
unconventional – formlos
undecided – unentschieden
undeclared income – unversteuertes Einkommen, n
under age – unmündig; minderjährig
under arrest – in Haft, f
under civil law – zivilrechtlich
under commercial law – handelsrechtlich
underemployment – Unterbeschäftigung, f
undergraduate – Student/in, m/f; Nichtgraduierte/r, f/m
underground economy – Schattenwirtschaft, f
underground manpower – Untertagebelegschaft, f

underground operations (pl) – Untertagebetrieb, m
underinsured – unterversichert
underlease – Unterverpachtung, f; Untervermietung, f; Untermiete, f
underling *<infml>* – Untergebene/r, f/m
underpaid – unterbezahlt
underpayment – Unterbezahlung, f
underprivileged – benachteiligt
under public law – öffentlich-rechtlich
undersign, v – unterschreiben, v; unterzeichnen, v
under some legal incapacity – bedingt geschäftsfähig
understaffed – personell unterbesetzt
understaffed profession – Mangelberuf, m
understanding – Verständnis, n; Vereinbarung, f; Absprache, f; Abkommen, n
under-supply – Unterversorgung, f
undertaking – Unternehmen, n
undertenant – Untermieter/in, m/f; Unterpächter/in, m/f
underwork, v – nicht sorgfältig genug arbeiten, v; billiger arbeiten, v
underwrite, v – unterschreiben, v
undifferentiated – undifferenziert
undisputed – unbestritten
undue – unzulässig; ungebührlich; noch nicht fällig
undue hardship – unbillige Härte, f
undue influencing of the voters (pl) – unzulässige Wahlbeeinflussung, f
unearned income – Kapitaleinkommen, n
uneducated – ungebildet
unembarrassed – unverschuldet
unemployable – verwendungsunfähig; arbeitsunfähig; nicht einsetzbar
unemployed – arbeitslos; beschäftigungslos; erwerbslos; stellungslos; unbeschäftigt
unemployed person – Arbeitslose/r, f/m
unemployed recorded – registrierte Arbeitslose (pl)
unemployment – Arbeitslosigkeit, f; Beschäftigungslosigkeit, f; Erwerbslosigkeit, f
unemployment amongst women (pl) – Frauenarbeitslosigkeit, f
unemployment assistance – Arbeitslosenhilfe, f
unemployment benefit – Arbeitslosengeld, n; Erwerbslosenunterstützung, f
unemployment compensation – Arbeitslosengeld, n; Arbeitslosenunterstützung, f
unemployment insurance – Arbeitslosenversicherung, f
unemployment of young people – Jugendarbeitslosigkeit, f
unemployment pay(ment) – Arbeitslosengeld, n
unemployment rate/ratio – Arbeitslosenquote, f
unemployment relief – Arbeitslosenfürsorge, f; Erwerbslosenfürsorge, f; Arbeitslosenhilfe, f
unemployment support – Arbeitslosenhilfe, f
unencumbered – unbelastet
unenforceable – unerzwingbar; unvollstreckbar
unengaged – unbeschäftigt
unequal – ungleich
unequality – Ungleichheit, f
unequality of treatment – Ungleichbehandlung, f
unestablished assistant – Hilfsarbeiter/in, m/f
unexcused – unentschuldigt

unfair – ungerecht; unbillig
unfair competition – unlauterer Wettbewerb, m
unfair dismissal – unberechtigte Kündigung, f; sozial ungerechtfertigte Kündigung, f
unfavo(u)rable – ablehnend; ungünstig
unfavo(u)rable opinion – ablehnende Stellungnahme, f
unfilled – unbesetzt; un(aus)gefüllt
unfilled job offering – Stellenangebot, n
unfilled post – freier Posten, m; offene Stelle, f
unfit – unfähig; untauglich; ungeeignet
unfit for service – dienstunfähig
unfit to work – arbeitsunfähig; berufsunfähig
unfitness for work – Arbeitsunfähigkeit, f
unfitness to drive – Fahruntüchtigkeit, f
unfitness to work – Arbeitsunfähigkeit, f
unforeseen – unvorhergesehen
unfounded – unbegründet
ungifted – unbegabt
unhealthy – ungesund; gesundheitsschädlich
Unification Treaty – Einigungsvertrag, m
uniform – einheitlich
uniform value – Einheitswert, m
unilateral – einseitig; einseitig bindend *<jur>*
unilateral juristic act – einseitiges Rechtsgeschäft, n
unimpeachable – unanfechtbar; einwandfrei
uninhibited – hemmungslos; ungehemmt
uninterrupted working hours (pl) – durchgehende Arbeitszeit, f
union (1) – Gewerkschaft, f; Einheit, f
union (2) – gewerkschaftlich
union activity – Gewerkschaftstätigkeit, f
union agreement – gewerkschaftliches Abkommen, n
union density – gewerkschaftlicher Organisationsgrad, m
union dues (pl) – Gewerkschaftsbeitrag, m
union man *<US>* – Gewerkschaft(l)er, m
union member – Gewerkschaftsmitglied, n
union membership – Gewerkschaftszugehörigkeit, f
Union Network International - Europe (originated from the former four trade union committees: Communications International - European Committee (CI); European Graphical Federation (EGF); European Regional Organisation of the International Federation of Clerical, Professional and Technical Employees (EURO-FIET; European Union Committee for Art, Media and Entertainment (EURO-MEI) (UNI-Europe) – Internationales Gewerkschaftsnetzwerk-Europa, n
Union of Employees in the German Textile and Clothing Industry – Gewerkschaft (f) Textil und Bekleidung
Union of Persons Employed in Education and Science – Gewerkschaft (f) Erziehung und Wissenschaft (GEW)
Union of Shop, Distribution and Allied Workers (USDAW) *<GB>* – Gewerkschaft (f) für Beschäftigte des Groß- und Einzelhandels

Union of Transnet Railway Workers – Gewerkschaft (f) Transnet
Union of Workers in the Food and Catering Trades (Union of Employees in the German Food, Confectionary and Beverage Industries) – Gewerkschaft (f) Nahrung-Genuss-Gaststätten (NGG)
union officer – Gewerkschaftsfunktionär/in, m/f
union official – Gewerkschaftsfunktionär/in, m/f
union rate – Tariflohn, m; Mindestlohn, m
union representative – Gewerkschaftsvertreter/in, m/f
union secretary – Gewerkschaftssekretär/in, m/f
union shop <*US*> – gewerkschaftspflichtiger Betrieb, m
union spokesmen (pl)/spokeswomen (pl) – Vertrauensleute (pl) der Gewerkschaft, f
unionise/unionize, v – gewerkschaftlich organisieren, v
unionised/unionized – gewerkschaftlich organisiert
unionised/unionized advertisement – gewerkschaftliche Werbung, f
unionised/unionized employee – gewerkschaftlich organisierte/r Arbeitnehmer/in, m/f
unionised/unionized labo(u)r – gewerkschaftlich organisierte Arbeiter (pl)
unionised/unionized right of access – gewerkschaftliches Zugangsrecht, n
unionist – Gewerkschaft(l)er/in, m/f
unionist independence – gewerkschaftliche Unabhängigkeit, f
unit – Einheit, f; Menge, f; Stück, n; Dosis, f
unit cost – Stückkosten (pl); Kosten (pl) pro Einheit, f
unit of work – Arbeitseinheit, f
unit wage costs (pl) – Lohnkosten (pl) je Produktionseinheit, f
United Nations Conference on Trade and Development (UNCTAD) – Welthandelskonferenz, f
United Service Union – Vereinte Dienstleistungsgewerkschaft, f (ver.di)
universal – universal
universal agent – Generalbevollmächtigte/r, f/m
Universal Draft Act – Wehrpflichtgesetz, n
universal grinder – Universalschleifer, m
universal milling cutter – Universalfräser, m
universal shaper – Universalhobler, m
universal succession – Gesamtrechtsnachfolge, f
universal validity – Allgemeinverbindlichkeit, f
university – Hochschule, f; Universität, f
university course of study – akademischer Ausbildungsgang, m
university degree – Hochschulabschluss, m; Universitätsabschluss, m; Universitätsexamen, n
university education – Hochschulausbildung, f; Hochschulbildung, f
university enrol(l)ment – Immatrikulation, f
university entrance level – Hochschulreife, f
university extension – Volkshochschule, f
university fees (pl) – Studiengebühren (pl)

university graduate – Akademiker/in, m/f; Hochschulabsolvent/in, m/f; Universitätsabsolvent/in, m/f
university lecturer – Hochschullehrer/in, m/f; Dozent/in, m/f
University of Applied Sciences (pl) – Fachhochschule, f (FH)
University of Applied Studies (pl) – Berufsakademie, f
university man – Akademiker, m
university student – Student/in, m/f
university training – Universitätsausbildung, f
unjust – unberechtigt; ungerecht
unjust enrichment – ungerechtfertigte Bereicherung, f
unjustifiable – ungerechtfertigt
unjustified – ungerechtfertigt
unjustness – Ungerechtigkeit, f
unlawful – unerlaubt; ungesetzlich; unrechtmäßig; widerrechtlich; unzulässig; gesetzwidrig
unlawful compulsion – Nötigung, f
unlawful entry – Hausfriedensbruch, m
unlawful interference – verbotene Eigenmacht, f
unlawfulness – Gesetzwidrigkeit, f
unlawfulness of arbitrary rule – Willkürverbot, n
unlimited – unbefristet; unbeschränkt; unbegrenzt
unlimited authority – Blankovollmacht, f
unlimited employment – unbefristetes Arbeitsverhältnis, n
unlimited strike – unbegrenzter Streik, m
unmaintainable – unhaltbar
unmarried – unverheiratet; ledig
unoccupied – unbesetzt; unbeschäftigt; erwerbslos
unoccupied position – unbesetzte Planstelle, f
unofficial – inoffiziell; nicht amtlich; nicht offiziell
unofficial strike – nicht von der Gewerkschaft (f) getragener Streik, m
unpaid – ehrenamtlich; unbezahlt
unpaid break – unbezahlte Pause, f
unpaid day of sick leave – Karenztag, m
unpaid magistrate – Schöffe, m/ Schöffin, f
unpaid work – unbezahlte Arbeit, f
unpracticed – unerfahren; ungeübt
unprofitable – unrentabel
unpunctual – unpünktlich
unqualified – unqualifiziert; ungeeignet; untauglich
unreasonable – unzumutbar
unrecognizability – Unkenntlichkeit, f
unrefined – ungebildet
unrelated to one's profession/vocation – berufsfremd
unreliability – Unzuverlässigkeit, f
unreliable – unzuverlässig
unremitting – beharrlich; unaufhörlich
unrestricted – freizügig; uneingeschränkt; unbeschränkt
unrestricted mobility – Freizügigkeit, f
unsafe – unsicher
unsatisfactory – ungenügend
unseizable – unpfändbar
unselfishness – Uneigennützigkeit, f
unserviceable – untauglich
unskilled – ungelernt
unskilled work – ungelernte Arbeit, f
unskilled worker – Hilfsarbeiter/in, m/f; ungelernte/r Arbeiter/in, m/f
unsolicited – nicht bestellt; nicht angefordert
unsolicited applicant – Spontanbewerber/in, m/f
unsolicited application – Spontanbewerbung, f; Initiativbewerbung, f

unstructured organisation/organization – Gitterstruktur, f
unsuccessful – erfolglos
unsuccessful applicant – zurückgewiesene/r Bewerber/in, m/f
unsuccessful attempt to work – missglückter Arbeitsversuch, m
unsuccessful candidate – durchgefallene/r Kandidat/in, m/f
unsuccessful party – unterlegende Partei, f *<jur>*
unsuitable – ungeeignet; untauglich; unzumutbar
untalented – unbegabt
untidy – unordentlich
untitled – ohne Rechtsanspruch, m
untrained – ungelernt; ungeübt; unausgebildet
untrue – unwahr; unrichtig
unusual – ungewöhnlich; nicht üblich
unwaged – unentgeltlich
unwarranted – ungerechtfertigt; unberechtigt
unwholesome – gesundheitsschädlich
unworkmanlike – stümperhaft; unfachmännisch
unworthy of credence – unglaubwürdig
upbringing – Kindererziehung, f; Kinderstube, f *<fig>*
upbringing periods (pl) – Kindererziehungszeiten (pl)
update, v – auf den neuesten Stand (m) bringen, v
upgrade, v – höher einstufen, v; befördern (im Rang, m), v
upgrading – Höhergruppierung, f
upholsterer – Polsterer, m; Tapezierer, m; Dekorateur, m
upon application – auf Antrag, m
upper classes (pl) – Oberschicht, f
upper limit – Höchstgrenze, f; Obergrenze, f
upswing – wirtschaftlicher Aufschwung, m; Wiederbelebung, f
upturn – wirtschaftliche Belebung, f; Aufschwung, m
upward – aufwärts; nach oben
upward movement of labo(u)r costs (pl) – Lohnkostenauftrieb, m
upward tendency of wages (pl) – Lohnauftrieb, m
urgency – Eilbedürftigkeit, f
urgent – eilbedürftig; dringend
urgent case – Eilfall, m
urgent necessity – Notstand, m
usage condition – Nutzungsbedingung, f
use – Gebrauch, m; Nutzung, f; Verwendung, f; Nutzen, m; Anwendung, f; Benutzung, f
use, v – verwenden, v; anwenden, v; benutzen, v; gebrauchen, v
use data, v – Daten (pl) nutzen, v
use to capacity, v – auslasten, v
use up, v – abnutzen, v
useful life – Nutzungsdauer, f
user – Benutzer/in, m/f; Anwender/in, m/f
user control – Benutzerkontrolle, f
user fee – Benutzungsgebühr, f
user friendliness – Benutzerfreundlichkeit, f
user-friendly – benutzerfreundlich
user group – Benutzergruppe, f
usual – gebräuchlich; üblich; gewöhnlich
usual abode – gewöhnlicher Aufenthalt, m
usufruct – Nießbrauch, m
usufructuary – Nießbraucher/in, m/f; Nutznießer/in, m/f
usufructuary right – Nutzungsrecht, n
usurious rent – Mietwucher, m
usury – Wucher, m

utilisation/utilization – Anwendung, f; Benutzung, f; Verwendung, f; Nutzbarmachung, f; Gebrauch, m
utilisation/utilization of capacity – Kapazitätsausnutzung, f
utilisation/utilization rate – Auslastungsgrad, m; Ausnutzungsgrad, m
utilise/utilize, v – anwenden, v; benutzen, v; verwenden, v; für einen bestimmten Zweck (m) einsetzen, v
utilities – Versorgungswirtschaft, f
utility man – Faktotum, n; Universalspringer, m; Gelegenheitsarbeiter, m;

V

vacancy – freie Stelle, f; Vakanz, f; Lücke, f
vacant position – unbesetzte Stelle, f; freie Planstelle, f
vacant post – offene Stelle, f; freie Planstelle, f
vacate an office, v – aus einem Amt (n) scheiden, v; Amt (n) aufgeben, v
vacation *<US>* – Ferien (pl); Urlaub, m; Erholungsurlaub, m
vacation address – Ferienanschrift, f
vacation allowance – Urlaubsgeld, n
vacation benefit – Urlaubsgeld, n
vacation bonus – Urlaubsgeld, n
vacation business – Feriensache, f *<jur>*
vacation compensation (pay) – Urlaubsentgelt, n; Urlaubsvergütung, f
vacation entitlement – Urlaubsanspruch, m
vacation of the court – Gerichtsferien (pl)
vacation of a position – Aufgabe (f) einer Stellung, f
vacation pay(ment) – Urlaubsentgelt, n
vacation period – Ferienzeit, f; Urlaubszeit, f
vacation post – Ferienbeschäftigung, f
valuation basis – Bemessungsgrundlage, f
vacation schedule – Urlaubsplan, m; Ferienordnung, f
vacation substitution –
vacation with pay – bezahlter Urlaub, m
vacation work – Ferienarbeit, f
vaccinate, v – impfen, v
vaccination – Impfung, f
vaccination certificate – Impfschein, m; Impfbescheinigung, f; Impfzeugnis, n
vaccine damage – Impfschaden, m
valid – gültig; stichhaltig; begründet; berechtigt; rechtskräftig
valid legal basis – gültige Rechtslage, f
valid reason – triftiger Grund, m
validation period – Gültigkeitszeitraum, m; Gültigkeitsdauer, f
validity – Geltung, f; Gültigkeit, f; Stichhaltigkeit, f; Aussagekraft, f; Rechtskraft, f
valuable – wertvoll; kostbar
valuable consideration – Gegenleistung, f
valuable security – dingliche Sicherheit, f *<jur>*
valuables (pl) – Wertgegenstände (pl)
valuation – Wertbestimmung, f; Schätzung, f; Bewertung, f
valuation method – Bewertungsmethode, f

valuation rate – Bewertungssatz, m
valuation system – Bewertungssystem, n
value – Wert, m; Valuta, pl (Währung, f)
value, v – bewerten, v
value-added tax (VAT) – Mehrwertsteuer, f
value adjustment – Wertberichtigung, f
value guarantee – Wertsicherung, f
value in dispute – Streitwert, m
value judgement – Werturteil, n
value of a statement – Aussagewert, m
value of the remuneration in kind – Sachbezugswert, m
vandalism – Sachbeschädigung, f
variable – variabel; veränderlich
variable income elements (pl) – variable Entgeltbestandteile (pl)
variable working hours (pl) – variable Arbeitszeit, f
variance – Schwankung, f; Abweichung, f
VDU workplace – Bildschirmarbeitsplatz, m
vehicle – Fahrzeug, n
vehicle log – Fahrtenbuch, n
vehicle mechanic – Kraftfahrzeugmechaniker/in, m/f
vend, v – verkaufen, v
vending machine – Verkaufsautomat, m
ventilation – Belüftung, f
venue – örtliche Zuständigkeit, f
venue of jurisdiction – Gerichtsstand, m
verbal – wörtlich; mündlich
verbal agreement – mündliche Vereinbarung, f
verbal offer *(of performance)* – wörtliches Angebot, n
verdict – Urteil, n; Geschworenenspruch, m
verdict of the jury – Geschworenenspruch, m
verification – Beglaubigung, f
verify, v – beglaubigen, v; bestätigen, v; verifizieren, v
versatile – vielseitig
versatility – Vielseitigkeit, f
versatility training – Vielseitigkeitstraining, n
very tight personnel situation – dünne Personaldecke, f
vest s.o. with power, v – jmd mit Vollmachten (pl) ausstatten, v
vested – verbrieft; wohlerworben
vested pension right – unverfallbare Pensionsanwartschaft, f
vested remainder – unverfallbare Anwartschaft, f
vested right – unverfallbares Recht, n; Unverfallbarkeit, f
vested rights (pl) – wohlerworbene Rechte (pl)
vestibule school *<US>* – Lehrwerkstatt, f
vicarious – stellvertretend
vicarious agent – Erfüllungsgehilfe/-gehilfin, m/f; Verrichtungsgehilfe/-gehilfin, m/f
vice . . . – Vize . . .
vicious – fehlerhaft
victimize, v – schikanieren, v; zum Opfer (n) machen, v
view – Ansicht, f; Meinung, f
vindication – Rechtfertigung, f
vindicate, v – sich rechtfertigen, v
violate, v – verletzen, v; übertreten, v; verstoßen gegen, v
violate a law, v – Gesetz (n) verletzen, v
violation – Übertretung, f; Verletzung, f; Verstoß, m

violation of (an) official duty – Amtspflichtverletzung, f
violation of contract – Vertragsverletzung, f
violation of law – Rechtsverletzung, f
violation of the employment contract – Arbeitsvertragsverletzung, f
violent – gewaltsam; gewalttätig
visit – Besuch, m
visit, v – besuchen, v
visitor – Besucher/in, m/f
visitor's badge – Besucherausweis, m
visitor's pass – Besuchserlaubnis, f
visual aids (pl) – Anschauungsmaterial, n
visual impairment – Sehschwäche, f
visualizing display unit (VDU) – Bildschirmgerät, n
vital – lebenswichtig; wesentlich
vital documents (pl) – wichtige Unterlagen (pl); standesamtliche Unterlagen (pl)
vital statistics (pl) – Bevölkerungsstatistik, f
vocabulary – Wortschatz, m
vocation – Beruf, m
vocational – beruflich
vocational adjustment – Einarbeitung, f
vocational advancement – Berufsförderung, f
vocational advice department – Berufsberatungsstelle, f
vocational association – Berufsverband, m
vocational choice – Berufswahl, f
vocational classroom instruction – Berufsschulunterricht, m
vocational college – <*etwa*> Fachhochschule, f
vocational counsel(l)ing – Berufsberatung, f
vocational disability – Berufsunfähigkeit, f
vocational education – Berufsausbildung, f
vocational education center/centre – Berufsbildungswerk, n
vocational field – Berufsfeld, n
vocational guidance –Berufsberatung, f
vocational guidance center/centre – Berufsberatungsstelle, f
vocational guidance counsel(l)or – Berufsberater/in, m/f
vocational instructor – Ausbilder/in, m/f
vocational opportunities (pl) – Berufsaussichten (pl)
vocational practice – Berufsausübung, f
vocational preparation – Berufsvorbereitung, f
vocational promotion – beruflicher Aufstieg, m
vocational re-education – Umschulung, f
vocational rehabilitation – berufliche Wiedereingliederung, f
vocational retraining – berufliche Umschulung, f
vocational school – berufsbildende Schule, f; Berufsschule, f; Fachschule, f
vocational school certificate – Berufsschulzeugnis, n
vocational school teacher – Berufsschullehrer/in, m/f
vocational school training – Fachschulbildung, f
vocational sector – Berufszweig, m
vocational title – Berufsbezeichnung, f
vocational training – Berufsausbildung, f; Fachausbildung, f

Vocational Training Act – Berufsbildungsgesetz, n (BBiG)
vocational training aid – Berufsausbildungsbeihilfe, f
vocational training body – Berufsbildungseinrichtung, f
vocational training contract – Berufsausbildungsvertrag, m
Vocational Training Promotion Act – Berufsausbildungsförderungsgesetz, n (BAföG)
vocational training relationship – Berufsausbildungsverhältnis, n
vocational training scheme – Berufsausbildungsprogramm, n
vocational training school – Berufsschule, f
vocational training school teacher – Berufsschullehrer/in, m/f
vocational training system – Berufsausbildungssystem, n; Berufsbildungssystem, n
vocational welfare – Berufsfürsorge, f
voice – Stimme, f
void – nichtig; unwirksam
void, v – aufheben, v
void a contract, v – Vertrag (m) anfechten, v
void contract – nichtiger Vertrag, m
voidability – Anfechtbarkeit, f
voidable – anfechtbar
voidness – Nichtigkeit, f <*jur*>
volume of production – Produktionsumfang, m; Produktionsvolumen, n
voluntarily insured – freiwillig versichert
voluntary – freiwillig
voluntary benefit – freiwillige Leistung, f
voluntary contributions (pl) – freiwillige Aufwendung, f
voluntary insurance – freiwillige Versicherung, f
voluntary jurisdiction – freiwillige Gerichtsbarkeit, f
voluntary membership – freiwillige Mitgliedschaft, f
voluntary nonsuit – Klagerücknahme, f <*jur*>
voluntary social benefits (pl) – freiwillige Aufwendung, f
voluntary work – freiwillige Arbeit, f
volunteer – Volontär/in, m/f; Freiwillige/r, f/m
volunteer, v – volontieren, v; freiwillige Arbeit (f) leisten, v; sich freiwillig melden, v
vote – Abstimmung, f; Wahl, f; Stimme, f
vote, v – abstimmen, v; Stimme (f) abgeben, v; wählen, v
vote by show of hands (pl) – Abstimmung (f) per Handzeichen, n
vote out, v – abwählen, v
voter – Wähler/in, m/f
voters' list – Wählerliste, f
voting – Stimmabgabe, f; Abstimmung, f
voting attendance – Wahlbeteiligung, f
voting by secret ballot – geheime Wahl, f
voting by separate ballot – getrennte Wahl, f
voting paper <*US*> – Stimmzettel, m
voting procedure – Abstimmungsverfahren, n
voting power – Stimmrecht, n
voting right – Stimmrecht, n; Wahlberechtigung, f
voucher – Quittung, f; Zahlungsbeleg, m; Gutschein, m
vouching in – Streitverkündung, f
vow – Gelöbnis, n; Gelübde, n
vow, v – geloben, v

W

wage – Arbeitslohn, m; Lohn, m; Arbeitsentgelt, n
wage account – Lohnkonto, n
wage adjustment – Lohnangleichung, f; Lohnanpassung, f
wage administration – Lohnverwaltung, f
wage advance – Lohnvorschuss, m
wage agreement – Lohnabkommen, n; Lohnabrede, f; Lohnvereinbarung, f; Lohntarifvertrag, m
wage and price freeze – Lohn- und Preisstop, m
wage and salary account – Lohn- und Gehaltskonto, n
wage and salary group – Entgeltgruppe, f
wage and salary stop – Lohn- und Gehaltsstop, m
wage assignment – Lohnabtretung, f
wage attachment – Lohnpfändung, f
wage board – Tarifausschuss, m; Lohnausschuss, m
wage calculation – Lohnfindung, f; Lohnberechnung, f
wage ceiling – Höchstlohn, m
wage certificate – Lohnbescheinigung, f
wage claim – Lohnanspruch, m; Lohnforderung, f
wage classification – Lohneingruppierung, f; Lohneinstufung, f; Tarifeinstufung, f
wage clerk – Lohnbuchhalter/in, m/f
wage collective bargaining – Lohnverhandlungen (pl)
wage committee – Lohnausschuss, m
wage comparison – (interner) Lohnvergleich, m
wage compensation – Lohnausgleich, m
wage component – Lohnbestandteil, m
wage conflict – Lohnkonflikt, m
wage-controlling committee – Lohnkommission, f
wage cost accounting – Lohnrechnung, f
wage cost reduction – Lohnkostensenkung, f
wage costs (pl) – Lohnkosten (pl); Lohnaufwand, m
wage curve – Lohnkurve, f
wage cut – Lohnkürzung, f; Lohnabbau, m; Lohnsenkung, f
wage decrease – Lohnminderung, f
wage demand – Lohnforderung, f
wage-dependent – lohnabhängig
wage determination – Lohnfestsetzung, f; Lohnfindung, f
wage differential – Lohngefälle, n; Lohnunterschied, m; Abstand (m) der Lohngruppen (pl) untereinander
wage dispute – Lohnauseinandersetzung, f; Lohnkampf, m; Lohnkonflikt, m; Lohnstreitigkeit, f; Tarifkonflikt, m
wage drift – Lohndrift, f; Unterschied (m) zwischen Tarifentgelt (n) und effektivem Arbeitsentgelt, n
wage earner – Lohnabhängige/r, f/m; Lohnempfänger/in, m/f; Lohnarbeiter/in, m/f
wage-earning employment – entlohnte Beschäftigung, f
wage element – Lohnbestandteil, m
wage envelope – Lohntüte, f

wage equalisation/equalization fund – Lohnausgleichskasse, f
wage escalator – gleitende Lohnskala, f
wage factor in costs (pl) – Lohnfaktor, m
wage finding – Lohnfindung, f
wage fixing – Lohnfestsetzung, f
wage floor – garantierter Mindestlohn, m
wage formula – Lohnformel, f
wage freeze – Lohnstopp, m; Nullrunde, f; Einfrieren (n) der Löhne (pl)
wage front – Tariffront, f
wage garnishment – Lohnpfändung, f
wage garnishment schedule – Lohnpfändungstabelle, f
wage grade – Lohngruppe, f; Lohnstufe, f
wage graph – Lohnkurve, f
wage group – Lohngruppe, f; Lohnstufe, f
wage group for easy work – Leichtlohngruppe, f
wage guidelines (pl) – Lohnleitlinien (pl)
wage hike *<US,infml>* – Lohnerhöhung, f
wage hours (pl) – Lohnstunden (pl)
wage incentive – Lohnanreiz, m
wage income – Lohneinkommen, n
wage increase – Lohnanstieg, m; Lohnerhöhung, f; Lohnsteigerung, f
wage increment – Lohnsteigerungsbetrag, m; Lohnzuwachs, m
wage index – Lohnindex, m
wage indexation – Lohnindexierung, f
wage in kind – Naturallohn, m
wage-intensive – lohnintensiv
wage labo(u)r – Lohnarbeit, f
wage level – Lohnhöhe, f; Lohnniveau, n
wage moderation – Lohndämpfung, f
wage negotiations (pl) – Lohnverhandlungen (pl)
wage packet – Lohntüte, f
wage pause – Lohnpause, f
wage payable on arrears (pl) – Verzugslohn, m
wage pay(ment) – Lohn(aus)zahlung, f
wage payment for public holidays (pl) – Lohnzahlung (f) für Feiertage (pl)
wage payment obligation – Lohnzahlungspflicht, f
wage per hour – Stundenlohn, m
wage policy – Lohnpolitik, f; Lohngestaltung, f
wage-price spiral – Lohn-Preis-Spirale, f
wage protection – Lohnsicherung, f; Lohnschutz, m
wage raise – Lohnerhöhung, f
wage rate – Lohnrate, f; Lohnsatz, m
wage rate bracket – Tarifklasse, f
wage rate structure – Tarifstruktur, f
wage ratio – Lohnquote, f
wage redemand – Lohnrückforderung, f
wage reduction – Lohnsenkung, f; Lohnkürzung, f
wage relativity – Lohnspanne, f
wage replacement benefit – Lohnersatzleistung, f
wage rise – Lohnanstieg, m; Lohnerhöhung, f
wage risk – Lohnrisiko, n
wage round – Lohnrunde, f; Runde (f) der Tarifverhandlungen (pl)
wage scale – Lohnskala, f; Lohntarif, m; Tarif, m; Tarifordnung, f; Lohntabelle, f
wage scale claim – Tarifforderung, f
wage scale policy – Tarifpolitik, f
wage scale structure – Tarifstruktur, f

wage scale system – Tarifsystem, n
wage schedule – Lohntabelle, f; Tarifordnung, f; Lohntarif, m
wage setting – Lohnfestsetzung, f
wage settlement – Lohnabschluss, m; Tarifabschluss, m
wage sheet – Lohnliste, f
wage slip – Lohnstreifen, m; Lohnzettel, m
wage spread – Lohnspanne, f
wage statement – Lohnabrechnung, f; Lohnabrechnungsblatt, n
wage statistics (pl) – Lohnstatistik, f
wage stop – Lohnstopp, m
wage structure – Lohngefüge, n; Lohnstruktur, f
wage structure agreement – Tarifvertrag, m; Lohnrahmenabkommen, n
wage subsidy – Lohnzuschuss, m
wage supplement – Lohnzulage, f
wage survey – (externer) Lohnvergleich, m
wage table – Lohntabelle, f
wage tariff agreement – Lohntarifvertrag, m
wage tax – Lohnsteuer, f
wage tax allowance – Lohnsteuerfreibetrag, m
wage tax audit – Lohnsteuerprüfung, f
wage tax bracket *<US>* – Lohnsteuerklasse, f
wage tax card – Lohnsteuerkarte, f
wage tax field audit – Lohnsteueraußenprüfung, f
Wage Tax Implementing Ordinance – Lohnsteuerdurchführungsverordnung, f (LStDVO)
wage tax liability – Lohnsteuerpflicht, f
wage tax notification – Lohnsteueranmeldung, f; Lohnsteuervoranmeldung, f
wage tax refund – Lohnsteuerrückerstattung, f; Lohnsteuerrückvergütung, f
Wage Tax Regulations (pl) *<US>* – Lohnsteuerrichtlinien (pl)
wage tax return – Lohnsteueranmeldung, f
wage tax schedule – Lohnsteuertabelle, f
wage tax sheet – Lohnsteuerkarte, f
wage total – Lohnsumme, f
wage trend – Lohnentwicklung, f
wage type – Lohnart, f
wage withholding tax – Lohnsteuer, f
wage withholding tax statistics (pl) – Lohnsteuerstatistik, f
wage worker – Lohnempfänger, m; Lohnarbeiter, m
wages (pl) – Löhne (pl); Lohn, m
wages (pl) lost – Lohnausfall, m
wages (pl) policy – Lohngestaltung, f
waiting allowance – Karenzentschädigung, f
waiting list – Warteliste, f
waiting loop – Warteschleife, f
waiting loop regulation – Warteschleifenregelung, f
waiting period – Karenztage (pl); Wartefrist, f; Wartezeit, f; Karenzzeit, f
waive, v – verzichten auf, v; sich eines Rechts (n) begeben, v *<jur>*
waive a claim, v – auf Anspruch (m) verzichten, v; Anspruch (m) aufgeben, v; keinen Anspruch (m) erheben, v
waiver – Verzicht, m *<jur>*
waiver of right to appeal – Rechtsmittelverzicht, m
walking – gehend; wandernd
walking delegate *<US>*– Gewerkschaftsfunktionär/in, m/f
walking papers (pl) – Entlassungspapiere (pl)

walkout (1) *<US>* – Arbeitsniederlegung, f; Ausstand, m; kollektives Verlassen (n) des Arbeitsplatzes, m
walkout (2) – Verlassen (n) des Arbeitsplatzes, m
walk out, v (1) – hinausgehen, v
walk out, v (2) – Arbeit (f) niederlegen, v; streiken, v
want ad *<US,infml>* – Stellenanzeige, f (als Zeitungsüberschrift, f)
wanton – mutwillig; willkürlich
war – Krieg, m
war disablement – Kriegsbeschädigung, f
war pension – Kriegsbeschädigtenrente, f
war service – Kriegsdienst, m
war (service) resister – Kriegsdienstverweigerer, m
ward – Mündel, n; Pflegling, m
wardship – Vormundschaft, f
warehouse – Lager, n
warehouse keeper *<US>* – Lagerverwalter/in, m/f
warehouse man *<GB>* – Lagerverwalter, m; Lagerist, m
warm up, v – anlaufen, v
warn, v – abmahnen, v; verwarnen, v; mahnen, v; androhen, v
warn s.o. of, v – jmd etwas androhen, v
warning – Abmahnung, f; Mahnung, f; Verwarnung, f; Warnung, f; Ermahnung, f; Vorankündigung, f
warning fee – Verwarnungsgeld, n
warning for discharge – Kündigungsandrohung, f
warning function – Warnfunktion, f
warning lockout – Warnaussperrung, f
warning notice – Abmahnungsschreiben, n
warning strike – Warnstreik, m
warrant – Garantie, f; Bescheinigung, f; Befehl, m
warrant, v – zusichern, v; gewährleisten, v
warrant of apprehension – Steckbrief, m
warrant of arrest – Arrestbefehl, m; Haftbefehl, m
warrant of attorney – Vollmacht, f; Bevollmächtigung, f; Mandat, n
warranty – Garantie, f; Bürgschaft, f; Gewähr, f; Ermächtigung, f
warranty claim – Gewährleistungsanspruch, m
washout *<infml>* – Versager/in, m/f
waste – Vergeudung, f; Verschwendung, f; Abfall, m
waste, v – verschwenden, v; vergeuden, v
wave of strikes (pl) – Streikwelle, f
way of life – Lebensart, f; Lebensweise, f
way of living – Lebensart, f; Lebensweise, f
weak – schwach
weakness – Schwäche, f
weakness analysis – Schwachstellenanalyse, f
weal *<fml>* – Wohl, n
wealth – Vermögen, n; Reichtum, m
wealth of imagination – Einfallsreichtum, m
wealth tax – Vermögensteuer, f
wear and tear – Abnutzung, f; Verschleiß, m
wear oneself out, v – sich kaputtarbeiten, v *<infml>*
wedlock – Ehe, f
weekday – Wochentag, m
weekly – wöchentlich
weekly pay – Wochenlohn, m
weekly settlement – wöchentliche Abrechnung, f
weekly wage – Wochenlohn, m

weekly working hours (pl) – wöchentliche Arbeitszeit, f
weigh the evidence, v – Beweis (m) würdigen, v
weight, v – gewichten, v
weighting allowance – Ortszuschlag, m
weighting of votes (pl) – Stimmgewichtung, f
welder – Schweißer/in, m/f
welder argon – Schutzgasschweißer, m
welder's examination – Schweißerprüfung, f
welding shop – Schweißerei, f
welfare – Wohl, n; Wohlfahrt, f; Fürsorge, f
welfare beneficiary – Wohlfahrtsempfänger/in, m/f
welfare benefits (pl) – Fürsorgeleistungen (pl); Sozialleistungen (pl)
welfare centre *<GB>* – Unterstützungseinrichtung, f
welfare expenditure(s) – Sozialausgaben (pl)
welfare facility – soziale Einrichtung, f
welfare fund – Unterstützungsfonds, m
welfare institution – Fürsorgeeinrichtung, f
welfare officer – Fürsorger/in, m/f
welfare organisation/organization Fürsorgeeinrichtung, f
welfare recipient – Fürsorgeempfänger/in, m/f; Sozialhilfeempfänger/in, m/f; Wohlfahrtsempfänger/in, m/f
welfare responsibility of the employer – Fürsorgepflicht (f) des Arbeitgebers, m
welfare services (pl) – Wohlfahrtseinrichtung, f
welfare state – Sozialstaat, m
welfare state principle – Sozialstaatsprinzip, n
welfare work – Wohlfahrtspflege, f
welfare worker – Sozialbetreuer/in, m/f; Sozialfürsorger/in, m/f
well-balanced – ausgeglichen
well-being – Wohlbefinden, n
well-founded doubts (pl) – berechtigte Zweifel (pl)
wheel chair – Rollstuhl, m
whistleblower – Arbeitnehmer (m), der ein Fehlverhalten (n) seines Arbeitgebers (m) anzeigt.
whistleblowing – Aufdeckung (f) von Missständen (pl)
Whit Monday – Pfingstmontag, m
Whit Sunday – Pfingstsonntag, m
white-collar – Kopf. . .; Geistes . . .; Büro . . .
white-collar crime – Wirtschaftsverbrechen, n
white-collar criminality – Wirtschaftskriminalität, f
white-collar job – geistiger Beruf, m; Bürotätigkeit, f
white-collar union – Angestelltengewerkschaft, f
white-collar worker – Büroangestellte/r, f/m; Angestellte/r, f/m; Geistesarbeiter/in, m/f
whitesmith – Feinblechner, m; Klempner, m
Whitsun *<GB>* – Pfingsten
whole – gesamt; heil
whole concern – Gesamtunternehmen, n
whole-day school – Ganztagsschule, f
whole-day classes (pl) – Ganztagsunterricht, m
whole life insurance – Lebensversicherung (f) auf den Todesfall, m
wholesale dealing – Großhandel, m

wholesale merchant – Großhandelskaufmann, m/ Großhandelskauffrau, f
wholesaler – Großhändler/in, m/f
widow – Witwe, f
widow's allowance – Witwengeld, n
widow's benefit – Witwenrente, f
widow's pension – Witwenrente, f
widowed – verwitwet
widower – Witwer, m
widower's pension – Witwerrente, f
wife – Ehefrau, f
wild – wild
wildcat strike – wilder Streik, m
wil(l)ful – absichtlich; vorsätzlich *<jur>*
wil(l)ful act – Vorsatz, m; vorsätzliche Tat, f
wil(l)ful deceit – bewusste Täuschung, f; arglistige Täuschung, f
wil(l)ful desertion – vorsätzliches Verlassen, n
will (1) – Testament, n
will (2) – Wille, m
will to achieve – Leistungswille, m
willing to work – arbeitswillig
willingness – Bereitschaft, f
willpower – Willenskraft, f
win, v – obsiegen, v
win a case, v – Prozess (m) gewinnen, v
win customers (pl), v – Kunden (pl) werben, v
winding-up by arrangement – Liquidationsvergleich, m
winter assistance – Winterbeihilfe, f
wire transfer – telegrafische Überweisung, f
with costs (pl) – kostenpflichtig
with equal representation – paritätisch besetzt
with limited liability – mit beschränkter Haftung, f
with malice prepence – in böswilliger Absicht, f
with regard to social insurance legislation – sozialversicherungsrechtlich
with regard to social legislation – sozialrechtlich
withdraw, v – zurücknehmen, v; widerrufen, v; zurückziehen, v
withdraw an objection, v – Einspruch (m) zurücknehmen, v
withdraw an offer, v – Angebot (n) zurückziehen, v
withdraw from membership, v – austreten, v
withdraw money, v – Geld (n) abheben, v
withdrawal – Rücknahme, f; Entnahme, f; Widerruf, m; Entzug, m; Austritt, m
withdrawal document – Widerrufsbescheid, m
withdrawal from – Rücktritt, m
withdrawal from membership – Austritt, m
withdrawal of a termination notice – Rücknahme (f) einer Kündigung, f
withdrawal of an action – Klagerücknahme, f
withdrawal of benefits (pl) – Entzug (m) der Leistungen (pl)
withhold, v – einbehalten, v; zurückbehalten, v
withhold authorization, v – Genehmigung (f) versagen, v
withhold from wages (pl), v – vom Lohn (m) einbehalten, v
withhold sth from s.o., v – jmd etwas vorenthalten, v
withhold tax, v – Steuer (f) einbehalten, v
withholding – Zurückbehaltung, f
withholding exemption – Freibetrag, m; Lohnsteuerfreibetrag, m

withholding statement *<US>* – Lohnsteuerbescheinigung, f
withholding system – Steuerabzugsverfahren, n
withholding tax *<US>* – im Quellenabzugsverfahren (n) erhobene Steuer, f
without – ohne; außerhalb
without debts (pl) – schuldenfrei
without delay – unverzüglich
without notice – fristlos
without pay – unbezahlt
without payment – gratis
without prejudice – ohne Verbindlichkeit, f; ohne Vorurteil, n
without prejudice to – unbeschadet
without reservation – vorbehaltslos
without showing good cause – ohne stichhaltige Begründung, f
without time limit – unbefristet
witness – Zeuge, m; Zeugin, f
witness fee – Zeugengeld, n
witness for the prosecution – Belastungszeuge/-zeugin, m/f *<jur>*
woman – Frau, f
woman's profession – Frauenberuf, m
women's housework day – Hausarbeitstag, m
women's work – Frauenarbeit, f
woodwork teacher – Werklehrer/in, m/f
word processing – Textverarbeitung, f
word processing system – Textverarbeitungssystem, n
wording – Fassung, f; Formulierung, f; Wortlaut, m
work – Arbeit, f; Aufgabe, f; Tätigkeit, f; Beschäftigung, f; Dienst, m; Werk, n
work, v – arbeiten, v; tätig sein, v
work abroad – Auslandsarbeit, f
work accident – Betriebsunfall, m
work according to the book *<US>* – Dienst (m) nach Vorschrift, f; planmäßiges Langsamarbeiten, n
work allocation – Arbeitszuweisung, f
work analysis – Arbeitsanalyse, f
work area – Arbeitsbereich, m
work assignment – Arbeitszuweisung, f; Aufgabenübertragung, f
work assistance – Arbeitsassistenz, f
work at night – Nachtarbeit, f
work at piece rates (pl) – nach Akkord (m) bezahlte Arbeit, f
work at time rates (pl) – nach Zeit (f) bezahlte Arbeit, f
work attitude – Arbeitsverhalten, n; Arbeitseinstellung, f
work behavio(u)r – Arbeitsverhalten, n
work book – Arbeitsbericht, m; Arbeitsheft, n; Arbeitsbuch, n
work break – Arbeitspause, f
work by the job, v – im Gedinge (n) arbeiten, v
work center/centre – Arbeitsplatz, m
work clothes (pl) – Arbeitskleidung, f
work conference – Arbeitsbesprechung, f
work-creation program(me) – Arbeitsbeschaffungsprogramm, n
work conflict – Arbeitskonflikt, m
work content – Arbeitsinhalt, m
work cycle – Taktzeit, f; Arbeitstakt, m
work day – Werktag, m; Arbeitstag, m
work design – Arbeitsgestaltung, f
work discipline – Arbeitsdisziplin, f
work done by minors (pl) – Jugendarbeit, f; Kinderarbeit, f
work done by none-strikers (pl) – Streikarbeit, f
work dress – Arbeitskleidung, f; Dienstbekleidung, f; Dienstkleidung, f
work effort – Arbeitsaufwand, m
work engineering – Arbeitstechnik, f

work enlargement – Aufgabenerweiterung, f
work enrichment – Aufgabenanreicherung, f
work environment – Arbeitsumgebung, f; Arbeitsumfeld, n; Arbeitsumwelt, f
work ethic – Arbeitsmoral, f
work experience – Arbeitserfahrung, f; Berufserfahrung, f
work experience attachment – Praktikum, n
work fellow – Arbeitskollege, m
work flow – Arbeitsablauf, m
work full-time, v – vollzeit arbeiten, v
work group – Arbeitsgruppe, f
work half-time, v – halbtags arbeiten, v
work hours (pl) – Arbeitszeit, f
work-in – Betriebsbesetzung (f) unter Weiterarbeit (f) am Arbeitsplatz, m
work in relays (pl), v – in Schichten (pl) arbeiten, v
work in rotating shifts (pl) – Wechselschichtarbeit, f
work in shifts (pl), v – Schichtarbeit (f) verrichten, v
work intensification – Arbeitsverdichtung, f
work method – Arbeitsmethode, f
work of high quality – Qualitätsarbeit, f
work on the assembly line, v – am Fliessband (n) arbeiten, v
work on the bonus system – Arbeit (f) auf Prämienbasis, f
work on visualizing display units (pl) – Bildschirmarbeit, f
work on weekends (pl) – Wochenendarbeit, f
work one's way up, v – sich emporarbeiten, v
work order – Arbeitsauftrag, m
work organisation/organization – Arbeitsorganisation, f
work out, v – ausarbeiten, v
work overtime, v – Mehrarbeit (f) leisten, v; Überstunden (pl) machen, v
work performance – Arbeitsverrichtung, f; Arbeitsleistung, f
work performance contract – Werkvertrag, m
work period – Arbeitsschicht, f
work permit – Arbeitsbewilligung, f; Arbeitserlaubnis, f; Arbeitsgenehmigung, f
work placement – Vermittlung (f) von Stellen (pl)
work planning – Arbeitsplanung, f
work progress – Arbeitsfortschritt, m
work regulations (pl) – Arbeitsordnung, f; Betriebsordnung, f
work-related disease – arbeitsbedingte Erkrankung, f
work report – Arbeitsbericht, m
work requirement – Arbeitsbedarf, m
work results (pl) – Arbeitsergebnis, n
work routine – gewohnter Arbeitsablauf, m; Arbeitsalltag, m
work sampling study – Multimomentaufnahme, f
work satisfaction – Arbeitsfreude, f; Arbeitszufriedenheit, f
work schedule – Arbeits(zeit)plan, m
work security – Betriebsschutz, m
work sequence – Arbeitsfolge, f
work session – Arbeitssitzung, f
work-shadowing – Hospitation, f
work-sharing – Arbeitsteilung, f; Arbeitsumverteilung, f
work shift – Arbeitsschicht, f
work short-time, v – kurzarbeiten, v
work-shy – arbeitsscheu
work specimen – Arbeitsprobe, f
work speed – Arbeitstempo, n

work standards (pl) – Arbeitszeitvorgaben (pl); Arbeitsvorgaben (pl)
work stoppage – Arbeitsniederlegung, f; Betriebsstillstand, m
work structuring – Arbeitsstrukturierung, f
work study – Arbeitsstudie, f
work success – Arbeitserfolg, m
work technology – Arbeitstechnologie, f
work to capacity, v – Kapazität (f) voll ausnutzen, v
work-to-rule *<GB>* – Dienst (m) nach Vorschrift, f; planmäßiges Langsamarbeiten, n
work to rule, v – streng nach Vorschrift (f) arbeiten, v
work together, v – zusammenarbeiten, v
work urge – Arbeitseifer, m
Work with Display Screen Equipment Regulation – Bildschirmarbeitsverordnung, f
work with method, v – methodisch arbeiten, v
work without stopping, v – durcharbeiten, v
workday routine – Arbeitsalltag, m
worker – Arbeiter/in, m/f; Arbeitskraft, f
worker in the chemical industry – Chemiearbeiter/in, m/f
worker mobility – Mobilität (f) der Arbeitnehmer (pl)
worker on temporary loan – Leiharbeitnehmer/in, m/f
worker participation – Arbeitnehmer(mit)beteiligung, f
worker representative – Arbeitnehmervertreter/in, m/f
workers' council – Betriebsrat, m
workers' director – Arbeitsdirektor/in, m/f
workers' old-age insurance fund – Rentenversicherung (f) der Arbeiter (pl)
workers' protection law – Arbeitsschutzgesetz, n
workforce – Belegschaft, f; Arbeitskräfte (pl)
workforce structure – Belegschaftsstruktur, f
working (1) – Bearbeitung, f; Arbeit, f; Schaffen, n
working (2) – berufstätig; werktätig
working age – erwerbsfähiges Alter, n
working area – Arbeitsbereich, m
working assets (pl) – Betriebsmittel (pl)
working association – Arbeitsgemeinschaft, f
working atmosphere – Betriebsklima, n
working attitude – Arbeitseinstellung, f
working capacity – Arbeitskraft, f; Arbeitsfähigkeit, f
working capital – Betriebskapital, n
working career – Berufsleben, n
working class – Arbeiterklasse, f
working-class family – Arbeiterfamilie, f
working climate – Arbeitsklima, n
working clothes (pl) – Arbeitsanzug, m; Arbeitskleidung, f
working condition – Arbeitsplatzbedingung, f
working conditions (pl) – Arbeitsbedingungen (pl)
working cycle – Arbeitstakt, m (einer Maschine, f)
working day – Arbeitstag, m; Werktag, m
working dinner – Arbeitsessen (n) am Abend, m

working document – Arbeitsunterlage, f

working environment – Arbeitsumwelt, f

working equipment – Arbeitsmittel (pl)

working expense – Betriebsausgabe, f

work(ing) group – Arbeitskreis, m

working help – Arbeitshilfe, f

working hour – Arbeitsstunde, f

working hours (pl) – Arbeitszeit, f

working hours (pl) pattern – Arbeitszeitmodell, n

working hours (pl) protection – Arbeitszeitschutz, m

working hours (pl) rescheduling – Arbeitszeitverlegung, f

working in advance – Vorarbeit, f

working-in period – Einarbeitungszeit, f

working instruction – Arbeitsanweisung, f

working knowledge – ausreichende Kenntnisse (pl)

working language – Arbeitssprache, f

working life – Arbeitsleben, n; Berufsleben, n; Erwerbsleben, n; Arbeitswelt, f

working lifetime – Lebensarbeitszeit, f

working lunch – Arbeitsessen (n) am Mittag, m

working manner – Arbeitsweise, f

working material – Arbeitsstoff, m

working materials (pl) – Arbeitsmittel (pl)

working method – Arbeitsverfahren, n

working morale – Arbeitsmoral, f; Dienstauffassung, f

working papers (pl) – Arbeitspapiere (pl)

working party *<GB>* – Arbeitskolonne, f; Arbeitsgruppe, f

working population – arbeitende Bevölkerung, f; erwerbstätige Bevölkerung, f

working premises – Betriebsgebäude (pl)

working process – Arbeitsprozess, m; Arbeitsverfahren, n; Arbeitsvorgang, m; Arbeitsablauf, m

working relationship – Arbeitsverhältnis, n

work(ing) schedule – Arbeitsplan, m

working scheme – Arbeitsplan, m

work(ing) speed – Arbeitstempo, n

working stress – Belastbarkeit, f

working student – Werkstudent/in, m/f

working style – Arbeitsstil, m

work(ing) system – Arbeitssystem, n; Arbeitsmethode, f

working time – Arbeitszeit, f

working time law – Arbeitszeitrecht, n

working time model – Arbeitszeitmodell, n

working time organisation / organization – Arbeitszeitgestaltung, f

working time provision – Arbeitszeitvorschrift, f

Working Time Regulations (pl) – Arbeitszeitverordnung, f (AZO)

working time reduction – Arbeitszeitverkürzung, f

working to capacity (1) – volle Auslastung, f

working to capacity (2) – voll ausgelastet

working week – Arbeitswoche, f; Wochenarbeitszeit, f

working wife – mitarbeitende Ehefrau, f

working woman – Arbeiterin, f; berufstätige Frau, f

working world – Arbeitswelt, f

workload – Arbeitsbelastung, f; Arbeitsumfang, m

workman – Facharbeiter, m; Arbeiter, m; Handwerker, m
workmanship – Arbeit, f; Arbeitsausführung, f
workmaster – Werkmeister, m
workmate – Arbeitskollege, m
workmen's compensation board *<US>* – Berufsgenossenschaft, f
workmen's compensation insurance fund *<US>* – Berufsgenossenschaft, f
Workmen's Compensation Law – Arbeiterunfallversicherungsgesetz, n
workpeople – Arbeiter (pl)
workpiece – Werkstück, n
workplace – Arbeitsplatz, m; Arbeitsstätte, f
workplace design – Gestaltung (f) des Arbeitsplatzes, n
workplace environment – Arbeitsumgebung, f
workplace for women (pl) – Frauenarbeitsplatz, m
workplace layout – Arbeitsplatzgestaltung, f
Workplace Ordinance – Arbeitsstättenverordnung, f (ArbStättVO)
workplaces' rules (pl) – Arbeitsstättenrichtlinien (pl)
workroom – Arbeitsraum, m
works (pl) (1) – Anlage, f; Betrieb, m
works (2) – Betriebs . . .; Werks . . .
works agreement – Betriebsvereinbarung, f; Dienstvereinbarung, f
works alteration – Betriebsänderung, f
works assembly – Betriebsversammlung, f
works committee – Betriebsausschuss, m (des Betriebsrats, m)
works constitution – Betriebsverfassung, f
Works Constitution Act – Betriebsverfassungsgesetz, n (BetrVG)
works council – Betriebsrat, m
works council activity – Betriebsratstätigkeit, f
works council election – Betriebsratswahl, f
works council meeting – Betriebsratssitzung, f
works council member – Betriebsratsmitglied, n
works council training – Betriebsratsschulung, f
works council work – Betriebsratsarbeit, f
works engineer – Betriebsingenieur/in, m/f
works manager – Betriebsleiter/in, m/f; Werksleiter/in, m/f; Fabrikleiter/in, m/f
works meeting – Betriebsversammlung, f
works outing – Betriebsausflug, m
works rules (pl) – einseitig vom Arbeitgeber (m) erlassene Verhaltensvorschriften (pl)
works sickness fund – Betriebskrankenkasse, f
workshop – Werkstatt, f; Seminar, f; Arbeitstagung, f
workshop for the handicapped – Behindertenwerkstatt, f
workstation – Arbeitsstation, f
World Bank – Weltbank, f
World Health Organization (WHO) – Weltgesundheitsorganisation, f
worthy of promotion – förderungswürdig
wrap, v – einhüllen, v; einwickeln, v
wrapped up in one's work – völlig in seiner Arbeit vertieft/ aufgegangen
writ – Gerichtsbefehl, m; gerichtliche Anordnung, f
writ of attachment – Pfändungsbeschluss, m

writ of error – Revision, f (Zivilprozess, m)
writ of execution – Vollstreckungsanordnung, f; Vollstreckungsklausel, f; Vollstreckungstitel, m
writ of income withholding to employer – Lohnpfändungsbeschluss, m
writ of summons – gerichtliche Vorladung, f
write, v – schreiben, v
write down, v – niederschreiben, v
write off, v – abbuchen, v
write-off – Abschreibung, f
write s.o. a reference, v – jmd eine Empfehlung (f) ausstellen, v
write up a contract, v – Vertrag (m) aufsetzen, v
writing – Schrift, f
writing materials (pl) – Schreibmaterial, n
writing sample – Schriftprobe, f
written – schriftlich; geschrieben
written agreement – schriftliche Vereinbarung, f
written apology – schriftliche Entschuldigung, f
written application – schriftliche Bewerbung, f
written evidence – Urkundenbeweis, m *<jur>*
written examination – Klausur, f; schriftliche Prüfung, f; schriftliche Prüfungsarbeit, f
written form – Schriftform, f
written notice – schriftliche Kündigung, f
written notice of dismissal – Kündigungsschreiben, n
written pleading – Schriftsatz, m
written proceedings (pl) – schriftliches Verfahren, n
written receipt – Quittung, f
written reply – Antwortschreiben, n
wrong – Unrecht, n; Rechtsverletzung, f *<jur>*
wrong decision – Fehlentscheidung, f
wrongful – ungesetzlich; unrechtmäßig; widerrechtlich *<jur>*
wrongful discharge – unrechtmäßige Kündigung, f
wrongful dismissal – vertragswidrige Beendigung (f) des Arbeitsverhältnisses (n) durch den Arbeitgeber, m

X

x per cent commission – Provision (f) von x Prozent, n
xenophobia – Fremdenfeindlichkeit, f
xenophobic – fremdenfeindlich

Y

yardman – Rangierarbeiter, m; Werftarbeiter, m
year – Jahr, n; Jahrgangsstufe, f
year-end bonus – Jahresabschlussvergütung, f
year-end gratification – Jahresabschlussgratifikation, f
year-end payment – Jahresabschlusszahlung, f
year-end premium – Jahresendprämie, f

year of apprenticeship – Lehrjahr, n; Ausbildungsjahr, n
year of employment – Beschäftigungsjahr, n
yearly – jährlich
yearly contribution – Jahresbeitrag, m
years (pl) of service – Dienstjahre (pl); Betriebszugehörigkeit, f
yellow-dog *<US,infml>* – hundsgemein
yellow-dog contract *<US,infml>* – Anstellungsvertrag (m) mit der Verpflichtung (f), keiner Gewerkschaft (f) beizutreten
yield – Rendite, f; Ertrag, m; Ausbeute, f
yield, v (1) – hervorbringen, v; Ertrag (m) bringen, v
yield, v (2) – nachgeben, v; überlassen, v
yield of tax(es) – Zinsertrag, m
yielding – nachgiebig
yokefellow – Arbeitskollege, m
yokemate – Arbeitskollege, m
young – jung
young adult – Heranwachsende/r, f/m; junge/r Erwachsene/r, f/m
young entrepreneur – Jungunternehmer/in, m/f
young person – Jugendliche/r, f/m
Young Persons' Protection of Employment Act (Act to Protect Young Persons in Employment) – Jugendarbeitsschutzgesetz, n (JArbSchG)
youth – Jugend, f; Jugendliche/r, f/m; junger Mensch, m; Gesamtheit (f) der Jugendlichen (pl)
Youth Courts Act – Jugendgerichtsgesetz, n
youth representative – Jugendvertreter/in, m/f
youth unemployment – Jugendarbeitslosigkeit, f
youth welfare – Jugendfürsorge, f; Jugendhilfe, f; Jugendwohlfahrt, f; Jugendarbeit, f
youth welfare office – Jugendamt, n

Z

zip code *<US>* – Postleitzahl, f
zymotic disease – Infektionskrankheit, f; ansteckende Krankheit, f

Anhang / Appendix

Verzeichnis häufig verwendeter Abkürzungen
Table of Frequently Used Abbreviations

ABM Arbeitsbeschaffungsmaßnahme – employment creating measure

ACAS Advisory, Conciliation and Arbitration Service <*GB*>

ADEA Age Discrimination in Employment Act <*US*>

A.E. Adult Education <*GB*> – Erwachsenenbildung

AEA American Enterprise Association – Amerikanischer Unternehmerverband

A.E.U Amalgamated Engineering Union <*GB*>

AFL/CIO American Federation of Labor / Congress of Industrial Organizations <*US*>

AOK Allgemeine Ortskrankenkasse – Local General Sickness Benefit Fund

APS Approved Profit Sharing <*GB*>

ASCA Arbeitsschutz und sicherheitstechnischer Check in Anlagen

AWOL absence without leave – unentschuldigtes Fehlen

Azubi Auszubildende/r – Apprentice

BA Bundesagentur für Arbeit – German Federal Employment Agency

B.A. Bachelor of Arts

BAG Bundesarbeitsgericht – German Federal Supreme Labo(u)r Court

BAnz Bundesanzeiger – German Federal Gazette

BArbBl Bundesarbeitsblatt – German Federal Labo(u)r Gazette

BAT Bundes-Angestelltentarifvertrag, m – German Civil Service Pay Scale

BAV Bundesaufsichtsamt für das Versicherungswesen – German Federal Supervisory Authority for the Insurance Business

B.C.L. Bachelor of Civil Law

BDA Bundesvereinigung der Deutschen Arbeitgeberverbände – National Federation of German Employers' Associations

BDI Bundesverband der Deutschen Industrie – Confederation of German Industries

BfA Bundesversicherungsanstalt für Angestellte – German Federal Social Insurance Institution for Salaried Employees

BFH Bundesfinanzhof – German Federal Supreme Fiscal Court

BG Bundesgenossenschaft – Employers' Liability Insurance Association

BGBl Bundesgesetzblatt – German Federal Law Gazette

BGH Bundesgerichtshof – German Federal Court of Justice

B.I.A.E. British Institute of Adult Education

BIM British Institute of Management

BIP Bruttoinlandsprodukt

BMFT Bundesministerium für Forschung und Technologie – German Federal Ministry of Research and Technology

BMWi Bundesministerium für Wirtschaft – German Federal Ministry of the Economy

B.O.T. Board of Trade <*GB*>

BSG Bundessozialgericht – German Federal Supreme Social Court

BSP Bruttosozialprodukt

BVerfG Bundesverfassungsgericht – German Federal Constitutional Court

BVerwG Bundesverwaltungsgericht – German Federal Supreme Administrative Court

BWL Betriebswirtschaftslehre, f

CAA computer-aided administration – rechnergestützte Verwaltung

CAC Central Arbitration Committee <*GB*>

CAD computer-aided design – rechnergestütztes Entwerfen

CAE computer-aided engineering – rechnergestütztes Konstruieren

CAE customer-applicated engineering

CAI computer-aided instruction – rechnergestützte Unterweisung

CAL computer-aided learning – rechnergestütztes Lernen

CAM computer-aided manufacturing – rechnergestützte Fertigung

CAPP computer-aided process planning – rechnergestützte Fertigungsplanung

CBI Confederation of British Industries

CBT computer-based training

CCLD Doctor of Civil and Canon Law – Doktor beider Rechte – Dr.iur.utr.

C.C.P. Code of Civil Procedure – Zivilprozessordnung

CEA Contracts of Employment Act <*GB*> – Arbeitsvertragsgesetz

CEO Chief Executive Officer – Hauptgeschäftsführer/in

CGD Christlicher Gewerkschaftsbund Deutschlands – Christian Trade Union Federation of Germany

CIM computer-integrated manufacturing – rechnerintegrierte Fertigung

CIO Congress of Industrial Organizations <*US*>

CIP Continuous Improvement Process – Prozess der ständigen Verbesserung

CLD Doctor of Civil Law

CMV Christlicher Metallarbeiterverband – Christian Metalworkers´ Federation

CO Certification Officer <*GB*>

CoA Companies Act <*GB*>

COLA cost-of-living adjustment – Lebenshaltungskosten-Ausgleich

COSHH Control of Substances Hazardous to Health Regulations <*GB*>

C&P custom and practice

CPA certified public accountant <*US*> – Wirtschaftsprüfer

CPI consumer price index – Verbraucher-Preisindex

CPVE Certificate of Pre-Vocational Education <*GB*>

CRE Commission for Racial Equality <*GB*>

CROTUM Commissioner for the Rights of Trade Union Members <*GB*>

CSE Certificate of Secondary Education <*GB*>

CSE Civil and Public Service Examination <*GB*>

CV curriculum vitae – Lebenslauf

DAG Deutsche Angestelltengewerkschaft – German Salaried Staff Union

DBB Deutscher Beamtenbund – German Civil Servants' Federation

DE Department of Employment <*GB*> – Arbeitsministerium

DGB Deutscher Gewerkschaftsbund – Confederation of German Trade Unions

DHV Deutscher Industrie- und Handlungsgehilfenverband – German Industry and Trade Clerk Federation

DIHT Deutscher Industrie- und Handelstag

Dipl.-Kfm. Diplom-Kaufmann – Master of Business Administration

Dipl.-Volksw. Diplom-Volkswirt – Master of National Economics

DOL Department of Labor <*US*>

DQS Deutsche Gesellschaft für die Zertifizierung von Qualitätsmanagement-Systemen

Dr. Doktor

DÜVO Datenübertragungsverordnung, f

EA Employment Act <*GB*>

EAT Employment Appeal Tribunal <*GB*>

EBR Europäischer Betriebsrat – European Works Council

ECJ European Court of Justice – Europäischer Gerichtshof

EDP electronic data processing – elektronische Datenverarbeitung (EDV)

EDV elektronische Datenverarbeitung – electronic data processing (EDP)

EEOC Equal Employment Opportunity Commission <*US*>

EETPU Electrical, Electronic, Telecommunication and Plumbing Union <*GB*>

EGB Europäischer Gewerkschaftsbund – Confederation of European Trade Unions

EGÖD Europäischer Gewerkschaftsverband für den öffentlichen Dienst

EI employee involvement

EMU Europäische Mittelstandsunion

EOC Equal Opportunity Commission <*GB*>

EOP Equal Opportunity Policy <*GB*>

EPA Employment Protection Act <*GB*>

EqPA Equal Pay Act *<GB>*

ERASMUS European Community Action Scheme for the Mobility of University Students – Gemeinschaftliches Aktionsprogramm zur Förderung der Mobilität von Hochschulstudenten

ESOP Employee Share Ownership Plan *<GB>* – Beteiligung der Mitarbeiter am Grundkapital

ESREA European Society for Research on the Education of Adults

ETH Eidgenössische Technische Hochschule – Swiss Federal Institute of Technology

EU Europäische Union

EuGH Europäischer Gerichtshof – Court of Justice of the European Union

e.V. eingetragener Verein – registered association; membership corporation *<US>*

F & E Forschung und Entwicklung – research and development

FG Finanzgericht – Fiscal Court

FH Fachhochschule

FIFO first in – first out

FMCS Federal Mediation and Conciliation Service *<US>*

FMLA Family and Medical Leave Act 1993 *<US>* – Gesetz über den Sonderurlaub aus familiären und gesundheitlichen Gründen

FRG Federal Republic of Germany – Bundesrepublik Deutschland

FTO full-time official

GCE General Certificate of Education *<GB>*

GCSE General Certificate of Secondary Education – Mittlere Reife

GdP Gewerkschaft der Polizei – German Policemen Union

GEMA Gesellschaft für musikalische Aufführungs- und mechanische Vervielfältigungsrechte – German Society for Musical Performance and Mechanical Reproduction Rights

GEW Gewerkschaft Erziehung und Wissenschaft – Union of Scientists and Teachers in Germany

GmbH Gesellschaft mit beschränkter Haftung – Company with Limited Liability

GmbH&Co.KG Limited Partnership with a Limited Liability Company as General Partner

HBV Gewerkschaft Handel, Banken und Versicherungen – Union of Employees in German Trading, Banking and Insurances Companies

HMO Health Maintenance Organization <*US*>

HR BPO Human Resources Business Process Outsourcing – Auslagerung der teilweisen oder vollständigen Verantwortung für die Geschäftsprozesse der Personalabteilung an einen Dienstleister

HRM Human-Resource Management – Personalmanagement

HSC Health and Safety Commission <*GB*>

HSW Health and Safety at Work

i.A. im Auftrag

IAO Internationale Arbeitsorganisation – International Labor Organization (ILO)

ICC International Chamber of Commerce – Internationale Handelskammer

ICFTU International Confederation of Free Trade Unions

IG BAU Industriegewerkschaft Bauen, Agrar und Umwelt

IG BCE Industriegewerkschaft Bergbau - Chemie - Energie

IGH Internationaler Gerichtshof

IGM Industriegewerkschaft Metall

IIRA International Industrial Relations Association

ILO International Labor Organization – Internationale Arbeitsorganisation

INS Immigration and Naturalization Service <*US*> - amerikanische Einwanderungsbehörde

IPC in-process-control

IPM Institute of Personnel Management <*GB*>

IR industrial relations – Arbeitgeber-/arbeitnehmerbeziehungen

IRCA Immigration Reform and Control Act of 1986 <*US*>

IT Industrial Tribunal

IT information technology – Informationstechnologie, f

IWF Internationaler Währungsfonds

J.D. Juris Doctor – Doktor der Rechte – Dr.jur.

KG Kommanditgesellschaft – Limited Commercial Partnership

KGaA Kommanditgesellschaft auf Aktien – Partnership Limited by Shares

KVDR Krankenversicherung der Rentner

LAG Landesarbeitsgericht – Regional Labo(u)r Court

LIFO last in – first out

LVA Landesversicherungsanstalt – Regional Social Insurance Fund for Hourly Employees

M.A. Magister Artium – Master of Arts

M.B.A. Master of Business Administration – Diplom-Kaufmann

MBI management buy-in

MBO management buy-out

MDW measured daywork

MISSOC Mutual Information System on Social Protection in the Community – Gegenseitiges Informationssystem zur sozialen Sicherheit in der Gemeinschaft

MS Magister Scientiarum – Master of Science

MTM Method-Time-Measurement – Elementarzeitbestimmung

NAM National Association of Manufacturers <US>

NEPA National Engineers and Professional Association <US>

NGG Gewerkschaft Nahrung, Genuß, Gaststätten – Union of Employees in the German Food, Confectionary and Drinking Industries

N.H.S. National Health Service <GB>

NIOSH National Institute for Occupational Safety and Health <US>

NLRB National Labor Relations Board <US>

N.U.M. National Union of Mineworkers <GB>

N.U.P.E National Union of Public Employees<GB>

N.U.R. National Union of Railwaymen <GB>

N.U.T. National Union of Teachers <GB>

O.A.P. old-age pension(s) <GB>

OASDI old-age, survivors' and disability insurance <*US*>

OD organizational development – Organisationsentwicklung (OE)

OHG Offene Handelsgesellschaft – General/Ordinary Partnership

OLG Oberlandesgericht

OSHA Occupational Safety and Health Administration <*US*>

ÖTV Gewerkschaft Öffentliche Dienste, Transport und Verkehr – Union of Employes of Public Services, Transport and Traffic in Germany

OVG Oberverwaltungsgericht

OWBPA Older Workers' Benefit Protection Act <*US*>

PAYE Pay As You Earn – Lohnsteuerabzug(sverfahren)

PBR payment by results

PETRA Programme for European Youth Training – Aktionsprogramm für die Berufsbildung Jugendlicher und zur Vorbereitung der Jugendlichen auf das Erwachsenen- und Erwerbsleben

PfÜB Pfändungs- und Überweisungsbeschluss

PH pädagogische Hochschule

PLC Public Limited Company

PPP Purchasing Power Parity – Kaufkraftparität

PRP profit-related pay

PSA Personalservice-Agentur

PVDR Pflegeversicherung der Rentner

QC quality circle

QM quality management

RKW Rationalisierungs- und Innovationszentrum der Deutschen Wirtschaft

RP redundancy payment

RPA Retirement Protection Act <*US*> – Gesetz, das die Offenlegung und Finanzierung von Pensionsplänen regelt.

RPI retail price index

RSI repetitive strain injuries <*US*> – durch immer wieder gleichartig ausgeführte Bewegungen verursachte Körperschäden

SAYE Save As You Earn

SDA Sex Discrimination Act <*GB*> – Gleichberechtigungsgesetz

SSA Social Security Administration <*US*>

SSP Statutory Sick Pay

TA Technische Anleitung – Technical Instruction

TA Luft Technische Anleitung zur Reinhaltung der Luft

T.G.W.U. Transport and General Workers' Union <*GB*>

TRBA Technische Regeln für biologische Arbeitsstoffe

TU Technische Hochschule – Technical University

TUC Trade Union Congress *<GB>*

TULRA Trade Union and Labour Relations Act *<GB>*

TURERA Trade Union Reform and Employment Rights Act *<GB>*

TÜV Technischer Überwachungsverein – Technical Control Board

UAW International Union of the United Automobile, Aerospace, and Agricultural Implement
Workers of Amerika *<US>*

UD unfair dismissal – sozial ungerechtfertigte Entlassung

U.I. unemployment insurance *<GB>*

ULA Union der Leitenden Angestellten – Union of Managerial Employees

ULP unfair labor practice *<US>*

UMA union membership agreement

UMW United Mine Workers *<US>*

VAT value-added tax – Mehrwertsteuer

VDU visualizing display unit – Bildschirmgerät

ver.di Vereinte Dienstleistungsgewerkschaft, f

VG Verwaltungsgericht – Administrative Court

VVaG Versicherungsverein auf Gegenseitigkeit – Mutual Insurance Association

VWA Verband der weiblichen Angestellten –
Federation of Female Salaried Staff Workers

VWL Volkswirtschaftslehre

WARN Worker Ajustment and Retraining Modification Act *<US>*

WFA Workplace Fairness Act (also known as Striker Replacement Bill) *<US>* –
Verbot dauerhafter Besetzung von Arbeitsplätzen streikender Arbeitnehmer

WWDU work with display units

Wichtige deutsche arbeits- und sozialrechtliche Gesetze
Important German Labour and Social Laws

AEntG - Arbeitnehmerentsendegesetz (Gesetz über zwingende Arbeitsbedingungen bei grenzüberschreitenden Dienstleistungen) - Act on the Mandatory Conditions of Employment in Cross-Border Employment Situations

AFG - Arbeitsförderungsgesetz - Employment Promotion Act

AGBG - Gesetz über die Allgemeinen Geschäftsbedingungen - Standard Contracts Act

AktG - Aktiengesetz - Stock Corporation Act

AltTZG - Altersteilzeitgesetz - Old-Age Pensioners' Part Time Work Act / Act to Promote Part-Time Work by Older Persons / Act to Improve a Smooth Transition into Retirement

AO - Abgabenordnung - Tax Code

ArbGG - Arbeitsgerichtsgesetz - Labour Court Act

ArbNErfG - Arbeitnehmererfindergesetz - Federal Act on Employee Inventions

ArbPlSchG - Arbeitsplatzschutzgesetz - Act on Employment Protection in the Event of Call-Up for Military Service

ArbStättVO - Arbeitsstättenverordnung - Workplace Ordinance

ArbStoffVO - Verordnung über gefährliche Arbeitsstoffe - Ordinance on Hazardous Substances

ArbVertrG - Arbeitsvertragsgesetz - Act on the Regulation of Labour Contracting

ArbZG - Arbeitszeitgesetz - Hours of Work Act

ARG - Altersrentengesetz - Old Age Pension Act

ASiG - Arbeitssicherheitsgesetz - Federal Act on Company Doctors, Safety Engineers and Other Experts on Labour Safety Standards / Act Respecting Plant Physicians, Safety Engineers and Other Occupational Safety Specialists

AufenthG - Aufenthaltsgesetz - Act on Residence, Employment and Integration of Foreigners within the Territory of the Federal Republic of Germany

AÜG - Arbeitnehmerüberlassungsgesetz - Manpower Provision Act / Personnel Leasing Act

AuslG - Ausländergesetz - Aliens' Act

AVG - Angestelltenversicherungsgesetz - Salaried Employees' Insurance Act

BAföG - Bundesausbildungsförderungsgesetz - Federal Act on Student Aid

BBesG - Bundesbesoldungsgesetz - Federal Remuneration Act

BBG - Bundesbeamtengesetz - Civil Servants' Act

BBiG - Berufsbildungsgesetz - Vocational Training Act / Federal Act on Occupational Training

BDSG - Bundesdatenschutzgesetz - Federal Data Protection Act

BeamtenBesG - Beamtenbesoldungsgesetz - Civil Servants' Remuneration Act

BErzGG - Gesetz zum Erziehungsgeld und zur Elternzeit (Bundeserziehungsgeldgesetz) - Federal Act to Provide Benefits and Paid Leave to Parents of Newly-Born Babies

BeschFG - Beschäftigungsförderungsgesetz - Employment Promotion Act / Federal Act to Increase Employment

BetrAVG - Gesetz zur Verbesserung der Betrieblichen Altersversorgung - Company Pension Act / Act Respecting the Improvement of Company Pension Schemes

BetrVG - Betriebsverfassungsgesetz - Works Council Act / Works Constitution Act

BG - Bundesbeamtengesetz - Civil Servants Act

BGB - Bürgerliches Gesetzbuch - German Civil Code

BGG - Behindertengleichstellungsgesetz - Equality for Disabled Persons Act

BKGG - Bundeskindergeldgesetz - Act on the Subsidies for Children / Federal Children's Allowances Act / Federal Act on General Perchild Grants / Federal Act on Family Allowances

BPersVG - Bundespersonalvertretungsgesetz - Federal Act on Staff Representation in Civil Services

BRAGO - Bundesrechtsanwaltsgebührenordnung - Federal Attorney Fees Act

BRAO - Bundesrechtsanwaltsordnung - Federal Attorneys Act

BUrlG - Bundesurlaubsgesetz - Federal Leave Act

BVG - Bundesversorgungsgesetz - Act on Social Assistance to War Victims

DEVO - Dateneingabeverordnung

EBRG - Gesetz über Europäische Betriebsräte - Act on European Works Councils

EFZG - Entgeltfortzahlungsgesetz - Federal Act on Continued Payment of Wages and Salaries during Sickness

EStDVO - Einkommensteuer - Durchführungsverordnung - Income Tax Implementing Decree

EStG - Einkommensteuergesetz - Income Tax Act

FeierTG - Feiertagsgesetz - Federal Act on Holidays

FLG - Feiertagslohnzahlungsgesetz - Federal Act to Regulate Payment for Public Holidays

FÖJG - Gesetz zur Förderung eines freiwilligen ökologischen Jahrs - Act on the Promotion of a Voluntary Ecological Year

FreizügG / EU - Freizügigkeitsgesetz / EU - Freedom of Movement for EU Citizens Act

GefStoffVO - Gefahrstoffverordnung - Ordinance on Hazardous Substances

GewO - Gewerbeordnung - Trade and Industry Ordinance

GG - Grundgesetz - Basic Law (Federal Constitution)

GKG - Gerichtskostengesetz - Court Costs Act

GVG - Gerichtsverfassungsgesetz - Courts Constitution Act / Judicature Act

HAG - Heimarbeitsgesetz - Federal Act on Work at Home

HGB - Handelsgesetzbuch - Commercial Code

HwO - Handwerksordnung - Crafts Trade Code

InsO - Insolvenzordnung - Insolvency Ordinance

JArbSchG - Jugendarbeitsschutzgesetz - Young Persons Protection of Employment Act / Federal Act to Protect Young Working Persons

JuSchG - Jugendschutzgesetz - Youth Protection Act

KO - Konkursordnung - Act Regarding Bankruptcy Proceedings

KSchG - Kündigungsschutzgesetz - Federal Act to Protest against Unlawful Dismissal / Protection against Dismissal Act

LadSchlG - Ladenschlussgesetz - Act on Shop Closing Hours / Retail Business Closing Hours Act

LStDVO - Lohnsteuer-Durchführungsverordnung - Wage Withholding Tax Implementing Decree

MinArbBedG -Gesetz über Mindestarbeitsbedingungen - Federal Act to Establish Minimum Working Conditions

MitbestG - Mitbestimmungsgesetz - Co-Determination Act / Co-Management Act

MontanMitbestG - Montanmitbestimmungsgesetz - Coal and Steel Co-Determination Act

MuSchG - Mutterschutzgesetz - Maternity Protection Act

NachwG - Nachweisgesetz - Act on the Proof of Essential Conditions Applying to an Employment Relationship

OwiG - Ordnungswidrigkeitengesetz – Administrative Offences Act

PflversG - Pflegeversicherungsgesetz - Federal Act Respecting Social Security Protection against the Risk of Becoming a Person in Need of Care

RVO - Reichsversicherungsordnung - German Reich Social Insurance Code

SachBezVO - Sachbezugsverordnung - Regulation on Valuation of Benefits in Kind

SchbBAG - Gesetz zur Bekämpfung der Arbeitslosigkeit Schwerbehinderter -Act on the Prevention of Unemployment of Severely Disabled Persons

SchuldRModG - Schuldrechtsmodernisierungsgesetz - Act on the Modernization of the Law on Obligations

SchwarbG - Gesetz zur Bekämpfung der Schwarzarbeit - Federal Act to Counteract Illicit Work / Act to Combat Illegal Labour

SchwbG - Schwerbehindertengesetz - Severely Didsabled Persons Act

SeemannsG - Seemannsgesetz - Seafarers' Act / Seamen's Act

SGB - Sozialgesetzbuch - Social Security Code / Federal Social Welfare Act

SGB 1 - Allgemeiner Teil - General Part

SGB 3 - Arbeitsförderung - Employment Promotion

SGB 4 - Allgemeine Vorschriften für die Sozialversicherung - General Provisions for Social Insurance

SGB 5 - Gesetzliche Krankenversicherung - Statutory Sickness Insurance

SGB 6 - Gesetzliche Rentenversicherung - Statutory Pension Insurance

SGB 7 - Gesetzliche Unfallversicherung - Statutory Accident Insurance

SGB 8 - Kinder- und Jugendhilfe - Child and Youth Assistance

SGB 9 - Rehabilitation und Teilhabe behinderter Menschen - Rehabilitation and Participation of Severely Handicapped Persons

SGB 10 - Sozialverwaltungsverfahren und Sozialdatenschutz - Social Administration Procedure and Social Data Protection

SGB 11 - Soziale Pflegeversicherung - Social Insurance for Persons in Need of Care

SoldG - Soldatengesetz - Soldiers' Act

SozHiG - Bundessozialhilfegesetz - Federal Social Assistance Act

SparPG - Sparprämiengesetz - Private Savings and Investment Bonuses Act

SprAuG - Sprecherausschussgesetz - Federal Act Concerning Committees Representing Supervisory Personnel

StGB - Strafgesetzbuch - Penal Code / Criminal Code

StPO - Strafprozessordnung - Criminal Procedure Code

SVG - Soldatenversorgungsgesetz - Act on Social Assistance for Former Soldiers of the Bundeswehr and Their Survivors

TVG - Tarifvertragsgesetz - Collective Agreements Act

TzBfG - Teilzeit- und Befristungsgesetz - Act on Part-Time and Fixed Term Work

UrLGG - Urlaubsgeldgesetz - Act on Granting Annual Holiday Allowances to Civil Servants

UVV - Unfallverhütungsvorschrift – Accident Prevention Regulations

UWG - Gesetz gegen den unlauteren Wettbewerb (Wettbewerbsgesetz) - Federal Act to Counteract Unfair Competition

VermBG - Vermögensbildungsgesetz - Act to Encourage Workers' Accumulation of Capital / Capital Accumulation Act

WahlO - Wahlordnung - Election Regulations

WeiterbG - Weiterbildungsgesetz - Act to Promote Continuing Vocational Training

ZPO - Zivilprozessordnung - Code of Civil Procedure

ZuwG - Zuwanderungsgesetz - Immigration Act

Europäische Gewerkschaftsverbände
European Trade Union Federations

EEA Europäische Allianz für Unterhaltung - European Entertainment Alliance

EFBWW Europäische Föderation der Bau- und HolzarbeiterInnen - European Federation of Building and Woodworkers

EFFAT Europäischer Verband der Lebensmittel-, Landwirtschafts- und Tourismusgewerkschaften - European Federation of Food, Agriculture and Tourism Trade Unions

EFJ Europäische Journalistengruppe - European Federation of Journalists

EGÖD Europäischer Gewerkschaftsverband für den Öffentlichen Dienst - European Federation of Public Service Unions (EPSU)

EMF Europäischer Metallgewerkschaftsbund - European Metalworkers' Federation

EMCEF Europäische Föderation der Bergbau-, Chemie- und EnergiearbeiterInnen - European Mine, Chemical and Energy Workers' Federation

ETF Europäische Transportarbeiter-Föderation - European Transport Workers' Federation

ETUCE Europäischer Gewerkschaftsausschuss für Bildung und Wissenschaft - European Trade Union Committee for Education

ETUF-TCL Europäischer Gewerkschaftsausschuss Textil, Bekleidung und Leder - European Trade Union Federation Textiles, Clothing and Leather